Adalbert Stifter
Dichter und Maler, Denkmalpfleger und Schulmann
Neue Zugänge zu seinem Werk

Herausgegeben
von
Hartmut Laufhütte und Karl Möseneder

Wir bedanken uns bei Herrn Dr. Adam und der Innstadt-Brauerei.

5. 7. 96

Hartmut Laufhütte
Karl Möseneder

Adalbert Stifter
Dichter und Maler, Denkmalpfleger und Schulmann

Neue Zugänge zu seinem Werk

Herausgegeben
von
Hartmut Laufhütte und Karl Möseneder

Max Niemeyer Verlag Tübingen 1996

Gedruckt mit Unterstützung der Dr. Hans-Karl Fischer-Stiftung Passau, der Ernst-Pietsch-Stiftung Deggendorf, der Sparkasse Passau und der Innstadt-Brauerei Passau.

Die Deutsche Bibliothek – CIP-Einheitsaufnahme

Adalbert Stifter : Dichter und Maler, Denkmalpfleger und Schulmann ;
neue Zugänge zu seinem Werk / hrsg. von Hartmut Laufhütte und Karl Möseneder. –
Tübingen : Niemeyer 1996.
NE: Laufhütte, Hartmut [Hrsg.]

ISBN 3-484-10719-7

© Max Niemeyer Verlag GmbH & Co. KG, Tübingen 1996
Das Werk einschließlich aller seiner Teile ist urheberrechtlich geschützt. Jede Verwertung außerhalb der engen Grenzen des Urheberrechtsgesetzes ist ohne Zustimmung des Verlages unzulässig und strafbar. Das gilt insbesondere für Vervielfältigungen, Übersetzungen, Mikroverfilmungen und die Einspeicherung und Verarbeitung in elektronischen Systemen. Printed in Germany.
Gedruckt auf alterungsbeständigem Papier.
Satz: Johanna Boy, Brennberg.
Druck: Gulde-Druck, Tübingen.
Einband: Heinr. Koch, Tübingen.

Inhalt

Vorwort   XI

Teil I. Kunsttheoretisches, Poetologisches und andere
          werkübergreifende Konzepte   1

Christian Begemann *(Würzburg)*
  „Realismus" oder „Idealismus"? Über einige Schwierigkeiten
  bei der Rekonstruktion von Stifters Kunstbegriff   3

Karl Möseneder *(Erlangen)*
  Stimmung und Erdleben. Adalbert Stifters Ikonologie
  der Landschaftsmalerei   18

Ferdinand van Ingen *(Amsterdam)*
  Band und Kette. Zu einer Denkfigur bei Stifter   58

Sibylle Appuhn-Radtke *(München)*
  „Priester des Schönen". Adalbert Stifters Künstlerbild
  zwischen theoretischem Anspruch, literarischer Darstellung und
  gesellschaftlicher Realität   75

Johann Lachinger *(Linz)*
  Adalbert Stifter – Natur-Anschauungen. Zwischen Faszination
  und Reflexion   96

Lothar Schneider *(Gießen)*
  Das Komma im Frack. Adalbert Stifter, von Hebbels Kritik
  aus betrachtet 105

Jörg Kastner *(Passau)*
  Die Liebe im Werk Adalbert Stifters 119

Joachim W. Storck *(Freiburg)*
  Eros bei Stifter 135

Walter Seifert *(Passau)*
Literaturidee und Literaturdidaktik bei Adalbert Stifter   157

Wilfried Lipp *(Linz)*
Adalbert Stifter als „Conservator" (1853–1865). Realität und
Literatur   185

Teil II. Zu größeren Werkzusammenhängen   205

Alfred Doppler *(Innsbruck)*
Stifter im Kontext der Biedermeiernovelle   207

Martin Lindner *(München)*
Abgründe der Unschuld. Transformationen des goethezeitlichen
Bildungskonzepts in Stifters ‚Studien'   220

Ludwig M. Eichinger *(Passau)*
Beispiele einer Syntax der Langsamkeit. Aus Adalbert Stifters
Erzählungen   246

Stefan Schmitt *(Passau)*
Adalbert Stifter als Zeichner   261

Teil III. Zu einzelnen Werken   309

Marianne Wünsch *(Kiel)*
Normenkonflikt zwischen „Natur" und „Kultur". Zur Interpretation
von Stifters Erzählung ‚Der Hochwald'   311

Michael Titzmann *(Passau)*
Text und Kryptotext. Zur Interpretation von Stifters Erzählung
‚Die Narrenburg'   335

Wolfgang Lukas *(Kiel)*
Geschlechterrolle und Erzählerrolle. Der Entwurf einer neuen
Anthropologie in Adalbert Stifters Erzählung ‚Die Mappe meines
Urgroßvaters'   374

Wilhelm Kühlmann *(Heidelberg)*
Von Diderot bis Stifter. Das Experiment aufklärerischer Anthropologie
in Stifters Novelle ‚Abdias'   395

Christian von Zimmermann *(Heidelberg)*
,Brigitta' – seelenkundlich gelesen. Zur Verwendung „kalobiotischer"
Lebensmaximen Feuchterslebens in Stifters Erzählung   410

Hans-Werner Eroms *(Passau)*
Ansätze zu einer sprachlichen Analyse von Stifters Erzählweise in
den ‚Studien' am Beispiel der Erzählung ‚Zwei Schwestern'   435

Birgit Ehlbeck *(Marburg)*
Zur poetologischen Funktionalisierung des Empirismus am Beispiel
von Stifters ‚Kalkstein' und ‚Witiko'   455

Helmut Barak *(Wien)*
„Gute Freundin" und „glänzender Künstler". Die dichterisch
gestaltete Wirklichkeit in Stifters Erzählung ‚Turmalin'   476

Hartmut Laufhütte *(Passau)*
Der ‚Nachsommer' als Vorklang der literarischen Moderne   486

Hans-Peter Ecker *(Passau)*
„Darum muß dieses Bild vernichtet werden". Über wissenschaftliche
Sinnspiele und poetisch gestaltete Medienkonkurrenz am Beispiel
von Stifters ‚Nachkommenschaften'   508

Teil IV. Rezeption   525

Václav Maidl *(Prag)*
Stifters Rezeption in den böhmischen Ländern   527

Emanuel Schmid *(Regensburg)*
Viele Wege führen in die Ewigkeit. Adalbert Stifters Einzug in die
Walhalla   538

Anhang   567

Register   571

Vorwort

Die sechsundzwanzig hier vorgelegten Aufsätze sind das Ergebnis eines Symposions, das unter dem Titel ‚Adalbert Stifter interdisziplinär. Das Werk des Dichters, Malers und Denkmalpflegers', von den beiden Herausgebern veranstaltet, vom 20. bis zum 24. April 1994 in der Universität Passau stattgefunden hat. Die Zielsetzung jener Veranstaltung und dieser Publikation waren bzw. sind dieselbe; daher scheint es sinnvoll, aus der Eröffnungsansprache des einen der beiden Veranstalter ein paar Passagen mitzuteilen.

Fünf Tage Stifter! Hält man das aus? Es gab und gibt Leute, die, so befragt, mit Inbrunst „Nein!" brüllen würden. Früher hätte ich dazugehört. „Drei starke Bände! Wir glauben nichts zu riskieren, wenn wir demjenigen, der beweisen kann, daß er sie ausgelesen hat, ohne als Kunstrichter dazu verpflichtet zu sein, die Krone von Polen versprechen", schrieb der „Kunstrichter" Friedrich Hebbel zum frisch erschienenen ‚Nachsommer' und fügte, im Rückblick auf das frühere Schaffen seines Opfers hinzu: „Zuerst begnügte er sich, uns die Familien der Blumen aufzuzählen, die an seinen Lieblingsplätzen gedeihen; dann wurden uns die Exemplare vorgerechnet, und jetzt erhalten wir das Register der Staubfäden."[1] So geht das bekanntlich noch eine Weile weiter. Natürlich ist's böse Diffamierung, und der Verdacht liegt so fern nicht, der „Kunstrichter" Hebbel habe selbst nicht ausgelesen. Aber wer, solche Frechheiten hörend oder lesend und sich gewisser Lektüre-Leiden erinnernd, wäre nicht ein wenig zu schadenfroher Bestätigung geneigt?

Meine Neigung war besonders groß. Ich habe Stifter viele Jahre lang inständig gehaßt. Ein Schulschaden. Zweite Gymnasialklasse, ein naiver Stifteranbeter als Deutschlehrer und wochenlang nichts als das ‚Haidedorf', von dem sich uns nichts mitteilte, als daß es unerträglich langweilig sei. Das wirkte weiter und machte aufnahmebereit für jeden billigen Witz in späteren Jahren: ‚Das Komma im Frack' – ‚Der sanfte Unmensch':[2] ich war lange bereit, solche Flapsigkeiten so treffend wie zutreffend zu finden – bis ich eines beschä-

---

[1] Friedrich Hebbel. Sämmtliche Werke. Historisch kritische Ausgabe. Besorgt von Richard Maria Werner. Abt. 1. Bd. 12. Nachdruck Bern 1970, S. 184f.
[2] Ebd., S. 189. – Arno Schmidt. Der sanfte Unmensch. Einhundert Jahre Nachsommer. In: A.S. Dya na sore. Gespräche in einer Bibliothek. Frankfurt a.M. 1985 (Reprint der Ausgabe Karlsruhe 1958), S. 194–229.

mend späten Tages zu der Einsicht gelangte, es sei doch allzu billig, flotte Sprüche besser zu kennen als den Gegenstand, dem sie gelten. Genaues Hinsehen half, wie stets, auch in diesem Fall, und dann wurde es anders.

Warum jetzt ein Stifter-Symposion? Und warum gar eines, das nicht nur den Dichter meint? Ein wenig hat es, soweit es mich betrifft, natürlich mit später Wiedergutmachung zu tun. Aber ernstzunehmende Gründe gibt es auch, z.B. diesen: Es ist immer noch nötig, den allzu gekannten, in Wahrheit ziemlich unbekannten Stifter zu entdecken. Von Anfang an ist er Gegenstand einer nahezu tödlichen Verehrungsbereitschaft gewesen, als Dichter einer vermeintlich heilen Welt und heilenden Natur, liebevoll verehrter Heimat, pietätvoll erinnerter näherer und fernerer Geschichtlichkeit, als gemütvoll-gemütlicher Schilderer intakten Lebens, bewahrter Formen, geheiligter Traditionen.[3] Ein solcher Stifter bot Anlaß und Gelegenheit, das eigene Ressentiment gegen Entwicklungen der jeweiligen Gegenwart zu bestätigen und zu legitimieren und seine vermeintlich heile Welt als ein Refugium zu betrachten, in welches der Alltag des Lebens nicht hineinreicht. – Eben dies, so lautet, ebenfalls von Anfang an, der Tenor eines anderen Lesemusters, macht das Rückständige, Unehrliche, ja geradezu Gefährliche des Stifterschen Werkes aus. Der Stifter dieser Lesart ist der zwar liebevoll betuliche, aber auch – bestenfalls – entsprechend harmlose, spießbürgerliche, idyllensüchtige Maler der heimatlichen kleinen Welt, die sich nur dadurch als ‚heile Welt‘ habe inszenieren lassen, daß sie an den verdrängten oder ignorierten Realitäten der eigenen Zeit vorbei beschworen worden sei. Stifters gesamtes Schaffen sei ein Anachronismus, der Titel ‚Nachsommer‘ über die Absicht des Autors hinaus symptomatisch. Der Anachronismus eines solchen Werkes aber sei komplementär zu seiner Mißbrauchbarkeit durch allerlei reaktionäre Bewußtseinslagen und ihre Vertreter.

Wer sich auf Stifters Texte einläßt, kann beide Rezeptionsmuster nur bestaunen. Das hagiographische Bild blendet nicht unerhebliche Teile des Werkes einfach aus. Die Gegenposition aber setzt ein Verständnis von Dichtung voraus, das keineswegs Anspruch auf allgemeine Gültigkeit behaupten kann. Es ist die – erstmals wohl im ‚Vormärz‘ ausgebildete, seither vielfach aktualisierte – Vorstellung, Dichtung habe auf gesellschaftlich-politische Konstellationen zu reagieren, mit Änderungsabsicht auf sie einzugehen, sei jedenfalls vor allem aus ihnen zu erklären. Beide Einstellungen neigen im übrigen dazu,

---

[3] Meyers Neues Konversations-Lexikon beurteilt Stifter (Bd. 14 [1867.], S. 942) so: „S.s Arbeiten gehören zu dem Zartesten und Sinnigsten, was die neue erzählende Poesie in Deutschland hervorgebracht hat, und zwar besteht ihre Bedeutung vornehmlich in einer bis ins Feinste durchgeführten Charakteristik. Die Sprache ist die des gewähltesten Geschmacks und der vollendetsten Bildung und doch durchaus natürlich. Originell sind die Naturschilderungen, in denen der Dichter auch die kleinsten Einzelheiten zu einem ebenso harmonischen als poetischen Gemälde zusammenzufügen versteht."

Stifters vor anderthalb Jahrhunderten entstandenes Werk so zu lesen, als sei es von heute. Das geht bekanntlich auch bei erheblich jüngeren Autoren selten gut.

Natürlich soll hier nicht so getan werden, als habe es nur diese verbreiteten, einander gegenseitig verstärkenden Leseweisen gegeben. Doch hat der differenzierende Blick, dem wir aufschlußreiche Beiträge der Wissenschaft verdanken, zu einer Differenzierung des Stifter-Bildes in breiteren Leserkreisen noch kaum geführt. Dazu beizutragen ist eine der Zielsetzungen dieser öffentlichen Veranstaltung. Sie soll demonstrieren, daß dieser Autor erst wirklich interessant wird, wenn die Hinter- und Abgründigkeiten seines Werkes sichtbar werden und deren Zusammenhang mit Erfahrungen und Problemen der Zeit, in der es entstand; daß es uns heute mehr mitzuteilen hat, wenn wir es uns historisch machen, als wenn wir es anachronistisch aktualisieren. Die Wissenschaft kann dazu gegenwärtig viel beitragen. Interessante Dinge sind im Gang. Die Literatur des 19. Jahrhunderts ist neuerdings als eine ‚terra incognita' Gegenstand vielfältigen Interesses geworden. Vor allem die Epoche des sogenannten Realismus und dessen, was als seine Vorgeschichte gilt, des ‚Biedermeier', steht im Zentrum vielfältigen wissenschaftlichen Bemühens. Und Adalbert Stifter ist zu einem der interessantesten Repräsentanten dieser Periode avanciert. Die Publikationen der jüngsten Zeit – einige ihrer Verfasser sind unter uns – wecken Neugierde und versprechen Aufregendes für die Zukunft.[4] Auch in die seit Jahren stagnierende Arbeit an der neuen historisch-kritischen Stifter-Ausgabe ist neue, wie zu hoffen ist, dauerhafte Bewegung gekommen.[5] Jemand, der diese Dinge wahrnimmt, kann leicht auf die Idee verfallen, durch Bündelung derzeitiger Aktivitäten könne man vorhandene Impulse verstärken und neue einbringen. Auch das ist eines unserer Anliegen. Noch etwas anderes ist gemeint. Jeder, der etwas über Adalbert Stifter weiß, kennt auch die Etikettierung ‚Mehrfachbegabung', die ihm schon zu Lebzeiten zuteil geworden ist:[6] ein bißchen Maler war er auch, Naturwissenschaftler ebenfalls, desgleichen Denkmalpfleger und Schulmann außerdem. Die Aktivitäten der Stifter-Forschung gelten seit je vor allem dem Erzähler. Die anderen

---

[4] Das gilt besonders für den größten Teil der Beiträge zu dem Antwerpener Stifter-Symposion vom Oktober 1993, die seit kurzem auch gedruckt vorliegen: Adalbert Stifters schrecklich schöne Welt. Beiträge des internationalen Kolloquiums zur A. Stifter-Ausstellung (Universität Antwerpen 1993). Hrsg. von Roland Duhamel, Johann Lachinger, Clemens Ruthner, Petra Göllner. Brüssel/Linz 1994 (Acta Austriaca 1 = Germanistische Mitteilungen [Brüssel] 40/1994; Jahrbuch des A.-Stifter-Instituts [Linz] 1/1994).

[5] Dazu war anläßlich des Antwerpener Symposions Ermutigendes zu erfahren. Einer der beiden Herausgeber dieses Bandes hatte Gelegenheit, an einer Arbeitsbesprechung des Herausgeberteams im November 1994 teilzunehmen, das die Planung der weiteren Arbeit betraf.

[6] Vgl. hierzu den Beitrag von Stefan Schmitt in diesem Band, insbesondere S. 261 sowie Anm. 4.

Bereiche sind in den literaturwissenschaftlichen Arbeiten meist mehr oder weniger rhetorisch präsent. In den viel weniger zahlreichen Arbeiten zu den anderen Bestandteilen des Lebenswerkes werden die erzählenden Texte Stifters in der Regel als Quellen für die Dokumentation pädagogischer, denkmalpflegerischer, kunsttheoretischer Ansichten Stifters genutzt, wobei die Abhängigkeit entsprechender Verlautbarungen in den Erzählungen von deren fiktionalem Gefüge selten reflektiert wird, was notwendig zu Verzerrungen und Unausgewogenheiten führen mußte. Es ist eine glückliche Konstellation, daß die beiden Veranstalter in ihrem jeweiligen Zuständigkeitsbereich einander sehr entsprechende Ansichten über ästhetische Strukturen und Probleme in der in Rede stehenden Epoche haben und von daher einander ensprechende Erkenntnisinteressen auch hinsichtlich dieses Autors und der verschiedenen Bestandteile seines Werkes. So ergab sich die Idee zu dieser Veranstaltung fast von selbst. Wir wollen die verschiedenen Bereiche des Stifterschen Lebenswerkes näher aneinander heranbringen und danach fragen, wie sie zusammenhängen und inwiefern sie „gleichzeitig" sind.

Schließlich ein letztes Motiv, das uns zu dieser Veranstaltung und zu der offenen Form motiviert hat, in der wir sie abwickeln wollen. Adalbert Stifter ist wirklich ein Dichter dieser Region. Im benachbarten Böhmen ist er geboren, im nahegelegenen Linz hat er nicht den längsten, aber den produktivsten Teil seines Lebens verbracht, die unmittelbare Umgebung, Wald- und Mühlviertel, der Bayerische und der Böhmerwald, sind die Räume, in denen er gelebt hat, tätig war und die meisten seiner Geschichten spielen läßt; auch zur Stadt Passau gibt es Beziehungen. Immer noch ist ein auffälliges Zugehörigkeitsempfinden in der interessierbaren Öffentlichkeit dieser Region vorhanden. Das schien uns ein guter Ansatz zu sein, diese Öffentlichkeit teilhaben zu lassen und ihr zu zeigen, was wir – auch in ihrem Interesse – hier tun."

Die Öffentlichkeit der Region: sie hat ihr Interesse bekundet, in Gestalt unerwartet intensiven Besuchs *aller* Vorträge und kritischer Erörterung vieler, aber auch in anderer, für die Veranstaltung buchstäblich grundlegender Weise. Das Symposion ist ausschließlich aus Spendenmitteln aus Stadt und Region finanziert und mit vielfältiger Unterstützung befreundeter Institutionen durchgeführt worden. Die Spender waren die Stadtsparkasse Passau, die Ernst-Pietsch-Stiftung Deggendorf, die Innstadt-Brauerei Passau, das Adalbert Stifter-Institut des Landes Oberösterreich. Bei der Durchführung hilfreich waren außer der Universität Passau die Staatliche Bibliothek und das Adalbert Stifter Gymnasium Passau. Allen, Spendern und Helfern, sei anläßlich der Publikation des damals Vorgetragenen und Diskutierten nochmals öffentlich Dank bekundet. Das Interesse der regionalen Öffentlichkeit galt freilich nicht nur dem Symposion; es erstreckt sich auch auf dieses Buch. Sein Erscheinen wurde ermöglicht durch Druckbeihilfen, die wir von der Dr. Hans-Karl Fischer-Stiftung Passau und abermals von der Ernst Pietsch-Stiftung Deggendorf, der Sparkasse Passau und der Innstadt-Brauerei Passau erhielten.

Dank gebührt aber auch den Kolleginnen und Kollegen, die nicht nur unserer Einladung zur Mitwirkung an dem Symposion entsprachen, sondern uns ihre Vorträge auch für die Veröffentlichung zur Verfügung gestellt haben. Nur bei dreien von sechsundzwanzig war das nicht möglich;[7] dafür konnten diejenigen von Sibylle Appuhn-Radtke, Martin Lindner und Christian von Zimmermann für die Veröffentlichung hinzugewonnen werden.

Selbstverständlich kann ein fünftägiges Symposion und kann ein Band wie dieser, trotz seines Umfangs, nicht das gesamte momentane Spektrum der wissenschaftlichen Stifter-Diskussion repräsentieren. Doch wird der Leser an der Art der Beiträge bemerken, daß wir darum bemüht waren, möglichst viel und hinsichtlich der methodischen Orientierung wie der behandelten Gegenstände möglichst Unterschiedliches, ja Kontroverses zusammenzuführen und vergleichbar zu machen. Den Referenten wurden gar keine, den Beiträgern zu diesem Band nur redaktionelle Vorgaben gemacht; entsprechend vielfältig, ja teilweise kontrovers ist, nach Verfahren, Ergebnissen und Umfang der einzelnen Bestandteile, das Bild, das sich hier darbietet. Wir widerstehen der Versuchung, es vorab als Ganzes oder hinsichtlich seiner Teile zu charakterisieren; der Leser möge sich selbst sein Urteil bilden. Was sich während des Symposions angebahnt hat, ein fruchtbarer Dialog zwischen – scheinbar oder wirklich – kontroversen Positionen, der zur präzisierenden Erkenntnis sowohl der jeweils eigenen Arbeitsgrundlagen als auch der behandelten Gegenstände zu führen versprach: das möge sich fortsetzen. Exegetische Monopolansprüche haben in der Stifter-Philologie zu lange Schaden angerichtet, als daß man sich derzeit allzu viel Harmonie wünschen sollte.

Die Anordnung der Beiträge in diesem Band gibt nicht die von allerlei Terminzwängen und Improvisationen beeinflußte Folge der Vorträge wieder. Die vier Abschnitte, die wir gebildet haben, gruppieren die Beiträge nach thematischen Schwerpunktbildungen und Gemeinsamkeiten des Verfahrens. Mehrere Zuordnungen sind etwas willkürlich; einige Beiträge könnten auch in einer anderen Abteilung erscheinen, auch dies sei vorab eingestanden.

Wir haben darauf verzichtet, die Literaturangaben in den Fußnoten der einzelnen Beiträge zu vereinfachen und auf ein gemeinsames Literaturverzeichnis zu beziehen. Die – leichte – Redundanz infolge einiger wiederholter Titelnennungen schien uns angesichts der redaktionellen Ökonomisierung der

---

[7] Um eine plötzlich – krankheitsbedingt – auftretende Lücke zu schließen, war einer der beiden Herausgeber mit einem – inzwischen veröffentlichten – Vortrag eingesprungen, der hier nicht abermals abgedruckt, wohl aber genannt werden soll: Hartmut Laufhütte: Von der Modernität eines Unmodernen. Anläßlich der Erzählung ‚Abdias' von Adalbert Stifter. In: Adalbert Stifters schrecklich schöne Welt (o. Anm. 4), S. 65–75.

Anmerkungen-Apparate der einzelnen Beiträge, die wir durchgeführt haben, und gegenüber der Verschlüsselung der einzelnen Apparate und dem Zwang zum ständigen Nachschlagen, zu welchem das andere Verfahren geführt hätte, das kleinere Übel zu sein.

Für alle Beiträge gilt freilich dies: Alle Zitate aus Werken Stifters und die entsprechenden Nachweise erfolgen, soweit der Stand dieser Edition das zuläßt, aus der neuen historisch-kritischen Ausgabe:

Adalbert Stifter. Werke und Briefe. Historisch-kritische Gesamtausgabe. Hrsg. von Alfred Doppler und Wolfgang Frühwald. Stuttgart 1978ff. – Für diese Ausgabe wird einheitlich die Sigle WuB verwendet.

Solche Werke Stifters, welche in der neuen Edition noch nicht vorliegen, werden nach der Prag-Reichenberger Ausgabe zitiert, und zwar nach dem Nachdruck von 1972, der diejenigen Bände, welche eine zweite Auflage erfahren hatten (Bd. 14, 17, 18, 19), in der neuen Gestalt bietet:

Adalbert Stifter. Sämtliche Werke. Hrsg. von August Sauer, Franz Hüller, Kamill Eben, Gustav Wilhelm u.a. Prag 1901ff., Reichenberg 1927ff., Graz 1958ff. Nachdruck Hildesheim 1972. – Für diese Ausgabe wird einheitlich die Sigle SW verwendet.

Nur für die Amtsakten des Schulrats Stifter, die (noch) in beiden Editionen fehlen, wird auf andere Ausgaben zurückgegriffen; diese sind in den einzelnen Beiträgen nachgewiesen.

Daß für bekannte Periodika die eingebürgerten Siglen verwendet werden – VASILO für die ‚Vierteljahrsschrift des Adalbert Stifter-Institutes des Landes Oberösterreich', DVjs für die ‚Deutsche Vierteljahrsschrift für Literaturwissenschaft und Geistesgeschichte', ZfdPh für die ‚Zeitschrift für deutsche Philologie', WW für ‚Wirkendes Wort', EG für ‚Etudes Germaniques' usw. –, bedarf eigentlich kaum einer Erwähnung.

So wie es bei der Eröffnung des Symposions geschehen ist, so wünschen nun die Herausgeber mit Stifters Worten, daß ihr und aller am Zustandekommen dieses Bandes Beteiligter „wissenschaftliches Bestreben" über den Tag hinaus „Einfachheit, Halt und Bedeutung" haben und folglich nützlich sein möge.

H.L.   K.M.

Teil I

Kunsttheoretisches, Poetologisches und andere
werkübergreifende Konzepte

„Priester des Schönen"

Christian Begemann

„Realismus" oder „Idealismus"?

Über einige Schwierigkeiten bei der Rekonstruktion von Stifters Kunstbegriff

Der Schriftsteller und Maler Adalbert Stifter hat sich zeit seines Lebens um einen Begriff seiner Arbeit bemüht. Er hat jedoch nichts hinterlassen, was Anspruch erheben könnte, als in sich geschlossene oder gar als originelle Kunsttheorie zu gelten. Seine meist situationsbezogenen Überlegungen zu Kunst und Literatur, eigener und fremder, sind über ein eher unübersichtliches Korpus von Texten der verschiedensten Art verstreut: Sie finden sich in Briefen, in Rezensionen, vor allem den Berichten über Ausstellungen des oberösterreichischen Kunstvereins in Linz, in einigen Aufsätzen zur Literaturprogrammatik und Literaturdidaktik, schließlich in den vielzitierten Vorreden zu den literarischen Werken und nicht zuletzt natürlich in diesen selbst, hier freilich in fiktionaler Brechung. Wer sich auf diese vielfältigen Räsonnements einläßt, sieht sich schon bald ebenso vielfältigen Irritationen ausgesetzt. Er wird sich angesichts der augenfälligen Inkonsequenz, ja Widersprüchlichkeit der Stifterschen Äußerungen fragen, ob diese überhaupt als Teile *eines* rekonstruierbaren Mosaiks betrachtet werden können oder ob sie nicht vielmehr ganz heterogenen theoretischen Konzepten zugehören. Stifter selbst hat diese, zeitgenössische Diskussionen aufgreifend, benannt: „Realismus" und „Idealismus". Die Kunstreflexionen Stifters, die man, ohne genauer abzusehen, was man sich damit einhandelte, immer wieder als Interpretamente seiner Werke herangezogen hat, widersetzen sich dem hermeneutischen Begehren nach einem konsistenten Sinnzusammenhang, in dem sich ihr jeweiliger Ort bestimmen ließe. Dieser Befund ist auch durch den Versuch nicht zu neutralisieren, die argumentativ auseinanderstrebenden Texte verschiedenen Werkphasen zuzuordnen und so als Etappen einer ästhetischen Entwicklung zu verstehen – einer Entwicklung beispielsweise *vom* Idealismus *zum* Realismus, der dann die dichterische Entwicklung vom noch romantisch-jeanpaulisch gefärbten Frühwerk zur ‚Dingorientierung' des mittleren und späten Werks parallelgesetzt werden könnte. Aber das ist nicht der Fall. Im Gegensatz zu der sprachlichen und artistischen Radikalisierung, der Stifters literarisches Werk unterliegt, kommt es in seinem ästhetischen Denken zu einer Konsolidierung, um nicht zu sagen: Stereotypisierung bereits in den 1840er Jahren, zumindest was das Spannungsverhältnis von „Realismus" und „Idealismus" betrifft. Die ansonsten so folgenreiche Schockerfahrung der Revolution von 1848 bewirkt hier allenfalls Umakzentuierungen.

Diese relative Konstanz erleichtert den im folgenden unternommenen Versuch, das Argumentationsfeld um die Pole von „Realismus" und „Idealismus" gewissermaßen von der einen zur anderen Seite hin abzuschreiten, um im Anschluß an diese Bestandsaufnahme einer ästhetischen Aporetik die Frage aufzuwerfen, ob letzterer nicht doch etwas wie eine heimliche Logik innewohnt. Ich beschränke mich dabei auf die Untersuchung der fundamentalen, für Literatur wie Malerei *gleichermaßen* gültigen Prinzipien von Stifters Kunstbegriff und sehe mich leider auch gezwungen, die literarischen Darstellungen des künstlerischen Prozesses im wesentlichen auszuklammern, die sich etwa im ‚Condor‘, den ‚Feldblumen‘, im ‚Nachsommer‘ oder den ‚Nachkommenschaften‘ finden. Das hier verfolgte, eher strukturelle Interesse an Stifters Kunstreflexionen bedingt auch den Verzicht auf deren diskursive Situierung. Es geht nicht um den Nachweis, woher Stifter die durchaus epochentypischen Elemente seines ästhetischen Denkens bezogen hat, sondern um die Rekonstruktion ihres Verhältnisses zueinander.

I

In einschlägigen Literaturgeschichten wird Stifter nach wie vor gerne dem Realismus zugerechnet, und für die Stifter-Forschung galt es lange Zeit als ausgemacht, daß die Entwicklung des Autors Stifter in vieler Hinsicht der seiner fiktiven Figuren gleiche und sich mit deren eigenen Worten begreifen lasse: als Entwicklung nämlich zu jener „Ehrfurcht vor den Dingen, wie sie an sich sind", von der im ‚Nachsommer‘ kaum anders als im ‚Witiko‘ die Rede ist.[1] Eine Stütze scheint diese Annahme in Stifters kunsttheoretischen Äußerungen zu finden. Außer Frage steht dort der hohe Stellenwert, den die ‚Wirklichkeit‘ für die Kunst einnimmt, die bei Stifter dem aristotelischen Gebot der Mimesis unterliegt. „Die Künste ahmen die Natur nach, die menschliche und außermenschliche", heißt es etwa in den ‚Winterbriefen aus Kirchschlag‘. Vom Künstler wird daher „Liebe zur Objectivität" verlangt, „treuestes Studium der Natur" und ein „tiefes Eindringen in die Wirklichkeit und Nothwendigkeit der Dinge".[2] Diesen Maßstab anlegend, mustert Stifter Gemälde und Zeichnungen „linienweise [...] und gleichsam mit dem Vergrößerungsglase" auf etwaige Verstöße gegen die Naturwahrheit.[3] Der Gegenbegriff zu solcher Realitätsnähe ist der der „Manier", der bei Stifter anders als bei Goethe[4] uneingeschränkt negativ besetzt ist. Denn in der Manier, der eine so fatale wie epochentypische „Selbstsetzung der heutigen Ichs"[5] zugrunde liegt, führen

---

1 SW. Bd. 8.1, S. 83.
2 In der Reihenfolge der Zitate: SW. Bd.15, S. 284; Bd.14, S. 38, S.101, S. 135.
3 SW. Bd. 19, S. 87.
4 Vgl. ‚Einfache Nachahmung der Natur, Manier, Stil‘. In: Goethes Werke. Hamburger Ausgabe. Hrsg. von Erich Trunz. München. 10. Aufl. 1974. Bd. 12, S. 30–34.
5 SW. Bd. 15, S. 246.

„Willkühr" und bloße Phantasie das Wort und den Pinsel und entfernen sich von der Wahrheit des Wirklichen. Ihre Kritik entspricht genauestens der generellen Wendung gegen Subjektivismus und Leidenschaft, die Stifters literarisches Werk spätestens seit den mittleren ‚Studien' durchzieht. Ist die manierierte Darstellung von einer höchst prekären Subjektivität gezeichnet, die den Blick auf sich zieht und damit vom Dargestellten ablenkt, so scheint demgegenüber die höchste Qualität eines Kunstwerks darin zu liegen, daß es sich quasi selbst aufhebt, sich verleugnet und vorgibt, nichts als Realität zu sein. Schon im ‚Condor' heißt es in diesem Sinne von den Gemälden Gustavs: „Es waren zwey Mondbilder – nein, keine Bilder, sondern *wirkliche* Mondnächte".[6] Dem Ideal einer solchen ‚Werkvergessenheit' bleibt Stifter sein Leben lang treu. Die Illusion der Realität wird beispielsweise auch einem Bild des Prager Malers August Piepenhagen bescheinigt, dem Stifter 1859 schreibt, die Gegenstände seien hier „mit solcher Sicherheit hingestellt, als wären sie *nicht gemacht, sondern durch sich da,* sie sind nicht gesucht, sondern *naturnothwendig.* Die Farbe ist so wahr, daß sie die *Täuschung der Wirklichkeit* hervorbringt".[7] Der Künstler, so möchte man aus solchen Sätzen folgern, hat sich im Dienst seiner Sache so weit zurückzunehmen, bis er zur bloßen Durchgangsstation, zum transparenten Medium geworden ist, in dessen vermittelnder Hervorbringung sich der Gegenstand ohne alle Beimischung von Subjektivität als er selber zeigen kann. „Ich habe", schreibt Stifter einmal an Louise von Eichendorff, „wirklich kein Verdienst an meinen Arbeiten, ich habe nichts gemacht, ich habe nur das Vorhandene ausgeplaudert."[8] Die Tendenz also scheint zu einem subjektlosen Schreiben und Malen, zu einer Art Selbstpräsentation der Realität zu gehen. Das freilich ist ein Konzept, das sich in unterschiedlicher Weise füllen läßt, und Stifter tut es. Die Frage ist dabei nicht zuletzt die, was hier unter dem „Vorhandenen", unter Natur und Wirklichkeit zu verstehen sei.

In manchen Formulierungen erweckt Stifter den Eindruck, er rede einer geradezu naturalistischen Abbildungsprogrammatik das Wort, so etwa, wenn er an dem jungen Maler Ferdinand Axmann lobt, er male nur, „was er sieht".[9] Daß Stifter andererseits mit einem bloßen Oberflächenrealismus wenig im Sinn hatte, ist vielfältig nachweisbar. Tatsächlich müsse die Kunst, um den ästhetischen Schein lebendiger Wirklichkeit herzustellen, diese nicht einfach abbilden, sondern bearbeiten oder, wenn man will, neukonstituieren. Der Auf-

---

[6] WuB. Bd. 1.1, S. 29f. Hervorhebung im Original. Soweit nicht – wie hier – anders angemerkt, stammen kursivierte Hervorhebungen in Zitaten von mir (C.B.).
[7] SW. Bd. 19, S. 206.
[8] 23.3.1852; SW. Bd. 18, S. 110.
[9] An Jacob Mayer, 31.10.1861; SW. Bd. 24, S. 207f.: „Der junge Mann hat ein großes Naturgefühl, und malte alles selbst das lezte Bändchen nach der Natur, und malt nur, *was er sieht,* wenn er so fortfährt, und wenn er immer mehr sehen lernt, und *fern von jeder Manier dem Gesehenen treu bleibt,* so steht ihm eine große Zukunft bevor."

satz ‚Theater in Linz' von 1862 unterscheidet in diesem Sinne das ungefilterte „Darstellen der äußern Wirklichkeit" von der „künstlerischen Wahrheit",[10] und ein Jahr zuvor hatte Stifter diesen Grundsatz Heckenast gegenüber auf den ‚Witiko' angewendet. Stoff und Personen seien hier historisch vorgegeben, „sie sind wirklich gewesen, sind in einer ganz bestimmten Form gewesen, und war jene Form die der Wirklichkeit, so muß die, in welcher ich sie bringe, die der Kunst sein, welche *als Wirklichkeit erscheint, ohne es sein zu dürfen;* denn die wirklichste Wirklichkeit jener Personen wäre in der Kunst ungenießbar".[11] Daß die „wirklichste Wirklichkeit" nicht in ihrem schlichten Dasein Gegenstand der Kunst sein kann, indiziert ein gebrochenes Verhältnis zu ihr. Das bloße Realsein gibt einer Sache noch keineswegs die Dignität eines künstlerischen Sujets. „Kunst", schreibt Stifter im Aufsatz ‚Die Kunstschule' von 1849, „heißt die Fähigkeit, etwas hervorzubringen, was durch außerordentliche Schönheit das Herz des Menschen ergreift, es emporhebt, veredelt, mildert".[12] Die Kunst hat es mit dem Schönen und nur mit ihm zu tun,[13] und daran gemessen kann das Faktische zu häßlich und zu brutal sein, um als künstlerisch ‚genießbar' zu gelten. Von einer Generalaffirmation des Bestehenden kann bei Stifter entgegen anderslautenden Ansichten keine Rede sein. Nichts liegt ihm, selbst wo er das Erhabene zu seinem Gegenstand macht, ferner als eine ‚Aesthetik des Häßlichen', wie sie fast gleichzeitig Karl Rosenkranz hegelianisch auf den Begriff bringt.[14] Das Häßliche, und das impliziert den größten Teil der zeitgenössischen sozialen, politischen und ökonomischen Realität, schließt Stifter programmatisch aus dem Bereich der Künste aus.[15] So gesehen steht der mimetische Anspruch quer zur „wirklichsten Wirklichkeit". Er bezieht sich nunmehr nicht auf das ‚was man sieht', sondern auf eine Realität, die mit dem faktisch Vorfindlichen nur teilweise identisch ist, ja diesem geradezu opponiert. Denn Kunst hat nicht lediglich alles Häßliche zu meiden, sie muß vielmehr das „gemeine rohe Leben" transzendieren und „vor uns vergehen" lassen[16] und ist damit dessen indirekte Kritik. Kunst hat einen gegenbildlichen Anspruch. In diesem Sinne bemerkt Stifter mit Blick auf den ‚Nachsommer', er „habe wahrscheinlich das Werk der Schlechtigkeit willen

---

[10] SW. Bd. 16, S. 374.
[11] SW. Bd. 19, S. 265f.
[12] SW. Bd. 16, S. 175.
[13] Vgl. dazu die einläßliche Analyse von Michael Johannes Böhler: Formen und Wandlungen des Schönen. Untersuchungen zum Schönheitsbegriff Adalbert Stifters. Bern 1967.
[14] Karl Rosenkranz: Aesthetik des Häßlichen. Königsberg 1853.
[15] „Dampfbahnen und Fabriken" haben selbst in einer „Erzählung aus unseren Tagen", wie Stifter den ‚Nachsommer' im Untertitel nennen wollte, keinen Platz (SW. Bd. 19, S. 14); schon das begründet seine scharfe und affektgeladene Frontstellung gegen das „junge Deutschland", das mit seiner Einmischung von „Tagesfragen, und Tagesempfindungen in die schöne Litteratur" den „Zwek" der Kunst als des Schönen grundsätzlich verfehlt (SW. Bd. 17, S. 138).
[16] SW. Bd. 16, S. 358.

gemacht, die im Allgemeinen mit einigen Ausnahmen in den Staatsverhältnissen der Welt in dem sittlichen Leben derselben und in der Dichtkunst herrscht. [...] Ich habe ein tieferes und reicheres Leben, als es gewöhnlich vorkömmt, in dem Werke zeichnen wollen und zwar in seiner Vollendung".[17] Gewiß wird hier immer eine Vermittlung solcher Bilder des Vollkommenen mit der Welt der Erscheinungen vorausgesetzt, von deren Prinzipien sich die Darstellung niemals entfernen darf. Aber fällt ein solches Konzept noch unter einen Begriff von Naturnachahmung oder von Realismus?

Mehrfach hat Stifter in seinen Briefen versucht, die skizzierte Konstellation begrifflich in durchaus zeittypischer Weise als ein Verhältnis von „Realismus" und „Idealismus" zu fassen. Für sich genommen, seien beide unzulänglich und müßten daher vereinigt werden. „Der Realist und der Idealist ist verfehlt, wenn er nicht etwas Höheres ist, nehmlich ein Künstler", heißt es in einem Brief von 1858,[18] und neun Jahre später schreibt Stifter: „Realismus (Gegenständlichkeit) wird so gerne geradehin verdammt. Aber ist nicht Gott in seiner Welt am allerrealsten? Ahmt die Kunst Theile der Welt nach, so muß sie dieselben den wirklichen so ähnlich bringen, als nur möglich ist, d.h. sie muß den höchsten Realismus besitzen. Hat sie *über ihn hinaus* aber nichts weiter, so ist sie nicht Kunst, der Realismus kann dann noch für die Naturwissenschaft Werth haben, für die Kunst ist er grobe Last. Idealismus ist eben jenes Göttliche, von dem ich oben sagte. Ist es in der Kunst dem größten Realismus als höchste Krone *beigegeben*, so steht das vollendete Kunstwerk da. Wie bloßer Realismus grobe Last ist, so ist bloßer Idealismus unsichtbarer Dunst oder Narrheit."[19]

Nun setzt allerdings diese Konstruktion das Programm einer Nachahmung der Natur in der Tat erheblicher Spannung aus. Denn der Begriff des Idealismus oszilliert bei Stifter zwischen objektiver Idee in einem quasi platonischen Sinn und subjektivem Ideal, und allenfalls im ersteren Fall wäre der Idealismus einem mimetischen Konzept integrierbar. Ein Beispiel dafür liefert der ‚Nachsommer'. Nach längeren Phasen präzis naturalistischer Wiedergabe von einzelnen Naturgegenständen und Möbeln zum Zwecke der Dokumentation entdeckt der schließlich auch in der Landschaftsmalerei dilettierende Heinrich eines Tages, es gehe eigentlich darum, „die Seele eines Ganzen" zu erfassen: „Es war ein gewaltiger Reiz für das Herz, das Unnennbare, *was in den Dingen vor mir lag,* zu ergreifen".[20] Ähnliches liest man in den Briefen und Aufsätzen: Die „Seele der Natur",[21] das „Gesetz", von dem auch in der Vorrede zu den ‚Bunten Steinen' die Rede ist, das „Wesen" der Dinge,[22] das „Unnennba-

---

[17] SW. Bd. 19, S. 93f.
[18] SW. Bd. 19, S. 115.
[19] SW. Bd. 14, S. 218f.
[20] SW. Bd. 7, S. 30.
[21] SW. Bd. 20, S. 259.
[22] SW. Bd. 16, S. 7f.

re" in ihnen – das sind tastende Umschreibungen für eine ‚Hinterwelt' der Dinge, die die Kunst wiederzugeben hat und die bei Stifter verschiedene begriffliche Anklänge birgt, deren Vereinbarkeit miteinander hier nicht untersucht werden soll: Essenz, Ursprung, Potentialität, Telos, Ordnung. Auch der Begriff des Allgemeinen ließe sich hier anschließen, das für Stifter ja nicht lediglich eine logische Größe ist, sondern einen ontologischen Vorrang vor dem Besonderen zu haben scheint und daher auch für den Künstler den Fluchtpunkt seiner Darstellung wie seines Selbstverständnisses bildet.[23] Häufig springt in diesem Zusammenhang der Begriff des „Göttlichen" und seines „Waltens" in der äußeren Welt ein: Kunst sei, so wird Stifter in Erinnerung seiner Schulzeit in Kremsmünster nicht müde zu wiederholen, „die Darstellung des Göttlichen im Kleide des Reizes".[24] Man möchte nun meinen, wenn die „Seele der Natur", das „Wesen", die göttliche Spur, oder wie immer die Formeln lauten, „*in* den Dingen vor mir" liegt, dann werde die Kunst auf den semiotischen Akt einer Lektüre verpflichtet, der in Analogie etwa zur Physiognomik ein ‚Inneres' im sinnfälligen Äußeren entziffert. Sie müßte dann die Realität in ihrer Gegenständlichkeit exakt abbilden, jedoch ergänzt um die Dimension eines ‚je ne sais quoi', die wahrnehmbar macht, was doch eigentlich unsichtbar ist. Dann freilich wäre der „Realismus" selbst schon der „Idealismus", müßte also von diesem gar nicht unterschieden werden, denn er würde nur den Ausdruck des Wesens der Dinge in ihrer Erscheinung zu erfassen und nachzuahmen haben. Vieles deutet in der Tat darauf hin. Auch und gerade in der Natur, bemerkt Stifter einmal, liege jenes Göttliche. „Es kommt nur darauf an, *es zu fassen und zu bringen.*"[25]

Aber das ist nur die eine Seite des idealistischen Komplexes bei Stifter. Wie es oben hieß, ist nämlich der Idealismus dem Realismus „beigegeben", er kommt zu diesem *hinzu*. Nimmt man diese Formulierung ernst, dann entbirgt die Kunst nicht oder jedenfalls nicht nur den ideellen Kern des sinnfälligen Realen, sondern sie gibt dem Gegenständlichen ein qualitativ andersartiges Ideelles bei – eines mithin, das nicht in den Dingen, sondern im *Künstler* liegt. In einer solchen Vielzahl von Texten, daß es bei Stifters genereller Tendenz zur Abarbeitung von Subjektivität erstaunen muß, wird unmißverständlich deutlich, daß das Kunstwerk immer Ausdruck der Innerlichkeit seines Schöpfers sei, der seine Seele, sein „Herz", sein Gefühl in ihm „verkörpert". „Die ganze Innerlichkeit eines Menschen ist es zuletzt, welche seinem Werke das Siegel und den Geist aufdrückt", schreibt Stifter 1848 in dem programma-

---

[23] SW. Bd. 16, S. 302f.; Bd. 18, S. 261; Bd. 19, S. 39, 52 u.ö.
[24] Vgl. SW. Bd. 14, S. 12, S. 33, S. 217 u.ö. Zur Herkunft dieses Grundsatzes aus Kremsmünster vgl. den Brief an Gottlob Christian Friedrich Richter vom 21.6.1866; SW. Bd. 21, S. 236. Vgl. dazu auch das Kapitel ‚Das Schöne und die Kunst' bei Moriz Enzinger: Adalbert Stifters Studienjahre (1818–1830). Innsbruck 1950, S. 204–207.
[25] SW. Bd. 14, S. 217.

tischen Aufsatz ‚Ueber Stand und Würde des Schriftstellers'[26] und steht in der Folge nicht an, gegenüber dieser Ausdrucksqualität des Werks dessen Gegenstand in erstaunlicher Weise abzuwerten. In einem Brief an Piepenhagen bemerkt Stifter beispielsweise, es sei „der Mensch, der die Landschaft gemalt hat, [...] den wir verehren und lieben [...]. *Darum ist auch der Stoff so gleichgiltig, wenn nur der Mensch sein großes Innere dadurch zu entfalten vermag*".[27] Schon vorher hatte Stifter – wiederum Piepenhagen gegenüber – das „Göttliche" selbst zu einer Qualität des künstlerischen Subjekts gemacht: „Wer es besizt, wen Gott damit gesegnet hat, der prägt es in allen Dingen aus, in allen Stoffen, er beseelt sie damit".[28] Der „Idealismus" im Sinne der „höchste[n] geistige[n] Idee", die „im Kunstwerke herrschen" soll,[29] wäre in dieser Perspektive die Präsenz einer *subjektiven* Idee, eines *Ideals, das der Künstler sich selbst von seinem Gegenstand entwirft*, den er auf diese Weise beseelt. Die Kunst bringt „das Zauberbild des Lebens *in Verklärung*",[30] dekretiert Stifter 1856 in einem Brief an Geiger, und das heißt in diesem Kontext, daß sie die Dinge in ihrem Sollzustand zeigt, *wie diesen das große Subjekt imaginiert.*

Die Spannung, in der solche Postulate zu den mimetisch-desubjektiven Komponenten seiner Kunstreflexion stehen, scheint Stifter nicht wahrgenommen zu haben.[31] Oder ist sie am Ende gar nicht so gravierend, wie es zunächst scheinen mag? Manches weist in diese Richtung. Innerlichkeit nämlich ist nicht gleich Innerlichkeit. Stifters ganzes ästhetisches Programm setzt die radikale Entindividualisierung und Desubjektivierung des Ichs voraus und scheint dadurch den Gefahren der „Manier" entgehen zu wollen. So wiederholt sich auf dieser Ebene das Persönlichkeitsideal, dem Stifter die fiktiven Figuren seiner literarischen Texte auf dem Wege der Entwicklung anzunähern sucht. Die „Innerlichkeit", die sich im Werk ausdrücken soll, ist nicht die eines Ichs, das, in Leidenschaften befangen, irgend „besonders" sein will,[32] sondern nähert sich selbst der Ordnung der Dinge an. Sie ist, um eine einschlägige Wortprägung aus der Vorrede der ‚Bunten Steine' aufzunehmen, „menschlich verallgemeinert":[33] „Der wahre Künstler hat ein Herz und einen

---

[26] SW. Bd. 16, S. 9.
[27] 15.1.1865; SW. Bd. 20, S. 258.
[28] 13.12.1859; SW. Bd. 19, S. 200.
[29] SW. Bd. 14, S. 114.
[30] SW. Bd. 18, S. 353.
[31] Auch seine Interpreten nicht. Michael Böhlers zutreffende und anregende Ausführungen über die mit den Traditionen der Goethezeit brechende Tendenz des späten Stifter zur Beseitigung von Individualität und zur bruchlosen Unterordnung der Kunst unter die Natur etwa übergehen schlichtweg die ‚idealistische' Gegenbewegung und ihre Konsequenzen für Stifters Kunstreflexion. Vgl. Die Individualität in Stifters Spätwerk. Ein ästhetisches Problem. In: DVjs 43 (1969), S. 652–684, hier vor allem S. 654ff., S. 678ff.
[32] SW. Bd. 17, S. 250.
[33] WuB. Bd. 2.2, S. 13. Vgl. in diesem Zusammenhang auch die Forderungen an die moralische, intellektuelle usw. Bildung des Dichters, die Stifter im Aufsatz ‚Ueber Stand und Würde des Schriftstellers' erhebt: SW. Bd. 16, S. 5-18.

Geist empfangen, in denen sich die großen und ewigen Empfindungen der Menschheit spiegeln", heißt es im Aufsatz ‚Ueber die Behandlung der Poesie in Gymnasien'.³⁴ Nur darum kann der künstlerischen Innerlichkeit das Attribut des „Göttlichen" beigelegt werden. Der „Idealismus" hätte sich dann selbst immer auch als eine Art „Realismus" zu verstehen: Das subjektive Ideal gibt sich als transsubjektiv, es beansprucht selbst einen objektiven Kern, ja konvergiert am Ende mit der objektiven Idee der Dinge. So zeichnet sich eine Vermittlung der begrifflich auseinanderstrebenden Positionen von „Realismus" und „Idealismus", Wirklichkeitsbindung und Innerlichkeit, Objektivismus und Subjektivismus ab: Die Seele des Künstlers erhält ihre Dignität gerade dadurch, daß sie sich strikt an der „Wesenheit" der „Dinge" orientiert, während umgekehrt dieses Wesen, das nicht unmittelbar sinnfällig ist, nur in seiner Brechung durch die Innerlichkeit des Künstlers zur Erscheinung kommen kann, in einer Subjektivität also, die sich gerade über ihren Objektivitätsbezug definiert.

Behalten also jene Interpreten recht, die die Kunstreflexionen Stifters mit dessen eigenen Worten auf eine ‚Synthese' von „Realismus" und „Idealismus" festlegen wollen?³⁵ Hermeneutisch mag diese Lösung überaus befriedigend sein, leider trifft sie allenfalls einen Teil des Sachverhalts. Zunächst einmal ist festzuhalten, daß sie eine gewisse Geltung lediglich für den sozusagen ‚mittleren Bereich' der Stifterschen Formulierungen beanspruchen kann, deren ‚äußerste Enden' nach wie vor schwer vereinbar scheinen. Stifters ästhetisches

---

[34] SW. Bd. 16, S. 308. Dementsprechend kann auch das Schöne nicht bloß „subjectiv" sein. „Am subjectivsten, mithin verworrensten wäre es, wenn man als höchsten Satz gelten ließe, daß Jeder sein eigenes Schöne habe, wie es eben sein Gefallen mit sich bringe. [...] etwas Allgemeines muß das Gefallen, wie es sich in den einzelnen Persönlichkeiten darstellt, doch haben, welches der Grundzug des ganzen menschlichen Geschlechtes ist, und welches dann das Kennzeichen des Schönen sein wird. Dieses Allgemeine darf aber nicht ein zufällig Allgemeines sein, [...] sondern es muß ein Allgemeines sein, welches in den Gesetzen der menschlichen Natur liegt" (ebd., S. 302f.). Ganz in diesem Sinne liest man im ‚Nachsommer', die Dichter seien „die Priester des Schönen und vermitteln als solche bei dem steten Wechsel der Ansichten über Welt, über Menschenbestimmung, über Menschenschicksal und selbst über göttliche Dinge das ewig Dauernde in uns und das allzeit Beglückende" (SW. Bd. 7, S. 35).

[35] Auf eine solche „Synthese" ist die Forschung, zumeist alle damit verbundenen Probleme überspringend, immer wieder zielstrebig zugegangen. So etwa das Werk von Kurt Gerhard Fischer: Die Pädagogik des Menschenmöglichen. Adalbert Stifter. Linz 1962, S. 485f.; vgl. dort überhaupt das Kapitel über „Stifters Ästhetik und seine Kunsterziehungslehre", S. 477–515. Zumindest benannt werden die Widersprüche und Inkonsistenzen in Stifters Formulierungen in einem einschlägigen Exkurs zur „Synthese" von Idealismus und Realismus bei Karl Konrad Polheim: Die wirkliche Wirklichkeit. A. Stifters „Nachkommenschaften" und das Problem seiner Kunstanschauung. In: Untersuchungen zur Literatur als Geschichte. Festschrift für Benno von Wiese. Hrsg. von Vincent J. Günther, Helmut Koopmann, Peter Pütz, Hans Joachim Schrimpf. Berlin 1973, S. 385–417, hier S. 412ff. Vgl. auch die den Kern der Problematik anreißenden Bemerkungen bei Walter Weiss: Stifters Reduktion. In: Germanistische Studien. Innsbruck 1969, S. 199–220, hier S. 215.

Denken scheint mir angemessen beschreibbar nur als ein permanenter Widerstreit, als ein Gegeneinanderarbeiten verschiedener Impulse, die häufig zugleich am Werk sind, also interferieren. Ich fasse noch einmal zusammen: Im Zeichen der Absage an den Subjektivismus und der Ausrichtung auf die Wirklichkeit der Dinge formuliert Stifter ein mimetisches Kunstkonzept, das einerseits quasi naturalistisch-abbildliche Züge trägt, während es sich andererseits unter dem Eindruck gerade der Unzulänglichkeit, ja Bedrohlichkeit der vorfindlichen Realität ins Gegenbildliche verschiebt. Dem naheliegenden Verdacht, hier komme subjektive Willkür ins Spiel, sucht Stifter zuvorzukommen, indem er jenes Gegenbildliche auf eine ideelle Hinterwelt der Dinge bezieht, dabei freilich eine Vermittlungsleistung des Künstlers einzuräumen gezwungen ist. Selbst dort aber, wo Stifter den subjektiven Anteil am Kunstwerk am markantesten herausstellt, wo er also die im Werk zur Erscheinung kommende Idee als das subjektive Ideal des Künstler-Ichs bestimmt, möchte er dieses objektivistisch rückbinden. Das ist der systematische Punkt der skizzierten Synthese. Diese oszillierende Bewegung zwischen objektivistischem Anspruch, Anerkennung des subjektiven Faktors, erneuter objektivierender Verankerung solcher Subjektivität kehrt bei Stifter beständig wieder. Die Integration des Ichs in das ästhetische Programm sozusagen auf dem Wege seiner faktischen Austreibung steht nun allerdings immer auf der Schwelle, eine neuerliche Wiederkehr des eskamotierten Subjekts freizugeben. Ich bin versucht, von einem ‚Entlaufen' des subjektiven Faktors aus dem Bezirk seiner ‚realistischen' Neutralisierung zu sprechen, und damit ist man am anderen Ende des von Stifter bearbeiteten Argumentationsfeldes angekommen. Durchaus bestätigen zahlreiche Formulierungen den Eindruck, die Präsenz des Künstler-Ichs gehe nicht im Konzept einer Vereinigung von „Realismus" und „Idealismus" auf, sondern bilde gewissermaßen einen Überhang über dieses. Zum guten Teil steht dahinter ein grundsätzliches Problem: Der Versuch nämlich, subjektives Ideal und objektive Idee als übereinstimmend zu denken, muß schon deshalb im höchsten Maße labil bleiben, weil sich das Ideelle im Subjekt in seiner objektiven Gültigkeit überhaupt nicht verifizieren läßt und daher immer wieder unter den Verdacht fällt, selbst nichts als eine Supposition, eine bloße Ausgeburt der Phantasie zu sein. Stifter hat das sehr wohl gesehen. „Ich bin", schreibt er am 14.1.1860 an Balthasar Elischer, „seit meiner Jugend dem Hohen nachgegangen, und habe es zu verwirklichen gestrebt. Ob es mehr oder minder gelungen, oder *ob nur ein fantastisches Ding gekommen ist*, wußte ich nie völlig sicher."[36] Was wahrhaft ‚real' ist, entzieht sich prinzipiell der Kennt-

---

[36] SW. Bd. 19, S. 216. Es handelt sich hier keineswegs um einen vereinzelten Anfall von Selbstzweifel. Ähnliches liest man auch in einem Brief an den Juwelier und Freund Joseph Türck vom 16.7.1852: „Es ist möglich, daß in mir viele Blumen getödtet wurden, es ist aber auch möglich, daß sie vielleicht gar nie da waren. [...] Könnte ich den Umgang meiner Freunde und so manches bedeutenden Mannes [...] genießen, so dürfte viel-

nis des Subjekts – und so schwindet klammheimlich die behauptete programmatische Differenz Stifters zu seinen subjektivistischen Zeitgenossen, denen er sich contre cœur zuzurechnen gezwungen sieht: „Der Wille, vor der Wirklichkeit Ehrerbiethung zu haben, wäre wohl da; aber *uns Neuen* mischt das Ich stets einen Theil von sich unter die Wirklichkeit mit, und tauft ihn Wirklichkeit".[37]

II

Die außerordentliche Spannung, die Stifters ästhetische Argumentationen durchzieht, läßt sich schließlich auch auf einem anderen Gebiet beobachten: dem der Imagination und Beschreibung des künstlerischen Arbeitsprozesses. Das sei hier zur Erhärtung meiner These nur angedeutet. Erneut durchkreuzen sich die zwei mittlerweile geläufigen Denk- und Imaginationsbewegungen: die Affirmation von Realität und Natur als oberste Norm der Kunst einerseits und die heimliche Subversion dieser Norm durch ein ständig sich durchsetzendes Subjekt andererseits. Das Ziel einer genauen Darstellung der Wirklichkeit ohne alle Verfälschung durch ein wahrnehmendes und wiedergebendes Subjekt rückt die Kunst selbst in den Bereich der Natur, und zwar sowohl von Seiten des darzustellenden Gegenstands wie von Seiten seines Nachahmers. Infolgedessen avanciert das Epitheton „natürlich" zum maßgeblichen Beurteilungskriterium für das Gelingen eines Werks.[38] Im Kunstwerk soll sich die „Natur der Sache" durchsetzen,[39] der der Künstler nichts hinzufügen darf, da dies ja nur ihre Natürlichkeit verfälschen würde; jede Intention, jedes Wollen wäre nur Ausdruck subjektiver Willkür. Ich darf noch einmal an den bereits zitierten Satz erinnern: „Ich habe wirklich kein Verdienst an meinen Arbeiten, ich habe nichts gemacht, ich habe nur das Vorhandene ausgeplaudert." Solche Plauderei geriert sich als völlig ‚selbst-los‘, sie quillt unbewußt, also ohne allen Anteil eines reflektierenden und disponierenden Ichs, aus dem Inneren und kann deshalb nur dasselbe sein wie ihr Gegenstand: Natur. Immer wieder

---

leicht manches kleine Schöne sprießen, obwohl nicht jenes Große und Begeisternde, mit dem ich mich einst im Übermuthe trug, und das wohl nur eine *fata morgana* gewesen ist." (SW. Bd. 18, S. 117. Hervorhebung im Original).

37 SW. Bd. 19, S. 224.
38 Unter den vielen Belegen seien nur genannt: SW. Bd. 18, S. 107, S. 137f. Über eine Landschaft des Münchner Malers Robert Zimmermann, der selbst „eine ganz kernhafte, urwüchsige Natur" sei, heißt es lobend, das Bild gehe „den reinen, hellen Weg der Natur" (SW. Bd. 14, S. 94). Vgl. schließlich auch in der letzten ‚Mappe‘ die Sätze des Fürsten über seinen Park: „Es ist wie mit einem Kunstwerke, von dem Menschen sagen, es sei gar kein Kunstwerk, sondern nur natürlich, und zu dem sie immer wieder gehen, es anzuschauen. Durch ihre Handlung sprechen sie das größte Lob aus." (SW. Bd. 12, S. 281)
39 SW. Bd. 19, S. 282.

wird der künstlerische Prozeß bei Stifter darum als ein organisches „Wachsen" geschildert, das von einem intentionalen „Machen" abgehoben wird, das als solches schon in die Nähe der „Manier" rückt.⁴⁰ Das wahrhafte Kunstwerk, zum Beispiel der eigene ‚Nachsommer', erscheint als ein völlig naturwüchsiges Gebilde mit Wurzeln, Blüte und Frucht.⁴¹

Dieses Postulat steht nun allerdings in einem grotesken Mißverhältnis zu Stifters tatsächlichen Arbeitsprozessen, über die wir aus seinem Briefwechsel mit Heckenast und aus dem Tagebuch seiner Malerarbeiten gut informiert sind. Daraus geht bekanntlich klar hervor, daß der Autor nicht nur nach genauen Plänen gearbeitet,⁴² sondern die „Feile" auch so oft anzulegen pflegte, bis das Manuskript oder gar die Druckfahnen für den Setzer kaum mehr lesbar waren.⁴³ Das hat seinen Grund in einer prinzipiellen Schwierigkeit: im Problem nämlich der Umsetzung dessen, was Stifter, der hier die imaginative Leistung des Künstlersubjekts wieder ins Spiel bringt, als ein inneres Vor-Bild, ein unerreichbares „Ideal" des Werks betrachtet, in eine ihm äußerliche und widerständige Materialität: Schrift und Farbe.⁴⁴ So pocht Stifter denn auch immer wieder auf die Unabdingbarkeit von „Handwerk" und „Mache", die er doch andererseits gerade zu leugnen scheint. Über die ‚Studien' etwa heißt es Heckenast gegenüber, die Metaphorik des Organischen aufgreifend und doch charakteristisch umstürzend: „Was an wahrhaft künstlerischem Werthe daran ist [...], das ist die *Frucht des Nachdenkens und der Feile*."⁴⁵ So gut wie jeder andere weiß und formuliert Stifter, daß nicht das „was", sondern das „wie" die Kunst ausmacht,⁴⁶ doch gehört es gerade zu den Raffinessen der Faktur, daß sie sich selbst zum Verschwinden bringt und verleugnet. Zum Bei-

---

⁴⁰ Vgl. u.a. SW. Bd. 18, S. 103, S. 186, S. 303; Bd. 20, S. 48 u.ö.
⁴¹ Vgl. den Brief an Heckenast vom 29.2.1856; SW. Bd. 18, S. 313: „Die Gliederung soll organisch sein [...]. Der 1ᵗᵉ Band rundet die Lage ab, und säet das Samenkorn, das bereits sproßt, und zwar mit den Blättern vorwärts in die Zukunft [...] und mit der Wurzel rükwärts in die Vergangenheit [...]. Daß in beiden Richtungen in den folgenden Bänden wärmere Gefühle und tiefere Handlungen kommen müssen, liegt im Haushalte des Buches, welches wie ein Organismus, erst das schlanke Blättergerüste aufbauen muß, ehe die Blüthe und die Frucht erfolgen kann."
⁴² Vgl. z.B. SW. Bd. 19, S. 93ff.
⁴³ Vgl. z.B. SW. Bd. 21, S. 82.
⁴⁴ Vgl. den Brief an Friedrich Culemann vom 3.2.1854, SW. Bd. 18, S. 205: „Ich glaube das freundliche Urtheil der Welt nur in so ferne zu verdienen, als die Menschen aus meinen Schriften doch gleichsam zwischen den *Zeilen* das *Gewollte* heraus lesen, und mir dasselbe als ein Gut anrechnen; ich selber kann nicht so denken, und bin nicht mit dem Gewirkten zufrieden; denn so lange eine Dichtung nur erst in meinem Kopfe und in meinem Herzen schwebt, ist sie unsäglich lieb und hold und fast feenartig schön, wird sie dann fertig, und steht auf dem Papier, so ist der Duft hin, und das Gewordene ist so unerßprießlich unzulänglich dürftig, daß ich immer die große Kluft zwischen Fühlen und Ausdrüken inne werde. Ich suche wohl zu verbessern; aber die Kluft ist nie ganz auszufüllen".
⁴⁵ 9.9.1847; SW. Bd. 24, S. 183. Hervorhebung im Original.
⁴⁶ SW. Bd. 18, S. 209.

spiel in den ‚Bunten Steinen': „Was dem Leser das Einfachste und *Natürlichste* scheint, ist *das Werk der größten Kunst* und Sorgfalt, wer es anders meint, der versteht von Kunst und ihren Hervorbringungen nichts."[47] Entsteht Kunst dem von Stifter gepflegten ‚Mythos' zufolge auf dem Wege organischen Wachsens, so zeigen sich Organik und Wachstum andererseits als Simulationseffekte, geschaffen von einer elaborierten Artifizialität, die ihre Spuren hinter sich auslöscht.[48] Das Kunstlose erweist sich als Kunst, das Intentionslose als Intention, das Wachsen als Machen, das Unbewußte als Bewußtsein. Die Natur, die das Kunstwerk gleichermaßen zeigt und selbst sein soll, ist in Wahrheit ein Produkt des Ichs.

III

Man würde diesem durchgängigen ästhetischen Widerstreit zweifellos nicht gerecht, nähme man ihn lediglich als Beleg für die mangelnde theoretische Begabung Stifters. Ich möchte vielmehr behaupten, daß er aufs engste mit Stifters semiotischem Denken zusammenhängt, mit der Betrachtung also nicht nur des Kunstwerks, sondern der Welt schlechthin als Zeichenkomplexen. Diese These kann hier nicht so ausgiebig entfaltet werden, wie es wünschenswert wäre,[49] doch möchte ich abschließend versuchen, wenigstens in groben Umrissen die bisher verfolgte Argumentationsbewegung noch einmal unter dieser neuen Perspektive nachzuzeichnen.

Stifters monotone Formel, Kunst sei „die Darstellung des Göttlichen im Kleide des Reizes", besagt unter anderem, Kunst habe es letztlich mit etwas zu tun, das *als solches* weder sinnfällig noch darstellbar ist. So sehr Stifter immer wieder am Wunschbild einer *unvermittelten* Erscheinung des Göttlichen festhält,[50] so klar artikuliert er zugleich, daß dieses uns nur durch ein Medium hindurch zugänglich sein kann. Nur eines sei noch höher als die Kunst: „die Religion, das Göttliche an sich; aber es ist dies kein Irdisches mehr, und könnte von uns auch gar nicht gefaßt werden, wenn es sich nicht

---

47 SW. Bd. 18, S. 134.
48 Auch das hat Stifter zuzeiten erkannt. An Heckenast schreibt er über Piepenhagen: „Und für ein Kunstwerk allerersten Ranges halte ich dieses Bild. Es hat alle Dichtungsfülle der Kunst und gar keine Mittel des Handwerkes. [...] Aber auch das Handwerk ist in dem vorliegenden Bilde bis zu seiner Spize vollendet. Wie sind die Lichter [...] aufgesezt, und wie sind die Töne abgestuft, ohne daß man eine Mache sieht! *Es scheint eben alles gewachsen.*" (3.1.1862, SW. Bd. 20, S. 48)
49 Vgl. dazu das Kapitel ‚Die Welt der Zeichen. Stifters semiotischer Blick' in meinem Buch: Die Welt der Zeichen. Stifter-Lektüren. Stuttgart 1995.
50 Beispielsweise im Text über ‚Die Sonnenfinsterniß am 8. Juli 1842'; SW. Bd. 15, S. 5–16.

auch wieder eines Kleides bediente".⁵¹ Dieses Kleid ist zunächst einmal die äußere Wirklichkeit, und das begründet den mimetischen Impuls der Kunst bei Stifter. Da „die Gottheit in der Welt unsichtbar ist und dennoch in jedem Grashalme wohnt", sei es Aufgabe der Kunst, „ein Stück wahrer Welt [zu] geben"⁵² und in dieser die göttliche Spur aufzudecken oder, was nur begriffliche Varianten dieses Anliegens sind, die „Seele der Natur", ihre „Wesenheit" oder Ordnung. Im Gefolge des alten Topos vom Buch der Natur erscheint die Welt so in der Struktur des Zeichens; sie zerfällt in zwei Sphären, einerseits eine sichtbare Oberfläche, ein irdisches Kleid, den Signifikanten mithin und andererseits eine verborgene Hinterwelt, einen metaphysischen Kern: das Signifikat. Das ist die Basis von Stifters ‚objektivem Idealismus' und seiner Abkehr von einer ‚naturalistischen' Abbildungsprogrammatik, zu der er dort zu neigen scheint, wo er gegen seine semiotische Einsicht an einer unmittelbaren Präsenz der göttlichen Ordnung in der Welt festhält. Nun erscheint allerdings das Zeichen bei Stifter in einem zutiefst zweideutigen Licht: In ihm nämlich durchdringen sich eine Absenz und eine Präsenz; ein Unsichtbares wird dem Bewußtsein vergegenwärtigt, jedoch nur in einem Anderen, das es vertritt. Solche Re-Präsentation birgt aber zugleich die Gefahr, daß sich der Signifikant gewissermaßen von dem losreißt, dem er nur zu dienen hätte, und ein irreführendes Eigenleben beginnt. Er kann seine Bedeutung nicht nur darbieten, sondern gerade auch unkenntlich machen. Zeichen können, wie etwa der ‚Hochwald' ausdrücklich unterstreicht, „trügen".⁵³ Ja, der Verdacht ist nie ganz auszuräumen, daß das vermeintliche Zeichen am Ende überhaupt keines sei. Diese Ambivalenz überträgt sich insbesondere auf das Naturbild Stifters. Sosehr dieser sich bemüht, die Natur als freundlich und gut darzustellen, sosehr ist sie ihm die Quelle ständiger Bedrohung, die einen Prozeß permanenter Kulturation in Gang setzt. Gut und freundlich ist Stifters Natur immer nur dort, wo sie transparent scheint auf ein zugrunde liegendes „sanftes Gesetz", doch wird dieser Durchblick von der faktischen Unlesbarkeit der Natur vor allem in ihren bedrohlichen und vernichtenden Erscheinungen und in der Folge von einem kaum verhohlenen Zweifel am guten Sinn des Realen in Frage gestellt. Auf knappstem Raum tritt die ganze Problematik in einer Passage der ‚Zwei Schwestern' zutage, die einerseits auf der metaphysischen Designation der Natur insistiert, andererseits die völlige Opazität eben dieser Natur herausstellt und damit ihre Lesbarkeit und ihren Zeichencharakter wieder in Frage stellt: Die Natur, sagt Alfred Mussar, „ist das Kleid Gottes, den wir anders als in ihr nicht zu sehen vermögen, sie ist die Sprache, wodurch er einzig zu uns spricht, sie ist der Ausdruk der Majestät und der Ordnung: aber sie geht in ihren großen eigenen Gesezen fort, *die uns in tiefen Fernen liegen*, sie nimmt

---

⁵¹ SW. Bd. 18, S. 77; ursprünglich Bd. 14 (1. Aufl.), S. 12.
⁵² SW. Bd. 16, S. 344.
⁵³ Vgl. WuB. Bd. 1.1. S. 212f.. S. 276, S. 298 u.ö.

keine Rüksicht, sie steigt nicht zu uns herab [...]".⁵⁴ Der Natur in ihrem materiellen Dasein gilt letztlich Stifters tiefes, nur mühsam vor sich und anderen kaschiertes Mißtrauen.

Das Göttliche in der Erscheinungswelt „zu fassen und zu bringen",⁵⁵ ist somit alles andere als ein leichtes Unterfangen, zumal hier noch ein weiterer Aspekt der Problemkonstellation zu berücksichtigen ist. Das „Göttliche" zeigt ja nicht einfach sich in den Dingen, sondern es muß ‚gefaßt', gelesen, interpretiert werden. Der Künstler wird zum Detektiv auf den Spuren Gottes, und darin kommt eine Leistung des Subjekts notwendig ins Spiel.⁵⁶ In dem wichtigen Ausstellungsbericht von 1867 schreibt Stifter: „Das höchste Werk, worin dieses Göttliche ausgedrückt wird, ist die Welt, die Gott erschaffen hat. Und wenn der Mensch das Göttliche durch die Kunst darstellen will, so ahmt er Theile der Welt nach" – um kurz darauf hinzuzufügen, der Künstler bringe „ohne Wissen das Göttliche, *wie es sich in seiner Seele spiegelt*, in sein Werk".⁵⁷ Insofern drückt sich in diesem nicht nur, wie Stifter mancherorts glauben machen will, das Göttliche in der äußeren Welt aus, sondern immer auch die subjektive Auffassung, die *Reflexion* dieses Göttlichen im Inneren, wie Stifter optimistisch den Rezeptionsakt umschreibt, der die Dinge allererst als Zeichen und Ausdruck eines Unsichtbaren begreift. Sosehr er sich an der zitierten Stelle bemüht, das Verhältnis von Innerlichkeit und Außenwelt als eine Übereinkunft darzustellen, indem er das innere Vor-Bild des Kunstwerks als Abbildung des äußeren Göttlichen ausgibt, sosehr macht die Schwierigkeit, dieses zu „finden" und zu „fassen", deutlich, daß hier der strukturelle Ort des Verdachts ist, die Rede vom Göttlichen, vom „sanften Gesetz", vom Wesen und Ziel der Natur sei vielleicht nichts als eine Unterstellung – ein „fantastisches Ding" eben.

Nach einer ersten Vermittlung – der des Göttlichen in den Dingen – und einer zweiten, nämlich subjektiven Vermittlungsstufe kommt im Kunstprozeß nun auch noch eine dritte hinzu: Denn die vorgebliche Spiegelung des Göttlichen in der Seele muß im nächsten Schritt wieder nach außen gewendet und materialisiert werden. Hier setzt die Arbeit der künstlerischen Umsetzung ein. Dem Wunschbild eines *unmittelbaren* Erscheinens des Signifikats der Natur korrespondiert dabei die Idee eines organischen Wachsens, einer vermittlungsfreien und unverfälschten Selbstpräsentation des Inneren also. Der Semiotiker in Stifter weiß es anders. „Die höchste geistige Idee soll im Kunstwerke herr-

---

54 WuB. Bd. 1.6, S. 357.
55 SW. Bd. 14, S. 218.
56 Ausgerechnet in dem Objektbereich, den Stifter bevorzugt – dem Kleinen gegenüber dem Großen –, stellt sich dieses Problem besonders nachdrücklich: „Kleine Gegenstände [...] bedürfen eines besonders innigen, tiefen [...] Gemüthes, *weil das Ideal in der Kleinheit des Gegenstandes so schwierig zu finden ist*." (ebd., S. 218f.)
57 Ebd., S. 217, S. 219.

schen, aber ihr Träger kann in demselben nur das Sinnliche sein."[58] Wie das unsichtbare Göttliche bedarf auch das unsichtbare Innere, um „gefaßt" werden zu können, eines „Kleides". Ebenso aber wie in der Natur der Zeichenkörper nicht bloßer Abdruck seines Signifikats ist, sondern dieses verstellen kann, setzt auch hier die Materie der Zeichen dem Ausdruckswillen entschiedenen Widerstand entgegen. Stifters Aufspaltung des Werks in Seele und Körper, Gedanke und Ausführung, Innen und Außen begründet das Dauerlamento über den unbefriedigenden Verlauf seiner Arbeitsprozesse, in denen eine unaufhebbare Differenz zwischen Gewolltem und tatsächlich Entstandenem herrscht und in immer neuen Arbeitsschritten minimiert werden soll.

So sind es zu einem guten Teil Probleme des Zeichenprozesses selbst, die die Widersprüche in Stifters ästhetischem Denken hervortreiben. In diesem streitet nicht nur das rousseauistische Wunschbild einer unmittelbaren Präsenz des Gemeinten mit der Einsicht des Semiotikers in die Unhintergehbarkeit von Vermittlung, die das Ich immer wieder in den Kunstprozeß zurückholt. Häufig reicht die Rolle des Ichs in Stifters Kunstreflexion deutlich über die unvermeidlichen vermittelnden Funktionen von Subjektivität im Dienst des Realen hinaus. Und auch das ist, auf seiner Kehrseite gewissermaßen, ein Effekt des Zeichencharakters der Welt. Stifters Äußerungen zur Kunst sind punktuell, situationsbezogen und perspektivisch. Wo der Gedanke auf das göttliche Signifikat der Dinge geht, wo der Welt mithin eine sinnfällige oder lesbare Ordnung unterstellt wird, da vertritt Stifter aufs strengste das Prinzip der Mimesis. Tritt hingegen das nackte Dasein der Dinge in seiner potentiellen Bedrohlichkeit und semiotischen Undurchdringlichkeit ins Gesichtsfeld, so wächst Zweifel an derart frommen Postulaten. Vielleicht verweisen die Dinge ja gar nicht als Zeichen auf eine Ordnung, sondern indizieren lediglich eine „letzte Unvernunft des Seins", wie im ‚Hochwald' und in der ‚Abdias'-Vorrede geargwöhnt wird.[59] Dann schlägt die Stunde des subjektiven Ideals, in dem die schlechte Welt zu jenem utopischen Schein gelangt, der ihr in Wahrheit fehlt. Stifter kann dann an seine Amalia schreiben – und dieser Satz hätte eigentlich für eine Sensation in der Stifter-Forschung sorgen müssen: „Lasse uns so unsere Herzen bewahren, und Alles Alles ist für uns auf der Erde ein Paradies; denn *das Paradies liegt alle Mal in uns, nicht draußen in dem Bau der Welt, der nur durch unser Auge schön wird*".[60] Im Ensemble von Stifters ästhetischen Reflexionen wiederholt sich damit aufs genaueste ein Widerspruch, der auch sein literarisches Werk strukturiert: der Widerspruch zwischen einem nachgerade verzweifelten Festhalten an tradierten metaphysischen Sicherheiten und dem trockenen Konstatieren ihres Zusammenbruchs, der das zutiefst beargwöhnte Subjekt als den letzten Garanten einer erträglichen Welt hinterläßt.

---

[58] Ebd., S. 114.
[59] WuB. Bd. 1.1, S. 289; Bd. 1.5, S. 237f.
[60] 10.8.1866; SW. Bd. 21, S. 266.

Karl Möseneder

Stimmung und Erdleben

Adalbert Stifters Ikonologie der Landschaftsmalerei

I

Von 1854 bis 1867, also ein Jahr vor seinem Tod, führte Stifter zum persönlichen Gebrauch ein Malertagebuch. Darin notierte er auf 43 Seiten akribisch jede für Landschaftsgemälde aufgewandte Stunde und Minute. Eine tabellarische Übersicht auf dem Vorsatzblatt nennt und erläutert mit knappen Worten die Titel der begonnenen und geplanten Bilder:

„Am 5ᵗ Februar 1854 war in Arbeit.
Landschaften

1. Die Vergangenheit. Bis auf den Vordergrund ge-
   römische Ruinen zeichnet. Die Luft gemalt.
2. Die Heiterkeit. Mittelgrund gezeichnet Luft und
   griechische Tempel- Hintergrund gemalt.
   ruinen
3. Die Sehnsucht. Mondstück. Die Luft gemalt.
4. Die Bewegung. Bis auf die Luft und Theile des
   strömendes Wasser Vordergrundes gezeichnet

(Wurde später verworfen und neu gezeichnet.)

Im Kopfe entworfen aber noch nicht begonnen

5. Die Ruhe. See mit Schneeberg
6. Die Einsamkeit, Ruinen mit Mondaufgang
7. Die Schwermuth. Mondstück.
8. Die Feierlichkeit (Großglockner.)"¹

Lange Zeit hielt man die durchwegs unvollendet gebliebenen oder – wie im Fall der ‚Feierlichkeit' – erst gar nicht in Angriff genommenen Bilder für verloren. Lediglich in der Studienfassung eines Nachtstücks mit römischen Ruinen (Abb. 1) wurde die Vorlage für das untergegangene Gemälde ‚Vergangen-

---

¹ ‚Aus dem Tagebuch über Malerarbeiten'; SW. Bd. 14, S. 358.

heit' vermutet.² Diese Einschätzung änderte sich erst im Zuge der Vorbereitungen für die Stifterausstellung der Graphischen Sammlung Albertina 1938. Damals identifizierte Franz Glück zwei ehedem zumeist ‚Athen mit der Akropolis' benannte Gemälde (Abb. 4, 5) als unterschiedliche Fassungen der ‚Heiterkeit'.³ Wenig später wurden diverse Wiedergaben eines Gebirgsbaches als Darstellungen der ‚Bewegung' (Abb. 7, 9, 10) bekannt gemacht.⁴ Wissenschaftliche Begründung schließlich erfuhren die drei unterschiedlich verläßlichen Zuordnungen in der Monographie, die Fritz Novotny dem Maler 1941 widmete. Novotny war es auch, der, ältere Begrifflichkeit rezipierend,⁵ Stifters Werkgruppe definitiv den Titel „symbolische Landschaften" gab.⁶ Dieser problematische Terminus hat sich behauptet und wirkte bislang interpretationslenkend.

Frägt man weiter nach der „fortuna critica" der späten Bilder, so ist festzustellen, daß sich die kunsthistorische und literaturwissenschaftliche Forschung bislang im wesentlichen von zwei Fragestellungen leiten ließ.

Zum einen suchte man wechselseitige Entsprechungen im Œuvre des Malers und Dichters aufzuzeigen. So wurde verschiedentlich auf die Ähnlichkeit der Gemäldetitel mit den Kapitelüberschriften des 1857 erschienenen ‚Nachsommers' hingewiesen: Auch sie seien meist mit Artikel versehene Abstrakta und benennten allgemeine Dispositionen des natürlichen und humanen Seins (‚Die Einkehr', ‚Die Beherbergung' etc.).⁷ Ergiebiger waren die Bemühungen, synchrone Stiltendenzen offenzulegen. Novotny meinte, daß der „Schwere und dem rätselvoll grüblerischen Gehalt der späten Landschaftskompositionen seit Mitte der Fünfzigerjahre" Diktion und Realitätsbezug des ‚Nachsommers'

---

2 Verzeichnis der Adalbert Stifter-Sammlung in der Albertina. Wien 1932, S. 43.
3 Franz Glück: Der Maler Adalbert Stifter. In: Wiener Zeitung. 28. Jänner 1938, S. 7. – Vgl. Fritz Novotny. Adalbert Stifter als Maler. Wien 1941, S. 30f., S. 101f. – Dagegen stellte Margret Dell in ihrer 1939 erschienenen Frankfurter Dissertation nur die Frage, ob die „Athen" oder „Athen und Akropolis" genannten Gemälde mit der ‚Heiterkeit' in Zusammenhang gebracht werden könnten: Adalbert Stifter als bildender Künstler. Würzburg 1939, S. 43f.
4 Wilhelm Hausenstein: Adalbert Stifter als Maler. In: Frankfurter Zeitung, 1. Dezember 1940, S. 8. – Ders: Adalbert Stifter als Maler. Gelegentlich der Eröffnung einer dauernden Ausstellung seiner Bilder, Studien und Zeichnungen in der Albertina zu Wien 1940. In: Meissel, Feder und Palette. München 1949, S. 356. – Wie aus Hausensteins Zeitungsartikel hervorgeht, hatte Novotny dem Autor Einblick in seine erst 1941 publizierten Forschungen gewährt.
5 Novotny (o. Anm. 3), S. 99, S. 101ff. – Adalbert Horcicka: Einleitung; SW. Bd. 14 (Prag. 1. Aufl. 1901), S. XLVIII: „Allegorien". – Verzeichnis (o. Anm. 2), S. 10: „symbolische Gemälde". – Glück (o. Anm. 3), S. 7: „Steigerung des Ausdrucks ins Symbolische".
6 Novotny (o. Anm. 3), S. 30f.
7 Hausenstein 1940 (o. Anm. 4). – Ders.: 1949 (o. Anm. 4) S. 356. – Walther Rehm: Nachsommer. Zur Deutung von Stifters Dichtung. München 1951, S. 105. – Donat de Chapeaurouge: „Das Auge ist der Herr, das Ohr ein Knecht". Der Weg von der mittelalterlichen zur abstrakten Malerei. Wiesbaden 1983, S. 127.

und des ‚Witiko' entsprächen.⁸ Das „Verhältnis zwischen Gedanke und Anschaulichkeit, das Gewicht des Gedanklichen und das Gegengewicht der naturnah gebildeten Einzelform" rücke die Landschaften an die späten Dichtungen ebenso heran wie „die verhaltene Feierlichkeit und die gewisse Sachlichkeit, die dem Abstraktions- und Typisierungsdrang Einhalt gebieten".⁹ Eine Konvergenz von Stifters Mal- und Dichtkunst in Richtung Abstraktion und Reduktion auf Elementarkategorien konstatierte auch Walter Weiss. Danach seien die symbolisch-allegorischen Landschaftsgemälde als kühner Schritt auf die Abstraktionskunst der Moderne hin zu bewerten.¹⁰

Mit dieser Interpretation ist der Übergang zu einem zweiten Forschungsfeld angezeigt. Anliegen seiner Vertreter war es, zu demonstrieren, daß Stifters Schaffen als Maler „in der Intention und in dem Geist, der es beseelt [...], durch das Vorstoßen in bisher unbekanntes Gelände so ziemlich über alles hinausgeht, was in seiner Umgebung zu seiner Zeit geschaffen wurde".¹¹ Avantgardismus verrate nicht allein die Verwandtschaft der Bilder mit Werken des Impressionismus oder von Cézanne,¹² sondern auch die intentionale Nähe zu den Zielsetzungen des „Blauen Reiters" und des Kubismus. Die ‚Heiterkeit' (Abb. 4, 5) weise auf die Farbentheorie Kandinskys, die ‚Bewegung' (Abb. 7, 9) auf Duchamps ‚Akt, die Treppe herabsteigend' (1911/12) voraus etc.¹³ Das Atomzeitalter gewissermaßen antizipierend, hätte Stifter in seinem zuletzt genannten Landschaftsgemälde sogar die verborgenen kinetischen Energien der Materie zu visualisieren gesucht.¹⁴

---

8   Novotny (o. Anm. 3), S. 48. – Ähnlich: Renate Wagner-Rieger: Adalbert Stifter und die bildende Kunst. In: Neue Beiträge zum Grillparzer- und Stifter-Bild. Graz/Wien/Köln 1965, S. 139.
9   Fritz Novotny: Stifter und Piepenhagen. In: Über das „Elementare" in der Kunstgeschichte und andere Aufsätze. Wien 1968, S. 103. – Vgl. dazu die kritischen Anmerkungen von Ursula Naumann: Adalbert Stifter. Stuttgart 1979, S. 91f.
10 Walter Weiss: Stifters Reduktion. In: Germanistische Studien. Innsbrucker Beiträge zur Kulturwissenschaft 15 (1969), S. 214. – Ders.: Zu Adalbert Stifters Doppelbegabung. In: Bildende Kunst und Literatur. Beiträge zum Problem ihrer Wechselbeziehungen im neunzehnten Jahrhundert. Hrsg. von Wolfdietrich Rasch. Frankfurt a. M. 1970, S. 115. – Vgl. Werner Thomas: Stifters Landschaftskunst in Sprache und Malerei. Versuch einer wechselseitigen Interpretation in der Novelle ‚Brigitta'. In: DU 8 (1956), S. 16f. – Jannetje Enklaar-Lagendijk: Adalbert Stifter. Landschaft und Raum. Alphen aan den Rijn 1984, S. 10.
11 Glück (o. Anm. 3).
12 Novotny (o. Anm. 9), S. 104. – Donald C. Riechel: Adalbert Stifter as Landscape Painter: A View from Cézanne's Mont Sainte-Victoire. In: Modern Austrian Literature 20 (1987), S. 1ff.
13 Franz Baumer: „Musik für das Auge". Progessive Elemente bei Adalbert Stifter als Maler und Zeichner. In: VASILO 31 (1982), S. 124. – Ursula R. Mahlendorf: Stifters Absage an die Kunst? In: Goethezeit. Studien zur Erkenntnis und Rezeption Goethes und seiner Zeitgenossen. Festschrift für Stuart Atkins. Hrsg. von Gerhart Hoffmeister. Bern/München 1981, S. 374.
14 Baumer (o. Anm. 13), S. 134f.

So unterschiedlich die Forschungsansätze im Hinblick auf Schlüssigkeit und Brauchbarkeit der Ergebnisse auch sein mögen – der werkimmanenten Spiegelung von Malerei und Dichtung wie der Suche nach fortschrittlichen, auf die abstrakte Kunst hinführenden Tendenzen ist eines gemein: Beide nähern sich den Landschaftsgemälden ohne Rücksicht auf den historischen Kontext ihrer Entstehung. Da beide Fragestellungen Stifters Leistung nicht vor dem Hintergrund seiner künstlerischen und kunsttheoretischen Voraussetzungen zu würdigen bestrebt sind, geraten sie in Gefahr, den Maler und seine Werke der Geschichtlichkeit zu berauben. Die massive Überinterpretation Stifters als Ahne der Moderne gründet in diesem methodischen Defizit.

II

Wie es scheint, ist die tabellarische Aufstellung des Malerbuches aufgrund ihrer Gliederung nach Haupt- und Nebentitel und der daraus resultierenden ikonologischen Deutlichkeit in der Kunstgeschichte des 19. Jahrhunderts ohne rechte Parallele. Nicht allein deshalb sollte der Notiz gebührende Aufmerksamkeit geschenkt werden. Wissenschaftliche Zuwendung darf sie auch fordern, weil sich in Stifters Zeilen – und das ist kein Widerspruch zur eben konstatierten Singularität – in exemplarischer Weise eine verbreitete Konzeption von Landschaftsmalerei manifestiert: Die überraschende Klarheit ihrer Formulierung ist es, welche die Eintragung des Malertagebuches zu einer hochrangigen, bislang unterschätzten kunsthistorischen Quelle macht.

Das von Stifter kürzelhaft artikulierte Verständnis von Landschaftsmalerei gründet in einer letztlich physiognomisch-emotionalistischen Auffassung von Natur und Kunst. Diese Art eines unmittelbaren, freien Ausdrucksverstehens hatte sich, von England herkommend, seit etwa 1770 auch im deutschsprachigen Raum durchgesetzt und die hochkonventionalisierte Bildsprache des Barock abgelöst. Die Wirkmächtigkeit der neuen Ästhetik zeigt nichts deutlicher als das Faktum, daß nun selbst die Architektur unter dem Vorzeichen von Anmutungsqualitäten betrachtet und konzipiert werden konnte.[15]

Der tiefgreifende Wandel ließ im Bereich der Gartenkunst, die bezeichnenderweise damals zur Führungsmacht unter den Künsten aufstieg, mannigfaltige Stimmungslandschaften jenseits der klassischen Paarung heroisch

---

[15] Isa Lohmann-Siems: Der universale Formbegriff in der Physiognomik des 18. Jahrhunderts. Ein Beitrag zur Geschichte der gegenwärtigen Kunsttheorie. In: Jahrbuch der Hamburger Kunstsammlungen 9 (1964), S. 49–74. – Norbert Borrmann: Kunst und Physiognomik. Menschendeutung und Menschendarstellung im Abendland. Köln 1994, S. 88–147. – Hanno-Walter Kruft: Revolutionsarchitektur für Deutschland? In: Jahrbuch des Zentralinstituts für Kunstgeschichte München 3 (1987), S. 277–289. – Ulrich Schütte: Aufklärung, Empfindsamkeit und die Krise der Architektur um 1800. Zu den „Untersuchungen über den Charakter der Gebäude" von 1785. In: Idea 8 (1989), S. 57–74.

und idyllisch entstehen. In seinem 1779/85 erschienenen mehrbändigen Landschaftstraktat schilderte Christian Cay Lorenz Hirschfeld ausführlich die unterschiedlichen „Charaktere" und emotionalen Wirkungen von Gegenden, die in der Natur vorgefunden oder von Menschenhand mit künstlichen Mitteln als Gärten geschaffen werden. Den aufgewiesenen vier Kategorien entsprächen vier Empfindungsmodi: angenehm-heiter, romantisch, feierlich und sanft melancholisch.[16] Zur Veranschaulichung einer „sanft melancholischen" Natur, um nur dieses Beispiel herauszugreifen, hat Hirschfeld dem Gartentraktat einen Kupferstich beigegeben (Abb. 2), der eine nächtliche Szenerie mit Tempelruine zeigt.[17] Diese Graphik läßt sich unschwer zu Stifters im Ersttitel genannten Stimmungsfeldern ‚Vergangenheit' (Abb. 1), ‚Sehnsucht', ‚Einsamkeit' oder ‚Schwermut' bzw. zu ihren bildlichen Entsprechungen als Mondstücke in Beziehung setzen. Damit dürfte also dem Verständnis von Stifters Tagebuchnotiz die Richtung gewiesen sein.

Um den Charakter von Landschaften zu bezeichnen, wurden also von Hirschfeld Adjektive („angenehm-heiter", „feierlich" etc.) verwendet, die – im weitesten Sinn gesprochen – sittliche Assoziationen wecken. Diese Art der Naturwahrnehmung ist nach Kant Element eines allen Menschen gemeinsamen „habituellen moralischen Interesses". In der ‚Kritik der Urteilskraft' schreibt er (§ 59): „Wir nennen Gebäude und Bäume majestätisch und prächtig, oder Gefilde lachend und fröhlich; selbst Farben werden unschuldig, bescheiden, zärtlich genannt, weil sie Empfindungen erregen, die etwas mit dem Bewußtsein eines durch moralische Urteile bewirkten Gemütszustandes Analogisches enthalten. Der Geschmack macht gleichsam den Übergang vom Sinnenreiz zum habituellen moralischen Interesse ohne einen zu gewaltsamen Sprung möglich, indem er die Einbildungskraft auch in ihrer Freiheit als zweckmäßig für den Verstand bestimmbar vorstellt und sogar an Gegenständen der Sinne auch ohne Sinnenreiz ein freies Wohlgefallen finden lehrt."

Kant formulierte diese Zeilen im Kontext seiner Ausführungen über die „Schönheit als Symbol der Sittlichkeit". Dieser Zusammenhang dürfte für Stifter, der Kant durchaus rezipiert hatte,[18] von erheblichem Interesse gewesen sein, denn auch ihm stellte sich, wie er nicht müde wird zu wiederholen, „das schlichte Sittliche als letzte Grundlage jedes Schönen" dar.[19]

---

16 Christian Cay Lorenz Hirschfeld. Theorie der Gartenkunst. Bd. 1. Leipzig 1779, S. 186ff. – Vgl. Wolfgang Schepers: Hirschfeld Theorie der Gartenkunst 1779–1785. Worms 1980, S. 30ff.
17 Hirschfeld (o. Anm. 16). Bd. 4. Leipzig 1782, S. 38ff., S. 86.
18 Sepp Domandl: Wiederholte Spiegelungen. Von Kant und Goethe zu Stifter. Ein Beitrag zur österreichischen Geistesgeschichte. Linz 1982.
19 ‚An das Vicedirektorat der philosophischen Studien an der Universität Wien'; SW. Bd. 14, S. 303, vgl. S. 305. – Weitere Belegstellen nennen folgende Arbeiten: Margarete Gump: Stifters Kunstanschauung. Berlin 1927, S. 9–19. – Kurt Gerhard Fischer: Die Pädagogik des Menschenmöglichen. Adalbert Stifter. Linz 1962, S. 477, S. 504–507. –

Gleichwohl ist man nicht genötigt, gezielte philosophische Lektüre vorauszusetzen. Derartige Ansichten über die moralisch-sittliche Wirkung von Natur waren quasi Teil der opinio comunis über Landschaft, ja sie bildeten geradezu den Hauptstrang im ästhetischen Diskurs von Johann George Sulzer bis Friedrich Theodor Vischer.

So wie die Betrachtung der Natur „Empfindungen sittlicher und leidenschaftlicher Art" wecke, heißt es etwa in Sulzers ‚Theorie der Schönen Künste', so müsse der Landschaftsmaler „Gedanken, Neigungen rege machen und Empfindungen hervorlocken". „Bald muß er uns zu betrachtendem Ernst einladen, bald zur Fröhlichkeit ermuntern; izt aus dem Getümmel der Welt in die Einsamkeit loken".[20] Sulzer regt an, zur Fortentwicklung der Vernunft und Ausbildung des Gemüts einen „Orbis pictus" von Landschaftsgemälden anzulegen, welcher „der Jugend und dem reiferen Alter alle nützliche[n] Grundbegriffe geben und jede Sayte des Gemüths zu ihrem richtigen Ton stimmen könnte".[21]

Ob Stifter mit der geplanten Bilderfolge ähnlich unmittelbar pädagogische Zwecke verfolgte, bleibe dahingestellt. Doch dürfte auch er der Meinung gewesen sein, daß Landschaftsgemälde eine „sittliche Illusion" vor Augen zu stellen hätten, um es mit einer Formulierung zu sagen, die Philipp Hackert in seinem von Goethe edierten Malereitraktat gebrauchte.[22]

Wie diese sittliche Wirkung zu erzeugen sei, darüber hat, neben anderen, Friedrich Schiller nachgedacht: Er verglich – nicht als erster und schon gar nicht als letzter – den Landschaftsmaler mit dem Musiker. Beide seien „Seelenmaler" und hätten bezüglich des Ausdrucks von Empfindungen die Analogien zu studieren, die zwischen den Gemütsbewegungen und Naturphänomenen bestünden.[23]

Beispielhaft thematisiert wurden die musikalische Komponente und das Entsprechungsverhältnis von Stimmung und Natur, von Unsichtbarem und Sichtbarem, in einer 1810 entstandenen Lithographie Karl Friedrich Schinkels (Abb. 3). Sie wird hier deshalb erwähnt, weil sie als ein rares Beispiel keinen Zweifel über die ikonologische Zielsetzung, d.h. hier also den Stimmungsgehalt, aufkommen läßt. Die in Abbildungen oft unterdrückte Bildunterschrift Schinkels lautet nämlich: „Versuch die lieblich sehnsuchtsvolle Wehmuth auszudrücken, welche das Herz beim Klange des Gottesdienstes aus der Kirche

---

Michael Johannes Böhler: Formen und Wandlungen des Schönen. Untersuchungen zum Schönheitsbegriff A. Stifters. Bern 1967.
[20] Johann George Sulzer. Allgemeine Theorie der Schönen Künste. Dritter Theil. Leipzig 1779, S. 117f.
[21] Ebd.
[22] Johann Wolfgang von Goethe. Philipp Hackert. In: Goethes Werke. Hrsg. im Auftrage der Großherzogin Sophie von Sachsen. I. Abt., Bd. 46. Weimar 1891, S. 375.
[23] Friedrich Schiller. Über Matthissons Gedichte. Nationalausgabe. Bd. 22: Vermischte Schriften. Hrsg. von Herbert Meyer. Weimar 1958, S. 272.

herschallend erfüllt".²⁴ In die abbreviaturhafte Sprache von Stifters Malertagebuch transponiert, könnte der entsprechende Eintrag etwa folgendermaßen lauten: „Wehmuth. Gothische Kirche hinter Bäumen". In dieselbe Perspektive lassen sich im übrigen auch programmatische Ausführungen aus dem Kreis der Düsseldorfer Malerschule rücken.²⁵

Mit der sittlichen, also letztlich moralisch-didaktischen Zielsetzung der Landschaftsmalerei vor und nach 1800 eng verwoben war eine sensualistisch-assoziative Komponente. Spezielle Erörterung fand sie in der Theorie Christian August Semlers. Er legte dar, daß das Spiel der Einbildungskraft („Rêverie"), das ein Landschaftsgemälde zu evozieren vermag, von seinem „Charakter" bestimmt ist, also etwa dem Charakter des Melancholischen, des Freundlichen oder Erhabenen. Diese Charaktere werden ihrerseits jeweils durch den „Totaleindruck", „den die Formen aller einzelnen Objekte in Verbindung miteinander hervorbringen", vermittelt.²⁶

Es komme somit alles darauf an, so Fernow, der Semlers zentralen Begriff des „Totaleindrucks" übernommen hatte, daß sich der „Karakter des Heiteren oder Ernsten, des Sanften oder Wilden, des Anmuthigen oder Schauerlichen, des Reizenden oder Erhabenen etc. [...] in der Komposition der Landschaft selbst" gänzlich ausdrücke. „Wo jene Wirkung mangelt, wo nicht ein bestimmter Gesamteindruck, wozu die Landschaft selbst den Grundton angibt, das Gefühl in Anspruch nimmt, da mangelt das Wesentliche, die Poesie der Er-

---

[24] Eva Börsch-Supan: Die Bedeutung der Musik im Werke Karl Friedrich Schinkels. In: Zeitschrift für Kunstgeschichte 34 (1971), S. 258ff. – Zur Beziehung Landschaft – Musik vgl. auch Karl Schawelka: Quasi una musica. Untersuchungen zum Ideal des Musikalischen in der Malerei ab 1800. München 1993, S. 120ff.

[25] Hermann Püttmann: Die Düsseldorfer Malerschule und ihre Leistungen seit der Errichtung des Kunstvereins im Jahre 1829. Ein Beitrag zur modernen Kunstgeschichte. Leipzig 1839, S. 30: „In der Landschaft suchen wir das Durchblicken einer menschlichen Idee, welche dem physischen Motive Leben ertheilt." – Friedrich von Uechtritz: Blicke in das Düsseldorfer Kunst- und Künstlerleben. Düsseldorf 1839. Bd. 1, S. 25f.: „Der Landschaftsmaler soll aber, wenn er seinem Berufe ganz genügen will, immer etwas Beßres als ein bloßer Abschreiber seyn. Auch genügt es nicht, so gut und lobenswerth es an sich seyn mag, daß er den von der Natur gegebnen Stoff in eine kunstmäßige Form bringt, ihn gleichsam in dem Spiegel eines harmonischen, effectvollen Bildes auffängt. Wenigstens auf der höchsten Stufe dieser Kunst verlangen wir, die Offenbarung einer Menschenseele, der uns verwandten Stimmung eines tiefen Gemüthes in dem Bilde des Künstlers zu finden." – Vgl. Irene Markowitz: Rheinische Malerei im 19. Jahrhundert. In: Eduard Trier und Willy Weyres (Hrsg.): Die Kunst des 19. Jahrhunderts im Rheinland. Bd. 3: Malerei. Düsseldorf 1979, S. 110f.

[26] Christian August Semler. Untersuchungen über das höchste Vollkommenheit in den Werken der Landschaftsmalerey. Leipzig 1800. Bd. 1, S. 8ff., S. 70ff, S. 99, S. 288ff. – Zur „Rêverie" vgl. Hilmar Frank: Landschaft „après la lettre". In: Bild und Text im Dialog. Hrsg. von Klaus Dirscherl (PINK 3). Passau 1993, S. 194. – Zum „Totaleindruck" vgl. Gerhard Hard: Der „Totalcharakter der Landschaft". Re-Interpretation einiger Textstellen bei Alexander von Humboldt. In: Alexander von Humboldt. Eigene und neue Wertungen der Reisen, Arbeit und Gedankenwelt. Wiesbaden 1970, S. 49–73.

findung."²⁷ Ob Stifter diese Texte kannte oder nicht, sie dürften, wie noch zu zeigen sein wird, seine Zustimmung gefunden haben.

Auf weitere Belege, etwa von Solger oder Hegel, kann hier verzichtet werden.²⁸ Ihrer Kürze und Prägnanz wegen nicht unerwähnt bleiben soll hingegen die Definition, die Carl Gustav Carus in seinen Briefen über Landschaftsmalerei vorlegte. Danach besteht die Hauptaufgabe dieses Kunstzweiges in der „Darstellung einer gewissen Stimmung des Gemüthlebens (Sinn) durch die Nachbildung einer entsprechenden Stimmung des Naturlebens (Wahrheit)". Man widersteht kaum der Verlokung, Stifters Gliederung nach Haupt- und Nebentitel durch Carus' Unterscheidung von „Sinn" und „Wahrheit" einigermaßen vorgeformt zu sehen.²⁹

Beschlossen werden soll dieser Abriß mit Hinweisen auf zwei Texte, die Stifter, gleich Carus' Briefen, vermutlich bekannt waren. 1843 veröffentlichte Wilhelm Hebenstreit in Wien eine ‚Enzyklopädie der Ästhetik'. Der Artikel „Landschaft" erklärt im Anschluß an eine knappe Geschichte der Bildgattung, worum es geht: darum, daß die Landschaft auf das Gefühl zu wirken habe: „je mächtiger dies geschieht, umso höher steht die Landschaft". In ihrer spezifischen Qualität sei diese Kunst „der Musik und Lyrik zu vergleichen, weil in ihr der Künstler sich der Naturgegenstände bedient, um sein inneres Gefühl zu veranschaulichen, wobei jedoch er die einzelnen Partien so zu ordnen und zu verbinden hat, daß durch sie eine herrschende Stimmung klar und bestimmt ausgesprochen wird".³⁰

Das zweite Zitat findet sich in der einstmals aktuellsten, nämlich der 1854, also im Jahr der Niederschrift des Vorsatzblattes, veröffentlichten Ästhetik von Friedrich Theodor Vischer: „Die Landschaftsmalerei idealisiert eine gegebene Einheit von Erscheinungen der unorganischen und vegetabilischen Natur zum Ausdruck einer geahnten Seelenstimmung". Sollte es einem Maler nicht gelingen, daß dem Betrachter einer Landschaft „irgendwie zu Mute wird", so habe er nichts geleistet.³¹

---

[27] Ludwig von Fernow. Römische Studien. Zweiter Theil. Zürich 1806, S. 21f., S. 24, S. 33f.
[28] Karl Wilhelm Ferdinand Solger. Vorlesungen über Ästhetik. Hrsg. von Karl Wilhelm Ludwig Heyse. Darmstadt 1980, S. 331f. – Georg Wilhelm Friedrich Hegel. Ästhetik. Berlin/Weimar 1976. Bd. 2, S. 206f.
[29] Carl Gustav Carus. Briefe über Landschaftsmalerei, geschrieben in den Jahren 1815–1835. Leipzig 1835, S. 41. – Die Stifterforschung hat die möglichen Beziehungen zu Carus bislang nicht gewürdigt. Einzig Dell (o. Anm. 3), S. 13, S. 33, S. 41, gab knappe, nicht weiter verfolgte Hinweise.
[30] Wilhelm Hebenstreit. Wissenschaftlich-literarische Encyklopädie der Aesthetik. Wien 1843, S. 411.
[31] Friedrich Theodor Vischer. Aesthetik oder Wissenschaft des Schönen. Zweite Auflage. Hrsg. von Robert Vischer. München 1923. Bd. 4, § 698, S. 359f. – Eine Geschichte des Stimmungsbegriffs in der Landschaftsmalerei liegt bislang nicht vor. Vgl. Bodo Lecke: Das Stimmungsbild: Musikmetaphorik und Naturgefühl in der dichterischen Prosaskizze 1721–1780. Göttingen 1967. – Gabriele Hammel-Haider: Über den Begriff „Stimmung"

Vor dem Hintergrund der Theorie der Landschaftsmalerei des späten 18. und der ersten Hälfte des 19. Jahrhunderts zeigt sich also, daß Stifters letzte Gemälde mit den Adjektiven „symbolisch" oder „allegorisch" nur oberflächlich, vielleicht sogar irreführend bezeichnet wurden. Sie sind – die ‚Bewegung' (Abb. 7, 9, 10), von der noch zu reden sein wird, vorerst ausgenommen – assoziationenträchtige Stimmungsbilder,[32] von denen sittliche Wirkung ausgehen soll. Mit dem Haupttitel benannte Stifter die intendierte Stimmung bzw. den „Charakter" oder „Totaleindruck" eine Landschaft; mit dem Nebentitel das Medium zur Evozierung dieser Stimmung und adäquater Assoziationsketten oder „Rêverien".

Ein solches Verständnis vermag sich nicht allein auf die Theoreme oder den Sprachgebrauch der zeitgenössischen Kunstliteratur zu stützen, sondern auch auf Aussagen von Stifter selbst. Sie lassen unmißverständlich erkennen, daß sich für den Dichter, Kritiker und Maler das Eigenste, das „Grundwesen" oder die „Seele" eines Bildwerkes in seiner physiognomischen Qualität offenbart.

Die für Stifter fundamentale Bedeutung von „Anmutungsqualitäten" oder „anschaulichen Charakteren", so heißen die von der modernen Gestaltpsychologie gebrauchten Begriffe für „Charakter", und „Totaleindruck",[33] dokumentiert u.a. auf sehr bezeichnende Weise die aus dem Nachlaß überkommene autobiographische Skizze, in welcher der bejahrte Dichter vorbewußte Empfindungen der ersten Lebensjahre in Worte zu fassen sucht. Signifikant ist die Vorliebe für Substantivierungen: „Dann war Jammervolles, Unleidliches, dann Süsses, Stillendes. Ich erinnere mich an Strebungen, die nichts erreichten, und an das Aufhören von Entsezlichem und zu Zugrunderichtendem. Ich erinnere mich an Glanz und Farben, die in meinen Augen, an Töne, die in meinen Ohren, und an Holdseligkeiten, die in meinem Wesen waren."[34]

Ähnliche Substantivierungen gebraucht Stifter, und damit wiederum zurück zur bildenden Kunst, bemerkenswert häufig für die abschließende Charakterisierung der sinnlich-sittlichen Qualität von Gemälden. Im ‚Nachsom-

---

anhand einiger Landschaftsbilder. In: Wiener Jahrbuch für Kunstgeschichte 41 (1988), S. 139–148. – Hilmar Frank: Idealbegriff und Landschaftsmalerei zwischen 1750 und 1850. Abgrenzungen, Anregungen, Paradigmenwechsel. In: Ästhetische Grundbegriffe. Studien zu einem historischen Wörterbuch. Hrsg. von Karlheinz Barck, Martin Fontius und Wolfgang Thierse. Berlin 1990, S. 312–344, bes. S. 333–336.

[32] Alois Raimund Hein (Adalbert Stifter. Sein Leben und seine Werke. Prag 1904, hier zitiert nach der 2. Auflage [Wien/Bad Bocklet/Zürich 1952]. Bd. 2, S. 650f.) hatte das Stimmungshafte als erster betont. – Vgl. auch Wagner-Rieger (o. Anm. 8), S. 143. – Ohne auf die hier besprochenen Bilder einzugehen, erörterte auch Dell (o. Anm. 3), S. 27–33, das Stimmungsmäßige der Dichtung und Malerei Stifters.

[33] Albert Wellek: Anmutung. In: Historisches Wörterbuch der Philosophie. Hrsg. von Joachim Ritter. Bd. 1. Darmstadt 1971, Sp. 327–329. – Otto Stelzer: Die Vorgeschichte der abstrakten Kunst. Denkmodelle und Vor-Bilder. München 1966, S. 83.

[34] ‚Mein Leben'; SW. Bd. 25, S. 178. – Vgl. dazu zuletzt: Helmut Pfotenhauer: „Einfach [...] wie ein Halm". Stifters komplizierte kleine Selbstbiographie. In: DVjs 64 (1990), S. 135–148.

mer' möchte Roland mit seinem überdimensionierten Felsenbild „Gewaltiges und Feuriges" zur Anschauung bringen;[35] in den ‚Nachkommenschaften' scheitert der Landschaftsmaler Roderer, weil er „die Düsterheit, die Einfachheit und Erhabenheit" des Moores nicht darzustellen vermag.[36]

Auch in den ab 1851 erscheinenden Ausstellungsberichten zielt Stifter bemerkenswert konsequent auf den Stimmungsgehalt als Mitte des Kunstwerkes. So schätzt er an Spitzwegs ‚Spaziergang' die „Anmuth, Stille, Einfachheit und Lieblichkeit" und fügt hinzu: „Dieß ist das Grundwesen des Bildes, das in jedem Tone, in jeder Farbe, in jeder Linie erscheint." Eine Seelandschaft Bürkels sei „Träger einer Innigkeit, einer Tiefe, Reinheit und Anmuth, die sich als Seele des Bildes in unsere Seele senkt und ihr eine sanfte Ruhe und Befriedigung schenkt".[37]

Kennzeichnend für den Kunstkritiker Stifter ist weiter, daß er in aller Regel vom Licht, von atmosphärischen Zuständen im Gemälde ausgeht und es mit dem Himmel beginnend beschreibt. So heißt es etwa über Albert Zimmermanns ‚Morgendämmerung am Großen Venediger': „Das Bild ist [...] von der vollendetsten Haltung und Stimmung. In der hellen Morgenluft schwebt die erblassende Mondessichel. Der Gletscher und alles Andere ist noch im Morgengrauen. Jene erhabene Ruhe, wir möchten sagen, Starrheit, in welcher die Gebirgswelt des ersten Lichtes harrt, um von ihm angehaucht zu werden, sieht uns aus dem ganzen Bilde entgegen. Die tiefste Einheit des Ganzen und doch die reichste Mannigfaltigkeit in Farbe und Zeichnung herrscht in dem Bilde."[38] Über eine ‚Vieherde' von Friedrich Voltz liest man: „Die Sonne läßt hie und da ihr Licht durch die Bäume auf das Grün der Weide fallen, belebt es mit ihren Lichtblicken und gibt den Thiergruppen etwas Feierliches, das das Gemüth mit Ruhe und Heiterkeit erfüllt."[39]

Zieht man ein Resümee aus den zahlreichen Bildbeschreibungen, so wird man sagen können: Stifter vergegenwärtigt dem Leser Landschaftsgemälde über ihre bloße Gegenständlichkeit hinaus konsequent nach den jeweils Ganzheit stiftenden atmosphärischen Stimmungsqualitäten und gedenkt dabei wiederholt der entsprechenden Gefühlswirkungen beim Rezipienten. Dies ist, zu zeitgenössischen Verfassern von Bildbeschreibungen in Relation gesetzt, neu und überaus bemerkenswert. Noch bemerkenswerter ist freilich, daß Stifter seine physiognomische Rezeptionsweise nicht allein angesichts von Land-

---

[35] SW. Bd. 8.1, S. 53.
[36] SW. Bd. 13, S. 300.
[37] ‚Oberösterreichische Kunstausstellung. (1863.)'; SW. Bd. 14, S. 212, S. 228. – Vgl. Knut E. Pfeiffer: Kunsttheorie und Kunstkritik im neunzehnten Jahrhundert. Das Beispiel Adalbert Stifter. Bochum 1977. – Ders.: Adalbert Stifter als Kritiker zeitgenössischer Landschaftsmalerei. In: VASILO 77 (1978) S. 95–123. – Pfeiffer geht auf diesen Aspekt allerdings nicht ein.
[38] ‚Ausstellung des oberösterreichischen Kunstvereines. (1861.)'; SW. Bd. 14, S. 185.
[39] ‚Obderennsische Kunstausstellung. (1856.)'; SW. Bd. 14, S. 80.

schaftsbildern pflegt – dort war es durch die theoretische Tradition gewissermaßen vorgezeichnet –, sondern vor Kunstwerken generell. Zugrunde liegt eine Ästhetk, die Stifters Haltung noch für die kunstwissenschaftliche Strukturanalyse des 20. Jahrhunderts[40] interessant werden ließ: „Das Merkmal eines Kunstwerkes aber ist einzig das, daß es im Leser [oder im Betrachter, Anm. des Verf.] jede Stimmung aufhebt, und seine hervorbringt."[41] Welch zentrale Bedeutung Stifter der stimmungsmäßigen Komponente zumißt, offenbart auch die näherungsweise Definition dessen, was den wahrhaftigen Künstler als rares Individuum vom Handwerker unterscheidet. „Was ist denn nun das, was der noch haben soll", frägt er in einem Brief August Piepenhagen 1859 und antwortet selbst: „Der Künstler hat jenes Ding in seiner Seele, das alle fühlenden Menschen in ihrer Tiefe ergreift, das alle entzükt, und das keiner nennen kann." Stifter „möchte es wohl das Göttliche nennen, [...] das der Künstler in dem darstellt, was er hat, in reizenden Gewandungen. [...] Es liegt nie in einer Einzelheit, immer im Ganzen, wie die Seele nicht in der Hand im Fuße im Haupte sondern im ganzen Körper wohnt. Manche nennen dies Stimmung des Kunstwerkes". Um die Gemälde des verehrten, ja überschätzten Piepenhagen zu charakterisieren, bevorzugt Stifter im folgenden allerdings den höherrangigen Begriff „Geist": „Der Geist, der aus Ihren Bildern spricht, wendet sich mit Innigkeit an den unsern, und hebt ihn in ein beseligendes Gefühl. Öfter ist es wohl der Geist beglükender Heiterkeit, wie z.B. in dem Bilde, welches ich von Ihnen gekauft habe; noch öfter aber scheint es der Geist der Sehnsucht der Schwermuth der tiefen Betrachtung oder der Düsterheit zu sein, der in Ihren Werken sich offenbart [...]."[42]

Dieses Bekenntnis verdeutlicht zweierlei: erstens, daß das Moment der Stimmung ins Zentrum der ästhetischen Anschauung Stifters führt, und zweitens, daß Stifter im Werke des Prager Malers so etwas wie eine Erfüllung des eigenen Ideals erblickte. Denn immerhin drei der gerühmten Verbildlichungen von „Stimmung" oder „Geist" hatte sich Stifter selbst, wie das Malertagebuch ausweist, als Programm vorgenommen, nämlich ‚Heiterkeit' (Abb. 4, 5), ‚Sehnsucht' und ‚Schwermuth'. Umso bedauerlicher ist es, daß die apostrophierten Bilder Piepenhagens bislang unbekannt geblieben sind.[43]

---

[40] Hans Sedlmayr hat Stifter wiederholt als Zeugen für die besondere Fähigkeit zu physiognomischer Wahrnehmung genannt, z.B. in: Kunst und Wahrheit. Zur Theorie und Methode der Kunstgeschichte. Hamburg 1958, S. 106f. Dabei berief sich Sedlmayr auf die späte autobiographische Skizze des Dichters (vgl. o. Anm. 34), nicht hingegen auf die viel ergiebigeren Ausstellungsberichte oder den Brief an Piepenhagen vom 13.–25. Dezember 1859 (SW. Bd. 19, S. 197–208).
[41] Brief an Gustav Heckenast, 29. Oktober 1853; SW. Bd. 18, S. 187.
[42] Brief an August Piepenhagen, 13.–25. Dezember 1859; SW. Bd. 19, S. 199–201. – Am 11. August 1859 hatte Stifter Piepenhagen bekannt: „Ihre Gemälde sind unvergleichlich an Stimmung" (SW. Bd. 19, S. 166). – Zur Überschätzung mancher Künstler durch Stifter vgl. Wagner-Rieger (o. Anm. 8), S. 136–144.
[43] Vgl. Novotny (o. Anm. 9), S. 115–123.

III

Die Bildbeschreibungen geben auch davon Zeugnis, welch ausschlaggebende Rolle Stifter Himmel und Licht für die Festlegung des Stimmungsgehalts speziell von Landschaftsgemälden zumaß. Die Aufmerksamkeit atmosphärischen Phänomenen gegenüber entspricht dem Rang, den so mancher Theoretiker des 19. Jahrhunderts diesem Faktor einräumte. Bei der Landschaftsmalerei beruhe alles „auf den Wunderkünsten der Luftperspectiv" fand August Wilhelm Schlegel, und Schelling meinte, daß in dieser Gattung „außer dem Gegenstand, dem Körper, das Licht selbst als solches zum Gegenstand" werde.[44]

Stifter wußte dies vorrangig aus der eigenen praktischen Erfahrung. Sein Schüler Ranzoni überliefert, wie sich der Autodidakt mehrere Sommer hindurch abquälte, „die durchsichtige, glanzvolle Bläue des wolkenlosen Himmels mit seinen Farben nachzubilden".[45] Nachricht vom letztendlichen Scheitern dieser Bemühungen Stifters gibt Baronin Handel: „Ich habe einen Vollmond gesehen, den er unzählige Male wiederholte, ehe er ihn genügend strahlend fand. Als nun der Mond vollendet war, erhob sich erst die eigentliche Schwierigkeit: wie sollten die Gegenstände gehalten werden, die der Mond zu bestrahlen hatte? Stifters Sinne nach mußte jeder Stein deutlich werden, jeder Baum seine Familie nennen. Das hob aber wieder die Illusion der Nacht, den Zauber des Unbestimmten auf [...]: immer klaffte eine Lücke zwischen weitester Komprehension und peinlichster Genauigkeit."[46] Diese Zeilen lesen sich als Erklärung des Non-finito bei Stifter, als Begründung, weshalb in so auffallend vielen Gemälden zwar der Himmel, der den Grundton anzugeben hatte, sorgsam zu Ende gemalt ist, der Vordergrund – in seiner detaillierten Durchbildung eine Errungenschaft der Biedermeiermalerei[47] – hingegen unvollendet blieb.

Dieses Manko charakterisiert auch die beiden überkommenen Fassungen der ‚Heiterkeit' (Abb. 4, 5): Unter einem sonnig-klaren, penibel ausgemalten Firmament breitet sich, erst mehr oder weniger skizzenhaft vorgezeichnet, eine griechische Landschaft. Sie kulminiert im ruinösen Tempel einer Akropo-

---

[44] August Wilhelm Schlegel. Vorlesungen über schöne Litteratur und Kunst. Deutsche Litteraturdenkmale des 18. und 19. Jahrhunderts. Bd. 17. Heilbronn 1884, S. 203. – Friedrich Wilhelm Joseph Schelling. Philosophie der Kunst. Darmstadt 1959, S. 188. – Vgl. auch bereits Christian Ludwig von Hagedorn. Betrachtungen über die Mahlerey. Leipzig 1762. Bd. 1, S. 343f.: Die Luft gibt die „mehrere oder mindere Heiterkeit des Gemähldes".

[45] Emerich Ranzoni: Adalbert Stifter als Maler. In: Neue Freie Presse. Wien, 29. 7. 1880, Feuilleton.

[46] Hein (o. Anm. 32). Bd. 2, S. 659.

[47] Peter Pötschner: Genesis der Wiener Biedermeierlandschaft. Wien 1964, S. 58ff., S. 119. – Klaus Albrecht Schröder: Ferdinand Georg Waldmüller. München 1990, S. 24f. – Ein ähnliches Phänomen ist bei dem Malerdichter Gottfried Keller festzustellen: vgl. Walter Baumann: Gottfried Keller. München/Zürich 1986, Abb. S. 54, S. 64, S. 87.

lis, von deren felsigem Absturz Ruinenblöcke den Blick in die Raumtiefe hinein auf eine Meeresbucht führen.

In der zweiten erhaltenen, wohl 1858 entstandenen und gestalterisch deutlich fortgeschrittenen Fassung (Abb. 5)[48] wurden der Felsenrücken plastischer in Szene gesetzt und die Terrainstufen in der rechten Bildhälfte markanter und raumhaltiger formuliert. Hinter dem Meereshorizont versinkt die Sonne vor einem bläßlich violetten Himmel. Der für Stifter bezeichnende elegische Ton – man vergegenwärtige sich die anderen Bildtitel – ist auch in seiner ‚Heiterkeit' gegenwärtig. Ohne je ins einzelne zu gehen, haben manche Autoren auf die Nähe beider Fassungen zur Kunst Carl Rottmanns hingewiesen,[49] also jenes Münchner Malers, den Stifter als den größten Landschafter seiner Zeit erkannt hatte.[50] Diese Einschätzung notierte er anläßlich einer Ausstellung in Linz, bei der ihm unter dem Titel ‚Sonnenuntergang' eine Variante der Darstellung Äginas mit dem Aphaiatempel (Abb. 6) begegnete, die er wohl sieben Jahre früher während seines Münchenbesuches bewundern konnte.[51] Die Nähe der ‚Heiterkeit' zu diesem Bild ist unverkennbar: Gleichsam im Spiegel kehren die Hauptmotive wieder, allerdings unter einem deutlich höheren Himmel – ein für Stifters Bestrebungen sehr bezeichnender Zug.

Rottmanns Leistung hatte u.a. darin bestanden, die Gattungen ‚topographisch getreue Vedute' und ‚heroische Komposition' als Manifestationen eines realistischen bzw. idealistischen Kunstprinzips in einer neuartigen historischen Landschaftskonzeption aufgehoben zu haben. Für den Griechenlandzyklus Ludwigs I. entstanden Gemälde, in denen geschichtliche Ereignisse, etwa die Schlacht von Marathon, an ihren jeweiligen, durch die Stürme der Zeit gealterten Schauplätzen mit Hilfe atmosphärischer Erscheinungen stimmungsmäßige Vergegenwärtigung erfuhren.[52]

---

[48] Novotny (o. Anm. 3), S. 101f.
[49] Hausenstein 1949 (o. Anm. 4), S. 356. – Rehm (o. Anm. 7), S. 104. – Fritz Feichtinger: Primat von Malerei oder Dichtung? Zur Frage der schöpferischen Anfänge bei Adalbert Stifter. In: Rheinische Adalbert-Stifter-Gemeinschaft. Nachrichtenblatt Nr. 79/80 (1988), S. 12, vertritt die fragwürdige These, ‚Heiterkeit II' stamme von Carl Rottmann, ‚Heiterkeit I' sei eine „Nachahmung" Stifters.
[50] ‚Ausstellung des oberösterreichischen Vereins für bildende Kunst. (1853.)'; SW. Bd. 14, S. 39. – Vgl. Gump (o. Anm. 19), S. 60.
[51] Erika Bierhaus-Rödiger: Carl Rottmann. Monographie und kritischer Werkkatalog. München 1978, Nr. 578; vgl. Nr. 444, Nr. 638. – Pfeiffer (o. Anm. 37), S. 86. – Zu Stifters München-Aufenthalt: Urban Roedl: Adalbert Stifter. Lebensweg in Bildern. München/Berlin 1955, S. 25.
[52] Ludwig Lange: Die Griechischen Landschaftsgemälde von Karl Rottmann in der neuen königlichen Pinakothek zu München. München 1854, S. 7f.: „Wenn bei einem historischen Bilde durch die Freiheit der Composition und des Ausdrucks der einzelnen Charaktere dem Künstler es leicht gemacht ist, die Seele des geschichtlichen Moments auszusprechen, so ist hingegen der Landschaftsmaler darauf beschränkt, uns durch eine verwandte Stimmung des Naturmoments die Bedeutung des geschichtlichen Moments in unserer Seele zum Anschlag zu bringen". – Werner Busch: Die notwendige Arabeske. Wirklichkeitsaneignung und Stilisierung in der deutschen Kunst des 19. Jahrunderts. Berlin

Stifter folgte Rottmann weniger in der auffälligen Reduktion der Erdoberfläche auf ihre geologische Substanz als bei der Mediatisierung des Atmosphärischen, hier offenbar mit dem Ziel, eine dem eigenen Griechenlandbild adäquate assoziationenträchtige Gestimmtheit zu evozieren. Vermittler der titelgebenden ‚Heiterkeit' ist zum einen der hohe, sonnig klare und nahezu wolkenlose Himmel, der sich zwar, dem scheidenden Tag angemessen, gegen rechts leicht violett verfärbt, in der linken Bildhälfte jedoch von zunehmend satten, leuchtend gelben Tonwerten bestimmt ist. Dort, wo das beherrschende Himmelsgelb seine größte Intensität erlangt, dort tritt die mimetische Funktion des Gelb beinahe hinter seine Ausdrucksqualität zurück. Man erinnert sich, daß Goethe dieser Farbe „eine heitere, muntere, sanft reizende Eigenschaft" attestiert und ihr somit eine dem Bildthema ‚Heiterkeit' äquivalente sinnlich-sittliche Wirkung zuerkennt.[53]

Zum anderen wurde von Stifter die Landschaft des klassischen Südens offenbar als einem heiteren Gemütszustand analog betrachtet. Die Ursprünge dieser Konnotation dürften bei Winckelmann liegen, der über das Kulturvolk der Griechen etwa meinte: „Vieles, was wir uns als Idealisch vorstellen, war die Natur bei ihnen."[54] Speziell das attische Gebiet, also jene Gegend, die wohl Stifter zu vergegenwärtigen suchte, sei durch einen „reinen und heiteren Himmel" ausgezeichnet gewesen, der den glücklichsten Einfluß auf die Menschen und ihre Künste ausgeübt habe.[55]

Weitere Belege für die topische Einschätzung Griechenlands und des Gebietes um Athen als eines „heiteren" Landstriches beizubringen, ist müßig. Der Hinweis auf eine zentrale Passage des ‚Nachsommers' soll genügen: Als Risach über den Erwerb der antiken Marmorstatue für das „Rosenhaus" berichtet, stellt er die Griechenwelt, der sein und Stifters ästhetisches Idealbild entstammt, explizit als eine „heitere" vor Augen.[56]

1985, S. 298ff. – Erika Rödiger-Diruf: Landschaft als Abbild der Geschichte. Carl Rottmanns Landschaftskunst 1820–1850. In: Münchner Jahrbuch der bildenden Kunst 40 (1989), S. 153–224.

[53] Johann Wolfgang Goethe. Zur Farbenlehre. Hrsg. von Manfred Wenzel. In: Sämtliche Werke. I. Abteilung. Bd. 23. I. Frankfurt a. M. 1991, S. 249. – Vgl. auch Ludwig Richter. Lebenserinnerungen eines deutschen Malers. Leipzig 1909, S. 575: „Z.B. daß das Braungolden und Violett des Herbstes eine wehmütige Stimmung, das Hellgoldige und sanft Blaue des Morgens eine süße, sanfte Heiterkeit hervorruft, empfindet ein jeder".

[54] Johann Joachim Winckelmann. Geschichte der Kunst des Altertums. In: Sämtliche Werke. Hrsg. von Joseph Eiselein. Donaueschingen 1825. Bd. 4, S. 9.

[55] Ders. Erläuterung der Gedanken von der Nachahmung der griechischen Werke in der Malerei und Bildhauerkunst. In: SW. Bd. 1, S. 132.

[56] SW. Bd. 7, S. 85. – Daß „der Charakter des griechischen Himmels ein vorzugsweiser heiterer ist", meinte auch Ludwig Lange in seiner Beschreibung der Rottmanngemälde (o. Anm. 52), S. 8. – Zur Marmorstatue des „Rosenhauses" vgl. Christine Oertel Sjögren: The Marble Statue as Idea. Collected Essays on Adalbert Stifter's ‚Der Nachsommer'. Chapel Hill 1972.

Daraus ist zu erschließen, daß Stifter auf mehr zielte als allein auf die Evokation des Stimmungswertes „Heiterkeit". So wie es die Kunsttheorie nahelegte, sollten wohl auch heiter lichtvolle Gedanken, „Rêverien", über die untergegangene und dennoch vorbildhaft antike Welt und ihr Ethos erweckt werden. – Nota bene: Nur wenig später wird der Stifterleser Friedrich Nietzsche ausdrücklich der „Heiterkeit der Griechen" die ekstatische, Rausch und Häßlichkeit gebärende Welt des Dionysischen entgegensetzen.[57]

IV

Mit dem Gemäldeprojekt ‚Bewegung. strömendes Wasser' können drei Arbeiten verbunden werden.[58] Ein unvollendetes Ölbild – ‚Bewegung I' (Abb. 7) – zeigt unter dem gleichfalls zu Ende geführten Wolkenhimmel auf dem rosafarbenen Grund der Untermalung die Vorzeichnung für ein von links nach rechts mäßig abfallendes Bachbett, in das vom Höhenzug eines Felsengebirges herab verzweigte Steinrinnen führen.

Diese Anordnung der Bildelemente distanziert die Fassungen der ‚Bewegung' deutlich von früher entstandenen Wiedergaben Stifters, etwa von Flußengen,[59] bei denen das Wasser, zwischen Felswänden und über Kaskaden aus der Raumtiefe strömend, auf den Betrachter zuläuft (Abb. 8). Mit dem Verzicht auf eine dramatisch pointierte Raum- und Zeitperspektive und die Vergegenwärtigung eines zwar potentiell gefahrvollen, nun aber friedlichen Wassers am Fuße eines Bergmassivs verschwanden jene romantisch-pittoresken Elemente, welche Darstellungen von Schluchten und Flüssen in aller Regel zu „Effektstücken" werden ließen.[60] Die nahezu rahmenparallele Führung des Bachlaufs, die nur wenig abfallende Gipfellinie und die beruhigende Mündung in der Glätte eines Seespiegels verleihen Stifters Konzeption einen beinahe demonstrativ lehrhaften Charakter. Da die farbliche Umsetzung unterblieb, gilt diese Aussage freilich nur mit Vorbehalt. Immerhin kann vom möglichen Aussehen der Rinnen, Steinblöcke, Geröllströme und Sturzbäche durch den Blick auf die linke Bildhälfte der ‚Teufelsmauer' (Abb. 8) eine Vorstellung gewonnen werden.[61]

Eine zweite, 1858 entstandene Fassung – ‚Bewegung II' (Abb. 9) – liegt in einer viergeteilten Tuschezeichnung vor.[62] Wegen der gesteigerten Nahsicht des Vordergrundes ist man aufgefordert, das seichte Bachbett, die von Wasser

---

[57] Friedrich Nietzsche. Die Geburt der Tragödie. In: Werke. Hrsg. von Giorgio Colli und Mazzino Montinari. Berlin/New York 1972, Bd. 3.1, S. 5f.
[58] Novotny (o. Anm. 3), S. 101ff.
[59] Ebd., S. 93, S. 97ff.
[60] Fernow (o. Anm. 27), S. 62ff. – Pötschner (o. Anm. 47), S. 105.
[61] Vgl. Novotny (o. Anm. 3), S. 97f.
[62] Ebd., S. 102f.

umspülten Steine und den mehrfach inschriftlich bezeichneten Sand als die primären Bildgegenstände zu betrachten. Unterstützt wird solches Verständnis durch das Fragment eines ehedem größeren, unvollendet gebliebenen Ölbildes (Abb. 10), dessen Hauptmotiv – ein abgeschliffener Felsblock – nach Gestalt und Abmessungen dem Stein in der linken unteren Hälfte der obengenannten Pauszeichnung entspricht.[63]

Das Ambiente dieser „Porträtansicht"[64] verrät, daß Wasser in ‚Bewegung II' noch deutlicher als ruhig fließendes und durchsichtig klares Element, nicht als grünlichweiß aufschäumende Flut vorgestellt werden muß. Eben dieses Spezifikum unterscheidet Stifters ‚Bewegung' auch von jenem Gemälde (Abb. 11), das ihm aus der Gattung der Wasserstudien am ehesten an die Seite gerückt werden kann: Franz Steinfelds ‚Wildbach' von 1824.[65] Denn noch auffälliger als der Neuerer der österreichischen Biedermeiermalerei verzichtete Stifter auf die Ausbildung eines Motivs, das dank seines pittoresken Zuschnitts die Aufmerksamkeit hätte auf sich ziehen können, also etwa auf die höhlenförmige Auswaschung oder die Hütte auf dem Felsen links. Angesichts der minimierten Bildattraktion umso beachtlicher sind die Ausmaße des projektierten Gemäldes: Mit etwa 70 x 90 cm wäre Stifters ‚Bewegung' etwa doppelt so groß wie Steinfelds Studie ausgefallen und hätte somit die gewohnten Dimensionen eines Kabinettbildes eher über- als unterschritten.

Noch markanter als zu Steinfelds Bachlandschaft ist der Abstand zu jener Kategorie von Gemälden, welche die Furcht und Schrecken auslösende Übermächtigkeit der Alpenwelt thematisierten, also ihre vielzitierte Erhabenheit zu vergegenwärtigen suchten, etwa Joseph Anton Kochs ‚Schmadribachfall' (1821/22).[66] In Antithese steht Stifters ‚Bewegung' erst recht zu Darstellungen, die extreme Naturereignisse wie Wasserfälle oder Vulkanausbrüche als politische Metaphern für revolutionäre Umwälzungen verstanden wissen wollten.[67] Nicht im reißenden Strom, sondern im ruhig fließenden Bach einer Heidelandschaft erkannte Stifter sein Ideal, nämlich die Wiedergabe eines „einfachen Themas". Über Jakob van Ruisdaels ‚Großen Wald' (Abb. 12) schrieb er:

---

[63] Ebd., S. 103.
[64] Mahlendorf (o. Anm. 13), S. 375f.: „Den großen Stein in der Mitte des Gemäldefragments kann man als bemützten, bärtigen, querliegenden in Stein gehauenen Kopf oder als futuristische Skulptur sehen."
[65] Vgl. Pötschner (o. Anm. 47), S. 121, S. 166, Abb. 31. – Ders.: Wien und die Wiener Landschaft. Spätbarocke und biedermeierliche Landschaftskunst in Wien. Salzburg 1978, S. 32ff., S. 74ff. – Zum Verhältnis Stifter/Steinfeld vgl. Dell (o. Anm. 3), S. 66, Anm. 37. – Pfeiffer 1977 (o. Anm. 37), S. 114–116.
[66] Barbara Eschenburg: Landschaft in der deutschen Malerei. Vom späten Mittelalter bis heute. München 1987, S. 111ff. – Otto R. von Lutterotti: Joseph Anton Koch 1768–1839. Leben und Werk. Mit einem vollständigen Werkverzeichnis. Wien/München 1985, S. 63ff.
[67] Martin Warnke: Politische Landschaft. Zur Kunstgeschichte der Natur. München 1992, S. 116ff.

„Vorne geht über Lehmgrund ein klares Wasser, dann sind Bäume, ein Wäldchen, zwischen dessen Stämmen man wieder in freie Luft sieht. Der Himmel hat ein einfaches Wolkengebäude. Das ist mehrere hundert Millionen Male auf der Welt gewesen, und doch ist die Landschaft die gewaltigste und erschütterndste, die es geben kann."[68]

Diese Zeilen über die niederländische Landschaft in Wien[69] erlauben, speziell die entwickeltere Fassung der ‚Bewegung' ins Gedankenfeld der berühmten Vorrede zu den ‚Bunten Steinen' zu rücken. Sie erteilt bekanntlich den spektakulären und deshalb vereinzelt auftretenden Naturphänomenen zugunsten von Manifestationen der stetig wirksamen und damit welterhaltenden Gesetzlichkeiten eine Absage.[70] In seiner Einschätzung des Besonderen und des Allgemeinen sah sich Stifter im übrigen mit den alten Griechen verbunden. Sie hätten, neben den großen Stoffen ihrer Tragödien, besonders in der bildenden Kunst das Einfachste zum Thema gewählt und deshalb das Meer als das Einfachste in der Natur hochgeschätzt.[71] Diese Aussage gestattet rückblickend, das ruhige weite Meer der ‚Heiterkeit' (Abb. 4, 5) als Verwirklichung eben dieser ästhetischen Maxime zu interpretieren.

Wie der Nebentitel ‚strömendes Wasser' verrät, sah Stifter Bewegung zuallererst durch das unstete Element dargestellt: „das bewegte Leben des Erdkörpers" nennt er es im ‚Nachsommer'.[72] Dies entspricht allgemeinster menschlicher Erfahrung, und so überrascht es auch nicht, daß Wasser von verschiedensten Kunstverständigen als primäres Medium zur Wiedergabe von Bewegung verstanden wurde, so etwa von Hirschfeld, der es als die „Seele der Natur" apostrophierte.[73] Von größerer Relevanz für Stifter war, wenn er denn überhaupt eine Anregung nötig hatte, vielleicht die Interpretation, welche Goethe im Aufsatz ‚Ruysdael als Dichter' dem „allbelebenden Element" gab. Denn er ordnete dem Fluß eines der besprochenen Dresdner Landschaftsgemälde die Qualität der Bewegung, der übrigen Szenerie hingegen die Qualität der Ruhe zu.[74]

---

[68] ‚Nachkommenschaften'; SW. Bd. 13, S. 272. – Vgl. Fritz Novotny: Stifters „Nachkommenschaften" als Malernovelle. In: Ders.: Über das „Elementare" in der Kunstgeschichte und andere Aufsätze. Wien 1968, S. 91. – Karl Konrad Polheim: Die wirkliche Wirklichkeit. A. Stifters ‚Nachkommenschaften' und das Problem seiner Kunstanschauung. In: Untersuchungen zur Literatur als Geschichte. Festschrift für Benno von Wiese. Berlin 1973, S. 392f., S. 396.
[69] Vincenz Oberhammer: Die Gemäldegalerie des Kunsthistorischen Museums in Wien. Wien/München 1959, Bd. 1, Taf. 51. – Wolfgang Stechow: Dutch Landscape Paintings of the Seventeenth Century. London. 2. Aufl. 1966, S. 74, Abb. 145.
[70] WuB. Bd. 2.2, S. 9–16.
[71] ‚Ausstellung des oberösterreichischen Kunstvereines. (1860.)'; SW. Bd. 14, S. 166.
[72] SW. Bd. 7, S. 279.
[73] Christian Cay Lorenz Hirschfeld. Ueber die Verwandschaft der Gartenkunst und der Malerey. In: Gothaisches Magazin der Künstler und Wissenschaftler I.1 (1776), S. 53.
[74] Johann Wolfgang von Goethe. Ruysdael als Dichter. In: Goethes Werke. Hamburger Ausgabe in 14 Bänden. Hamburg 1953. Bd. 12, S. 139.

Ruhe und Bewegung sind zentrale Begriffe der Kunstanschauung Stifters: „Bewegung regt an, Ruhe erfüllt, und so entsteht jener Abschluß in der Seele, den wir Schönheit nennen", liest man im ‚Nachsommer'.[75] Von Bewegung als einer ästhetischen Kategorie und notwendigem Element jedes Kunstwerks ist Bewegung als eigentliches Bildsujet zu trennen, also etwa die Wiedergabe ziehender Wolken oder herabstürzenden Wassers. Den Erörterungen von damit verbundenen gestalterischen Problemen widmete Stifter auffallend breiten Raum,[76] vermutlich auch deshalb, weil er sich selbst mit den Schwierigkeiten konfrontiert sah.

Die signifikanten theoretischen Ausführungen sowie die einstmals zahlreichen Wolkenstudien und Flußbilder erweisen Stifters Teilhabe an der europaweit faßbaren Tendenz jener Jahrzehnte, dem Bewegten, Flüchtigen und Wandelbaren in der Natur Gestalt zu verleihen.[77] Eigenes Profil gewann Stifter über die Wiedergabe ruhig strömenden Wassers hinaus[78] besonders durch den hier zu erörternden Versuch, geologische Bewegung darzustellen, also das transitorische Moment auch im scheinbar Starren und Festen zu erblicken. Denn die Taleinschnitte, Rinnen und Furchen der Felsabhänge, die durch Sonne, Niederschläge, Frost und Wind abgesprengten Blöcke und die Geröllströme – sind sie nicht ebenso Resultate einer fortwährenden Bewegung wie die durch Wasserkraft transportierten und dabei abgeschliffenen Steine und der fein rieselnde Sand? Man möchte hinzufügen: einer vom Größeren zum Kleineren und Kleinsten fortschreitenden prozeßhaften und unumkehrbaren Bewegung?[79]

---

[75] SW. Bd. 7, S. 94; vgl. S. 90ff., Bd. 6, S. 9. – Stifter dürfte sich bei seiner Festlegung auf Goethes Laokoon-Aufsatz gestützt haben, in dem die Statuengruppe als Muster von Ruhe und Bewegung bezeichnet wird: Johann Wolfgang von Goethe. Über Laokoon. In: Werke. Bd. 12. (o. Anm. 74), S. 58. Goethes Aufsatz wollte Stifter auch in sein Lesebuch aufgenommen wissen. Vgl. Sepp Domandl: Adalbert Stifters Lesebuch und die geistigen Strömungen zur Jahrhundertsmitte. Linz 1976, S. 32, vgl. S. 44.
[76] ‚Nachsommer'; SW. Bd. 7, S. 91ff.
[77] Vgl. Kurt Badt: Wolkenbilder und Wolkengedichte der Romantik. Berlin 1960. – Oskar Bätschmann: Entfernung der Natur. Landschaftsmalerei 1750–1920. Köln 1989, S. 117ff.
[78] Zur Darstellung von Bewegung in der Malerei vgl. Ludwig Volkmann: Das Bewegungsproblem in der bildenden Kunst. Esslingen 1908. – Carla Gottlieb: Movement in Painting. In: The Journal of Aesthetics and art criticism 7 (1958), S. 22–33. – Ernst H. Gombrich: Moment and Movement in Art. In: Journal of the Warburg and Courtauld Institutes 27 (1964), S. 293–306. – Rosemarie Schönbach: Form und Gehalt der Bewegungsdarstellung in der europäischen Bildkunst um 1900. Diss. Frankfurt a. M. 1973, mit Literatur. – Gudula Overmeyer: Studien zur Zeitgestalt in der Malerei des 20. Jahrhunderts. Robert Delaunay – Paul Klee. Hildesheim/Zürich/New York 1982, mit Literatur.
[79] Die Interpretation einer geologischen Bewegung von Stifters ‚Bewegung' wurde zwar angedeutet, niemals aber eingehender erörtert oder belegt: Hausenstein 1940 (o. Anm. 4), S. 356. – Weiss (o. Anm. 10), S. 112. – Mahlendorf (o. Anm. 13), S. 376. – Stifters Wiedergabe eines unumkehrbaren Prozesses unterscheidet sich markant von älteren Versuchen, den Kreislauf des Naturgeschehens zu veranschaulichen, also etwa von

Untermauerung erfährt eine solche Interpretation durch Textpassagen des ‚Nachsommers'. Bekanntlich betreibt der Held der Erzählung als „Schlußstein oder Zusammenfassung" aller vorangegangenen Studien die damals noch junge Wissenschaft von der Erdbildung.[80] Über Seiten hinweg formulierte Gedanken verraten, daß er der „Erhebungstheorie" zuneigt.[81] Sie lehrt, daß die Bildung der Alpen vertikal aufwärts gerichteten magmatischen Kräften zu danken ist. Anhänger dieser Meinung, die sich gegen den Neptunismus eines Werner oder Goethe behauptet hatten, waren u.a. Leopold von Buch, Alexander von Humboldt und Carl Gustav Carus.[82]

Stifter interessierte vor allen Dingen, daß der Erhebung der Gebirge eine Tendenz zur Abflachung entgegenwirkte. Sie bedient sich der Kräfte von Verwitterung und Erosion: „Wenn durch das Wirken des Himmels und seiner Gewässer das Gebirge beständig zerbröckelt wird, wenn die Trümmer herab fallen, wenn sie weiter zerklüftet werden, und der Strom sie endlich als Sand und Geschiebe in die Niederungen hinaus führt, wie weit wird Das kommen? Hat es schon lange gedauert? Unermeßliche Schichten von Geschieben in ebenen Ländern bejahen es. Wird es noch lange dauern? So lange Luft, Licht, Wärme und Wasser dieselben bleiben, so lange es Höhen gibt, so lange wird es dauern."[83] Größte Aufmerksamkeit widmet Heinrich dem durch Erosion bewegbar gewordenen Geschiebe und Geröll. „Wir gingen die Thäler entlang und spähten nach Spuren ihrer Zusammensetzungen, und wir begleiteten die Wasser, die in den Tiefen gingen, und untersuchten die Gebilde, welche von ihnen aus entlegenen Stellen hergetragen und immer weiter und weiter geschoben wurden." Geradezu ehrfürchtig-feierliche Gedanken steigen Heinrich bei der Betrachtung von Steingebilden auf, die man einem Flußbett entnommen hatte: „Ich erkannte in den rothen, weißen, grauen, schwarzgelben und gesprenkelten Steinen, welche lauter plattgerundete Gestalten hatten, die Bo-

---

Poussins ‚Orion' oder Joseph Anton Kochs ‚Gletscher mit Berggeist und Quellgottheit'. Vgl. Ernst Heinrich Gombrich: The Subject of Poussin's „Orion". In: Symbolic Images. Oxford und New York 1972, S. 119–122. – Christian von Holst: Joseph Anton Koch. Ansichten der Natur. Stuttgart 1989, S. 150f.

[80] SW. Bd. 6, S. 40. – Daß der Geologie im Roman eine zentrale Bedeutung zuerkannt wird, hat die einschlägige Forschung bislang nur wenig gewürdigt. – Vgl. Martin Selge: Adalbert Stifter. Poesie aus dem Geist der Naturwissenschaft. Berlin/Köln/Mainz 1976, S. 8. – Daran änderte auch nichts der Aufsatz von Erhard Banitz: Das Geologenbild Adalbert Stifters. In: Gestaltung, Umgestaltung. Festschrift zum 75. Geburtstag von Hermann August Korff. Hrsg. von Joachim Müller. Leipzig 1957, S. 206–238.

[81] SW. Bd. 6, S. 251f.; Bd. 7, S. 26.

[82] Andreas Pilger: Die tektonische Erforschung der Alpen zwischen 1787 und 1915. Clausthal/Zellerfeld 1978 (Clausthaler Geologische Abhandlungen 32), S. 7f. – Vgl. allgemeiner: Wolf von Engelhardt: Wandlungen des Naturbildes der Geologie von der Goethezeit bis zur Gegenwart. In: Das Naturbild des Menschen. Hrsg. von Jörg Zimmermann. München 1982, S. 45–73. – Carl Gustav Carus: Zwölf Briefe über das Erdleben. Stuttgart 1841; hier zit. nach der Ausgabe von Ekkehard Meffert. Stuttgart 1986, S. 147.

[83] SW. Bd. 7, S. 26f. (Nachsommer).

ten von unserem Gebirge, ich erkannte jeden aus seiner Felsenstadt, von der er sich los getrennt hatte und von der er ausgesendet worden war. Hier lag er unter Kameraden, deren Geburtsstätte oft viele Meilen von der seinigen entfernt ist, alle waren sie an Gestalt gleich geworden [...]. Besonders kamen mir die Gedanken, wozu dann Alles da sei, wie es entstanden sei, wie es zusammen hänge, und wie es zu unserem Herzen spreche."[84]

„Wenn die Bestandtheile eines ganzen Gesteinszuges ergründet waren, wenn alle Wässer, die der Gesteinzug in die Thäler sendet, untersucht waren, um jedes Geschiebe, das der Bach führt, zu betrachten und zu verzeichnen, wenn nun nichts Neues nach mehrfacher und genauer Untersuchung sich mehr ergab, so wurde versucht, sich des Zuges selbst zu bemächtigen [...]."[85] „Woher ist die Berggestalt im Großen gekommen? Ist sie noch in ihrer Reinheit da, oder hat sie Veränderungen erlitten, und erleidet sie dieselben noch immer? Wie ist die Gestalt der Erde selber geworden, wie hat sich ihr Antlitz gefurcht [...]?"[86]

Heinrichs Erforschung der Erdoberfläche wird von intensiven zeichnerischen Aktivitäten begleitet. Sie münden schließlich in der farblichen Gestaltung eines Landschaftsbildes.[87] Diese künstlerische Annäherung erweist Drendorf als Vertreter jener „ästhetischen Geographie" der ersten Jahrhunderthälfte, für die Wissenschaft und Kunst keine Gegensätze bilden, sondern einander als Erkenntnis- bzw. Darstellungsweisen ergänzen.[88] Das Wissen von ihren Zielsetzungen hatte Stifter u.a. durch die naturkundlichen und gestalterischen Aktivitäten des Alpenforschers Friedrich Simony – partielles Vorbild für Heinrich Drendorf – erworben.[89] Beiden war die Landschaftsdarstellung nicht bloße Illustration, also Mittel zum Zweck, sondern Endziel, in dem sich empirische Beobachtung objektivierte.[90] Nachdrücklich hat sich Simony, der erste Vertreter des Fachs Geographie an der Universität Wien, in diesem Sinn über die Wichtigkeit der Malerei und Landschaftzeichnung für seine Wissenschaft geäußert.[91]

---

[84] Ebd., S. 2, S. 22.
[85] Ebd., S. 198.
[86] Ebd., S. 25.
[87] SW. Bd. 6, S. 37ff., S. 249; Bd. 7, S. 24ff., S. 252.
[88] Ludwig Kriegk. Schriften zur allgemeinen Erdkunde. Leipzig 1840, S. 221ff.: „Über ästhetische Geographie". – Vgl. Gerhard Hard: Geographie als Kunst. Zur Herkunft und Kritik eines Gedankens. In: Erdkunde 18 (1964), S. 336–341.
[89] Fritz Krökel: Stifters Freundschaft mit dem Alpenforscher Friedrich Simony. In: VASILO 4 (1955), S. 97–117.
[90] Albrecht Penck: Friedrich Simony. Leben und Wirken eines Alpenforschers (Geographische Abhandlungen VI/3). Wien 1898, S. 34. – Vgl. die Zusammenstellung der Graphiken Simonys bei: Wolfgang Kainrath: Friedrich Simony und seine Beiträge zur Erforschung der Alpen. Dipl. Arbeit (Masch.) Wien 1993, S. 138–170.
[91] Friedrich Simony. Die Bedeutung landschaftlicher Darstellungen in den Naturwissenschaften. In: Sitzungsberichte der k. Akademie der Wissenschaften, Mathem.- naturwiss. Classe 9. Wien 1852, S. 200–207.

Simony war wiederum u.a. Alexander von Humboldt verpflichtet, der seinem, auch von Stifter hochgeschätzten Hauptwerk ‚Kosmos' als „Anregungsmittel zum Naturstudium" eine Geschichte der Landschaftsmalerei einfügte und Bilder für die Veranschaulichung von geographischen Eindrücken empfohlen hatte.[92] Zur Bezeichnung seines synergistisch-holistischen Landschaftsbegriff bediente sich Humboldt Termini, welche die Kunsttheoretiker Sulzer, Semler, Fernow und Carus bereithielten, nämlich „physiognomischer Charakter" und „Totaleindruck". Simony selbst nannte seine Gebirgsansichten abgewandelt „geographische Charakterbilder".[93]

Angesichts dieser Position verwundert es nicht, daß Simony auch den Stimmungsgehalt von Landschaften explizit hervorzuheben wußte. Über einen Alpensee (vgl. Abb. 13) schrieb er 1860: „In der Tat ist der Zauber, den die herrlichen Wasserspiegel des Gebirges auf Sinn und Gemüt des Menschen üben, so eigentümlich und mächtig, daß jeder Besucher des Alpenlandes die von den Seen mitgenommenen Eindrücke mit besonderer Vorliebe in seiner Erinnerung bewahrt. Gleich dem Gletscher ist auch der See ein Bild der Ruhe; aber hier herrscht nicht die Ruhe einer scheinbar toten Natur, die dort dem Beschauer entgegenstarrt, hier ladet uns die behagliche Ruhe eines lebensvollen Elementes zum Mitgenusse ein".[94] Diese Zeilen rufen nicht zufällig einen Eintrag in Stifters Malertagebuch ins Gedächtnis: „Die Ruhe. See mit Schneeberg". Vermutlich handelte es sich dabei um die noch 1867 in Arbeit befindliche, heute verschollene Ansicht.[95]

Das Interesse für die Entstehung und Verwandlung der Gebirge, kurz für ihre geschichtliche Dimension, rückt Stifter auch ganz nahe an die Bestrebungen heran, die Carl Gustav Carus in seinen ‚Briefen über die Landschaftsmalerei' verfolgte. Sie waren 1835 in zweiter Auflage mit einem Goethebrief zur Einleitung erschienen und hatten u.a. auch in Hebenstreits ‚Encyklopädie der Aesthetik' (Wien 1843) beachtliche Resonanz gefunden.[96] Carus erörterte nicht allein die oben angesprochenen Korrespondenzen zwischen Natur- und Gemütszuständen, sondern formulierte, sich auf Goethe, Humboldt

---

[92] SW. Bd. 23, S. 28. – Alexander von Humboldt. Kosmos. Stuttgart und Tübingen 1859–1862. Bd. 2, S. 46ff., S. 92ff., S. 103. – Vgl. Atlas zu Alex. v. Humboldt's Kosmos in zweiundvierzig Tafeln mit erläuternden Texten. Hrsg. von Traugott Bromme. Stuttgart 1851, S. 121ff., Taf. 35ff.
[93] Hard (o. Anm. 26), S. 54f. – Penck (o. Anm. 90), S. 34.
[94] Friedrich Simony. Die Seen der Alpen. In: Österreichischer Volks- und Wirtschaftskalender 9 (1860), S. 36. – Krökel (o. Anm. 89), S. 115. – Simonys Darstellung des Hinteren Gosausees (1850) entstammt seinem Buch: Das Dachsteingebiet. Ein geographisches Charakterbild aus den österreichischen Nordalpen. Wien und Ölmütz 1889, Taf. 127.
[95] Novotny (o. Anm. 3), S. 110, S. 116.
[96] Carus (o. Anm. 29). – Hebenstreit (o. Anm. 30), S. 411. – Eine Besprechung von Carus' ‚Briefen über Landschaftsmalerei' brachte auch das ‚Morgenblatt für gebildete Stände, Kunstblatt' Nr. 101, am 17. Dezember 1835, S. 422–424. – Stifter besaß Carus' Goethebuch (1843): Domandl (o. Anm. 18), S. 69.

und Jean Paul berufend, die Prinzipien einer neuen, auf Wissenschaft gegründeten Landschaftsmalerei. Sie sollte die bisherige rohe und in Routine verkommene ersetzen.[97] Damit vertrat Carus gleichsam eine zu Humboldt komplementäre Position: Empfahl dieser die Annäherung der Geologie und Geographie an die künstlerische Naturdarstellung, so jener umgekehrt die Berücksichtigung naturwissenschaftlicher Einsichten in der Landschaftsmalerei: Kunst und Wissenschaften konvergierten.[98]

Die angestrebte „Hervorhebung neuer Kunst aus Wissenschaft" zielt auf „Erdlebenbilder" oder „Erdlebenkunst" und damit auf die Geschichtlichkeit von Landschaften, ganz besonders aber von Gebirgen. „Wie redend und mächtig spricht [...] sich diese Geschichte in gewissen Lagerungen und Bergformen aus, daß selbst dem Nichtwissenden dadurch die Ahnung einer solchen Geschichte aufgehen muß, und steht es nun dem Künstler nicht frei, solche Punkte hervorzuheben und im höheren Sinne historische Landschaften zu geben?"[99] Voraussetzung dafür ist, wie bei Stifter, die Hochachtung eines stillen, gleichförmigen Naturlebens: „das langsame aber unaufhaltsam fortschreitende Verwandeln der Erdoberfläche, das Verwittern nackter Felsgipfel, deren Körner, alsbald herabgeschwemmt, allmälig fruchtbares Land erzeugen, das Entstehen der Quellen, nach den Richtungen der Gebirgszüge sich zu Bächen und endlich zu Strömen zusammenfindend, Alles folgt stillen und ewigen Gesetzen". Sie habe der Künstler in einer „wahrhaft geognostischen Landschaft" zu vergegenwärtigen, heißt es bei Carus.[100] Der Maler müsse auf die „Beachtung des Zusammenhanges hingeführt" werden, „welche notwendigerweise gewisse Gebirgsformen mit der inneren Structur ihrer Massen in Übereinstimmung setzt, und auf die Notwendigkeit, mit der wieder diese innere Structur aus der Geschichte dieser Gebirge folgt."[101]

Vor diesem Hintergrund bestätigt sich offenbar, daß Stifters Projekt, Bewegung darzustellen, nicht allein auf strömendes Wasser, sondern auch auf die Erosion des Gebirges und Bewegung der Steine zu beziehen ist. Es darf deshalb sowohl als „geographisches Charakterbild" (Simony) wie als „Erdlebenbild" oder „geognostische Landschaft" (Carus) bezeichnet werden.

---

[97] Carus (o. Anm. 29), S. 140. – Über Carus eigene „geognostische Landschaft" vgl. Marianne Prause: Carl Gustav Carus. Leben und Werk. Berlin 1968, S. 43ff. – Timothy F. Mitchell: Art and Science in German Landscape Painting 1770–1840. Oxford 1993, S. 166ff.
[98] Vgl. Pia Müller-Tamm: Rumohrs „Haushalt der Kunst". Zu einem kunsttheoretischen Werk der Goethe-Zeit (Studien zur Kunstgeschichte 60). Hildesheim/Zürich/New York 1991, S. 95ff.
[99] Carus (o. Anm. 29), S. 109f.
[100] Ebd., S. 28f., S. 176.
[101] Ebd., S. 142.

V

Wie verhält sich die eindeutige Stimmungslandschaft ‚Heiterkeit' (Abb. 4, 5) zur Darstellung des Naturprinzips Bewegung (Abb. 7, 9, 10)? Fruchtbringender, als die Gemälde diversen Kategorien zuzuordnen, etwa „ideale Landschaft" hier und „Naturstudie" dort, ist es, nach Gemeinsamkeiten zu suchen, und zwar nicht allein deshalb, weil beide zur „Rêverie", zu assoziativer Betrachtung, anregen. Man hat auch zu bedenken, daß nach Ansicht von Humboldt, Carus und anderen namhaften Vertretern der „ästhetischen Geographie" zwischen Vernunft und Gemüt sowie zwischen empirisch-rationaler Darstellung und Stimmungsbild keine Diskrepanz bestehen müsse, ja solle. Die Anschauung von Naturphänomenen in ihrer Ganzheit ist nach Humboldt erst möglich, wenn zur „reinen Objektivität wissenschaftlicher Naturbeschreibung" die „innere Welt" hinzugefügt wird. Sie bilde sich als „Reflex des durch die äußeren Sinne empfangenen Bildes auf das Gefühl und die dichterisch gestimmte Einbildungskraft". „Die Natur muß gefühlt werden", heißt es bei Humboldt weiter; „wer nur sieht und abstrahiert, kann ein Menschenalter [...] Pflanzen und Tiere zergliedern, er wird die Natur zu beschreiben glauben, ihr selbst aber ewig fremd sein."[102] Erst wenn die auf Wissenschaft gegründete Landschaft „einen besonderen Charakter, eine neue eigenthümliche Wirkung auf das Gemüth" offeriere, könne „ein unmittelbares Heraufheben des Betrachtenden in die Sphäre einer höheren Welt- und Erdanschauung" gelingen, meint in entsprechender Weise Carl Gustav Carus.[103]

Und auch Stifter folgt dieser historisch u.a. wohl auf Goethes Stilbegriff rückführbaren Position, etwa wenn er vom Künstler bei der Wiedergabe von Natur neben der angemessenen Genauigkeit „Gefühlswärme" verlangt.[104] Vor diesem Hintergrund erscheint es auch konsequent, daß Stifter Heinrich Drendorfs geognostischen Studien sich zuallerletzt ästhetisch, d.h. hier stimmungsmäßig vermitteln läßt. Folgendermaßen verläuft sein Entwicklungsgang: In einem frühen Stadium des Bildungsweges lernt Heinrich mit Unterstützung Risachs, daß das künstlerische Element seiner Zeichnungen hinter dem naturwissenschaftlichen Interesse zurückbleibt. Danach, während des Studiums der Kunstsammlung des „Rosenhauses", erkennt er die Gefahr, daß ein Gemälde, „statt einen ruhigen Gesamteindruck zu erzielen", wegen der Detailtreue seine Einheit verlieren könne. Als dem jungen Geologen schließlich dank der Be-

---

[102] Humboldt (o. Anm. 92). Bd. 2, S. 3. – Vgl. Müller-Tamm (o. Anm. 98), S. 98f. – Hard (o. Anm. 88).
[103] Carus (o. Anm. 29), S. 115.
[104] ‚Gemälde-Ausstellung des oberösterreichischen Kunstvereines. (1862.)'; SW. Bd. 14, S. 198, vgl. S. XXXIII. – Johann Wolfgang von Goethe. Einfache Nachahmung der Natur, Manier, Stil. In: Werke (o. Anm. 74). Bd. 12, S. 30–34. – Stifter hat diesen Goethetext im ‚Lesebuch' empfohlen, vgl. o. Anm. 75. – Vgl. auch Fischer (o. Anm. 19), S. 482–486.

gegnung mit der antiken Marmorstatue und den alten Meistern die Notwendigkeit aufgegangen ist, daß ein Inneres zum Sprechen gebracht, ein Ausdruck erzielt werden müsse, gelingt es ihm, das geognostische Bild des „Lautersees" zu vollenden. Seinen anschaulichen Charakter benennt Stifter abschließend mit „schwermüthiger Düsterheit"[105] und bestätigt damit nicht allein die Vermählung von wissenschaftlichem und ästhetisch-emotionalem Interesse, sondern indirekt auch die Nähe von ‚Heiterkeit' und ‚Bewegung'.

Der Romanfigur Heinrich gelang jene Versöhnung von Naturwissenschaft und emotional orientierter Landschaftskunst, die ihrem Autor in seiner Praxis als Maler letztlich vorenthalten blieb. Ein Blick auf das Fragment des Ölbildes (Abb. 10), das der Fassung ‚Bewegung II' zuzuordnen ist, offenbart, daß Stifter einer Gefahr zumindest ansichtig wurde, die Humboldt im Hinblick auf die Literatur früh diagnostiziert hatte: „Diese ästhetische Behandlung naturhistorischer Gegenstände hat, trotz der herrlichen Kraft und der Biegsamkeit unserer vaterländischen Sprache, große Schwierigkeiten der Composition. Reichthum der Natur veranlaßt Anhäufung einzelner Bilder, und Anhäufung stört die Ruhe und den Totaleindruck des Gemäldes. Das Gefühl und die Phantasie ansprechend, artet der Styl leicht in eine dichterische Prosa aus."[106] Durch ein extremes Detailinteresse, genauer: den Versuch einer minuziösen Abschilderung auch kleinster Oberflächenstrukturen, hat Stifter die Bewegungskomponente der Vorzeichnungen nahezu vollständig eliminiert. Die fortwährenden Übermalungen und Korrekturen[107] mit dem Ziel einer möglichst getreuen Vergegenwärtigung des Flußsandes und der teils vom Wasser bedeckten, teils in sonnigem Licht liegenden buntfarbenen Steine führte dazu, daß strömende Bewegung kaum mehr ablesbar ist. Wäre Stifter zu einem Ende gekommen, so hätte die fast hyperrealistische Gegenständlichkeit zudem, so darf man befürchten, die Einheit des Bildes zerfallen lassen. Angesichts der forcierten Objektwahrnehmung mißlang offenbar die von Landschaftstheoretikern und Stifter selbst angestrebte physiognomische Wiedergabe der Flußlandschaft. Stifter erlag damit als Maler der Gefahr, vor der Humboldt im Zusammenhang mit der ästhetischen Behandlung von naturhistorischen Gegenständen gewarnt hatte: Der Detailreichtum widerstrebte dem „Totaleindruck".

---

[105] SW. Bd. 7, S. 31, S. 100, S. 178, S. 252.
[106] Alexander von Humboldt. Ansichten der Natur. Tübingen/Stuttgart 1808. Vorrede.
[107] Vgl. Novotny (o. Anm. 3), S. 38, S. 133.

VI

Abschließend ist die nicht leicht zu beantwortende Frage zu erörtern, weshalb unter allen Malern des 19. Jahrhunderts gerade Stifter die Theoreme der Kunsttheorie bezüglich des Stimmungsgehalts von Landschaftsmalerei so einzigartig konkret zu fassen suchte. Einen ersten Hinweis mag die Form der Notiz im Malertagebuch geben: Die katalogmäßige Auflistung der Gefühle korrespondiert in gewisser Hinsicht mit den diversen Sammlungen enzyklopädischen und musealen Zuschnitts im „Rosenhaus" des ‚Nachsommers', besonders mit jenen, in denen sich – nach Stifters Meinung – diverse Gefühle objektiviert haben, die also die emotionale Sphäre des Menschen ansprechen.

So vermitteln etwa die in der Bibliothek versammelten Bücher u.a. „Gefühle in schöner Sittenkraft".[108] Selbst das zusammengetragene „alte Gerät" erschließt sich dem Betrachter durch seine emotionale Aura, haben doch die Erzeuger „so sehr einen eigenthümlichen Geist in ihre Dinge – es war der Geist ihres Gemüthes und ihres allgemeinen Gefühlslebens" gelegt, „daß sie diesem Geiste sogar den Zweck opferten".[109] Erst recht auf das menschliche Gefühl bezogen sind die Objekte der Gemäldegalerie, denn es gilt: „Wir haben ein innigeres und süßeres Gefühl in unserem Wesen, wenn wir eine durch Kunst gebildete Landschaft, Blumen oder einen Menschen sehen, als wenn diese Gegenstände in Wirklichkeit vor uns sind."[110]

Da Kunst eine höhere, emotional gefärbte Realität vor Augen stellt, kommt ihr quasi therapeutische Kraft zu. Immer wenn Risach, der Konzeptor der Kunstwelt des „Rosenhauses", in seiner von Staatsgeschäften belasteten Lebensphase vor einem Gemälde oder einer Bildsäule gestanden war, verbreitete sich Ruhe und Wohlbehagen über sein Inneres, „als wäre es in seine Ordnung gerückt worden".[111]

Eine derart heilende Kunst ist wirkmächtig genug, auch die Lebensgestaltung insgesamt nachhaltig zu beeinflussen.[112] Der jugendliche Risach liebte nicht bloß Gestalten, er liebte schöne Gestalten „wie sie als Körper aus der Bildhauerei und Baukunst hervor gehen, als Flächen, Linien und Farben aus der Malerei [...]. Ich gab mich diesen Gestalten mit Wärme hin und verlangte Gebilde, die ihnen ähnlich sind, im Leben. Felsen, Berge, Wolken, Bäume, die ihnen glichen, liebte ich, die entgegengesetzten verachtete ich. Menschen,

---

[108] SW. Bd. 7, S. 28.
[109] SW. Bd. 6, S. 325.
[110] SW. Bd. 7, S. 153.
[111] Ebd., Bd. 8.1, S. 84.
[112] ‚Die Kunstschule'; SW. Bd. 16, S. 175: „Kunst heißt [...] die Fähigkeit, etwas hervorzubringen, was durch außerordentliche Schönheit das Herz des Menschen ergreift, es emporhebt, veredelt, mildert, zu allem Guten, ja zur Andacht und Gottesverehrung stimmt." – ‚Zur dramatischen Kunst'; SW. Bd. 16, S. 361: „Die sittliche Folge bleibt nicht aus, und gerade Dieß gibt dem Werk das Merkmal des Kunstwerkes."

menschliche Handlungen und Verhältnisse, die ihnen entsprachen, zogen mich an, die andern stießen mich ab. Es war, ich erkannte es spät, im Grunde die Wesenheit eines Künstlers, die sich in mir offenbarte und ihre Erfüllung heischte."[113] Dennoch bildete sich Risach nicht zum Künstler, sondern, dank seines Vermögens, „Gestalten aufzunehmen", zum Diener und Vermittler von Kunst: „Wenn man die Erschaffenden Götter nennt, so sind Jene die Priester dieser Götter."[114]

Läßt man diese exemplarischen Sätze des ‚Nachsommers' berechtigterweise als Ansichten ihres Autors gelten, so kann gefolgert werden, daß Stifter in der Kunst einen eminent erzieherisch wirksamen Faktor erblickte und den Anteil der emotionalen Sphäre für die Menschenbildung hoch veranschlagte. Diese pädagogische Grundhaltung[115] gibt, wie es scheint, auch eine gewisse Erklärung für Stifters ungewöhnlich umfassende Rezeption und Konkretion von Landschaftsmalerei als Stimmungskunst. Wenngleich eine unmittelbare Nutzanwendung der projektierten Landschaftsgemälde im Sinne der von Sulzer geforderten Bildersammlung zur Entwicklung der Vernunft und der Gemütsbildung ausgeschlossen ist, so darf doch auch im Falle Stifters eine erzieherische Intention unterstellt werden. Sie ist wohl Teil der Basis für den ungewöhnlich konkreten und theoriekonformen Entwurf einer Ikonologie der Landschaftsmalerei.

Vorausgesetzt, es besteht tatsächlich eine strukturelle Ähnlichkeit zwischen der geplanten Folge von Stimmungslandschaften und der Konzeption des „Rosenhauses" mit seinen Sammlungen, so stellt sich weiter die Frage nach dem Sinn derartiger Kollektionen insgesamt. Im vorliegenden Zusammenhang muß es bei einem knappen Hinweis sein Bewenden haben. Richtungsweisend für ein integrales Verständnis könnte sein, was Stifter über den Fußboden im großen Saal des „Sternenhofes" äußert, denn auch er verdankt sich intensiver Sammeltätigkeit. Seine Marmore „sind aller Orten erworben, geschliffen, geglättet, und nach einer alterthümlichen Zeichnung vieler Kirchenfenster eingesetzt worden".[116] Die Anordnung der Marmorsorten erfolgte also nach einem älteren, der Sakralsphäre entstammenden Muster. Damit erweist sich zumindest diese naturkundliche Sammlung in ihrer künstlerischen Präsentation, vielleicht aber auch der eminent ästhetische Lebensentwurf des „Rosenhauses" und des „Sternenhofes" insgesamt, als säkularer Nachfolger eines älteren, religiös fundierten Orientierungs- und Gestaltungsprinzips.[117]

---

[113] ‚Nachsommer'; SW. Bd. 8.1, S. 82.
[114] Ebd., S. 85. – Vgl. dazu den Beitrag von Sibylle Appuhn-Radtke in diesem Band.
[115] Vgl. Fischer (o. Anm. 19).
[116] SW. Bd. 6, S. 324f.
[117] Vgl. Hannelore und Heinz Schlaffer: Studien zum ästhetischen Historismus. Frankfurt a. M. 1975, S. 112–120. – Hans Joachim Piechotta: Ordnung als mythologisches Zitat. Adalbert Stifter und der Mythos. In: Mythos und Moderne. Begriff und Bild einer Rekonstruktion. Hrsg. von Karl Heinz Bohrer. Frankfurt a.M. 1985, S. 83–110.

Abb. 1: A. Stifter, Römische Ruinen, um 1850. Wien, Adalbert-Stifter-Gesellschaft

Abb. 2: „Sanft melancholische" Naturansicht. Illustration aus Chr. C. L. Hirschfelds ‚Theorie der Gartenkunst', Bd. 4, Leipzig 1782

Abb. 3: K. F. Schinkel, Gotische Kirche hinter Bäumen, 1810

Stimmung und Erdleben 47

Abb. 4: A. Stifter, Heiterkeit I, um 1854. Wien, Adalbert-Stifter-Gesellschaft

Abb. 5: A. Stifter, Heiterkeit II, um 1858. Wien, Adalbert-Stifter-Gesellschaft

Stimmung und Erdleben 49

Abb. 6: C. Rottmann, Ägina mit Aphaiatempel, 1842. München, Bayer. Staatsgemäldesammlungen

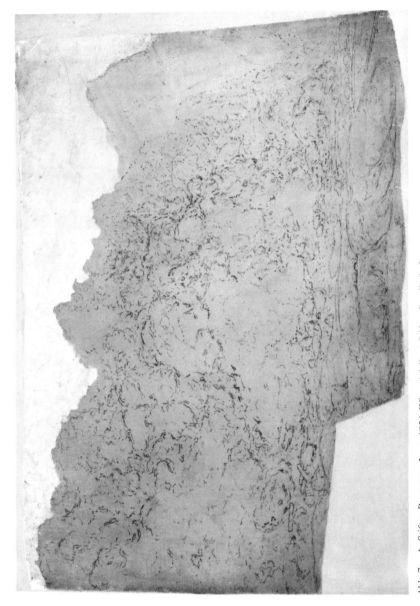

Abb. 7: A. Stifter, Bewegung I, um 1854. Wien, Adalbert-Stifter-Gesellschaft

Stimmung und Erdleben

Abb. 8: A. Stifter, Flußenge, 1845. Linz, Adalbert-Stifter-Institut des Landes Oberösterreich

Abb. 9: A. Stifter, Bewegung II, 1858. Wien, Adalbert-Stifter-Gesellschaft

Stimmung und Erdleben 53

Abb.10: A. Stifter, Ölstudie zu Bewegung II, um 1858-1862. Wien, Adalbert-Stifter-Gesellschaft

Abb.11: F. Steinfeld, Wildbach, 1824. Linz, Oberösterreichisches Landesmuseum

Stimmung und Erdleben 55

Abb.12: J. van Ruisdael, Großer Wald, 1655-1660. Wien, Kunsthistorisches Museum

Abb. 13: Friedrich Simony, Hinterer Gosausee, 1850

Abbildungsnachweise

Berlin, Staatliche Museen - Preußischer Kulturbesitz, Kupferstichkabinett: 3
Linz, Adalbert-Stifter-Institut: 4, 5, 7, 8
Linz, Oberösterreichisches Landesmuseum: 11
München, Bayer. Staatsbibliothek: 13
München, Bayer. Staatsgemäldesammlungen: 6
Passau, Archiv des Verfassers: 2
Wien, Adalbert-Stifter-Gesellschaft: 1, 9, 10
Wien, Kunsthistorisches Museum: 12

Ferdinand van Ingen

Band und Kette

Zu einer Denkfigur bei Stifter

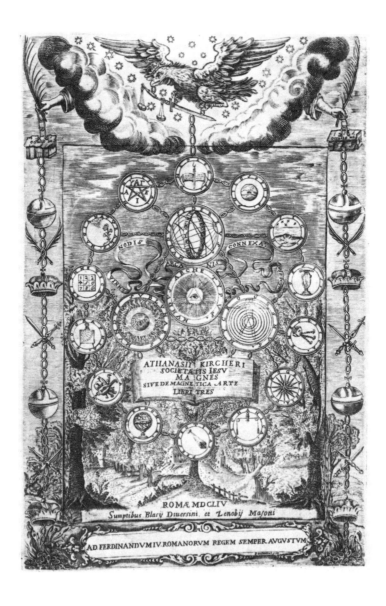

Stifters Erzählwerk, dessen Ordnungsstruktur so oft vordergründig als biedermeierlicher Hang nach dem Idyllisch-Schönen oder nach dem Harmonisch-Ganzen mißverstanden wird, wirft höchst beunruhigende Streiflichter auf das Menschenschicksal. Die postulierte Einheit von Mensch und Natur macht nicht vergessen, daß es sich um verschiedene Größen handelt und daß die Natur, ihr Wesen selten preisgebend, sich gegen den Menschen unempfindlich zeigt.[1] Dem Menschen, der durch seine Handlungen und Verfehlungen während seines zeitlich befristeten Gangs durch die Welt nicht selten eigenes und fremdes Unglück verschuldet, tritt die Natur in ihrer majestätischen, ewigen Großartigkeit entgegen. Freilich ist diese für Stifter Ausdruck der göttlichen Ordnung und läßt die Hierarchisierung das religiöse Grundmuster von Kremsmünster erkennen. Aber mentalitätsgeschichtlich läßt sich doch der Einbruch naturwissenschaftlicher Erklärungsversuche mit ihrer einhergehenden säkularen Skepsis nicht restlos einebnen. Das ist, wie ich meine, auch bei Stifter nicht der Fall, und solche Interpretationsbemühungen, die ständig auf die unverrückbare Ordnungsmacht der Natur verweisen, geraten leicht in die Gefahr, das gedankliche Gefüge der erzählerischen Welt um eine gewichtige Dimension zu verkürzen.

Das über die Menschen hereinbrechende Unglück wird bei Stifter häufig mit einem Naturbild kontrastiert, das als „lieblich" oder „heiter" eine Gegenposition aufleuchten läßt. In der Erzählung ‚Der Hochwald' legt sich die Waldnatur über die Reste menschlichen Unglücks. Sie wuchert und gedeiht, sie scheint nur Positives zu bewirken, indem sie den Schauplatz des Geschehens wieder in den Stand der Unschuld hebt: „Westlich liegen und schweigen die unermeßlichen Wälder, lieblich wild wie ehedem. Gregor hatte das Waldhaus angezündet, und Waldsamen auf die Stelle gestreut; die Ahornen, die Buchen, die Fichten und andere, die auf der Waldwiese standen, hatten zahlreiche Nachkommenschaft und überwuchsen die ganze Stelle, so daß wieder die tiefe jungfräuliche Wildniß entstand, wie sonst, und wie sie noch heute ist."[2]

Das Gegenbild zu den Bäumen, deren „zahlreiche Nachkommenschaft" die Stelle bewächst, steht unmittelbar davor, ergreifend in seiner lakonischen Kürze: „Die Burg hatte nach ihnen [den beiden Schwestern] keinen Bewohner mehr."[3] Kontinuität wird hier lediglich der Natur zugestanden, während die Geschichte des Geschlechts abreißt. Stellt man die Frage nach menschlichem Verschulden, komplizieren sich die Dinge. Sollte es die in die Reinheit der Wälder eindringende Liebe der Menschen sein? Die so ganz private Verlobung ereignet sich jedoch auf einer Waldwiese, „umweht von den Wäldern

---

[1] Viele Beispiele findet man bei Kurt Mautz: Das antagonistische Naturbild in Stifters „Studien". In: Adalbert Stifter. Studien und Interpretationen. Gedenkschrift zum 100. Todestage. Hrsg. von Lothar Stiehm. Heidelberg 1968, S. 23–56.
[2] WuB. Bd. 1.4, S. 318.
[3] Ebd.

Gottes".⁴ Der Leser wird dann eher aufs Kollektiv der Menschen verwiesen, die mit dem Krieg die zerstörerischen Leidenschaften entbunden haben, in deren Gefolge sich die Unglücksserie unaufhaltsam abspult. Das Naturbild fängt den über das tragische Geschehen beunruhigten Leser für den ersten Augenblick auf, entläßt ihn dann aber doch mit der Frage, was anderes er aus ihm entnehmen könnte als eine Kontrastfolie, auf der – im allgemeinen Sinn – die Ordnung der Natur menschlich Verfehltes zudeckt. Dann muß auch die Kehrseite sichtbar werden, die alles andere als Heiteres oder Liebliches anspricht: die Natur – die göttliche, ewige – zeigt sich unberührt vom Einzelschicksal jener Menschen, die in ihrer Unzulänglichkeit die Tragödie nicht hatten aufhalten können und denen ein unverstandenes Leid zugefügt wurde.

Dennoch ist die abschließende Szene, wo der Wald offenbar wieder in seine Rechte eintritt, der Eckposten einer kunstvollen Rahmung, der den Schluß wieder an den Anfang der Erzählung rückbindet. Über mehrere Seiten hinweg hatte der Erzähler, bevor er den Leser in die Zeit zurückführt, sich bemüht, „jenes schwermüthig schöne Bild dieser Waldthale"⁵ vor seinen Augen erstehen zu lassen. „Es wohnt unsäglich viel Liebes und Wehmüthiges in diesem Anblicke"⁶ – an dieser Stelle erfolgt endlich der Übergang zu der Geschichte der Burg und ihrer Bewohner. Um so bedeutungsträchtiger muß die Schlußszene erscheinen: ist doch neben dem „Wehmütigen" vom „Lieben" und „Schönen" die Rede. Folgt man der Spur, die Gregor zu legen scheint, so ist seine Handlung am Schluß die Konsequenz der Worte, die er vorher zu Ronald gesprochen hatte: das Holzhaus solle er nach geschehener Rettung anzünden und Samen streuen, damit die Stelle „wieder so lieblich und schön werde, wie sie es war seit Anbeginn und der Wald über euer Dasein nicht seufzen müsse".⁷ Es drängt sich das Bild einer Kulthandlung auf. Der Kultgegenstand selber, der Wald bzw. die Natur, beschwört ein „tremendum" herauf, indem er Züge des Numinosen annimmt.

‚Das alte Siegel' klingt mit einer ähnlichen Schlußpartie aus. Wiederum ist die Menschenwelt verfallen, während die Natur in zeitloser Unberührtheit erscheint:

„Das Frühglöcklein tönt noch, wie sonst, der Bach rauscht, wie sonst – aber auf dem alten Hause ist es heut zu Tage ein trauriger betrübter Anblick unter den Trümmern der verkommenen Reste.

Nur die Berge stehen noch in alter Pracht und Herrlichkeit – ihre Häupter werden glänzen, wenn wir und andere Geschlechter dahin sind [...]. – – Wie viele werden noch nach uns kommen, denen sie Freude und sanfte Trauer in das betrachtende Herz senken, bis auch sie dahin sind, und vielleicht auch die

---

⁴ Ebd., S. 293.
⁵ Ebd., S. 211.
⁶ Ebd., S. 217.
⁷ Ebd., S. 295.

schöne freundliche Erde, die uns doch jetzt so fest gegründet, und für Ewigkeiten gebaut scheint."[8]

Für die fehlende Kontinuität auf der Seite der beiden Menschen, deren erstaunliche Geschichte erzählt wird, ist man in der Regel mit einer Schuldzuweisung schnell fertig. Hätte Hugo Cöleste verzeihen können, statt bei seinem Ehrbegriff zu beharren ... Aber was wirklich als „agens" der Geschehnisse anzusehen ist, läßt sich nicht mit Sicherheit sagen. Es wäre etwa auch Cölestes Verhalten einzubeziehen, das sich seltsamerweise vom Schicksal her versteht („Was das Schicksal will, das muß geschehen"),[9] und es wäre Dionis zu nennen, der für sie Schicksal spielt. Es geht hier nicht um eine müßige Frage, denn die Erzählung selber macht den Leser darauf aufmerksam, daß auch wichtige Geschehnisse auf einen oft geringfügigen Anlaß zurückzuführen sind. Wirkmomente im menschlichen Schicksal werden nicht als blinde Zufallsmomente angesehen, sondern werden mit Hilfe eines Naturvergleichs als unabänderliche Folgen eines tatsächlichen Urmoments bestimmt, das den weiteren Gang der Dinge auslöst. Darüber belehrt der Eingang des Kapitels ‚Das Lindenhäuschen': „Es geht die Sage, daß, wenn in der Schweiz ein thauiger sonnenheller lauer Wintertag über der weichen, klafterdicken Schneehülle der Berge steht, und nun oben ein Glöckchen tönt, ein Maulthier schnauft, oder ein Bröselein fällt – sich ein zartes Flöckchen von der Schneehülle löset, und um einen Zoll tiefer rieselt. Der weiche, nasse Flaum, den es unterwegs küsset, legt sich um dasselbe an, es wird ein Knöllchen und muß nun tiefer nieder, als einen Zoll. Das Knöllchen hüpft einige Handbreit weiter auf der Dachsenkung des Berges hinab. Ehe man dreimal die Augen schließen und öffnen kann, springt schon ein riesenhaftes Haupt über die Bergesstufen hinab, von unzähligen Knöllchen umhüpft, die es schleudert, und wieder zu springenden Häuptern macht. Dann schießt's in großen Bögen. Längs der ganzen Bergwand wird es lebendig, und dröhnt. Das Krachen, welches man sodann herauf hört, als ob viele tausend Späne zerbrochen würden, ist der zerschmetterte Wald, das leise Aechzen sind die geschobenen Felsen – dann kommt ein wehendes Sausen, dann ein dumpfer Knall und Schlag – – dann Todtenstille – nur daß ein feiner weißer Staub in der Entfernung gegen das reine Himmelsblau empor zieht, ein kühles Lüftchen vom Thal aus gegen die Wange des Wanderers schlägt, der hoch oben auf dem Saumwege zieht, und daß das Echo einen tiefen Donner durch alle fernen Berge rollt. Dann ist es aus, die Sonne glänzt, der blaue Himmel lächelt freundlich, der Wanderer aber schlägt ein Kreuz und denkt schauernd an das Geheimniß, das jetzt tief unten in dem Thale begraben ist."[10]

---

[8] WuB. Bd. 1.5, S. 407f.
[9] Ebd., S. 372.
[10] Ebd., S. 372f.

Die hochpoetische Schilderung vom Entstehen einer Lawine und von ihren furchtbaren Auswirkungen leitet mit einem lakonischen „So" zur Erzählung über, auf deren tragische Wendung der Naturvergleich vorausdeutet: „So wie die Sage das Beginnen des Schneesturzes erzählt, ist es oft mit den Anfängen eines ganzen Geschickes der Menschen."

Der Sinn solchen vergleichenden Verweisens erhellt aus Stifters philosophischer Weltanschauung, an deren *Problematisierung* sein erzählerisches Werk nachdrücklich teilhat: Es herrscht kein Fatum, und der Unglücksschlag erfolgt nicht ohne Vorbereitung und nicht ohne innere Notwendigkeit, er ist im Gegenteil in einer Reihe von Handlungen begründet, die sich ursächlich verketten. Das führt zu dem Schluß, daß dem Menschen, sofern er an eine sinnvolle Lenkung der göttlichen Natur glaubt, angesichts der Verkettung von bislang unbekannten Ursachen und Wirkungen grundsätzlich zwei Wege offenstehen. Er kann das, was gemeinhin Schicksal genannt wird, gläubig hinnehmen, und zwar in der Annahme einer weise lenkenden, wenn auch unergründlichen höheren Macht, die als die Natur mit ihrer Gesetzmäßigkeit oder als die Gottheit gedacht wird. Er kann andererseits die Hoffnung hegen, daß eine Erforschung der Naturgesetze dereinst die Möglichkeit bieten wird, das Wesen der Natur zu erkennen, in ihren geheimen Kern einzudringen und eventuell in den erkannten Kausalnexus einzugreifen, um das Geschehen auf ein gewünschtes Ziel zu lenken. Wie aus dem einleitenden Passus der Erzählung ‚Brigitta' hervorgeht, hält Stifter eine progressive Naturerkenntnis prinzipiell für möglich, weist aber der Dichtung einstweilen die Funktion einer bescheidenen Aushilfe zu: „Wir glauben daher, daß es nicht zu viel ist, wenn wir sagen, es sei für uns noch ein heiterer unermeßlicher Abgrund, in dem Gott und die Geister wandeln. Die Seele in Augenblicken der Entzückung überfliegt ihn oft, die Dichtkunst in kindlicher Unbewußtheit lüftet ihn zuweilen; aber die Wissenschaft mit ihrem Hammer und Richtscheite steht häufig erst an dem Rande, und mag in vielen Fällen noch gar nicht einmal Hand angelegt haben."[11]

Ähnlich heißt es von der „wundervolle[n] Begebenheit" in ‚Abdias', sie werde so lange „wundervoll" bleiben, „bis man nicht jene großen verbreiteten Kräfte der Natur wird ergründet haben". Und auch hier wird eine Enthüllung der Rätsel als zukünftig postuliert: „Bisher sind sie uns kaum noch mehr als blos wunderlich, und ihr Wesen ist uns fast noch nicht einmal in Ahnungen bekannt."[12] Die Erforschung der Natur wird solcherart als sittliche Aufklärung verstanden, weil sie dem Menschen die Angst vor dem Unheimlichen nimmt. Die Annahme einer progressiven Erkenntnis der strengen Naturgesetzlichkeit verbindet sich mit einem transzendentalen Begründungsdenken. Stifters weltanschaulicher Ausgangspunkt ist ebenso von den naturwissenschaftlichen

---

[11] Ebd., S. 411f.
[12] Ebd., S. 318.

Fortschritten seiner Zeit her zu verstehen wie von seiner Vertrautheit mit der Idee des kosmologischen Zusammenhangs von Welt und Mensch, wie sie Arthur O. Lovejoy von der Antike bis zur Romantik dargestellt hat.[13] Wie sehr Stifter jedoch von Zweifel und Skepsis befallen wurde, verrät das Erzählwerk nahezu überall dort, wo er sich um eine Beschreibung der ‚Dinge' in ihrer Transparenz auf die höhere Welt bemüht. Das gilt unbeschadet der communis opinio, daß er – um Friedrich Sengle zu zitieren – „in dem alteuropäischen, Wissen und Glauben verbindenden Denksystem wurzelt, das von der Scholastik über Keplers *Harmonia mundi* und Leibniz bis zu Herder, Jean Paul und Bolzano reicht, daß er also die Trennung von reiner und praktischer Vernunft (Kant), die den Idealismus und, im dialektischen Gegenschlag, den Realismus begründete, nicht mitvollzogen hat".[14] Damit läßt sich die ‚Naturfrömmigkeit' in den Erzählungen genauer fassen.

Wird die Natur als Ausdruck göttlichen Wesens und umfassenden Seins verstanden, so erhofft sich der Mensch Aufschluß über ihre Geheimnisse durch ihre andächtig-analytische Betrachtung: Erforschung der Natur zum Zwecke der Gotteserkenntnis. Längst konnte es – im ersten Drittel des 19. Jahrhunderts –, in ungebrochener Tradition, nicht mehr um die schwärmerische Haltung gehen, die noch Schillers ‚Theosophie des Julius' beseelige: „Ich bespreche mich mit dem Unendlichen durch das Instrument der Natur [...]."[15] Dennoch mutet es als fernes Echo solcher Naturmystik an, wenn bei Stifter die Natur sich einem Menschen durch „Worte" offenbart und das „Geheimnis der Natur" lesbar wird: „[...] sehet, da fing ich an, allgemach die Reden des Waldes zu hören, und ich horchte ihnen auch, und der Sinn ward mir aufgethan, seine Anzeichen zu verstehen, und das war lauter Prachtvolles und Geheimnißreiches und Liebevolles von dem großen Gärtner, von dem es mir oft war, als müsse ich ihn jetzt und jetzt irgendwo zwischen den Bäumen wandeln sehen. [...] In Allem hier ist Sinn und Empfindung; der Stein selber legt sich um seinen Schwesterstein, und hält ihn fest, Alles schiebt und drängt sich, Alles spricht, Alles erzählt und nur der Mensch erschaudert, wenn ihm einmal ein Wort vernehmlich wird. – Aber er soll nur warten, und da wird er sehen, wie es doch nur lauter liebe gute Worte sind."[16]

Der alte Gregor ist eine von den vielen Figuren, die in Stifters Erzählungen Blumen und Pflanzen sammeln oder die Sterne beobachten, um die Geheimnisse der göttlichen Natur zu enträtseln:

---

[13] Arthur O. Lovejoy: The great Chain of Being [1936]. Harvard University Press. 4. Aufl. 1950. Deutsch: Die große Kette der Wesen. Geschichte eines Gedankens. Frankfurt a.M. 1985.

[14] Friedrich Sengle: Biedermeierzeit. Deutsche Literatur im Spannungsfeld zwischen Restauration und Revolution 1815–1848. Bd. 3: Die Dichter. Stuttgart 1980, S. 984.

[15] Friedrich Schiller. Sämtliche Werke. Bd. 5: Philosophische Schriften/Vermischte Schriften. Mit Anmerkungen von Helmut Koopmann. München 1972, S. 116f.

[16] WuB. Bd. 1.4, S. 243 (Der Hochwald).

„‚Siehe, das ist so: Wie du in deinen Büchern liesest, so bin ich bestimmt, im Buche Gottes zu lesen und die Steine, und die Blumen, und die Lüfte und die Sterne sind seine Buchstaben – wenn du einmal mein Weib bist, wirst du es begreifen, und ich werde es dich lehren.'

‚Oh, ich begreif' es schon, und begriff es immer; das muß wunderbar sein!'"[17]

Das Zeitkolorit bestimmt solch andächtiges Hinhören und die Überzeugung einer redenden Natur – mit Jacob Böhme und Paracelsus ist die Tradition markiert. In ‚Der Hochwald' wird eine Geschichte aus dem Dreißigjährigen Krieg erzählt, in ‚Die Narrenburg' ist Heinrich ein Sonderling aus anderen Zeiten: „Diese Leidenschaft ihres Herrn, meinen die Fichtauer, sei doch auch eine Narrheit, wie sie Alle seine Ahnen hatten [...]."[18] Eine Rückwendung in jene Zeit, die noch ungebrochen der Tradition der ‚Naturauslegung' zu folgen schien, ist symptomatisch und gibt solchen Worten einen altfränkischen Anstrich. Stifter muß sich des Abstands bewußt gewesen sein, denn sobald die Welt der Vergangenheit verlassen wird, schweigt die Natur und hüllt sich in majestätisches Schweigen.

Durch Hans Blumenbergs Studie ‚Die Lesbarkeit der Welt' (1983) wurde eine breitere Öffentlichkeit über die alte Vorstellung der auf Deutung angelegten Natur informiert. Schon bei Cusanus wird der menschliche Sprechakt auf Gottes Handeln bezogen, seitdem entwickelte man verschiedene Konzeptionen, welche die Relationen zwischen Mensch und Kosmos mit Hilfe von sprachlicher Kommunikation zu erfassen suchten. Die Natur wurde als Schatzkammer angesehen, in der alles zeichenhafte Bedeutung hatte und auf Gott verwies. Das „Buch der Natur" trat gleichwertig neben die Bibel, die Schöpfung wartete gleichsam auf ihre Dekodierung durch den Menschen. Zugrunde lag die Makrokosmos-Mikrokosmos-Idee sowie die Anschauung des durch das göttliche Wort (das „Verbum Fiat") entstandenen bzw. entstehenden Weltganzen. Der Renaissance-Platonismus erfuhr durch die Signaturenlehre des Paracelsus erheblichen Auftrieb.[19] Wer die „Semiotik der Natur" beherrsche, könne unter der Anleitung des heiligen Geistes im Buch der Natur die ‚Handschrift' des Schöpfers erkennen. So heißt es bei Johann Arndt mit charakteristischen Worten: „Dz ist ein Lebendiges Buch/ nicht wie man die Kräuter in Büchern beschreibt/ und als einen todten Schatten abmahlet/ sondern in Gottes Buch sind lebendige Buchstaben/ welche allen Menschen/ groß unnd klein/ gelert und ungelert für Augen gestellet werden/ allein das sie nicht von Jederman recht gelesen können/ darumb dz sie die schöne herliche signatur der Kräuter nicht kennen. Dieselbe muß man zuvor wissen. So kann man die-

---

[17] Ebd., S. 350 (Die Narrenburg).
[18] Ebd., S. 435 (Die Narrenburg).
[19] Wolf Peter Klein: Am Anfang war das Wort. Theorie- und wissenschaftsgeschichtliche Elemente frühneuzeitlichen Sprachbewußtseins. Berlin 1992, S. 121ff.

se herrliche schöne lebendige Buchstaben lesen und zusammen setzen. Bedencke allhie die Weißheit und gütigkeit Gottes. Du wirst an einem Kraut und Blümlein sonderliche zeichen finden/ welche sind die Lebendige Handtschrifft und uberschrifft Gottes [...].“[20]

Nun verfügt die Signaturenlehre freilich nicht über ein Alphabet, aber der semiotische Charakter der Signaturen erlaubt doch ein Lesen ‚im Gleichnis‘, wie es der Paracelsus-Adept Oswald Croll festhält: Sie geben dem Menschen „ihre innerliche Geheymnussen/ so in dem Stillschweigen der Natur verborgen/ also durch eine Gleichnuß zuerkennen".[21] Wenn die Dinge der Natur auch stumm bleiben, so ist dem Kundigen – so formuliert Paracelsus – „als spreche der ubernatürlich himel".[22]

Der Vorstellung eines einheitlichen Gefüges, das Oben und Unten fest verklammert, entspricht jene, daß alles Seiende in Gott seinen Ursprung findet und im Kreislauf in ihn zurückkehrt.[23] Valentin Weigel ist das Bild von Gott als „Circkell aller Creaturen" geläufig, das man aus der Mystik kennt. Daran schließt sich Jacob Böhme an. Für ihn ist das Rad, die Kugel oder das Auge – also die in sich zurücklaufende Kreisstruktur – symbolischer Ausdruck einer Einheit, die Anfang und Ende in sich verschlungen hält: das „ewige Band". Faßt man die Denkfigur des alles verknüpfenden Bands und der in der Kreisstruktur ausgedrückten Bewegung des Ineinanderfließens von kosmischen und weltlichen Ordnungen als metaphysisches Entstehungsmodell auf, so entsteht das Bild einer Kette, die vom göttlichen Wesen bis zu den menschlich-animalischen Verkörperungen herunterreicht. Noch einmal sei Croll zitiert, der hier exemplarisch für seine Zeit zu gelten hat: „Alle Dinge fliessen von aussen zu den vntern vnnd außwendigen. Dann an Gott hangen die Englische Substantzen/ von denselbigen kommen die Astra, das ist/ die vnsichtbare Kräffte aller Dinge: Vnd von den Astris die sichtbare Formen/ das ist/ die Cörper."[24]

Croll versteht das Kettenbild nun auch als ein ungefähres Erkenntnismodell, das den Menschen dazu befähigt, aufgrund einer systematischen Erforschung der angedeuteten Schichten stufenweise die Bahn aufwärts zu gehen und wie auf einer Art von Seelenleiter den Himmel zu erklimmen: „Durch

---

[20] Johann Arndt: Vier Bücher vom Wahren Christenthumb. Braunschweig 1606–1610. IV. Teil, S. 41f. zitiert nach Klein (o. Anm. 19), S. 128, Anm. 29.
[21] Oswald Crollii [...] Tractat Von den jnnerlichen Signaturn/ oder Zeichen aller Dinge. Angebunden an: Basilica Chymica. Frankfurt 1629, S. 4f. Vgl. dazu Wilhelm Kühlmann: Oswald Crollius und seine Signaturenlehre. Zum Profil hermetischer Naturphilosophie in der Ära Rudolphs II. In: Die okkulten Wissenschaften in der Renaissance. Hrsg. von August Buck. Wiesbaden 1992 (Wolfenbütteler Arbeiten zur Renaissanceforschung 12), S. 103–123.
[22] Theophrast von Hohenheim, gen. Paracelsus. Sämtliche Werke. Hrsg. von Karl Sudhoff. Bd. 12. München/Berlin 1929, S. 344 (‚Astronomia magna').
[23] Vgl. Dieter Mahnke: Unendliche Sphäre und Allmittelpunkt. Beiträge zur Genealogie der mathematischen Mystik. Halle 1937.
[24] Croll. Signaturn (o. Anm. 21), S. 15.

ein güldene Ketten oder Band/ welches vnserer verderbten Natur von oben herab auff die Erde gelassen/ steygt vnser Gemüth oder verständige Seele durch Göttliche Hülff durch der Creaturen Ordnung/ von den nidrigsten zu den mitlern vnd diese ausserhalb der Welt zu dem Werck vnd Bawmeister aller Dinge/ zu einem Ersten vnd Höchsten/ zu welchem/ als zu einem erwündschten Ziel vnnd Zweck alle Creaturen mit vielem Seufftzen freyes Willens trachten."[25]

Es ist aber nicht nur die Bahn vorgezeichnet, die Vernunft und Seele aufwärts führen. Zugleich wird, wie im Vorgriff auf das kausal-mechanische Weltbild der Aufklärung, in jener Kette ein Erklärungsmodell für die kosmisch-irdischen Wirkungen gefunden: Die Sonne könne „keinen Apffel oder Birn auff einen Baum hangen machen", es müsse alles „auß dem innerlichen Astro oder Firmament herauß wachsen".[26] So sei es ein Zusammenwirken der Kräfte oben und unten, die „in einem gemeinen Nutz zusammen stimmen/ als Burger einer eintzigen Anatomi". Dazu heißt es dann: „Dieses ist die offt vnd weitberümte guldene Kette/ die sichtbare vnd vnsichtbare Gesellschafft der Natur/ die ehliche Vermählung des Himmels oder Firmaments vnnd aller Reichthumb [...]."[27] In einer Anmerkung am Rand wird die Kette mit den Platonischen Ringen identifiziert und genauer erklärt: „Die Platonische Ring vnd Homerische Kette sind anders nichts als die Ordnung der Dinge/ welche der Göttlichen Providentz zu Dienst erschaffen/ ein ordentliche vnd gleichsamb Kettenförmig an einander hangende Sympathia."[28]

Das Ineins sämtlicher Schöpfungskräfte soll den Menschen zu dauernder Ehrfurcht vor der Weisheit des Schöpfers anhalten. Denn daraus sei zu verstehen „die wunderbahre vnd vnaußsprechliche Gewalt vnd vnbegreiffliche Weißheit deß Schöpffers [...]/ vnd die vnerschätzliche Güte desselbigen gegen seine Creatur/ zusampt der vnaußsprechlichen Tieffe der Geheimnussen/ vber welche wir vns nicht gnugsamb können verwundern."[29]

Damit ist in Umrissen schon das Weltbild nachgezeichnet, das einem Stifter-Leser vertraut anmutet. Die Schöpfung als streng gefügter Bau, dessen Baumeister in seiner unendlichen Providenz alle Dinge, Lebendiges und Lebloses, nach Maß und Zahl geschaffen und ihnen einen wohldurchdachten Platz angewiesen hatte, an dem jedes, dem intelligiblen System gemäß, zu wirken hatte. Hier hatte alles in der universalen „concatenatio" seine vorbedachte Funktion. Man erkennt unschwer Stifters nahezu penible Herstellung von Proportion und Ordnung unter Anleitung der Natur. Geschehnisse sind immer, wie noch im Roman ‚Der Nachsommer', eine Fügung der Vorsehung. Auch in

---

[25] Ebd., S. 15f.
[26] Croll. Basilica (o. Anm. 21), S. 15.
[27] Ebd., S. 15.
[28] Ebd.
[29] Ebd.

‚Die Mappe meines Urgroßvaters' ist das Auffinden jener Mappe *fast* ein Zufall – „Aber fast sollte man glauben, daß es keinen Zufall gäbe." Der anschließende Satz steigert das Gefühl zur Gewißheit: „Daß das Bildniß hier stand, daß es heute regnete, daß ich herauf stieg und es wegnahm – das sind lauter Glieder derselben Kette, damit das werde, was da ward."[30]

Stifter hat die traditionsreiche Metapher von der Kette von Ursache und Wirkung zweifellos gekannt, und zwar mitsamt ihren Implikationen. Sie geht gedanklich auf Homer zurück (‚Ilias' 8,18f.), sie war insbesondere im 17. Jahrhundert ein einprägsames Bild für das theologische Weltverständnis. Thomas Leinkauf nennt die „catena rerum" ein „Grundmotiv barocker Kosmologie".[31] Vielleicht hat die Präferenz der Vorstellung ihren Grund in dem Versuch, die infolge des kopernikanischen ‚Weltschocks' unsicher gewordene Stellung des Menschen im All neu zu festigen. Jedenfalls vermochte das Kettenbild einem schwankenden Bewußtsein einen Halt zu geben: „Das unmittelbare Gegründetsein jedes einzelnen Seienden [...] wirkt sich *für dieses* aus als Stehen in einem unverbrüchlichen Zusammenhang, durch den es *mittelbar* rückbezogen ist auf seinen Grund."[32]

Der Zusammenhang so verketteter Dinge und ihre Rückführung auf „omnium causam, a qua pendent omnia" (Agrippa von Nettesheim) konnte leicht an die christliche Vorstellung von Gott als „omnia in omnibus" (1 Kor. 15, 28) angeschlossen werden. Die Seinskette läßt nichts aus, sie umfaßt Kleines wie Großes, sie macht keine Ausnahme für Geringfügiges: „Die kontinuierliche Verknüpfung der Dinge ist der Struktur nach in jedem Einzelseienden und in allen zugleich auf gleiche Weise gegeben (omnia in omnibus)."[33] Hier lag auch die Attraktivität für eine auf Rationalität fußende Weltbetrachtung. Der systematisch ordnende Geist des 16. und 17. Jahrhunderts hat sich ausgiebig der Möglichkeiten der Ketten-Metapher bedient und hat sie für sein Wissenssystem unter Zuhilfenahme der von der Ketten-Vorstellung potenzierten Vernetzungsmöglichkeiten voll ausgenutzt. Sie war für Leibniz mit seiner optimistischen Idee einer rationalen Weltordnung noch höchst aktuell. Thomas Leinkauf hebt bei seiner Analyse von Athanasius Kirchers barocker Universalwissenschaft die Bedeutung der humanistischen Tradition der menschlichen Dignität hervor, denn es ist einzig dem Menschen vorbehalten, das Weltganze rational zu erschließen.

Die „Dominanz der anthropologischen Finalität" (Leinkauf) verleiht dem Menschen eine ausgezeichnete ontologische Position. Er steht in der Weltmitte, als „copula" oder „nodus mundi", als spiegelbildlicher „Mikrokosmos", – eine schon zum Topos verfestigte Anschauung, die „zu einer konfessionsüber-

---

[30] WuB. Bd. 1.5, S. 23.
[31] Thomas Leinkauf: Mundus combinatus. Studien zur Struktur der barocken Universalwissenschaft am Beispiel Athanasius Kirchers S.J. (1602–1680). Berlin 1993, S. 110–123.
[32] Leinkauf (o. Anm. 31), S. 111.
[33] Ebd., S. 113.

greifenden, universal verbreiteten anthropologischen Konstante" und damit zu einer der „zentralen geistesgeschichtlichen Integrations-Signaturen der Epoche des 16. und 17. Jahrhunderts" wird.[34] Sie läßt sich vorzüglich mit dem so erfolgreichen Imago-dei-Verständnis verbinden, hat dafür aber den Vorteil der systematischen Signifikanz. Denn es liegt auf der Hand, daß der Ketten-Gedanke, der ja in die Welt führt und den Menschen als „compendium" der Welt versteht,[35] das Verhältnis des Menschen zur Welt neu und konsequent von ihm aus bestimmt: Die Welt ist ihm zum Nutzen geschaffen, er soll die Welt als Schöpfung Gottes betrachten und erkennen. Hier erweisen sich Fernrohr, Mikroskop und verschiedenartige naturwissenschaftliche Experimente als vorrangig *theologisch* funktionale Instrumente und Operationen.

Stellt man Stifter in diese eigentümlich geschlossene und hierarchisch geordnete Denkwelt hinein, ist im Grunde weniger wichtig, was er tatsächlich von Leibniz hat lesen können.[36] Daß er in dem von ihm verkörperten Denken wurzelte, steht jedoch wohl außer Zweifel,[37] und es ist nicht ausgeschlossen, daß er in der Benediktinischen Schule in Kremsmünster auch mit den Schriften des Jesuiten Athanasius Kircher und mit geistesverwandten Autoren in Berührung gekommen ist.[38] Mehr als auf einzelne Nachweise ist auf den komplexen Implikationsradius der ‚barocken' Ketten-Metapher abzuheben. Vielleicht sollte man sagen: es ist der prägende Geist von Kremsmünster. Wenn für Stifter das Sittengesetz den Charakter eines Naturgesetzes annimmt, ist auch das die Konsequenz der Ketten-Vorstellung. Ebenso ist der auf die Natur gerichtete forschende Blick in ihr begründet – Intelligibilität bildet das tragende Fundament jenes Systems und bildet auch die Grundvoraussetzung für die rationale Erkennbarkeit der Weltschöpfung. Die Stellung des Menschen in der Seinskette und deren finale Bewegung auf ihn hin bedingen eine Aufwertung seines geistigen Vermögens, schon früh vorbereitet im Diktum des Cusanus: „sola mens est Dei imago."[39] Stifters bekannte Worte von der Vernunftwürde als dem Inbegriff des Lebens können aus diesen Zusammenhängen verstanden werden, gerade auch wegen der auffälligen Verbindung mit der Heilsbotschaft des Gottesreichs: „die Vernunftwürde des Menschen in seiner Sitte

---

[34] Ebd., S. 384.
[35] Ebd., S. 115.
[36] Rudolf Jansen: Die Quelle des „Abdias" in den Entwürfen zur „Scientia Generalis" von G.W. Leibniz. In: VASILO 13 (1964), S. 57–69.
[37] Moriz Enzinger: Adalbert Stifters Studienjahre (1818–1830). Innsbruck 1950, S. 59 ff.
[38] Die Ketten-Allegorie schmückt das Titelkupfer von Kirchers Kompendium zum Magnetismus ‚Magnes sive de arte magnetica opus tripartitum' (Rom 1641); vgl. Abb. S. 58. Die Kette der Wissenschaften, die vom Himmel zur Erde hinabreicht, wird von zwei aus den Wolken reichenden Händen gehalten. Die Kremsmünsterer Bibliothek besitzt das Werk. Der Hinweis findet sich bei Johannes Lachinger: Mesmerismus und Magnetismus in Stifters Werk. In: Stifter-Symposion Linz 1978. Vorträge und Lesungen. Wiss. Redaktion J. Lachinger, S. 16–23, Anm. 3. Hier auch die Formulierung: „Die Parallele dieser bildhaften Darstellung zu Stifters Ketten-Allegorie in ‚Abdias' ist unverkennbar."
[39] De mente cap. 4: Leinkauf (o. Anm. 31), S. 380.

in seiner Wissenschaft in seiner Kunst, soll dauern soll verehrt werden, und soll die reinste Herrschaft führen. [...] die Vernunftwürde ist für uns Menschen das irdische Reich Gottes die irdische Ewigkeit."[40]

Schließlich ist von hier aus die Stifter immer bewegende Frage der Kontinuität neu zu durchdenken. Es liegt nach der „catena-rerum"-Metapher mit ihrer Vorstellung des „omnia in omnibus" im Strukturprinzip alles innerweltlichen Seins begründet, daß die Verklammerung der einzelnen Stufen jeweils kontinuierlich verläuft und jede deswegen – in Leinkaufs Worten – eine „analogische, ein identisches Verhältnis auf allen Seinsstufen repetierende Grundform" aufweist.[41] Stifters Vorliebe für Familiengeschichten läßt sich aus dem erhabenen Gefühl erklären, daß der einzelne Mensch, wie bedeutungslos und einsam er sich immer vorkommen möge, als Glied in der Kette eines Geschlechts am welterhaltenden Prinzip der Liebe teilhat: „der große goldene Strom der Liebe, der in den Jahrtausenden bis zu uns herab geronnen, durch die unzählbaren Mutterherzen, durch Bräute, Väter, Geschwister, Freunde, ist die Regel [...]."[42] Sinn und Bedeutung erhält eine Erzählung der Herkunft aus der Perspektive der Kontuität, die im Bild der Kette versinnbildlicht wird: „Das blondgelockte Kind und die neugeborne Fliege, die daneben im Sonnengolde spielt, sind die letzten Glieder einer langen unbekannten Kette, aber auch die ersten einer vielleicht noch längern, noch unbekanneteren; und doch ist diese Reihe einer der Verwandtschaft und Liebe, und wie einsam steht der Einzelne mitten in dieser Reihe! Wenn ihm also ein blassend Bild, eine Trümmer, ein Stäubchen von denen erzählt, die vor ihm gewesen, dann ist er um viel weniger einsam."[43]

In ‚Der Hagestolz' erscheint das Gegenbild des einsamen Mannes ohne Nachkommenschaft. Auf ihn, den Oheim, lenkt der Erzähler den kommentierenden Blick, nachdem das glückliche junge Paar verabschiedet wurde: „Dann scheint immer und immer die Sonne wieder, der blaue Himmel lächelt aus einem Jahrtausend in das andere, die Erde kleidet sich in ihr altes Grün, und die Geschlechter steigen an der langen Kette bis zu dem jüngsten Kinde nieder: aber er ist aus allen denselben ausgetilgt, weil sein Dasein kein Bild geprägt hat, seine Sprossen nicht mit hinunter gehen in dem Strome der Zeit."[44]

Im Vorspann der Erzählung ‚Abdias' wird die Ketten-Metapher als bildhafte Vorstellung vom Kausalnexus menschlichen Handelns und Verfehlens eingesetzt und wird die Frage von Schuld und Schicksal diskutiert. Man kennt die Stelle, sie braucht nur noch kurz ins Gedächtnis gerufen zu werden. Dem „Fatum" der Antike stellt der Erzähler das „Schicksal" entgegen. Dann folgt

---

[40] SW. Bd. 19, S. 129 (Brief an Gustav Heckenast vom 29. Juli 1858).
[41] Leinkauf (o. Anm. 31), S. 113.
[42] WuB. Bd. 1.5, S. 17 (Mappe).
[43] Ebd.
[44] WuB. Bd. 1.6, S. 142.

die poetische Beschreibung, an der wiederum der Begriff „heiter" auffällt: „Aber eigentlich mag es weder ein Fatum geben, als letzte Unvernunft des Seins, noch auch wird das Einzelne auf uns gesendet; sondern eine heitre Blumenkette hängt durch die Unendlichkeit des Alls und sendet ihren Schimmer in die Herzen – die Kette der Ursachen und Wirkungen – und in das Haupt des Menschen ward die schönste dieser Blumen geworfen, die Vernunft, das Auge der Seele, die Kette daran anzuknüpfen, und an ihr Blume um Blume, Glied um Glied hinab zu zählen bis zuletzt zu jener Hand, in der das Ende ruht. Und haben wir dereinstens recht gezählt, und können wir die Zählung überschauen: dann wird für uns kein Zufall mehr erscheinen, sondern Folgen, kein Unglück mehr, sondern nur Verschulden; denn die Lücken, die jetzt sind, erzeugen das Unerwartete, und der Mißbrauch das Unglückselige. Wohl zählt nun das menschliche Geschlecht schon aus einem Jahrtausende in das andere, aber von der großen Kette der Blumen sind nur erst einzelne Blätter aufgedeckt, noch fließt das Geschehen wie ein heiliges Räthsel an uns vorbei, noch zieht der Schmerz im Menschenherzen aus und ein – – ob er aber nicht zuletzt selber eine Blume in jener Kette ist? wer kann das ergründen?"[45]

Kunstvoll bricht der Erzähler die philosophische Spekulation ab: „Wir wollen nicht weiter grübeln, wie es sei in diesen Dingen, sondern schlechthin von einem Manne erzählen [...]."[46] Das „Grübeln" wird dann geschickt auf den Leser geschoben, quasi als Leseanleitung: „man wird in ein düsteres Grübeln hinein gelockt über Vorsicht, Schicksal und letzten Grund aller Dinge".[47]

Im Zentrum steht die Frage, ob der Mensch an seinem Schicksal selber schuld sei, – „ob sein Schicksal ein seltsameres Ding sei, oder sein Herz".[48] Nimmt man das Kettenbild in seiner Tragweite ernst, läßt die Frage in erkenntnistheoretischer Hinsicht natürlich keine Lösung zu. Es bleibt trotz der „Blume" der „Vernunft" doch „ein heiliges Rätsel". Nur die Dichtung, die nicht mit „Hammer und Richtscheite" verfährt und den „heiteren Abgrund" in „kindlicher Unbefangenheit" zu überspringen vermag, könnte vielleicht in Teilaspekten wesentliche Züge der Grundstruktur des Geschehens offenlegen. Wie immer die Urteile ausfallen mögen, ist hier wie an anderen Stellen in Stifters Werk menschliches Handeln maßgeblich für den Kausalnexus. Zu erinnern ist an die Worte aus den Pädagogischen Schriften: „Kein Weltgeist, kein Dämon regirt die Welt: Was je Gutes oder Böses über die Menschen gekommen ist, haben die Menschen gemacht. Gott hat ihnen den freien Willen und die Vernunft gegeben und hat ihr Schicksal in ihre Hand gelegt."[49]

---

[45] WuB. Bd. 1.5, S. 238.
[46] Ebd., S. 239.
[47] Ebd.
[48] Ebd.
[49] Adalbert Stifter. Pädagogische Schriften. Hrsg. von Theodor Rutt. Paderborn 1960, S. 89.

Schon eine erste Musterung der zahlreichen Interpretationen zu diesem Text läßt erkennen, daß wirklich viel „gegrübelt" worden ist.[50] Das grausame Schicksal des Juden Abdias und das nicht weniger grausame seiner Tochter Ditah – eine herzzerreißende Tragik. Es bieten sich verschiedene Erklärungsversuche an, die fast alle Abdias belasten.[51] Daneben wird auch auf den Vater Aron verwiesen – ganz im Sinne der Erzählung –, der zwar den Gedanken gefaßt hatte, aus dem Sohn einen Weisen zu machen, „wie es die alten Propheten und Führer seines Geschlechtes gewesen", aber nichts zu dessen Realisierung unternommen hatte, „weil es in Vergessenheit geraten war".[52] Es macht alles das Rätsel der Geschehensfolge um nichts kleiner. Freilich sind es bei Stifter oft geringfügige Dinge, die später schwer ins Gewicht fallen und einen Lebenslauf beeinflussen. Dennoch entzieht sich die Erzählung unserem Zugriff. Sie ist mit Absicht so angelegt, daß das Geschehen sich schaudervoll und unbegreiflich entrollt. Stifters Poetisierung war eine bewußte Wahl seines Kunstverstands, die zahlreichen Leerstellen verhindern rasche Sinnzuweisungen und bedeuten auch für den geübten Leser eine Maximalanforderung. Zu ihnen dürfte auch die Frage zählen, ob Abdias' Herkunft ihn nicht für sein Schicksal prädisponierte und ihn zu demjenigen machte, der er geworden ist. Das Ketten-Bild führt zu einer anderen als der meist üblichen Annäherung an die rätselhaften Ereignisse. Die Stifter so geläufige Vorstellung der Geschlechterkette scheint hier mit der „Kette der Ursachen und Wirkungen" verbunden zu sein – „ob er aber nicht zuletzt selber eine Blume in jener Kette ist? wer kann das ergründen?" Die Kontinuitätsvorstellung konnte leicht das „tertium comparationis" abgeben.

Im philosophischen Vorspann ist die „catena-rerum"-Metapher mit ihrer kausalen Gesetzmäßigkeit das Leitbild, das vom optimistischen Aufklärungsdenken getragen wird und eine Emanzipation vom irrationalen Schicksal bewirken soll. Zugleich wird die hoffnungsfrohe Stimmung bei Betrachtung jener „heitren Blumenkette" aber durch den Zeitfaktor gedämpft – es wird mit Jahrtausenden gerechnet, es sind noch „erst einzelne Blätter aufgedeckt". Da

---

[50] Eine kritische Übersicht bietet Johannes Lachinger: Adalbert Stifters „Abdias". Eine Interpretation. In: VASILO 18 (1969), S. 97–114, bes. S. 98. Vgl. ferner: Klaus Neugebauer: Selbstentwurf und Verhängnis. Ein Beitrag zu Adalbert Stifters Verständnis von Schicksal und Geschichte. Tübingen 1982, S. 17ff.

[51] Kernig wird das von Lachinger (o. Anm. 50) formuliert (S. 101): „Was Abdias zustößt, ist insgesamt Konsequenz menschlichen Irrens, und dies wiederum ist nur möglich als Konsequenz einer (in der Geschichte nicht weiter begründeten) Gesinnung, die es verlernt hat, dem gerecht zu werden, was die Natur und hier auch die Übernatur fordern. Abdias erkennt nicht, was ihm zum Heile dient; sein Heil aber hätte in der Erfüllung der religiösen Sendung gelegen, die ihm seine Ahnungen und die wunderbaren Vorgänge um ihn und seine Tochter nahelegten." Lachinger sieht die Erzählung als Veranschaulichung der Theorie von der Kausalität: „die Geschichte fungiert gewissermaßen als ihr verschlüsseltes Exempel".

[52] WuB. Bd. 1.5, S. 243.

liegt eine Zuhilfenahme der Geschlechterkette in doppelter Hinsicht näher. Sollte diese jedoch in ihrer konstitutiven Bedeutung ernst genommen werden, entstehen dem Menschen neue Abhängigkeiten. Sie erstreckt sich über das einzelne Individuum hinaus und tangiert dessen freien Willen. Solche Problematik scheint bei Stifter verschiedentlich durch – „Man redete über Zusammenhang der Dinge, sittliche Weltordnung, Emancipation vom Zufalle, Freiheit des Willens".[53] Die ‚Abdias'-Einleitung drängt philosophische Stringenz bewußt ab, aus der traditionsreichen Metapher ‚naturwissenschaftlichen' Denkens ist Poesie geworden. Dieser Umsetzung ist Rechnung zu tragen, d.h. es ist mit kalkulierten Grauzonen zu rechnen, in denen sich die Phantasie einnistet.

Nach wie vor irritiert die Frage, warum der Erzähler bei der Schilderung von Abdias' Jugend einen Kontrast herstellt, der den Vater in ein ungünstigeres Licht rückt. Abdias, als Kind „eine weiche Blume", die der Leser sowohl mit der Blumenkette wie mit der Vernunft (der „schönsten dieser Blumen") assoziiert, wird in „einen zerrissenen Kaftan" gesteckt und in die Welt des Erwerbs hinausgeschickt.[54] Wo doch das Motivierungsproblem so anzulegen war, daß das von innen wie von außen Kommende in eine das Fatum ausschließende Beziehung gesetzt werden sollte, legt Stifter das Hauptgewicht auf Aron. Die Weisen und Propheten seines Geschlechts werden nur gestreift, das Herz des Vaters ist deutlich anderen Dingen zugeneigt.[55] Sollte das eine positive Willensentfaltung des Sohns verhindert und seinen Zug zum Guten gelähmt haben? Wäre Abdias so zu wesentlichen Teilen das Opfer solcher ‚Altlast', kaum zur Verwirklichung der Idee von der Gottebenbildlichkeit fähig? Einen befriedigenden Kausalnexus herauszupräparieren, ist um vieles komplizierter als bei den Grafen Scharnast auf der Narrenburg oder bei den Roderers in ‚Nachkommenschaften'.

Die Väter spielen bei Stifter bekanntlich eine sehr bedeutende Rolle, sie sind auch bei personaler Abwesenheit stets präsent. Die Frage, weshalb die lakonisch berichtete Unachtsamkeit Arons an den Anfang von Abdias' Lebensgeschichte gestellt wurde, ist aus dieser Perspektive anzugehen. Sie berücksichtigt die Tragweite der Kontinuität in der Geschlechterkette. Es ist bei Stifter häufiger festzustellen, daß sich der Gang der Ereignisse irgendwann, früher oder später, am Vater festhakt. Solche Rückbindung geschieht nicht selten im Verborgenen, unterhalb der Oberflächenschicht, auf der das Handlungsgeschehen stattfindet und auf der es begründet wird. Ein letztes Beispiel möge

---

[53] So in der Erzählung ‚Die drei Schmiede ihres Schicksals': SW. Bd. 13, S. 3.
[54] WuB. Bd. 1.5, S. 242 („eine weiche Blume"), S. 243 („Kaftan").
[55] Lachinger (o. Anm. 50), S. 105: „Eine entscheidende Ursache für den Irrweg des Abdias liegt [...] in dem von einer starren patriarchalischen Ordnung geforderten blinden Gehorsam gegenüber der väterlichen Autorität. Das Gesetz des Gehorsams gilt selbst dann, wenn das Widersinnige verlangt wird."

das verdeutlichen. Das verbindende Element, das dabei anvisiert wird, ist die behutsame *innere* Motivierung einer Geschehensfolge, die jedoch eine Antwort auf die Warum-Frage (im Vorspann des ‚Abdias': „Warum nun dieses?") in auffälliger Weise suspendiert.

In ‚Der Hochwald' haben vor diesem Hintergrund Clarissas Worte auf der Waldwiese – „Ronald, wird es gut sein, was wir thaten – ach, ich dachte nicht an meinen Vater!"[56] – eine Schlüsselfunktion. Der weitere Verlauf ist von diesem Punkt her zu rekonstruieren: Ronalds Versuch, den Vater und die Burg zu retten – Mißverständnis und Angriff – Vater, Bruder und Bräutigam kommen um, die Burg wird in Schutt und Asche gelegt. Im Funktionszusammenhang sind die Worte das auslösende Moment – Ronald: „Ich gehe fort, und zwar augenblicklich."[57] *Daß* es dann alles so gekommen ist, läßt sich handlungsanalytisch erklären, nicht aber, *warum* es solchen Verlauf nahm. „‚Und ich', rief Clarissa zurücksinkend, ‚war es, ich, die Vater und Bruder erschlagen'".[58] Das ist Ausdruck eines gepeinigten Gewissens, aber keine Begründung des Schicksals. Die Warum-Frage führt nur in die Aporie. – Nicht anders ist es in der Erzählung von Abdias, in der schließlich ein noch traurigeres Geschick die Tochter Ditah trifft und jeder Versuch des Verstehenwollens am seltsamen Naturphänomen (vom Erzähler „wundervolle Begebenheit" genannt) scheitern muß. Aber wenigstens die Geschlechterkette läßt ihre Wirkung erkennen. Durch den ambivalenten Blitz ist Ditah auf den Vater und auf dessen ‚Gewitterfreudigkeit' rückbezogen, – sie ist in mehrfacher Hinsicht „ein ehrwürdig Räthsel, aus seinem eigenen Wesen aufgeblüht".[59]

Die Erzählung bringt angesichts des Kausalitätsprinzips, das doch den Erzählanlaß bildete, eine Dauerverstörung zuwege. Kurt Mautz meint sogar, die philosophische Einleitung sei „zur Ablenkung und Beschwichtigung weniger des Lesers als der österreichischen Zensur geschrieben" worden.[60] Demgegenüber ist daran zu erinnern, daß Stifter immer wieder an die menschliche Vernunft appellierte, um den Lauf der Dinge zu ergründen. Vor diesem Hintergrund betrachtet Lachinger die Einleitung als ein gegen den romantischen Irrationalismus gerichtetes ideelles Konzept: „Es geht ihm um das PRINZIP der Entschlüsselungsmöglichkeit ‚schicksalhaften' Geschehens durch die menschliche Vernunft und damit um die prinzipielle Legitimierung seiner These von der Vernünftigkeit des Weltlaufs. [...] An dem konkreten Fall soll die Gültigkeit der These beispielhaft demonstriert werden."[61] Die Aufforderung an den Leser, „Evidenz zu bringen in scheinbar Unerklärbares" (Lachinger), stößt auf

---

[56] WuB. Bd. 1.4, S. 294.
[57] Ebd.
[58] Ebd., S. 315.
[59] WuB. Bd. 1.2, S. 129 (Abdias: Journalfassung [„Urfassung"]).
[60] Mautz (o. Anm. 1), S. 35.
[61] Lachinger (o. Anm. 38), S. 16.

Schwierigkeiten, die der Erzähler bewußt eingebaut hat. In der Buchfassung werden im Zuge einer angestrebten Objektivierung die Zusammenhänge erheblich mehr verrätselt,[62] und das Verhältnis von Einleitung und erzählter Geschichte wird zusehends deutlicher vom Kontrast bestimmt. Die Ketten-Metapher, ehemals Ausdruck eines selbstverständlichen christlichen Weltverständnisses, führt nun vielmehr von der gläubigen Deutung weg, während die naturwissenschaftliche Erforschung keine echte Alternative bildet. So erweist sich die Möglichkeit der Kausalitätserkenntnis mit den Mitteln der Naturwissenschaft als utopisch, und die Kunst erscheint als das einzig geeignete Instrument der Sinndeutung.

Hatte die Tradition der Ketten-Metapher die implizierte Vorstellung einer ‚vernünftigen' Lenkung von Weltlauf und Lebensschicksal zur Voraussetzung, führt sie hier, als übernommenes gedankliches Leitbild, eher zu gegenteiligen Gedanken. Nur die Natur geht, unbeirrt und gleichgültig, ihren Gang. Das ist Stifters eigene Fassung des Tragischen und markiert seine literarhistorische Stellung. „Heiter" ist der Abgrund zwischen der sinnlichen und der übersinnlichen Welt, „heiter" wird auch die Blumenkette genannt. Solche Heiterkeit ist dem Düster-Unheimlichen abgetrotzt, und sie trägt die Spuren davon. Was sich in Wahrheit hinter solchen Begriffen verbirgt, ist eine Wunschvorstellung, an die zu glauben Stifter sich und seine Leser überreden möchte.

Stifters Position im josefinisch aufgeklärten Katholizismus bewahrte ihn vor letzter Verzweiflung. Aber die Skepsis ist unüberhörbar. Schon die auffällige Montage aus traditionell christlichem Emblem von der Hand Gottes aus der Wolke und dem Naturgesetz macht die Spannung bewußt: „Aber es liegt auch wirklich etwas Schauderndes in der gelassenen Unschuld, womit die Naturgesetze wirken, daß uns ist, als lange ein unsichtbarer Arm aus der Wolke, und thue vor unsern Augen das Unbegreifliche."[63] Wenn die Möglichkeit einer verborgenen Kausalität auch grundsätzlich offen gehalten wird, ist doch das „Schaudernde" und „Unbegreifliche" die Erfahrung in der Welt. Da Stifter diese in ihrem Recht beläßt, auch dort, wo er in einem Gegenbild *scheinbar* harmonisiert, entsteht eine Spannung, die den Leser fasziniert und die über den Abschluß der Erzählung hinaus andauert.

---

[62] Vgl. die Nachweise bei Lachinger (o. Anm. 50), S. 102ff. Zusammenfassend (S. 102): „Während die Urfassung noch von erklärenden Hilfen für das Verständnis geradezu strotzt, treten in der späteren ‚Studien'-Fassung die unmittelbaren Erläuterungen zugunsten des puren Tatsachenberichts beinahe ganz zurück".

[63] WuB. Bd. 1.5, S. 237. Das emblematische Bild bei Jean Paul: Werke. Hrsg. von Norbert Miller. München 1963. Bd. 5, S. 921: „Allerdings greift vielleicht ein Arm aus der Wolke herab [...]" (‚Über den Gott in der Geschichte und im Leben', in: ‚Dämmerungen für Deutschland', 1809). Für die Emblematik vgl. im Bildregister zum Handbuch ‚Emblemata', hrsg. von Arthur Henkel und Albrecht Schöne, Stuttgart 1967, S. 1971: „Hand aus Wolken", „Hand Gottes".

Sibylle Appuhn-Radtke

„Priester des Schönen"

Adalbert Stifters Künstlerbild zwischen theoretischem Anspruch, literarischer Darstellung und gesellschaftlicher Realität

Adalbert Stifters vielfältige Beziehungen zur bildenden Kunst sind weitaus seltener zum Gegenstand der Forschung geworden als sein dichterisches Werk. Das ist zunächst nicht erstaunlich, denn einem großen literarischen Œuvre steht eine relativ geringe Anzahl von erhaltenen Gemälden und Zeichnungen[1] gegenüber. Die auf diesem Material basierende und daher ungleichgewichtige Forschungsgeschichte, die zum geringsten Teil beide Facetten von Stifters Tätigkeit widerspiegelt,[2] beurteilte den Dichter-Künstler wesentlich anders als Stifter selbst: Für ihn genoß die bildende Kunst den Vorrang.[3]

Stifters künstlerisches Œuvre wurde zunächst von Margret Dell[4] und Fritz Novotny[5] vorgestellt; seine theoretischen Schriften, Kunstkritiken und Briefe – eine Basis zum Verständnis von Stifters Künstlertum und dessen theoretischem Ansatz – blieben jedoch weitgehend ausgeklammert.[6] Der Theorie war hingegen eine Münchner Dissertation von 1927 gewidmet:[7] Margarete Gump stellte Ansichten Stifters über Kunst sowie einige hiermit verbundene Aussagen über den Künstler zusammen und wies auf Beziehungen zur klassischen und romantischen Kunsttheorie hin. Fast ein halbes Jahrhundert später gab Philipp H. Zoldester im Rahmen einer Untersuchung über Stifters Weltanschauung einen knappen Abriß von Kunst und Künstlertum im Verständnis Stifters.[8] Diese Thematik griff Knut E. Pfeiffer[9] wieder auf, wenn auch der

---

[1] Margret Dell: Adalbert Stifter als bildender Künstler. Diss. Würzburg 1939; Fritz Novotny: Adalbert Stifter als Maler. Wien. 3. Aufl. 1948; vgl. außerdem die Beiträge von Karl Möseneder und Stefan Schmitt in diesem Band.
[2] Hermann Sternath: Adalbert Stifter. Ein Einzelgänger, ein Dichter und Maler. In: Weltkunst 51 (1981), S. 3204f.; Sepp Domandl: Wiederholte Spiegelungen. Linz 1982.
[3] Arthur Roessler: Der unbekannte Stifter. Wien 1946, S. 5f.; Ursula Naumann: Adalbert Stifter. Stuttgart 1979, S. 89f.; Sternath (o. Anm. 2); Jannetje Enklaar-Lagendijk: Adalbert Stifter. Landschaft und Raum. Alphen aan den Rijn 1984, S. 9.
[4] O. Anm. 1.
[5] O. Anm. 1 (4. Aufl. in: Kunstjahrbuch der Stadt Linz 1978, S. 1–176, mit weiteren Abbildungen). Bestes Abbildungsmaterial bei Franz Baumer: Adalbert Stifter, der Zeichner und Maler. Passau 1979.
[6] Novotny (o. Anm. 1), S. 42.
[7] Margarete Gump: Stifters Kunstanschauung. Diss. München 1927. Berlin 1927.
[8] Philipp H. Zoldester: Adalbert Stifters Weltanschauung. Bern 1970 (Europäische Hochschulschriften. Reihe I. Bd. 19).
[9] Knut E. Pfeiffer: Kunsttheorie und Kunstkritik im 19. Jahrhundert. Das Beispiel A. Stifter. Bochum 1977 (Bochumer Studien zur Publizistik und Kommunikationswissenschaft 11).

Schwerpunkt seiner Arbeit auf den Kunstkritiken Stifters lag. Pfeiffers Methode ergab einen Beitrag zur Geschmacksgeschichte, aussagekräftig nicht nur für Stifter selbst, sondern auch für dessen Epoche. Die ästhetischen Quellen Stifters wurden nach 1960 Untersuchungsgegenstand einer Reihe von Arbeiten,[10] die in Spezialabhandlungen[11] mündeten. Am ausführlichsten ging Kurt Gerhard Fischer auf die hier relevanten Fragen ein: In einem Kapitel seiner ‚Pädagogik des Menschenmöglichen'[12] diskutierte Fischer Stifters Ästhetik und streifte verschiedene Aspekte von Stifters Künstlerbild. Da jedoch nicht dieses, sondern Stifters Kunsterziehungslehre im Zentrum seines Interesses stand, erscheint eine konzise Zusammenschau der überlieferten Quellen nach wie vor als Desiderat.

Methodisch bietet sich ein dreifacher Zugang an: über Stifters theoretische Schriften zur Kunst, über seine Beschreibungen von Künstlern in der Dichtung und über Stifters eigene Realitätserfahrung, soweit sie aus den Schriftzeugnissen erschließbar ist. Da Stifter selbst den Dichter und den bildenden Künstler in sich vereinte[13] und diese Berufe – zumindest idealiter – als Einheit betrachtete,[14] erscheint es zulässig, Stifters Aussagen über den Dichter auch auf den Künstler im allgemeinen zu beziehen. Die so gewonnenen Aspekte lassen sich drei Komplexen zuordnen: der Künstlerpersönlichkeit, dem Künstler im Schaffensprozeß und dem Künstler als Teil der Gesellschaft. Da Stifters Erkenntnisse – wie die jedes Menschen – zum Teil aus dem Bildungsgut seiner Zeit erwuchsen, schließt sich daran ein Vergleich mit einer in

---

[10] Z.B. Michael Johannes Böhler: Das Wesen des Schönen bei Adalbert Stifter. Diss. Zürich 1967 (= Ders.: Formen und Wandlungen des Schönen. Untersuchungen zum Schönheitsbegriff A. Stifters. Bern 1967); Matthias Kuhle: Formen ästhetischer Idealität in Stifters „Studien I". Göttingen 1974; Hubert Henz: Zur Bedeutung des Naturschönen für die ästhetische Erziehung. Ein nachromantischer Beitrag: Adalbert Stifter. In: Geschichte der Pädagogik und systematischen Erziehungswissenschaft. Hrsg. von Winfried Böhm und Jürgen Schriewer. Stuttgart 1975, S. 204–214.

[11] Z.B. Siegrun Heinecke Felter: Stifters Ansichten über das Wesen und die Grenzen der Musik, Malerei und Dichtkunst im Vergleich zu Lessings Theorien im „Laokoon". Ph.D. Thesis University of Kansas 1969. Ann Arbor 1969; Karl Konrad Polheim: Die wirkliche Wirklichkeit. A. Stifters ‚Nachkommenschaften' und das Problem seiner Kunstanschauung. In: ders.: Kleine Schriften zur Textkritik und Interpretation. Bern u.a. 1992, S. 245–296.

[12] Kurt Gerhard Fischer: Die Pädagogik des Menschenmöglichen. Adalbert Stifter. Linz 1962 (Schriftenreihe des Adalbert Stifter-Institutes des Landes Oberösterreich 17), bes. S. 477–515.

[13] Walter Weiss: Zu Adalbert Stifters Doppelbegabung. In: Bildende Kunst und Literatur. Beiträge zum Problem ihrer Wechselbeziehungen im neunzehnten Jahrhundert. Hrsg. von Wolfdietrich Rasch. Frankfurt a.M. 1970, S. 103–120.

[14] In seinem Brief vom 13.12.1859 an den Maler August Piepenhagen verlangt Stifter von den Malern, daß sie gleichzeitig Dichter sein müßten (SW. Bd. 19, S. 201): „Wer es gar nicht ist, dessen Pinsel ist eine fehlgegriffne Waffe, sie führt zu keinem Siege." In seinem zweiten Bericht über den Oberösterreichischen Kunstverein, 1851, bezeichnet Stifter ein Landschaftsbild als „Dichtung" (SW. Bd. 14, S. 9). Diese Belege wären zu vermehren.

diesem Zusammenhang bisher kaum ausgewerteten Quelle. Sie ermöglicht Rückschlüsse auf Stifters eigenen Anteil an der von ihm vorgetragenen Theorie des Künstlertums.

Der Mensch als Künstler

Stifters Vorstellung vom Künstler beruht auf seiner Anthropologie.[15] Diese ist im wesentlichen christlich geprägt:[16] Der Mensch hat durch die Seele Anteil an der Existenz Gottes und durch das „Geschenk seiner moralischen Freiheit"[17] Fähigkeit und Pflicht zu sittlicher Weiterentwicklung.[18] Ist diese Forderung an jedes Individuum gerichtet, so gilt sie in besonderem Maße für den Künstler, soll er doch Göttliches in sein Werk einbringen, das wahr,[19] schön und sittlich zugleich[20] ist. Kunst an sich ist „nach der Religion das Höchste, was der Mensch auf Erden hat",[21] denn das Schöne ist – wie Stifter schon in Kremsmünster lernte – „das Göttliche in dem Kleide des Reizes".[22] Da sie „durch außerordentliche Schönheit das Herz des Menschen ergreift, es emporhebt, veredelt, mildert, zu allem Guten, ja zur Andacht und Gottesverehrung stimmt",[23] gilt ihm die Kunst als „Wohlthäterin der Menschheit".[24]

Am Beginn allen Künstlertums steht für Stifter die Prädisposition des Künstlers.[25] Nach einer Schilderung verschiedener menschlicher Begabungen

---

[15] Vgl. Victor E. von Gebsattel: Anthropologie und Dichtung. Betrachtungen zum Wesensbild des Menschen bei Adalbert Stifter. In: Jahrbuch für Psychologie und Psychotherapie 4 (1957), S. 11–23; Fischer (o. Anm. 12), S. 1ff.

[16] Vgl. u. a. Hermann Augustin: Adalbert Stifter und das christliche Weltbild. Basel/Stuttgart 1959.

[17] SW. Bd. 15, S. 48 (Ein Gang durch die Katakomben. In: Wien und die Wiener). Dazu Fischer (o. Anm. 12), S. 7f. Zu Stifters Quellen vgl. Gump (o. Anm. 7), S. 14.

[18] „Höchster Zweck: Realisirung der objectiven Menschheit (Sittlichkeit)". SW. Bd. 14, S. 307 (An das Vicedirektorat der philosophischen Studien an der Universität Wien, 1847). Vgl. dazu Johann Michael Sailer: Handbuch der christlichen Moral, zunächst für künftige katholische Seelsorger und dann für jeden gebildeten Christen. München 1817. Bd. 2, S. 109ff. Zu Sailer und dessen Bedeutung für Stifter vgl. u. Anm. 78.

[19] Vgl. u. S. 83, S. 92.

[20] „Sittlichkeit ist [...] das erste Merkmal des Schönen." SW. Bd. 14, S. 307 (An das Vicedirektorat [o. Anm. 18]). Vgl. auch Fischer (o. Anm. 12), S. 479; Zoldester (o. Anm. 8), S. 61f.

[21] SW. Bd. 16, S. 177 (Die Kunstschule); ähnlich: SW. Bd. 14, S. 13 (Bericht über den oberösterreichischen Kunstverein 1852). Vgl. Fischer (o. Anm. 12), S. 477.

[22] SW. Bd. 21, S. 236 (Brief an Gottlob Christian Friedrich Richter, 21.6.1866); vgl. SW. Bd. 12, S. 26 (Über Kunst); dazu auch Gump (o. Anm. 7), S. 10f. Zu Stifters Gymnasialzeit in Kremsmünster vgl. Moriz Enzinger: Adalbert Stifters Studienjahre (1818–1830). Innsbruck 1950, S. 24ff.

[23] SW. Bd. 16, S. 175 (Die Kunstschule).

[24] Ebd., S. 177.

[25] SW. Bd. 16, S. 6ff. (Über Stand und Würde des Schriftstellers). Zur Tradition dieses Kriteriums von Künstlertum und der Charakteristik des Künstlers im 18. Jahrhundert

im ‚Nachsommer' heißt es: „So hat Gott es auch Manchen gegeben, daß sie dem Schönen nachgehen müssen und sich zu ihm, wie zu einer Sonne, wenden, von der sie nicht lassen können. Es ist aber immer nur eine bestimmte Zahl von Solchen, deren einzelne Anlage zu einer besonderen großen Wirksamkeit ausgeprägt ist."[26] Im Gebrauch des Topos von der Wendung zur Sonne, einer Metapher für die Hinwendung der Seele zu Gott oder zu Christus,[27] drückt Stifter seine Vorstellung von der Identität des absoluten Schönen mit Gott aus. Der Künstler ist folgerichtig „Priester des Schönen".[28] Daß nur wenigen Menschen die Anlage zu diesem Dienst verliehen ist, betont den Auser-

---

vgl. Johann George Sulzer: Allgemeine Theorie der Schönen Künste. Teil III. Leipzig 1793, S. 100ff.: Sulzer führt ebenfalls eine Trias aus Begabung, Bildung und Gelegenheit zur Anwendung als Basis für die Existenz allen Künstlertums auf.

[26] SW. Bd. 7, S. 351 (Nachsommer). Vgl. auch SW. Bd. 19, S. 199f. (Brief vom 13.12.1859 an August Piepenhagen).

[27] Vor dem Hintergrund der Lichtmetaphorik Bonaventuras diente das Faktum, daß sich Blütenpflanzen nach der Sonne ausrichten, den Emblematikern des Barock als „Locus" für die Allegorisierung dieser Vorstellung (diverse Beispiele bei Arthur Henkel/Albrecht Schöne: Emblemata. Stuttgart 1967, z.B. Sp. 311f.). Obwohl Stifter die Epoche des Spätbarock als Zeit eines kulturellen Niedergangs empfand, beruht sein Bildreservoir noch in vielen Punkten auf voraufklärerischen Formeln. Vgl. dazu Ingeborg Ackermann: „Geistige Copie der Welt" und „Wirkliche Wirklichkeit". Zu Barthold Hinrich Brockes und Adalbert Stifter. In: Emblem und Emblematikrezeption. Vergleichende Studien zur Wirkungsgeschichte vom 16. bis 20. Jahrhundert. Hrsg. von Sibylle Penkert. Darmstadt 1978, S. 436–501. Die Wendung zum Licht bezog auch Philipp Otto Runge, der seinerseits auf Jakob Böhme fußte, in Dichtung und Bildgedanken ein (Karl Möseneder: Philipp Otto Runge und Jakob Böhme. Marburg 1981 [Marburger Ostforschungen 38], S. 23ff.).

[28] U.a. SW. Bd. 7, S. 35 (Nachsommer). Diese Metapher nahm die Schriftstellerin Betty Paoli (Elisabeth Glück, 1815–1894) in einem offenen Brief an Stifter paraphrasierend auf (Die Presse Nr. 84, 4.10.1848, S. 341f.; zit. nach Moriz Enzinger: Adalbert Stifter im Urteil seiner Zeit. Wien 1968, S. 134): „Sie mein Freund, glauben an die Göttlichkeit der Kunst und in dem Tempel, darin sie priesterlich walten, diene ich in freudenvoller Demut." Zur Tradition des Künstlers als Priester vgl. Friedrich Schiller: ‚Die Künstler':

> Die ihrem keuschen Dienste leben,
> versucht kein niedrer Trieb, bleicht kein Geschick;
> wie unter heilige Gewalt gegeben
> empfangen sie das reine Geisterleben,
> der Freyheit süßes Recht, zurück.
>
> Glückselige, die sie – aus Millionen
> die reinsten – ihrem Dienst geweiht,
> in deren Brust sie würdigte zu thronen,
> durch deren Mund die Mächtige gebeut,
> die sie auf ewig flammenden Altären
> erkohr, das heil'ge Feuer ihr zu nähren

(Schillers Werke. Nationalausgabe. Bd. 1. Weimar 1943, S. 203).

Jacob Burckhardt verstand entsprechend den Kunsthistoriker als priesterlichen Mittler; siehe dazu: Heinz Schlaffer: Die Restauration der Kunst in Stifters ‚Nachsommer'. In: Hannelore und Heinz Schlaffer, Studien zum ästhetischen Historismus. Frankfurt a.M. 1975, S. 117.

wähltheitsstatus des Künstlers; der Begriff „Genie" wird hier jedoch vermieden.[29]

Die „Anlage", eine dem Künstler innewohnende göttliche Gabe, eine Emanation des Göttlichen überhaupt,[30] ist also Voraussetzung für alles Künstlertum. Sie bedarf jedoch – und hier zeigt sich Stifters kunstpädagogischer Anspruch[31] – der Förderung, der Vermittlung eines Tätigkeitsfeldes; „der rechten Anlage [muß] der rechte Gegenstand zugeführt" werden.[32] Die Suche nach diesem „Gegenstand" kann zwar von dem „innern Drang"[33] im Sinne eines unbewußten Wissens und blinden Wollens ausgehen, aber sie erfordert ein bewußtes, mühevolles Streben des Individuums, das sich über „verschieden hohe und verschieden geartete Stufen" entwickelt.[34] Auch wenn der Weg nicht über die Suche hinausführt, ist sein Ziel erreicht, denn allein im Beschreiten des Weges zeigt sich eine „schönere und reichere Blume [...], die Freiheit der

---

[29] Stifter ging mit diesem Begriff sparsam um; im Sinne Jean Pauls verstand er das „Genie" jedoch als menschliche Ganzheit, die vom bloßen „Talent" zu unterscheiden sei: „Das ist das Genie, welches nicht Verstand, Vernunft, Wille, Thatkraft ist, sondern das Alles zusammen, der ganze große Mensch, so weit er sich in der darstellenden Kunst äußern kann." (SW. Bd. 16, S. 357 [Das Gastspiel der Frau Lucile Young-Grahn im Jahre 1856]); vgl. Jean Paul: Vorschule der Ästhetik, II. und III. Programm. In: ders.: Werke. Bd. 5. München 1967, S. 50ff. An anderer Stelle setzt Stifter das Genie mit dessen schöpferischer Kraft gleich (Fischer [o. Anm. 12], S. 496f.). Vgl. auch u. Anm. 38.

[30] Vgl. SW. Bd. 19, S. 199f. (Brief an August Piepenhagen, 13.12.1859): „Der Künstler hat jenes Ding in seiner Seele, das alle fühlenden Menschen in ihrer Tiefe ergreift, das alle entzükt, und das keiner nennen kann. Manche heißen es Schönheit Poesie Fantasie Gefühl Tiefe etc. [...] – ich möchte es wohl das Göttliche nennen, das große und leuchtende Menschen überhaupt offenbaren, theils als Charakter, theils in Handlungen, und das der Künstler in dem darstellt, was er hat, in reizenden Gewandungen. [...] Wer es nicht hat, der fühlt dessen Mangel nicht, er sucht die Wirkung im Stoffe, er häuft den Stoff, und erzielt nichts. [...] Wer dieses ungenannte Ding nicht hat, kann es nicht lernen, wer es hat, der wirkt damit". In dieser Definition verschmilzt die Fähigkeit (die Begabung) des Künstlers mit dem Gehalt seines Werks, denn beides speist sich aus der gleichen (göttlichen) Substanz. Vgl. Fischer (o. Anm. 12), S. 477.

[31] Vgl. u. S. 86–90.

[32] SW. Bd. 7, S. 352 (Nachsommer).

[33] SW. Bd. 6, S. 12 (Nachsommer): „Dieß [der Zweck, zu dem ein Mensch erschaffen sei] zeige sich immer durch einen innern Drang an, der Einen zu einem Dinge führt, und dem man folgen soll. Wie könnte man denn sonst auch wissen, wozu man auf der Erde bestimmt ist, ob Künstler, zum Feldherrn, zum Richter, wenn nicht im Geist da wäre, der es sagt, und der zu den Dingen führt, in denen man sein Glück und seine Befriedigung findet." Hier wirkt vielleicht der ‚Prolog im Himmel' aus Goethes ‚Faust' nach (v. 328f.): „Ein guter Mensch in seinem dunklen Drange | Ist sich des rechten Weges wohl bewußt."

[34] SW. Bd. 7, S. 352 (Nachsommer). Ausgangspunkt ist wohl Platons Stufenweg der Erkenntnis (Symposion. Ders.: Werke. Bearb. von Dietrich Kurz, übers. von Friedrich Schleiermacher. Darmstadt 1971. Bd. 3, S. 348f.), der bei Plotin zur Befreiung von der Negativität der Sinne führt und den Menschen schließlich der höchsten Schönheit teilhaftig werden läßt. Stifter dürfte außerdem die christliche Tradition der „Himmelsleiter" vertraut gewesen sein.

Seele, die ihre Anlage einem Gegenstande zuwenden kann oder sich von ihm fern halten",[35] also die Willensfreiheit des Menschen.[36]

Die Vorstellung vom Charakter des idealen Künstlers macht in Stifters dichterischer Darstellung offenbar eine Wandlung durch;[37] Parallelen zu Stifters Biographie sind wahrscheinlich: In den früheren Werken ist es die schwärmerische Gestalt eines jungen, fast noch kindlichen Mannes, die zu enthusiastischem Schaffen befähigt erscheint,[38] später wandelt sie sich zur besonnenen, kontemplativen, universale Gelehrsamkeit und Kunst verbindenden Persönlichkeit,[39] die ihren „Charakter zu der größtmöglichsten Reinheit und Vollkommenheit" gebildet hat.[40] Nur bei ihr ist denkbar, was Stifter vielfach als Forderung erhob: Der Künstler solle hinter sein Werk zurücktreten, jedem Ding, auch dem geringsten, die ihm gemäße Aufmerksamkeit zuwenden,[41] jedoch nichts um des eigenen Ruhmes willen tun.[42] Je größer die Begabung des Künstlers, desto größer ist seine Bescheidenheit: „In Bezug auf geistige Begabung ist es ein in der Natur liegender Umstand, daß ihr Besitzer stets bescheiden ist; denn das Wesen der Begabung liegt ja eben darin, daß ihr alles menschlich Große und Herrliche, wenn auch nicht klar vorliegt, doch als unendlicher Stoff dämmernd vorschwebt, und daß sie noch außer demselben gleichsam instinktartig ungeheure geistige Gebiete ahnt, welche zu bewältigen und darzustellen sie nicht genug Kraft und Mächtigkeit zu haben meint, daher die Begabung gegenüber ihrem Ideale immer demüthig ist, und je größer die Begabung, also auch größer das Reich der Ideale, um so größer diese Demuth."[43]

---

[35] SW. Bd. 7, S. 352 (Nachsommer).
[36] Diese Ansicht mag Stifter schon in seiner Gymnasialzeit vermittelt worden sein; vgl. das in den österreichischen Gymnasien verwendete Religionsbuch von Johann Michael Leonhard: Versuch eines Leitfadens bey dem katholischen Religions-Unterrichte für die untern Grammatical-Classen an den K.K. Gymnasien. Wien. 2. Aufl. 1819, S. 10. Zusammenstellung der vorgeschriebenen Schulliteratur zum Religionsunterricht bei Enzinger (o. Anm. 22). – Zu Kants Freiheitsbegriff und dessen Wirkung auf Stifter vgl. Sepp Domandl: Die philosophische Tradition von Adalbert Stifters „Sanftem Gesetz". In: VASILO 21 (1972), S. 79–103, hier S. 87.
[37] Gump 1927, (o. Anm. 7), S. 37.
[38] Z.B. Gustav im ‚Condor', Albrecht in den ‚Feldblumen'. Diese Gestalten scheinen noch dem romantischen „Genie" verpflichtet zu sein. Vgl. Jochen Schmidt: Die Geschichte des Genie-Gedankens in der deutschen Literatur, Philosophie und Politik 1750–1945. Bd. 2. Darmstadt 1985; zur Abkehr Stifters vom romantischen Genie-Begriff ebd., S. 83ff.
[39] Z.B. Heinrich im ‚Nachsommer'. Vgl. dazu Reinhard Löw: Die Selbstbildung des Menschen im Künstlerischen. Philosophische Bemerkungen zu Adalbert Stifters ‚Nachsommer'. In: Scheidewege 21 (1991/92), S. 177–189.
[40] SW. Bd. 16, S. 9 (Über Stand und Würde des Schriftstellers).
[41] Vgl. die Vorrede zu den ‚Bunten Steinen'; zu deren Interpretation vgl. Eugen Thurnher: Stifters „Sanftes Gesetz". In: Unterscheidung und Bewahrung. Festschrift für Hermann Kunisch zum 60. Geburtstag. Berlin 1961, S. 381–397; Domandl (o. Anm. 36).
[42] Vgl. Gump (o. Anm. 7), S. 32, S. 36f.
[43] SW. Bd. 16, S. 12 (Über Stand und Würde des Schrifstellers).

Die Vorstellung von der sittlichen Entwicklung des Einzelmenschen übertrug Stifter auf die Entwicklung der (allerdings in Wellen verlaufenden) Menschheitsgeschichte[44] und leitete daraus – eine Generation vor der Entstehung von Nietzsches Zarathustra[45] – die Prophetie von einem Dichter-Übermenschen ab, als dessen Vorläufer er sich fühlte: „ein Mann, der mit mir die Einfachheit und das sittliche Bewußtsein gemein hätte, mir aber an Dichterbegabung weit überlegen wäre, sollte aufstehen, er würde der Erneuerer unserer gesunkenen Kunst sein, und die Ehre des Jahrhunderts retten. [...] Ein neuer gewaltiger Mensch sollte aufstehen, und mit einfachen aber allmächtigen Schlägen den Flitter die Gespreiztheit und die Selbstsucht und endlich, ich kann es wohl sagen, die Schlechtigkeit zerschlagen, womit jezt das Götterbild der Kunst behängt wird [...]. Er wird kommen, ihm wird sich ein Kreis zuscharen, und das Leben und alles, was mit ihm zusammenhängt, also auch der Staat wird sich heben. Dann werde ich vielleicht im Grabe die Genugthuung haben, daß gesagt wird, er hat mit seinen anspruchlosen Schriften angedeutet, was eine spätere Zeit und große Menschen mit hinreichender Kraft ausgeführt haben."[46]

Die hier beschworene, alles bezwingende Kraft des Übermenschen, „der Göthes und Schillers Geist vereinte",[47] steht in sichtlichem Widerspruch zum Ungenügen Stifters an seinem eigenen Werk: „Das Entwerfen das Finden das Zusammenrüken das Meinen, man werde nun das Vollendetste aufbauen, hat sein Entzüken, es ist, als erschüffe man Menschen; aber wenn der Sak fertig ist, und die Wichte da stehen, erbarmen sie einem, und man muß das Menschenerschaffen doch dem lieben Gott überlassen, dem ein Schuhknecht mehr gelingt als uns ein Held. [...] Das ist das Elend, daß man nicht kann, was man möchte. Und doch ist dieses höllische Handwerk süsser und verführerischer als das Actenkauen und das Graben und Schlagen und Hauen im Leben."[48] Bestrebung und Erfolg divergieren, und das ist angesichts von Stifters Anspruch an das Werk des Künstlers unausweichlich.

---

[44] Vgl. z.B. SW. Bd. 16, S. 177f. (Die Kunstschule); SW. Bd. 12, S. 27ff. (Über Kunst). Vgl. Fischer (o. Anm. 12), S. 492ff.

[45] Nietzsche schätzte Stifter so sehr, daß er dessen ‚Nachkommenschaften' als eines von vier Beispielen deutscher Prosa nannte, die es neben Goethes Schriften verdienten, „wieder und wieder gelesen zu werden" (Der Wanderer und sein Schatten, Nr. 109. In: Menschliches, Allzumenschliches. Bd. 2, 2. Abtlg. München 1981, S. 481).

[46] SW. Bd. 18, S. 295f. (Brief an Gustav Heckenast, 13.12.1855). Helga Bleckwenn versteht diese Stelle so, „daß sich Stifter in die Tradition der Klassiker einordnet, gewissermaßen selbst kanonisiert": Helga Bleckwenn: Stifter und Goethe. Untersuchungen zur Begründung und Tradition einer Autorenzuordnung. Bern 1977 (Regensburger Beiträge zur deutschen Sprach- und Literaturwissenschaft. Reihe B. Bd. 8), S. 20.

[47] SW. Bd. 18, S. 267 (Brief an Gustav Heckenast, 21.6.1855). Vgl. Zoldester (o. Anm. 8), S. 48.

[48] SW. Bd. 19, S. 284 (Brief an Gustav Heckenast, 8.6.1861).

Der Künstler und sein Werk

Stifter definiert, schildert und erlebt die Beziehung des Künstlers zu seinem Werk in unterschiedlicher Weise.

Menschliche Kunstübung ist grundsätzlich eine Nachahmung des göttlichen Schöpfungsaktes,[49] obwohl – und hier ist das Mißlingen programmiert – dessen „dichterische Fülle und [...] herzergreifendste Gewalt", die sich in der Welt spiegeln, nie zu erreichen sind.[50] Aus diesem Anspruch eines Nach-Schöpfertums leitet Stifter die Verpflichtung zum „Realismus", einer überhöhten, aber nicht eigentlich ideologisch geprägten Wirklichkeitstreue,[51] ab. Entschieden verteidigt er die Darstellung des „Wirklichen" gegen seine Kritiker: „Freilich sagt man, es sei ein großer Fehler, wenn man zu wirklich das Wirkliche darstelle: man werde da trocken, handwerksmäßig, und zerstöre allen dichterischen Duft der Arbeit. Freier Schwung, freies Ermessen, freier Flug des Künstlers müsse da sein, dann entstehe ein freies, leichtes, dichterisches Werk. Sonst sei Alles vergeblich und am Ende – das sagen die, welche die Wirklichkeit nicht darstellen können. Ich aber sage: warum hat denn Gott das Wirkliche gar so wirklich und am wirklichsten in seinem Kunstwerke gemacht, und in demselben doch den höchsten Schwung erreicht, den ihr auch mit all euren Schwingen nicht recht schwingen könnt? In der Welt und in ihren Theilen ist die größte dichterische Fülle und die herzergreifendste Gewalt. Macht nur die Wirklichkeit so wirklich, wie sie ist, und verändert nicht den Schwung, der ohnehin in ihr ist, und ihr werdet wunderbarere Werke hervor bringen, als ihr glaubt".[52] Ohnedies kann auch bei größtmöglicher Darstellungstreue das Abbild nie das Urbild ersetzen; auch wenn „ein großer Landschafter eine herrliche Blumenwiese malt", zeigt sie „bei näherer Besichtigung weder eine Blume noch ein[en] Grashalm [...], sondern nur Farbenkleckse".[53]

---

[49] SW. Bd. 14, S. 8 (An das Vicedirektorat).
[50] SW. Bd. 13, S. 271f.
[51] Kontroverse Ansichten über Stifters Verhältnis zum literarischen Realismus: Edith Zenker: War Stifter Realist? In: Neue deutsche Literatur 4 (1956) H. 10, S. 97–109; Hans-Heinrich Reuter: Stifter war Realist! In: Neue deutsche Literatur 5 (1957) H. 9, S. 120–129; Edith Zenker: Erwiderung. Ebd., S. 129–136. Darüber hinaus: Wilhelm Dehn: Ding und Vernunft. Bonn 1969 (Literatur und Wirklichkeit 3), S. 117ff.; Christoph Buggert: Figur und Erzähler. Studie zum Wandel der Wirklichkeitsauffassung im Werk Adalbert Stifters. Diss. München 1970 (Wissenschaftliche Materialien und Beiträge zur Geschichte und Landeskunde der böhmischen Länder 12); Hans Dietrich Irmscher: Adalbert Stifter. Wirklichkeitserfahrung und gegenständliche Darstellung. München 1971; Pfeiffer (o. Anm. 9), S. 54ff. Vgl. auch u. Anm. 59 und den Beitrag von Christian Begemann in diesem Band.
[52] SW. Bd. 13, S. 271f.
[53] Zit. nach Gump (o. Anm. 7), S. 30.

Das darzustellende „Wirkliche", wie Stifter es begreift, geht tatsächlich weit über bloße Gegenständlichkeit hinaus;[54] Ziel des Künstlers muß es sein, den Dingen „ihr Wesen ab[zu]ringen", um zu ihrer „Wahrheit"[55] vorzustoßen. Dieses Ziel, das in den ‚Nachkommenschaften' am Beispiel der Landschaftsmalerei vorgetragen wird, gilt im Lebensbericht des Peter Roderer ebenso für die Dichtung.[56] Die postulierte „Wahrheit" ist für den irdischen Menschen unerreichbar, denn Stifter verarbeitet offenbar ebenso die platonische Ideenlehre wie den Gehalt des Bibelwortes „Videmus nunc per speculum",[57] wenn er den Tagebuchautor der ‚Feldblumen' schreiben läßt: „Vor dem Hohlspiegel unsrer Sinne hängt nur das Luftbild einer Welt, die wahre hat Gott allein."[58] In dieser Erkenntnis, die – trotz Stifters Interesse an realistischer Darstellung – seine weltanschauliche Verankerung im Idealismus[59] verrät, liegt der Grund für die resignative Einsicht beider Roderer und der Anlaß zur Zerstörung ihrer Werke.

Dennoch widmet Stifter der handwerklichen Vorbereitung von Gemälden, dem Weg zu einer sukzessiv sich vervollkommnenden Darstellung von „Wirklichkeit", idyllisch anmutende Schilderungen. Viele seiner dichterischen Gestalten sind Maler[60] oder zeichnende Dilettanten,[61] und Stifter zeigt sie mit der ihm eigenen bedächtigen Akribie bei ihrer Arbeit.

Die ersten Seiten der ‚Nachkommenschaften' beschreiben den Künstler bei der Pleinairmalerei: Den wohlgefüllten Malerkasten auf dem Rücken, Staffe-

---

54 Vgl. Pfeiffer (o. Anm. 9), S. 56ff.
55 SW. Bd. 13, S. 256. Die „Wahrheit" eines Kunstwerks ist auch in Stifters Kunstkritiken das wichtigste Qualitätskriterium (vgl. z.B. SW. Bd. 14, S. 8, S. 17). Zur „Wahrheit" als der höchsten vom Künstler zu erreichenden Entwicklungsstufe vgl. Schiller (o. Anm. 28), S. 202, S. 213. Dieser Anspruch wird von diversen Künstlern des 18. und 19. Jahrhunderts vertreten, u.a. von Stifters Zeitgenossen Ferdinand Georg Waldmüller: „Im Leben (im geistigen und physischen) wie in dem Abbild desselben, der Kunst, ist die Wahrheit das höchste, oberste Gesetz [...]." (F.G. Waldmüller: Das Bedürfnis eines zweckmäßigen Unterrichts in der Malerei und plastischen Kunst. Wien 1846, S. 4.)
56 SW. Bd. 13, S. 264.
57 1. Kor 13,12.
58 WuB. Bd. 1.4, S. 61.
59 Es ist mehrfach darauf hingewiesen worden, daß Stifter sich der Zuordnung zu nur einer der großen Denk- und Stilrichtungen widersetzte: „Wie bloßer Realismus grobe Last ist, so ist bloßer Idealismus unsichtbarer Dunst oder Narrheit." (SW. Bd. 14, S. 219 [Ausstellung des oberösterreichischen Kunstvereins 1867]); „Der Realist und der Idealist ist verfehlt, wenn er nicht etwas Höheres ist, nehmlich ein Künstler; dann ist er beides zugleich freilich in einem andern Sinne als in dem der Zunft." (SW. Bd. 19, S. 115 [Brief an Gustav Heckenast, 12.5.1858]). Zu Stifter als Dichter der „Synthese" vgl. Fischer (o. Anm. 12), S. 483ff.; zu Stifters Ablehnung des „bloßen Realismus" Gustav Freytags vgl. Zoldester (o. Anm. 8), S. 45, Anm. 3.
60 Z.B. Gustav im ‚Condor', Albrecht in den ‚Feldblumen'.
61 Z.B. Tiburius Kneigt im ‚Waldsteig', Friedrich Roderer in den ‚Nachkommenschaften'. Zum Phänomen des zeichnenden Dilettanten im 18. und 19. Jahrhundert vgl. Wolfgang Kemp: „... einen wahrhaft bildenden Zeichenunterricht überall einzuführen". Zeichnen und Zeichenunterricht der Laien 1500–1870. Frankfurt a.M. 1979, S. 81ff.

lei, Feldstuhl und Sonnenschirm unter dem Arm tragend, zieht er ins Freie, um hier die Naturstudien aufzunehmen, aus denen im Atelier das Landschaftsbild komponiert wird. Mit fühlbarer Ironie – die manchen Genrebildern Spitzwegs verwandt zu sein scheint – werden die vielen Künstlerkollegen persifliert, die am Rand eines Gletschers oder Wasserfalls unter Sonnenschirmen wie unter dem „Schildkrötendach der Römer bei Belagerungen [...] sitzen und versuchen, den herab wallenden Schleier des Wassers nachzuahmen". Der Erfolg dieses Tuns erscheint zweifelhaft, zumindest für die Schüler der „Staatsmaleranstalt", denn diese werden von ihrem Lehrer angewiesen, „daß sie nun im Freien die Dinge gerade so malen, wie sie sonst in der Stube nach seinen Vorlagen gemalt haben".[62]

Ein positives Gegenbild zeigt Stifter u.a. im ‚Nachsommer':[63] Hier betätigt sich der junge Heinrich Drendorf als Landschaftsmaler; seine ersten Studien werden in gesellschaftlicher Unterhaltung kommentiert. Man kommt zur Ansicht, daß der bisherige Naturkundler sich noch nicht ausreichend von seiner technischen Zeichenweise gelöst habe, daß er die „ihnen eigenthümlichen Merkmale" seiner Studienobjekte anstatt ihrer optischen Wirkung dargestellt habe; dadurch sei die Perspektive mißlungen. Drendorf erhält den Rat, eine aufgerauhte Glasplatte zu verwenden, um den gewünschten Landschaftsausschnitt darauf zu skizzieren. Er lernt weiter, daß die atmosphärische Wirkung von Landschaft nicht der Summe ihrer Einzelmotive entspräche: „Durch Luft, Licht, Dünste, Wolken, durch nahe stehende andere Körper gewinnen die Gegenstände ein anderes Aussehen, dieses müsse ich ergründen, und die veranlassenden Dinge müsse ich, wenn es mir möglich wäre, so sehr zum Gegenstande meiner Wissenschaft machen, wie ich früher die unmittelbar in die Augen springenden Merkmale gemacht hatte."[64] Obwohl für Stifter die Bedeu-

---

[62] SW. Bd. 13, S. 230f. Mit dieser in Ironie verpackten Kritik am Akademiewesen stand Stifter nicht allein: Schon Wilhelm Schadow warnte 1828 in seinen ‚Gedanken über eine folgerichtige Ausbildung des Malers' vor allzu intensiven Korrekturen des Lehrers, da sie die Originalität des Schülers verletzten und nur „leere Manier" erzeugten (zit. nach: Kunsttheorie und Kunstgeschichte des 19. Jahrhunderts in Deutschland. Bd. 1: Kunsttheorie und Malerei, Kunstwissenschaft. Hrsg. von Werner Busch und Wolfgang Beyrodt. Stuttgart 1982, S. 164f.). Von Kugler wird das Akademiewesen 1837 dagegen verteidigt – solange es nicht den Anspruch erhebe, Genies hervorzubringen, sondern sich darauf beschränke, die handwerklichen Grundlagen zu vermitteln (Franz Kugler: Kleine Schriften und Studien zur Kunstgeschichte. Bd. 3. Stuttgart 1854, S. 214ff. [Über die gegenwärtigen Verhältnisse der Kunst zum Leben (1837)]. Ferdinand Georg Waldmüller war wiederum bestrebt, durch seine 1846 erschienene Schrift ‚Das Bedürfnis eines zweckmäßigen Unterrichtes in der Malerei und plastischen Kunst' die Wiener Akademie zu reformieren. Er forderte, sehr ähnlich wie Schadow, „der Individualität des Schülers die vollständigste Unabhängigkeit in der Geistesentwicklung zu belassen" (S. 13). Von der Erfolglosigkeit dieses Vorhabens berichtet ein Brief um 1860 an den Finanzminister Carl Freiherrn von Bruck (Kunsttheorie und Malerei, S. 168ff.).
[63] SW. Bd. 7, S. 31ff.
[64] Ebd., S. 33f. Hier drängt sich die Assoziation zu manchen Landschaftsbildern Caspar

tung von Naturstudien unstreitig ist, rät er doch von der Beschränkung auf ihre bloße Wiedergabe ab: „Wenn überhaupt ein Fehler gegen die Genauigkeit gemacht werden müsse – und kein Mensch könne Dinge, namentlich Landschaften, in ihrer völligen Wesenheit geben – so sei es besser, die Gegenstände großartiger und übersichtlicher zu geben, als in zu viele einzelne Merkmale zerstreut. Das Erste sei das Künstlerischere und Wirksamere."[65]

Einen ähnlichen Weg geht Tiburius Kneigt im ‚Waldsteig': Nachdem er die „Geschichtsmalerei in Oehl" aufgegeben hat,[66] verfällt er auf das Zeichnen, „um sich mit demselben manche angenehme Stunde zu machen". Aus dem Zeitvertreib des reichen Mannes wird Passion, aus dem Skizzieren einzelner Gegenstände die Darstellung eines Landschaftsausschnittes: „Er fuhr also mit einem [Skizzen-]Buche hinaus, und saß an der sonnigen Wand und zeichnete. Dies that er öfter, die Gegenstände, die er nachbildete, gefielen ihm, und endlich fuhr er unaufhörlich hinaus. Er ging nach und nach von den Steinen und Stämmen, die er anfänglich machte, auf ganze Abtheilungen über, rükte endlich weiter in den Wald hinein und versuchte die Helldunkel. Besonders gefiel es ihm, wenn die Sonne feurig auf den schwarzen Pfad schien und ihn durch ihr Licht in ein Fahlgrau verwandelte, auf dem die Streifschatten der Bäume wie scharfe schwarze Bänder lagen. So bekam er schier alle Theile des dunkeln Pfades in sein Zeichenbuch."[67]

Das Biedermeierliche einer solchen Situation – die allerdings zugleich einen wesentlichen Schritt auf dem psychischen Genesungsweg des „Herrn Tiburius" beschreibt – ist noch weit von dem Absolutheitsanspruch, den das Werk des echten Künstlers bei Stifter kennzeichnet, entfernt. Den eigentlichen Künstlertyp vertritt Friedrich Roderer in den ‚Nachkommenschaften':[68] Mit Hilfe vieler Skizzen komponiert Roderer ein einziges Gemälde,[69] für dessen

---

David Friedrichs auf, vor allem zu dessen Ansichten aus dem Riesengebirge. Vgl. schon Novotny (o. Anm. 1), S. 68.
[65] SW. Bd. 7, S. 33 (Nachsommer).
[66] WuB. Bd. 1.6, S. 186, S. 151.
[67] Ebd., S. 186f.
[68] Fritz Novotny (o. Anm. 1, S. 7) hat bereits auf die autobiographischen Züge dieser Figur Stifters hingewiesen.
[69] Das Ideal der Konzentration auf ein einziges (Lebens-)Werk vertrat auch Philipp Otto Runge; er schreibt am 26.6.1807 in einem Brief an Johann Gottfried Quistorp: „Es ist unmöglich, daß in einer Zeit, wo so wenig zu machen möglich ist wie in unserer und wo die Gewalt der Ideen so groß ist, es nicht ungleich größere Wirkung tun sollte, wenn wir ein Werk durch unser Leben durcharbeiteten, welches mit einer Klarheit und Fülle neue und befriedigende Ansichten über die Naturkräfte verbreitete, als wenn wir viele Bilder zu machen uns bestrebten [...]." (Briefe und Schriften. Hrsg. von Peter Betthausen. München 1982, S. 200f.) Ab 1840/41 lagen Runges ‚Hinterlassene Schriften' im Druck vor; Stifter kann sie also grundsätzlich gekannt haben. Vgl. Jörg Traeger: Philipp Otto Runge und sein Werk. München 1975, S. 22f., S. 174. – Eine weitere literarische Spiegelung erfuhr die Idee von einem einzigen großen Gemälde als Lebenswerk in Balzacs ‚Chef d'œuvre inconnu'. Vgl. Othmar Metzger: Kunstgeschichtliche Bemerkungen zu

riesige Leinwand ein eigenes Atelierhaus errichtet wird. Während der Arbeit an seinem Bild schließt sich der Künstler völlig von der Außenwelt ab, abgelenkt allein von der noch unerfüllten Liebe. Nach der Verlobung mit Susanna naht auch die Vollendung seines Werks: „Des frühen Morgens schon malte ich, und malte den größten Theil des Tages mit einem Eifer und mit einem Feuer, die ich früher gar nicht gekannt hatte, Alles gelang besser, und oft, oft war es mir schon deutlich, als müsse ich es erfassen können, daß der unnachahmliche Duft und die unerreichbare Farbe der Natur auf meine Leinwand käme."[70] Diese Hoffnung trügt jedoch; es gelingt dem Maler nicht, die postulierte „Wahrheit" zu erreichen, und so kündigt er seiner Braut die Zerstörung des unvollkommenen Gemäldes und die Aufgabe seines Berufes an: „Mein großes Bild, welches bis auf Kleinigkeiten fertig ist, kann die Düsterheit, die Einfachheit und Erhabenheit des Moores nicht darstellen. Ich habe mit der Inbrunst gemalt, die mir deine Liebe eingab, und werde nie mehr so malen können. Darum muß dieses Bild vernichtet werden, und keines kann mehr aus meiner Hand hervor gehen."[71] In dieser zerstörerischen Konsequenz, die sich nicht allein auf das unvollkommene Werk erstreckt,[72] sondern sogar den Verlust der Braut in Kauf nimmt, zeigt sich das Bewußtsein Stifter-Roderers vom existentiellen Anspruch echten Künstlertums.

Künstler und Gesellschaft

Der Auserwähltheitscharakter des Künstlers verleiht diesem eine Sonderstellung in der Gesellschaft. Hieraus ergeben sich Verpflichtungen des Künstlers gegenüber seinen Mitmenschen und, umgekehrt, Verpflichtungen der Gesellschaft gegenüber ihren Künstlern.

Vor allem in seinen pädagogischen Schriften[73] – deren Existenz schon allein von Stifters Bewußtsein seiner gesellschaftlichen Aufgabe zeugt – be-

---

Stifters ‚Nachkommenschaften'. In: VASILO 26 (1977), S. 36. – Die von Curt Hohoff und anderen Autoren vertretene Auffassung, daß Stifter in dieser Beschreibung das Bemühen des Malers karikiere (Curt Hohoff: Adalbert Stifter. Seine dichterischen Mittel und die Prosa des neunzehnten Jahrhunderts. Düsseldorf 1949, S. 58), erscheint trotz der satirischen Partien in den ‚Nachkommenschaften' der Figur des jungen Roderer nicht angemessen. Sehr viel sinnvoller wird sie von Karl Konrad Polheim (o. Anm. 11), aus dem Kontext von Stifters Kunstanschauung interpretiert.

[70] SW. Bd. 13, S. 296.
[71] Ebd., S. 300f.
[72] Stifters erster Biograph, Heinrich Reitzenbeck, berichtet, daß Stifter ebenfalls einen großen Teil seiner Bilder vernichtet hat: Libussa. Jahrbuch für 1853, S. 325; zit. nach Novotny (o. Anm. 1), S. 7.
[73] Documenta Paedagogica Austriaca. Adalbert Stifter. Zusammengestellt und mit einer Einleitung versehen von Kurt Gerhard Fischer. 2 Bde. Linz 1961 (Schriftenreihe des Adalbert Stifter-Institutes des Landes Oberösterreich 15).

nennt Stifter die Ziele, auf die eine staatliche Kunstförderung gerichtet sein müsse: So fordert er die Einrichtung von Kunstschulen, die für jeden gleichermaßen zugänglich sein sollten. Künstler müßten als „Gutthäter der Menschheit" vom Staat „geehrt, geachtet, gefeiert" und im Alter unterstützt werden.[74] In beiden Forderungen spiegeln sich Stifters biographische Verletzungen; gleichzeitig enthüllen sie eine von aller Erfahrung abgehobene, idealistische, letztlich auf Platons ‚Politeia' basierende Staatsauffassung:[75] Innerhalb der ordnenden Gerechtigkeit des Staates kommt dem Künstler (insbesondere dem Dichter) ein bedeutender, weil für die Erziehung maßgeblicher Rang zu. Der Staat hat neben seiner Verpflichtung für den Unterhalt des Künstlers die Aufgabe, Wahrheitsgehalt und Themen seines Werkes zu überwachen, denn die Vermittlung unsittlicher Inhalte kann böse Folgen – vor allem für die Bildung der Jugend – haben.[76] Entsprechend warnt auch der Pädagoge Stifter[77] immer wieder vor dem Einfluß von „schlechter" Dichtung.[78]

Stifter scheint einen Teil dieser Ansichten von seinem Malerfreund Johann Fischbach (1797–1871)[79] übernommen oder zusammen mit diesem entwickelt zu haben, denn beide Männer standen offenbar in vielfältigem Austausch. Stifter kopierte Zeichnungen Fischbachs und legte ihm seine eigenen Studien zur Begutachtung vor; gemeinsam planten Stifter und Fischbach einen Artikel gegen „einseitig religiöse Malerei".[80] Vor allem Fischbachs Manifest „Die Kunst im Staate"[81] scheint weitgehend mit Stifters kulturpolitischen und pädagogischen Ansätzen übereinzustimmen: Für Fischbach ist Kunst ein „Geschenk des Himmels" und zugleich „nationales Interesse", denn sie gilt ihm

---

[74] SW. Bd. 16, S. 178 (Die Kunstschule); vgl. auch SW. Bd. 7, S. 35 (Nachsommer). Vgl. ferner Franz Kugler (o. Anm. 62), S. 215.

[75] Daß Stifter jeder ihm bekannten Staatsform in praxi kritisch gegenüberstand, enthüllt sein Aufsatz ‚Der Staat' (SW. Bd. 16, S. 19ff.).

[76] Platon: Politeia, Buch II, III. In: ders.: Werke (o. Anm. 34), Bd. 4, S. 157ff., S. 227ff.

[77] Theodor Rutt: Adalbert Stifter – der Erzieher. Diss. Köln 1939. 3. Aufl. St. Augustin 1989; Fischer (o. Anm. 12); Henz (o. Anm. 10).

[78] Z.B. im ‚Nachsommer' (SW. Bd. 7, S. 37f.): „Das Schlechte, das sich Dichtkunst nennt, ist der Jugend sehr gefährlich. [...] Wo es in Reize verhüllt ist und mit Reinem gemischt, dort ist es am bedenklichsten, und da müssen Rathgeber und väterliche Freunde zu Hilfe stehen, daß sie theils aufklären, theils von vornherein die Annäherung des Uebels aufhalten." Hier könnte ein Buch aus Stifters Schulzeit in Kremsmünster prägend gewirkt haben, Johann Michael Sailers ‚Glückseligkeitslehre' (München. 2. Aufl. 1793; zit. bei Enzinger [o. Anm. 22], S. 283). Sailer warnte eindringlich davor, „den Menschen ohne Wehr und Waffen (ohne Rat und Leitung) dem wilden Lesen zu überantworten" (Ausg. Frankfurt a.M. 1926, S. 241). Zur Kant-Rezeption Sailers vgl. Roger Bauer: Der Idealismus und seine Gegner in Österreich. Heidelberg 1966, S. 17f.

[79] Nikolaus Schaffer: Johann Fischbach. Salzburg 1989 (Monographische Reihe zur Salzburger Kunst 11). Vgl. auch Pfeiffer (o. Anm. 9), S. 116f.

[80] Novotny (o. Anm. 1), S. 22.

[81] Johann Fischbach: Die Kunst im Staate. Eine Denkschrift, dem hohen kais. kön. Ministerium des Unterrichts ehrfurchtsvoll überreicht. [Wien 1849]. – Für seinen Hinweis auf diese Schrift danke ich Stefan Schmitt.

als „wichtiges Bildungsmittel aller Menschen", sie bringe „ein schöneres Maß in unsere Gesittung".[82] Er beschreibt die auch von Stifter vertretene Wechselwirkung von Künstlertum und Staat[83] und leitet ebenfalls die Forderung nach dezentralen Zeichenschulen, Akademien mit individueller Betreuung der einzelnen „Talente" und staatlicher Alterssicherung von Künstlern daraus ab.[84] Dazu tritt ein weiterer Aufgabenbereich, der sich in Stifters Linzer Tätigkeit als Denkmalpfleger[85] niederschlagen und in seiner Dichtung spiegeln sollte:[86] Erhaltung und Pflege alter Kunstwerke.[87] Deren Wert wird nicht allein abstrakt beurteilt,[88] sondern als Mittel zur Geschmacksbildung, d. h. als Basis neuer Kunstschöpfungen, begriffen.[89] Hier formuliert Fischbach ein Anliegen seiner Zeit, das zur Öffnung ehemals fürstlicher Sammlungen und zur Einrichtung der großen Kunstgewerbemuseen im 19. Jahrhundert führte.[90] Für Stifter ist es noch die Privatsammlung des ästhetisch Gebildeten, die in seinen Erzählungen eine wesentliche Rolle spielt.[91] Sie dient jedoch dem gleichen Zweck wie die geforderten Museen: der Erziehung des Betrachters durch Kontemplation des Schönen und zugleich Sittlichen. In dieser Zielsetzung dürften auch die Wurzeln von Stifters Engagement für den Oberösterreichischen Kunstverein und dessen Ausstellungen zu suchen sein.

---

[82] Fischbach (o. Anm. 81), S. 5f.
[83] Ebd., S. 26: „Aber so nothwendig es ist, daß der Staat die vorhandenen Talente in Thätigkeit setzt, eben so nothwendig ist es auch, daß er dem Künstler eine Stellung im Staate gebe, welche ihn öffentlich ehrt, und ihn in Verbindung mit den Ausgezeichnetsten seiner Nation bringt. – Dadurch wird er einerseits einem moralischen und geistigen Einflusse ausgesetzt, welche wohlthätig auf seine Thatkraft und Weltanschauung wirken werden, ohne welche ihm die nötige Energie und Einsicht für größere Werke fehlen. Andererseits wird der Künstler in oben besprochener Stellung wieder wohlthätig auf seine Umgebung zurückwirken. | Denn der wahre Künstler erwirbt sich durch seine ernsten, stillen Studien, durch die Anschauung der Natur und ihrer ewigen Gesetze, eine Innigkeit, eine Einfachheit und Milde, die wohlthuend wirken, wo er erscheint; und hat er einigermaßen die Macht der Sprache, so werden seine Worte manchen guten Samen in die Gesellschaft streuen, und man wird ihn und sein Wirken besser verstehen. | Nur durch dieses gegenseitige Empfangen und Geben können die Künstler und die Kunst im Staate das werden, was sie sein sollen."
[84] Ebd., S. 7ff., S. 25ff.
[85] Vgl. dazu Otto Jungmair: Adalbert Stifter als Denkmalpfleger. Linz 1973 (Schriftenreihe des Adalbert Stifter-Institutes des Landes Oberösterreich 28). Auch auf den Beitrag von Wilfried Lipp in diesem Band sei verwiesen.
[86] Vgl. u.a. die vielzitierten Episoden im ‚Nachsommer' (SW. Bd. 6, S. 309ff.; Bd. 7, S. 344ff.), in denen Stifter sein Engagement für die Restaurierung des Kefermarkter Altars verarbeitete. Zur geistesgeschichtlichen Einbindung dieser Tätigkeit siehe Schlaffer (o. Anm. 28), S. 113f.
[87] Fischbach (o. Anm. 81), S. 6, S. 16ff., S. 26ff. Vgl. schon Kugler (o. Anm. 62), S. 225ff.
[88] Zu Stifters Bewertung der einzelnen Stilepochen vgl. Pfeiffer (o. Anm. 9).
[89] Fischbach (o. Anm. 81), S. 16. Vgl. dazu SW. Bd. 6, S. 97ff. (Nachsommer).
[90] Dazu ausführlich Kugler (o. Anm. 62), S. 211ff. Vgl.: Das kunst- und kulturgeschichtliche Museum im 19. Jahrhundert. Hrsg. von Bernward Deneke und Rainer Kahsnitz. München 1977.
[91] Z.B. ‚Nachsommer' (SW. Bd. 6, S. 6ff. u.a.).

Kunstbetrachtung und Kunstübung, zumindest deren Konzeption, sind für Stifter ideell verbunden. Im Vorfeld der eigentlichen Kunstübung liegen zwei weitere Tätigkeitsbereiche, die Stifters künstlerischen Menschen mit Welt und Gesellschaft verbinden: naturwissenschaftliche Studien und Kultivierung von Natur. Mehrere Künstlergestalten Stifters betätigen sich auch als Botaniker, Geologen und Metereologen[92] und gelangen über die Betrachtung von Naturphänomenen zur Kunst. Von der Botanik führt ein Weg über den Gartenbau, dem Stifter eingehende Beschreibungen widmete, bis zur Landwirtschaft als Basis einer (agrarisch geprägten) Volkswirtschaft. Die Aufzucht von Pflanzen und die Entwicklung des Menschen sah Stifter als Parallelphänomene an;[93] beide folgen der gleichen Gesetzmäßigkeit und dienen der gesellschaftlichen Entwicklung, deren kulturelle Höhe am Verständnis des Schönen sichtbar wird.[94]

Dieser Erziehungsmöglichkeit einen öffentlichen Rahmen zu verleihen, war offenbar Stifters Anliegen in der geplanten, aber immer wieder verhinderten Vortragsreihe „über die Natur und Wesenheit des Schönen". Er stieß hier an die Grenzen seiner gesellschaftlichen Wirkungsmöglichkeit; sein Idealbild vom Künstler als bildendem „Wohlthäter der Menschheit" war nicht in die Realität zu überführen. Das Unverstandensein des Künstlers durch seine Zeitgenossen ist im ‚Nachsommer' Gegenstand eines längeren Gesprächs zwischen Heinrich und Risach.[95] Auf die Frage Heinrichs, ob ein Künstler auch ein Werk schaffen solle, von dem er annehmen müsse, daß es unverstanden sei und bleibe, antwortet sein Mentor: „der Künstler macht sein Werk, wie die Blume blüht, sie blüht, wenn sie auch in der Wüste ist, und nie ein Auge auf sie fällt. Der wahre Künstler stellt sich die Frage gar nicht, ob sein Werk verstanden werden wird oder nicht. [...] Es sind Dieß die Größten, welche ihrem Volke voran gehen, und auf einer Höhe der Gefühle und Gedanken stehen, zu der sie ihre Welt erst durch ihre Werke führen müssen. Nach Jahrzehenden denkt und fühlt man, wie jene Künstler, und man begreift nicht, wie sie konnten mißverstanden werden. Aber man hat durch diese Künstler erst so denken und fühlen gelernt. [...] Wenn nun der früher angegebene Fall möglich wäre, wenn es einen wahren Künstler gäbe, der zugleich wüßte, daß sein beabsichtigtes Werk nie verstanden werden würde, so würde er es doch machen, und wenn er es unterläßt, so ist er schon gar kein Künstler mehr, sondern ein Mensch, der an Dingen hängt, die außer der Kunst liegen. Hieher gehört auch jene rührende Erscheinung, die von manchen Menschen so bitter getadelt wird, daß Einer, dem recht leicht gangbare Wege zur Verfügung ständen, sich

---

[92] Z.B. die Protagonisten in der ‚Narrenburg' und im ‚Nachsommer'.
[93] Dazu Hans I. Utz: Das Bild in der Dichtung Adalbert Stifters (Resumé der ungedruckten Dissertation). In: VASILO 5 (1956), S. 80–88.
[94] Vgl. o. Anm. 44.
[95] SW. Bd. 7, S. 352ff.

reichlich und angenehm zu nähren, ja zu Wohlstand zu gelangen, lieber in Armuth, Noth, Entbehrung, Hunger und Elend lebt und immer Kunstbestrebungen macht, die ihm keinen äußeren Erfolg bringen und oft auch wirklich kein Erzeugniß von nur einigem Kunstwerthe sind. Er stirbt dann im Armenhause oder als Bettler oder in einem Hause, wo er aus Gnaden gehalten wurde."[96]

Die soziale Vereinzelung des Künstlers wird hier geradezu zur Determinante des Stifterschen Künstlerbildes. Dieses nimmt Märtyrer-Züge an, wenn Stifter an Heckenast schreibt: „Mein Gott, ich gäbe gerne mein Blut her, wenn ich die Menschheit mit einem Ruke auf die Stufe sittlicher Schönheit heben könnte, auf der ich sie wünschte!"[97] Der Priester ist also Opfer seines Amtes; die leidenschaftlos „zu der größtmöglichsten Reinheit und Vollkommenheit"[98] herangebildete Künstlerpersönlichkeit ist dem Verderben geweiht. Hier erscheint bedenkenswert – zumindest in Bezug auf die Diskrepanz von idealem Auftrag und realer Bestimmung –, was Thomas Mann von Stifters Erzählweise schrieb, „daß hinter der stillen, innigen Genauigkeit [...] eine Neigung zum Exzessiven, Elementar-Katastrophalen, Pathologischen wirksam ist".[99] Stifters Künstlerbild enthält offenbar beides: eine durch romantische Innerlichkeit gemilderte, „menschliche" Vernunft, die dem „Sanften Gesetz" unterworfen ist, und eine durch Kontakt mit der Wirklichkeit aufbrechende Radikalität, die zur Zerstörung des Werks und zum Ende aller künstlerischen Tätigkeit führen kann. Die scheinbare Gegensätzlichkeit dieser Aspekte erscheint aber folgerichtig, wenn man den Absolutheitsanspruch, die Priesterrolle, des Stifterschen Künstlers in Betracht zieht: Der Künstler dient dem Gott des Schönen, um dessen Schöpfungswerk in „Wahrheit" und „Wirklichkeit" nachzuvollziehen. Diese ins Übermenschliche zielende Aufgabe trägt den Keim des Mißlingens in sich. Wenn der Künstler erkennen muß, daß seine Schöpferkraft zu gering ist, opfert er Werk und Identität bis zur Selbstaufgabe. Letztlich vermag er nur so seinem hohen Auftrag zu genügen.

Voraussetzungen von Stifters Künstlerbild

Mit vielen der dargelegten Ansichten stand Stifter nicht allein; sie scheinen ein zeittypisches Substrat zu bilden.[100] Dennoch lassen sich einzelne Zeit-

---

[96] Ebd., S. 354f.
[97] SW. Bd. 17, S. 323 (Brief vom 6.3.1849).
[98] SW. Bd. 16, S. 9 (Über Stand und Würde des Schriftstellers).
[99] Thomas Mann. Reden und Aufsätze 3 (Gesammelte Werke Bd. 11). Frankfurt a.M. 1960, S. 237. Vgl. dazu auch Hans Dietrich Irmscher: Adalbert Stifter. Stuttgart 1979, S. 18ff.
[100] Vgl. die oben zitierten Berührungspunkte mit Runge und Waldmüller, Sulzer und Kugler, die sicher nur einen Ausschnitt der möglichen Bezugspunkte Stifters bilden. Wünschenswert wäre ein intensiver Vergleich mit den Akademie-Lehrbüchern bzw. den hier

genossen benennen, deren Schriften denjenigen Stifters in Bezug auf die genannten Aspekte besonders nahestehen. Wie oben dargelegt, stimmten Stifters Vorstellungen von den wechselseitigen Beziehungen zwischen Künstler und Gesellschaft im wesentlichen mit denen Johann Fischbachs überein; dagegen sind Stifters Ansichten über Kunst und Künstler offenbar von einem Mann geprägt, dessen universelle Bildung Stifters Künstlerideal nahekam: Carl Gustav Carus (1789–1869).[101] Der Mediziner, Philosoph und Maler begann etwa zehn Jahre vor Stifter, auf geisteswissenschaftlichem Gebiet zu publizieren. Die ‚Zehn Briefe über Landschaftsmalerei',[102] an denen Carus seit 1815 arbeitete, erschienen in gesammelter Form erstmals 1835; sie enthalten nicht nur eine Theorie der Landschaftsmalerei (der „Erdlebenbilderkunst"), sondern auch allgemeinere kunsttheoretische Aussagen; diese werden allerdings nicht systematisch dargeboten, sondern sie sind über die einzelnen Briefe verstreut. Carus bezog in ihnen philosophisches Gedankengut des späten 18. und frühen 19. Jahrhunderts ein, basierte in seiner Verschmelzung von Naturwissenschaft und Philosophie jedoch vor allem auf Schellings Naturphilosophie;[103] für den kunsttheoretischen Gehalt holte er sich Rat bei Goethe, mit dem er in Briefwechsel stand.[104]

Auch wenn eine gewisse Vergleichbarkeit von Carus' und Stifters Kunstanschauung zeitbedingt und durch eine gemeinsame Interessenlage bestimmt sein könnte, sind die Übereinstimmungen z.T. so frappierend, daß eine von

---

empfohlenen ästhetischen Schriften sowie der bürgerlichen Kunstliteratur der ersten Hälfte des 19. Jahrhunderts; diese Werke könnten ein sehr viel umfassenderes Bild vom Spektrum des allgemeinen ästhetischen Bildungsniveaus vermitteln als – mangels einer entsprechenden Untersuchung – derzeit zu gewinnen ist. Als (zufällige) Beispiele für die in Frage kommenden Literaturgattungen seien genannt: Manasse Unger: Das Wesen der Malerei. [...] Ein Leitfaden für denkende Künstler und gebildete Kunstfreunde. Leipzig 1851; Friedrich Dittes: Das Aesthetische nach seinem eigenthümlichen Grundwesen und seiner pädagogischen Bedeutung dargestellt. Leipzig 1854; Adolf Zeising: Aesthetische Forschungen. Frankfurt 1855. – Zur grundsätzlichen Problematik von „Originalität" vgl. das ausführliche Dilthey-Zitat bei Fischer (o. Anm. 12), S. 480f., Anm. 24.

[101] Bernhard Knauß: C. G. Carus. In: Neue deutsche Biographie Bd. 3. Berlin 1957, S. 161–163. Zu Carus' Einfluß auf Stifters Landschaftsmalerei vgl. Karl Möseneders Beitrag in diesem Band, bes. S. 25, S. 38f.

[102] Carl Gustav Carus: Briefe und Aufsätze über Landschaftsmalerei. Hrsg. und mit einem Nachwort von Gertrud Heider. Leipzig/Weimar 1982 (Gustav Kiepenheuer Bücherei 34). Dazu vgl. Elisabeth Stopp: Carus ‚Neun Briefe über die Landschaftsmalerei' (1831). In: dies.: German romantics in context: selected essays 1971–86. London 1992, S. 140–162. Ob Stifter die ‚Briefe' besaß, ist nicht mehr nachweisbar; Carus' Buch über Goethe befand sich jedoch in seiner Bibliothek (Erwin Streitfeld: Aus Adalbert Stifters Bibliothek. Nach den Bücher- und Handschriften-Verzeichnissen in den Verlassenschaften von Adalbert und Amalie Stifter. In: Jahrbuch der Raabe-Gesellschaft 1977, S. 111, Nr. 13).

[103] Heider (o. Anm. 102), S. 187f.

[104] Vgl. Goethes Brief an Carus vom 20.4.1822. In: Carus (o. Anm. 102), S. 9f. Nicht zugänglich war die Edition von Frank Kroschinsky/Matthias Schreiber: Der Briefwechsel zwischen Carl Gustav Carus und Johann Wolfgang von Goethe in den Jahren von 1818 bis 1831. Eine erstmalige Vorstellung der Gesamtkorrspondenz. Diss. Med. Akad. Dresden 1992.

Carus unabhängige Ausbildung von Stifters Ansätzen nicht sehr wahrscheinlich ist. Daß Stifter Carus anscheinend nie erwähnt hat (weshalb auch die Forschung eine solche Beziehung kaum in Betracht zog),[105] ist nicht erstaunlich – erschließt sich Stifters Kunsttheorie doch aus literarischen Quellen, auf die kein wissenschaftliches Zitiersystem Anwendung fand. Nur Text- und Motivvergleiche können nähere Aufschlüsse bringen:

Ähnlich wie bei Stifter ist die Kunst für Carus „Vermittlerin der Religion" und Nachschöpferin des Kosmos: „[...] die Welt, wie sie geformt vor unseren Sinnen daliegt, ersteht unter ihren Händen aufs neue".[106] Schöpferkraft kommt nur der Kunst zu, nicht der Wissenschaft,[107] obwohl beide nicht einzeln zu denken sind: „Die Darstellung der Wissenschaft kann [...] nie ohne Kunst (ohne kunstgemäße Ordnung der Gedanken und Worte) gelingen, und die Erzeugung des Kunstwerks hinwiederum wird ohne Wissenschaft (das Können ohne Kenntnis) unmöglich bleiben."[108] Hieraus folgt die Forderung nach der „Wahrheit der Darstellung",[109] die nicht identisch ist mit einer bloßen Wiedergabe von Natur; Carus fordert seinen Leser auf, einen Landschaftsausschnitt im Spiegel zu betrachten und damit ein gutes Landschaftsgemälde zu vergleichen: Letzteres ist gegenüber der optischen Wiedergabe von Natur „ein Ganzes, [...] eine kleine Welt (ein Mikrokosmos) für sich und in sich; das Spiegelbild hingegen erscheint ewig nur als ein Stück, als ein Teil der unendlichen Natur, herausgerissen aus seinen organischen Verbindungen und in widernatürliche Schranken geengt, und nicht, gleich dem Kunstwerke als die in sich beschlossene Schöpfung einer uns verwandten, von uns zu umfassendenden geistigen Kraft, vielmehr als ein Ton aus einer unermeßlichen Harmonie".[110] Dieser gleichzeitig eingeschränkte[111] und überhöhte Begriff von der „Wahrheit" des Kunstwerks kommt demjenigen Stifters[112] außerordentlich nahe.

---

[105] Der erste (und anscheinend einzige) Hinweis auf Vergleichbarkeiten in der Kunsttheorie Stifters und Carus' findet sich bei Dell (o. Anm. 1), S. 33. Für die freundliche Mitteilung dieser Stelle danke ich Karl Möseneder.
[106] Carus (o. Anm. 102), S. 19. Vgl. dazu Jacob Böhmes Auffassung von Kunst als „Werkzeug Gottes" (Möseneder [o. Anm. 27], S. 33ff.).
[107] Carus (o. Anm. 102), S. 14.
[108] Ebd., S. 25.
[109] Ebd.
[110] Ebd., S. 26f. Vgl. dazu den von Götz Müller referierten Standpunkt Jean Pauls, „daß die Kunst die Partikularität des nachgeahmten Naturausschnitts totalisierend überwindet und damit im Kleinen den Geist der ganzen Natur darstellt". (Götz Müller: Jean Pauls Ästhetik und Naturphilosophie. Tübingen 1983 [Studien zur deutschen Literatur 73], S. 59).
[111] Ähnlich wie Stifter verweist Carus (o. Anm. 102, S. 26) darauf, daß die Materialität des Kunstwerks dessen „Wahrheit" von selbst beschränke: „die farbigen Striche des Pinsels, bei welchen von Naturwahrheit immer nur bis auf einen gewissen Grad die Rede sein kann".
[112] Vgl. o. S. 83.

Neben der „Wahrheit" sind bei Carus „Schönheit und Recht" die Kriterien für die „Klassizität eines Kunstwerkes".[113] Die Definition von „Schönheit", der er einen längeren Abschnitt widmet, steht Stifters oft zitierter Maxime von Kunst als dem „Göttlichen im Gewande des Reizes"[114] nahe: Carus meint, „daß Schönheit nichts anderes sei als das, wodurch die Empfindung göttlichen Wesens in der Natur, das ist in der Welt sinnlicher Erscheinungen, erregt wird".[115]

Dem Künstler kommt daher eine ähnlich hieratische Rolle zu wie bei Stifter: Er soll „in sich ein geheiligtes Gefäß erblicken, welches von allem Unreinen, Gemeinen und Frechen frei und unbefleckt bleiben muß";[116] zwar fällt der Ausdruck „Priester" nicht, aber „Ehrfurcht und Andacht" werden sogar von einem Künstler gefordert, dem ein „erschöpfendes Eingehen in diese Mysterien" (der Naturgesetze) nicht gegeben ist.[117]

Aus der Vorstellung einer kulturellen Entwicklung der Menschheit von anthropozentrischer Kunsterfindung bis hin zu einem idealen, von der Erkenntnis der Wesenhaftigkeit der Dinge getragenen Kunstverständnis[118] folgt für Carus ebenso wie für Stifter die Prophezeiung eines vollkommenen Künstlers, eines Landschaftsmalers, „von dem ich nur erwarte, daß er einst kommen wird; aber kommen wird er sicher! Es werden einst Landschaften höherer, bedeutungsvollerer Schönheit entstehen, als sie Claude und Ruysdael gemalt haben, und doch werden es reine Naturbilder sein, aber es wird in ihnen die Natur, mit geistigem Auge erschaut, in höherer Wahrheit erscheinen, und die steigende Vollendung des Technischen wird ihnen einen Glanz verleihen, den frühere Werke nicht haben konnten."[119]

Trotz dieser Zukunftsgläubigkeit, in der sich weniger eine messianische Erwartungshaltung wie bei Stifter als vielmehr der Anbruch des technischen Zeitalters zu dokumentieren scheint, sieht auch Carus den Widerspruch zwischen Anspruch und Wirklichkeit des künstlerischen Daseins, das Unverstandensein des echten Künstlers durch seine Zeitgenossen: „[...] es ist wohl nicht zu leugnen, daß der Künstler, dem es rechter Ernst ist, in Anschauung des großen, geheimnisvollen Erdlebens sich zu versenken und diese Anschauungen künstlerisch wieder darzubilden, daß dieser gleich jedem, der sich mit höhern, dem Volke nicht zugänglichen Dingen beschäftigt, gewissermaßen sich absondert von der Welt, auf irdische Ehren und Güter zunächst Verzicht leisten müsse [...]. Wohl aber geht mit unwiderleglicher Wahrheit daraus hervor: Entsagung habe der Künstler zu üben, dem Landschaftskunst im höhern Sinne

---

[113] Carus (o. Anm. 102), S. 13f.
[114] Vgl. o. S. 77.
[115] Carus (o. Anm. 102), S. 35.
[116] Ebd., S. 19.
[117] Ebd., S. 81.
[118] Ebd., S. 47ff.
[119] Ebd., S. 64.

am Herzen liegt, der, indem er sich unbekümmert hält um alles, was die unerzogene große Mehrheit der Menschen will, nur vom Hinstreben nach göttlichen Ideen bewegt wird, dessen Reich, indem er eben die Welt als Natur mit liebevollen Blicken anschaut, doch nicht von dieser Welt sein kann."[120] Die aus der „Entsagung" (gegenüber weltlichen Gütern, nicht, wie bei Stifter, gegenüber der Berufung selbst) und „der Reizbarkeit des poetischen Gemütes" resultierenden psychischen „Wunden" des Künstlers können zum Movens von dessen Kunstäußerung werden.[121] Carus hält die hieraus entstehenden „subjektiven" Werke, die vorrangig den Ausdruck von „Sehnsucht" trügen, jedoch nicht für gut;[122] hier hebt er sich von den Romantikern ab[123] und ist schon zu sehr Realist, um nicht das Objekt als „Kern der Sache"[124] zu fordern.

Stimmt Carus in dieser Haltung mit Stifter überein, so weichen die Konsequenzen, die der Künstler aus dem Zwiespalt zwischen Auftrag und Realität ziehen muß, deutlich von Stifters desperater Folgerichtigkeit ab. Carus empfiehlt dem (noch) unverstandenen Künstler geduldiges Ausharren: „Mag er so einfach und entsagend auf reinem, freiem Geisteswege nur eine Zeitlang seiner Zeit vorausschreiten, er wird nicht immer unerkannt bleiben, die Bessern werden ihn auszufinden wissen, sie werden ihm da das Leben erleichtern, wo er Erleichterung nur von andern erwarten kann."[125] Mit einem Pragmatismus, der wohl aus seiner eigenen Biographie herrührt, legt Carus jungen Künstlern, die um ihre Existenz bangen, Jean Paul zitierend, einen Doppelberuf nahe: Sie sollten neben ihrer Kunst noch eine Wissenschaft betreiben, denn „das, was als Erzeugnis höchster, freier Geistestätigkeit erscheint, [müsse nicht] zugleich das Mittel sein [...], dem Künstler den Rock auf die Schultern und den Braten auf den Tisch zu erwerben".[126] Bei aller (sozialerzieherisch motivierten) Praxisorientiertheit und der Verbindung von künstlerischer und wissenschaftlicher Tätigkeit, wie sie Stifter fordert, erscheint eine solche Trennung der Lebensbereiche in einen profanen und einen pseudosakralen Raum für Stifters Künstler kaum vorstellbar; allein ein Kunstliebhaber und Sammler (wie z.B. Heinrich Drendorfs Vater) kann neben seinen antiquarisch-kunstgeschichtlichen Interessen zugleich einen bürgerlichen Beruf ausüben. Stifters

---

[120] Ebd., S. 90f.
[121] Ebd., S. 128.
[122] Die von Carus aufgeführten Beispiele („Leichensteine und Abendröten, eingestürzte Abteien und Mondscheine, die Nebel und Winterbilder") lassen vermuten, daß er sich hier auf romantische Landschaften in der Art des Caspar David Friedrich bezog. Von Friedrichs Kunstauffassung trennt Carus – trotz seiner Freundschaft mit Friedrich und der Annäherung seiner Malweise an dessen Stil – das Interesse an der „Objektivität". Vgl. dazu Heider (o. Anm. 102), S. 195f.
[123] Zur Landschaft als Stimmungsbild des Künstlers bei Tieck vgl. Traeger (o. Anm. 69), S. 38f.
[124] Carus (o. Anm. 102), S. 129.
[125] Ebd., S. 91.
[126] Ebd., S. 95.

Künstlern im eigentlichen Sinne kommt dieser Weg nicht zu; materielle Sorgen sollen ihnen von der Gesellschaft, deren kulturelle Führungsschicht sie bilden, abgenommen werden. Hier weichen Stifters und Carus' Künstlerbild – bei aller sonstigen Vergleichbarkeit – voneinander ab.

Folgender Schluß drängt sich auf: Auf der Basis von Carus' Kunsttheorie errichtete Stifter ein von übermenschlichem Anspruch geprägtes Idealbild des Künstlers. In der theoretischen Konfrontation dieses Bildes mit der Realität zeigte sich Stifter – anders als in seiner Biographie – nicht zu pragmatischen Lösungen bereit. Stifters „Priester des Schönen" sind zum Mißlingen verurteilt, so daß Stiftersches Künstlertum letztlich zu dessen Negation führen mußte.

Ob vergleichbar kompromißlos denkende und handelnde Künstler des 19. und 20. Jahrhunderts, wie z.B. Vincent van Gogh[127] und Wassilij Kandinsky, Stifters Theorie aufnahmen oder ob sie aus eigenem Erleben zu ähnlichen Ergebnissen gelangten, wäre Gegenstand einer rezeptionsgeschichtlichen Untersuchung.

---

[127] Vgl. den Hinweis bei Novotny (o. Anm. 1), S. 44.

Johann Lachinger

Adalbert Stifter – Natur-Anschauungen

Zwischen Faszination und Reflexion

Es wirkt wie eine Zusammenfassung von Stifters Naturanschauungen, wenn er seiner Erzählungssammlung ‚Bunte Steine' 1852 zwei verschiedene Vorworte voranstellt: die berühmte ‚Vorrede' mit ihrem naturphilosophischen Inhalt und eine ‚Einleitung', die den ursprünglichen, kindhaften Zugang zur Erlebniswelt der Natur vorstellt.

Faszination und Reflexion erweisen sich als die leitenden Impulse der Stifterschen Naturbegegnung – sie sind die erlebnis- und bildungsmäßigen Ausgangsbedingungen seiner künstlerischen Naturbilder in den Erzählungen der ‚Studien' und ‚Bunten Steine' bis zum ‚Nachsommer', die ihn zum Dichter der Natur par excellence werden ließen.

Die ursprüngliche Absicht Stifters, die ‚Bunten Steine' als Erzählungen für Kinder zu konzipieren, spiegelt sich in der autobiographischen Kindheitserinnerung der ‚Einleitung' wider, wo der naive Anschauungstrieb, die Faszination des scheinbar Unbedeutenden, allenthalben Vorfindlichen, wie Pflanzen, Zweige, Steine, Erden, zum Hauptsächlichen der kindlichen Psyche wird. Beispielhaft dafür seien einige Sätze dieser ‚Einleitung' zitiert:

„Als Knabe trug ich außer Ruthen, Gesträuchen und Blüthen, die mich ergötzten, auch noch andere Dinge nach Hause, die mich fast noch mehr freuten, weil sie nicht so schnell Farbe und Bestand verloren wie die Pflanzen, nehmlich allerlei Steine und Erddinge."[1] Er schreibt dann, daß er von diesen Dingen regelrechte Sammlungen anlegte und daß er ganz in „Verwunderung" geriet, „wenn es auf einem Steine so geheimnißvoll glänzte und leuchtete und äugelte, daß man es gar nicht ergründen konnte, woher denn das käme".[2] Aber schon die nachfolgenden Erzählungen der ‚Bunten Steine' zeigen ein anderes Verwundertsein über das ‚Geheimnisvolle' der Naturdinge: die Kinder erleben in diesen Erzählungen die schreckliche Seite der schönen Natur in lebensbedrohenden Ausbrüchen des Katastrophalen: in ‚Kalkstein' Gewitter und Überschwemmung, in ‚Katzensilber' vernichtendes Hagelunwetter und zerstörende Feuersbrunst, in ‚Bergkristall' die Schneehölle des Hochgebirges, ja selbst das

---
[1] WuB. Bd. 2.2, S. 17.
[2] Ebd., S. 18.

kindliche Sammeln der harmlosen Naturdinge kann fatale, schmerzliche Folgen haben wie in der Erzählung ‚Granit', wo die Mutter das unschuldig den Boden mit Pechöl beschmutzende Kind mit just den Ruten und Zweigen züchtigt, die der Knabe in seiner naiven Sammelleidenschaft nach Hause getragen hat. Nur die Erzählung des Großvaters von einem noch viel verheerenderen Unglück – der Pest – mildert den tiefen kindlichen Schmerz.

Schon dem Kind also erscheint bei Stifter die Natur als ambivalent und rätselhaft, sie ist keine Idylle.

Dem kindlichen Verwundertsein ob der unergründlichen Geheimnisse des kindlich Angeschauten in der ‚Einleitung' steht in der ‚Vorrede' zu den ‚Bunten Steinen' das Staunen des Naturwissenschaftlers vor der rational erkannten Gesetzmäßigkeit der mikro- und makrokosmischen Natur gegenüber: Das Kleine erweist sich im Lichte der Wissenschaft als ebenso wesentlich wie das auffällige Große in den Naturphänomenen, ja das auffällige Große von Elementarkatastrophen, wie „das prächtig einherziehende Gewitter, de[r] Bliz, welcher Häuser spaltet, de[r] Sturm, der die Brandung treibt, de[r] feuerspeiende Berg, das Erdbeben, welches Länder verschüttet",[3] sind global gesehen nur Einzelerscheinungen umfassend wirkender Naturkräfte, deren stetiges Wirken Stifter das „Welterhaltende" nennt, in dem sich das „sanfte Gesez" manifestiert.

Die kindliche Verwunderung über das Unerklärliche weicht im naturwissenschaftlichen Erkenntnis- und Verständnisprozeß einem neuen, anders gearteten Staunen vor der unermeßlichen Ordnung und Komplexität des naturgesetzlichen Weltzusammenhanges.

Kindheit und die Menschheitsperioden *vor* der naturwissenschaftlichen Aufklärung miteinander in Beziehung setzend, sagt Stifter: „Da die Menschen in der Kindheit waren, ihr geistiges Auge von der Wissenschaft noch nicht berührt war, wurden sie von dem Nahestehenden und Auffälligen ergriffen, und zu Furcht und Bewunderung hingerissen: aber als ihr Sinn geöffnet wurde, da der Blik sich auf den Zusammenhang zu richten begann, so sanken die einzelnen Erscheinungen immer tiefer, und es erhob sich das Gesez immer höher, die Wunderbarkeiten hörten auf, das Wunder nahm zu."[4]

Weil aber auch in Stifters Sicht die Natur trotz der systematischen Erforschung ihrer Gesetzmäßigkeiten in vielem rätselhaft bleibt – denn nur einzelne Zusammenhänge sind durch die erst im Anfang stehende Wissenschaft erklärbar –, ergeben sich Spielräume für Ahnungen und für philosophische und poetische Sinnkonstruktionen. Im ganzen aber sieht Stifter im Sinne einer christlich und zugleich aufklärerisch interpretierten Kosmologie trotz aller

---

[3] Ebd., S. 10.
[4] Ebd., S. 11f.

Rätsel, ja Widersprüche, die sich dem menschlichen Verstand darstellen, die Welt als vernünftige Schöpfung und das irdische Dasein als ethische Aufgabe des Menschen, Leben und Umwelt human zu gestalten. An diesem christlich-aufklärerischen Welterklärungsmodell hat Stifter festgehalten auch angesichts der seit der Aufklärung aufstrebenden areligiösen Welterklärungsmodelle des Materialismus und des skeptizistisch-pessimistischen Nihilismus und angesichts einer Naturwissenschaft, die sich mehr und mehr von der Metaphysik verabschiedete und sich in den reinen Positivismus zurückzog.

Trotz dieser optimistischen weltanschaulichen Gesamtperspektive bleibt die Natur ein faszinierendes Rätsel – in ihrer immensen Schönheit und zugleich in dem Widerspruch, daß sie als vernichtende, katastrophale Gewalt wirken kann, die dem Menschen inkommensurabel ist. Angst und Schrecken mischen sich in die Bewunderung der Naturkräfte, die auf dem ungeheuren Schauplatz gelassen wirken und denen der Mensch fast ohnmächtig ausgeliefert ist.

Stifter thematisiert diese Doppelperspektive und Ambivalenz der Natur als heil- und unheilbringende Macht in seinen Erzählungen wiederholt.

Die beiden Vorworte zu den ‚Bunten Steinen' umspannen den Weg, den Stifter vom naturhaften zum naturwissenschaftlichen Weltbild in seinem Werde- und Bildungsgang selbst beschritten hat: Wesentliche Elemente zur Formung von Stifters Naturdenken und Naturanschauung wurden die kindliche Erlebniswelt im Böhmerwald, die – auch naturwissenschaftlich akzentuierte – Bildung im Gymnasium der Benediktiner in Kremsmünster, seine naturwissenschaftlichen Studien an der Universität Wien, an die sich seine Hauslehrertätigkeit in Wiener Adelsfamilien anschloß.

Ausgangspunkt war das Erleben der heimatlichen Böhmerwaldlandschaft, wo sich dem Kind die Natur in ihrer unmittelbaren Anschaulichkeit, Vielfalt und Lebendigkeit als selbstverständlicher Lebensraum darbot. Als Kind aber schon stellte er an die Eltern die Frage nach dem „Grund aller Dinge, die uns umgaben",[5] so daß seine Eltern gar manchmal um die Antwort in Verlegenheit gerieten, und eines seiner Lieblingsbücher war das Naturgeschichte-Buch in der Volksschule. Vertraut wurde er mit den volkstümlichen mythischen Naturbildern, die ihm seine Großmutter Ursula Kary einpflanzte und die er sich bewahrte als Gut seiner poetischen Phantasie. Angst in der Natur erlebte er intensiv, vor allem vor Gewittern, und wie er selbst sagte, beschrieb er in seinen ersten kindlichen „Schriftstellerversuche[n] [...] stets Donnerwetter".[6] Den heimatlichen Raum und die naturbelassene Umwelt seiner Kindheit, beschrieben aus der Perspektive der kindlichen Phantasie, vergegenwärtigte Stifter aus

---

[5] SW. Bd. 22, S. 179.
[6] Ebd.

der Distanz ‚entfremdeten' städtischen Daseins in Erzählungen wie ‚Das Haidedorf' und später in ‚Granit' und ‚Katzensilber' und in Schilderungen wie in der Beschreibung der Karwoche im heimatlichen Oberplan in ‚Wien und die Wiener', die den Horizont der kindlichen Naturbegegnung in fast autobiographischer Authentizität nachvollziehen.

Der Wechsel nach Kremsmünster, zum Gymnasialstudium, bedeutete keineswegs einen abrupten Bruch in der Entwicklungslinie seiner Naturanschauung, vielmehr schien sich dort das geheime Bedürfnis einer rationalen Systematisierung des bisher naiv Angeschauten der Natur zu erfüllen. Insgesamt bedeutete das Leben im gehobenen kulturellen und wissenschaftlichen Bereich des ländlichen Klosters eine Steigerung der primären Lebenswelt der Kindheit. Das in der bescheidenen heimatlichen Sphäre Erlebte fand er hier wieder in einer eindrucksvoll vergrößerten Dimension. Die im großartigen Stift mit seinen künstlerischen und wissenschaftlichen Einrichtungen repräsentierte Universalität der christlichen Weltanschauung, die sich auch auf den Bereich der Naturwissenschaften erstreckte, übte eine existentielle Überzeugungskraft aus, so daß ihre Grundlegungen auch später in Stifters Denken und Schreiben relevant blieben. Der naturwissenschaftliche Unterricht, der die Errungenschaften der Aufklärung nach der Leibniz-Wolffschen Philosophie einbezog,[7] bot mit der Verbindung von Rationalismus und christlicher Schöpfungslehre eine Kosmologie, die als summarisches Welterklärungsmodell – theoretisch zumindestens – die problematische Antinomie von Vernunft und Glauben noch zu versöhnen verstand. Sichtbares Demonstrationsmodell dieser Kosmologie war in Kremsmünster der „Mathematische Turm", die Sternwarte, in dem der Stufenbau der Schöpfung symbolisch und zugleich empirisch in Erscheinung trat.

Wenn Stifter die Kremsmünsterer Jahre später wiederholt als seine glücklichsten Jahre bezeichnet hat und die dort vermittelten Kultur- und Naturanschauungen zum Fundament seiner Bildungsideen wurden, wie sie speziell im Bildungsroman ‚Der Nachsommer' gestaltet erscheinen, wird deutlich, daß hier wesentliche Züge seines Weltverständnisses präformiert wurden.

Die folgenden zweiundzwanzig Jahre in Wien sind gekennzeichnet von einem krisenhaften Reifungsprozeß, der als markante Orientierungslosigkeit im geistigen Freiraum des Großstadtlebens einsetzt. Unschlüssig, was sein Lebensziel sein könnte, studierte er zunächst Rechtswissenschaften. In der Überzeugung, daß seinem künstlerischen Naturell mit dem starken Hang zur Natur der Beruf eines Beamten nicht gemäß sei, wechselte er – im eigentlichen ganz Künstler – über zum Studium der Naturwissenschaften. Die Sicherungen aber,

---

[7] Vgl. Moriz Enzinger: Adalbert Stifters Studienjahre. Innsbruck 1950, S. 54ff., bes. S. 64f.

die Kremsmünster gegeben hatten, scheinen in dem neuen intellektuellen Milieu auf die Probe, wenn nicht in Frage gestellt worden zu sein. Zwar hatte er in den naturwissenschaftlichen Studien gute Fortschritte gemacht – die Aussichten auf eine Professur für Physik gar in Prag belegen dies –, doch hatte die weltanschauliche Sicherung durch die Indifferenz der Wissenschaft wahrscheinlich doch eine gewisse Relativierung erfahren. Die Widersprüche von Theorie und Erfahrung im Hinblick auf die Gültigkeit des harmonisierenden Weltbildes der Leibniz-Wolffschen Aufklärungsphilosophie scheinen sich gemeldet zu haben.

Aus dieser Situation heraus entstanden die ersten literarischen Werke, in denen elementare Bedrohungen durch die Natur thematisiert werden, Bedrohungen, die Erde und Mensch als der Unendlichkeit ausgesetzte oder durch unverfügbare irdische Naturkräfte determinierte Wesen erscheinen lassen: Das „kosmische Erschrecken"[8] ist eines der Hauptphänomene in der Erzählung ‚Der Condor', die von einer Expedition hinaus an die Grenzen des irdischen Raumes handelt, und in der Schilderung der Sonnenfinsternis (‚Die Sonnenfinsterniß am 8. Juli 1842'), deren Erlebensgewalt das Kalkül der rationalen Berechenbarkeit außer Kraft setzt. Die Machtlosigkeit angesichts der Unverfügbarkeit des unvorstellbar weiten Weltraums und der Zeit im Hinblick auf Endlichkeit und Tod (in ‚Ein Gang durch die Katakomben' in ‚Wien und die Wiener') sind Grenzerfahrungen, auf die der Mensch keine rationale Antwort weiß als die des Glaubens oder der Absurdität. Im beklemmenden Text über die Totenstadt in den Katakomben unter St. Stephan stehen die bedrängenden Sätze: „Ach! welch eine furchtbare, eine ungeheure Gewalt muß es sein, der wir dahin gegeben sind, daß sie über uns verfüge – – und wie riesenhaft, all unser Denken vernichtend, muß Plan und Zweck dieser Gewalt sein, daß vor ihr millionenfach ein Kunstwerk zu Grunde geht, das sie selber mit solcher Liebe baute, und zwar gleichgültig zu Grunde geht, als wäre es eben nichts! – Oder gefällt sich jene Macht darin, im öden Kreislaufe immer dasselbe zu erzeugen, und zu zerstören? – es wäre gräßlich absurd! – Mitten im Reiche der üppigsten Zerstörung durchflog mich ein Funke der innigsten Unsterblichkeitsüberzeugung."[9]

Die Abgründe sind offenbar, denen der Mensch ausgeliefert ist und die er mit seinem geistigen Vermögen irgendwie zu bestehen hat. Stifter rettet sich aus den Widersprüchen und Abgründen mit den Instrumenten der Vernunft und der aus ihr hergeleiteten Praxis der Bewältigung in der Kultivierung der verfügbaren Natur und der Erkenntnis der Gesetze des Unverfügbaren.

---

[8] William H. Rey: das kosmische Erschrecken in Stifters Frühwerk. In: Die Sammlung 8 (1952), S. 6–13.
[9] SW. Bd. 15, S. 60f.

Die wissenschaftliche Auseinandersetzung mit der Natur vermittelte also zwar ein vertieftes Wissen um die Ordnung der „Dinge, die uns umgaben", und leitete an zu selbständigem forschendem Beobachten – Fähigkeiten und Errungenschaften, die Stifter dann in seinen Dichtungen ästhetisch genial umzusetzen vermochte –; die Wissenschaft ließ aber wesentliche philosophische und existentielle Sinnfragen offen. So war zwar das Erkenntnisinteresse geschärft, verschärft aber wurden zugleich die Problemstellungen hinsichtlich der rationalen Verstehbarkeit der Natur. Die Erfahrung, daß elementare Naturkräfte schicksalhaft eingreifen – fördernd und zerstörend –, die offenbare oder scheinbare Indifferenz der Natur dem Menschen gegenüber wurden für Stifter zu bohrenden Sinnfragen. In den Erzählungen der ‚Studien' hat Stifter diese Problematik mitthematisiert und in einem Fall, in ‚Abdias', explizit erörtert. In den Werken der Linzer Jahre folgte dann eine Klärung und Abklärung – wie wir gesehen haben, in der ‚Vorrede' zu den ‚Bunten Steinen' und im Roman von der geordneten, gezähmten Natur, im ‚Nachsommer', in dem nicht so sehr eine Rolle spielt, wie die Natur in das Leben des Menschen bestimmend eingreift, sondern wie der Mensch behutsam kultivierend, aber somit ebenso bestimmend in die Natur eingreift.

Am Beispiel der ‚Gewitter-Thematik' bei Stifter seien einige Aspekte der erörterten Problemstellung skizziert.

Von der erhabenen und schrecklich-schaurigen Schönheit und Urgewalt des Gewitters war Stifter fasziniert – wie schon gesagt, beschrieb er als schriftstellerischer Anfänger „stets Donnerwetter", und Gewitterszenen spielen in den Erzählungen ‚Abdias', ‚Die Narrenburg', ‚Der Hagestolz', in ‚Kalkstein', ‚Katzensilber' und im Roman ‚Der Nachsommer' und auch in manchen Briefen eine wichtige Rolle.

In der Erzählung ‚Abdias', in der Stifter in der Einleitung vom vernunftoptimistischen Prinzip der einstigen Erkennbarkeit aller Zusammenhänge in der Erkenntnis der ‚heitre[n] Blumenkette", der „Kette der Ursachen und Wirkungen"[10] spricht, spielt die Naturkraft des Gewitters im Schicksal des Juden Abdias eine scheinbar fatale Rolle. Nämlich: ein Blitzschlag stiftet das Lebensglück des vom Unglück verfolgten Vaters, indem er seiner blinden Tochter das Augenlicht gibt; einige Jahre später aber wird das Mädchen durch einen Blitzschlag getötet, das Lebensglück des alten Vaters ist endgültig vernichtet, er verfällt in Wahnsinn.

Die unbegreiflichen Schicksalsschläge bleiben den Menschen rätselhaft, die Indifferenz der Natur gegenüber dem Menschen scheint in ‚Abdias' demonstrativ bewiesen. Die Wirkungen des Blitzes stellt Stifter als ambivalent

---

[10] WuB. Bd. 1.5, S. 238.

dar, auch für die Umgebung des Abdias: Vom ersten Blitzschlag, der dem Kind das Augenlicht geschenkt hat, heißt es: „Dasselbe Gewitter, welches Ditha sehend gemacht hatte, hatte ihm mit Hagel das Hausdach und seinen Nachbarn die Ernte zerschlagen".[11] Beim tödlichen zweiten Blitzschlag sind die Wirkungen auf die Umgebung umgekehrt: „Das Gewitter, welches dem Kinde mit seiner weichen Flamme das Leben von dem Haupte geküßt hatte, schüttete an dem Tage noch auf alle Wesen reichlichen Segen herab, und hatte, wie jenes, das ihr das Augenlicht gegeben, mit einem schönen Regenbogen im weiten Morgen geschlossen."[12] Stifter stellt die Wirkung der Naturereignisse auf die Betroffenen als unerklärliche Rätsel dar. Am Beispiel eines weiteren, kleinen „Blitzwunders" in ‚Abdias', nämlich daß beim Blitzschlag der im Käfig sitzende Vogel heil bleibt – die Wirkung des „Faraday-Käfigs", die Abdias noch unbekannt ist –, weist Stifter auf die zukünftigen Erkenntnismöglichkeiten der Naturwissenschaften hin, die endlich alle Zusammenhänge in ihren Kausalitäten enthüllen würden. Die Vorstellung von einer göttlich durchwirkten universalen Kausalität, die sich im Bild der heiteren Blumenkette der Ursachen und Wirkungen, deren Ende in der Hand Gottes liegt, manifestiert, würde dann auch die Korrespondenz von Naturereignis und Einzelschicksal erweisen.

Und dennoch: Stifter sieht im Prinzip des rationalen Denkens und der Naturwissenschaft nicht die einzige und einzig maßgebliche Instanz des Erkennens. Vielmehr deutet er in einigen Erzählungen in der physikalischen eine mythisch-theologische Erkenntnisperspektive an, die einen geheimen Zusammenhang von Physik und Metaphysik erweist. Mythisches manifestiert sich in der Erzählung ‚Das Haidedorf' neben Empirischem: Die Dürrekatastrophe, die die Ernte bedroht, wird durch den Regen beendet, der am Pfingstsonntag, dem Fest des Heiligen Geistes, einsetzt. Vorausgesagt wird das Ende der Dürre durch den jungen Dichter Felix, der von Stifter mit dem religiösen Nimbus eines „Vates" versehen ist – er war heimgekehrt ins Heidedorf nach langen Wanderjahren im Orient, im Heiligen Land, sozusagen mit göttlicher Berufung ausgestattet. So kann er in der äußersten Notsituation der Dürre seinem Vater einen Tag vor dem Pfingstfest prophezeien: „Aber tröstet Euch und tröstet das Dorf: alle Hilfe von Menschen werdet Ihr nicht brauchen; ich habe den Himmel und seine Zeichen auf meinen Wanderungen kennen gelernt, und er zeigt, daß es morgen regnen werde. – Gott macht ja immer Alles, Alles gut, und es wird auch dort gut sein, wo er Schmerz und Entsagung sendet."[13] Das Empirische – des Dichters Felix Kenntnisse der Klimaerscheinungen – zeigt

---

[11] Ebd., S. 322.
[12] Ebd., S. 341.
[13] WuB. Bd. 1.4, S. 205.

sich mit dem Religiösen verschwistert. Deutlicher noch erscheint die Kombination von Rationalem und Religiösem in ‚Abdias': Die Erzählung vom Juden Abdias ist von physikalischen Erscheinungen durchsetzt, die religiös deutbar sind: die „Gewitterfreudigkeit", die im Leuchten über den Häuptern des Abdias und Dithas sichtbar ist, wird nicht nur empirisch als eine Art von Elmsfeuer, sondern auch als Schein des Numinosen deutbar. Die in der Einleitung zu ‚Abdias' postulierte Kausalität alles Geschehens wird also in einem religiös-mythischen Vorgang vorexerziert. Daß schließlich Dithas Blitztod eine Heimkehr des Kindes ins Göttliche sei, in einer „mythischen Hochzeit", wird von Abdias nicht erkannt, und er wird über diesem „Schicksalsschlag" wahnsinnig: In der Erstfassung der Erzählung spricht der Erzähler vom „künftigen unbekannten Bräutigam [...], den ihr das Schicksal vorbehalten hatte", und er kündigt an, „zu erzählen, wie dieser Bräutigam kam, und wie darnach Alles endete".[14]

Eine ähnliche Konvergenz von Physik und Metaphysik ist wohl auch in ‚Bergkristall' angelegt: in der „Heiligen Nacht" geschieht das Ereignis, daß die Kinder vor dem Tod im Gletschereis bewahrt werden – das Weihnachtswunder beruht auf dem Zusammentreffen physikalisch erklärbarer Vorgänge: Das Krachen des Gletschers und die Erscheinung des Nordlichtes, das vom Mädchen als Erscheinen des „Heiligen Christ" gedeutet wird, bewahrt die Kinder vor dem tödlichen Schlaf in der Gebirgshöhle.

Stifter deutet in der poetischen Welt Zusammenhänge zwischen Natur und Übernatur an, die letztlich noch eine Brücke darstellen zurück zum kosmologischen Weltbild von Kremsmünster.

Nur nach dem gegenwärtigen Erkenntnisstand – so will uns Stifter bedeuten – muten die unbegreiflichen katastrophalen Natureinwirkungen paradox und widersinnig an, und das Geschehen als ein „heiliges Rätsel". Aber eine fundamentale Unerkennbarkeit der Zusammenhänge oder die Annahme absoluter Sinnlosigkeit will Stifter trotz der ungelösten, angstmachenden Widersprüche aus seinem Erkenntnishorizont ausschließen, wie die zuletzt angeführten, Ratio und Mythos zusammenführenden Sinnkonstruktionen zeigen.

Der postulierten Sinnhaftigkeit entspricht bei Stifter die sinnstiftende Arbeit des Menschen an der Natur auf eine humanisierte Natur- und Menschenwelt hin. Die Mittel dazu bieten die Erforschung ihrer Gesetzmäßigkeiten und ihre Nutzbarmachung in der kultivierenden Praxis. Der ‚Nachsommer' wird für diese Idee zum utopischen Modell.

Das drohende Gewitter im ‚Nachsommer', vor dem der junge, naturwissenschaftlich forschende Bildungsmensch Heinrich Drendorf im Rosenhaus Risachs Zuflucht sucht, bricht entgegen allen Anzeichen und Anzeigen der meteorolo-

---

[14] WuB. Bd. 1.2, S. 154.

gischen Instrumente nicht aus. Der Besitzer des Rosenhauses, der alte Risach, weiß es, sein naturkundliches Wissen geht über die durch die wissenschaftlichen Instrumente vermittelte eindeutige Prognose hinaus; er hat die feinere Kenntnis der Natur erworben durch die noch intimere Beobachtung. Er ist im Besitz der richtigen Prognose. Er hat die Natur in sanftem Griff, die Bedrohungen sind nach Menschenmöglichkeit bewältigt bzw. im Sinne der Konstruktion einer reinen Utopie vom Autor systematisch ausgeblendet. Die Natur im Rosenhausbezirk ist geordnet, reguliert, alle Abläufe sind kontrolliert, alles verläuft folgerichtig nach den weisen Anordnungen des alten Risach: ein kleiner Kosmos ist hier kunstvoll geschaffen. Sollte man nicht meinen, daß es sich bei der Rosenhauswelt um ein Modell handelt, konstruiert in Analogie zu dem Stifter in Kremsmünster vermittelten philosophischen Weltbild von der „besten aller möglichen Welten"?

So zeigt sich bei Stifter die Ambivalenz der Natur in der Kunst aufgehoben und bewältigt, in der Menschenwelt aber muß sie der Mensch nach seinen Möglichkeiten aushalten und bestehen – als seine ihm aufgegebene faszinierende „schrecklich schöne Welt".

Lothar Schneider

Das Komma im Frack

Adalbert Stifter, von Hebbels Kritik aus betrachtet

Den Freunden in Łódź

Die Tatsache ist bekannt: Friedrich Hebbel hatte seinen Zweihänder gezückt und auf Adalbert Stifters ‚Nachsommer' eingeschlagen. Schon vorher hatte Hebbel in einer Rezension Stifter einen „Manierist[en]" gescholten und seiner „Beschreibungsnatur" Maßlosigkeit unterstellt.[1] Jetzt war dem Recken endgültig der Kragen geplatzt: Er holt zum Rundumschlag gegen die Detailmalerei des Biedermeiergenre aus, sieht in Stifter dessen exponiertesten Vertreter und kommt zu vernichtendem Urteil.

Bemerkenswert ist nicht, daß der metaphysische Pantragiker die Malerei als metaphorische Folie benutzte, um Literatur zu beschreiben. Bemerkenswert auf den ersten Blick eher, daß Stifter, der Dichter und Maler, diese Möglichkeit in seiner Selbstrechtfertigung ungenutzt gelassen hatte. Es stellt sich die Frage, ob der Doppelbegabung beide Medien als alternative Äußerungsformen mit gleichen – oder zumindest ähnlichen – ästhetischen Prinzipien erschienen oder ob eine konstitutive Differenz beider Medien künstlerischer Darstellung für Stifter den Vergleich verbot. Jedenfalls nimmt er in der ‚Vorrede' zu den ‚Bunten Steinen' die naheliegende Möglichkeit nicht auf und bricht lieber mit der konventionellen Metaphorik, in der sich ein sprachästhetisches Werk hätte ausweisen können.

Hebbel bindet das von ihm als Genre Verstandene polemisch ans Rokoko zurück, verortet die Stiftersche Prosa in Vor-Lessingscher, in Geßnerscher *ut-pictura-poesis*-Ästhetik, die allerdings ihrerseits nicht Genre, sondern Rokoidylle meint. Freilich scheint ihm beim Biedermeiergenre dessen Grazie abhanden gekommen zu sein, denn „Geßner malte aber doch noch wenigstens, was würde Lessing wohl zu Leuten sagen, die unter dem prahlerischen Aushängeschild der ‚Ursprünglichkeit' und des ‚gesunden Realismus' nur Farben reiben, ja oft sogar nur Farbstoffe zusammentragen?"[2] Die Antwort liefert er

---

[1] Friedrich Hebbel. Der Nachsommer. Eine Erzählung von Adalbert Stifter. In: F.H. Sämmtliche Werke. Historisch kritische Ausgabe. Besorgt von Richard Maria Werner (zitiert als: Hebbel. SW). Abt. I. Bd. 12 (Nachdruck Bern 1970), S. 184f. Im Namen meiner Kolleginnen und Kollegen und in meinem Namen danke ich Herrn Prof. Laufhütte für sein ausdauerndes Engagement für die Institutionspartnerschaft der Germanistiken in Passau und Łódź – nicht zuletzt dafür, daß er zwei Kolleginnen die Teilnahme am Symposium ermöglichte.

[2] Hebbel. SW. Bd. I.12, S. 185.

gleich mit: „Man braucht die Ideen nur zu erlassen, wenn man den Zustand herbeiführen will, in dem die Palette selbst für ein Bild ausgegeben wird."[3]

Das würde im Zeitalter der Materialästhetik niemanden mehr aufregen; und auch die literaturästhetische Invektive Hebbels geht als solche ästhetikgeschichtlich nach hinten los, denn wenn er klagt: „es fehlt nur noch die Betrachtung der Wörter, womit man schildert, und die Schilderung der Hand, womit man diese Betrachtung niederschreibt",[4] so erinnert das als Denunziation Gedachte an Arno Holzens Kunstgesetz, daß die Kunst in ihrer Tendenz, wieder Natur zu sein, dies nur „nach Maßgabe ihrer jedweiligen Reproduktionsbedingungen und deren Handhabung"[5] sein könne. Vielleicht könnte dies dann doch als Hellsichtigkeit des Hasses erscheinen, die Stifter am Wendepunkt zwischen Aufklärungsästhetik und einer ‚Transfiguration of the Commonplace'[6] ansiedelt, wenn Hebbel schließt: „Ein Inventar ist eben so interessant, und wenn die Gerichtsperson, die es abfaßt, ihr Signalement hinzufügt, so sind auch alle Elemente dieser sogenannten Erzählung beisammen."[7]

Fast zuviel der Ehre, möchte man meinen. Und dennoch klingt Hebbel aus heutiger Sicht so, als rede ein Banause über moderne Kunst. Endlich ist sein Modell, das Historienbild, schon zum Zeitpunkt der Entstehung der Rezension recht altväterlich und entspricht nicht einmal den Problemen der eigenen poetischen Produktion mehr. Zwar fordert Hebbel souverän, „daß jedes Bild ohne Ausnahme ein hieroglyphisches Element in sich aufnehmen [müsse], welches nach allen Seiten die Gränzen zieht".[8] Aber wenn er diesen Befund ins Literarische überstellt, wird eine Kränkung sichtbar: „Dem Maler, der die perspectivischen Gesetze beobachtet und Vordergrund und Hintergrund durch Zeichnung und Colorit gehörig aus einander hält, wird nicht vorgeworfen, daß ihm bei Figuren, die nicht in greller Beleuchtung dastehen, die Linien mißrathen und die Farben ausgegangen seien; aber der Dichter, der nicht im Genre stecken bleibt" – wie Hebbel, meint Hebbel –, „muß diesen Vorwurf alle Tage hören."[9] Hebbel wehrt sich hier gegen Vorwürfe, daß seine Personen allzu schematisch und blutleer ausfielen. Dabei hatte er doch sechs Jahre vorher anläßlich seiner Arbeit an ‚Maria Magdalene' stolz verkündet: „Jetzt sind alle Mauslöcher ausgestopft und ich bin zufrieden, besonders damit, daß sie ei-

---

3 Ebd.
4 Ebd.
5 Arno Holz. Werke. Hrsg. von Wilhelm Emrich und Anita Holz. Berlin 1961–1964. Bd. 5. Abt. ‚Kunsttheoretische Schriften', S. 16.
6 Vgl. Arthur Coleman Danto: The Transfiguration of the Commonplace. A Philosophy of Art. Cambridge, Mass. 1981.
7 Hebbel. SW. Bd. I.12, S. 185.
8 Friedrich Hebbel. Das Komma im Frack. In: Hebbel. SW. Bd. I.12, S. 189–193; hier S. 191.
9 Ebd., S. 191f.

gentlich Alle Recht haben",[10] und hatte, gleichfalls im Tagebuch, zuvor geklagt: „Es kam darauf an, durch das einfache Lebensbild selbst zu wirken und alle Seitenblicke des Gedankens und der Reflexion zu vermeiden, da sie mit den dargestellten Characteren sich nicht vertragen. Das ist aber schwerer, als man denkt, wenn man es gewohnt ist, die Erscheinungen und Gestalten, die man erschafft, immer auf die Ideen, die sie repräsentiren, überhaupt auf das Ganze und die Tiefe des Lebens und der Welt zurück zu beziehen. Ich hatte mich also sorgfältig zu hüten, mich bei der Arbeit zu erhitzen, um nicht über den beschränkten Rahmen des Gemäldes hinweg zu sehen und Dinge hinein zu bringen, die nicht hinein gehören."[11]

Hebbels Restauration des bürgerlichen Trauerspiels erscheint ihrerseits als Apologie des Genres; und auch hier wird die Malerei zur metaphorischen Folie. In der Stifter-Kritik redet Hebbel freilich nicht vom Genre im Allgemeinen, sondern von dessen negativer Form: „Der ausartende Genre reißt sich mehr und mehr vom Alles bedingenden, aber auch Alles zusammenhaltenden Centrum los und zerfällt in demselben Moment in sich selbst, wo er sich ganz befreit zu haben glaubt. Und das überschätzte Diminutiv-Talent kommt eben so natürlich vom Aufdröseln der Form zum Zerbröckeln und Zerkrümeln der Materie, schließt damit aber auch den ganzen Kreis vollständig ab."[12] Hebbel bestreitet damit den Werkcharakter des Stifterschen Romans, unterstellt diesem, daß sein eigenwilliges ‚Material' das gedankliche Zentrum überwuchere und damit die Kontur des Werkes verwische. Das ‚Bild' würde also ideell rahmenlos, und seine faktische Rahmung könnte nichts mehr sein als eine gewaltsam gesetzte und beliebige Schranke, die den Inhalt nicht schlösse, sondern nur abschnitte.

Doch auch Hebbels Verwendung der Bild-Metapher ist problematisch. Im Anschluß an die Rahmen-Bild-Metaphorik des Tagebuchzitats führt er aus: das Haupt-Vergnügen des Dichtens besteht für mich darin, einen Character bis zu seinem im Anfang von mir selbst durchaus nicht zu berechnenden Höhepunct zu führen und von da aus die Welt zu überschauen."[13] Dies ist mehr als surreal, denn Hebbel identifiziert den Rahmen seines Bildes mit dem Gesichtsfeld des dargestellten Charakters, durch dessen Kopf der Autor blickt. Das „Rahmen" Genannte wäre damit reine Grenze: das Gesichtsfeld des Charakters; und diese Grenze wäre aus der Logik des Bildaufbaus selbst zu erschließen. Vielleicht verzichtet er deshalb in der Stifter-Rezension seinerseits auf diesen Vergleich und bescheidet sich mit dem Hinweis auf das „hieroglyphische Element", das jedoch wiederum der Perspektive assoziiert wurde, bevor Hebbel sich diesmal mit einer *lux ex machina* behalf.

---

[10] Aus Hebbels Tagebüchern wird zitiert unter der Sigle Tb nach der Zählung in: Hebbel. SW. Bd. II.1–3; hier: 2926.
[11] Tb 2910.
[12] Hebbel. SW. Bd. I.12, S. 193.
[13] Tb 2910.

Man mag einwenden, daß Hebbels unglückliche Liebe zur Bild-Metapher nur Tribut an eine Konvention sei, aber im Grunde keine Aussagekraft habe, da das *ut-picutra-poesis*-Modell der Literatur ja nicht nur von Lessing verabschiedet worden sei, sondern sich Hebbel dezidiert auf Lessing berufe; daß mithin von der Metaphorik nicht verlangt werden dürfe, was ihr zu leisten gar nicht aufgegeben sein könne.[14] Doch steht die Bild-Rahmen-Metapher bei Hebbel nicht für das poetische Gebilde allein, sondern für den Produktionsprozeß und dort für die qualitative Bestimmung der Werkinhalte nach dem Maß ihrer Bedeutsamkeit. Hebbel vertritt hier einen substanzialistischen Idealismus, der von den einzelnen Aspekten des ästhetischen Produkts nicht nur Notwendigkeit fordert, sondern diese Notwendigkeit nach einem hierarchischen Prinzip ordnet, das von dem gedanklichen Zentrum bis hin zur Peripherie eine fallende Skalierung ästhetischer Aufmerksamkeit postuliert. Was beim Bild als Perspektive sich anbietet, soll sich im literarischen Werk in einer ‚Dekadenz' der Beschreibungsintensität zeigen. Am vermeintlichen Genre irritierte Hebbel die Verweigerung einer qualitativen Hierarchisierung der behandelten Gegenstände. Er sieht hier einen Substanzverlust durch die Verschwendung künstlerischer Kompetenz an die Peripherie, die den Betrachter verwirrt und vom *telos* der Betrachtung, dem zentralen Gedanken selbst, ablenkt – wenn je ein solcher vorhanden war, was Hebbel anscheinend bezweifelt.

Und dennoch könnte es sein, daß nicht nur die von mir karikaturesk überzeichnete Umwertung der Negativa Hebbelscher Kritik an Stifter Indizien benennt, die das Beunruhigende Stifterscher Werke und möglicherweise damit ihre Ambivalenz zwischen Tradition und Modernität markieren, sondern daß auch – entgegen Stifterscher Intention, wenngleich nicht entgegen Stifterscher Intuition – das Zentrum dieser Kritik, der Verlust des *ordo*, in Stifters Bemühen um seine Rekonstruktion eine Bestätigung erfährt, die die Gewaltsamkeit der Konstruktion zur Erscheinung bringt und damit das Werk als gewollte und willkürliche Formation einer widerständigen Wirklichkeit entdeckt.[15]

Dem metaphysischen Totschläger mußte das florierende „Nebenbei"[16] Stifterscher Prosa unerträglich sein. Mehr als seine Diagnose verwundert, daß der

---

[14] Zur Tradition der Vorwürfe, Stifter falle quasi hinter Lessing zurück, vgl. Dieter Borchmeyer: Adalbert Stifter im Urteil Gundolfs. In: Euphorion 75 (1981), S. 142–158. Dazu auch: Jannetje Enklaar-Lagendijk: Adalbert Stifter. Landschaft und Raum. Alphen aan den Rijn 1984, S. 15ff.

[15] Vgl. Hans Joachim Piechotta: Aleatorische Ordnung. Untersuchungen zu extremen literarischen Positionen in den Erzählungen und dem Roman ‚Witiko' von Adalbert Stifter. Gießen 1981; ders.: Ordnung als mythologisches Zitat. Adalbert Stifter und der Mythos. In: Karl Heinz Bohrer (Hrsg.): Mythos und Moderne. Begriff und Bild einer Rekonstruktion. Frankfurt a.M. 1983, S. 83–110; Albrecht Koschorke/Andreas Ammer: Der Text ohne Bedeutung oder die Erstarrung der Angst. Zu Stifters letzter Erzählung ‚Der fromme Spruch'. In: DVjs 61 (1987), S. 676–719.

[16] Hebbel. SW. Bd. I.12, S. 191.

versierte Maler Stifter die angebotenen Metaphorik zu meiden scheint. Und dies ist um so verblüffender, als er im ‚Nachsommer' Hebbel selbst die Munition liefern wird, da Probleme des Bildaufbaus und der Rahmung hier eine vielgestaltige und wichtige Rolle spielen: als Problem der Intarsie, als Problem stilistischer Stimmigkeit in der Präsentation wie in der Ergänzung von Objekten, als Problem des Malens, als Problem der Fassung von Steinen und der ‚Fassung' durch Schmuck. Ganz abgesehen davon, daß dieses Problem literarisch in Form des Verhältnisses von Rahmen und Binnenerzählung in den Erzählungen nicht nur Stifters, sondern der Zeit vielfach präsent ist und Stifter seine eigene Poetik um das Problem optischer Wahrnehmung zentriert, so im komplexen Rahmen des ‚Hochwaldes', der Landschaft, Ruinenästhetik und Shakespeare-Lektüre nicht nur ineinanderblendet, sondern im Ausgang der Erzählung auch kunstvoll verflicht,[17] oder etwa in der ‚Narrenburg', wo Stifter die Bild-Rahmen-Metapher selbst in einer im Kollektivplural formulierten Erzählereinrede gebraucht.[18]

In der Vorrede zu den ‚Bunten Steinen' hingegen wird die erste Näherung an ein Sujet des Genres – im Bild des Milchtöpfchens – sofort mit der Kälte äußerster Abstraktion, mit einem naturwissenschaftlichen Beispiel und dem

---

[17] WuB. Bd. 1.4, S. 211–217, S. 317f.
[18] Ebd., S. 362. Dieser Text ist streng genommen keine Abhandlung über das Verhältnis von bildender Kunst und Literatur, sondern thematisiert die Funktion von Metaphern aus dem Bereich bildender Kunst in den Werken Stifters. Seine poetologische Leitmetapher, Arabeske, die freilich in der Poetologie Stifters nur eine implizite, Stifters poetologischer Intention zuwiderlaufende Bedeutung besitzt, ist zwar eine Übertragung aus der Malerei, doch blendet die Arabeske als flächige Gattung wesentliche Probleme der Malerei aus: Das Problem der Tiefe und der Zerstörung der natürlichen Ordnung der Wahrnehmung durch den teleskopischen Blick muß ihr ebenso außer Betracht bleiben wie seine poetologische Bewältigung in der Form der Wegeerzählung. (Vgl. Martin Selge: Adalbert Stifter. Poesie aus dem Geist der Naturwissenschaft. Stuttgart. Berlin u.a. 1976) Wenn Selge freilich zwischen einer „methodischen" und einer „gegenständlichen Orientierung" (S. 45) differenziert, verweist er auf eine Ambivalenz, die in der für die Arabeske konstitutiven Verbindung von ornamentalen und pikturalen Elementen ebenso eine Entsprechung fände wie die abstrakten Kompositionsprinzipien der Stifterschen Zyklen, die sich inhaltlicher Symbolisierung entziehen (S. 58; vgl. Koschorke/Ammer [o. Anm. 15]. S. 690f.; Piechotta 1981 [o. Anm. 15], S. IX, und ders. 1983 [o. Anm. 15], S. 107). Wie Selge insbesondere für das Spätwerk konstatiert, „schlägt im ästhetischen Vollzug der Reihe als Folge die paradigmatische Individualbedeutung in die syntagmatische Merkmalbedeutung um. Die Bedeutung verschiebt sich gleichsam teilweise von den Räumen auf die Zwischenräume, und die ins Leere verschobene Energie konstituiert daraus das Ganze, indem sie das Einzelne zum bloßen Teil degradiert, oder richtiger: befördert" (S. 88). Zur Arabeske vgl. Günter Oesterle: „Vorbegriffe zu einer Theorie der Ornamente". Kontroverse Formprobleme zwischen Aufklärung, Klassizismus und Romantik am Beispiel der Arabeske. In: Ideal und Wirklichkeit in der Bildenden Kunst im späten 18. Jahrhundert. Hrsg. von Herbert Beck u.a. Berlin 1984, S. 119–139; sowie die Artikel ‚Arabeske' und ‚Groteske' im ersten, 1995 erscheinenden Band des ‚Reallexikon[s] der deutschen Literaturwissenschaft. Neubearbeitung des Reallexikon[s] der deutschen Literaturgeschichte. Hrsg. von Klaus Weimar'.

Modell wissenschaftlicher Tabellen konterkariert.[19] Unauffällig positiviert Stifter jedoch dabei jenes von Hebbel später als ‚Inventarliste' negativ notierte Modell tabellarischer Darstellung, das auch im ‚Nachsommer', bei den meteorologischen Beobachtungen Risachs, eine Rolle spielt.[20]

Ein zweites Mal nähert sich Stifter in diesem Text dem Thema hierarchischer Strukturierung des Bildraumes, wenn er den Menschen als „Kleinod" bezeichnet.[21] Doch tritt hier eine wechselseitige Beziehung an die Stelle einer Deszendenz vom allgemeinen Gesetz des Kosmos zum Individuum.[22] Denn Stifter fordert für den Menschen, „daß er als Kleinod gehütet werde, wie jeder Mensch ein Kleinod für alle andern Menschen ist. Dieses Gesez liegt überall, wo Menschen neben Menschen wohnen, und es zeigt sich, wenn Menschen gegen Menschen wirken."[23]

Der *ordo* des idealen Raumes zeigt sich im Gegenstandsfeld als funktionale Beziehung gleichwertiger Elemente. Diese funktionale Äquivalenz bewirkt nicht nur, daß die Exposition eines dieser Elemente – eines Sujets, eines Individuums – zum beliebigen Akt wird, sondern hat außerdem zur Folge, daß in der Alternation und Iteration der Fokussierungen ein ständiger Umschlag zwischen Zentrum und Peripherie stattfindet. Jeder Mensch ist jedem anderen ‚Umgebung', ‚Fassung' und als solche Bedingung und Möglichkeit dafür, daß dieser „geachtet geehrt ungefährdet neben dem Andern bestehe, daß er seine höhere menschliche Laufbahn gehen könne, sich Liebe und Bewunderung seiner Mitmenschen erwerbe"[24] – daß er eben zum wertvollen Subjekt werden und als solches geschätzt werden könne *wie jeder andere auch*. Jeder Mensch ist nicht nur Individuum, sondern zugleich Bedingung anderer individueller Existenzen, jeder soll dem Anderen eigene, emphatische Existenz und Individualität ermöglichen. Eine derartige Un-Ordnung, wie sie dem bürgerlichen Verständnis sozialer Ordnung zugrunde liegt, muß dem Pantragiker gleichermaßen philosophisch trivial wie ästhetisch absurd erscheinen. Dennoch fungiert die invertierbare Bild-Rahmen-Metapher zugleich als ästhetische und als soziale Metaphorik, sobald man konzediert, daß Schmuck ein Rahmen des Menschen ist, was im ‚Nachsommer' dezidiert behauptet wird.[25]

---

[19] WuB. Bd. 2.2, S. 10f.
[20] SW. Bd. 6, S. 123ff.
[21] WuB. Bd. 2.2, S. 13. Daß Stifter auch den alten Gregor im ‚Hochwald' als „Kleinod" bezeichnen läßt (WuB. Bd. 1.4, S. 244), beweist, daß er dabei nicht das Verständnis der Frau als ‚Schmuckstück' im Blick hat.
[22] Damit ist eine Bedingung jener Einschließung der Sprache im „hortus conclusus der Zeichen" (Koschorke/Ammer [o. Anm. 15], S. 704) erfüllt, die für das Spätwerk Stifters konstitutiv ist: „An die Stelle des natürlichen Prospekts [...] tritt das von der Sprechweise der Figuren selbst generierte Zeremoniell." (S. 695)
[23] WuB. Bd. 2.2, S. 13; vgl. SW. Bd. 8.1, S. 216; WuB. Bd. 1.4, S. 350.
[24] Ebd.
[25] SW. Bd. 8.1, S. 223.

Nur ist Schmuck zunächst eigentlich kein Kunstwerk, sondern lediglich Kunsthandwerk. Doch werden einerseits im ‚Nachsommer' gerade über diesen Sachverhalt ausgiebige Erörterungen geführt, die sich sowohl mit der Frage, wie das Handwerk zur Kunst entwickelt werden könne, als auch mit den Hinderungsgründen, die dem im Wege stehen, befassen; andererseits nimmt ja Stifter – wie ernsthaft immer man dies auch auffassen mag – selbst seine Prosa programmatisch aus dem Bereich der ‚hohen Kunst' heraus und verortet sie in der Nähe handwerklicher *techné*, die sich als heteronomes Element eine sozial dienende Funktion zuschreibt.[26] Wenn Stifter schließlich den Juwelier sich wünschen läßt, „daß die geistige Arbeit auch einen Preis habe, wie die Steine und das Gold",[27] so klingt die Klage des Almanachschreibers durch.

Der behauptete pädagogische, also funktionale, dem Menschen dienende Charakter eines poetischen Werkes nähert dieses einem kunsthandwerklichen Produkt, das zwar prinzipiell kunstfähig sein kann, aber durch pragmatische Rücksichten – weil es dem Kunsthandwerker zum Erwerb dienen muß und weil die Zeit künstlerische Leistung nicht adäquat honoriert – Verzicht zu leisten gezwungen ist. Stifter läßt Risach zwar kategorisch behaupten: „der Künstler macht sein Werk, wie die Blume blüht, sie blüht, wenn sie auch in der Wüste ist, und nie ein Auge auf sie fällt. Der wahre Künstler stellt sich die Frage gar nicht, ob sein Werk verstanden werden wird oder nicht",[28] und verortet dabei das poetische Genie in einem Naturhaft-Unbewußten,[29] das den Künstler zum Naiven stilisiert; aber gerade bei dieser Stelle ist der nähere und weitere Kontext bedeutend, denn die Frage nach dem ‚wahren Künstler' leitet von einer Betrachtung von Restaurierungsarbeiten über zu einer Erörterung der richtigen – es wird sich zeigen: gotischem Stil angemessenen – Fassung von Edelsteinen. Nachdem Eustach und Heinrich den zitierten Ausführungen Risachs zugestimmt haben – wobei Eustach eine quasi-scholastische, doch schon voluntaristisch gebrochene Parallelisierung des *bonum* und *pulchrum* zugeschrieben wird, die Risach dann mit einem absoluten Liebesbegriff fideistisch-mystischer Tradition überbietet –, fährt der Erzähler fort: „Von einem Streben, das gewisser Maßen sein eigener Zweck sei, vom Vertiefen des Menschen in einen Gegenstand, dem scheinbar kein äußerer Erfolg entspricht, und dem der damit Behaftete doch alles Andere opfert, kamen wir überhaupt auf Verschiedenes, an das der Mensch sein Herz hängt, das ihn erfüllt, und das sein Dasein oder Theile seines Daseins" – nun kommt es auf die Betonung an –: „um*schreibt*" oder „*um*schreibt."[30]

---

[26] So bezeichnet Stifter den ‚Nachsommer', obwohl er sich der Ambition und des Werts des Werkes durchaus bewußt war, als ‚Erzählung' und degradiert ihn damit zum populären Genre.
[27] SW. Bd. 8.1, S. 233; vgl. auch WuB. Bd. 1.4, S. 217.
[28] SW. Bd. 7, S. 354.
[29] Vgl. ebd., S. 353.
[30] SW. Bd. 7, S. 355; Hervorhebung von mir. Zum Topos des Sich-selbst-Schreibens bzw.

Die Interpretation dieser ‚Äquiliteration' mag auf den ersten Blick als bloße Spielerei erscheinen, sie ist aber nicht nur durch die gegenläufige Fügung, daß der Mensch sein Herz an etwas hängen und dieses ihn erfüllen könne, vorbereitet; sie bezeichnet auch aufs Präziseste – weil nicht einmal durch das Wort getrennt – die Wechselwirkung zwischen Rahmen und Bild, Praxis und Subjekt, die im Zentrum – so meine These – nicht nur der Stifterschen Pädagogik, sondern auch seiner Poetik steht.

Anläßlich der Restaurierung des Madonnenbildes hatte Risach gesagt und dabei die Bild-Rahmen-Metapher mit der Schmuck-Metapher zusammengeführt: „Es ist nicht wahr, wie man öfter sagt, daß eine schöne Frau ohne Schmuck schöner sei, als in demselben: und eben so ist es nicht wahr, daß ein Gemälde zu seiner Geltung nicht des Rahmens bedürfe."[31] Zwar scheint die Formulierung „zu seiner Geltung" auf ein heteronomes, rezeptionsästhetisches Moment zu verweisen, aber kurz darauf wird deutlich, daß die Einschließung im Rahmen Abschließung, Autonomisierung des Werkes selbst meint, da das Werk durch diesen Einschluß eine Selbständigkeit erlangt, die auf seine innere Struktur, auf sein Bedeutungsgefüge rückwirkt, und weil – wie man weiterführend und mit Bezug auf Risachs Kritik am ‚rahmensprengenden' Blick seiner Madonna schließen kann – der äußeren Beziehungslosigkeit eine innere Geschlossenheit korrespondieren muß: „Bei neuen Bildern zeigt freilich der Rahmen erst, daß noch Manches hinzu zu fügen und zu ändern ist, und Vieles muß an solchen Bildern erst gemacht werden, wenn man sie bereits in einem Rahmen gesehen hat."[32]

Der Rahmen akzentuiert den Inhalt nicht nur – er formiert ihn; er schattet nicht nur ab – und wäre damit eine Funktion der Präsentation und, nimmt man die Präsentation als je persönliche, der Perspektive der Betrachtung –, sondern der Rahmen ist ein konstitutiver Bestandteil des Werkes selbst und muß, wenn er, wie im behandelten Fall, verloren gegangen ist, *sinngemäß* ergänzt werden: „Obwohl der Rahmen erhabende Arbeit in Blumen, Verzierungen und sogar in Theilen der menschlichen Gestalt enthielt, und auf demselben Glanzlichter von starker Wirkung angebracht waren, so erschien das Bild doch nicht unruhig, ja es beherrschte den Rahmen und machte seinen Reichthum zu einer anmuthigen Mannigfaltigkeit, während es selber durch seine Gewalt sich geltend machte und in den erhebenden Farben, von würdigem Schmucke umgeben, thronte."[33] ‚Schmuck' ist hier – darauf weist nicht nur das Verb ‚thronen', das traditionell eher bei der Charakterisierung des Werkinhalts, der Mutter Gottes, denn als Eigenschaft des Kunstwerk selbst zu vermuten wäre,

---

-Verschreibens vgl. Eva Geulen: Worthörig wider Willen. Darstellungsproblematik und Sprachreflexion in der Prosa Adalbert Stifters. München 1992, S. 12f.; dies.: Adalbert Stifters Kinder-Kunst. Drei Fallstudien. In: DVjs 67 (1993), S. 648–668.
[31] SW. Bd. 7, S. 112.
[32] Ebd., S. 113.
[33] Ebd., S. 113f.

ebenso hin, wie die mitschwingende Doppeldeutigkeit ‚erhabener Arbeit' und ‚erhebender Farben' und die Verweise auf ‚Reichtum' und ‚Glanz' es tun –: ‚Schmuck' ist hier Begriff und keine vergessene Metapher wie im geläufigen Gebrauch des Wortes; ‚Schmuck' ist Ornat. Doch nicht der *ornatus* des *kosmos* oder die Erhabenheit einer Transzendenz, sondern der Ornat des Individuums ist gemeint. Risach fordert Autonomie und Integrität der dargestellten Person: „Daß die Mutter, deren Mund so schön ist, die Augen gegen Himmel wendet, sagt mir nicht ganz zu. Die Wirkung, scheint mir, ist hierin ein wenig überboten, und der Künstler legt in eine Handlung, die er seine Gestalt vor uns vornehmen läßt, eine Bedeutung, von der er nicht machen kann, daß wir sie in der bloßen Gestalt sehen. Wer durch einfachere Mittel wirkt, wirkt besser."[34] Der Blick fällt aus dem Rahmen. Doch wenngleich eine Dialektik von Bild und Rahmen das Kunstwerk schließt, ist es damit nicht gänzlich autonomisiert und in seiner Aura versiegelt, sondern es bleibt ein Moment der Abhängigkeit von seiner Präsentation, wenngleich diese mindestens ebenso wie auf das Werk selbst auf die Person des Präsentierenden und Genießenden verweist. Wenn Risachs Anordnung die Bilder nicht nur in Beziehung zum Untergrund, sondern auch in Korrespondenz zueinander setzt, funktionalisiert er die Werke *im Rahmen* seines Interieurs, das letztlich nichts anderes als ein Exterieur seiner Person, nichts anderes als sein Rahmen ist. In dieser Präsentation sind die Bilder Momente arabesker Rahmung der eigenen Existenz und Zeichen der Biographie: „Die jetzige Lage der Bilder ist mir zu einer Gewohnheit und ist mir lieb geworden, und ich möchte ohne übeln Eindruck die Sache nicht anders sehen. Sie ist mir eine Freude und eine Blume meines Alters geworden. Die Erwerbung der Bilder [...] stellt eine eigene Linie in dem Gange meines Lebens dar [...]. Wir sind in manche Verhältnisse geraten, haben manche Menschen kennen gelernt und haben manche Zeit mit der Wiederherstellung der Bilder, mit Verwindung von Täuschungen, mit Hineinleben in Schönheiten zugebracht, wir haben auch manche zu Zeichnungen und Entwürfen von Rahmen verwendet; denn alle Gemälde haben wir nach und nach in neue, von uns entworfene Rahmen gethan, und so stehen nun die Werke um mich, wie alte hochverehrungswürdige Freunde, die es täglich mehr werden".[35] Daß Bild und Rahmen in Wechselwirkung stehen, daß sie aufeinander

---

[34] Ebd., S. 115f. Vgl. auch WuB. Bd. 1.4, S. 242: Die beiden Schwestern der Erzählung ‚Der Hochwald' schauen aus der Sänfte „wie zwei Engelsbilder aus einem Rahmen".
[35] SW. Bd. 7, S. 116f. Eine komplexe Argumentationslinie bietet sich an zwischen 1. dem Umschlag zwischen Bild und Rahmung als Verhältnis von Existenziellem und Ornamentalem, 2. der arabesken Rahmung als Form, die ihrerseits wiederum bildhafte Elemente integriert, 3. der poetischen Konjunktur der Arabeske in der Romantik als literarische Form wie als metaphorisches Definiens des Romans und 4. der Tatsache, daß bereits die Romantik der pragmatischen Geltung der Arabeske die Hieroglyphe als Ideal entgegensetzt. Vgl. Günther Oesterle: Arabeske und Roman. Eine poetikgeschichtliche Rekonstruktion von Friedrich Schlegels „Brief über den Roman". In: Studien zur Ästhetik und

angewiesen sind, bedeutet also nicht, daß beide untrennbar verbunden sein müßten. Während das Bild identisch bleibt und darum nur restaurierbar ist, gibt der Rahmen die Möglichkeit zu – wenn auch durch das Bild gebundener – Variation, die sich als Historisierung und Subjektivierung: als Interpretation äußert.

Deutlicher als bei der Malerei wird dies, wenn Heinrich die Schnitzerei der Vertäfelungen zeichnet und malt. Die auf den Tafeln in Holz, dem auf Naturseite dem Humanen enstprechenden Medium, dargestellten Szenen, die zunächst in Zeichnung transponiert wurden, gewinnen durch die Farbreflexe der Umgebung zwar an „Reichthum und Reiz", verlieren jedoch an „Verständlichkeit".[36] Der ‚Rahmen' droht das Dargestellte zu überlagern. Also wird „alles Zufällige und stark Einwirkende"[37] entfernt. Grundsätzlich aber ist die Einwirkung der Umgebung ein notwendiger Bestandteil, wenn vermieden werden soll, „etwas geradezu Unmögliches an ihre Stelle zu setzen und den Gegenstand seines Lebens zu berauben, weil er dadurch aus jeder Umgebung gerückt würde, keinen Platz seines Daseins und also überhaupt kein Dasein hätte".[38] Die Rahmung muß angemessen sein – und kann dies nur in der ganzen begrifflichen Unschärfe des *aptum*, da ihre Angemessenheit relativ zum jeweiligen Inhalt und zur Rezeptionssituation ist. In Bezug auf Schmuck, dessen Edelsteine nur eine allgemeine Qualität vorgeben und damit inhaltlich weitestgehend indeterminiert bleiben, wird eine Fassung gefordert, „welche richtigen Kunstgesetzen entspricht, und [...] an der Stelle, wo sie ist, einen Zweck erfüllt, also nothwendig erscheint".[39] Wiederum ergänzen sich ein Moment autonomer Gestaltung und ein Moment heteronomer Terminierung. Im Falle der Malerei spezifiziert das Bild die ‚Kunstgesetze'; bei der Schnitzerei, die in dieser Hinsicht als mittlere Darstellungsform gelten kann, wird eine qualitative Mitte zwischen ästhetischer Illuminierung und – allgemein formuliert – semantischer Deutlichkeit gefordert. Ohne diese Illuminierung negierte die Darstellung die Welthaltigkeit des Dargestellten, und dieses würde zu einem weltlosen Objekt reiner Konstruktion, war die Zeichnung doch „nach mathematischen Weisungen"[40] angefertigt worden und entsprach also mit wissenschaftlicher Genauigkeit den Linien des Orginals. Man mag hier auch die meteorologischen Messungen Risachs im Auge behalten, die gleichfalls einer Ergänzung bedürftig sind, um zur Wirklichkeit ihrer Aussagekraft zu gelangen.

Gegenbild der Weltlosigkeit der Zeichnung, die Farbe als Ergänzung fordert, ist die reine, qualitative Welthaftigkeit des Edelsteins, der ‚Vergeisti-

---

Literaturgeschichte der Kunstperiode. Hrsg. von Dirk Grathoff. Frankfurt a.M./Bern/New York 1985, S. 233–292.

[36] SW. Bd. 7, S. 261.
[37] Ebd.
[38] Ebd.
[39] Ebd., S. 278.
[40] Ebd., S. 262.

gung' der Form seiner Fassung als Komplement und Ergänzung erheischt. Und auch hier gilt es, ein Mittleres zwischen autonomer Formgebung und heteronomer Funktion zu finden, damit „die Schönheit des Steines durch die Schönheit der Gestaltgebung vergrößert werde, wodurch es sich möglich mache, daß der an sich so kostbare Stoff das Kostbarste würde, nämlich ein Kunstwerk".[41] Ähnliches gilt für die Dichtung. In Bezug auf das Ideal antiker Prosa bemerkt Heinrich: „Die Männer gefielen mir, welche die Dinge und die Begebenheiten mit klaren Augen angeschaut hatten und sie in einem sicheren Maße in dem Rahmen ihrer eigenen inneren Größe vorführten."[42]

Später wird seine Homer-Lektüre in Natalie-Nausikaa zu ihrer eigenen Welthaftigkeit finden –, wodurch die Realität ihm „feenhaft"[43] erscheint, wodurch aber auch „die Worte Homers [...] die Gewalt über [s]ein Herz verloren hatten".[44] Und Natalie wird bei der Hochzeit durch den Smaragdschmuck einerseits, durch den Schmuck aus Diamanten und Rubinen andererseits zwiefach abgeschattet und in ihrer Doppelfunktion als Ehefrau und als Liebende initiiert und inszeniert werden.[45] Schließlich wird auch das Gemeinwesen in gleicher Metaphorik charakterisiert, wobei dem Staat ausdrücklich die Funktion der Fassung und nicht eigene Gestalt zugeschrieben wird.[46]

Man mag sich nun fragen, warum diese Rahmen-Inhalt-Relationen hier nicht als Widerspiel von Stoff und Form, dessen sich Stifter doch auch bedient, beschrieben wurden; denn zumindest im Fall der Schnitzereien und besonders im Falle des Schmucks scheint sich eine derartige Interpretation anzubieten. Doch gibt es bei Stifter keine kategoriale Trennung, die formale Elemente von inhaltlichen prinzipiell sondern würde, sondern jede Welthaltigkeit läßt lediglich eine funktionale Trennung der beiden interdependenten und im Gegenstand identischen Kategorien zu. Was zur Form, was zum Inhalt wird, ist eine Funktion der Perspektive: Alles ist an sich Stoff und gleichzeitig – an uns und für uns – formale Bedingung der Existenz. Form kann sowohl im humanen wie auch in jedem anderen Bereich nur als – gelingende oder scheiternde – Exposition und Amplifikation stofflicher Qualität: als Gestalt erscheinen. Selbst die Fassung des Schmucks bleibt gebunden an die Möglichkeiten ihres Materials; deshalb wäre eine plane Übertragung gestalterischer Prinzipien aus der Architektur verfehlt. Bei komplexen Gebilden wird die Gestaltung durch die formalen Möglichkeiten ihrer Elemente und damit letztlich

---

[41] Ebd., S. 180.
[42] Ebd., S. 28. Von den Schwestern der Erzählung ‚Der Hochwald' bemerkt der Erzähler: „Und wenn wir so die zwei schönen Angesichte gegenübersehen, ihre Worte hören, jedes ein durchsichtiger Demant, gefaßt in das Silberklar der Blicke" (WuB. Bd. 1.4, S. 224).
[43] SW. Bd. 7, S. 295.
[44] Ebd., S. 291.
[45] SW. Bd. 8.1, S. 223; zur geschmückten „hohe[n] Frau" vgl. WuB. Bd. 1.4, S. 283f.
[46] Vgl. SW. Bd. 8.1, S. 82.

von deren Kontiguität bestimmt: Deshalb Stifters rigide Ausgrenzungen und Umfriedungen, deshalb die säuberlichen Trennungen und die manische Sucht nach Reinheit. Denn Nähe signalisiert – gerade im menschlichen Bereich – die Gefahr von Ansteckung, da, wie Risach formuliert, „jede Kraft, selbst die eigenste eines Menschen, nicht in ihm verschlossen bleiben kann, sondern auf andere über geht".[47]

Was Stifter in der ‚Vorrede' zu den ‚Bunten Steinen' geschrieben hatte, gilt nicht nur für das Sittengesetz, sondern auch für dessen Negation, die Begierde: „wie [nämlich] in der Natur die allgemeinen Geseze still und unaufhörlich wirken, und das Auffällige nur eine einzelne Äußerung dieser Geseze ist, so wirkt [auch die Begierde] still und seelenbelebend durch den unendlichen Verkehr der Menschen mit den Menschen, und die Wunder des Augenblikes bei vorgefallenen Thaten sind nur kleine Merkmale dieser allgemeinen Kraft".[48] Deshalb muß man sich immunisieren und aus Indizien erkennen, muß das „leibliche Auge" zuweilen durch das „geistige der Wissenschaft"[49] ersetzen, muß sich gegen Blicke schützen, auch wenn dies, wie im ‚Hochwald' oder in Risachs Jugend und öfters noch, nicht immer gelingen mag. Deshalb braucht man auch eine Erziehung der Wahrnehmung als Erziehung des Blicks, um Verzerrungen zu vermeiden und projektive Unterstellung – auch wenn sie aus Wissen erfolgt – zu verhindern.

Damit jedoch stößt man an die Grenzen der poetologischen Leistungsfähigkeit des ästhetischen Paradigmas der Malerei, denn diese bleibt in der Farbgebung ihrem Gegenstand qualitativ verhaftet und damit in gewisser Weise lokal gebunden. Erst der Kupferstich, der Qualitäten nicht transponiert, sondern zeichenhaft, durch Schraffur, bedeutet, ist ähnlich ‚wohlfeil' diskursivierbar wie die Tabellen wissenschaftlicher Messungen, die ja ihrerseits nichts anderes sind als Zeichen zugrunde liegender Gesetzmäßigkeiten; im Gegensatz zu jenen jedoch kann der Kupferstecher auch „die Seele des Meisters, wie sie sich in dem Bilde darstellt",[50] wiedergeben, wenn er die Qualitäten des Bildes, die Farben, in Linien ‚übersetzt'. Zwar wird damit weder die ideale Gleichwertigkeit von Malerei und Dichtung suspendiert noch die prinzipielle Vorrangigkeit der Malerei vor dem Stich in Frage gestellt. Aber durch die breitere Distribution kann der Stich an „Kunstwirkung"[51] Ebenbürtigkeit beanspruchen. Ähnlich leistet Stifter, dessen Protagonist auf dem malerischen Feld bei Studien stehen bleibt,[52] für seine ‚Studien' auf den Titel des Dichters

---

[47] Ebd., S. 84.
[48] WuB. Bd. 2.2, S. 14f.
[49] Ebd., S. 11. Zum geistigen Auge vgl. Marcel Oswald: Das dritte Auge. Zur gegenständlichen Gestaltung der Wahrnehmung in A. Stifters Wegeerzählungen. Bern/Frankfurt a.M. u.a. 1988, S. 34ff.
[50] SW. Bd. 8.1, S. 67.
[51] Ebd., S. 68.
[52] Vgl. SW. Bd. 7, S. 179.

Verzicht und beansprucht dennoch Gleichwertigkeit – und von einer Beschleunigung der Distribution erhofft sich Risach in gut aufklärerischer Tradition einen qualitativen Umschlag, der schließlich die Menschheit zu neuen Höhen führen soll.[53] Dennoch erscheint der Vergleich etwas schief, denn ‚Studien' mangelt es zwar an ästhetischer Geschlossenheit, sie sind aber medial dem Werk gleichwertig, während der Stich zwar die Geschlossenheit des Werkes wiederzugeben in der Lage ist, dafür aber an einer medialen Insuffizienz leidet, die durch beschleunigte Diskursivierung quantitativ ausgeglichen werden soll. Der Stich kann die Qualität, die Farbgebung des Bildes zwar bezeichnen, aber nicht präsentieren. Die erste Defizienz ist also pragmatischer, allenfalls individueller, die zweite hingegen prinzipieller Natur. Was aber im optischen Medium der bildenden Künste Insuffizienz war, wird im literalen Medium der poetischen zum Vorzug, wie Risach betont: „die Dichtkunst hat beinahe gar keinen Stoff mehr, ihr Stoff ist der Gedanke in seiner weitesten Bedeutung, das Wort ist nicht der Stoff, es ist nur der Träger des Gedankens, wie etwa die Luft den Klang an unser Ohr führt. Die Dichtkunst ist daher die reinste und höchste unter den Künsten."[54]

Das Wort als reines Medium charakterisiert die Dichtung als Kunstwerk in einer Atmosphäre quasi nazarenischen Lichts. Damit ist das optische Paradigma zugleich überstiegen und zurückgenommen in die aufklärerische Utopie des transparenten Mediums. Lediglich der Klang – und damit die Äußerung reiner Innerlichkeit – verbleibt ihm als materiale Qualität, ohne daß diese einen poetologischen Eigenwert geltend machen könnte, denn der Ton und die Melodie besitzen, wie Stifter am Spiel des nicht domestizierbaren Zitherspielers exemplifiziert, keine Erkenntnisfunktion, sondern sind zugleich allgemeinste Äußerungen des „lebendige[n] Wesen[s]"[55] und gänzlich autistisch. Wenn Risach sagt, man kenne „doch alle Abschattungen seines Wesens nicht, in wie ferne sie gegen Andere gerichtet sind, man kenn[e] sie nur in der Richtung gegen sich selbst, und beide Richtungen [seien] sehr verschieden",[56] so formuliert er mehr, als die Stiftersche Poetik einholen will; sie bleibt in der Utopie kontrollierbarer Kommunikation stecken. Doch die Poetik des Werkes entzieht sich der Poetik des Autors, denn auch jenseits aller vokalen und graphischen Materialität besitzt das sprachliche Zeichen *physis* und verweigert die Reduktion auf ein kontrollierbares pneumatisches Substrat. Die Dinge, die sprachlich bedeutet werden, sind dem Subjekt nicht verfügbar – und wo diese Utopie inszeniert wird, verstummt, wie Walter Benjamin bemerkte, die Welt.[57] Eingeschlossen in die eindimensionale Ordnung des Textes, zeigen die Inhalte

---

[53] Vgl. ebd., S. 245f.
[54] Ebd., S. 35.
[55] SW. Bd. 8.1, S. 227.
[56] Ebd., S. 179.
[57] Walter Benjamin. Gesammelte Schriften. Hrsg. von Rolf Tiedemann und Hermann Schweppenhäuser. Frankfurt a.M. 1977ff. Bd. II.2, S. 608–610, hier: S. 609.

dessen ‚unsichtbaren Käfig'[58] an, schreien anstatt zu singen, blicken mit „den schwarzen befremdeten Aeuglein eines brütenden Rothkehlchens"[59] und erheischen vom Leser, was ihnen der Autor versagen wollte: ein Eigenleben, das freilich nur als Komplement der Gewalt ihres Einschlusses erscheinen kann.[60] Sie fordern jene Unreinheit, die zu ihnen gehört und nicht zu ihnen gehören durfte.

Wenn der Text zum Ornament der Reinheit geschlossen werden soll, leistet seine Welt Widerstand und wird zum Indiz eines Verdachts, der die Signatur seines Autors trägt. Der Inhalt wird zum Rahmen, in den sich der Verdacht einen neuen Inhalt schreibt. Selbst das berühmte Milchtöpfchen ist nur dann harmloses Genre, wenn man der Intention seiner Verbildlichung: der Einfrierung im Tableau folgt. Solche Sistierung jedoch widerspricht der konsekutiven Ordnung des Textes. Die Situation selbst ist dramatisch und fordert Handlung: Wer die Szene sieht und nicht der magischen Suggestion eines *nunc stans* erliegt, der spürt schon einen unangenehmen Geruch in der Nase.

---

[58] SW. Bd. 6, S. 172.
[59] WuB. Bd. 1.4, S. 216. Im Kontext lautet das Zitat: „keine Juwelen glänzen aus der Schmucknische, als die schwarzen befremdeten Aeuglein eines brütenden Rothkehlchens".
[60] Wolfgang Matz (Gewalt des Gewordenen. Adalbert Stifters Werk zwischen Idylle und Angst. In: DVjs 63 (1989), S. 715–750) sieht im ‚Nachsommer' eine „Idolatrie der Dinge und Details" (S. 741) und diagnostiziert im Stifterschen Werk eine fortschreitende Dialektik von Angst und zwanghafter Ordnung. Er resumiert: „Die erstarrte Sprache spricht von nichts anderem mehr, als den jetzt wahnhaft zitternden Obsessionen, die der alte Stifter nicht mehr zu kontrollieren weiß." (S. 743) Poetologisch entscheidend jedoch ist, „daß [...] das Wesentliche des Gehaltes seinen Ausdruck nicht mehr im manifesten Vordergrund des Erzählten, vielmehr in den konstruktiven Konfigurationen des Sprachlichen findet" (S. 740).

Jörg Kastner

Die Liebe im Werk Adalbert Stifters

Seit Jahrzehnten wird über die Springflut der Stifter-Literatur geklagt, es ist der Papierschnee mit schwarzen Flecken, der da jedes mikrologische Härchen an Bedeutung zurieselt und zugräbt und für den gerade nicht der Bayerische Wald verantwortlich zu machen ist. Das Stifterische Paradoxon von der „weißen Finsternis" ist hier wahrlich in die Wirklichkeit geraten. Stifter selbst reflektiert das Phänomen eines massenhaften Wiederkäuens des Gegebenen. Sein Maler Roderer, der sich vor das öde Moor setzt und in einem selbstverleugnenden Willensakt ohnegleichen versucht, die „wirkliche Wirklichkeit"[1] darzustellen und nichts anderes, erschrickt von Anfang an vor dem eigenen Tun: „Es ist entsetzlich. Wenn man in eine Sammlung neuer Bilder gerät, welch eine Menge von Landschaften gibt es da; wenn man in eine Gemäldeausstellung geht, welch eine noch größere Menge von Landschaften trifft man da an, und wenn man alle Landschaften, welche von allen Landschaftsmalern unserer Zeit gemalt werden, von solchen Landschaftsmalern, die ihre Bilder verkaufen wollen, und von solchen, die ihre Bilder nicht verkaufen wollen, ausstellte, welch allergrößte Menge von Landschaften würde man da finden!"[2] Roderer berechnet, daß er allein, malte er nur immer ein Leben fort, „fünfzehn zweispännige Wägen mit guten Rossen"[3] benötigte, um nur das eigene Œuvre davonzukarren. Analog ist ihm das ständige Neuverfertigen von Büchern bei der bereits vorhandenen Flut ein Unbegreifliches, wenn es die Literatur auch leichter habe als die Malerei. „Ein Buch", so meint er, „ist an sich klein, kann in einem Winkel liegen, die Blätter können heraus gerissen werden, und die Theile des Einbandes können als Deckel auf Milchtöpfchen dienen".[4]

Schon allein diese und ähnliche ironische Brechungen des eigenen Selbstverständnisses verbieten es, im Werk Stifters die blanke Idylle, das Biedermeierbehagen, das Staubfädenordnen und jenes Käferglück in den moosig kühlen Gründen, umsäuselt vom Waldesrauschen, zu sehen, kurz, all die In-

---

[1] Zur „wirklichen Wirklichkeit": Knut E. Pfeiffer: Kunsttheorie und Kunstkritik im neunzehnten Jahrhundert. Das Beispiel Adalbert Stifter. Bochum 1977 (Bochumer Studien zur Publizistik- u. Kommunikationswissenschaft 11), S. 64–70.
[2] SW. Bd. 13, S. 229 (Nachkommenschaften).
[3] Ebd., S. 230.
[4] Ebd., S. 231.

gredienzien der berühmten „rückwärts gewandten Utopie". Sieht man schärfer hin, fallen ständig störende Töne auf: Stifters Welt[5] ist eine Welt der räumlichen Ferne, die Protagonisten vergraben sich, hausen in abgelegenen Winkeln oder ziehen sich dorthin zurück vor dem Getobe der Welt, vor ihren gebrochenen Herzen, vor ihrem Ekel vor dem sinnlosen Kreislauf des menschlichen Tuns, vor der ewig unberührten, ja zynischen Heiterkeit der Natur, den gleichgültig lachenden Himmeln.[6] Ein sonderbar menschenleerer Raum umgibt sie, selbst wenn sie sich mitten im Großstadtgetümmel bewegen, und sie handeln meist mit traumwandlerischer Sicherheit, nicht immer jedoch tun sie das Rechte. Es ist das Maß, das sie verlieren im Guten wie im Bösen.

Ihr Handeln scheint aufs äußerste, ja schmerzhafteste ritualisiert. Die Kinder und die Großmutter im ‚Katzensilber' gehen jahrelang mit nervtötender Monotonie mit ihren mit Haken versehenen Haselnußstecken, alles wird dabei jedesmal aufs neue beschrieben und aufs neue seiner Zweckbestimmung zugeordnet, auf den Nußberg. Die Geschwister Dietwin und Gerlint im ‚Frommen Spruch' sitzen einander gegenüber wie auf Thronen und reden die Formelsprache des Hohenpriesters in der Meßliturgie, man besucht sich wechselseitig unter Beobachtung eines starren Zeremoniells in den Zimmern, und man ist eingehaust, wie die Dinge in Fächern liegen und geordnet sind, eingegrenzt und ausgegrenzt zugleich, vor der unendlich reglosen Natur.

Der ‚Nachsommer' wird vollends zum nahezu liturgischen Ritus des Inden-Garten-Gehens, des Vogel-Fütterns, des Beschauens der Rosen, der Pflanzen und immer derselben Pläne, bis hin zum Einseifen von Bäumen und dem von der unverständigen Kritik mit höhnischer Begeisterung aufgenommenen ständigen Aus- und Anziehen von Filzpantoffeln, um irgendwelchen Verfall der Dinge hintanzuhalten.

Stifter komponiert, indem er kontrastreich scharf gezeichnete, ja bannend magische Bilder aneinander setzt wie die Flächen von Kondensatoren, so daß dazwischen ein ungeheurer magnetischer Strom knistert, der eine schmerzhafte Spannung erzeugt. Im ‚Nachsommer' schwebt diese zwischen den Gegenpolen der mißglückten Liebe zwischen Risach und Mathilde und der vollendeten zwischen Heinrich und Natalie, den Geschwisterpaaren Heinrich und Klotilde und Gustav und Natalie und den beiden Vätern Risach und Drendorf, und im Mittelpol die hermetische Welt des Rosenhauses, in der, wie in einem Alembik, die Wandlung und Vervollkommnung unter den katalytisch wirkenden Blitzen sich vollzieht. In diese Pole eingeräumt sind die verschiedenen Lebensbezirke, die Zeitebenen und das immer gleiche, ritualisierte Handeln. Es ist eine statische Welt in klarer kristalliner Struktur; es sind Spannungs-

---

[5] Margaret Walter-Schneider: Das Unrecht des Wählens. Bemerkungen zu Stifters spätem Stil. In: WW 4 (1982), S. 267–275.
[6] Walter Höllerer: Zwischen Klassik und Moderne. Lachen und Weinen in der Dichtung einer Übergangszeit. Stuttgart 1958, S. 357–377.

kräfte von wandelloser Gleichgerichtetheit in aufgehobener Zeitebene, die gleichermaßen eingefroren ist, eine Welt, die konstruiert ist wie ein Kristall, mit voneinander sich ab- und zuneigenden Flächen, den retardierenden, bildhaften Beschreibungen, den Spannungs- und Handlungslinien, die voneinander wegführen und ineinander münden; und die Liebe, um die es uns hier gehen soll, ist dabei stets der zentrale Schürzungs- und Knotenpunkt.

Blicken wir Stifters Anschauungen einmal von der Vergangenheit her an und nicht von einem modernen Koordinatensystem aus. Kein Geringerer als Immanuel Kant behauptet in den 1764 erschienenen ‚Beobachtungen über das Gefühl des Schönen und Erhabenen', man dürfe Aufopferungen und großmütigen Selbstzwang von Frauen nicht fordern, und mühsames Nachsinnen und Lernen schicke sich nicht für sie, weil es ihre Reize schwäche, und das Lesen der Bücher und die Erweiterung der Einsicht soll unter der Leitung des Ehemannes erst dann einsetzen, wenn „die Ansprüche auf Reizungen nachlassen" und die Vollkommenheit der Jugendblüte schwindet, sozusagen als Notbehelf und Ersatz für die verlorenen, im eigentlichen Sinn weiblichen Reizungen.[7] Die Ehe definiert Kant als „Verbindung zweier Personen verschiedenen Geschlechts zum lebenswierigen wechselseitigen Besitz ihrer Geschlechtseigenschaften". Im Geschlechtsakt sieht er einen Genuß, in welchem sich beide Personen, immerhin gleichgestellt, einander „als Sache" erwerben. „Es ist aber der Erwerb eines Gliedmaßen am Menschen", so meint Kant weiter, „zugleich Erwerbung der ganzen Person." Für Kant folgt aus alledem, daß die „Hingebung und die Annehmung eines Geschlechts zum Genuß des anderen nicht allein unter der Bedingung der Ehe zulässig, sondern auch allein unter derselben möglich" sei.[8] Kant geht dabei so weit, den Geschlechtsgenuß ohne die vorhergehende Bedingung der Ehe „cannibalisch" zu nennen.[9]

Vor dieser düsteren Folie klingt Stifters Frauen- und Liebesverständnis erheblich moderner. Es ist nicht ausgeschlossen, daß Stifter unmittelbar auf Kant antwortet. „Was sagten sie da oft für ein albernes Mährlein: die wissenschaftliche Bildung zerstöre die schöne zarte Jungfräulichkeit, und die Naivetät und die Herzinnigkeit und so weiter?", so läßt er von seiner Angela in den ‚Feldblumen' reden, „– Hier ist doch eine Wissensfülle, an die wenig Männer reichen, und doch steht eine strahlenreiche Jungfrau da – ja, erst die rechte, ernste Jungfrau, auf deren Stirne das Vollendungssiegel leuchtet, eine

---

[7] Immanuel Kant. Beobachtungen über das Gefühl des Schönen und Erhabenen (1764). cap. 4; zit. nach Paul Kluckhohn: Die Auffassung der Liebe in der Literatur des 18. Jahrhunderts und in der Romantik. Tübingen. 3. Aufl. 1966, S. 322.

[8] In den ‚Erläuternden Anmerkungen zu den metaphysischen Anfangsgründen der Rechtslehre' (1798) rechtfertigt Kant den hinter diesen Vorstellungen stehenden „Begriff von einem dinglichen Art persönlichen Recht" ausführlich.

[9] Zitiert nach Kluckhohn (o. Anm. 7), S. 323. Die konziseste Darstellung Kants findet sich in: Die Metaphysik der Sitten. In: Werke in sechs Bänden. Hrsg. von Wilhelm Weischedel. Bd. 4. Darmstadt 1963, §§ 23–27, S. 389–393.

erblühte, selbstbewußte, eine würdevolle Jungfrau, vor der zaghaft jeder Schmutzgedanke verstummen muß."[10] Neben einer blühenden Phantasie, die ihre Wurzeln im Kindergemüt und im Märchen hat, beherrscht sie Latein und Griechisch, Französisch und Englisch, sie hat Mathematikkenntnisse, die zum Studium der Natur nötig sind, ja sie setzt sich mit Psychologie und Naturrecht auseinander, „nur gegen Physiologie wehrte sie sich hartnäckig; sie fürchtete Zerstörung der schönen innern Welt".[11]

Hier ist offensichtlich ein jugendliches Traumideal gemalt. Hört man Stifters leise Töne, kehrt Immanuel Kant durch die Hintertür dennoch wieder zurück. Seine Margarita der letzten ‚Mappe', an der Stifter noch kurz vor seinem Tod arbeitet, ist freilich nur unter der Anleitung Augustins eine eifrige Sammlerin von Mineralien und Kräutern, deren Namen sie auch bei den Besuchen des Arztes stets eifrigst memoriert, und natürlich steht auch die feine Bildung von Stifters am weitesten idealisierter Traumfigur, der Natalie des ‚Nachsommers', unter der Mentorschaft des greisen Hofmeisters Risach.

Stifters Frauen sind dafür exzellente Haushälterinnen. Sie halten, wie man im Niederbayrischen sagen würde, „die Sach zusammen", und ziehen daraus nicht wenig ihres Selbstwertgefühls. Stifter rät am 1. Februar 1847 in einem Brief seinem Bruder Anton, der offensichtlich Schwierigkeiten mit Frauen hat, unbedingt darauf zu achten, „ob ein Mädchen stille, einfach, sich selbst treu, d.h. nicht in Dich eingehend, sondern ihre Art und Wesenheit stets fort behauptend, wenn sie Dich sogar auch tadeln sollte, ob sie reinlich und wirthschaftlich ist. Wer die größte Reinheit und Einfachheit in seinem Körper hat, hat sie meist auch in der Seele, und wer seine Habe rechtlich zusammenhält, hält auch seine Sitten zusammen, und wer sich selber endlich immer treu ist, der hat entweder Grundsäze, oder angebornen Karakter, und in beiden Fällen rechnet man sich auf ihn, während der, der stets in Dich eingeht und Dir zu Sinne ist, es eben so gut einem Andern thun kann, daher Du nie weißt, wie er morgen oder übermorgen sein wird."[12] Wieder sehen wir, daß Stifters Frauenbild Autonomie der Persönlichkeit bedingt und daß die Sittlichkeit korreliert ist – hier bewegen wir uns in einem inneren Lebenstrauma Stifters – mit der ökonomischen Umsicht und Fähigkeit.

Umgekehrt kann hier auch Wildwuchs einreißen, und unter der Hand vermag das Auswuchern der Ordnungsliebe und Erwerbsfreude auf ein tieferes, seelisches Ungleichgewicht zu verweisen.

Abgesehen vom stets präsenten Schleier des Verhängnisses, der kalten Vereinsamung, der unglücklichen Anlage der Jugend, der von Anfang an im ‚Waldgänger' über den Hauptfiguren Georg und Corinna schwebt, wird sofort der Zwiespalt in der Liebe der beiden, der tief innen verborgene Wurm, spür-

---

[10] WuB. Bd. 1.4, S. 115.
[11] Ebd., S. 117.
[12] SW. Bd. 17, S. 205.

bar, in der Entartung von Reinlichkeit und Ordnung zu Ersatzfetischismen: „Dafür empfing sie ihn immer, wenn er von seinen Reisen zurück kam, mit einer Reinlichkeit seines Hauses, mit einem Schimmer und Glanz desselben, daß er sich sagen mußte, wenn manche Menschen prachtvoller wohnen, so sei doch kein Haus so unbedingt rein und klar und Alles ordnungsgemäß umfangend wie das seine. Kein Stäubchen, kein Flecken, kein Hauch einer Unordnung war durch alle Zimmer zu sehen. Sie ordnete immer, und die schönen Geräthe oder Kunstsachen wie etwa Geschirre, Gemälde, und dergleichen, reinigte sie stets selbst; denn sie hegte zum Beispiele ihre Tische so, daß die Schönheit der Platte auch nicht einmal durch die kleinste Ritzung geschändet werden durfte."[13] Wobei die ganze Banalität dieses Sorgens die schwere Derangierung des seelischen Gleichgewichts nur um so bitterer fühlbar macht.

In der unerbittlichsten, von kalter Angst und nachtmahrhafter Verschollenheit am düstersten eingefärbten Erzählung Stifters, im ‚Turmalin',[14] degeneriert der Fetischismus vollends: die Frau des Rentherrn ist nichts anderes als eine auf knappste Formel gebrachte und deshalb nur um so erdrückendere Ibsensche Nora, eingekerkert in einen goldenen Käfig voller kostbarer Möbel und prachtvoller Kleider, die zu ordnen und umherzuräumen nahezu ihren gesamten Lebensinhalt ausmacht, neben der Leitung des Haushaltes und der Sorge für die Wohlfahrt ihres Rentherrn, einer schreckenerregenden Drohne, dessen Daseinssinn sich in Spielereien und im möglichst bequemen Betrachten seiner Porträtgalerie erschöpft. Das Ausbrechen der Frau aus ihrem Käfig bezahlt die Tochter, ein gespenstisches Grottenwesen mit Wasserkopf, lebendig verschollen in einer finsteren, abgeschiedenen Kellerwohnung in einer Hausruine, so mitten im städtisch-brausenden Leben vergraben wie die Leichen in den Katakomben unter St. Stephan, eines der im 19. Jahrhundert durch die Sensationsartikel der Journale immer wieder einmal geisternden, wilden Wolfskinder.[15]

Wiederum eine gescheiterte Liebesbeziehung setzt Stifter um in dem harten Symbol des auf einer Insel im abgelegenen Bergsee, in der „finsteren Hul", sich lebendig in der burgartig verrammelten, ehemaligen Klosteranlage vergrabenden „Hagestolz",[16] in eine pervertierte Ordnungssymbolik, nur diesmal transponiert und invertiert auf den männlichen Part, der ja auch in der gescheiterten Liebe den passiven Teil übernommen hatte. Der Hagestolz, der trockene biblische Feigenbaum, der aus dem Garten gereutet wird, sortiert Objekte ohne System in Fächer und sortiert sie wieder um und um, um des

---

[13] SW. Bd. 13, S. 128.
[14] Vgl. hierzu die treffende Interpretation v. Wolfgang Matz: Gewalt des Gewordenen. Adalbert Stifters Werk zwischen Idylle und Angst. In: DVjs 63 (1989), S. 715–750.
[15] Dieter E. Zimmer: Experimente des Lebens. Wissenschaftsreporte über wilde Kinder, Zwillinge, Kibbuzniks und andere aufschlußreiche Wesen. Zürich 1989.
[16] Wilhelm Look: Adalbert Stifter: Der Hagestolz. München 1962 (Interpretationen zum Deutschunterricht an den höheren Schulen).

Sortierens willen und des Scheins der Geordnetheit seines wirren Lebens, und er beschäftigt sich mit Vorliebe mit dem Abstauben ausgestopfter Vögel, wiederum ein Symbol der Perversion ausgerechnet des heiteren, beweglichen und aufsteigenden Lebens, das dem der Liebe und der Menschenliebe abgedorrten Individuum längst abhanden gekommen ist.

Wie es ein Grundgesetz seines Erzählens ist, baut Stifter auch hier eine spannungsgeladene Polarität auf zwischen abgedorrtem, verlorenem Leben und der gescheiterten Liebe des alten Oheims und dem frisch aufblühenden Lebenspflänzchen Victor, der vergeblich vom Alten in sein Gefängnis gezwungen wird und der am Ende seine Hanna gewinnt, was kaum zu ahnen ist, auch nicht von der Pflegemutter Ludmilla, die ihn immer wieder zu freundlichem Benehmen gegen letztere auffordern muß.

Hier gelangen wir zur inneren Physik der Liebe, die Stifter seinen Protagonisten andichtet. Sie bricht über die ahnungslosen Partner herein wie ein unvorhersehbares Naturereignis, meistens ist das zentrale Agens der Blick, wie überhaupt das Auge das wichtigste dichterische Organ Stifters ist und bleibt. Die Partner erblicken sich plötzlich, erstarren, erröten, sind wie vom Donner gerührt, der Mann benimmt sich in der Regel täppisch und hölzern; und dann gehen beide meist wieder auseinander, als sei nichts gewesen. Nicht ihr tagheller Verstand, die kalkulierende Ratio, weiß um die Dinge, sondern das Herz, und dieses steht in unlösbarem Konnex mit höheren Mächten. So kommt es vor, daß die Liebenden häufig und lange nach außen hin ahnungslos sind – es war bereits von Victor und Hanna im ‚Hagestolz' die Rede –; noch deutlicher spielt Stifter dies durch in seiner noch abstrakter als der ‚Nachsommer' konstruierten Novelle, im ‚Frommen Spruch', die, fast etwas zu weit gehend, jenes Wort von den Ehen, die im Himmel geschlossen werden, durchexerziert. Gerlint und Dietwin, sie sind mit ihren Eltern bzw. Pflegeeltern gleichnamig, werden von diesen füreinander bestimmt, nicht zuletzt aus ökonomischen Beweggründen. Aber das funktioniert zunächst nicht, die Ehekandidaten können sich sogar nicht leiden und streiten fortwährend, ja die Pflegeeltern halten sich plötzlich selbst für den Gegenstand der Begierde der beiden, sie werden Opfer der empfindelnden Sprache, die hier zelebriert wird, und der voreiligen Schlüsse aus der Beobachtung, daß die Kinder im Betrachten ihrer Porträts versunken sind. Hier kommt es dann wieder aus heiterem Himmel zu einem der bezeichnenden Stifterschen Liebesgespräche:

„‚Gerlint,' rief Dietwin, ‚ich kann es nicht ertragen, wenn dein Auge auf irgend einen Mann blickt.'

Gerlint wendete sich um, und rief: ‚Dietwin, ich kann es nicht ertragen, wenn dein Auge auf ein Weib blickt.'

‚Gerlint,' rief Dietwin.

‚Dietwin,' rief Gerlint.

Und plötzlich faßten sie sich in die Arme, umschlangen sich, und küßten sich auf den Mund.
,Dein Auge blickt auf mich als Gattin, Gerlint,' sagte Dietwin.
,Dein Auge blickt auf mich als Gatte, Dietwin,' sprach Gerlint.
,Ich will dich auf den Händen tragen, Gerlint,' sagte Dietwin.
,Ich werde dir ein treues, gehorsames Weib sein,' antwortete Gerlint.
,Wir werden gemeinsam schalten und wirken,' sagte Dietwin.
,Und nur in der Liebe wetteifern,' erwiederte Gerlint."[17]

Jeder, der diese Zeilen hört oder liest, weiß, daß lebende Menschen so nicht reden, und es ist ein leichtes, darzutun, daß wir es, wie bereits erwähnt, mit der Sprache der Liturgie, mit magischer, ritualisierender Beschwörung zu tun haben, und die berühmten Stifterschen Küsse sind die liturgischen Friedensküsse, die sich Priester reichen. Immerhin erweist sich in den gefühlvolleren Küssen des Frühwerks noch ein Hauch von Humor und gelegentlich gar eine Spur vertrackter Erotik: „sie konnte nichts thun, als das unsäglich gute Antlitz gegen ihn emporheben, und den Mund empfangen, der sich gegen ihren drückte, und so süß war dieser Kuß, daß sie mit der einen Hand den sich ungestüm emporträngenden Hund wegstemmte, während sie hinübergebeugt, emporgehobenen Hauptes die Seligkeit von den Lippen des theuren Mannes saugte. Er hielt sie mit beiden Armen krampfhaft umschlungen, und fühlte ihren Busen an seinem klopfenden Herzen wallen."[18] So benimmt sich Anna in der Journalfassung der ,Narrenburg'. Auch in der Journalfassung der ,Mappe' handeln Margarita und Augustin noch leidenschaftsbewegter: „Sie fuhr plötzlich mit dem Tuche gegen die Augen, und zuckte an meiner Hand – eine Secunde war noch, und dann wie ein Blitz lagen wir uns in den Armen, Herz an Herz, Arm in Arm, Lippe auf Lippe, so heiß, so angepreßt, so überirdisch, wie nie in der ganzen Vergangenheit – ein Moment war es, ein Einziger, aber die ganze Zukunft lag in ihm, und zugleich eine Gegenwart voll Seligkeit, größer als das ganze Universum, – wir sagten nichts, sondern hielten uns und zitterten".[19]

Stifter nimmt freilich in seinen Spätfassungen derartiges zurück. Auch wenn es in der ,Mappe' zu obigem Versöhnungskuß nicht mehr kommt, herrscht doch schon von Anfang an ein unterkühlter Ton. Die Leidenschaft ist zurückgedrängt, und im Gegensatz zu allen anderen Angebeteten hört Margarita zunächst auf die Liebeseröffnung Augustins gar nicht erst so recht hin:

„Da wir so gingen, fragte ich: ,Margarita, habt ihr mich doch auch ein wenig lieb?'

---

[17] SW. Bd. 13, S. 468. Vgl. dazu: Albrecht Koschorke und Andreas Ammer: Der Text ohne Bedeutung oder die Erstarrung der Angst. Zu Stifters letzter Erzählung „Der fromme Spruch". In: DVJs 61 (1987), S. 676–719.
[18] WuB. Bd. 1.1, S. 329f.
[19] WuB. Bd. 1.2, S. 101.

Sie antwortete auf diese Frage nicht, und wir gingen langsam unseres Weges weiter. Sie schlug die Lider über ihre großen Augen nieder, sah in die feinen Halme, die an unserem Wege wuchsen, und allerlei graues und silbernes Flinselwerk trugen, wurde ganz glüh im Angesichte, und schüttelte dann unmerklich das Haupt. Den Arm aber, welchen ich in den meinigen gelegt hatte, ließ sie mir."[20]

Nach mehreren Tagen einer für moderne Verhältnisse unerträglichen Geduldsprobe, angefüllt mit Betrachtung und Benennen von Mineralien, Kräutern und Blumen, Besichtigen von Hühnern, Geflügel und Ställen, wagt Augustin die Frage zu erneuern und bekommt die seiner unbedingten Liebe unbefriedigende Antwort: „Doctor, ich liebe euch nach meinem Vater unter allen Menschen am meisten." Dem insistierenden Liebenden antwortet sie: „ihr müßt Eure Angehörigen mehr lieben, und Gott in jener Welt mehr lieben."[21] Diese vollendete Selbstlosigkeit und Entpersönlichung der Liebe wird Augustin darüberhinaus von der eigenen Schwester in geradezu übermenschlicher Weise vorexerziert: sie verzichtet vermeintlich vorübergehend und, wie es das Schicksal will, letztendlich vollständig auf die Ehe, da sie den Bruder noch unversorgt und unbeweibt weiß.

Vergleicht man die Journalfassung des ‚Alten Siegels' mit der Studienfassung, so erscheint letztere wie mit einem Waschmittel nahezu von jeder Schmutzspur der Leidenschaft gesäubert, so weit es die Konstruktion des Plot überhaupt zuläßt: In der Journalfassung herrscht eine schwül-drückende Atmosphäre von für Stifter geradezu obsessiver Erotik, von einer Gewaltsamkeit, die den von ihr Befallenen geradezu außer sich geraten und seinen Lebensplan völlig vergessen läßt. Um dies zu verdeutlichen, greift Stifter in einer feinen stilistischen Wendung auf das Motiv der relativen Bewegung zurück: „Sie wurde [...] mit Scharlachröthe übergossen, aber dennoch konnte sie die schönen Augen nicht von ihm wenden, als wäre sie in der That irrsinnig, und nur gebannt von der Süßigkeit seines Antlizes. – Es war nur eine Secunde – Hugo sagte kein Wort, und als er sich gefaßt, war die Secunde vorbei, und er fand sich bereits auf dem Rückwege. Die Häuser gingen mechanisch an ihm vorüber, und das Rasseln der Wägen erschien ihm, als käme es aus großer Ferne".[22] Hier ist mehreres in das scharfe Sprachbild Stifters gesetzt: der von der Liebesleidenschaft Besessene ist nicht mehr handelndes Subjekt, und die Welt ist es, die sich von ihm zurückbewegt, die er verliert. Im Augenblick der Peripetie heißt es in der Journalfassung noch: „Eines Abends endlich, da sie an ihm zitterte, glühte, heiße Thränen auf seine Wangen weinte – und doch nicht das liebende, traute Weib war – sondern an allen Pulsen bebte, wie eine glühende Verbrecherin, als auch ihm schwindelte, und eine Bergeslast von

---

[20] SW. Bd. 12, S. 181.
[21] Ebd., S. 182.
[22] WuB. Bd. 1.2, S. 182f.

Wonne um seine überschatteten Sinne hing: damals, als er spät in der Nacht unter einem gewitterzerrissenen Himmel nach Hause ging, damals schrie es schmerzlich in ihm auf: ‚das ist die Liebe nicht, das ist nicht ihr reiner, goldener, seliger Strahl, wie er dir immer vorgeschwebt, daß er aus einem schönen Engelsherzen brechen werde, und das deinige verklären – nein – nein – nein, das ist er nicht."[23] Aus der Studienfassung verschwinden alle Tränen, alle Glut, alle bebenden Pulse, die glühende Verbrecherin, und alle Bergeslasten von Wonnen, der ganze überhitzte Apparat der Sexual- und Gefühlssprache, hier heißt es nüchtern: „Eines Abends, da er zu lange geblieben war, und spät in der Nacht unter einem gewitterzerrissenen Himmel nach Hause ging – schrie es in ihm auf: ‚Das ist die Liebe nicht, das ist nicht ihr reiner, goldner, seliger Strahl [...].'"[24] Als letzte Reminiszenz des aufgewühlten Gemütes ist hier lediglich noch der „gewitterzerrissene Himmel" und immerhin der innerliche Schrei übrig geblieben.

Im ‚Nachsommer' stellt Stifter die ideale und die ich-versunkene Liebe kontrapunktisch gegenüber. In der Liebe Gustavs von Risach zu Mathilde erleben wir nicht nur einen Nachklang der Gefühls- und Leidenschaftssprache des Frühwerks, das Aufeinanderzufliegen, das Zittern, die unvermeidlichen Tränen, die Röte: „Da flog sie auf mich zu, drückte die sanften Lippen auf meinen Mund und schlang die jungen Arme um meinen Nacken. Ich umfaßte sie auch und drückte die schlanke Gestalt so heftig an mich, daß ich meinte, sie nicht los lassen zu können. Sie zitterte in meinen Armen und seufzte."[25] Hier arbeitet Stifter wieder einmal sein eigenes Lebenstrauma auf. Die Liebeskasuistik, die er Gustav seiner Mathilde gegenüber entwickeln läßt, stammt direkt aus Stifters Brief an die Jugendgeliebte Fanny Greipl vom 15. November 1829, nur mit verteilten Rollen: Mathilde ist die unbedingt, „egoistisch" im Stifterschen Sinn Liebende, während sich Gustav letztendlich der elterlichen Ratio beugt und so in den Augen der leidenschaftsverblendeten Mathilde die Liebe verrät. Diese, einmal ausgesprochen, ist ewig bindend, auch wenn der Liebesbund durch den Einspruch der Eltern oder durch sonstige Umstände nicht zustande kommen sollte, eine für Stifter selbst, und dies ist wohl der Kern seines Lebenstraumas, unerfüllbare Idealforderung.

Heinrich Drendorf und Natalie Tarona sind diesem Problem gar nicht erst unterworfen: Heinrich ist von Anfang an der Richtige, und Risach weiß dies bereits im Augenblick, da Heinrich zum ersten Mal am Gartentor des Rosenhauses steht.[26] Alles stimmt, Ökonomie, Schönheit, Bildung, und alles wird in den fest geordneten Bahnen des Vertragsrechts abgewickelt und wiederum in

---
[23] Ebd., S. 194f.
[24] WuB. Bd. 1.5, S. 387.
[25] SW. Bd. 8.1, S. 130.
[26] „Als ihr zum ersten Male an dem Gitter meines Hauses standet," so gesteht Risach Heinrich im Gespräch, „und ich Euch sah, dachte ich: ‚Das ist vielleicht der Gatte für Natalien.'" (SW. Bd. 8.1, S. 173).

der beschwörend-bannenden Sprache der Liturgie, aber auch die Liebeskasuistik Stifters wird vom glücklichen Paar noch einmal rekapituliert: „Ihr habt gesagt, Natalie, daß wir das Glück, das uns vom Himmel gefallen ist, ewig aufbewahren sollen. Wir sollen es auch ewig aufbewahren. Schließen wir den Bund, daß wir uns lieben wollen, so lange das Leben währt, und daß wir treu sein wollen, was auch immer komme, und was die Zukunft bringe, ob es uns aufbewahrt ist, daß wir in Vereinigung die Sonne und den Himmel genießen, oder ob Jedes allein zu beiden empor blickt und nur des Andern mit Schmerzen gedenken kann."[27]

Wie alle idealen Liebhaber Stifters, der Maler Roderer etwa oder Viktor, der es gar auf vier Jahre bringt, begibt sich auch Heinrich nach Erhalt des Ja-Wortes seelenruhig und mutterseelenallein auf eine mehrjährige Reise, alles ist beherrscht, der amorphe, blutige Grund des Herzens, die „tigerhafte Anlage" auskristallisiert in die glasklare Welt vollkommener Leidenschaftslosigkeit.

Gehen wir noch einmal ins Reich der Leidenschaften, zu den gescheiterten und unglücklichen Beziehungen zurück! Im ‚Beschriebenen Tännling', jener Erzählung von der mißbrauchten und geschändeten Natur – in die Rinde des titelgebenden Baumes sind Symbole der Verliebtheit eingeschnitten – geht es um eine vielschichtigere Störung der „Natur", des „Wesentlich-Seins", die weit über eine bloße „Narrenliebe" des langen Hanns zur armen Häuslerstochter Hanna hinausgreift, deren Wesen sich völlig in Flitterkram und Äußerlichkeiten verliert. Bezeichnenderweise wird wieder ihre übergroße Reinlichkeit hervorgehoben, die in ihrer sozialen Lage den Beigeschmack des Absonderlichen annimmt. Aber auch der lange Hanns ist sozial abgehoben, wenn auch durch Positives zunächst, durch überaus große Körperkraft, besondere Leistung und ernsteres Wesen als seine Holzhauergefährten. Er sieht freilich nicht, daß er die üble Anlage seiner Hanna nur fördert, und er benutzt den Popanz, den er aus ihr macht, im Grunde nicht anders als die Jagdgesellschaft die gemarterte Tierwelt, und beide Motivstränge sind ja bewußt kontrapunktisch ineinandergesetzt, nämlich rein instrumentell. „Wenn er mit ihr bei einem Tanze oder bei sonst einer Gelegenheit war, wo sie Viele sehen konnten, und wenn nun der eine oder andere junge Mann mit seinen Augen schier nicht von ihr lassen konnte, und stundenlang sie mit denselben gleichsam verschlang, so hatte Hanns seine außerordentliche Freude darüber und triumphirte."[28]

In die nur scheinbar geordnete, stille Waldwelt bricht nun eine pervertierte großbürgerlich-adelige Gesellschaft zu Festivitäten und vor allem zu Jagdvergnügungen von außergewöhnlicher Bestialität herein. Gunter H. Hertling hat

---

[27] SW. Bd. 7, S. 287.
[28] WuB. Bd. 1.6, S. 403.

in seiner Interpretation zutreffend die Motive der „verkehrten Welt", der Maskerade und Verrückung herausgearbeitet.[29] Gerade das Volk wird durch diese Gesellschaft korrumpiert, wenn es dies nicht schon im Innersten längst gewesen ist. Schon die Vorfreude auf das Netzjagen, das perverse, gnadenlose Abschlachten der hilflosen Kreatur um des blanken Vergnügens willen, verrät dies. Das Nichtwissen schaltet Stifter bewußt aus, indem er den alten Schmied aus der Vorderstift, nicht zuletzt, um das Grauen zu potenzieren, bei jeder Gelegenheit erzählen läßt, was sich bei einer früher abgehaltenen Netzjagd abgespielt habe. Er erzählt vor allem von einem Bären, „der mit den andern in's Nez getrieben worden war, und der bald zum allgemeinen Ergözen diente, indem Jeder so schnell als möglich sein Geschik an ihm versuchen wollte. Da nun die Hirsche oft himmelhohe Sprünge wagten, ob sie die Leinwand übersezen könnten, ohne daß es ihnen gelang, so fuhr der Bär, der bereits verwundet war, in seiner Verzweiflung gegen das Gewebe, pakte es mit seinen Tazen, und riß von dem furchtbar starken Geflechte eine ganze Streke heraus, so daß Tuch und Nez weg waren [...]. Der Bär und der ganze gehezte Schwarm, der noch übrig war, fuhr nun mit großem Getöse durch das Loch hinaus, und Alle, die zugegen waren, mußten in ein Gelächter ausbrechen."[30] Das Gelächter über die gequälte Kreatur gehört zu den schlimmsten Verzerrungen, diesmal des oben bereits angedeuteten karnevalesken Faschings- und Vergnügungselementes. Zunächst parallelisiert Stifter unerbittlich das brutale, inhumane Geschehen, indem er das nunmehr in der Gegenwart stattfindende Netzjagen schildert mit der unerträglichen Kühle seines von jedem Sentiment entleerten Detailrealismus von Kleistischer Härte des Erzählens. Der lächerliche Aufzug der Herren mit Dienerschaft, Gerät und in vollem Putz: „Jeder hatte auch zwei Diener hinter sich, die beständig laden und die Gewehre darreichen sollten. Heute waren die Herren alle in vollem Puze [...]. An den Westen und Röken hatten sie goldene Borden, und Alle hatten kleine mit Gold ausgelegte Hirschfänger an den Schößen, sie trugen sämmtlich gepuderte Haare und darauf einen dreieckigen Hut. Die meisten waren in Tannengrün gekleidet, und nur einige hatten Kleidertheile von hochgelbem Lederstoffe. Wo nicht Borden waren, war häufig schöne Stikerei auf den Gewändern, und die Troddeln des auf die Weste herab gehenden Halstuches hatten goldene Fransen."[31]

Es verrät die ganze, zwiespältige Heuchelei dieser Gesellschaft, daß man die Frauen immerhin von diesem rüden Vergnügen fernhält. Der Schulmeister von Oberplan weiß zu berichten: „die Frauen dürften wohl Jägerkleider anhaben" – man ist stets willig bei der Hand, um Mummenschanz zu treiben –, „aber nicht jagen; die Sitte erlaube nicht einmal, daß die Frauen bei dem Töd-

---

[29] Gunter H. Hertling: Adalbert Stifters Jagdallegorie „Der beschriebene Tännling": Schande durch Schändung. In: VASILO 29 (1980), S. 41–65.
[30] WuB. Bd. 1.6, S. 406f.
[31] Ebd., S. 410f.

ten der Thiere zugegen seien, weil sie zu zart und zu fein sind, so daß sich nur das Schäferspiel für sie schike [...]."³² Das grobklotzige Volk braucht sich von derlei Bedenklichkeiten nicht stören zu lassen: hier genießen Männlein und Weiblein mit klopfenden Herzen, wie es heißt, das blutige Gemetzel, und auch hier der pervertierte, karnevaleske Mummenschanz: „Sie waren sonntäglich gekleidet, trugen zum Theile Reifröke, zum Theile das kurze, faltenreiche Rökchen und meistens auch Zwikelstrümpfe und Stökelschuhe. Manche Vornehmere hatten weißbestäubtes Haar."³³ Dieses äffische Imitieren einer verkommenen höfischen Welt deutet bereits die verkehrte Welt in der Verwischung der Standesgrenzen voraus, die in der trunkenen Aufgipfelung der grauenhaften Festivitäten, in schamloser Verbrüderung über den Leichen der Natur, vollzogen werden wird.

Man schießt endlich die zwischen Netzen zusammengetriebenen Tiere über den Haufen, und Stifter protokolliert mit eisigem Blut das grauenhafte Geschehen: „Ein Hirsch sezte über alle Gebüsche, sprang endlich gegen das Linnen so hoch auf, als wollte er eine Himmelsleiter überspringen, wurde im Sprunge getroffen, überstürzte sich und fiel hernieder. Eine wilde Kaze schoß jäh an einem Baume empor, um sich von ihm aus über die Neze hinaus zu werfen, aber sie wurde von einer Kugel auf ihrem Baume erreicht, schnellte in einem Bogen hoch über den Wipfel und fiel auf die Erde."³⁴

Während dieser blutrünstigen Ergötzlichkeiten vollzieht sich, was die ganze Zeit bereits symbolisch vorausgedeutet war: Hanna, geputzt in ihren Flitterkram, den sie zumeist von ihrem langen Hanns bezogen hat, kommt wie zufällig neben Graf Guido, der an Reichtum und Schönheit alle anderen übertrifft, zu stehen. Und gleich zu gleich gesellt sich gern. Das blinde Volk erkennt wenigstens dies, und allüberall wird der Ruf laut: „Das ist das schönste Paar, das ist das schönste Paar!"³⁵ Stifter liefert hier eine böse Parodie des in der Revolutionszeit besonders gern kolportierten Schlagwortes von der „Vox populi, vox Dei", das noch heute gut ist, jeden Unfug zu rechtfertigen. So wie sich Volk und Stände über dem bösen Schauspiel der Naturschändung vermischen, kommt es jetzt zur völligen Verrückung der Grenzen durch diese Verbindung: „Und die alte Mutter", so heißt es, „war wie blödsinnig, und machte Knixe, wenn der schöne Herr oder sein Diener in das Häuschen traten." Alles gerät aus den Fugen, die Welt wird verrückt: „Weil jezt Alles nach ganz anderem Maßstabe in Oberplan geschah, als zu sonstigen Zeiten, so waren auch alle Köpfe verrükt, und hatten nur schöne Kleider und Hoffahrt und gnädige Frauen und gnädige Herren vor Augen."³⁶

---

³² Ebd., S. 411.
³³ Ebd.
³⁴ Ebd., S. 412.
³⁵ Ebd., S. 413.
³⁶ Ebd., S.. 419.

Die innere Verrückung und Zerstörung treibt Stifter aber erheblich weiter, gegen seine sonstige Gewohnheit in den innersten Bezirk des Religiösen hinein. Nicht nur, daß das Schlachtfest mit einer Heiligen Messe eingeleitet wird – welch eine zynische Parallelsetzung der Hinschlachtung der Tierwelt mit Christi Opfertod –, die Messe wird ausgerechnet in der Gutwasser-Kapelle unter dem Bild der schmerzhaften Muttergottes gehalten, dem Sinnbild des Heilenden und des mütterlichen Mitleidens. Mit diesem Bild hat es eine besondere Bewandtnis: es ist ein Heiltum, das inmitten einer von einem blinden Bettler aufgrund einer Traumvision freigelegten Quelle aufgefunden wurde. Indem sich der Bettler mit dem Wasser die Augen bestrich, wurde er wieder sehend. Die Gesellschaft, die Stifter hier so hart kritisiert, verharrt dagegen sehend vor dem Gnadenbild in vollständiger Blindheit. Dies gilt auch und gerade für die herzensblinde Hanna. Sie wünscht sich bei ihrer ersten Beichte vor dem Gnadenbild nicht wie ihre Altersgenossinnen dem Brauch entsprechend ein gutes Leben, sondern den Flitter, in den man, der törichten Gepflogenheit der Zeit entsprechend, das Gnadenbild eingekleidet hatte. Sie ist blind und sieht nicht das vom Schmerz über den Erlösungstod ihres Sohnes durchbohrte Herz der Mutter Gottes, ebensowenig wie die grenzenlose göttliche Liebe, so wie sie auch den langen Hanns nicht mehr sieht, sobald er als Quelle von Haarnadeln und Schürzen ausgedient hat und übertrumpft ist. Hanna erzählt diese Wünsche ihren Spielkameradinnen und dem langen Hanns, und als sie in das Schloß als Gräfin Guido einzieht, ist das Volk – ebenso blind, und wiederum verschärft die Parodie auf das „Vox populi, vox Dei" – der Meinung, das Gnadenbild habe ihre Wünsche erfüllt. Der Gott Adalbert Stifters freilich ist immer erhaben-unbeteiligt, er mischt sich nicht ein, und der Mensch trägt die unerbittlichen Konsequenzen seiner absoluten Freiheit und seiner Narrheit. Gottes Wirken beschränkt sich auf Zeichen, die er dem Menschen setzt, woraus der Mensch den Gang des Schicksals ablesen und Fehler vermeiden könnte, wäre er nicht mit Blindheit geschlagen. Die Vox populi, die Gott zum Vollstreckungsbeamten von Hannas törichtem Flitterkramleben herabzieht, ist die schlimmste Blasphemie in dieser unerbittlichen Novelle Stifters, und die Meinung des alten Schmieds aus der Vorderstift, an Hanna habe sich eher ihre Verwünschung gezeigt, wäre beinahe die gleiche Blasphemie, würde er nicht die Gnade erkennen, die Hanns zuteil wurde. Dieser schärft mit aller Gewissenhaftigkeit sein Beil, als er von Guido und Hanna erfährt, und will sich zum beschriebenen Tännling begeben, um hier auf Guido zu lauern, der bezeichnenderweise genau dort seinen Standplatz für eine weitere geplante Treibjagd einnehmen soll. Vorher jedoch betet Hanns lange vor dem Gnadenbild und bestreicht seine Augen mit dem Wasser der Quelle. Er wird dadurch in einem spirituellen Sinn sehend und erlebt im Traum eine Vision des Gnadenbildes, das mit unerbittlicher Strenge auf ihn herabblickt. Er erkennt dadurch das Verworrene seiner Wünsche und Absichten, er gibt sie auf, ändert sein Leben und ernährt hinfort die Kinder seiner verstorbenen

Schwester. Auch er bleibt, dem Stifterschen Liebesideal entsprechend, für alle Zukunft ehelos.

In einem harten Schlußtableau begegnet er, inzwischen gealtert, in sein Antlitz sind tiefe Falten eingegraben, Hanna, die, vornehm gekleidet, aber bleich, in ihrer herrschaftlichen Kutsche an ihm vorüberfährt. Während er sie erkennt, erkennt sie ihn nicht – erneut das Zentralmotiv der Blindheit und des Nichterkennens –; und sie wirft dem vermeintlichen Bettler ein Goldstück hin. Hanns läßt die Goldmünze fassen und wie eine Votivgabe in der Gutwasser-Kapelle aufhängen: das Symbol seiner Heilung von der Krankheit und Flitterwelt des Materialismus und seiner pervertierten, falschen Liebe.

Letztere war Welten entfernt von der Definition, die Gustav von Risach in seiner abgeklärten Altersweisheit von Stifters eigenem, höchstem Liebestheorem geben wird: „Lieben als unbedingte Werthhaltung mit unbedingter Hinneigung kann man nur das Göttliche oder eigentlich nur Gott; aber da uns Gott für irdisches Fühlen zu unerreichbar ist, kann Liebe zu ihm nur Anbetung sein, und er gab uns für die Liebe auf Erden Theile des Göttlichen in verschiedenen Gestalten, denen wir uns zuneigen können: so ist die Liebe der Eltern zu den Kindern, die Liebe des Vaters zur Mutter, der Mutter zum Vater, die Liebe der Geschwister, die Liebe des Bräutigams zur Braut, der Braut zum Bräutigam, die Liebe des Freundes zum Freunde [...]."[37]

Zieht man ein Resümee aus all den Liebesverhältnissen, aus den Modellen der Geschlechterbegegnung, die Stifter immer wieder in seinem Werk durchspielt, so stehen den wenigen geglückten Paaren – hier ist natürlich Witiko mit aufzuführen, auch einer der von Anfang an Vollendeten; seine erste Begegnung mit Bertha auf der Waldwiese ist genauso göttlich prädestiniert und entscheidet bereits alles, wie sein gesamter Lebensweg –: es stehen also den geglückten Liebesbegegnungen weit mehr unglückliche und gescheiterte gegenüber. Die Liebe ist eine gefährliche Schaltstelle in der Lebensmechanik der Stifterschen Menschen, der Eingriff des Schicksals[38] und der Blindheit des Menschen, der den goldenen Wagen des Schicksals nicht rollen sieht und hört, obwohl Gott seine Spur im voraus aufzeigt. Der Mensch ist eingebettet in eine diffizile und seiner Einsicht nicht immer aufgeschlossene Abstufung göttlicher Wirkkräfte. Stifter spricht wiederholt von der „Blumenkette" des Schicksals, und er meint damit das alte, neuplatonische Bild der „Aurea catena Homeri" und das hermetische Weltbild, das vor allem die Freimaurerei seiner Zeit noch immer weiterpflegt.

Seine Menschen brechen unter einer Fülle schier unerträglicher Schicksalsschläge zusammen, ohne die Ursachen im eigenen Inneren zu suchen, wie im

---

[37] SW. Bd. 7, S. 356.
[38] Über Stifters Schicksalsbegriff vgl. Sepp Domandl: Die Idee des Schicksals bei Adalbert Stifter. Urphänomen oder Gegenstand der spekulativen Vernunft. In: VASILO 23 (1974), S. 81–99.

‚Abdias', sie sind umgetrieben von blinden und nur scheinbar plötzlich hereinbrechenden Leidenschaften, wie Stephan Murai in ‚Brigitta', der wie die Titelheldin doch noch ein spätes und um so platonischeres Glück findet. Ein elfenhaftes Wesen ist das wilde Mädchen aus ‚Katzensilber', das den Weg zum Geliebten nicht findet und sich im märchenhaften Nichts verliert. Sein Schicksal korrigiert Stifter im ‚Waldbrunnen' ins Positive, seinem Traum- und Wunschdichten entsprechend, eine Korrektur des Geschicks seines Mündels Juliana. Die Liebe scheitert aus den verschiedensten Gründen, und eine Verfehlung gegen ihr heiliges Gesetz führt zur unwiderruflichen Zerstörung. Dies gilt für Margarita und Augustin genauso wie für Jodukus und Chelion. Die Liebe ist gegeben und läßt sich nicht erzwingen. Prokops Verhältnis zu Gertraud ist eine einzige schmerzliche Beschwörung, die niemals fruchtet. Beide reden aneinander vorbei und können nicht auf ihre innersten Töne hören, ja sind unfähig, sie recht auszusprechen. Die geistige Welt Prokops erscheint Gertraud unverständlich, ja feindlich, verkörpert in der rational-analytischen, den Schleier des ästhetischen Scheins der Natur zerreißenden Theorie von Prokops Lehrer Bernhard von Kluen: „er ergreife Alles," so klagt Gertraud, „er zerstöre Alles, aus den Sternen wolle er wilde Erdkugeln machen, wo es ist, wie hier – er reiße sie auseinander, und verwirre die Welt, daß sie nicht so schön sei, wie sie ist".[39] Hier ist weniger eine Rücknahme des von Stifter in seiner „Angela" der ‚Feldblumen' gezeichneten Frauenideals zu sehen als eher eine Inversion der Konstellation des ‚Condor': Die Frau ist hier diejenige, die die Ganzheit hochhält, die ästhetische Synthesis entgegen der naturwissenschaftlichen Zergliederung, das seelische Gesetz, die künstlerisch-ästhetische Anverwandlung der Welt, die im ‚Condor' vom Maler gelebt worden war, während sich Cornelia in ihrer Hybris der Eiseskälte des unverhüllten Kosmos aussetzte: „das Weib erträgt den Himmel nicht".[40] Und so mündet jene verzweifelte Beschwörung des Glücks, das da kommen sollte und nicht kommen kann, in eine stumme Vorausahnung des Nichts: Prokop hat seine eben errungene Gemahlin auf einen Balkon seines Schlosses geführt, hoch oben, und die Landschaft ist von Nebeln zugedeckt, so daß sie wie abgehoben sind und schwebend, in dem nihilistischen Zwischenreich der sich entziehenden Natur-Welt, wie in den Eis- und Schneewildnissen der Kinder im ‚Bergkristall'. Die beklommene Gertraud ahnt die Bodenlosigkeit ihres Seins: „‚Es ist schauerlich,' antwortete sie, ‚wir schweben ja mit dem Berge nur in der Luft, und rings um uns ist nichts.'"[41]

Die Bilder der Angst, der Bodenlosigkeit, der katastrophalen Gefährdung, der Vernichtung durch den zynisch goldenen Wagen des Geschicks brechen immer wieder ein durch das spinnwebdünne Netz von Stifters Ideallieben und

---

[39] SW. Bd. 13, S. 216 (Prokopus). Vgl. Wolfgang Matz (o. Anm. 14), S. 720–721.
[40] WuB. Bd. 1.1, S. 22.
[41] SW. Bd. 13, S. 199 (Prokopus).

Idealleben. Am Ende steht die düstere barocke Parabel des „Media vita in morte sumus": im ‚Gang durch die Katakomben von St. Stephan', einem kühnen, kalten Symbol des Lebendigbegrabenseins im wirren Durcheinander von verdörrten Mumien und Gerippen. Die Katakomben sind ein Asyl der Reichen und vornehmen Adeligen, deren lächerliches Privileg es ist, hier in wirrem Durcheinander zu vermodern und deren geborgener Welt anzugehören Stifter sich ein Leben lang erträumte. Hier im Reich des Todes sieht Stifter „ein Gebiet, wo Alles gewaltsam zernichtet wird, was wir im Leben mit Scheu und Ehrfurcht zu betrachten gewohnt sind – wo das Höchste und Heiligste dieser Erde, die menschliche Gestalt, ein werthloses Ding wird, hingeworfen in das Kehricht, daß es liege, wie ein anderer Unrath."[42] Das brausende Leben über dem Haupt des in der modrigen Grabkammer Wandelnden wird aus dieser Perspektive sinnlos und gleichgültig: „Während ich dieß dachte, rasselte wieder ober uns das Geräusche eines rollenden Wagens auf dem Pflaster des Stephansplatzes, und es däuchte mir so leichtsinnig, oder so wichtig, wie etwa die Weltgeschichte der Mücken oder der Eintagsfliegen."[43] Und der Tod ist schamlos. Vor eine nackte Tote tritt einer, „der vielleicht bei ihrem Leben sich kaum ihrer Schwelle hätte nähern dürfen, und legt, nicht mit der Hand, weil's ihn ekelt, sondern mit der Spitze seines Stockes einige Lappen zurechte, daß sie ihren Leib bedecken – und wer weiß, ob nicht bald eine muthwillige Hand erscheint, sie aus dem Sarge reißt und nackt und zerrissen dort auf jenen Haufen namenlosen Moders wirft, wo sie dann jeder, der diese Keller besucht, emporreißt, anleuchtet, herumdreht, und wieder hinwirft."[44] Dies ist das absolute Nichts, die wilde Zernichtung des hauchzarten Liebesschmelzes, der auf Stifters unsterblichen Frauen liegt. Im Leben, nicht in der Dichtung.

---

[42] SW. Bd. 15, S. 60.
[43] Ebd., S. 63.
[44] Ebd., S. 58.

Joachim W. Storck

Eros bei Stifter

> „Masken! Masken! Daß man Eros blende."
> (Rainer Maria Rilke. ‚Eros')

I

Das Thema dieses Beitrags mag auf den ersten Blick überraschen. Es ist sehr allgemein gehalten, verlangt daher nach einer genaueren Bestimmung und Einschränkung. Und bei vielen Lesern unserer Tage, die gemeinhin eine andere Kost gewöhnt sind, mag es die Frage provozieren, ob es dies überhaupt gebe: Eros bei Stifter? Dies soll im folgenden anhand einiger Beispiele erläutert und vielleicht beantwortet werden.

Die Anregung hierzu reicht weit zurück. Als im Jahre 1968, aus Anlaß von Adalbert Stifters 100. Todestag, im Heidelberger Lothar Stiehm Verlag eine umfangreiche ‚Gedenkschrift' mit ‚Studien und Interpretationen'[1] erschien, wurde darin im Nachwort auch jener beiden „Altmeister der Stifter-Forschung" gedacht, die im gleichen Jahr ihren 80. Geburtstag gefeiert hatten: Max Stefl und Urban Roedl.[2] Beide hatten Beiträge zugesagt, die zu vollenden ihnen aber nicht mehr vergönnt war. Urban Roedls Arbeit sollte das Thema ‚Eros in Stifters Werk' behandeln, ein, wie der Herausgeber damals bemerkte, „in der Forschung bisher sorgfältig gemiedenes Terrain".[3] Das mag heute nicht mehr in der gleichen Weise gelten; in Einzelaspekten haben sich verschiedene Untersuchungen Themen aus diesem Problemkreis gewidmet, worauf hier auch gelegentlich Bezug genommen wird.

Der Titel unseres Beitrags knüpft also bewußt an die einst von Urban Roedl vorgeschlagene Formulierung an; nicht zuletzt, um dadurch auch an diesen nicht aus der germanistischen Zunft im engeren Sinne hervorgegangenen und deren Verirrungen in „finsteren Zeiten" nicht erlegenen Stifter-Biographen wieder zu erinnern, dem der Referent in jüngeren Jahren manches verdanken durfte.[4]

---

[1] Adalbert Stifter. Studien und Interpretationen. Gedenkschrift zum 100. Todestage. Hrsg. von Lothar Stiehm. Heidelberg 1968.
[2] Ebd., S. 343.
[3] Ebd.
[4] Vgl. Joachim W. Storck: Bruno Adler (Urban Roedl). In: Berlin und der Prager Kreis. Hrsg. von Margarita Pazi und Hans Dieter Zimmermann. Würzburg 1991, S. 211–224; Kurt Gerhard Fischer: Urban Roedl – Bruno Adler. 14. Oktober 1888 – 27. Dezember 1968. In: VASILO 18 (1969), S. 93–96.

„Eros bei Stifter": wir müssen die Explikation dieses Themas schon aus Raumgründen auf einige der ‚Studien' (mit Berücksichtigung der Journalfassungen) beschränken; denn mit dem ‚Nachsommer' – um nur diesen Roman aus der späteren Reifezeit des Dichters zu nennen – wäre nicht nur eine neue ästhetisch-poetologische Dimension im Hinblick auf die ihr adäquate Behandlung des Erotischen in Betracht zu ziehen; bei ihm liegen auch bereits die unterschiedlichsten Ansätze der Tiefen- oder Oberflächenhermeneutik vor, deren Berücksichtigung zwangsläufig zu kontroversen Auseinandersetzungen führen müßte.[5]

Was schließlich die Wahl des Themas rechtfertigen mag, sind die von Generation zu Generation, ja heute in noch viel kürzeren Zeitabständen sich ändernden und nicht zuletzt durch den gesellschaftlichen Wandel verursachten Rezeptionsvoraussetzungen. Die gleiche Thematik muß heute anders formuliert und angegangen werden als vor 20, 40 oder 60 Jahren. Als 1981 die Zeitschrift ‚Ästhetik und Kommunikation' dem Thema „Liebe" ein Sonderheft zu widmen gedachte, wählte sie hierfür den Titel ‚Sex und Lust'.[6] Und im November 1993 behandelte das Heft 58 der Zeitschrift ‚Freibeuter' eine neue Variante des gleichen Problemfeldes unter dem Titel ‚Erotik im Zeitalter der Pornographie.'[7] In unserer Epoche liegt also alles, was in den Bereich des – wie man noch zur Zeit der letzten Jahrhundertwende zu sagen pflegte – „Liebeslebens" gehört, gänzlich an der Oberfläche.[8] Es gibt hier nichts mehr, was nicht dargestellt, ans Licht gezerrt oder ausgesprochen werden würde; nur die „Sprache der Liebenden" selbst scheint mehr und mehr zu verkümmern. Einer Tiefen-, ja überhaupt nur einer Hermeneutik bedarf es da kaum noch. Die redaktionelle Einleitung zu dem genannten ‚Freibeuter'-Heft konstatiert diese Situation auf folgende Weise:[9] „Im Zeitalter der Pornographie und des Fleischzeigens verkümmert die Einsicht, daß jede Spannung einen Widerstand braucht. [...] denn je länger der Weg, desto lusterfüllter das Ziel. Aber wir leben in einer Kultur des pornographischen Kurzschlusses, die das erotische Siegel aufbricht, bevor sie gelernt hat, die Lustschrift zu entziffern."

---

[5] Vgl. Joachim Müller: Das Liebesgespräch in Adalbert Stifters Epik. In: J.M.: Von Schiller bis Heine. Halle 1972, S. 335–350; Christine Oertel Sjoegren: Ein Musterbeispiel der Liebestheorie in Stifters ‚Nachsommer'. In: VASILO 26 (1977), S. 11–115; Peter von Matt. Liebesverrat. Die Treulosen in der Dichtung. München 1989, S. 145: Der Liebesvertrag im ‚Nachsommer'; Christian Hoffmann: Die Liebesanschauung in Stifters ‚Nachsommer'. Linz 1993 (Schriftenreihe des Adalbert-Stifter-Institutes des Landes Oberösterreich 38).
[6] Ästhetik und Kommunikation. Sex & Lust. Verführung – Schönheit – Liebe – Gewalt. Hrsg. von Arno Widmann. Ä & K akut 7 (Sonderheft). Berlin 1981.
[7] Freibeuter 58. Thema: Erotik im Zeitalter der Pornographie. Berlin. November 1993.
[8] Vgl. u.a. Wilhelm Bölsche. Das Liebesleben in der Natur. Folge 1–3. Leipzig 1900f.; Hans Licht: Das Liebesleben der Griechen. Sittengeschichte Griechenlands. Bd. 2. Dresden und Zürich 1926.
[9] Freibeuter 58 (o. Anm. 7), S. 1.

Diese wenigen Andeutungen genügen bereits, um jenes Rezeptionsklima zu verdeutlichen, von dem aus wir nach der latenten oder manifesten Präsenz des Erotischen bei Stifter fragen wollen. Natürlich ist uns dabei bewußt, daß wir uns bei der Lektüre und Analyse seiner historisch fixierbaren Texte mit unserer Einbildungskraft in ein Zeitalter zurückbegeben müssen, das gerade im Hinblick auf diese Thematik von dem unseren besonders weit entfernt erscheint. Das Zeitalter des Biedermeier oder des Vormärz – diese auf den deutschsprachigen Kulturkreis beschränkten epochengeschichtlichen Hilfsbegriffe ergänzen sich je nach der historisch-politischen Perspektive – hatte in der Tat besonders viele Widerstände aufgebaut, mit denen die damals wie zu allen Zeiten sich kundtuende erotische Spannung zu rechnen hatte. Der zitierte Einleitungstext des ‚Freibeuter' führt als solche Widerstandsobjekte etwa die Religion, die Konventionen oder die Frauenverachtung an;[10] und deren Geltung und Wirksamkeit war gerade zur Entstehungszeit von Stifters wichtigsten Erzählungen noch kaum erschüttert. Nicht nur die erotische Praxis, sondern auch alles fiktive und gelehrte Schreiben hatte sich an diesen Widerständen zu messen oder innerhalb ihrer Grenzen einzurichten. Die Wirkungen konnten einschränkend, aber auch verfeinernd sein. Unter repressiven Bedingungen liest man aufmerksamer, entschlüsselt sorgfältiger das Angedeutete, ergänzt das Ungesagte. Und man bemerkt, solchermaßen sensibilisiert, daß bei Stifter am Ende doch mehr gesagt und enthalten ist, als ein nur oberflächlicher Blick zu enthüllen vermag.

Bevor wir dies nachzuweisen versuchen, sei die Terminologie dieses Beitrags begründet. Wenn nicht irgend ein abstrakter Begriff, sondern der Name des griechischen Liebesgottes in seinem Titel erscheint, so wird hier einmal die mythisch beglaubigte Urkraft des Geschlechtlichen, zugleich aber auch seine Vergeistigung im platonischen Sinne metaphorisch bezeichnet, der Einklang also von Körper und Seele, von Sinnlichkeit und Geist in der Totalität der Liebe, welchen der Begriff der Sexualität, seinem landläufigen Gebrauch entsprechend, nicht in der gleichen Weise impliziert. Liebe als Allgemeinbegriff hat demgegenüber allzuviele Erscheinungsformen, die häufig in den Bereich der Agape gehören.[11] Von dieser läßt sich nicht, wie im Falle des Eros, sagen, daß sie den Menschen gleichsam als Pfeilschuß eines Gottes oder, in einem für Stifter besonders bedeutungsvollen Bilde, als Blitzschlag aus einem transzendenten Schicksalsbereich heraus zu treffen und in seinem Innersten zu erschüttern vermöchte. Von Eros, dem Göttlichen, „geschlagen" zu werden, kann als Beseligung wie als Schrecken erfahren werden. Auch Stifter hat dies

---

[10] Ebd.
[11] Vgl. Kurt Gerhard Fischer: Die Pädagogik des Menschenmöglichen. Linz 1962 (Schriftenreihe des Adalbert-Stifter-Institutes 17), S. 297f. Exkurs: Eros und Agape; Christian Hoffmann (o. Anm. 5), S. 71–74: Eros und Agape in der abendländischen Liebesanschauung.

verschiedentlich geschildert, ebenso aber auch, und dies in zunehmendem Maße, Liebe als ein langsames Keimen und verhülltes Wachsen darzustellen versucht. Immer aber bleibt die Geschlechterliebe ein Hauptthema seiner Erzählkunst, während man die ihm von Friedrich Hebbel spöttisch unterschobene Schwärmerei für Butterblumen und Käfer vergeblich suchen wird;[12] sie, die Geschlechterliebe, bleibt es, weil sie für Stifter selbst Problem und erst eine eingestandene, später eine verdrängte und beschönigte Not gewesen ist.

Auf den ersten Blick scheint Stifter auch auf dem Felde des Erotischen um die Erzielung von Harmonie bemüht, wobei deren Darstellung tatsächlich, wie so oft in der Dichtung, „aus der Entbehrung hervorgegangen" ist.[13] Doch der Weg zu einem solchen Ziele ist mit Hindernissen gepflastert, wird Rückschlägen ausgesetzt; und am Ende steht oft das Scheitern, die Trauer, die Reue.[14] Dieses inhärent Bedrohliche in Stifters Prosa aber, diese „oft ganz fremdartigen, gefährlichen Dinge"[15] sind es gerade, die einige bedeutende Stifter-Leser unter den Autoren der klassischen Moderne, von Thomas Mann bis Rilke, an „einem der merkwürdigsten, hintergründigsten, heimlich kühnsten und wunderlich packendsten Erzähler der Weltliteratur" immer wieder fasziniert haben.[16] So haben disharmonisch ausgehende Fabeln, scheiternde Schicksale in den ‚Studien' ein besonderes Gewicht: im ‚Condor', im ‚Hochwald', bei den Grafen Scharnast in der ‚Narrenburg', im ‚Abdias', im ‚Alten Siegel' oder im ‚Hagestolz'; und auch, außerhalb der ‚Studien', im ‚Waldgänger'.

II

Bereits die erste und früheste der später in den ‚Studien' gesammelten Erzählungen, ‚Der Condor', gehört in das disharmonische Repertoire. Die dort entwickelte erotische Konstellation ist von Anfang an, dank der Gegensätzlichkeit ihrer Protagonisten, konflikthaft angelegt. Gustav, die männliche Hauptgestalt, erscheint als ein noch kaum der Pubertät entwachsener und auch in entsprechender Weise reagierender Jüngling. Er repräsentiert ein Entwick-

---

[12] Friedrich Hebbel. Sämmtliche Werke. Historisch kritische Ausgabe. Besorgt von Richard Maria Werner. Abt. I. Bd. 6 (Nachdruck Bern 1970), S. 349: Die alten Naturdichter und die neuen. (Brockes, Geßner, Stifter, Kompert usw.)
[13] Elya Maria Nevar: Freundschaft mit Rainer Maria Rilke. Bern-Bümpliz 1946, S. 32: Brief Rilkes vom 26.10.1918.
[14] Vgl. Walther Rehm: Stifters Erzählung ‚Der Waldgänger' als Dichtung der Reue. In: W.R.: Begegnungen und Probleme. Studien zur deutschen Literaturgeschichte. Bern 1957, S. 317, S. 345.
[15] Rainer Maria Rilke an N.N. (Paris 14.4.1913); Zit. in: Atti dell' ottavo convegno. 3 ottobre 1979 a cura di Walter Schweppe. Duino-Trieste [1980], S. 23.
[16] Thomas Mann. Die Entstehung des Doktor Faustus. Roman eines Romans. Frankfurt a.M. 1949, S. 124.

lungsstadium, dessen Darstellung den Erzähler häufig angezogen hat; war doch die verlängerte – Kurt Gerhard Fischer meint sogar: die gescheiterte – Pubertät Stifters eigenes Problem.[17] In der „kühnen Cornelia" jedoch steht dem jungen Künstler, Gustav, eine zwar gleichaltrige, an Reife jedoch weit überlegene Partnerin gegenüber, die Stifter sogar als eine frühe Vertreterin der Frauenemanzipation gestaltet; versucht sie doch mit ihrer wagemutigen, ihren Freund erschreckenden Entscheidung zur Teilnahme an dem Ballonflug der beiden forschenden Luftschiffer, „die Bande der Unterdrückten zu sprengen" und „an sich wenigstens ein Beispiel auf[zu]stellen", „daß auch ein Weib sich frei erklären könne von den willkürlichen Grenzen, die der harte Mann seit Jahrtausenden um sie gezogen hatte".[18] Kein Wunder, daß der Erzähler in diese Liebesbeziehung den „Geist des Zwiespalts zwischen Menschen" eintreten sieht, daß dem schönen Liebestraum des Jünglings, seinem „schüchtern wachsende[n], schwellende[n] Herz[en]" ihr „Stolz", ihr „Freiheitsstreben", ihr „Wagen", wie er zu empfinden meint, im Wege steht, so daß in dem Liebenden ein „recht inbrünstiglich[er]" Haß aufkeimen kann.[19] Allerdings: Cornelias beispielhaft gewählter Emanzipationsversuch, die Mutprobe ihrer Teilnahme an dem Ballonflug, scheitert; ihr wird unwohl, und der alte Luftschiffer Coloman muß trocken konstatieren: „das Weib erträgt den Himmel nicht".[20] Erst als sie dies dem in pubertärem Unmut verdüsterten Geliebten einzugestehen wagt und dabei in die konventionsgemäße Rolle als „armes, schwaches Weib", das den Himmel nicht erträgt, zurückfällt, taut dessen übellaunige Gehemmtheit schlagartig auf; und es kommt zu einer überraschend akzelerierten Liebesbegegnung:[21]

„Der Jüngling zog nun ihre Hände herab; sie folgte, aber der erste Blick, den sie auf ihn that, machte sie erschrecken, daß plötzlich die Thränen stockten. Wie war er verwandelt! Aus den Locken des Knaben schaute ein gespanntes, ernstes Männerantlitz empor, schimmernd in dem fremden Glanze des tiefsten Fühlens; – aber auch sie war anders: in den stolzen dunklen Sonnen lag ein Blick der tiefsten Demuth, und diese demüthigen Sonnen hafteten beide auf ihm, und so weich, so liebreich wie nie – – hingegeben, hilflos, willenlos – sie sahen sich sprachlos an – die heiße Lohe des Gefühles wehte – das Herz war ohnmächtig – ein leises Ansichziehen – ein sanftes Folgen – und die Lippen schmolzen heiß zusammen, nur noch ein unbestimmter Laut der Stimme – und der seligste Augenblick zweier Menschenleben war gekommen und – vorüber.

---

[17] Kurt Gerhard Fischer. Psychologische Beiträge zur Biographie Adalbert Stifters. In: VASILO 10 (1961); zugleich: Schriftenreihe des Adalbert-Stifter-Institutes 16, S. 86.
[18] WuB. Bd. 1.4, S. 23.
[19] Ebd., S. 33.
[20] Ebd., S. 28.
[21] Ebd., S. 35; das letzte Zitat S. 34.

Der Kranz aus Gold und Ebenholz um ihre Häupter hatte sich gelöset, der Funke war gesprungen, und sie beugten sich auseinander – aber die Häupter blickten sich nun nicht an, sondern sahen zur Erde und waren stumm."

Hier wird nicht nur, in einer für Stifter erstaunlich offenkundigen Weise, die Tristesse angedeutet, in welche die Kreatur nach dem Liebesakt immer wieder zu stürzen pflegt; es wird auch deutlich, daß dieser beschleunigten Umarmung die wirkliche erotische Fülle und Erfülltheit fehlen mußte, die der Liebes-Neuling noch ebensowenig erfahren wie vermitteln konnte. Daher auch seine naive Frage an die Geliebte: „Cornelia, was soll nun dieser Augenblick bedeuten?" und sein anschließender Zweifel: „ist es etwa nur ein Moment, ein Blitz, in dem zwei Herzen sich begegneten, und ist es dann wieder Nacht?"[22] Ihm wird lediglich bewußt, daß er durch den Liebes-Augenblick ein anderer Mensch geworden sei; und auch Cornelia erkennt dies mit Staunen:[23] „Sie war mit ihm in gleichem Alter, aber sie war eine aufgeblühte volle Blume, er konnte zu Zeiten fast noch ein Knabe heißen. – Bewußt oder unbewußt hatte sie die Liebe vorzeitig aus ihm gelockt – in einer Minute war er ein Mann geworden; er wurde vor ihren Augen immer schöner, wie Seele und Liebe in sein Gesicht trat, und sie sah ihn mit Entzücken an, wie er vor ihr stand, so schön, so kräftig, schimmernd schon von künftigem Geistesleben und künftiger Geistesgröße, und doch unschuldig, wie ein Knabe, und unbewußt der göttlichen Flamme, Genie, die um seine Scheitel spielte."

Für den angehenden Künstler war dieser mit dem Blitzschlag verglichene „Wonnesturz der ersten Liebe" sein erotisches Initiationserlebnis, in dem zugleich die Liebes-Genialität des Weibes das künstlerische Genie in ihm entzündete. Doch fast unmittelbar darauf folgte, fast zwangsläufig, der Fortzug des Initiierten in die Welt; es kam zu der Trennung „zwei[er] Menschen, die sich gefunden", und zu der es keine Wiederkehr gab.

III

Gewiß war es, vordergründig gesehen, Stifters Bestreben, in der Zielsetzung seiner Gestaltungen des Liebes-Themas ein Auseinandertreten der ideellen und der sexuellen Komponente im Erotischen zu vermeiden, ja deren Zusammenklang als natürlich und gottgewollt erscheinen zu lassen. Doch gerade in den genannten Erzählungen gelingt dies nicht, ja es wird schon in der Intention vermieden; sie gewinnen ihre Relevanz eben aus dieser Spannung zwischen dem Ideal und der psychologisch motivierten Wirklichkeit. Und selbst in dem sorgfältig gestuften und ausgefeilten Harmonie-Modell des ‚Nachsom-

---

[22] Ebd., S. 35f.; die beiden folgenden Zitate S. 37, S. 38.
[23] Ebd., S. 36.

mers' ist es gerade die Verfehlung der im ‚Rückblick'-Kapitel enthüllten frühen Liebesbeziehung zwischen Risach und Mathilde, welche die verborgene Melancholie eines bloßen Nach-Sommers prägt und diesen dann auch poetisch überzeugender erscheinen läßt als das eher steril wirkende künftige „Glück" des jungen, einer allzu langen Retardierung unterworfenen Paares Heinrich und Natalie.[24]

Stifter selbst hatte ja die Wirren seiner eigenen frühen Liebesbeziehungen durchaus disharmonisch erlebt: im jahrelangen, zögerlichen Werben um die in der Erinnerung verklärte „Braut [s]einer Seele" im heimatnahen Friedberg – die für den Dichter dann auch tatsächlich die „Braut [s]einer Ideen" blieb[25] –, während er selbst gleichzeitig, als ein halber Bohemien im großstädtischen Wien, den sinnlichen Reizen der hübschen Putzmacherin Amalie Mohaupt verfiel, die er erst später und mit erheblichem, von Selbsttäuschungen keineswegs freiem Aufwand, auch „ideell" auszustatten und solchermaßen zu stilisieren strebte.

Als eine Ideenschöpfung besonderer Art erwies sich schon die Heldin seiner zweiten, dem ‚Condor' benachbarten Erzählung ‚Feldblumen'. Ihr, Angela, gestand Stifter mit dem Jean Paul'schen Überschwang seines Frühstils zu, was Cornelia noch, nach ihrem gescheiterten, emanzipatorisch gedachten Flugversuch, vor der Liebesvereinigung mit Gustav wieder abzulegen bereit war: das intellektuelle Eindringen in eine bis dahin nur den Männern vorbehaltene geistige Domäne; sie erscheint durch Erziehung und Bildung mit einer „Wissensfülle" ausgestattet, „an die wenig Männer reichen". „Darum", so bemerkt der erzählende Briefschreiber Albrecht zu dem Freunde Titus, „ist ihr die Wissenschaft Schmuck des Herzens geworden, und das ist die größte und schönste Macht derselben, daß sie den Menschen mit einer heiligenden Hand berührt und ihn als Einen des hohen Adels der Menschheit aus ihrer Schule läßt".[26]

Durchaus zustimmend konstatiert dann der in Angela Verliebte, „daß sie eine Menge nicht kann und nicht lernte, was nicht zu können jedes Mädchen Wiens für eine Schande halten würde. Zum Beispiel: Stricken. Es war mir ein Jubel, als ich das hörte. O dieser ewige Strickstrumpf, an dem unsere Jungfrauen nagen – es gibt nichts Oederes und Geistloseres".[27]

Stifter entwirft hier, in der Anfangszeit seiner Schriftstellerei, ein Frauenbild, das für die Zeit des Biedermeier als recht ungewöhnlich gelten muß. Er polemisiert gegen die den Frauen zugemutete „Häuslichkeit", die, so wünscht es der Erzähler, nur einen „kleine[n] Theil des weiblichen Berufes" bilden

---

[24] Vgl. Walther Rehm: Nachsommer. Zur Deutung von Stifters Dichtung. München 1951, S. 61–80.
[25] SW. Bd. 17, S. 37, S. 38 (an Fanny Greipl, 20. August 1835).
[26] WuB. Bd. 1.4, S. 115, S. 117.
[27] Ebd., S. 118.

möge. Und der Feststellung, daß „selbst Vorbereitung und Erfüllung der Mutterpflicht" nicht den „Kreis des Weibes" schließe, fügt er die Frage an: „Ist es nicht auch um sein selbst willen da? Stehen ihm nicht Geister- und Körperreich offen? Soll es nicht, wie der Mann, nur in der Weise anders, durch ein schönes Dasein seinen Schöpfer verherrlichen? [...] Angela hat mir die Augen geöffnet über Werth und Bedeutung des Weibes."[28]

Daß dieses neue Frauenbild auch im erotischen Verständnis eine neue Sicht erlaubt, machen die anschließenden Bemerkungen deutlich, die eine „rechte, echte Einfalt und Naturgemäßheit" zum Ziele haben in einer Zeit, wo „man bereits schon so tief in die Irre gefahren" sei. Der Briefschreiber bekennt an dieser Stelle: „Ich schaudere, welche Fülle von Seelenblüthe taub bleibt; wenn die Besterzogenen dastehen, nichts in der Hand, als den dürren Stengel der Wirthschaftlichkeit, und das leere, schneeweiße Blatt der angebornen Unschuld, auf das, wenn nicht das Mutterauge darauf fällt, wie leicht ein schlechter Gatte oder Hausfreund seinen Schmutz schreiben kann – und die Guten merken es lange nicht oder erst, wenn es zu spät ist, ihn wegzulöschen."[29]

Ein Idealbild von Ehe läßt sich solchen Einsichten nicht gerade entnehmen; und es ist auch erst die „éducation sentimentale", die dieser ebenfalls noch pubertätsnahe junge Mann durch den Umgang mit Angela erfährt, die ihn zu seiner dauernden Verbindung mit seinem Weiblichkeitsideal befähigt. Die Reife hierzu erlangt er schließlich durch ein sein Lebensziel in Frage stellendes Verschulden und die ihm hieraus erwachsende Erkenntnis; ein Motiv, das dann auf höherer Ebene in der ‚Mappe meines Urgroßvaters' wiederkehrt. Anlaß dieses Verschuldens ist der in gleicher Weise unvernünftige wie ungezügelte Ausbruch von „Leidenschaft", die Stifter hier, wie auch sonst, nicht so sehr sexuell, als vielmehr geistig und emotional versteht; vor allem in der Erscheinungsform von Eifersucht, die ihm als ein Ausdruck von seelischer Roheit gilt.

IV

Selbstmord, Eifersucht, Zorn: dies sind Ausbrüche von Leidenschaft, die als „Vergessenheit aller Dinge des Himmels und der Erde" auch in der ‚Mappe meines Urgroßvaters' und in der ‚Narrenburg' fatale Folgen zeitigen und deren Bändigung ‚Der beschriebene Tännling' parabelhaft gestaltet.[30] Erotische Leidenschaft im engeren Sinne ist jedoch ambivalent, wie es im ‚Hochwald' die ältere Schwester Clarissa ihrer jüngeren, Johanna – dem noch unerweck-

---

[28] Ebd., S.121f.
[29] Ebd., S. 122.
[30] WuB. Bd. 1.5, S. 184 (Die Mappe meines Urgroßvaters).

ten Mädchen –, zu Anfang der Erzählung erklären möchte: „O Johanna, liebes Mädchen, wie bist du noch dein eigner Himmel, tief und schön und kühl! Aber es werden in ihm Düfte emporsteigen – der Mensch gibt ihnen den Mißnamen Leidenschaft – du wirst wähnen, sie seien wundervoll erschienen, Engel wirst du sie heißen, die sich in der Bläue wiegen – aber gerade aus ihnen kommen dann die heißen Blitze, und die warmen Regen, deine Thränen – und doch auch wieder aus diesen Thränen baut sich jener Verheißungsbogen, der so schön schimmert und den man nie erreichen kann – – – der Mondschein ist dann hold und unsre Melodieen weich. – – Kind, es gibt Freuden auf der Welt, von einer Ueberschwenglichkeit, daß sie unser Herz zerbrechen könnten – – und Leiden von einer Innigkeit – – – o sie sind so innig!! – ".[31]

Die so spricht, hatte einmal geliebt; einen Mann, der „ein ganzes Meer von Seele und Gemüth" in ihr „dunkel bewußtes Herz" gegossen hatte, die an die Lippen ihres Geliebten geflogen war, „im Wahnsinne von Seligkeit" an ihm gehangen hatte, „sündhaft vergessend" ihren Vater, ihre Mutter, ihren Gott. Dann aber sei dieser Geliebte fortgegangen; sie habe endlich alles überstanden, und ihre Seele habe sich wieder ihrer „reinen Liebe" zugewandt. Objekt dieser Liebe war in allererster Linie ihre junge Schwester; ihr galten, und von ihr empfing sie, Empfindungen und Gesten der innigsten Zärtlichkeit. Denn auf Clarissas Worte hin – so geht die Erzählung an der zitierten Stelle weiter – stand Johanna auf, „ging zu ihrer Schwester, und küßte sie unsäglich zärtlich auf den Mund, indem sie beide Arme um ihren Hals schlang". Von der Älteren heißt es dann mit deutlich erotischer Diktion: „Clarissa küßte sie zweimal recht innig entgegen auf die Kinderlippen, an deren unbewußter schwellender Schönheit sie wie ein Liebender Freude hatte".[32]

Was schon in dieser Eingangsszene der ‚Hochwald'-Erzählung anklingt – die latent lesbisch-inzestuöse Schwesternliebe –, wird im weiteren Verlauf der Handlung wieder und wieder bestätigt; vor allem in den eifersüchtigen Reaktionen Johannas, nachdem in der Abgeschiedenheit des ‚Waldhauses', auf der ‚Waldwiese', Clarissas einstiger Geliebter Ronald wieder aufgetaucht war und im Gespräch mit der einst Verlassenen deren überwunden geglaubte Gefühle wiederzuerwecken vermocht hatte. Da heißt es dann: „aber Johanna, die bisher mit steigender Angst zugehört hatte, sprang plötzlich auf und mit den zornesmuthigen Thränenfunken in den Augen rief sie: ‚Clarissa, was thust du denn!?'"[33]

Aber auch die Reaktion der älteren Schwester läßt an Deutlichkeit nichts zu wünschen übrig; denn „wie aufgeschreckt, fuhr [sie] empor, wendete sich um, und wie sie das Kind, dessen Lehrerin und Vorbild sie bisher war, vor sich stehen sah – nein, nicht mehr das Kind, sondern die Jungfrau mit der

---

[31] WuB. Bd. 1.4, S. 220.
[32] Ebd., S. 220f.; die voraufgehenden Zitate S. 286.
[33] Ebd., S. 290; dort auch das nächste Zitat.

Purpurglut der Scham im Gesichte, so warf sie sich demüthig, und doch strahlend vom Triumphe an ihre Brust. – –"

Clarissas und auch des alten Gregors Versuche, die schluchzende Johanna zu beruhigen, haben nur zeitweiligen Erfolg; und so schließt das Kapitel mit der lakonischen Feststellung: „Clarissa war nicht mehr ruhig – Johanna nicht mehr glücklich."[34] Dabei bleibt es nun; denn, so liest man im nächsten Kapitel, „Johanna, wie überschüttend auch die Liebesbeweise ihrer Schwester waren, und vielleicht eben darum, fühlte recht gut, daß sie etwas verloren – nicht die Liebe der Schwester, diese war ja noch größer und zarter, nicht ihr früher gegenseitig Thun und Wandeln, das war wie ehedem – was denn nun? Sie wußte es nicht; aber es war da, jenes Fremde und Unzuständige, das sich wie ein Todtes in ihrem Herzen fortschleppte".[35]

„Jenes Fremde und Unzuständige" im Herzen: hinter dieser Umschreibung verbirgt sich ein Tabu, das keiner Benennung bedurfte. Noch zweimal wird es, zum Ende der Erzählung, berührt, als Clarissa den Tod Ronalds erfahren muß. Unwillkürlich wendet sie sich da, das frühere Verhältnis geradezu umkehrend, der Schwester zu: „Sie verbarg wieder ihr Haupt an Johanna's Herzen, fast kindisch furchtsam die Worte sagend: ‚Johanna, du zürnest – Johanna, ich liebe dich, jetzt nur dich – – o Kind, liebe mich nun auch wieder.'"[36]

Johanna, im „Unmaß des Schmerzes und der Zärtlichkeit", findet den Trost der Liebenden für die Geliebte; „sie drückte die Schwester an sich, sie umschlang sie mit einer Hand, und streichelte mit der anderen über die glänzenden Kinderhaare derselben, wie man todtbetrübte Kinder beschwichtiget".

Die Schwestern kehren zur zerstörten Burg Wittinghausen zurück; danach kommen und gehen die Jahre immer im Gleichmaß; und der Erzähler weiß von den Vereinsamten nur noch zu berichten: „Die Schwestern lebten fortan dort, beide unvermählt. Johanna war eine erhabne Jungfrau geworden, rein und streng, und hatte nur eine Leidenschaft, Liebe für ihre Schwester."[37] Der „Mißname" für jene zwischen „Wonnen" und „Leiden" schwankenden Empfindungen, die Clarissa einst ihrer noch kindlichen Schwester nahezubringen versucht hatte: hier beantwortete er endlich, am dunklen Ausgang eines „Verheißungsbogens", die Frage: „Was denn nun?"

---

[34] Ebd., S. 296.
[35] Ebd., S. 298.
[36] Ebd., S. 316; dort auch die folgenden Zitate.
[37] Ebd., S. 317.

V

Homoerotische Empfindungen – nicht nur, wie häufig bei Stifter, im Kleide eines pädagogisch gerichteten Eros – waren dem Dichter keineswegs unbekannt. Als Albrecht, der erzählende Briefschreiber der ‚Feldblumen', im Wiener Paradiesgarten mit der schönen, bislang verschleierten Unbekannten jenen ersten, wie ein Blitz wirkenden Blickaustausch hatte und überwältigt wurde von der Empfindung, „Als sollt' ich sie ohne Maß und ohne Gränzen lieben", da reflektiert er anschließend über diese Liebe: „Und nun erkläre mir ein Erdenmensch die Heftigkeit eines solchen Eindruckes. Es ist im Leben schon öfters dagewesen – auch zwischen Mann und Mann war es schon."[38]

Auf besonders subtile Weise scheinen gleichgeschlechtliche und gegengeschlechtliche Anlagen in der Erzählung ‚Brigitta' überkreuzt und vermischt. Schon Claude Owen hat vor über zwanzig Jahren diese Erzählung – vielleicht etwas zu eindeutig – homoerotisch auszulegen versucht.[39] Gewiß zeigt der „schöne" Stephan Murai gerade in seinen früheren Jahren mit seiner Erscheinung in „Bau und Antlitz" und mit der „sanfte[n] Hoheit" seines Wesens Eigenschaften, die nicht nur „auf Frauenherzen [...] sinnverwirrend" wirkten, sondern mit denen er, wie es wörtlich heißt, „mehr als einmal auch Männer bethörte".[40] Und die dunkeläugige Brigitta, die, ihrer mangelnden äußeren Schönheit wegen, innerlich einsam und seelisch vernachlässigt aufwächst, verdrehte oft, wie in der Erzählung überliefert wird, beim Spielen „die großen wilden Augen, wie Knaben thun, die innerlich bereits dunkle Thaten spielen".[41] Daß Stephan Murai von der erwachsen Gewordenen, seelisch noch unerweckt Gebliebenen stärker angezogen wird als von all den Schönheiten, die um seine Gunst buhlen – sollte es um der als männlich zu empfindenden Herbheit ihres Wesens willen so gekommen sein? Jedenfalls aber hat Stephan sie doch als Weib erkannt, hat er ihre verborgene Seelenschönheit entdeckt, hat er gerade durch seine Liebe die Weiblichkeit in ihr zum Erblühen gebracht. Erst nach Murais wie auch immer flüchtig und oberflächlich erscheinendem Treubruch an ihrer „ohne Maß und Ende" hochgesetzten Liebesforderung und nach der Scheidung, die sie verlangt hatte, verwandelt sich Brigitta, die ihr eigenes „aufgequollne[s] schreiende[s] Herz gleichsam in ihre Hand [genommen]" und „zerdrückt" hatte,[42] in jene männlich tätige Gutsherrin, als welche sie „wie ein Mann umzuändern und zu wirthschaften" begann und sich kleidete und ritt, „wie ein Mann".[43] Am Ende ist es aber doch erst

---

[38] Ebd., S. 64f.
[39] Claude Owen: Zur Erotik in Stifters ‚Brigitta'. In: Österreich in Geschichte und Literatur 15 (1971), S. 106–114.
[40] WuB. Bd. 1.5, S. 413.
[41] Ebd., S. 447.
[42] Ebd., S. 459.
[43] Ebd., S. 443, S. 418.

die Versöhnung, die Milde des Verzeihens als der „reinigendste[n]" und „allerschönste[n] Blume der Liebe", wodurch die eheliche Geschlechterrolle wiederhergestellt und geheilt wird.[44] Was in diesem Paar, in Brigitta und dem Major, was in ihrer Geschichte und in deren Ausgang entwickelt und schließlich verwirklicht wird, kann man, so scheint es, wohl eher – und vorsichtiger – als das Beispiel eines „androgynen" Menschentums bezeichnen, wie man es in unseren Tagen als ausgleichende Überwindung des traditionellen „Geschlechterkampfes" immer häufiger postuliert, ja schon als biologisch-soziologische Entwicklungstendenz festgestellt findet.[45]

VI

Die Notwendigkeit eines solchen ausgleichenden Menschentums, das Stifter in verschiedenen seiner Gestalten zu entwickeln und darzustellen versucht – man denke nur an seine Kennzeichnung des „sanftmütigen Obristen" in der ‚Mappe meines Urgroßvaters', die eigentlich eine contradictio in adiecto darstellt –: diese Notwendigkeit kann allerdings auch ex negativo erzählerisch begründet werden, dort, wo die beiden Geschlechter in unversöhnlich erscheinenden Typologien einander gegenübergestellt werden. Dies geschieht vor allem in der Erzählung ‚Das alte Siegel', einer Erzählung, die auch deswegen für unsere Thematik von besonderer Bedeutung ist, weil sie, wie Ruth Angress in ihrer Interpretation des „Ehebruchmotivs" zu Recht festgestellt hat, „zweifellos die erotischste von allen Stifternovellen" ist.[46] Auf diese Darstellung des Erotischen sei daher zunächst eingegangen und zwar teilweise auch anhand der frühen Journal-Fassung von Stifters Erzählung, da diese, obwohl künstlerisch weniger verdichtet und ausgewogen – auch noch stärker wertend als objektiv statuierend – gerade den Prozeß der erotischen Annäherung ausführlicher und mit oftmals gesteigertem Ausdruck nachvollziehbar macht. Die Entwicklung setzt dabei – dies gilt allerdings für beide Fassungen – mit außerordentlicher Langsamkeit ein, in äußerstem Gegensatz zur Blitzartigkeit der Liebesvereinigung von Gustav und Cornelia im ‚Condor'. Schuld daran trägt zunächst das umsichtige Vorgehen des kupplerischen Dieners Dionis, der in der objektiven Wirkung seines Tuns als Medium des Schicksals erscheint.

---

[44] Ebd., S. 473.
[45] Vgl. Elisabeth Badinter: Ich bin du. Auf dem Weg in die androgyne Gesellschaft. München 1987 (Titel der französischen Originalausgabe: L'un est l'autre. Paris 1986).
[46] Ruth K. Angress: Das Ehebruchmotiv in Stifters ‚Das alte Siegel'. Ein Beitrag zur Literaturgeschichte der bürgerlichen Erotik. In: ZfDPh 103 (1984), S. 492. – Eric A. Blackall formuliert in seinem Aufsatz ‚Das alte Siegel' (in: Studien und Interpretationen [o. Anm. 1], S. 69–88) noch allgemeiner (S. 69): „‚Das alte Siegel' gehört zu Stifters leidenschaftlichsten und stärksten Schöpfungen".

Denn als „Schicksal" wird die Begegnung Hugos mit Cöleste vor allem von der letzteren empfunden; sie wird auch vom Erzähler selbst, anknüpfend an das Gleichnis vom „Schneesturz", den „Anfängen eines ganzen Geschickes der Menschen" zugeordnet.[47]

Bei der Schilderung der Anfangsszenen vor und in der Peterskirche ist die ‚Studien'-Fassung noch ausführlicher; denn in dieser wird der männliche Protagonist erst zu einem späteren Zeitpunkt und eher beiläufig der schwarz verhüllten Frauengestalt und des sie begleitenden Mädchens ansichtig, während diese in der Journal-Fassung bereits am Ende des ersten Kirchenbesuches an Hugo vorüberhuscht. Jedenfalls aber werden weder Hugo noch Cöleste nur im geringsten jener Absicht des Dionis gewahr, daß ihrer beider Zusammentreffen das eigentliche Ziel der rätselhaften Botschaft an Hugo, den jungen Militärstudenten, gewesen sein sollte. Erst der Zufall, daß die schwarzgekleidete Frau an einem Tage den Schleier einmal nicht herabgelassen hatte, ermöglichte einen Augenblick des Einander-Ansehens, der nun gerade den Mann, nach dem raschen Entschwinden der erst jetzt als jung erkannten Frau, „betroffen" – in der Journal-Fassung: „in der höchsten Verwirrung" – zurückgelassen hatte.[48]

Von nun an geht der junge Mann immer wieder zur Kirche, um die Verschleierte nach der Messe an sich vorübergehen zu lassen. Die ‚Studien'-Fassung verknappt dies in der Darstellung, dehnt aber den Zeitraum selbst beträchtlich in die Länge: „So verging eine geraume Zeit, und der Frühling neigte sich schon gegen den Sommer."[49]

Breiter und expliziter, aber auch verhängnishafter gestaltet sich dies in der Journal-Fassung, wo diese Vorstufe der eigentlichen Begegnung in der folgenden Weise entfaltet wird: „Und so stand er, von seinem Verhängniß getrieben, noch viele Male an der Kirche – [...] seine Gedanken waren erregt und mit sich uneins [...] – sie ging jedes Mal vorbei und sah ihn nicht. | Sie *konnte* ihn auch nicht sehen; denn sie blickte weder rechts noch links: aber *ahnen* mußte sie ihn; denn wenn sie an seiner Stelle vorüber kam, so war's, als zögere sie leise, und innerhalb der schwarzen Wolke ward es unruhig."[50]

Hier bereits wirkt dieser Text – obwohl noch kein Wort gefallen, keine Berührung geschehen ist – erotisch geladen. Und es folgt die nächste, immer noch langsame Stufe der Annäherung. Hugo kann es nicht lassen, der Unbekannten nach dem Verlassen der Kirche, weit hinter ihr gehend, ein Stück Wegs zu folgen. Eines Tages entflattert dabei ihrem Gebetbuch ein kleines Bildblättchen. Hugo ergreift die Gelegenheit, es aufzuheben, ihr nachzugehen und es ihr mit einer kurzen Bemerkung zu übergeben. Die Dame nimmt das

---

[47] WuB. Bd. 1.5, S. 373.
[48] Ebd., S. 366; Bd. 1.2, S. 180.
[49] Ebd., S. 367.
[50] WuB. Bd. 1.2, S. 182; dort auch das nächste Zitat.

Blättchen mit zitternder Hand – in der Journal-Fassung ist es eine „junge süße Hand" –, dankt kurz und geht weiter. Hugo kehrt, in der ‚Studien'-Fassung, nach Hause zurück, „und wie er in seiner Stube saß, war ihm, als sei heute der Inbegriff aller Dinge geschehen, und als sei er zu den größten Erwartungen dieses Lebens berechtigt".[51] Ausführlicher, entzückter, schildert diese Rückkehr und Hugos Zustand die Journal-Fassung; doch es ist die Frage, welcher der beiden Texte tatsächlich als der „erotischere" gelten kann.

Dies aber war nur der allererste Anfang einer sich langsam, von Stufe zu Stufe, erwärmenden und steigernden Annäherung. Kein Mal läßt von nun an der sich in einem „Zauber und Taumel" befindende Hugo die Begleitung der jungen Kirchgängerin aus; man führt belanglose Gespräche, „aber beide hatten sie ein neues Gut erworben, den Klang ihrer Stimmen, und dieses Gut trugen sie sich nach Hause".[52]

Einmal dann, nach längerer Zeit, löst sich „Hugos Herz und Zunge"; er berichtet – die Handlung spielt in Wien zur napoleonischen Zeit – von seiner Absicht, an den bevorstehenden Befreiungskriegen teilzunehmen, und er äußert endlich auch seinen Wunsch, Näheres von seiner unbekannten Begleiterin zu erfahren, sie vielleicht einmal besuchen zu dürfen. „Was das Schicksal will, das muß geschehen", ist ihre Antwort;[53] und es kommt jene Vereinbarung zustande, welche die Handlung des nächsten Kapitels ‚Das Lindenhäuschen', bestimmen sollte. Dieses wird der Ort der eigentlichen Liebesbegegnung von Hugo und Cöleste, eine Art Minnegrotte im Stile eines biedermeierlich verinnigten Empire.

VII

Nirgendwo sonst als in diesem Kapitel – in der Journal-Fassung wird es noch lediglich durch die Ziffer 4 gekennzeichnet – hat Stifter sich deutlicher als erotischer Schriftsteller manifestiert. Ein Vergleich der beiden Fassungen erscheint hierbei besonders erhellend. Die erste Fassung hat es dabei noch eiliger, zu einem sinnlichen Höhepunkt zu gelangen und die Liebesbegegnungen sich dann noch von Tag zu Tag steigern zu lassen. Schon die Schilderung des ersten Besuchs Hugos bei Cöleste – ihren Namen hatte er erst erfragt, als man nach dem letzten Kirchgang die Besuche an einem damals noch nicht enthüllten Ort vereinbart hatte – läßt den Rhythmus des ganzen Kapitels erkennen. Es heißt dort: „Er wußte vor Verwirrung nicht, wo er hin sehen sollte, alles schwamm ihm in einem Zauberlichte: ein Stickrahmen stand am Fenster, da-

---

[51] WuB. Bd. 1.5, S. 369; Bd. 1.2, S. 182.
[52] WuB. Bd. 1.2, S. 185; Bd. 1.5, S. 369.
[53] Ebd., S. 371f. Hier ist die Verknappung, die das Gewicht dieser Antwort Cölestens steigert, gegenüber der breiteren Darstellung in der Journal-Fassung besonders auffallend.

neben ein Schreibtisch – der Boden war mit schönen Teppichen belegt, draußen wiegten sich die grünen Baumzweige, und Sonnenstrahlen spielten herein: alles, alles sah Hugo an, nur sie nicht. Die Stunde, nach der Beide so sehnsüchtig gebangt haben mochten, war da – und Beide standen nun so fremd vor einander, als wären sie gar nicht dieselben, die sich in jener einsamen Gasse gesehen, und sich dort vertraut geworden. Hugo lobte den schönen Tag – sie zeigte ihm ihre Wohnung, aber die Stimme Beider bebte, als bedeuteten die Worte etwas ganz Anderes – – und sie bedeuteten auch ein ganz Anderes, aber Zeit, die trennende und bindende, mußte fließen, ehe sich dieses Andere zu entringen vermochte – ehe sich die Fingerspitzen berührten – die warmen Hände sich faßten – die Augen suchten – und endlich Lipp' auf Lippe lag, so süß, so heiß entgegendrückend, um es nur endlich, endlich einmal zu genießen, das peinigende Glück, das sie sich so lange versprochen, und auf das sie so lange geharret hatten. Und immer wieder suchten sich die Lippen, und verschlangen sich die Arme – diese Sprache hatten sie bei ihren stummen Begegnungen gelernt – die andere mußten sie erst entwickeln – aber so wie sie ruhiger wurden, wie für das Auge die Gegenstände wieder da waren, der Tisch, der Schrein, die Geräthe: so kam auch jene andere Sprache, die Worte des Tages fingen nun an, das Gewöhnliche zu bedeuten, das sie aussprechen – Beide, die Liebenden, die längst Vereinten, staunten nun, sich auch reden zu hören, und Worte zu vernehmen, wie sie auch die andern Leute sagen – sie fingen nun sachte an sich kennen zu lernen, während andere sich erst kennen, dann lieben."[54]

Schon der erste Besuch Hugos in dem „Gartenhäuschen", das in der ersten Fassung „aus einem Acacienwalde hervor schimmerte",[55] führt also hier, nach einer anfänglichen, zögernden Verlegenheit, sogleich zur glutvollen ersten Liebesumarmung. Die ‚Studien'-Fassung hingegen verlangsamt die erotische Annäherung in vorsichtiger Steigerung über mehrere Stufen hinweg. So gelangen die drei ersten Besuche Hugos nur vom anfänglichen bewegten Schweigen der Liebenden zu sich zögernd vertiefenden Gesprächen, die zunächst von „gewöhnlichen Dingen" handeln, dann zu einem freimütigeren Erzählen des Mannes übergehen und schließlich das „Geschäft gegenseitigen Erkennens" erreichen.[56] Die Intensivierung der sinnlichen Reize offenbart sich im Wechsel der den Körper Cölestens umhüllenden Kleidung, die der Besuchende stets sehr aufmerksam bemerkt. Nach dem zweiten, mit einem Handkuß Hugos beendeten Besuch klingt, auf dem Rückweg, ein solcher körperli-

---

[54] WuB. Bd. 1.2, S. 189f.
[55] Ebd., S. 189. Eric Blackall (o. Anm. 46) bemerkt zu dieser Veränderung in der ‚Studien'-Fassung (S. 85): „Akazien, Sinnbild für das Leichtverwehte, sollen also in der Studienfassung durch Linden, Sinnbild für das vom Vergänglichen in der Erinnerung Bleibende, ersetzt werden."
[56] WuB. Bd. 1.5, S. 377–382.

cher Eindruck noch in ihm nach und ruft in seiner Einbildung sogar das Wunschbild von Cölestens Entkleidung hervor: „Sie war wieder sehr schön gewesen, und in dem schlanken zarten dunkelgrünen seidenen Kleide, das die kleinen Fältchen auf dem Busen hatte, sehr edel. Es war ihm, wie ein Räthsel, daß sich die Pracht dieser Glieder aus der unheimlichen Kleiderwolke gelöset habe, und daß sie vielleicht sein werden könne."[57]

Daß und wie die Geliebte „sein" werden sollte, bringt die Journal-Fassung sehr viel eindeutiger zum Ausdruck. Denn das in den ‚Studien' zunächst nur imaginierte Wunschbild des abendlichen Heimkehrers von seinem zweiten Besuch wird hier im wirklichen Geschehensvollzug dargestellt: „Und wieder war es heute wie das Letztemal – wieder war es, als hätten sie sich noch nie gesehen, als müßten sie die kargen Stunden benützen, um nur der Wonne sicher zu werden, daß sie sich haben, ohne die Frage zu thun, wer bist du, und wie wird es werden. Wie ein goldenes, zauberisches Räthsel hatte sich die Pracht dieser Glieder aus der unheimlichen Kleiderwolke gelöset, daß er sie in den Armen halte, und den Gedanken gewöhne, sie ist mein – – und wie ein Glück, das sie sich schwer errungen, wie ein märchenhaftes Glück, sah sie ihn mit aller Trunkenheit der Liebe an, und fragte die erste Zeit gar nicht einmal nach seinem Namen."[58]

So manifestierte sich Eros beim frühen Stifter sinnlicher und unverhüllter. Die spätere, umgearbeitete Fassung bleibt demgegenüber zurückhaltender; eher andeutend im Sinnlich-Emotionalen, wo einiges der angeregten Einbildungskraft des Lesers überlassen bleibt; dafür vertiefter und breiter ausgeführt im Bereich des Seelischen und Geistig-Kommunikativen. So heißt es von Hugo, der über Cölestens „äußere Verhältnisse" immer noch unwissend wie am ersten Tage geblieben war: „Aber ihre inneren kannte er besser. Wie sie es einstens versprochen hatte, so geschah es. Ihre Seele lag in den vielen Gesprächen, die sie hielten, ohne Rückhalt und meistens unwillkürlich vor ihm – und diese Seele war seinem Sinne ganz recht."[59] Doch obgleich „ihr Umgang [...] immer inniger und traulicher" wurde, blieb, unausgesprochen, ein Ungenügen. „Ein trauriges Herz Cölestens lag oft vor seiner Seele, und eine Unheimlichkeit dauerte fort, obgleich sie ihm mit ihrem ganzen Wesen ergeben war, und er ihr ganzes Wesen in sein tiefstes Herz aufgenommen hatte."[60]

Selbst noch in der Mitte der Erzählung und auf dem Höhepunkt der so langsam eingeleiteten, dann aber immer unaufhaltsamer zur Erfüllung drän-

---

[57] Ebd., S. 381f.
[58] WuB. Bd. 1.2, S. 191f.
[59] WuB. Bd. 1.5, S. 385.
[60] Ebd., S. 384, S. 386. – Über die stärker bestimmende Rolle des „Unheimlichen" in der Erstfassung des ‚Alten Siegels' handelt die ausführliche Untersuchung von Werner Hoffmann, der diese Fassung als „noch weithin im Banne der Romantik" stehend deutet: Zur Interpretation und Wertung der ersten Fassung von Adalbert Stifters Novelle „Das alte Siegel". In: VASILO 15 (1966), S. 80–96, bes. S. 94.

genden Liebesbegegnung erscheint in beiden Fassungen manches weiterhin rätselhaft und geheimnisvoll: für Hugo, der, an Äußerlichem, viel von sich erzählt, doch noch wenig von der ihm seelisch und körperlich so vertraut gewordenen Cöleste erfahren hat; für den Leser, der im Eingangskapitel ausführlich nur über die Herkunft und den Charakter Hugos und schließlich über das Ding-Symbol dieser Novelle selbst, über das „alte Siegel", unterrichtet worden war. Er hatte dort Cölestens Liebhaber, Hugo Almot, als den Sohn eines Kriegers kennengelernt, der, nach dem frühen Tod seiner Mutter, von dem strengen Vater sehr männlich erzogen und auf eine, wenn möglich, militärische „That" vorbereitet worden war, so daß er schon als Knabe „etwas Eisenfestes und Altkluges" an sich hatte.[61] Das Siegel mit dem strengen Motto „Servandus tantummodo honos" („Die Ehre allein muß bewahrt werden") kommt ihm mit dem väterlichen Erbe zu. Hätte ihn während seiner mit „feste[r] Einfalt" betriebenen Studien nicht das rätselhafte Briefchen eines Unbekannten – es war der eigenmächtig handelnde, treue Diener Cölestens – vor die Peterskirche einbestellt, er wäre, trotz seiner unerkannten „traurige[n] Sehnsucht" nach einer „Sache, die [er] lieben [könne]", aus der männlichen Härte seines einschichtigen, nur auf künftige Taten ausgerichteten Lebens kaum herausgekommen. Nach dem plötzlichen Verschwinden der Insassen aus dem „Lindenhäuschen", das Hugo, wegen der unenträtselten Geheimnisse doch einer Anwandlung von Mißtrauen erlegen, drei (in der Journal-Fassung vier) Tage lang nicht besucht hatte, kehrt er tatsächlich, von stillem Kummer gezeichnet, in die Welt des militärischen Tatendrangs zurück. Erst elf Jahre später, am Ende des Feldzugs in Frankreich, kommt es zur unerwarteten Wiederbegegnung mit Cöleste auf einem Schloß in Lothringen; und jetzt erst erfährt Hugo – und erfährt der Leser – Einzelheiten vom Schicksal der einstigen Unbekannten; das Geheimnisvoll-Rätselhafte, welches die Liebeshandlung umkleidet, dabei aber auch den Zauber des erotischen Erlebnisses gesteigert hatte, wird aufgeklärt. Cölestens unglückliche Ehe mit einem fünfunddreißig Jahre älteren Mann, in die man die fünfzehnjährige Waise gezwungen hatte, war kinderlos geblieben; ihr Mann hatte sie deswegen beschuldigt und physisch wie psychisch mißhandelt;[62] ihr Un-

---

[61] WuB. Bd. 1.5, S. 346. Die folgenden Zitate S. 355, S. 357.
[62] Helmut Schmiedt (Liebe. Ehe. Ehebruch. Im Spannungsfeld deutscher Prosa von Christian Fürchtegott Gellert bis Elfriede Jelinek. Opladen 1993) mißt bei der Behandlung von Stifters ‚Das alte Siegel' gerade der hier manifest werdenden „Dimension der handfesten Brutalität im Umgang der Geschlechter" besondere Bedeutung zu und gelangt dann auch im Hinblick auf die Almot-Männer zu der Feststellung: „Das im militärischen Rahmen Bewährte wird zum Maßstab für die Bewältigung der außermilitärischen Praxis; die dort ertragreich geübte Disziplin sich selbst und anderen gegenüber besiegt im entscheidenden Moment das lebendige Gefühl, das ihn zu Cöleste hinziehen möchte. Die Liebe und Erotik werden also von jenen Normen und Werten übertrumpft, die der Krieg, wenn nicht hervorgebracht, so doch erheblich stabilisiert hat, und so dringt auch auf diesem Weg der Aspekt der physischen Konfrontation in die Geschichte einer erotischen Beziehung ein." (S. 89, S. 93)

glück trieb sie zum täglichen Kirchgang in Trauerkleidern. Dionis, einst Haushofmeister ihres Vaters und Ratgeber der Unglücklichen, fädelte aus Haß gegen den hart und härter gewordenen Gatten – auch dieser auf andere Weise ein drastischer Vertreter des Männlichkeitsprinzips, der dann allerdings bald darauf im Auslande starb – die Begegnung Cölestens mit Hugo Almot ein, die nun schicksalhaft zu Liebenden wurden.

VIII

Der knappe Handlungsabriß bis zu diesem Punkte mag dem Stifter-Leser nichts Neues sagen; er mußte dennoch in Erinnerung gebracht werden, um eine Auseinandersetzung mit der Deutung dieser Novelle zu begründen, die ihren Ausgang nur vom Schluß der Erzählung nehmen kann. Denn Hugo, in den Jahren des Krieges streng und hart wie sein Vater geworden, schlägt die jetzt möglich gewordene Verbindung mit der einstigen Geliebten, deren nun zehnjähriges Mädchen seine Tochter ist, eingedenk des Mottos auf dem alten Siegel aus, da seine Liebe unbewußt Bestandteil eines Ehebruchs gewesen sei. „Also könntest Du der sogenannten Ehre das warme, ewige, klare Leben opfern?" fragt ihn Cöleste mit Worten, die der Erzähler in der zweiten Fassung sehr wohl erwogen hat, – und sie erhält hierauf keine Antwort. Ebenso genau von Stifter bedacht sind dann die Abschiedsworte der verzweifelten Cöleste: „möge dir Gott im Himmel diese harte Tugend lohnen, aber mein Herz verflucht sie: denn es wird gebrochen. – Ja, ich war eine Sünderin, aber die Sünde wurde mir nicht leicht; du hast nur ihre holde Frucht gesehen, ihre Kämpfe trug ich allein. Meine Sünde ist menschlicher, als deine Tugend – geh' – so lange die Erde steht, wurde niemand abgöttischer geliebt, als du."[63]

Ruth Angress hat in ihrem schon genannten Aufsatz über ‚Das Ehebruchmotiv in Stifters Das alte Siegel' die plausible Erklärung gegeben, daß sich bei Stifters Verwendung dieses Motivs das „Weibliche" und das „Männliche" als unverrückbare Kategorien konflikthaft gegenüberstünden.[64] Eine solche Deutung leuchtet vor allem für ein noch patriarchalisch geprägtes Zeitalter ein; denn die „Ehre", zumal in ihrer Verabsolutierung, ist eine durch und durch patriarchalisch bestimmte Sekundärtugend. Schon für Stifter aber war sie in der Konsequenz, die ihr Hugo in dieser Erzählung zumißt, fragwürdig geworden; und die späte Geste des in Einsamkeit alt Gewordenen, der, von Gewissensbissen geplagt, das alte Siegel schließlich in eine unzugängliche Schlucht wirft, hat symbolische Bedeutung. Zu den Kernsätzen in Stifters Werk, die er immer wieder an Höhepunkten der Erzählung einzusetzen vermag – „Dich hätte ich geliebt", schreit der greise Hagestolz seinen jungen

---

[63] WuB. Bd. 1.5, S. 404.
[64] Angress (o. Anm. 46), S. 485 u.ö.

Eros bei Stifter 153

Neffen Victor an;[65] „Ich habe es nicht vermocht", antwortet Corona ihrem früheren Mann Georg, dem späteren „Waldgänger", am Schluß ihres erschütternden Gesprächs[66] –: zu solchen Kernsätzen also zählt ganz besonders auch Cölestens Ausruf: „Meine Sünde ist menschlicher, als deine Tugend".

Solcher Schlußfolgerungen eingedenk, muß es überraschen, daß in der klugen und im Ansatz überzeugenden Arbeit von Ruth Angress das Gewicht der Wertung sich am Ende deutlich auf die Seite Hugos neigt. Cöleste wird mit immer neuen Formulierungen in ein zweideutiges Licht gerückt, während die Eisenhärte Hugos, seine kriegerischen Funktionen und Werte jedes Verständnis finden. Obwohl es ihm bei dieser späten Wiederbegegnung mit der einst Geliebten explizit um die Bewahrung seiner eigenen Prinzipien, seines eigenen Ichs („wie könnte ich jetzt vor mir stehen") und seines eigenen Ansehens „vor den andern" geht,[67] erscheint dieser Tugendbold in Ruth Angress' Untersuchung uneingeschränkt als der „untadelige, charakterstarke Offizier".[68] Und die letzte sinnbildhafte Geste des auf seinem Besitztum unvermählt alt gewor-

---

[65] WuB. Bd. 1.6, S. 118.
[66] SW. Bd. 13, S. 148.
[67] WuB. Bd. 1.5, S. 404.
[68] Angress (o. Anm. 46), S. 496. – Dazu treten weitere, stets positiv gehaltene Qualifikationen: „der durch und durch männliche Hugo" (S. 486) und „charakterstarke Krieger" (S. 495), der „ein absolutes Rechts- und Wahrheitsgefühl" in sich trage (S. 496), ja eine „Reinheit seines Junggesellentums" besitze, die „von der Frau, vor allem von dem Diener, mit vollem Bewußtsein und systematisch zerstört" werde (S. 491). Kategorisch – und gegen alle kritischen Bewertungen dieses der ‚Ehre' über das Leben stellenden „Prinzipienreiters" (Urban Roedl: ‚Adalbert Stifter in Selbstzeugnissen und Bilddokumenten'. Reinbek bei Hamburg 1965 [rowohlts monographien 86], S. 69) und „Moralapostels" (Blackall [o. Anm. 46], S. 77) – wird betont: „Hugos ‚harte Tugend' kann nicht einfach beiseite geschoben werden" (S. 498). Wertpositiv erscheint auch, daß „die Ideale, denen wir in der Novelle begegnen, Bezug [haben] auf einen Begriff der Männlichkeit, der auf Feudaltugenden zurückgeht, Treue und Kriegermut" (S. 483). Aber diesen männlich-feudalistischen „Idealen" stehen jene Werte gegenüber, die Cöleste vertritt – Liebe, Leben, Weiblichkeit, Menschlichkeit –, deren letztendliche Höherwertigkeit Stifter ja gerade am Schicksal des „harten" Veit Hugo, an seiner verspäteten Erkenntnis und seinem finalen Widerruf einsichtig macht. Damit wird auch die „Abhängigkeit des Erotischen vom Militärischen" in ihrer Fatalität enthüllt (vgl. o. Anm. 62). – Was schließlich den geschichtlichen Hintergrund der Befreiungskriege gegen Napoleon betrifft, dessen Würdigung die Verfasserin zu einem Seitenhieb gegen den „Pazifismus der Nachkriegskritiker" veranlaßt (S. 487), so hat der im Grundsätzlichen durchaus notorische Kriegsgegner Stifter die damalige Erhebung fast ganz Europas gegen „den einen Mann, der Europa's leuchtendster Kriegsstern, und dessen größte Geißel geworden war", zwar zustimmend bewertet, dabei aber die negativen Erscheinungsformen auch dieses (wie jeden) Krieges deutlich genug zum Ausdruck gebracht: „es waren düstere Schattenseiten des menschlichen Geschlechtes vorüber gegangen", mit „Großthaten", welche „das menschliche Herz zerreissen". Und gerade diese Seiten des Krieges hatten den lebensfeindlichen Charakter von Hugos „Männlichkeit" gestärkt: „Unter den schweren Entwicklungen jener Zeit war Hugo ein Mann geworden – und jenes finstere Blatt Weltgeschichte, das damals abgehandelt wurde, hatte sein Herz gestählt, ihn „fester, ernster und kälter" gemacht und „einen leisen Zug von Härte" in sein Gesicht gezeichnet (WuB. Bd. 1.5., S. 392f.).

denen Kriegers, das Hinwegschleudern des alten Siegels, wird nicht als Ausdruck einer zu späten Einsicht, sondern, ganz in der männlich-patriarchalischen Perspektive, als „kindisch-greisenhafter Impuls", als eine Alterserscheinung der „Weichherzigkeit" gedeutet.[69]

Viel weniger Verständnis findet demgegenüber Cöleste als „Frau und Vertreterin des Weiblichen".[70] Im Gegensatz zu Hugo wird „Charakter" ihr faktisch abgesprochen, wird ihr ein „verschwommener Begriff von Treue und Untreue, Wahrheit und Betrug" angekreidet, ja sogar eine potentielle Lügenhaftigkeit unterstellt, und dies, obwohl ihr „bis zum Ende sowohl vom Erzähler wie von Hugo viel Gutes gesagt" worden sei.[71] Trotz ihrer zugegebenen „Gutherzigkeit" wird Cöleste in diesem Aufsatz zur „Verführerin" stilisiert;

---

[69] Angress (o. Anm. 46), S. 500f.
[70] Ebd. S. 495. – In Stifters Text, jedenfalls in der reiferen ‚Studien'-Fassung, wird Cöleste, im Gegensatz zu den ambivalenten Charakterisierungen des „männlichen" Hugo, nirgends negativ bewertet, trotz ihres oft rätselhaft-verschwiegenen Verhaltens, das erst in ihrer späteren, so menschlich und bewegend vorgebrachten Lebensbeichte seine Erklärung findet. Ihr „Erröten", ihre „Rührung" und „Wehmut", ihr „Schüchtern"-Sein, ihr mehrfach bezeugter „Sinn für Reinheit", ihre Hingegebenheit, „unschuldig, treu, willenlos wie ein liebliches Kind": dies sind einige Kennzeichnungen des Erzählers, die keineswegs als Erscheinungsformen einer bloßen Verstellung zu mißdeuten sind. In dem Aufsatz von Angress hingegen wird Cöleste" als „Vertreterin des Weiblichen" mit negativen Kriterien förmlich eingedeckt; sie sei „im Halbdunkel befangen, das schon immer ihre eigentliche Lebenssphäre war" (S. 498); die „Gespaltenheit" ihres „Charakters" sei „überall nachzuweisen" (S. 492), was natürlich im Gegensatz steht zum „charakterstarken Krieger", dessen „harte Tugend [...] nicht einfach beiseite geschoben werden" könne, während es vom weiblichen Gegenpart herabwürdigend heißt, daß „ihre Argumente [...] nicht als maßgeblich gelten" könnten (S. 498). Eine ähnlich einseitige Parteinahme manifestiert sich, wenn Cöleste bezeichnet wird als „eine Circe, Omphale oder Delilah [...], also eine Frau, die seine [Hugos] Kriegstüchtigkeit oder männliche Zielstrebigkeit zumindest teilweise [...] lahmlegt" (S. 487), oder wenn es später von ihr heißt, daß sie, „beherrscht von Dionis, [...] nichtsdestoweniger den Ehrbegriff unterminieren und darüber hinaus seinen Unternehmungen Abbruch tun" müsse, was jedenfalls ein „assoziativer" Eindruck beim Leser behauptet wird. Solche Vorwürfe treffen, mit Cöleste, ihr ganzes Geschlecht, war sie doch „des Betrugs und der verschiedenen Zweideutigkeiten und Zwielichtigkeiten fähig, einfach weil sie als Frau oder besser gesagt als ‚Weib' einem gemischten Reich angehört, wo Liebe und Kindergebären wichtiger sind als Grundsätze und hohe Taten" (S. 499). In der Tat: sie waren für Stifter wichtiger, auch schon bevor er die Vorrede zu den ‚Bunten Steinen' geschrieben hatte. – Noch einmal hat Stifter übrigens ein ähnliches Thema mit einem besonderen Verständnis für die weibliche „Ehebrecherin" behandelt: in der Erzählung ‚Die Narrenburg', in der „Binnengeschichte" von Jodokus, seiner Gattin Chelion und seinem Bruder Sixtus, die, so Peter von Matt (o. Anm. 5), im Unterschied zur Rahmenhandlung „wie aus einer andern, einer ungestüm freien Seele heraus geschrieben" sei (S. 182): „Wie Elga [in Grillparzers Erzählung ‚Das Kloster bei Sendomir'] betrügt Chelion ihren Mann, [...] aber unvergleichlich gestaltet und ausgesprochen wird hier, daß es ein Liebesverhalten und ein sittliches Erleben gebe, das den herrschenden Konzepten kraß widerspreche und doch ganz schuldlos sei. Was in den Augen der geltenden Ordnung nur Hurerei und Schande ist und bald einmal den Tod verdient, kann in Wahrheit zusammengehen mit einer kindlichen Reinheit."
[71] Angress (o. Anm. 46), S. 498.

ihre weibliche Liebesfähigkeit erfährt keineswegs so viel Verständnis wie die „heroische" Qualifikation des prinzipienstrengen Kriegers. Das „Lindenhäuschen" schließlich wird als „Venusberg" gedeutet,[72] was die Vorstellung impliziert, daß Cöleste gleichsam als verführende Liebesgöttin ihren Tannhäuser in diesen „Venusberg" hineingelockt hätte. Wenn man hier schon, mit äußerstem Vorbehalt, irgendeine Parallele zu Wagner ziehen wollte, dann könnte man, im Hinblick auf das „Lindenhäuschen"-Kapitel, eher an den zweiten Akt von ‚Tristan und Isolde' denken; die erotische Steigerungskurve, zumal in der Journal-Fassung, ließe sich dann, cum grano salis, mit den chromatischen Aufschwüngen des Liebesduetts vergleichen.

Letzten Endes widerspricht aber die kompromißlose Gegenüberstellung des Männlichen und des Weiblichen, wie sie in dieser Novelle paradigmatisch angelegt erscheint – in ihrem scheinbaren Gleichgewicht vom Erzähler jedoch, bezogen auf die erkennbare Lebensverfehlung Hugos und auf das titelgebende Dingsymbol, schon in Frage gestellt wird –, der Stifterschen Anthropologie. Bereits die weiblich-männliche Konstellation in ‚Brigitta' deutete die Konturen eines „androgyn" zu verstehenden Menschentums an. In der gleichen Erzählung, worin nicht zuletzt die Ambivalenz der geschlechtsbezogenen Schönheit thematisiert wird, findet sich gerade an zentraler Stelle ein Satz herausgestellt, der unausgesprochen – und unerkannt – auch dem Erben des fatalen „Alten Siegels" gelten mußte: „so herrlich ist das Schönste, was der arme, fehlende Mensch hienieden vermag, das Verzeihen".[73]

IX

Ein letztes Wort nochmals zum Ausgangspunkt unserer Fragestellung. Ein auffallender Aspekt in der Gestaltung des Erotischen bei Stifter, der gerade in der Liebeshandlung des ‚Alten Siegels' zu beobachten war, ist ihre – gerade dort – spannungsverstärkende Langsamkeit. Dieses Ritardando in der Annäherung der Geschlechter und im Aufkeimen der Empfindungen findet sich, auf unterschiedliche Weise gestaltet, auch in anderen Erzählungen Stifters; man denke nur an die Beziehung des Doktor Augustinus zu Margarita in der ‚Mappe meines Urgroßvaters', die allerdings bereits einen Extremfall darstellt. Solches erwägend, kehrt man fast zwangsläufig zu jenem zeitgenössischen „Gegenbild" zurück, von dem eingangs die Rede war. In dem Beitrag von Barbara Sichtermann in der Zeitschrift ‚Freibeuter' findet man unter anderen die folgende aktuelle Beobachtung: „Mit der Schnelligkeit ihrer Erfüllung nimmt die Tiefe und Leidenschaftlichkeit so mancher Wünsche ab. Doch was sollen wir

---
[72] Ebd., S. 485, S. 493.
[73] WuB. Bd. 1.5, S. 472.

tun, wenn alles hopp, hopp geht?"⁷⁴ Und daran schließt die Autorin die Überlegung an: „Doch seltsam, der Wunsch, den man sich jetzt in Windeseile erfüllt, hat nur noch eine entfernte Familienähnlichkeit mit jenem, dessen Befriedigung einst so mühevoll und gefährlich war, ja es scheint fast, als habe die rasche Stillung den Wunsch verdorben, als sei er im Hagel der Erfüllungsangebote um Kontur und Gewicht gekommen."

Solche Feststellungen mögen, zunächst, den Abstand verdeutlichen, der uns heute von Stifter trennt; zugleich aber könnten sie unsere Aufmerksamkeit dafür schärfen, was wir zu gewinnen haben, wenn wir als Leser das ambivalente Thema „Eros bei Stifter" bedenken.

---

⁷⁴ Freibeuter 58 (o. Anm. 7), S. 79f.

Walter Seifert

Literaturidee und Literaturdidaktik bei Adalbert Stifter

1. Einleitung

Die Tätigkeit Stifters als Schulgründer, Schulrat, Pädagoge und Fachdidaktiker ist durch die Dokumentensammlungen Kurt Vancsas, ‚Die Schulakten Adalbert Stifters',[1] und Kurt Gerhard Fischers, ‚Documenta Paedagogica Austriaca. Adalbert Stifter',[2] sowie durch die Bände ‚Vermischte Schriften' und ‚Briefwechsel' der Prag-Reichenberger Ausgabe[3] gut belegt. Vieles findet man auch in Stifters Dichtungen, vor allem im ‚Nachsommer'. Neben seiner sorgfältigen Dokumentation hat Fischer eine allgemeinpädagogische, stark systematisierende Abhandlung ‚Pädagogik des Menschenmöglichen'[4] über Stifters Bildungstheorie geschrieben. Gut bekannt sind daneben die allgemeinen Leistungen des Schulrats, die Stellung Stifters im Denkzusammenhang der Zeit sowie das ‚Lesebuch zur Förderung humaner Bildung'.[5]

Vieles bleibt hingegen immer noch unerforscht, weil wichtige Forschungsdisziplinen wie die Fachdidaktiken und die Grundschuldidaktik noch kaum aktiv geworden sind. So gibt es zwar über die Tätigkeiten des Schulrats Stifter allgemeine Überblicke, wie z.B. von Jungmair, doch noch keine Detaildarstellungen aller Tätigkeitsfelder und der erbrachten Leistungen des Schulrats im Zusammenhang. Was vor allem fehlt, um die schulorganisatorischen Leistungen Stifters im großen Zusammenhang verstehen und würdigen zu können, sind vergleichende Untersuchungen, denn nur im Vergleich der Tätigkeiten und Leistungen des Schulrats Stifter mit anderen Schulräten ließe sich seine Sonderrolle und Sonderleistung beschreiben und nachweisen. Neben Schulpädagogik und Grundschuldidaktik sind aber auch die Fachdidaktiken gefordert, spezielle Tätigkeitsfelder genauer zu klären, z.B. die Mathematikdidak-

---

[1] Kurt Vancsa (Hrsg.): Die Schulakten Adalbert Stifters. Graz/Wien 1955.
[2] Kurt Gerhard Fischer (Hrsg.): Documenta Paedagogica Austriaca. Adalbert Stifter. 2 Bde. Linz 1961 (Schriftenreihe des Adalbert Stifter-Institutes des Landes Oberösterreich 15).
[3] SW. Bde. 14–24.
[4] Kurt Gerhard Fischer: Die Pädagogik des Menschenmöglichen. Adalbert Stifter. Linz 1962.
[5] Vgl. dazu Otto Jungmair: Adalbert Stifters Linzer Jahre. Nürnberg 1958; Moriz Enzinger: Gesammelte Aufsätze zu Adalbert Stifter. Wien 1967; Sepp Domandl: Adalbert Stifters Lesebuch und die geistigen Strömungen zur Jahrhundertmitte. Linz 1976.

tik, denn in der Mathematik war Stifter gründlich ausgebildet, und in dieser Disziplin hat er bei seinen Inspektionsreisen, aber auch mit Gutachten dezidiert Stellung bezogen. Einen Beitrag zu seiner literaturdidaktischen Position soll die folgende Darstellung der Zusammenhänge zwischen Literaturidee und Literaturdidaktik leisten.

2. Lebensdaten des Schulrats Stifter

Am 3.6.1850 wurde Stifter auf Vorschlag des Statthalters Alois Fischer vom Ministerium zum Schulrat für die Volksschulen in Oberösterreich ernannt. Ursprünglich sollte er als Schulrat für die Gymnasien nach Wien berufen werden. Unter Fischer und seinem Nachfolger Eduard Freiherrn von Bach konnte Stifter seit 1851 seine Ideen verwirklichen. Er blieb fünfzehn Jahre Schulrat, bewältigte ein geradezu unüberschaubares Arbeitspensum, wurde schließlich durch Krankheiten stark behindert und am 27.11.1865 vom Kaiser mit seinem vollen Gehalt unter Ernennung zum Hofrat pensioniert.[6]

Seit 1850 unternahm Stifter regelmäßig Inspektionsreisen in die Volksschulen des Landes, wirkte an Schulprüfungen und Lehrerkonferenzen mit, setzte sich für eine Verbesserung der Lehrerausbildung sowie für eine bessere Bezahlung der Volksschullehrer ein und bewirkte 1851–1853 neben Instandsetzungen 133 Neubauten von Schulhäusern, wobei er die Bauausführung einzuleiten und zu überwachen hatte.[7]

1851/52 begründete Stifter die Linzer Realschule, wobei er die ganze Vorbereitungsarbeit, die Auswahl geeigneter Realschullehrkräfte, die Einrichtung von Instrumenten- und Lehrmittelsammlungen wie auch die Formulierung der Lehrpläne zu bewältigen hatte.[8] Stifter oblag die Inspektion der Realschule, und er führte den Vorsitz bei Schlußprüfungen und Präparandenprüfungen. 1854 beanspruchte die Schlichtung des Konflikts zwischen Direktor Zampieri und dem Lehrerkollegium, vor allem mit den Lehrern Aprent und Netwald, viel Zeit und verschärfte seinen Konflikt mit dem Unterstaatssekretär Josef Freiherrn von Helfert im Ministerium, der ihm einseitige Parteinahme und schlechte Behandlung des Konflikts vorwarf.[9] Als Stifter nach der Amtsenthebung und Versetzung Zampieris 1856, unterstützt durch den Statthalter, als dessen Nachfolger Aprent vorschlug, lehnte das Ministerium ab und ernannte Josef Carl Streinz. Da sich Stifter für Aprent eingesetzt hatte, wurde er am 24.9.1856 durch Erlaß des Ministers von der Inspektion der Linzer Realschule enthoben, die er seit deren Gründung ohne jedes Entgelt geführt hatte.[10]

---

[6] Jungmair (o. Anm. 5), S. 262; S. 264f.
[7] ‚Linzer Zeitung' vom 17.1.1854, in: Jungmair (o. Anm. 5), S. 92.
[8] SW. Bd. 16, S. 248–251; dazu Jungmair (o. Anm. 5), S. 60ff.
[9] Jungmair (o. Anm. 5), S. 102f.
[10] Vgl. Fischer (o. Anm. 2). Bd. 2, S. 339, S. 341f.; Jungmair (o. Anm. 5), S. 123f.

Die Rückschläge begannen bereits 1853, als erstmals die von Stifter angestrebte Lehrerbildung gedrosselt wurde.[11] Im August 1854 verlor Stifter mit der Verabschiedung des Statthalters Eduard Freiherrn von Bach „seine starke Stütze bei der Durchführung der Schulerneuerung".[12] Die ‚Verordnung des Ministers für Cultus und Unterricht vom 28.8.1854' hob die selbständige Position der Schulräte auf, indem diese neben Inspektionsaufgaben auf „wissenschaftliche, didaktische und pädagogische Angelegenheiten" beschränkt wurden.[13] Am 18.8.1855 wurde in Wien das Konkordat unterzeichnet, welches die Schulaufsicht der Kirche übertrug. Die Bischöfe sollten „in allen öffentlichen und nicht öffentlichen Lehranstalten" darüber wachen, „daß bei keinem Lehrgegenstande Etwas vorkomme, was dem katholischen Glauben und der sittlichen Reinheit zuwiderläuft". In Gymnasien und mittleren Schulen mit katholischen Schülern durften „nur Katholiken zu Professoren oder Lehrern ernannt werden".[14] Das seit 1853 mit Aprent erarbeitete Lesebuch, mit Empfehlung des Statthalters beim Ministerium eingereicht, wurde Anfang 1855 vom Ministerium nicht für die Realschulen approbiert. 1856 kam es zu einer fast vollständigen Einstellung der begonnenen Schulbauten.[15] Am 4.2.1861 wurde auch das Unterrichtsministerium als selbständige Zentralstelle aufgehoben und in eine Abteilung des Staatsministeriums umgewandelt.[16] Leiter der Abteilung für Unterrichtswesen wurde Stifters Gegner Freiherr von Helfert. Damit waren seine Wirkungsmöglichkeiten auf ein Minimum reduziert. Die Schikanen des Ministeriums verursachten in den letzten Dienstjahren Stifters Arbeitsunlust und mehrere Krankheiten.

3. Revolutionserfahrung, Bildungsidee und Literaturidee

Stifters Entschluß, im Staatsdienst für die Schulen tätig zu werden, entstand während und nach der Revolution von 1848. Revolutionsschock, Bildungsidee und Literaturidee traten in einen Zusammenhang, wobei die Literatur im Dienste der Erziehung funktionalisiert und für eine Bildungsidee grundgelegt wurde. Die Revolution brach nach der Auffassung Stifters aus, weil die Gesellschaft nicht in Ordnung war, und sie war nicht in Ordnung, weil es an Bildung der Massen fehlte. Bildung war seitdem für ihn ein Mittel gegen den Ausbruch der Triebhaftigkeit, welche sich in der Revolution entlädt. Bildung aber wird vorzüglich durch Dichtung erreicht, so daß die durch Dichtung erreichte Vervollkommnung und Erhöhung des Menschen auch der Revolution

---

[11] Jungmair (o. Anm. 5), S. 84.
[12] Ebd., S. 10.
[13] Fischer (o. Anm. 2). Bd. 2, S. 634.
[14] Ebd., S. 646.
[15] Jungmair (o. Anm. 5), S. 116.
[16] Ebd., S. 180.

entgegenwirkt. Mit dieser Literaturauffassung hängt auch zusammen, daß Stifter die Revolutionsliteratur, ja schon gesellschaftskritische, auch nationale und patriotische Literatur ablehnte.

In zahlreichen Aufsätzen und Briefen des Jahres 1849 erarbeitete er sich diese Konzeption: „Es war eine tausendjährige Sünde, daß man ganze Schichten der menschlichen Gesellschaft in einem Zustande ließ, in welchem sie, menschlich unfrei und unentwickelt, die Opfer ihrer Leidenschaften waren und in bewegten Zeiten dem Staate, der besseren Gesellschaft und sich selber die Gefahr des Untergangs bereiteten, welchen zu vermeiden stehts Mittel der Gewalt und der fürchterlichen Vertilgung des menschlichen Lebens angewendet werden mußten." Schuld daran war für ihn mehr „die gesittete Gesellschaft, welche die tiefer stehende empor zu heben versäumte", als „die Massen"; und geradezu mit Sarkasmus fügte er hinzu: „Es scheint hiebei fast, als sei dem naturrohen Affecte nur darum seine große thierische Energie verliehen, daß er die Hintansetzung der sittlichen Entwicklung um so furchtbarer räche, der Menschheit die Augen öffne und sie an ihre Pflicht mahne."[17]

Stifter formulierte als Aufgabe der Zeit, „*daß nehmlich Erziehung die erste und heiligste Pflicht* des Staates ist; denn darum haben wir ja den Staat, daß wir in ihm Menschen seien, und darum muß er uns zu Menschen machen, daß er Staatsbürger habe und ein Staat sei, keine Strafanstalt, in der man immer Kanonen braucht, daß die wilden Thiere nicht los brechen." Folgerichtig habe er sich selbst für den Staatsdienst entschlossen, „denn, wenn ich auch schon 15 Jahre immer über schlechten Unterricht klagte, so ist seit einem Jahre die Sehnsucht Volk und Jugend zu heben und zu bilden, zum herrschenden innigsten Gefühle in mir geworden".[18] Seitdem war für ihn die Volkserziehung „eines der heiligsten Dinge".[19] Er forderte: „Es sollen in dem Staate Schulen in allen Abstufungen sein, wo die Dinge gelehrt werden, die alle Stände bedürfen, von dem einfachsten bis zu dem zusammengesetztesten. In allen Schulen müssen nebstbei auch die Dinge, die den Menschen veredeln und heben, in die Herzen der Kinder gebracht werden. Hiezu muß ein Lehrerstand gebildet und ernährt werden, der unterrichtet, edel, gemäßigt und weise ist."[20] Hier bekommt die Erziehung durch Literatur und zur Literatur einen festen Stellenwert im Bildungsprogramm, denn Kunst, speziell die Literatur, vermag nach Stifter in hervorragender Weise den Bildungsprozeß zu fördern, wenn die institutionellen Voraussetzungen geschaffen sind.

In diesem Sinne schrieb er am 13.10.1849 an Heckenast, „die Kunst sei nicht nur höher, als alle Welthändel, sondern sie sei nebst der Religion das Höchste, und ihrer Würde und ihrer Größe gegenüber seien die eben laufen-

---

[17] SW. Bd. 16, S. 46f. (‚[Reformen im Unterrichtswesen.]', 7.1.1849).
[18] SW. Bd. 18, S. 3 (Brief an Joseph Türck vom 26.4.1849).
[19] SW. Bd. 16, S. 320.
[20] Ebd., S. 128.

den Dinge nur thörichte Raufhändel; wenn die Menschen nicht alles Selbstgefühles baar geworden sind, werden sie sich bald von dem trüben und unreinen Strudel abwenden, und wieder die stille einfache aber heilige und sittliche Göttin anbeten. [...] Ja des holen und öden Frasenthumes müde und ekel werden sie dasselbe jezt auch in der Kunst erkennen, wenn es auftrit, werden es verschmähen, und es steht daher diesem schönsten irdischen Dinge der Menschen eine Reinigung bevor. Die Revolution ist sogar aus dem Frasenthume der Afterlitteratur hervorgegangen."[21] Entsprechend ist ihm „die Kunst das größte irdische Heiligthum".[22] Stifters Erziehungs- und Bildungsbestrebungen, mittels Kunst und Literatur dem Gesellschaftsverfall entgegenzuwirken und eine Erhöhung und Vervollkommung des Menschen zu erreichen, orientierten sich an Postulaten der Aufklärung: „Unter *menschlicher Bildung* verstehe ich die *Entwiklung des Menschen zu reinstmöglicher Menschlichkeit*, also die Entwiklung seiner *Vernunft* (als sittlichen Vermögens), durch die er eben Mensch ist."[23] Bildung aber „erreicht man auf dem Wege der Erziehung, [...] hauptsächlich auf dem der *sistematischen Erziehung*, d.h. durch planmäßige Herbeiführung der Momente der Vernunftentwiklung."[24]

Stifters Literaturidee und sein pädagogisches Verantwortungsbewußtsein lassen sich jedoch nicht ohne weiteres zur Deckung bringen. Während die Literaturidee sich auf das Schöne und Sittliche als Höchstformen der Vollkommenheit bezieht und auf eine Wirklichkeit, die über der schlechten Realität steht, wendet sich sein pädagogisches Verantwortungsbewußtsein dem Menschen zu, wie er ist, um ihn in einen Prozeß der Vervollkommnung zu führen. Dabei setzt er sich für soziale Verbesserungen der Wirklichkeit ein. Auch das Kind ist für ihn bei allem Eigenwert ein Rohzustand, den es zu verbessern gilt. Was diesen Verbesserungsprozeß angeht, so legt Stifter von seiner Literaturidee her einen so hohen Maßstab an, daß dieser nur bedingt verwirklicht werden kann. Dieser Zwiespalt, daß das hohe Literaturideal einen Bereich für sich darstellt, der weit über der Realität steht, daß es zugleich aber auch als Erziehungs- und Bildungsziel für den realen Menschen gelten soll, bestimmt auch das Leben Stifters, insofern er letztlich immer in der Kunst sein höchstes Ziel sah, sich aber daneben für den Sozialbereich, vor allem für eine Verbesserung des Schulwesens, verantwortlich fühlte, auch wenn diese soziale Verpflichtung ihn von seiner höheren Aufgabe, der Kunst, abzog und abhielt.

In der Zeit der Reaktion, als sein Wirkungskreis empfindlich eingeschränkt wurde, verschärfte sich die Spannung zwischen Kunstverpflichtung und päd-

---

[21] SW. Bd. 18, S. 15.
[22] Ebd., S. 187.
[23] SW. Bd. 25, S. 193f. (‚Gutachten über den Vorschlag, in Oberösterreich eine Universität zu gründen.'; April 1849).
[24] Ebd., S. 190 (‚Gutachten der Vertrauensmänner bezüglich der Errichtung eines provis. Schulrathes für Oberösterreich und Salzburg.'; März 1849).

agogischer Verantwortung, und die Klagen über die nutzlose Tätigkeit nahmen zu: „Ich arbeite sehr fleißig, sehne mich aber unaussprechlich nach der Zeit, wo mir eine gesicherte Rente möglich machen wird, ohne Amt zu sein; denn es zerreißt mir fast das Herz, wenn ich in eben dieses Herz zu den lieben schönen hohen Dingen, die sich nach und nach in dasselbe finden, das Heu Stroh und den Häkerling des Amtes laden, und die Götter dadurch beschmuzen muß".[25] Die Sehnsucht, Kunst und Sozialwirklichkeit zu versöhnen, wird ebenso durch den Kunstbegriff wie durch die Wirklichkeit konterkariert.

4. Lehrerbildung

In einem Aufsatz über ‚Bildung des Lehrkörpers' hat Stifter im ‚Wiener Boten' 1849 die Situation der Lehrer in Landschulen, Hauptschulen und Gymnasien dargestellt und damit die Voraussetzungen aufgezeigt, von denen ausgehend er seine Bildungskonzeption durchsetzen wollte.

Landschulen und Hauptschulen

Stifters Kritik an der früheren Lehrerbildung für Landschulen und für „höhere Anfangsschulen (Hauptschulen, Normalschulen)" in Präparandenkursen richtete sich vor allem darauf: „Außerdem, daß schnell eingelernte Dinge nicht lange haften, und daß der Präparand sich nicht nützliche Nebenkenntnisse erwerben konnte, hatte Dieß noch den Nachtheil, daß er sich in allgemein menschlichen Dingen nicht ausbilden und seine ganze Lebensweise nicht veredeln und erhöhen konnte. Alle gegebene Zeit brauchte er zum Lernen [...]. *Auswendiglernen von Gegenständen bildet gar nicht, so lange nicht das Herz und das Gemüth des Menschen sich der Gegenstände langsam bemächtigt, sie verarbeitet, sie menschlich und sittlich fruchtbar macht.*" Eine Weiterbildung kann später nicht mehr erfolgen, „denn um sich nach weiterer Bildung zu sehnen, muß man schon ein gewisses Maß derselben haben [...]. So geschah es also, daß der Lehrer häufig auf keiner höheren Stufe der Bildung stand, als seine Schüler. [...] Die Kinder konnten also an ihm nicht empor sehen, konnten sich an ihm nicht erheben und konnten durch sein Beispiel und seinen Umgang nicht besser und verständiger werden."[26]

Aus dieser Kritik leiteten sich Stifters Vorschläge für die Verbesserung der Lehrersituation ab, wobei er forderte, daß der Lehrer neben der Vermittlung von Kenntnissen und Fähigkeiten im Lesen und Schreiben auch als Erzieher auftrete, „daß er mit den Schülern umgehe, daß aus seinem guten, einfachen,

---

[25] SW. Bd. 18, S. 219f.
[26] SW. Bd. 16, S. 189, S. 190f.

gelassenen, edlen Wesen ein Hauch in die jungen Seelen übergehe, und daß wir die Hoffnung haben, außer unterrichteten Menschen auch sittliche und rechtschaffene zu haben".[27]

Diesem Elan Stifters stellte sich, abgesichert durch das Konkordat, das Bischöfliche Konsistorium in aller Schärfe entgegen, indem es sich gegen das „Vielwissen" der Landschullehrer aussprach, „welches der Gründlichkeit entbehrt". Dabei berief man sich auf ein ausführliches Zitat aus der Zuschrift des am 16.6.1856 in Wien versammelt gewesenen Episkopats an das Unterrichtsministerium, worin es hieß: „Ein Schulgehülfe, welcher mit dem oberflächlichen Anstriche moderner Vielwisserei auf das Land kömmt, fühlt sich unglücklich, weil er sich zu Ansprüchen berechtiget glaubt, deren Befriedigung er nicht hoffen kann. [...] und bahnt vielleicht durch Wort und Beispiel den verfälschten Lebensansichten der Aufklärung den Weg. Es ist aber ein weit geringeres Unglück, wenn die Jugend in vielen Dörfern die Zierlichkeit der Handschrift, welche sie bei der Feldarbeit schnell verlernt, sich gar niemals eigen macht, als wenn in ein einziges Dorf Unglauben und Unzufriedenheit eingeführt wird."[28] Wo es um Bildung ging, unterstellten die Kirchenvertreter, es werde „Vielwisserei" und „Zierlichkeit der Handschrift" angestrebt.

Gymnasien

Lehrer für höhere Schulen wurden auf dem Wege des ‚Concurses' bestellt, welcher aus einer schriftlichen Prüfungsarbeit und einem mündlichen Probevortrag bestand.[29] In diesem Concurs trug ein Kandidat „nur ein Auswendiggelerntes" vor. „Ein solcher Lehrer bildet aus seinen Schülern dann Auswendiglerner – und doch kommt es bei jedem Wissen nur einzig und lediglich darauf an, daß man es innigst in sein eigenes Wesen verwandelt hat, daß man sich seiner jedes Augenblickes bewußt ist, daß es einen Theil des Lebens ausmacht, und daß man es zu jeder Zeit zu seinen Zwecken verwenden kann. [...] Das bloß Auswendiggelernte ist unfruchtbar, liegt als todter Schatz in dem Haupte und nimmt dort die Stelle für etwas Nützlicheres."[30]

Die Schilderung der Erziehungssituation in Landschulen, Hauptschulen und Gymnasien zeigt, daß die Realität meilenweit getrennt war von der Bildungs- und Literaturidee Stifters, so daß sich die Frage stellt, wie er diese Diskrepanz auszugleichen und einen Weg zu finden wußte.

---

[27] Ebd., S. 198.
[28] Fischer (o. Anm. 2). Bd. 2, S. 586f.
[29] SW. Bd. 16, S. 189f.
[30] Ebd., S. 194f.

5. Literaturerziehung und Bildung in der Hauptschule

Aussagen zum Elementarbereich Lesen

Stifter konzentrierte sich im Elementarbereich Lesen nicht sogleich auf die Verwirklichung seiner Bildungs- und Literaturidee, sondern zunächst darauf, die elementaren Grundlagen der Lesefähigkeit und Lesefertigkeit zu sichern. In der ‚Äußerung des Schulrathes Stifter 1854 seine Amtsreisen in Volksschulangelegenheiten betreffend' vom 13.1.1855 legte er seine Konzeption des Leseunterrichts und seine diesbezüglichen Maßnahmen dar. Er begann mit seinen Prinzipien der Lehrerfortbildung und berichtete, wie er die Lehrer „durch Unterredungen [...] durch freundliches und schonendes Belehren [...] hauptsächlich aber durch praktisches Zeigen gewisser Kunstgriffe" unterrichtet habe, um „zu bewirken, daß die Kinder wirklich das für das Leben brauchbare können". Wenn es ums Lesen ging, verhinderte er, daß die Lehrer „einige der besten Schüler rufen wollten", sondern nahm „*alle* Schüler vor, hielt sich mit den schwächeren oft bedeutend auf, half ihnen darein, zeigte ihnen, wie sie Fertigkeit erringen könnten, u machte ihnen Muth. Er ließ aus Schriften lesen, ließ aus fremden Büchern lesen, u fragte nach dem Sinne des Gelesenen". Er „empfahl eindringlich die Lautirmethode widerlegte die gangbaren Einwürfe u zeigte sehr häufig gegen fast unglaubliche Unbeholfenheit, die ihm hierin entgegenkam, wie man die Sache sehr einfach und darum eben sehr erfolgreich machen könne". In Konferenzen vertrat er die Forderung, „daß von den aus der Schule tretenden Kindern *alle* oder fast *alle* ohne Anstand jedes Buch u jede Schrift, die gut geschrieben ist, u deren Sprache das Kind versteht, müssen lesen können, sonst habe die Schule für das Lesen wenig Werth".[31]

Die Inspektionsberichte belegen, wie Stifter die an den meisten Schulen noch gelehrte Buchstabiermethode zu beseitigen trachtete und die Lautiermethode einführte. Während man bei der Buchstabiermethode, die aus den Lateinschulen stammte, so vorging, daß man die einzelnen Buchstaben von den Schülern lernen, wiedererkennen und benennen ließ, um sie dann zu Silben und endlich zu Wörtern zusammenfügen zu lassen, wobei auch beliebige Silben erzeugt wurden (be und a macht ba), ließ man bei der Lautiermethode Wörter wie Igel zuerst sprechen, dann den Anfangsbuchstaben betonen und diesen als Buchstaben erkennen. Die Lautiermethode wurde von Valentin Ikkelsamers ‚Rechte weis auffs kürzist lesen zu lernen' (schon vor 1533) begründet, bald darauf von Peter Jordan in seiner ‚Leyenschul' zum Schreiblesen weiterentwickelt und allmählich in den Schulen eingeführt.[32] Stifter hat

---

[31] Fischer (o. Anm. 2). Bd. 1, S. 249f.
[32] Valentin Ickelsamer. Rechte weis auffs kürzist lesen zu lernen. 1. Aufl. vor 1533; 2. Aufl. Marburg 1534. Vgl. Horst J. Frank: Dichtung, Sprache, Menschenbildung. Geschichte des Deutschunterrichts von den Anfängen bis 1945. München 1976 (dtv WR

also in Oberösterreich für die Durchsetzung eines Leselernverfahrens gekämpft, welches sich andernorts bereits seit zweihundert Jahren verbreitet hatte. Bei seinen Inspektionsreisen zu den Volksschulen Oberösterreichs widmete er „diesen Elementen immer die erste Sorgfalt, und suchte dahin zu wirken, daß man diese Elemente gut beibringe, und nicht mit Vernachlässigung derselben zu höheren Gegenständen übergehe, die dann in der Luft schweben, und ohne Unterbau und Übereinstimmung eher schädlich als nüzlich wirken. Nach tüchtiger Einübung der Elemente oder auch, wenn die Gewißheit ihrer erschöpfenden Erlernung vorhanden ist, zugleich mit ihnen können höhere Gegenstände vorgenommen werden."[33] Lesefähigkeit und Lesefertigkeit in Verbindung mit „Verständniß des Gelesenen" sind für Stifter nicht Selbstzweck der Grundschule, sondern Grundlage dafür, daß „zeitlebens" eine Beziehung zum Buch ermöglicht wird.

Literaturunterricht in der Hauptschule

Daß die Lesefertigkeit auch in der Hauptschule lediglich die Elementarvoraussetzung für eine Leseerziehung sein sollte, geht aus einem handschriftlichen Entwurf von Fritsch, basierend auf Vorschlägen der Schuldirektoren sowie Äußerungen und Änderungen des Schulrates Stifter vom 10.10.1854 hervor.[34] In der Verordnung des Ministeriums vom 23.3.1855 wurde hingegen Verständnisförderung neben Auswendiglernen betont: „Das Ziel der IV. Klasse ist: vollkommenes Verständniß des Gelesenen in sachlicher und sprachlicher Hinsicht [...]. Den Stoff zu Gedächtnißübungen gibt das Lesebuch."[35]

Im August 1849 veröffentlichte Stifter im ‚Wiener Boten' Artikel über die Landschule und ihre Aufgaben, worin er die Bedeutung des Erstlesens und Erstschreibens hervorhob. Doch er fügte sogleich hinzu, daß Lesen und Schreiben „nur Mittel" seien, „seine Erfahrungen und Einsichten aufzubewahren und geltend zu machen. Was nützt aber Einem sein Lesen, sein Schreiben [...], wenn er keine Erfahrungen und Einsichten hat, die er aufschreiben, [...] und keine Urtheilskraft, die er aus dem Buche herauslesen kann. *Daher muß Alles, was jedem Menschen, und gehöre er dem untersten Stande an, zum menschlichen Leben unentbehrlich ist, in der Landschule gelehrt werden, und zwar nicht bloß gelehrt, sondern es muß so in die Menschen geprägt werden, daß es dieselben nie mehr verläßt.*"[36]

4271). Bd. 1, S. 25; Gertraud H. Heuß: Erstlesen und Erstschreiben. Donauwörth 1993, S. 59ff.
[33] SW. Bd. 25, S. 211; die beiden folgenden Zitate S. 212 (‚Erster Inspektionsbericht vom 4. April 1851.').
[34] Fischer (o. Anm. 2). Bd. 2, S. 615f.
[35] Ebd., S. 619.
[36] SW. Bd. 16, S. 159.

Interessant ist, wie anspruchsvoll sich Stifter einen Literaturunterricht in der Hauptschule vorstellen konnte und wie weit er dabei auch methodische Verfahren wie die heute aktuelle Produktionsorientierung akzeptierte und förderte. „Die evangelische Schulen-Aufsicht Attersee hatte der Kreisbehörde Wels am 2. März 1859 vier Ortschroniken vorgelegt und um eine kreisamtliche ‚Belobung' und Ermunterung der Lehrer gebeten."[37] Am 15.5.1859 reichte Stifter eine ‚Äußerung' ein, „Ortschroniken in den evangelischen Schulen betreffend", worin er Stellung nahm zu Funktionen der Literatur und zur Unterrichtsmethodik: Er vertrat die Auffassung, „daß ein Volk durch Kenntniß seiner Geschichte erst zum Selbstbewußtsein als Volk komme. Die großen Schichten des Volkes aber werden weniger durch abstracte Gerippe allgemeine Übersichten von Reichsgeschichten ergriffen – ja derlei Werke lassen den auf das sinnlich Greifbare gerichteten Sinn des Volkes vollkommen unberührt – sondern das menschlich Anschauliche in concreten Handlungen regt sie auf, u um so mehr, je getragener diese Handlungen von großen Eigenschaften u je mehr sie mit ihrem verlaufenden Leben verwandt sind. Darum entstand von großen Helden durch das Volk die Sage, woran Deutschland vor allen Völkern reich ist, u durch eben dasselbe Volk das Heldenlied, worin Deutschland ebenfalls nebst Griechenland an der Spize der Völker steht, u darum entstanden auch die Ortssagen u die Taditionen von Gegenden. In ihnen sammelt sich das Gemeindebewußtsein das Bewußtsein eines Gaues eines Stammes u dgl. es entsteht daraus ein Gefühl der Zusammengehörigkeit der gemeinschaftlichen Liebe u der Aufopferung für seine Angehörigen, welches Gefühl bei etwas Pflege sehr leicht zur wärmsten Vaterlandsliebe wird. | In diesem Sinne ist es sehr wünschenswerth, daß die Kinder mit den Sagen u Geschichten ihres Ortes u ihrer Gegend vertraut gemacht werden, ja daß in geschriebenen Heften diese Geschichten aufbewahrt u fortgeführt werden. | Ein unmittelbarer Nuzen erwächst aus einem solchen Vorgange auch dadurch, daß der Sinn des Volkes in der Behandlung dieser Gegenstände auf Höheres geschichtlich Praktischeres u Geistvolleres geleitet u groben Vergnügungen ferner gehalten wird. [...] Und endlich ist auch der Nuzen nicht gar zu geringe anzuschlagen, der in Bezug auf Stilübung u Rechtschreibung für die Kinder entsteht, wenn sie unter Anleitung Ortschroniken verfassen u aufschreiben."

Stifter sah aber auch Gefahren eines solchen Tuns und hielt es für „zwekwidrig, wenn der Lehrer die Chronik verfaßte, u die Schüler sie blos abschreiben, wodurch eben die Verstandes- und Stilübung größtentheils weg fiele, u das geschichtliche Gefühl in weit minderem Grade angeregt würde. Die Schüler sollten, so weit sie es können, selber Stoff sammeln, der Lehrer soll ihn ergänzen, soll die Gesichtspunkte seiner Anordnung an die Hand geben, u soll die Kinder verfassen lassen. Hinterher kann er die Ausbesserungen geben, wo-

---

[37] Fischer (o. Anm. 2). Bd. 2, S. 430.

bei er aber die kindliche Auffassung so wenig als möglich zu beirren hat, u endlich mag das Verbesserte rein geschrieben werden." Stifter schlug „belobende Anerkennung" für die Lehrer vor, verlangte aber, daß „der Selbstthätigkeit der Schüler der größte Spielraum gelassen werde, daß man Sage u beglaubigte Geschichte genau trenne, von lezterer Quellen u Beweise sorgfältig aufzeichne".[38]

Was Stifter zu seiner positiven Stellungnahme bewegte, war weniger die Frage nach Jahrgangs- und Kindgemäßheit als vielmehr sein Literaturbegriff in Verbindung mit seiner Volksbildungsvorstellung, welche ihn in der Eigenaktivität eine Gewähr für eine größtmögliche Wirkung der Literatur sehen ließ. Dabei ging es ihm hauptsächlich im Sinne seiner Literaturidee um die Hebung des Volkes ins Höhere und um ein Fernhalten von „groben Vergnügungen". Außerdem traute er dieser Geschichts- und Sagenbegegnung die Weckung der „wärmsten Vaterlandsliebe" zu.

Das Ministerium hingegen hat in einem Erlasse vom 6.8.1859 solche Produktionstätigkeit untersagt, da die Schüler der Volksschulen „viel zu wenig Umsicht und Auffassungsvermögen besitzen, um Ortschroniken verfassen zu können. – Die Verfassung solcher Chroniken erscheint daher kein zweckmäßig gewählter Gegenstand zur Übung der Schüler in schriftlichen Aufsätzen."[39] Daß gelungene Chroniken vorlagen, war für das Ministerium kein Gegenbeweis.

Volkserziehung und Schulbibliotheken in den Hauptschulen

Zwar wurde Stifter gemäß § 24 der ‚Instruction über die Amtswirksamkeit der Schulräthe' vom 24.6.1855 verpflichtet, auf seinen Inspections-Reisen die Schulbibliotheken „in Augenschein zu nehmen" und „auf die Beurtheilung der in die Schulbibliotheken aufzunehmenden Bücher"[40] zu achten, doch am 24.7.1862 schrieb er resignierend an Joseph Türck, „daß ich mit einem unermeßlichen guten Willen und mit einiger Sachkenntniß ans Werk gegangen bin, daß der Erfolg aber mich nicht befriedigt hat", vor allem, „daß die Volkserziehung so nicht recht in Gang kam".[41]

Wie wir aus seinen Inspektionsberichten erfahren, hat Stifter penibel erfragt, welche Schulen Schulbibliotheken bzw. keine hatten, und deren Errichtung angemahnt und gefördert. Am 3.1.1862 regte er bei der Statthalterei die „Anlegung von Bücherverzeichnissen für Schulbibliotheken" an, da er die Erfahrung machte, „daß man nicht wisse, welche Bücher man anschaffen soll". Die Statthalterei mußte nun, gemäß der Regelung des Konkordats, „mit

---

[38] Ebd., S. 427–429.
[39] Ebd., S. 430.
[40] Ebd., S. 640f.
[41] SW. Bd. 20, S. 71.

dem hochw. Ordinariate ins Vernehmen treten, um die Anlegung von Büchereiverzeichnissen für Schulbibliotheken anzubahnen, u die Abtheilungen der fertigen Verzeichnisse an die Schulorte gelangen zu lassen";[42] doch das Bischöfliche Konsistorium reagierte abweisend, indem es zum Ausdruck brachte, man möge „sich über den Erfolg dieser Einführung keinen großartigen Erwartungen hingeben". Dennoch konnte Stifter am 29.8.1862 dafür sorgen, „das vorliegende Verzeichniß lithographirt an die Schulorte gelangen zu lassen, u den Ankauf von Werken aus diesem Verzeichnisse zu empfehlen".[43]

Daß Stifter trotz der Schwierigkeiten Erfolge erzielte, zeigen neben der Einrichtung von Schulbibliotheken auch Vorträge und Aufsätze von Lehrern, welche er auf Lehrerkonferenzen einbringen ließ. So entstand 1860 „ein sehr guter Aufsaz über die Schädlichkeit der Lesesucht".[44] Zwei Aufsätze im Bezirk Atzbach hatten zum Thema: „Was hat der Lehrer beim Ausleihen von Büchern an Kinder zu beobachten?" Ein „sehr guter Aufsaz" entstand im Bezirk Kremsmünster ‚Über Gründung von Schulbibliotheken' und im Bezirk Ostermiething über ‚Gemeinschaftliches Lesen der Kinder'.[45] Diese Aktivitäten belegen, daß Stifter auch die Lehrerschaft dazu bewegen konnte, Fragen der Leseerziehung in und außerhalb der Schule zu ihren eigenen zu machen.

6. Literaturunterricht im Gymnasium

In seinem Aufsatz ‚Über die Behandlung der Poesie in Gymnasien', der als Bruchstück im Nachlaß erhalten geblieben ist, hat Stifter seine Literatur- und Bildungsidee auf der Grundlage des Schönen und Sittlichen für die höchste Bildungsstufe im Schulbereich entworfen, Funktionen und Wirkungen der Poesie beschrieben, aber keine konkreten Vorschläge für den Literaturunterricht selbst gemacht, wohl weil er die Stelle eines Schulrats für Gymnasien nicht erhalten hatte. Seiner Idee nach setzt der Umgang mit der Dichtkunst „den freiesten und größten Geist voraus, ihr Empfängniß eine gewisse Bildung des Verstandes und ein tiefes, reines Herz", doch solche Voraussetzungen sind selbst in dieser Lehranstalt kaum zu erwarten, denn sie ist „in bestimmte Schranken des Zweckes eingerahmt, ihr stehen bestimmte Lehrkräfte zu Gebote, in ihr sind nur Jugendjahre der Empfänglichkeit vorhanden, und ihr ist nur eine bestimmte Zeit gegeben".[46] Die Realisierung von Unterricht verlangt also eine Minderung des Ideals.

---

[42] Fischer (o. Anm. 2). Bd. 2, S. 522f.
[43] Ebd., S. 534.
[44] Ebd., S. 570.
[45] Ebd., S. 572–575.
[46] SW. Bd. 16, S. 301.

Dennoch hält Stifter an dem höchsten Anspruch fest, daß die Darstellung des Schönen in der Kunst „*das Sittengesetz in seiner Entfaltung und durch sinnliche Mittel wahrnehmbar*" macht und in dieser Form wirken soll: „In dem Tritte der Rachegöttinnen in der alten Tragödie sehen wir mit Schauern die Macht und Majestät des Gewissens, in der reinen, heitern, anspruchslosen, so wenig anmaßenden und doch so bestimmten und klaren Skulptur der Griechen sehen wir die gegenständlichste, ungeschminkteste, würdevolle und ernste Menschlichkeit in huldvoller Naivetät, in den Gebilden Shakespeares tritt uns die ganze Gewalt und Macht des Sittenbewußtseins entgegen: man denke an Macbeth, Richard, Lear. Nur auf diesem Hintergrunde der Furchtbarkeit und Majestät des Sittengesetzes vermögen uns seine Entwicklungen und Begebnisse so zu ergreifen und zu erschüttern."[47] Die vorzüglichste Wirkung der Kunst und Dichtung ist also, „das Herz des Menschen in eine schöne harmonische Wärme zu versetzen, es zu öffnen und für alles Hohe und Gute empfänglich zu machen". Und „der höchste [...] irdische Zweck" ist „die Ausbildung des Menschen als Menschen, nämlich Humanität".[48]

Die Frage stellt sich, ob Stifter angesichts derart hochgesteckter idealer Vorstellungen als Schulrat für Gymnasien die gleiche Wirkung hätte erzielen können, wie er sie auf bescheidenerer Ebene in Haupt- und Realschulen erzielt hat, zumal er ja gemäß seiner Kritik am Gymnasium von einem vorherrschenden Lern- ja Auswendiglernunterricht hätte ausgehen müssen. Tatsächlich hat er einen entsprechenden Literaturunterricht für das Gymnasium nicht konkret erarbeitet, sondern diese höchste Form eines durch Kunst und Literatur bewirkten Bildungsprozesses in seinem Roman ‚Nachsommer' gestaltet.

7. Literaturunterricht in der Realschule

An die Verwirklichung seiner Ideen konnte Stifter im Mai 1850 mit seinem ‚Entwurf der Organisation einer vollständigen Realschule zu Linz für Oesterreich ob der Enns'[49] gehen, worin er eine Begründung und Jahrgangsstufenverteilung des Literaturunterrichts vornahm: Während die Volksschule „jene Anfänge von Kenntnissen und Bildung" gibt, „welche nach dem heutigen Stande der Menschheit allen Klassen unentbehrlich sind", und die Gymnasien „sich vorzugsweise mit allgemeiner menschlicher Bildung (humanisti-

---

[47] Ebd., S. 304f.
[48] Ebd., S. 314.
[49] Dieser von Stifter stammende ‚Entwurf' vom Mai 1850 ist nur bei Kurt Vancsa (o. Anm. 1), S.269–303, abgedruckt. Bei Fischer (o. Anm. 2), S. 3, wird lediglich darauf hingewiesen. Allerdings findet man in Bd. 2, S. 595ff., im Anhang 1 einen ‚Bericht über die Beratungen wegen Errichtung einer vollständigen Unter- und Oberrealschule zu Linz' vom 2.8.1850.

scher Bildung)" beschäftigen, „wodurch es möglich wird, menschliche Dinge nach allen Seiten zu beurtheilen, mit allen Menschen umzugehen, und einmal die verschiedenartigsten Aemter und Würden verwalten zu können",[50] sollen die Fächer in der Realschule die „Grundlage zu den Beschäftigungszweigen abgeben", doch zugleich für verschiedene Wirklichkeitsbereiche verschiedene „Stufen der Bildung" gewährleisten. „Auch wäre es gut, wenn alle Menschen jene allgemeine menschliche Bildung hätten, die sie fähig macht, ihren Gesichtskreis in Beurtheilung menschlicher Dinge zu erweitern, nicht einseitigen Vorurtheilen hingegeben zu sein, und ihre Leidenschaften und Affekte zu Gerechtigkeit und Billigkeit bezwingen zu können."[51]

Stifter hat für die Realschule einen vollständigen Stundenplan für alle Fächer entworfen und die Funktion und Verteilung der Literatur im Bildungsprozeß dargestellt:

In der Unterrealschule stehen „4 Klassenstufen zu je 4 Stden wöchentlich für Muttersprache"[52] zur Verfügung. In der allgemeinen Übersicht über das Lernbereichsgefüge hat Stifter dem Umgang mit Literatur einen besonderen Stellenwert eingeräumt und dabei auch das Auswendiglernen hervorgehoben: „Um einen Anfang allgemeiner höherer Bildung zu geben, soll man Aufsätze sowohl in Prosa, als auch in Versen, deren Werth allgemein anerkannt ist, und die den Schülern vollständig erklärt worden sind, dem Gedächtnisse einprägen, und sie entsprechend vortragen lassen."[53]

In der Ausdifferenzierung dieses allgemeinen Konzepts für die Klassenstufen wird die Förderung des Verstehens stärker zur Geltung gebracht: In der ersten und zweiten Klasse ist das „Verständniß des Inhalts, Erweiterung und Belebung des Gedankenkreises, Wiedererzählen des Gelesenen, Vortrag von Aufsätzen"[54] vorgesehen und in der dritten Klasse: „Umfassende gründliche Lektüre. Erklärung des Gelesenen in stilistischer, in metrischer, in fachlicher und in sittlicher Hinsicht. Vortrag prosaischer und metrischer Stücke aus dem Lesebuche."[55] Der Anteil der Bildung nimmt bis zur vierten Klasse, wo es um „Fortführung bildender Lektüre"[56] geht, stetig zu.

In der Oberrealschule, wo Muttersprache in allen drei Klassenstufen mit je 5 Stunden wöchentlich gegeben wird,[57] sollen die Schüler „die bedeutendsten Erscheinungen der neueren vaterländischen Literatur kennen lernen, und dar-

---

[50] Vancsa (o. Anm. 1), S. 269.
[51] Ebd., S. 270.
[52] Ebd., S. 273. Zur Stundenzahl vgl. ‚Bericht über die Beratungen', in: Fischer (o. Anm. 2). Bd. 2, S. 605.
[53] Vancsa (o. Anm. 1), S. 274.
[54] Ebd., S. 278.
[55] Ebd., S. 279.
[56] Ebd., S. 280.
[57] Ebd., S. 286. Zur Stundenzahl vgl. ‚Bericht über die Beratungen', in: Fischer (o. Anm. 2). Bd. 2, S. 605.

aus ihren Gedankenkreis erweitern, beleben und erhöhen. Sie sollen gute Uebersetzungen klassischer Werke anderer Völker und des Alterthums kennen lernen. Nebst dem das Wichtigste aus der klassischen Mythologie."[58]

In allen Klassen sind 3 bis 4 Stunden Lektüre vorgesehen, und zwar für die erste Klasse Lektüre „mit sachlicher und literarischer Erklärung. Das Lesebuch enthalte auch charakteristische Abschnitte aus klassischen Dichtern und Prosaikern, namentlich des Alterthums, in gediegenen Uebersetzungen."[59] In der zweiten und dritten Klasse bekommt die Literaturgeschichte größeres Gewicht: „Auswahl des Bedeutendsten aus der älteren deutschen Literatur, insoferne es ohne besonderes Studium der alten Sprache verständlich ist. Neuere Literatur. Erklärung wie oben, dann Uebersicht der Hauptepochen der Literaturgeschichte. [...] Einiges aus dem Mittelalter könnte in guten Uebersetzungen geboten werden. Die neuere Literatur beginnt mit Klopfstock [sic!]."[60]

8. Stifters ‚Lesebuch zur Förderung humaner Bildung'

Der Lehrplanentwurf bildete die Grundlage für das von Stifter gemeinsam mit dem Lehrer Johannes Aprent herausgegebene ‚Lesebuch zur Förderung humaner Bildung in Realschulen' und bestimmte die Textauswahl.

Vergleich mit Goethes Volksbuchentwurf

Ein Vergleich mit Goethes ‚Plan eines lyrischen Volksbuches'[61] ermöglicht es, die Leistungen und Widersprüche bei Stifter herauszuarbeiten, welche teilweise auch zum Scheitern seines Lesebuchs führten. Goethe ging von einem dreistufigen hierarchischen Literaturmodell aus: „In einer solchen Sammlung gäbe es ein Oberstes, das vielleicht die Fassungskraft der Menge überstiege. Sie soll daran ihr Ideenvermögen, ihre Ahnungsfähigkeit üben. Sie soll verehren und achten lernen; etwas Unerreichbares über sich sehen; wodurch wenigstens eine Anzahl Individuen auf die höhern Stufen der Kultur herangelockt würden. Ein Mittleres fände sich alsdann, und dies wäre dasjenige, wozu man sie bilden wollte, was man wünschte nach und nach von ihr aufgenommen zu sehen. Das Untere ist das zu nennen, was ihr sogleich gemäß ist, was sie be-

---

[58] Vancsa (o. Anm. 1), S. 286f.
[59] Ebd., S. 288f.
[60] Ebd., S. 290.
[61] Goethes Werke. Hamburger Ausgabe in 14 Bänden. Bd. 12. Hamburg. 4. Aufl. 1960, S. 284–287. – Vgl. dazu Walter Seifert: Goethes Herausforderung der heutigen Literaturdidaktik. In: Hans-Werner Eroms/Hartmut Laufhütte (Hrsg.): Vielfalt der Perspektiven. Wissenschaft und Kunst in der Auseinandersetzung mit Goethes Werk. Passau 1984, S. 83–105; Helmut Schanze: Literaturgeschichte und Lesebuch. Düsseldorf 1981, S. 55ff.

friedigt und anlockt."[62] Stifter betont im Gegensatz zu Goethe trotz seiner immer wieder vorgetragenen Idee einer Volkserziehung einen dichotomischen und elitären Dichtungsbegriff. Für ihn ist nur das Vollkommene und Beste gut genug, um in sein Lesebuch aufgenommen zu werden. Allerdings bezieht auch er regionale Dialektliteratur in den Kanon der akzeptierten Literatur mit ein, wenn sie nur seinem Literaturbegriff vom Sittlichen und Schönen entspricht.

In einem Brief an seinen Verleger Heckenast vom 23.8.1853 schrieb Stifter zwar noch – was an Goethes Konzept erinnert – er und Aprent würden in dem Lesebuch „zum Schlusse auch Muster der Ungültigkeit (des Schwulstes der Abentheuerlichkeit etc..) sezen und erklären",[63] doch das fertige Lesebuch enthält solche „Muster der Ungültigkeit" als Negativbeispiele nicht. Damit ergibt sich, daß die zwischenzeitliche Konzeptbildung und das endgültige Resultat zwei ganz verschiedene Lesebuchtypen mit unterschiedlichen didaktisch-methodischen Perspektiven darstellen. Während zunächst eine Kontrastreihe aus positiven und negativen Literaturbeispielen geplant war, enthält das fertige Buch nur eine homogene Reihe positiver Beispiele, wobei ein literaturgeschichtlicher Durchgang vorherrscht, aber auch Gattungsreihen zur Ballade, Fabel, zu Sprüchen usw. in das literaturgeschichtliche Grundkonzept eingelagert sind. Bei Goethe hingegen handelte es sich um eine graduelle Reihe, welche den drei Qualitätsstufen der Literatur eine je andere Aufgabe im aufsteigenden Bildungsprozeß zumißt. Die höchste Stufe, die Stifters fertiges Lesebuch prägt, stellte für Goethe eine höchste, von der Masse der Menschen nicht mehr erreichbare Stufe dar, welche jedoch die Aufgabe erhielt, Ehrfurcht vor dem Vollkommenen zu vermitteln.

Aprent hat Stifters Konzeption voll geteilt und „das Buch für das beste Lesebuch dieser Art"[64] erklärt, während Stifter selbst seine Bedenken hinsichtlich der Qualität nie loswurde und am liebsten noch einmal alles durchgearbeitet hätte. Als das Lesebuch 1854 zum Druck beim Verlag vorlag, faßte Stifter in einem Brief an Heckenast seine Lesebuchkonzeption nochmals zusammen, und da ist statt des früheren Plans, auch „Muster der Ungültigkeit" aufzunehmen, nur noch die dichotomische Literaturidee vorhanden. Während das Lesebuch nach diesem Brief „das Schönste Verstandesgemäßeste und zugleich pädagogisch Brauchbarste" enthält und dadurch „auf einem höheren Standpunkte als der sogenannte Schulschlendrian ist", wird alles weniger Hochwertige aus einer kulturkritischen Perspektive abgewertet und abgewiesen: „Mich leitet bei der ganzen Angelegenheit blos die Absicht, für die Schule und Menschheit Nuzen zu stiften, daher meine Strenge in der Wahl, die Aprent oft zur Verzweiflung brachte, wenn ich immer Fantasterei Verstandeswidrigkeit u.s.w. nachwies, und verwarf. Unsere Zeit steht nicht auf dem

---

[62] Goethes Werke (o. Anm. 61). Bd. 12, S. 285. Vgl. dazu Seifert (o. Anm. 61), S. 92ff.
[63] SW. Bd. 18, S. 180.
[64] Ebd., S. 192.

Standpunkte reiner Kunst, kann sie auch nicht würdigen, darum müssen alle Hebel in Bewegung gesezt werden, wo man ihr gegen das Seichte und Schillernde will Eingang verschaffen."[65] Entsprechend sollte dieses Lesebuch nach Stifters Auffassung nicht nur dem Bildungsprozeß in der Schule dienen, sondern auch als kulturkritisches Gegenstück zur falschen und schlechten Literatur seiner Zeit wirksam werden, um dagegen die von Stifter als hochwertig und schön erachtete Literatur durchzusetzen. Folgerichtig handelte es sich für Stifter auch um „kein Schulbuch im strengen Sinne".[66]

In der ‚Vorrede' zum Lesebuch ist die Konzeption eindeutig auf die Förderung „*allgemein menschlicher Bildung* (Humanismus)" ausgerichtet und bei der Textauswahl das Prinzip der Homogenität neben dem der Qualität zugrunde gelegt: „Zu diesem Zwecke haben die Verfaßer [...] nur sittlich Schönes, Würdiges, Verstandesgemäßes, d.h. künstlerisch *Gebildetes* zusammen zu stellen sich bestrebt". Gemessen an Goethes Dreistufenkonzept steht zwar auch hier ein Dreistufenkonzept im Hintergrund, aber so, daß die unterste Stufe, nämlich „leicht Faßliches aber Gemeines", völlig ausgeschlossen wird, da es „dem Geiste Schaden zufügt". Lernen durch Vergleich wird damit ausgeschlossen. Angesichts dieser Bindung an höchste Qualitätskriterien wurde jedoch „Manches für Einzelne noch schwer Faßbares" aufgenommen, was also – mit Goethe gesprochen – den Horizont übersteigt. Gemessen an Goethe hat also Stifter zwei obere Qualitätsstufen aufgenommen, aber anders begründet: Der Bildungsprozeß wird durch das im Augenblick Faßbare in Gang gesetzt, während das „noch schwer Faßbare" und „für jetzt Unverstandene" eine Langzeitwirkung haben soll, also „nach und nach ein Verstandenes wird, weil so das Buch auch noch nach der Schule den Schülern lieb bleiben soll".[67] Das Lesebuch sollte sich also nicht durch seine Zwecksetzung im Schulunterricht erschöpfen, sondern Begleiter für das ganze Leben sein.

Nach der Ablehnung des Lesebuchs erkannte Stifter die Widersprüche sogleich in aller Deutlichkeit: „Wir meinten, wenn Edles Großes, das in die Herzen der Jugend gesät werden solle, und sie auf einen schöneren und größeren Lebensweg hinstellt, gebothen wird, und dies in einer vollkommen deutschen Sprache, werde die Sache für sich reden, daß man mit Freude darnach greifen werde, und daß man einsehen werde, daß alle untergeordneten Rüksichten Bildung des Stiles Geläufigkeit im Ausdruke Kennenlernen der Dichtungsarten etc mit Ausnahme der Litteraturgeschichte (deren Kenntniß für Jünglinge ohnehin unmöglich ist, und deren Foderung ein Widerspruch in sich) ohnehin in dem höheren Zweke liegen; allein man fodert die niederen Zweke in einem ausgedehnten Maße, weil man den höhern nicht zu sehen vermochte, obwohl

---

[65] Ebd., S. 218.
[66] Ebd., S. 219.
[67] SW. Bd. 25, S. 183f.

er in der Bittschrift angegeben wurde."⁶⁸ Konzentriert auf die hohen Bildungsziele haben Stifter und Aprent die unteren Bildungsziele wie „Bildung des Stiles", „Geläufigkeit im Ausdruke" usw. vernachlässigt.

Stifter zog aus der Nichtgenehmigung des Lesebuchs für sich die Konsequenz, künftig kein Schulbuch mehr zu machen, sondern sich ganz der Dichtung und allenfalls der Volksbildung zu widmen. Aus der Rückschau wurde ihm bewußt, daß die Zwitterhaftigkeit seines Lesebuchs mit dem Spannungsverhältnis zwischen Literaturidee und Unterricht zusammenhängt: „Hätten Aprent und ich gleich von Vorne herein auf die Realschule verzichtet, und lieber das Buch so zusammen gestellt, daß es für Erziehung überhaupt zu verwenden wäre, so hätten wir etwas dankbareres gethan, als Zeit und Mühe auf diese Weise verschwendet.[...] Das Buch ist nun wenigstens ein halbverfehltes. Es war zu viel für die Schule berechnet, und da diese es nicht nehmen darf, so hat es anderer Seits für das große Publicum zu wenig."⁶⁹

Stifters und Theodor Vernalekens Lesebücher

Theodor Vernaleken war Stifters stärkster Konkurrent bei der Herausgabe von Lesebüchern. Er war 1848 als Protestant von Norddeutschland nach Wien geholt worden, wo er im Ministerium für „Lesebuchfragen und besonders für die Neuorganisation der Realschulen tätig" wurde. Er leitete auch die Prüfungskommission für Realschullehrer. Vernaleken war vor der Berufung nach Wien vom Calvinismus zum katholischen Glauben übergetreten, ist aber nach seiner Pensionierung wieder zum Calvinismus zurückgekehrt.⁷⁰ Stifter schrieb am 21.6.1855 nach der Ablehnung seines Lesebuchs an Heckenast: „Vernalekens des jezigen officiellen Lesebüchermachers Zusammenstellungen sind zu seicht und schlecht, als daß sie sich lange halten könnten."⁷¹ Tatsächlich aber waren dessen Lesebücher bis weit nach 1870 in Verwendung.

Domandl hat aufgezeigt, daß „die Lesebücher Vernalekens gerade in konfessioneller Beziehung von einer mutigen Toleranz zeugen, wie sie weder in Stifters noch in anderen Lesebüchern vor oder nach 1855 so unverhüllt zutage tritt",⁷² wobei den Höhepunkt dasjenige Lesestück bildet, „in dem die katholische Kirche regelrecht angegriffen wird". Es handelt sich um den „Brief Luthers vom 15.2.1530 an seinen Vater", worin Luther schreibt, „er habe die ,Christenheit' ,von dem vorigen Finsternuß und Irrthumen' herausgeführt".⁷³ Entscheidend dafür, daß sich Vernaleken trotz solcher Abweichungen gegenüber

---

⁶⁸ SW. Bd. 18, S. 246.
⁶⁹ Ebd., S. 247.
⁷⁰ Domandl (o. Anm. 5), S. 20.
⁷¹ SW. Bd. 18, S. 266.
⁷² Domandl (o. Anm. 5), S. 21.
⁷³ Ebd., S. 27; weitere Beispiele S. 27f.

Stifter durchgesetzt hat, war, daß er die dynastische Idee, „die ja in Österreich in ganz anderem Maße als anderswo gefordert wurde und Patriotismus, Staatsgesinnung, Vaterland und Volk zurückzudrängen versuchte", ebenso mit Lesestücken förderte wie „eine eindeutige nationaldeutsche Gesinnung".[74] Man kann bei ihm „zwei Lesestücke der beiden bedeutendsten Vorkämpfer eines deutschen Nationalismus finden, die auch 1860 noch nicht voll rehabilitiert waren, nämlich von Ernst Moritz Arndt und Friedrich Ludwig Jahn".[75]

Die bei Vernaleken und anderen Lesebuchherausgebern wie Mozart „vertretene Erziehung zum dynastischen Denken fehlt bei Stifter" ebenso wie die bei Vernaleken und anderen „so breiten Raum einnehmenden Lesestücke, die der nationaldeutschen Erziehung gewidmet sind. [...] Da Stifter keine Lesestücke bringt, die konfessionelle, dynastische oder nationaldeutsche Tendenzen hervorkehren, müssen bei ihm auch solche Stellen fehlen, die eine offene oder versteckte zeitkritische oder sogar heidnische Einstellung erkennen lassen, wie wir sie in der ‚Sammlung‘, bei Mozart und Vernaleken nachgewiesen haben."[76]

Domandl hat gezeigt, daß Stifters Lesebuch nicht vorrangig deshalb abgelehnt wurde, „weil es dem Lehrplane nicht entspricht",[77] wie das Ministerium Stifter gegenüber vorgegeben hatte, sondern weil es wohl sein Gegner Vernaleken als anonymer Gutachter zu Fall gebracht hat,[78] vor allem aber, weil es der politischen Auffassung Helferts widersprach, dessen Buch ‚Über Nationalgeschichte und den gegenwärtigen Stand ihrer Pflege in Österreich‘ 1853 erschienen war[79] und festgelegt hatte, daß eine Nationalerziehung auf absolutistischer Grundlage gefordert sei, um die schwierige Nationalitätenfrage der Monarchie von einer dynastischen Position her zu lösen. „Das religiöse" und „das vaterländische Element" sollten nach Helfert den Lehrstoff beherrschen: „Den Zusammenstellern von Lesebüchern ist wiederholt die Weisung gegeben worden, daß mindestens die Hälfte des geschichtlichen und erdkundlichen Lesestoffes dem Vaterlande angehören müsse."[80] Stifters Lesebuch stand diesen Vorgaben und Weisungen mit seinem Hauptziel „*allgemein menschlicher Bildung* (Humanismus)" diametral entgegen. Während Helfert ein patriotisches und dynastisches Gesinnungslesebuch forderte, präsentierte Stifter ein literarisches Bildungslesebuch.

---

[74] Ebd., S. 25f.
[75] Ebd., S. 27.
[76] Ebd., S. 38f.
[77] SW. Bd. 18, S. 245 (Brief vom 2.1.1855 an Heckenast).
[78] Domandl (o. Anm. 5), S. 39.
[79] Ebd., S. 83.
[80] Zitate nach Domandl (o. Anm. 5), S. 87f.

Stifters ‚Lesebuch' und die Geschichte des deutschen Lesebuchs

Betrachtet man vergleichsweise die Entwicklung des Lesebuchs in Deutschland, wie sie in Helmers ‚Geschichte des deutschen Lesebuchs in Grundzügen' dargestellt worden ist, so fällt zunächst auf, daß Stifter bei Helmers nicht erwähnt wird.[81] Das einzige von Helmers aus der Zeit Stifters aufgenommene Lesebuch, Philipp Wackernagels ‚Deutsches Lesebuch' von 1843, wird von ihm unter die Rubrik „einer bürgerlichen Gesinnungsbildung durch Dichtung" eingereiht".[82]

Allen früheren Lesebuchtyen stellt Helmers dann sein „Lesebuch als literarisches Arbeitsbuch" entgegen, ohne Vorgänger zu benennen. Zwar müßte man Stifters Lesebuch statt als literarisches Arbeitsbuch primär als literarisches Bildungsbuch bezeichnen, doch auch als literarisches Arbeitsbuch kann es im Sinne von Helmers verwendet werden, denn es enthält Textgruppierungen einiger Gattungen, so daß Kenntnis literarischer Formen als Lernziel angestrebt werden kann. Daß man Stifters Lesebuch 1946, genehmigt durch das Office of Military Government for Germany (US), als erstes Nachkriegslesebuch einführen konnte, lag daran, daß es von nationalen und nationalistischen Tendenzen frei war und eine humanistische Bildung durch Literatur anstrebte.

9. Unterrichtsmethodik

Stifter hat in früheren Jahren Unterrichtsmethodik überwiegend ablehnend behandelt. Vor allem die Urfassung der Erzählung ‚Das Haidedorf' enthielt eine scharfe Kritik an der Unterrichtsmethodik, wie sie Stifter in der Stiftsschule Kremsmünster kennengelernt hatte: „Glücklicher Natursohn! Diejenigen werden deine Lage begreifen, und selig zurückfühlen, die nicht das Unglück hatten, schon in zartester Kindheit von einer Rotte Meister umrungen worden zu seyn, die täglich an ihnen erzogen, ohne zu erkennen das Bedürfniß und das schöne Gold des Kinderherzens."[83] Diese Abwertung seiner Lehrer in Kremsmünster als „Rotte Meister" hat Stifter später gestrichen, als er diese Erzählung in sein Lesebuch aufnahm. Seine Auffassung über die Unterrichtsmethodik hat Stifter während seiner Tätigkeit als Schulrat geändert und seinerseits, wie die Schulakten zeigen, für eine Verbesserung und Humanisierung der Schulmethodik gekämpft.

---

[81] Hermann Helmers: Geschichte des deutschen Lesebuchs in Grundzügen. Stuttgart 1970. Auch bei Frank (o. Anm. 32). Bd. 1, S. 264ff., wird Stifter nicht erwähnt, obwohl Frank breiter auf die Geschichte des literarischen Lesebuchs eingeht. Berücksichtigt hingegen wird er bei Karlheinz Rebel: Das deutsche Lesebuch – einst und jetzt (1964) In: Hermann Helmers (Hrsg.): Die Diskussion um das deutsche Lesebuch. Darmstadt 1969, S. 88f.
[82] Helmers (o. Anm. 81), S. 195.
[83] WuB. Bd. 1.1, S. 169.

Gutachten mit Aussagen zur Methodik

Nicht nur aus Gutachten über Lehrer erfährt man etwas über Stifters Auffassungen über Methodik, sondern auch aus Gutachten über Fibeln und Lesebücher. So bemängelte sein Gutachten von 1851 über zwei neue Volksschullesebücher von Becker und Vermaleken [!], das zwar nicht mehr vorliegt, doch von Statthalterei-Rat Fritsch zusammengefaßt wurde, „daß in beiden Büchelchen kein geordneter u. naturgemäßer Stufengang, kein Vorgehen vom Leichtesten zum Leichten u. von diesem zum Schweren beobachtet, daß Vieles außer dem Gesichts- und Denkkreise 5 bis 7jähriger Kinder, vorzüglich aber vereinsamter Landkinder Liegendes, denselben also Unverständliches in die Werkchen aufgenommen ist; daß sie außerdem manches Zwecklose ja Zweckwidrige u. Unrichtige enthalten, u. [...] manches Kleinliche u. beinahe Läppische in sich schließen."[84] Im Gegensatz zum Konzept seines eigenen Lesebuchs forderte Stifter hier als methodisches Grundprinzip einen lerntheoretisch strukturierten, graduell aufgebauten Stufengang. Seinem Literaturkonzept entsprechend lehnte er das „Kleinliche und beinahe Läppische" mancher Texte ab.

Stifters Gutachten über Aprent

Aussagen zur Methodik des Literaturunterrichts findet man vor allem in den Gutachten über Aprent, den Stifter als hervorragenden Methodiker schätzte, der ja auch das methodische Begleitbuch zum Lesebuch verfassen sollte. Bei Aprent hob er vor allem die „Reinheit Klarheit u Schönheit des Vortrages" sowie die „seltene Gabe den Eifer der Schüler u ihre Liebe zum Gegenstande so wie zum Lehrer zu weken" hervor.[85] Dabei verstand er die Persönlichkeit des Lehrers, sein Ausstrahlungs- und Wirkungsvermögen als wesentlichen Teil der Methodik. „Besonders versteht er es, durch Klarheit u Wärme die Schüler für den Stoff u sich zu gewinnen, daß man ihnen die Freude ansieht". Zu dieser Wirkungsqualität gehört auch, daß er „nicht unterließ, auf Schonung des Bewußtseins u der Gefühle also auf menschliche Bildung sehr schön hinzuwirken".[86] Im Antrag auf definitive Anstellung Aprents und Netwalds vom 20.9.1852 attestierte Stifter beiden, „daß sie ihren Gegenstand zusammen zu fassen zu verallgemeinern u dem Zweke der Schüler gemäß abzurunden verstehen, was nur durch Beherrschung seines wissenschaftlichen Lehrstoffes möglich ist. Beide führen ihre Schüler mit Klarheit logischer Schärfe u doch mit Gemeinverständlichkeit durch das Lehrgebiet".[87] Neben der Kontaktfähig-

---

[84] Fischer (o. Anm. 2). Bd. 2, S. 610.
[85] Ebd. Bd. 1, S. 64.
[86] Ebd., S. 66.
[87] Ebd., S. 71.

keit zum Schüler werden hier die Stoffbeherrschung, die Umsetzung des Unterrichtsgegenstandes in den Erwartungs- und Verstehenshorizont des Schülers sowie die Stringenz der Unterrichtsgestaltung hervorgehoben. Als es 1855 um die Beförderung Aprents zum Lehrer der Oberrealschule ging, hat Stifter diesen Schüler- und Gegenstandsbezug weiter ausdifferenziert und gemäß seiner Literaturidee auf die Zielsetzung des Literaturunterrichts ausgerichtet: „Aprent vermag seine Schüler auf die klarste einfachste u faßlichste Weise in die Formen der Sprache einzuführen, daß ihnen das Technische der Gebrauch des Wortes, des Sazes u des Gesamtausdrukes eines Stilganzen geläufig wird. Da er aber auch eine bedeutende litterarische Bildung besizt, nicht blos in so weit sie Sache des Gedächtnisses ist, welche Bildung sehr oft vorkömmt, sondern vorzugsweise in so ferne sie im Erkennen des ewigen dauernden u reinmenschlichen Werthes der Kunstschöpfung beruht, welche Bildung sehr selten ist, so ist er auch im Stande, seinen Schülern die richtigen Gesichtspunkte einer Dichtung allgemein darzustellen, er vermag das Würdige von dem Unwürdigen zu trennen, das Ernste zur Einprägung auszuwählen, u den Schülern das Große u Schöne desselben vorzuführen, wodurch er ihnen eine Richtung für das Höhere im Leben, so weit es durch Litteratur dargestellt wird, gibt, sie befähigt, auf dieser Richtung fort gehen zu können, u somit den Anstoß zu eigentlicher menschlicher Bildung gibt, welche der Zwek der sogenannten humanistischen Studien an Realschulen ist, u welche durch jede Schule nur angebahnt nicht erschöpft werden kann."[88] Berücksichtigt man, daß Stifter hochlobt, um die Anstellung Aprents zu befördern, so ergibt sich eine Idealvorstellung von Methodik des Literaturunterrichts, welche auf eine höchstmögliche Effizienz und Bildungswirkung im Rahmen des pädagogischen Dreiecks von Lehrer, Schüler und literarischem Werk ausgerichtet ist.

Aprents Bücher über Didaktik und Methodik

Dem Lesebuch sollte nach Stifters Planung ein ‚Leitfaden zum Gebrauche des Lesebuchs' beigefügt werden. „Das Lesebuch wird die reinsten Stüke unserer Litteratur enthalten, und über diese Stüke wird Aprent den formalen Theil ihres Schulgebrauches schreiben, von meiner Hand wird zu jedem Stüke eine ästhetische und kunstgeschichtliche Würdigung da stehen."[89] Als das Lesebuch nicht angenommen worden war, hat Stifter sogleich die Arbeit am Handbuch eingestellt. Aprent hat, seine Vorarbeiten nutzend, einen ‚Leitfaden für den Unterricht in der deutschen Sprache für Realschulen, Gymnasien und andere Mittelschulen' geschrieben, aber nicht in Heckenasts Verlag, sondern 1855 bei Karl Gerold in Wien herausgegeben.[90] Angesichts der Lobeshymnen,

---

[88] Ebd., S. 299.
[89] SW. Bd. 18, S.165.
[90] Vgl. die Anmerkung in SW. Bd. 18, S. 463.

die Stifter über den Lehrer Aprent verfaßt hat, kann von Aprents Methodikauffassung auf die von Stifter geschlossen werden.

Bereits in seinem Aufsatz ‚Soll und kann die Realschule auch die allgemeine Bildung fördern?' von 1852 hat Aprent wesentliche Prinzipien seines Lehrstils formuliert. An Goethe[91] erinnert seine Bildungsidee, welche die Konzentration auf einen Punkt mit der Generalität der Bildung kombiniert: „Wo immer der menschliche Geist etwas Großes geleistet hat, gelang es nur durch Concentrirung aller seiner Kräfte in einen einzigen Brennpunct. Nur so vermag er es, sich von der seinem Wesen anklebenden Beschränkung theilweise zu befreien, und indem er die ihn beengenden Gränzen auf der einen Seite noch mehr zusammenzieht, sie auf der andern kühn zu überschreiten." Ist, bezogen auf den Unterricht, einerseits eine klare Zielsetzung vonnöten, um „alle unsere Bestrebungen auf einen festen Pol zu beziehen, so liegt eine andere nicht minder gewichtige Aufforderung" zur Entfaltung von Bildung „in der Masse des Materials, das, durch Jahrhunderte in jedem einzelnen Fache aufgehäuft, von uns erst bewältigt werden muss, um dorthin zu gelangen, von wo wir eigentlich ausgehen sollten.[...] Niemanden kann ohne seine Selbstthätigkeit etwas mitgetheilt oder gar beigebracht werden, jeder muss gewissermassen von vorne anfangen und seinen Gegenstand sich noch einmal entwickeln lassen."[92] Angesichts des von Stifter kritisierten Zusammenhangs von Lehrervortrag und Auswendiglernen der Schüler in der herrschenden Schulpraxis liegt in Aprents Betonung des Schülerbezugs und der Selbsttätigkeit in bezug auf Bildungsgüter offenbar die Ursache seiner Wirkung und der Wertschätzung Stifters.

In dem Aufsatz ‚Versuch auf genetischem Wege zu dem Begriffe der Bildung zu gelangen'[93] entwickelte Aprent Unterrichtsprinzipien und untergliederte die für Bildungsprozesse erforderlichen Einzelleistungen der Schüler: Er unterschied im Sinne einer Lernbereichsgliederung eine „hervorbringende Tätigkeit" und eine „auffassende Tätigkeit", wobei er die für den Literaturunterricht wesentliche „auffassende Tätigkeit" in drei Stufen gliederte:
1. Stufe: sinnliche Auffassung oder Wahrnehmen;
2. Stufe: Denken (Begriffsbildung);
3. Stufe: sittliche Auffassung.

„In je höherem Grade nun unser Wesen bereits ein sittliches geworden ist, desto mächtiger wird sich auch das sittliche Bedürfnis zeigen, und wie es dem im Denken geübten natürlich ist, alles denkend zu betrachten, so wächst mit unserem sittlichen Wesen auch die Leichtigkeit und Schnelligkeit der sittli-

---

[91] Vgl. dazu Seifert (o. Anm. 61), S. 84ff.
[92] Johannes Aprent: Soll und kann die Realschule auch die allgemeine Bildung fördern? In: Programm der k.k. vollständigen Unter-Realschule in Linz, veröffentlicht am Schlusse des Schuljahres 1851/52, S.III.
[93] Johannes Aprent: Versuch auf genetischem Wege zu dem Begriffe der Bildung zu gelangen. In: Zeitschrift für die österreichischen Gymnasien 16 (1865), S. 521–541.

chen Auffassung."⁹⁴ Aus den Tätigkeitsfeldern des Unterrichts entsteht Bildung: „Nennt man nun das Ziel des Lebens Bildung, so ist Bildung nichts anderes, als die durch das Leben hervorgebrachte Stärke des sittlichen Bewusstseins."⁹⁵ Methodisches Grundprinzip zur Erreichung solcher Ziele ist die Selbsttätigkeit: „Wie wir gesehen haben, bildet der Mensch sich selbst und die Welt bietet ihm nur den Bildungsstoff, den er in sich aufnimmt und verarbeitet, um seine Bildung daraus aufzubauen." Entsprechend kommt der Schule die „Unterrichtsaufgabe" zu, „Unterrichtsgegenstände in ein solches Verhältnis zu dem Schüler zu bringen, dass an ihnen seine bildende Thätigkeit zur Entfaltung komme. [...] er soll selbst gehen. Dann muss er aber einen Weg vor sich haben und ein Ziel. Was er vor allem nöthig hat, ist Klarheit."⁹⁶

In seinem Buch ‚Gedanken über Erziehung und Unterricht' baute Aprent seine Thesen weiter aus, indem er, von einer Kulturtheorie ausgehend, einen „naturgemäßen Unterricht" projektierte: „Der Lehrer hebt ein Besonderes aus der Gesammtheit der Sinnen- oder seiner Vorstellungswelt heraus und bietet es dem Schüler dar; der Schüler stellt das Dargebotene in Verhältniß zu einem bereits früher Aufgefaßten und nimmt es so in seine Vorstellungswelt auf. [...] Es ergibt sich hieraus die wichtige Folgerung, daß alles Zusammenfassen und Verknüpfen, das Auffinden von Gesetzen, allgemeinen Verfahrensweisen u. dgl. ausschließlich Sache des Schülers ist. Der Lehrer dagegen bietet immer nur Einzelnes und Elementares, selbst dann, wenn er ein Allgemeines oder Zusammengesetztes darstellt, weil auch dieses der Schüler sich nur dadurch aneignet, daß er es in ein noch Allgemeineres, noch Zusammengesetzteres aufnimmt."⁹⁷ In diesem „naturgemäßen Unterricht" hat die Kunst den höchsten Stellenwert inne, denn „ein Kunstwerk ist das Höchste, was der Mensch hervorzubringen vermag, weil durch dasselbe sein Geist in dieser Form zum vollkommenen Ausdruck gelangt."⁹⁸

10. Funktionen und Wirkung von Literatur im ‚Nachsommer'

Was Stifter in seinem Aufsatz ‚Über die Behandlung der Poesie in Gymnasien' als ideale Form der Literaturbegegnung projektierte, aber nicht in der Schulwirklichkeit realisieren konnte, hat er im ‚Nachsommer' dargestellt. Der ‚Nachsommer', seit 1853 erarbeitet und 1857 erschienen, entstand in einer Zeit, als Stifter den Höhepunkt seiner Schulratstätigkeit erreichte, aber auch

---

[94] Aprent (o. Anm. 93), S. 531.
[95] Ebd., S. 536.
[96] Ebd., S. 537f.
[97] Johannes Aprent: Gedanken über Erziehung und Unterricht. 2. Aufl. Leipzig 1878, S. 87.
[98] Aprent (o. Anm. 97), S. 63.

angesichts der fortschreitenden Reaktion, der Entmachtung durch das Konkordat und der Gegenwirkung von Gegnern im Ministerium, vor allem Helferts, an Einfluß verlor, seine Ideen nicht mehr realisieren konnte und die Freude an seiner Schulratstätigkeit einbüßte. In dieser Zeit versuchte er nur noch bedingt, seine Bildungs- und Literaturidee mit Überzeugung und Energie in die Schulpraxis umzusetzen, die Literaturidee löste sich vielmehr zunehmend von der widrigen und widerwärtigen Schulpraxis los und wurde zu einem Refugium, in dem Stifter sich als Künstler verwirklichen und seine Bestimmung als Künstler zu höchstmöglicher Vollendung bringen konnte.

Es fällt auf, daß Schule und Unterricht im ‚Nachsommer' so gut wie keine Rolle spielen, daß vielmehr Privaterzieher und hochgebildete Persönlichkeiten, welche den Entwicklungs- und Bildungsprozeß des Protagonisten fördern und sichern, statt der Schule wirksam sind. Wie bei Goethe in den ‚Lehrjahren' die Turmgesellschaft letztlich den Bildungsprozeß Wilhelms geleitet hat, so sind in Stifters ‚Nachsommer' konkreter einwirkende Persönlichkeiten, vor allem der Vater und sein Gönner Freiherr von Risach tätig, um eine ideale Menschwerdung Heinrich Drendorfs zu fördern. Der Bildungs- und Entwicklungsprozeß wird fast vollständig als Anstrengung und Selbsttätigkeit der Protagonisten dargestellt, und nur im Jugendstadium treten Erzieher auf, welche für Schulung und Erziehung zuständig sind.

Angesichts dieser Eliminierung von Schule und Unterricht kann auch die Wirkung von Kunst und speziell von Literatur im Entwicklungs- und Bildungsprozeß nur in Form einer Spontanbegegnung und Verarbeitung des Protagonisten zur Entfaltung kommen. Diese initiationsartige Wirkung tritt ein, sobald der selbsttätige Entwicklungs- und Bildungsprozeß eine Stufe erreicht hat, auf der der Protagonist für diese Begegnung reif geworden ist. An zwei Episoden soll die Wirkung von Literatur im Bildungsprozeß detaillierter aufgezeigt werden, auch wenn dadurch eine einseitige Sicht entsteht, da ja neben der Literatur auch der rezeptiven Verarbeitung von Marmorbildern und Gemälden sowie der Eigenproduktion von Kunst und dem Musizieren bedeutende Bildungsfunktionen zukommen, von den anderen Wirklichkeitsbereichen ganz zu schweigen.

Das erste Beispiel ist die Wirkung Shakespeares auf dem Theater, welche wie eine Umsetzung der Wirkung einer Tragödie aus dem Aufsatz ‚Über die Behandlung der Poesie in Gymnasien' in die literarische Fiktion anmutet: „Der Vater hatte, so lange wir Kinder waren, nie erlaubt, daß wir ein Schauspiel zu sehen bekämen. Er sagte, es würde dadurch die Einbildungskraft der Kinder überreizt und überstürzt, sie behingen sich mit allerlei willkürlichen Gefühlen, und geriethen dann in Begierden oder gar Leidenschaften." Die Ablehnung einer Verfrühung und die Bedeutung des rechten Zeitpunkts im Entwicklungsprozeß wird vom Vater mit der gleichen Terminologie hervorgehoben, mit der Stifter die schlechte Kunst seiner Zeit abwertete. Begierden oder Leidenschaften, welche hier aus einem verfrühten und verfehlten Theaterbesuch hergeleitet werden, waren ja für Stifter die Ursachen für den Ausbruch von Revolutionen. Wie Theateraufführungen eine solche negative Wirkung entfalten können, bleibt unreflektiert. Später wählte der Vater für den Theaterbesuch „jene Stücke aus, von denen er glaubte, daß sie uns angemessen wären und unser Wesen förderten. In die Oper oder gar in das Ballet durften wir nie gehen, eben so wenig durften wir ein Vorstadttheater besuchen."[99]

Zum rechten Zeitpunkt ereignet sich im Roman das große Theaterbildungserlebnis, als Heinrich eine Aufführung von Shakespeares ‚König Lear' mit einem Schauspieler erlebt, von dem gesagt wird, daß er „das Höchste leiste, was ein Mensch in diesem Kunstzweige zu leisten im Stande sei", und daß er eine vollkommene Darstellung leisten könne, weil „ein Strahl jenes wunderbaren Lichtes in ihm lebte, wodurch dieses Meisterwerk erschaffen und mit unübertrefflicher Weisheit ausgestattet worden ist".[100] Wie in Goethes ‚Wilhelm Meister' ist es ein Stück von Shakespeare, welches die größte Wirkung auf den Protagonisten ausübt und ihn zutiefst erschüttert. Auf dem Höhepunkt, als Lear vor der Gefahr steht, angesichts der von ihm heraufbeschworenen Situation „toll" zu werden, „flossen mir die Thränen über die Wangen herab, ich vergaß die Menschen herum und glaubte die Handlung als eben geschehend". Die Vergegenwärtigung der Handlung steigert die innere Erregung zum äußersten, als Lear seine Tochter Cordelia um Vergebung bittet. „Mein Herz war in dem Augenblicke gleichsam zermalmt, ich wußte mich vor Schmerz kaum mehr zu fassen. Das hatte ich nicht geahnt, [...] das war die wirklichste Wirklichkeit vor mir." Höchste Erregung und Erfahrung der „wirklichste[n] Wirklichkeit" ergeben nach Stifter einen inneren Zustand der Erkenntnis, in dem auch die höchste Erfahrung von Schönheit möglich wird.

In dieser Situation arrangiert Stifter die erste Begegnung Heinrich Drendorfs mit Natalie, seiner späteren Frau, ohne daß dieser selbst und der Leser erfahren, daß diese Episode eine entscheidende Vorausbedeutung hat. Natalie, die er erstmals sieht und noch nicht kennt, „kam mir unbeschreiblich schön vor. Das Angesicht war von Thränen übergossen, und ich richtete meinen Blick unverwandt auf sie." Später beim Ausgang entsteht ein entscheidender Blickkontakt: „das Angesicht des Mädchens aus der ebenerdigen Loge war ganz nahe an dem meinigen. Ich blickte sie fest an, und es war mir, als ob sie mich freundlich ansähe und mir lieblich zulächelte. Aber in dem Augenblicke war sie vorüber."[101] War schon die Begegnung mit Shakespeare ein Initiationsereignis, so löst dieses sogleich ein weiteres aus, insofern Heinrich die für sein Leben entscheidende Begegnung mit der idealen und schönen Frau hat. Zugleich wird diese Doppelerfahrung zur Grundlage, sich künftig intensiv mit Shakespeare zu beschäftigen. Die Wirklichkeitserfahrungen in Kunst und Le-

---

[99] SW. Bd. 6, S. 206.
[100] Ebd., S. 207. – Vgl. den Beitrag von Helmut Barak in diesem Band.
[101] Ebd., S. 211–213.

ben bedingen und steigern sich gegenseitig sowie den Bildungsprozeß in einem Raum der erfahrbaren Idealität.

Viel später erst erfährt Heinrich, daß diese Aufführung auch für Natalie und für ihre Begegnung mit ihm entscheidend war. Diese Eröffnung und gemeinsame Verarbeitung der Vergangenheit entsteht, als Heinrich die Lektüre des Homer, der ihn (noch) nicht zu ergreifen vermag, aufgibt und mit Natalie zusammentrifft. Sie bekennt im Rückblick: „Ich habe Euch schon damals in meinem Herzen höher gestellt, als die Andern, obwohl Ihr ein Fremder waret, und obwohl ich denken konnte, daß Ihr mir in meinem ganzen Leben fremd bleiben werdet." Dieses Bekenntnis Nataliens wird für Heinrich „eine Wendung in meinem Leben und ein so tiefes Ereigniß, daß ich es kaum denken kann. Ich muß suchen, Alles zurecht zu legen und mich an den Gedanken der Zukunft zu gewöhnen." Noch ist es die in der Vergangenheit liegende gemeinsame Erfahrung Shakespeares und noch nicht Homers, welche das Erkennen und Verständigen der beiden Liebenden fördert. Bisher haben sie das Gespräch nicht gesucht, denn Natalie konnte mit ihm „nicht sprechen, wie es mir in meinem Innern war", und Heinrich konnte ihr „nicht nahen", da „Ihr so weit von mir waret". Die Besinnung auf das gemeinsame zurückliegende Literaturerlebnis läßt sie zur Sprache kommen, und sie schließen einen „Bund, daß wir uns lieben wollen, so lange das Leben währt". Für Heinrich bekommt die gescheiterte Homerlektüre einen Stellenwert: „Wie war es gut, Natalie, daß ich die Worte Homers, die ich heute Nachmittag las, nicht in mein Herz aufnehmen konnte, daß ich das Buch weg legte, in den Garten ging".[102] Erst der Fortschritt im Bildungsprozeß und in der Liebesbeziehung, welche als Zusammenhang wirken, macht Heinrich für das Verständnis des Homer reif.

Zwischenzeitlich treten die Marmorbilder und mit ihnen die Antike ins Zentrum der weiteren Ichentfaltung Heinrichs, welche zugleich die Begegnung mit Natalie entscheidend fördert und den Helden gleichsam reif macht für eine ideale Ehe, wie sie für die ältere Generation des Freiherrn von Risach und der Mathilde Tarona nicht möglich war, da diese durch falsche gesellschaftliche Rücksichten und Affekte bestimmt worden waren. Den Höhepunkt der Selbsterhöhung und der Erhöhung der Partnerin erreicht Heinrich mit Hilfe von Homers ‚Odyssee', also wie vorher mit dem antiken Marmorbild wieder mit einem Werk der Antike. Die antike Marmorgestalt, welche „das Alterthum in seiner Größe und Herrlichkeit" repräsentiert, wird zum Maßstab und Vervollkommnungsmedium für Heinrich und bereitet ihn für sein neues Verständnis der ‚Odyssee' vor, das wiederum eine neue Dimension in seinem Verhältnis zu Natalie begründet: Als Heinrich, nachdem das Marmorbild eine höhere „Empfindung" in seinem „Gemüthe" hervorgerufen hat, bei der Lektüre des ‚Homer' zum Auftritt Nausikaas kommt, „war es mir wieder, wie es

---

[102] SW. Bd. 7, S. 286f.

mir bei der ersten richtigen Betrachtung der Marmorgestalt gewesen war". Die Begegnung zwischen Odysseus und Nausikaa, wobei Nausikaa „schlicht und mit tiefem Gefühle an den Säulen der Pforte des Saales stand", verwandelt Heinrich und in seinem Bewußtsein auch Natalie: „da gesellte sich auch lächelnd das schöne Bild Nataliens zu mir; sie war die Nausikae von jetzt, so wahr, so einfach, nicht prunkend mit ihrem Gefühle und es nicht verhehlend. Beide Gestalten verschmolzen in einander".[103]

Eine solche Erhöhung des Menschen durch Identifikation mit einer literarischen Figur aus der höchstrangigen Literatur ermöglicht im Roman jene ideale, aber utopische Selbstverwirklichung junger Menschen, wie sie Stifter zwar für das Gymnasium projektiert hat, aber als Schulrat in den Schulen nicht zu realisieren vermochte. Somit steht diese glückende Liebesbeziehung im Gegensatz zur gescheiterten Beziehung der älteren Generation im Roman, wie auch die verwirklichte Literaturidee im Roman im Gegensatz zu den Versuchen ihrer Verwirklichung im Bereich der Schule steht.

---

[103] SW. Bd. 8.1, S. 63–65.

Wilfried Lipp

Adalbert Stifter als „Conservator" (1853–1865)[1]

Realität und Literatur

1848: Die Sammlung der ‚Bunten Steine' mehrt sich.[2] Für Stifter, von der Revolution bekehrt, belehrt und bestätigt, ist das Jahr der politischen Erschütterungen und Verwandlungen ein Jahr der biographischen Wende.[3] Er ist nun 43 Jahre alt, die Jugend ist endgültig vorbei, ‚Julius' und ‚Condor' sind Erinnerungen an frühe Lebenspoesie; Fanny Greipl, schon lange tot, lebt als „Braut [s]einer Ideen"[4] fort. Die Enttäuschung über das eben (1847) gescheiterte Vorhaben, an der Universität Wien Vorlesungen über Ästhetik zu halten, war überwunden. Professor Franz Ficker hatte in seiner Beurteilung der als Befähigungsnachweis vorgelegten ‚Studien' wohl recht, daß es sich dabei um „keine wissenschaftlichen Aufsätze, sondern Dichtungen" handle.[5]

Die politische *äußerliche* Re-volution ist fehlgeschlagen, mußte – nach Stifters Ethik – fehlschlagen. Stifters Bekenntnis gilt der *inneren* E-volution. Und was von innen kommt, von der Kraft des Sittlichen, zeigt sich endlich auch äußerlich: Das Leben ordnet sich. Anerkennung folgt der Leistung. Nicht ohne Genugtuung.

„Tätiges Eingreifen" und „herzliche Teilnahme an der äußeren Welt", die „Bedachtnahme auf wirkliche wahrhafte Erscheinungen,"[6] das war Goethes – Stifter wohl bekannte – Rezeptur (so formuliert in der ‚Campagne in Frankreich') gegen allerlei selbstquälerische Zustände.

---

[1] Grundlage jeder Auseinandersetzung mit diesem Themenkomplex ist nach wie vor: Otto Jungmair: Adalbert Stifter als Denkmalpfleger. Linz 1973. Vertiefend und kritisch korrektiv: Norbert Wibiral: Methodische Überlegungen. In: Norbert Wibiral, Manfred Koller: Der Pacher-Altar in St. Wolfgang. Untersuchung, Konservierung und Restaurierung 1969–1976. Wien/Köln/Graz 1981, S. 227–247.

[2] Paul Requadt: Stifters ‚Bunte Steine' als Zeugnis der Revolution und als zyklisches Kunstwerk. In: Adalbert Stifter – Studien und Interpretationen. Gedenkschrift zum 100. Todestage. Hrsg. von Lothar Stiehm. Heidelberg 1968, S. 139–168.

[3] Hermann Blumenthal: Adalbert Stifter und die deutsche Revolution von 1848. In: Euphorion 41 (1941), S. 211–237; Klaus Neugebauer: Selbstentwurf und Verhängnis. Ein Beitrag zu Adalbert Stifters Verständnis von Schicksal und Geschichte. Tübingen 1982, S. 105 ff.

[4] SW. Bd. 17, S. 38.

[5] 100 Jahre Kunstgeschichte an der Universität Graz. Hrsg. von Walter Höflechner und Götz Pochat. (Publikationen aus dem Archiv der Universität Graz 26) Graz 1992, S. 204.

[6] Johann Wolfgang Goethe. Sämtliche Werke. Unveränderter Nachdruck von Bd. 1–17 der Artemis-Gedenkausgabe zu Goethes 200. Geburtstag am 28.8.1949. Zürich 1961–1966. Hrsg. von Ernst Beutler. Zürich/München 1977. Bd. 12, S. 382.

Nun war es soweit.

1850 erhält Stifter ein Amt. Er wird zum Schulrat und Inspektor der oberösterreichischen Pflichtschulen ernannt. Die pädagogischen Mühen haben sich gelohnt.

Es ist auch das Jahr der Gründung der K. K. Centralcommission für Erforschung und Erhaltung der Baudenkmale.[7] Stifter war dieser Zielsetzung schon lange verpflichtet, galt ihm doch insgesamt die Kunst als eine „wahre Wohltäterin der Menschheit".[8]

Aufgrund der notwendigen Neuorganisation der Bausektion im Handelsministerium nahm die Kommission erst am 10.1.1853 ihre Tätigkeit auf. Als Mitglied und Vertreter der Österreichischen Akademie der Wissenschaften wurde Regierungsrat Joseph Arneth, der Stifter aus dem Linzer Kreis um Anton von Spaun freundschaftlich verbunden war, in die Leitung der Centralcommission berufen.

In einem Briefwechsel mit Arneths Gemahlin Antonie (geb. Adamberger, der Stifter den Stoff zur Erzählung ‚Der Pförtner im Herrenhaus', dem ‚Turmalin' der ‚Bunten Steine' verdankte) schreibt Stifter am 22.1.1853: „Ihren hochverehrten Gatten bitte ich zu grüßen, und ihm zu sagen, daß ich ihn beneide, daß er sich nur mit lauter Schönem zu beschäftigen braucht, und jezt wieder in der Section für Erhaltung vaterländischer Baudenkmale beschäftigt ist. Eine solche Stellung würde mich außerordentlich freuen. Ich gehöre jener Section unsichtbar an; denn auf meinen Reisen stöbere ich in allen Kirchen Kapellen und Ruinen herum, und zeichne mir die Merkwürdigkeiten an. Soeben wird unter meiner Leitung der aus Holz geschnizte Altar der Kirche von Kefermarkt restaurirt. Dieser Altar ist eines der größten Kunstwerke des deutschen Volkes (nicht einmal die Stephanskirche ist schöner)".[9]

Der Brief blieb nicht ohne Folgen. Wohl über Arneths Befürwortung wird Stifter am 10.10.1853 in der Sitzung des Linzer Musealausschusses über Vorschlag des Grafen Barth von Barthenheim der Centralcommission als staatlicher Conservator nahmhaft gemacht. Stifter war ja seit 1852 als ‚Kunstreferent' am Francisco Carolinum, dem Linzer Museum, tätig und hatte im Musealausschuß für den Statthalter von Oberösterreich Eduard Freiherrn von Bach ‚Richtlinien für Conservatoren' auszuarbeiten gehabt. Dieser brachte mit Schreiben vom 28. November 1853 Stifter offiziell gegenüber dem Vorstand der Centralcommission Freiherrn Karl Czoernig von Czernhausen in Vorschlag. Das Ernennungsdekret unterzeichnete schließlich am 15. Dezember

---

[7] Zur Geschichte der institutionalisierten Denkmalpflege in Österreich, auch im internationalen Kontext, vgl. Walter Frodl: Idee und Verwirklichung. Das Werden der staatlichen Denkmalpflege in Österreich. Wien/Köln/Graz 1988.

[8] Adalbert Stifter in der ‚Linzer Zeitung' Nr. 29 vom 11. Februar 1953; zit. nach Jungmair (o. Anm. 1), S. 27.

[9] SW. Bd. 18, S. 146f.

1853 Handelsminister Andreas Freiherr von Baumgartner, den Stifter seit seiner Wiener Hochschulzeit kannte.

Dem Dekret fügt Freiherr von Czoernig die anerkennenden Worte bei: „Die Centralcommission erblickt in Ew.", heißt es in dem Schreiben, „einen ebenso verdienstvollen, als eifrigen Forscher, und einen gleich ausgezeichneten Beschützer der vorhandenen historischen Denkmale und der Überreste alter Kunstbildung."[10]

Die Funktion als Conservator von Oberösterreich endete mit Stifters Pensionierung 1865 und wurde nicht nachbesetzt.

Stifter war also nach der Revoluton nicht mehr allein Privatlehrer, Maler und Dichter, sondern Schulinspektor und staatlicher Conservator, ja selbst Möbelrestaurator, Kunstreferent des Linzer Museums, Kunstkritiker in der ‚Linzer Zeitung', schließlich engagiertes Mitglied des ‚Oberösterreichischen Kunstvereins' und des ‚Diözesanvereins für christliche Kunst'.

Goethes Rat zur „Teilnahme an der äußeren Welt" war Folge getan.

Was war nun der Aufgabenbereich des ehrenamtlichen Conservators?

Dazu gab es Richtlinien der Kommission, nämlich die ‚Grundzüge einer Instruktion' von 1850 und von 1853 ‚Gesetzliche Bestimmungen über den Wirkungskreis der K. K. Centralcommission zur Erforschung und Erhaltung der Baudenkmale, der Conservatoren und Baubeamten'.[11]

In den ‚Bestimmungen' von 1853 sind die „Obliegenheiten" der ehrenamtlichen Conservatoren genau geregelt. Neben den allgemeinen Voraussetzungen, wie gute Kenntnis des Denkmalbestandes (§ 4), Förderung des Denkmalbewußtseins (§ 4), Erstellung eines Denkmalinventars anhand von Formblättern etc., gibt es auch konkrete konservatorische und restauratorische Richtlinien (§§ 6 und 7). „Dem Conservator liegt", heißt es in § 6, „die Sorge für die Überwachung und die Vermittlung zur Erhaltung der Baudenkmale seines Bezirkes ob." Und weiter: „Die Restaurationen der hierzu würdig erkannten Baudenkmale werden sich in der Regel auf die dauerhafte Erhaltung ihres dermaligen Bestandes, auf die Reinigung und die Befreiung von ihnen nicht angehörigen schädlichen Zuthaten oder Beiwerken beschränken. Sie werden sich auf die Herstellung oder Erhaltung der Eindeckung, Befestigung locker gewordener Bestandtheile, auf die Erneuerung des Bindemittels verwitterter Fugen durch Befestigung mit Mörtel oder andere Mittel, oder auf die Ergänzung solcher Theile ausdehnen, durch deren Mangel ein weiterer Verfall die Folge ist. Sie haben sich aber nicht auf die Ergänzung abgängiger, in den Charakter oder den Baustyl eingreifender Bestandtheile zu erstrecken, selbst wenn eine solche Ergänzung in dem Geiste der Ueberreste vorzunehmen beab-

---

[10] Z. 2078 / HM; zit. nach Jungmair (o. Anm. 1), S. 35.
[11] Zuletzt abgedruckt bei Frodl (o. Anm. 7), S. 192–195, S. 196–204.

sichtiget würde." Und im § 7 heißt es: „Daß nicht unnöthigerweise Baubestandtheile beseitigt oder verändert werden, welche in die Wesenheit zur Erkennung desselben als ein bestimmtes kunstgeschichtliches Baudenkmal eingreifen." Neben den Bestimmungen für die Conservatoren wurden auch „Instruktionen für die K. K. Baubeamten" erlassen, deren Aufgabe im wesentlichen ja darin bestand, „die Conservatoren in ihrem Wirken zu unterstützen, oder deren Obliegenheiten zeitweise zu übernehmen" (§ 3).

Stifter hatte – wie aus dem Brief an Antonie Arneth hervorgeht – bereits vor seiner Bestellung zum Conservator der Centralcommission mit kunsttopographischen Erhebungen und Aufzeichnungen begonnen, und auch der Beginn der Restaurierungsarbeiten am Kefermarkter Altar 1852 fällt ja noch in die Zeit vor der offiziellen Konservatorentätigkeit.

Seit seiner Bestellung zum Inspektor der oberösterreichischen Pflichtschulen konnte Stifter die im Rahmen dieses Dienstes notwendigen Bereisungen mit seinen Denkmalinteressen verbinden. 1854 wurden die bisherigen Landesschulbehörden jedoch aufgehoben, die Leitung des Schulwesens wurde den politischen Landesstellen übertragen, die dazu ein Unterrichtsdepartment einrichteten. Die selbständige Stellung des Schulrates Stifter hatte damit aufgehört, seine „amtliche Zwangsarbeit"[12] hatte begonnen.

In einem Brief vom 7. Juli 1855 kommt die Enttäuschung über die kränkenden und in der Tat auch krankmachenden Zustände zum Ausdruck (im August des Jahres trat Stifter erstmals nach fünf Jahren einen dreiwöchigen Urlaub auf dem Rosenbergergut in den Lackenhäusern am Dreisesselberg an): „Mein Amt als Schulrath als Conservator für Oberösterreich als Vice-Vorstand des Kunstvereines als Referent des Museums dann meine Liebhabereien als Dichter Maler Restaurateur alter Bilder und Geräthe nebst Gerumpel, wozu mich noch im vorigen Sommer die Cactusnarrheit überfallen hat, reiben wahrhaftig eine Riesennatur auf, um so viel mehr die meinige. [...] Zudem muß ich noch obendrein meine Obliegenheiten überhudeln, die Tischlerei vernachlässige ich heillos, in der Malerei habe ich 13 Bilder seit 8 Jahren angefangen und keines vollendet, [...] und das Heiligste Theuerste [...] ist mir die Schriftstellerei. [...] Aber schwerer viel schwerer ist mir die Sache geworden, da mein Amt Zeit und Stimmung zerstört".[13]

Der Umfang der Tätigkeit als Conservator geht im wesentlichen aus den Sammelberichten an die Centralcommission hervor.

Im Schreiben vom 13. Februar 1855 ist u.a. von den Restaurierungsarbeiten bzw. -vorhaben in Kefermarkt, Braunau und Steyr die Rede, weiters wird angekündigt, über „die altdeutschen Altäre in Teichstätt im Innkreise, dann in Waldburg, St. Michael, Besenbach und St. Leonhard im Mühlkreise, dann zu Hallstatt und St. Wolfgang im Traunkreise [...] abgesondert [zu] be-

---

[12] Zit. nach Jungmair (o. Anm. 1), S. 90.
[13] SW. Bd. 18, S. 270f.

richten, da er [Stifter] wegen seiner Krankheit das gesammelte Material noch nicht zu ordnen vermocht hat".[14]

Ein weiterer Sammelbericht von 21. Oktober 1857[15] handelt abermals von den Maßnahmen in der Stadtpfarrkirche von Steyr und der Restaurierung des spätgotischen Flügelaltares der Filialkirche Pesenbach (zu St. Florian gehörig). Erwähnt werden auch noch die Arbeiten in der Stadtpfarrkirche Wels (neugotischer Altar von Stolz anstatt eines „Zopfaltares") und die offensichtlich ohne weitere Mitwirkung Adalbert Stifters begonnene Restaurierung des Pacher-Altares in St. Wolfgang.

Stifter bedauert in dem Bericht schließlich, vom Vorhaben „zum Ausbaue des schönen Thurmes der schönen gothischen Kirche zu Braunau wieder abstehen zu müssen", zumal durch die Gründung des Linzer Dombauvereins zur Errichtung des Mariendoms nun alle Mittel auf dieses „großartige Unternehmen" konzentriert werden würden.[16] Der unter Bischof Franz Josef Rudigier vom Kölner Dombaumeister Vinzenz Statz errichtete Bau setzt die Nationaldenkmal-Idee auf regionaler Ebene fort.[17] Man sollte annehmen, daß gerade dieses Vorhaben Stifter besonders bewegte. Die Äußerungen Stifters in seinem Beitrag in der ‚Linzer Zeitung' Nr. 18 (1860)[18] sind jedoch kritisch und eher zurückhaltend. Auf das ‚Programm' des Baus geht Stifter nicht ein. Seine Auseinandersetzung mit der Nationaldenkmal-Idee erfolgt indirekt und literarisch: im ‚Witiko'.

Die Aufzählung dieser wichtigsten von Stifter in seiner Eigenschaft als Conservator der K. K. Centralcommission mit in die Wege geleiteten, zum Teil betreuten und verantworteten Restaurierungsvorhaben muß hier unter Verweis auf die ausführliche Darstellung bei Otto Jungmair und die kritischen Ergänzungen bei Norbert Wibiral genügen.[19]

Um der Beantwortung der Frage nach Stifters Denkmalbegriff näherzukommen, ist es zunächst notwendig, die restauratorische Praxis Stifters im Rahmen der nationalen und internationalen Tendenzen zu skizzieren. Oder anders ausgedrückt: Befand sich Stifter mit seiner Restaurierauffassung im Konsens der Denkmalpflege seiner Zeit, oder gibt es Kennzeichen der Verspätung oder des Vorausseins?

---

[14] SW. Bd. 14, S. 340.
[15] Ebd., S. 344–355.
[16] Ebd., S. 354.
[17] Vgl. v.a.: Ulrike Planner-Steiner: Der Linzer Dom – eine Denkmalkirche. In: Mitteilungen der Gesellschaft für vergleichende Kunstforschung in Wien 35 (1983) Nr. 4; wiederabgedruckt in: Kirche in Oberösterreich. 200 Jahre Bistum Linz. Katalog der oberösterreichischen Landesaustellung. Linz 1985, S. 259–263. Vgl. ferner Erika Doberer: Ein Dom des neunzehnten Jahrhunderts. In: Oberösterreichische Heimatblätter 5 (1951), S. 200–221.
[18] SW. Bd. 14, S. 257–261.
[19] Vgl. o. Anm.1.

Ein Pasticcio einiger Stellen und Begriffe aus Stifters Berichten gibt darüber ersten Aufschluß: Zunächst ist daran zu erinnern, daß Stifters konservatorischer Eifer – mit Ausnahme archäologischer Belange – ausschließlich mittelalterlicher Kunst und Architektur galt. Im Zusammenhang mit dem Kefermarkter Altar[20] ist z.b. von „Zuthaten" des vorigen Jahrhunderts (also des 18.) die Rede, „die geradezu abscheulich und barbarisch sind",[21] weiters von „barbarischen Seitenaltären",[22] auch davon, daß „die Hauptfigur, der heil. Wolfgang, durch Vergoldung, dann durch Verklebung und Bemalung des Angesichts erst in neuester Zeit verunstaltet worden"[23] sei und damit „ein neues, unaussprechlich gemeines und widrig sinnliches Angesicht"[24] erhalten habe. Die Ursache erklärt sich für Stifter „aus dem Verfalle jedes Kunstsinnes und jeder Kenntniß der Kunst seit dem sechzehnten Jahrhunderte bis auf unsere Zeiten, besonders aus der mit dem entweihten Namen ‚vernünftig' belegten Barbarei des vorigen Jahrhunderts".[25] Von „abscheulichen Verbesserungen"[26] ist die Rede, überhaupt, daß der Kefermarkter Altar „durch Zeit und Barbarei viel gelitten"[27] hätte. Daher sei es notwendig geworden, „eine Wiederherstellung in dem ursprünglichen Sinne einzuleiten".[28]

Auch bei der Stadtpfarrkirche von Braunau werden die „geschmacklosen Altäre" beklagt, und daß die Kirche durch „Stuckarbeit von Blumen und Früchten entstellt" sei.[29] Zu noch schärferem Urteil kommt Stifter in Anbetracht des Turms der Kirche: „Der Thurm der Kirche ist [zwar] einer der schönsten gothischen Thürme, er läuft verjüngt zu, allein er ist nur etwas über $\frac{2}{3}$ ausgebaut, dann hat man eine gerade Mauer aufgesetzt, und darauf eine Kuppel gestellt, welcher Anblick etwas ungemein Widerliches hat."[30]

Auch die rigorose regotisierende Wiederherstellung der Stadtpfarrkirche von Steyr[31] wird durch Vokabel wie „entstellt", „zerstört", „verstümmelt" etc. legitimiert.[32]

---

[20] Zur Restaurierung unter Stifter vgl. Benno Ulm: Adalbert Stifters Kunstanschauung und die Restaurierung des Kefermarkter Altars. In: Christliche Kunstblätter 1 (1960), S. 9–14.
[21] Zit. nach Jungmair (o. Anm. 1), S. 46.
[22] Ebd., S. 47.
[23] Jungmair (o. Anm. 1), S. 47, eine Formulierung Stifters aus dem Aufsatz ‚Ueber den geschnitzten Hochaltar in der Kirche zu Kefermarkt' (SW. Bd. 14, S. 269–287) paraphrasierend: S. 284.
[24] SW. Bd. 14, S. 284.
[25] Ebd., S. 269.
[26] Ebd., S. 270.
[27] Ebd., S. 282.
[28] Ebd., S. 284.
[29] Ebd., S. 338.
[30] Ebd., S. 339.
[31] Zu Baugeschichte und Restaurierungen vgl. Rudolf Koch, Bernhard Prokisch: Stadtpfarrkirche Steyr. Steyr 1993.
[32] Zitate nach Jungmair (o. Anm. 1), S. 110f.

Diese Hinweise müssen in Zusammenhang mit der sattsam bekannten Geschichte um die Entfernung der wie auch immer zu klassifizierenden Fassungsreste des Kefermarkter Altares (worauf hier nicht näher eingegangen wird) wie überhaupt mit der ‚Freilegungs'- bzw. ‚Materialsichtigkeits'-Praxis einerseits und dem korrespondierenden Neuwertigkeitsstreben andererseits genügen, um Stifter eindeutig als einen beherzten und überzeugten Verfechter des Postulats der ‚Stileinheit' und ‚Stilreinheit' zu sehen.[33]

Mit dieser Auffassung war Stifter durchaus im Einklang mit den nationalen und internationalen Hauptströmungen. Diese kulminierten in der ‚doctrine de l'unité de style', einer von Frankreich und England besonders geprägten gesamteuropäischen Erscheinung, die in Viollett le Duc, der 1871 zum Ehrenmitglied der K. K. Akademie der bildenden Künste in Wien ernannt wurde, und Gilbert Scott (1811–1879) ihre bedeutendsten Proponenten hatte.[34] Der Grundsatz dieser ‚doctrine' war die Wiederherstellung fiktiver ‚originaler' Zustände, ein ‚Zurückrestaurieren unter Tilgung des Faktors Zeit', d.h. der seit der Entstehung des Werks wechselvollen ‚Lebensgeschichte' des Denkmals. Unter diesen Prämissen sind auch Stifters Äußerungen zu verstehen, wenn er davon spricht, die „Kunstdenkmäler auch zu achten, sie zu schützen, zu erhalten und dieselben, wenn sie durch Zeit und Barbarei gelitten hätten, wieder, soweit es möglich ist, in den ursprünglichen Stand zu setzen", und somit eine „Wiederherstellung in dem ursprünglichen Sinne einzuleiten".[35]

Die Haltung der Centralcommission war im ersten Jahrzehnt nach der Gründung durchaus noch nicht eindeutig festgelegt, und es ist ein bemerkenswertes Phänomen, daß die große Welle der „offensiven Denkmalpflege" mit ihrem Postulat der ‚stilgerechten Restaurierung' in Österreich erst ab etwa der Mitte der sechziger Jahre des 19. Jahrhunderts voll durchgriff.[36] Insofern kann man Stifters denkmalpflegerische Praxis durchaus auch unter dem Aspekt der Vorwegnahme unmittelbar bevorstehender Entwicklungen sehen.

Für die in den fünfziger Jahren noch nicht dogmatisch auf das Prinzip der ‚Stileinheit' und ‚Stilreinheit' festgelegte Centralcommission sprechen die ‚Gesetzlichen Bestimmungen' von 1853. So heißt es im §6 einerseits, daß sich die Restaurierungen „nicht auf die Ergänzung abgängiger, in den Charakter oder den Baustyl eingreifender Bestandtheile zu erstrecken [habe], selbst wenn eine solche Ergänzung in dem Geist der Überreste vorzunehmen beabsichtigt würde". (Weiter heißt es auch hier einschränkend: „Diese Restaurationen

---

[33] Dazu wie auch zum folgenden bes. Wibiral (o. Anm. 1).
[34] Vgl. u.a.: Frodl (o. Anm. 7), S. 144.
[35] SW. Bd. 14, S. 281f., S. 284.
[36] Max Dvořák: Einleitung. In: Österreichische Kunsttopographie. Bd. 1, S. XIII–XXII. Wien 1907. Wiederabgedruckt in: Österreichische Zeitschrift für Kunst und Denkmalpflege 28 (1974), H. 3, S. 105–114.

gehören zu den selteneren Fällen"). Andererseits wird im selben § 6 bestimmt, daß die „Befreiung [...] von schädlichen Zuthaten oder Beiwerken" zu den restauratorischen Orientierungen gehört.[37]

Würde man die Entwicklung der Denkmalpflege unter diesem Aspekt des Statuts von 1853 charakterisieren, so verläuft der Prozeß der mehr oder minder in Praxis mündenden Theoriebildung von der Auffassung der Wegnahme „schädlicher Zuthaten" bei gleichzeitiger Zurückhaltung hinsichtlich der „Ergänzung [...] abgängiger Bestandtheile" hin zur hemmungslosen Hinzufügung und Wegnahme in Legitimation ‚puristischer' Vorstellungen.

Max Dvořák definiert anläßlich der gemeinsamen Tagung für Denkmalpflege und Heimatschutz 1911 rückblickend diese von den sechziger Jahren an herrschende „Welle des Restaurierens" als „Selbstzweck", als „Entartung einer bestimmten Kunstrichtung, der Kunstrichtung der historisierenden Stile", als „Periode, die weit mehr Denkmäler zum Opfer gefallen sind, als je durch Kriege und Revolutionen vernichtet wurden".[38]

Als Reaktion darauf, Abkehr und geschichtliche Kehre, entsteht der „moderne Denkmalkultus", für den Alois Riegl 1903 als ein Grundprinzip „nichts hinzutun – nichts hinwegnehmen" formulierte,[39] ein Programm, das Georg Dehio in das Postulat „Konservieren, nicht restaurieren"[40] komprimierte und das schließlich denkmaltheoretisch auch in das Leitmotiv eines „non toccare"[41] mündete.

Wenn man Stifter insbesondere in Anbetracht der Regotisierungsmaßnahmen in der Stadtpfarrkirche von Steyr oder der Wunschvorstellung der gotischen Vollendung des Braunauer Kirchturms als stilpuristischen ‚Trendsetter' bezeichnen könnte, so gibt es doch auch eine ganze Reihe von Hinweisen, die Stifter mit der um 1900 reformierten ‚modernen' Denkmalpflege verbinden.

Wie schon erwähnt, gab es in der Centralcommission der fünfziger Jahre eine gegen den eigentlichen Zeitgeist gerichtete Gegen- oder Unterströmung, wobei – wie bei historischen Prozessen oftmals – zwischen konservatorischer Beharrung und revolutionärer Vorwegnahme einer Entwicklung, für die die Zeit noch nicht reif war, wohl nicht trennscharf unterschieden werden kann.

Jedenfalls hat die Centralcommission z.B. der von Architekt L. Ernst vorgeschlagenen Entfernung aller „römisch-zopfigen" Altäre aus der Wiener Ste-

---

[37] Zit. nach Frodl (o. Anm. 7).
[38] Max Dvořák: Denkmalpflege in Österreich. Wiederabgedruckt in: Österreichische Zeitschrift für Kunst und Denkmalpflege 28 (1974), H. 3, S. 131f.
[39] Alois Riegl: Der moderne Denkmalkultus. Sein Wesen und seine Entstehung. Wien/Leipzig 1903.
[40] Dazu ausführlich: Marion Wohlleben, Georg Mörsch (Hrsg.): Georg Dehio – Alois Riegl. Konservieren nicht Restaurieren. Streitschriften zur Denkmalpflege um 1900. Braunschweig 1988. Darin die relevanten Texte im Wiederabdruck.
[41] Schlagwort sinngemäß geprägt von Cesare Brandi. Vgl. Cesare Brandi: Teoria del Restauro. Roma 1963.

phanskirche nicht entsprochen. In St. Wolfgang,[42] das bekanntlich ja ohne eigentliche Mitwirkung Stifters unter der Leitung des von der Centralcommission vorgeschlagenen Architekten und Ingenieurs Hermann Bergmann restauriert wurde, wurden die Vorschläge des Gutachtens des Bildhauers Michael Stolz und des Historienmalers Georg Mader von 1857 nicht akzeptiert, wonach eine durchgreifende Regotisierung des Kirchenraumes beabsichtigt war. Vorgesehen war eine Neuausmalung der Raumschale mit blauem Himmel und goldenen Sternen, eine Polychromierung der Architekturglieder unter Mitverwendung von Gold und wohl auch nach und nach ein Ersatz der barokken Altäre durch neugotische. Die Ablehnung dieses rigoros regotisierenden Konzepts ist der Gutachtens-Überprüfung durch Akademiedirektor Christian Ruben zu verdanken, der wohl auch seine Vorbehalte gegen Stifter geltend machte. Der von der Centralcommission zur Leitung der Restaurierung von St. Wolfgang bestimmte Architekt Bergmann besichtigte im übrigen in Zusammenhang mit dieser Tätigkeit mehrere Altäre in Oberösterreich, darunter den vom Maler und Bildhauer Ferdinand Scheck unter der konservatorischen Betreuung Adalbert Stifters restaurierten Altar der Filialkirche von Pesenbach. Dieser Altar wurde unmittelbar nach der in Linz erfolgten Restaurierung im Landhaus ausgestellt, wo ihn Bergmann in Augenschein nahm: Sein Urteil richtet sich bemerkenswerterweise gegen den „Neuheitswert",[43] der ja auch eine Konsequenz der Forderung nach ‚Stileinheit' war: „Leider ist dieser Altar gänzlich neu bemalt und vergoldet worden."[44]

Stifter sah das jedoch anders: In seinem Aufsatz ‚Alte Kunst in Oberösterreich' in der ‚Linzer Zeitung' vom 20. November 1857 schreibt er: „Von den Gemälden sind die Urfarben geblieben und nur gereinigt worden; bloß die Stellen, an denen die Farbe fehlte, sind mit der umgebenden Farbe ergänzt worden. [...] Wo Gold war, wurde wieder Gold aufgelegt und so durchaus nach dem Alten vorgegangen." Und weiter: „Man kann auf diese Schonung des auf uns herüber Gekommenen nicht nachdrücklich genug aufmerksam machen, da es noch immer Menschen gibt, [...] die glauben, der Wiederhersteller müsse die Fehler des ursprünglichen Werkes bei der Wiederherstellung verbessern. Durch die große Genauigkeit, Reinheit und Sorgfalt, welche auf die Arbeit verwendet worden ist, steht der Altar gleichsam wieder wie neu aus den Händen des ersten Meisters gekommen vor unsern Augen."[45]

Die einander scheinbar gegenläufigen Werturteile Bergmanns und Stifters sind aufschlußreich. So sehr das Restaurierungsergebnis auch in der Tat neuheitswertig gewesen sein mag, so geht andererseits aus Stifters Schilderung der große Respekt vor dem Original hervor, er vergleicht das Kunstwerk mit

---
[42] Vgl. Norbert Wibiral, Manfred Koller (o. Anm. 1).
[43] Begriff von Alois Riegl (o. Anm. 39).
[44] Zit. nach Wibiral (o. Anm. 1), S. 233.
[45] SW. Bd. 14, S. 291.

„alten Urkunden", an denen man „Stil- und Schreibfehler" auch nicht ausbesserte.[46] Es ist – liest man Stifters Aufsatz in dieser Richtung – nur ein kleiner, letzlich restauriertechnischer Sprung zur modernen Denkmalpflege. Im ‚Nachsommer', in der ausführlichen Schilderung einer Gemälderestaurierung, bestimmt Stifter – über die Praxis seiner Zeit hinausgehend – das Qualitätsniveau einer naturwissenschaftlich-technischen Restaurierung dahingehend, daß nur noch das „Vergrößerungsglas" die Ausbesserungen zeigte.[47]

Von der Forderung „der Schonung des auf uns herüber Gekommenen" führt der Weg schließlich zur denkmalpflegerischen Berücksichtigung des „gewordenen Zustandes", wenn auch Stifter diesen Schritt nicht tun wollte (oder konnte). Stifters Denkmalbegriff war statisch, der des 20. Jahrhunderts sollte dynamisch bis hin zur Flüchtigkeit des Ephemeren werden.[48]

Die Dynamisierung bzw. Prozessualisierung des Denkmalbegriffs, also jene aus der Sicht der fünfziger Jahre des 19. Jahrhunderts noch „ungewordene (ja unvorstellbare) Zukunft" der modernen Denkmalpflege, mit der Emporwertung der am Denkmal anschaulichen Schicksals- und Wirkungsgeschichte mit all ihren zeitbedingten und zeitdramatischen Veränderungen – idealtypisiert in der „Kuluridee" des „Alterswerts" Alois Riegls[49] – hat ihrerseits natürlich ebenfalls Geschichte. Zieht man im Koordinatensystem dieser Geschichte die Zeithorizontale zu Adalbert Stifter, dann zielt diese Linie in der einen Richtung nach Frankreich, wo es in Männern wie Didron und Generalinspektor Vitet vehemente Gegner der Doktrin Viollett le Ducs gegeben hat,[50] in der anderen Richtung nach England auf John Ruskin,[51] genauer – und in unserem Zusammenhang auch delikater – nach Venedig, das seit 1849 wieder österreichisch war, wo sich Ruskin von 1845 bis 1853 aufhielt.

Ruskin, 1819 geboren – also einen halben Generationssprung jünger als Stifter –, Protestant, Enkel eines mit dem Glück hasardierenden, im Suizid endenden, aus Edinburgh stammenden Weinhändlers und Sohn eines rechtschaffenen Kaufmannes, der zum erfolgreichsten Sherryhändler Englands avancierte, ist in vielerlei Hinsicht die moderne Kontrastfigur zu Stifter; aber bei allen Gegensätzen gibt es auch große Gemeinsamkeiten, die über den Zeithorizont hinausweisen.

---

[46] Ebd.
[47] SW. Bd. 7, S. 110.
[48] Vgl. Wilfried Lipp (Hrsg.): Denkmal – Werte – Gesellschaft. Zur Pluralität des Denkmalbegriffs. Frankfurt a.M./New York 1993.
[49] Vgl. o. Anm. 39.
[50] Vgl. Frodl (o. Anm. 7), S. 144–147.
[51] Zu Person und Wirken vgl. Wolfgang Kemp: John Ruskin. Leben und Werk. München/Wien 1983; Michael Wheeler, Nigel Whiteley (Hrsg.): The lamp of memory. Ruskin, tradition and architecture. Manchester 1992.

The ‚Stones of Venice' (1851–53) ist das literarische Ergebnis von Ruskins venezianischen Jahren, eingeschoben in die Arbeiten am Opus magnum der ‚Modern Painters', dessen erster Band 1843 erschien. 1849 publizierte Ruskin den eigentlichen Vorläufer der ‚Stones of Venice', ‚The Seven Lamps of Architecture',[52] das Ergebnis der Hochzeitsreise durch die Normandie.

Die Werke des Menschen, die Monumente, die Dinge sind es, die Ruskin während seiner venezianischen Jahre beschäftigen und ihn rastlos an der bildlichen Dokumentation der Bauwerke und Baudetails arbeiten lassen. „Wie ein Stück Zucker im Tee, so schnell schmilzt Venedig dahin. [...] All die Wandlungen zum Schlechten, die ich jemals in einer bestimmten Zeitspanne beobachten konnte, werden von der Entwicklung Venedigs übertroffen. Das grenzt an Vernichtung."[53]

Im Dezember 1845 schreibt Ruskin nach Hause: „Du kannst Dir nicht vorstellen, was für einen unglücklichen Tag ich gestern hatte, als ich vor der Casa d'Oro saß und vergeblich versuchte, sie zu zeichnen, während Arbeiter sie vor meinen Augen demolierten [...] stelle Dir ein Arbeiten vor, wenn verdammte Maurer Stangen hochziehen und die alten Mauern einschlagen und dabei Profile abbrechen [...] Venedig ist für mich verloren."[54]

Ruskin stemmt sich gegen diesen drohenden und faktischen Verlust mit der Ohnmacht der Dokumentation, er faßt den Vorsatz, *alle* byzantinischen und gotischen Bauwerke auf den fünf Quadratmeilen der Lagunenstadt zu zeichnen und zu vermessen „stone by stone".

„Die Analyse," schreibt Ruskin, „ist ein widerwärtiges Geschäft. [...] wenn ich Sie nur einen Moment lang erleben lassen könnte, was ich erlebe, wenn ich auf dem Kanal fahre und meine Arbeit tue, wenn sich Venedig mir in Gestalt so vieler ‚Profile' darbietet und jedes Gebäude in mir nur Assoziationen von mehr oder weniger Provokation, Problemen und Pein auslöst."[55]

In den drei Bänden der ‚Stones of Venice' ist nur ein kleiner Teil dessen aufgenommen, was Ruskin insgesamt bildlich festgehalten hat, immerhin sind auch das noch über 1000 Abbildungen, überwiegend Architekturteile, Vergänglichkeits-Dinge einer verlustbedrohten Welt.

Was in diesen wenigen Textdokumenten zum Ausdruck kommt, ist das Ringen mit der Akzeleration der Zeit, eben mit der Dynamisierung der Geschichte, mit dem Fortschritt auf der einen und der – im Sinne traditioneller Wertmaßstäbe, und Stifter darin durchaus verwandt – Stagnation der Kultur auf der anderen Seite. Die aus der Situation der vierziger und fünfziger Jahre in Venedig

---

[52] In deutscher Übersetzung Leipzig 1900. – „Die sogenannte Restaurierung ist die schlimmste Art der Zerstörung von Bauwerken", heißt es in § 18, 31. Lehrsatz, S. 363.
[53] Zit. nach Kemp (o. Anm. 51), S. 147.
[54] Ebd.
[55] Ebd., S. 152.

ungeliebten, ja gehaßten Österreicher haben Venedig diesen Modernisierungsschub verpaßt: Eisenbahn, Gaslaternen, Omnibusgondeln – der Vorschlag, den Canale Grande trockenzulegen, um die Paläste zu retten, wird Gott sei Dank nicht befolgt. Vergessen sollte man in Zeiten der Denkmalschändungen in den Kriegen am Balkan auch nicht die Absicht der Österreicher, im Falle der Nicht-Kapitulation der Venezianer, die sich 1848 gegen Österreich erhoben hatten, die Stadt mit ihrem historischen Zentrum San Marco, der Piazza und dem Dogenpalast, dem „Meeresspiegel" gleichzumachen. Ruskin hat diese politischen Hintergründe und Absichten nie vergessen und immer wieder darauf aufmerksam gemacht.

Weshalb hier Stifter und Ruskin – beide hatten voneinander nicht die geringste Kenntnis – miteinander in Beziehung gebracht werden, ist vor allem, um das Paradigma der „Gleichzeitigkeit des Ungleichzeitigen" zu verdeutlichen. Hier Stifter, der sich literarisch und konservatorisch hineinträumt in das Mittelalter, freilich beseelt von der Zukunfts-Hoffnung im Vergangenen (um an eine Formulierung Peter Szondis[56] anzuknüpfen). Dort Ruskin, rastlos bemüht, die Tilgung der Zeit wenigstens dokumentarisch festzuhalten, dem Vergessen durch bildliche Erinnerung entgegenzuarbeiten: überfordert trotz aller Anstrengung, trotz der impressionistischen, oft fragmentarischen, auf Schnelligkeit gerichteten Aufnahmen, die er – nach eigenen Worten – „auf die einfachste und deutlichste Weise in größtmöglicher Zahl" ausführte. „Ich werde ständig durch widerstreitende Anforderungen in Stücke gerissen: jedes Werk der Architektur ist im Verfall begriffen und alle Werke der Kunst schwinden dahin – ich möchte jedes Haus zeichnen und jedes Bild studieren, aber es geht nicht."[57]

Ruskin ist engagierter Zeitzeuge, „rasender Reporter". An den Monumenten, diesen großen, schweigenden Dingen, erkennt er das unaufhaltsam Transitorische, das letzlich im Verfall oder in der Schändung oder im Verschwinden den Preis um ein Neues, ein Anderes hat. Und trotzdem: „Vom Salz der Meereswinde zerfressen, vom Frost zerspalten, von Pflanzenwurzeln gesprengt, die niemals beseitigt wurden, von verrosteten Eisendübeln nicht mehr gehalten, durchbrochen durch Ziegelmauerwerk für neue Anbauten, bei Restaurationen überputzt, beschossen während der Franzosenzeit, erhalten nur in Trümmern – und wie schön sind diese Trümmer!"[58]

Das ist die Emporwertung des „gewordenen Zustands", die Trauer wohl ums Verlorene, aber auch die Anerkenntnis der Wirklichkeit, so schrecklich und so wirklich sie auch sein mag. Jahrzehnte später wird aus dem Geist des fin de siècle – neuromantisch und ganz modern – die Ruine zum idealtypischen

---

[56] Peter Szondi: Hoffnung im Vergangenen. Über Walter Benjamin. In: Ders.: Satz und Gegensatz. Sechs Essays. Frankfurt a.M. 1964, S. 79–97.
[57] Zit. nach Kemp (o. Anm. 51), S. 146.
[58] Ebd., S. 139.

Paradigma der Denkmalpflege. Für Riegl[59] ist sie der Inbegriff des transitorischen Übergangs vom Kunstwerk zum Naturwerk, Ehrenträger des Alterswerts, für Georg Simmel[60] Metapher seiner Lebensphilosophie. Das ist der gleichzeitig-ungleichzeitige Unterschied zu Stifter, die Anerkenntnis der irreversiblen Veränderung aller Dinge. „Meinen Forschungen zufolge", schreibt Ruskin, „gibt es kein Gebäude in Venedig [...], das nicht an einem oder mehreren oder allen seiner Hauptteile wesentliche Veränderungen erfahren hat. Der größere Teil der Bauten zeigt Merkmale von 3 oder 4 Stilrichtungen [...]. Die Kirche von San Marco z.B., die dem ersten Blick als harmonische Struktur erscheinen muß, ist in Wirklichkeit eine Zusammenfassung aller venezianischen Baustile vom 10. bis zum 19. Jahrhundert."[61]

Es ist der Blick auf diese Tatsachen, auf diese Prozessualität der Geschichte, der Ruskin von Stifter unterscheidet und damit auch deren Denkmalbegriff unterschiedlich imprägniert. Oder könnte Zweifel aufkommen, von wem die nachfolgende Schilderung eines Weltdenkmals stammt?

„[...] am Ende dieser trostlosen Bögen, da steigt aus dem breiten Wasser eine unruhige Silhouette niedriger verschachtelter Ziegelbauten, die gut dem Vorort einer englischen Industriestadt angehören könnten, wären da nicht die vielen Türme. Vier, oder fünf Kuppeln, fahl und augenscheinlich weiter entfernt, erheben sich über der Mitte des Weichbildes, aber der Gegenstand, der das Auge zuerst anzieht und fesselt, ist eine düstere Wolke schwarzen Rauchs, die über dem nördlichen Teil brütet und die aus dem Glockenstuhl einer Kirche herausdringt. Es ist Venedig."[62]

Die Spannung der „Annäherung", die Ruskin hier wiedergibt, ist eine Kontrastfaszination, die das Unglaubliche – das absolut Nicht-Identische – zusammenbringt als ein anderes Erhabenes, das dem Niedrigen der Alltäglichkeit, wie es später Walter Benjamin in der Bedeutung des „Chock" beschreibt,[63] vorläuft: „Es ist Venedig."

„Wir fuhren [...] von dem Stromesufer die staffelartigen Erhebungen empor und fuhren dann in dem hohen, vielgehügelten Lande dahin. [...] In diesem Lande liegen die wenigen größeren Ortschaften sehr weit von einander entfernt, die Gehöfte der Bauern stehen einzeln auf Hügeln oder in einer tiefen Schlucht oder an einem nicht geahnten Abhange. Herum sind Wiesen, Felder,

---

[59] Vgl. o. Anm. 39. Dazu weiterführend: Beat Wyss: Jenseits des Kunstwollens. In: Denkmal – Werte – Gesellschaft. Zur Pluralität des Denkmalbegriffs (o. Anm. 48), S. 13–50.
[60] Georg Simmel: Die Ruine. In: Ders.: Philosophische Kultur. Gesammelte Essays. Leipzig 1919, S. 124ff.
[61] Zit. nach Kemp (o. Anm. 51), S. 156f.
[62] Ebd., S. 143.
[63] Vera Bresemann: Ist die Moderne ein Trauerspiel? Das Erhabene bei Benjamin. In: Das Erhabene. Zwischen Grenzerfahrung und Größenwahn. Hrsg. von Christine Pries. Weinheim 1989, S. 171–184.

Wäldchen und Gestein. [...] | In diesem Lande sind noch viele werthvolle Alterthümer zerstreut und aufbewahrt, es haben einmal reiche Geschlechter in ihm gewohnt, und die Krieges- und Völkerstürme sind nicht durch das Land gegangen. | Wir kamen in den kleinen Ort Kerberg."⁶⁴

Das ist die „Annäherung" Stifters, im ‚Nachsommer'-Kapitel ‚Die Begegnung', das langsame, von Natur begleitete und gespiegelte Heranstaunen und Heransehen an die verborgene Macht des Schönen,⁶⁵ an den Kerberger (= Kefermarkter) Altar, der schließlich „wie eine Monstranze, auf dem Priesterplatze"⁶⁶ dasteht. Auch hier das „Erhabene", diesmal in der Identität mit der Schönheit der Kunst, die Stifter das „Göttliche in dem Kleide des Reizes"⁶⁷ ist. Das „wahre" Kunstwerk – und das ist bewundert das antike, geglaubt aber doch nur das mittelalterliche Kunstwerk – ist für Stifter Nachahmung der göttlichen Schöpfung, ‚Nachschöpfung' in einem durchaus theomorphen Sinn. „So sieht man," sagt Risach im Blick auf die Frühzeit der Kunst anläßlich der zweiten „Annäherung" an den Kerberger Altar, „daß die Menschen in der Erschaffung einer Schöpfung, die der des göttlichen Schöpfers ähnlich sein soll, – und Das ist ja die Kunst, sie nimmt Theile, größere oder kleinere, der Schöpfung und ahmt sie nach – immer in Anfängen geblieben sind, sie sind gewisser Maßen Kinder, die nachäffen."⁶⁸

Kunst – Schöpfung/Nachschöpfung – kindlicher Blick. Das ist ein Themen- und Begriffsdreischlag, der in Stifters Werk in vielfachen Verbindungen anklingt und auch denkmalbegriffliche Konturen besitzt.

Über die Geschichtsphilosophie Herders vermittelt,⁶⁹ wirkt in Stifter die Idee Hamanns nach, daß der Schöpfungsakt nicht mit der Erschaffung der Welt abgeschlossen, sondern daß auch noch die geschichtliche Welt ständige Offenbarung Gottes sei.⁷⁰ „Gott ist alles in seinen Werken", das ist Herders griffige Formel dafür, im Vorwort der ‚Ideen zur Philosophie der Geschichte der Menschheit'; und präzisierend heißt es ebenda: „Der Gott, den ich in der Geschichte suche, muß derselbe sein, der in der Natur ist."⁷¹

Das ist – aufs kürzeste zusammengefaßt – ein wichtiger genetischer Strang von Stifters ästhetischer Theorie. Natur ist Schöpfung, Kunst ist Nachschöp-

---

64 SW. Bd. 6, S. 307–309.
65 Emil Staiger: Reiz und Maß. Das Beispiel Stifters. In: Adalbert Stifter – Studien und Interpretationen (o. Anm. 2), S. 7–22.
66 SW. Bd. 6, S. 309.
67 SW. Bd. 21, S. 236 (Stifter an Gottlob Christian Friedrich Richter, 21.6.1866).
68 SW. Bd. 7, S. 152.
69 Hermann Blumenthal: Adalbert Stifters Verhältnis zur Geschichte. In: Euphorion 34 (1933), S. 72–100.
70 Vgl. Wilfried Lipp: Natur – Geschichte – Denkmal. Zur Entstehung des Denkmalbewußtseins der bürgerlichen Gesellschaft. Frankfurt a.M./New York 1987, S. 99f.
71 Johann Gottfried Herder. Sämtliche Werke. Hrsg. von Bernhard Suphan. Nachdruck der Ausgabe Berlin 1877–1913. Hildesheim/New York o.J. Bd. 14, S. 244.

fung, ist „ein Zweig der Religion",[72] „nach der Religion das Höchste auf Erden".[73] Die Kunst-"Erschaffenden" werden so im übertragenen Sinn ebenfalls „Götter" genannt, die Kunst-Bewundernden „Priester dieser Götter".[74] Wahre Kunst bringt das Göttliche („im Kleide des Reizes") zum Scheinen, aus der Nachschöpfung vermag so Offenbarung der Schöpfung zu werden. Dies vermag eine Kunst, im weiteren Sinne eine ‚Sicht', die sich dem kindlichen Blick verdankt. Kinder sind die ‚Seher', die heimlichen Propheten in Stifters Dichtung, etwa in ‚Granit', ‚Bergkristall', ‚Katzensilber', ‚Turmalin'...

In Stifters Bericht von 1853 ‚Ueber den geschnitzten Hochaltar in der Kirche zu Kefermarkt'[75] ist von seinem „hohen Werth inniger Naivetät" die Rede, die man später nach „dem Verfalle jeden Kunstsinnes" „verkannt", ja „verachtet" habe. In der poetischen Spiegelschrift des ‚Nachsommers' ist Heinrich ergriffen von „der Ruhe, dem Ernste, der Würde und der Kindlichkeit"[76] des Werks.

Was hier und vielfach in Stifters Lebensrealität und Ästhetik zum Ausdruck kommt, ist Pigment einer Facette, die den Prozeß der Moderne von Rousseau bis Adorno begleitet und mitbestimmt hat:[77] die Sehnsucht nach dem Ursprung, die Suche nach dem verlorenen Paradies.[78] In der säkularisierten Form ist es die Welt des „homme sauvage", die jedoch erst der „homme naturel" begreifen kann,[79] sind es die mannigfaltigen Konnotationen von Natürlichkeit, Reinheit und Unschuld. Paradigmen ohne Zahl.

Das Interesse des ‚kindlichen Blicks' Stifters gilt dem Zeitenthobenen, dem Untergeschichtlichen – der Natur –, dem Übergeschichtlichen – Gott –, dem Außergeschichtlichen – der Kunst –, und manifestiert sich in der Mannigfaltigkeit der Dingbeziehungen, symbolisch gesammelt in den ‚Bunten Steinen'.

Das Ding ist bei Stifter ein geradezu magisches Wort.[80] „Es war ein gewaltiger Reiz für das Herz, [...] was in den Dingen vor mir lag, zu ergreifen," heißt es im ‚Nachsommer'.[81] Die Dinge sind für Stifter nicht bloß verdinglichte, tote Gegenstände, sondern geheimnisvoll fortwirkende, ‚lebendige'

---

[72] SW. Bd. 7, S. 153.
[73] WuB. Bd. 2.2, S. 9.
[74] SW. Bd. 8.1, S. 85.
[75] Vgl. o. Anm. 24; Zitate S. 269f.
[76] SW. Bd. 7, S. 151.
[77] Vgl. Hans Robert Jauß: Ästhetische Erfahrung und literarische Hermeneutik. Frankfurt a.M. 1982.
[78] U.a. Martin Beckmann: Formen der ästhetischen Erfahrung im Werk Adalbert Stifters. Eine Strukturanalyse der Erzählung ‚Zwei Schwestern'. Frankfurt a.M./Bern/New York/Paris 1982.
[79] Wilfried Lipp (o. Anm. 70), S. 37f.
[80] Wilhelm Dehn: Ding und Vernunft. Zur Interpretation von Stifters Dichtung. Bonn 1969 (Literatur und Wirklichkeit 3).
[81] SW. Bd. 7, S. 30.

Botschaften der Schöpfung. Die Dinge sind nicht das teilnahmslose Gegenüber, sondern sind Sprache der Offenbarung. Stifter setzt dabei eine romantische, antirationalistische Tradition fort. „Frage nur die Steine, du wirst staunen, wenn du sie reden hörst", sagt in Tiecks Erzählung ‚Der Runenberg' (1802) der steinbezauberte, dem Wahnsinn schon nahe Christian zu seinem Vater, einem Gärtner, der das Reich der Pflanzen vertritt.[82]

Die Macht der Dinge, die „Restitution der Sprache der [göttlichen] Natur"[83] wird bei Stifter zum Regulativ für das sittliche und politische Leben. So sagt nach der Wiederherstellung der politischen und kirchlichen Ordnung Witiko zu Kardinal Guido: „ich suchte zu thun, wie es die Dinge fordern, und wie die Gewohnheit will, die mir in der Kindheit eingepflanzt worden ist." Und der Kardinal antwortet: „Und wenn du zu thun strebst, was die Dinge fordern, so wäre gut, wenn alle wüßten, was die Dinge fordern, und wenn alle thäten, was die Dinge fordern; denn dann thäten sie den Willen Gottes. [...] folge dem Gewissen, und du folgst den Dingen".[84]

Diesem moralischen Auftrag, die Forderungen der Dinge zu erfüllen, entspricht der künstlerische. Der Künstler huldigt als „Priester des Schönen" „keinem Zeitgeschmacke, sondern nur der Wesenheit der Dinge".[85]

Diese Auffassung basiert – vormodern und bei Stifter dann gegenmodern – auf einer teleologischen Natursicht: Die Dinge selbst streben von sich aus auf etwas zu, und sie sind damit nicht mehr (oder noch nicht) bloß der Gegenstand aufgeklärter Beobachtung, sondern sind selbst ‚Auge', „tausendäugiger Argus", wie Hegel in Hinblick auf die Kunst-Dinge in der Einleitung der Analyse zum ‚Kunstschönen' definiert.[86] Die Herausforderung für den Menschen besteht darin, sich auf dieses sprechende und sehende Gegenüber der Dinge einzulassen. Die innigste Beziehung ist jene der Liebe. Für Tiecks Christian aus der Erzählung ‚Der Runenberg' erfüllte sich die Liebe für den, der „die Erde wie eine geliebte Braut an sich zu drücken vermöchte, daß sie ihm [...] ihr Kostbarstes gönnte".[87]

Der Exkurs über die romantische und Stiftersche Welt der animierten Dinge ist denkmalspezifisch deshalb von besonderer Bedeutung, weil er die zentrale Kategorie des Stifterschen Denkmalbewußtseins zu erhellen vermag: die Achtung, die Sorge und Fürsorge, die Pietät den Dingen gegenüber.

Der Begriff der Pietät wurde Jahrzehnte später, von puristischen Einschränkungen befreit, einer der Schlüsselbegriffe der modernen Denkmal-

---

[82] Zit. nach Hartmut Böhme: Das Steinerne. Anmerkungen zur Theorie des Erhabenen aus dem Blick des „Menschenfremdesten". In: Das Erhabene (o. Anm. 63), S. 119–142: S. 133.
[83] Ebd.
[84] WuB. Bd. 5.3, S. 173f.
[85] SW. Bd. 7, S. 35; Bd. 8.1, S. 222.
[86] Zit. nach Böhme (o. Anm. 82), S. 134.
[87] Ebd.

kultur nach 1900. „Denkmale schützen heißt nicht Genuß suchen, sondern Pietät üben", formuliert Georg Dehio 1905, und Alois Riegl ergänzt, darauf Bezug nehmend, daß der Umgang mit Denkmalen „uns Pietät, das heißt Aufopferung gewisser entgegenstehender egoistischer Bestrebungen als innere Pflicht auferlegt".[88] Im ‚Katechismus der Denkmalpflege' Max Dvořáks[89] von 1918 findet diese Denkmalmoral schließlich ihren populistischen Höhepunkt.

Dies hervorzuheben ist auch deshalb so wichtig, weil um die Mitte des 19. Jahrhunderts eine ganz andere Dingbeziehung – endgültig(?) – dominant geworden ist. Das Ding wird Ware. 1851 ist die erste Weltausstellung in London.[90] 1848 erscheint das ‚Kommunistische Manifest' von Marx und Engels, nicht zuletzt auch eine Anklage gegen die Verdinglichung des Menschen (Karl Marx: „Er wird ein bloßes Zubehör der Maschine").

Und auf der anderen Seite: „Die Dinge [...] werden dem Menschen ungehorsam", das ist die Kehrseite der Verdinglichung, wie der Zeitgenosse Stifters, Thomas Carlyle, prognostiziert,[91] Ruskin ist Sklave der Dinge, Besessener, aber auch ohnmächtiger Faktograph, „Dryasdust"[92] wie Carlyle diese neue Spezies spöttisch nannte.

Stifter steht – scheinbar – außerhalb dieser Entwicklung, und die im Zusammenhang mit seinem Werk, insbesondere dem ‚Nachsommer', immer wieder gebrauchten Etiketten, wie ‚Nachklassik' und ‚Biedermeier',[93] ‚Idylle' und ‚Utopie'[94] bzw. „restaurative Utopie"[95] oder „prospektive Ästhetik",[96] ‚Realismus' oder ‚Idealismus' haben alle ihren belegbaren Grund. Aber Stifter wäre

---

[88] Alois Riegl: Neue Strömungen in der Denkmalpflege. In: Mitteilungen der K. K. Centralcommission. III. Folge IV. Wien 1905, Sp. 85–104.
[89] Max Dvořák: Katechismus der Denkmalpflege. Wien 1918.
[90] „Weltausstellungen sind Wallfahrtsstätten zum Fetisch Ware" (Walter Benjamin).
[91] Zit. nach Kemp (o. Anm. 51), S. 153.
[92] Ebd.
[93] U.a. Ludwig Arnold: Stifters ‚Nachsommer' als Bildungsroman. Vergleich mit Goethes ‚Wilhelm Meister' und Kellers ‚Grünem Heinrich'. Diss. Giessen 1939; Otto Friedrich Bollnow: Der ‚Nachsommer' und der Bildungsgedanke des Biedermeier. In: Beiträge zur Einheit von Bildung und Sprache im geistigen Sein. Festschrift für Ernst Otto. Hrsg. von Gerhard Haselbach und Günter Hartmann. Berlin 1957, S. 14–33; Manfred Majstrak: Das Problem von Individuum und Gemeinschaft in den großen nachklassischen Bildungsromanen Stifters und Kellers. Diss. Bonn 1954; Franz Bertram: Ist der ‚Nachsommer' Adalbert Stifters eine Gestaltung der Humboldtschen Bildungsideen? Diss. Frankfurt 1957.
[94] Klaus-Detlef Müller: Utopie und Bildungsroman. Strukturuntersuchungen zu Stifters ‚Nachsommer'. In: ZfdPh 90 (1971), S. 199–228; August Stahl: Die ängstliche Idylle. Zum Gebrauch der Negation in Stifters Nachsommer. In: Literatur und Kritik 167/168 (1982), S. 19–28.
[95] Dieter Borchmeyer: Stifters ‚Nachsommer' – eine restaurative Utopie? In: Poetica 28 (1979), S. 83–92.
[96] Horst Albert Glaser: Die Restauration des Schönen. Stifters ‚Nachsommer'. Stuttgart 1965.

nicht Zeitgenosse eines dramatischen geistigen, gesellschaftlichen und ökonomischen Wandels, wäre nicht selbst – wenn auch von anderer Position aus – Akteur, Widerpart des Wertewandels, würden nicht auch bei ihm – und vielleicht gerade bei ihm – die Schatten der Entwicklung spürbar: Entfremdung, Hoffnungsschwund, Angst, Identitätsverlust, Fremdheit.[97]

Ist nicht die Sucht, sich die „Dinge" vertraut zu machen, auch der Versuch, ihr Fremdwerden noch einmal einzuholen? Ist nicht die „Idolatrie der Dinge" längst auch Kapitulation vor der „Gewalt des Gewordenen"?[98] „Wie hatte seit einigen Augenblicken alles sich um mich verändert und wie hatten die Dinge eine Gestalt gewonnen, die ihnen sonst nicht eigen war?"[99] Leitet nicht die Beschwörung des Erhabenen der Natur die angstvolle Gewißheit, daß es plötzlich in die Schrecken der Katastrophe umschlagen könnte – und umschlägt?[100] Spiegelt nicht die immer wieder apostrophierte Reinheit und Unschuld der Natur die Betroffenheit über ihre Gleichgültigkeit, über ihr „prius" und „post", ihre den Menschen übergreifende Macht? Und liegt nicht im ganzen Stifterschen Bewahrungs- und Sammelkult die Erfahrung des Verschwindens, des Verlorenseins, der „Entfernung der Natur",[101] der Abkehr Gottes, der Verlassenheit des Menschen?

Wie immer man auch die Antworten setzen mag, die Berechtigung der Fragestellungen allein rückt Stifter weit in die Moderne. Stifters Bewahrungsrituale sind Versöhnungsangebote und Rettungsversuche in einer von zunehmenden Fremdheitserfahrungen geprägten Welt.[102] Er setzt zwar – noch einmal – auf Gott. „Der Gott, den ich in der Geschichte suche, muß derselbe sein, der in der Natur ist."[103] Aber diese, Herders Gewißheit war Stifter indes ungewiß geworden. Und vielleicht gerade deshalb: Versuch der Rettung durch Kunstreligion. Stifters Ästhetik ist somit auch eine Antwort auf Hegels Satz vom „Ende der Kunst",[104] d.h. vom Ende der kultischen Anbindung der Kunst,

---

[97] Eine Interpretation des ‚Nachsommer' unter diesen Aspekten versucht Barbara Osterkamp: Arbeit und Identität. Studien zur Erzählkunst des bürgerlichen Realismus. Würzburg 1983.
[98] Wolfgang Matz: Gewalt des Gewordenen. Adalbert Stifters Werk zwischen Idylle und Angst. In: DVjs 63 (1989), S. 715–750.
[99] SW. Bd. 4, S. 555.
[100] So etwa in ‚Kalkstein' oder ‚Abdias'.
[101] So der aussagekräftige Titel eines auch in diesem Zusammenhang interessanten Werks: Oskar Bätschmann: Die Entfernung der Natur. Landschaftsmalerei 1750–1920. Köln 1989.
[102] Vgl. auch Stefan Braun: „Lebenswelt" bei Adalbert Stifter. Frankfurt a.M./Bern/New York/Paris 1990. (Forschungen zur Literatur- und Kulturgeschichte 29).
[103] Vgl. o. Anm. 71.
[104] Willi Oelmüller: Hegels Satz vom Ende der Kunst und das Problem der Philosophie der Kunst nach Hegel. In: Philosophisches Jahrbuch 73 (1965/66), S. 75–94. – Vgl. auch Jürgen Patocka: Die Lehre von der Vergangenheit der Kunst. In: Beispiele. Festschrift für Eugen Fink. Hrsg. von Ludwig Landgrebe. Den Haag 1965, S. 46–61.

die fortan ein „freies Instrument"[105] werden sollte, befreit in die Beliebigkeit von Stoff und Stil.[106] Für Hegel ist in der einstigen, der Religion dienenden Kunst der Vergangenheit „Gott gestorben [...]. Die Bildsäulen sind nun Leichname."[107] Das Zeitalter der „Reflexion" und der „Wissenschaft der Kunst"[108] ist angebrochen, die „Kunst nach der Seite ihrer höchsten Bestimmung für uns ein Vergangenes"[109] geworden.

Aber so diametral stehen Hegel und Stifter nicht zueinander. Der Vergangenheitscharakter der Religions-Kunst ist auch für Stifter Realität. Und so gibt es bei ihm – wie bei Goethe, paradigmatisch in der Geschichte ‚Sankt Joseph der Zweite' in ‚Wilhelm Meisters Wanderjahren' – die kleine Hoffnung auf eine kunst-handwerkliche Blüte aus der Restauration der Kunst und eine damit verbundene sittliche, bildungsmäßige, humane „perfectibilité".[110]

Die denkmalhafte Bewahrung, die Stifters Leben und Werk so nachhaltig, ja ausschließlich fast, bestimmt – von der Bewahrung der kleinen unscheinbaren Dinge bis zu den ergreifenden großen Kunst-Dingen, der Bewahrung der Beziehungen und Verhältnisse, der Sprache, des Ortes und der Zeit –, zielt auf den Menschen. Stifters Denkmalbewußtsein motiviert die Sorge um die Schutzbedürftigkeit der menschlichen Existenz.

Hegel prognostizierte – nach dem Verlust der absoluten Notwendigkeit der Kunst, die aufgehört hat, „das höchste Bedürfnis des Geistes zu sein" –, als deren „neuen Heiligen den Humanus".[111]

Stifter dagegen beharrt auf der absoluten Notwendigkeit der Kunst und auf deren „Heiligkeit". Denn nur das Fanum der Kunst vermag vor dem Profanen der riskierten Existenz zu schützen.

Hinter allen Bewahrungsritualen steht Stifters eigentliches, gefährdetes Denkmal: der Mensch.

---

[105] Georg Wilhelm Friedrich Hegel. Werke. Ausgabe auf der Grundlage der Werke von 1832–1845. Frankfurt a.M. 1976–1980, Bd. 14, S. 235.
[106] Vgl. Lipp (o. Anm. 70), S. 129f.
[107] Hegel. Werke (o. Anm. 105). Bd. 3, S. 48.
[108] Hegel. Werke (o. Anm. 105). Bd. 13, S. 25.
[109] Ebd.
[110] Clemens Heselhaus: Wiederherstellung. Restauratio – Restitutio – Regeneratio. In: DVjs 25 (1951), S. 54–81.
[111] Vgl. Jürgen Trabant: „Bewußtsein von Nöthen". Philosophische Notiz zum Fortleben der Kunst in Adornos Ästhetischer Theorie. In: text und kritik. Sonderband Theodor W. Adorno. München 1977, S. 235.

Teil II

Zu größeren Werkzusammenhängen

„denn der ganze Bau der Ewigkeit
ruht auf diesen Körnchen"

Alfred Doppler

Stifter im Kontext der Biedermeiernovelle

Um die Jahrhundertwende, als man sich anschickte, Stifter literaturwissenschaftlich neu zu werten und einzuordnen – die Prag-Reichenberger Ausgabe unter August Sauer diente dieser wissenschaftlichen Absicht –, ging es darum, einen großen Dichter in der Nachfolge Goethes und der Weimarer Klassik vorzustellen. Gezeigt sollte werden, daß die Gedanken klassisch-deutscher Humanität in Österreich eine legitime Nachfolge gefunden haben. Das Einverständnis Stifters mit dieser Wertung konnte vorausgesetzt werden, weil Stifter nach 1848 der Meinung war, die österreichische Literatur müßte die deutsche vom literarischen Wahnsinn retten (6.12.1850); mit Genugtuung vermerkte er damals, daß der „groteskeste und sittlich verkröpfteste und widernatürlichste Poet (Hebbel) kein Österreicher" sei.[1] Besonders seit dem ‚Nachsommer' arbeitete Stifter darauf hin, daß er als ein bescheidener Nachfolger Goethes und als ein Wegbereiter einer neuen, Goethe und Schiller in sich vereinigenden Klassik gesehen werde: „Ich bin zwar kein Göthe, aber einer aus seiner Verwandtschaft, und der Same des Reinen Hochgesinnten Einfachen geht auch aus meinen Schriften in die Herzen".[2] In seinen späten Briefen, die er bewußt im Hinblick auf eine Veröffentlichung geschrieben hat, beruft er sich wiederholt auf Goethe. 1865, als er in Karlsbad dessen Spuren nachgeht, schreibt er: „Ich habe, die Geistes- und Herzensgaben abgerechnet, eine ungemeine Ähnlichkeit in meinem sonstigen Wesen mit Göthe, daß ich mich zu diesem Menschen, wie mit Zauber hingezogen, fühle".[3]

Diese Selbstdeutung und Selbststilisierung hat nachhaltig die Editoren der Prag-Reichenberger Ausgabe beeinflußt. Sie haben daher die ursprüngliche Form der Stifterschen Erzählungen nicht in ihre Ausgabe aufgenommen und nur die späteren Buchfassungen als authentische Texte Stifters betrachtet. Später hat man dann – im Anklang an die Goethe-Philologie – für die Erstdrucke die Bezeichnung „Urfassungen" gewählt, was den Eindruck erweckt, es handle sich dabei (wenn man an den „Urfaust" oder den „Urmeister" Goethes denkt) um nur teilweise ausgeführte Werke, die für eine Veröffentlichung eigentlich nicht recht geeignet waren. Für die Buchausgaben wird Stifter in der Prag-Reichenberger Ausgabe bescheinigt, daß er sich dort „größerer Kor-

---

[1] SW. Bd. 18, S. 67.
[2] Ebd., S. 225.
[3] SW. Bd. 20, S. 297f.

rektheit" befleißigt, wenn auch noch genug Nachlässigkeiten und Austriazismen stehengeblieben sind (August Sauer).

Diese Sehweise läßt außer acht, daß Stifter bis zum ‚Nachsommer' ausnahmslos alle seine Erzählungen in Zeitschriften, Taschenbüchern, Almanachen und Kalendern veröffentlicht hat und daß es keine zeitliche Abfolge von den sogenannten Urfassungen zu den Buchfassungen (‚Studien', ‚Bunte Steine') gibt, sondern ein beständiges Nebeneinander von ersten Veröffentlichungen in Zeitschriften und Taschenbüchern und Bearbeitungen für einen Neudruck in Buchform, wobei die Umarbeitungen nicht allein ästhetisch künstlerischer Natur gewesen sind, sondern sehr oft durch die Änderungen der Publikationsform erforderlich wurden, zum Beispiel bei Anreden an den Leser oder bei Anspielungen auf aktuelle Ereignisse.[4]

Stifter war von 1840 bis 1848 ein vielbeschäftigter Autor, der im Wettstreit der Zeitschriften und Almanache vollkommen in den damaligen Literaturbetrieb eingebunden war und die vom Leser ausgehenden Anregungen und Erwartungen unmittelbar in seine Produktion einfließen ließ. Als Zeitschriften- und Taschenbuch-Autor zu reüssieren, bedeutete vor allem finanziellen Erfolg, war aber auch dem Ansehen nicht abträglich, weil alle namhaften Autoren der Restaurationszeit in Journalen publizierten. Eine Unterscheidung in Hoch- und Trivialliteratur wurde nicht vorgenommen, sofern nur das Unterhaltungsbedürfnis, die vaterländische Erbauung und eine wohltemperierte Aufklärung gegen Aberglauben (Erzählungen über Beschwörungsunwesen und Hexenprozesse waren ein beliebtes Thema) befriedigt und die Regeln einer auf Harmonie gerichteten klassizistischen Ästhetik erfüllt wurden. Abgewertet wurden moralisch bedenkliche Inhalte, Handlungsarmut und die Zeichnung verstiegener und überspannter Charaktere. In Betty Paolis Widmungsgedicht ‚An Adalbert Stifter', es steht in der ‚Iris' für 1848 unmittelbar vor dem Erstdruck des ‚Armen Spielmanns', ist Stifter „als Prophet zu ehren, | Den tröstend die Natur gesandt". Seine Erzählungen durchtönen wie „der Lerche jubelndes Geschmetter" die Morgenluft, und sein „heller Blick erschaut die Dinge | In ihrer heil'gen Urgestalt".

In der ‚Wiener Zeitschrift für Kunst, Literatur, Theater und Mode' (sie erschien fünfmal wöchentlich) hat Stifter sechs Erzählungen veröffentlicht, die als Fortsetzungsgeschichten erschienen sind, so etwa den ‚Condor', das ‚Haidedorf' und die ‚Mappe meines Urgroßvaters'. Zugleich war Stifter von 1840 bis 1848 (mit Ausnahme von 1843, da er ein Manuskript nicht rechtzeitig abgeliefert hat) ständiger Mitarbeiter der ‚Iris', die bei Heckenast in Pesth verlegt wurde; im ‚Österreichischen Novellenalmanach' für 1843 und für 1844

---

[4] In der Konsequenz der Bezeichnung „Urfassung" müßten alle Erzählungen, für die es keine Buchfassung gibt, so benannt werden, z.B. ‚Die drei Schmiede ihres Schicksals' (1846), ‚Der Waldgänger' (1846), ‚Prokopus' (1847).

erschienen ‚Abdias' und ‚Das alte Siegel'; das prächtig ausgestattete Taschenbuch ‚Gedenke mein' für 1844 enthielt ‚Brigitta'; und in dem der Regierung und dem Kaiserhaus nahestehenden ‚Oesterreichischen Universalkalender Austria' wurde unmittelbar vor der Revolution ‚Der arme Wohlthäter' abgedruckt.

Das Jahr 1848 bildet einen deutlichen Einschnitt. Die traditionellen Publikationsorgane verloren einen Großteil ihrer Abnehmer und Abonnenten. Der ‚Wiener Zeitschrift für Kunst, Literatur, Theater und Mode' gelang nicht – so sehr sie sich schon von 1847 an bemühte – die Umstellung auf den neuen Lesergeschmack. In ihrem Schlußwort von 1849 kündigt sie an, daß sie nun in eine neue Ära der langjährigen, von der Achtung des gebildeten Publikums geleiteten Bahn trete, „da leider die gebietherische Anforderung der Lesewelt vorzugsweise auf die Besprechung von Zeitfragen gerichtet ist".[5] Die neue Bahn bestand darin, daß sich die Zeitschrift in ein satirisches Blatt wandelte. Auch die ‚Iris' überlebte das Jahr 1848 nicht, obwohl sie sich in den letzten beiden Ausgaben für 1847 und 1848 vom kleinformatigen, für die Biedermeierzeit typischen Taschenbuch zu einem großformatigen ‚deutschen Almanach' gewandelt hatte.

In den Journalerzählungen – gleichgültig, ob es sich um triviale Reisenovellen mit darin eingebetteten Liebesgeschichten handelt, um ideenbefrachtete Künstlernovellen, um auf Zeitereignisse bezogene Erzählungen (Carlistenkriege in Spanien, Kampf der Franzosen in Afrika, Juli-Revolution in Frankreich) oder um Darstellungen von exotischen Ländern und Menschen –: in allen diesen Journalerzählungen werden etwa folgende Tendenzen und Themen abgehandelt und variiert: die Gefahren unkontrollierter Subjektivität und Egozentrik, die Verderblichkeit, aber auch Lächerlichkeit übersteigerter Individualität (sie wird im Begriff der ‚Narrheit' zusammengefaßt), die zerstörerische Wirkung von Leidenschaften, das Aufschießen von Affekten, denen keine Taten folgen, die Verirrungen des Künstlers durch Überspanntheit, Schwärmerei und angemaßte Genialität, die Gefahren, die mit der Entfremdung aus der sozialen Gemeinschaft verbunden sind; und im Gegensatz dazu: das Lob einer gelassenen Tätigkeit, die der Selbstgefährdung und Entfremdung entgegenwirkt. Thematisiert werden immer wieder Ordnungsstörungen moralischer, aber auch politischer Art, besonders oft ist die Rede von Verfehlungen gegen das legitime Erbrecht, häufig wird auch die Frage der Unsterblichkeit und eines persönlichen Weiterlebens nach dem Tode diskutiert. Die Behandlung dieser Themen vollzieht sich innerhalb eines schematischen Erzählablaufes, der bisweilen in Erinnerung an die klassische Novellentheorie eine überraschende Wendung nimmt, ohne jedoch die Erwartungen des Lesers zu verletzen. Die ‚Wiener Zeitschrift' gibt als Grundtenor an: „Zuletzt wächst die Poesie aus dem Leben hervor und wird auch nur aus dem Leben erklärt", ihre Form ist

---

[5] Jg. 1849, S. 261.

„die Gestaltung des Stoffes zum lebendig Schönen, zum idealisch Wirklichen".[6] Nicht große Stoffe, sondern die der Erfahrung des Lesers angenäherten Stoffe werden bevorzugt. Der Erzähler vermischt Fiktives und Empirisches, Jahr und Tag des Geschehens werden genau fixiert und meist in der jüngsten Vergangenheit angesiedelt. So ist zum Beispiel in der ‚Narrenburg' Stifters der Beginn der Erzählung auf einen schönen Sommertag „gegen Abend im Jahre 1836" festgelegt.[7] Mehrfach wird der freundliche, der liebe Leser angesprochen, die Wahrheit des Erzählten und die Verbindung mit dem tatsächlichen Leben beteuert, oder es wird die Entschuldigung ausgesprochen, daß wegen des Mangels an Quellen, wie Briefen, Tagebüchern, Berichten von Freunden und eigenen Beobachtungen etwas nicht mit der wünschenswerten Ausführlichkeit mitgeteilt werden kann.[8]

Da die Zeitschriften und Taschenbücher ein bestimmtes ästhetisches und gesellschaftspolitisches Programm haben, ergibt sich eine starke Kontextgebundenheit der einzelnen Beiträge. Sie bilden daher jeweils *einen* bestimmten Text, der durch graphische Gestaltung, Format, Einband, Art der Illustration, durch den Namen des Herausgebers und die wiederholt auftretenden Mitarbeiter auf den Leser einwirkt und sein Rezeptionsverhalten steuert.

Ich möchte zwei Publikationsorgane, in denen Stifter besonders oft als Mitarbeiter erscheint, kurz charakterisieren. Die ‚Wiener Zeitschrift für Kunst, Literatur, Theater und Mode' hatte die Absicht, auf dem Gebiet „der Novellistik, Erzählung, Topographie, Naturkunde usw., sowie in der Ballade und im lyrischen Gedicht eine entsprechende Abwechslung des Nützlichen mit dem Erheiternden zu erzielen",[9] und da sie Schriftsteller von Talent gut bezahlte, wurde (wie es in einer Ankündigung heißt) „nur Achtbares und Ausgezeichnetes" mitgeteilt und den „denkenden und gebildeten Lesern eine ihrer würdige Unterhaltung gewährt".[10] Entsprechend ihrem unpolitischen, loyal-vaterländischen Charakter, wurden in der ‚Wiener Zeitschrift' allgemeinmenschliche Fragen von Liebe und Leidenschaft in der Regel im Sinn einer legitimen Ordnung gelöst; zur höheren Ehre des Sittengesetzes enden sie bisweilen auch tragisch. Eine heilbringende Sanftheit ist im Zusammenhang mit diesen Erzählungen nicht nur eine These Stifters, sondern auch ein zeitgemäßer Lösungsvorschlag, um trübe Sinnlichkeit zu klären und hochfliegende Spekulation, die „ein kochender Krater von Gedanken" ist, zu dämpfen.[11] Die Wendung „kochender Krater von Gedanken" stammt aus Andreas Schuhmachers

---

[6] Wiener Zeitschrift 1838. Beilage 1,1.
[7] WuB. Bd. 1.1, S. 305; Bd. 1.4, S. 323.
[8] Friedrich Sengle bringt in Bd. I und II seines Werkes ‚Biedermeierzeit' dazu eine Fülle von Belegen und differenzierten Beobachtungen.
[9] Jg. 1832, S. 1263.
[10] Jg. 1843, S. 1953.
[11] Andreas Schuhmacher: Die Leiden eines Modernen. In: Österreichischer Novellen Almanach 1843, S. 256.

Erzählung ‚Leiden eines Modernen', einer Skizze aus dem Leben, und ist ein typisches Bild der Biedermeierzeit für überhitzte Spekulation und brennende Leidenschaft, so auch in Stifters ‚Brigitta', wo Stefan Murai auf dem Vesuv „am Rande des neuen Kraters"[12] steht.

Die Fehleinschätzung Cornelias gegenüber den Möglichkeiten ihres Geschlechtes (in Stifters ‚Der Condor'), der Verzicht des Künstlers auf das alltägliche Lebensglück (im ‚Haidedorf') und die bis zum Selbstmordversuch sich steigernde Gefährdung durch unkontrollierte Leidenschaft (in der ‚Mappe') – alles Veröffentlichungen Stifters in der ‚Wiener Zeitschrift' – werden thematisch variiert in der im selben Organ erschienenen Erzählung ‚Schuld und Sühnung' von Betty Paoli, in der eine Leidenschaft durch einen Opfertod gesühnt wird, oder in Ida Fricks Skizze aus dem Tagebuch eines Arztes ‚Die Sträflinginn', in der ein unschuldiges Mädchen durch Standesdünkel, Ehrgeiz und Treulosigkeit um ihren Verstand gebracht wird: bei der Begegnung mit dem seine Treulosigkeit beklagenden Geliebten wirkt der „Seelenaffekt" tödlich auf den durch Gram und Entbehrung geschwächten Körper des Mädchens. Daneben steht im Kontrast zu diesen tragischen, aber jeweils das Sittengesetz bestätigenden Novellen die Erzählung ‚Unsere Landwirthschaft' von Emanuel Straube, deren Unterhaltungswert einer Volkstheaterposse ähnelt: Ein Hofregistrator und seine Frau beziehen als langersehntes Ziel ihrer Sparsamkeit und Entbehrung ein Landhaus vor den Toren der Stadt und feiern die Arbeit in der freien Natur als den Schritt zu „einem schöneren gramfreien Dasein". Doch bald entpuppt sich der neue Nachbar als ein zu Unrecht um seine Ehre gebrachter Beamter. Wie in Nestroys ‚Mädel aus der Vorstadt' durch die Aktivitäten des Advokaten Schnoferl die verlorene Ehre wiederhergestellt wird, so hier durch die Umsicht des Hofregistrators Krause.

Auffallend ist, daß sich sowohl die ernsten als auch die vorzüglich auf Erheiterung zielenden Erzählungen der Biedermeierzeit der rhetorischen Formen und der poetischen Sprechweisen der klassischen Literatur bedienen und durch Anspielungen und Zitate auf die Kenntnis dieser Literatur hinweisen; von der trivialen bis zur anspruchsvollen Erzählung wird offensichtlich eine Verbindung angestrebt zu Autoren wie Gottsched, Klopstock, Wieland, Goethe, Lavater, Schiller, Jean Paul und Kleist, von denen allen sich Texte in der Zeitschrift finden; es fehlen aber auch nicht die angesehenen Namen der österreichischen Literatur wie Grün, Halm, Feuchtersleben, Johann Gabriel Seidl, Tschabuschnigg, Hammer-Purgstall u.a.[13]

---

[12] WuB. Bd. 1.2, S. 216; vgl. Bd. 1.5, S. 414.
[13] Andreas Schuhmacher schrieb für die Wiener ‚Sonntagsblätter' (1844, S. 977f.) einen preisenden Artikel über Goethe, der in dem Lob gipfelte, in dessen Werk sei die gesamte deutsche Literatur in nuce enthalten. – Michael Enk von der Burg, Benediktinerpater in Melk und ein angesehener Schriftsteller, der von 1839 bis zu seinem Tod 1843 regelmäßig Beiträge für die ‚Iris' lieferte, hob in seiner Poetik (Die Epistel des Quintus Hora-

Wenn auch die ‚Iris' im Gegensatz zur ‚Wiener Zeitschrift für Kunst, Literatur, Theater und Mode' durch den Einband in roter Seide mit Goldprägung und vorzüglichen Stahlstichen über den Tag hinauswirken wollte, so ist doch auch in diesem vornehmen Taschenbuch die Absicht unverkennbar, durch die Zusammenstellung verschiedenartiger Texte einen breiten Lesergeschmack zu bedienen und trotz der Vielfalt ein bestimmtes Programm zu verwirklichen. Mit Nachdruck wird auch hier der gebildete Leser, vor allem aber auch die Leserin angesprochen; Frauenschicksale spielen in der ‚Iris' eine bedeutsame Rolle, und die Stahlstiche zeigen in ihrer Mehrzahl Frauenbildnisse. Der vaterländische und patriotische Aspekt wird betont. Angeregt durch den Herausgeber Johann Graf Mailáth und den Verleger Heckenast, der als ein österreichischer Cotta hohes Ansehen genoß, wird in besonderer Weise um eine Verständigung zwischen Österreich und Ungarn geworben. Mailáth hatte sich schon 1825 um das Bekanntwerden der ungarischen Literatur in Österreich und Deutschland bemüht. Bei Cotta erschienen seine ‚Magyarischen Gedichte' (150 Gedichte von 24 Dichtern in deutschen Übertragungen); 1837 gab er magyarische Sagen und Märchen heraus, die er teilweise selber gesammelt und wie die Brüder Grimm bearbeitet hatte. Schließlich stammt von ihm auch die erste Übersetzung des ‚Dorfnotars' von Joseph Eötvös. Was sich aber in besonderer Weise für die ‚Iris' auswirkte, war, daß Mailáth der offiziell anerkannte Historiker für die Geschichte Österreich-Ungarns war und selbst in der Metternichzeit die Erlaubnis zu freier Forschung in den Archiven hatte.

Ich greife nun einen Band der ‚Iris'[14] heraus. Das Taschenbuch für das Jahr 1843 entfaltet folgendes literarisches Panorama: Von 394 Seiten stehen auf etwa 50 Seiten lyrische Gedichte, Balladen und ein 52 Strophen langes episches Gedicht. Sechs Stahlstiche illustrieren lyrische Gedichte und den historischen Aufsatz von Mailáth über Isabella Zápolya, dem ein Bild der Königin vorangestellt ist. Mailáths Aufsatz endet mit der Feststellung, daß die Berühmtheit des Hauses Zápolya eine traurige Berühmtheit sei, weil Johann Sigismund, der Sohn Isabellas, sich geweigert habe, die wohlbegründeten Rechte des Habsburgers Ferdinand anzuerkennen, und er daher schuldig geworden sei an der inneren Zerrüttung des Reiches. Zwei lyrische Gedichte von Johann Nepomuk Vogl (‚Auf einer Ungarhaide' und ‚Das Grab auf der Haide') ergän-

---

tius Flaccus über die Kunst. Für Dichter und Dichterlinge gedolmetscht. Wien 1841) die Bedeutung Lessings, Goethes und Schillers hervor. Bezeichnend für die ästhetische Diskussion dieser Zeit ist die enge Bindung an die normative Ästhetik der Aufklärung. Im einzelnen dazu: Herbert Seidler: Österreichischer Vormärz und Goethezeit. Wien 1982 (besonders das Kapitel ‚Ästhetik und Literaturbetrachtung 1830–1848', S. 273–433); Roger Bauer: Der Idealismus und seine Gegner in Österreich. In: Euphorion, 3. Beiheft (1966), S. 106–113.

[14] Iris. Taschenbuch für das Jahr 1843. Herausgegeben von Johann Graf Mailáth. Vierter Jahrgang. Mit sechs Stahlstichen. Pesth, Verlag von Gustav Heckenast.

zen unter dem Titel ‚Klänge aus Ungarn' den Aufsatz Mailáths. Sie besingen Weite und Einsamkeit der ungarischen Heide in trivial empfindsamen Versen:

> Sand, wohin das Auge blicket,
> Sand, was hier Natur erschuf;
> Hier und dort nur eingedrücket
> Eines flücht'gen Rosses Huf.
>
> Und durch diese weite Wüste
> Zieh' ich einsam und allein
> Und mir ist gerad', als müßte
> So es, und nicht anders sein.

Die Lyrik ist insgesamt epigonal, auch die Gedichte von Johann Gabriel Seidl, der besonders herausgestellt wird, unterscheiden sich nur wenig von den dilettantisch wirkenden Versen Vogls. Die Versdichtung ‚Am Nil' von Ritter von Levitschnigg (einem zu seiner Zeit bekannten Heckenast-Autor) und eine historisierende Erzählung von Hammer-Purgstall, der im übrigen in kaum einer Zeitschrift, kaum einem Kalender oder Taschenbuch fehlt, decken die Vorliebe für Exotik und orientalische Sinnlichkeit ab. Ein balladenartiges Gedicht von Heinrich Landesmann über ein Abenteuer des Herrn Gawin aus der Artus-Tafelrunde zeigt den Literaturkritiker Hieronymus Lorm (das ist das Pseudonym für Landesmann) noch romantisch enthusiasmiert und in Übereinstimmung mit der Schreibweise Stifters; von 1847 an spricht er dann allerdings von der erstaunlichen Borniertheit und Beschränktheit Stifters, der nur „nichtiges Zeug" hervorbringe.

Die Prosa-Beiträge werden von Betty Paoli mit der Humoreske ‚Bekenntnisse' eröffnet. Eine junge Adelige glaubt, fasziniert von der Schönheit der Gemälde, der Schöpfer dieser Bilder müsse ein ideal gesinnter, an Leib und Seele schöner Mensch sein. Sie erkennt ihre schwärmerische Liebe und hingebungsvolle Opferbereitschaft als Täuschung, und die Enttäuschung macht sie für ihr Leben lang skeptisch gegenüber der Möglichkeit eines wahrhaften Gefühls. Die ‚Bekenntnisse' sind als Salongespräche arrangiert und mit literarischen Anspielungen auf Goethes Mephisto, Schillers ‚Don Carlos', auf Börne und George Sand durchwirkt. Grundiert werden sie von einem verhaltenen Weltschmerz. – Der in der ‚Iris' namentlich nicht genannte Friedrich Fürst Schwarzenberg berichtet ‚Aus den Papieren eines verabschiedeten Lanzenknechtes' von einem durch die Ereignisse in der französischen Revolution schwer getroffenen und verbitterten Royalisten, der jeden, von dem er annimmt, er sympathisiere mit den Anhängern der Juli-Revolution, zu einem Duell provoziert und aufgrund seiner überlegenen Kampftüchtigkeit unweigerlich tötet. Die Zuneigung des Erzählers gilt uneingeschränkt dem Anhänger des legitimen Königshauses.

Doch nun zu den zwei umfangreichsten Erzählungen des Bandes, der Novellette ‚Amor in Tricot' von Walter Tesche und der Novelle ‚Die Narrenburg' von Adalbert Stifter.

Walter Tesche und Stifter behandeln das in der Restaurationszeit beliebte Thema der adeligen Erbfolge; sie behandeln die Konflikte, wie sie durch das Majorats-Recht und die Einrichtung des Fideikommisses entstehen können, weil durch diese Regelungen der feudale Besitz jeweils ungeteilt nach dem Ältestenrecht in der Hand *eines* Familienmitgliedes bleiben muß. Entfremdung zwischen Eltern und Kindern, zwischen Geschwistern und Verwandten sind dadurch vorprogrammiert. Auch Betty Paoli schrieb etwa zur selben Zeit eine Erzählung zu diesem Thema mit dem Titel ‚Zwei Brüder'.

Tesche entwirft in seiner Novellette eine Urkundenmanipulation, die das Zusammenfinden füreinander bestimmter Liebespaare gefährdet, durch die Umsicht und die Tüchtigkeit eines Geheimsekretärs, der wie ein verborgener Lenker des Schicksals auftritt. Sein unansehnliches Äußeres – er ist ein verkrüppelter Zwerg – entspricht nicht seiner Einsicht und seinem inneren Wert. Unerschrocken spielt er den Behörden, die eine untadelige Ordnung garantieren, eine Urkunde zu, die dem tatsächlichen Erben zu seinem Besitz verhilft. Ohne den alten Majoratsherrn bloßzustellen, kann der neue Herr die urkundlich verbriefte Ordnung restaurieren. Der Geheimschreiber, der Verwalter der Vernunft und Menschenfreundlichkeit, klärt aber nicht nur die Erbfolge, sondern auch die Mißverständnisse, die vor Jahren zur Trennung der Gräfin Olympia vom Grafen Constantin geführt haben, indem er es ermöglicht, daß die beiden wechselweise ihre Tagebücher lesen können. In diesem Zusammenhang wertet Tesche ein auch von Stifter wiederholt eingesetztes Biedermeier-Motiv aus: Das spätere Lesen von Tagebuchaufzeichnungen, die im Rückblick das Übersteigerte und Maßlose einer unkontrollierten Affektivität sichtbar machen. Während der erneuten Lektüre seines Tagebuches stellt Graf Constantin fest: „Die Erneuerung jener bitteren Täuschung glaubte ich in dem Tagebuch zu finden, worin ich damals den ganzen Sturm meines empörten Herzens ausgetobt hatte." Doch jetzt „erscheinen mir jene leidenschaftlichen Ausbrüche meines Schmerzes, nur als Zeichen einer unbegreiflichen Verblendung und wunderlicher, ja lächerlicher Eitelkeit. Statt der gesuchten Auffrischung meiner gehässigen Empfindungen, fand ich moralische Betrachtungen über den Nutzen eines treu geführten Tagebuchs für unsere Bildung und Selbsterkenntnis. Aus seinem Spiegel trat mir ein fremdes Bild entgegen, dessen eigensüchtige Züge mich beschämten".[15]

Die Handlung der Erzählung Tesches spielt vor dem Hintergrund einer prächtigen Schloßkulisse, eines Schloßparks und einer steil zur Donau abfallenden Straße. Ein als Amor kostümierter Knabe (von daher der Titel) löst einen Unfall aus – einen äußerlich herbeigeführten überraschenden novellistischen Wendepunkt –, Pferde werden scheu, Roß und Wagen versinken im reißenden Donaustrom, nur die Menschen bleiben heil. Die abschließende

---

[15] Iris. Jg. 1843, S. 153.

Entwirrung und Versöhnung vollzieht sich in Anwesenheit einer festlichen adeligen Gesellschaft, die feierliche Erbübergabe findet in einem prächtigen Rittersaal statt, in dem die Statuen der Ahnen in Reih und Glied aufgestellt sind. Da neben den Majorats- auch die Allodialgüter (das sind die Güter, die als uneingeschränkter persönlicher Besitz gelten) säuberlich und hochherzig verteilt werden, sind „alle dem ungetrübten Lebensgenuß wieder gegeben", wie es im Schlußsatz der Erzählung heißt.

Der Leser kann als Zaungast an den Verwirrungen und Irrungen einer wohlhabenden, angesehenen Adelsfamilie teilnehmen. Der Liebreiz, die Gefühlstiefe und die Eleganz der Frauen, die Ritterlichkeit und Großmütigkeit der jungen Erben und die kluge Dienstbereitschaft eines treuen Dieners wirken zusammen, alle guten Kräfte zu entbinden: Machtstreben und Ehrgeiz werden wirkungslos. Die Geschichte wird linear erzählt und mit mythologischen Hinweisen garniert. Der Gesprächston ist empfindsam, Natur- und Raumbeschreibungen haben die Funktion eines Bühnenbildes, in dem Kulissen, Prospekte, Bühnenmaschinen und Beleuchtungseffekte Anschaulichkeit herzustellen haben. Die Naturbeschreibungen sind Zusammenstellungen aus sprachlichen Versatzstücken: „Sie gelangten zu dieser Anhöhe durch einen Hain uralter Eichen und himmelhoher, schlanker Buchen, die mit ihren gewaltigen Säulenstämmen das Laubgewölbe stützten, durch dessen dunkelgrünende Bogen nur einzelne Sonnenstrahlen fielen, die mit ihrem Goldglanz auf dem weichen Rasenteppich ruhten, wodurch dessen saftiges Smaragdgrün scharf aus dem kühlen Waldschatten hervorgehoben ward".[16] In den Personenbeschreibungen folgt Tesche (aber nicht nur er) eingeschliffenen Formeln: „Die kleine Gesellschaft des mit gediegenem Luxus meublirten Salons bestand nur aus vier Personen. – Die reizende Gräfin Olympia stand in eleganter Morgentoilette in der Embrasüre der Balkonthür, lebhaft sprechend mit ihrem schönen Neffen Hugo, dessen edle Haltung und feurige Bewegungen noch nicht mit der Eispolitur der großen Welt zu dem blasirten Schein der Übersättigung abgeschliffen waren. Seine großen, tiefdunkelblauen Augen ruhten mit unverhehlter Zärtlichkeit auf der lieblichen Melanie. [...] Die Rosen auf Olympia's Wangen glühten dunkeler; in sinnigem Zaudern warf sie spielend eine ihrer vollen schwarzen Locken zurück, die entfesselt auf der Alabasterbrust ruhte".[17]

Wie erzählt nun im Gegensatz dazu Adalbert Stifter? In der Einleitung zur ‚Narrenburg' verweist er auf die Satzungen eines ‚lächerlichen Fideikommisses'. Hans Scharnast, der Ahnherr des Geschlechtes, hat bestimmt, daß der Erbe von Burg Rothenstein zweierlei Dinge leisten muß: Er mußt so getreu wie möglich seine Lebensgeschichte aufschreiben, bis ihm der Tod die Feder

---

[16] Ebd., S. 133.
[17] Ebd., S. 146.

aus der Hand nimmt, und er muß schwören, alle vor ihm verfaßten Lebensbeschreibungen zu lesen. Die Lektüre der Aufzeichnungen sollte eine Warnung vor schon von anderen begangenen Torheiten sein; die Verpflichtung, selber Rechenschaft zu geben, sollte der Verhütung von Lastern dienen. Das Gesetz des Fideikommisses hat vor drei Generationen die Trennung des Geschlechts der Scharnast verursacht. Von zwei Brüdern hat der ältere, Julianus, nicht nur Burg und Herrschaft übernommen, sondern dem jüngeren, Julius, auch den ihm von der Mutter zustehenden Besitz verweigert. Julius hat empört das Land verlassen, über sein weiters Leben gibt es nur Gerüchte. Zu Unrecht angemaßter Besitz, Verschwendung, Maßlosigkeit, hochfahrende Gereiztheit, Verbitterung, Enttäuschung, aber auch Weltschmerz, Trauer und Verzweiflung der Schloßbewohner und dazu gegenläufig die Absicht, der Versuch und der Wunsch, naturgemäß, schlicht, sanft und einfach zu leben, geben das Grundthema der Novelle ab.

In drei Kapiteln, die als sprachliche Bildkompositionen aufeinander bezogen sind, steuert die Novelle einem dramatischen Höhepunkt zu: Durch den Lebensbericht des Grafen Jodok, eines Sohnes des herrschsüchtigen Julianus, wird das dunkle Schicksal aufgehellt, das den Untergang der herrschenden Scharnast-Linie bewirkt hat. Die Kapitelüberschriften ‚Die grüne Fichtau‘, ‚Das graue Schloß‘ und ‚Der rote Stein‘ signalisieren durch die Farbtönung jeweils eine besondere Stimmung: der fruchtbare, sanft sich ausbreitende Landschaftsraum des ersten Kapitels, das graue, verwitterte, verfallene Mauerwerk, das Geröll und das Gerümpel des Schloßbezirkes im zweiten Kapitel schaffen einen Farbkontrast, der im dritten Kapitel überglänzt wird durch den aus der Höhle des roten Steins hervorgeholten Lebensbericht, in dem eine glühende Leidenschaft sich ausspricht. Als Ausklang kommt dann noch einmal die lebensfrohe „Grüne Fichtau" in den Blick: Das erschreckende Bild der Vergangenheit wird so in einen heiteren Rahmen gefaßt.

Im Unterschied zu den gängigen Landschaftsschilderungen, die als Handlungskulisse nach Bedarf aufgestellt werden, geht Stifter bei der Darstellung der „Grünen Fichtau" nicht illustrierend ans Werk, sondern konstruktiv.[18] Stifter stellt im Sinn der literarischen Tradition eine Idylle her, befreit diese aber von allen arkadischen Requisiten und durchsetzt sie mit Hinweisen auf die Möglichkeit eines harmonischen, glückversprechenden Lebens. Irrtum, Leidenschaft, Trauer, Leid und Krankheit sind als Unterströmung in diese Idylle eingelagert. Konstruktives Verfahren und detailrealistische Beschreibung, Naturdarstellung und Genrebilder aus dem Alltag sind ineinander verschränkt; in der Beschreibung der biederen, einfachen, anscheinend aus purer Redlichkeit

---

[18] Den Stellenwert der Idylle in der ‚Narrenburg‘ behandelt die ungedruckte Diplomarbeit von Martin Sturm: Übernahme und Adaption traditioneller idyllischer Naturmotive in Stifters ‚Narrenburg‘. Innsbruck 1987.

bestehenden Landleute ist deren Beschränktheit und Borniertheit miteinbezogen, ihr Hang zu vorschnellen Urteilen und eingefleischten Vorurteilen.

Die feierliche Abendstimmung, die um „die dunklen Häupter der Gebirge"[19] fließt, verdunkelt sich: „Und nach einer halben Stunde war es finster und still im ganzen Hause der grünen Fichtau als wär' es im Tode begraben",[20] die Nacht ist „ernst" und „erschütternd", auf den Bergen ist Todesschweigen. Man ist dem grellen Licht schmerzlich ausgesetzt und ist in die Finsternis wie eingemauert, die Berge werden unzugänglich und plötzlich von den Wolken eingetrunken; und dies, obwohl die „Grüne Fichtau" auf einen sanften Ton gestimmt ist, in ihr finden keine Gewitter statt, ein Tag ist schöner als der andere, die Geräusche sind gedämpft, das Wasser rieselt oder plätschert, der Bach ist ein plaudernder Freund, der Rhythmus der Tages- und Nachtzeiten hat etwas Beruhigendes und wird durch die Wiederholung zum Zeichen einer beständigen Ordnung.

Der Naturforscher Heinrich – er stammt aus der untergetauchten Linie der Scharnast und ist der künftige Herr der Schlosses – liest im Buch der Natur, die er zur Richtschnur seines Handelns macht, „im Buche Gottes, und die Steine und die Blumen, und die Lüfte und die Sterne sind seine Buchstaben".[21] In der nächtlichen Liebesszene mit Anna, einem Mädchen aus dem Volk, sinkt „das Luftsilber des Mondes [...] auf ihrer beider Angesichter", ihr Schweigen wird begleitet von dem Schweigen der ganzen glänzenden Nacht, „nichts rührte sich, als unten die emsig rieselnden Wasser, und oben die Spitzen der flimmernden Sterne".[22] Die Naturbeschreibung ist zugleich Menschendarstellung.

Der Burgbezirk, wie er im zweiten Kapitel sich ausbreitet, ist dagegen das sichtbare Zeichen einer dunklen und verworrenen Vergangenheit, die im verwirrten, halb wahnsinnigen alten Diener Ruprecht noch in die Gegenwart der „Grünen Fichtau" hineinreicht. Der Lebensbericht des Grafen Jodok, den Heinrich aus dem roten Stein hervorholt, bringt dann das, was sich als äußere Erscheinung auf dem Burgberg zeigt, als innere Natur der einst dort lebenden Menschen zum Vorschein. Der europamüde, von Kunst, Wissenschaft und Zivilisation enttäuschte Jodok wollte in Indien ein neues Leben beginnen, er lernt dort seine Frau Chelion kennen, die er nach Europa und auf sein Schloß führt. Chelion verträgt weder das Klima noch den Lebensrhythmus noch die Lebensformen ihrer neuen Heimat und bleibt eine Fremde. Im Taumel der Eifersucht auf seinen Bruder denkt Jodok einen Augenblick daran, seine Frau zu töten. Und dieser Gedanke wirkt so wie das tödliche Gift, das Jodok bei sich trägt und verzweifelt in den Abgrund wirft – „sie hatte mich einmal mit dem

---

[19] Iris. Jg. 1843, S. 255.
[20] Ebd., S. 256.
[21] Ebd., S. 269.
[22] Ebd., S. 271.

Mörderauge an ihrem Bette stehen gesehen, und dies war nicht mehr aus ihrer Seele zu nehmen".[23] – „Einmal dem Fehlläuten der Nachtglocke gefolgt, es ist niemals gutzumachen" (Kafka) –: die Liebe verwandelt sich in Angst, die sanfte Frau siecht dahin und stirbt, und Jodok ruft aus „O wie entsetzlich, ein wie furchtbar Raubthier ist der Mensch!!"[24]

Das Erzählprinzip ist auf dem Gegensatz von Sanftheit und Erregung, von Offenheit und Verschlossenheit, von gelassenem Wachstum und ruheloser Geschäftigkeit aufgebaut; und dieser Gegensatz wird trotz ‚happy end' und einer wiederhergestellten, auf ein friedliches Zusammenleben bedachten Ordnung nicht aufgehoben, sondern er lebt als Gefährdung und Bedrohung unterschwellig weiter. Das Leben vollzieht sich in einer unaufhebbaren Spannung, die auszuhalten und zu ertragen ist.[25] Schon 1844 schrieb Hieronymus Lorm im Leipziger ‚Grenzboten' – zu einer Zeit also, wo er noch nicht von Stifters politischer Enthaltsamkeit enttäuscht war: – „Stifter kennt den Menschen, weil er die Natur kennt, in ihrer Schönheit, wie in ihrem Schrecken. So sieht er im Menschenherzen nicht nur die idealen Blüten, auch den Moder und die unheildrohenden Klüfte."[26] Die Ordnung wird bei Stifter nicht – wie bei den gängigen Biedermeier-Autoren – restauriert, sondern als Aufforderung und als unverzichtbare Hoffnung ins Bewußtsein gerufen.

Den Ablauf des Geschehens setzt ein Erzähler in Szene, der zwar gut informiert, aber nicht allwissend ist und der ideales Wollen mit empirisch-naturwissenschaftlicher Beobachtung verbindet. Die Handlung ist vielfach durchbrochen, aber nicht unterbrochen, sie wird nur jeweils auf einer anderen Ebene, sei es Naturbeschreibung, geschichtliche Reflexion oder fingierter autobiographischer Bericht, weitergeführt. Der konservativ-restaurative Stoff und der vordergründige Sinn der Erzählung, ja selbst die ursprüngliche Intention werden auf diese Weise durch die *Form* der Darstellung durchlässig für „das verschwiegene und verleugnete Leid des entfremdeten Subjekts [...] und die Unversöhntheit des Zustandes".[27]

Für diese Form des Erzählens hatte die zeitgenössische Literaturkritik kein Organ. Sie empfand Stifters Erzählungen als formlos und unausgewogen, sie hat ihm „das schöne Vorrecht" abgesprochen, daß seine Novellen Kunstwerke seien. In einer Besprechung der ‚Iris' für 1846 in den ‚Wiener Sonntagsblät-

---

[23] Ebd., S. 354.
[24] Ebd., S. 353.
[25] Zur Gesamtinterpretation der ‚Narrenburg' vgl. Erika Tunner: Farb-, Klang- und Raumsymbolik in Stifters ‚Narrenburg'. In: Recherches Germaniques 7 (1977), S. 113–127; ferner Erich Burgstaller: Zur künstlerischen Gestaltung von Adalbert Stifters ‚Narrenburg'. In: Seminar 12 (1976), S. 89–108.
[26] Hieronymus Lorm: Adalbert Stifter. In ‚Grenzboten' 3/II/2 (1844), S. 499; zit. nach Moriz Enzinger: Adalbert Stifter im Urteil seiner Zeit. Wien 1968, S. 50.
[27] Theodor W. Adorno: Ästhetische Theorie. Gesammelte Schriften. Bd. 7. Hrsg. von Gretel Adorno und Rolf Tiedemann. Frankfurt a.M. 1970, S. 346.

tern' wird geurteilt: „Leere der Handlung, halb angeklungene Gefühle, Überspanntheit so mancher Karaktere, Verschwimmen der Situazionen, unverhältnismäßiges Ausarbeiten der einzelnen Teile, und die Breite, die hie und da den Eindruck schwächt".[28] Man glaubte, da Stifter anders erzählte, als es sonst in den Journalen üblich war, daß die Proportionen seiner Erzählungen nicht stimmten und sie daher nicht „den Anspruch auf den Titel und die Werthhältigkeit eines vollendeten Kunstwerkes" machen könnten. An den Inhalten der Erzählungen hat man sich nicht gestoßen; daß diese aber durch die Struktur der Kapitel, durch den Rhythmus der Sätze und Absätze und durch den Wechsel von Breite und Knappheit in einen ambivalenten Sinnzusammenhang gestellt waren, wurde als mangelndes Formgefühl gerügt.

Die Einfachheit des Stoffes verführt bei Stifter (wie die Rezeptionsgeschichte zeigt) immer wieder dazu, das Sinnpotential seiner Erzählungen auf eine einfache Lesart zu reduzieren. Für die Biedermeierzeit ist diese Rezeptionsform verständlich, weil Stifter völlig in die Flut der Journalliteratur eingebunden war, in eine Literatur, die sich wie die heute noch gängige und erfolgreiche Unterhaltungsliteratur auf epigonale literarische Formen stützte. Als das Interesse an erbaulich harmonisierenden Erzählungen nach 1848 stark zurückging, wurde Stifter mit seinen Journalerzählungen – gleichgültig, ob diese in die ‚Studien' aufgenommen wurden oder nicht – zu einem nicht mehr zeitgemäßen Autor; die Stoffe seiner Erzählungen schienen obrigkeitlicher Ergebenheit zu entsprechen, ihre Form erschien der Kritik als unausgewogen, sie vertrug sich nicht mit den „organischen" Prinzipien der klassischen Ästhetik. – Nach dem Schock von 1848 strebte dann Stifter selbst beflissen diesen Prinzipien nach und empfand sich als ein bescheidener Nachfolger des großen Goethe. Die Literaturwissenschaft honorierte ihm dies teilweise und erfreute sich an Stifters „reiner" Schönheit und konservativen Erbaulichkeit (Stifter der Weise aus Oberplan, der Troststifter, der Verkünder des sanften Gesetzes). Seit einiger Zeit beginnen diese Schichten von Stifters Werk abzublättern, und sichtbar wird, was in den Journalerzählungen bereits deutlich zur Sprache gekommen war und was auch hinter der angestrengten Stilisierung der großen Erzählungen ‚Nachsommer' und ‚Witiko' anwesend ist: die unaufhebbare Lebensspannung, mit der Stifter seine Figuren konfrontiert, und die „schrecklich schöne Welt",[29] in der sie sich bewegen.[30]

---

[28] Sonntagsblätter. Jg. 1845, S. 1208.
[29] So der Titel der Stifter-Ausstellung, die seit 1990 in zahlreichen Städten Ost- und Westeuropas gezeigt wird.
[30] Der materialreichen Arbeit von Hellmuth Himmel (Probleme der österreichischen Biedermeiernovellistik. Ein Beitrag zur Erkenntnis der historischen Stellung Adalbert Stifters. In: VASILO 12 [1963], S. 36–59) verdankt der Verfasser zahlreiche Anregungen.

Martin Lindner

Abgründe der Unschuld

Transformationen des goethezeitlichen Bildungskonzepts in Stifters ‚Studien'

Wie nicht zuletzt die Beiträge in diesem Band beweisen, setzt sich in der Forschung zunehmend die Erkenntnis durch, daß Stifters allgegenwärtige Beschwörung einer spannungsfreien Harmonie von Psyche und Welt durchaus nicht Beleg einer restlosen und unzweideutigen Aufhebung der tiefgreifenden Konflikte ist, die das eigentliche Thema seines Werks sind. Bestenfalls herrscht ein labiles und provisorisches Gleichgewicht, in dem die fundamental widersprüchlichen Elemente des Stifterschen Weltbilds in jedem Text auf neue Weise ausbalanciert sind. Dies gerät leicht aus dem Blick, wenn man die Texte isoliert betrachtet, da ja immer der Anspruch erhoben wird, die eine, ewige und unveränderliche Gesetzmäßigkeit der Natur vorzuführen. Tatsächlich erscheint die allumfassende Natur aber nicht als unproblematische Einheit, sondern eher als letztlich abgründige coincidentia oppositorum. Wenn das Los einer Figur also im Zusammenhang eines Textes als gänzlich vom Schicksal bestimmt erscheint, so kommt eine bemerkenswerte Offenheit für differenzierte Varianten zum Vorschein, wenn man das Los eines charakterlichen Typus in mehreren Texten nebeneinanderhält. So rettet Stifter gewissermaßen auf der Ebene des Œuvres einen Rest des goethezeitlichen Ideals vom autonomen, experimentellen und utopisch offenen Lebenslauf, das er auf der Ebene des Einzeltextes preiszugeben scheint.

Der Komplex von „Unschuld" und „Sünde" ist besonders geeignet, die Ambivalenzen und Widersprüche der Stifterschen Texte aufzuschlüsseln. Dem dogmatisch-rigiden Beiklang der Begriffe zum Trotz zeigt sich gerade hier, daß die Sachverhalte, die sie bezeichnen, sich durchaus nicht in ein Schwarz-Weiß-Schema fügen. Tatsächlich variiert Stifter hier ein bereits von der Romantik formuliertes Dilemma: Zum einen gelten Irrwege, gemäß der offenen Bildungskonzeption der Goethezeit, als notwendig und konstruktiv. Der Verlust der Unschuld ist geradezu die Voraussetzung, sie auf einer höheren Ebene wiederzugewinnen und in einer der Utopie angenäherten, sozial integrierten Lebensform zu konservieren. Gleichzeitig werden solche Irrwege zunehmend gern als „Sünde" dämonisiert, d.h. zu einer auf Erden nicht mehr vollständig wiedergutzumachenden metaphysischen Schuld, die den entwurzelten Ausnahmemenschen die Reintegration in das unschuldige „Volk" unmöglich macht. Stifters beinahe mythischer Kosmos, in dem die immer gleichen Problemkonstellationen unterschiedlich ausdifferenziert und gelöst werden, steht dabei einerseits in einer beinahe anachronistisch engen Beziehung zum Literatur- und

Denksystem der Goethezeit, andererseits unterwirft er die übernommenen Denkfiguren gravierenden Transformationen, die auf den Realismus vorausweisen.

Um dies zu zeigen, beschränke ich mich im folgenden auf das Frühwerk Stifters, d.h. auf die dreizehn Novellen, die seit 1840 in verschiedenen Journalen und Almanachen erstmals veröffentlicht und, zum Teil stark sinnverändernd umgearbeitet, 1844 bis 1850 in der schließlich sechsbändigen Ausgabe der ‚Studien' erschienen sind.[1]

Der archetypische Konflikt: Der problematische Weg der Ausnahmemenschen

In allen Novellen der „Studien" läßt sich als thematischer Kern eine grundlegende Konfliktkonstellation isolieren, deren Verlauf und Lösung von Fall zu Fall anders variiert wird.[2] Im Zentrum steht jeweils (mindestens) eine problematische männliche Ausnahmefigur. In den gar nicht seltenen Texten, in denen eine *weibliche* Ausnahmefigur eine zentrale Rolle spielt, gibt es jedenfalls an der Peripherie des Textes auch einen Mann mit verwandter seelischer Problematik. Obwohl also, was die seelische Problematik angeht, kein prinzipieller (wohl aber ein gradueller) Unterschied zwischen Männern und Frauen gemacht wird, sind doch die Möglichkeiten der Frauen, sie auszuleben und dennoch am Ende zu einer dauerhaften Lebensform zu finden, ungleich beschränkter.

Die Problemlage, mit der es diese Ausnahmemenschen zu tun haben und die die Gefährdung ihrer „Unschuld" von vornherein impliziert, ist etwa folgende: Durch eine besondere, nicht weiter begründete seelische Veranlagung, die sich insbesondere in einer ‚sprechenden' Physiognomie ausdrückt, sind sie von Beginn an dem Raum der maßvoll-menschlichen Kultur entfremdet, in dem ausgeglichene, sozial voll integrierte Durchschnittsmenschen mit begrenztem geistigem Horizont dem täglichen Geschäft nachgehen. Sie dagegen lieben die Einsamkeit und überschreiten in vielfacher Hinsicht eine kritische Grenze, womit sie zugleich ihre seelische Stabilität bzw. ihr Leben aufs Spiel setzen: (a) die *topographische* Grenze zu einer wilden, menschliches Maß sprengenden Natur (Wüste, Heide, Gebirge, Wald), was um so gravierender

---

[1] Folgende Abkürzungen werden im Text für die Titel der ‚Studien'-Erzählungen verwendet: C = ‚Der Condor'; FB = ‚Feldblumen'; HD = ‚Das Haidedorf'; HW = ‚Der Hochwald'; NB = ‚Die Narrenburg'; MU = ‚Die Mappe meines Urgroßvaters'; A = ‚Abdias'; AS = ‚Das alte Siegel'; B = ‚Brigitta'; HG = ‚Der Hagestolz'; WS = ‚Der Waldsteig'; ZS = ‚Zwei Schwestern'; TÄ= ‚Der beschriebene Tännling'.

[2] Das erkennt (neben anderen) etwa auch Karen Pawluk Danford: The Family in Adalbert Stifter's Moral and Aesthetic Universe. A Rarefied Vision. New York 1991, S. 52. Es genügt aber eben nicht, nur vage von konstanten „major issues" zu sprechen. Nötig ist vielmehr eine detaillierte und präzise Erfassung und Abgrenzung der von Stifter sehr bewußt eingesetzten thematischen und semantischen Module.

ist, je weiter diese Extremräume von der südostdeutschen ‚Mitte' entfernt liegen (Ungarn, Palästina, Afrika, Indien, Amerika oder gar die oberen Schichten der Atmosphäre); (b) die *metaphysische* Grenze zu den „dunklen", „fremden" Bereichen der Natur (die zum einen, in der ‚äußeren' Natur, mit der topographischen Grenze zusammenfällt, zum anderen mit der Schwelle zu den Abgründen der ‚inneren', psychischen Natur); (c) die *normative* Grenze der kulturell akzeptierten und ohne psychischen Schaden verträglichen emotionalen (im Regelfall natürlich auch erotischen) Intensität. Topographische, transzendentale, soziale, psychische und gegebenenfalls erotische Grenzüberschreitungen bilden also zusammen ein einziges, komplexes Phänomen.

Die Gefahr besteht nun darin, aus den grundsätzlich notwendigen Exkursionen in diese Extremräume nicht mehr zurückzukehren, d.h. dort zu sterben (wie Christoph in ‚Die Narrenburg' und die Mutter Margaritas in der ‚Mappe'), in äußerster Verzweiflung Selbstmord und/oder Mord zu begehen (wie Sixtus in ‚Die Narrenburg', der Obrist und der Urgroßvater in der ‚Mappe') oder in Wahnsinn bzw. eine wahnsinnsähnliche Totenstarre zu verfallen (wie etwa Abdias oder Ruprecht und Jodokus in ‚Die Narrenburg').

Fünf teils obligatorische, teils fakultative Phasen dieses (Re-)Sozialisationsprozesses lassen sich unterscheiden:

1. Eine vor allem auch erotisch unberührte Kindheit auf dem Land, d.h. zugleich in der Nähe zum natürlichen Extremraum.

2. Kontakt zum naturfernen Kulturraum, zur „lasterhafte[n] Stadt",[3] wo die Versuchungen des Luxus, der Macht und der niederen hedonistischen Erotik überwunden werden müssen.

3. Die ambivalente Schlüsselerfahrung hoher Erotik, die einerseits, in ihrer ästhetisch-spirituellen Komponente, einen neuen Horizont und eine unbekannte Tiefe des Lebens öffnet und andererseits, in ihrer „sündhaften" Komponente, das seelische Gleichgewicht irreparabel zerstört. Die nun geweckten erotischen Wünsche in einer dauerhaften Liebesbeziehung zu befriedigen, ist kaum je und jedenfalls nur unter extremen Schwierigkeiten möglich.

4. Eine Bildungsreise in menschenleere, extreme Naturräume, für die im allgemeinen dieses erotische Erlebnis der Anlaß ist und die daher als sühnendes Exil und/oder Prüfung gerechtfertigt wird. Der optimistische und utopische Aspekt der goethezeitlichen Bildungsreisen bleibt im Kern erhalten, wird aber durch teils heroisches, teils resignatives Pathos heruntergespielt. In der usprünglichen „Unschuld" der Extremnatur, die auch die sexuell-elementare Seite noch integriert, soll der Kulturmensch, der seine erotische Unschuld verloren hat, angeblich nur wieder den Maßstab für ein ruhiges, naturgemäßes Leben finden: „Unschuld lernen von der Unschuld des Waldes".[4] In Wahrheit eröffnet sich ihm hier zugleich eine neue, faszinierende Dimension tiefer und

---

[3] WuB. Bd. 1.4, S. 22.
[4] Ebd., S. 292.

elementarer Erfahrungen. Besonders Künstler weigern sich, diesen besonderen Raum zu verlassen (C, HD, ZS). In langer Sicht gilt es jedoch als überlebensnotwendig, in den menschlichen Raum zurückzukehren und dort seinen topographischen und sozialen Ort finden.

5. Mit Ausnahme der optimistischen ‚Feldblumen' steht am Ende nur eine unvollkommene und gebrochene Realisierung der goethezeitlichen Utopie, der Aufhebung der Kultur in einer ‚höheren Natur'. Ansonsten gilt die höchste Steigerung der Subjektivität als unvereinbar mit psychischer und sozialer Stabilität. Der große Weltriß wird durch komplizierte Grenz- und Ersatzkonstruktionen überbrückt, besteht aber auch in scheinbaren Idyllen schmerzhaft fort. Im einzelnen wird auf diese Konstruktionen am Ende eingegangen. Allen apologetischen Klagen über ihr tragisches Schicksal zum Trotz wird jedenfalls eine vollständige und endgültige soziale Integration der Ausnahmemenschen gar nicht wirklich angestrebt. Die eigentliche Integration erfolgt im Regelfall nur sehr unvollständig bzw. stellvertretend, durch echte oder angenommene Kinder (bzw. kindliche Ehefrauen). Diese Ikonen der Unschuld gewinnen nur insofern prägnante erzählerische Konturen, als sie die problematischen Anlagen selbst abgeschwächt in sich tragen. Ansonsten fungieren sie als bloß äußerliche Ergänzung zu den eigentlich faszinierenden Außenseitern, deren vielbeschworener Schmerz kein zu hoher Preis scheint für ein intensives, abgesondertes, ästhetisch gesteigertes und nicht-triviales Leben.

Es dürfte somit deutlich geworden sein, inwiefern Stifter tatsächlich eine Variante des goethezeitlichen Bildungsmodells entwirft, das ja für das Subjekt wie für die Menschheit den Dreischritt von ursprünglicher Natur über die problematische, sich selbst entfremdete Kultur zur ‚höheren Natur' propagierte. Dieses Modell hatte jedoch nach 1830 seine optimistische und emanzipatorische Kraft eingebüßt und war um 1840 als literarisches Paradigma nur noch in drei stark reduzierten und veränderten Versionen präsent, deren Einflüsse mehr oder weniger stark auch bei Stifter aufzufinden sind:

a. Im *historischen Roman* wurde die Offenheit und Selbstbestimmtheit des Prozesses getilgt. Die in der Goethezeit nicht nur verzeihbaren, sondern geradezu obligatorischen, vor allem auch erotischen Irrwege des autonomen, mündigen Subjekts sind nun nicht mehr möglich. Der männliche Protagonist löst sich nie endgültig von seinem Herkunftsraum und seiner Stammfamilie, er zieht nicht mehr in die Welt, um sich zu *bilden,* sondern nur noch, um sich im Krieg bzw. dann im Berufsleben heroisch zu *bewähren.* Seine Geliebte kennt er von Kindheit an, heiratet sie nach der Rückkehr und fügt sich mit ihr bruchlos in das überkommene Normensystem ein.[5] Bei allen eventuell auftre-

---

[5] Vgl. hierzu Hermann J. Sottong: Transformation und Reaktion. Historisches Erzählen von der Goethezeit zum Realismus. München 1992 (besonders S. 62–72, S. 36).

tenden Problemen handelt es sich hier nur um äußere Hindernisse. Stifter zollt diesem klischeegeladenen Modell jedoch nur oberflächlichen Tribut, vor allem indem er elternähnliche Figuren einführt, die in den Lebensweg des Jünglings massiv einzugreifen scheinen. Diese aber sind dann mit dem problematischen Protagonisten innerlich so stark verwandt, daß beide nur als Exponenten *eines* seelischen Typus erscheinen. Der Bildungsprozeß bleibt somit im eigentlichen Sinn erhalten und erstreckt sich nur manchmal über (meist) zwei Generationen. Er fällt eben nicht mit der „großen Geschichte" der Nation zusammen, obwohl gelegentlich Versuche gemacht werden, der privaten Seelengeschichte politisch-historische Relevanz beizulegen (HW, AS, NB, B). Die konventionelle Bindung an natürliche Eltern spielt de facto kaum irgendwo eine entscheidende, d.h. die Erfahrungen der Protagonisten begrenzende Rolle. Die am Ende erreichten Lebensformen erinnern dann auch in ihrer Eigenwilligkeit eher an die von autonomen Subjekten selbst entworfenen Landgut-Utopien der goethezeitlichen Bildungsromane als an die restaurativen Modelle des Historischen Romans.

b. Was die komplexe Entfaltung einer seelischen und erotischen Problematik betrifft, steht Stifter dem populären Genre der *Entsagungsromane*[6] nahe, die in der Goethezeit als eine spezifisch weibliche, resignative Variante des Bildungsromans entstanden waren. Hier dürfen zwar noch die sonst als „unmännlich" und moralisch suspekt geltenden innerseelischen Probleme entfaltet werden,[7] sie werden aber nicht mehr in einer dialektischen Synthese (die der gelungenen „Bildung" entspräche) aufgehoben, sondern durch *vorauseilende* „Entsagung" entschärft und möglichst gar nicht erst ausgelebt. Immerhin aber entwerfen solche Texte einen Horizont alternativer, normabweichender Lebensmöglichkeiten, auch wenn diese dann gerade nicht gewählt werden dürfen. Dieses den Frauen vorbehaltene, als trivial geltende Genre, das in den literarischen Zeitschriften und Almanache seiner Zeit dominierte, bot Stifter den Freiraum für seine Beschäftigung mit der privaten, „kleinen Geschichte", in der es ‚nur' um familiäre und erotische „Liebe" geht.[8]

---

[6] Vgl. Friedrich Sengle: Biedermeierzeit. Deutsche Literatur im Spannungsfeld zwischen Restauration und Revolution. Bd. 2: Formenwelt. Stuttgart 1972, S. 877.

[7] Die jungkonservative Kulturkritik wandte sich mit besonderer Vorliebe gegen die „Entsagungsromane" und „Salonromane". Wolfgang Menzel kritisierte die Romane „einige[r] dichtende[r] Weiber", da deren „Darstellung unzähliger psychologischer Erscheinungen" krankhaft sei und „die geliebte Sünde" voraussetze. (Die deutsche Literatur [1828]. Zwei Bände in einem Band. Mit einem Vorwort von Eva Becker. Hildesheim 1981 [Reprint], S. 280, S. 283.) Auch der Kritiker Marggraf kritisierte 1844 Literatur über einen kleinen „Kreis exklusiver Personen, unter denen exklusive Leidenschaften in exklusiver Weise durchaus exklusive Situationen" schaffen. (Zitiert nach Gerd Oberembt: Ida Gräfin Hahn-Hahn. Weltschmerz und Ultramontanismus. Studien zum Unterhaltungsroman im 19. Jahrhundert. Bonn 1980, S. 6). Genau dieser Vorwurf trifft auch Stifter, der sich deshalb als männlicher Schriftsteller, der ernstgenommen werden will, in seinen Texten deutlich bemüht, die zeitgenössische Kritik im voraus zu entkräften.

[8] WuB. Bd. 1.5, S. 17.

c. Das jungdeutsche Modell des bohemehaften Künstlerlebens schließlich bewahrte zwar am ehesten den utopisch-emanzipatorischen Ansatz der Goethezeit, aber mit entscheidenden Abweichungen: Zum einen wurde die auch erotisch ungebundene Existenz des Künstlers als Ausnahme von der Regel, als Privileg einer genialischen Elite gefordert (d.h. eben nicht mehr, wie in der Goethezeit, als grundsätzlich für alle verbindliches utopisches Paradigma). Zum anderen war die Kehrseite dieser elitären Konzeption die Dämonisierung und Marginalisierung der Ausnahmeexistenz, die auch von der konservativen Literatur geteilt wurde: Nicht von ungefähr unterhalten die Künstler gern gerade zu heißblütigen Zigeunern (d.h. zur „Bohème" im ursprünglichen Wortsinn) ein enges Verhältnis. Und das Recht auf erotische Exzesse erwerben sie gerade durch eine seelische „Zerrissenheit" und Gefährdung, die sie von allen Normalbürgern substantiell unterscheidet. Das antibürgerlich-provokative Pathos fehlt bei Stifter (mit der bezeichnenden Ausnahme der ‚Feldblumen'), genialisch zerrissene und leidenschaftliche Außenseiter, auch weiblichen Geschlechts, finden sich aber in nicht geringer Anzahl.

Stifters Anliegen ist also das Hinüberretten von Restbeständen der ästhetischen und erotischen Utopien der Goethezeit in die prosaischere und eindimensionalere Welt des Biedermeiers. Das ist ihm allerdings nur dadurch möglich, daß er die früher so emphatische Phase der Welteroberung und Selbsterprobung umetikettiert zu einem Exil der Sühne und der Bewährung. Auch die bedeutungsgeladenen physiognomischen Merkmale, die in Stifters Welt den Protagonisten ihr Schicksal von Beginn an unveränderlich einschreiben, gehen auf die goethezeitliche Literatur zurück. Hier zeigt sich aber, wie kreativ Stifter mit diesem semantischen Material umgeht und welche Komplexität er mit Hilfe scheinbar klischeehafter Elemente zu erzielen in der Lage ist.

Sprechende Physiognomien

Bereits aufgrund ihrer körperlichen Erscheinung läßt sich der Ort der wichtigen Figuren innerhalb der spezifisch Stifterschen Konfliktkonstellation erstaunlich genau bestimmen. Zugleich jedoch, und das ist für Stifter typisch, verschwimmen auch da, wo scheinbar klare semantische Oppositionen zu bestehen scheinen, bei näherem Hinsehen die Grenzen. Fast immer handelt es sich nur um graduelle Unterschiede auf einer semantischen Skala und nicht um einander ausschließende Polaritäten. Es scheint eine zentrale Prämisse des Stifterschen Weltbilds zu sein, daß die rigiden semantischen und normativen Grenzziehungen, die die Figuren und die Erzählinstanzen ständig vornehmen, nie in der Natur selbst verankert, sondern immer nur kulturelle Projektionen sind – notwendig vielleicht für die soziale und seelische Ordnung, aber nie der Vielschichtigkeit ihres Gegenstandes völlig angemessen. Die bei Stifter so häufigen, anscheinend überdeutlichen polaren Oppositionen, die die Forschung seit jeher faszinieren (Licht/Dunkel; Familie/Erotik; Idylle/dämonische Individualität), geben die Struktur seiner Welt nicht vollständig wieder.[9] Bereits Stifters auffallende Vorliebe nicht nur für physiognomische, sondern auch für altersmäßige und topographische Zwischenstufen und Grenzfälle ist ein Indiz für vielschichtige semantische Überlagerungen.

So lassen sich drei physiognomisch-seelische Idealtypen unterscheiden, die ein komplizierten System von Verwandtschaften und Differenzen bilden. In nuce enthält es bereits die dialektisch verschachtelte Struktur des gesamten Stifterschen Kosmos. Ausschlaggebend für die Zuordnung zu einem Typus ist in erster Linie die Farbe der Augen, die als unmittelbarer Ausdruck der Seele gelten. Sie wird bei den meisten wichtigen Figuren ausdrücklich angegeben, bei Randfiguren grundsätzlich nie vermerkt. Drei Augenfarben gibt es: *Schwarz* (Clarissa und ihr Vater in ‚Der Hochwald', Felix in ‚Das Haidedorf', Brigitta und der Major, Abdias, Cornelia in ‚Der Condor' u.a.), *Blau* (Hugo in ‚Das alte Siegel', Ronald in ‚Der Hochwald', Gustav in ‚Der Condor', Ditha in ‚Abdias') und *Braun* (Margarita in der ‚Mappe', Anna in ‚Die Narrenburg', Gustav in ‚Der Hagestolz' u.a.).

Der wichtigste Gegensatz trennt die grenzgängerischen Ausnahmemenschen, die entweder schwarze (meist zusätzlich noch als „dunkel" gekennzeichnete) oder blaue (meist ausdrücklich „dunkelblaue") Augen haben, von den ausgeglichenen und unproblematischen Figuren mit braunen (d.h. gemäß der Stifterschen Semantik zugleich ‚nicht-dunklen' oder ‚weniger dunklen') Augen. Die „dunklen" Augen stehen dabei im Regelfall in starkem, vom Text ausdrücklich hervorgehobenen Kontrast zur „blassen" Haut bzw. zu den blonden Haaren (bei Blauäugigen). Dieser Kontrast ist äußeres Zeichen für die problematische seelische Disposition – seelisch stabile Figuren weisen ihn niemals auf. Zusätzlich gibt es Figuren (Johanna in ‚Der Hochwald', Maria in ‚Zwei Schwestern', Maria in ‚Der Waldsteig'), die zwar der seelisch ausgeglichenen Gruppe zuzuordnen sind, aber bereits das Schlüsselmerkmal „dunkler" Augen aufweisen, das seelische Tiefe anzeigt. In diesen Fällen sind die Augen und Haare dann aber ausdrücklich nicht schwarz, sondern „dunkel*braun*",[10] zweimal ist die Haut ebenfalls braun und steht somit nicht in Kontrast zu den Augen.[11] Die semantische Grenze wird in ‚Der Hochwald' und ‚Zwei Schwestern' noch deutlicher markiert, indem diese Übergangsfiguren ausdrücklich

---

[9] Diesen naheliegenden Fehler begeht exemplarisch Martin Beckmann: Formen der ästhetischen Erfahrung im Werk Adalbert Stifters. Eine Strukturanalyse der Erzählung ‚Zwei Schwestern'. Frankfurt a.M. 1988. Er untersucht sehr genau die Opposition Licht/Dunkel und die Entfremdung zwischen Kultur und Natur, verkennt dabei aber die komplexen semantischen Strukturen, die sich hinter den scheinbar klaren Gegensätzlichkeiten verbergen.
[10] WuB. Bd. 1.4, S. 218; Bd. 1.6, S. 206.
[11] WuB. Bd. 1.6, S.206, S. 282.

problematischen Figuren gegenübergestellt werden, die tatsächlich „schwarze" Augen haben bzw. den ausgeprägten Dunkel-Hell-Kontrast aufweisen (Johanna und Clarissa, Maria und Camilla).

Das physiognomische Zeichensystem läßt noch weitere subtile Abstufungen zu: Die ausdrücklich hervorgehobene, bei Frauen der erotischen Schönheit abträgliche braune *Hautfarbe* zeigt grundsätzlich eine „unschuldige" Verwurzelung in der Natur an (Maria in ‚Zwei Schwestern', Maria in ‚Der Waldsteig') und kann selbst eine ansonsten problematische schwarze Augenfarbe gewissermaßen durch Abmilderung des Kontrastes entschärfen (Gregor in ‚Der Hochwald').

Die problematischen „dunklen" Figuren wiederum zerfallen in die Blauäugigen und die Schwarzäugigen. Allen blauäugigen Protagonisten werden dabei schwarzäugige Figuren gegenübergestellt, mit denen sie, mit einer Ausnahme, eine erotische Beziehung verbindet: Ronald und Clarissa, Hugo und Cöleste, Gustav und Cornelia, Ditha und Abdias. Diese Konstellationen sind nun von besonderem Interesse, weil hier der „dunkle" Phänotyp weiter differenziert und dabei eine widersprüchliche Anlage verdeutlicht wird, die grundsätzlich auch für jede einzelne „dunkle" Figur (gleich ob blau- oder schwarzäugig) gilt.

Festzuhalten ist zunächst, daß die Opposition „blaue Augen"/„schwarze Augen" nicht mit „Unschuld"/„Sünde" zusammenfällt, wie es der konventionelle Topos von „Tugend"/„Verführung" nahelegt. Die Blauäugigen sind nicht minder wild und temperamentvoll als die Schwarzäugigen, und diese werden umgekehrt ebenso oft als „keusch" und „unschuldig" gekennzeichnet. Dennoch entspricht der spezifische Unterschied der konventionellen Semantik: Die Blauäugigen, außer dem schwarzhaarigen Grenzfall Ditha durchwegs Männer, haben ein tendenziell (!) intensiveres Verhältnis zur *spirituellen* Natur, die Schwarzäugigen, zu denen neben einigen Männern alle Ausnahmefrauen gehören, eine tendenziell engere Bindung zur *elementaren* (und das heißt auch erotischen) Natur. Weil dieser Unterschied eben nur graduell ist und in einer tieferen seelischen Verwandtschaft (dem „dunklen" Charakter sozusagen) aufgeht, fühlen sich beide Typen mit besonderer Leidenschaft voneinander angezogen. Dabei ist die Frage leicht zu beantworten, warum die schwarzäugigen Frauen in Liebe für die Blauäugigen entbrennen: Die idealistischen Männer dienen ihnen als Objekt ihres erotisches Begehrens, zugleich und vor allem aber als spirituelles Medium: Im blauen „Auge" liegt „etwas, was fleht und herrscht – [...] hinaus verlangend ins Unbekannte", und eben deshalb zugleich „jeden Augenblick Liebeverlust drohend".[12] In diesem Liebesgefühl fallen erotisches Begehren und spirituelle Sehnsucht zusammen, die sonst im Stifterschen Kosmos in unaufhebbarer Spannung zueinander stehen.

---

[12] WuB. Bd. 1.4, S. 285.

Weitaus schwieriger ist die Beantwortung der Frage, was die erotisch-elementaren Schwarzäugigen für die spirituell begabten Blauäugigen so anziehend macht. Damit ist zugleich die Schlüsselfrage nach dem Stellenwert der Sexualität in der menschlichen Psyche wie in der göttlichen Natur aufgeworfen. Ein Zug zum Höheren kann hier, so scheint es, ja kaum vorliegen. Dennoch denunzieren die Texte diese Liebe nicht ohne weiteres, wie man erwarten könnte, als „sündhafte" Verstrickung der reinen Unschuld. Dahinter verbirgt sich vielmehr das Wunschbild einer hohen Erotik, die die konventionelle Polarität von Sexualität und Spiritualität sprengt. Diese Utopie ist in beinahe allen Novellen verdeckt präsent, wird aber nur in den ‚Feldblumen' explizit ausgesprochen.

Albrecht begegnet nämlich im „Paradiesgarten"[13] einem ebenso erotischen wie unschuldigen Engel – „eine Last dunkler Haare, daraus hervorleuchtend die weiße reine Stirn voller Sittlichkeit [...], und darunter die zwei ungewöhnlich großen, lavaschwarzen Augen, brennend und lodernd, aber mit jenem keuschen Madonnenblicke, den ich an feurigen Augen so sehr liebe, sittsam und ruhevoll".[14] Dieser Engel ist im übrigen auch noch hochgebildet, und die erste Begegnung findet, anders etwa als bei Chelion (NB), einem anderen ‚dunklen Engel',[15] nicht in der Extremnatur Indiens statt, dem Ort des biblischen Paradieses, sondern in einem städtischen Park. Hier scheint Stifter also tatsächlich eine kompromißlose Utopie zu entwerfen: eine paradiesische ‚höhere Natur', die Elementarnatur mit hochentwickelter Individualität und Ästhetik vereint. Allerdings, und das ist das entscheidende Manko des Textes, handelt es sich eher um ein schwärmerisches Wunschbild – ernsthafte Konflikte sind nicht zu bewältigen, alles ordnet sich märchenhaft wie von selbst. Eine tragfähige Lösung für die komplexen psychischen und sozialen Widerstände, die ja die Goethezeitliteratur bereits seit dem ‚Werther' entfaltete und diskutierte, ist hier nicht zu finden. Stifter scheint das übrigens bewußt zu akzentuieren – der diaristische Text ist ausdrücklich in die Blütephase der jungdeutschen Utopien (1834/1835) datiert.

In den übrigen, später entstandenen Novellen der ‚Studien' rücken die in den ‚Feldblumen' zurückgestellten Probleme dann auch in den Vordergrund. Zugleich aber wird das nie wirklich gelöste Kernproblem der Sexualität trickreich umgangen und zunehmend hinter schwer entschlüsselbaren Andeutungen versteckt. Offen und unabgeschwächt thematisiert wird es genau genommen nur in der Journalfassung von ‚Das alte Siegel', die eine Art tragisches Komplement zu den ‚Feldblumen' darstellt. Hier ist die simplifizierende Aufspaltung der erotischen Frau (in Angela und ihre negative Zwillingsschwester) zurückgenommen. Die semantische Spannung zwischen ‚himmlischem' Namen

---

[13] Ebd., S. 63.
[14] Ebd., S. 85.
[15] „Dunkle Engel" (oder „Cherubs") sind auch Angela, Cornelia und Clarissa.

(Angela bzw. Cöleste) und elementar-erotischem Temperament, das sich im 'schwarzen' Phänotyp spiegelt, wird ausdrücklich eingestanden und stellt das eigentliche Sujet dar. Folgerichtig wird auch die ‚Reinheit' des Protagonisten ambivalent und fragwürdig. Hugo erschrickt hier nämlich vor der „fremden" Seite seines eigenen Wesens, die der sündhafte „Wahnsinn" in Cölestes erotischer Leidenschaft in ihm weckt. Der Text läßt überdies keinen Zweifel daran, daß sich sein vorheriger Idealismus nicht nur, aber eben auch seiner Unreife verdankte – der angeblich so „reine" und gar „heilige" Hugo verwechselte die unbewußte Sehnsucht nach „süßer" erotischer Liebe mit nationalistischem „Thatendurst".[16] Erst mit dem ersten Liebesblick Cölestes hat auch zugleich das bislang „blinde Leben" dem nichtsahnenden Hugo „ein schönes Auge aufgeschlagen".[17] Sexuelle und transzendente Erkenntnis fallen somit hier zusammen. Das aber droht die menschliche Fassungskraft zu sprengen: In der „Tiefe" des liebestrunkenen Blicks der himmlischen Cöleste, d.h. also im Leben selbst, erschreckt ihn „etwas Unheimliches", etwas wie „Wahnsinn" – „seine Seele rang, sich alles eigen zu machen, aber sie wurde sich selber fremd".[18]

Diese kompromißlose Zuspitzung des Dilemmas, das folgerichtig ohne befriedigende Lösung bleibt, wird bereits in der Studienfassung von ‚Das alte Siegel' wieder zurückgenommen. Fast alle Stellen, die auf eine sündhafte Leidenschaft verweisen, sind getilgt, so daß die wörtlich beibehaltene Schlüsselpassage („Das ist die Liebe nicht, das ist nicht ihr reiner, goldner, seliger Strahl [...]."[19]) nunmehr ohne Zusammenhang dasteht. Statt den Wahnsinn streifender erotischer Exzesse gehen jetzt der entscheidenden Gewitternacht, in der die Tochter gezeugt wird, nur artige, lange Gespräche voraus. Prompt hat Cöleste nun auch nicht mehr schwarze, sondern braune Haare.[20] Verwandelte sie sich zuvor in „eine glühende Verbrecherin",[21] so erscheint sie nun als edle, sanfte Frau, die aus reiner Liebe einen – allerdings dann sehr mangelhaft motivierten – Fehltritt begeht. Damit bekommen nun der Entsagungsakt Hugos und seine späte Reue eine neue Bedeutung: Im Kontext der Urfassung wäre eine dauerhafte Liebesbeziehung mit einer so hemmungslosen, beim Wiedersehen mit etwa fünfunddreißig Jahren noch erotisch attraktiven Frau eine hochgradige Normverletzung und praktisch undenkbar. Die dennoch empfundene Reue Hugos enthält somit noch ein verdecktes utopisches Moment: Wenn Cölestes „Sünde [...] menschlicher [ist] als [s]eine Tugend",[22] heißt das, daß die Möglichkeit der Integration leidenschaftlicher Sexualität in

---

[16] WuB. Bd. 1.2, S.171.
[17] Ebd., S. 184.
[18] Ebd., S. 184, S. 185.
[19] WuB. Bd. 1.5, S. 387; S. 194f.
[20] WuB. Bd. 1.5, S. 379.
[21] WuB. Bd. 1.2, S. 194.
[22] Ebd., S. 205 (wörtlich in der Buchfassung erhalten: Bd. 1.5, S. 404).

ein geglücktes Leben noch nicht gänzlich vom Text negiert wird. In der Studienfassung ist diese Utopie fast restlos getilgt. Cölestes „Sünde" ist so weit abgeschwächt und ihr Charakter so stark veredelt, daß ein Verzeihen des ‚reineren' Partners, wie es ja auch in ‚Brigitta' nach fünfzehn Jahren geschieht, möglich und geradezu obligatorisch scheint. Der Hauptanteil der Schuld verlagert sich also tatsächlich von der Sünderin Cöleste (und dem sündhaft liebenden jungen Hugo) in der Studienfassung auf den verhärteten alten Hugo.

Auf andere Weise wird in ‚Der Hochwald' der erotische Konfliktstoff heruntergespielt, der in der Liebesbeziehung des blauäugigen Ronald mit der schwarzäugig-blassen Clarissa liegt: Ronald behauptet, sich in ein „Kind" verliebt zu haben (in Wahrheit aber wohl: in ein Mädchen vom präerotischen Mignon-Typus, d.h. auf der Grenze zwischen Kind und Frau). Er bittet noch die inzwischen zur leidenschaftlichen Jungfrau gereifte Clarissa „wieder um diese Kinderlippen".[23] Die aber weiß, daß ihre leidenschaftlich-erotische Anlage geweckt und die kindliche Unschuld ihrer Liebe unwiederbringlich verloren ist und schwankt zwischen Entsagung und einer Hoffnung wider besseres Wissen auf die schuldlose Liebe, die Ronald verspricht. Obwohl der Text Clarissa rhethorisch als standhafte und reine Jungfrau präsentiert, ist sie nicht in der Lage, eine eindeutige Entscheidung gegen die so ersehnte wie gefürchtete Erotik zu treffen. Das ‚Schicksal' nimmt ihr dies ab und sorgt für eine Lebensform, die gleichsam einen paradoxen Grenzzustand zwischen Kind und Frau, zwischen familiärer Liebe und erotischer Leidenschaft einfriert: Vater und Bruder, die die soziale Bindung repräsentieren, sterben ebenso wie der Geliebte Ronald. Dieser, zu Lebzeiten ein auffallend schöner Mann, kann nunmehr in der Imagination wirklich „unschuldig", d.h. als „Knabe" und „elfiges" Naturwesen, geliebt werden.[24] Johanna schließlich bietet Clarissa das lebenswichtige Minimum an sozialer Bindung, zugleich eine reale Liebesbeziehung, die alle möglichen Arten von Liebe gleichsam ungeschieden enthält und ersetzt: die Geschwisterliebe, die Liebe zwischen Mutter und Kind wie auch den ausschließlichen, emotional leidenschaftlichen Charakter der erotischen Liebe.[25]

Clarissa verwirklicht also am Ende ein reduziertes Abbild der eigentlichen Utopie aller Stifterscher Texte: die Reintegration der auseinanderfallenden Liebesbeziehungen (und der damit verbundenen Gefühlsqualitäten) in einen Zustand, den man ‚sekundäre Unschuld' nennen könnte. Johanna dagegen braucht aus ihrer primären, kindlichen Unschuld gar nicht endgültig herauszutreten, weil die selbstbewußte und starke Clarissa ihr die gefürchtete Männerliebe ersetzt.

---

[23] WuB. Bd. 1.4, S. 287.
[24] Ebd., S. 317.
[25] Ebd., S. 260, S. 273.

Die Liebe der Blauäugigen zu den Schwarzäugigen ist ein Indiz für eine innere Verwandtschaft zwischen elementarer Natur (sexueller Liebe) und spiritueller Natur (Seelenliebe). Dieses beunruhigende Urgeheimnis des Lebens, das für die Seele ebenso gilt wie für den Kosmos als ganzen, bestätigen andere Stellen explizit. Dem blauen Auge entsprechen in der äußeren Natur die Teiche im freien Gelände, „auf die nichts, als der leere Himmel schaut",[26] dem schwarzen Auge entspricht das „unheimlich[e] Naturauge" des Bergsees, das die „dunkle[n] Tannen" und Bergwälder, d.h. die elementare Natur, abspiegelt.[27] So weit, so eindeutig, könnte man meinen. Aber aus dem Bergsee schaut eben auch „ein Fleckchen der tiefen, eintönigen Himmelsbläue" heraus,[28] selbst wenn der See nicht die Färbung des Himmels annimmt. Und so kann auch die „tief schwarze Erde"[29] Blumen hervortreiben, die zum Licht streben und, wie der Flachs, in der Blüte die blaue Farbe des Himmels auf die Erde herabholen.[30] Aber gravierender ist noch, daß sich auch hinter dem spirituellen Blau wieder das elementare Schwarz verbirgt: Cornelia macht in ‚Der Condor' die traumatische Erfahrung, daß sich hinter dem Himmel, der „schöne[n] blaue[n] Glocke unserer Erde", „ein ganz schwarzer Abgrund" verbirgt, „ohne Maß und Grenze in die Tiefe gehend".[31] Sie erträgt diesen Anblick nicht und fällt in Ohnmacht (die Mutter Margaritas fällt sich in einem Abgrund der Natur sogar zu Tode). Die männlichen Ausnahmemenschen dagegen dürfen und sollen sich in dieses düstere Rätsel vertiefen, aber auch sie bringt der Blick in das Janusgesicht der Natur immer in die Nähe des Wahnsinns oder in Lebensgefahr.

Die Sünde als Privileg

Die „Sünde" bildet, soviel sollte deutlich geworden sein, keineswegs den Gegenpol zur „Unschuld". Eher trifft fast noch das Gegenteil zu: Sie bedeutet zwar eine irreparable Normverletzung mit gravierenden Folgen, unterläuft aber nur jenen ausdrücklich hochbewerteten Figuren, die durch Annäherung an die primär „unschuldige" Extremnatur eine sekundäre, höhere „Unschuld" herstellen wollen. Die Grenze zwischen Naturnähe und sündhafter Schuld ist also extrem dünn. Wie aber wird sie genau definiert?

Als „sündhaft" kann im einzelnen gelten: ein wildes, den Trieben hemmungslos nachgebendes Leben (MU),[32] ein sexueller Fehltritt mit einer ver-

---

[26] Ebd., S. 263.
[27] Ebd., S. 214.
[28] Ebd.
[29] Ebd., S. 212.
[30] WuB. Bd. 1.5, S. 332.
[31] WuB. Bd. 1.4, S. 27.
[32] WuB. Bd. 1.5, S. 44.

heirateten Frau und allzu leidenschaftliche erotische Hingabe (AS), das Zulassen bzw. Aufrechterhalten einer leidenschaftlichen erotischen Beziehung entgegen den familiären Verpflichtungen, auch wenn sie seelisch hochstehender Art ist und es nicht annähernd zum unehelichen Sexualakt kommt (HW), ein kurzer ehebrecherischer Flirt (B), das bloße Aufflackern von Eifersucht (MU, FB), das Sich-nicht-abfinden-können mit der Unerreichbarkeit einer leidenschaftlich geliebten Frau bzw. überhaupt der Zweifel an der Theodizee (HG, MU).[33]

Der gemeinsame Nenner ist also nicht eigentlich der Vollzug des sozial nicht sanktionierten Sexualakts (oder der Wunsch danach), sondern allgemeiner eine emotionale Qualität, die ein bestimmtes Maß übersteigt und dazu verführt, „selbstsüchtig zu werden", d.h. der „Steigerung der eignen Seligkeit" zuliebe alle sozialen Bindungen und damit die Mitarbeit am Kulturprozeß aufzukündigen.[34] (Das ist ja auch wesentlicher Bestandteil des Venusberg-Topos, auf den in der Journalfassung von ‚Das alte Siegel' noch deutlich angespielt wird.) Für den Verlust der Unschuld genügt es zwar eigentlich schon, diese emotionale Qualität und das damit verbundene Glücksversprechen überhaupt kennenzulernen, aber solche Figuren haben immer noch die Chance, dieses Versprechen zurückzuweisen und damit, wenn schon nicht mehr völlig „unschuldig", so doch „schuldlos" zu bleiben.[35] So wandelt sich etwa Johanna als Zeugin der Liebesszene zwischen Clarissa und Ronald vom arglosen „Kind" zur schamhaften „Jungfrau",[36] und so erspart es die Lektüre der Lebensgeschichte des Jodokus dem Heinrich, selbst die tragische Erfahrung mit einer Chelion zu machen.[37]

Obwohl der Obrist in der ‚Mappe' sich anklagt, seine Tochter „vielleicht zu sündhaft lieb" zu haben,[38] ziehen die häufigen familiären Liebesbeziehungen mit inzestuösen Zügen, in denen die Tochter, der Sohn oder die Schwester die Geliebte bzw. den Geliebten vertritt (vgl. A, HG, HW), in keinem Text Sanktionen nach sich und führen auch nirgends zu einer Distanzierung der Erzählinstanz. Hier scheint eine unschuldige intensive Gefühlsbindung möglich, deren Ausschließlichkeit und Intensität an die erotische Liebe erinnert, die aber die Beteiligten nicht gefährdet und nicht zum vollständigen ‚selbstsüchtigen' Rückzug aus der Kultur führt. Die kritische Grenze wäre wohl erst dann überschritten, wenn die Liebe des älteren, weniger unschuldigen Partners eine echte, aktuelle erotische Bindung des jüngeren verhindern würde. Dazu kommt es, vielleicht mit der Ausnahme von ‚Der Hochwald',[39] deshalb nicht, weil

---

[33] Etwa in WuB. Bd. 1.5, S. 23; Bd. 1.6, S. 199.
[34] Zitate: WuB. Bd. 1.4, S. 298.
[35] Vgl. WuB. Bd. 1.4, S. 41.
[36] Ebd., S. 290.
[37] Ebd., S. 432.
[38] WuB. Bd. 1.5, S. 215.
[39] Wünsch (in diesem Band) und auch Danford (o. Anm. 2), S. 67, betonen die inzestuöse

sich die Eltern mit den gleichgeschlechtlichen Bewerbern identifizieren, d.h. sie relativieren ihr eigenes Schicksal, indem sie es als das Schicksal eines Typus erkennen, das im Ablauf der Generationen korrigiert werden kann (MU, HG). Zusätzlich garantiert die Weitergabe ihrer Erfahrungen, daß die jüngere Generation diese tragischen Verwicklungen nur noch in abgeschwächter und weniger gefährlicher Form erlebt.

„Sünde" ist also die Folge der frevlerischen Weigerung eines Subjekts, sich in die reale Entfremdung von der Natur zu fügen, die erst mühsam und unter starker Selbstverleugnung des einzelnen im Lauf von Generationen schrittweise aufgehoben werden kann. Es ist der Versuch, in einer kurzschlüssigen Utopie hier und jetzt die ganze, ungeteilte Natur zu erleben. Insbesondere wird eben nicht anerkannt, daß im kulturellen Raum Transzendenz und elementar-erotische Emphase trotz ihrer ursprünglichen Verwandtschaft einander entfremdet sind. Solche Versuche führen, so behaupten die Texte, zwangsläufig zur Zerstörung der gegenwärtigen sozialen Ordnung, die zwar unvollkommen, aber vorläufig die beste aller möglichen sozialen Ordnungen ist.

Dennoch bleiben ungelöste Ambivalenzen, die den Schluß nahelegen, daß gerade die Ersatz- und Notkonstruktionen, mit denen begangene Sünden angeblich mehr schlecht als recht ausgebessert werden, in Wahrheit eben die vom Text am höchsten bewerteten Lebensformen selbst bzw. zumindest deren zwingende Voraussetzung sind. Die mitunter recht unmotivierten ‚schicksalhaften' Verhängnisse ergeben zuweilen erst dann einen schlüssigen Sinn, wenn man sie als notwendige Mittel zu einem besonderen Zweck auffaßt, der ansonsten dem Schicksal (oder dem Autor) unerreichbar ist. So ist die Verkettung von Mißverständnissen, die in ‚Der Hochwald' zum Tod des Vaters, des Bruders und des Geliebten führt, kaum befriedigend als zwingendes, den sündhaften erotischen Wunsch Clarissas strafendes ‚Schicksal' zu interpretieren, wie sie selbst es tut.[40] Eher schon erscheint in einer höheren schicksalhaften Perspektive der Untergang des „abgeblühten Ritterthums" (in der Ge-

---

Bindung des Vaters an seine Töchter und deuten seine Tötung Ronalds in diesem Sinne. Das ist sicher auch richtig, mir scheint aber diese Tötung mehrfach determiniert: Die inzestuöse Beziehung allein ist im Zusammenhang des Stifterschen Weltbilds noch nicht problematisch. Dazu kommt, daß weder der Vater noch Ronald als Vertreter der Vergangenheit bzw. einer utopischen Vision in ihre Zeit passen (WuB. Bd. 1.4, S. 225, S. 272). Diese steht im Zeichen des Krieges, der „ein Menschenherz zerreißen" kann (ebd., S. 306) und so die vom Vater bereits überwundene wilde Leidenschaft wieder hervortreibt. Eine Überwindung der grundsätzlichen Fremdheit zwischen Clarissa und Ronald wäre, wie weiter unten gezeigt wird, gleichbedeutend mit dem Paradies auf Erden selbst. Dieses aber kann nicht eskapistisch und privat, gegen die objektive historische Situation verwirklicht werden – hier wäre die Liebe Clarissas und Ronalds außerhalb des Waldes tatsächlich „selbstsüchtig", wie es heißt. In der Tötung Ronalds scheinen sich mir also sämtliche Entfremdungserscheinungen der Kultur (im allgemeinen und des 17. Jahrhunderts im besonderen) zu überschneiden.

[40] WuB. Bd. 1.4, S. 315.

stalt des Vaters) und des „nach Unerreichbarem" strebenden Schwärmers Ronald zwingend.[41] Nicht minder unklar ist in ‚Der Hagestolz', wieso allen Angehörigen der Elterngeneration die erotische Erfüllung versagt bleiben muß. Die jeweiligen Geschehnisse erscheinen erst dann als ‚Schicksal', wenn man davon ausgeht, daß genau jene unwahrscheinlichen Umstände und Verwicklungen nötig sind, damit sich genau das jeweilige, offensichtlich von Anfang an in der charakterlichen und metaphysischen Konstellation angelegte Endresultat ergeben kann. Die beste aller gegenwärtig möglichen Lebensformen wäre somit für Clarissa tatsächlich, wie oben dargelegt, das eigenartige Zusammenleben mit ihrer Schwester. Und die Wirren in ‚Der Hagestolz' wären dann ebenso notwendig, um die unlösbare Dreieckskonstellation zwischen Ludmilla/Onkel/Vater ohne Ausgrenzung eines Elements in der Zweierbeziehung von Victor und Hanna aufzuheben.[42]

So spricht also einiges dafür, daß die „Sünde" eben keine bloße Fehlentwicklung ist, sondern im Gegenteil der eigentliche, versteckte utopische Treibsatz der Stifterschen Welt. Sie gibt den Anstoß zu neuen komplexen Konstruktionen, die der angestrebten Ur-Unschuld der Natur letztlich näherkommen als der sittsame, idyllisch-triviale Status Quo. Tatsächlich ist ja auch stolze Eigenmächtigkeit und somit Sündhaftigkeit geradezu Symptom unschuldiger Naturnähe, wie das Beispiel des Obristen,[43] des Urgroßvaters (explizit nur in der Journalfassung, in der Studienfassung chiffrehaft verkürzt), des Abdias, Hugos, Cornelias und auch die Ähnlichkeit der unschuldigen Anna (NB) mit der sündhaften Hanna (TÄ) zeigt. Bis auf Hugo, Cornelia und Hanna erreichen diese Figuren am Ende ein relativ glückliches und ruhiges, naturnahes Leben. Die Frage, die jeder Text von neuem zu beantworten versucht, lautet also letztlich: Wieviel „Fremdheit" (Sünde, Intensität, gesteigertes Selbstgefühl, Nähe zur zugleich extremen und elementaren Natur) ist integrierbar, wieviel Entsagung ist nötig, um ein selbstbestimmtes, ästhetisch befriedigendes und dennoch sozial und psychisch stabiles Leben führen zu können? Wie kann die wertvolle Erfahrung der „Fremdheit" unschädlich konserviert werden, ohne das ruhige Leben der Normalmenschen mit dem Chaos anzustecken? Um das beantworten zu können, ist es nötig, den Schlüsselbegriff „Fremdheit" genauer zu analysieren.

---

[41] Ebd., S. 225, S. 272.
[42] In der Person Victors, dem Produkt zweier ‚Mütter' und zweier ‚Väter', kommen die allzu große Sanftheit des Vaters und die erotische wie intellektuelle Kompromißlosigkeit des Onkels zur harmonischen Synthese, vermittelt durch die in der Mitte stehende Ziehmutter Ludmilla. Deren extrem abgeschwächtes Abbild ist die Tochter Hanna, die Victor nicht erotisch begehrt, sondern als (Adoptiv-)Schwester liebt. So kann Victors und Hannas Ehe die widersprüchlichen Wünsche der Elterngeneration in einer unschuldigen Beziehung aufheben.
[43] WuB. Bd. 1.5, S. 44 (hier unmißverständlich ausgesprochen).

„Fremdheit"

Der enorm häufige, mitunter scheinbar unspektakulär gebrauchte Begriff „Fremdheit" erscheint immer an den Stellen, an denen beschränkte (aber sichere) Kultur und intensive (aber maßlose und gefährliche) Extremnatur aufeinanderstoßen. „Sünde" entsteht da, wo diese Fremdheit zu groß ist, wo die im Idealfall zusammengehörigen, in der Realität des Kulturprozesses aber entfremdeten Räume vorschnell, ohne schützende Filter und Quarantänefristen, zur Überschneidung gebracht werden.

Der Archetyp eines solchen Sünders ist Jodokus. Seine Schuld besteht ja nicht darin, daß er sich bei Chelion, dem „Apfel des Paradieses",[44] gleichsam mit einer teuflischen Sünde infiziert. Die erotische Kindfrau Chelion selbst ist nämlich trotz ihrer verderblichen Schönheit „ein reiner Engel".[45] Eine „schöne Sünde"[46] ist sie nur für den Kulturmenschen, der sich durch sie Zugang zur verlorenen Ur-Unschuld verschaffen will. Sie ist „ein Kind" und zugleich ein „glühendes Weib"[47] – sie verkörpert also die Sehnsucht aller Stifterschen Figuren nach einem Zusammenfallen von unschuldiger familiärer und intensiver erotischer Liebe. Dieses überwältigende Glücksversprechen macht ihre Gefährlichkeit in einer Kultur aus, deren Subjektkonzeption und soziale Ordnung auf Entfremdung beruht. Die indische Kultur hatte die Paria Chelion durch das Berührungsverbot isoliert, denn den notwendig selbstsüchtigen Kulturmenschen macht ihre Berührung tatsächlich „unrein", wie sie selbst warnt.[48] Endgültig irreversibel wird diese Sünde allerdings erst dann, als Jodokus sich nicht damit begnügt, seinen Apfel temporär im fremden, unschuldigen Naturraum Indien zu genießen, sondern ihn in den europäischen Kulturraum importiert, wo sie „wildfremd" wirkt und die Brüder Sixtus und Jodokus ins Unglück stürzt.[49] Aber auch Chelion selbst wird zerstört, da durch das Wissen um die fremden Normen ihr das eigene Verhalten nicht mehr selbstverständlich ist. In diesem Sinn (und nicht durch den für sie natürlichen Fehltritt mit Sixtus) verliert sie ihre Unschuld.

Das „Fremde" ist aber nicht nur in Indien zuhause. Auch eine besondere Gruppe einheimischer, schwarzäugiger Grenzgänger wirkt auf so exotische wie archaische Weise fremd wie ein alttestamentarischer Prophet oder eine Wüstenkönigin. Diesem Typus, dessen Seele „so unbewußt, so ungepflegt, so naturroh und so unheimlich" wie „Tropenwildnisse"[50] und so intensiv wie die

---

[44] WuB. Bd. 1.4, S. 390.
[45] Ebd., S. 389.
[46] Ebd., S. 390.
[47] Ebd., S. 387.
[48] Ebd., S. 413.
[49] Ebd., S. 416f.
[50] Ebd., S. 259.

„Wüste" ist,[51] gelingt es, seine elementare Anlage dichterisch zu sublimieren und so einen (allerdings gleichsam rückwärts, der Ur-Unschuld zugewandten) transzendenten Bezug herzustellen. Dazu gehören Felix (HD), Gregor (HW) und der Vater Heinrich (HW), die ausdrücklich als ‚Propheten' bezeichnet werden, aber auch Angela, die „Königin der Wüste",[52] und die Märchen erzählenden alten Frauen (HD und NB) sowie natürlich Abdias und Ditha, die emigrierten Wüstenbewohner und Abkömmlinge des alttestamentarischen Volkes. Außer bei der notorischen Ausnahme Angela aber erfordert diese problemlose Integration des „Fremden" den mindestens partiellen Verzicht auf Erotik: Gregor wird erst im Alter völlig mit dem Wald vertraut, als er seinen Hof an den Sohn übergeben hat,[53] die Märchenerzählerinnen gehören ebenfalls der Großmuttergeneration an, Abdias und Heinrich sind erst als Greise ruhig geworden, als ihre einstigen Leidenschaft ausgebrannt und in der Tochterliebe geläutert ist,[54] Ditha stirbt in dem Augenblick, in dem sie die volle sexuelle Reife erlangt, und Felix muß um seiner dichterisch-prophetischen Berufung willen auf die Geliebte verzichten.[55]

Die übrigen Figuren erleben die eigenen, erotisch geladenen Affekte als „fremd" und bedrohlich.[56] In diesem Sinn ist bereits der Geliebte, der die erotisch erwachende Frau aus der Herkunftsfamilie und dem kindlichen Gleichgewicht reißt, immer „der fremde Mann":[57] Er weckt „ein schweres süßes Gefühl [...], hinweggehend von den zwei Gestalten an ihrer Seite, den sonst geliebten, und suchend einen Fremden, und suchend die Steigerung der eigenen Seligkeit".[58]

Das „Fremde" in der eigenen Brust ist dann am gefährlichsten, wenn es im Kulturraum virulent wird. Durch den Aufenthalt in „fremden" Naturräumen kann dieser seelische Konflikt entschärft werden, weil dann das psychisch „Fremde" in der ganzheitlichen Natur zu sich selber kommt. Dazu bedarf es nicht unbedingt der Reise in die doppelte „Fremde", nach Indien, Ägypten, Afrika, Amerika oder gar in die oberen Schichten der Atmosphäre. Im kleineren, verträglicheren Maßstab kann man diese Erfahrung auch in der mitteleuropäischen Heimat machen, im Wald und auf der Heide, im unproblematischsten Fall beim touristischen Tagesausflug, bei dem die kulturelle Raumbindung und Identität nicht dauerhaft aufgegeben wird. In der Ur-Unschuld der unberührten Natur widersprechen sich die ‚Keuschheit' des Waldes[59] und zum

---

[51] Ebd., S. 244; vgl. auch den Beginn von ‚Das Haidedorf'.
[52] Ebd., S. 64.
[53] Ebd., S. 243.
[54] Vgl. explizit WuB. Bd. 1.4, S. 225f.
[55] WuB. Bd. 1.4, S.206.
[56] WuB. Bd. 1.2, S. 184.
[57] Ebd., S. 343.
[58] Ebd., S. 298.
[59] WuB. Bd. 1.4, S. 241.

Teil recht handfest sexualisierte Topographie[60] nicht. Die Schwestern in ‚Der Hochwald' betreten einen Raum voll von „fremden glühend rothen Beeren", „seltsamen Fliegen und Blumen", „fremde[n] Falter[n]".[61] Das Dunkel des Waldes hindert aber nicht den Blick auf das Blau des Himmels.[62]

Einerseits wird nun den Mädchen diese Natur bald vertraut,[63] weil sie ihre kulturelle Scheu verlieren, auf eine andere Weise aber bleiben sie der elementaren Natur dennoch fremd: Die dialektische Ergänzung von idealer Unschuld Johannas und idealer Schönheit Clarissas (die den partiellen Verlust der Unschuld voraussetzt) ist „ein Märchen für die ringsum staunende Wildnis", gleichsam ihre spirituelle Ergänzung und Aufhebung, die als Erinnerung mit utopischem Potential in den Elfensagen aufbewahrt ist.[64] Voraussetzung für eine solche vorübergehende Versöhnung der entfremdeten Welt ist aber, daß diesem besonderen Ort, wie seinem Bewohner Gregor, der chaotische, destruktive Anteil der Extremnatur völlig abgeht, angedeutet durch das „merkwürdige" Fehlen der Wölfe.[65]

Als gefährlich erscheint hier (anders etwa als in ‚Brigitta', wo es Wölfe gibt[66]) die soziokulturelle Variante von „Fremdheit", die eigentlich verwandte Völker[67] einander grausam bekriegen läßt. Und trotzdem – wie immer in Stifters mythischem Kosmos ist nichts, also auch nicht dieser Krieg, ein bloß äußerliches Verhängnis. Ebenso wie in ‚Das alte Siegel' (Journalfassung) bildet der politische Konflikt nur eine verhängnisvolle innere Fremdheit auf der Ebene der Figuren, also letztlich in der menschlichen Natur ab: die der blauäugig-spirituellen Männer und der schwarzäugig-elementaren Frauen. Denn wenn sich Ronald in seinem Plädoyer für ihre Vermählung auf die stammesmäßige Verwandtschaft mit Clarissa beruft, für die seine ‚germanische' Physiognomie „Zeichen" sei,[68] dann übersieht er, daß die Deutschböhmin Clarissa eher dem slawischen Phänotyp entspricht. Beides, Verwandtschaft wie Fremdheit, spiegelt sich, wie oben gezeigt, bereits in den Augenfarben. Die Beziehung kann deshalb nur in besonderen, instabilen Momenten unschuldig sein – in der zeitlich besonderen Situation, in der die schwarzäugige Clarissa (fast) noch ein Kind ist, und in der räumlich besonderen Umgebung des ‚jungfräulichen' Waldes. Sobald die problematischen Liebesbeziehungen zwischen Blau-

---

[60] Vgl. hierzu die Aufsätze von Wünsch und Titzmann in diesem Band.
[61] WuB. Bd. 1.4, S. 236, S. 259f.
[62] Ebd., S. 236.
[63] Ebd.
[64] Ebd., S. 259; die Elfensagen-Motivik S. 259f.
[65] Ebd., S. 252.
[66] WuB. Bd. 1.5, S. 468. Hier bedeutet die Tötung der Wölfe dann auch den endgültigen Sieg des Majors über seine leidenschaftliche Natur, die Rettung seines unschuldigen Sohnes (der gerade eben in die gefährdete Pubertätsphase eintritt!) und das Wiedergewinnen der Jugendgeliebten.
[67] WuB. Bd. 1.4, S. 291.
[68] Ebd.

äugigen und Schwarzäugigen, deren Erfüllung mit dem Paradies auf Erden identisch wäre, mit dem äußeren Kulturraum in Berührung kommen, muß die dort eintretende Entfremdung, wie in ‚Das alte Siegel' vorgeführt,[69] zu ihrem Scheitern führen. Auf diese Weise erscheint also tatsächlich, ganz gemäß der Reflexion des Erzählers der ‚Mappe', die blutige „große Geschichte", die das private Glück anscheinend sinnlos zerstört, als in der Tiefe notwendig verbunden mit der „kleinen Geschichte", die eben durchaus nicht einfach „der große goldene Strom der Liebe" ist,[70] sondern katastrophisch und zerrissen.

Das führt zum letzten, vielleicht substantiellsten Aspekt des Schlüsselbegriffs „Fremdheit". Die Zerrissenheit der Welt und die daraus resultierende, oft unbegreiflich grausam erscheinende „Fremdheit" des Schicksals bedroht den Glauben an die harmonische Ordnung der Natur. In der Einleitung zu ‚Abdias' wird postuliert, daß selbst die größten Katastrophen und Schmerzen erstens nur durch (menschliches) „Verschulden" entstünden und zweitens zugleich selbst Teil der „heitre[n] Blumenkette" der metaphysischen Natur seien.[71] Diesen dialektischen Sinn zu demonstrieren, ist das Anliegen der Stifterschen Texte. Mit mehr oder weniger großen Schwierigkeiten werden die eigensinnigen Lebensläufe der Ausnahmemenschen zu notwendigen und fruchtbaren Bausteinen einer kulturellen Heilsgeschichte umgedeutet und so gerechtfertigt.

Der schöne Schmerz der Individuation und die synthetische Unschuld

„So über alle Maßen kostbar ist das reine Werk des Schöpfers, die Menschenseele, daß sie, noch unbefleckt und ahnungslos des Argen, das es umschwebt, uns unsäglich heiliger ist, als jede mit größter Kraft sich abgezwungene Besserung; denn nimmermehr tilgt ein solcher aus dem Antlitz unsern Schmerz über die einstige Zerstörung – und die Kraft, die er anwendet, sein Böses zu besiegen, zeigt uns fast drohend, wie gern er es beginge".[72] Wenn das wahr wäre, was von der Erzählinstanz in ‚Der Hochwald' autoritativ verkündet wird, müßte klar sein, welches Wertesystem in den Stifterschen Texten gilt. Paradigma und Inbegriff des Wertvollen wäre dann die unberührte, kindliche Natur, wie etwa die Hugos in ‚Das alte Siegel', der anfangs „etwas so einsam Unschuldiges [hat], wie es heut zu Tage selbst tief auf dem

---

[69] Die fatale Affäre findet hier in einer schwülen Treibhausatmosphäre statt, nicht in der freien Luft des Naturraums (WuB. Bd. 1.2, S. 194). Überdies ist eine erwachsene, sexuell erfahrene, noch dazu in der ‚lasterhaften' französischen Kultur aufgewachsene Frau beteiligt.
[70] WuB. Bd. 1.5, S. 17.
[71] Ebd., S. 238; ähnlich auch ‚Zwei Schwestern', WuB. Bd. 1.6, S. 334.
[72] WuB. Bd. 1.4, S. 223f.

Abgründe der Unschuld 239

Lande kaum vierzehnjährige Knaben besitzen".[73] Das Schicksal Hugos zeigt jedoch, daß seine Unschuld ihn zwar vor den niederen Anfechtungen des städtischen Lasters „rein" hält,[74] ihn aber vor der hohen Sünde, der Affäre mit der so leidenschaftlichen wie edlen Cöleste, keineswegs bewahrt. Mehr noch: Sein übertrieben strenger Begriff von „Unschuld" und „Reinheit" ist sogar dafür verantwortlich, daß er der liebenden Frau nicht verzeiht und, im System Stifters noch schlimmer, sein Kind zurückstößt. Die primäre Unschuld, so zeigt sich hier, schlägt in dem Augenblick, da sie sich vor dem überwältigenden Erlebnis der Extremnatur bewähren muß, fast in ihr Gegenteil um.

Dagegen spricht auch nicht das glückliche Leben der anscheinend harmlosen und unschuldigen Naturen wie Anna (NB), Margarita, Margaritas Mutter (MU), Maria (WS) und selbst Hanna (HG). Erstens lieben die unschuldigen Frauen ausgerechnet problematische, oft erotisch erfahrene Männer. Zweitens sind sie entweder, wie Hanna und Gustav (HG) oder Heinrich (NB), quasi das verdünnte Erzeugnis einer problematischen und leidenschaftlichen Vorgeschichte in der Elterngeneration, oder sie haben selbst wichtige, wenn auch abgeschwächte Merkmale mit den problematischen Extremnatur-Grenzgängern gemeinsam (wie Anna und Margarita). Selbst die anscheinend so kindlich-naive Anna (NB) hat mit der sündigen Hanna (TÄ) gemeinsam, daß sie dazu erzogen wurde, sich für schöner und besser zu halten als die sie umgebende durchschnittliche Landbevölkerung. Mit Felix (HD) verbindet sie, daß eine der Großelterngeneration angehörige Volksdichterin ihre Phantasie angeregt hat, die Grenzen ihrer engen Lebenswelt zu überschreiten. Margarita und ihre Mutter, beide einerseits „demüthig und zurückweichend vor dem harten Felsen der Gewaltthat"[75] (d.h. der männlichen Leidenschaft), begleiten andererseits ihre Geliebten aus eigenem Antrieb eben „über harte Felsen",[76] dahin, „wo die schauerliche Majestät war, da sich Felsen thürmten, Wasser herab stürzten, und erhabene Bäume standen".[77]

Wenn also auch die in sich ruhenden, primär unschuldigen Figuren nicht gegen die Erfahrung der Extremnatur immun sind, muß die eigentlich ideale Lebensform auf eine wissende, sekundäre Unschuld zielen, und die Texte Stifters erkunden immer neue Wege, wie eine solche denn herzustellen sei. Das Gewitter, das als äußeres Ereignis häufig ‚schicksalhaft' mit starken Affektentladungen zusammenfällt, dient als Paradigma für die Vermittlung von intensiven elementaren Energien, lebensfördernder Nützlichkeit und transzendenter Überschreitung des irdisch-elementaren Horizonts. Clarissa deutet seinen Symbolgehalt explizit für Johanna aus: Auch in ihren unschuldigen „Him-

---

[73] WuB. Bd. 1.5, S. 346.
[74] Ebd., S. 359.
[75] Ebd., S. 187.
[76] Ebd., S. 55.
[77] Ebd., S. 171.

mel" der Kindheit werden „Düfte emporsteigen, – der Mensch gibt ihnen den Mißnamen Leidenschaft – [...] Engel wirst du sie heißen, die sich in der Bläue wiegen – aber gerade aus ihnen kommen dann die heißen Blitze, und die warmen Regen, deine Thränen – und doch auch wieder aus diesen Thränen baut sich jener Verheißungsbogen".[78]

Dieses Modell (das im übrigen bereits auf Klopstock zurückgeht und in der Goethezeit recht beliebt war) erlaubt es, die meteorologische, biologisch-sexuelle, psychische und metaphysische Dimension der Natur semantisch so kurzzuschließen, daß die „emporsteigende" (!) elementare Energie in den harmonischen Ablauf des Lebens eingebunden erscheint. Jede der drei Phasen des Gewitters erhält dann einen besonderen Sinn:

a. Der Blitz offenbart die Majestät der Natur (er wird begleitet von der „Stimme Gottes"[79]) und ist zugleich destruktiv – er zerstört das Hausdach und die Ernte,[80] wie er die schützende Hülle der Person zerbricht, weil er gleichbedeutend sein kann mit dem ‚sündhaften' Sexualakt[81] und/oder mit dem Augenblick der höchsten Verzweiflung, die mit der schlagartigen metaphysischen Einsicht in das eigene Schicksal der Naturentfremdung einhergeht.[82]

b. Das Gewitter bringt Regen, d.h. Auflösung der elektrischen Spannung[83] und mittelbar Fruchtbarkeit und Nutzen. Das Fruchtbare kann ganz konkret ein Kind sein (AS), vor allem aber ist es die soziale Tätigkeit, in der allerdings dann die Erziehung eigener oder angenommener Kinder eine hervorragende Rolle spielt. Diese Tätigkeit ist das Resultat des langen Prozesses schmerzvoller Einsicht (d.h. eben der befruchtenden Tränen), den der absolvieren muß, dem sich ‚das Auge des Lebens' aufgeschlagen hat.[84]

c. Im Idealfall entsteht dann am Ende der Regenbogen, der die Synthese von Himmel (spirituelle Natur) und Erde (Elementarnatur) verheißt. Im Leben entspricht diesem Stadium der Wiedergewinn der Unschuld und ein spätes, meist erst im Alter mögliches Glück. So lebt Clarissa, die ja das Gewitter-Gleichnis explizit formuliert, am Ende in einer geflickten Ruine und in einem Zustand sekundärer Unschuld – wie schon ihr Vater, der „eine Ruine [war], jetzt nur noch beschienen von der milden Abendsonne der Güte, wie ein stummer Nachsommer nach schweren lärmenden Gewittern".[85] Eine solche provisorische, nachsommerliche Lebensform, die Hugo (AS) irrtümlich abgelehnt hat, erreichen nach Überwindung ihrer erotischen Altersstufe auch der Obrist in der ‚Mappe', der Major und Brigitta sowie Abdias – jene Figuren also, die

---

[78] WuB. Bd. 1.4, S. 220.
[79] Ebd., S. 247.
[80] WuB. Bd. 1.5, S. 322.
[81] Ebd., S. 387.
[82] WuB. Bd. 1.4, S. 417, S. 423.
[83] Ebd., S. 423.
[84] WuB. Bd. 1.5, S. 370.
[85] WuB. Bd. 1.4, S. 224f.

nie „ihre Liebe theilen"[86] wollten und das aufs äußerste gesteigerte, ganze Gefühl anstrebten. Der dennoch bestehende Bedarf der gebrochenen Unschuld nach primärer Unschuld wird jeweils durch die intensive, eine erotische Liebe ersetzende Beziehung zu einer Figur gestillt, die sich in der von Stifter idealisierten Lebensphase befindet: in der Vorpubertät, in der Unschuld und erotische (aber noch nicht sexuelle) Intensität kurzzeitig zusammenfallen, wie an der blauäugigen und schwarzhaarigen (!) Ditha am deutlichsten wird. Deren eigentliches Leben konzentriert sich auf fünf extrem intensive Jahre, gleichsam die Gewitterphase des Menschenlebens: Der Blitzschlag, der sie zum seelischen Leben erweckt, trifft sie mit elf Jahren, der zweite, tödliche Blitzschlag in dem Augenblick, da sie ihre volle sexuelle Reife erreicht hat.[87] (Beide Gewitter übrigens enden mit Regenbogen, die die Apotheose der elementaren Unschuld akzentuieren.)

Alle tatsächlich primär unschuldigen Figuren erfüllen eine ähnliche utopische Funktion wie Ditha. Sie sind aber immer nur Randfiguren, gleichsam Ikonen der Unschuld, die die Ausnahmemenschen, denen das eigentliche liebevolle Interesse der jeweiligen Erzählinstanz gilt, als Trost und Hoffnung benötigen. So weisen auch die Jungfrauen Pia (NB) und Johanna (HW) eine Synthese-Physiognomie auf (die allerdings anders als bei Ditha gepolt ist: sie sind blond und dunkeläugig) und stehen ebenfalls im Alter zwischen Kind und Frau. Und auch der überaus schöne Gustav, der Sohn des Majors und Brigittas, der den Anstoß zur Lösung des tragischen Konflikts gibt, ist zu diesem Zeitpunkt „kaum bei dem Uebergange vom Knaben zum Jünglinge".[88]

Das kritische, erotisch aktive Zwischenalter, in dem der Mensch nicht mehr unschuldiges Kind und noch nicht unschuldiger Greis ist, sparen die Texte dagegen, so gut es geht, aus. Hugo (AS), Gustav (C), Maria (ZS) und auch Alfred (ZS) wirken, wie bereits Johanna, deutlich jünger als sie sind, haben also ihre Unschuld so lang wie möglich konserviert. Die Elterngeneration dagegen wird gerne vorzeitig zu Greisen gemacht, d.h. in die Großelterngeneration gerückt. Entweder haben sie ihre Kinder tatsächlich in sehr vorgerücktem Alter bekommen (AS, HG, HW), oder sie sind bereits mit etwa fünfzig Jahren ein gesetzter weißhaariger Greis (A) bzw. mit gut vierzig ein „altes Weib" (HD). Zusätzlich haben diese Figuren im eigentlichen Erwachsenenalter eine vieljährige Zeit des Exils und der erotischen Entbehrung zu absolvieren, die sich im Extremfall bis zur Schwelle des Alters erstreckt und nur bei denen verkürzt werden kann, deren Konflikt zum größten Teil bereits von der älteren Generation stellvertretend ausgestanden wurde (MU, NB, der Erzähler in ‚Brigitta').

---

[86] WuB. Bd. 1.5. S. 299.
[87] Ebd., S. 326, S. 336.
[88] Ebd., S. 442.

Der Schmerz, der dieses wesentliche Erwachsenenalter prägt und dem die Stifterschen Texte beinahe kultische Bedeutung zuschreiben, ist selbst wieder ein ambivalentes Phänomen. Er ist eben nicht nur der verzweifelte Schmerz über das verlorene Paradies und die begangene Sünde, er ist auch der positive und schöne Schmerz der Individuation, der mit dem unschätzbaren Gewinn eines autonomen Selbstgefühls und eines tiefen metaphysischen Wissens verbunden ist: „und im tiefen, tiefen Schmerze war es, wie eine zuckende Seligkeit, die ihn lohnte".[89] Selten geben das die Texte so offen zu, aber die besondere Schönheit und Würde der melancholischen Lebensentwürfe, die sie mit besonderer Vorliebe und bis ins letzte Detail schildern, verrät es deutlich. So ist der Schmerz Voraussetzung jeder künstlerischen Selbstverwirklichung – sei es musikalische (ZS, HW),[90] architektonische (NB) oder auch die prosaische „Dichtung" der ästhetisch überhöhten Landwirtschaft (ZS, B).

Das ewige Dilemma der Stifterschen Texte ist es, daß zum einen, wie in der Goethezeit, nichts unentwickelt und unerfahren bleiben soll, was in der menschlichen Natur liegt, und daß diese widersprüchlichen Elemente zugleich in eine überschaubare, dauerhafte und mit der traditionellen Ordnung vereinbare Lebensform gebannt werden sollen. Da die Gegensätze der Welt vollständig nur in der alles umspannenden, räumlichen und zeitlichen Einheit der Gesamtnatur zusammenfallen können, bleibt denen, die sich mit dem Schicksal der Entfremdung nicht abfinden können, nur übrig, ein verkleinertes und künstlich zusammengeflicktes Abbild der Natur zu schaffen. Mehrere Strategien wenden die Texte an, um dabei eine unschädliche Integration des „Fremden" zu erreichen:

– Individuelle Temporalisierung: Die synthetische Unschuld wird von einer Figur allein am Ende eines problematischen Lebens verwirklicht, allerdings meist sehr spät und niemals vollständig.
– Kollektive Temporalisierung: Der Prozeß von ‚Sünde' und Sühne wird auf mehrere Generationen, also auf ein familiäres Kollektivsubjekt verteilt, wodurch der einzelne vom überwältigenden utopischen Anspruch an sein Leben zugleich entlastet wird.
– Surrogat- und Komplementbildung: Für die maßlose, offen oder latent erotische Gefühlsintensität muß ein ungefährliches Äquivalent gefunden werden. Das gelingt normalerweise, indem der problematischen Figur ein Kind zugeordnet wird, das erstens durch seine unversehrte Unschuld als komplementäre Ergänzung dient, zweitens aber als unschuldiges Bild des/der erotisch Geliebten die Liebesenergieen des Ausnahmemenschen bindet und entschärft (HW, A, HG). Eine vollständigere soziale Integration ist dann gegeben, wenn die künstlerisch-instabilen Menschen eine komplementäre

---
[89] WuB. Bd. 1.4, S. 206.
[90] WuB. Bd. 1.6, S. 311, vgl. auch Bd. 1.4, S. 263.

Ehe mit einer ‚kindlichen' Frau schließen (NB, HG). Maximum ist die Gründung einer abgeschlossenen Großfamilie in einer einsamen Gegend, der die Ausnahmemenschen als Eltern des kindlich-beschränkten Volks vorstehen (B, NB, MU).
– Einschließung und Einkapselung: Der Ausnahmemensch, der das „Fremde" durchaus nicht endgültig aufgibt, sondern in seinem Innersten einkapselt und bewahrt, schottet sich durch ein konzentrisches System von Mauern und Schlössern gegen die angeblich so unschuldige und schöne, tatsächlich aber störende und triviale Außenwelt ab.[91] In der Seele bewahrt der schweigsame Mensch die Erinnerung, er sammelt Blumen und Steine, er hält seine Erfahrungen in Bildern und Büchern lebendig (wofür symbolisch die im Buch gepreßte Blume steht[92]), sein Haus liegt weitab von anderen Häusern,[93] und schließlich ist der Kulturraum, in dem er sich niederläßt, selbst naturnah, schwach besiedelt und als Tal, das einer „Wiege" gleicht,[94] selbst noch abgeschlossen gegen die gänzlich unerträgliche städtische Kultur.
– Leben in topographischen Grenzräumen: Während also ein ‚eiserner Vorhang' gegen die Durchschnittskultur errichtet wird, bleibt die Grenze zum natürlichen Extremraum offen und leicht begehbar. Exkursionen, etwa um Steine und Blumen zu holen, sind ständig möglich.
– Narrative Verdünnung und künstlerische Sublimierung: Das entscheidende Mittel, die Erfahrungen der „Fremdheit" lebendig zu halten, auf die man nicht verzichten mag, sind aber mündliche und besser noch schriftliche und wiederum gut versiegelte Erzählungen (NB, MU). Sie dienen auch der relativ ungefährlichen Weitergabe diese Erfahrungen an andere, denen dann wie Heinrich das zweifelhafte Privileg zuteil wird, sie gar nicht mehr oder nur noch in sehr abgeschwächter Form selbst erleben zu müssen: „er dachte an Chelion, wie sie kaum so rein, so schön, so schuldlos gewesen sei, als wie die an seiner Seite, und er bezähmte sein Herz, daß es nur nicht breche vor Freude und Glück."[95] Daß Heinrich ausgerechnet im Augenblick seiner Hochzeit mit der naiven Anna, die auch durch seine Mühen

---

[91] Am deutlichsten ist das natürlich in ‚Die Narrenburg'. Aber auch Abdias errichtet starke Mauern, um „von Außen gegen Angriffe geschützt" zu sein (WuB. Bd. 1.5, S. 305), wie auch der ‚sanfte Obrist', der sich mit zwei Festen der lästigen sozialen Verpflichtungen entledigt (ebd., S. 162), ein ihm besonders wichtiges Stück Natur mit einem starken, hohen Zaun umgibt, der „mit einem eisernen Schlosse" verschlossen wird (ebd., S. 69).
[92] WuB. Bd. 1.4, S. 347; Bd. 1.5, S. 186.
[93] Die „Öde" der Umgebung wird besonders betont in ‚Abdias' (WuB. Bd. 1.5, S. 301) und ‚Zwei Schwestern' (WuB. Bd. 1.6, S. 298), obwohl die Mutter in letzterem Text diesen Eindruck verwischen will: „Wir sind nicht ganz so abgeschieden und von der menschlichen Gesellschaft getrennt, als Ihr etwa glauben mögt" (ebd., S.304).
[94] Mit einer „Wiege" wird das Tal in der ‚Mappe' und in ‚Abdias' verglichen (WuB. Bd. 1.5, S. 66, S. 301).
[95] WuB. Bd. 1.4, S. 432.

nur „fast ein halbes Wunderwerk" wird,[96] an die sehr wohl viel schönere und, wie oben dargelegt, durchaus unschuldige Chelion denkt, beweist, daß das Fremde auch in literarischer Verdünnung virulent bleibt. Auch wenn sie gestorben (und somit überwunden) ist, bleibt die wilde, erotische Schönheit zumindest als hohes Denkmal weiter präsent. Das zeigt sich auffällig auch am Grabmal Gabrieles, das anscheinend völlig unmotiviert am Ende von ‚Brigitta' auftaucht und dem der letzte Blick des Erzählers gilt.

Es bleibt also das Problem, daß Stifters Texte nur zu individuellen, für den jeweiligen Protagonisten maßgeschneiderte Lösungen kommen. Wie die Lebensberichte und sogar wie Annas Romane in ‚Die Narrenburg' wirken sie eher als Infektion denn als Impfung. Bis auf den ebenso pauschalen wie zwiespältigen Rat, auf jeden Fall zu heiraten (und das heißt implizit: jemand, den man nicht intensiv erotisch begehrt), ist kaum eine Maxime mit allgemeiner Gültigkeit zu finden. Und dieser Rat des „Hagestolzes" ist schon deshalb verdächtig, weil dieser als einer von ganz wenigen Ausnahmemenschen keine so befriedigende Ersatzkonstruktion gefunden hat wie Clarissa, Abdias und Felix (HD) und auch nicht auf ein intensives Glück zurückblicken kann wie Jodokus (NB) und sogar Hugo (AS). Sie alle würden sich seinem Rat trotz ihrer Kinderlosigkeit wohl kaum anschließen.

Der einzige Text, der mit dieser Maxime wirklich ernst macht, indem er eine erotische Alternative anbietet und, jedenfalls von den Männern, die Entscheidung für den gerade nicht geliebten Partner verlangt, ist die Buchfassung von ‚Zwei Schwestern'. Dazu aber sind starke Eingriffe in die Journalfassung nötig: Die starke und selbstbewußte Camilla wird zur sanften und kränklichen Figur reduziert, die ursprünglich derbe Maria aufgewertet zu einer Figur, die nun innerlich und äußerlich Camilla sehr stark gleicht, aber bewußt auf das Ausleben ihrer problematischen Anlage verzichtet. In der Journalfassung werden die Vernunftheiraten der Buchfassung, die Künstler und Landwirte zu komplementären Paaren vereinen, zwar als wünschenswert angedeutet, kommen aber überhaupt noch nicht zustande. Und selbst in der Buchfassung wird die Heirat von Otto und Maria nicht wirklich vollzogen, sondern in einem seltsam distanzierten Nachwort nur als notwendig prophezeit.

Wie hier sind auch sonst gerade die am stärksten moralisierenden Stellen in den ‚Studien' äußerst zweideutig und beinahe schon mit der Raffinesse eines Winkeladvokaten abgefaßt. Für das Unschuld-Plädoyer in ‚Der Hochwald' wurde das bereits gezeigt, es gilt aber selbst für das scheinbar vernichtende Urteil über den ‚Hagestolz': „wenn in dem Ocean der Tage endlich alles, alles untergeht, selbst das Größte und Freudigste, so geht er eher unter, weil an ihm

---

[96] Ebd., S, 435.

schon alles im Sinken begriffen ist [...], während er noch lebt".[97] Das kann nämlich auch bedeuten, daß der asoziale Außenseiter, der den langen Marsch der Kultur verweigert, die lebenslang gesuchte Abkürzung gefunden hat und eher in der göttlichen Ganzheit der Natur aufgeht. Und wenn der Schmerz in ‚Zwei Schwestern' als „der heiligste Engel" gepriesen wird, weil er „den Menschen ermahnt, ihn über sich selbst erhebt", so ist das nicht einfach ein Loblied auf Entsagung und Anpassung. Eher im Gegenteil: ‚Sich über sich selbst zu erheben', gelingt bei Stifter ja gerade den exilierten Außenseitern, denen der transzendente Blick in die Tiefe der Natur gegeben ist. Und so fährt dieser Satz auch mit einem bezeichnenden „oder" fort: „oder ihm Schäze des Gemüthes zeigt und darlegt, die sonst auf ewig in der Tiefe verborgen gewesen wären".[98]

So rettet Stifter also tatsächlich die individualistischen Utopien der Goethezeit, allerdings um den Preis, daß er sie tarnen und in periphere Enklaven verbannen muß. Seinen Texten geht es eben nicht primär darum zu zeigen, wie aus problematischen Außenseitern nützliche Glieder der bürgerlichen Gesellschaft werden können. In Wahrheit stellen die ‚Studien' Versuche dar, in einer nach Goethe „durchaus bedingten Welt" Freiräume und Rechtfertigungen zu finden, die den Außenseitern ein intensives, ganzheitliches, autonomes und in sich selbst versenktes Leben ermöglichen.

---

[97] WuB. Bd. 1.6, S. 142.
[98] Ebd., S. 334.

Ludwig M. Eichinger

Beispiele einer Syntax der Langsamkeit

Aus Adalbert Stifters Erzählungen

I. Langsamkeit und Zeitverlauf

Wer oder was kann *langsam* sein? Nach Ausweis des Paulschen Wörterbuchs[1] bedeutet das Adjektiv *langsam* ‚ohne Hast, mit geringer Geschwindigkeit'. Die alltägliche Sicht der Dinge, die im weiteren expliziert wird, zeigt, daß es primär Menschen sind, die langsam handeln, auch, daß diese Langsamkeit als der Gegenpol zur geradlinigen Schnelligkeit des „schnell Arbeitens"[2] anzusehen ist. „Was ohne Hast beendet werden soll, mag später als (höflicher) Hinweis auf die Notwendigkeit zum Abschluß einer Handlung verstanden worden sein, daher heute in indirekten Aufforderungen der Gebrauch als Abtön-Part. ‚Sprecher zeigt an, daß er die gewünschte Handlung aus zeitlichen Gründen für geboten hält': *Wir müssen natürlich langsam, das heißt: schnell zum Ende kommen.*"[3]

Die Zeit wird also als eine gleichmäßig voranschreitende Bewegung empfunden, in der man mehr oder weniger viel Handlung unterbringen kann – heutzutage eher mehr. Daneben gibt es aber auch immer wieder Hinweise darauf, daß die gleichmäßig ablaufende Zeit der newtonschen Physik nicht das ist, was unser Leben prägt; „Leben ist zyklisch, reproduktiv, sich wiederholend: in jahreszeitlichen Rhythmen, in Fortpflanzungsrhythmen, in Zellteilungen, in Generationen. Die Zyklizität bedingt überhaupt die strukturelle Stabilität des Lebendigen. [...] Auf der anderen Seite wäre das Leben nicht *lebendig,* wenn der Rhythmus nicht aus dem Tritt kommen könnte, dann wäre jede Adaptationsfähigkeit, jede Innovation, die Überraschung, die Gefährdung eliminiert, und die Welt des Lebendigen ein toter Automat."[4] Wie man weiß, haben die Ergebnisse der Schlafforschung nachgewiesen, daß der natürliche Tagesrhythmus des Menschen bei ca. 25 Stunden liegt; dieser Rhythmus wird dann durch die Hell-Dunkel-Phasen wie auch durch unsere kulturellen Gebräuche auf die 24 Stunden heruntergeregelt.[5] Vor diesem Hintergrund sind

---

[1] Hermann Paul. Deutsches Wörterbuch. 9. Aufl. von Helmut Henne und Georg Objartel [...]. Tübingen 1992, S. 507.
[2] Ebd., S. 757.
[3] Ebd., S. 507.
[4] Friedrich Cramer: Der Zeitbaum. Grundlegung einer allgemeinen Zeittheorie. 2. Aufl. Frankfurt a.M./Leipzig 1994, S. 231.
[5] Ebd., S. 235f.

auch vielleicht Texte wie der folgende von Peter Handke – auch eines Liebhabers der Langsamkeit – nicht so abseitig, wie sie vielleicht scheinen: „Wenn ich den Herzschlag langsamer zähle als er abläuft, wird er langsamer."[6]

Und mag man sie nur als einen Hinweis darauf lesen, daß auch diese wiederholten Strukturmuster, die die Konstanz des zeitlichen Lebens sichern, in der Iteration variieren, in einer Weise variieren, daß die Variation letztlich in einen neuen Zustand hinüberspringt. Diese Entwicklung der relativ festen Strukturen, mit denen wir unsere Zeit zählen, paßt dann auch zu der anderen Vorstellung einer lebendigen und irreversiblen Zeit, die etwa den Ablauf eines Lebens als einen Ablauf von Ereignissen versteht, der nicht einfach umgekehrt gedacht und allenfalls in probabilistischer Annäherung vorhergesagt werden kann. Es ist das die Sicht eines Zeitablaufs, der Entstehen und Vergehen kennt, der die Vergangenheit und Gegenwart deutlich unterscheidet und von der Zukunft nichts Genaues weiß. Diese irreversiblen und unvorhersehbaren Prozesse erhalten ihre Stütze in den zyklischen Strukturen, die den Zeitstrahl der Geschehnisse begleiten und trotz ihrer Veränderung die Wiedererkennbarkeit in der Variation sichern. Diese zyklischen Strukturen können als zum Kreis gebremste Zeitstrahlen verstanden werden: „In der prozessualen Welt heißt Struktur gebremste Zeit".[7] Damit läßt sich vielleicht der Eindruck von Geschwindigkeit oder spezieller Langsamkeit eines Prozesses als eine unterschiedliche Relation zwischen systemstabilisierenden Einheiten und der strukturverändernden irreversiblen Zeit verstehen. Zu beachten ist zusätzlich, daß die zu beobachtende Variation in den Wiederholungen der ablaufenden Strukturmuster gegebenenfalls zu sprunghaften Veränderungen der Strukturen führen kann. Langsamkeit würde dann bedeuten, daß Elemente hervortreten, die den Verlauf einer Geschichte in existierende zyklische Muster einbinden.

Man kann versuchen, Adalbert Stifters Berufung auf das Alltägliche und auch auf die kleinen – ohne Deutung wahrgenommenen – Ereignisse in solch einem Rahmen zu interpretieren. Ganz in der Nähe der berühmten Stelle, an der er vom „sanften Gesetz" spricht, bemerkt Adalbert Stifter in der Vorrede zu den ‚Bunten Steinen': „Das Wehen der Luft das Rieseln des Wassers das Wachsen der Getreide das Wogen des Meeres das Grünen der Erde das Glänzen des Himmels das Schimmern der Gestirne halte ich für groß: das prächtig einherziehende Gewitter, den Bliz, welcher Häuser spaltet, den Sturm, der die Brandung treibt, den feuerspeienden Berg, das Erdbeben, welches Länder verschüttet, halte ich nicht für größer als obige Erscheinungen, ja ich halte sie für kleiner, weil sie nur Wirkungen viel höherer Geseze sind. Sie kommen auf einzelnen Stellen vor, und sind die Ergebnisse einseitiger Ursachen."[8]

---

[6] Peter Handke. Das Gewicht der Welt. Salzburg 1977, S. 87.
[7] Cramer (o. Anm. 4), S. 103.
[8] WuB. Bd. 2.2, S. 10.

Ereignisse, die „auf einzelnen Stellen" vorkommen – die höheren Gesetze einmal beiseite gelassen – werden gegen regelmäßig immer wiederkehrende Vorgänge gestellt, auf deren Gestaltung hier Peter Handkes allgemeinere Beschreibung zuzutreffen scheint: „[...] eine hellichte und farbige Prozession zusammengehörender Dinge, rhythmisiert durch eine Spezialität des Stifterschen Stils, die Weglassung des Komma in der Litanei der Phänomene". Und Handke fährt einige Zeilen später fort: „Bei Stifter hat ein jedes Ding seine Zeit, nach dem Bild und dem Takt der Perioden des Alten Testaments".[9]

Man kann also die von Stifter in der oben zitierten Textstelle geäußerten Präferenzen auch als die Bevorzugung der Einbettung der Geschichten in die zyklisch geordnete Zeit lesen. Das kann vielleicht noch deutlicher werden, wenn man betrachtet, welche Phänomene in der chaostheoretisch inspirierten Betrachtung der Zeit in Friedrich Cramers ‚Zeitbaum' der zyklisch reversiblen Zeit t_r und welche der irreversiblen Zeit der Abläufe t_i zugerechnet werden:[10]

t_r (Strukturen)	t_i (Ereignisse)
periodische, zyklische strukturierte Systeme	irreversible evolutionäre Systeme
Uhren	Urknall
Atome	Supernova
Galaxien	Vulkanismus
Planetensysteme	Mutation
Pulsare	Evolution
Schwarze Löcher	Geburt
Tag und Nacht	Krankheit
Ebbe und Flut	Tod
Jahreszeiten	Altern
Fahrpläne	Geschichte
Zellteilung	Revolution
Zyklen	Trennung
Herzrhythmus	Ideen
Rituale	Wissen
Generationen	Kunst

Schema 1

Vielleicht ist neben der Tatsache, daß Cramer sein Kapitel über diese Sachverhalte[11] mit jenen Versen aus dem alttestamentarischen Prediger Salomo einleitet, auf die Handke oben hinweist („Ein jegliches hat seine Zeit, und alles Vornehmen unter dem Himmel hat seine Stunde"), noch Cramers Hinweis er-

---

[9] Peter Handke. Einige Bemerkungen zu Stifter. In: Peter Handke. Langsam im Schatten. Frankfurt a.M. 1992, S. 56.
[10] Cramer (o. Anm. 4), S. 246.
[11] Ebd., S. 230f.

wähnenswert, daß in „jedem reversiblen Zeitkreis [...] irreversible Anteile enthalten [seien], die früher oder später zu einer nicht aufhebbaren, einer irreversiblen Änderung führen".[12] Gerade dieser Tatbestand könnte Stifters Darstellungsweise zupaß kommen, sich auf die kleinen, unscheinbaren, nicht nach Grund und Folge sortierten Einzelheiten zu beziehen, deren Kraft in den nicht unmittelbar ableitbaren Spätfolgen besteht. Vielleicht ist das einer der Gründe für die Irritationskraft der Stifterschen Erzählprosa, die etwa Thomas Mann im Anschluß an seine Lektüre des Aufsatzes über die totale Sonnenfinsternis zu „Gespräch[n] über das Extreme und Beängstigende in der Natur"[13] führt.

II. Von Vertrautem und Neuem

Die nun folgenden sprachwissenschaftlichen Nutzanwendungen sind der Versuch, an einigen Beispielen aus den Erzählungen Adalbert Stifters nachzufragen, ob und gegebenenfalls wie sich die angedeuteten Strukturen einer lebendigen Zeit in der Gestaltung der Stifterschen Texte wiederfinden. Diese Überlegungen gehen dabei von natürlichkeitstheoretisch geprägten Konzepten der Kodierung – nicht zuletzt in literarischen Texten – aus. Das Überwiegen der einen oder der anderen Zeitsicht sollte einen als komisch interpretierbaren Niederschlag in der sprachlichen Form finden, wenn ich hier des einfacheren Redens halber einmal zwischen den Sachen, die nur in Wörtern daherkommen und diesen Wörtern trennen darf. Langsamkeit hieße dann natürlich, es müßte dominant zyklisch kodiert werden.[14] Nahekommen soll die linguistisch-stilistische Beschreibung dem Phänomen, das – ein letztes Mal – Peter Handke so beschreibt: „Man spricht von den ‚himmlischen Längen' Beethovens – und ebenso könnte man von den ‚himmlischen Langsamkeiten' eines Adalbert Stifter sprechen. Die Langsamkeit der stillen und sanften Prozession seiner Dinge, Landschaften, Helden: als kehrten sie zurück, erscheinen neu nach einer sehr sehr langen Vergessenheit. ‚Es hat sich in vergangenen Zeiten zugetragen [...]' (Turmalin)".[15]

Nicht umsonst bestätigen viele Anfänge Stifterscher Geschichten, daß sie weit auf die Urzeit zurückgriffen, sich auf Rituale (die christlichen Feste in ‚Bergkristall'), allgemein gültige Wechselbeziehungen (regelmäßige Verteilung der Talente in ‚Kalkstein') und ähnliches bezögen. Durch ungeahnte, deterministisch-chaotische Sprünge kommen unerwartete Ereignisse in eine

---

[12] Ebd., S. 246.
[13] Thomas Mann. Tagebücher 1918–1921. Hrsg. von Peter de Mendelssohn. Frankfurt a.M. 1979, S. 187.
[14] Um hier wieder auf die höheren Gesetze zurückzukommen, die oben beiseitegeschoben wurden; unter dem Blickwinkel einer christlichen Ewigkeit ließen sich natürlich auch ganze Geschichten zyklisch harmonisieren.
[15] Handke (o. Anm. 9), S. 56.

Welt, die so etwas in ihrer Struktur allenfalls in fernen Andeutungen kannte. So wird etwa in der Erzählung ‚Granit' das Einbrechen der Pest in regelmäßige Lebensabläufe „im Wald", die in ihren Iterationen Krankheiten durchaus kannten, folgendermaßen eingeführt: „Man hatte vorher in Winterabenden erzählt, wie in andern Ländern eine Krankheit sei, und die Leute an ihr, wie an einem Strafgerichte dahin sterben; aber niemand hatte geglaubt, daß sie in unsere Wälder herein kommen werde, weil nie etwas Fremdes zu uns herein kömmt, bis sie kam."[16]

Die kausalen Erklärungsangebote stehen hilflos vor dem Schock des „sprunghaften" Ereignisses. Anderseits wird von Stifter im Sinne seiner oben genannten Präferenz versucht, auch gleichsam Ereignishaftes in zyklische Struktur zurückzubinden; als Beleg dafür mag die Schilderung des dramatischen Gewitters in ‚Kalkstein'[17] gelten, das trotz der Darstellung der sozusagen explosiven Abläufe ein rekurrierend ablaufendes Geschehen schildert. Und so ist es dann nicht das oben als ihm nicht so wichtig erscheinende „prächtig einherziehende Gewitter, der Bliz, welcher Häuser spaltet", der uns begegnet, sondern eine rekurrierende Naturerscheinung eines erwartbaren Ablaufs, auf die man auch mit Ritualen zu reagieren gelernt hat. So beginnt die Schilderung mit der „Gewohnheit" der Wetterkerze, man erwartet das Gewitter,[18] das nach dem Schema abläuft: Stille – Dunkelheit – ferne Blitze und ferner Donner, dann aufkommender Wind, Annäherung von Blitz und Donner (dazwischen „war noch eine Zeit"[19]). Erwartet wird („endlich"[20]) der Beginn des Regens, der ja nach allgemeiner Ansicht die Gefahr des Gewitters bricht. Danach beschleunigt sich zweifellos die Intensität der dargestellten Abfolgen, dennoch wird auch diese Phase resümiert mit: „Ich hatte selten ein solches Gewitter erlebt"[21] – eines aus einer Reihe also, auch weiter heißt es dann noch: „Dann war ein Weilchen Anhalten, wie es oft bei solchen Erscheinungen der Fall ist".[22] Der Pfarrer schließt den Zyklus: „Es ist vorüber."[23]

III. Zeitbilder im Text

An zwei nicht zu langen, aber doch zusammenhängenden Textstücken soll nun gezeigt werden, wie sich möglicherweise das Verhältnis von ereignishaft vorausschreitender und zyklisch strukturierter Zeit im syntaktischen Aufbau nie-

---

[16] WuB. Bd. 2.2, S. 37.
[17] Ebd., S. 76ff.
[18] Ebd., S. 76.
[19] Ebd., S. 77.
[20] Ebd.
[21] Ebd., S. 78.
[22] Ebd.
[23] Ebd.

derschlägt. Gerade bei literarischen Texten ist es ja nicht ungewöhnlich, von einer „Remotivierung" der an sich grammatikalisierten Mittel auszugehen, so daß nicht zuletzt zu erwarten ist, daß die in zyklischen Strukturen zu beobachtende Verlangsamung der Zeit bis hin zum Stillstand einen Widerpart in entsprechenden – womöglich widerborstig wirkenden – sprachlichen Strukturen finden könnte.

Stilistik des langen Satzes

Beim ersten Beispiel handelt es sich um eine kurze Partie aus dem Anfangsteil der Erzählung ‚Der Waldgänger', die von Hans-Jürgen Heringer in seiner Schulgrammatik ‚Grammatik und Stil' als Exempel für einen Text verwendet wird, der aufgrund der Art der Nebensatzeinbettung schwer zu verstehen sei:[24]

„Über dem ganzen Mühlkreise, der mit den vielen vereinzelten Streifen seiner Wäldchen und den vielen dazwischen liegenden Feldern, die bereits gepflügt waren, und deren Scholle durch das lange schöne Wetter fahl geworden, bis in die tiefere Färbung der böhmischen Höhen zurück geht, stand schon eine dunkelgraue Wolkendecke, deren einzelne Theile auf ihrer Überwölbung die Farbe des Bleies hatten, auf der Unterwölbung aber ein zartes Blau zeigten, und auf die mannigfaltigen, zerstreuten Wäldchen bereits ihr Düster herab warfen, daß sie in dem ausgedorrten Grau der Felder wie dunkelblaue Streifen lagen, bis ganz zurück der noch dunklere und noch blauere Rand des Böhmerwaldes sich mit dem Grau der Wolken mischte, daß seine Schneidelinie ununterscheidbar in sie verging."[25]

Kaum jemand wird wohl Heringer widersprechen, der zu dieser Stelle schreibt: „Dies ist ein riesiger Satz, den man kaum überblickt, vielleicht hat man den Anfang schon vergessen, bevor man zum Schluß gekommen ist."[26] Und er fügt hinzu, Schreiber wie mehr noch Leser bräuchten viel Zeit für eine solche Art von Text.

Aber ebenso könnte man Rainer Maria Rilkes Anmerkung aus dem Jahre 1913 (auch) auf diese Stelle beziehen, seine Anmerkung über den „jungen Dichter", von dem es heißt, daß er „wie er innen an das verborgen Mächtigste seinen Anschluß [habe], so [werde] er im Sichtbaren schnell und genau von kleinen winkenden Anlässen bedient: widerspräche es doch der verschwiegenen Natur, in dem Verständigten das Bedeutende anders als unscheinbar aufzuregen". Und dann, direkt auf Stifter bezogen: „Irgend ein nachdenklicher Leser Stifters [...] könnte es bei sich zur Vermutung bringen, daß diesem dichterischen Erzähler sein innerer Beruf in dem Augenblick unvermeidlich geworden sei, da er, eines unvergeßlichen Tages, zuerst durch ein Fernrohr einen

---

[24] Hans-Jürgen Heringer: Grammatik und Stil. Frankfurt a.M. 1989, S. 332.
[25] SW. Bd. 13, S. 40f.
[26] Heringer (o. Anm. 24), S. 332.

äußerst entlegenen Punkt der Landschaft herbeizuziehen suchte und nun, in völlig bestürzter Vision, ein Flüchten von Räumen, von Wolken, von Gegenständen erfuhr, einen Schrecken vor solchem Reichtum, daß in diesen Sekunden sein offen überraschtes Gemüt Welt empfing wie die Danaë den ergossenen Zeus."[27]

Die aus der Ferne angeblickten Einzelheiten, die sich im Überblick zu einer Struktur zusammenfügen, zerlegen sich in Einzelheiten, die ohne den Rahmen relativ beliebig erscheinen, gleichzeitig das Befremden auslösen, wozu sie womöglich führen könnten. Das Bild mit dem Fernrohr und seinen unterschiedlichen Fokussierungsmöglichkeiten scheint kein übles Modell für die Technik der Verlangsamung von Syntax und Prosodie in dem hier gewählten Textstück zu sein. Das Bild erfaßt im Unterschied zu eher allgemein ökonomisch klassischen Hinweisen auf das sich verändernde Verhältnis von erzählter und Erzählzeit die unterschiedliche Art der Betrachtung der Zeit vor allem an den Stellen, wo ein in der Genauigkeit variierender Überblick über einen zyklischen Zusammenhang gegeben wird. Es ist der Überhang an strukturellen Umwegen, der vor dem Fortgang der Geschichte steht, der die verzögerte Sinnkonstitution bedingt und ikonisch abbildet. Damit ist aber diese Art von Komplexität, auf die man außerhalb literarischer Prosa eher ungehalten reagieren dürfte, prinzipiell eine natürliche Kodierung der zeitweltlichen Verhältnisse. Dabei läßt sich allerdings die Frage, wieweit der Leser zur Sinnentnahme angemessen instruiert wird, d.h. ob der Text hier „gut" ist, durchaus trotzdem noch stellen. Wie John Ole Askedal dargelegt hat,[28] kommt für Elemente oberhalb der lexematischen Ebene, für Syntax und Prosodie, ohnehin nur der sogenannte „diagrammatische Ikonismus" in Frage, d.h. es zeigen sich Analogien in der Struktur der Form und der Struktur des Gedankens. Damit werden eigentlich üblicherweise als gänzlich arbiträr angesehene sprachliche Elemente remotiviert. Die Tatsache also, daß Stifter hier seinen Leser dazu bringt, weit in eine eingebettete syntaktische Hierarchie hinabzusteigen, läßt sich als Instruktion lesen, nach einer analogen Struktur der gedanklichen Einbettung zu suchen. Die Struktur des Gedankens mit dem Wechsel zwischen umgreifender und Einzelfokussierung entspricht der syntaktischen Hierarchisierung. Dieser Wechsel und seine Ausgestaltung sind ihrerseits zu bewerten im Sinne allgemeiner Vorgaben der Stilistik, die einen angemessenen Wechsel zwischen Überblicksdarstellung und Einzelbeschreibung fordert – so etwa schon in Karl Philipp Moritzens ‚Vorlesungen über den Styl'.[29]

---

[27] Rainer Maria Rilke. Werke VI. Frankfurt a.M. 1987, S. 1050f.
[28] John Ole Askedal: Über Arbitrarität und Ikonizität von Sprachzeichen. In: Christoph Küper (Hrsg.): Von der Sprache zur Literatur. Motiviertheit im sprachlichen und im poetischen Kode. Tübingen 1993, S. 13–22 (hier bes. S. 14, S. 20).
[29] Karl Philipp Moritz. Vorlesungen über den Styl. Berlin 1793, S. 50ff.

Beispiele einer Syntax der Langsamkeit   253

Wenn man sich nun den oben zitierten Satz daraufhin ansieht, worum es in ihm gehen soll, kann man feststellen, daß zunächst das Mühlviertel als Ort der Erzählung gesetzt und die vor dem Auge des Lesers ausgebreitete Landschaft bei einem allmählich aufsteigenden Gewitter „im Überblick" dargestellt werden soll. Das steht nun auch in dem, was man syntaktisch den Hauptsatzrest dieses Gefüges nennen würde: „[...] dem [...] Mühlkreise" und „eine [...] Wolkendecke".

Die inhaltliche Relation der beiden nominalen Kerne zueinander, die bereits durch die Präposition *über* indiziert und in der idiomatischen Wendung der am Himmel *stehenden* Wolken aufgefangen wird, tritt in der Folge des Lesens in den Hintergrund, ja sie verliert sich gegen Ende in der reinen Anschlußfunktion der Inhaltssatzkonjunktion *daß*, in der ja kein weiterer inhaltlicher Hinweis enthalten ist. So wird der Mühlkreis letztlich in dem angeschlossenen Relativsatz („der [...] zurückgeht") als eine Landschaft dargestellt, in der sich Wald- und dazwischenliegende Ackerstreifen abwechseln. Von diesen Ackerstreifen wird gesagt, daß sie gepflügt und daß sie von der langen Sonne fahl sind; letztlich wird festgestellt, daß diese Landschaft aus hell-fahlen und dunkleren Streifen im Hintergrund durch die dunklen böhmischen Berge abgeschlossen wird. Im Hinblick auf unsere vorgängigen Überlegungen sei darauf hingewiesen, daß hier die Einzelheiten nicht nur in das Konzept eines bestimmten Typs von Natur- und Kulturlandschaften des mitteleuropäischen 19. Jahrhunderts integriert werden, sondern auch durch das nebenhergesagte Pflügen und das Brachliegen in der Sonne in den Kreis der Jahreszeiten und in die Arbeit des Menschen in der Landschaft eingeordnet werden. Zusammenfassend: Nach der Setzung „der ganze Mühlkreis", wobei das Attribut *ganz* wie das Grundwort *-kreis* die Holistik des Bildes betonen, wird ein aus mancherlei Einzelheiten gewebtes Bild einer frühherbstlichen Landschaft gezeichnet. Die Kleinräumigkeit der Schilderung, das unterschiedliche Fokussieren von Entfernungen – dem Hin- und Herblick der Augen und der Vernetzung der so gewonnenen Eindrücke nicht unähnlich – wird durch die Wahl der syntaktischen Mittel verstärkt. Vor allem dadurch, daß die sententiale Auflösung im finiten Verb so weit wie möglich hinausgeschoben und so die aufgezählten, ja noch nicht in die Assertion eingebundenen Bild- und Strukturelemente im Schweben in einer vagen Beziehung gehalten werden. Das Mittel, das am offenkundigsten dieser Verzögerung dient, ist der in der Mitte eingebettete oder eingeschachtelte Relativsatz („die bereits [...] geworden"), der seinerseits koordinativ gekoppelt und in der zweiten Hälfte nicht durch ein Finitum aufgelöst ist („fahl geworden"). Ebenso wirksam ist aber auch der Einsatz mit dem praktisch nur das Genus signalisierenden Subjekts-Relativpronomen *der* und der unmittelbar anschließenden Fügung mit der Präposition *mit*, die ja ohne weitere syntaktische Information nicht mehr besagt, als daß hier jenes unspezifische *der* mit irgendetwas anderem in Verbindung stehen soll. Daß in der *mit*-Phase ein räumlich im Hellen und im Vordergrund liegender Ausgangsbereich gemeint ist, von dem es dann *bis zu* einem im Dunkel verschwimmenden hinteren Rand geht, wird faktisch erst im Finitum *zurückgeht* endgültig klar. Und auch in der Strecke von dem *mit* bis zu diesem Verb – immerhin 36 Wörter –, gibt es einen weiteren Wechsel von Allgemeinem und Besonderem. Es wird zu immer Spezifischerem herabgeschritten, bevor es an der tiefsten syntaktischen Stelle – der zweiten Hälfte des eingebetteten Relativsatzes – zu einem Umschwung kommt.

Der gesamthafte *Mühlkreis*, im Relativpronomen *der* inhaltslos aufgenommen, wird mit den *vielen* Streifen Wald in Verbindung gesetzt, durch die Relation ‚Dazwischenliegen' werden die Felder zum Wald-Felder-Landschaftsbild integriert. Bei den Feldern wird es dann noch konkreter, die aufgebrochene fahle Erde wird fokussiert, durch die Gründe, die für die Fahlheit genannt werden, in zyklische Strukturen eingebettet. Der folgende Aufstieg um einige syntaktische Stufen auf die Höhe des ersten Relativsatzes führt zur Opposition auf der Eigenschaftsebene der *Färbung*.

Dasselbe geschieht dann in der zweiten Nominalphrase noch einmal, nur daß der Satz hier offen ausläuft. Die *dunkelblaue Wolkendecke* wird zunächst in Unterthemen zerlegt: sie bekommt Form („Wölbung"), die sich in ein Oben und Unten zerteilen läßt und so ein konkreteres Gesamtbild liefert. Oben die Blei-Färbung, die an die ‚Fahlheit' der Erde anschließt, unten das wohl normal dunkle ‚zarte Blau'. Das Bild einer ‚Wetterstruktur' wird ergänzt durch die Wirkung auf die Erde. *Blau* und *Blei* machen die Wälder *düster*, *dunkelblau* trifft das *Grau* der Felder. Dazu kommt ein unklarer Anschluß (*daß* mit schwieriger Kongruenz), der auch hier von den Wolken auf den Boden im Vordergrund und dann an den Horizont der Berge führt. In zwei Ansätzen wird die Vermischung der Farben und die Verwischung des Horizonts angedeutet. Zweimal werden also nach einem Blick auf die Gesamtszene in einem festen Ablauf Einzelelemente fokussiert, die das Gesamtbild auffüllen, deren Bedeutung im einzelnen im Moment der Äußerung noch nicht genau eingeschätzt werden kann.

Tatsächlich lassen sich diese auffälligen Brechungen der Hauptaussage, die ja der Geschehensebene zugehört, als strukturelle Einbettung in Muster verlangsamter Zeit verstehen. Durch sie wird die Zähleinheit, der hier eigentlich zu beschreibende Punkt der Gegenwart, gedehnt. Um die beschreibende Aussage werden Interpretationsmuster in ihren Einzelheiten aufgerufen, die zwar zu dem Muster passen, deren Auswahl aber letztlich von der lang- wie kurzfristigen Intention des Autors gesteuert ist. In diesem Zusammenhang läßt sich womöglich argumentieren, daß die Auswahl der Elemente den Wechsel von einem *hell-matten* zu einem *dunkel-düsteren* Bild ermöglichen sollte. Das ließe sich vielleicht folgendermaßen abbilden:

Beispiele einer Syntax der Langsamkeit

Raumbereich	vorne			hinten
Objekt	Streifen	Wäldchen	Felder	böhmische Höhen
Farbe	fahl			<tiefere TÖNUNG>
„Kipp-punkt"	dunkelgraue Wolkendecke			
		Blei	blau	grau
Farbe	Düster	>> dunkelblau <<		dunkelblauer
Objekt	Mannigfaltig zerstreut	Wäldchen	Felder	Rand des Böhmerwaldes

Schema 2

Die hier skizzierten Beziehungen lassen sich relativ leicht deuten, so daß auf weitere Erläuterungen verzichtet werden kann.

Zurück aber zur Beziehung dieser Gedankenstruktur auf die syntaktische Struktur. Die Langsamkeit des Verweilens in dieser Strukturausmalung wird durch die Herunterstufung auf Attributebene geleistet, des weiteren durch die relative Vagheit der Eingänge in diese Stufen, die den Leser weiter hineinzieht, wenn er Neues erfahren will. Zum anderen liegt das Ikonische dieser Verweilensstruktur darin, daß diese Attributionen in ihrer mehrfachen Stufung die Stellungsfelder des Satzes soweit dehnen, daß man den Sinn des gesamten Gefüges erst im möglicherweise mehrfachen Nachlesen erfassen kann. Neben den einigermaßen vagen Anschlüssen besteht die probabilistische List solcher Textpartien darin, daß die Auswahl der gewählten Einzelheiten der Beschreibung zwar mit dem Gesamtbild verträglich ist, daß aber keine einfachen Gründe für die Nutzung gerade der gewählten Merkmale gegeben werden können. Das wird in dem als nächsten zu behandelnden Textstück vielleicht noch deutlicher werden. Vielleicht ist es dieser Punkt, der Thomas Mann dazu veranlaßt, die „pedantische Kühnheit"[30] Stifters hervorzuheben, die er liebe. Auch bemerkt er, wie das Stiftersche Vorgehen dazu geeignet sei, „das Extreme und Beängstigende in der Natur"[31] darzustellen, spricht daneben von seinem „leichtnärrische[n] und edle[n] Eigensinn".[32] Wie oben schon angedeutet, kann man in neueren wissenschaftstheoretischen Überlegungen auch einen neuen Boden für Adalbert Stifters Neigung zum kleinen und für sich unwich-

---

[30] Thomas Mann. Tagebücher 1933–1934. Hrsg. von Peter de Mendelssohn. Frankfurt a.M. 1977, S. 157.
[31] Ebd., S. 187.
[32] Ebd., S. 125.

tigen Detail legen. Eine der provokanteren Äußerungen aus der Umgebung der Chaostheorie, der sogenannte „Lorenzsche Schmetterlingseffekt", lautet ja: „Ein einziger Flügelschlag eines Schmetterlings kann zur völligen Umsteuerung der Großwetterlage führen (muß aber natürlich nicht)".[33]

Der Rahmen und die Handlung

An einem weiteren Textbeispiel sollen diese Gedanken vom Zusammenspiel von Kleinem und Großem in einem Ganzen fortgeführt werden. Ihn aus den ‚Bunten Steinen' zu nehmen, bietet sich gerade dann an, wenn man die erklärte Absicht des Autors ernst nimmt, vom Unscheinbarsten und Kleinsten zu schreiben. Es soll vom Beginn der ersten Erzählung dieser Sammlung, ‚Granit', die Rede sein:

„Vor meinem väterlichen Geburtshause dicht neben der Eingangsthür in dasselbe liegt ein großer achtekiger Stein von der Gestalt eines sehr in die Länge gezogenen Würfels. Seine Seitenflächen sind roh ausgehauen, seine obere Fläche aber ist von dem vielen Sizen so fein und glatt geworden, als wäre sie mit der kunstreichsten Glasur überzogen. Der Stein ist sehr alt, und niemand erinnert sich, von einer Zeit gehört zu haben, wann er gelegt worden sei. Die urältesten Greise unsers Hauses waren auf dem Steine gesessen, so wie jene, welche in zarter Jugend hinweggestorben waren, und nebst all den andern in dem Kirchhofe schlummern. Das Alter beweist auch der Umstand, daß die Sandsteinplatten, welche dem Steine zur Unterlage dienen, schon ganz ausgetreten, und dort, wo sie unter die Dachtraufe hinaus ragen, mit tiefen Löchern von den herabfallenden Tropfen versehen sind.

Eines der jüngsten Mitglieder unseres Hauses, welche auf dem Steine gesessen waren, war in meiner Knabenzeit ich. Ich saß gerne auf dem Steine, weil man wenigstens dazumal eine große Umsicht von demselben hatte. Jezt ist sie etwas verbaut worden. Ich saß gerne im ersten Frühlinge dort, wenn die milder werdenden Sonnenstrahlen die erste Wärme an der Wand des Hauses erzeugten. Ich sah auf die geackerten aber noch nicht bebauten Felder hinaus, ich sah dort manchmal ein Glas wie einen weißen feurigen Funken schimmern und glänzen, oder ich sah einen Geier vorüber fliegen, oder ich sah auf den fernen blaulichen Wald, der mit feinen Zacken an dem Himmel dahin geht, an dem die Gewitter und Wolkenbrüche hinabziehen, und der so hoch ist, daß ich meinte, wenn man auf den höchsten Baum desselben hinauf stiege, müßte man den Himmel angreifen können. Zu andern Zeiten sah ich auf der Straße, die nahe an dem Hause vorübergeht, bald einen Erndtewagen bald eine Heerde bald einen Hausirer vorüber ziehen."[34]

---

[33] Cramer (o. Anm. 4), S. 86.
[34] WuB. Bd. 2.2, S. 23f.

Dieser Textanfang ist syntaktisch weitaus weniger komplex als die vorher betrachtete Stelle. Dennoch kann man auch hier sehen, wie der zum Anstoß gewählte Stein in die beiden angedeuteten Zeitebenen eingebunden ist und wie insbesondere der Ausbau der zyklischen Ebene den Eindruck gebremster Zeit erzeugt – mit syntaktischen Mitteln, die bei weitem nicht so gewollt bis an den Rand des Nichtverstehens führen wie im ersten Beispiel. Auch hier wird jedoch die zeitliche Verlangsamung dadurch erzeugt, daß die Wirklichkeit in Bezugsstrukturen aufgebrochen wird, an die dann – in mehreren Stufen – bis auf die Ebene einer unmittelbaren Nahsicht herangegangen wird. Was solcherart aus den Netzen unseres Wissens heraufgeholt wird, erscheint uns zwar einerseits mit den angeleuchteten Szenen wohl verträglich, manchmal sind es aber Einzelheiten, die man vielleicht nicht als erste intuitiv ausgewählt hätte, die in ihrer Eigenwilligkeit vielleicht irritieren. Sie irritieren womöglich, weil man ahnt, daß die kleine herausgelöste Einzelheit wie jener Schlag des Schmetterlingsflügels sein könnte. Eine kleine Variation der Szene signalisierend, stellen sie vielleicht weit entfernt eine Weiche, deren Richtung die Geschichte dermaleinst folgen kann oder wird. Mit diesem Gedanken im Hintergrund sei nun noch durch diesen Text gegangen.

Zunächst geht es um diesen großen Stein. Auch hier wird sprachlich im ersten Schritt ein mittlerer Betrachtungsabstand gewählt, der uns etwas Bekanntes vor Augen stellt, ein Haus, nebenher genauer qualifiziert als in die Generationenfolge des Erzählers gehörig. *Mein väterliches Geburtshaus:* zumindest für den Leser am Ende des 20. Jahrhunderts sind die semantisch-syntaktischen Bezüge in dieser Nominalgruppe, deren Kern ein Kompositum bildet, nicht so recht auflösbar. Gleichzeitig mit dem Blick auf dieses solcherart etwas vage in eine persönliche Beziehung gesetzte Haus wird es durch die Präposition *vor* zum Hinter- und Bezugspunkt einer lokalen Relation. Eigentlich wäre nun in standardsprachlicher Syntax der finite Teil des Prädikats zu erwarten – „Verb-Zweitstellung" im Aussagesatz. Stattdessen wird hier, wenn ich den Vorgang der Fokussierung derart verumgangssprachlichen darf, sprachlich genauer hingeschaut. Vom Haus als dem Ort der Generationen wird – in der syntaktisch höchst auffälligen zweiten adverbialen Bestimmung vor dem Verb – der Blick auf die Eingangstür gelenkt, ja in dem nachgetragenen präpositionalen Attribut wird der Blick noch genauer in den Eingang hineingeführt. Im Sinne meiner Überlegungen könnte man sagen, das Haus wird in einem dreifachen Näherrücken als ein strukturaler Ort beschrieben. Es wird als Institution, in der die Generationen aus- und eingehen, eingeführt. Schon ein Blick auf die nachfolgende Charakteristik des Steins vermag zu zeigen, daß diese Deutung nicht so sehr weit hergeholt scheint. Syntaktisch ist auffällig, daß hier, wie beim anderen Text, an auffälliger Stelle – hier fast in einer Doppelbesetzung der Vorfeldposition im Satz – vor der Assertion des Satzes, die in die Handlungszeit gehörende Lokalbestimmung scheinbar nur in Einzelheiten auseinandergenommen wird. Ganz offenkundig ist hier die Zoombewegung von der Gesamtaussicht des Hauses am Anfang bis letztlich dann zur Form als der ersten Einzelheit des Steins im Abschluß des Satzes. Am Anfang wie auch in dem Nachtrag werden Signale der Verzögerung gegeben, die über syntaktische Techniken vermittelt werden. Im Vorfeld erfordert die unübliche Reihenfolge zumindest eine Sprechpause, einen Neuansatz vor der zweiten Lokalbestimmung. Ich denke, das ist eine der Techniken, die das Prozessionsartige ausmachen, das vielerorts Stifters Stil zugeschrieben wird. Aber auch in die zweite Nominalgruppe dieses Satzes ist ein Irritament eingebaut, das man zwar in Kategorien der syntaktischen Reihenfolge beschreiben kann, das eigentlich die natürliche sprachliche Abstraktionsebene für Objekte eines bestimmten Objektbereichs betrifft. Steine, zumindest solche des hier gemeinten Typs, werden nicht natürlich nach der Zahl ihrer Ecken klassifiziert. „Achteckiger Stein" ist informationstechnisch dem anderen genannten Merkmal „sehr in die Länge gezogener Würfel" deutlich unterlegen. Wenn wie hier als Instruktion herauskommen soll, daß es sich um einen großen Quader handelt, auf dem man sitzen kann, ist die Reihenfolge der gegebenen Informationen eher irreführend. Auf jeden Fall erlaubt es diese Schilderung anschließend, die Teile des Steins weiter zu spezifizieren. Hierbei wird auf der Darstellungsebene ein auffälliger Oberflächenkontrast konstatiert. Dabei sind die beiden Phrasen, in denen der Unterschied ausgesprochen wird („Seine Seitenflächen [...], seine obere Fläche [...]") ganz unterschiedlich deutlich ausgebaut; die schon in der Prädikation doppelt aufgeführte Feinheit und Glattheit wird von zwei – einander ergänzenden? – Sinnangeboten bestimmt. Wichtig ist vor allem das beiläufig eingeführte „von dem vielen Sizen", das hier auch schon auf die Kontinuität der vielen Generationen verweist. Die zweite Möglichkeit, die Glätte zu erklären („als wäre [...]"), die ja durch die vergleichende Einführung in eine andere mögliche Welt verwiesen wird, wäre dagegen der Versuch – s. „Kunst" in Schema 1 – eine irreversible Einzelhandlung zum Urheber der beobachteten sensorischen Wahrnehmung des Steins zu machen. Sie ist aber, wie gesagt, deutlich kontrafaktural gesetzt.

Auf der Darstellungsebene wird die Wirklichkeit, die im generationenlangen Sitzen und seiner Folge besteht, abstrakt zusammengefaßt: *Der Stein ist sehr alt*; in der zweiten Hälfte dieses Satzes – ziemlich auffällig und redundant mit dem *und* gekennzeichnet – wird das Alter des Steins durch die Negation eines mehrfach gestuften Hörensagens auf die immerwiederkehrenden Generationen zurückgeführt, deren weites Zurückliegen durch die Indefinitheit des Artikels („eine Zeit") weiter modalisiert wird; da reibt sich dieser Artikelgebrauch mit der definiten Bezugnahme von *wann*, das in dieser syntaktischen Reibung auf eine Handlung in der Vergangenheit hinweise und so in die Handlungszeit zurückführt. Auch im nächsten Satz sind die irreversible Handlungszeit und die reversible Strukturzeit in ambivalenter Weise verknüpft. Der Generationen-, also strukturbezogene Gedanke in diesem Satz könnte wohl lauten, daß man als Junger wie als Alter auf diesem Stein gesessen sei und das über Generationen seit langer Vorzeit. Das Schlummern auf dem Kirchhof kann man in unserer Hinsicht vielleicht als ambivalent verstehen, das Sterben hingegen gehört einem anderen – irreversiblen – Zeitfeld an. Gleichzeitig wird das aber durch die Tempusgleichheit verwischt. Die Tempuswahl ist überhaupt auffällig – der Tempusübergang ist hier sowieso überraschend: ein Plusquamperfekt, das sich weder vorher noch zunächst auch nachher auf etwas stützen kann. Auf jeden Fall signalisiert es aber, daß die Erzählung bald auf Tempo kommen könnte. Davor aber wird noch, explizit eingeleitet, durch quasi naturwissenschaftliche Beweisstrukturen (die Ergebnisse immer wiederkehrender Vorgänge: „[...] ausgetreten [...] herabfallende Tropfen [...]") das Alter des Steins nochmal bewiesen: natürlich in Präsens und Perfekt.

Durch den Plusquamperfektsatz von vorhin schon vorbereitet, kommen wir nun zu dem Satz, der den eigentlichen Beginn der Geschichte einleitet. Dieser Satz ist ganz eigenwillig verdreht thematisiert. Warum soviel Aufwand, um zu sagen, daß der Erzählende als Kind zu den Jüngsten gehörte, die in seiner Familie je auf diesem Stein gesessen sind? Man geht vielleicht nicht fehl in der Annahme, daß mit sanft entfernter Ironie, die sich in einem undurchschaubaren Satzbau versteckt, sein besonders hoher Grad an Jugend als Entschuldigung für sein folgendes wahrhaft naives Verhalten herangeholt werden soll. Wer so jung ist, kann auch noch nicht lange genug auf dem von der Erfahrung von Generationen geprägten Stein gesessen sein.

Die Analyse sei hier abgebrochen, wiewohl im nächsten Absatz besonders schön das Zusammenspiel der handlungsvorantreibenden Zeit in den ersten Sätzen und der strukturell-stabilisierten Sehenserfahrungen im zweiten Teil zu sehen wäre.

IV. Schluß

Um im praktischen Leben zurechtzukommen, braucht man ein Zeitverständnis, das über die Gleichförmigkeit traditioneller Vorstellungen hinausgeht. Im praktischen Leben – und in diesem Sinne ist auch das Erzählen von Geschichten in der Literatur das praktische Leben – kommt die Zeit nur in Geschichten, allgemeiner in prozessualen Zusammenhängen vor. Solche Prozesse sind einerseits Folge von – unumkehrbaren – Ereignissen, denen die Zeit entlangläuft: diese Zeit ist eigentlich recht unberechenbar. Zu ihrer Stabilisierung und kulturellen Domestizierung bedarf es der in Struktur verlangsamten Zeit. Für langsame Phasen in Geschichten sollte diese letzte Zeit zuständig sein, so daß sich eine Stilistik der Langsamkeit durch eine ikonische Abbildung solcher Strukturen auszeichnen sollte.

Im allgemeinen Teil ließ sich, wie mir scheint, wahrscheinlich machen, daß die hier gewählten Beschreibungsebenen den von Stifter selbst formulierten Präferenzen nicht ganz fremd sind.

Im speziellen Teil wurde den Wegen einer Syntax der Langsamkeit an zwei Beispielen nachgegangen. In Anlehnung an Harald Weinrichs Redeweise von den Tempusübergängen[35] könnte man vielleicht davon sprechen, daß wir eine Reihe von Zeitübergangssignalen gefunden haben, die in den vorgelegten Texten eine recht ausgeprägte Signalwirkung haben; sie führen dazu, daß die Handlungszeit eine Weile in der Schwebe gehalten wird. Betont sei nochmals die Bedeutung der Fokussierungsstufen, die auf die Ebene der Einzelheiten führen und die Handlungs- und die Strukturzeit miteinander verbinden können.

---

[35] Harald Weinrich: Textgrammatik der deutschen Sprache. Mannheim/Leipzig/Wien/Zürich 1993, S. 198ff.

Stefan Schmitt
Adalbert Stifter als Zeichner

Eine Würdigung des Zeichners Adalbert Stifter hat erst in Ansätzen stattgefunden. Fritz Novotny konzentrierte sich in seiner verdienstvollen Monographie vornehmlich auf den Maler Stifter.[1] Eine Ausnahme bildet die Skizzenfolge aus den Lackenhäusern, deren erstmalige Besprechung wiederum Novotny zu verdanken ist.[2] Weitere Forscher widmeten ihre Aufmerksamkeit überwiegend dem zweifellos bedeutenderen malerischen Œuvre und gingen auf das graphische Werk nur beiläufig ein.[3] Für diese Konzentration gibt es mehrere Erklärungen: So schien im Vergleich des Literaten Stifter mit dem Maler Stifter das alte Postulat des „ut pictura poesis" gleichsam in Personalunion auferstanden: Stifter ließ in die literarischen Werke seine malerischen Erkenntnisse miteinfließen.[4] Die Sprache seiner Landschaftsschilderungen gibt hiervon beredtes Zeugnis.

---

[1] Fritz Novotny: Adalbert Stifter als Maler. 4. Aufl. Wien/München 1979. Das Werk erschien erstmals 1941. Die 4. Auflage enthält auch einige spätere Aufsätze Novotnys zu Adalbert Stifters bildkünstlerischem Werk.
[2] Novotny: Adalbert Stifters Zeichnungen zu den Lackenhäusern. In: Novotny (o. Anm. 1), S. 63–70.
[3] Vgl. Ursula R. Mahlendorf: Stifters Absage an die Kunst? In: Goethezeit. Studien zur Erkenntnis und Rezeption Goethes und seiner Zeitgenossen. Festschrift für Stuart Atkins. Hrsg. von Gerhart Hoffmeister. Bern/München 1982, S. 369–383; Franz Baumer: „Musik für das Auge" – Progressive Elemente bei Adalbert Stifter als Maler und Zeichner. In: VASILO 31 (1982), S. 121–144; Laurence A. Rickels: Stifter's *Nachkommenschaften:* The Problem of the Surname, the Problem of Painting. In: MLN 100 (1985), S. 577–598; Donald C. Riechel: Adalbert Stifter as a Landscape Painter: A View from Cézanne's Mont Sainte-Victoire. In: Modern Austrian Literature. Journal of the International Arthur Schnitzler Research Association 20 (1987), S. 1–21. – Vgl. auch den problematischen Artikel von Fritz Feichtinger: Primat von Malerei oder Dichtung? Zur Frage der schöpferischen Anfänge bei Adalbert Stifter. In: Rheinische Adalbert-Stifter-Gemeinschaft. Nachrichtenblatt Nr. 77/78, F. 3 (1987), S. 22–31; Nr. 79/80, F. 1/2 (1988), S. 3–28; Nr. 81/82, F. 3/4, S. 38–50; dazu erwidernd und richtigstellend Heinz Schöny: Stifter als Maler. Kritik einer Kritik. In: Rheinische Adalbert-Stifter-Gemeinschaft. Nachrichtenblatt Nr. 87/88, Folge 1/2 (1990), S. 5–11. – Vgl. ferner Peter A. Schoenborn: Adalbert Stifter. Sein Leben und Werk. Bern 1992, S. 52–68.
[4] Zum notwendigen, aber auch problematischen Vergleich des dichterischen Werks mit dem malerischen Œuvre vgl. Novotny (o. Anm. 1), S. 22–35, insbesondere S. 22–26. Vgl. auch Walter Weiss: Zu Adalbert Stifters Doppelbegabung. In: Wolfdietrich Rasch (Hrsg.). Bildende Kunst und Literatur. Beiträge zum Problem ihrer Wechselbeziehungen im 19. Jahrhundert. Frankfurt a.M. 1968 (Studien zur Philosophie und Literatur des 19. Jahrhunderts 6), S. 103–120.

In den Erzählungen spielen Landschaftsmaler häufig eine zentrale Rolle, und die Textstellen, die Stifter der theoretischen Reflexion der Malerei widmete, sind ungezählt. In diesem Zusammenhang darf auch seine Tätigkeit als Kunstkritiker nicht unerwähnt bleiben.[5] Eine weitere Überlegung gewährt zusätzlichen Aufschluß über das geringe Interesse der bisherigen Forschung am graphischen Œuvre Stifters: Obwohl im Zeitalter des Biedermeier die ästhetische Eigenständigkeit der Zeichnung weitgehend anerkannt war, blieben doch die meisten Zeichnungen vorbereitende Arbeitsschritte hin zum ausgeführten Gemälde und somit in der Atelier- und Ausstellungspraxis der Malerei untergeordnet. Die entscheidende Ursache für das geringe wissenschaftliche Interesse ist aber in der geringen Anzahl von nur 33 erhaltenen Zeichnungen zu sehen. Eine dem Zeichner Adalbert Stifter gewidmete Untersuchung muß an diesem Punkt ansetzen.

I

Stifters Anfänge als Zeichner lassen sich zurückverfolgen bis zu seinem Eintritt ins Gymnasium des oberösterreichischen Benediktinerstifts Kremsmünster im Jahre 1818. Hier lernte er unter der Anleitung des Zeichenlehrers Georg Riezlmayr die ersten Grundlagen des Zeichnens.[6] Die folgende fünfzigjährige Zeitspanne bis zu seinem Tod muß mit dem geringen Umfang seines erhaltenen graphischen Werkes in Beziehung gesetzt werden. In diesem langen Zeitraum müssen zahlreiche Zeichnungen, Studien und Skizzen entstanden sein.

Im ersten Abschnitt der 1864 erschienenen ‚Nachkommenschaften' findet sich zur Problematik eine aufschlußreiche Passage.[7] Der junge Maler Roderer konstatiert: „Bei mir ist aber Vieles anders als bei andern Malern. [...] Alles, was mir von meinen Arbeiten nicht gefällt, verbrenne ich. [...] Wohl sagte mancher Freund: ‚Ich bitte dich, wenn dir auch eine Arbeit nicht gefällt, mir

---

5 Zu Adalbert Stifter als Kunstkritiker vgl. Knut E. Pfeiffer: Kunsttheorie und Kunstkritik im 19. Jahrhundert. Das Beispiel Adalbert Stifter. Bochum 1977 (Bochumer Studien zur Publizistik und Kunstwissenschaft 11).
6 Riezlmayr lebte von 1784 bis 1852. Immerhin fand dieser Zeichenlehrer lexikalische Erwähnung: Allgemeines Lexikon der Bildenden Künstler von der Antike bis zur Gegenwart. Begründet von Ulrich Thieme und Felix Becker. Bd. 28, S. 347 („Riezlmair"). Zur Biographie Riezlmayrs vgl. Margret Czerni: Stifters Zeichenlehrer Georg Riezlmayr. Ein Auszug aus der Familiengeschichte. In: Blickpunkte. Kulturzeitschrift Oberösterreich 1 (1993), S. 12–19; Moriz Enzinger: Adalbert Stifters Studienjahre (1818–1830). Innsbruck 1950 (Adalbert-Stifter-Institut des Landes Oberösterreich. Schriftenreihe. Bd. 1), S. 111. Zur künstlerischen Ausbildung Riezlmayrs vgl. auch Feichtinger 1988 (o. Anm. 3), S. 10.
7 Vgl. auch Novotny: Adalbert Stifters ‚Nachkommenschaften' als Malernovelle (Erstdruck 1954). In: Novotny (o. Anm. 1), S. 37f.

gefällt sie sehr wohl: schenke sie mir lieber, ehe du sie verbrennst, das ist ja widersinnig, an einem verbrannten Dinge kann ja kein Mensch mehr eine Freude haben.' – ‚Das ist widersinnig, was du willst,' sagte ich, ‚an der nicht verbrannten Pfuscherei habe ich zeitlebens Ärger, so lange ich sie auf der Welt weiß, auf die verbrannte vergesse ich, indem ich mir denke, ich will jetzt etwas ganz Schönes machen.' Und so sind schon viele Dinge in das Feuer gegangen."[8] Den an sich selbst gestellten hohen Anspruch an die Qualität seiner Werke vermag Roderer nicht einzulösen. Er leidet unter seiner Unvollkommenheit, und so wurde das Autodafé, also die bewußte Vernichtung eigener Werke, zur häufig geübten Praxis. Auch mit seiner sich selbst gestellten Bewährungsprobe, dem Projekt eines monumentalen Gemäldes einer Moorlandschaft, wird er bekanntlich scheitern und es verbrennen.

Die Parallelisierung des Autors mit Roderer sollte behutsam erfolgen: Stifter verlieh der Gestalt des Malers Roderer autobiographische Züge, aber zwischen der literarischen Künstlerfigur und dem wirklichen Künstler Stifter besteht ein grundlegender Unterschied, denn Roderer sucht die Entscheidung in *jungen* Jahren, scheitert und nimmt dieses Scheitern freudig an: „Ich fühlte nun eine Freiheit, Fröhlichkeit und Größe in meinem Herzen wie in einem hell erleuchteten Weltall."[9] Der Autor hingegen rang als Künstler sein ganzes Leben mit der Form und versuchte, seinen Bildthemen ideale Gestalt zu verleihen. Dies belegt auch das ‚Tagebuch über Malereiarbeiten', welches Stifter vom Februar 1854 an bis kurz vor seinem Tode „mit äußerster Pedanterie" führte, wie Novotny schrieb.[10]

Roderers Autodafés hingegen finden ihre Entsprechung im Tun Stifters. So fragte Stifter seinen Freund Siegmund Freiherrn von Handel in einem Brief vom 8. Februar 1837: „Was thatest Du mit jenem embrionischen, mißgeburtigen Bilde, das Du mir entführtest? Hast du es noch, so verbrenne es, dann bekommst Du ein neues, dessen Gegenstand Du Dir selber bestimmen kannst".[11] In einem Schreiben vom 20. September 1837 gibt er dem Freund einen Be-

---

[8] SW. Bd. 13, S. 234.
[9] Ebd., S. 302.
[10] Novotny (o. Anm. 1), S. 16: Stifter vermerkte auf 43 Seiten akribisch die Einzelheiten seiner künstlerischen Tätigkeit. Er schrieb seine Aufzeichnungen erst auf Notizblätter und übertrug diese anschließend in sein Buch. Die Gesamtarbeitszeiten an seinen Gemälden wie auch die tägliche Arbeitsleistung errechnete er auf die Minute genau! Das Tagebuch ist abgedruckt in SW. Bd. 14, S. 358–365. Vgl. auch die Einleitung zu SW. Bd. 14, S. LXIV–LXIX. Auch der bedeutende Landschafts- und Tiermaler Friedrich Gauermann führte ein penibles Anmerkungsheft, in dem er Arbeitsweise, Zeit, Aufträge und Reflexionen notierte. Vgl. hierzu Gerbert Frodl: Wiener Malerei der Biedermeierzeit. Rosenheim 1987, S. 40. Abdruck des Anmerkungsheftes bei Rupert Feuchtmüller: Friedrich Gauermann. Wien 1962.
[11] SW. Bd. 17, S. 65. Vgl. Novotny (o. Anm. 1), Kat. Nr. 27: Novotny vermutet, bei dem Bild, welches Stifter am liebsten verbrannt sähe, handle es sich um das Gemälde ‚Der Sarstein bei Alt-Aussee'. Dieses Gemälde befand sich im Handelschen Familienbesitz.

richt über seine quälend langwierige und mühselige Arbeitsweise, der in der resignierten Bemerkung gipfelt: „Es ist ein eigenes Unglük, ich kann kein meiniges Bild lange in den Händen haben, ohne etwas auszubessern, und zwar so lange auszubessern, bis ich das Bild wegwerfe."[12]

Einer der Freunde Stifters, Heinrich Reitzenbeck (1812–93), äußerte sich 1853 in einer Zeitschrift über Stifters künstlerischen Rigorismus: „Er tat sich aber hierin [in der Malerei] nie genug, sondern verbrannte regelmäßig seine Bilder, ja es ereignete sich der Fall, daß er einem Freunde ein geschenktes Bild wieder wegnahm, um es zu verbrennen. Daß er Landschaften malt, dürfte seinen Schriften unschwer zu entnehmen sein. Daß daher nicht viele Bilder von ihm vorhanden sind, ist begreiflich."[13]

Im Verlaufe des Arbeitsprozesses an einem Gemälde entstanden in der Regel eine Vielzahl zeichnerischer Studien. Die ungewöhnliche Tatsache, daß von Stifter weniger Zeichnungen erhalten sind als Gemälde, legt den Schluß nahe, daß Stifter seine Zeichnungen noch unbarmherziger vernichtete als seine Malereien. So muß die Gruppe der Zeichnungen als stark dezimierter und heterogener Restbestand einer ungleich größeren Produktion angesehen werden. Seine Erhaltung verdankt er zumindest teilweise der Wertschätzung des Künstlers, aber womöglich auch dem Umstand, daß die Skizzen für noch auszuführende Werke zurückgehalten wurden. Auch der Zufall spielt für die Erhaltung einiger Werke eine nicht zu unterschätzende Rolle, wofür schon die teilweise bedeutenden Qualitätsschwankungen sprechen. So ist zum Beispiel ein Skizzenbuch aus den Lackenhäusern komplett erhalten, obwohl es einige Blätter enthält, die kaum Stifters Anspruch genügt haben dürften.

Der größte Teil der verbliebenen Stifterzeichnungen läßt sich in folgende ikonographische Gruppen systematisieren: Landschaften und Waldstudien (17),[14] Baumstudien (5),[15] Fels- und Steinstudien (3)[16] sowie „Architektur"

---

[12] SW. Bd. 17, S. 70.
[13] Heinrich Reitzenbeck: Adalbert Stifter. Biographische Skizze. In: Libussa. Jahrbuch für 1853. Hrsg. von Paul Aloys Klar. Prag. 12. Jahrg., S. 317–329, hier S. 320. Nach einer Aufzählung von Gemälden Stifters in Sammlerbesitz führt Reitzenbeck den zitierten Gedankengang pointiert fort: „Ob er all diese Dinge nicht wieder verbrannt hätte, wenn er sie selbst besäße, wissen wir nicht. Er nennt sich einen Stümper, weil er die Natur nicht so malen kann, wie er sie sieht; ob er dies einmal wird können ist ungewiß, und wenn er bis dahin fleißig mit dem Verbrennen fortfährt, so dürften bei seinem Lebensende wenig Bilder von ihm vorhanden sein." Diese Prophezeiung Reitzenbecks sollte sich als weitsichtig erweisen.
[14] Novotny (o. Anm.1), Katalognummern 20, 28, 31, 32, 34, 35, 49 (Rückseite von 48), 65, 73, 76, 84, 85, 91, 92, 93, 95, 97.
[15] Ebd., Katalognummern 33, 60, 72, 89., Tafel 52 oben: Diese Studie ist abgebildet, bekam aber keine Katalognummer zugewiesen.
[16] Ebd., Katalognummern 86–88.

(Rosenbergerhaus, Hütten etc.).[17] Quantitativ überwiegen die Landschaften und Waldstudien.[18] Darstellungen vom Menschen sind nicht bekannt. Stifter bevorzugte die Technik der Bleistiftzeichnung.[19] Die Blätter sind überwiegend kleinformatig: Die Vorzeichnung zur Fassung II der ‚Bewegung' ist mit ihren 68,7 x 90,4 cm eine Ausnahme.[20] Die Maße der nächstgrößeren Zeichnung betragen nur noch 23,7 x 30,7 cm,[21] und die Mehrzahl der restlichen Blätter ist nochmals bedeutend kleiner.

II

Im folgenden soll die zeichnerische Entwicklung Stifters anhand einiger exemplarischer Blätter in ihren Grundzügen vorgestellt und analysiert werden. So haben sich frühe Landschaftsstudien erhalten, die 1835/36 entstanden. Das Blatt ‚Der Hallstätter See' ist in diesen Zeitraum zu datieren, in den auch Stifters Sommeraufenthalt im Salzkammergut fällt. Novotny nimmt, unter der Voraussetzung, daß eine Studie nach der Natur vorliegt, den 4. Juni 1836 als Entstehungsdatum an, da Stifter sich an diesem Tag in Hallstatt aufhielt.[22] Aus großer Höhe gesehen, erstreckt sich der schmale und längliche Hallstätter See in die Tiefe des Blattes. Die ihn umgebenden hohen Berge sind säuberlich in dünner Linienführung wiedergegeben. Am gegenüberliegenden Ufer und verschwindend klein vor der Monumentalität des Bergmassivs erkennt man die Ortschaften Gosaumühle und Hallstatt. Mehrere Baumgruppen verschiedener Größe betonen die Tiefe des Tals und kontrastieren die lineare Binnenzeichnung des Hintergrundes. Da Stifter dieses Blatt mit einer Quadratur ver-

---

[17] Ebd., Katalognummern (28), 44, 61, 66, 69, 94, 96. – Künftig erfolgen Bezugnahmen auf in Novotnys Katalog aufgeführte Arbeiten Stifters nur noch mit Nennung der Katalognummern.
[18] Die Motivgruppen können sich gelegentlich überschneiden, so z.B. bei Nr. 66 (‚Zerfallene Hütte im Wald'), die sowohl als Architekturzeichnung wie auch als Waldstudie interpretiert werden kann.
[19] Sechs Ausnahmen sind zu nennen: 1. ‚Holländische Mondlandschaft', Nr. 20: Tuschpinselzeichnung; 2. ‚Ansicht von Lauffen', Nr. 34: Federzeichnung; 3. ‚St. Agatha bei Goisern', Nr. 35: Federzeichnung; 4. Vignettenentwurf für den ‚Waldgänger', Nr. 65: Tuschlavierung auf Karton, Technik des „papier pelé"; 5. ‚Die Bewegung I', Nr. 73: Öl auf Leinwand, hier aufgrund der Binnenzeichnung aufgenommen; 6. ‚Die Bewegung', Vorzeichnung zur 2. Fassung, Nr. 76: Tuschzeichnung.
[20] Nr. 76.
[21] Es ist die Studie ‚Umgestürzte Baumwurzel', Nr. 60.
[22] Nr. 31 (Abb. Taf. 22 oben): Bleistift auf Papier, 21,4 x 26,4 cm. Die Bezeichnung „Hallstädt. See 1836 20/11 St." rechts unten sowie die Ziffer „2" links oben nicht von Stifter. Im Besitz von Dipl.-Ing. Wolfgang Schönwiese, Graz. Denkbar wäre immerhin auch, daß Stifter zu Studienzwecken eine Skizze nach einem Gemälde eines renommierten Malers schuf.

sah, liegt die Annahme nahe, daß er nach dieser Studie ein Gemälde anfertigte, welches der Forschung allerdings unbekannt ist.[23]

Gänzlich anderen Charakters ist die Bleistiftzeichnung ‚Zerfallene Hütte im Wald' (Abb. 1) aus den vierziger Jahren. Sie gehört zu den besten Blättern Stifters:[24] Das Dach der Hütte wurde durch einen niedergestürzten Ast schwer beschädigt, so daß es schief und zersplittert auf dem nachgebenden Mauerwerk aufliegt. Der aus mächtigen Wurzeln aufragende Baum rechts der Hütte hat mit dem Ast auch einen Großteil seiner Krone verloren, deren Laubwerk den linken Abschluß des Motivs bildet und die Hütte bei weitem überragt. Das schlichte Bauwerk wird von der gleichgültigen Natur überwuchert und wirkt vor der Kulisse des mächtigen Hochwaldes fragil und verloren.

Als vergängliches Zeugnis einstiger menschlicher Präsenz an diesem Ort gibt sich Stifters Motiv als romantisches Bildthema zu erkennen. An den Rändern und im Hintergrund wird das Blatt zunehmend skizzenhafter, aber bei der Gestaltung des Bildzentrums entschied sich Stifter für eine naturalistische und akribisch differenzierende Detailbeschreibung. Die Licht- und Schattenmodellierungen in allen Partien bezeugen technische Versiertheit, und die Detailfülle ist durch den ökonomischen und überlegten Einsatz der zeichnerischen Mittel bewältigt. Ebenfalls detailgetreu beschreibend, wirkt die Zeichnung der ‚Gutwasserkapelle bei Oberplan' (Abb. 2) aus dem gleichen Zeitraum atmosphärischer.[25]

---

[23] Nr. 32: ‚Der Vordere Gosausee mit dem Dachstein'. Bleistift auf Papier, 19,3 x 23,5 cm. Im Besitz der Adalbert-Stifter-Gesellschaft Wien. Standort: Historisches Museum der Stadt Wien. Diese Zeichnung aus demselben Zeitraum verrät ebenfalls ihren Verwendungszweck als Gedächtnisstütze für die Atelierarbeit. Die Strichführung ist unpräzise und zeigt, daß Stifter hier keine „Zeichenkultur" anstrebte. Mit dieser Studie wollte er sein Motiv vermessen. Ästhetisch motiviert ist hier die Wahl des Bildausschnitts, aber nicht dessen Gestaltung. So wurden die Details von Stifter mit Buchstaben versehen und am oberen Bildrand systematisch kommentiert. Die wichtigsten Angaben zu den Lichtverhältnissen sind gleich in den entsprechenden Passagen der Zeichnung vermerkt. Der auffallende Gebrauch des Komparativs (z.B.: „e steiler") führte schon Novotny (o. Anm. 1) zu der plausiblen Annahme, daß Stifter „die Skizze nach irgendeiner Vorlage" bereits in Wien anfertigte und die Details dann vor dem Motiv kommentarisch korrigierte. Das Notieren von Farbwerten und anderen Anmerkungen entsprach häufig geübter Atelierpraxis. Als Beispiel eines berühmten Malers jener Zeit, der seine Zeichnungen kommentierte, wäre Carl Spitzweg zu nennen. Vgl. zu diesem Aspekt Siegfried Wichmann: Spitzweg. Zeichnungen und Skizzen. München 1985, S. 43f., sowie die kommentierten Abbildungen S. 139–145.

[24] Nr. 66: Bleistift auf Papier, 19 x 26,5 cm. Im Besitz des Oberösterreichischen Landesmuseums. Die Studie stammt aus dem Nachlaß Stifters (Vgl. Novotny [o. Anm. 1], Nr. 23.). Schon Novotny wies auf die unsichere Datierung hin, da Stifters Vermerk rechts unten sowohl als „1840" wie auch als „1846" lesbar ist.

[25] Nr.61: Bleistift auf Papier (stark nachgedunkelt, gelblich), 22,4 x 29,6 cm. Signiert und datiert unten rechts: „1845 Adalb. Stifter". Das Blatt befindet sich im Besitz der Stifter-Gesellschaft Wien (Nr. 4). Standort: Historisches Museum der Stadt Wien. Diese Zeichnung entstand anläßlich eines Aufenthalts Stifters und seiner Frau in Oberplan. In der kurz zuvor vollendeten Erzählung ‚Der Beschriebene Tännling' erwähnt Stifter diese

Im Vergleich mit diesen beiden subtilen Zeichnungen präsentiert sich die vermutlich 1845 entstandene Studie ‚Umgestürzte Baumwurzel' (Abb. 3) kraftvoll und mit zeichnerischer Vehemenz.[26] Stifter arbeitete mit weichem Bleistift die Grundstrukturen der in den Himmel ragenden Wurzeln heraus, deren zerrissene Konturen sich diagonal über die Bildfläche erstrecken. Der Zeichengrund bildet den Grundton des Objekts, das sich vom energisch schraffierten dunklen Himmel in dramatischer und zerklüfteter Wildheit absetzt. Durch den Kunstgriff des niedrig gelegten Augenpunktes weiß Stifter den angestrebten monumentalisierenden Effekt zu steigern.

Summarisch gestaltet ist auch die auf ca. 1850 datierte ‚Hütte am Wasser' (Abb. 4).[27] Sie gibt sich als markantes Detail eines Landschaftsstreifens zu erkennen, dessen essentielle motivische Charakteristika mit wenigen energischen Strichen erfaßt sind. Die ungestüm hinschraffierte linke Außenwand der Hütte kennt keine definitive Begrenzung, so daß sie mit Büschen und Bäumen verschmilzt, die ihrerseits nur noch als abstrahierte Zeichen emporragen. Zur optischen Auflockerung des statischen Eindrucks skizzierte Stifter die Wolkenformation mit tastenden Strichen und Punktierungen, die das Wasser im Vordergrund wieder aufscheinen läßt.[28]

Ab Mitte der fünfziger Jahre widmet Stifter die wenige Zeit, die ihm sein arbeitsintensives Amt als k.k. Schulrat in Linz für die Kunst noch läßt, überwiegend der Konzeption und Ausführung seiner symbolischen Landschaften.[29] In ihnen werden Allgemeinbegriffe wie „Heiterkeit" oder „Sehnsucht" symbolisch verkörpert: Das Abstractum findet im Landschaftsbild sein anschauliches Äquivalent. Von den vielen Studien und Entwürfen für diese Serie hat sich als einzige Zeichnung nur die Vorzeichnung für die Fassung II der ‚Bewegung'

Kapelle (WuB. Bd. 1.3, S. 237–242; Bd. 1.6, S. 385–389). Die literarische Beschreibung des Ensembles preist die Atmosphäre „freundliche[r] Helle" und nennt den „Mittag" als Tageszeit. Kühle und Erfrischung vor dem „Sonnenschein" versprechen die „alten, schattigen Linden". Als Künstler übersetzte Stifter die bereits literarisch fixierte atmosphärisch-warme Stimmung ins zeichnerische Medium. Eine gute, ganzseitige Abbildung dieser Zeichnung bietet Franz Baumer: Adalbert Stifter – der Zeichner und Maler. Ein Bilderbuch. Passau 1979, S. 109.

[26] Nr. 60: Bleistift auf Papier, 23,3 x 30,7 cm. Signiert und datiert in der Mitte unten: „Stifter 1845". Dieses Blatt befindet sich im Besitz der Stifter-Gesellschaft Wien (Nr. 8). Standort: Historisches Museum der Stadt Wien.

[27] Nr. 69: Bleistift auf Papier, 19 x 20,5 cm. Im Besitz der Stifter-Gesellschaft Wien (Nr. 5). Standort: Historisches Museum der Stadt Wien. Die ungefähre Datierung auf das Jahr 1850 stammt von Novotny (o. Anm. 1).

[28] Stifter arbeitete hier mit einer sehr weichen Bleistiftmine, deren dunkelste Tonwerte er konsequent ausschöpfte. Die grobe Körnung des Papiers verstärkt diesen Effekt des Malerischen, denn der gröber strukturierte Zeichengrund leistet der Mine größeren Widerstand, so daß der Strich breiter wird und an seinem Rand an Schärfe einbüßt.

[29] Novotny (o. Anm. 1), S. 16–20. Vgl. Baumer (o. Anm. 3), S. 121–144, und den Beitrag von Karl Möseneder in diesem Band.

erhalten.[30] Im graphischen Œuvre Stifters nimmt sie eine Sonderstellung ein. Das Gemälde ‚Die Bewegung I' gelangte über das Stadium einer vorbereitenden Zeichnung auf der Grundierung nicht hinaus.[31] Von der unvollendeten Gemäldefassung ‚Die Bewegung II' hat sich nur ein Fragment erhalten.[32]

Die ‚Bewegung I' ist, so vermutet Novotny, ein Entwurf zur Landschaft ‚Bewegung, strömendes Wasser'.[33] Obwohl es sich hier aufgrund der Technik (Ölmalerei) um ein Gemälde handelt, überwiegt der graphische Charakter: Stifter bereitete die letztlich nicht mehr in Öl realisierten Passagen gründlich vor, indem er das Bergmassiv im Hintergrund und den felsigen Gebirgsfluß im Vordergrund als sorgfältige Zeichnung anlegte. In ihr ist kein Detail hervorgehoben und auf Effekte zur Steigerung des ästhetischen Reizes, wie Schraffuren oder besonders betonte Linien, wurde verzichtet, da die Zeichnung im nächsten Arbeitsschritt übermalt werden sollte. Infolge der unterlassenen zeichnerischen Differenzierung gehen Hinter- und Vordergrund fließend und ohne Zäsur ineinander über.

Innerhalb der Chronologie der erhaltenen Stiftergraphik belegt diese überzeichnete Grundierung von 1854 als erste Stifters neue Handhabung des Zeichengeräts: In nervösen, komma- und häkchenartigen Strichen umkreist Stifter die Details, die mangels definitiven Kontur malerischen Charakter annehmen und teilweise optisch miteinander verschmelzen, so an den Busch- und Baumgruppen auf dem Berghang. Hier entwickelt sich ein nach unten strömender, unruhig-drängender und dynamisch-pulsierender, zeichnerischer Rhythmus. Dies läßt sich, in noch konsequenterer Ausführung, auch in der vier Jahre später entstandenen Vorzeichnung zur zweiten Fassung der ‚Bewegung' beobachten. Die unruhige und quirlige Bewegung des dem Betrachter entgegensprudelnden Flusses findet ihre formale Entsprechung im nervös-strichelnden, punktierten und sich stellenweise schwungvoll verdichtenden Muster der Zeichnung.[34]

Die vierzehn letzten erhaltenen Zeichnungen Stifters lassen sich in zwei Gruppen einteilen, und sie stammen auch aus zwei Skizzenbüchern. Das erste

---

[30] Nr. 76: Tuschzeichnung auf gelblichem Pauspapier, im nachhinein auf Leinwand aufgezogen. Stifter führte 4 Pauspapierblätter zusammen. 68,7 x 90,4 cm. 1858. Im Besitz der Stifter-Gesellschaft Wien (Nr. 105). Standort: Adalbert Stifter-Museum Wien.

[31] Nr. 73: Öl auf Leinwand, 22,5 x 32,5 cm. Um 1854. Im Besitz der Stifter-Gesellschaft Wien (Nr. 39). Standort: Stifter-Museum Wien.

[32] Nr. 77: Öl auf Leinwand. 24 x 23,4 cm. Um 1858–62. Im Besitz der Stifter-Gesellschaft Wien (Nr. 39). Standort: Stifter-Museum Wien.

[33] Nr. 73. Dort auch die Rekonstruktion der Genese dieses Werkes.

[34] Das erhaltene Fragment des Gemäldes ‚Die Bewegung II' zeigt das Felsmotiv im Fluß, welches das untere linke Viertel der Vorzeichnung einnimmt. Eine malerische Umsetzung der zeichnerischen Dynamik fand nicht statt, wie auch Novotny (o. Anm 1), S. 20, hervorhob: „Denn sicherlich ist [...] durch fortwährendes Korrigieren und Übermalen die Bewegungsvehemenz des zeichnerischen Entwurfs zum großen Teil erstickt worden."

aus dem Jahre 1863 ist noch erhalten und befindet sich heute im Besitz der Albertina.[35] Aus dem zweiten haben sich sieben Blätter erhalten, die an mehreren Orten aufbewahrt werden. Deren Entstehung fällt in den Zeitraum 1865/66.[36] Da alle vierzehn Blätter während Stifters Aufenthalten in den Lackenhäusern entstanden, dient dieser Ortsname auch als Bezeichnung für diesen Teil des Stifterschen Œuvres.

Stifter wohnte im sogenannten „Rosenbergerhaus", einem großzügigen Anwesen des Passauer Geschäftsmannes und Stifterfreundes Franz Xaver Rosenberger.[37] Die Südansicht des Anwesens hielt Stifter in zwei Skizzen (Abb. 5) fest, in denen er die einzelnen Gebäude und ihre markanten Dachformen sowie den Baumbestand in wenigen sparsamen, aber präzisen Strichen wiedergab.[38]

Zwei weitere Blätter zeigen jeweils einen ‚Waldrücken' (Abb. 6): Es sind fernsichtige Motive, die Stifter präzise erfaßte. Der Wald wirkt infolge des geschickt entwickelten, kleinteiligen graphischen Musters aus Schraffuren, als könne man jeden seiner Bäume einzeln erkennen.[39]

Nahsichtiger gegeben ist ein ‚Waldhang' (Abb. 7), an dem sich Stifters später malerischer Zeichenstil gut beobachten läßt. Die Baumgruppen sind aus

---

[35] Albertina Wien: Inv. Nr. 31377. Dieses Skizzenbuch enthält gemäß Novotny (o. Anm. 1) die Katalognummern 84–90. Das Papierformat beträgt 11,5 x 18,8 cm. Stifter paginierte die Seiten (46 Blatt). Die Datierung ist aufgrund der eigenhändigen Vermerke Stifters eindeutig: 1863. Einige Seiten in diesem Skizzenbuch wurden zweifellos von einer weiteren Person zum Zeichnen benutzt: Es sind dies die Seiten 42^r (Liegender Soldat mit Gewehr im Anschlag und ein weiterer heranreitender Soldat), 42^v (Teil einer Baumkrone) und 43^v: Diese Zeichnung zeigt einen Baum in einem Teich mit zwei Enten (Abb.: Novotny, Taf. 52). Die Zeichenweise ist dilettantisch und wirkt aufgrund der Naivität in der Auffassung sehr kindlich. Dies gilt auch für die beiden anderen Fremdzeichnungen.

[36] Diese Gruppe ist bei Novotny (o. Anm. 1) unter den Katalognummern 91–97 zu finden. Die Blätter befinden sich in Wien, Linz und München. Sie weisen mit 16,5 x 26,1 cm ein etwas größeres Format auf. Die Datierung ist aufgrund der eigenhändigen Vermerke Stifters wiederum eindeutig.

[37] Zur Gruppe der Zeichnungen aus den Lackenhäusern: Novotny (o. Anm. 2), S. 63f. Zur Freundschaft Stifters mit F.X. Rosenberger und zur Hinwendung Stifters zu dieser Landschaft: Ludwig Rosenberger: Adalbert Stifter und der Bayerische Wald. Bearb. und hrsg. von Eberhard Dünninger. München 1967; Ausstellungskatalog Staatliche Bibliothek Passau 1968: Adalbert Stifter und die Entdeckung des Böhmer- und Bayerwaldes. Ausstellung im 100. Todesjahr. Mit einer Einführung von Paul Praxl (Neue Veröffentlichungen des Instituts für Ostbairische Heimatforschung), S. 16–27.

[38] Nr. 94: ‚Das Rosenbergerhaus I'. Links unten der Vermerk Stifters: „Adalbert Stifter Lakerhäuser 8. Oct. 1865"; Nr. 96: ‚Das Rosenbergerhaus II'. Rechts unten der Vermerk Stifters: „Lakerhäuser 13 August 1866 Adalbert Stifter". Beide Zeichnungen dienten höchstwahrscheinlich als Studien für ein Gemälde dieses Anwesens und seiner Umgebung, welches Stifter für seinen Freund Rosenberger anfertigte.

[39] Nr. 95: ‚Waldrücken'. Adalbert-Stifter-Institut Linz. Links unten der Vermerk Stifters: „Adalbert Stifter Lakerhäuser 2 October 1865"; Nr. 97: ‚Waldrücken'. Im Besitz von Dr. Franz Glück, Wien. Beide Zeichnungen dienten vermutlich für ein Gemälde Stifters für die Familie Rosenberger oder für seine Frau.

Schraffuren unterschiedlicher Intensität entwickelt, und der weiche Graphit des Bleistifts ist zur Steigerung des malerischen Effekts verwischt worden. Aus dessen Kontrapunktierung mit einer Vielzahl von spontan über das Blatt verteilten Haken und Punkten resultiert die atmosphärische Lebendigkeit des Blattes.[40]

Wiederholt widmete Stifter seine künstlerische Aufmerksamkeit dem Studium von Steinen, Felsen und Felsformationen.[41] In der Skizzenfolge aus den Lackenhäusern belegen dies drei Blätter, von denen zwei bemerkenswert sind: In einer kraftvollen ‚Felsstudie' vergewisserte sich Stifter der Massivität dieses Motivs mit festem Strich und dichten schwarzen Schraffuren.[42] Im Vergleich wirkt eine weitere ‚Steinstudie' (Abb. 8) leicht und wie spielerisch aufs Papier geworfen.[43] Die feste Kontur eines Steins erscheint hier weich und unbestimmt, die Details wurden mit dem Stift umspielt, und eine lockerere, unsystematische Schraffur evoziert eine vage und weiche Plastizität. Stifter strebte in diesem Blatt eine atmosphärische Wiedergabe des Sonnenlichts auf dem Stein an.[44]

Der erhaltene Restbestand von Stifters graphischem Œuvre ist heterogenen Charakters, und die geringe Anzahl Zeichnungen läßt eine umfassende Analyse der kontinuierlichen Genese seiner Zeichenkunst kaum zu, so daß die Stilwechsel binnen eines Zeitraumes von etwa fünfunddreißig Jahren zwangsläufig sprunghaft wirken. Zudem sind verschiedene Techniken und unterschiedli-

---

[40] Nr. 93: ‚Waldhang'. Im Besitz des Adalbert-Stifter-Instituts Linz. Rechts unten der Vermerk Stifters: „Adalbert Stifter Lakerhäuser 2 October 1865".
[41] Neben den drei Blättern aus den Lackenhäusern handelt es sich um die folgenden Werke: 1. Nr. 45: ‚Felsstudie (Hirschsprung)', Öl auf Papier, 1840; 2. Nr. 47: ‚Felsstudie', Öl auf Papier, ca. 1840; 3. Nr. 53: ‚Felspartie', Öl auf Leinwand, 1841; 4. Nr. 62: ‚Flußenge I (Die Teufelsmauer bei Hohenfurth)', Öl auf Leinwand, 1845; 5. Nr. 63: ‚Flußenge II (Die Teufelsmauer bei Hohenfurth)', ca. 1845; 6. Nr. 65: ‚Vignettenentwurf für den ‚Waldgänger' ', Tuschlavierung auf Karton, 1846; 7. Nr. 77: ‚Die Bewegung' Fassung II, Fragment, Öl auf Leinwand, ca. 1858; 8. Nr. 98: ‚Steinstudie', Öl auf Karton, 1866.
[42] Nr. 86: ‚Felsstudie'. Albertina Wien. Links unten der Vermerk Stifters: „Stifter 14/9 63 Lakerhäuser". Nach der Schraffierung der gesamten (großen) Felswand versuchte Stifter, den leblosen Charakter dieser Partie seiner Studie durch die Anlegung eines in sich verschlungenen Lineaments wieder zu überwinden. Durch die Schwärzung des Vordergrunds erreichte er eine Kontrastierung, die dem Blatt wieder ästhetische Spannung verlieh. Beste Abbildung bei Baumer (o. Anm. 25), S. 131.
[43] Nr. 87: ‚Steinstudie'. Albertina. Unten rechts der Vermerk Stifters: „Stifter Lakerhäuser 19/9 1863".
[44] Eine dritte Studie in diesem Skizzenbuch, Nr. 88, ist nicht signiert. Bezeichnenderweise ist diese Skizze ohne jede Qualität. Es ist unwahrscheinlich, daß der Zeichner der so atmosphärisch wiedergegebenen Studie Nr. 87 im selben Skizzenblock so unsicher schraffiert. Die Auffassung des Motivs ist dilettantisch, und die zeichnerischen Mittel sind unorganisch und unbeholfen eingesetzt. An diesem Motiv hat sich jemand anders versucht, vermutlich dieselbe Person, die auch die anderen sehr kindlich anmutenden Zeichnungen in diesem Skizzenbuch anfertigte.

che Vollendungsgrade (detaillierte Studien oder flüchtige Skizzen) zu beobachten.[45] Dennoch zeigen die Zeichnungen der dreißiger Jahre einen lernenden Autodidakten Stifter, der mit seinen Werken beweisen möchte, daß er den künstlerischen Standard seiner Zeit kennt und anstrebt.

Die Blätter der vierziger Jahre belegen, daß er auf diesem Weg vorangeschritten ist, denn in der Beherrschung der zeichnerischen Mittel ist er freier geworden. Die besten Blätter wie die ‚Hütte im Wald' (Abb. 1), aber auch einige andere bezeugen durchaus technische Versiertheit. Eine flüchtige Skizze, wie jene der ‚Hütte am Wasser' (Abb. 4) belegt, daß er nun mit wenigen Strichen die Charakteristika eines Motivs effektvoll zu notieren weiß, wie auch die Zeichnung der ‚Umgestürzte[n] Baumwurzel' (Abb. 3) demonstriert.

Ab Mitte der fünfziger Jahre läßt sich ein Stilwechsel aufzeigen: An den Arbeiten zur ‚Bewegung' ist dieser Wandel zum ersten Male greifbar. In nervöser und kleinteiliger, den Gegenstand umkreisender Strichführung, relativ offenen Konturen und dynamisch pulsierendem zeichnerischem Rhythmus erweist sich Stifter nun als Vertreter einer malerischen Sehweise, welche die Wiedergabe optischer Phänomene und atmosphärischer Valeurs anstrebt. Die wenigen Blätter, an denen dies studierbar ist, wie z.B. der ‚Waldhang' (Abb. 7), die beiden ‚Waldrücken' (Abb. 6) und die ‚Steinstudie' (Abb. 8), belegen eine Wandlung des Zeichners Stifter hin zu einer mehr sensualistischen Naturauffassung.

III

Stifters Umfeld, die auf ihn wirkenden künstlerischen Einflüsse sowie seine zeichnerische Ausbildung und ihr Verhältnis zu traditionellen zeichenpädagogischen Methoden verdienen eine eingehendere Erörterung.

Stifter widmete sich als Maler und Zeichner nahezu ausschließlich der Landschaft und der Schilderung von Naturphänomenen. Die entscheidende Prägung erfuhr er durch die Wiener Landschaftsmalerei. Diese hatte sich um 1800 von der spätbarocken Naturauffassung hin zur Biedermeierlandschaft entwickelt, die sich durch Zurückdrängung des Kompositionellen zugunsten einer präzisen Schilderung des Naturwirklichen auszeichnete. Die barocke heroische Landschaft mit ihren virtuosen atmosphärischen Valeurs, ihrer Fixiertheit auf das Raumproblem und der Typisierung der Einzelmotive war einer sachlichen Beobachtung der Naturphänomene gewichen. Die akademische Erstarrung und Naturferne wurde sukzessive vom naturalistischen Ansatz einer engagierten neuen Malergeneration überwunden.

---

[45] Es überwiegt die Technik der Bleistiftzeichnung. Hinsichtlich der sechs Ausnahmen vgl. o. Anm. 19.

Nach wie vor wurden die Gemälde im Atelier ausgeführt, aber sie basierten nun auf den Beobachtungen zahlreicher „auf dem Motiv" angefertigter Naturstudien. Die Studienreisen vieler bedeutender Künstler wie Steinfeld, Waldmüller, Fischbach oder Gauermann führten diese nun in die heimischen Alpen und nicht mehr nach Italien.[46] Wie sehr Adalbert Stifter dem Vorbild seiner prominenten Wiener Malerkollegen verpflichtet war, zeigt sich bereits an der Wahl seiner Motive und deren spezifisch „biedermeierlicher" Behandlung.

Der prägende künstlerische Mentor des Autodidakten war der acht Jahre ältere Johann Fischbach (1797–1871).[47] Diesem bedeutenden Maler fühlte sich Stifter zeitlebens verbunden. Seine Werke rezensierte er später in den Kunstkritiken für den Oberösterreichischen Kunstverein sehr positiv.[48] Briefstellen aus dem Zeitraum 1836/37 belegen, daß Fischbach ihn seine Gemälde studieren ließ und ihm Naturstudien und Zeichnungen zum Kopieren auslieh. Beide diskutierten über Kunst und planten sogar eine gemeinsame Schrift gegen einseitig religiöse Malerei, also einen kunsttheoretischen Angriff gegen die Nazarener.[49]

Stifter verlieh in einem Brief an den Freiherrn von Handel vom 8. Februar 1837 seiner Freude über die Hilfe, die Fischbach ihm gewährte, Ausdruck: „Ich bin auch jezt viel fleißiger, da ich einige Fortschritte machte und Fischbach bei mir war und mir Talent zusprach und mich aufmunterte, und mir Studien lieh, was mich in ein horribles Entzüken versezte."[50]

Stifters enge Anlehnung an seinen Freund erweist sich unter anderem am Beispiel der Fels- und Wolkenstudien: Das Stifter-Museum in Wien bewahrt z.B. jeweils eine Felsstudie von Fischbach wie auch von Stifter auf.[51] Beide

---

[46] Vgl. Peter Pötschner: Wien und die Wiener Landschaft. Spätbarocke und biedermeierliche Landschaftskunst in Wien. Salzburg 1978, S. 53–99; Frodl (o. Anm. 10) S. 42f.; Klaus Albrecht Schröder: Ferdinand Georg Waldmüller. München 1990, S. 20–31.

[47] Vgl. Nikolaus Schaffer: Johann Fischbach (1797–1871). Salzburg 1989 (Monographische Reihe zur Salzburger Kunst. Hrsg. vom Salzburger Museum Carolino Augusteum. Bd. 11).

[48] SW. Bd. 14, S. 100f. (,Oberennsische Gemälde-Ausstellung. (1857.)').

[49] Vgl. Novotny (o. Anm. 1), S. 12, und Schaffer (o. Anm. 47), S. 40f. Die kunsttheoretischen Positionen Fischbachs lassen sich am besten in seiner bemerkenswerten Denkschrift studieren: Die Kunst im Staate. Eine Denkschrift dem hohen kais. kön. Ministerium des Unterrichts ehrfurchtsvoll überreicht von Johann Fischbach; o.O. und o.J. [Wien 1849]. Fischbach gibt sich in dieser Schrift als engagierter Künstler zu erkennen, der Konzepte für die Ausbildung an Akademien anbietet, der die Bedeutung der Museen reflektiert, das Ausstellungswesen in seiner Bedeutung gerade auch für junge Künstler einer kritischen Betrachtung unterzieht und schließlich die Stellung des Künstlers in der Gesellschaft bestimmt. Ein wichtiges Anliegen ist ihm die staatliche Kunstförderung. Vgl. hierzu Schaffer, S. 47f.

[50] SW. Bd. 17, S. 65.

[51] Johann Fischbach: ,Felsengruppe (aus dem Höllental?)'. Öl auf Papier (auf Leinwand aufgezogen). Um 1830. Historisches Museum der Stadt Wien. Standort: Adalbert-Stifter-Museum Wien, Ausst.-Stück Nr. 23. Adalbert Stifters Studie: Nr. 47: Öl auf Papier, 25,5 x 34 cm. Um 1840.

Ölskizzen zeigen in unübersehbarer stilistischer Verwandtschaft nahsichtig eine Felspartie mit Bewuchs und einen schmalen Himmelsstreifen. Dies ist ein biedermeierliches Motiv, das in den zwanziger Jahren schon Steinfeld und Waldmüller pflegten.[52] Auch Stifters bekannte Wolkenstudien sind thematisch und stilistisch dem Vorbild des Älteren verpflichtet.[53]

Die Tuschpinselzeichnung ‚Holländische Mondlandschaft' von 1834,[54] die einen nächtlichen Fluß zeigt, dürfte ebenfalls unter dem Einfluß Fischbachs entstanden sein, der seinerseits diese Landschaftsstimmung studierte, wie eine lavierte Bleistiftzeichnung belegt.[55] In Stifters Zeichnung erweist sich auch das Vorbild der holländischen Landschaftsmaler des 17. Jahrhunderts, die einen starken Einfluß auf die Wiener Landschaftsmalerei des Biedermeier ausübten.[56] Als Vorlage diente Stifter ein Gemälde Aert van der Neers, eines Spe-

---

[52] Vgl. Schröder (o. Anm. 46), S. 26.
[53] Vgl. Oskar Bätschmann: Entfernung der Natur. Landschaftsmalerei 1750–1920. Köln 1989, S. 124. Zu Fischbachs Wolkenstudien vgl. Schaffer (o. Anm. 47), Nr. 41a und b, 42b und 43. Stifters Wolkenstudien: Nr. 48, 50, 50a, 83. Vgl. auch Novotny: Zu einer Wolkenstudie von Adalbert Stifter. In: Novotny (o. Anm. 1), S. 71–74. Novotny geht auch ausführlicher auf den Einfluß Fischbachs in diesem Zusammenhang ein.
[54] Nr. 20. Beste Abbildung bei Baumer (o. Anm. 25), S. 105. Diese Zeichnung steht am Anfang einer Reihe von Mondscheinlandschaften, die Stifter in den nächsten Jahren schaffen sollte: Nr. 46, 56, 58, 59, 64, 68, 71, 75.
[55] Schaffer (o. Anm. 47), Kat. Nr. 236, Abb. 111b: ‚Flußlandschaft bei Mondschein'. Bleistift laviert. 8,4 x 12 cm. Museum Carolino Augusteum Salzburg (Inv. Nr. 11.159/49). Auch die deutschen Romantiker pflegten dieses Thema intensiv. Mit Carl Gustav Carus' ‚Mondnacht an der Elbe bei Pillnitz' sei nur ein Beispiel genannt. Vgl. Marianne Prause: Carl Gustav Carus, Leben und Werk. Berlin 1968, Kat. Nr. 280, Abb. 280.
[56] Sie erlangten bereits im späten 18. Jahrhundert Vorbildfunktion, unter anderen Jan van Goyen, Meindert Hobbema und Allaert van Everdingen. Der für die Entwicklung der Biedermeierlandschaft so bedeutende Franz Steinfeld und seine jüngeren Kollegen orientierten sich an diesen Vorbildern. An ihnen konnte man die Beschränkung des Bildausschnitts studieren oder aber, wie man detaillierte Vordergründe anlegte und ausführte. Der ruhige, deskriptive Detailrealismus kam den Neuerern der Wiener Landschaftskunst auch sehr entgegen. Vgl. hierzu Pötschner (o. Anm. 46), S. 54, S. 78f. Der einflußreichste Holländer aber war Jacob Ruisdael, den schon Goethe als einen der „vortrefflichsten Landschaftsmaler" pries (‚Ruisdael als Dichter' [1816]: Goethes Werke. Hamburger Ausgabe in 14 Bänden. Bd. 12. Mit Anmerkungen versehen von Herbert von Einem und Hans Joachim Schrimpf. Textkritisch durchgesehen von Werner Weber und Hans Joachim Schrimpf. Hamburg. 3. Aufl. 1958, S. 138–142, hier S. 138) und dessen ‚Großer Wald' auch Stifter sehr beeindruckte. Dieses Gemälde entstand 1655/60 und wurde 1806 erworben. Es hängt im Kunsthistorischen Museum Wien (Inv.Nr. 426). Die kaiserlichen Sammlungen waren der Öffentlichkeit zugänglich, so daß Stifter dieses Gemälde studieren konnte. Zum Einfluß Ruisdaels auf Stifter vgl. Novotny (o. Anm. 1), S. 7, S. 22, S. 37. Vgl. auch Margret Dell: Adalbert Stifter als bildender Künstler. Diss. Frankfurt 1939. Würzburg 1939, S. 13; Pfeiffer (o. Anm. 5), S. 83–86, der die Bedeutung dieses Gemäldes für Stifter analysiert. Zur Bedeutung Ruisdaels für Waldmüller vgl. Schröder (o. Anm. 46), S. 24. Zur Rezeption der holländischen Malerei des 17. Jahrhunderts im süddeutschen und österreichischen Raum im späten 18. und frühen 19. Jahrhundert vgl. das Standardwerk von Horst Gerson: Ausbreitung und Nachwirkung der holländischen Malerei des 17. Jahrhunderts. Eingeleitet und ergänzt mit 90 neuen Abbildungen von Bert W. Meijer. Amsterdam 1983, S. 328–349.

zialisten für nächtliche Landschaften.[57] Schon Franz Steinfeld hatte ein Gemälde dieses Meisters kopiert.[58]

Die Zeichnung ‚Der Sarstein bei Alt-Aussee' wie auch das Gemälde (1835) gleichen Titels gehören zur typischen Motivwelt der Wiener Landschaftsmaler dieser Zeit.[59] Stifter fertigte sie nach einer Zeichnung des Malers Louis Freiherr von Pereira-Arnstein (1803–58) an, der bereits eine Studienreise ins Salzkammergut unternommen hatte.[60] Stifters Übertragung der Pereira-Studie ist künstlerisch uneigenständig, denn sie gleicht, mit Ausnahme des von Stifter zur Vorbereitung seines Gemäldes angelegten Rasters, nahezu exakt dem Vorbild. Aber auch dieses Beispiel demonstriert, daß Stifter zu Studienzwecken Zeichnungen anderer Maler kopierte.[61] Zudem ist einem Brief des eifrigen Autodidakten an den Freiherrn Adolf von Brenner vom 1. November 1836 zu entnehmen, daß Stifter eine ganze Serie von Blättern eines noch nicht identifizierten Malers nachzeichnete: „Die Bleistiftzeichnungen des Gustav sind heuer zum Entzüken, ich habe bereits 15 Blätter nachgezeichnet, wovon die lezteren seinen ersteren schon gleich kommen (wie's mir mit Zeichnen nach der Natur gehen wird, weiß ich noch freilich nicht.)"[62]

Das Kopieren von Zeichnungen eines Meisters war seit alters her gängige Ausbildungspraxis und Ateliertradition, die noch bis ins 19. Jahrhundert fortlebte. Schon Leonardo da Vinci galt das Kopieren nach Zeichnungen „von guter Meister Hand" als erste Phase der zeichnerischen Ausbildung.[63] Mitte des 18. Jahrhunderts wurden die Lehrbücher der Zeichenpädagogik um Anweisungen zum Landschaftszeichnen und entsprechende Vorlagen ergänzt, so z.B.

---

[57] Novotny (o. Anm. 1), S. 7, S. 22, S. 37. Vgl. aber auch Dell (o. Anm. 56), S. 15: „Das kleine Bild würde uns als eine nicht so originelle Arbeit Stifters kaum so beschäftigen, wenn es nicht die große Liebe zu dem Holländer bezeugen würde, die Stifter das Schaffen in der Art dieses Meisters möglich macht. Die Briefe und die Dichtung (‚Condor', ‚Nachsommer') sprechen die Verehrung vielfach aus."

[58] Vgl. Pötschner (o. Anm. 46), S. 78f.: Steinfeld hatte sogar eine Reise in die Niederlande unternommen. Es ist erwiesen, daß dieser Meister vor 1821 mindestens fünf Gemälde Ruisdaels und auch ein Gemälde Aert van der Neers kopierte.

[59] Nr. 28: Bleistift auf Papier, 23,9 x 18,6 cm. Bezeichnet unten rechts: „Alt-Aussee Sarstein". Beste Abbildung bei Baumer (o. Anm. 25), S. 121. Das Gemälde führt Novotny als Nr. 27. Beide Werke im Besitz der Stifter-Gesellschaft Wien.

[60] Heinz Schöny: Stifters „Sarstein" und seine Vorlage. In: VASILO 36 (1987), S. 11–15. Hier sind auch Vorlage und Kopie abgebildet.

[61] Zur Vorbildfunktion zeitgenössischer Maler für Stifter vgl. auch Frodl (o. Anm. 10), S. 42.

[62] SW. Bd. 17, S. 61. In diesem Brief weist Stifter wieder darauf hin, daß er Fischbach kopiert: „In Kurzem werden zwei Fischbache hergenommen werden."

[63] Leonardo da Vinci: Traktat von der Malerei. Nach der Übersetzung von Heinrich Ludwig neu hrsg. und eingel. von Marie Herzfeld. Jena 1925, 2. Teil, Nr. 49 (S. 45): „Der Maler soll zuerst die Hand gewöhnen, indem er Zeichnungen von guter Meister Hand kopiert. Und hat er sich diese Gewöhnung unter seines Lehrers Anleitung angeeignet, so soll er sich nachher im Abzeichnen guter rund-erhabener Dinge üben, mit Hilfe der Regeln, die wir für das Zeichnen nach Relief geben werden."

das berühmte Vorlagenwerk des Johann Daniel Preissler, aber die Lehrmethode änderte sich nicht.[64]

Johann Fischbach vertrat in seiner Denkschrift ‚Die Kunst im Staate' (1849) an das k.k. Unterrichtsministerium im Kapitel ‚Zeichenschulen' ebenfalls diese Methode, allerdings war er pädagogisch aufgeschlossen und fortschrittlich genug, vor „Geistlosigkeit" zu warnen: „In den Zeichenschulen als Vorbildungsanstalten der Akademien, wo die Schüler nach Originalien Augen und Hand üben sollen, sei man besonders darauf bedacht, dieselben stufenweise solche Sachen zeichnen zu lassen, die ihnen aus dem Leben bekannt sind, und welche ihre Fantasie vollkommen fassen kann, aber nach tüchtigen Mustern, damit ihre Einbildungskraft während der Arbeit immer mit dem Gegenstand erfüllt ist, welcher gezeichnet wird, und sie sich nicht gewöhnen, geistlos bloß Striche nachzuahmen, denn das ist der Tod aller bildenden Kunst und alles Verständnisses in derselben. Man führe sie vom Einfachen zum Komplizierten, und übe sie an den verschiedenartigsten Gegenständen".[65]

Das Zeichnen unmittelbar nach der Natur blieb üblicherweise der letzte und schwierigste Schritt – zunächst galt es, die Manier der Vorlagen zu erfassen. In den ‚Nachkommenschaften' ironisiert Stifter rückblickend die schulischen Methoden des Zeichenunterrichts, wenn er die „Päcken Zeichnungen" erwähnt, „welche alljährlich in den Fräuleinschulen verfertiget werden, unter denen sich viele Landschaften mit Bäumen befinden, auf denen Handschuhe wachsen".[66] Die Schüler lernten gewisse stereotype Effekte, die, miteinander kombiniert, den Dilettanten das Gefühl vermittelten, eine gefällige Landschaft aufs Papier gebracht zu haben.[67]

Gottfried Keller, der sich anfänglich ebenfalls zum Maler ausbildete, schildert in seinem Roman ‚Der grüne Heinrich' Ähnliches, wenn er von einem alten Zeichenlehrer berichtet, der zwei Arten von Bäumen kannte, nämlich sol-

---

64 Johannes Daniel Preissler: Die durch Theorie erfundene Praktik. Nürnberg 1733. Vgl. Wolfgang Kemp: „.... einen wahrhaft bildenden Zeichenunterricht überall einzuführen". Zeichnen und Zeichenunterricht der Laien 1500–1870. Ein Handbuch. Frankfurt a.M. 1979 (Beiträge zur Sozialgeschichte der ästhetischen Erziehung 2), S. 135. Der Sohn Preisslers, Johann Justin, hat das Werk seines Vaters durch die Anfügung des Abschnitts ‚Nachzeichnen schöner Landschaften oder Prospekte' (1749) ergänzt.
65 ‚Die Kunst im Staate [...]' (o. Anm. 49), S. 7. In einer Fußnote weist Fischbach nochmals ausdrücklich darauf hin, daß „nicht leere Fingerfertigkeit allein, sondern zugleich geistiges Erfassen Beweise des Talentes [sind]. Der Meister weiß dies am besten zu beurtheilen." Fischbachs Konzept sieht vor, daß die Zeichenschule auf die Akademie vorbereitet. Fischbachs pädagogische Vorstellungen für die Akademie (S. 8–11) sind gründlich durchdacht und in ihrer Zeit progressiv. Die akademische Zeichenausbildung denkt Fischbach als flexibles Sechs-Stufenmodell: 1. Zeichnen des Skeletts und der anatomischen Statue; 2. Zeichnen des lebenden, nackten Menschen; 3. Studium von Gewändern (möglichst am lebenden Modell); 4. Studium der Antike; 5. Die Linearperspektive; 6. Studium der Kunstgeschichte (!) am Original.
66 SW. Bd. 13, S. 229.
67 Vgl. Kemp (o. Anm. 64), S. 135.

che mit runden und solche mit gezackten Blättern. Beim Zeichnen müsse man sich dann an einen gewissen Zähltakt gewöhnen.[68] Höchstwahrscheinlich lehrte Stifters Zeichenlehrer Riezlmayr in Kremsmünster ebenfalls mit solchen Methoden, und sicherlich mußten die Schüler nach Arbeiten des Lehrers zeichnen.[69] Solche Anweisungen ergingen auch an die Wiener Akademiestudenten, die z.B. unter Joseph Mößmer (1780–1845) dessen sogenannte „Dreierl-Methode" lernten, d.h. sie bildeten den sogenannten „Baumschlag", also das Laubwerk, indem sie Dreier aneinanderfügten.[70]

Insofern wird Stifters brieflich geäußerte Ungewißheit, wie es ihm „mit Zeichnen nach der Natur gehen wird", verständlich: seiner zeichenkünstlerischen Mittel konnte er sich vor der Natur zu diesem frühen Zeitpunkt noch nicht gewiß sein, und das zeichnerische Selbstbewußtsein konnte bei der geschilderten Naturferne der Lehrpraxis kaum entwickelt sein.[71]

Ein wichtiger Motivtypus der biedermeierlichen Landschaftsmalerei diente Stifter bei den Landschaftsskizzen ‚Der Vordere Gosausee mit dem Dachstein' und ‚Blick auf den Hallstätter See'[72] als kompositionelles Vorbild: Ein Bergmassiv im Hintergrund wird von einem hochgelegenen Standpunkt aus so wiedergegeben, daß der Vordergrund sich als schmale Bühne präsentiert, die unvermittelt in die Tiefe des Tals abstürzt. Dieser Tiefensog verdeutlicht dem Betrachter die Monumentalität der Bergkette im Hintergrund. Konsequent verstellte man dem Rezipienten den Blick und gestand dem Himmel nur noch eine relativ schmale Bildzone zu. Als Beispiel einer solchen Landschaft sei Waldmüllers Gemälde ‚Das Höllengebirge bei Ischl vom Weißenbachtal aus' genannt.[73] Es entstand 1833, also zu jener Zeit, in

---

[68] Gottfried Keller. Sämtliche Werke. Hrsg. von Jonas Fränkel. Zürich/München 1926ff., Bern/Leipzig 1931ff; später hrsg. von Carl Helbling. Bern/Leipzig 1943/44, Bern 1945ff. Bd. 3 (1926), S. 218.
[69] Vgl. Novotny (o. Anm. 1), S. 5f.
[70] Frodl (o. Anm. 10), S. 36.
[71] Vgl. Novotny (o. Anm. 1), S. 13. Novotnys Vermutung, Stifters Bemerkung über das Zeichnen nach der Natur sei nicht „als allgemein geltend auf[zu]fassen", muß vor dem Hintergrund der damaligen Ausbildungspraxis angezweifelt werden.
[72] Nr. 32 und 31. Abbildungen: Novotny (o. Anm. 1), Tafel 22. Stifter war wie viele andere Maler vom Hallstätter See fasziniert. Franz Steinfelds Gemälde ‚Der Hallstätter See in Oberösterreich' (Wien, Niederösterreichisches Landesmuseum) aus dem Jahre 1824 gilt als erste reine Biedermeierlandschaft. Zu diesem berühmten Gemälde vgl. Pötschner (o. Anm. 46), S. 82–85, Abb. 66; Frodl (o. Anm. 10), S. 37; Schröder (o. Anm. 46), S. 28f. Steinfeld malte hier noch öfter (vgl. Pötschner, Abb. 74, und Frodl, Abb. S. 125), und andere, wie Waldmüller (Pötschner, Abb. 68) und auch Stifter, folgten ihm. Dies gilt ebenfalls für das Gosausee, von dem z.B. Waldmüller eine Ansicht schuf (Schröder, Kat. Nr. 37, Abb. 17), wie auch für den Altaussee.
[73] Frodl (o. Anm. 10), Abb. S. 116. Zu weiteren Beispielen aus dem Œuvre Waldmüllers vgl. Schröder (o. Anm. 46), Kat. Nr. 34 (Abb. 28), Nr. 55 (Abb. 45), Nr. 54 (Abb. 46), Nr. 65 (Abb. 56).

welcher der noch junge Stifter begann, sich intensiver mit der Malerei auseinanderzusetzen.[74]

Im zeichnerischen Œuvre Fischbachs gibt das Blatt ‚Blick auf St. Bartholomä am Königsee' (1834) ein solches Motiv[75] (Abb. 9) – in den Mappen Fischbachs befanden sich zweifellos eine Vielzahl solcher Zeichnungen. Eine weitere mit dem Titel ‚Aus dem Stadlerschen Wirtshaus in Hallstatt' (1832)[76] zeigt eine Bootsanlegestelle mit einer kleinen offenen Hütte und einem Schuppen daneben, die Fischbach mit wenigen ökonomischen Effekten geschickt wiedergab (Abb. 10). Die Schuppenfront besteht aus einem Rost, dessen Lattenzwischenräume mit festem Strich an den entscheidenden Stellen geschwärzt sind, so daß die Raumtiefe durchscheint – ein serieller, aber lebendiger Effekt, der durch die dunkle Fläche einer Fensteröffnung zusätzlich kontrapunktiert wird. In seiner ‚Zerfallenen Hütte im Wald' (Abb. 1) wird Stifter sich an diese Effekte erinnert haben.

Stifters auffällige ‚Umgestürzte Baumwurzel' (Abb. 3) bezieht ihre kraftvolle und dramatische Wirkung aus ihrer Hervorhebung durch den schwarzen, wildschraffierten Hintergrund, ebensolche Schraffuren im Wurzelwerk und expressiv-fahrige Strichführung. Auch diese Effekte finden sich auf Fischbachzeichnungen, wie das Blatt ‚Haus im Gebirge' (Abb. 11) demonstriert, auf dem ein machtvoller Baum, hell aufleuchtend vor einem dunklen Berg, in dieser Zeichentechnik realisiert wurde.[77] Hier, wie auch in der Zeichnung ‚Hallstatt mit Römerturm' (Abb. 12), wurden die Berge zunächst dunkel schraffiert und gewischt, um dann mit festen, tiefschwarzen Strichen wieder aufgelockert zu werden.[78] Der späte Stifter versucht dies auch in seiner Studie einer Felswand aus den Lackenhäusern.[79]

Seine Skizzen des Rosenbergerhauses[80] (Abb. 5) weisen ebenfalls starke Ähnlichkeit mit Skizzen Fischbachs (Abb. 13) auf, in denen dieser Gehöfte

---

[74] Ein weiteres Beispiel ist das beeindruckende, zwei Jahre später entstandene Gemälde ‚Kolm-Saigurn im Rauristal' von Friedrich Loos (Frodl [o. Anm. 10], Abb. S. 140). Vergleichbare Gemälde schufen auch Thomas Ender (ebd., Abb. S. 92, S. 122), Hansch (ebd., Abb. S. 188) und Schiffer (ebd., Abb. S. 189).
[75] Schaffer (o. Anm. 47), Kat. Nr. 130: Museum Carolino Augusteum Salzburg (Inv. Nr. 3293/49). Bleistift, 22,7 x 25,2 cm.
[76] Schaffer (o. Anm. 47), Kat. Nr. 127: Museum Carolino Augusteum Salzburg (Inv. Nr. 3266/49). Bleistift, 19,1 x 23 cm.
[77] Schaffer (o. Anm. 47), Kat. Nr. 249: Staatliche Graphische Sammlung München. Kohle, weißgehöht, auf grauem Papier, 28,3 x 27,2 cm. Fischbach verwendete eine sehr dünne Kohle, Stifter einen sehr weichen Bleistift, so daß er vergleichbare Effekte mühelos erzielen konnte.
[78] Schaffer (o. Anm. 47), Kat. Nr. 252: Museum Carolino Augusteum Salzburg (Inv. Nr. 1795/49): Kohle, weißgehöht, auf grauem Papier, 29 x 41,6 cm.
[79] Nr. 86, Abb. bei Novotny (o. Anm. 1), Taf. 53 unten. Beste Abbildung bei Baumer (o. Anm. 25), S. 131.
[80] Nr. 94, Nr. 96: Die bei Novotny (o. Anm. 1) im Text gezeigte Abbildung ist Nr. 96. Staatliche Graphische Sammlung München.

mit feinem Strich umriß, mit spitzer Mine die Fenster setzte, um schließlich mit feiner und ziselierender Strichführung die lockeren Laubkronen der umstehenden Bäume zu skizzieren.[81]

Stifters graphische Arbeiten der vierziger Jahre, wie z.b. die ‚Umgestürzte Baumwurzel' (Abb. 3), belegen eine zunehmende künstlerisch-technische Sicherheit, die zu den späten eigenständigen Zeichnungen führt. In den symbolischen Landschaften erweist sich die Originalität eines neuen künstlerischen Ansatzes zunächst im Ikonologischen.[82] Abstracta wie die „Bewegung" werden in ein motivisches und atmosphärisches Äquivalent übersetzt, dem der Künstler zutraut, daß es die Qualitäten, das Wesen dieses Begriffs zu veranschaulichen vermag. Dies ist zum Zeitpunkt der Entstehung ein weitgehend singuläres ästhetisches Experiment.[83] Dennoch verweisen auch ‚Bewegung I'

---

[81] Schaffer (o. Anm. 47), Kat. Nr. 97: ‚Skizzenblätter aus Niederösterreich'. Museum Carolino Augusteum Salzburg. Bleistift, 8,8 x 15cm. Im Text wird nur eines von mehreren Beispielen abgebildet!

[82] Zu den ikonologischen Aspekten der Landschaftsmalerei Stifters vgl. den Beitrag von Karl Möseneder in diesem Band.

[83] Dies wurde auch in der Forschung immer wieder betont. Vgl. Weiss (o. Anm. 4), S. 112: „Die symbolischen Landschaftskompositionen aus Stifters Spätzeit haben gemeinsam den Totalcharakter und den Zug zur Abstraktion, zur Reduktion auf die elementare Polarität von Bewegung und Ding. Diese Polarität gilt auch für die späten Steinstudien, Mondlandschaften und Waldstudien." Vgl. Baumer (o. Anm. 3), der, S. 131f., feststellt, zum Verständnis der ‚Bewegung' müsse beachtet werden, daß bei Stifter „diese Naturwahrheit [...] immer auch [...] eine Wahrheit auf dem Prüfstand der naturwissenschaftlichen Kriterien seiner Zeit" sei. Die mühselige Arbeit an der ‚Bewegung' läßt Baumer an die literarische Produktion Stifters denken. Er sieht in der Arbeitsweise hier wie dort „die gleiche Tendenz vom temperamentvoll Bewegten zum klassisch Beherrschten". Mahlendorf (o. Anm. 3), S. 374, führt den Begriff der „Serie" ein. In Stifters Fassungen der Bewegung vermutet die Autorin dieselbe „Intention", wie sie später die Futuristen mit anderen Mitteln verwirklichten. Auch die vielen Zeitangaben in Stifters ‚Tagebuch über Malereiarbeiten' „beschreiben einen Zeitverlauf und Veränderungen in diesem Zeitverlauf, das heißt also Serien". Mahlendorf zufolge verwirklichte Stifter in ein und demselben Gemälde über einen langen Zeitraum hin verschiedene Bewegungszustände des Wassers, indem er es immer wieder überarbeitete. Als Beleg, daß dies tatsächlich die Intention Stifters gewesen sei, dient Mahlendorf eine Aussage Friedrich Roderers aus ‚Nachkommenschaften': „ich wollte Moor in Morgenbeleuchtung, Moor in Vormittagbeleuchtung, Moor in Mittagbeleuchtung, Moor in Nachmittagbeleuchtung" (SW. Bd. 13, S. 243). Aber die Kausalverknüpfung der Gesamtaussage ist entscheidend, denn der systematische Maler Roderer hatte sich für seine Arbeit in der Natur gut präpariert: „Was nöthig war, hatte ich schon gestern vorbereitet, Farben, Pinsel, und viele Blätter, darauf gemalt werden konnte; denn ich wollte Moor in Morgenbeleuchtung, Moor in Mittagbeleuchtung [...]." (Ebd., S. 242f.) Roderer wollte zweifelsfrei eine Folge von Studien, also eine *richtige* „Serie" malen. Dies liest sich tatsächlich wie eine Vorwegnahme des Monetschen Serienkonzepts. Im Bereich der Studie war Stifter dieses Konzept also bekannt. Vollendete Gemälde schuf Stifter jedoch (wie auch Roderer) nicht im Freien, denn er war, wie der Protagonist seiner Erzählung auch, kein Pleinairist. Er hätte jedoch im Atelier eine Serie der ‚Bewegung' schaffen können, indem er die Tageszeiten und das wechselnde Licht gegeben oder aber die erosive Kraft des strömenden Wassers am Felsen zur Darstellung gebracht hätte. Aber Stifter schuf keine Serie, sondern zwei unvollendete Fassungen eines Motivs. Zusätzlich verfügen wir über die Entwurfszeich-

und die große Vorzeichnung zur zweiten Fassung der ‚Bewegung', motivgeschichtlich betrachtet, deutlich auf Vorbilder: Das Wasser des Gebirgsflusses strömt auf den Vordergrund zu. Im Flußbett liegen schwere Felsen, und das Ufer ist bewachsen. Im wesentlichen ist hier ein klassisches Motiv biedermeierlicher Landschaftsmalerei rezipiert, welches Steinfeld, Gauermann und Waldmüller bereits in den zwanziger und frühen dreißiger Jahren entwickelt hatten.[84] Aber Stifter geht noch näher an das Motiv heran, wählt den Ausschnitt kleiner und über die so entstandene Nahsichtigkeit erlangt der Vordergrund größere Bedeutung.

IV

Für eine Interpretation der späten Stifterzeichnungen empfiehlt sich Stifters intensives Verhältnis zu deren Motiven als Ansatzpunkt: Wie bereits erwähnt, lehrt eine Betrachtung der Gemälde und Zeichnungen, daß Stifter Felsformationen und Steinen ein lebhaftes künstlerisches Interesse entgegenbrachte.[85] Auch als Literat widmete er sich immer wieder ihrer intensiven Beschreibung, und schon Werktitel wie ‚Bunte Steine', ‚Kalkstein' und ‚Granit' sprechen dies deutlich aus.[86]

Im kunsthistorischen Kontext ist Stifter mit seinen Zeichnungen und Ölskizzen nach Felsen und Steinen zunächst einer unter vielen, die in dieser Zeit der naturalistischen Aneignung der Natur zahlreiche solcher Naturstudien schufen.[87] Aber seine Auseinandersetzung mit dem Gegenstand wird zunehmend eigenständiger: Auch der späte Stifter schuf in den sechziger Jahren

---

nung zur Fassung II. Wahrscheinlich kämpfte Stifter lange und mit vielen, beruflich bedingten Unterbrechungen, um die Vollendung eines Gemäldes zu erreichen, von dessen Idee er überzeugt war und dessen komplexer technischer Herausforderung er sich gewissenhaft stellen wollte. Vgl. auch Riechel (o. Anm. 3), S. 15f., der den Gedanken Mahlendorfs aufgreift, aber anders folgert: „The intentions detectable in *Die Bewegung*, moreover, are part of the intentions of the entire unfinished series including for example *Die Heiterkeit. Griechische Tempeltrümmer* and *Die Ruhe, See mit Schneeberg*. Ruins, moon, and mountain are the recurring motifs. ‚Movement', considered in the series, appears as an aspect of rest, an element of contemplation." Der Vergleich Mahlendorfs mit den Kubisten überzeugt Riechel nicht. Stattdessen verweist er auf Cézanne.

[84] Zu Steinfeld vgl. Pötschner (o. Anm. 46), S. 81, Textabb. 65: ‚Wildbach', Ölgemälde, 1824; S. 88, Textabb. 72: ‚Sturzbach', um 1835. Siehe auch Frodl (o. Anm. 10), Abb. S. 133: ‚Gebirgsbach', um 1835. Zu Gauermann vgl. Frodl, Abb. S. 74: ‚Der Waldbach Strubb bei Hallstatt', zwischen 1826 und 1830. Zu Waldmüller vgl. Frodl, Abb. S. 103: ‚Der Waldbach Strubb bei Hallstatt', 1831. Vgl. auch Schröder (o. Anm. 46), S. 139, Abb. 52: ‚Mühle am Ausfluß des Königssees / Waldpartie mit einer Mühle', 1840.
[85] Vgl. o. Anm. 41.
[86] Vgl. Weiss (o. Anm. 4), S. 109–111.
[87] Zum Wahrheitsanspruch in der Darstellung des Stofflichen vgl. Pötschner (o. Anm. 46), S. 80.

Studien nach Felsen und Steinen; nun aber, wie zumindest eine Ölstudie und zwei seiner Zeichnungen aus den Lackenhäusern (Abb. 8) belegen, richtete sich sein Studieninteresse zunehmend auf den Fels oder den Stein an sich, losgelöst von einem übergeordneten motivischen Zusammenhang.

In der Einleitung zu den ‚Bunten Steinen' findet sich eine aufschlußreiche Stelle: „Nicht nur trage ich noch heut zu Tage buchstäblich Steine in der Tasche nach Hause, um sie zu zeichnen oder zu malen, und ihre Abilder dann weiter zu verwenden [...]."[88] Und auf der Ölstudie von 1866[89] befindet sich unter der Signatur ein bedeutungsvoller Vermerk Stifters: „In der Stube nach der Natur".

In einem Brief vom 9. März 1866 an seine Frau erklärte er seine Arbeitsweise: „Die Zwei Feiertage bestanden darin, daß ich zeichnete und zwar Steine nach der Natur, die in das Zimmer geschleppt wurden. Ich werde sie in Öhl als Studie malen."[90] Und in einem Schreiben vom 16. März wird diese Methode noch ein weiteres Mal erwähnt: „Ich beschloß daher schon gestern, daß ich heute vormittag malen werde, und zwar an meiner Steinstudie. Ich habe dir nehmlich schon geschrieben, daß ich mir Steine in die Stube schleppen ließ, und daß ich sie male."[91]

Stifters Interesse richtet sich in der Ölstudie von 1866 ausschließlich auf den Einzelgegenstand. Die natürliche Umgebung seines Objekts ist ohne Bedeutung. Der Blick des Malers registriert minutiös die Form, die Struktur der Oberfläche und wie diese das Licht reflektiert. Das Ergebnis dieser Bemühungen, die Natur so wirklichkeitsgetreu als möglich wiederzugeben, läßt sich auch am Fragment ‚Bewegung II' studieren. Dieser Ansatz bestätigt sich auch in der Überlieferung, derzufolge Stifter in seiner Linzer Wohnung Steine in einem großen Wasserbehälter so lange hin und her schüttelte, bis sie eine „natürliche" Lage wie in einem Flußbett einnahmen.[92]

In Stifters großem Roman ‚Der Nachsommer' wird dieser sorgsam registrierende, präzise die Details erfassende Blick auf das Objekt bei der Bewertung der Arbeiten des malenden und zeichnenden Romanhelden Heinrich Drendorf von seinen Freunden mit der Kategorie des „Naturwissenschaftliche[n]" charakterisiert.[93] Schon in seiner Jugend hatte der Erzähler aus naturwissenschaftlichem Interesse heraus zu zeichnen begonnen, weil er erkannte, daß er im graphischen Medium seine gesammelten Blätter und Steine besser beschreiben könne als mit der Sprache. Zudem zwang ihn das zeichnerische

---

[88] WuB. Bd. 2.2, S. 18.
[89] Nr. 98: Öl auf Karton, 26,8 x 43,3 cm. Im Besitz der Stifter-Gesellschaft Wien. Signiert und datiert unten links: „Adalbert Stifter 26t März 1866".
[90] SW. Bd. 21, S. 158.
[91] Ebd., S. 168.
[92] Novotny (o. Anm. 1), zu Nr. 77.
[93] SW. Bd. 7, S. 31.

Erfassen der Gegenstände zur schärferen Beobachtung.[94] Diese ‚naturwissenschaftliche' Sehweise zielt auf die spezifischen Differenzen der Objekte untereinander und deren Naturwahrheit, die vermessen wird und im empirisch-deskriptiven Sinne Wiedergabe erfährt.[95] Aus dieser Form der Betrachtung resultiert eine Isolierung der Dinge, denn der gezeichnete Stein ist, so gesehen, Erkenntnisgegenstand in Hinblick auf seine mineralogische Beschaffenheit. Die Schilderung der Qualitäten des Steins *an sich* kann auf die Beschreibung seines Fundorts verzichten.[96]

Die 1863 entstandene Zeichnung ‚Steinstudie' (Abb. 8) aus den Lackenhäusern gibt das Zeichenobjekt wie in der ‚Steinstudie' von 1866 nahsichtig, jedoch ist der Stein hier nicht in derselben präzisen Schärfe dargestellt. Dies erklärt sich aus dem Skizzencharakter des Blattes, aber auch aus dem Interesse Stifters, das Spiel der Lichtreflexe auf der Oberfläche mit dem Zeichenstift einzufangen. Die schattierten Partien um den Stein herum deuten wohl das Erdreich, also die natürliche Umgebung des Steins an, denn um diesen herum wachsen ein paar Grashalme empor; aber auf eine Wiedergabe der Stofflichkeit verzichtet Stifter hier: sein Interesse gilt dem Einzelobjekt, das er durch die Schattierungen vom Zeichengrund absetzt und hervorhebt.

An den atmosphärischen Werten des Blattes hingegen, der spielerischen Auflösung der Kontur und der weichen Plastizität, erweist sich eine sensualistische Auffassung, die verrät, daß Stifter beim Zeichenakt seinem Blick folgte und – in der Terminologie des ‚Nachsommers' – mehr das „Künstlerische", folglich das Wesen des Gegenstandes zu erfassen suchte, und nicht das ‚Naturwahre', also dessen stofflich-dingliche Qualität wie in der ‚Steinstudie' von 1866.[97] Im ‚Nachsommer' erkennt Heinrich Drendorf, daß es ein Fehler gewesen sei, das zu vernachlässigen, was den Dingen durch „Luft, Licht, Dünste, Wolken, durch nahe stehende andere Körper" gegeben wird.[98] Dies ist

---

[94] SW. Bd. 6, S. 37f.
[95] SW. Bd. 7, S. 33. Zur „fast naturwissenschaftlichen Gründlichkeit" vieler Künstler im 19. Jahrhundert vgl. auch Pötschner (o. Anm. 46), S. 98.
[96] Aus der ‚naturwissenschaftlichen' Stärke Drendorfs resultiert die ästhetische Schwäche seiner Landschaftsmalerei, die notwendigerweise aus der ästhetischen Perspektive des ‚Kunstwahren' beurteilt wird: der Romanheld vertraut nicht der Gesamtstimmung, die sich seinen Augen darbietet. Er muß die Dinge, so weit sie auch entfernt sind, „naturwahr" schildern, da er *diese* Qualität studiert hat. Aber so bietet sich die Landschaft dem Auge nicht dar, und infolgedessen kann er das Wesen einer Landschaft, ihre Stimmung, nicht erfassen. Sein ganzes künstlerisches Betreben zielt von dem Moment dieser Erkenntnis an auf die Verwirklichung der ästhetischen Kategorien des „Künstlerischen" (Kunstwahren), zu deren Erreichen die Kenntnis des ‚Naturwahren' allerdings Voraussetzung ist. Vgl. Abschnitt IV dieses Aufsatzes, in welchem Stifters Theorie des Zeichnens analysiert wird.
[97] SW. Bd. 7, S. 50f.
[98] Ebd., S. 33. Nach dieser Erkenntnis beschließt Drendorf die Änderung seines künstlerischen Programms (ebd., S. 33f.): „Durch das Urtheil meiner Freunde wurde mir der Verstand plötzlich geöffnet, daß ich Das, was mir bisher immer als wesenlos erschienen

eine Erkenntnis des Künstlers Stifter, die er in der gezeichneten ‚Steinstudie' (Abb. 8) umsetzt. Sie ist im schmalen Corpus der Stifterschen Zeichnungen aufgrund ihrer spezifischen Auffassung des Motivs eine singuläre Erscheinung, obgleich auch sie die Hinwendung des späten Stifter zu einem „malerischen" Zeichenstil dokumentiert. Ölstudie wie Zeichnung drücken die künstlerische Eigenständigkeit des späten Stifter aus.

Dies gilt auch für die beiden 1865 entstandenen Zeichnungen aus den Lakkenhäusern, in denen Stifter zwei ‚Waldrücken' (Abb. 6) festhielt.[99] Es sind Motive, die weit in der Ferne liegen. Dennoch findet Stifter im geschickt entwickelten und kleinteiligen Muster aus Schraffuren das graphische Äquivalent für eine präzise Wiedergabe, die auf den ersten Blick suggeriert, er habe jeden der zahlreichen Bäume einzeln gezeichnet.[100] Es ist dies gewissermaßen der Blick auf das Motiv durchs Fernrohr: Der Gegenstand verbleibt in der Ferne, präsentiert sich aber in exakter Schärfe.[101]

In Stifters dichterischem Werk finden Fernrohre Erwähnung: So trägt Heinrich Drendorf im ‚Nachsommer' ein Fernrohr im Ranzen, das den naturwissenschaftlichen Studien des Romanhelden als unentbehrliches Hilfsmittel dient.[102] In den ‚Nachkommenschaften' erzählt der junge Maler Roderer, er habe in der Blockhütte, die ihm als Atelier diente, sein Fernrohr am Fensterstock angeschraubt.[103] Und tatsächlich benützte Stifter, wie eine Briefstelle belegt, gelegentlich beim Zeichnen ein Fernrohr: „Wenn wieder ein ähnlicher Tag wird, zeichne ich Berggestalten durch das Fernrohr."[104] Der auffällige ästhetische Effekt der Nahsichtigkeit in der Ferne könnte durchaus in dieser Vorgehensweise begründet sein und wäre ein bemerkenswerter Ausdruck Stifterscher Experimentierfreude.

---

war, betrachten und kennen lernen müsse. Durch Luft, Licht, Dünste, Wolken, durch nahe stehende andere Körper gewinnen die Gegenstände ein anderes Aussehen, dieses müsse ich ergründen, und die veranlassenden Dinge müsse ich, wenn es mir möglich wäre, so sehr zum Gegenstande meiner Wissenschaft machen, wie ich früher die unmittelbar in die Augen springenden Merkmale gemacht hatte."

[99] Vgl. o. Anm. 39.
[100] Vgl. Weiss (o. Anm. 4), S. 114; Baumer (o. Anm. 3), S. 138. Baumer scheint hier „die Hand des Zeichners geradezu zum Medium elementarer Kräfte geworden sein, zur Übermittlerin von Impulsen, die elektrischen Energien gleichen". Vgl. ferner Riechel (o. Anm. 3), S. 16.
[101] Vgl. auch Riechel (o. Anm. 3), S. 16: „an extraordinary sensitive impressionistic evocation of a forest ridge seen from miles away, as though through telescope".
[102] SW. Bd. 6, S. 241.
[103] SW. Bd. 13, S. 281. Der Leser wird von diesem optischen Hilfsmittel erst in Kenntnis gesetzt, als der spätere Erzähler zum Verehrer Susannas geworden ist. Roderer möchte von deren täglichen Erscheinen in der Landschaft bereits zum frühestmöglichen Zeitpunkt unterrichtet sein. Dabei hilft ihm sein Fernrohr. Aber dies bedeutet wohl nur, daß die bereits vorhandene Malhilfe einer neuen Bestimmung diente, und nicht, daß das Fernrohr ausschließlich zu diesem Zweck installiert wurde.
[104] SW. Bd. 21, S. 179 (Brief an Amalia Stifter vom 18./19. März 1866).

Im wesentlichen widmete sich Stifter – und dies gilt für den Maler und den Zeichner gleichermaßen – der Produktion von Landschaften und Naturstudien. Seine Hauptwerke gehören ausnahmslos dieser Gattung an. Zu diesem Generalthema der Stifterschen Ikonographie gesellen sich nur ganz wenige Ausnahmen, so z.B. im Spätwerk drei Versuche in der Gattung Tiermalerei: Mehrere Briefstellen bezeugen die liebevolle Hinwendung Stifters zu Tieren und besonders zu seinen Haustieren.[105] Für seine Frau schuf er zwei kleinformatige Gemälde ihrer Hündin „Putzi".[106]

Stifter wußte um seine technischen Schwächen als Tiermaler, wie eine an den von ihm geschätzten Maler Kaiser gerichtete briefliche Bitte um Korrektur am Gemälde ‚Putzi I' belegt.[107] In einer Ölstudie auf Karton gelang Stifter 1866 seine beste Darstellung eines Hundes, als er den Jagdhund des mit ihm befreundeten Freiherrn von Marenholtz porträtierte.[108] Der akademische Maler Prof. Perkmann, der seit 1938 die Restaurierungen an den Gemälden Stifters durchführte, wies Novotny darauf hin, daß die Vorzeichnung auf dieser Ölstudie wahrscheinlich durchgepaust wurde – ein Hinweis, daß Stifter in die-

---

[105] In einem Brief an seinen Verleger Gustav Heckenast vom 23. Dezember 1862 (SW. Bd. 20, S. 90f.) berichtet Stifter, wie sehr ihn der Tod eines seiner beiden Hunde betrübte: „Mein größerer Hund erkrankte vor zwölf Tagen. [...] ich kam in große Unruhe, und pflegte das Thier, wie man fast einen Menschen pflegt [...]. Heute um 7´ fand ich es todt. [...] Ich habe aus Kummer mehrere Tage nicht gearbeitet, und es dürften noch 3 oder 4 Tage in Betrübniß vorüber gehen. Man kann das an mir tadeln; aber ich sage: Wenn es Gott der Mühe werth achtet, ein Thier mit so kunstreichen und feinen Werkzeugen auszurüsten, wenn er ihm eine ganze Kette von Lebensfreuden und Glükseligkeiten mitgab, so dürften wir es auch der Mühe werth achten, diesem Dinge einige Aufmerksamkeit zu schenken." Vgl. zu diesem Aspekt auch Gustav Wilhelm: Adalbert Stifter als Tierfreund. In: Der Tierfreund. Monatsschrift des Wiener Tierschutzvereins. Wien 1926. 81. Jg., Nr. 6/7, 8, 9/10.
[106] Nr. 80: ‚Putzi I'. Öl auf Karton, 11 x 9,3cm. Im Besitz des Oberösterreichischen Landesmuseums. Standort: Stifter-Institut Linz. Novotny (o. Anm. 1) datiert „um 1860". Beste Abbildung bei Baumer (o. Anm. 25), S. 95. – Nr. 81: ‚Putzi II'. Aquarell auf Papier, 7 x 12,2cm. Im Besitz der Stifter-Gesellschaft Wien (Nr. 20). Standort: Stifter-Museum Wien. Novotny datiert „um 1860". Beste Abbildung bei Baumer, S. 97.
[107] 13. Januar 1863; SW. Bd. 24, S. 210: „Unsere kleine Puzi ist so krank, daß meine Gattin meint, daß sie stirbt. Hätten Sie denn nicht ein kleines Bischen Zeit übrig, uns zu besuchen, und an ihrem Bilde ein paar Striche anzugeben, die sie ihrer jezigen Gestalt ähnlicher machten. Es wäre meiner Frau ein Trost. So unbedeutend die Sache ist, so ist der Freundschaftsdienst, um den ich Sie hier ersuche, größer, als Sie ahnen, sonst würde ich nicht den Muth haben, Sie darum zu ersuchen." Vgl. Novotny (o. Anm. 1), Nr. 80: Novotny weist darauf hin, daß nicht mehr feststellbar ist, auf welches der Bilder sich diese „seltsame Bitte um Korrektur" bezieht.
[108] Nr. 99. Abb. bei Novotny (o. Anm 1), Tafel 43 unten : Öl auf Karton. 23,5 x 31 cm. Teilweise beschädigt. Im Besitz der Stifter-Gesellschaft Wien (Nr. 19). Standort: Stifter-Museum Wien. Im Hause des Freiherrn verkehrte Stifter von 1865 bis 1867 häufiger. Eine weitere Darstellung eines Hundes nimmt Novotny (Nr. 107) in den Katalog der zweifelhaften Werke auf.

sem speziellen Fall seiner Zeichentechnik wohl mißtraute und eine direkte Fixierung der Proportionen auf dem Malgrund aus der freien Hand vermied.[109] Diese Beobachtung gewinnt an Plausibilität, wenn man das Hundeporträt mit der einzigen Zeichnung Putzis vergleicht: Die Proportionen, die beim Jagdhund überzeugend wirken, sind bei der in hauchdünnem Lineament gegebenen Zeichnung mißglückt: Dies gilt insbesondere für die Wiedergabe des hinteren Körpers.[110] Auch Stifter sah es so, denn auf der Rückseite unternahm er einen zweiten, glücklicheren Versuch, indem er dieselbe Pose des Hundes aquarellierte (‚Putzi II').[111]

Zwei klassische künstlerische Themata, die Stifter mied, sind die menschliche Anatomie und das Porträt.[112] Der Bedeutung der zeichnerischen Wiedergabe des menschlichen Gesichts und der Gattung Porträt war sich Stifter dennoch sehr bewußt, wie die Passagen zur Theorie des Zeichnens im ‚Nachsommer' belegen.

V

Die nachfolgenden Ausführungen widmen sich der Rekonstruktion und Analyse der Stifterschen Theorie des Zeichnens auf der Grundlage der einschlägigen Textstellen seines literarischen Werkes: Im ‚Nachsommer' und in den Kunstkritiken äußert sich Stifter an zahlreichen Stellen zur Zeichnung, allerdings nicht in Form einer streng systematisch-theoretischen Abhandlung. Der ‚Nachsommer' ist ein ‚Bildungsroman', in welchem der Erzähler Heinrich Drendorf über seinen vielfältigen Reifungs- und Bildungsprozeß berichtet. Stifters Theorie der Zeichnung ist sowohl den Reflexionen des Erzählers als auch Dialogen entnehmbar, in denen einzelne Aspekte dieses künstlerischen Mediums diskutiert werden.

---

[109] Novotny (o. Anm. 1), zu Nr. 99.
[110] Nr. 82 . Abb. bei Novotny (o. Anm. 1), Tafel 42 unten: ‚Putzi III'. Bleistift auf Papier. 7 x 12,2 cm. Im Besitz der Stifter-Gesellschaft Wien (Nr. 20). Diese Zeichnung befindet sich auf der Rückseite des Aquarells von Putzi (Nr. 81) und wird von Novotny ebenfalls „um 1860" datiert.
[111] Einem Vergleich beispielsweise mit Tierstudien des für diese Gattung in Österreich zur Zeit Stifters ausgewiesensten Spezialisten Friedrich Gauermann (1807–1862) halten diese Werke Stifters nicht stand. Vgl. Ulrike Jenni: Friedrich Gauermann. 1807–1862. Ölskizzen und Zeichnungen im Kupferstichkabinett. Zur Arbeitsmethode des Malers. Mit einem Beitrag von Robert Wagner. Wien 1987, S. 126, Tafel 36: ‚Mehrere Füchse. Naturstudie'. Wien: Akademie der bildenden Künste, Inv. Nr. 7288.
[112] Vgl. Novotny (o. Anm. 1), zu Kat. 26: Mit Ausnahme dreier verschollener Gemälde aus den dreißiger Jahren ist aus seinem Œuvre nichts bekannt. Die Abbildung einer kleinen Kreuzabnahme ist bei Novotny publiziert und zeigt, wie schwer sich der Autodidakt Stifter mit diesem Thema tat. Ansonsten bliebe nur noch der Hinweis auf einige ungelenke und kleine Staffagefiguren in einigen Frühwerken.

Eine rekonstruierende Darstellung der Theorie des Zeichnens, die Stifter dem Roman eingestaltet hat, muß den Entwicklungsprozeß des Erzählers und sein Voranschreiten in der Erkenntnis berücksichtigen. Den entscheidenden ästhetischen Erkenntnischritt vollzieht Heinrich Drendorf, als er begreift, daß zwischen dem Naturwahren, also dem ‚naturwissenschaftlichen Blick' und dem ‚Kunstwahren', dem ‚künstlerischen Blick', unterschieden werden müsse.[113] Von diesem Moment an spiegeln die ästhetischen Anschauungen des Erzählers das hohe ästhetische Reflexionsniveau des Autors wieder und entsprechen endgültig dessen Auffassung.

Der jugendliche Drendorf bediente sich der Zeichnung, um seine naturwissenschaftlichen Beobachtungen (Botanik, Mineralogie) präzise und naturwahr wiederzugeben.[114] Somit ist die Funktion der Zeichnung als wirklichkeitsgetreue Deskription der spezifischen Gestalteigenschaften der Naturphänomene definiert und unterstützt deren Klassifizierung. Im ‚naturwissenschaftlichen Blick' liegt die Stärke des Erzählers[115] – die Dinge künstlerisch zu erfassen müht er sich redlich, und er gesteht auch den größeren Schwierigkeitsgrad ein.[116] Stifter thematisiert die Vielfältigkeit des Mediums, denn die Zeichenkunst vermag das Wesen der Dinge künstlerisch auszudrücken, ist aber auch dem Naturwissenschaftler dienstbar.

Auf ihre wertvolle Eigenschaft der vielfältigen Funktionalisierbarkeit rekurriert Stifter durch stetigen Verweis auf immer neue Anwendungen: Drendorf übt sich im Vermessungswesen und bedarf der Zeichnung.[117] Wird im Roman über Denkmalpflege diskutiert, bedient man sich der Zeichnung, um den Befund zu sichern.[118] Kunsthistorischen Gesprächen dienen exakte Zeichnungen von Architekturen (Ansichten, Schnitte, Pläne) und deren Ausstattungen als dokumentative Grundlage.[119] Hier gilt wie in der Naturwissenschaft,

---

[113] Vgl. SW. Bd. 7, S. 31–34.
[114] SW. Bd. 6, S. 37f.
[115] SW. Bd. 7, S. 31. Vgl. auch ebd., S. 50. Diese zeichnerische Sehweise hat aber auch einen Vorzug, denn sie vermittelt beispielsweise Drendorfs Schwester, die das Gebirge nicht kennt, genauere Aufschlüsse über die Natur der Alpen, als dies „künstlerisch vollendete Gemälde" könnten.
[116] SW. Bd. 7, S. 178f.
[117] Ebd., S. 250.
[118] SW. Bd. 6, S. 104ff. Selbstverständlich werden die „Fehler" der Gotik in der Naturwiedergabe vom Zeichner getreu übernommen. Keineswegs wird im Sinne historistischer Stilaneignung verbessert (S. 107f.).
[119] Z.B. SW. Bd. 6, S. 312; Bd. 7, S. 98f. Diese Aufgabe erfüllt heute die Fotografie. Stifter erwähnt sie in seinen Kunstkritiken durchaus positiv, wenn auch immer zum Schluß seiner Rezensionen. Einer der Äußerungen ist jedoch auch seine Unentschiedenheit zu entnehmen, ob dieses neue Medium ein künstlerisches sei: „In so ferne Photographien in einem Kunstberichte zur Sprache kommen dürfen, müssen wir die des Photographen Pfeiffer in Linz, welche im Vereine ausgestellt sind, als vorzüglich bezeichnen." (SW. Bd. 14, S. 90: ‚Obderennsische Kunstausstellung. (1856.)'). Vgl. auch Ebd., S. 105, S. 110, S. 203. Im ‚Nachsommer' findet dieses moderne künstlerische Medium, welches so hervorragend zu Dokumentationszwecken verwendet werden kann, keine Erwähnung.

daß die größtmögliche Präzision im Detail und die exakte Wiedergabe der Proportionen anschaulicher und informativer sind als die mündliche Beschreibung.[120] Drendorf selbst greift zu zeichnerischen Mitteln, wenn er seinem Vater die Kunstwerke und Möbel des Risachschen Hauses schildern möchte.[121] Überhaupt schärfen Zeichenübungen das Verständnis.[122]

Auch die klassischen Aufgaben der Zeichnung im Bereich der künstlerischen Planung finden häufige Erwähnung: Die Zeichnung ist ein vorbereitender Schritt zum Gemälde, aber präzise Zeichnungen sind nicht weniger notwendig bei der Anfertigung von Kopien kostbarer Möbel,[123] und die Entwurfszeichnungen für Pfeilerverkleidungen (Ornament, Dekorationssystem) kosten Drendorf viel Zeit und Mühe.[124]

Einige Passagen im ‚Nachsommer' thematisieren die Qualitätsfrage: Ein zentrales Kriterium ist die „Aehnlichkeit mit den Urbildern", die schon der jugendliche Drendorf bei seinen naturwissenschaftlichen Studien anstrebt.[125] Die wirklichkeitsgetreue Nachahmung des abzubildenden Objekts ist eine grundlegende Forderung, die eine gute Zeichnung erfüllen muß. Stifter fordert auch in seinen Kunstkritiken Zeichner häufig auf, ihre Naturstudien zu intensivieren, damit die Naturwahrheit mehr zu ihrem Recht komme.[126] Die zeichnerische Differenz zwischen Ur- und Abbild ist ein meßbarer Faktor bei der Bewertung zeichnerischer Qualität.

Weitere Qualitätsmerkmale weisen Eustachs Zeichnungen auf, der Drendorf zufolge einen hohen technischen Standard erreicht hat.[127] Seine Architekturzeichnungen und Entwürfe bestechen durch reine, sichere Linienführung und gekonnte Ausführung der Luftperspektive. Zudem erfüllt Eustach ein wichtiges Kriterium der Zeichenkunst, denn er weiß um die Ökonomie („Haushaltung") der zeichnerischen Mittel. Gemeint ist, daß beispielsweise ein Bleistift je nach Druck, den man auf ihn ausübt, verschiedene Intensitäts- und Helligkeitswerte ermöglicht. Ökonomisch zeichnen bedeutet aber auch, daß man die weiteren möglichen Effekte (Schraffuren, Punktierungen, Schwärzungen, Verwischungen, Aussparen des Zeichengrundes etc.) gezielt einsetzt, so daß bis zur Fertigstellung der Zeichnung gestalterische Reserven verfügbar bleiben.

---

[120] Vgl. SW. Bd. 6, S. 107f.
[121] SW. Bd. 7, S. 14, S. 44–46, S. 249.
[122] SW. Bd. 6, S. 240f.
[123] Ebd., S. 111.
[124] SW. Bd. 7, S. 260–262.
[125] SW. Bd. 6, S. 37ff.; das Zitat S. 38.
[126] In der Besprechung eines Gemälde des Linzer Künstlers A.G. Giobbe liest sich das wie folgt: „und wenn der Künstler in Bezug auf Farbe, Gegensatz der Töne und in Bezug auf Zeichnung in genauem Studium der Natur fortfährt, so hoffen wir, ihn auch in componirten Bildern auf der Stufe zu finden, auf der wir ihm in der Porträtmalerei begegnet sind" (SW. Bd. 14, S. 92: ‚Obderennsische Kunstausstellung. (1856.)'). Vgl. ebd., S. 172 (Rezension eines Gemäldes von Konrad Bühlmayr aus Wien aus dem Jahre 1861).
[127] SW. Bd. 6, S. 106; vgl. auch S. 104f.

Als einen Meister der zeichnerischen Kontrolle und Ökonomie feiert Stifter 1868 den Linzer Künstler Josef Maria Kaiser: „Ueber die große Schwierigkeit, den Bleistift an jeder Stelle zu überwachen, daß er ausreiche, rede ich nicht. Jeder, der sich mit Bleistiftzeichnungen abgegeben hat, kennt sie und wird ihre Ueberwindung durch Kaiser bewundern."[128] Aber die Mittel dürfen sich, wie Stifter in einer Kunstkritik aus dem Jahre 1862 deutlich herausstellt, nie verselbständigen: „Das ist stets das Merkmal der Meisterwerke, daß wir keine Mittel sehen und doch die große, unbeschreibliche Wirkung gewahren, während in Afterwerken die Menge und der Lärm der Mittel uns zu keinem Ergebnisse kommen lassen."[129]

Die Kategorie ‚Präzision' sieht Drendorf bei der Bewertung seiner Entwurfszeichnungen durch Eustach wirksam: Exaktheit und Sorgfalt in der Ausführung sind hier unerläßlich.[130]

In den Kunstkritiken für den oberösterreichischen Kunstverein – eine Aufgabe, die Stifter sehr gewissenhaft ausführte – bewertete er die Qualitäten vieler Zeichnungen. Er pflegte auch bei Gemäldebesprechungen auf zeichnerische Qualitäten einzugehen. Wiederholt rügte er in den besprochenen Werken „Verzeichnung[en]",[131] aber das Gelungene eines solchen Werkes beschrieb er auch.[132] Seinen Vorstellungen entsprechende Zeichenkunst erfuhr gelegentlich geradezu emphatische Würdigung. Dabei bediente er sich einer differenzierten Sprache: Die Werke können von „Zierlichkeit und Leichtigkeit" sein,[133] „Uebung und Gewandtheit" verraten,[134] „frei und gefällig" wirken,[135] aber auch „Zartheit, Reinheit, Empfindung" ausdrücken[136] sowie „freundlich und mit Gefühl ausgeführt" sein.[137] Gelegentlich ist eine Zeichnung „vortrefflich und hält die

---

[128] SW. Bd. 14, S. 242: (‚[Josef Maria Kaiser, Bleistiftzeichnungen.] (1868.)').
[129] SW. Bd. 14, S. 202 (‚Gemälde-Ausstellung des oberösterreichischen Kunstvereins. (1862.)'): Stifter bespricht ein Kinderporträt aus der Hand des Wiener Malers Karl Löffler. Und er preist die Einfachheit der Zeichnung im Gemälde: „So einfach wie die Färbung ist auch die Zeichnung in Löfflers Bilde, sie ist bestimmt und klar, und man meint, sogleich könne man diese Linien nachmachen; und doch müssen sie so schwer sein, weil man sie so selten findet". Die überschwengliche Besprechung eines noch weithin unbekannten jungen Künstlers resultiert gewiß zu einem Teil auch aus dem Umstand, daß Künstler und Kritiker einander kannten und die Ausstellung gemeinsam besuchten. Aber die allgemeine ästhetische Aussage über den sparsamen Einsatz der Mittel entspricht sicherlich Stifters Grundüberzeugung. Vgl. Anton Schlossar: Adalbert Stifters Beziehungen zu dem Maler Karl Löffler in Wien. In: Deutsche Arbeit 8 (1908/09), S. 769–774, S. 800–808, hier S. 770f. – Zum Problem der ‚Manier' vgl. auch SW. Bd. 14, S. 168 (Ausstellungsbericht 1860).
[130] SW. Bd. 7, S. 262f.
[131] SW. Bd. 14, S. 55 (Bericht über die Ausstellung 1854).
[132] Ebd., S. 92 (Bericht über die Ausstellung 1856).
[133] Ebd., S. 36 (Bericht über die Ausstellung 1853).
[134] Ebd., S. 54 (Bericht über die Ausstellung 1854).
[135] Ebd., S. 71 (Bericht über die Ausstellung 1856).
[136] Ebd., S. 91 (Bericht über die Ausstellung 1856).
[137] Ebd., S. 97 (Bericht über die Ausstellung 1857).

genaueste Prüfung aus"[138] oder weist „ein[en] hohe[n] Grad von Lebendigkeit (dieser eigentlichen Kunstseele)" auf.[139] Der „Fleiß" eines unbekannten Künstlers verdient genauso positive Erwähnung[140] wie „Schwung und dichterische Auffassung" der Zeichnungen Carl Blumauers.[141] Auch Routine wird geschätzt, wenn von der „geübten und leichten Art" eines Künstlers die Rede ist.[142] Verkürzungen können „staunenswerth" sein,[143] und der Kölner Dombaumeister Statz, der den Auftrag erhalten hatte, den Linzer neogotischen Dom zu errichten, gibt schon beim ersten Blick auf die ausgestellten Pläne zu erkennen, daß er „von der Heiligkeit, von der Würde und dem Ernste seiner Aufgabe durchdrungen war".[144]

In der Besprechung eines Kartons von Josef Munsch beschreibt Stifter die positive psychologische Wirkung, die von einem Charakteristikum dieses Werks ausgeht: „der Reiz der Verschlingung der Linien zu anmuthiger Erregung der beschauenden Einbildungskraft" sei „mit großem künstlerischen Sinne in's Werk gesetzt"[145] – ein hohes Lob, das zugleich Stifters Vertrauen in die starke ästhetische Wirkkraft zeichnerischer Mittel verdeutlicht. Im selben Kunstbericht kritisiert Stifter eine Serie Zeichnungen des berühmten Wilhelm Kaulbach: Diese Folge „Frauengestalten aus Göthe" bleibt dem Kritiker zufolge hinter der „Naturgewalt der Seelen Göthe'scher Frauen" zurück. „In Beziehung auf Göthe sind uns die Zeichnungen kalt", schreibt Stifter und gibt zu erkennen, daß das von ihm ausdrücklich bewunderte, „akademisch Richtige dieser Zeichnungen im Allgemeinen" als alleiniger Qualitätsnachweis nicht ausreicht.[146]

Diese seelischen Qualitäten einer Zeichnung sind sprachlich schwer zu präzisieren, wenn es gilt, sie am konkreten Einzelkunstwerk aufzuzeigen. Am Beispiel Kaulbachs formuliert Stifter zur Verdeutlichung einen prinzipiellen Unterschied in der Ausdrucksfähigkeit von Dichtung und Malerei: „Der Dichter bringt mit dem unsichtbaren Worte leichter die Seele, schwerer den Körper; aber er muß ihn bringen, der Maler mit der sichtbaren Linie leichter den Körper, schwerer die Seele; aber wir fordern sie auch von ihm."[147] Dieses Theorem zur „Ut pictura poesis"-Problematik ist verständnisfördernd, aber in der expliziten Beschreibung der seelischen Qualität, die in der zu besprechenden Zeichnung aufscheint, bleibt Stifter unbestimmt, wie auch das für ihn ty-

---

[138] Ebd., S. 101 (Bericht über die Ausstellung 1857).
[139] Ebd., S. 106 (Bericht über die Ausstellung 1857). Vgl. auch S. 142, S. 215 (Berichte über die Ausstellungen 1860 und 1863).
[140] Ebd., S. 121 (Bericht über die Ausstellung 1858).
[141] Ebd.
[142] Ebd., S. 122.
[143] Ebd., S. 125.
[144] Ebd., S. 132 (Bericht über die Ausstellung 1859).
[145] Ebd., S. 181 (Bericht über die Ausstellung 1861).
[146] Ebd., S. 180.
[147] Ebd.

pische folgende Zitat aufzeigt: „Aber wie verschieden auch die Linie ist, immer hat sie etwas Seelenvolles, das uns anzieht. [...] Es ist das Geistige, das über dem Ganzen schwebt. Ein Hauch der Reinheit, der Sanftheit, der Lieblichkeit, der Innigkeit ist über diesen Arbeiten und theilt sich uns mit und bringt ein befriedigtes Gefühl in uns zu sanftem Abschlusse."[148]

Kolorierte Zeichnungen stellen einen Sonderfall dar, der im ‚Nachsommer' erörtert wird: Das richtige Kolorieren von Zeichnungen ist schwierig und erfordert viel Übung. Der von Eustach in der Kunst der Zeichnung unterrichtete Gustav darf erst kolorieren, wenn er im Umgang mit dem Bleistift die geforderte Übung erlangt hat.[149] Eustach ist ein Meister in der Kolorierung mit Wasserfarben: Er wendet die Kolorierung sparsam an und weiß die Farben sehr differenziert einzusetzen, so z.B. „um dem Ganzen einen Ton der Wirklichkeit und Zusammenstimmung zu geben" oder „um einzelne Stellen zu bezeichnen, die eine besonders starke oder eigenthümliche Farbe hatten".[150] Jedoch darf das Blatt seinen Charakter als Zeichnung nicht verlieren: „Immer aber waren die Farben so untergeordnet gehalten, daß die Zeichnungen nicht in Gemälde über gingen, sondern Zeichnungen blieben, die durch die Farbe nur noch mehr gehoben wurden".[151] Hier ist der Einfluß klassizistischer Kunsttheorie auf Stifter spürbar, denn er besteht auf einer puristischen Unterscheidung der künstlerischen Gattungen, deren Reinheit bewahrt bleiben muß. Auch kolorierte Zeichnungen sind keine Gemälde und haben ihren graphischen Charakter zu bewahren.

Allerdings kann man mit den künstlerischen Mitteln einer Gattung an deren Grenzen stoßen, so daß man in der benachbarten einen neuen Versuch unternehmen muß. Aufschlußreich zu diesem Aspekt ist der Bericht Drendorfs über seine Bemühungen, ein Gemälde seines Vaters, die „hold[e]" Darstellung eines lesenden Kindes, zu kopieren: „Ich versuchte, das Angesicht zu zeichnen; allein ich vermochte durchaus nicht, die einfachen Züge, von denen noch dazu das Auge nicht zu sehen war, sondern durch das Lid beschattet wurde, auch nur entfernt mit Linien wieder zu geben. Ich durfte mir das Bild herab nehmen, ich durfte ihm eine Stellung geben, wie ich wollte, um die Nachahmung zu versuchen; sie gelang nicht, wenn ich auch alle meine Fertigkeit, die ich im Zeichnen anderer Gegenstände bereits hatte, darauf anwendete. Der Vater sagte mir endlich, daß die Wirkung dieses Bildes vorzüglich in der Zartheit der Farbe liege, und daß es daher nicht möglich sei, dieselbe in schwarzen Linien nachzuahmen."[152] Bedeutsam ist der Hinweis, daß Drendorf bereits ein geübter Zeichner ist und dennoch in der „Nachahmung" scheitern

---

[148] Ebd., S. 242 (‚[Josef Maria Kaiser, Bleistiftzeichnungen.] (1868.)').
[149] SW. Bd. 7, S. 15f.
[150] SW. Bd. 6, S. 106.
[151] Ebd.
[152] Ebd., S. 216.

muß, da er zur Wiedergabe ein inadäquates künstlerisches Medium gewählt hat. Die „hold[e]" Wirkung dieses Bildes beruht auf der Farbe und ist folglich nur durch Malerei reproduzierbar.

Rückschlüsse auf Stifters Bewertung des eigenen graphischen Œuvres lassen die folgenden Hinweise zu: Eustach fertigte auf seinen Reisen Skizzen an, die er zu Hause „im Reinen" ausführte.[153] Auch sein Bruder Roland bringt seine Zeichnungen im Nachhinein „mehr in das Reine".[154] An anderer Stelle kehrt Roland von einer Reise zurück: „Er brachte in seinem Buche viele und darunter schöne Zeichnungen mit, welche mit Antheil betrachtet wurden. Sie sollten nun auf größerem Papiere und in künstlerischer Richtung ausgeführt werden."[155] Stifter spricht hier das Verhältnis zwischen Skizze und vollendeter Zeichnung an: Skizzen dienen dem Studium vor Ort und sind Notizen des Beobachteten. Es können sogar „schöne Zeichnungen" sein, d.h. der ästhetische Wert dieser mehr oder weniger ausgeführten vorbereitenden Zeichnungen ist erkannt. Als eigenständige Kunstwerke können sie jedoch noch nicht angesehen werden. Sie dienen als Vorlage für die endgültige Reinzeichnung, die aufgrund ihrer – bereits bei der Bewertung der Eustachschen Zeichnungen erwähnten – Qualitätskriterien unter die Kategorie des „Künstlerischen" fallen. Diese Kategorie erscheint noch nicht in ihrer umfassenden Bedeutung als ‚Kunstwahrheit', denn der ästhetischen Problematik zwischen dieser Kategorie und jener des ‚naturwissenschaftlichen Blicks' wird sich Drendorf erst später bewußt. Das Adjektiv „künstlerisch" zielt auf den hohen Grad zeichnerischer Vollendung, der anhand der Kriterien Abbildgenauigkeit und Präzision, Reinheit der Linienführung, Ökonomie der Mittel und korrekte Perspektive bestimmt wird.

Legt man diesen Maßstab an das erhaltene graphische Œuvre Stifters an, so besteht es mit Ausnahme weniger Blätter aus Skizzen, die wohl „schön" sein können, denen ihr Schöpfer aber das hohe Prädikat des „Künstlerischen" noch nicht verliehen haben dürfte. Die Moderne gesteht auch der graphischen Skizze den Rang eines eigenständigen Kunstwerks zu. Stifter und seiner Zeit galt die Skizze als Vorstufe zum Kunstwerk, die allerdings die Meisterschaft und Virtuosität eines Künstlers zu demonstrieren vermochte. Stifter spricht sogar bei der Würdigung einer ‚Regenskizze' von Heinrich Bürkel in einer seiner Kunstkritiken deutlich aus, welch hohes Niveau Meisterskizzen erreichen können: Sie „wirkt hier besonders mit der Zierlichkeit und Leichtigkeit einer Studie, die nicht selten auch bei großen Meistern trotz der Nachlässigkeit, die ein ausgeführtes Bild nicht hat, wahrer und tiefer wirken als Bilder selber".[156]

Einmal billigt Stifter einer Skizze zu, ein „Meisterwerk ersten Ranges" zu sein, obwohl sie „nicht bis zum Letzten ausgeführt" ist. Aber es handelt sich

---
[153] Ebd., S. 109.
[154] SW. Bd. 7, S. 4.
[155] SW. Bd. 6, S. 247.
[156] SW. Bd. 14, S. 36 (Bericht über die Ausstellung 1853).

um eine – von Stifter begeistert besprochene – komplexe Historienkomposition des von ihm außerordentlich geschätzten Wiener Künstlers Johann Nepomuk Geiger, in welcher der Kritiker neben der graphischen Qualität auch noch zahlreiche andere Vorzüge erblickt.[157] Elf Jahre später, in der letzten seiner Kunstkritiken, billigt er ein zweites Mal Zeichnungen den hohen Rang von Kunstwerken zu. Seine Formulierung ist aufschlußreich: „So glaube ich Kaisers Zeichnungen, wenn sie auch *nur* Bleistiftzeichnungen sind, Kunstwerke nennen zu dürfen".[158]

Wolfgang Kemp wies darauf hin, daß vom Akademie- oder Atelierschüler erwartet wurde, daß er ein Skizzenbuch führte, in welches er seine Beobachtungen nach dem wirklichen Leben und der Natur notierte.[159] Diese Methode wurde bis zur Mitte des 19. Jahrhunderts praktiziert. Die Skizze stieg erst allmählich in den Rang eines eigenwertigen Kunstwerks auf, als in der Landschaftsmalerei der Pleinairismus, die Freilichtmalerei, einsetzte und Künstler ihre Gemälde „auf dem Motiv" schufen.[160] Im Verlauf dieser Entwicklung verlor die Skizze zunehmend ihren ausschließlichen Charakter als Stütze für die Atelierarbeit und konnte sich auch als „vollwertige" künstlerische Ausdrucksform etablieren.[161] Jedoch setzte diese Tendenz zunächst nur fernab von Wien in Frankreich bei den Meistern der Ecole de Barbizon ein. In der Wiener Landschaftsmalerei des Biedermeier war der Pleinairismus praktisch inexistent. Nur gelegentlich schufen experimentierfreudige Maler ein Gemälde in der freien Natur, so z.B. der frühe Waldmüller.[162]

Zu den äußeren Bedingungen, die zum Gelingen einer Zeichnung beitragen, finden sich nur einige wenige Hinweise im ‚Nachsommer'. So muß das Atelier gleichmäßig ausgeleuchtet sein: „alle Fenster bis auf eines waren mit ihren Vorhängen bedeckt, damit eine einheitliche Beleuchtung auf den Gegenstand geleitet würde, der gezeichnet werden sollte".[163] Zu den optimalen Arbeitsbedingungen gehört selbstverständlich der Zeichentisch.[164]

Auch zur Ausbildung eines Zeichners ist wenig zu erfahren. Abgesehen von Eustachs didaktischer Regel, daß man erst kolorieren dürfe, wenn eine ausreichende Sicherheit in der Handhabung des Zeichenstifts erreicht sei,[165]

---

[157] Ebd., S. 111–115, Zitat S. 115 (Bericht über die Ausstellung 1857).
[158] SW. Bd. 14, S. 242 (‚[Josef Maria Kaiser, Bleistiftzeichnungen.] (1868.)'); Hervorhebung von mir.
[159] Kemp (o. Anm. 64), S. 309. Vgl. auch die grundlegende Studie zum Lehrbetrieb an französischen, aber auch anderen Akademien im 19. Jahrhundert von Albert Boime: The Academy and French Painting in the Nineteenth Century. London 1971, S. 35.
[160] Vgl. Ekkehard Mai: Vom Atelier zur freien Natur – Landschaftsmalerei an deutschen Kunstakademien. In: Landschaft im Licht. Impressionistische Malerei in Europa und Nordamerika 1860–1910. (Ausstellungskatalog) Köln/Zürich 1990, S. 36–47, bes. S. 43–47.
[161] Vgl. Frodl (o. Anm. 10), S. 36.
[162] Ebd.
[163] SW. Bd. 7, S. 14.
[164] Ebd., S. 17f.
[165] Ebd., S. 15f.

beschränkt sich Stifter auf den mehrfachen Hinweis, daß zeichnerische (und malerische) Fortschritte nur durch ständige Übung zu erzielen seien.[166]

Dies gilt auch für die Versuche des Romanhelden, sich als Porträtmaler zu verbessern.[167] Doch bevor er begann, Porträts zu malen (das Gärtnerehepaar),[168] hatte er schon erkannt, „daß das menschliche Angesicht der beste Gegenstand für das Zeichnen sein dürfte".[169] Allerdings fehlte Drendorf anfänglich der Mut, seine Schwester oder deren Freundinnen zu bitten, ihm Modell zu sitzen, so daß er sich im Zeichnen nach Vorlagen und Gipsabgüssen üben mußte.[170] Zeichnen nach Gipsabgüssen galt übrigens im schulisch-akademischen Zeichenbetrieb des 19. Jahrhunderts als „Naturzeichnen". Zur Egänzung zog man das lebende Modell heran.[171]

Nachdem Drendorf das Wesen des ‚künstlerischen Blicks' erkannt hat, nimmt er seine Studien nach dem menschlichen Gesicht wieder auf, aber die zeichnerische Intention hat sich gewandelt: „Ich zeichnete und malte meine Köpfe jetzt anders, als noch kurz vorher. Wenn ich früher [...] nur auf Richtigkeit der äußeren Linien sah, so weit ich dieselbe darzustellen vermochte, und wenn ich die Farben annäherungsweise zu erringen im Stande war, so glaubte ich, mein Ziel erreicht zu haben: jetzt sah ich aber auf den Ausdruck, gleichsam, wenn ich das Wort gebrauchen darf, auf die Seele, welche durch die Linien und die Farben dargestellt wird. [...] Einen Kopf so zu zeichnen oder gar zu malen, wie ich jetzt wollte, war viel schwerer [...]. Mein Vater [...] pflegte zu sagen, Das was ich jetzt vor Augen habe, sei das Künstlerische, mein Früheres sei ein Vergnügen gewesen."[172] Und immer noch ist Drendorf „das menschliche Antlitz der würdigste Gegenstand für Zeichnungen".[173] Eindeutig wird der Zeichnung zugestanden, daß sie „Ausdruck" und „Seele" festzuhalten und auszudrücken vermag, auch wenn dies „viel schwerer" ist.

Wenn die menschliche Physiognomie der „würdigste Gegenstand" für den Zeichner ist, so bleibt zu fragen, warum sich Stifter nicht seinerseits in der Gattung Porträt übte. Zumindest ist der Forschung bis auf den heutigen Tag keine Zeichnung und kein Gemälde dieser Gattung bekannt. So liegt die Vermutung nahe, daß Stifter angesichts des hohen technischen Schwierigkeitsgra-

---

[166] Ebd., S. 16, S. 20, S. 30.
[167] Ebd., S. 71f.
[168] Ebd., S. 69.
[169] SW. Bd. 6, S. 215.
[170] SW. Bd. 7, S. 216f.
[171] Kemp (o. Anm. 64), S. 309.
[172] SW. Bd. 7, S. 178f.
[173] Ebd., S. 185. Vgl. auch SW. Bd. 14, S. 217f. (Bericht über die Ausstellung 1867): „Das höchste Werk, worin dieses Göttliche ausgedrückt wird, ist die Welt, die Gott erschaffen hat. Und wenn der Mensch das Göttliche durch die Kunst darstellen will, so ahmt er Theile der Welt nach. In der Malerei und in den zeichnenden Künsten [...] ist es zu oberst der Mensch, der als Gegenstand dient, dann landschaftliche Gebilde, Blumen, Früchte, Thiere".

des dieser Gattung resignierte und sich ausschließlich auf die Landschaftszeichnung (und -malerei) konzentrierte, deren Probleme dem vielbeschäftigten Dichter, Schulrat, Denkmalpfleger und Kunstkritiker schon genügend Studium, Mühe und Zeit abverlangten.

Stifters Theorie der Zeichnung ist, soweit anhand des ‚Nachsommers' und der Kunstkritiken rekonstruierbar, im Wesentlichen den klassischen und konventionellen Anschauungen seiner Zeit verpflichtet. Stifter war den Urteilen seiner Zeit als Kunsttheoretiker mehr verbunden als in seinem praktischen künstlerischen Schaffen. In seinen kunsttheoretischen Anschauungen nimmt die normative klassizistische Ästhetik breiten Raum ein.[174] Dies äußert sich auch in seinen Kunstkritiken, wenn er auf wenigen Seiten die Kerngedanken seiner Kunsttheorie darlegt,[175] die klassische griechische Periode als bedeutendste Kunstepoche aller Zeiten würdigt, aber auch, wenn er die Kunstgeschichte als eine Entwicklung von Aufstieg und Verfall wertet.[176] Der Landschaftsmaler Stifter spricht sogar deutlich aus, daß er die klassische Gattungshierarchie anerkennt, derzufolge die Historienmalerei den höchsten Rang einnimmt.[177]

VI

Faßt man abschließend die Ergebnisse dieser Darlegungen zur Thematik „Adalbert Stifter als Zeichner" zusammen, so ergibt sich das folgende Bild: Stifter hat zweifellos viele seiner Zeichnungen vernichtet. Das hinterbliebene zeichnerische Œuvre ist nur geringen Umfangs, fragmentarisch und heterogenen Charakters. Seine zeichnerische Ausbildung war im wesentlichen autodidaktisch, und er schulte sich gemäß den zeichendidaktischen Gepflogenheiten seiner Zeit, wobei ihm sein Malerfreund Johann Fischbach zur Seite stand. Stifters Handhabung des Zeichengeräts wird diesen Einfluß auch im Spätwerk nicht verleugnen.

Viele der Zeichnungen Stifters sind der Motivwelt der Wiener Biedermeiermalerei verpflichtet. Dies steht keineswegs im Widerspruch zu der Tatsa-

---

[174] Dies gilt insbesondere für die kunsttheoretischen Passagen im ‚Nachsommer'. Vgl. z.B. SW. Bd. 7, S. 85–88: In der Besprechung der griechischen Statue Risachs gibt sich Stifter als klassizistischer Theoretiker eindeutig zu erkennen. Zur Klassikorientierung des Kunsttheoretikers Stifter vgl. auch Novotny (o. Anm. 1), S. 22; ders.: Klassizismus und Klassizität im Werk Adalbert Stifters – bei Betrachtung seiner späten Landschaftsbilder. In: Novotny, S. 39–48; Pfeiffer (o. Anm. 5), S. 38–44, S. 48–53. Vgl. auch Margarete Gump: Stifters Kunstanschauung. Diss. München 1927. Berlin 1927, S. 40–48.
[175] SW. Bd. 14, S. 217–220 (Bericht über die Ausstellung 1867).
[176] Ebd., S. 205–210 (Bericht über die Ausstellung 1863). Hier steht Stifter fest in der Tradition Winckelmanns und Herders. Vgl. auch die Einleitung von Gustav Wilhelm zu SW. Bd. 14, S. XXVIIf.
[177] SW. Bd. 14, S. 199 (Bericht über die Ausstellung 1862).

che, daß der späte Stifter in seinen Werken zeichenkünstlerische Eigenständigkeit beweist. Ein bedeutender Stilwechsel ist ab Mitte der fünfziger Jahre aufzeigbar: Blätter wie der ‚Waldhang' (Abb. 7) oder die ‚Waldrücken' (Abb. 6) sowie die zeichnerischen Arbeiten für die ‚Bewegung' weisen einen dynamisch-pulsierenden Rhythmus auf. Vor allem in seiner ‚Steinstudie' (Abb. 8) von 1863 strebte Stifter auch eine sensualistische Sehweise an.

Die Rekonstruktion seiner Theorie des Zeichnens anhand der einschlägigen Stellen im ‚Nachsommer' und den Kunstkritiken zeigt, daß Stifters Urteil der klassizistischen kunsttheoretischen Tradition verpflichtet ist. Von zentraler Bedeutung in Stifters kunsttheoretischem Ansatz ist der Gedanke vom ‚naturwissenschaftlichen Blick' und dessen Gegensätzlichkeit zum „künstlerischen Blick", der auf das Wesen der Dinge zielt. Zur Beurteilung der späten Zeichnungen müssen auch diese Begrifflichkeiten herangezogen werden.

Häufige Erwähnung erfährt die vielfältige Funktionalisierbarkeit der Zeichenkunst im ‚Nachsommer'. Der schwierigen Qualitätsfrage stellt sich insbesondere der Kunstkritiker Stifter stets aufs Neue, wobei er deutlich ausspricht, daß akademische Gewandtheit wohl bewundernswert ist, aber ohne das notwendige Gefühl für den Stoff keineswegs ausreicht, sondern Kälte ausstrahlt und „Lebendigkeit", diese „eigentliche Kunstseele", vermissen läßt. Klassizistische Kunsttheorie gibt sich im puristischen Hinweis auf die Reinheit der künstlerischen Gattungen zu erkennen: Auch kolorierte Zeichnungen haben ihren Charakter als Zeichnungen zu bewahren.

Die meisten der graphischen Blätter Stifters sind Skizzen: Skizzen, und dies entspricht dem konventionellen theoretischen Ansatz, können unter Umständen mehr Meisterschaft demonstrieren als ein Gemälde, aber den Rang als „Kunstwerke" gesteht ihnen Stifter prinzipiell noch nicht zu.

Das höchstrangige Thema der Zeichenkunst ist für den Theoretiker Stifter die menschliche Physiognomie, also letztlich das Porträt. Diese Gattung pflegte der Künstler Stifter nach heutigem Wissensstand nicht. Er konzentrierte sich als Maler und Zeichner zeitlebens auf die Schilderung der Natur und suchte mit den Mitteln dieses künstlerischen Mediums in ihr Wirklichkeit und Wahrheit.

Ein Problem, welches aus seiner Doppelbegabung resultierte, hatte der Dichter und Maler Stifter gewiß schon lange reflektiert, bevor er 1867 in seinem letzten ‚Kunstbericht' konstatierte: „Dichter und Maler haben eben ganz verschiedene Mittel, und beide Künste, wenn sie einander erläutern wollen, bleiben meist im Nachtheil, in Geschichtlichem nicht immer, oft gar nicht, im Lyrischen sicherlich jedes Mal."[178]

---

[178] Ebd., S. 226 (Bericht über die Ausstellung 1867).

Adalbert Stifter als Zeichner 295

Abb. 1: A. Stifter, Zerfallene Hütte im Wald, 1846 (?). Linz, Adalbert-Stifter-Institut des Landes Oberösterreich

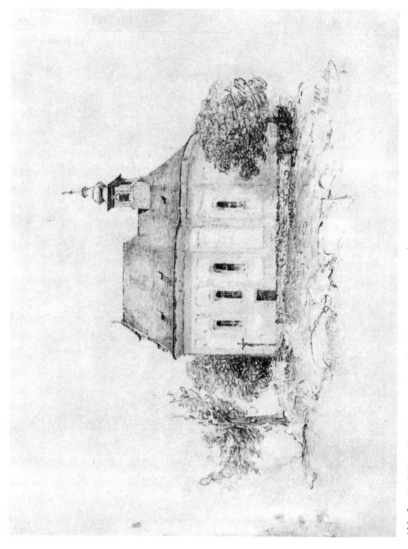

Abb. 2: A. Stifter, Die Gutwasserkapelle bei Oberplan, 1845. Wien, Historisches Museum der Stadt Wien

Abb. 3: A. Stifter, Umgestürzte Baumwurzel, 1845. Wien, Historisches Museum der Stadt Wien

Abb. 4: A. Stifter, Hütte am Wasser, um 1850. Wien, Historisches Museum der Stadt Wien

Adalbert Stifter als Zeichner 299

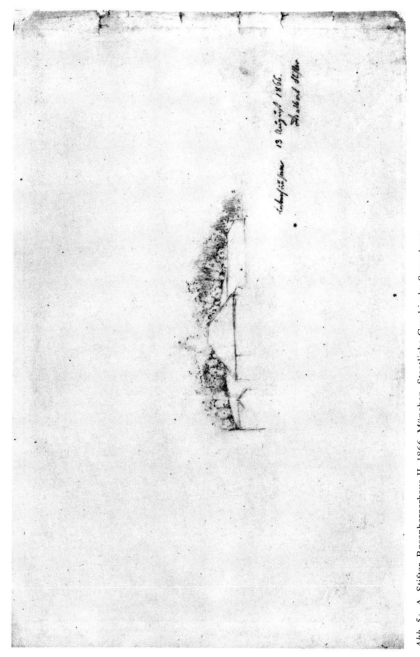

Abb. 5: A. Stifter, Rosenbergerhaus II, 1866. München, Staatliche Graphische Sammlung

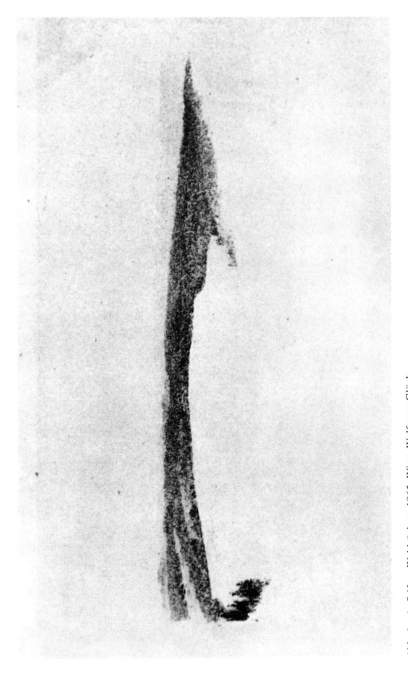

Abb. 6: A. Stifter, Waldrücken, 1865. Wien, Wolfgang Glück

Adalbert Stifter als Zeichner 301

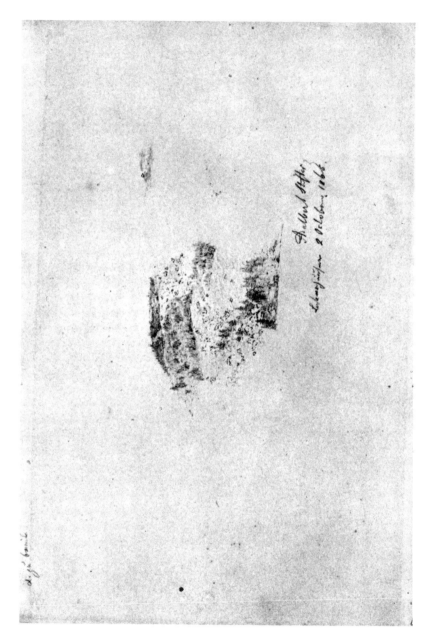

Abb. 7: A. Stifter, Waldhang, 1865. Linz, Adalbert-Stifter-Institut des Landes Oberösterreich

Abb. 8: A. Stifter, Steinstudie, 1863. Wien, Graphische Sammlung Albertina

Adalbert Stifter als Zeichner 303

Abb. 9: J. Fischbach, Blick auf St. Bartholomä am Königsee. Salzburg, Museum Carolino Augusteum

Abb.10: J. Fischbach, Blick auf Hallstatt. Salzburg, Museum Carolino Augusteum

Adalbert Stifter als Zeichner 305

Abb.11: J. Fischbach, Haus im Gebirge. München, Staatliche Graphische Sammlung

Abb. 12: J. Fischbach, Hallstätter See mit Römerturm. Salzburg, Museum Carolino Augusteum

Adalbert Stifter als Zeichner 307

Abb.13: J. Fischbach, Skizzenblatt aus Niederösterreich. Salzburg, Museum Carolino Augusteum

Abbildungsnachweise

Linz, Adalbert-Stifter-Institut des Landes Oberösterreich: 1, 7
München, Staatliche Graphische Sammlung: 5, 11
Salzburg, Museum Carolino Augusteum: 9, 10, 12, 13
Wien, Adalbert-Stifter-Gesellschaft: 2, 3, 4
Wien, Wolfgang Glück: 6
Wien, Graphische Sammlung Albertina: 8

Teil III
Zu einzelnen Werken

> „und man wird in ein düsteres
> Grübeln hineingelockt über Vorsicht,
> Schicksal und letzten Grund aller Dinge"

Marianne Wünsch

Normenkonflikt zwischen „Natur" und „Kultur"

Zur Interpretation von Stifters Erzählung ‚Der Hochwald'

Vorbemerkung

Seit das Denken der Aufklärung die – natürlich immer schon kulturell interpretierte – Größe „Natur" entdeckt hat und sie in der frühen Goethezeit,[1] im ‚Sturm und Drang', geradezu zur Norm sowohl des Verhaltens in der dargestellten Welt als auch des Darstellungsaktes geworden ist, ist die kulturelle Regelung des Verhältnisses von „Kultur" und „Natur" zu einem zentralen Thema geworden, das sich schnell als umso schwieriger erwies, je deutlicher wurde, daß die Orientierung an einem Wert- und Normensystem „Natur" zu ranghohen Kollisionen mit dem kulturellen Wert- und Normensystem führt. Beim Zusammenbruch des Goethezeit-Systems erbt das Biedermeier – wie nach ihm das Literatursystem des Realismus – dieses Thema und hat neue Lösungen dafür zu finden.[2]

In Stifters ‚Hochwald', zuerst 1842 in der Zeitschrift ‚Iris' erschienen, dann, mit wenigen Varianten, im zweiten Band der ‚Studien' 1844,[3] scheint mir die Relation der beiden Kategorien zu den zentralen Problemen der Textsemantik zu gehören.

Der Handlungsverlauf sei kurz erinnert. Im Dreißigjährigen Krieg sieht der österreichische Freiherr von Wittinghausen eine Bedrohung seiner Burg durch nahende schwedische Truppen voraus, weshalb er seine beiden Töchter zu deren Schutze in der Wildnis unter der Obhut des Jägers Gregor zu verstecken sucht. Die ältere geht dort eine Liebesbindung mit einem jungen Schweden ein, der, um die Gefahr durch die schwedischen Truppen von ihrem Vater abzuwenden, sich zu dessen Burg begibt, wo es, ausgelöst scheinbar durch ein

---
[1] Als „Goethezeit" gelte die Epoche zwischen 1770 und 1830 mit ihren jeweiligen Subsystemen.
[2] Zum „Natur"-"Kultur"-Verhältnis bei Stifter vgl. Christian Begemann: Natur und Kunst. Überlegungen zu einem durchkreuzten Gegensatz im Werk Adalbert Stifters. In: Adalbert Stifters schrecklich schöne Welt. Beiträge des internationalen Kolloquiums zur A. Stifter-Ausstellung (Universität Antwerpen 1993). Hrsg. von Roland Duhamel, Johann Lachinger, Clemens Ruthner, Petra Göllner. Brüssel/Linz 1994 (Acta Austriaca 1 = Germanistische Mitteilungen [Brüssel] 40/1994; Jahrbuch des A.-Stifter-Instituts [Linz] 1/1994), S. 41–52. Die kulturelle Regelung dieses Verhältnisses ist im übrigen generell ein zentraler Themenkomplex der Ethnologie; vgl. etwa Michael Oppitz: Notwendige Beziehungen. Abriß der strukturalen Anthropologie. Frankfurt a.M. 1975 (stw 101).
[3] Zur Entstehungsgeschichte vgl. Ulrich Dittmann: ‚Hochwald'-Kommentar (unveröffentlichtes Typskript für den ‚Studien'-Teil von WuB).

312   *Marianne Wünsch*

Mißverständnis des Vaters, zur Tötung des Liebhabers und infolgedessen auch zum Tode des Vaters kommt. In der Ruine seiner Burg leben die beiden Schwestern unvermählt bis zu ihrem natürlichen Tod im hohen Alter.

I. Familienstruktur und Partnerwahlverhalten

Im Text koexistieren und überlagern sich zwei Verwandtschaftssysteme: ein reales und ein metaphorisches, die zwar weitgehend dieselben Figuren umfassen, aber zwischen ihnen durchaus verschiedenartige Beziehungen herstellen:

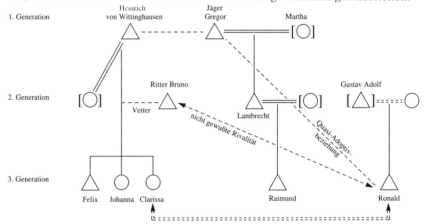

Schema 1: Biologische u. soziale Beziehungen: tatsächliche Beziehungen

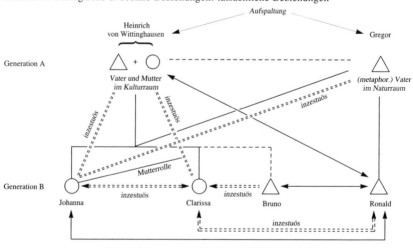

[Metaphorisch nicht existent: Felix, Gustav Adolf, Mutter (Ronald)]

Schema 2: Biologische u. soziale Beziehungen: metaphorische Beziehungen

Schema 3: Zeichenerklärung

Das System der biologischen Verwandtschaften

Auf der Ebene der tatsächlichen Familien- und Sozialbeziehungen gehören Heinrich von Wittinghausen, der biologische Vater von Clarissa, Johanna und Felix, und der Jäger Gregor, mit dem ihn eine Art Freundschaft aus der Jugendzeit über die Standesgrenzen hinaus verbindet, derselben Generation an; beide werden auf siebzig Jahre datiert.[4] Wie sich auch an der familiären Deszendenz Gregors zeigt, gehören sie beide einer Großvatergeneration an; da nun Heinrichs jüngere Tochter Johanna von der Erzählinstanz hypothetisch auf vierzehn bis achtzehn Jahre, vielleicht sechzehn, geschätzt wird, folgt daraus, selbst wenn die ältere Schwester und der Bruder erheblich älter angenommen würden, daß ihre verstorbene Mutter einer jüngeren Generation als der Vater angehört haben muß. In der Familie Wittinghausen müssen darüber hinaus noch zwei weitere Merkwürdigkeiten angemerkt werden: zum ersten die Rolle des Sohnes Felix, der für die Handlung völlig irrelevant ist, überhaupt nur als Begleiter des Vaters Heinrich[5] oder des Ritters Bruno[6] auftritt und zusammen mit dem Vater fällt. Zum zweiten: noch merkwürdiger ist die Rolle des Ritters Bruno. In der Rede des Vaters an seine Töchter im ersten Kapitel wird er als den Töchtern bekannt präsupponiert,[7] im zweiten Kapitel erscheint er in der Erzählerrede als Unbekannter – „noch ein fünfter Reiter" – und als „fremde[r] Reite[r], den der Freiherr immer bloß mit dem Namen ‚Ritter' anredete",[8] oder gar als der „räthselhafte Begleiter ihrer Reise, der Ritter".[9] Eine offenkundig der Familie bekannte Figur, die sich sogar als verwandt erweist – Johanna tituliert er als „Muhme" und sich selbst als „Vetter"[10] – wird also erstaunlicherweise im zweiten Kapitel, beim Aufbruch in den Naturraum, als fremd und rätselhaft ausgegeben; der Vater vermeidet sogar seinen Namen, obwohl sich im letzten Kapitel herausstellt, daß er den Töchtern als „Bruno" geläufig ist. Wie wir aus der Verabschiedungsszene der drei männlichen Ver-

---

[4] WuB. Bd. 1.4, S. 238.
[5] Kapitel 2 und Schlußkapitel.
[6] WuB. Bd. 1.4, S. 229 und Kapitel 2.
[7] Ebd., S. 226f.
[8] Ebd., S. 235, S. 240.
[9] Ebd., S. 253.
[10] Ebd., S. 253, S. 312.

wandten gegenüber den beiden Mädchen im dritten Kapitel schließen müssen, muß Bruno um Clarissa geworben haben, was schließlich im Schlußkapitel durch ihn selbst bestätigt wird:[11] auch das wird uns aber bei seinem ersten leiblichen Auftreten im zweiten bzw. dritten Kapitel vorenthalten. Da die Verabschiedungsszene aber von Johanna offenkundig richtig interpretiert wird und in Präsenz des Vaters und Bruders stattfindet, ist Brunos Werbung auch dem Vater bekannt und somit offenbar von ihm auch geduldet. Der Ritter wird im übrigen an keiner Stelle als „Jüngling" oder „jung" charakterisiert, ganz im Gegensatz etwa zu Felix oder Ronald; in der Urfassung hieß es sogar „nicht mehr ganz jung".[12] Ich ordne ihn deshalb eher der zweiten Generation zu. Auch der zweite um Clarissa werbende Liebhaber, Ronald, der uneheliche Sohn Gustav Adolfs, ist der Familie kein Unbekannter: er hat sich vor Jahren im Hause Heinrichs aufgehalten, der ihn offenbar mit Wohlwollen bedachte; zwischen ihm und Clarissa, die damals noch ein sehr junges Mädchen gewesen sein muß, entwickelte sich eine Liebe, d.h. es lag eine jener Varianten von „Kinderliebe" vor, wie sie die realistische Literatur in vielen Fällen kennt,[13] die durch Ronalds von seinem Vater bestimmte Abreise, für Clarissa unverständlich, unterbrochen wurde. Als unehelicher Sohn ist Ronald im übrigen in traditioneller Diktion „ein Kind der Natur" bzw. ein „natürlicher Sohn". Ronald teilt ein wesentliches Merkmal mit Heinrich: er hat die Sympathie Gregors erworben – und beide sind die einzigen, die Gregor zum See im Hochwald geführt hat. Im wochenlangen gemeinsamen Aufenthalt hat Gregor Ronald gleichsam als Sohn adoptiert.

Das metaphorische Verwandtschafts- und Beziehungssystem

Auf der Ebene der metaphorischen Familien- und Sozialbeziehungen wird nun ein erstaunlich umfängliches und komplexes System aufgebaut, in dem einige der realen Figuren keine Rolle mehr spielen. So sind Ronalds biologische Eltern metaphorisch nicht existent, während Gregor unzweideutig zu seinem Vater wird: „da fand ich Gregor. – Wie ein Sohn liebte ich den Alten".[14] Auf der metaphorischen Ebene verschwindet auch einerseits die tote Mutter der Mädchen, deren Rolle Heinrich zusätzlich zu seiner Vaterrolle übernimmt, „um ihnen das verlorne Mutterherz zu ersetzen",[15] es verschwindet aber auch andererseits der Bruder Felix, während Bruno sich statt dessen zum metaphorischen Bruder erklärt: „und ich bin nichts, als Euer Vetter und Bruder".[16] Die

---

[11] Ebd., S. 312.
[12] WuB. Bd. 1.1, S. 235.
[13] Z.B. Storm, ‚Immensee' (1850), ‚Hans und Heinz Kirch' (1882); Keller, ‚Romeo und Julia auf dem Dorfe' (1856); Raabe, ‚Die Akten des Vogelsangs' (1896).
[14] WuB. Bd. 1.4, S. 285.
[15] Ebd., S. 225.
[16] Ebd., S. 312.

Konsequenz dieser Metaphorisierungen der Verwandtschaft ist zunächst, daß ein Verwandtschaftssystem, das real aus drei Generationen besteht, auf zwei Generationen reduziert wird, wobei die Großelterngeneration an die Stelle der getilgten Elterngeneration tritt und Bruno in die Kindergeneration verschoben wird.

Doch nicht genug damit. Schon auf dem Wege zum Waldsee übernimmt Gregor die Funktion Heinrichs: „Der Schutz des Vaters und des fremden Reiters [...] hörte auf, und es begann der des alten Jägers".[17] Gregor erscheint nun im Text als „alte[r] Waldsoh[n]"[18] und „Bruder des Felsens", Heinrich hingegen als „Sohn der Waffen", Heinrich zeigt den „Anstan[d] der Säle", Gregor den „der Natur".[19] Der eine ist also nicht nur Repräsentant, sondern metaphorisch auch Kind der „Natur", wie der andere nicht nur Repräsentant, sondern auch metaphorisch Kind der „Kultur" ist. Heinrich delegiert seine Vaterfunktion an Gregor: „gebe ich dir meine Kinder in den Schutz",[20] und die Beziehung Gregors zu den Mädchen wird in der Folge immer als Vater-Töchter-Beziehung beschrieben.[21] So sagt etwa Gregor gegenüber Ronald in der Szene der Liebeserklärung über Heinrich: „er hat mir diese Kinder gegeben, daß ich ihnen Vater sei".[22] Die Vaterrolle wird im Text also aufgespalten: dem biologischen „*Kulturvater*" wird der metaphorische „*Naturvater*" konfrontiert, wobei der erstere beim Betreten des Naturraums und für die Zeit des Aufenthalts in diesem seine Funktion an den letzteren delegiert, d.h. ihm, wie es auch beider soziale Position ausdrückt, hierarchisch übergeordnet ist.

Aber auch damit noch nicht genug. Der Vater Heinrich verhält sich gegenüber Clarissa und Johanna „wie ein Geliebter",[23] Johanna wird von Heinrich aufgefordert, „diesem Manne die Hand" zu reichen – „und es war eine seltsame Vermählung",[24] von der Clarissa ausgenommen bleibt. Aber auch die Beziehung der Schwestern hat es metaphorisch in sich: Clarissa übt gegenüber Johanna „eine Art sanfter Vormundschaft" aus,[25] sie neigt sich Johanna mit „liebreichem Mutterauge" zu;[26] Johanna schläft „am Busen der Schwester wie ein Kind" ein;[27] Gregor sagt über Clarissa zu Johanna, jene sei „immer so

---

[17] Ebd., S. 240.
[18] Ebd., S. 243.
[19] Sämtliche Zitate ebd., S. 238.
[20] Ebd., S. 239.
[21] Vgl. z.B. ebd. S. 272f., S. 301. Zur Figurencharakteristik vgl. Rehanne Mogharrebi: Zur Figur des Gregor in Stifters Erzählung ‚Der Hochwald'. In: VASILO 38 (1989), S. 3–13; Dorothea Lohmann: Stifters Erzählung ‚Der Hochwald': Eine vergleichende Interpretation der Hauptszenen in „Waldwiese" und „Waldruine", ebd., S. 15–29 (zur Figurenkonstellation).
[22] WuB. Bd. 1.4, S. 291.
[23] Ebd., S. 226.
[24] Ebd., S. 239.
[25] Ebd., S. 221.
[26] Ebd., S. 260.
[27] Ebd., S. 273.

mütterlich liebreich [...] gewesen".[28] Als metaphorische Mutter ist Clarissa damit natürlich auch gegenüber ihrem Vater an die Stelle der eigenen Mutter getreten. Zusätzlich wird andererseits die Beziehung der Schwestern metaphorisch erotisiert. Clarissa verhält sich gegenüber Johanna „wie ein Liebender",[29] beide umarmen und küssen sich „so inbrünstig [...] wie zwei unglückselig Liebende",[30] nach der Katastrophe hat Johanna „nur *eine* Leidenschaft, Liebe für ihre Schwester".[31]

Die Liebessituation im Rahmen der Verwandtschaftssysteme

Diese metaphorischen Beziehungen werden unzweideutig auch für das Verständnis von Handlungsablauf und Handlungsmotivationen relevant. Unverkennbar ist die quasi eifersüchtige Reaktion Johannas, mit der sie schon die Liebesszene mit Ronald auf der Waldwiese unterbricht, wobei Gregor zugunsten Clarissas eingreifen kann, denn da er eine metaphorische erotische Beziehung nur zu Johanna hat, nicht aber zu Clarissa, ist er auch nicht Rivale Ronalds, wie dies Johanna ist. Im Rahmen dieser metaphorischen erotischen und inzestuösen Beziehungen ergeben aber auch bestimmte Reaktionen Clarissas einen Sinn. Als sie auf der Waldwiese Ronalds Werben zunächst noch Widerstand leistet, konfrontiert sie seinen erotischen Wünschen ihre familiären Bindungen: „ich hing an euch – im Wahnsinne von Seligkeit hing ich an euch, sündhaft vergessend meinen Vater, meine Mutter, meinen Gott – – *da ginget ihr fort* – – – nun, es ist Alles überstanden – ich erkannte die Sünde [...]. Seht, dieß unschuldige Mädchen hier, meine Schwester, dann mein Vater und der Bruder Felix zu Hause – *diese* sind meine Geliebten – und der Herr im Himmel, der ist mein Gott – – es ist überstanden."[32]

Hier wird ganz offenkundig die Liebe zu Ronald als auf derselben Ebene konkurrierend mit der Liebe zu den Familienmitgliedern beschrieben und diese metaphorische Untreue als sündhaft klassifiziert. Daß diese Argumentation nur einen Sinn gibt im Rahmen der metaphorischen erotischen Beziehungen, wird umgekehrt deutlich gemacht, wenn Gregor der eifersüchtigen Johanna entgegenhält: „Beruhigt euch nur, liebe Jungfrau, es ist in dem Ganzen kein Arg; denn es ist so der Wille Gottes – darum wird der Mensch Vater und Mutter verlassen, und dem Weibe anhängen – es ist schon so Natur – beruhigt euch nur".[33]

---

[28] Ebd., S. 290.
[29] Ebd., S. 221.
[30] Ebd., S. 249.
[31] Ebd., S. 317 (Hervorhebungen, wenn nicht anders angegeben, im Original).
[32] Ebd., S. 286.
[33] Ebd., S. 290.

Gestützt auf das Bibelzitat,[34] setzt Gregor der Logik des metaphorischen Systems die Logik des realen Systems entgegen, in dem familiäre und erotische Beziehungen natürlich nicht konkurrieren können und die erotische Liebe legitimiert wird als „Natur" und „Wille Gottes", wodurch somit auch „Gott" und „Natur" als äquivalent gesetzt werden. Nun überwindet zwar in der Tat Ronald den im metaphorischen System begründeten Widerstand Clarissas: „ich lieb' dich unermeßlich, mehr als Vater und Geschwister, mehr als mich selbst und Alles, mehr als ich es begreifen kann ...".[35]

Doch ist die Konkurrenz der beiden Systeme damit keineswegs ausgestanden. Clarissa wendet sich zu Johanna, „wohl fühlend, was das unschuldige Herz neben ihr in diesem Augenblicke verlor".[36] Da aber auf der realen Ebene die schwesterliche Liebe zu Johanna und die erotische Liebe zu Ronald nicht konkurrieren können, fragt sich, worin dieser Verlust bestehen mag: „Johanna, wie überschüttend auch die Liebesbeweise ihrer Schwester waren, und vielleicht eben darum, fühlte recht gut, daß sie etwas verloren – nicht die Liebe der Schwester, diese war ja noch größer und zarter, nicht ihr früher gegenseitig Thun und Wandeln, das war wie ehedem – was denn nun? Sie wußte es nicht; aber es war da, jenes Fremde und Unzuständige, das sich wie ein Todtes in ihrem Herzen fortschleppte; – sie liebte Clarissen noch heißer, als früher, weil sie ihr erbarmte, aber oft überkam ihr Herz, wie ein Kind, ein Heimwehgefühl nach der Vergangenheit".[37]

Jener unidentifizierbare Verlust scheint mir einen Sinn nur auf der Ebene des metaphorischen Beziehungssystems zu geben, wie auch jene wiederholt auftretenden bösen Vorahnungen Johannas, die z.B. ahnt, „o, es ist nicht gut so – mir ahnt, es ist nicht gut so ...".[38] Wenn Gregor die Lebensform der Trauermantel-Schmetterlinge erzählt, die den Winter nicht überleben, wenn sie sich nicht vermählen, aber sterben, wenn sie sich vermählen,[39] so daß also die Opposition „Leben" versus „Liebe" aufgebaut wird, erscheint diese Information Johanna zeichenhaft: „die Rede des Alten fiel ihr wie ein Stein auf das Herz; es wurde ihr fast so weh, daß sie nichts redete, und der armen Schwester nachsah".[40] Ein irgendwie geartetes Unrecht Clarissas wird aber nicht nur von Johanna gesetzt, sondern auch von Clarissa empfunden: einerseits empfindet sie „eine Fülle, ja ein[en] *Schauer* von Wonne [...], ausströmend von jenem unbegreiflichen Gefühle, wodurch der Schöpfer die zwei Geschlechter bindet, daß sie selig seinem Zwecke dienen", andererseits aber „war ihr nicht, als sei sie selig, ja ihr war, als seien jene einförmigen Tage vorher glücklicher

---

[34] Vgl. 1 Mose 2,24.
[35] WuB. Bd. 1.4, S. 289.
[36] Ebd., S. 293f.
[37] Ebd., S. 298f.
[38] Ebd., S. 302.
[39] Ebd., S. 299f.
[40] Ebd., S. 300.

gewesen, als die jetzigen, und als habe sie sich damals mehr geachtet und geliebt".[41]

Nochmals also wird betont, daß das Gefühl ein göttliches sei; auch hat an keiner Stelle ein Verstoß gegen die konventionellen Regeln der Liebeswerbung stattgefunden, da Ronald ja gegenüber dem Ersatzvater Gregor die Erfüllung aller sozialen Bedingungen für die Verwirklichung der Liebe – Standesgleichheit ebenso wie die notwendige Werbung beim Vater – zusagen kann und zugesagt hat. Gleichwohl macht sich aber auch die Erzählinstanz die moralischen Bedenken und Prognosen zu eigen. Denn sie beschreibt Clarissas Liebe als einen relativen quantitativen Verlust an Unschuld und kommentiert unerklärlicherweise Clarissas Aufgehen in dieser Liebe als Quasi-Schuld: „O du heiliges Gold des Gewissens, wie schnell und schön strafst du das Herz, das beginnt, selbstsüchtig zu werden."[42]

Johannas böse Ahnungen werden ebenfalls kommentiert: „Du ahnungsvolle Unschuld! – der glänzendweiße Seraph deiner Schwesterliebe fühlt sich bedrückt durch *den*, der seine dunklen Schwingen im Herzen der Schwester reget."[43] Dabei wird sprachlich der Liebesengel zum Todesengel uminterpretiert. Noch am Textende erklärt sich Clarissa selbst für schuldig: „Und ich [...] war es, ich, die Vater und Bruder erschlagen".[44]

Nur ihre Liebe kann es sein, die sie sich als Schuld zurechnet, obwohl weder sie noch Ronald eine einzige soziale Norm verletzt haben. Auch kommt der Vater nicht durch ihr oder Ronalds Handeln um, sondern er kommt um, nachdem er und weil er scheinbar ohne jede vernünftige Motivation seinerseits den Tod Ronalds ausgelöst hat. Während der Belagerung des Schlosses ist ein Waffenstillstand eingetreten, und während desselben reitet Ronald auf das Schloß zu: „ja euer Vater mit allen Merkmalen höchster Ueberraschung sah lange und unverwandt auf ihn hin; – da sah ich nach und nach ein Roth in seine Wangen steigen, bis sie dunkel, wie in Zornesglut brannten. Ohne eine Silbe zu sagen, schleuderte er mit einem Male seine Lanze gegen den Reiter, nicht bedenkend, daß sie auf diese Entfernung gar nicht treffen könne – ach, sie traf auch nicht, die arme schwache unschuldige Lanze – allein sie wurde das Zeichen zu vielen andern, die Augenblicks von unsern Leuten flogen."[45]

Der Alte muß offenkundig seinen früheren Gastfreund erkannt haben; warum er ihn töten will, scheint unmotiviert. Denn daß Ronald Schwede ist und sich auf der Gegenseite befindet, kann diesen Mordanschlag nicht legitimieren. Der Text weist hier eine auffällige motivationale Nullposition[46] auf.

---

[41] Ebd., S. 298.
[42] Ebd., S. 298.
[43] Ebd., S. 301.
[44] Ebd., S. 315.
[45] Ebd., S. 314.
[46] Zum Begriff der „Nullposition" vgl. Michael Titzmann: Strukturale Textanalyse. Theorie und Praxis der Interpretation. München 1977 (UTB 582), S. 238ff.

Das Verhalten des Greises würde sich aber erklären, wenn wir zwei Annahmen machen:

1. Der Vater funktioniert im Rahmen des metaphorischen Systems, und das heißt, Ronald erscheint ihm als erotischer Rivale.
2. Da der Vater von der Liebesszene auf der Waldwiese nichts wissen kann, muß eine zweite Annahme gemacht werden: die einer Äquivalenz zwischen der Belagerung des Schlosses und Ronalds erotischem Begehren der Tochter, eine Äquivalenz, wie sie im übrigen exemplarisch in Kleists ‚Marquise von O' vorgeführt wird.

Die Unterwerfung des Vaters muß also äquivalent mit der Erwerbung der Tochter sein. Genau dafür gibt es aber einen Beleg, eine Stelle, die zunächst gänzlich unverständlich scheint. Statt das Schloß leerstehen zu lassen, argumentiert Heinrich merkwürdigerweise, er müsse dahin zurückkehren „und dadurch, daß er sich der kriegerischen Ehre der Schweden als Gefangenen überliefere, die Forschung nach andern Bewohnern des Schlosses [...] vereiteln, da es Niemanden einfallen werde, weiter nach Mädchen zu fragen, wenn der Gebieter der Burg in ihren Händen sei".[47]

Die Absurdität dieser Pseudologik liegt auf der Hand; wichtig für meine Argumentation aber ist, daß hier Vater und Töchter als wechselseitig substituierbar und äquivalent behandelt werden, womit die Erfüllung der zweiten Bedingung eingelöst wäre. Beiläufig sei angemerkt, daß hier so argumentiert wird, als wäre es das eigentliche Ziel jedes der beiden Kontrahenten bzw. Rivalen, den Vater zu erobern, und als seien die Töchter allenfalls Mittel zum Zweck. Wenn man den Vater bekommt, interessiert man sich nicht mehr für die Töchter, was umgekehrt bedeutet, daß man sich für die Töchter interessiert, solange man den Vater noch nicht hat.

Schwieriger steht es scheinbar mit der Erfüllung der ersten Bedingung. Denn es gibt ja nicht nur Ronald als Bewerber um Clarissa, sondern auch Bruno, und dessen Bewerbung scheint vom Vater toleriert. Etwas muß also in den Augen des Vaters die beiden Bewerber Ronald und Bruno grundsätzlich unterscheiden. Ronald ist in mehrfacher Hinsicht gegenüber Bruno der Fremde:

Bruno	vs	Ronald
dieselbe „Nationalität" (habsburgisch)		fremde „Nationalität" (schwedisch)
dieselbe Konfession (katholisch)		andere Konfession (protestantisch)
aus demselben Raum (Österreich)		aus fremdem Raum (Schweden)
aus derselben Familie		aus fremder Familie
vom Vater akzeptiert/legitimiert		von der Tochter akzeptiert/legitimiert

Schema 4: Bruno vs Ronald

---

[47] WuB. Bd. 1.4, S. 250.

Nun kommen ganz offenkundig nicht alle diese Differenzen als implizite Motivation der unerklärlichen Aversion Heinrichs gegen Ronald in Betracht. Der ethnische Unterschied wird in einem anachronistischen Rekurs auf Konzeptionen von Nationalität, wie sie erst seit Fichtes Reden ‚An die deutsche Nation' (1808) existieren, neutralisiert,[48] wenn Ronald die Oberklasse der „Germane[n]" bildet, die Schweden als „Nordlandsbrüder" benennt und für das Kriegsende „kein[en] Unterschied mehr zwischen schwedisch und deutsch" sieht.[49] In seiner Argumentation gegenüber Clarissa und Gregor wird, von diesen beiden stillschweigend akzeptiert, zugleich auch der Konfessionsunterschied als irrelevant neutralisiert, wie er denn im Text überdies keine Rolle spielt. Die Opposition der Herkunftsräume wird wiederum dadurch neutralisiert, daß Ronald bereit ist, Clarissas Heimat zu der seinen zu machen. Es bleiben somit nur die beiden letzten Merkmale als Motivationen für Heinrichs tödliche Aversion übrig, d.h. daß Ronald abgelehnt wird, weil er nicht vom Vater bestimmt ist und nicht zur Familie gehört.

Was wir hier haben, ist also „die Wittinghauser oder die totale Familie".[50] Den tatsächlich gegebenen biologischen Beziehungen wird ein metaphorisches Beziehungssystem überlagert, in dem eine und dieselbe Figur einander logisch oder kulturell sich ausschließende Relationen auf sich vereinigen kann. Der alte Heinrich etwa ist gegenüber den Töchtern sowohl Vater als auch Mutter, sowohl Elternteil als auch Liebhaber. Clarissa ist Tochter, Geliebte des Vaters, Mutter der Schwester und Liebhaber der Schwester; Johanna ist Geliebte des Vaters und der Schwester und Frau des „Naturvaters" Gregor. Metaphorisch stellt sich die Familie also als radikal endogames, ödipales und inzestuöses System dar. Da nun freilich eine tatsächliche Heirat nicht auf der metaphorischen Ebene, sondern nur auf der Ebene realer Beziehungen vollzogen werden kann, liegt der ideale Kompromiß zwischen notwendig exogamer Heirat und Endogamiebedürfnis darin, daß man den nächstmöglichen Verwandten, der nicht mehr unter das Inzesttabu fällt, heiratet: die Funktion die-

---

[48] Zur nationalen Mythenbildung der Zeit grundlegend: Michael Titzmann: Die Konzeption der „Germanen" in der deutschen Literatur des 19. Jahrhunderts. In: Nationale Mythen und Symbole in der zweiten Hälfte des 19. Jahrhunderts. Hrsg. von Jürgen Link und Wulf Wülfing. Stuttgart 1991, S. 120–145.

[49] WuB. Bd. 1.4, S. 291.

[50] „Familie" wird dann in den mit „Verlust" korrelierten Texten des Realismus, etwa bei Raabe, zu einem zentralen Topos. Vgl. Marianne Wünsch: Eigentum und Familie. Raabes Spätwerk und der Realismus. In: Jahrbuch der Deutschen Schillergesellschaft 31 (1987), S. 248–266. Eine endogame Totalisierung der Familienkonzeption in Stifters ‚Mappe' konstatiert auch Franz Adam: Anthropologie und literarischer Diskurs. Eine Untersuchung zum narrativen Normen- und Wertemodell in den drei Fassungen von Adalbert Stifters ‚Die Mappe meines Urgroßvaters'. (MA-Arbeit masch.) München 1992, S. 20ff. Zur ‚Mappe' außerdem ders.: Die Alterthümer. Zur Rekonstruktion der Rahmenerzählsituation in Adalbert Stifters ‚Die Mappe meines Urgroßvaters'. In: Stifter-Jahrbuch N.F. 7 (1993), S. 139–150. Vgl. auch den Beitrag von Wolfgang Lukas in diesem Band.

ser Kompromißbildung erfüllt Bruno ideal, da er verwandt, aber nicht zu verwandt ist. Damit ist aber zunächst nur die inzestuöse Komponente dieser Endogamiekomponente befriedigt, noch nicht die ödipale. Welche Bedingung muß also ein möglicher Partner erfüllen, damit er nicht mit der ödipalen Relation zu den Töchtern kollidiert? Auch für diese Kompromißbildung ist wiederum Bruno der ideale Kandidat. Denn zum einen wäre er der vom Vater als dessen Stellvertreter gewählte Kandidat in Opposition zu dem von der Tochter – in „Untreue" gegenüber dem Vater – selbstgewählten Kandidaten: das ödipale Bedürfnis des Vaters wird kompromißhaft befriedigt, wenn er sich selbst durch einen anderen substituiert. Zum anderen gehört Bruno eigentlich der zweiten Generation, und das heißt, der jetzigen Elterngeneration an. Gegenüber dem Vater ist er somit einerseits selbst Sohn und kann daher auch im metaphorischen System am Ende den Bruder substituieren, andererseits ist er selbst Vateräquivalent. In dieser Logik ersetzt sich der Vater durch einen anderen Vater, der aber zugleich sein Produkt ist: sein ihm nächstes Äquivalent. Daß Bruno, obwohl verwandt und bekannt, bei seinem ersten Auftreten als Fremder eingeführt wird, hat hier seine Funktion: indem seine Fremdheit postuliert wird, wird er sprachlich zum exogamen Partner gemacht, während er doch ein Maximum an Endogamie repräsentiert. Daß er als „räthselhaft" eingeführt wird, erklärt sich, meine ich, ebenfalls in diesem System: verschleiert wird, daß er nur Vertreter und Statthalter des Vaters ist. Ronalds Bewerbung um Clarissa ist dann logischerweise die Infragestellung des totalisierenden, endogamen, ödipal-inzestuösen Familiensystems.

Dieses metaphorische System erklärt jedenfalls Johannas Vorbehalte gegenüber der Schwester, es erklärt das punktuelle Unbehagen Clarissas trotz ihres Liebesglücks, es erklärt den Showdown zwischen Vater und Liebhaber, und es erklärt auch, warum der „Naturvater" Gregor die Liebe zwischen Clarissa und Ronald uneingeschränkt legitimieren kann. Unbedingt festzuhalten ist, daß die Erzählinstanz, wie schon belegt, mit der Position Johannas sympathisiert, d.h., sich mit diesem endogamen System solidarisiert, *obwohl* auf der anderen Seite „Natur" und „Gott" stehen. Familienendogamie mit direkten oder indirekten inzestuösen Komponenten ist nun aber nicht eine Besonderheit des ‚Hochwalds', sondern spielt in Stifters Werk eine wahrhaft erstaunliche Rolle. Gerade im Spätwerk finden sich immer noch exemplarische Belege: ‚Nachkommenschaften' (1864), ‚Der Kuß von Sentze' (1866), ‚Der fromme Spruch' (1869), wo ja zu allem Überfluß noch Onkel und Tante meinen, die Nichte bzw. der Neffe habe sich in sie, die Elternäquivalente, verliebt. Aber auch andere Texte haben es in dieser Hinsicht in sich. In ‚Der Waldbrunnen' (1866) dürfen sich Kind und Quasi-Adoptivkind heiraten; in ‚Der Hagestolz' (1845), wo die Liebe des Onkels zur Adoptivmutter des Helden gescheitert ist, vollziehen in der nächsten Generation der Held und die Tochter der Adoptivmutter die Ehe; in ‚Der Nachsommer' (1857), wo Risach und Mathilde an der Liebe scheiterten, werden ihre Tochter und Heinrich, ein Quasi-

Sohn Risachs, verheiratet; die beiden letzten Texte verdeutlichen noch den Substitutions- und Kompensationscharakter der Eheschließungen in der Kindergeneration.

II. Raumstrukturierung und Raumsemantik: „Natur" versus „Kultur"

Die im Text dargestellte Welt stellt nun eindeutig einen *Grenzraum*[51] dar, und das zunächst im politischen und topographischen Sinne, insofern dieser Raum im Text zwischen Bayern, Böhmen und Österreich situiert wird. Dieser Grenzraum scheint den Status einer Enklave zwischen diesen Systemen zu haben, obwohl die in ihm handelnden Figuren fast ausnahmslos eindeutig Österreich zugeordnet sind. Dieser Enklavenstatus wird auch dadurch signalisiert, daß sich zu Beginn der Handlung irgendwo im Norden die schwedischen, irgendwo im Süden die österreichischen Truppen befinden. Dieser Grenzraum wird vom Text in zwei Teilräume zerlegt, die sowohl in der einleitenden, den Gegenwartszustand beschreibenden Rede der Erzählinstanz als auch in der erzählten, in der Vergangenheit spielenden Geschichte, unterschieden werden. Diese zwei Teilräume werden nun vom Text eindeutig auch semantisiert, d.h. sie erhalten auch nicht-topographische, semantische Merkmale. Als erster semantischer Raum, sR_1, sei jener Raum benannt, den die Erzählinstanz zunächst darstellt: die menschenleere, einsame, naturbelassene Wildnis einer Berg- und Waldlandschaft. Erst als zweiten Raum, sR_2, führt die Erzählinstanz den Raum ein, in dem sich die Burgruine der Wittinghauser befindet. Die erzählte Geschichte wird umgekehrt in sR_2 einsetzen und zu sR_1 führen:

---

[51] Zur Raumsemantik allgemein: Karl Nikolaus Renner: Der Findling. Eine Erzählung von Heinrich von Kleist und ein Film von George Moorse. Prinzipien einer adäquaten Wiedergabe narrativer Strukturen. München 1983; zu Stifter: Stefan Gradmann: Topographie/Text. Zur Funktion räumlicher Modellbildung in den Werken von Adalbert Stifter und Franz Kafka. Frankfurt a.M. 1990. Gradmann untersucht die ordnungsstiftende Funktion Stifterscher Räume, ohne ausführlicher auf den ‚Hochwald' einzugehen.

Normenkonflikt zwischen „Natur" und „Kultur"

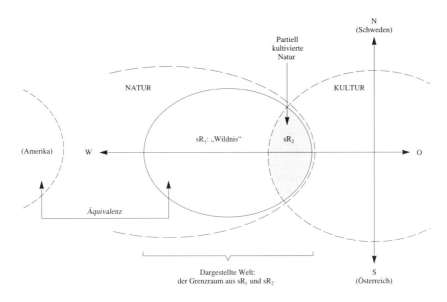

sR₁ vs **sR₂**

sR₁	sR₂
Raum von „Natur" ≈ „Gott" Außersozialer Raum	Raum des Durchschnitts „Natur" und „Kultur" Sozialer Raum
„Wild" ≈ undomestiziert ≈ ungeordnet	[nicht -„wild"] [≈ domestiziert] [≈ geordnet]
„Fremd"	[„Vertraut"]
Ambivalente Ungeschiedenheit/ Kategorienkonfusion a) Leben und Tod b) Synchronie und Diachronie c) schützend und bedrohlich	[Trennung in oppositionelle Alternativen a) Leben vs Tod b) Synchronie vs Diachronie c) Schutz vs Bedrohung]
Symbolische Abbildung von Körperlichkeit und Sexualität	Absenz von Körperlichkeit/Sexualität
Positive Korrelation mit „Wunder"/ „Märchen"/„Dichtung"	Keine Korrelation mit „Wunder"/ „Märchen"/„Dichtung"
Repräsentiert durch „Naturvater" Gregor	Repräsentiert durch „Kulturvater" Heinrich
Explizites und eingestehbares Normensystem: scheinbar kompatibel mit sR₂	Implizites und uneingestehbares Normensystem: nicht kompatibel mit sR₁
Selbstbestimmte Exogamie	Fremdbestimmte (ödipale und inzestuöse) Endogamie
Erotikpartner ≠ Vater	Erotikpartner = Vater
„Leidenschaft" (nicht domestiziertes unkontrolliertes Gefühl)	[Nicht-„Leidenschaft" ≈ domestiziertes und kontrolliertes Gefühl]

Schema 5: Räume und ihre Semantisierung

Im ersten Kapitel – ‚Waldburg' – planen Vater und Töchter im noch erhaltenen Schlosse wegen der drohenden Kriegsgefahr die Auslagerung der Töchter in die Wildnis sR_1; im zweiten Kapitel – ‚Waldwanderung' – wird diese Übersiedlung vollzogen; im dritten Kapitel – ‚Waldhaus' – befindet man sich in einem gezielt von Heinrich für die Töchter angelegten Fluchthause, dessen Zimmer eine genaue Kopie der Burgzimmer darstellen; im vierten Kapitel – ‚Waldsee' – manifestiert sich zeichenhaft die Präsenz eines weiteren menschlichen Wesens über die Schwestern, Gregor, die Bedienten hinaus, das sich als Ronald herausstellen wird; im fünften Kapitel – ‚Waldwiese' – wird die Liebesbegegnung von Clarissa und Ronald in Präsenz von Johanna und Gregor vollzogen; im sechsten Kapitel – ‚Waldfels' – häufen sich die pseudomoralischen und düsteren Prognosen, und man beobachtet im Fernrohr die Vernichtung der väterlichen Burg; im siebenten Kapitel – ‚Waldruine' – befinden sich die Schwestern, unter Aussparung ihres Heimweges, nach dem Tode von Vater, Bruder, Liebhaber, in der zerstörten Burg und empfangen den Besuch Brunos, der aus der Kriegsgefangenschaft heimkehrt.

Die Kapitel 3–6 spielen im Raum sR_1, nur die beiden Rahmenkapitel (1 und 7) spielen in sR_2, der während der Abwesenheit der Schwestern, auf denen der Fokus liegt und denen die Erzählinstanz folgt, eine Transformation erlitten hat: das Schloß ist zu jener Ruine geworden, als die es der Erzähler in der Gegenwart wahrnimmt. Wo die erzählte Geschichte einen Zerstörungsprozeß darstellt, da findet im Erzählakt, ausgehend von den Spuren der Geschichte, ein Rekonstruktionsakt statt, dessen Quellen nicht thematisiert werden, wenngleich im Schlußpassus auf mündliche Überlieferung angespielt wird.

Die beiden Teilräume sR_1 und sR_2 sind auf einer West-Ost-Achse situiert: sR_2 eher im Osten, sR_1 eher im Westen. sR_1, die Wildnis, ist ein *reiner Naturraum*, dessen Lage im Westen auf jenen noch westlicheren wilden Naturraum ‚Amerika' verweist, den Ronald in der Phase der Getrenntheit von Clarissa aufgesucht hat. Der Raum sR_2 erscheint hingegen als ein *Durchschnitt aus Natur und Kultur*: ein Naturraum, der zumindest schon rudimentär von menschlicher Zivilisation transformiert ist. In der Gegenwart des Erzählers ist sR_2 zwar wieder an die Natur zurückgefallen: die Natur ergreift von der Burgruine wieder Besitz. Aber die Erzählinstanz berichtet, daß seit dem erzählten Zeitraum der Naturraum insgesamt geschrumpft ist, und im erzählten Zeitraum berichtet wiederum der Jäger Gregor, daß schon innerhalb seiner Lebenszeit eine Schrumpfung des Naturraumes stattfand. Der Text – nicht zufällig eine historische Erzählung[52] – setzt also einen langfristigen Geschichtspro-

---

[52] Martin Tielke (Sanftes Gesetz und Historische Notwendigkeit. Adalbert Stifter zwischen Restauration und Revolution. Frankfurt a.M. 1979), spricht dem ‚Hochwald' den Status einer historischen Erzählung ab, versucht jedoch, ein ideologisches „Geschichtsbild" (S. 33ff.) zu rekonstruieren. Vgl. Hermann J. Sottong: Transformation und Reaktion. Historisches Erzählen von der Goethezeit zum Realismus. München 1992 (zum ‚Hochwald': S. 275ff.).

zeß der *Substitution von Natur durch Kultur*, innerhalb dessen ein partieller Rückfall an Natur, wie der des sR_2, nur Episode ist. „Natur" wird im geschichtlichen Prozeß im wörtlichen Sinne zunehmend verdrängt. Die Grenze zwischen dem Naturraum sR_1 und dem Durchschnittsraum sR_2 erscheint im zweiten Kapitel als eine quantitativ-graduelle der allmählichen Steigerung von Wildheit, die sich darin manifestiert, „daß das Weiterdringen immer beschwerlicher ward, bis sie zuletzt zu einem Felsen gelangten".[53] Qualitativ wird die Grenze mehrfach markiert: durch eben jenen Felsen, an dem auch das vereinbarte Treffen mit Gregor stattfindet, durch Reisepause und Mahl, durch den Wechsel der Mädchen vom Pferd auf die Sänfte und schließlich und hauptsächlich durch den Übergang aus dem Schutz des Vaters und des Ritters in den Schutz des Jägers, welcher nicht im mindesten realistisch motiviert ist, da Vater und Ritter die Mädchen auch weiter bis zum definitiven Ziel begleiten. Der qualitative Einschnitt in einem quantitativen Kontinuum stellt also eine willkürliche ideologische Semantisierung dar, während beide Teilräume schon in den Kapiteltiteln durch das gemeinsame Merkmal „Wald" verknüpft sind. „Natur" ist also das Merkmal beider Teilräume, und die Differenz zwischen ihnen ist, daß der sR_1 total untransformierte „Natur" darstellt, während der sR_2 eine partiell kulturell transformierte „Natur" ist.

Die Wildnis des Naturraums erscheint nun im Text wiederholt als eine „jungfräuliche",[54] was einerseits impliziert, daß der Naturraum als „weiblich" semantisiert wird und andererseits als ein Raum der Normeinhaltung; „denn es liegt ein Anstand, ich möchte sagen ein Ausdruck von Tugend in dem von Menschenhänden noch nicht berührten Antlitze der Natur, dem sich die Seele beugen muß, als etwas Keuschem und Göttlichem, – – und doch ist es zuletzt wieder die Seele allein, die all ihre innere Größe hinaus in das Gleichniß der Natur legt."[55]

Die Stelle bestätigt nicht nur die schon gefolgerte Äquivalenz von „Natur" und „Gott", sondern bringt noch eine weitere semantische Implikation hinzu: wenn die Seele ihre Größe in das Gleichnis der Natur legt, dann ist offenbar *die Natur als wahrgenommene* ein Abbild der Seele, und die Natur ist ein Raum, auf den Psychisches projiziert wird, so daß *die Natur als dargestellte* zeichenhaft Psychisches abbildet.[56]

Demgemäß wird die Natur in erstaunlichem Umfang anthropomorphisiert und als menschenartiger Handlungsträger beschrieben: und hierher gehört schon die bereits zitierte Stelle vom „Antlitz der Natur". Wie das Beispiel des „Antlitz[es] der Natur" zeigt, erhält in dieser *Anthropomorphisierung*

---

[53] WuB. Bd. 1.4, S. 237.
[54] Ebd., z.B. S. 241.
[55] Ebd., S. 241.
[56] Die *Funktionalisierung* Stifterscher Naturdarstellung generell wurde untersucht von Wolfgang Preisendanz: Die Erzählfunktion der Naturdarstellung bei Stifter. In: WW 16 (1966), S. 407–418.

die Natur auch eine *Körperlichkeit*: Es gibt in ihr „Becken",[57] „Rücken", der See erscheint als ein „unheimlich Naturauge, das mich hier ansehe", ein Tal ist „wie ein zärtlich Auge aufgeschlagen", der Fluß ist wie „ein breiter Silbergürtel um die Wölbung dunkler Waldesbusen geschlungen",[58] es gibt einen „Seebusen",[59] der Geier läßt „sich gleiten auf dem Busen seines Elementes",[60] der Waldsee hat einen „Schooß",[61] ebenso wie die Erde,[62] und der Wald insgesamt weist sogar eine Vielzahl von „Schooßen"[63] auf. Über die Anthropomorphisierung und die Verkörperlichung der Natur hinaus belegen diese Zitate nun auch eine *Sexualisierung* der Natur, in den zitierten Stellen primär als weiblicher Körper, aber an Belegen männlicher Zeichenhaftigkeit fehlt es nicht. Nur ein Beispiel sei genannt: eine „Aussicht" „ergießt sich" „strömend", wobei der Blick auf das „gesegnete Land jenseits der Donau" fällt;[64] das gesegnete Land ist hier nun zugleich ein vom männlichen Ergießen befruchtetes. Am Textende sagt denn die Erzählinstanz auch, die verschiedensten Pflanzen der Waldwiese „hatten zahlreiche Nachkommenschaft und überwuchsen die ganze Stelle, so daß wieder die tiefe jungfräuliche Wildniß entstand, wie sonst, und wie sie noch heute ist".[65] Die Natur ist also imstande, immer wieder erneut in einen jungfräulichen Zustand überzugehen, den sie durch einen zeitweiligen Eingriff des Menschen verloren hatte; dieser Eingriff selbst wird wiederholt als „eindringen" beschrieben: „Der Jäger sagte, daß er wohl bisher noch nicht so tief hineingedrungen sei, um zu dem Wasser zu gelangen".[66]

Wo nun aber die Natur verkörperlicht und sexualisiert wird, spielen die Körper bei der Beschreibung menschlicher Figuren, zumal bei der Beschreibung der jungen Frauen, eine bemerkenswert geringe Rolle. Hypothetisch folgere ich, daß im Text eine *Verschiebungsoperation*[67] stattfindet: was am Menschen nicht dargestellt wird und Nullposition bleibt, so etwa Körper und Se-

---

[57] WuB. Bd. 1.4, S. 213.
[58] Ebd., S. 214.
[59] Ebd., S. 256.
[60] Ebd., S. 263.
[61] Ebd., S. 248.
[62] Ebd., S. 251.
[63] Ebd., S. 291.
[64] Ebd., S. 216.
[65] Ebd., S. 318.
[66] Ebd., S. 223. In seinem berühmt-berüchtigten Exkurs zu „Körperlandschaften" bei Stifter geht Arno Schmidt (Sitara und der Weg dorthin. Karlsruhe 1963, S. 339ff.) sonderbarerweise nicht näher auf den ‚Hochwald' ein.
[67] Zum Verhältnis „Textoberfläche" versus „Tiefenschicht" vgl. den Beitrag von Michael Titzmann in diesem Band. Ähnliches scheint John Reddick zu meinen, wenn er Stifter als „the greatest exponent of the *trompe-l'œil* in German literature" bezeichnet: Mystification, Perspectivism and Symbolism in ‚Der Hochwald'. In: Adalbert Stifter heute. Londoner Symposium 1983. Hrsg. von Johann Lachinger, Alexander Stillmark und Martin Swales. Linz 1985, S. 44–74, Zitat S. 44.

xualität, wird auf die Natur verschoben und an ihr dargestellt. Dem wiederum entspricht im Text, daß nicht nur umgekehrt die Frauen dem Naturraum sprachlich als metaphorische „Blumen" integriert werden, sondern daß z.B. auch der psychische Einbruch des erotischen Erlebens von Clarissa gegenüber Johanna mit Hilfe einer Naturallegorik beschrieben wird: „O Johanna, [...] wie bist du noch dein eigner *Himmel*, tief und schön und kühl! Aber es werden in ihm *Düfte* emporsteigen, – der Mensch gibt ihnen den Mißnamen Leidenschaft – du wirst wähnen, sie seien wonnevoll erschienen, Engel wirst du sie heißen, die sich in der *Bläue* wiegen – aber gerade aus ihnen kommen dann die *heißen Blitze*, und die *warmen Regen*, deine Thränen – und doch auch wieder aus diesen Thränen baut sich jener *Verheißungsbogen*, der so schön schimmert und den man nie erreichen kann – – – der *Mondschein* ist dann hold und unsre Melodieen weich. – –"[68]

Die Erotisierung wird hier in zwei sich überlagernden Metaphernsystemen beschrieben, die einige Elemente teilen, zumindest den Himmel und den Regenbogen: nämlich einerseits einer rein natürlichen Metaphorik, z.T. schon handfest sexueller Natur (die aufsteigenden Düfte), andererseits einer religiösen Metaphorik (Himmel, Engel, Regenbogen) – Erotik ist also sowohl natürlich als auch göttlich, wenngleich sie freilich das biblische Versprechen des Bundes im Zeichen des Regenbogens nicht erreichen wird.

Falls nun aber die erste Hypothese richtig ist, dann muß es logischerweise auch eine zweite sein: wenn der historische Prozeß sich als *Prozeß zunehmender Verdrängung des Naturraumes* darstellt, dann folgt daraus auch für den Menschen die Verdrängung dessen, was auf Natur verschoben, von dieser repräsentiert wird: nämlich der natur- und gottgewollten Sexualität.

Nur für die vom Menschen noch nicht entjungferte Natur des sR_1 wird im Text das Prädikat „*wild*" – oder eines seiner Derivate – verwendet. Diese wilde Natur ist dem Menschen, der aus dem halbkultivierten sR_2 kommt, so etwa den Mädchen, etwas Fremdes und potentiell Unheimliches: „alles neu, alles fremd, alles seltsam und dräuend"[69] – auch die Erzählinstanz spricht ja z.B. vom See als einem „unheimlich[en] Naturauge".[70] Im Gegensatz zum Jäger Gregor, für den die Wildnis gewissermaßen vertrauter Heimatraum geworden ist, dessen Zeichen er erlernt hat, befinden sich die Personen, die aus dem kultivierten Raum sR_2 kommen, keineswegs in einer selbstverständlichen Harmonie mit der Natur. Sie machen im Gegenteil die Erfahrung der *Entfremdung zwischen Mensch und Natur*, die erst sekundär wieder überwunden werden kann. Die „Wildheit" des Naturraumes sR_1 impliziert sowohl, daß er undomestiziert ist, als auch, daß er im kulturellen Sinne ungeordnet ist. Die Undomestiziertheit manifestiert sich nicht zuletzt darin, daß dieser Raum auch der

---
[68] WuB. Bd. 1.4, S. 220 (Hervorhebung M. W.)
[69] Ebd., S. 250.
[70] Ebd., S. 214.

Schauplatz des Ausbruches von Leidenschaft in der Liebesszene zwischen Ronald und Clarissa wird, die durch keine kulturellen Restriktionen eingeschränkt wird. So gilt denn konsequenterweise auch, daß die Werbung Ronalds im Naturraum sR_1 stattfindet und vom „Naturvater" Gregor abgesegnet wird, während die Werbung Brunos im Kulturraum sR_2 stattgefunden haben muß und die implizite Zustimmung des „Kulturvaters" Heinrich genießt. Ungeordnet ist der sR_1 nun in mehrfacher Hinsicht: „es ist eine wilde Lagerung zerrissener Gründe, aus nichts bestehend, als tief schwarzer Erde, dem dunklen Todtenbette tausendjähriger Vegetation, worauf viele einzelne Granitkugeln liegen, wie bleiche Schädel von ihrer Unterlage sich abhebend, da sie vom Regen bloßgelegt, gewaschen und rund gerieben sind. – Ferner liegt noch da und dort das weiße Gerippe eines gestürzten Baumes und angeschwemmte Klötze."[71]

Nicht nur das Durcheinander der Objekte ist hier charakteristisch, sondern mehr noch die *semantische Ungeschiedenheit*: Gestein, Erde, Pflanzen verbinden sich hier ebenso wie nebeneinander koexistiert, was im Raum der Kultur geschieden ist, so vor allem Leben und Tod, Diachronie und Synchronie.

Der sR_1 ist zunächst und im Prinzip menschenleer. Man kann sich ihm aber wie der Jäger Gregor integrieren, so sehr, daß er eben sogar als „Waldsohn" klassifiziert werden kann.[72] Ihm gegenüber sind alle anderen Figuren des Textes nur temporäre Besucher dieses Raumes der Natur und der Gottheit. Am schärfsten scheint die Opposition zwischen Ritter Bruno und Jäger Gregor: Während Bruno bei seinem Auftritt im Naturraum als „fremd" und namenlos beschrieben wird, und das heißt auch, in diesem Raume fremd ist, verhält es sich mit Gregor umgekehrt. Wenn Bruno im Schlußkapitel die Burgruine betritt, heißt es: „Wie er durch den finstern Gang schritt, sah er einen alten Mann stehen, aber er achtete dessen nicht",[73] während er die Magd Susanna sehr wohl mit ihrem Namen anspricht. Hier ist also Gregor der Fremde und Namenlose, obwohl Bruno ihn aus sR_1 kennt. Die Identität des Alten mit Gregor wird durch eine spätere Erzählerbemerkung gesichert.[74] Auch der letzte Absatz spricht nach dem Tode des Ritters, dem Tode der Schwestern noch einmal nur von einem „alten Mann",[75] den man noch öfters habe gehen sehen. Wohl kann sowohl Bruno den sR_1 als auch Gregor den sR_2 betreten: dennoch wird ihre spezifische Raumzuordnung und ihre alternative Distribution bewußt gemacht; für jeden von ihnen ist das primäre Raumsystem des anderen der Ort, wo man zunächst ideologisch fremd ist. Komplexer liegt der Fall der anderen Figuren: Ronald kann sich offenkundig sowohl im natürlichen Raum

---

[71] Ebd., S. 212.
[72] Ebd., S. 243.
[73] Ebd., S. 310.
[74] Ebd., S. 317.
[75] Ebd., S. 318.

sR_1 wie im sozialen Raum sR_2 bewegen; vom alten Heinrich erfahren wir, er habe in seiner Jugend viel Zeit mit Gregor in sR_1 verbracht, den er aber, nach dieser Jugend, nicht mehr betreten zu haben scheint. Nun schreibt sich aber auch die Erzählinstanz eigene Kenntnis des sR_1 zu und spricht von dessen „Bild", „wie wir es selbst im Herzen tragen, seit der Zeit, als es uns gegönnt war, dort zu wandeln, und einen Theil jenes Doppeltraumes dort zu träumen, den der Himmel jedem Menschen einmal und gewöhnlich *vereint* gibt, den Traum der Jugend und den der ersten Liebe".[76] Diese Daten lassen sich problemlos vereinbaren: auch wer dem sozialen Bereich sR_2 angehört, kann unter der Bedingung von Jugend und/oder Liebe dem sR_1 integriert werden und somit an seinen ideologischen Werten partizipieren. Dem voll in sR_1 integrierten Gregor wird dementsprechend auch „Kindlichkeit" nachgesagt. Wenn hingegen Heinrich und die sich selbst auch als gealtert setzende Erzählinstanz den sR_1 nicht mehr betreten haben, so bedeutet das, daß man mit dem Verlust der Jugend auch den ideologischen Werten des sR_1 entfremdet wird. Das wiederum heißt, daß die Zugehörigkeit zum sR_1 bzw. sR_2 auch als ein gesetzmäßiges chronologisches Nacheinander erscheint: so wie im kollektiven historischen Prozeß der Naturraum durch den Kulturraum verdrängt wird, so wird im individuellen biographischen Prozeß das natürliche Wertsystem durch das soziale Wertsystem abgelöst; und beide Male findet damit, da der natürliche Raum ja auch der göttliche ist, eine Verlustgeschichte statt. Die Äquivalenz von individueller und kollektiver Geschichte hat schon die Goethezeit im Konzept der „Bildung" gedacht, neu ist die pessimistische, auf den Realismus verweisende Implikation, daß diese Geschichte eine Verlustgeschichte sei.[77] Diese zwangsweise Entfremdung vom Naturraum scheint mir auch der Ort zu sein, an dem die über sR_1 berichteten, in sR_2 umlaufenden Sagen – das Gerücht vom Wildschützen im ersten Kapitel oder die von Gregor im vierten Kapitel berichteten und von ihm wieder zurückgenommenen Sagen – ihren Sinn erhalten: sie drücken genau jene Unheimlichkeit aus, die der verlorene semantische Raum für die Mitglieder des Sozialraumes erhalten hat.

Auch die beiden Mädchen können in diesem Kontext den Räumen zugeordnet werden. Im Gegensatz zu Clarissa erweist sich Johanna als anfällig für die Gerüchte vom Wildschützen, die die Angst der Gesellschaft vor dem Naturraum ausdrücken. An sie ist auch primär das Unbehagen gegenüber Clarissas Liebe delegiert, das wiederum Konsequenz der Normen des sozialen Raums, seines Endogamiesystems, ist. Clarissa hingegen erlebt nach kurzem Widerstand das Glück der Natur-Liebe mit dem Natur-Liebhaber, dem sie zunächst ihr kulturelles Outfit, als Zeichen eines Verhaftetseins an sR_2, bewußt entgegenzustellen versucht, worauf denn Ronald reagiert, „als sei er betreten,

---

[76] Ebd., S. 211.
[77] Vgl. o. Anm. 50.

daß eine ganz andere Gestalt gekommen, als er erwartet".[78] Das heißt nun also, daß zwar beide Mädchen dem sozialen Raum sR_2 entstammen und den sR_1 zunächst als fremde Ordnung erfahren, daß aber Johanna weitgehend dem ideologischen System sR_2 verhaftet bleibt, während Clarissa sich weitgehend neu zugunsten des ideologischen Systems sR_1 orientiert. Wie die Grenze zwischen sR_2 und sR_1 als quantitativ-graduelle präsentiert wird, so ist auch der Unterschied der Mädchen ein quantitativ-gradueller: beide weisen Merkmale beider Räume auf, aber bei Johanna dominiert sR_2, bei Clarissa sR_1. Diese Ausdifferenzierung der Mädchen erklärt auch die Funktion Johannas in einer Liebesgeschichte, in die sie selbst nicht involviert ist. Sie stellt gewissermaßen die Präsenz des sR_2 in sR_1 dar und dessen normativen Anspruch, so wie es auch das von Heinrich für die Mädchen erbaute Waldhaus tut, das ja realistisch zwar absurd, aber semantisch signifikant sich als detailgetreue Replikation der Zimmer im väterlichen Hause herausstellt. Sobald Ronald sich manifestiert hat, wird das Haus denn auch sorgfältig abgeschlossen, was der Verweigerung der Naturerotik durch das soziale System entspricht, und als Clarissa sich entschlossen hat, Ronald zu treffen, besteht sie selbst darauf, daß dies auf der Waldwiese stattfinden möge: „in unser Haus soll kein fremder Mann kommen".[79]

Zudem nimmt sie zu diesem Treffen nicht nur Gregor, den Vertreter der Ideologie des Naturraumes, sondern auch die Schwester, als Vertreterin des Sozialraumes, mit. Gregor plädiert denn auch konsequent dafür, das Waldhaus, sobald es nicht mehr nötig sei, aus dem sR_1 zu tilgen, und tut dies am Ende auch.[80]

Schema 6: Situierung der Figuren auf der ‚Natur'-,‚Kultur'-Skala

Die Präsenz des Sozialraumes im Naturraum wird noch auf andere Weise gesichert. So wie man vom väterlichen Raum aus über das Fernrohr des Vaters, von diesem kontrolliert, einen ersten optischen Kontakt mit der Wildnis aufgenommen hatte, so wird man umgekehrt vom Naturraum aus optischen Kontakt mit dem Vaterhause aufnehmen, freilich durch das Fernrohr des Ritters, das sich zugleich als besser als das des Vaters erweist und dessen Inbetriebnahme Clarissa anvertraut wird. Hier wird nicht einfach nur eine optische Präsenz des Sozialraums im Naturraum garantiert, ich behaupte hypothetisch, daß

---

[78] WuB. Bd. 1.4, S. 282.
[79] Ebd., S. 280.
[80] Ebd., S. 295 bzw. S. 318.

hier zeichenhaft noch anderes stattfindet.[81] Schon in Goethezeit-Texten kann das Fernrohr sexualmetaphorisch funktionalisiert werden;[82] die Substitution von Heinrichs Glas durch Brunos Glas drückt sowohl die Bereitschaft des Vaters zur Abtretung der Tochter an Bruno aus als auch die Implikation, daß bei *dieser* Abtretung der Tochter letztlich nur eine Stellvertretung des Vaters stattfindet und die Orientierung auf das väterliche Haus, d.h. die ideologische Ordnung des Sozialraumes, erhalten bleibt. Naheliegenderweise wird man vermuten dürfen, daß die größere Schärfe von Brunos Glas zugleich die altersbedingte größere Potenz im weitesten Sinne, d.h. die Fähigkeit zur erotischen, familiären, sozialen, kriegerischen Dominanz abbildet. Dafür spricht im übrigen auch eine erst in der ‚Studien'-Fassung vorgenommene Ergänzung; bei der die Katastrophe auslösenden Attacke Heinrichs auf Ronald wirft der Vater seine Lanze, die im ‚Studien'-Text als „arme schwache unschuldige Lanze"[83] spezifiziert ist, womit sie in Opposition zu anderen, danach geworfenen Lanzen gesetzt wird. Auch sie drückt offenkundig einen Mangel an solcher Potenz aus. Hier läßt sich nun wohl auch der scheinbar gänzlich funktionslose Felix, der Bruder der Mädchen, integrieren, der überhaupt nur als nicht selbst handelnder Begleiter, sei es des Vaters, sei es des Ritters, auftritt. Seine semantische Funktion liegt wohl darin, daß er die Potenz des Vaters – selbst inzwischen wie später seine Burg „eine Ruine gewaltiger Männerkraft"[84] – repräsentiert und dessen Bereitschaft, den Ritter als Vaterersatz zu akzeptieren, da Heinrich Bruno auch den Sohn anvertraut.

III. „Kultur" versus „Natur": das ideologische Problem des Textes

Der permissive „Naturvater" legitimiert also explizit die Liebe zwischen Ronald und Clarissa als natur- und gottgemäß und konstatiert ihre Kompatibilität mit den expliziten eingestehbaren Sozialnormen des sR$_2$. Der nur scheinbar permissive, faktisch repressive, in und mit seiner Zuneigung erdrückende „Kulturvater" führt das tödliche Ende herbei, worin die Inkompatibilität sei-

---

[81] Eine traditionelle Interpretation des Fernrohrs bietet Hans Dietrich Irmscher (Adalbert Stifter. Wirklichkeitserfahrung und gegenständliche Darstellung. München 1971, S. 246): „es [holt] dem Betrachter die Welt in seinen sicheren Binnenraum herein, ohne ihn doch mit deren Realitätscharakter zu behelligen. Wie das Fenster distanziert es die Wirklichkeit zum bloßen *Bild*." Vgl. auch Reddick (o. Anm. 67).
[82] Z.B. in E.T.A. Hoffmanns Erzählung ‚Der Sandmann' (1816). Dazu grundlegend: Michael Titzmann: Bemerkungen zu Wissen und Sprache in der Goethezeit (1770–1830). Mit dem Beispiel der optischen Kodierung von Erkenntnisprozessen. In: Bewegung und Stillstand in Metaphern und Mythen. Fallstudien zum Verhältnis von elementarem Wissen und Literatur im 19. Jahrhundert. Hrsg. v. Jürgen Link und Wulf Wülfing. Stuttgart 1984, S. 100–120.
[83] WuB. Bd. 1.4, S. 314.
[84] Ebd., S. 224.

nes Systems der ödipalen und inzestuösen Familienendogamie mit dem göttlichen und natürlichen Raum und der in ihm normalen Exogamie abgebildet wird, wobei das väterlich-kulturelle System zugleich uneingestehbar ist. Im Gegensatz zum natürlich-göttlichen darf es nicht expliziert werden, da es den offiziellen und eingestehbaren ideologischen Satzungen des Sozialsystems widerspricht. Der ideologisch legitimierten Ordnung des Naturraumes steht also die nicht legitimierte und nicht legitimierbare Ordnung des Sozialraumes gegenüber. Gleichwohl setzt sich im Text aber das Sozialmodell gegenüber dem Naturmodell durch, physisch durch dessen Vernichtung in Gestalt Ronalds, freilich um den Preis der Selbstvernichtung Heinrichs, psychisch, insofern Clarissa durch die Selbstzuschreibung von Schuld sich den uneingestehbaren Normen des Sozialraums letztlich unterwirft. Der zumindest ideologische Sieg des sR_2 über sR_1 wird nicht nur im Text explizit zu einer gesetzmäßigen Ablösung sowohl in individueller als auch in kollektiver Geschichte gemacht, sondern von der Erzählinstanz sogar mitgetragen, die Johannas Bedenken gegen Clarissas Liebe durch moralisierende Kommentare und Unheilsprognosen unterstützt.

Mit dem Segen der Erzählinstanz setzt sich die nicht legitimierbare väterliche Ordnung gegen die legitimierte göttliche und natürliche Ordnung durch, und das darf man wohl bei einem konservativen Autor der Biedermeierphase nicht nur überraschend finden, sondern auch als ein ideologisches Dilemma klassifizieren.[85] Die Ambivalenz des Textes, wenngleich auch letztlich mit klarer Gewichtung des einen Pols, wird noch dadurch betont, daß nicht nur der Raum sR_1 und die ihm zugeordneten Figuren durchaus mit Sympathie als positiv dargestellt werden, sondern daß zudem gerade dieser Raum und diese Figuren auch mit den positiven Werten „Zauber", „Wunder", welches Lexem konsequenterweise nur von Heinrich negativ verwendet wird, „Märchen" und „Dichtung" korreliert werden.

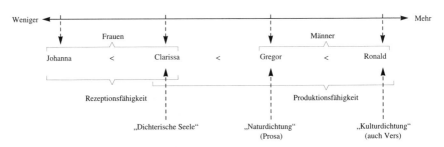

Schema 7: Grad der Korrelation mit Dichtung

---

[85] In der Goethezeit-Realismus-Zwischenphase, d.h. ca. zwischen 1830 und 1850, scheinen sich ähnliche ideologische Probleme bei einer Reihe von Texten nachweisen zu lassen z.B. in Mörikes ‚Maler Nolten' (1832) und Immermanns ‚Die Epigonen' (1836).

Diese Zuordnung bedeutet erstens, daß die dargestellte Welt des sR_1 selbst im Sinne einer Terminologie der spät-goethezeitlichen Ästhetik als „poetische" erscheint, woraus der „prosaische" Status der Welt des sR_2 folgt, und die prosaische löst die poetische Welt ab. Diese Zuordnung bedeutet zweitens, daß die Welt des sR_1, die im Text auch quantitativ dominiert, auch der eigentliche Gegenstand von Dichtung wäre, so daß dessen Tilgung der Dichtung ihr Thema entzieht und ihr eine Umstrukturierung aufzwingt, insofern ihr nur die prosaische Welt als Gegenstand bleibt. Andere Texte Stifters belegen denn auch deutlich genug, wie anhand einer prosaischen Welt dennoch „Poesie" zu erzwingen versucht wird, etwa in Form idyllischer Strukturen in der ‚Narrenburg'.[86] Diese Zuordnung impliziert aber noch ein Drittes: „Zauber", „Wunder", „Märchen", weniger deutlich „Dichtung" haben zugleich das Merkmal der Verletzung von Regularitätsannahmen des kulturellen Wissens über die Welt und damit auch mehr oder weniger deutlich das Merkmal bloßer Fiktivität der dargestellten Welt. Anhand des sR_1 wird also gleichsam auch ein utopischer Raum aufgebaut, der zugleich als unmöglich erklärt wird.[87]

In der politischen Geschichte gehört unser Text der Phase der Restauration an, zu deren Grundprinzipien das Konstrukt der „Legitimität" gehört, also der Versuch, einem Gegebenen, bloß weil es gegeben ist, dauernde Daseinsberechtigung zuzuschreiben und seine Konstanz zu garantieren, wobei man zugleich zur Begründung dieser Ansprüche sich mißbräuchlich der Berufung auf eine metaphysische Instanz bedient. Gegenüber dieser restaurativen Ideologie ist Stifters Text einerseits ehrlicher, insofern er einräumt, daß die gegebene Sozialordnung sich nicht auf eine Rechtfertigung durch Gott und Natur berufen kann, andererseits radikaler, insofern diese Ordnung sich auch ohne ideologische Rechtfertigung durchsetzt, ja sogar gegen die potentiellen Rechtfertigungsinstanzen, und dieser Ordnung gleichwohl vom Text zugestimmt wird, sozusagen wider besseres Wissen. Hier wird also die konservativ-restaurative Position im Bewußtsein ihrer Nicht-Begründbarkeit gewählt.

Im Gegensatz etwa zu den typischen Erzählstrukturen der Goethezeit, bei denen Fokus und evaluative Präferenz auf den Protagonisten der Kindergeneration gegen die Eltern liegen, fällt hier die evaluative Präferenz letztlich zugunsten der Elterngeneration aus, präziser: des Kulturvaters und seines Endogamiemodells. Die Endogamie impliziert nun aber *Konstanz der Ordnung*, was in der nächsten Generation sein wird, soll sein wie das, was schon war, und der Erotikpartner ist somit Äquivalent des Vaters. Der Vater, der seine Tochter nur an seine eigene „Verlängerung" abgibt, erreicht damit zweitens

---

[86] Vgl. den Beitrag von Michael Titzmann in diesem Band.
[87] Der „Utopie"-Begriff bei Stifter wurde hauptsächlich im Zusammenhang mit dem ‚Nachsommer' (1857) diskutiert; so etwa von Peter Uwe Hohendahl: Die gebildete Gemeinschaft. Stifters ‚Nachsommer' als Utopie der ästhetischen Erziehung. In: Utopieforschung. Hrsg. von Wilhelm Voßkamp. Bd. 3. Frankfurt a.M. 1985 (st 1159), S. 250–272.

eine Bewahrung von Machtverhältnissen. Die Beschränkung der Partnerwahl, die die Endogamie der Kindergeneration auferlegt, ist zugleich auch drittens eine Selbstbeschränkung des Sozialsystems, das alles Fremde, Andere, Neue auszuschließen versucht. Dementsprechend ist in der Person des exogamen Partners Fremdheit in mehrfacher Hinsicht geradezu konzentriert. Wo das endogame System sich selbst radikal Grenzen zu ziehen versucht, da wird Ronald umgekehrt durch Grenzüberschreitung charakterisiert. Ebensowenig wie es für ihn topographische Grenzen gibt, sein Weg führt schließlich bis Amerika, in die „*Neue Welt*", ebensowenig gibt es für ihn ideologische Grenzen; so sagt Gregor über Ronald: „er begeht lauter Dinge, die ohne Ziel und Zweck sind, und strebt nach Unerreichbarem. Er hat manchmal wollen den Sonnenschein auf seinen Hut stecken, und die Abendröthe umarmen", was Clarissa durch wörtliche Wiederholung bestätigt.[88]

Die Präferenz des Textes für die konservative Lösung bedeutet somit, daß als bedrohlich und angstauslösend das Fremde und Neue, der Wandel, die Grenzüberschreitung, empfunden werden, weshalb für den Erhalt des Bestehenden plädiert wird, das aber im Versuch, sich selbst zu erhalten, sich selbst vernichtet.

---

[88] WuB. Bd. 1.4, S. 271f. bzw. S. 279.

Michael Titzmann

Text und Kryptotext

Zur Interpretation von Stifters Erzählung ‚Die Narrenburg'

Stifters Erzählung ‚Die Narrenburg' (N) erschien zuerst 1843 in der Zeitschrift ‚Iris' (N_1), dann 1844, in wesentlich umgearbeiteter Form, im zweiten Bande der ‚Studien' (N_2). Soweit nichts anderes angemerkt, lege ich hier die ‚Studien'-Fassung zugrunde.[1] Dieser – in der Forschung eher schlecht bewertete[2] – Text ist, meine ich, gleichwohl einer der großen Texte nicht nur Stifters, sondern auch der Epoche des Übergangs zwischen ‚Goethezeit' und ‚Realismus', die man – nicht eben glücklich – ‚Biedermeier' benannt hat; was man als ästhetische Probleme des Textes moniert hat, resultiert gerade aus der grandiosen Komplexität des Bedeutungssystems, das er aufbaut.

Der Text erzählt im wesentlichen zwei Geschichten: In der Rahmenerzählung (T_1) wird eine in der *Gegenwart* situierte, auf 1836 datierte, *auktorial erzählte Rahmengeschichte* (G_1), erzählt, deren Protagonist der junge *bürgerliche* Quasi-Naturforscher Heinrich ist; in der eingebetteten *Binnengeschichte* (T_2) wird eine in der Vergangenheit situierte, ungefähr auf die frühe Goethezeit datierbare, vom *adligen* Protagonisten Jodokus von Scharnast in *Ich-Form* dargestellte *Binnengeschichte* (G_2) erzählt.

T_1 erzählt, wie Heinrich, fern von Heimat und Familie, in der „grünen Fichtau" unterwegs ist, sich in die Wirtstochter Anna verliebt, das merkwürdige Schloß „Rothenstein", den Familiensitz der Grafen von Scharnast, derzeit nach dem Tode Christophs verwaist, findet, seine Abstammung von den Scharnasts entdeckt, das Erbe gewinnt und schließlich, was angesichts seiner eigenen bürgerlichen Herkunft eine Form *abgeschwächter Mesalliance*

---

[1] Ulrich Dittmann habe ich sehr zu danken für die freundliche Überlassung seines – noch unpublizierten – ‚Narrenburg'-Kommentars für die WuB.
[2] Von „Schwächen" spricht Peter Märki (Adalbert Stifter. Narrheit und Erzählstruktur. Bern/Frankfurt a.M./Las Vegas 1979, S. 44); „künstlerisch [...] fragwürdig" nennt N Erich Burgstaller (Zur künstlerischen Gestalt von Adalbert Stifters ‚Narrenburg'. In: Seminar 12, [1976], S. 89–108, hier S. 90, nochmals S. 108); Rudolf Wildbolz (A. Stifter. Langeweile und Faszination. Stuttgart 1976, S. 22) spricht von „sprachlich und kompositorisch unbewältigte[r] Zerrissenheit", erkennt sie aber als Indikator eines Getilgten: der Leidenschaftsgeschichte. Eine Aufwertung als einer „der erstaunlichsten Texte Stifters" erfährt N bei Christian Begemann: Die Welt der Zeichen. Stifter-Lektüren. Stuttgart/Weimar 1995 – wohl der ersten Stifter-Arbeit, die das doppelte Verdienst hat, sowohl Stifters implizite Semiotik herauszuarbeiten als auch „Widersprüche" als funktional und als Indikatoren für Systemprobleme interpretieren zu können. Auf diese Arbeit wäre im folgenden häufig hinzuweisen. Vgl. auch Begemanns Beitrag in diesem Bande.

darstellt, mit Anna die Ehe schließt; in diese Geschichte sind nun zudem *mündlich tradierte* Fragmente aus der Familiengeschichte der Scharnasts eingebettet, die Heinrich von der Landbevölkerung der Fichtau bzw. vom greisen Kastellan des Rothenstein, Ruprecht, erzählt werden. Diese fragmentarischen Erzählungen betreffen teils die Geschichte des Jodokus (G_2), teils die Geschichte anderer Vorfahren (G_3), etwa die des Julianus und des Julius.

T_2 ist hingegen als *schriftliche* Autobiographie des Jodokus tradiert: Denn der jeweilige männliche Erstgeborene und Erbe ist durch einen Fideikommiß des Familiengründers Hanns von Scharnast (auf ca. frühes 12. Jahrhundert datierbar) einer doppelten Verpflichtung unterworfen: Er hat vom Erbantritt an kontinuierlich sein Leben schriftlich zu fixieren und in einem innerhalb der Burg in den Fels gehauenen roten Gewölbe zu deponieren, und er hat alle Autobiographien seiner Vorfahren zu lesen. Wer diese Verpflichtungen nicht eingeht, „der wird betrachtet, als sei er [...] gestorben";[3] wer sie nicht eingehalten hat, wie sich bei seinem Tode zeigt, „der wird als gar nicht geboren betrachtet".[4] Das *Lesen bzw. Schreiben dieser Texte* gilt also als Bedingung, um im Sinne dieses Familienrechts als *lebend* zu gelten, freilich nur für den jeweils erbberechtigten männlichen Nachfahren, also unter Ausschluß aller sonstigen männlichen und weiblichen Kinder wie auch der eingeheirateten Frauen. Somit beginnt denn auch Heinrich nach Antritt des Erbes, sowohl seine Lebensgeschichte zu schreiben, die uns vorenthalten bleibt, als auch die Autobiographien der Vorfahren zu lesen. Die erste, die er ergreift, ist die des Jodokus, und wir, die textexternen Leser, lesen sie zusammen mit ihm, dem textinternen Leser, wobei uns der erste Teil, die Kindheits- und Jugendgeschichte, die Heinrich schon gelesen hat, nicht mitgeteilt wird. Von Jodokus erfahren wir somit nur, wie er die indische Paria Chelion nach Europa mitnimmt und heiratet, was eine *extreme Mesalliance* darstellt, wie sein Bruder Sixtus sich in sie verliebt und wie es zum inzestuösen Ehebruch kommt, welche Folgen daraus resultieren, bis schließlich nach Jahren erst Chelion und Sixtus, später auch Jodokus sterben.

Zum Überblick sei zunächst das Schema der Familienbeziehungen (nach N_1 und M_1) eingefügt:

---

[3] WuB. Bd. 1.4, S. 321f.
[4] Ebd., S. 322.

Text und Kryptotext

Verwandtschaftsbeziehungen (Nach N_1 – mit Varianten von N_2, M_1, M_2, P – ohne Frühgeschichte)

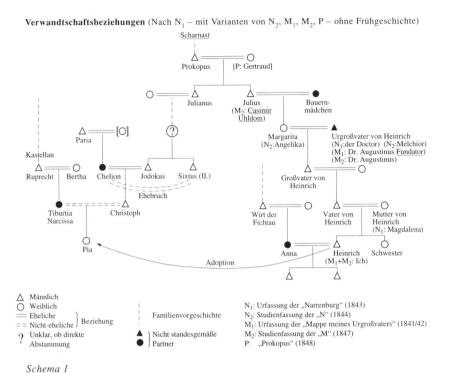

Schema 1

Bekanntlich ist nun ‚Die Narrenburg' mit zwei anderen Stifter-Erzählungen, ‚Die Mappe meines Urgroßvaters' (M) und ‚Prokopus' (P), durch die Abstammungs- und Allianzbeziehungen ihrer Figureninventare verknüpft, jedenfalls soweit es die Erstfassungen von ‚Narrenburg' und ‚Mappe' (1841/42) betrifft, denn in der ‚Mappe' (M_1) findet in einer in Ich-Form erzählten Rahmenhandlung das Ich die autobiographischen Aufzeichnungen seines Urgroßvaters, die es veröffentlicht: In der Binnenerzählung berichtet nun aber der Urgroßvater, wie er Margarita, die Tochter des Julius von Scharnast, geheiratet habe. Das Ich von M_1 und der Heinrich von N_1 müssen also identisch sein. In ‚Prokopus' schließlich wird die Ehe des Prokopus von Scharnast erzählt, aus der Julianus und Julius entstammen: Die feindselige Vorenthaltung des Erbteils und die Vertreibung des Julius durch Julianus wird wiederum in N und in M skizziert.

Die Beziehungen von N_1 und M_1 werden nun in N_2 und M_2 (Fassung der ‚Studien', Band 3, 1847) auffällig systematisch getilgt. Der in N_1 als „der Doctor" benannte Urgroßvater Heinrichs wird in N_2 zu „Melchior", und aus „Margarita" wird „Angelika". Im Wandel von M_1 zu M_2 wird aus dem „Doctor Augustinus Fundator" ein „Doctor Augustinus", aus „Julius Scharnast" ein „Casimir Uhldom". Durch diese Transformationen wird bewußt die Korrelation zwischen N und M getilgt: und das hat gravierende semantische Folgen. Denn der Urgroßvater „Fundator" war ja nichts als ein Gründer oder Stifter, woraus resultierte, daß der Urenkel, das Ich der Rahmenerzählung, mehr oder weniger deutlich mit dem Autor Stifter identifiziert wurde. Wenn dem aber so ist, folgt, daß sich aufgrund der Identität von Ich in M_1 und Heinrich in N_1 hinter Heinrich ebenfalls der Autor verbirgt; der auktoriale Erzähler von N_1 hatte denn auch bezüglich der erzählten Geschichte die kokette – und von ihm nicht beantwortete – Frage aufgeworfen: „Woher ich das alles weiß."[5] Wenn der Text einen fingierten autobiographischen Anspruch impliziert, beantwortet sich in der Tat die Frage von selbst. Man hat im übrigen längst darauf hingewiesen, daß im Namen „Scharnast" das Monogramm des Autors, AST, enthalten ist und daß Derivate des Autorennamens in N herumspuken:[6] Hanns von Scharnast hat „gestiftet",[7] er ist „der Stifter";[8] und schließlich steht gar in der Burg ein „Springbrunnen", dessen „aufwärtszeigende[r] Stift"[9] kein Wasser mehr gibt.

Durch die Eingriffe in die Namensgebung in N_2 und M_2 wird somit *eine Bedeutungsebene von N_1 und M_1 getilgt*. In der Erstfassung waren die Texte eben auch Teile einer Wunsch- und Größenphantasie des Autors, der sich erträumt, aus einer Situation der sozialen Verkennung befreit und über die Umwelt erhoben zu werden, belohnt durch Besitz und Ansehen; ganz ähnlich zelebriert ‚Das Haidedorf' in der Journalfassung (1840) den sozialen Aufstieg eines verkannten Dichters, was in der ‚Studien'-Fassung (1844) wiederum resignativ durch das Scheitern dieser Träume substituiert wird. Die *Struktur der Aufstiegsphantasie* bleibt in N_2 erhalten: Durch die *Substitution der Namen* in N_2 und M_2 wird aber ihre Beziehbarkeit auf das Autorensubjekt getilgt, wenngleich *Spuren des Getilgten* in N_2 durch den Namen Scharnast und die lexikalischen Varianten des „Stiftens" erhalten bleiben. Die Situation des von der sozialen Umwelt unterschätzten Helden, der für diese Umwelt unfaßliche Ansprüche zu hegen wagt, wird jedenfalls im Gespräch zwischen Heinrich und dem Wirt, Annas Vater, über die Scharnasts sehr hübsch vorgeführt. Vom sozial schockierenden Aspekt solcher Größenphantasien wird der Held freilich weitgehend entlastet: Dieser Aspekt wird, in ei-

---

[5] WuB. Bd. 1.1, S. 305.
[6] Z.B. Arno Schmidts relevanter Beitrag zur Stifter-Forschung im Nachwort zu: Sitara und der Weg dorthin. Karlsruhe 1963. Zit. Ausg.: Fischer-Tb. 968. Frankfurt a.M. 1969, hier S. 247.
[7] WuB. Bd. 1.4, S. 321.
[8] Ebd., S. 323.
[9] Ebd., S. 365.

ner Art *Verschiebungsoperation*, an den Wirt delegiert und an ihm exemplifiziert, wenn er für seine Tochter einen „ganz ungeheur[en] Prinz[en] von einem Bräutigame",[10] „vermessen über ihren Stand",[11] sich erhofft. Eine anhand des Helden nicht ausgesprochene Implikation seines Verhaltens wird also auf eine andere Figur verschoben.

Der Text ist in drei Kapitel segmentiert. Das erste – ‚Die grüne Fichtau' – berichtet, daß Heinrich das Schloß der Scharnasts entdeckt hat, Informationen darüber bei der Landbevölkerung einholt und – es wird nur angedeutet – mit dem Gedanken spielt, er könne über die Seitenlinie des Julius der legitime Erbe sein, und daß er zu Liebeserklärungen mit Anna fortschreitet. Sowohl Heinrichs bisheriges Leben als auch die Vorgeschichte der nächtlichen Liebeserklärung in der Gartenlaube bleiben ausgespart: *Nullpositionen des Textes*. Für Heinrich werden jedenfalls sowohl in sozialer wie in erotischer Absicht *positive Zukunftsmöglichkeiten* eröffnet.

Das zweite Kapitel – ‚Das graue Schloß' – setzt zunächst die Fichtau-Handlung fort, bis es zum Besuch des Scharnast-Schlosses kommt, der Heinrich durch seinen Freund, den Syndikus Robert, in der nahen Stadt – seinerseits verheiratet mit Thrine, einer Freundin Annas – ermöglicht wird; woher Heinrich und Robert sich kennen, bleibt wiederum Nullposition.

Vor dem Schloßbesuch der beiden setzt jedenfalls die Erzählinstanz einen semantischen Einschnitt, der damit mitten in das zweite Kapitel fällt: „Wir aber müssen hier von derselben [= G_1] scheiden, so gerne unsere Feder noch bei dem klaren, freien, heiteren Fichtauer Leben verweilen möchte. Allein der Zweck der vorliegenden Blätter führt uns aus dieser harmlosen Gegenwart, die wir mit Vorliebe beschrieben haben, einer dunklen schwermüthigen Vergangenheit entgegen, die uns hie und da von einer zerrissenen Sage, oder einem stummen Mauerstücke erzählt wird, denen wir es wieder nur eben so dunkel und mangelhaft nacherzählen können. Zu Ende versprechen wir wieder in die Gegenwart einzulenken, und so ein dämmerndes, düsteres Bild in einen heitern freundlichen Rahmen gestellt zur Ansicht zu bringen."[12]

Wenn wir diese Stelle auf ihre Implikationen hin analysieren, werden hier also zunächst konfrontiert:

---

[10] Ebd., S. 355.
[11] Ebd., S. 356.
[12] Ebd., S. 361.

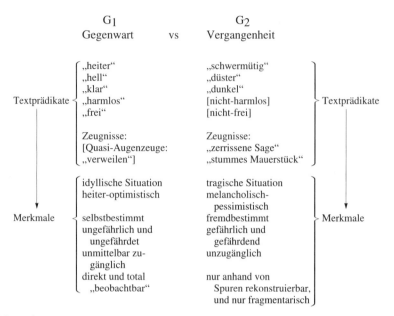

Schema 2

Die beiden Geschichten G_1 und G_2 werden zugleich bewertet, und zwar findet eine *doppelte evaluative Hierarchisierung* statt: Die *persönliche Präferenz* der Erzählinstanz gilt angeblich G_1, die *sachliche Präferenz* aber offenbar G_2, wenn diese Geschichte den „Zweck dieser Blätter" ausmacht, was auch immer dieser sein mag. Solche *Einbettungen des Tragischen in die (Quasi-)Idylle* finden sich bekanntlich bei Stifter nicht selten: so z.B. natürlich im ‚Nachsommer', im ‚Hagestolz', im ‚Waldgänger' – *die Idylle* wird gleichsam als *Aufschieben des Tragischen*, des eigentlich narrativen Höhepunkts des Textes, zelebriert, ohne vorherige Idylle, sonst aber analog z.B. auch in der Binnengeschichte des Obristen in M. Die tragische Einlage soll in N zudem wieder zurückgenommen werden, indem am Textende der Rahmen geschlossen, d.h. zur Gegenwartsgeschichte zurückgekehrt wird. Wenn sich dabei G_1 und G_2 zueinander verhalten wie „Rahmen" und „Bild", wird nicht nur nochmals die Relevanz von G_2 betont, sondern *zwei sprachliche Äußerungen* werden zugleich in *ikonische Äußerungen* transformiert.

„Geschichte" selbst ist etwas, das „hie und da von einer zerrissenen Sage, oder einem stummen Mauerstücke" erzählt wird. So auch schon das Motto: „Sieh nur, welch düstere Geschichten diese Trümmer reden. I Altes Buch."[13]

---

[13] Ebd., S. 320.

„Geschichte" ist also nur gegeben durch *non-verbale* oder *verbale Spuren*, die als *semiotisch*, als Zeichen, aufgefaßt werden: denn sie können „erzählen". „Geschichte" ergibt sich erst durch einen *Akt der Rekonstruktion* anhand solcher zeichenhafter Spuren – und das wird die Literatur des *Realismus* in immer neuen Varianten thematisieren.

Nach diesem Einschnitt folgt die Schloßbeschreibung, durchsetzt mit den scheinbar irren Reden des alten Kastellans Ruprecht, der Heinrich für den verstorbenen Grafen Sixtus hält, was anhand des Bildes von Sixtus legitimiert wird, dessen Ähnlichkeit mit Heinrich verblüffend ist. Heinrichs Erwartungen werden also erhärtet und gegen Schluß des Kapitels bestätigt durch den Brief seiner Mutter, der die Abstammung von Julius berichtet. Der Jurist Robert weist auf alle die Schwierigkeiten hin, die sich Heinrichs Erbansprüchen entgegenstellen mögen, bevor man zu deren Durchsetzung aufbricht: „Ein Tag um den andern verging, ohne daß die Männer zurückkehrten, eine Woche nach der andern verging."[14] Schließlich bringt Robert die freudige Nachricht. Der Zeitraum der juristischen Operationen bleibt wiederum Nullposition: Nur das positive Ergebnis wird mitgeteilt. Wo Robert die Problemsituation *realistisch* verdeutlicht hatte, vollzieht der Text eine *idyllische* Problemlösung: Von opponierenden Umständen oder Personen ist nicht die Rede. Indem er aber Roberts Warnungen einführt und die juristische Auseinandersetzung Nullposition sein läßt, macht er zugleich deutlich, daß er den märchenhaft glatten Ablauf *bewußt* seinem realistischen Wissen konfrontiert.

Das dritte Kapitel – ‚Der rothe Stein' – setzt nun wiederum mit einer temporalen Nullposition ein: Heinrich hat schon sein Erbe angetreten, er hat schon mit der eigenen autobiographischen Niederschrift begonnen, er hat schon angefangen, das erste Manuskript seiner Vorfahren, das des Jodokus, zu lesen, und erst als er seine Lektüre fortsetzt – „las er weiter"[15] –, erfahren wir wörtlich, was er liest. Nach Heinrichs Lektüre des zweiten und letzten Teils von Jodokus' Manuskript findet zum ersten und einzigen Male im Text eine *Zeitumstellung* statt, insofern aus der ausgesparten Vorgeschichte vor der Lektüre ausführlich die Hochzeitsfeierlichkeiten Heinrichs und Annas nachgetragen werden. Nur hier also entsprechen sich die *narrative Reihenfolge im Erzählakt* und die *chronologische Reihenfolge des Erzählten* nicht. Die Umstellung – angekündigt im oben zitierten Erzählereingriff – hat offenkundig die Funktion, am Textende die zwischenzeitlich verlassene Idylle wieder herzustellen: Das ist ein ganz wörtlich *restaurativer Akt*. Restaurativ ist aber auch Heinrichs Verhalten auf der Burg: Ein Teil der verfallenen alten Schlösser wird wieder hergestellt. Jedenfalls: deutlich wird, daß die *Idylle das Nicht-Selbstverständliche* ist – die *bewußte und bewußt gemachte Manipulation der Erzählinstanz* stellt sie erst her.

---

[14] Ebd., S. 408.
[15] Ebd., S. 410.

Nicht ganz die Hälfte des Textes gilt nun der vergangenen Welt der Scharnasts. Davon wiederum nimmt die Darstellung des Raumes des Rothenstein etwa zwei Drittel ein, der Text des Jodokus etwa ein Drittel, wobei wir aus seiner Lebensbeschreibung eben nur den Teil erfahren, der seine spätere Existenz als Schloßherr bestimmt. Der *Fokus des Textes* liegt also, wie schon der Titel ankündigt und die Untertitel betonen, auf einem *Raum* und nicht auf einer Figur: Der Text folgt zwar den Bewegungen seines Protagonisten Heinrich im Raum, aber nur, und damit etwa im Gegensatz zum Initiations- und Bildungsroman der Goethezeit, solange er diesen Raum Fichtau-Rothenstein nicht verläßt.

Der im Text dargestellte Raum, die „grüne Fichtau", ist weitgehend ein *Naturraum*, der noch kaum einer Transformation zum *Kulturraum* unterworfen ist: Wir befinden uns in einem gleichsam *archaischen Grenzraum der Zivilisation*.

Die „grüne Fichtau", eine Wald- und Gebirgslandschaft, das frühere Herrschaftszentrum der Scharnasts, räumlich wie sozial dominiert von den Burganlagen des „Rothensteins", wird besiedelt vor allem von Holzfällern und Jägern, daneben einem Hirten, einem Schmied, einem Wirt – selbst Landwirtschaft spielt kaum eine Rolle. Die benachbarte Stadt, Wohnort des Syndikus Robert und seiner Frau Thrine, hat praktisch nur als lokales juristisches Zentrum Relevanz: als einziger Verweis auf die überregionale politisch-soziale Ordnung des Staates. Aus einem ähnlichen Grenzraum stammt Heinrich, der aber, als wissenschaftlich gebildet, zumindest lokale städtische Zentren besucht haben muß. Man ist hier ortsgebunden und seßhaft und kennt *weder räumliche noch soziale Mobilität*: Wie das Wirtshaus in der „grünen Fichtau" seit Vorzeiten im Familienbesitz ist, ist auch das Amt des Kastellans auf „Rothenstein" seit Vorzeiten in der Familie weitergegeben worden. Dieser Grenzraum wird also mit *Dauer*, mit *Invarianz in der Zeit* korreliert. So sei etwa Heinrichs Hochzeit „ein Gebirgsfest, dessen man denken wird, so lange ein Berg steht";[16] vom Raume insgesamt wird behauptet: „Draußen in der Fichtau ist es, wie es immer gewesen, und wie es noch hunderte von Jahren sein wird."[17] Für den archaischen Grenzraum wird also die *lineare Zeit der Geschichte* negiert und allenfalls die *zyklische Zeit der Natur* zugelassen.[18] So findet das ländliche Hochzeitsfest statt an einem „Abend, wie wir ihn am Eingange dieser Geschichte erzählt haben".[19]

---

[16] Ebd., S. 433.
[17] Ebd., S. 436.
[18] Zu den Zeitkonzeptionen bei Stifter vgl. Hans Dietrich Irmscher: Wirklichkeitserfahrung und gegenständliche Darstellung. München 1971, S. 254ff., und den Beitrag von Ludwig M. Eichinger in diesem Bande.
[19] WuB. Bd. 1.4, S. 433.

Die Minimalisierung von linearer Zeit zugunsten von statischer Zeit und von zyklischer Zeit manifestiert sich auch darin, daß die Erzählinstanz T_1 und T_2 als „Rahmen" und „Bild" metaphorisiert: Sie überführt damit die lineare Sukzession des sprachlichen Textes in die simultane Koexistenz des ikonischen Bildes: Zeitlichkeit in Gleichzeitigkeit. Eine statische oder zyklische Ordnung wird aber durch jedes *Ereignis* gestört; denn jedes Ereignis bedeutet Diskontinuität und Transformation. Da nun aber wiederum *narrative Strukturen*[20] dadurch definiert sind, daß in der dargestellten Welt mindestens ein Ereignis stattfindet, verlangt eine solche Weltordnung, wie unser Text sie aufbaut, eine *Minimalisierung des Narrativen*; es darf wohl Geschehnisse geben, aber möglichst wenig ereignishafte. Diese Bedingung wird nun in T_1 von der idyllischen Welt der Fichtau erfüllt, nicht aber in T_2, dessen Ereignishaftigkeit denn auch in die Katastrophe der Ordnung führt.

Der *statischen, immobilen, zyklischen Ordnung* der *Fichtau* wird nun die *mobile, ereignishafte Ordnung* des *Rothensteins* konfrontiert. Die Scharnasts waren nicht zuletzt schon räumlich bemerkenswert mobil: Einer von ihnen war Kreuzfahrer in Palästina; einer brachte einen Obelisk aus Ägypten mit; Julius war beim Todesfalle des Prokopus auf „weiten Reisen"; Christoph fällt in Nordafrika, wo er auf seiten der Araber gegen Frankreich kämpft; Jodokus war in Frankreich und in Nordindien. *Dargestellt* wird also zwar nur ein Grenzraum von minimaler Extension; *präsupponiert* wird ein Raum von überkontinentaler Extension, in den dieser Grenzraum eingebettet ist. Die jeweils extensional umfänglicheren Räume über die Fichtau hinaus sind im Text synekdochisch repräsentiert: der Staat durch die Stadt, Europa durch Frankreich, der außereuropäische Raum durch Nordafrika, Ägypten, Palästina, Nordindien. Konfrontiert werden also die *Enge des dargestellten Randraumes* und die *Weite des präsupponierten Außenraumes*. Jene „Narrheit", welche die Volkstradition den Scharnasts nachsagt, basiert also nicht auf der Enge des Raumes und mangelnder Welterfahrung, und das heißt wiederum, daß, was sie auf kleinstem Raume an der Grenze tun, dennoch als repräsentativ für die „weite Welt" gelten kann. Von all diesen präsupponierten Außenräumen wird aber nur einer kurz skizziert: der nordindische Heimatraum Chelions.

---

[20] Der Terminus wird verwendet im Sinne von Jurij M. Lotman: Die Struktur literarischer Texte. München 1972 (UTB 103). Kap. 8, S. 300–401. Theoretische Präzisierung in: Karl N. Renner: Der Findling. Eine Erzählung von H. v. Kleist und ein Film von G. Moorse. München 1983, bes. Teil II, S. 23–94. Es wäre zweifelsfrei an der Zeit, daß die Literaturwissenschaft diese fortgeschrittensten Varianten der Erzähltheorie zur Kenntnis nähme. Vgl. zu ihnen: Michael Titzmann: Struktur, Strukturalismus. In: Reallexikon der deutschen Literaturgeschichte. 2. Aufl. Bd. 4. Hrsg. von Klaus Kanzog und Achim Masser. Berlin/New York 1980, S. 256–278; ders.: „Zeit" als strukturierte und strukturierende Kategorie in sprachlichen Texten. In: Zeit – Raum – Kommunikation. Hrsg. von Walter Hömberg und Michael Schmolke. München 1992, S. 274–254.

Jene „*Narrheit*",[21] die den Scharnasts zugeschrieben wird und zum – titelgebenden – volkstümlichen Namen des Rothensteins führt, meint im übrigen in der Verwendung des Terms durch die ländlichen Unterschichten jede individuelle Abweichung von tradierten und kollektiven Lebenslaufmodellen,[22] inklusive des harmlosen oder löblichen quasi-wissenschaftlichen Sammlertriebs von Heinrich, in der (ranghöheren) Verwendung des Textes selbst, die durch Heinrich repräsentiert wird, hingegen nur die Teilklasse jener Abweichungen, die in der Ideologie des Textes quasi-gesetzmäßig zum Unglück des Subjektes führen wegen der *Kollision des Subjektes mit einer als „natürlich" gesetzten Sozialordnung*, in unserem Text also etwa durch leidenschaftlichmaßloses Glücksverlangen anstelle resignativer Anpassung an und Integration in Gegebenes:[23] „Und wenn Alle ähnlich diesem Jodok sind, wie wenig verdient ihr Haus den Namen, den ihm die Leute draußen geben – ihre Narrheit ist ihr Unglück, und ihr Herz."[24]

Innerhalb dieses archaisch-ländlichen Naturraumes der *grünen Fichtau* liegt nun der Raum des *Rothenstein*, der Burganlage der Scharnasts, umgeben von einer grauen Mauer: „Wie ein dunkles Stirnband umzirkelte sie den weiten Berg, und schnitt seinen Gipfel von der übrigen Welt heraus".[25] Es ist also ein Ort *elitärer Selbstausgrenzung*: das soziale und hierarchische Zentrum des Raumes, aber, seit dem Tode des letzten Besitzers, ein *leeres* und *unzugängliches*. Denn sogar die ursprüngliche Pforte ist vermauert. Dieses – wegen des „Fehlverhaltens" seiner Repräsentanten verlorene – ideologische Zentrum gilt es wiederzubesetzen. Bewohnt wird die Anlage nurmehr von dem uralten halb blödsinnigen, halb wahnsinnigen Kastellan Ruprecht mit „steingraue[m]"[26] Gesicht wie die „uralte Steinmetzarbeit"[27] der Mauer selbst, seiner Magd, einem „steinalte[n] Mütterchen",[28] seiner Enkelin Pia, „scheu und wild".[29] Eine *Entmenschlichung* und *Verwilderung* hat stattgefunden: Der Großvater ist eingeworden mit dem Gemäuer, die Enkelin wird einer „Pantherkatze" verglichen[30] – Heinrich muß denn auch nach Inbesitznahme des Erbes die beiden erst „an sich [locken]"[31] und einen Prozeß der *Zähmung* und *Domestizierung* vollziehen, der zugleich eine *Vermenschlichung* bedeutet. Pia wird schließlich dank Heinrich ein

---

[21] Vgl. dazu die Überlegungen von Peter Märki (o. Anm. 2).
[22] WuB. Bd. 1.4, S. 322f., S. 435.
[23] Andere Stifter-Varianten dazu etwa ‚Prokopus', ‚Der Hagestolz', ‚Der Waldgänger', ‚Der Waldsteig', ‚Der Hochwald', ‚Nachsommer'.
[24] WuB. Bd. 1.4, S. 427.
[25] Ebd., S. 367.
[26] Ebd., S. 364.
[27] Ebd.
[28] Ebd., S. 397.
[29] Ebd., S. 373.
[30] Ebd.
[31] Ebd., S. 435.

„*vollendetes* Wunder".[32] Der Zustand der Bewohner ist somit äquivalent mit dem Zustand der Burg: Wie Heinrichs Domestizierung der Bewohner mit der Restauration der Burg einhergeht, entspricht ihrer Entmenschlichung der Verfall der Burg und die beginnende Überwucherung durch die Natur.

Die Burganlage erweist sich nun als eine ganze Stadt: „schreitet herein [...] in die Stadt des alten Geschlechtes",[33] sagt Ruprecht zu Heinrich. Innerhalb des ummauerten Territoriums haben sukzessiv verschiedene Scharnasts jeweils ihr eigenes Schloß gebaut: „Ein ganzes Geschlecht mußte durch Jahrhunderte hindurch auf diesem Berge gehauset, gegraben und gebaut haben."[34] Erwähnt werden etwa der Bau des Sixtus, der Turm des Prokopus, die Ruine Julians, der Parthenon des Jodokus, das Haus Christophs, die Klausur der Hermenegild; manches gut erhalten, manches in Ruinen zerfallen. Wie die Anlage insgesamt nach außen abgeschlossen ist, sind es in ihr noch viele Gebäude oder Räume; nicht nur verschlossen, sondern sogar versiegelt sind der Christoph-Bau und das „rothe Gewölbe", somit erst dem Erben zugänglich. Bei der Besichtigung hantiert denn der Kastellan unentwegt mit *Schlüsseln*, um zu *öffnen* und wieder zu *versperren*.

Zwei Teilräume des Rothensteins bedürfen besonderer Hervorhebung: der „grüne Saal", farblich also mit der Fichtau korreliert, und das „rothe Gewölbe", farblich mit der Burganlage des Rothensteins korreliert. Angemerkt sei im übrigen, daß, bei aller scheinbaren deskriptiven Genauigkeit des Textes, die Topographie der Burganlage, wie mir scheint, kaum rekonstruierbar ist: Es geht um die *Simulation einer Deskription*, nicht um diese selbst.[35]

Im „grünen Saal" hängen vollständig die *Bilder* aller Scharnasts seit dem Stifter, der Männer wie der Frauen, der Erben wie der Nicht-Erben. Der „grüne Saal" ist also der Raum der *ikonischen Tradierung der Gesamtfamilie*, der ihre *biologische, zweigeschlechtliche Fortpflanzung* repräsentiert.

Das „rothe Gewölbe" hingegen enthält die Lebensbeschreibungen aller und nur der männlichen Erben und ist somit der Raum der *textuellen Tradierung*, der die *ideologische eingeschlechtliche Fortpflanzung* der männlichen Erben dokumentiert.[36] Dieser Raum, beschrieben erst, wenn Heinrich ihn betreten

---

[32] Ebd.
[33] Ebd., S. 364.
[34] Ebd., S. 366.
[35] Aus Umfangsgründen gehe ich nicht auf die komplexe Semantisierung der Farblexeme – über 200 Belege! – ein. Vgl. dazu etwa: Erika Tunner: Farb-, Klang- und Raumsymbolik in Stifters ‚Die Narrenburg'. In: Recherches Germaniques 7 (1977), S. 113–127; Erich Burgstaller (o. Anm. 2), S. 89–108, bes. S. 93.
[36] Zu solchen merkwürdigen Praktiken metaphorischer eingeschlechtlicher männlicher Fortpflanzung in der Literatur seit der Goethezeit vgl. Volker Hoffmann: Künstliche Zeugung und Zeugung von Kunst im Erzählwerk Achim von Arnims. In: Aurora 46 (1986), S. 158–167; ders.: Künstlerselbstzeugung durch Metamorphose: Naturpoesie aus den Ruinen der Zivilisation. Zu Adalbert von Chamissos Gedicht ‚Das Schloß Boncourt'. In: Gedichte und Interpretationen. Bd. 4. Hrsg. von Günter Häntzschel. Stuttgart 1983 (RUB 7893), S. 60–68.

hat, ist eine *künstliche Höhle*, in den roten Felsen gehauen. Nach einem ersten
– selbstverständlich aufzuschließenden – Tore führt ein Gang „von blutig-rothem Marmor"[37] zu einem zweiten – wiederum versperrten – Tore, hinter dem
eine sechseckige Halle liegt, in deren Marmorwand die *Schließfächer* eingelassen sind, die die Autobiographien enthalten, die man in dieser Halle zu lesen hat. Die Topographie des Raumes verrät schon, daß er ein später Nachfahre jener unzähligen, natürlichen oder künstlichen *Höhlenräume der Goethezeit-Literatur* ist, die nichts anderes als Abbildungen weiblicher Sexualorgane
darstellen, besonders schön deutlich vielleicht in den Träumen von Vater und
Sohn in Novalis' ‚Heinrich von Ofterdingen'.[38] In diesen symbolischen Uterus dürfen, über die Vagina des Ganges, nur die Männer der Hauptlinie eindringen, wozu es regen Schlüsselgebrauches bedarf; auch *Schlüssel* sind nun
aber seit der Goethezeit nicht nur unschuldige reale Objekte, sondern können
als Zeichen sowohl der Erkenntnis als der Sexualität, beide in der Goethezeit
ohnedies vielfältig korreliert, fungieren, wofür als prominentes Beispiel Kästchen und Schlüssel in ‚Wilhelm Meisters Wanderjahren' stehen mögen;[39] angemerkt sei auch, daß die indische Gattin des Jodokus, Chelion, einen griechischen Namen trägt, der auch „Kästchen" bedeutet ...

Einmal aufmerksam geworden,[40] bemerkt man in dieser Schloßbeschreibung Verdächtiges zuhauf, beginnend schon mit der Rekurrenz des Wortes
„Geschlecht": Ein ganzes „Geschlecht"[41] hat hier gebaut, und zwar die „Stadt
des alten Geschlechtes";[42] auch meint Heinrich, er habe „das todte Geschlecht
meiner Väter gefunden";[43] „ein Geschlecht zerstreuten Mauerwerkes"[44] kann
man wahrnehmen; und, nun kaum mehr überhörbar, heißt es über den Bau des
Jodokus: „Er sah aus dem *Schooße* dichten Gebüsches herüber: ein edles *Geschlecht* weißer schlanker *Säulen*."[45] Genau dieser Teilraum ist als „Parthenon", d.h. als Jungfrauenort benannt – von der „Keuschheit des Marmors"[46]

---

37 WuB. Bd. 1.4, S. 409.
38 Vgl. dazu Michael Titzmann: Bemerkungen zu Wissen und Sprache in der Goethezeit (1770–1830). Mit dem Beispiel der optischen Kodierung von Erkenntnisprozessen. In: Bewegung und Stillstand in Metaphern und Mythen. Hrsg. von Jürgen Link und Wulf Wülfing. Stuttgart 1984, S. 100–120, hier S. 115f.
39 Ebd., S. 114.
40 Wofür ich, für mein Teil, Arno Schmidt (o. Anm. 6) zu danken habe, der, ohne daß seine methodischen Prämissen literaturwissenschaftlich akzeptabel wären, gleichwohl bedeutende interpretatorische Bemerkungen zu Stifter gemacht hat; hübsch und zutreffend scheint auch seine Anmerkung über „Landschaftsdichtung" (S. 247). – Vgl. auch den Beitrag von Marianne Wünsch in diesem Bande.
41 WuB. Bd. 1.4, S. 366.
42 Ebd., S. 364.
43 Ebd., S. 400.
44 Ebd., S. 365.
45 Ebd., S. 367. Hier und künftig stammen Hervorhebungen in Zitaten, wenn nicht anders angemerkt, von mir.
46 WuB. Bd. 1.4, S. 396.

ist die Rede –, und er wird sich als Raum der Ehe von Jodokus und Chelion wie auch des Ehebruchs von Sixtus und Chelion herausstellen. Den vom Text eröffneten *sexuellen Konnotationsmöglichkeiten* fügen sich weitere Schloßobjekte problemlos ein. Nahe zwei schwarzen Sphingen mit „Busen"[47] haben wir nicht nur das „Becken" des ausgetrockneten Springbrunnens – „aber aus dem aufwärtszeigenden Stifte sprang kein Wasser mehr"[48] –, sondern auch einen Obelisken – „jedoch seine Spitze lag ihm zu Füßen"[49] – Objekte also, die Heinrichs Rede vom „toten Geschlecht der Väter" auch den Beiklang erloschener Zeugungsfähigkeit geben. Hervorgehoben sei noch das phallische Monument des Prokopus-Turms. Um *„Geschlecht" im doppelten Wortsinn* geht es in dieser Ortsbeschreibung: um die biologische Sukzession der Generationen der Familie und um Sexualität.

Sowohl aus dem simultanen Nebeneinander der sukzessiven Schloßbauten wie aus der Bildersammlung des „grünen Saals" und der Textsammlung des „rothen Gewölbes" folgt nun offenkundig, daß die Burganlage auch ein *Ort der Bewahrung von Geschichte* ist: der *Transformation von Diachronie in Synchronie*. Das zeitliche Nacheinander wird in räumliches Nebeneinander überführt. *Temporale Sukzession* wird in *temporale Simultanität* transformiert. Der Burgraum vollzieht eine *Totalisierung*: Er ist Dokumentation der ganzen Geschichte, er umfaßt sowohl männliche als auch weibliche Sexualabbildungen; im „grünen Saal" ist die natürliche Fortpflanzung dokumentiert wie im „rothen Gewölbe" die kulturelle, jene durch Bilder, diese durch Texte, und diesen Formen zeichenhafter Spuren des Vergangenen wird noch die orale Tradierung des schon fast zeitlos alten Kastellans hinzugefügt.[50] In seiner Verfallsphase tendiert dieser Raum zudem zur Neutralisierung der Opposition von *Natur* und *Kultur*, die erst Heinrichs Restauration wieder scheiden wird. Die realistische Unwahrscheinlichkeit dieser Lokalität wird hervorgehoben, wenn Heinrich zumute ist, „wie in einem uralten Märchen",[51] als sei er beim Übergang aus der Fichtau in den Rothenstein in eine andere Welt übergegangen. Er spricht auch von der „schönste[n] Landschaftsdichtung".[52] In seiner Verfallsphase ist dieser Raum ein Raum, wie wir ihn etwa aus den Texten Eichendorffs kennen, ein Raum der *Romantik* also, den Heinrichs *biedermeierliche Restauration* überwinden wird.

In der Abfolge der Generationen, die durch die Ahnenbilder repräsentiert werden, setzt nach einer Reihe bedeutender Köpfe, bis inklusive Julianus und Julius, d.h. bis inklusive des *Barock*, ein Verfall ein, der die somit negativ ge-

---

[47] Ebd., S. 365.
[48] Ebd.
[49] Ebd.
[50] In N_1 werden Robert als „Nutzen", Heinrich als „Dichtung" und Ruprecht als „die Sage" semantisiert (WuB. Bd. 1.1, S. 351).
[51] WuB. Bd. 1.4, S. 368.
[52] Ebd.

wertete Phase der *Aufklärung* zeitlich umfaßt und erst mit Jodokus endet. Jodokus aber kann auf den Anfang der *Goethezeit*, vom *Sturm und Drang* bis allenfalls zur *Klassik*, datiert werden. Während alle anderen die je zeitgenössische Bekleidung tragen, gilt von ihm, daß er „in ganz fremder Kleidung da saß, die gar keinem Jahrhunderte der Geschichte angehörte [...]. Ein Kopf voll Schönheit und Bedeutung sah ernst, und doch sanft schwärmend daraus nieder".[53] In seiner Gestalt und zu seiner Zeit wird also die *historische Bindung des Subjektes* zugunsten eines *außerzeitlichen Menschseins* überwunden. Seiner zeitlichen Zuordnung gemäß ist er denn auch der Schöpfer des *klassischen, an der Antike orientierten Baus* des Parthenon. In seiner Autobiographie wird er eindeutig mit typischen Merkmalen der Goethezeit ausgestattet. Der Tradierung der Ahnen im „rothen Gewölbe" setzt er entgegen: „Jedes Leben ist ein neues": „denn jeder wirkt sich das Wunder seines Lebens aufs Neue".[54]

Wo der Fideikommiß im Grunde von einer *Kontinuität und Invarianz des Menschlichen in der Geschichte* ausgeht, setzt Jodokus ihm die Postulate der *Individualität* und der *Originalität*, damit der *Diskontinuität*, entgegen. Die Tradition behindert die *innovative Selbstverwirklichung des Subjektes*, für die er plädiert: das „*Ich* [...], das süße schöne Wunder", wünscht er sich „nicht getrübt von dem nachziehenden Afterleben eines Gestorbenen"; denn die Pergamente „des rothen Felsensaales" seien „Schläfer, von ihrem Ahnherrn verurtheilt, daß sie nicht sterben können".[55]

Dieser Negativwertung des Pseudo-Lebens im Manuskript wird sich Heinrich im übrigen anschließen, der ebenfalls von „Gespenster[n]"[56] sprechen wird. Solche metaphorische Lebensverlängerung durch Texttradierung erscheint also als *widernatürlicher* Eingriff in die *natürliche* Zeitordnung: als illegitimer Übergriff in fremdes Leben. Die Korrelation des Stifters von Schreiben bzw. Lesen der autobiographischen Texte mit „Leben" transformiert sich im bedrohlichen, vampirischen Spuk der Toten: „In den Pergamentrollen hatte ich gelernt, wie Alles nichtig und eitel sei, worauf Menschen ihr Glück setzen; denn es war Thorheit, was alle meine Vorfahren thaten. Ich wollte Neues thun."[57] Jodokus substituiert Tradition durch Innovation. *Rousseauistisch* enttäuscht von der Zivilisation in allen Formen: Krieg, Kunst, Wissenschaft, Liebe, Freundschaft, *faustisch-prometheisch* nach Totalität und Grenzüberschreitung strebend – „Ich habe die Erde und die Sterne verlangt, die Liebe aller Menschen, auch der vergangenen, und der künftigen, die Liebe Gottes, und aller Engel"[58] –, versucht er einen „retour à la nature": „Da fiel mir

---

[53] Ebd., S. 386.
[54] Ebd., S. 410.
[55] Alle Zitate ebd., S. 411; Hervorhebung im ersten Zitat im Text.
[56] Ebd., S. 427.
[57] Ebd., S. 412.
[58] Ebd., S. 410.

ein, [...] ich wolle nach dem Himalaia gehen. Ich wollte die riesenhaften und unschuldigen Pflanzen Gottes sehen [...]."⁵⁹ Aber auch Indien ist nicht der Ort eines Naturlebens, sondern zivilisatorisch degeneriert: „dort sah ich das Bramanenleben, ein anderes, als unseres, d.h. anders thöricht [...]."⁶⁰

Warum sich nun Jodokus ausgerechnet nach Nordindien begibt, läßt sich begründen. In N_1 war der Ort noch eindeutiger, nämlich als Kaschmir, identifiziert. Und dieser Ort ist kulturell semantisiert, denn die „morgenländischen Schriftsteller" nannten es „das Paradies von Indien und den Garten des ewigen Frühlings".⁶¹ Und in den exegetischen Versuchen, das anfängliche irdische Paradies der Bibel zu lokalisieren, „verlegt man das Paradies entweder in die Hochebene von Armenien oder nach Nordindien."⁶² Der Kastellan spricht denn auch die tote Chelion als „du schöne Sünde, [...] du Apfel des Paradieses" an.⁶³ Und wenn Eugenie Marlitt in ihrem Roman ‚Die zweite Frau' (1874) Stifters Erzählung von Jodokus, Chelion und Sixtus dahingehend variiert, daß sich ein Adliger eine indische Geliebte mitbringt, die sein Bruder vergeblich begehrt und fast erwürgt, heißt es im Text: „Das Tal von Kaschmir – das Paradies, das die erste atmende Menschheit nicht verstanden und für uns alle verwirkt haben soll [...]. Die meisten suchen es und gehen, vom alten Fluch geblendet, blöde vorüber [...]."⁶⁴ Die Marlitt hat im übrigen auch noch eine zweite, weiter transformierte Abart dieses Modells geschaffen: In ‚Goldelse' (1867) hat, wiederum in einer Vergangenheit, der Schloßherr sich eine Zigeunerin mitgebracht und in seinem Schlosse eingeschlossen, bis sie gestorben ist.

Das *irdische Paradies* des Jodokus erfüllt zwar die Bedingung der Naturhaftigkeit und der Aufhebung von Arbeit, ist aber merkwürdig heruntergekommen: Chelions Vater ist in Blödsinn verfallen, Chelion selbst eine Paria, eine sozial Ausgestoßene, unberührbar und befleckend. Das „Paradies" ist somit weder möglicher noch wünschenswerter Zustand für den europäischen Menschen.

Diese Chelion importiert Jodokus nun aus einem *paradiesischen Naturraum* in den *zivilisierten Kulturraum*. Und bei Stifter wie bei der Marlitt versucht der Protagonist, der Inderin eine künstliche Reproduktion ihrer Heimat – ein *künstliches Paradies* also – auf seinem Besitztum zu bieten: Jodokus schafft indische Pflanzen und Tiere herbei. Aber dieser gut *aufklärerische* Glaube an die Machbarkeit wird falsifiziert – das künstliche Paradies kann

---

59 Ebd., S. 413.
60 Ebd.
61 Allgemeine deutsche Real-Encyklopädie für die gebildeten Stände. (Conversations=Lexikon.) In zwölf Bänden. 8. Aufl. Bd. 6. Leipzig 1835, S. 123.
62 Meyers Konversations=Lexikon. 3. Aufl. Leipzig 1877. Bd. 12, S. 572.
63 WuB. Bd. 1.4, S. 390.
64 Eugenie Marlitt: Gesammelte Romane und Novellen. 10 Bde. Stuttgart/Berlin/Leipzig 1885–1890. Bd. 7, S. 75.

das natürliche nicht wirklich ablösen: „aber ach, den dunkelblauen Himmel und die weißen Häupter des Himalaia konnte ich nicht kommen lassen, und der Glanz meiner Wohnung war nicht der Glanz ihrer indischen Sonne".[65] Jodokus jedenfalls ist *Repräsentant der Werte der frühen Goethezeit*, die der Text anhand seiner mit großer Sympathie behandelt; aber sein *Scheitern als Individuum* repräsentiert auch das *Scheitern der Epoche*, aus dem ihre Transformation hervorgeht. Die Wert- und Zielvorstellungen des Individuums wie der Epoche werden *positiv bewertet*, aber *als unrealisierbar gesetzt*.

Bevor wir uns nun der Katastrophengeschichte der Binnenerzählung zuwenden, bedarf es noch einiger Bemerkungen zum sozialen und ideologischen System der dargestellten Welt.

Informationen über die sozialen Strukturen erhalten wir vor allem in der Rahmenerzählung. Der dargestellte, marginale Grenzraum wird besiedelt vom Adel (den Scharnasts) und der Landbevölkerung, d.h. jenen Schichten, die Riehl als „*Mächte des Beharrens*" den „*Mächten der Bewegung*", dem Bürgertum und dem Proletariat, konfrontieren wird.[66] Diese weitestgehende Aussparung des Bürgertums und der Stadt ist einer Aussparung der Träger von Innovation und Wandel äquivalent, denen der statisch-achronische Grenzraum konfrontiert wird. Dem entspricht die Ereignislosigkeit in diesem Raum. Der eine Bürger, Robert, fungiert nur als Helfer des Helden und als Repräsentant der staatlich-juristischen Ordnung, der andere Bürger, Heinrich, erweist sich nicht nur als legitimer Erbe des Adels, sondern wechselt auch in diese Schicht über, womit zugleich das Geschlecht der Scharnasts ebenso wie ihre Burgen restauriert wird. In dieser Welt gibt es zwar extreme soziale Unterschiede zwischen dem sehr reichen Adel und der armen Landbevölkerung, die aber nirgends als Problem thematisiert werden, wie denn überhaupt soziale Konflikte gänzlich ausgespart bleiben. Die *als invariant gedachte soziale Ordnung* wird als selbstverständlich und natürlich hingenommen und von Jodokus legitimiert, wenn er später in ein Häuschen zieht, „weil es lieblich ist, daß ein Mensch nicht mehr brauche, als was *einem* Noth thut. – In den Büschen neben mir sind die Vögel, die es auch so halten, und weiterhin die Strohdächer, die es so halten müssen, es aber thöricht für ein Unglück wähnen [...]."[67] Wenn Heinrich das Erbe antritt, wird die extreme soziale Differenz in dieser Welt metaphorisch und postulativ überspielt: „Der neue Graf hatte keine große Familie, und keine hohen Verbindungen. Seine Gäste waren daher alle Fichtauer. Sie waren seine Unterthanen, also seine Verwandten."[68] Dem *sozialen und ideologischen Wandel außerhalb des Grenzraums* wird also die *als legitim gesetzte, restaurative Sozialordnung* konfrontiert: Das *Bewußtsein ihrer Nicht-*

---

[65] WuB. Bd. 1.4, S. 415.
[66] Wilhelm Heinrich Riehl: Die bürgerliche Gesellschaft. Stuttgart 1851 (zit. Ausg.: Stuttgart 1861).
[67] WuB. Bd. 1.4, S. 426; Hervorhebung im Text.
[68] Ebd., S. 432.

Selbstverständlichkeit und Gefährdetheit manifestiert sich freilich in ihrer Situierung im marginalen Grenzraum.

Von derselben extremen Konservativität sind nun aber auch – in Opposition sogar zu anderen Stifter-Texten, etwa den ‚Feldblumen' – *Frauenrolle* und *Liebeskonzeption*. Die *Frau* wird der *Natur* zugeordnet: Vom „naturrohe[n] Herz[en]"[69] bzw. vom „naturgetreue[n] Herz[en]"[70] ist die Rede; Heinrich tituliert Anna als „Du liebe Blüthe", „seltene Blume der Erde", „Alpenblume",[71] Jodokus Chelion als „Blumenblatt",[72] freilich auch als „Taube" und als „arme[s] Thier";[73] ihnen wird damit ein *Maximum an Passivität* und an *Unaggressivität*, bis hin zur *Opferrolle*, zugeschrieben. Heinrich widerspricht denn auch Annas Selbsteinschätzung: „‚Draußen in den Städten werden viele herrliche Jungfrauen sein, gegen die ich nur arm bin, wie ein Grashalm [...].' | ‚Du ahnest nicht,' entgegnete er eifrig – ‚du Alpenblume, – o wenn du nur wüßtest, wie hoch du über ihnen stehst, – aber wenn du es wüßtest, so ständest du ja schon nicht mehr so hoch [...]."[74] Konstruiert wird also eine *nur mehr im marginalen Raum mögliche Naivität und Nicht-Bewußtheit* der Frau von wahrhaft exzessivem Ausmaße, begleitet von *strikter Normverinnerlichung* („du unschuldsvoller Engel"[75]), gewertet als „holde, liebe Dichtung".[76] Wenn abweichende, weil minoritäre *Realität* hier der positiv gewerteten *Fiktion* von „Dichtung" äquivalent gesetzt wird, dann folgt daraus im übrigen, daß (positive) „Dichtung" jene ist, die einer *faktisch defizitären Realität* die *normativ wünschenswerte, ideale „Realität"* konfrontiert. Deshalb kann in N$_1$ Heinrich auch mit „Dichtung" korreliert werden.[77] Bei der Eheschließung weiß sich der Text über „Scham" und Erröten Annas vor Begeisterung nicht zu lassen, und die soziale Umwelt lobt sie denn gar als die „demüthigste Braut, die ich je gesehen".[78] Der Mann, der sich diesen Frauen zuwendet, ist freilich nichts weniger als naiv, und Jodokus ist es noch weniger als Heinrich: *Ungleichrangigkeit, nicht Partnerschaft*, wird offenbar gesucht; deren sozialer Ausdruck ist wiederum die gemäßigte (Heinrich-Anna) bzw. die extreme (Jodokus-Chelion) *Mesalliance*. Die Frau gerät zum *personifizierten Tugendkatalog*, und das bedeutet zugleich eine *Entindividualisierung der Frau*. Zwischen dem Mann und der Frau des jeweiligen Paares besteht dabei in unterschiedlichem Ausmaß *Differenz* und *Fremdheit*:

---

[69] Ebd., S. 348.
[70] Ebd., S. 351.
[71] Alle Zitate ebd., S. 343.
[72] Ebd., S. 414.
[73] Beide Zitate ebd., S. 425.
[74] Ebd., S. 343. Die Stelle gehört natürlich in den Kontext von Schillers Erörterungen über das „Naive" und das „Sentimentalische". In N wären demnach die Männer zwar „sentimentalisch", die Frauen aber, entgegen Schillers Geschichtsphilosophie, „naiv".
[75] WuB. Bd. 1.4, S. 346.
[76] Ebd.
[77] Vgl. o. Anm. 50.
[78] Ebd., S. 431.

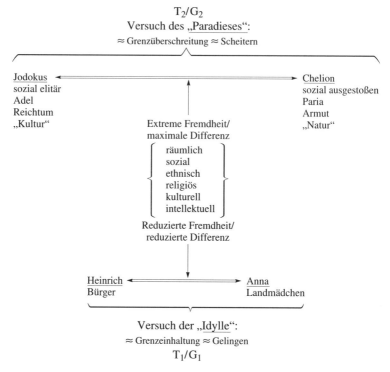

Schema 3

Wer das „*Paradies*" will, wer eine sozial inakzeptable Partnerwahl vornimmt, wer maximale Fremdheit und Differenz zu integrieren sucht, der scheitert tragisch. Wer sich mit der „*Idylle*" bescheidet, wer eine sozial noch akzeptable Partnerwahl vornimmt, wer nur reduzierte Fremdheit und Differenz anstrebt, dem kann es gelingen. Um *Grenzen* geht es, die Jodokus überschreitet, Heinrich aber respektiert. Während Jodokus Fremdheit und Differenz bei Chelion beläßt, reduziert sie Heinrich bei Anna: „sie wird in Heinrichs *Schule* fast ein halbes Wunderwerk".[79]

Das Manuskript des Jodokus setzt mit einer Reflexion über den Status des Individuums und die Problematik der Verpflichtung zur Lektüre der Ahnenmanuskripte ein; und es wird präsupponiert, daß dem der Bericht über Kindheit und Jugend vorangegangen und dieser bisher „so heiter und so freundlich"[80] gewesen sei. Aus den Schriften der Ahnen sei nichts zu lernen, meint Jodokus, da jedes Individuum einen Neuanfang darstelle. Die Betonung

---

[79] Ebd., S. 435.
[80] Ebd., S. 411.

der Individualität führt zur *unbeantworteten Sinnfrage* gegenüber einem Weltprozeß, der über die Individuen hinweggeht: „ich war der Schlußstein des millionenjährig bisher Geschehenen, und der Mittelpunkt des All, wie es auch du einst sein wirst; – – aber da rollt Alles fort – wohin? das wissen wir nicht. Millionenmal Millionen haben mitgearbeitet, daß es rolle, aber sie wurden weggelöscht und ausgetilgt, und neue Millionen werden mitarbeiten, und ausgelöscht werden."[81] Und auch in dieser *Frage nach der Théodicée* bestätigt sich, daß Jodokus ein Goethezeitler ist.

Die Reflexion selbst erscheint als *Aufschiebung und Verzögerung* der folgenden Katastrophenerzählung, wie die vorangestellte Gegenwartsgeschichte G_1 als Aufschiebung und Verzögerung der eingebetteten Vergangenheitsgeschichte G_2 erscheint: „denn ich gehe dem Engel meiner schwersten That entgegen, und aus den Pergamenten des rothen Felsensaales kam dieser Engel zu mir".[82] Von ihm wird andererseits aber ausgesagt: „Das Land Indien war es, wo mir der Engel meiner schwersten That erschien".[83] Es muß Chelion gemeint sein. Daß Jodokus also nach Indien gelangt und Chelion begegnet, wird kausal mit der Lektüre der Ahnen-Manuskripte korreliert.

Die nun erzählte Geschichte ist sehr einfach. Jodokus bietet Chelion die Ehe an: „Und hier war es, wo ich zum ersten Male gegen sie schlecht war."[84] Denn ihr Glück im einfachen Leben des Quasi-Paradieses kollidiert mit seinen europäischen Glücksvorstellungen. Beide beziehen den Parthenon, und Jodokus schafft für sie das künstliche Paradies, das doch keine adäquate Substitution darstellen kann. Nicht sie weiß, aber er, daß sie an Heimweh leidet; und er als der stärkere hätte mit ihr nach Indien zurückkehren sollen: „oft sagte mir eine *Stimme* ganz deutlich in das Ohr: ‚Gehe wieder mit ihr nach Indien, sie stirbt vor Heimweh;' [...]. Ich hörte die Stimme nicht, bis es zu spät war, und eine That geschah, die Alles, Alles endete."[85] Und nun weist der Text eine erste Merkwürdigkeit auf: „Ich hatte einen Bruder, Sixtus mit Namen [...], und ich liebte ihn, wie ein *Theil meines eigenen Herzens*."[86] Die Formulierung präsupponiert, daß von diesem doch geliebten Bruder in der ihrerseits präsupponierten Lebensgeschichte vor dem Indienbesuch noch nie die Rede gewesen sein kann! Der Bruder besucht die beiden, und es kam „in sein armes Herz das Fieber der Leidenschaft gleichsam wie geflogen".[87] Jodokus verläßt sich auf die Moralität des Sixtus – „ich kannte ihn als gut"[88] – und animiert Chelion, ihm „gut" zu sein, „wie man einen *Bruder* liebt".[89]

---
[81] Ebd., S. 410f.
[82] WuB. Bd. 1.4, S. 411.
[83] Ebd., S. 412.
[84] Ebd., S. 414.
[85] Ebd., S. 415f.
[86] Ebd., S. 416.
[87] Ebd.
[88] Ebd.
[89] Ebd.

Gleichwohl hat Jodokus Angstphantasien. Kurz vor der geplanten Abreise des Bruders kehrt Jodokus in einer Gewitternacht zur Burg zurück, wobei ihn alptraumhafte Ängste plagen. Wiederum wird fleißig auf- und zugeschlossen; Bertha, die Braut Ruprechts, gesteht in der Überraschung durch Jodokus, Sixtus sei bei Chelion; Jodokus bewaffnet sich mit Gift, findet das Zimmer der schlafenden Chelion zum Garten offen, weckt sie, fragt nach ihrer Schuld; der Ehebruch scheint quasi zufällig passiert; Jodokus verzichtet auf seine Mordpläne, die sie ihm angesehen hat, und schwört sich, „ihr die Qual dieser Nacht durch lebenslange Liebe vergessen zu machen, wenn ja das Schreckniß auszutilgen ist aus dem weißen, unbeschmutzten Blatte ihres Herzens. – – | Aber es war nicht mehr auszutilgen."[90] Der *inzestuöse Ehebruch* macht Chelion nicht schuldig und ist *problemlos verzeihbar*. Mehr noch: der gewußte Ehebruch stellt *keinerlei emotionale Belastung* für Jodokus dar. Man vergleiche ‚Das alte Siegel' oder ‚Brigitta', wo zwar letztlich Ehebrüche verziehen werden, aber solche, wo erstens der männliche Protagonist nicht das Opfer – der „Betrogene" – war, und wo zweitens eine Phase jahrelanger emotionaler Entfremdung vorausgeht. Hier hingegen scheint der Ehebruch für den „betrogenen" Mann emotional völlig folgenlos, nachdem er am selben Tag noch seine ersten Rachegelüste abgelegt hat. *Nicht verzeihbar* und nicht wieder gutzumachen ist hingegen der Mordgedanke des Jodokus: „Wer einmal den Arm erhob zum Todtschlage eines seiner Mitgeschöpfe, wenn er ihn auch wieder zurückzog, dem kann man nicht mehr trauen".[91]

Über Jahre hinweg opfert sich das Paar einander auf, aber das *Vertrauen* ist nicht wieder herstellbar. *Vertrauen* basiert also offenbar auf der verläßlichen Einhaltung des Normensystems. Der geflohene Sixtus hört in der Ferne schließlich von Chelions Tod und erschießt sich; Jodokus tilgt sein künstliches Paradies, brennt den Parthenon nieder und zieht bis zu seinem Tode in ein kleines Häuschen: Er verläßt also die „Stadt des [...] Geschlechtes" mit allen Implikationen. Erst nach Chelions Tod wird – erneut eine Merkwürdigkeit – ihr und Jodokus' Sohn Christoph erwähnt, der zu Lebzeiten des Vaters aus der Fremde nicht heimgekehrt sei.

Abgesehen vom Umgang des Textes mit Sixtus und Christoph, ist nun zunächst absolut verblüffend, daß der inzestuöse Ehebruch in keiner Weise – nicht einmal emotional – sanktioniert wird und daß er zwar Sixtus, nicht aber Chelion übelgenommen wird, während Jodokus' Rachephantasie und Mordwunsch nie mehr gutzumachen ist. Diese gänzliche *Entwertung der Normverletzung von Inzest und Ehebruch*, die von Jodokus in kürzester Zeit vollzogen wird, muß im Rahmen der zeitgenössischen kulturellen Annahmen ungemein schockierend gewesen sein: und diese Provokation war in N_1, durch eine dann

---

[90] Ebd., S. 424.
[91] Ebd.

getilgte theoretische Reflexion des Jodokus, noch gesteigert: „Ich wähnte mich jedes *Vorurtheiles* ledig, und bei einem Haare hätte ich dem härtesten, *eigensüchtigsten Wahne falscher Ehre* ein Wesen geopfert, das in der Hilflosigkeit seiner Menschen*natur* unschuldiger ist, als tausendmal Tausende, die so nicht fehlten, weil sie den Fehler schon vorher im Herzen trugen und ihn kennen [...]."[92] Zumindest in N_1 wäre somit die *radikal-vorkulturelle Naivität und Naturhaftigkeit* äquivalent mit einem Zustand ohne Normenkenntnis, während *Naivität* und *Natürlichkeit* Annas Normenwissen implizieren und schon kulturell sind: nicht der *absolute Naturzustand*, nur eine schon *kulturell restringierte Natürlichkeit* wäre somit in Europa lebbares Ideal.

Daß die traditionelle kulturelle Bewertung des Ehebruchs nur ein Vorurteil sei, könnte vielleicht bei einem der jungdeutschen Zeitgenossen unseres Autors als Herausforderung stehen: bei Stifter hingegen wird es wohl erstaunen dürfen.

Bei näherer Besichtigung häufen sich aber die Merkwürdigkeiten noch mehr. Zweimal in kurzem Abstand versichert Jodokus vorher: „Ich mißtraute nicht"; „und dennoch schwirrte es oft mit dunkeln Fittigen um mein Haupt, als laure irgendwo ein Ungeheuer, welches zum Entsetzen hereinbrechen würde."[93] Wenn er aber keinen Ehebruch befürchtet, was dann? Äußerst eindrucksvoll ist die Darstellung seines Heimritts in der Gewitternacht geraten – ein Alptraum bei wachem Bewußtsein: „Mir war, wenn ich nur einmal dort wäre, dann wäre Alles gut, – aber je mehr ich ritt, desto mehr war es, als würde der ganze Berg von den Wolken eingetrunken, und ich konnte ihn nicht erreichen, ach, ich konnte ihn nicht erreichen!"[94] – abermals das zweimalige sprachliche Insistieren. Wenn im Falle seiner Ankunft „Alles gut" wäre, gibt es also die unausgesprochene Befürchtung, daß in Jodokus' Absenz etwas Nicht-Gutes geschähe. Wiederum wird zweimal insistiert: „Nicht Eifersucht war es, die mich trieb – nein, nicht Eifersucht – – aber es war mir immer, Chelion würde in dieser Nacht ermordet, wenn ich nicht zeitig genug käme".[95] Wer aber außer ihm sollte Chelion ermorden, oder warum sollte er es, wenn er keine eifersüchtigen Befürchtungen hat? Da er schließlich im Schloß angekommen ist, springt ein „Wesen" an ihm vorbei in das Dunkel, und es steht „in tiefer Nacht vor dem Thore des Parthenon" Bertha, „und da sie meiner ansichtig wurde, stieß sie im Todesschreck heraus, was sie wahrscheinlich um den Preis ihres Lebens gerne verschwiegen hätte: ‚Graf Sixtus ist bei eurem Weibe.'"[96]

---

[92] WuB. Bd. 1.1, S. 397.
[93] WuB. Bd. 1.4, S. 416.
[94] Ebd., S. 417.
[95] Ebd.
[96] Ebd., S. 418.

Die Logik ist mehr als sonderbar: Wenn Bertha bereit ist, für ihr Schweigen den Tod auf sich zu nehmen: wieso spricht sie dann im Todesschreck? Unser Held klassifiziert Bertha als „Gespenst" und „Satan" und negiert ihre Behauptung: „Es ist nicht wahr, Satan".[97] Bertha repräsentiert also eine Art Teufel, der in das künstliche Paradies eingebrochen ist. Danach geht Jodokus zunächst in sein Zimmer und holt Gift, das aus dem „Blute der Thiere" hergestellt ist: „nur ein Zehntheil eines Tropfens auf die Zunge eines lebenden Wesens gebracht, ja nur sanft damit die Lippen befeuchtet, macht, daß augenblicklicher, süßer, seliger Tod die Sinne umnebelt, und das Wesen rettungslos verloren ist. Wir hatten es einmal an einem *Kaninchen* versucht – ich erinnerte mich, wie es damals, als sein Zünglein damit befeuchtet ward, das Haupt mit allen Zeichen des Wohlbehagens seitwärts lehnte und verschied."[98]

Dieser Tod ist also nicht nur schmerzlos – das wäre noch motiviert. Er bringt sogar Lust – und das ist nicht motiviert. Und warum wird uns mitgeteilt, das Gift sei an einem *Kaninchen* probiert worden? Weil dieses Tier seit alters für Sexualität und Fruchtbarkeit steht? Und warum die Betonung von „Zunge" und „Lippen"? Unser Held betritt Chelions Zimmer und sieht die offene Gartentür: „Also so unerfahren seid ihr Beide im Verbrechen, daß euch nicht beikam, selbst die geringste *Spur* desselben zu *vertilgen*?!"[99] Jodokus sieht seine Frau an: „Der Mund war leicht geschlossen – ich sah lange die rosenfarbenen Lippen an, und dachte sie mir bereits feucht – – – also darum hast du das unwissende Geschöpf nach Europa gebracht, darum mußtest du so nach Hause eilen, daß du selber – – – ich erschrak bei dem Gedanken, als hätte ihn ein *Fremder* gesagt; in der That sah ich auch um, aber es war nichts da, als die gezogenen Schatten [...]."[100]

Daß die Mordphantasie sich ausgerechnet in der Vorstellung *feuchter Lippen* manifestiert, dem, was dem lustvollen Tode vorausgehen würde, ist wiederum sonderbar; *feuchte Lippen* gelten kulturell ihrerseits als Zeichen erotischer Bereitschaft. Der Gedanke des Jodokus, bei dem er erschrickt, wird so mitgeteilt, daß ausgerechnet das Verb Nullposition bleibt: „daß du selber – – –": was? Und was immer das sein mag, was zu tun er erwägt, es erscheint geradezu als langfristiges Ziel seines Handelns: zu diesem Zwecke hätte er Chelion importiert – um sie zu töten? Das Unausgesprochene wird einem „Fremde[n]" zugeschrieben, wie schon früher eine „Stimme" zu ihm sprach, auf die er nicht hörte. Da es sich beide Male um ihn selbst handeln muß, ist die *Stimme*, das *Fremde*, also ein *Psychisches in ihm selbst*, das er nicht als Teil seiner selbst akzeptiert und daher *nach außen projiziert*. Die erwachte Chelion, die ihm die Mordlust sofort ansieht, befragt er auf ihre Unschuld: „ich bin nicht

---

[97] Ebd.
[98] Ebd., S. 419.
[99] Ebd., S. 420.
[100] Ebd.

unschuldig, [...] wie du es meinst, bin ich nicht unschuldig – – aber ich liebe doch nur dich, nur dich allein – – – ach, ihr Götter in den Wolken meines Landes, ich liebe ja nur ihn allein!"[101] Es gibt also zwei Formen der „Unschuld": die von Jodokus gemeinte erfüllt Chelion nicht, wohl aber eine andere, die man haben kann, auch wenn man den Ehebruch beging: welche? Nur den Jodokus liebe Chelion: „nur ihn allein" – Jodokus oder Sixtus? Chelion erzählt, Sixtus sei gekommen, sich zu verabschieden, da er beide nie mehr sehen werde, „und er liebe uns Beide doch so unaussprechlich".[102] Aus Mitleid liebt sie ihn: „denn er ist ja dein armer *vertriebener* Bruder".[103] Die Behauptung ist offenkundig unrichtig, ja unsinnig. Sixtus ist zwar nicht der Erbe, aber Jodokus hat ihn eben nicht vertrieben, wie einst Julianus Julius vertrieben hat. Wie der Erbe Julianus den Nicht-Erben Julius um Geld betrogen hat, so betrügt jetzt der Nicht-Erbe Sixtus den Erben Jodokus erotisch. Sixtus kommt Chelion wie ein mutterloses Kind vor, man küßt sich, alles ist so süß, und dann: „mir war, als seiest du's – –".[104] Wir sollen also glauben, in der Hitze des Gefechtes habe sie ein wenig die Männer verwechselt. Schuldgefühle hat sie erst im anschließenden Traum: „und wie ich schlief, träumte ich, du ständest vor mir, und es sei schwere Sünde, was ich gethan – – und es ist auch Sünde; denn siehe, dein Auge, dein gutes Auge ist so krank, es ist so krank".[105] – wieder einmal die insistierende Verdoppelung. Nur im Traum, das heißt außerhalb ihres Bewußtseins, kommt ihr eine Ahnung, der Sexualakt mit Sixtus sei eine Normverletzung gewesen. Daß dem so sei, schließt sie, wieder wach und bewußt, einzig und allein aus der Reaktion des Jodokus – uns wird zugemutet, zu glauben, sie hätte sonst in ihrer „Unschuld" nichts dabei gefunden, wo doch die einschlägige Norm der „Treue" noch dem dümmsten Landmädchen, will sagen: Heinrichs unsäglich naiver Anna, ganz selbstverständlich geläufig ist. Nur sanft getötet zu werden bittet Chelion, die also für die ihr unverständliche Sünde sogar noch die Sanktion akzeptiert: „*Da fiel mir ein, es ist ja süßer, seliger Tod*",[106] nämlich das Gift, das er bei sich trägt. Jodokus wird gerade durch ihre Todesbereitschaft vom Tötungswunsch abgebracht, steigt aus dem „Thale des Parthenon",[107] also dem weiblichen Raume, nach oben und erklimmt den Turm des Prokopus, also ein phallisch semantisiertes Gebäude: „Dort hob ich meinen Arm, als müßte ich Lasten brechen, und schleuderte das Fläschchen in den Abgrund – – es ist dort unsäglich tief, wo die Bergzunge gegen die Fichtau ausläuft – und wie ich nachhorchte, kam

---

[101] Ebd., S. 421.
[102] Ebd.
[103] Ebd.
[104] Ebd., S. 422.
[105] Ebd.
[106] Ebd.
[107] Ebd., S. 423.

ein zarter Klang herauf, da es an den hervorragenden Steinen zerbrach – – und nun erst war mir leichter. Ich blieb noch auf dem Gipfel stehen und athmete [...]. Der harte Himmel lösete sich und floß in weiche Schleier ineinander und einzelne Tropfen schlugen gegen die Baumblätter."[108] Wollte Jodokus nun einfach das Gift tilgen: er könnte die Flasche mit dem Fuß zertreten oder über die Burgmauer werfen. Und wenn er sie vom symbolischen Phallus herabschleudert, gelangt das Gift, wie der Himmel so spielt, tatsächlich auf eine *Zunge*, nicht die der Frau, sondern die des Berges. Und kaum fühlt er sich auf diesem „Gipfel" erleichtert, ergießt sich auch der Himmel: seine „Härte" „lösete" sich. Was hier beschrieben wird, ist – ich meine: nun wirklich unverkennbar – semantisch einem doppelten Orgasmus äquivalent, des Menschen und des Himmels. Dieser Parallelismus seinerseits muß dann aber bedeuten, daß auch vorher die alptraumhafte Gewitternacht nur eine Abbildung von Psychischem war, etwas im Subjekt wird auf etwas außerhalb des Subjektes *verschoben*. Sixtus stellt sich am nächsten Tag als entflohen heraus, und nochmals haben wir eine insistierende Verdoppelung: „mir war es wohl, daß er fort war, mir war es sehr wohl, daß er geflohen."[109]

Wenn dem Leser nun, wie ich hoffe, die Geschichte inzwischen ebenso unheimlich geworden ist wie mir, wird es an der Zeit sein, zum angekündigten Thema zu kommen – und dazu bedarf es zunächst der Einführung des Begriffs „Kryptotext"; zweitens muß gezeigt werden, daß die damit gemeinte Struktur hier vorliegt; drittens muß gefragt werden, was unser Text unter dieser Bedingung bedeutet; und viertens bleibt zu klären, welche Funktion die Wahl dieser Form der Bedeutungsorganisation hat.

Als „Kryptotext" möchte ich nun ein *interpretationstheoretisches Konstrukt* benennen, vor dessen leichtfertiger Anwendung ich allerdings zugleich dringlich warnen muß; soll nicht interpretatorische Willkür legitimiert werden, wird man die Anwendung des Konzepts an strikte Bedingungen binden müssen.

In vorläufiger Annäherung: gemeint ist, daß ein *Text* T_t so konstruiert ist, daß seine Kohärenz vielfältig durch nicht befriedigend interpretierbare und integrierbare Elemente gestört scheint und daß diese Störungen aufgefaßt werden können, als ob (!) sie die nicht getilgten Spuren eines anderen, getilgten, substituierten, verdrängten Textes, des *Kryptotextes* T_k eben, wären, der aufgrund dieser Spuren zumindest partiell rekonstruiert werden kann. Was als Störung der Kohärenz im Text erscheint, ergäbe im Kryptotext eine potentiell kohärente Bedeutung. Der Kryptotext ist natürlich nicht ein realer, dem tatsächlichen Text vorausliegender Text (wenngleich er das im Extremfalle sein kann), sondern eine *Fiktion des Textes* selbst: Der Text ist so strukturiert, *als ob* er einen Kryptotext präsupponiere.

---

[108] Ebd.
[109] Ebd., S. 424.

Ohne Anspruch auf erschöpfende oder systematische Auflistung seien hier einige mögliche *Indikatoren der Präsupposition eines Kryptotextes* aufgezählt: unverstehbare Formulierungen; Formulierungen, die mit der dominanten Bedeutung des Textes inkompatibel sind; Unvereinbarkeiten bzw. Widersprüche zwischen Textdaten; schließlich nicht befriedigend interpretierbare Nullpositionen jeder Art: z.B. fehlende Glieder in Argumentationsketten, Nicht-Motivation motivationsbedürftigen Verhaltens oder kontextuell ersichtlich unzulängliche Motivationen; alle diese Indikatoren bedürften natürlich theoretischer Präzisierung.

Ich mache einen vorläufigen, noch unzulänglichen Definitionsversuch: Ein *Text* präsupponiert einen *Kryptotext*, wenn die folgenden Bedingungen erfüllt sind:

1. Der *gegebene Text* erfüllt die vom jeweiligen, zeitgenössischen *kulturellen Wissen* bedingten Erwartungen an *logisch-semantische Kohärenz* eines Textes *dieses Typs* nicht.

2. *Die mikro-und/oder makrostrukturellen Textdaten*, die eine kohärente Textlektüre verhindern (vgl. die vorläufige und beispielhafte Auflistung oben), finden sich in *quantitativ hinreichender Menge* (um Zufälligkeiten und Fehler auszuschließen), und diese Datenmenge ist mit der *dominanten Textbedeutung*, d.h. mit jeder *Interpretation*, die die kohärenzstörenden Daten ausläßt, *nicht kompatibel*.

3. Es gibt *(mindestens) eine hypothetische Interpretation* (und diese ist der *Kryptotext*),

a) in der die kohärenzstörenden Daten *untereinander kompatibel* sind, d.h. in die sie als bedeutungstragend/funktional integriert werden können, und

b) in die die nicht-störenden Textdaten, auf denen die *dominante Interpretation* basiert, *befriedigend integriert* werden können, wenn ihnen über ihre *primäre* – „wörtliche" – Bedeutung hinaus eine *sekundäre* – nicht-"wörtliche" – *Bedeutung* zugeschrieben wird, und

c) bei der die Bedeutungsmenge (die Menge der *ableitbaren Propositionen*), aus der sie besteht, mit der Bedeutungsmenge der dominanten Interpretation eine nicht-leere gemeinsame Durchschnittsmenge aufweist (d.h.: daß beide Interpretationsebenen T_t und T_k in jedem Falle einen gemeinsamen „Nenner" haben) und untereinander korreliert sind.

Die kursivierten Passagen des Definiens sind die, die weiterer Definition bedürftig wären: Man sieht leicht, daß das theoretische Konstrukt „Kryptotext" eine extrem komplexe Größe darstellt.

Um wenigstens die ärgsten Mißverständnisse zu vermeiden, scheinen mir zwei Abgrenzungen erforderlich. Das Konzept hat nichts zu tun mit *psychoanalytischen Interpretationstechniken* (wenn es möglicherweise auch mit diesen kompatibel ist). Denn der Kryptotext soll einzig und allein aus den Textdaten, gegebenenfalls mit Hilfe kulturellen Wissens, aber ohne Verwendung psychoanalytischer Theoreme erschlossen werden. Und das Konzept hat nichts zu tun mit *dekonstruktivistischen Ansätzen*: Für die Rekonstruktion des Kryptotextes gelten dieselben Regeln intersubjektiver Interpretation, die auch für den sonstigen interpretatorischen Umgang mit dem Texte gelten.[110] Es handelt sich also um ein genuin *literaturwissenschaftliches und semiotisches Konstrukt*.

Daß nun jedenfalls unser Text T_2 die möglichen Indikatoren für einen Kryptotext T_k reichlich aufweist, folgt, denke ich, aus der Auflistung seiner Merkwürdigkeiten deutlich genug, ohne daß ich diese Liste hier nochmals zusammenfassen müßte; auf zusätzliche unterstützende Argumente für die Annahme der Präsupposition eines Kryptotextes komme ich nach dessen Rekonstruktion zu sprechen.

Erst als Chelion „Heimweh" erleidet, d.h. eine nicht kompensierbare *Defizienz* des *künstlichen* Paradieses gegenüber dem *natürlichen* erfährt, wird überhaupt die Existenz des Sixtus eingeführt, der seinerseits aus der dargestellten Welt getilgt wird, sobald Chelion gestorben ist. Nicht nur für Chelion, die Sixtus ja erst kennenlernt, als er zu Besuch kommt, existiert Sixtus aber erst von da an, sondern auch für Jodokus; denn dieser führt ihn sprachlich erstmals bei dieser Gelegenheit ein. Sixtus ist somit korreliert mit dem Auftreten einer Defizienzerfahrung Chelions: Europa gibt ihr etwas nicht, was ihr Indien gegeben hat. Chelions Heimweh nicht befriedigt zu haben, bevor „es zu spät war", rechnet sich Jodokus aber als Schuld an. Somit – denn „zu spät" ist es nach Eintritt der Katastrophe – werden Nicht-Kompensation der Defizienz durch Jodokus und Ehebruch mit Sixtus, samt Folgen, korreliert, was wiederum bedeutet, daß der Ehebruch aus der Defizienz-Erfahrung resultiert, d.h. eine *Kompensation dieser Defizienz* darstellt, auf die Chelion zudem ein Recht zu haben meint, wenn sie sich in einem Nicht-Jodokus-Sinne als „unschuldig" empfindet.

Die Kompensation erfolgt nun aber durch den Bruder des Jodokus, also etwas ihm *Verwandtes, Nicht-Fremdes*, das er liebt „wie einen Theil meines eigenen Herzens", den er also, nach dem uralten Tropus, wie einen *Teil seiner eigenen Psyche* empfindet. Chelion gar kann im Liebesakt beide Figuren verwechseln. Ich folgere somit hypothetisch: Wo wir im *Text zwei* Figuren, Jodokus und Sixtus, haben, da existiert im *Kryptotext* nur *eine*: Jodokus – und Sixtus ist nichts als ein *von Jodokus abgespaltener Teil seiner Psyche*. Jodokus weiß, daß es nur ein Teil ist („Theil meines Herzens"), Chelion nimmt den Teil synekdochisch für das Ganze („als seiest du's"). Was im Text *Fremdes* außerhalb des Subjektes ist, eine andere Person, ist im Kryptotext nur ein *abgespaltenes Eigenes*: daß *Intrapsychisches* als *Extrapsychisches* nach außen *projiziert* wird, findet sich schon im Text selbst: Jodokus hört nicht auf die

---

[110] Vgl. dazu Michael Titzmann: Strukturale Textanalyse. Theorie und Praxis der Interpretation. 3. Aufl. München 1992 (UTB 582).

Stimme, die ihm Chelions Defizienzerfahrung und deren Kompensationsmöglichkeit mitteilt; bei einem offenbar *uneingestehbaren Gedanken*, der uns vorenthalten wird, glaubt er, einen *Fremden* zu hören.

Der scheinbare Unsinn, daß Chelion vom „vertriebene[n] Bruder" spricht, gibt dann einen Sinn: Sixtus repräsentiert etwas von Jodokus *Verdrängtes oder Verleugnetes*.[111] Da nun Sixtus erst nach dem indischen Paradiese erwähnt wird, erst als sich Europa für Chelion defizitär zeigt, hat somit Jodokus das, was die Abspaltung des Sixtus repräsentiert, nicht schon immer *verdrängt*: noch nicht in Indien, erst in Europa, noch nicht im *Paradies*, erst nach dem Austritt. Da nun außer dem Raumwechsel sonst kein Faktor genannt wird, der einen psychischen Wandel – einen *Verdrängungs- oder Verleugnungsprozeß* – in Jodokus motivieren könnte, folgt daraus wiederum, daß der *Raum* bzw. das *vom Raum Repräsentierte* es sein muß, das diesen Wandel auslöst: *Raum* aber wird schon durch den Titel als Thema gesetzt. Dann aber gilt, daß die Psyche des Subjektes einer *Determination durch das soziale und ideologische System* unterworfen ist, das der Raum repräsentiert. Wo Jodokus im *paradiesischen Naturraum* eine *Totalperson mit Integration aller Komponenten ins Selbst-* (und da ja auch Chelion ihn anders wahrgenommen haben müßte: ins *Fremd-)Bild* ohne Abspaltungen oder Verdrängungen oder Verleugnungen sein konnte, da wird er im *Kulturraum* einer *Ausgliederung von Personkomponenten* unterworfen, die er selbst nicht mehr als seine erkennt. Die Relevanz des räumlich-sozialen Systems als determinierender Faktor wird dann dadurch unterstrichen, daß das natürliche Paradies nicht durch ein künstliches ersetzt werden kann: Die *außersoziokulturelle Enklave*, in der das Subjekt ganz es selbst sein könnte und dürfte, erweist sich als unmöglich.

Als Totalperson konnte Jodokus Chelion bieten, was er als Reduktionsform nicht mehr bieten kann. Da Sixtus im Text Chelion begehrt und mit ihr Ehebruch begeht, muß der Verlust sowohl des Jodokus als auch der Chelion im europäischen Raume auch im Kryptotext mit Sexualität zu tun haben, deren Relevanz für N ja schon durch die Raumsemantik der Narrenburg nachgewiesen ist. Im Kryptotext erklärt sich auch die gänzliche Entwertung eines so ranghohen Normverstoßes wie der des inzestuösen Ehebruchs: *Er* kann ihr verzeihen, weil er *ihr* übel genommen hat, daß *sie* gegen seinen Willen mit *ihm* machte, was *er* sich verboten hat. Sixtus wird nun zum einen das Merk-

---

[111] Michael Kaiser (Adalbert Stifter. Eine literaturpsychologische Untersuchung seiner Erzählungen. Bonn 1971) spricht von Tendenzen der „Leugnung" bei Stifter (S. 90); Helen Watanabe-O'Kelly (Stifters ‚Waldgänger'. Sexuelle Erziehung eines Narren. In: Johann Lachinger, Alexander Stillmark, Martin Swales [Hrsg.]: Adalbert Stifter heute. Londoner Symposium. Linz 1985, S. 121–128) spricht von dem „Unterdrückungsprinzip, das für Stifters Prosa so charakteristisch ist" (S. 127). Speziell zur Problematik des „Ich" vgl. auch Alfred Doppler: Der Abgrund des Ich. Ein Beitrag zur Geschichte des poetischen Ichs im 19. Jahrhundert. Wien/Köln/Graz 1985.

mal „*wild*"[112] zugeschrieben. Das aber bedeutet *ursprüngliche, nicht-domestizierte Natur*, eine Natur, die sich der Kultur noch nicht unterworfen hat – und die somit bei Jodokus' Eintritt in die europäische Welt abgespalten werden muß. Sixtus wird zum anderen „*Leidenschaft*"[113] zugeschrieben, und das bedeutet eine *nicht gebändigte Intensität der Affektivität*. Im *Literatursystem des Realismus* wird gelten, daß jede erotische Beziehung, die ein Text als *leidenschaftlich* klassifiziert, quasi gesetzmäßig scheitern wird, solange sie dieses ist.[114] Die Erotik des abgespaltenen Teils läßt sich zunächst somit als *kulturell nicht-gebändigte Erotik* umschreiben, die in irgendeiner Hinsicht ein *normverletzendes Potential* darstellen muß. Die Art dieser abgespaltenen Erotik läßt sich aus dem Text freilich nicht genau rekonstruieren. Nur eines läßt sich aus der auffälligen alternativen Distribution von Chelion und Christoph im Text mit Sicherheit folgern: diese Erotik steht in *Opposition zu Vermehrung*. Denn für Jodokus existiert *entweder* seine Frau *oder* sein Sohn, aber nicht beide gleichzeitig, während sonst in Stifter-Texten als befriedigend interpretierte eheliche Beziehungen ganz selbstverständlich auch fruchtbar sind. Sind sie es nicht, entsteht sogar ein gravierendes Problem: siehe ‚Der Waldgänger'. Während nun aber das reale Kind Christoph nicht erwähnt wird, metaphorisiert Chelion den doch erwachsenen Sixtus als „einen Knabe[n], der keine Mutter habe".[115] Zum einen kann demnach mütterliche Liebe in erotische Liebe übergehen, da kurz danach der Sexualakt stattfindet, einer der nicht wenigen Fälle also, in denen Stifter ödipal-inzestuöse Beziehungen zumindest auf einer metaphorischen Ebene umspielt.[116] Zum anderen rückt hier Sixtus an die Stelle Christophs, des tatsächlichen Kindes der Chelion, das, da in der Rede des Textes Chelion und Christoph nicht gleichzeitig existieren, tatsächlich ein mutterloses Kind ist. Da Chelion nun für Jodokus Frau und Kind ist, Sixtus für Chelion Kind und Liebhaber, werden wir folgern dürfen, daß in der intensiven emotionalen und erotischen Beziehung Platz nur für eine(n) einzige(n) ist, die/der alle Rollen übernimmt, nicht aber für eine Familie. In dieser erotischen Beziehung kann dann offenbar jede(r) jede Rolle übernehmen: die Frau kann auch Mutter oder Kind des Geliebten, der Mann auch Vater oder Kind der Geliebten sein. Wo das zeitgenössische kulturelle Wissen klare *disjunkte*

---

[112] WuB. Bd. 1.4, S. 416.
[113] Ebd.
[114] Vgl. hierzu Friederike Meyer: Gefährliche Psyche. Figurenpsychologie in der Erzählliteratur des Realismus. Frankfurt a.M. 1992, S. 47. Das Buch ist generell von zentraler Bedeutung für die implizite Psychologie der Erzählliteratur im Realismus im allgemeinen und der ‚Narrenburg' im besonderen. Vgl. dies.: Zum Wandel von Diskursbeziehungen: die Relation der Erzählliteratur im Realismus und der Psychiatrie 1850–1900 in Deutschland. In: Modelle des literarischen Strukturwandels. Hrsg. von Michael Titzmann. Tübingen 1991, S. 167–186, hier S. 175.
[115] WuB. Bd. 1.4, S. 422.
[116] Vgl. Marianne Wünsch in diesem Bande zum ‚Hochwald' und Wolfgang Lukas zur ‚Mappe'.

Rollenverteilungen (Mann versus Frau, Eltern versus Kind, familiäre versus erotische Beziehung) vorgibt, da würde diese *anarchische Erotik* dieses Rollensystem unterlaufen, alle kulturell oppositionellen Rollen in einer Person vereinigen und damit eine(n) einzige(n) zum Träger aller Werte machen und daher wiederum der Vermehrung nicht bedürfen. Nun gibt es freilich dennoch das Kind, Christoph, auch wenn es in der Ehegeschichte von Jodokus und Chelion keine Rolle spielt und nicht vorkommt: *zwei Modelle sind also gleichzeitig präsent und aufeinander projiziert, das Modell radikaler selbstgenügsamer Erotik in T_k und das Modell traditioneller Familiengründung in T_2.* Nach dem Tode Chelions konstatiert Jodokus (Ersterwähnung Christophs!): „Auf Erden hatte ich keinen Menschen mehr; – mein Sohn Christoph, das Ebenbild Chelions – hatte er nun erkannt, oder geahnt, was ich seiner Mutter gethan – war fort, und nicht wieder gekommen [...]."[117]

Konstruiert wird schon auf der Ebene von T_2 ein *ödipaler Konflikt*: Der Sohn identifiziert sich mit der Mutter und stellt sich gegen den Vater. Als Heinrich und Robert den „grünen Saal" besichtigen, kommentiert die Erzählinstanz, sie „blickten nur noch trübe auf die beiden Bilder: Mutter und Sohn. Chelion war schön, wie ein reiner Engel, und Christoph war es, wie ein gefallener".[118] Chelion gehörte also noch dem „Paradiese" an, Christoph war schon durch eigene Schuld aus ihm vertrieben. Diese eigene Schuld wird spezifiziert als seine nicht-eheliche sexuelle Beziehung zu Tiburtia, der Tochter Ruprechts und Berthas, da Christoph „eher gestorben, ehe er seine Sünde gut machen konnte",[119] woraus aber wiederum die Tochter Pia resultiert: „Durch ein seltsames Naturspiel ist sie ihrer Großmutter Chelion ähnlich geworden, und zugleich ihrem Großvater Jodok, so daß man sie den Bildern nach für ein Kind dieser Beiden halten mußte [...]."[120] Christoph wird also gewissermaßen genealogisch getilgt, und seine Tochter tritt an seine Stelle, die ihm nicht nur ähnelt, sondern zudem „schön" „und rein und sanft" ist „wie ein Engel",[121] also wie ihre Großmutter, und somit wiederum auch einem „Paradiese" angehört – nur dort treiben sich bekanntlich Engel herum. Chelion ihrerseits forderte Jodokus zu ihrer Tötung mit den Worten auf: „ich werde nicht aus diesem Bette gehen, sondern auf den *weißen* Kissen liegen bleiben, bis das *rothe* Blut darüber wegfließt, und sie *purpurroth* färbt; dann werden sie *roth* sein, und ich *weiß* – aber ich werde dann ruhig sein, nicht gequält, nicht fehlend, sondern ich werde sein, wie einer der *weißen marmornen Engel* in deiner Kirche."[122] (Nicht-gefallener) *Engel sein* bedeutet hier also nicht-rot, blutlos,

---

[117] WuB. Bd. 1.4, S. 425f.
[118] Ebd., S. 389.
[119] Ebd., S. 435.
[120] Ebd.
[121] Ebd.
[122] Ebd., S. 422.

weiß, marmorn sein: das heißt *tot sein*. Die *optimal normadäquate Frau* ist die *tote Frau*. Da aber Chelion schon bei der Erstbegegnung, also als *Lebende*, von Jodokus als „Engel", wenn auch „meiner schwersten That", benannt wird und die Erzählinstanz sie nach ihrem Bilde ebenfalls als „Engel" klassifiziert, muß es zwei Arten von (nicht-gefallenen) menschlichen Engeln geben, lebende und tote, und somit zwei Arten von „Paradiesen", die auch die christliche Tradition schon kennt: das (verlorene) *uranfängliche irdische Paradies* vor dem Sündenfall und das *jenseitige nicht-irdische Paradies*, in das erst der Tod allenfalls führt. In der zitierten Stelle spricht Chelion von den „Engel[n] in deiner Kirche", womit sie sich zum einen vom christlichen System distanziert („deiner", nicht „unserer"), zum anderen nicht das verlorene irdische Paradies („Indien"), sondern das jenseitige („Kirche") meint. Da der *Naturengel* Chelion, der noch Blut zu verlieren hat, durch den vom selbstdomestizierten – „und er bezähmte sein Herz"[123] – Heinrich domestizierten *Kulturengel* Pia substituiert wird, die denn auch, im Gegensatz zu Heinrichs Gattin Anna, bei der es nur zu „fast ein[em] halbe[n] Wunderwerk" reicht, als „*vollendetes Wunder*" erscheint, werden wir schließen dürfen, daß in Pia der *Prozeß der Domestizierung der Frau* abgeschlossen ist. Weil aber Chelion, wenn sie bereit ist, sich töten zu lassen, ihr „rothe[s] Blut" in eben jenem Bette vergießen will, das offenbar u.a. Ort der inzestuös-ehebrecherischen Lust war, wird sich wiederum die Folgerung nicht vermeiden lassen, daß *Blut*, also *Leben*, mit Erotik korreliert ist und daß somit *weißer* Kulturengel, wie die Statuen in der Kirche zu werden, nicht nur *die Frau das Leben*, sondern auch *den Mann die Erotik* kostet. Und das wiederum heißt, daß in Stifters Text nicht nur das *Dilemma Frau als Geliebte versus Frau als Mutter*, sondern auch das *Dilemma erotische Frau versus domestizierte Frau* aufgebaut wird und in der Substitution von G_2 durch G_1 zugunsten der *Frau als Mutter ≈ domestizierten Frau* gelöst werden soll. Selbst die Generation von Heinrich und Anna ist noch nicht vollständig zu jener merkwürdigen „Reinheit" und „Sanftheit" gelangt: erst Pia verspricht die optimale Realisation zu werden.[124] Wenn nun Chelion bei ihrer Versetzung nach Europa „sehr blaß war",[125] so heißt das, daß schon *der Übergang in den Kulturraum einer metaphorischen Reduktion von Leben äquivalent ist*. Und wenn sie nach dem Ehebruch „*weiß* [geworden sei], ehe sie gestorben ist",[126] wenn „nie mehr [...] die *Röthe* der Gesundheit wieder in ihr Angesicht gekommen" sei,[127] wenn sie die „Ergebung und Aufopferung bis

---

[123] Ebd., S. 432.
[124] Vgl. zum Komplex „Frau" und „Erotik" in diesem Bande die Beiträge von Marianne Wünsch und Wolfgang Lukas, der diese Norm der Enterotisierung an der ‚Mappe' rekonstruiert.
[125] WuB. Bd. 1.4, S. 414.
[126] Ebd., S. 387.
[127] Ebd., S. 425.

zum *Herzblute*" gewesen sei,[128] dann hat zwar keine reale, wohl aber eine *metaphorische Tötung* stattgefunden, also eine extreme Domestizierung der Frau, die in G_2 noch als *Wertverlust* wahrgenommen, in G_1 aber als *Wert* gesetzt wird. Auf die *reale Tötung* Chelions verzichtet Jodokus im übrigen definitiv, als sie ihre Todesbereitschaft zu erkennen gibt, d.h. als sie sich der ihr unbekannten, aber von ihr verletzten Norm unterwirft: um die *Erzwingung einer – todesäquivalenten – Normunterwerfung des Anderen wie des Selbst* geht es also. Und erst als Chelion wörtlich tot ist, wird ihr Sohn Christoph erstmals genannt: *Mutterschaft ist äquivalent mit symbolischer Tötung der Frau*; Mutterschaft ist Lebens- und Erotikverlust.

Der Ausbruch des Fremden in sich ist jedenfalls an das Fremde außerhalb seiner gebunden: Sixtus existiert nur, solange Chelion existiert. Ruprecht kann sie daher als „Apfel des Paradieses" bezeichnen. Sie ist der *auslösende Katalysator* für das kulturell Inakzeptable im Subjekt: das, was den „Sündenfall" verlockend macht. Nun hat Jodokus aber angeblich zwar keine Eifersucht, logisch, wenn er selbst Sixtus ist, er tut auch nichts, die Katastrophe zu verhindern. Sein passives Abwarten funktioniert wie eine *heimliche Zulassung des Befürchteten*. Das wäre der Ausdruck der *Ambivalenz in ihm selbst*, wie auch der alptraumhafte Heimritt: einerseits „rechtzeitig" ankommen zu wollen, andererseits aber „zu spät" kommen wollen. Statt Eifersucht hat er die Angst, Chelion könne ermordet werden. Wenn aber die Fremde Chelion Auslöser des Fremden in Jodokus ist, dann wäre in der Tat die Tötung Chelions, wie die Korrelation ihres späteren Todes mit der Selbsttötung des Sixtus bestätigt, eben auch der Tilgung des Fremden in sich äquivalent – also ist in dieser Logik die *Angst vor der Ermordung Chelions* zugleich auch ein *uneingestandener Tötungswunsch* und somit wiederum auch *Angst vor sich selbst*. Jodokus' Absenz während der Begegnung Chelion-Sixtus ist notwendig: Nur wenn seine bewußten Kontrollinstanzen absent sind, wenn er nicht „bei sich" ist, im Schloß (und bei Chelion), kann der abgespaltene Teil sich unkontrolliert manifestieren. Nicht bei sich, sondern anderswo ist er aber nun um des Geldes willen: „in einem Streite wegen schnöden Mammons".[129] Der *soziale Zwang der Ökonomie* ist es, der in T_2 zur erotischen Niederlage führt und der in T_k den Ausbruch des Abgespaltenen ermöglicht: Auf beiden Textebenen (T_2 und T_k) ist also das ökonomische System jedenfalls dem erotischen und/oder dem persönlichen System feindlich gesinnt. Wo man im vorkulturellen „Paradies" „bei sich" und „ganz" sein kann, führt das kulturelle ökonomische System also zu *Selbstentfremdung* und zur Zerstörung familiärer und erotischer Relationen.

---

[128] Ebd.
[129] Ebd., S. 417.

Zwei schwierige Daten sind noch in die Interpretation zu integrieren. Zum einen das Gift und seine Implikationen. Damit komme ich zum heikelsten Teil meiner Interpretation.

Rekapitulieren wir. In T_2 findet ein inzestuöser Ehebruch Chelions mit Sixtus statt, der bei Jodokus Mordgelüste auslöst; von seiner Vergiftungsabsicht steht er ab, sobald Chelion sich durch Anerkennung der verletzten Norm dieser unterworfen hat; die Zerstörung des Giftes erscheint als Befreiungsakt sowohl der Natur als auch des Subjektes; die nicht-gewußte Normverletzung Chelions wird als solche entwertet, die bewußte Normverletzung des Jodokus hingegen als solche aufgewertet.

In T_k hingegen wird von Jodokus bei seiner *Rückkehr in den Ausgangsraum*, d. h. bei seiner *sozialen Reintegration in die Kultur* (nach einer Reisephase, die der goethezeitlichen „Bildungs"-Geschichte entspricht und einen Austritt aus dem sozialen Herkunftssystem darstellt), *ein Teil seiner Person, der mit dem kulturellen Normensystem inkompatibel ist*, abgespalten und verleugnet (Sixtus in T_2). Für das „Naturkind" Chelion gehört, was Jodokus jetzt als Nicht-Ich verleugnen muß, immer noch zum Ich des Jodokus: „mir war, als seiest du's". Da sie dem vorkulturellen Raum, dem Quasi-*Natur*-Raum vor dem *Sündenfall* der Kultur angehört, verlockt sie, unwissentlich und nicht-bewußt, Jodokus zu Formen der Erotik, die zwar der eliminierte vorkulturelle Teil des ursprünglichen Jodokus, Sixtus, akzeptieren kann, nicht aber die kulturell reduzierte Restperson Jodokus. Nicht die Frau, der Mann selbst verursacht hier den *Sündenfall*: Daß Chelion nicht Eva, sondern der „Apfel des Paradieses" ist, heißt, daß *nicht die Frau der Versuchung erliegt, sondern diese selbst ausmacht*. Von der Art dieser – für den kulturell reduzierten Jodokus nicht mehr, wohl aber für seinen abgespaltenen vorkulturellen Teil Sixtus akzeptablen – Form der Erotik wissen wir nur, erstens, daß sie eine „wilde", also nicht-kulturelle, und eine „leidenschaftliche", also nicht-domestizierte, ist, zweitens, daß sie alle kulturell ausdifferenzierten familiären Beziehungen (Elternteil, Geliebte(r), Kind) bündelt und in *einer* Person, der/dem Geliebten, zusammenfaßt und somit weder Bedürfnis nach noch Platz für biologische Vermehrung kennt. Jodokus erliegt also mit Chelion einer Art der Erotik, die er, durch die Abspaltung seines Sixtus-Teils, zu vermeiden gesucht hat, da sie im Raum der Kultur tabuisiert ist: er tat mit ihr, was er ihr übelnimmt, da er es nach seinen kulturellen Normen nicht tun durfte. Chelion ist somit in der Tat „unschuldig", und nur Jodokus allein „schuld", da sie den ursprünglichen Jodokus (in T_2 Jodokus *und* Sixtus) liebt; „schuldig" ist sie nur, insofern sie mit Jodokus tat, was dieser in seiner reduzierten Form (in T_2 Jodokus) kulturell nicht akzeptieren kann: sie tat mit ihm, was er sich verboten hat. Der von Jodokus als Jodokus anerkannte Teil der Person reagiert darauf mit dem, was in T_2 tödliches Gift, in T_k orale Lust ist, „süß" und „selig". Was im Text als *maximale Lust* erscheint, wird also *mit realem Tode korreliert*, wie umgekehrt *der Lustverzicht optimal-normadäquater Domestizierung mit einem metaphorischen Tod korreliert wird.* Orale Sexualität ist nun aber im kulturellen Normensystem, dem der Text angehört, extrem tabuisiert.[130] Im Text selbst ist sie, als tödliches Gift, *personzerstörend.* Diese Lust ist zwar aus dem „Blute der Thiere" gewonnen, hat also insofern mit *Leben* und *Sexualität* zu tun, ist aber somit *animalisch,* und das vegetarische „Naturkind" Chelion wirft Jodokus denn auch vor, daß er sich „mit dem Bluthe der armen Thiere beflecke";[131] was mit dem *Animalischen* korreliert wird, ist demnach nicht *menschenwürdig.* Diese Lust ist ferner das Produkt einer (chemischen) Wissenschaft („Scheidekunst"≈Alchymie), aus der *Natur* gewonnen, aber *künstlich,* hergestellt von einem „alte[n] weise[n] Mann", jemandem also, dem die Kultur des Textes, altersbedingt, Sexualität abstreitet. Das Gift, mit ihm die orale Lust, erscheint also als kultureller Mißbrauch von „Natur", dem „Naturkind" Chelion zudem undenkbar, wie sich zeigt, wenn sie ihren Tod zwar durch Erstechen, nicht aber durch Vergiften erwartet.

Zusammengefaßt: *orale Lust ist kulturelle Pervertierung von Natur.* Zu dieser aber kommt es in der Logik des Textes wiederum genau dann, wenn das kulturell reduzierte Subjekt (in T_2 Jodokus) die Kontrolle über seinen abgespaltenen vorkulturellen Teil (in T_2 Sixtus) verliert und sich erotische Lust leistet, die es sich verboten hat: *die Grenzüberschreitung des Auslebens vorkultureller Sexualität im „Kulturraum" hat den Grenzverlust kultureller Pervertierung von „Natur" zur Folge,* die wiederum mit Zerstörung des Lustobjektes äquivalent ist.

Doch die Geschichte geht noch weiter: der reduzierte Jodokus wirft vom phallischen Monument das Gift (oraler Lust) auf die „Bergzunge", was zum metaphorischen, nicht-tötenden Orgasmus erst des Subjektes, dann der „Natur" führt. Der des Subjektes belohnt einerseits den definitiven Verzicht auf eine (textuell verworfene) Form der Lust, andererseits deren (erst- und letztmalige) Ausübung an der „Natur". Und der „Erguß" der „Natur" kann als Folge der ihr zugefügten oralen Lust wie als Folge der Erleichterung des Subjektes durch seinen Verzicht auf solche Lust gelesen werden. Am Ende bleibt also einmal mehr die *Ambivalenz*: ist solche Form der Lust „widernatürlich" nur und erst im „Kultur"-Raum, oder ist sie es schon im „Natur"-Raum? Daß sie für das „Naturkind" Chelion tödlich wäre, entscheidet diese Frage nicht; denn Chelion lebt zu diesem Zeitpunkt schon im „Kultur"-Raum.

Zum anderen: der abgebrochene „darum"-Satz („also darum hast du das unwissende Geschöpf nach Europa gebracht, darum mußtest du so nach Hause eilen, daß du selber – – ich erschrak bei dem Gedanken, als hätte ihn ein Fremder gesagt").[132] Das Unausgesprochene, das hier nicht nur anderen, son-

---

[130] Zum System der zeitgenössischen Sexualnormen vgl. Corinna Wernz: Sexualität als Krankheit. Der medizinische Diskurs zur Sexualität um 1800. Stuttgart 1993.
[131] WuB. Bd. 1.4, S. 415.
[132] Ebd., S. 420.

dern sogar sich selbst nicht zugegeben wird, bleibt wohl Nullposition auch auf der Ebene des Kryptotextes. Doch lassen sich die kontextuell semantisch möglichen Auffüllungen angeben: „darum hast du [...]" ist zum ersten Selbstanrede, zum zweiten potentiell Anrede an den abgespaltenen Teil Sixtus. Also brachte entweder der ursprüngliche, vorkulturelle, *ganzheitliche* Jodokus (in T_2 Jodokus *und* Sixtus) oder der kulturell reduzierte, sich partiell verleugnende Jodokus (in T_2 Jodokus) oder der mit dem Kultureintritt abgespaltene und verleugnete Teil des Jodokus (in T_2 Sixtus) Chelion nach Europa bzw. nach Hause, und er (eine von diesen Jodokus-Erscheinungen) tat es,

– um mit ihr solche Erotik auszuüben, die der vorkulturelle Sixtus-Teil des Protagonisten sich als „natürlich" akzeptabel erlaubt, aber der kulturelle Jodokus-Teil sich als normativ unzulässig versagt; und/oder
– um als Jodokus-Teil (in T_2) sie zu töten, also das Fremde *außerhalb* des Ichs zu tilgen, um das Fremde *innerhalb* des Ichs zu tilgen; und/oder als Jodokus-Teil (in T_k) mit ihr, als „Rache" für vorkulturell-natürliche, kulturell-undenkbare orale Sexualität auszuüben.

Wie dem aber auch sei: Evident dürfte sein, daß in T_k *ein psychosexuelles Drama vom Fremden im Selbst, als Versuchung und Gefährdung, niedergekämpft in einem Gewaltakt gegen den Anderen und gegen das Selbst, um den Preis des Verlustes von emphatischem Leben und befriedigender Erotik*, erzählt wird; die *Herstellung des „Sanften"* wird mit der *psychischen Gewalt gegen Ego und Alter* erkauft.

Die angekündigten zusätzlichen Argumente, die, noch über die Bedingungen der Definition von „Kryptotext" hinaus, für die Annahme eines solchen – und zum Teil genau dieses hier rekonstruierten – sprechen, seien hier nun skizziert.

Schon die Textgeschichte selbst bietet ein Beispiel der Tilgung einer Bedeutungsebene, derjenigen der narzißtischen Größenphantasien, im Übergang von den Fassungen N_1 und M_1 zu N_2 und M_2, wobei auch diese Tilgung „Spuren" hinterläßt.

Die Fiktion eines Präsupponierten, aber Getilgten, baut nun der Text selbst schon durch seine Nullpositionen auf. Zum einen steht der Teiltext T_2 synekdochisch für alle als existent präsupponierten, aber nicht mitgeteilten Texte (T_3), die andere Ausschnitte aus der Geschichte der Scharnasts (G_3) berichten würden; die Erzählinstanz betont am Textende noch einmal: „Wenn von den andern Schriften des rothen Felsensaales von Julian, Christoph, Prokop, etwas bekannt wird, so wird es dereinst vorgelegt werden."[133] Und Heinrich fürchtet nach der Lektüre des T_2 von Jodokus diese anderen Texte (T_3). Zum anderen steht der T_2 des Jodokus synekdochisch für den unbekannten vollständigen Text T_2^* seiner Niederschrift. In doppelter Hinsicht verweist T_2 also explizit

---

[133] Ebd., S. 436.

auf anderes, hier Ungesagtes, auf Texte, an deren Stelle er steht: T_2 ist nur Stellvertreter eines umfassenderen T_2^*, und dieser ist Stellvertreter des Textkorpus T_3. Aber auch T_1, selektiv bezüglich der Biographie Heinrichs, verweist auf einen anderen, vollständigen Text T_1^*: jenes uns unbekannte Manuskript, das Heinrich gemäß Fideikommiß verfaßt und in einem der Schließfächer deponiert. Geschichte erscheint im Text als rekonstruierbar, weil sie und insoweit sie „Spuren" hinterlassen hat. Wie aus solchen „Spuren", den architektonischen, ikonischen, textuellen Relikten der Vorfahren, in T_1 Geschichte rekonstruiert werden kann, so kann in T_2 aus den Spuren der Tat die verborgene Geschichte rekonstruiert werden: „Also so unerfahren seid ihr Beide im Verbrechen, daß euch nicht beikam, selbst die geringste *Spur* desselben zu vertilgen?!"[134] Diese „Spuren", die Jodokus im Verdachte bestätigen, bestehen nun aber in offenen Türen: „Das *Thor* aber sollte nach meinem Befehle jedesmal bei Einbruch der Nacht *geschlossen* sein – heute war es *offen* gestanden."[135] – „[...] es war aber nur einer ihrer Goldfasane, der [...] bei der ein wenig *offenen Gartenthüre* hereingekommen war".[136]

Neben der einen aus der Goethezeit bekannten sexualsymbolischen Bedeutung hat der Komplex des Auf- und Zuschließens und der Schlüssel also auch die andere – ebenfalls goethezeitliche – eines *Mediums der Erkenntnis und der Dechiffrierung*. Wie der alte Kastellan Ruprecht im Besitze aller Schlüssel ist und Räume eröffnen kann, so ist er auch im Besitze des Geheimnisses der Vergangenheit. Am Ende verbringt er seinen Lebensabend auf Heinrichs Schloß „und erzählt Geschichten, die Niemand versteht; er erzählt sie auch Niemanden",[137] – so wie der Text in T_2 eine unverstehbare Geschichte (T_k) erzählt und sie, zumindest was die tradierten Rezeptionszeugnisse bis in die frühere Stifter-Forschung hinein betrifft, scheinbar niemandem erzählt hat; wie der Text T_k getilgt und verdrängt hat, scheinen es die Rezipienten nachvollzogen zu haben.

So wie T_2 auf T_k und damit auf das Problem des psychisch Fremden im Selbst verweist, tut es in T_1 der „Wahnsinn" des alten Ruprecht. Und wie T_2 T_k verdrängt hat, grenzt Heinrich Ruprechts Wahnsinn als etwas Fremdes aus, das das Subjekt in seiner eigenen und vertrauten Psyche gefährde; denn es „trägt etwas so Grauenhaftes an sich, daß man sich nicht getraut, das *fremdartige* Uhrwerk zu berühren, daß es nicht noch grellere Töne gebe, und uns an dem *eigenen* irre mache";[138] „auch hat das Menschenherz eine natürliche Scheu, den *dunklen Spuren* eines Andern nachzugehen".[139] Der gegebene Text

---

[134] Ebd., S. 420.
[135] Ebd., S. 418.
[136] Ebd., S. 419f.
[137] Ebd., S. 435f.
[138] Ebd., S. 380.
[139] Ebd., S. 389.

baut also selbst eine Vielzahl von Verweisen auf einen präsupponierten Text auf, und er bildet zudem in sich strukturell die Relation von T_2 zu T_k sowohl in T_1 wie in T_2 wiederholt anhand anderer Sachverhalte oder Figuren ab.

Der *fiktive Kryptotext* (T_k), den der Text (T_2) präsupponiert, ist jedenfalls nur *fragmentarisch rekonstruierbar*. Wie immer die von ihm erzählte Geschichte im Detail aussehen mag: evident ist, daß es in ihr um die *Gefährlichkeit des Fremden in der eigenen Psyche*, das man sich selbst nicht zugestehen kann oder will, um *kulturbedingt abgespaltene, nicht in das bewußte Selbstbild integrierte Teile der Psyche*, nicht zuletzt also um *Nicht-Bewußtes*, und um *nicht-bewältigte, potentiell normverletzende Sexualität* geht (B[T_k]).

Im Text (T_2) hingegen haben wir *zwei Bedeutungsebenen* (B' und B"):

1. Zunächst (B'[T_2]) geht es ganz wörtlich um die *individuelle Katastrophe einer Liebes- und Ehegeschichte*, die zugleich ein *moralisches Exemplum* bietet, wo die Normverletzung des inzestuösen Ehebruchs und die Normverletzung der Tötungsabsicht aus Rache konfrontiert werden und die erstere entwertet, letztere aufgewertet und Selbstüberwindung und Selbstbändigung gelehrt wird.

2. Zum anderen geht es, erschließbar aus der Relation von T_2 bzw. T_k zu T_1, um die *kollektive Geschichte* der Gattung, ein *Geschichtsmodell* (B"[T_1, T_2,T_k]), und das wiederum auf *zwei Ebenen*:
a) Erstens geht es um jüngste *Kulturgeschichte* (B"$_a$[T_1,T_2,T_k]): um den *Übergang von Goethezeit*, repräsentiert durch Jodokus, *zum Biedermeier*, repräsentiert durch Heinrich, wobei die Goethezeit als ebenso faszinierend wie bedrohlich empfunden wird und ihr – an Jodokus vorgeführtes – systembedingtes Scheitern sowohl als bedauerlicher Verlust wie als Ersetzung durch eine bevorzugte Ordnung erscheint.
b) Zweitens geht es um die Geschichte des *Übergangs vom „Paradiese" der „Natur" in die „Kultur"* (B"$_b$[T_1,T_2,T_k]), die bestenfalls eine Idylle, aber kein Paradies ist.

Die Transformation von der „Goethezeit" zum „Biedermeier" bildet dabei zugleich die Transformation von „Natur" zu „Kultur" ab, und das heißt auch, daß die letztere einerseits einen *kollektiven* historischen Prozeß der Menschheit darstellt, der aber in jeder *individuellen* biographischen Geschichte erneut vollzogen werden muß, was wiederum erklärt, warum andererseits diese Geschichte anhand des individuellen Lebens von Jodokus, Chelion, Sixtus erzählt und in der Enkulturation Pias wieder aufgenommen werden kann.

Das Produkt der beiden kollektiven Geschichten ist dann freilich bestenfalls die *Idylle*, und selbst diese ist nurmehr möglich im archaischen, sozial zurückgebliebenen Grenzraum, wie der Text (T_1) an Heinrichs Geschichte bewußt macht, und selbst hier wiederum einzig und allein als bewußte Manipulation einer Erzählinstanz, die, alles andere als naiv, die Idylle mit Gewalt und wider eigenes Wissen herstellt.

Die Abbildungsrelation zwischen T_2 und T_k kann vielleicht so skizziert werden:

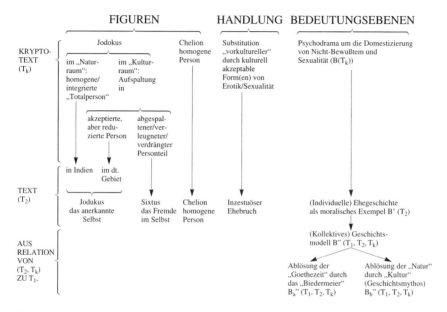

Schema 4

Die Kryptogeschichte ($B[T_k]$) liefert dabei das Substrat, das allen Text-Geschichten ($B'[T_2], B''_a[T_1,T_2,T_k], B''_b[T_1,T_2,T_k]$) gemeinsam ist und zugrunde liegt: das *latente Psychodrama* hinter der individuellen wie den zwei kollektiven Geschichten, die noch eines verbindet: ihre *Ambivalenz*. Die individuelle Geschichte ($B'[T_2]$) ist ohnedies Katastrophengeschichte; die kollektive Geschichte ($B''_a[T_1,T_2,T_k], B''_b[T_1,T_2,T_k]$) mündet in die von der Erzählinstanz positiv bewertete Geschichte von T_1 und scheint somit positiv. Aber auch diese beiden Geschichten erzählen von *Verlusten* und deren *resignativer Substitution* in Heinrichs Selbstbescheidung. Wenn ihm kein Scheitern droht, so, weil seine Ansprüche bescheiden sind und ihm in märchenhafter Struktur mehr gegeben wird, als er erwarten konnte.

Jene Bedeutungsebene von T_2, die ich als Kryptotext (T_k) beschrieben habe, *muß* Kryptotext bleiben: *diese Geschichte wäre in dieser Zeit nicht erzählbar*. Daß T_2 so organisiert ist, daß T_k präsupponiert wird: das ermöglicht unserem Text, das Problem zu lösen: wie erzähle ich eine Geschichte, ohne sie zu erzählen? Daß die verborgene Geschichte des T_k nun schon wie eine präpsychoanalytische Gestaltung dessen wirkt, was Jahrzehnte später Freud in seinem theoretischen Diskurs explizieren und systematisieren wird, braucht nicht zu überraschen. Denn was Freud später theoretisieren wird, das spukt schon vor aller Theorie in der Literatur des 19. Jahrhunderts herum und wird in manchen Texten und manchen Teilzeiträumen deutlich greifbar. Das Phänomen hat seinen denk- und literaturgeschichtlichen Kontext, den ich hier nur andeuten kann. Schon die *Goethezeit* hat eigentlich ein *systembedingtes Bedürfnis nach einer neuen Psychologie*, in der auch ein *individuelles Nicht-Bewußtes* in der Person anzunehmen wäre, will sie etwa Sachverhalte wie Assoziationsprozesse im Denken, den Mesmerschen Magnetismus, scheinbar Okkultes, Formen der psychopathologischen Abweichung („Wahnsinn") erklären, die ihr theoretisch wie literarisch ein Anliegen sind. Was aber einerseits *problemlösende Denknotwendigkeit* wäre, ist andererseits *problemschaffende Denkunmöglichkeit*. Denn das Konzept eines individuellen Unbewußten im Subjekt kollidiert mit dem Zentralkonzept der „Bildung" des Subjektes zur Autonomie. Die Kompromißbildung zwischen den sich ausschließenden Systembedürfnissen leisten die *phantastischen Erzählungen seit der Frühromantik*, die die Verlockungen und Gefährdungen des Fremden in der Person als fremde Person außerhalb des Sprechers verkörperlichen. Erst nach dem Zusammenbruch des Goethezeitsystems kann, was in diesem latent bleiben mußte, manifest werden. So finden sich denn in dem – sehr unglücklich so benannten – Zeitraum des *Biedermeier* vereinzelt Texte, aus denen unzweideutig die Existenz eines Unbewußten in der Psyche der Figuren gefolgert werden muß. Und die belegen, daß diese Größe jetzt denkbar geworden ist: so z.B. neben einigen Stifter-Texten etwa Grabbes ‚Gothland' oder Mörikes ‚Nolten'; aus dem *frühen* Realismus wäre etwa auch Otto Ludwigs ‚Zwischen Himmel und Erde' zu nennen. Aus hier nicht zu diskutierenden Gründen wird aber, was im Biedermeier ausbrach, im Literatursystem des Realismus wieder unterdrückt (mit wenigen Ausnahmen wie z.B. Storms ‚Schweigen' oder Conrad Ferdinand Meyers ‚Die Richterin').[140]

Stifters Text würde nun also den Prozeß vorführen, wie „Goethezeit" durch „Biedermeier" und wie „Natur" durch „Kultur" substituiert wird und wie als Fundament beiden Prozessen der Prozeß der Unterdrückung des Gefährlich-Fremden in der Psyche zugrunde liegt. T_2 enthält die Spuren, aus denen sich T_k partiell rekonstruieren läßt. Der Gesamttext funktioniert demnach so, als habe T_2 T_k substituiert und verdrängt und als wolle T_1 T_2 substituieren und verdrängen. Aber nicht erst bei Freud, sondern schon bei Stifter bleibt das

---

[140] Zur Geschichte der impliziten Psyche literarischer Figuren von der Goethezeit bis zum Realismus vgl. neben Meyer (o. Anm. 114) bes. Marianne Wünsch: Die Erfahrung des Fremden im Selbst. Der Kampf mit dem „Unbewußten" in der Literatur zwischen Goethezeit und Jahrhundertwende. In: Akten des 8. Internationalen Germanisten-Kongresses Tokyo 1990. Bd. 11, S. 169–176; dies.: Experimente an den Grenzen des Realismus: Neue Realitäten in ‚Schweigen' und ‚Ein Bekenntnis'. In: Schriften der Theodor-Storm-Gesellschaft 41 (1992), S. 13–23.

scheinbar Überwundene *latent präsent*. Nicht nur T_k hat gleichsam Spuren in T_2 hinterlassen, sondern wir erfahren auch, daß Pia Chelion und Jodokus, Heinrich Sixtus ähnele. Die Überwindung der „wilden Natur" und des „Fremden" im Selbst ist in der letzten Generation der Scharnasts zwar gelungen: aber diese Ähnlichkeiten bleiben als Indikator für die *latente Präsenz des Überwundenen*, das immer wieder erneut zu überwinden ist. So idyllisch und märchenhaft die Heinrich-Welt konstruiert ist, so wenig gibt es verläßliche Sicherheit in ihr; *hinter oder unter der Idylle lauert die Bedrohung aus dem eigenen Selbst*. Jodokus hatte die Regel schon formuliert: die Schriften der Ahnen können die Nachfahren kaum lehren, da jedes Leben, als neues, seinen eigenen Lernprozeß der (Selbst-) Domestizierung vollziehen muß. Die Ambivalenz der Erzählinstanz, was die evaluative Hierarchisierung der beiden Geschichten G_1 und G_2 anlangt, hat auch die Bedeutung, daß die Zähmung des Selbst durch Ausgliederung des Fremden, also des kulturell Inakzeptablen im Selbst, einerseits die *Geschichte eines Gewinns an Ordnung*, andererseits die *Geschichte nicht eingestandener Verluste* ist: sie kostet auch Glücksmöglichkeiten.

Die Abbildung des Prozesses der Unterdrückung und Verdrängung des Fremden innerhalb und außerhalb der Psyche, das mit dem „Biedermeier" denkbar wurde, entspricht nun zugleich der Transformation, die das Korpus der Stifterschen Texte von den ‚Studien' über den ‚Nachsommer' zu ‚Witiko' und den späten Erzählungen vollzieht. Und zumindest was die erneute Unterwerfung des psychisch Fremden anlangt, entspricht dieser Weg auch dem Wege der Literatur insgesamt zum „Realismus". Der Text bildet also ab, was gleichsam „Programm" eines doppelten Wandlungsprozesses ist: von Stifters Frühwerk zum Spätwerk, vom „Biedermeier" zum „Realismus".

Wolfgang Lukas

Geschlechterrolle und Erzählerrolle

Der Entwurf einer neuen Anthropologie in Adalbert Stifters Erzählung ‚Die Mappe meines Urgroßvaters'

Bereits das erzählerische Frühwerk Stifters kennt jene merkwürdigen, ja vielfach singulär anmutenden „typisch Stifterschen" Verhaltensweisen der Figuren, wie sie zumal im Umgang der Geschlechter miteinander auftreten. Im Unterschied jedoch zu späteren Werken wie dem ‚Nachsommer' etwa, wo diese Modelle selbstverständlich vorgegeben sind, werden sie hier erst *als etwas Neues hergestellt* in einem Prozeß der Abgrenzung von einer noch explizit präsenten Alternative und Negativfolie. Dieser Wandel im Verhalten und Empfinden der Figuren wird nicht nur im Schritt von den Urfassungen zu den Studienfassungen greifbar, sondern er konstituiert – zumindest in einigen frühen Texten – das zentrale Textereignis selbst. Er ist, so meine Hypothese, Indiz eines sich ca. um die Jahrhundertmitte vollziehenden epochalen mentalitätsgeschichtlichen Wandels, der die Konzeptionen von Erotik, Familie, der ‚Person' und ihres Lebenslaufs und, damit korreliert, die kollektiven affektiven Strukturen betrifft. Ich versuche also im folgenden, literarische Texte auch als mentalitätsgeschichtliche Dokumente zu lesen, die – in einer programmatischen Formulierung von Lucien Febvre – einen potentiellen „Zugang zum Gefühlsleben früherer Epochen"[1] vermitteln. Die spezifisch Stifterschen Lösungen lassen sich begreifen als frühe Extremversionen von zugrunde liegenden anthropologischen Basismodellen, die in der zweiten Hälfte des 19. Jahrhunderts – literarhistorisch also im Realismus – die dominanten sein werden.[2] Zu diesen gehört nachweisbar auch eine ebenso epochale Neukonzeption von *Sprache* und *Erzählen*. Unter den frühen Texten Stifters ist ‚Die Mappe meines Urgroßvaters' wiederum derjenige Text, der exemplarisch die Genese all jener Modelle erzählt, die ich im Blick habe. Ausgangspunkt ist im

---

[1] Lucien Febvre: Sensibilität und Geschichte. Zugänge zum Gefühlsleben früherer Epochen. In: Marc Bloch, Fernand Braudel, Lucien Febvre u.a.: Schrift und Materie der Geschichte. Vorschläge zur systematischen Aneignung historischer Prozesse. Hrsg. von Claudia Honegger. Frankfurt a.M. 1977, S. 313–334.

[2] Realismus-Strukturen in den frühen Erzählungen sind bislang so gut wie nicht untersucht worden. Als Ausnahme seien zwei Beiträge von Franz Adam hervorgehoben, denen ich wichtige Anregungen verdanke: Die Alterthümer. Zur Rekonstruktion der Rahmenerzählsituation in Adalbert Stifters ‚Die Mappe meines Urgroßvaters'. In: Stifter-Jahrbuch, NF 7 (1993), S. 139–150, und: Anthropologie und literarischer Diskurs. Eine Untersuchung zum narrativen Normen- und Wertemodell in den drei Fassungen von Adalbert Stifters ‚Die Mappe meines Urgroßvaters'. Magister-Arbeit (masch.). München 1992.

folgenden jeweils die Studienfassung, die Journalfassung wird je nach Teilaspekt unterschiedlich stark einbezogen.[3]

Die neue „sanfte" Partnerschaft

Die Binnengeschichte umfaßt einen Ausschnitt von etwa acht Jahren aus dem Leben des jugendlichen männlichen Helden und Tagebuchschreibers, und zwar von seiner Rückkehr nach abgeschlossenem Studium in den Heimatort und seiner Niederlassung als Arzt bis zu seiner Verlobung mit Margarita, der Tochter des Obristen, und dem damit gleichzeitig vollzogenen definitiven Übertritt in das Erwachsenenalter – beides ist zentraler Zielpunkt des Textes. Gleichwohl handelt es sich nicht (mehr) um einen goethezeitlichen Selbstfindungs- und Selbstbildungsprozeß. Denn wie Beruf und soziale Position bereits vorgegeben sind, so wird auch in Margarita die richtige erotische Partnerin relativ schnell gefunden, aber erst nach einem vorläufigen Verlust und erst im zweiten Anlauf kann sie definitiv erworben werden. Anlaß für die Trennung ist bekanntlich jener ungerechtfertigte Eifersuchtsanfall des Helden, der die sofortige Beendigung der Beziehung zur Folge hat. Drei Jahre nach dieser Trennung, die zunächst von beiden Partnern als endgültig gesetzt wird, kann und darf die Beziehung plötzlich doch realisiert werden: was hat sich geändert? Welche neuen normativen Bedingungen sind nun erfüllt?

Zunächst muß die völlige Transformation der Person des Helden sowie der erotischen Beziehung erfolgen mit dem Ziel der radikalen Entsexualisierung. Ein erster Aspekt ist dabei die neue Verhaltensnorm der *Sanftmut*. Vertreten und verkörpert wird sie von Margarita, sowie, in der Vorgeschichte, von ihrer Mutter. Beide Frauen sind „demüthig und zurückweichend vor dem harten Felsen der Gewaltthat";[4] Sanftmut ist somit zunächst einmal eine privilegiert weibliche Eigenschaft, das männliche leidenschaftlich-erotische Begehren, wie es sich in der plötzlichen Eifersucht artikuliert, wird demgegenüber als „Gewaltthat" und Aggression klassifiziert. Die Trennung trägt den Charakter der Sanktion für die fehlende Sanftmut beim männlichen Partner: „Ich habe geglaubt, daß Ihr sehr gut und sehr sanft seid".[5] Was die Frau bereits auszeichnet, muß sich der Held erst bewußt als etwas Neues erwerben, und dies in expliziter Imitation des Obristen, der seinerseits nach dem Verlust der Partnerin den Schwur tat, „so sanft, so gut zu seyn, wie sie es war".[6] Der Held

---

[3] Die Letztfassung, die sich insgesamt eher als späte zweite Bearbeitung der Urfassung unter neuen Prämissen denn als Weiterbearbeitung der Studienfassung rekonstruieren läßt, lasse ich hier außer acht.
[4] WuB. Bd. 1.5, S. 187.
[5] Ebd., S. 186.
[6] WuB. Bd. 1.2, S. 38.

unterzieht sich nun einem regelrechten Selbsterziehungsprogramm,[7] dessen Ziel die Zähmung seiner Affekte und die Verdrängung seiner erotischen Wünsche ist; hier wird bereits jenes neue und für die Literatur des Realismus so typische personale Leitbild entworfen, das um den Wert der Autonomie zentriert ist, die im – tendenziell heroischen – Verzicht auf Erotik gründet und zugleich das Merkmal des emphatischen, nun neu definierten „Mannseins" erhält,[8] ganz explizit in der Journalfassung: „Als ich damals halb weinend und halb zornig die Worte sagte: ‚Jetzt Augustinus werd' ein Mann!' – so wurd' ich es auch, und Gott und die himmlischen Heerschaaren wissen es, *daß ich mir nicht das Geringste daraus machte*, als mich einmal eines schönen Tages der Obrist besuchte, und mir erzählte, daß er Margarita gar nach Wien gesendet habe".[9]

Die Verdrängung der erotischen Wünsche ist aber nur ein Spezialfall einer umfassenderen Transformation der Person, die auf die Tilgung jeglichen unmittelbaren und spontanen Gefühlsausdrucks abzielt. Wiederum ist es die Journalfassung, wo der Held diesen Prozeß thematisiert: auf dem Weg zum Schützenfest auf dem Steinbühel gibt er sich einem wehmütigen Rückblick auf eine wilde Vergangenheit hin, da „[ich] oft so *ungebändigt* freudig [war], daß ich Bäume umarmte, oder mich an den Boden der Erde warf und das schönste Gras zerwälzte", und da er „den geraden, steilen Weg zum Felsen hinaufstürmte", während er jetzt zeichenhaft „den *sanftern*" Weg nimmt.[10] Bezüglich der Relation der beiden Fassungen wird hier eine Gesetzmäßigkeit sichtbar, die bereits Christoph Buggert am Beispiel von Problemen des erzählerischen ‚discours' sehr überzeugend nachgewiesen hat: die Zweitfassung verhält sich zur Erstfassung wie die Durchführung zu einem Programmentwurf;[11] sie setzt, ohne es noch explizit zu benennen, das um, was in dieser noch weitgehend verbales Postulat bleibt – dafür aber explizit benannt wird. Das bedeutet aber auch, daß sich die Journalfassung – zu weiten Teilen – als eine Art „Kommentar" zur Studienfassung lesen läßt – ein Ergebnis, das sich im folgenden wiederholt bestätigen wird.

---

[7] Dieses hat, wie auch beim Obristen, den Anklang der Bekehrung: möglicherweise läßt sich somit auch das im Text gewählte Datum für die Lebenszäsur deuten, nämlich der „Medarditag" (Medardus = der „Bekehrte", vgl. Ulrich Dittmann: Kommentar zur ‚Mappe meines Urgroßvaters' (Unveröffentl. Typoskript zum geplanten Kommentarband zur Abteilung ‚Studien' [Bd. 2] von WuB.), S. 270).

[8] Michael Titzmann hat dieses personale Wertsystem am Beispiel der germanischen Helden des Realismus exemplarisch rekonstruiert: Die Konzeption der ‚Germanen' in der deutschen Literatur des 19. Jahrhunderts. In: Nationale Mythen und Symbole in der zweiten Hälfte des 19. Jahrhunderts. Strukturen und Funktionen von Konzepten nationaler Identität. Hrsg. von Jürgen Link und Wulf Wülfing. Stuttgart 1991 (Sprache und Geschichte 16), S. 120–145.

[9] WuB. Bd. 1.2, S. 87 (Hervorhebung von mir).

[10] Ebd., S. 77, S. 80 (Hervorhebungen von mir).

[11] Vgl. Christoph Buggert: Figur und Erzähler. Studie zum Wandel der Wirklichkeitsauffassung im Werk Adalbert Stifters. München 1970, insbes. S. 101ff.

Die letztendlich realisierte „sanfte" erotische Beziehung besteht in einem völlig gezwungenen Umgang der Partner miteinander, bei dem jegliche Spontaneität und Affektivität getilgt sind; statt dessen herrschen „peinliche Befangenheit"[12] und absolute Kommunikationslosigkeit. Speziell der männliche Partner hat nun neue Berührungsängste gegenüber der Frau entwickelt; die Journalfassung bezeichnet ihn explizit als „furchtsam",[13] was er zuvor bei aller Zurückhaltung eindeutig nicht war. Weder körperlich noch verbal wird eine erotische Annäherung an die Frau gewagt, die ja nun, wohlgemerkt, die seine ist: „Ich setzte mich ein wenig weiter weg, und gab Acht, daß ich an ihrem Gewande nicht streife."[14] Ich möchte an dieser Stelle die Hypothese wagen, daß hier die Entstehung genau jenes zu großen „Respekt[s] vor dem Weibe" beim Mann vorgeführt wird, den die Psychoanalyse um 1900 als „psychische Impotenz" benennen und als Ursache für die faktische Impotenz setzen wird: die „sinnlichen Strömungen" erleiden das „Schicksal [...], sich hinter den zärtlichen verbergen zu müssen".[15] Damit behaupte ich selbstverständlich nicht, der Held sei impotent; es geht vielmehr um die Rekonstruktion kollektiver und historisch typischer/spezifischer Modelle des Empfindens, wie sie implizit zumindest bereits Freud im Blick hat, wenn er von der Frage nach dem faktischen (Nicht-)Gegebensein von Impotenz abstrahiert und eine kollektive allgemein zugrundeliegende „psychische Impotenz" des Mannes „in unserer heutigen Kulturwelt" postuliert.[16] Die unschätzbare Bedeutung des Stifterschen Textes diesbezüglich liegt darin, daß jenes Modell des Empfindens, welches die Psychoanalyse um 1900 als bereits selbstverständlich gegeben vorfinden und als therapiebedürftig behandeln wird, hier programmatisch als ein historisch gänzlich neues Modell installiert werden soll. Der von Freud mißverständlich (wenngleich freilich epochal signifikant) so genannte hemmende „Respekt vor dem Weibe"[17] meint zunächst nichts anderes als das vom männlichen Partner internalisierte Verbot, die Partnerin als potentielles Sexualobjekt zu phantasieren. Was die Psychoanalyse freilich ätiologisch als auf-

---

[12] WuB. Bd. 1.2, S. 90.
[13] Ebd., S. 86.
[14] WuB. Bd. 1.5, S. 220.
[15] Sigmund Freud: Beiträge zur Psychologie des Liebeslebens II: Über die allgemeinste Erniedrigung des Liebeslebens. (1912) In: Studienausgabe. Bd 5. Hrsg. von Alexander Mitscherlich u.a. Frankfurt a.M. 1982, S. 202.
[16] Ebd., S. 204. Freilich tendiert die Psychoanalyse – und mit ihr die gesamte Frühe Moderne – dazu, diese kulturelle Relativität wieder zu tilgen, indem sie die eigene, im Laufe des 19. Jahrhunderts entstandene spezifische bürgerliche Kultur mit Kultur als solcher gleichsetzt und nicht etwa der historischen Kultur des 18. Jahrhunderts, sondern eher mythischen, gleichsam vorzivilisatorischen „Naturphasen" entgegensetzt.
[17] Gleiches gilt natürlich für die sogenannte „Erniedrigung", die nicht etwa auf der Verachtung des Weiblichen, sondern auf der Negativierung von Sexualität als solcher beruht; eine Frau „erniedrigen" heißt *zunächst* lediglich, mit ihr den Sexualakt phantasieren.

grund einer „nicht überwundene[n] inzestuöse[n] Fixierung an Mutter und Schwester" entstanden denkt,[18] wird im Text – der selbstverständlich jeglicher Dimension der Ätiopathogenese entbehrt – eher „unpsychologisch" durch einen bewußten Selbsterziehungsakt hergestellt; das Resultat ist aber identisch: „wenn ich nun diese Lippen ansah, zu deren Worten alle mit Lieb' und Achtung hinschauten – – so schien es mir ein fabelhaft Unding, daß ich sie einmal sollte geküßt haben".[19] Es wäre eine Fehlinterpretation, hierin lediglich eine Art Entfremdung von der Partnerin erblicken zu wollen. Die Transformation ist von viel fundamentalerer Art: die nach wie vor „geliebte, mit Unmaß angebethete Gestalt"[20] hört für den Helden auf, ein potentielles Sexualobjekt zu sein – ein Prozeß, der im Text nicht ohne eine tragische Komponente ist, da er in der völligen Zerstörung dieser Beziehung mündet. Wiederum ist es im übrigen die Journalfassung, die diesen Prozeß zwar explizit benennt, ohne ihn jedoch eigentlich faktisch umzusetzen. Letzteres wird der Studienfassung vorbehalten sein, hier indes findet das Paar am Schluß doch noch zu deutlicher emotionaler Spontaneität und Nähe. Ist in der Studienfassung der Verlobungskuß der erste Kuß, zu dem das Paar sich, wahrhaft geschwisterlich genug, findet, so in der Journalfassung ein erneuter und intensivierter Kuß, „so heiß, so angepreßt, so überirdisch, wie nie in der ganzen Vergangenheit".[21]

Die neue Sanftheit im Umgang der Partner ist also in sich höchst ambivalent: Verlust des erotischen Begehrens ist ihr Preis und gar die latente Aggression auf das andere Geschlecht ihr notwendiges Korrelat. Letzteres gilt für *beide* Geschlechter. So kündigt etwa der nun gezähmte Held die unerwartete Wiedergewinnung Margaritas, die zunächst als der höchste existentielle Wert in seinem Leben gesetzt wurde, am Ende in seinem Tagebuch folgendermaßen und gleichsam en passant an: „Bald darauf hat sich etwas recht Liebes und Schönes zugetragen."[22] – eine „sanfte" Formulierung, die sich erst in der Studienfassung findet und die schon fast aggressiv die Ereignishaftigkeit dieser Beziehung und den Wert der Partnerin reduziert. Wie sich jedoch in der Studienfassung die Tendenz zur Enterotisierung bei diesem Paar von allem Anfang an findet – das Paar beschäftigt sich primär mit Sammeln und Klassifizieren von Steinen und Pflanzen, rekurrentes Handhalten ist die maximal mögliche körperliche Annäherung[23] –, so findet sich auch diese Gefühlsambivalenz von allem Anfang an, jetzt nur in radikalisierter Form. Denn beim Blick auf die höchst merkwürdige Eifersuchts- und Trennungsszene drängt sich die Frage auf, ob die beiden Partner einander wirklich so wollen, wie sie

---

[18] Ebd., S. 199.
[19] WuB. Bd. 1.2, S. 88.
[20] Ebd., S. 100.
[21] Ebd., S. 101.
[22] WuB. Bd. 1.5, S. 201.
[23] Vgl. zu letzterem die beeindruckende Belegsammlung bei Adam 1993 (o. Anm. 2), S. 149, Anm. 19.

es sich versichern. Höchst ambivalent erscheint der Held, für dessen Eifersucht gegenüber Margaritas Vetter nicht die geringste Berechtigung besteht: hier wird zwar ein leidenschaftliches Begehren formuliert, zugleich aber wird (selbst-)zerstörerisch das Ende der Beziehung herbeigeredet und die Partnerin an einen selbstgeschaffenen Rivalen gleichsam abgetreten. Bei Margarita verfällt umgekehrt jeder Versuch des leidenschaftlichen männlichen Rivalisierens einem gnadenlosen Verdikt: auch die sanfte Frau reagiert hier erstaunlich kompromißlos, und das hymnische Lob auf die in ihrem Selbstentzug so „standhafte Tochter" des Obristen[24] gerät dem Helden einigermaßen zwiespältig. Ihre gesteigerte Sanftmut, zu der sie am Textende in einer analogen Transformation ihrer Person gefunden haben wird, erfährt das Ich der Journalfassung explizit als ambivalent: „mit dem sanften Schimmer der Güte ging ihr Auge jetzt zu diesem, jetzt zu jenem, mit dem sie eben sprach [...]; ihre Rede, wie klug sie auch seyn mochte, gab doch einfach immer nur die Sache, nie ihre Person selber, [...] „ach! unter dieser so sanften Hülle schlug einmal ein Herz, das nur eben so arm und hülflos, als es warm und glühend ist!!"[25]

Das am Textende entworfene Modell der sanften Partnerschaft ist ganz offenkundig Ausdruck einer Krise in der Beziehung der Geschlechter und einer Krise der Sexualität – doch wie ist es möglich, daß eine von beiden Partnern gewollte Beziehung so gänzlich zerstört wird, daß sie am Ende nur noch formal vollzogen werden kann? Die neue Norm der Sanftmut ist offenkundig Indiz einer neuen *Verletzlichkeit* der Person, die zu einer fundamentalen Ambivalenz in bezug auf Sexualität führt: einerseits gewollt, wird sie von der betroffenen Jugendgeneration doch zugleich als Bedrohung für die Integrität der Person erfahren: man kann einander nun „mit Liebkosungen Gewalt an[thun]".[26] Dies gilt wiederum für beide Geschlechter, denn auch die sanfte Frau steht in Opposition zu einer alternativen sozusagen „nicht-sanften" Frauenrolle, die im Text allenfalls implizit als für den Mann bedrohliche Negativfolie präsent ist. Ich will das Gemeinte am Beispiel der zwei Erzählungen ‚Der Waldgänger' (1847) und ‚Prokopus' (1848) kurz verdeutlichen. Beide Texte erzählen das Scheitern einer Ehe und explizieren, so meine Behauptung, psychische Sachverhalte, die sich hinter dem vordergründigen Gelingen der Beziehung in der ‚Mappe' verbergen. Im erstgenannten Text zerfällt die Partnerin in zwei oppositionelle Personen, eine sanfte und in eine nicht-sanfte Frau, zeichenhaft repräsentiert durch ihre zwei Namen Elisabeth – der christlich konnotierte und „häuslicher[e]"[27] Name – und Corona – der abweichende und mit Leidenschaft und spontaner Affektivität korrelierte Name. Die Weigerung des Helden, die Partnerin bei ihrem eigentlichen Namen Corona zu nen-

---

[24] WuB. Bd. 1.5, S. 188.
[25] WuB. Bd. 1.2, S. 91f.
[26] Ebd., S. 27.
[27] SW. Bd. 13, S. 121.

nen – mit dem der Text sie nennt –, ist einem Akt der Ausgrenzung und Zähmung der erotischen, nicht-sanften Identität seiner Partnerin äquivalent und verrät eine latente Aggression gegen das, was offensichtlich als Bedrohung erlebt wird: „Er wolle nicht immer" – so seine Begründung – „auf die Krone erinnert werden, die ihm eher wie seine Beherrscherin, als wie seine Gattin erschiene."[28] Wenn es einige Seiten darauf scheinbar ohne jeden Zusammenhang mit der eben zitierten Stelle heißt, die Erfüllung des sehnlichen Kinderwunsches „[hätte] allem Andern die Krone aufgesetzt",[29] dann existiert hier im Text ein heimliches, uneingestandenes Wissen um die wahre Ursache der psychischen Krise des Paares, die auf der Textoberfläche allerdings eine unaufgefüllte Leerstelle bleibt. Die Angst vor der erotisch-sinnlichen Frau ist dabei wieder nur ein Spezialfall eines zugrunde liegenden prinzipiellen Problems des Helden, das seinen Umgang mit eigenen und fremden Emotionen im sozialen Raum betrifft. Denn der nach dem Scheitern der Ehe angetretene Rückzug in die außersoziale Sonderlingsexistenz im Raum der Natur wird bereits in seinem Studium zeichenhaft antizipiert durch die Abwendung von der „Rechtswissenschaft und den Staatslehren [...], welche überall eine Geselligkeit und einen Zusammenstoß von Menschen voraussetzen, die *in lebendiger Leidenschaft*, in Gunst und Abgunst auf einander wirken", und durch die Hinwendung zur „Natur, gleichsam zu Dingen, die schon an und für sich da sind, *die ihm nichts wollen*".[30]

Die Vorliebe für betont demütige und passiv-sanfte Dulderfrauen, die zudem gern in einer Situation der betonten Hilfsbedürftigkeit und/oder sozialen Inferiorität zum Manne stehen – man denke an die Frau des Obristen als „verachtet Weib" und als das „schutzlose, hierher gelockte Wesen";[31] beides gilt etwa auch für die Paria Chelion in der ‚Narrenburg' – ist somit doppelt funktionalisierbar. Zum einen erlaubt sie, daß vom männlichen Partner allein schon sein heterosexuelles Begehren einer solchen Frau als „Gewaltthat" und Schuld erlebt werden kann; hier wird immer wieder der Verzicht auf traditionelles männliches Rollenverhalten als neuer Wert vorgeführt. Zum anderen ist sie tatsächlich Ausdruck einer Korrelation von männlicher Sexualität und einer – nun aber gänzlich neuartigen – „echten" Aggression.[32] Beides läßt sich exemplarisch am Obristen demonstrieren: der als Opfer interpretierte Unfall-

---

[28] Ebd.
[29] Ebd., S. 128.
[30] Ebd., S. 98 (Hervorhebung von mir). Vgl. hierzu auch Walter Weiss: Stifters Reduktion. In: Adalbert Stifter und die Krise der mitteleuropäischen Literatur. Ein italienisch-österreichisches Kolloquium (Studi di filologia tedesca 4). Rom 1987, S. 3–27, hier S. 13ff.
[31] WuB. Bd. 1.2, S. 28, 31.
[32] In einer naiven feministischen Perspektive, die diese Ambivalenz nicht wahrnimmt, kann die männliche Sanftheit tatsächlich ausschließlich positiv „gewertet" werden, so geschehen bei Dagmar C. G. Lorenz: Zur Diskussion gestellt: Stifters Frauengestalten. In: VASILO 32 (1983), S. 93–106.

tod der Partnerin erhält im Text den Status der notwendigen Erfüllung – „Es mußte wohl so sein, damit sich alles erfüllte" – eines ohnehin bereits gegebenen *„Zustandes"*: so die verräterisch inadäquate Formulierung für ihren Sturz.[33] Dieser „Zustand" meint nichts anderes als die Tatsache des weiblichen Ausgeliefertseins an einen Mann – geradezu eine Obsession im Stifterschen Werk: „wie ich die schöne Gestalt ansah, *auf lebenslang dahingegeben meiner Güte oder Härte*: da gelobte ich mir innerlich, sie zu lieben, zu ehren und zu schonen".[34] Tod – exemplarisch sei die Frau des Obristen genannt: „ein armselig Häufchen zerquetschter Glieder, Euch gegeben"[35] – ist nur die Extremversion der *Sanftmut* dieser Frauen. Als exemplarisch kann man auch Gertraud in ‚Prokopus' ansehen: „war sie [...] wie ein kleines weißes Häufchen, das sich duckt".[36] In solchen aggressiven „Visionen" maskiert sich nun das Begehren des *sanften* Mannes, und nicht zufällig ist die einzige erotisch anmutende Szene zwischen dem „sanften Obristen" und seiner Frau die, als er dem Leichnam das Mieder aufreißt.

Thematisiert ‚Der Waldgänger' die aggressive Ausgrenzung weiblicher Leidenschaft, so ‚Prokopus' den umgekehrten Fall der nicht minder aggressiven Ausgrenzung männlicher Leidenschaft, wiederum an Hand der Opposition zweier konträrer Ehegatten. Der männliche Partner trägt „ungebändigte Neigungen und Leidenschaften" in sich, sein „Geist" ist „auffordernd, angreifend, enthüllend" und „eroberungslustig" – während die Partnerin durch „außerordentliche Sanftheit" charakterisiert ist, die jedoch wiederum als höchst ambivalent erscheint:[37] „Gertraud war eine tiefe stille Natur, der Alles klar, unverworren und eben sein mußte, sonst machte es ihr Pein. [...] – und was sie nicht gewältigen konnte, stellte sie außer ihren Kreis, daß es gar nicht da war – und wer es ihr hereinbrachte, that ihr feindliche Gewalt an, die sie wie ein Versuch ihrer Vernichtung berührte. [...] Sie liebte klare, ruhige und abgeschlossene Schönheit sehr, und hatte Widerwillen gegen jedes Gewaltverkündende, Anschreitende, Drohende. [...] So wie sie das Angreifende haßte, griff sie selber auch nie an, sondern setzte der Gewalt nur die stumme Unmöglichkeit entgegen, sie aufzunehmen."[38]

Bei allen drei Paaren – in der ‚Mappe', im ‚Waldgänger', in ‚Prokopus' – steht die gegenseitige intensive Liebe außer Frage, und doch reduzieren sich die Partner jeweils, indem sie beim anderen jede Spur einer spontan und etwa von Goethezeit-Figuren noch völlig selbstverständlich gelebten ‚Weiblichkeit' bzw. ‚Männlichkeit' aggressiv ausgrenzen, weil sie dies selbst nun nicht mehr

---

[33] WuB. Bd. 1.5, S. 56, S. 58.
[34] WuB. Bd. 1.2, S. 27 (Hervorhebung von mir).
[35] Ebd., S. 35.
[36] SW. Bd. 13, S. 201.
[37] Ebd., S. 206, S. 214, S. 217.
[38] Ebd., S. 212f.

aushalten können. Im ‚Nachsommer' wird die Jugendgeneration nicht einmal mehr diese Probleme kennen bzw. sie wird sie „gelöst" haben: die sanfte Natalie, die jede Andeutung einer erotischen Annäherung durch einen Mann als Aggression klassifizieren muß, da bei ihr bereits „sprechende Blicke [...] Angst" auslösen,[39] wird sich konsequent nur noch mehr in denjenigen Partner verlieben (können), der seinerseits zur Artikulation seiner erotischen Wünsche gar nicht mehr fähig ist. Unter welchen geänderten Sozialisationsbedingungen diese neue Verletzlichkeit entstehen konnte, ist eine spannende Frage für die historische Psychologie und Soziologie[40] – die Literaturwissenschaft kann hier zunächst einmal nur ihr Auftreten konstatieren und ihre systematische Verknüpfung mit weiteren Phänomenen rekonstruieren.

Familialisierung

In diesem Sinne sei als ein weiterer Aspekt der Enterotisierung ein Phänomen angeführt, welches man als „Familialisierung" bezeichnen könnte.[41] So wird Margarita am Schluß just im Augenblick des Verlobungskusses zur metaphorischen „Schwester"[42] des Helden, und dies wiederum in Nachfolge des Obristen, dessen betonte Sanftheit seiner Frau gegenüber explizit mit einer geschwisterlichen, nicht-sexuellen Beziehung verglichen wird.[43] Der metaphorischen Biologisierung der eigentlich sexuellen Relation korrespondiert die metaphorische Sexualisierung der biologischen Relation: nur vordergründig wird der Held Partner Margaritas, eigentlich aber der Vater. Dies wird am Textende auf mehreren Ebenen zeichenhaft deutlich gemacht, so u.a. in jener Wagentauschszene, wo der Held seine Partnerin an den Obristen gleichsam abtritt, und so insbesondere beim Scheibenschießen, welches dieser Szene vorausgeht. Der Neuerwerb Margaritas wird im Rahmen eines Schützenfestes situiert, wobei hinter der temporalen zugleich die semantische Korrelation steht: der Wettbewerb der Schützen um den als Preis ausgesetzten Bock wird mit der Konkurrenz zwischen Held und Obrist um Margarita gleichgesetzt. Der sehr ausführlich beschriebene Bock erhält seinerseits den Status einer metaphorischen erotischen Partnerin: so wird er am Schluß geschmückt in den Tanzsaal geführt, und der Besitzer, so heißt es, würde ihn am liebsten in sein Ehebett legen. Als Preis gestiftet wird er von der Elterngeneration, einem der beiden Wirte, gewonnen wird er vom zweiten Wirt, obwohl dieser explizit mit

---
[39] SW. Bd. 7, S. 283.
[40] Richard Sennett dürfte hierauf wohl die bislang überzeugendste Antwort gegeben haben: Verfall und Ende des öffentlichen Lebens. Die Tyrannei der Intimität. Frankfurt a.M. 1983.
[41] Vgl. zum folgenden Adam 1992 (o. Anm. 2), S. 20–31.
[42] WuB. Bd. 1.5, S. 229.
[43] Vgl. WuB. Bd. 1.2, S. 27.

einem im Vergleich zu seinen jugendlichen Konkurrenten schlechteren Gewehr (!) antritt; der Kopfschmuck des Bocks wird vom Gewinner wiederum im ehelichen Schlafzimmer in einem Glasschrein aufbewahrt. Mit anderen Worten: zeichenhaft wird hier zum Ausdruck gebracht, daß die Tochter nicht an die junge Generation abgegeben wird, sondern an die Elterngeneration zurückfällt bzw. beim Vater bleibt, Frauengeber und Frauennehmer – und dies sind Kategorien des Textes! – werden einander maximal angenähert.[44] Wird der Obrist als biologischer Vater Margaritas zugleich deren metaphorischer Partner, so für den Helden am Ende ganz explizit zugleich sein metaphorischer „Vater" – „ich bin Euer Vater"[45] –, wobei diese Vater/Sohn-Beziehung durch eine eindeutige Selbstunterwerfung des Helden gekennzeichnet ist. So wagt er es z.B. erst auf ausdrückliche Aufforderung des Obristen, von diesem die Tochter zur Frau zu verlangen, was freilich einer völligen Pervertierung des traditionellen Modells gleichkommt: die Überwindung der Eltern- durch die Jugendgeneration findet nicht (mehr) statt.

Neben der eigenen Partnerin fungiert das eigene Haus als zweites zentrales persönliches Anliegen des Ich, und auch da kommt es zur Konkurrenz mit dem Obristen. Dieser baut das bessere Haus in kürzerer Zeit und wird beim Richtfest den Dachgiebel mit Schleifen in exakt den Farben schmücken, wie seine Tochter sie zu tragen pflegt, während beim Helden sowohl das erotische als auch das Hausbauprojekt stagnieren. Wenn er sich schließlich beklagt: „Wann werden die Dinge fertig sein, an denen ich so viele Freude hatte, – ich muß es sagen, bei denen mir das Herz vor Freude hüpfte?!",[46] dann handelt es sich um eine bloß rhetorische Frage: denn auf der Textebene ist ganz eindeutig klar, daß der Held selbst schuld ist, da er sich wiederholt das Anliegen des Obristen zum eigenen macht und sein ursprünglich eigenes diesem nachordnet. Wie er bei der genannten Szene des Wagentausches dem Obristen seinen Wagen regelrecht aufdrängt, so überläßt er ihm auch von sich aus seine eigenen Maurer. Neben der Ebene der offiziellen Motivationen muß man hier also – dies gilt wieder ausschließlich für die Studienfassung – eine Ebene der inoffiziellen und dem Helden weitgehend unbewußten Motivationen annehmen, denen zufolge der Erwerb eines neuen „Vaters" gegenüber dem Erwerb der erotischen Partnerin das hierarchisch höhere Ziel darstellt. In der Journalfassung hingegen ist genau dies dem Helden noch mehr oder weniger bewußt, wenngleich es nicht weiter reflektiert wird. So reagiert der Held auf das Heiratsangebot des Obristen mit folgender verblüffender Direktheit: „Mir rieselte es wie Schauer durch die Glieder, als er dieses sprach; seit Jahren hatte ich mit heißem Ehrgeiz gerade um dieses einzigen Menschen Anerkennung ge-

---

[44] Daher muß es eben zwei Wirte geben.
[45] WuB. Bd. 1.5, S. 218.
[46] Ebd., S. 134.

buhlt, [...] so gehoben fühlte ich mich, daß ich gar nicht einmal an Margarita dachte, und nur hingegeben war dem schönen Wogen dieses einzig lohnenden Gefühls."[47]

Die Herstellung von familiären und nicht-sexuellen als exemplarisch „sanften" Relationen – „Wir bleiben nun alle beisammen. [...] und es wird sich ein Umgang spinnen, der noch freundlicher ist, als bisher"[48] – fungiert als der höchste ideologische Wert innerhalb dieser dargestellten Welt. An die Stelle der Gründung einer neuen Zielfamilie, die eine Ablösung von der Herkunftsfamilie, implizieren würde, tritt als eigentliches Ziel die Erneuerung der Herkunftsfamilie bzw. beide werden miteinander identifiziert; an die Stelle von *Differenz* und *Diskontinuität* werden *Identität* und *Kontinuität* gesetzt. Der definitive Übergang in das Erwachsenenalter wird hier modelliert als zyklische Rückkehr in eine Familie; just in dem Augenblick, da der Held seinerseits potentiell zum Vater werden kann, wird er hier stattdessen zum metaphorischen „Sohn". Und erst in dieser Eigenschaft darf er zum erotischen (Pseudo-)Partner Margaritas werden; der inzestuösen *Ödipalisierung* der Vater/Tochter-Relation korrespondiert die *„Endogamisierung"* der Partner-Relation.

Der frühe Stifter markiert also den Zeitpunkt, da die in der zweiten Hälfte des 18. Jahrhunderts einsetzende Intensivierung der Familienbande offensichtlich in eine *qualitativ* neue Phase eintritt: die extrem emotionalisierten familiären Relationen stehen nun in unversöhnlichem Antagonismus zur Erotik der Kindergeneration mit familienfremden Partnern. Erotik wird in der Welt der Stifterschen Texte generell als ein Fremdes und Feindliches erfahren, das in den geschützten Innenraum der Familie gleichsam eindringt, und die Texte wählen als Bewältigungsstrategie entweder die gänzliche Tilgung der Erotik wie etwa im ‚Hochwald' oder deren Zähmung wie in der ‚Mappe'.

Die implizite Psychologisierung

Der Ausgrenzung des *biologisch* Fremden aus der *Familie* korrespondiert die Ausgrenzung eines *psychisch* Fremden aus der *Person*: der Wunsch nach leidenschaftlicher intensiver Erotik ist dem Subjekt selbst nun nicht mehr bewußt. Dies wird vor allem in der ambivalenten Einstellung des Helden gegenüber dem neuen Modell der domestizierten Erotik deutlich: offiziell als maximales „Glück" und „Seligkeit"[49] beschworen, wird es zugleich „inoffiziell" als eindeutig defizient erfahren. Zur Annahme eines Unbewußten in der Person zwingt der Text genau dadurch, daß diese Defizienz bloß zeichenhaft und stellvertretend am Scheibenschießen thematisiert wird, so besonders deutlich

---

[47] WuB. Bd. 1.2, S. 95.
[48] WuB. Bd. 1.5, S. 217.
[49] Ebd., S. 231; WuB. Bd. 1.2, S. 101.

in der Journalfassung: wie der Held um seine Partnerin zu spät wirbt, so tritt er auch zu spät zum Schießen an, obwohl er ursprünglich „nach dem einst so geliebten Vergnügen lüstern"[50] war, und er schießt schlecht und lustlos: „es war mir eben nicht mehr recht um die Sache".[51] Jene resignative Feststellung, er werde sein Leben lang partner- und kinderlos bleiben, mit der der Held in der Studienfassung das Tagebuch einleitet, fällt hier nahezu wortgleich nicht nach der Trennung, sondern ganz spontan bei der Wiederbegegnung mit Margarita! Wenn auch nur indirekt und verschoben, so wird die Defizienz des neuen Erotikmodells in der Journalfassung also doch noch relativ unverblümt thematisiert. Das Ich hat sich hier die Fähigkeit zur Trauer noch bewahrt. Die Defizienz ist damit aber auch noch nicht so gänzlich unbewußt wie in der Studienfassung, wo sie nur mehr in einer allgemein herrschenden pessimistisch-resignativen Tendenz greifbar wird. Die zunehmende Konstitution eines psychischen Unbewußten, die sich im Schritt von der Erst- zur Zweitfassung beobachten läßt, ist also notwendig korreliert sowohl mit der Radikalisierung der Ausgrenzung bzw. Verdrängung bestimmter „Inhalte" als auch mit dem zunehmenden Verlust der Fähigkeit zum spontanen Gefühlsausdruck allgemein: das, was der Held in der Journalfassung transformieren bzw. tilgen muß – seine ursprüngliche Wildheit und Lebenslust, wie sie zumal in der ‚Geschichte der zween Bettler' noch entworfen wird –, fehlt in der Studienfassung von vornherein und ist allenfalls noch rudimentär in jenem Eifersuchtsanfall präsent. Parallel zu der in der Forschung mehrfach konstatierten *Entpsychologisierung*, die die Umarbeitung vornimmt,[52] findet sich also eine Tendenz zur *Psychologisierung*, die beide einander bedingen. Logischerweise muß es sich hierbei um zwei verschiedene Arten von ‚Psychologie' handeln: die explizite Psychologie der Urfassung besteht im subjektiven und spontanen Gefühlsausdruck und in der Existenz einer Innenperspektive – *genau in dem Maße*, wie dies getilgt wird, konstituiert sich eine neue implizite Psychologie, nämlich die des Unbewußten. Am Beispiel der Eifersucht des Helden sei dies kurz illustriert, eines der Ereignisse, die wohl die gewaltigste Umarbeitung erfahren haben. In der Journalfassung erscheint sie als Ausdruck des betont männlichen Besitzanspruchs eines Draufgängers, der keinerlei Rivalen neben sich duldet: der Held fordert Margaritas Vetter zum Duell, wirbt schriftlich um sie, bedrängt sie „heftig" und droht „in der Raserey trotziger Leidenschaft gar mit Selbstmord".[53] Nichts von alledem ist in der Studienfassung mehr präsent, schuldhafte spontane Leidenschaft wird allenfalls verbal postuliert, findet auf Handlungsebene aber so gut wie nicht mehr statt bzw. nur stellvertre-

---

50 WuB. Bd. 1.2, S. 83.
51 Ebd., S. 93.
52 Vgl. insbes. Buggert (o. Anm. 11), S. 101f., und Weiss (o. Anm. 30).
53 WuB. Bd. 1.2, S. 39. Signifikanterweise freilich werden diese Ereignisse nicht unmittelbar dargestellt, sondern ebenso als bereits vergangen nachgetragen wie des Helden frühere Existenz als „Bettler".

tend und zeichenhaft in jenem Akt der Zerstörung der noch nicht aufgeblühten Steinbrechen sowie in „jenem Ereignisse mit dem Eise",[54] in dem sich eine aggressive Natur manifestiert – allein die Eifersucht ist jetzt ungleich psychologisierter, denn sie ist nun eigentlich Ausdruck einer *Unfähigkeit* zum Rivalisieren und einer Abtretung der Partnerin an den Rivalen sowie eines latent vorhandenen, dem Helden der Journalfassung noch gänzlich unbekannten männlichen Selbstwertproblems (vgl. „wer bin ich denn – was bin ich denn? – – ich bin nichts – gar nichts"[55]), das hier bloß katalysatorisch von Margaritas Vetter ausgelöst wird. Noch nicht in der Journalfassung, sondern erst hier also zwingt der Text zumindest zur Annahme einer dem Helden selbst unbewußten Ambivalenz gegenüber der Partnerin.

Neue Personstruktur und neue Familienstruktur sind also miteinander systematisch korreliert. All das, was die Epoche um 1900 dann als negativ und tendenziell pathologisch bewerten wird und dessen Aufhebung sie betreibt – die Affektkontrolle, die Verdrängung der sexuellen Wünsche, die ödipal-inzestuöse Intensivierung der innerfamiliären Relationen –, repräsentiert hier höchste ideologische Werte und soll gezielt als etwas Neues hergestellt werden – und dies, wie gezeigt, um den Preis der Selbstvergewaltigung des Subjekts und einer latenten Sinnkrise.

Ersatzsinnstiftung durch ‚Kultur'

Verschiedene Ersatztätigkeiten treten in der Phase der Trennung beider Partner an die Stelle der nicht möglichen Erotik und fungieren als Ersatzsinnstiftung: erstens die therapeutische Arbeit als Arzt, die nun einen gänzlich neuen Status im Leben des Subjekts erhält. Maximale Pflichterfüllung und Aufgabe der eigenen – privilegiert eben erotischen – Interessen im altruistischen Dienst an anderen repräsentiert eine neue, vom Subjekt erst zu verinnerlichende und wiederum auch mit ‚Mann-sein' korrelierte[56] Norm, was in der Journalfassung wiederum besonders deutlich wird, insofern hier analog zur erotisch wilden Vergangenheit des Ich eine „erste wilde Zeit meiner Praxis" angesetzt wird: der „auserlesene Liebhaber" ist hier ein „spottschlechter Doctor",[57] so wie umgekehrt der Verzicht auf eigene Erotik notwendige Voraussetzung für die positive Erfüllung des Amtes ist, ja letztere *definiert sich geradezu über* diesen Verzicht. Die Literatur der Frühen Moderne um 1900 wird umgekehrt immer wieder jenes Moment thematisieren, da genau dieser Wert bereits selbstverständlich vorgegeben ist, nun aber in eine Krise gerät

---

[54] WuB. Bd. 1.5, S. 125.
[55] Ebd., S. 177.
[56] Vgl. WuB. Bd. 1.2, S. 41.
[57] Ebd., S. 86, S. 15.

und das Subjekt exakt den *inversen Prozeß* vollzieht, indem es nach intensiver Erotik strebt und dazu notwendigerweise die verinnerlichten Normen wieder externalisieren muß.[58] Teil dieser antagonistischen Korrelierung von (intensiver) Erotik und Beruf ist auch die latente Sexualisierung und Moralisierung von Krankheit. Gesundheit, Reinlichkeit und Sanftheit bilden ein gemeinsames Paradigma von untereinander in notwendiger Beziehung stehenden Prädikaten, d.h. sie implizieren sich wechselseitig, exemplarisch bei Margarita.[59] Krankheit und Tod werden umgekehrt mit leidenschaftlicher Erotik gleichgesetzt, und beides gilt als bedrohliche Aggression der ‚Natur', die bekämpft werden muß. Bei jener schweren Verletzung etwa, deren Therapie der Held unmittelbar nach der Trennung beginnen muß, also zeitgleich, da er bei sich selbst den Verzicht auf jegliche leidenschaftliche Wünsche leisten muß, wird eine stark sinnliche Qualität von Krankheit spürbar, die aber zugleich ekelbesetzt ist: „nie habe ich so furchtbar und gräßlich menschliches lebendes Fleisch entblößt gesehen."[60] Die Therapie der somatischen Krankheiten anderer steht somit auch zeichenhaft für die psychische Zähmungsarbeit, die der Held an sich selbst leisten muß, und beide werden darüber hinaus äquivalent gesetzt mit der rekurrent thematisierten Zivilisierungsarbeit des Obristen, wie dem Bauen des Hauses, dem Anlegen von Straßen, Trockenlegen von Sümpfen etc.: Akte der Transformation von ‚wilder Natur' in ‚Kultur', die explizit mit emphatischer „Menschlichkeit" und wiederum mit Sanftheit korreliert werden: so macht der Obrist z.B. aus seinem sumpfigen Stück Grund „ein schönes gezähmtes menschliches Erdenstück".[61]

Als zweite und zentrale Ersatzsinnstiftung fungiert nun die Verschriftung des eigenen Lebens im Tagebuch, die das Binnen-Ich unmittelbar nach dem Abschied von Margarita beginnt. Zusammen mit der Wiederlektüre nach drei Jahren wird sie dem Helden nach seinem Selbstmordimpuls, mit dem er auf die Trennung reagiert, vom Obristen als regelrechtes Therapeutikum empfohlen,[62] der dies seinerseits in einer psychischen Krise als „ein Mittel für mein Heil" eingesetzt hat und explizit „ein sanfterer Mensch" dadurch geworden ist.[63] Zähmung der Affekte – seien es solche erotischer Natur oder solche der Verzweiflung – ist also auch hier das Ziel. Besonders sinnfällig wird dies auf

---

[58] Vgl. etwa zu Arthur Schnitzler: Wolfgang Lukas: Das Selbst und das Fremde. Epochale Lebenskrisen und ihre Lösung im Werk Arthur Schnitzlers. München 1995.
[59] Vgl. zu ihrem Zimmer WuB. Bd. 1.5, S. 151.
[60] Ebd., S. 190.
[61] Ebd., S. 67.
[62] Vgl. hierzu insbesondere Buggert (o. Anm. 11), S. 117f. und Adam 1993 und 1992 (o. Anm. 2); ferner Friedbert Aspetsberger: Die Aufschreibung des Lebens. Zu Stifters ‚Mappe'. In: VASILO 27 (1978), S. 11–38; Dittmann (o. Anm. 7), S. 260; Sabine Gattermann: Arztbild und Krankheitsverständnis in Adalbert Stifters Briefen und dem Werk ‚Die Mappe meines Urgroßvaters'. Diss. med. (masch.) Heidelberg 1979, S. 299f.
[63] WuB. Bd. 1.5, S. 50, S. 52.

der Ebene der Zeitorganisation: sowohl die Wiederlektüre als auch der Wiedererwerb der Partnerin soll bzw. darf jeweils nach drei Jahren stattfinden. Zwei Akte der Wiederaneignung werden hier äquivalent gesetzt, und jeweils hat eine Transformation stattgefunden: die Herstellung der zeitlichen Distanz zu einem nun „objektivierten" Leben bewirkt eine analoge Tilgung der ursprünglichen Unmittelbarkeit des Erlebens, wie sie auf der erotischen Ebene während der Dreijahresfrist zwischen dem Paar stattfindet.[64]

Die sinnstiftende Funktion der Aufschreibung des Lebens ist ferner mit einer fundamentalen Neukonzeption des Erzählens verknüpft. Bereits auf der Handlungsebene tritt der Schreib- bzw. Erzählakt explizit an die Stelle des *unmittelbaren* Kontaktes sowohl mit der Natur als auch mit Margarita: „Ich verwendete alle jene Zeit zum Schreiben, in der ich sonst in den Feldern gegangen bin, die Gewächse, die Bäume, das Gras angeschaut und betrachtet habe – und dann in das Haghaus hinauf gegangen bin."[65] Parallel zur Substitution Margaritas durch die *Statue* der Hl. Margarita wird hier an die Stelle der realen Person die Partnerin als *besprochene, erzählte* Größe gesetzt – jeweils die semiotische Repräsentation einer Realität –, und das Erzählen avanciert nun seinerseits zur hochgradig emotional besetzten Aktivität:[66] nicht nur steht das Ehe-Gelöbnis in Konkurrenz zum titelgebenden rituellen Erzähl-"Gelöbniß" (Studienfassung, Kapitel 2) als dem ranghöheren Ereignis, sondern der Held versieht – wie der Obrist den Dachgiebel seines neu errichteten Hauses (s.o.) – nun seinerseits sein Tagebuch just mit blauen und roten Bändern: die absente Realität bleibt metaphorisch und zeichenhaft präsent in jenem Objekt, das sie auf der Handlungsebene substituiert; die beiden männlichen Akte der Produktion von Kultur/Kunst werden somit semantisiert als metaphorische „Sexualakte". Erzählen als Substitut für die auf der Handlungsebene nicht mögliche Erotik/bzw. biologische Produktion von Nachkommenschaft einerseits – vgl. auch die künstliche Vaterschaft, die der Held nach der Trennung bei seinem jungen Patienten Gottlieb antritt! – und als performativer Akt der Bewältigung von defizienter oder bedrohlicher Realität andererseits: das werden – was hier nicht weiter ausgeführt werden kann – in den realistischen Rahmenerzählungen wiederum beliebte Modelle sein.[67]

---

[64] Vgl. Sennett (o. Anm. 40) zum „Rückzug aus dem Gefühl" und zur „Nachträglichkeitsbeziehung zwischen Bewußtsein und Verhalten" als zwei zentralen und miteinander korrelierten Formen des Verhaltens/Erlebens im viktorianischen 19. Jahrhundert (S. 44f., S. 198f., S. 218).
[65] WuB. Bd. 1.5, S. 194.
[66] Vgl. auch den Obristen, den „die heftigste Begierde" auf das Aufschreiben ergreift (WuB. Bd. 1.5, S. 51) – ein bei Stifter niemals unschuldiger Ausdruck!
[67] Ganz besonders deutlich bei Storm, vgl. etwa die „verfehlte Brautschaft" des Magisters in Storms ‚Schimmelreiter' (Theodor Storm: Sämtliche Werke in vier Bänden. Hrsg. von Peter Goldammer. Berlin. 6. Aufl. 1986. Bd. 4, S. 255f.) oder die künstliche Vaterschaft in ‚John Riew'. Zu Stifter vgl. Buggert (o. Anm. 11) und Adam 1993 (o. Anm. 2), der noch weitere Gemeinsamkeiten mit dem Realismus nachweist.

Diese neue quasi „erotische" Qualität des Erzählens ist aber nur ein Spezialfall einer allgemeinen neuen Qualität, die nun sowohl dem Akt des Sprechens/Erzählens/Schreibens als auch dessen Produkt, den sprachlichen Zeichen, eignet:[68] der Akt der Objektivierung des eigenen Lebens im Medium der Sprache wird hier gleichsam zur neuen Form des Erlebens, und das Produkt ist denn auch die „Lebensmappe", darin sich „des Doctors Leben" befindet.[69] Die absente, bezeichnete Realität ist im sprachlichen Zeichen nun auf ganz besondere, *qualitativ* neue Weise präsent. Ich gebe zur Verdeutlichung des Gemeinten zwei konkrete Beispiele. Als erstes sei die komplexe zeitliche Umstellung genannt, die der Tagebuchschreiber in seinem Binnen-‚discours' mit der rekonstruierbaren linearen Ereignisabfolge seiner Lebensgeschichte vornimmt. Das Ich beginnt den Schreibakt unmittelbar nach dem definitiven Abschied von Margarita mit dem „Gelöbniß" als erstem Eintrag, d.h. der Selbstverpflichtung zur gleichsam rituellen Verschriftung und Wiederlektüre. Der zweite Eintrag am folgenden Tag gilt nun nicht etwa den unmittelbar zurückliegenden emotional bewegenden Erlebnissen – dem Eifersuchtsanfall, dem darauffolgenden Rückzug Margaritas, der im Selbstmordplan mündenden Verzweiflung etc. –, sondern dies wird unter Setzung einer großen Leerstelle in einer höchst unpersönlichen Formulierung lediglich angedeutet. Statt dessen widmet sich der Tagebuchschreiber dem Obristen – „vorher aber muß ich nur das von dem Obrist eintragen"[70] – und dessen Erzählung seiner Lebensgeschichte. Er führt zeitlich bis an den Augenblick der sich daran anschließenden letzten Begegnung mit Margarita heran, um dann brüsk abzubrechen: „Ich blieb heraußen stehen, und es war sehr stille. Endlich, da ich eine Weile gewartet hatte, bewegte sich schwach der halbe etwas offen stehende Thürflügel – und sie trat heraus. | Ihre Augen waren auf mich gewendet – – | – Morgen Margarita. –"[71] Das Erzählen von Margarita wird auf den morgigen Tag verschoben, um da, im dritten, Margarita gewidmeten Eintrag aber folgendermaßen fortzufahren: „Ehe ich weiter gehe und eintrage, was geschehen ist, will ich noch des Obrists gedenken, und mir seine Seele vor die Augen halten".[72] Es dauert noch geraume Zeit – in der historisch-kritischen Ausgabe über hundert Seiten –, bis der Binnenerzähler zu Margarita und damit zum eigentlichen Thema kommt. Mit anderen Worten: der Umgang, den das Ich innerhalb der ‚histoire' als *erlebende Figur* mit Margarita als *realer Person* pflegt, wiederholt sich im Umgang, den das Ich auf der Ebene des ‚discours' als *Erzähler* mit Margarita als *Sprechgegenstand* pflegt. Jeweils kommt es zu einer Aufschiebepraxis, deren abwehrender Charakter unverkennbar ist, und

---

[68] Zum spezifischen Aspekt der Schriftlichkeit vgl. Adam 1993 (o. Anm. 2), S. 146.
[69] WuB. Bd, 1.5, S. 234, S. 29.
[70] Ebd., S. 33.
[71] Ebd., S. 65.
[72] Ebd.

die eindeutig als zwangsneurotisch zu klassifizieren ist: wie es explizit „noch nicht Zeit [ist]", um Margarita zu werben,[73] so ist es auch noch nicht Zeit, von ihr zu sprechen. Die Berührungsängste dem realen Objekt gegenüber wiederholen sich als Berührungsängste dem sprachlichen Objekt gegenüber, die reale wie die sprachliche Aneignung dieser Frau gelingt jeweils erst im zweiten Anlauf, und jeweils kommt es zur Hierarchisierung und Substitution der Partnerin durch den Obristen, dem sowohl auf der ‚histoire'- wie auf der ‚discours'-Ebene die Präferenz gilt.[74] Als zweites Beispiel sei das Kapitel über die „zween Bettler" in der Journalfassung genannt, wo es zum Wechsel von der Ich-Erzählsituation in die auktoriale Erzählsituation in der dritten Person kommt. Das eigene Erleben wird dadurch noch stärker distanziert und gleichsam als fremdes wahrgenommen. Der Wandel der Darstellungsweise erfolgt freilich nicht unabhängig von der dargestellten Geschichte und ist interpretierbar: denn just jene vergangene wilde Existenz in Prag wird distanzierend erzählt, die den Status eines zweiten Ichs besitzt, das der Held in der Gegenwart des Erzählzeitpunktes als ein Fremdes aus sich ausgrenzt. In beiden skizzierten Beispielen kommt es also zu einer innigen Verknüpfung zwischen Geschichts- und Vermittlungsebene. In der Art und Weise der sprachlichen Darstellung wird das Dargestellte noch einmal abgebildet, und in ihr manifestiert sich jetzt die psychische Relation, die der Sprecher zu der von ihm besprochenen Realität unterhält. Sprache wird gleichsam „transparent" auf ihren Benutzer, sie wird zum Ausdruck des Selbst und läßt das Besprochene in ihr selbst ganz unmittelbar anwesend sein – auch diesbezüglich inauguriert, so meine Hypothese, ‚Die Mappe meines Urgroßvaters' ein fundamental neues, epochales Modell.[75]

Das „sanfte Gesetz"

Die hierarchisch höchste Sinnstiftung im Text wird schließlich durch eine Entindividualisierung und Relativierung des eigenen Schicksals geleistet. Der Obrist wie der Held betten ihr individuelles Leben ein in eine Art *über-*

---

[73] Ebd., S. 174.
[74] Diese zwangsneurotische Aufschiebepraxis verselbständigt sich und manifestiert sich in der Studienfassung sogar bis in die Syntax hinein, wo sie zum umständlichen Einschieben von langen Parenthesen führt, bevor der Erzähler zum „Eigentlichen" – in diesem Fall dem Prädikat – kommt. Hier wird eine Art „analer Satzstau" produziert, der z.T. die Wiederaufnahme des Satzanfanges erforderlich macht: auch der Satz gelingt also erst im zweiten Anlauf. Aus Raumgründen verzichte ich auf Belegzitate und verweise nur auf ein besonders eindrucksvolles Beispiel in WuB. Bd. 1.5, S. 70: „Kein Mensch kann eigentlich [...] heben kann". Zur Syntax bei Stifter vgl. auch die Beiträge von Eichinger und Eroms in diesem Band.
[75] Vgl. hierzu auch die wichtigen soziologischen Analysen Sennetts (o. Anm. 40) zur neuen „Immanenz" der Sprache im 19. Jahrhundert.

individuelles Leben, zum einen in die Menge der „Schicksale der Welt",[76] zum anderen in den ewigen Kreislauf der Natur, der hier in der typischen Version des Zyklus der Jahreszeiten just nach dem Verlust der Partnerin besonders betont wahrgenommen wird: „So verging endlich der Sommer, so verging der Winter, und es kam der nächste Sommer. [...] So verging mir ein Tag wie der andere, so verging eine Jahreszeit nach der andern – und so wandelte die ganze Zeit."[77] Das Stiftersche „sanfte Gesetz" bezeichnet zunächst genau dieses kontinuierliche Walten der allgemeinen Naturgesetze, die „still und unaufhörlich wirken",[78] und angesichts derer der Verlust der geliebten Partnerin, der zunächst eine existentielle Sinnkrise auslöst, schließlich nur mehr „wie der Verlust einer goldenen Mücke"[79] erfahren wird. Sinnstiftung wird hier wiederum erzielt nur um den Preis der latent aggressiven Tilgung der Bedeutung von Erotik. Sanftheit auf der Ebene des individuellen Figurenverhaltens und das überindividuelle „sanfte Gesetz" der Natur bedingen also einander: letzteres wird auf den menschlich-sozialen Bereich projiziert und bezeichnet hier das „Gesez der Sitte".[80] Das bedeutet aber: die von der kulturellen Norm nun dem Subjekt abverlangte „Unterdrükung seiner Empfindungen und Leidenschaften"[81] kann somit als ein ewiges „Naturgesetz" modelliert werden. *Transformation der Natur in Kultur* einerseits und die gleichzeitige Legitimation der kulturellen Normen durch deren *Pseudo-Ableitung aus der Natur* andererseits – damit scheinen mir wiederum zwei zentrale ideologische Bedürfnisse benannt zu sein, die in der Literatur des Realismus besondere Relevanz erlangen werden.

Die Neukonzeption der Initiation ins Erwachsenenleben

Der Rahmenerzähler der ‚Mappe' ist zum Erzählzeitpunkt bereits alt und seinerseits potentieller Urgroßvater für einen künftigen Urenkel; er ist andererseits zum Zeitpunkt der Rezeption der Tagebücher des Urgroßvaters durch

---

[76] WuB. Bd. 1.5, S. 198.
[77] Ebd., S. 197f.
[78] Vorrede zu den ‚Bunten Steinen': WuB. Bd. 2.2, S. 14. Vgl. zum „sanften Gesetz" auch Gerhard Plumpe: Zyklik als Anschauungsform historischer Zeit. Im Hinblick auf Adalbert Stifter. In: Bewegung und Stillstand in Metaphern und Mythen. Fallstudien zum Verhältnis von elementarem Wissen und Literatur im 19. Jahrhundert. Hrsg. von Wulf Wülfing und Jürgen Link. Stuttgart 1984, S. 201–225, sowie Buggert (o. Anm. 11), S. 135f. und Weiss (o. Anm. 30). Eine eher abwegige politisch-ökonomische Quasi-Allegorese des „sanften Gesetzes" findet sich bei Martin Tielke: Sanftes Gesetz und historische Notwendigkeit. Adalbert Stifter zwischen Restauration und Revolution. Frankfurt a.M. 1979, S. 108f.
[79] WuB. Bd. 1.5, S. 62.
[80] WuB. Bd. 2.2, S. 13.
[81] Ebd., S. 15.

– noch[82] – fehlende biologische Produktion gekennzeichnet, was der Text durch die Hervorhebung der bereits existierenden Kinder seiner Schwester deutlich macht. Die Geschichte von Partnererwerb und Übergang in das Erwachsenenalter wird vom Urenkel zudem zu einem Zeitpunkt rezipiert, da er selbst gerade im Begriff ist, mit einer Heirat den nämlichen Übergang zu vollziehen, ja mit diesem Rezeptionsakt selbst vollzieht er ihn quasi performativ, denn sowohl das Verfassen als auch die Lektüre der Tagebücher besitzen innerhalb der Familie den Status einer institutionalisierten exklusiv männlich-väterlichen Rolle.[83] Genau deshalb werden zum ereignishaften Zeitpunkt der Entdeckung der Tagebücher alle weiblichen Familienmitglieder – „Mütterlein, Gattin und Schwester"[84] – in einem anderen Raum versammelt, und genau deshalb müssen die zwei anderen männlichen Familienmitglieder – Schwager und Stiefvater – an diesem Tage abwesend sein. Die männliche Erwachsenenrolle definiert sich nun nicht mehr über die potentielle biologische Vaterschaft und die damit verknüpfte Vaterrolle, wie dies etwa im ‚Wilhelm Meister' programmatisch der Fall ist, sondern in dezidierter Opposition zur *weiblich* semantisierten *natürlichen/biologischen Produktion* als *männlich* semantisierte *kulturelle/künstliche Produktion bzw. Aktivität*. Damit ist für den jungen männlichen Initianden auch eine neue Relevanz des Vaters verknüpft, wie sie für goethezeitliche Helden noch gänzlich undenkbar ist: die Initiation kann nur gelingen, wenn der Sohn einen – offensichtlich nicht mehr selbstverständlichen, da von beiden Erzählern über die Maßen begehrten – emotionalen Zugang zum Vater findet und sich Vater und Sohn solchermaßen einen solidarischen Bereich der ‚Kultur' schaffen, der vor dem bedrohlichen mütterlichen Zugriff bewahrt werden muß: „Ich las in Vielem und es däuchte mir, das Herz, dem ich zwanzig Jahre nachgejagt hatte, sei gefunden: es ist das meines Vaters, der vor Langem gestorben war. Ich nahm mir vor, von diesen Schriften der Mutter nichts zu sagen, sondern sie in mein Denkbuch zu legen, und sie mir da auf ewig aufzubewahren."[85]

Die Initiation wird vom Rahmen-Ich ferner korreliert mit einer ebensolchen Reduktion des Großen/Ereignishaften/Abweichenden auf das Kleine/Unbedeutende/‚Normale', wie sie in der Binnengeschichte vollzogen wird, und ihr Objekt ist ein doppeltes: zum einen das gesamte fremde Leben des Vorfahren, das zugleich repräsentativ für eine *kollektive Vergangenheit* gesetzt wird, zum anderen die eigene Jugend und *individuelle Vergangenheit*. Jenes zunächst so betont mit Abweichung und Zauber korrelierte Leben des Doktors – „Ich dachte mir damals oft, wie denn ein so unsägliches Gewimmel von über-

---

[82] Er bleibt keineswegs kinderlos, wie Adam 1993 (o. Anm. 2), S. 144 fälschlicherweise behauptet.
[83] Vgl. hierzu und im folgenden auch Adam 1993 (o. Anm. 2), S. 142f.
[84] WuB. Bd. 1.5, S. 22.
[85] Ebd., S. 27.

irdischen Dingen und ganz unerhörten Ereignissen in dem Leben eines einzigen Menschen, dieses meines Urgroßvaters, gewesen sein könne, und wie jetzt alles so gewöhnlich und entblößt ist"[86] – erweist sich am Ende als völlig „gewöhnlich, wie bei allen andern Leuten",[87] und der so stark aufgebaute Gegensatz zwischen der nüchternen Gegenwart des Rahmen-Ichs und der außergewöhnlichen Vergangenheit des Binnen-Ichs wird als bloß scheinbarer entlarvt.[88] Wie die in der Binnengeschichte dargestellten Vorgänge, so entbehrt auch diese Entzauberung nicht der heimlichen Aggression, und jeweils geht es um die *performative Bewältigung einer als bedrohlich erfahrenen Diskontinuität und Differenz im Akt des Erzählens.* Der Erzählprozeß wiederholt damit auch homolog jenen Prozeß der Zivilisation und entzaubernden Aufklärung, als welcher die eigene kollektive Geschichte erfahren wird: einst geglaubte Größen wie Geister oder Wassermänner nehmen ebenso ab, so heißt es, wie „der Vogel in der Luft und der Fisch im Wasser".[89] Objekt der Entzauberung werden zum zweiten all jene Dinge, die in der individuellen Kindheit des Rahmenerzählers mit dem Merkmal der Abweichung/des Besonderen versehen waren – privilegiert Gegenstände des Urgroßvaters, die sowohl diesen als auch die eigene Jugend metonymisch repräsentieren können – und die jetzt, in der Gegenwart des Erwachsenen, sich als bedeutungsloser „Plunder"[90] herausstellen. Phylogenese und Ontogenese werden somit als einander isomorph gedacht: als Prozeß in der Zeit, der „Aufklärung" bedeutet, zugleich aber resignativ als Verlustgeschichte erfahren wird. Der Übertritt in das Erwachsenenalter erfordert nun den desillusionierenden Abschied von der Jugend als einer „Zeit des eigentlichen Lebens":[91] „da war mir, als sey ich traurig, ganz unsäglich traurig".[92] Der in der zweiten Hälfte des 18. Jahrhunderts einsetzende mentalitätsgeschichtliche Prozeß der Differenzierung zwischen Welt der Erwachsenen und Welt der Kindheit/Jugend[93] ist hier offensichtlich in eine entscheidende neue Phase getreten: das erwachsene Individuum erfährt sich nun im Vergleich zur Goethezeit in ungleich radikalisierter Weise als verschieden von seiner Person als Kind/Adoleszent. Die Ambivalenz des offiziell als neue Norm gesetzten, heimlich aber defizienten Modells der „sanften" Erotik hat also hier ihren historischen und systematischen Ort: sie steht in notwendiger Beziehung zu einem seinerseits latent krisenhaften Selbstverständnis der bürgerlichen Kultur des 19. Jahrhunderts selbst, die im Gegensatz zur goethezeit-

---

[86] Ebd., S. 19.
[87] Ebd., S. 232.
[88] Vgl. Buggert (o. Anm. 11), S. 121.
[89] WuB. Bd. 1.5, S. 19.
[90] Ebd., S. 16.
[91] Sennett (o. Anm. 40), S. 218.
[92] WuB. Bd. 1.2, S. 77.
[93] Die ihrerseits nicht mehr differenziert werden, da hier nur die Zäsur zum Erwachsenenalter zählt; auch lexikalisch finden sich im Text beide Begriffe.

lichen sowohl ihre eigene Genese als auch den Prozeß der Integration des erwachsenen Individuums in die eigene Gesellschaft nur noch denken kann als pessimistischen Prozeß der Ausgrenzung und Zähmung einer nun nicht mehr lebbaren unmittelbaren Emotionalität, die gleichwohl der heimlich zentrale Wert bleibt.

Wilhelm Kühlmann

Von Diderot bis Stifter

Das Experiment aufklärerischer Anthropologie in Stifters Novelle ‚Abdias'

I

Nicht ohne Anzeichen intellektueller Bedrängnis hat sich Stifter immer wieder, vornehmlich aber an zwei vielbehandelten Stellen seines Werkes, mit dem Problemüberhang der aufgeklärten Philosophie befaßt: in der Vorrede zur Erzählsammlung ‚Bunte Steine' (1852) und in der Vorrede zur Novelle ‚Abdias' (zuerst 1843, „Studienfassung" 1847). In beiden Fällen ging es um die Korrelation und Koordination zwischen dem „Gesetz der Natur" und den Normen des zwischenmenschlichen Verhaltens. Auch wenn nach Stifter „große Kräfte in der Zeit oder im Raume auf ein gestaltvolles vernunftgemäßes Ganzes" zusammenwirken, ließ sich daran nur mit Vorbehalten und unter verklausulierten Bedingungen die analoge Geltung eines „Rechts- und Sittengesetzes" ablesen.[1] Jedenfalls mußte Stifter hier umgehen, was er andernorts angedeutet hatte[2] und was Zeitgenossen wie Platen oder Lenau als dunkle Epiphanie einer von humanen Sinnvorgaben längst abgekoppelten Naturerfahrung vergegenwärtigten.[3] Es war jene Desillusion in Rechnung zu stellen und zu verarbeiten, die in den Verlaufsformen des Naturgeschehens nur noch den Selbsterhalt eines materiellen Kräftesystems erblicken konnte. Postulate eines vernunftgläubigen und „naturrechtlichen" Eudämonismus waren weitenteils von verstörender und bedrohlicher Skepsis abgelöst worden.[4] Das Maß an gedank-

---

[1] So in der Vorrede zu den ‚Bunten Steinen'. Nach Stifter wendet sich der „Menschenforscher" von den großen „Bewegungen" ab, „wenn sie nach einseitigen und selbstsüchtigen Zwecken ringen". Daß in dieser Vorrede, die eklatante argumentative Brüche aufweist, auch Stifters Erlebnis der Revolution von 1848 eine bedeutende Rolle spielt, ist bekannt.

[2] Man denke an das kosmische Erschrecken im ‚Condor', an den Eisfall in der ‚Mappe', das Naturgeschehen in ‚Bergkristall' oder die Schilderung der Wiener Sonnenfinsternis; dazu mit gültigen Einsichten Kurt Mautz: Das antagonistische Naturbild in Stifters ‚Studien'. In: Adalbert Stifter. Studien und Interpretationen. Gedenkschrift zum 100. Todestage. Hrsg. von Lothar Stiehm. Heidelberg 1968, S. 23–56; mit des Verfassers Deutung der Ditha-Figur (S. 47ff.) kann ich mich allerdings nicht anfreunden.

[3] Instruktiv dazu das Buch von Walter Weiss: Enttäuschter Pantheismus. Zur Weltgestaltung der Dichtung in der Restaurationszeit. Dornbirn 1962 (Gesetz und Wandel 3).

[4] Symptomatische Texte auch für das 19. Jahrhundert sind der Brief vom 18. August in Goethes ‚Werther' und Jean Pauls Angstvision ‚Rede des toten Christus vom Weltgebäude herab [...]' in seinem Roman ‚Siebenkäs' (Zweites Bändchen, erstes Blumenstück). Derlei nihilistische Experimente hat sich Stifter literarisch nicht gestattet, wohl aber

licher Arbeit, das sich Stifter auf diesem Hintergrund eklatanter Sinnverluste abverlangte, prägte bis in Einzelheiten hinein auch den Vorspann zur ‚Abdias'-Novelle.[5] Es kennzeichnet die hier auftauchenden Widersprüche, daß Stifter die „gelassene Unschuld" der Naturgesetze als ‚schaudererregend' apostrophierte, jedoch im selben Satz unverzüglich jenes alterprobte Bild des „unsichtbaren Armes aus der Wolke" bemühte, das als anthropomorphes Signum göttlicher Allmacht eigentlich nur die numinose Aufhebung des naturgesetzlichen Fatalismus bedeuten konnte.[6] Solchen Signalen des Kompromisses und der Abwehr, in denen schöpfungstheologische und harmonikale Basisaxiome gewahrt wurden, entsprach Stifters augenfälliger Rückgriff auf das nicht nur von Leibniz inspirierte, sondern im gesamten 18. Jahrhundert gern bemühte Bild der „Blumenkette".[7] Emblematisch, nicht diskursiv, und im kühnen Übersprung der Probleme sollte der blinde Konnex von Ursachen und Wirkungen mit der Wunschsicht der moralischen Vernunft zum Ausgleich gebracht werden. Es war die im Fatalismus angelegte Erfahrung der Kontingenz,[8] mithin auch der moralischen Anomie, die Stifter sichtlich dazu veranlaßte, in lockerer Paraphrase der Herderschen Geschichtsphilosophie die Sinnenthüllung kausaler Verlaufsformen in den künftigen Gang der Geschichte zu verlegen.[9] Indem sich Stifter der Unaufhebbarkeit des menschlichen Leidens, also einem Protestgrund moderner Säkularität, konfrontiert sah und bewußt konfrontierte, konnte er eigentlich nur ankündigen, nicht aber begründen, daß sich kausale Wirkungszusammenhänge in eine moralische und vernunftgemäße Zurechenbarkeit auflösen.

---

    die totale Indifferenz der Natur gegenüber moralischen Sinnentwürfen gestaltet. Vgl. zur skeptischen Auflösung des Vertrauens in die „Gesetze der Natur" meine Studie: Das Ende der ‚Verklärung'. Bibel-Topik und prädarwinistische Naturreflexion in der Literatur des 19. Jahrhunderts. In: Jahrbuch der Deutschen Schillergesellschaft 30 (1986), S. 417–452.

[5] Ich zitiere im folgenden nach den Studienfassungen.

[6] Das Bild übernahm Stifter wohl von Jean Paul; es findet sich früher schon in der emblematischen Literatur; vgl. Arthur Henkel und Albrecht Schöne: Emblemata. Handbuch zur Sinnbildkunst des XVI. und XVII. Jahrhunderts. Stuttgart 1967, S. 47.

[7] Dazu in diesem Band der Beitrag von Ferdinand van Ingen sowie das Standardwerk von Arthur O. Lovejoy: Die große Kette der Wesen. Geschichte eines Gedankens (engl. zuerst 1933). Frankfurt a.M. 1985; zu möglichen Anregungen s. Rudolf Jansen: Die Quelle des ‚Abdias' in den Entwürfen zur „Scientia Generalis" von G.W. Leibniz. In: VASILO 13 (1964), S. 57–69; zur „Kette der Wesen" bei Jean Paul vgl. Hans Esselborn: Das Universum der Bilder. Die Naturwissenschaft in den Schriften Jean Pauls. Tübingen 1989, S. 271–275.

[8] So wörtlich in der ‚Abdias'-Vorrede (WuB. Bd. 1.5, S. 238): „dann wird für uns kein Zufall mehr erscheinen [...]"; zur Problembehandlung Stifters s. Klaus Neugebauer: Selbstentwurf und Verhängnis. Ein Beitrag zu Adalbert Stifters Verständnis von Schicksal und Geschichte. Tübingen 1982, zu ‚Abdias' S. 15–36.

[9] Dazu im größeren Zusammenhang Peter Schäublin: Stifters Abdias von Herder aus gelesen. In: VASILO 23 (1974), S. 101–113; 24 (1975), S. 87–104.

Mit einer scheinbar generösen Geste entließ Stifter den Leser aus den Zumutungen des Problemzusammenhangs, um ihn eigentlich nur noch deutlicher auf ein „düsteres Grübeln [...] über Vorsicht, Schicksal und letzten Grund aller Dinge" und damit auf den neuralgischen Auslegungsspielraum der ‚Abdias'-Geschichte hinzuweisen. Diesem Hinweis ist die Forschung in einer Fülle von Stellungnahmen und Interpretationen willig gefolgt.[10] Mir geht es nicht darum, die diesbezüglichen Deutungsvorschläge um neue Nuancen zu bereichern. Vielmehr soll nur expositorisch und exemplarisch daran erinnert werden, wie sehr sich Stifter explizit und implizit mit gedanklichen Vorgaben auseinandersetzte, die – spätestens – im Prozeß der Aufklärungsphilosophie formuliert und schließlich in durchaus widersprüchliche Erklärungsmuster differenziert worden waren. Stifters Rückgriff auf Leibniz und Herder entsprach dabei – auch im biographischen Zusammenhang – der Weltsicht eines vernunftgläubigen, d.h. josephinistisch reformierten Katholizismus, wie Stifter ihn in Kremsmünster kennengelernt hatte und wie er eine geistige Ausgangslage des frühen 19. Jahrhunderts bezeichnete, die sich in Österreich anders ausnahm als in vielen kulturellen Zentren des ‚Reichs'.[11]

---

[10] Das letzte Zitat: WuB. Bd. 1.5, S. 239. – Die Abdias-Novelle ist in der Stifter-Forschung immer wieder behandelt worden, freilich ohne daß der hier behandelte Problemkonnex hinreichend beachtet worden wäre; vgl. zum Überblick über ältere Arbeiten den Band von Ulrich Dittmann (Hrsg.): Adalbert Stifter. Abdias. Erläuterungen und Dokumente. Stuttgart 1971 (RUB 8112); hier S. 38 der Hinweis auf Stifters Gespräche mit dem Augenarzt Dr. Jäger, der vielleicht Näheres über die Reaktionen Blindgeborener nach erfolgreicher Heilung mitgeteilt hat; ferner Hans Rudolf Klieneberger: Stifter's *Abdias* and its Interpreters. In: Forum for Modern Language Studies 14 (1978), S. 332–344. Meine Studie berührt sich mit Arbeiten, die Stifters Verhältnis zu den Naturwissenschaften behandeln, jedoch dabei ‚Abdias' zumeist nur am Rande diskutieren; vgl. Martin Selge: Adalbert Stifter. Poesie aus dem Geist der Naturwissenschaft. Stuttgart u.a. 1976 (Studien zur Poetik und Geschichte der Literatur 45); ohne wesentlichen Bezug zu meinem Thema der Aufsatz von Thorsten Petterson: „Eine Welt aus Sehen und Blindheit". Consciousness and World in Stifter's ‚Abdias'. In: GRM 71, N.F. 40 (1990), S. 41–53.

[11] Eine maßgebliche Arbeit, die Stifters Verhältnis zum Denken der Aufklärung insgesamt darstellt, existiert nicht, soweit ich sehe; grundlegend immer noch die Forschungen von Moriz Enzinger: Adalbert Stifters Studienjahre (1818–1830). Innsbruck 1950; was Stifter postulativ zu halten versuchte und dennoch darstellerisch oft dementierte, läßt sich an einem Briefe Wilhelm von Humboldts ablesen (man beachte den Schluß der Passage!): „Alle Freuden an dem Wechsel der Naturerscheinungen haben das, daß sie zugleich moralisch sind, für das sie dankbar empfindende Herz. Diese Zuverlässigkeit, die in der Natur liegt und sich schon in ihrer Regelmäßigkeit ausspricht, durch die die gewöhnlichen Begebenheiten, ja selbst der tägliche Sonnenauf- und Niedergang etwas Großes und Wunderbares erhalten, diese Zuverlässigkeit, sage ich, verbunden mit der Wohltätigkeit alles dessen, was aus der Natur auf den Menschen herabfließt, erteilt allen Empfindungen, die sich auf sie beziehen, eine erhebend beruhigende Fülle der Sanftheit"; Briefe von Wilhelm von Humboldt an eine Freundin. Leipzig o.J., S. 91 (22.3.1825). Den Einfluß Kants auf Stifter schätze ich geringer ein, als es Sepp Domandl in einer allerdings ungemein kenntnisreichen Arbeit tut: Die philosophische Tradition von Adalbert Stifters „Sanftem Gesetz". In: VASILO 21 (1972); S. 79–103.

Für die ins 18. Jahrhundert zurückweisende Genealogie des Stifterschen Denkens soll in meinem Beitrag neben Herder und Leibniz ein dritter Name ins Spiel gebracht werden: der Name Denis Diderot. Ich möchte zunächst belegen oder zumindest wahrscheinlich machen, daß die Ditha-Geschichte im ‚Abdias' direkt oder indirekt, wahrscheinlich wiederum durch Herder vermittelt, Diderots aufsehenerregenden ‚Lettre sur les Aveugles' (1749) rekapituliert.[12]

Gewiß, auf den ersten Blick erweist sich die Heilung der blinden Ditha nur als Variante des novellistisch „Unerhörten" und motiviert eine Handlungsfolge, die dem Charakterporträt des Titelhelden neue Züge verleiht. Doch deutet schon die auffällige Verlangsamung des Erzähltempos darauf hin, daß sich Stifter zugleich auf ein subtiles erzählerisches Experiment einlassen wollte. Im Mittelpunkt dieses Experiments steht die Konstitution der gegenständlich geordneten Wirklichkeit in ihrem dialektischen Bezug zur Genese des subjektiven Bewußtseins. Das Erzählexperiment reproduziert eine Versuchsanordnung der empirischen Sinnesphysiologie, damit aber zunächst auch die Interessen der aufgeklärten Erkenntnislehre und Anthropologie. Im Rekurs vor allem auf den Franzosen William Molyneux, der in Irland lebte, bzw. Etienne Bonnot de Condillac, aber auch auf den Sensualismus eines John Locke,[13] hatte Diderot die hier anstehenden Probleme entwickelt, darunter die „ungelöste Frage":[14] „Man nehme an, ein Blindgeborener im Mannesalter, den man gelehrt hat, einen Würfel und eine Kugel aus demselben Metall und von ungefähr gleicher Größe durch den Tastsinn zu unterscheiden, könne beim Befühlen der beiden Körper sagen, welcher der Würfel und welcher die Kugel ist. Man nehme ferner an, dieser Blinde gewinne das Sehvermögen, während der Würfel und die Kugel auf einen Tisch vor ihn gelegt werden, und frage ihn dann, ob er die Körper bei bloßer Betrachtung, ohne sie zu befühlen, unterscheiden und sagen könne, welcher der Würfel und welcher die Kugel ist."

---

[12] Ich zitiere nach der deutschen Übersetzung im folgenden: „Diderot deutsch" (mit Angabe der Seitenzahl): Brief über die Blinden. Zum Gebrauch für die Sehenden. Mit einem Nachtrag 1749. In: Denis Diderot. Philosophische Schriften. Übers. und hrsg. von Theodor Lücke. 2 Bde. Frankfurt a.M. 1967, hier Bd. 1, S. 49–110; herangezogen wurde der französische Text in: Diderot. Œuvres. Texte établi et annoté par André Billy. Paris 1951 (Bibliothèque de la Pléiade 25), S. 811–872; zur frühen Rezeption dieser Schrift in Deutschland (Rezensionen und dgl.) vgl. Roland Mortier: Diderot in Deutschland 1750–1850. Stuttgart 1967, S. 308–314.

[13] Zum philosophischen Zusammenhang vgl. die glänzende Exposition von Ernst Cassirer: Die Philosophie der Aufklärung. Tübingen 1932, S. 144–160; einläßlich auch Rudolf Metz: George Berkeley. Leben und Lehre. Faksimile-Neudruck der Ausgabe Stuttgart 1925. Stuttgart/Bad Cannstatt 1968, spez. S. 44–63: „Die Theorie des Sehens und das Problem der Wahrnehmung." Diderots Schrift ist knapp behandelt bei Jürgen Manthey: Wenn Blicke zeugen könnten. Eine psychohistorische Studie über das Sehen in Literatur und Philosophie. München/Wien 1983, S. 200–202.

[14] Diderot deutsch (o. Anm. 12), S. 84.

Wie seine Vorgänger und Zeitgenossen ging Diderot von den Erfahrungen eines Blindgeborenen aus, der sich allein durch Gehör und Tastsinn seine Vorstellung, Begriffe und „Ideen" von Wirklichkeit bilden kann. Diderots Betrachtungen führten zu der These, daß theologische Annahmen, metaphysische Axiome und moralische Normen wie alle „Vernunftschlüsse" von divergenten Wahrnehmungsweisen und von einer spezifischen sinnlichen Ausstattung der Menschen abhängen. Damit wurde aus dem ‚Brief über die Blinden' eine philosophische Kampfschrift.[15] Für unseren Zusammenhang ist das hier aufgeworfene Problem einer Synthesis der verschiedenen Sinneskräfte und Wahrnehmungsformen wichtiger, mithin die Fragen nach ihrem Vermögen, ihrer Priorität, Hierarchie und Harmonie. Was lange Zeit allein in philosophischer Spekulation abzuhandeln war, wurde in der Befragung des blinden Cambridger Mathematikprofessors Nikolaus Saunderson und durch die Reaktionen eines Staroperierten, der 1728 durch den Chrirurgen Cheselden sein Augenlicht wiedererhalten hatte, empirischer Forschung zugänglich. Anhand von Testpersonen also ließ sich nun der schwebende Konflikt der philosophischen Erkenntnislehre austragen: der Konflikt zwischen letzthin metaphysischen Vorgaben – etwa in der Annahme „eingeborener Ideen" – und einer rein empirisch-sensualistischen Begründung des Prozesses, in dem sich aus Wahrnehmungen auch Urteile, Begriffe und abstrakte Kategorien ableiten lassen. Es ging um die Frage, wie in der Abstufung und im Konnex von Sinnesaktivitäten, Verstandesoperationen und sprachlichen Denotationsakten die äußere Welt in ihrer Komplexität zu Bewußtsein kommt. Der Ansatz von Molyneux wurde dabei von Diderot in weiteren Fragen entfaltet:[16] „Man kann fragen: erstens ob der Blindgeborene sieht, sobald die Staroperation vollzogen ist; zweitens ob er, falls er sieht, scharf genug sehen kann, um Gestalten zu unterscheiden; ob er auf sie, während er sie sieht, zuverlässig dieselben Bezeichnungen anzuwenden vermag, die er ihnen beim Befühlen gegeben hat, und ob er den Beweis dafür hat, daß diese Bezeichnungen zutreffen." Umstandslos bestätigte Cheseldens Proband allerdings weder metaphysisch-platonische noch empirisch-sensualistische Positionen der Erkenntnistheorie, so daß Diderot am Ende seines Briefes Zuflucht zur Montaigneschen Erkenntnisskepsis nahm.[17] Denn statt erwarteter Beweise stellten sich alte und neue Fragen. Wer wie Cheseldens Patient plötzlich das Licht der Welt erblickte, sah sich in der Situation der Stifterschen Ditha, mußte erst lernen und üben, „richtig" zu sehen, d.h. nicht nur zu sehen, sondern auch zu erkennen:[18] „Der junge Mensch, dem dieser geschickte Chirurg den Star stach, konnte lange Zeit weder Grö-

---

[15] Zur Kritik des Diderotschen Libertinismus in Deutschland vgl. Mortier (o. Anm. 12), S. 309f.
[16] Diderot deutsch (o. Anm. 12), S. 87.
[17] Ebd., S. 99.
[18] Ebd., S. 88ff.

ßen noch Entfernungen, noch Lagen, ja nicht einmal Formen unterscheiden. Ein daumengroßer Gegenstand, der ihm vor das Auge gehalten wurde und ihm dabei ein Haus verdeckte, erschien ihm ebenso groß wie das Haus. Er hatte alle Gegenstände „auf den Augen"; sie schienen für ihn mit diesem Organ verbunden zu sein, wie die Gegenstände beim Betasten mit der Haut verbunden sind. Er konnte das, was er mit Hilfe seiner Hände für rund befunden hatte, nicht von dem unterscheiden, was er für eckig befunden hatte; noch mit seinen Augen unterscheiden, ob das, was nach seinem Gefühl oben oder unten war, tatsächlich oben oder unten war. Zwar nahm er schließlich, wenngleich nicht ohne Mühe, wahr, daß sein Haus größer war als sein Zimmer; doch konnte er überhaupt nicht begreifen, wie das Auge ihm diese Idee vermittelte. Er bedurfte zahlreicher, immer wieder erneuerter Erfahrungen, um sich davon zu überzeugen, daß die Malerei feste Körper darstelle. Als er sich durch das Betrachten von Gemälden endlich davon überzeugt hatte, daß er dort nicht nur Flächen sah, legte er die Hand darauf und war sehr erstaunt, daß er nur eine einförmige Ebene ohne irgendeine Erhebung vorfand. Da fragte er, was trügerisch sei: der Gefühlssinn oder der Gesichtssinn. Übrigens wirkte die Malerei ebenso auf die Wilden, als sie zum erstenmal Gemälde sahen: sie hielten Gemälde für lebende Menschen, befragten sie und waren höchst überrascht, als sie keine Antwort von ihnen erhielten. Bei ihnen rührte dieser Irrtum gewiß nicht von einer zu geringen Übung im Sehen her."

Ein eifriger Leser der französischen Aufklärungsliteratur, Johann Gottfried Herder, faßte an prominenter Stelle seines Werkes, in der Abhandlung ‚Plastik' (entstanden zwischen 1768 und 1770), die Berichte und Überlegungen Diderots zusammen. Auch in Herders Sammlung ‚Kritische Wälder', speziell im Vierten Teil (1769), gewann das von Diderot umrissene Problemsyndrom eine auffällige Aktualität. Allerdings waren hier alle Beobachtungen der Sinnesphysiologie eingebunden in ästhetische und anthropologische Theorien, untermauerten ein Konzept der Humanisierung, das auch die vorbewußten Empfindungen als biologisches Erbteil des Menschen und damit als Indizien eines „dunklen Mechanismus der Seele" von aller Diskriminierung der Vernunft befreite. Die Frage nach der Eigenart räumlicher Wahrnehmungen und Begriffe gehörte für Herder ausdrücklich zur Untersuchung des menschlichen „Werdens":[19] „Wenn man bedenkt, wieviel geheime Verbindungen und Trennungen, Urteile und Schlüsse ein werdender Mensch machen muß, um nur die ersten Ideen von Körpern außer sich, von *Figur, Gestalt, Größe, Entfernung* in sich zu lagern: so muß man erstaunen. Da hat die Menschliche Seele mehr gewürkt, und entwickelt, gefehlt und gefunden, als der Philosoph im ganzen Leben seiner Abstraktionen."

---

[19] Johann Gottfried Herder. Schriften zur Ästhetik und Literatur 1767–1781. Hrsg. von Gunter E. Grimm. Frankfurt a.M. 1993 (Werke. Bd. 2), S. 275.

Auch Ditha präsentiert sich als Figur, die das Zu-Sich-Kommen des Menschen vorführt, indem Stifter die Vorgaben der aufklärerischen Anthropologie in seine Darstellung integriert, jedoch an einem bestimmten Punkt überwindet. Daß Stifter, auch in seinem Interesse an den bildenden Künsten, Herders ‚Plastik' kannte, darf angenommen werden. In dieser Schrift wird der Königsanspruch des Gesichtssinns bestritten, demontiert Herder Vorstellungen, wie sie z.B. Schiller in seiner Dissertation ‚Philosophie der Physiologie' (1779) formulierte: das Auge sei „das weiteste, schönste, edelste" der Sinnesorgane.[20] Der augenkranke Herder wußte, wovon er sprach, wenn er den Tastsinn rehabilitierte:[21] „Kommt in die Spielkammer des Kindes, und sehet, wie der kleine Erfahrungsmensch faßet, greift, nimmt, wägt, tastet, mißt mit Händen und Füßen, um sich überall die schweren, ersten und nothwendigen Begriffe von Körpern, Gestalten, Größe, Raum, Entfernung u. dgl. treu und sicher zu verschaffen. Worte und Lehren können sie ihm nicht geben; aber Erfahrung, Versuch, Proben. In wenigen Augenblicken lernt er da mehr und alles lebendiger, wahrer, stärker, als ihm in zehntausend Jahren alles Angaffen und Worterklären beibringen würde. Hier, indem er Gesicht und Gefühl unaufhörlich verbindet, eins durchs andre untersucht, erweitert, hebt, stärket – formt er sein erstes Urtheil. Durch Fehlgriffe und Fehlschlüße kommt er zur Wahrheit, und je solider er hier dachte und denken lernte, desto beßere Grundlage legt er vielleicht auf die complexeren Urtheile seines Lebens. Wahrlich das erste Museum der Mathematisch=Physischen Lehrart!"

Für Herder hat der „Begriff" etwas mit „Be-Greifen" zu tun, und die Welt als Umwelt des Menschen bildet sich im Zusammenwirken aller Sinne und Gefühle, in der geistigen Verarbeitung von Erfahrungen, als deren Basis die Empfindungen des eigenen und fremden Körpers angesehen werden müssen. Gefühlshafte Körperlichkeit als „Alphabet" und „Sprache der Seele", mit solcher Umwertung der vormals „niedrigen" Sinnlichkeit gab Herder, wie bekannt, Anstöße für eine Revision von Kunstbegriffen des jungen Goethe,[22] deutete aber auch voraus auf das, was Stifter lebenslang bewegte: auf den Zusammenhang „seelischer Würde" und ganzheitlicher Bewußtwerdung des Menschen mit der sinnlichen Aneignung einer im räumlichen Kosmos der „Dinge" vorgefundenen Realität. In dieser Perspektive erscheint mir die Erkenntnis nicht zu weit hergeholt, daß Stifter immer wieder Handlungsweisen, Beziehungen und Bewegungen seiner Figuren in Ortsbeschreibungen und mi-

---

[20] Zitiert nach Peter Utz: Auge, Ohr und Herz. Schillers Dramaturgie der Sinne. In: Jahrbuch der deutschen Schillergesellschaft 29 (1985), S. 62–97; hier S. 67.
[21] Herders Sämmtliche Werke. Hrsg. von Berhard Suphan. Bd. 8. Berlin 1892, S. 7f.
[22] Dazu im einzelnen mit weitem Überblick der wichtige Aufsatz von Elizabeth Wilkinson und Leonard Ashley Willoughby: Der Blinde und der Dichter. Der junge Goethe auf der Suche nach der Form. In: Goethe-Jahrbuch 91 (1974), S. 33–57. Ausgehend vom Problem des Molyneux Peter Utz: Das Auge und das Ohr im Text. Literarische Sinneswahrnehmung in der Goethezeit. München 1990.

nutiösen topographischen Aufnahmen disponiert.[23] Eigentlich führt Stifters Ditha-Erzählung diesen Grundzug seiner fiktionalen Phantasie zur äußersten Konsequenz. Nicht in erster Linie die Dynamik der Zeit, sondern die Koordinaten von Räumen, Orten und Gegenständen begründen, ermöglichen, symbolisieren und motivieren in Stifters Werk das Spektrum humanen Verhaltens, die Geschichte der Gestalten und die Antinomien von Ordnungsgewinn und Ordnungsverlust.

II

Um den problemgeschichtlichen Gehalt der hier interessierenden Ditha-Episode auszuleuchten, mußte ich historisch zurückblenden und dabei schon Thesen andeuten, die erste eine genaue Lektüre des Stifterschen Textes bekräftigen kann. Nur beiläufig sei als Vergleichs- und Ausgangspunkt dieser Lektüre ein Frühwerk Christoph Martin Wielands herangezogen. Seine Verserzählung ‚Selim und Selima‘ (1752), „morgenländischem Geschmack" angepaßt, sei „durch Lesung der Empfindungen eines Blindgeborenen und ein gewisses Stück des Babillard entstanden".[24] Der liebende Held kann die Schönheiten der Natur und die Zärtlichkeiten seiner empfindsamen Freundin nur in den Berührungen des Körpers, „im Wirbel reizender Gerüche" und im Andrang wohllautender Töne auskosten. Durch ein wunderbares Heilkraut gewinnt er unversehens sein Augenlicht zurück. Wielands Schilderung dieses Augenblicks wird man sich kaum ohne Anregung des Diderotschen ‚Briefs‘ denken dürfen. Denn in der gefühlhaften Erschütterung melden sich durchaus philosophische Fragen zu Wort: Fragen nach der Identität des Ichs im Wechsel der Selbstwahrnehmung, Fragen auch nach der Kongruenz alter Vorstellungsinhalte und erstmals erblickter Phänomene. Selbst das Problem der Hierarchie und der Synthesis von Sinnesvermögen und Wahrnehmungsformen klingt an, indem nämlich der von den Wonnen des Schauens überwältigte Held nur nach und nach seine alte Empfänglichkeit für Duft und Klang wiedergewinnt:[25]

---

[23] Vgl. Stefan Gradmann: Topographie/Text. Zur Funktion räumlicher Modellbildung in den Werken von Adalbert Stifter und Franz Kafka. Hamburg 1990 (athenäum monografien literaturwissenschaft 96); Hans Schröder: Der Raum als Einbildungskraft des Dichters bei Stifter. Frankfurt a.M. 1985 (Regensburger Beiträge zur deutschen Sprach- und Literaturwissenschaft 27); nach wie vor lesenswert Hans Dietrich Irmscher: Adalbert Stifter. Wirklichkeitserfahrung und gegenständliche Darstellung. München 1971, spez. S. 140–253.
[24] Nach brieflichen Angaben in: Wielands Briefwechsel. Briefe der Bildungsjahre. Hrsg. von Hans Werner Seiffert. Berlin 1963 (Wielands Briefwechsel. Erster Band). Nr. 66, S. 95f.; Nr. 69, S. 98; vgl. auch Nr. 72, S. 108.
[25] Christoph Martin Wieland: Sämmtliche Werke XIII. Darin als 2. von 3 Bestandteilen: Supplemente. Zweyter Band. Leipzig 1798. Nachdruck Hamburg 1984, S. 174–200, hier S. 195f.; v. 438–465.

> Der Jüngling sieht. Ein nie empfund'ner Schauer
> Erschüttert mächtig seine ganze Seele,
> Da in der aufgeblühten Pracht des Frühlings
> Die schöne Welt sich ihm zum ersten Mahl
> Im Sonnenglanz, in ihrer Färbung, zeigt.
> Lang steht er starr und sprachlos, ausser sich
> Hinweggezückt – Zuletzt nach langem Schweigen,
> Bricht die Verwundrung aus den offnen Lippen:
> > Wie ist mir? Bin ich's selbst? in welche Welt
> Bin ich verzückt? Wo liess ich meinen Körper?
> Was für Gestalten, was für neue Wunder
> Umzittern mein noch furchtsam Aug'? O Himmel!
> Ist dieses das Gesicht? Sind diess die Farben?
> Ist diess der Sonne Schimmer, den ich dort
> Durch jene Büsche wallend lodern sehe?
> O! was für neue namenlose Freuden
> Umströmen mich! Ein Augenblick gab mir
> Ein neues Wesen, und ein zweytes Leben!
> Bin ich vielleicht in einer andern Welt?
> Im Paradies? – Doch warum hör' ich nichts?
> Ward mir für diesen neuen Sinn der übrigen
> Genuss entzogen? Oder duften hier
> Die Blumen nicht? Tönt hier kein Hain von Liedern?
> Doch nein! ich fühle noch – Diess ist mein Leib,
> Diess ist der Boden, wo ich stand; die Farben
> Die ich erblicke, sind die Blumen selbst
> Die ich betrete; schon empfind ich wieder
> Bekannte Düfte mir entgegen wallen.

Was bei Wieland nur angedeutet wird, darum bemüht sich Stifter mit der Akribie eines Psychologen, der Einzelbeobachtungen zu einem Gesamteindruck und zu einer Diagnose zusammenfügt, in der nicht nur die Wahrnehmungsdifferenzen zwischen dem Blinden und dem Sehenden, sondern auch die daraus ableitbaren Kontraste des Persönlichkeitsbildes und des elementaren Verhaltens registriert werden. In der Schilderung der vierjährigen Ditha, die als Blinde ihrem Vater Rätsel aufgibt, dominieren zwei durchaus naturwissenschaftliche Darstellungsschemata: zum einen der explizite Vergleich mit anderen, „normalen" Kindern, deren Reaktionen Stifter offenbar als bekannt voraussetzt, zum andern die Form des Versuchsprotokolls. Ditha wird nach dem „Wenn-Dann-Prinzip" getestet:[26] „Stehen konnte sie schon, aber wenn man sie auf die Füße stellte, blieb sie unbeweglich stehen, klammerte sich an die

---

[26] WuB. Bd. 1.5, S. 307f.; die beiden folgenden Zitate S. 308, S. 309.

sie haltende Hand, und wenn man diese weg zog, stand sie einsam in der Luft da, strebte nach keiner Richtung weiter, ihre Füßchen zitterten, und in den Mienen sprach sich Angst und die Bitte um Hilfe aus. Wenn man ihr dann die Hand gab, und damit einen ihrer Finger berührte, so hielt sie sich schnell daran, faßte mit beiden Händchen darnach, und zeigte Neigung, nieder zu sitzen. Wenn man ihr aber das verweigerte, so blieb sie stehen, sich an der dargereichten Hand festhaltend, und nichts weiter versuchend. Am vergnügtesten schien sie zu sein, wenn sie in ihrem Bettchen lag."

Dithas äußerer Hilflosigkeit und ihrer Angst vor dem Verlust haptischer Orientierung korrespondiert eine innere Teilnahmslosigkeit. Schon hier bereitet Stifter vor, was im Heilungsprozeß Dithas vollendetes Menschsein anzeigen wird: Das Auge ist nicht nur Organ des Sehens und Pforte von Wahrnehmungen, sondern zugleich Spiegel und Zeichen der inneren, der „seelischen" Befindlichkeit und gefühlshaften Zuwendung zum Mitmenschen und zur Welt überhaupt. In der Entwicklungslogik der Herderschen Anthropologie deuten die „leeren" und „leblosen" Züge des Gesichts einen Zustand der pflanzenhaften Bewußtlosigkeit und – im biblischen Bild gedacht – den Zustand vor jenem Augenblick an, in dem durch Gottes Anhauch der Mensch zum Menschen wurde: „Die Seele schien noch nicht auf den schönen Körper herunter gekommen zu sein."

Abdias' Versuch, aus seinem Kind „eine Art Seele hervor[zu]locken", erschöpft sich zunächst in Maßnahmen diätetischer Pflege. Als er, spät genug, Dithas Blindheit erkennt, denkt er nur an ihre Versorgung – bis hin zu jener „wundervollen Begebenheit", indem als Blitz jener „unsichtbare Arm aus der Wolke" eingreift, dem Stifter schon in der Vorrede „das Unbegreifliche" zuschrieb. Was bei Wieland als „nie empfund'ner Schauer" apostrophiert wurde, gewinnt bei Stifter alle Anzeichen eines Schocks und eines Traumas, des Traumas gleichsam einer Wiedergeburt. Dithas „fürchterliche Erregung [...], wie Entsetzen, wie Todesschreck" verfremdet die gewohnte Lebenswelt, verwandelt den Vater zum „Ungeheuer". Die Augen nehmen wahr, aber können nicht identifizieren, einordnen, bewerten.

Für den „furchtbar herrlichen Sturm des ersten Sehens" stehen Ditha nur Bezeichnungen der akustischen Perzeption zur Verfügung, die sie mit einzelnen Begriffen („fern", „aufrecht") der räumlichen Gegenstandserfahrung kombiniert: „Nach mehreren Augenblicken fing es [das Kind, W.K.] sogar selber zu reden an und erzählte ihm von fernen bohrenden Klängen, die da gewesen, von schneidenden, stummen, aufrechten Tönen, die in dem Zimmer gestanden seien." Mutatis mutandis entspricht diese Vorherrschaft der akustischen Wahrnehmungsformen, also die Isolation eines bestimmten Zeichensystems und des dazugehörigen „Kanals",[27] dem Verhalten jenes Blinden bei Diderot,[28] der al-

---

[27] Die Zitate: WuB. Bd. 1.5, S. 321; zur Sache vgl. die semantischen Kategorien, die Umberto Eco entwickelt: Zeichen. Einführung in einen Begriff und seine Geschichte. Frankfurt a.M. 1977 (ed. suhrkamp 895), spez. S. 50ff.
[28] Diderot deutsch (o. Anm. 12), S. 63.

lein im Gefühlssinn „die Grundformen aller seiner Ideen" fand. Erst in der Interpretation liebgewordener „Zeichen", denen des Gehörs und des Tastsinns, findet die verstörte Ditha wieder Ruhe und gefühlshafte Sicherheit. Der Vater, der mit ihr spricht und sie streichelt, ist kein „Ungeheuer" mehr.

Am Fall Ditha macht Stifter sich und den Lesern klar, daß die Welt zunächst wahrgenommene Umwelt eines Subjekts ist, diese Welt sich aber konstituiert in der Verschlüsselung und Wiedergabe von Sinnesreizen und Empfindungen durch Zeichen – normalerweise im systematischen Verbund verschiedenartigster Zeichenbeziehungen, bei denen der Blinde sowohl auf der Signifikanten- wie auf der Signifikatseite den Ausfall des visuellen Zeichensystems zu kompensieren hat. Die Zuordnung von Subjekt-Objekt-Beziehungen und ihr Ausdruck im sprachlichen Zeichensystem, das Verständigung über eine gemeinsame Realität ermöglicht, ist angewiesen auf einen Lern-, d.h. Interpretationsprozeß, der nur als sozialer gedacht werden kann. In Stifters Erzählung wird der Vater zum Lehrer. Dies zuerst in einer so elementaren Hinsicht, daß bereits die selbstverständliche Polarität von Subjekt und Objekt als Problem erscheint. Denn Ditha wußte nicht nur nicht, was „Sehen" sei, sondern sie wußte auch nicht:[29] „daß das alles nicht sie sei, sondern ein Anderes, außer ihr Befindliches, das sie zum Theile bisher gegriffen habe, und das sie auch ganz greifen könnte, wenn sie nur durch die Räume in unendlich vielen Tagen dahin zu gelangen vermöchte."

Erst der bewußte oder automatisch-spontane Akt der Identifikation sichert die Identität des Ichs mit sich und die Trennung von der identifizierbaren Sphäre der Objekte. Das Eigene muß vom Fremden, vorab der eigene Körper von fremden Substanzen unterschieden werden. Auch in Stifters Erzählung erweisen sich Identität und Differenz als Kategorien, die Realität strukturieren und auf diese Weise Lebensorientierung ermöglichen. Erst durch sie erhält die vage Varietät der Sinnesreize ein Netz identifizierbarer Merkmale, das wahrnehmende Ich aber die Fähigkeit, sich in Vorstellungen, Benennungen und Begriffen die eigene und die fremde Wirklichkeit zu organisieren. Wie Stifter darstellt, muß Ditha erst lernen, ihre eigene Hand zu identifizieren, muß lernen, daß die eigenen Hand als Körperteil und als Substrat unmittelbaren Empfindens zugleich die sichtbare, die in optische Entfernung gerückte Hand ist. Damit nicht genug. Die Identität des eigenen Körpers und die der Gegenstände muß im Bewußtsein über die Kluft der Zeit gerettet werden. Zu identifizieren, was etwas ist, darf nicht von momentaner Wahrnehmung abhängen. Ditha muß sich klarmachen: In ihrer Objektivität nach Form, Materie und Funktion ist die eigene Hand als nur Gefühltes, als Sichtbares und als nur Erinnertes substantiell identisch und trägt deshalb auch dasselbe Sprachzeichen. Was Stifter mit eben dieser Sorgfalt eines Beobachtungsprotokolls vorführt, ist auch der Ausgriff in den Raum, ist die Genese von Raumvorstellungen, die

---

[29] WuB. Bd. 1.5, S. 323.

über die Erfahrung der Entfernung und Bewegung mit dem Faktor „Zeit" verkoppelt werden. Stifter zeigt, daß dieser Ausgriff in den Raum Vertrauen erfordert, weil die Angst vor dem Leeren unterdrückt werden muß. Abdias benutzt das Ditha wohlbekannte Gerät und Mobiliar, um die ersten Exkursionen ins Unvertraute zu ermutigen. Dabei gilt es, räumliches Sehen von flächenhafter Projektion zu unterscheiden, den Raum als perspektivische Spiegelung im Auge und damit als subjektbezogen zu begreifen.

In diesen fein differenzierten und pädagogisch wohldurchdachten Lernschritten erweist sich die Nachbehandlung einer Blinden als Initiation in die Welt, die als objektiv gegebene und im selben Maße als Erfahrungsdimension des Subjekts erscheint. Was der normale Mensch fast unmerklich einübt, verdichtet sich bei Stifter – im abgestuften Verhältnis der erzählten Zeit zur Erzählzeit – zum Geschehen dreier Tage, schließlich weniger Wochen. Dabei liegt Stifters Antwort auf Herders Frage, wie ein Mensch „wird", das metaphysische Modell der organischen Ausbildung aller Kräfte zugrunde:[30] „Was den andern Eltern weit aus einander gerückt, gleichsam in Millionen Augenblicke verdünnt erscheint, das wurde ihm jetzt gewisser Massen auf einmal zugetheilt. Eilf Jahre waren Ditha's Augen zugehüllt gewesen, eilf Jahre war sie auf der Welt gewesen, und hatte auf das Sehen warten müssen, nachdem ihr diese Welt schon auf einer andern Seite, auf der Seite des engen, dunkeln, einsamen Tastens war zugetheilt gewesen: aber wie man von jener fabelhaften Blume erzählt, die viele Jahre braucht, um im öden grauen Kraute zu wachsen, dann aber in wenigen Tagen einen schlanken Schaft emportreibt, und gleichsam mit Knallen, in einem prächtigen Thurm von Blumen aufbricht: – so schien es mit Ditha; seit die zwei Blumen ihres Hauptes aufgegangen waren, schoß ein ganz anderer Frühling rings um sie herum mit Blitzesschnelle empor; aber nicht allein die äußere Welt war ihr gegeben, sondern auch ihre Seele begann sich zu heben."

Raum, Entfernung, Bewegung, Zeit – indem Ditha ihre konkrete Lebenswelt in diesen noch vorbegrifflichen Vorstellungen realisiert, öffnet sich das Interieur des Hauses zunächst zum Garten, dessen Dimensionen noch körperlich zu erfassen sind, dann aber zur Weite einer Himmelslandschaft, die nur als Bild aufgenommen werden kann. In der ersten Nacht, die von Ditha als Wiederkehr der Blindheit angesehen wird, doch im Schein der Lampe die verläßliche Konstanz der Dingwelt offenbart, verstärkt sich das Vertrauen in die Führung durch den Vater und Lehrer. Von ihm wird auch das Reich der Farben erschlossen, deren Wahrnehmung zunächst noch Klangassoziationen hervorruft. Hinter der Vielfalt der Gegenstände eröffnet sich als strukturierendes Prinzip die alte Vierzahl der Elemente: Erde, Wasser, Luft und das Feuer in Gestalt des künstlichen Lichts. Freilich führt der Erkenntnisfort-

---

[30] Ebd., S. 326f.

schritt genau an dem Punkt zu Komplikationen, an dem der Lernprozeß Reflexionen auslöst und damit die naive Sicherheit des Verhaltens stört:[31] [...] „und getraute sich nicht die Spitze schnell und sicher vor sich in das Gras zu setzen, weil sie nicht wußte, wie groß oder klein der Abgrund zwischen diesem und dem nächsten Tritte sei, wodurch es kam, daß sie jetzt im Sehen weit unsicherer ging, als früher in der Blindheit; denn da hatte sie den Fuß jederzeit im Bewußtsein des festen Bodens, den sie bisher immer gegriffen, vorwärts gestellt, und hatte nicht gewußt, welche ungeheure Menge von Gegenständen auf dem nächsten Schritte liege."

Gerade diese Passage leitet über zu einem Reaktionsbild neuer Art: Ditha lernt, erkennt und reflektiert nicht nur, sie zeigt auch „Freude" und „Gefallen" an den Sinneseindrücken der neu erschlossenen Welt. Ihre seelische Entwicklung korrespondiert der körperlichen, und ihre blühenden Lippen verweisen auf den nunmehr „sicheren Gang". Das Antlitz symbolisiert in seiner Schönheit, daß Ditha „zu leben" begonnen hat und immer mehr „das Schönste" zeigt, „was der Mensch vermag, das Herz". Die ehemals erblindeten Augen gewinnen den Rang eines Schlüsselsymbols:[32]

„Auch die Augen, die einst so starren unheimlichen Bilder, wurden nun menschlich lieb und traulich; denn sie fingen zu reden an, wie Menschenaugen reden – und Fröhlichkeit oder Neugierde oder Staunen malte sich darinnen – auch Liebe malte sich, wenn sie plaudernd und schmeichelnd auf Abdias Züge schaute, die nur ihr allein nicht häßlich erschienen; denn was die Außenwelt für ihre Augen war, Das war er für ihr Herz – ja er war ihr noch mehr, als die Außenwelt; denn sie glaubte immer, er sei es, der ihr diese ganze äußere Welt gegeben habe."

Unverkennbar gehört Ditha so zur figuralen Verwandtschaft Brigittas: Diese galt landläufig als häßlich, doch in ihren Augen verrieten sich Selbständigkeit, Freiheit und moralische Schönheit, jene hatte nicht unter dem Makel eines häßlichen Körpers zu leiden, doch ihre blinden Augen waren leblos – weder Spiegel der Welt noch „Fenster der Seele".[33]

Kann man Stifters Erzählung, die Erzählung von Dithas „Entwicklung", anders verstehen als den Versuch, Humanität in ihrem „Werden" zu veranschaulichen? Ausgehend von Problemen einer offen oder latent materialistischen Sinnesphysiologie, wie sie Diderot diskutierte, demonstriert Stifter in Ditha, worauf es Herder ankam: Weltaneignung im Ensemble aller Wahrnehmungen, Empfindungen und Gefühle, dabei auch die Wirklichkeit des

---

[31] Ebd., S. 325f.
[32] Ebd., S. 327f.; zusammenfassend zum diesbezüglichen Darstellungsverhalten: Erika Tunner: „Zum Sehen geboren, zum Schauen bestellt". Reflexionen zur Augensymbolik in Stifters ‚Studien'. In: EG 40 (1985), S. 335–348.
[33] Zur doppelseitigen Deutungs- und Darstellungsgeschichte des Auges vgl. Katharina Weisrock: Götterblick und Zaubermacht. Auge, Blick und Wahrnehmung in Aufklärung und Romantik. Opladen 1990.

Schönen als Epiphänomen des sich selbst gewissen und des sich selbst verwirklichenden Lebens. Daß Herders Entwicklungsvorstellung den Weg zu einem Ideal bahnte, das in seinen ‚Briefen zur Beförderung der Humanität' (1793/97) programmatischen Ausdruck fand, scheint Stifter mit der Tochter des Abdias in ein erzählerisches Symbol verwandelt zu haben. Die Augen Dithas – wirkliche „Menschenaugen" – lösen jede nur doktrinäre Verkoppelung von Schönheit und Tugend, vernünftiger Weltaneignung, gefühlshafter Souveränität und sozialer Gesinnung in jene Unbefangenheit des „menschlich freien Waltens" auf, das Stifter in ‚Brigitta' bezeichnenderweise mit einem „schönen Auge" vergleicht und das dort „öde" Natur kultiviert.[34] Ditha fungiert als anthropologische Modellgestalt. Als solche repräsentiert sie die wunderbare und seltene Koinzidenz naturwüchsiger und kultureller Personalität, autogener Entwicklung des Individuums und der Notwendigkeit sozialer Initiation in eine Welt, die im Wechsel möglicher Wahrnehmungen keineswegs eine selbstverständliche und verläßliche Wahrheit der Wirklichkeit garantiert. Dithas Erblühen signiert das Gelingen von Humanität, und in ihr erscheint die Kluft zwischen subjektiver Bedingtheit des Individuums und der Eigengesetzlichkeit der Realität aufgehoben. Es ist diese fast utopische Repräsentanz, die Ditha über die Normalmenschen heraushebt.

Dithas Besonderheiten dokumentieren sich in der ungewöhnlichen Sensibilität ihrer Nerven an Gewittertagen und in einer Art von elektromagnetischer Anziehungskraft, die sich in Lichterscheinungen kundtut. Dazu kommt ein merkwürdig „vermischtes" „Tag"- und „Traumleben". Daß hiermit auf Dithas Tod vorausgedeutet wird, den Tod durch Blitzschlag, bedarf kaum einer Erwähnung. Wie aber steht dieses „Wunder- und Strafgericht" zum anthropologischen Sinngehalt der Geschichte? Unabhängig von den diesbezüglichen Deutungsvorschlägen der Forschung muß meine Frage lauten: Wenn Stifter Ditha als anthropologische Modellfigur konzipierte, wenn er in Ditha Mensch-Werdung erzählen wollte, wie läßt sich dann der Komplex von „Naturbesonderheiten" dazu in eine schlüssige Bedeutungskorrespondenz bringen?

Als Antwort auf diese Frage sei eine tastende These erlaubt. Über Diderot und die Aufklärung, aber auch über Herder hinaus, war das, was „Seele" und „Leben" ist und bewirkt, in der romantischen Physiologie und Psychologie aufgrund bisher unbekannter oder wenig beachteter Phänomene zum Gegenstand einer theoretischen Debatte geworden. Franz Anton Mesmer (1734–1815) und der sog. Mesmerismus[35] repräsentierten den Versuch wider alle Monopolansprüche des mechanischen Materialismus das Fluidum der Seele und der Lebensenergien nachzuweisen. Im Umkreis des Mesmerismus, man

---

[34] WuB. Bd. 1.5, S. 461.
[35] Vgl. die ausgreifende Darstellung von Anneliese Ego: „Animalischer Magnetismus" oder „Aufklärung". Eine mentalitätsgeschichtliche Studie zum Konflikt um ein Heilkonzept im 18. Jahrhundert. Würzburg 1991 (Epistemata 68).

denke nur an Justinus Kerner (1786–1862), suchte man nach dem „Nervenäther" und entdeckte eine dem empfindlichen Menschen fühlbare Sympathie verborgener Kräfte des Kosmos.[36] In der Sprache des Somnambulismus schien sich der Zusammenhang der materiellen und der geistigen, ja der göttlichen Welt zu artikulieren. Man darf wohl feststellen, daß auch Ditha zum weiteren Spektrum der weiblichen Somnambulen gehört. Ihr Tod ratifiziert das „Erblühen" einer Seele, die so sensibel geworden ist, daß sie in ihrer irdischen Hülle den Kräften, die Seelisches und Göttliches verknüpfen, keinen Widerstand bietet.

Damit ist gewiß nicht das letzte Wort über Dithas Tod im Zusammenhang der Novelle gesprochen, doch wenn meine Anmerkungen in die zutreffende Richtung weisen, dann hat Stifter im ‚Abdias' über Diderot und Herder hinaus noch die seinerzeit aktuellen, wenn auch nicht unumstrittenen Problemlagen der philosophischen und naturkundlichen Anthropologie verarbeitet und in ein faszinierendes Figurenkonzept umgesetzt. Auf jeden Fall aber gilt, wie ich meine: Stifters ‚Abdias' ist zu lesen als Erzählung über das unauflösliche Geflecht von Schuld und Schicksal, und damit als die Geschichte des Titelhelden. Doch die Novelle ist im Blick auf Ditha gleichermaßen zu lesen als Versuch, Menschwerdung zu problematisieren und dieses Werden in kaum zu übertreffender Genauigkeit als erzählerische Fiktion zu vergegenwärtigen.

---

[36] Dazu im einzelnen Otto-Joachim Grüsser: Justinus Kerner 1786–1862. Arzt Poet und Geisterseher [...]. Berlin/Heidelberg u.a. 1987, spez. Kap. XIff. Schon Johann Lachinger hat die Ditha-Geschichte in diesen Kontext gerückt: Mesmerismus und Magnetismus in Stifters Werk. In: Stifter Symposion [...] 1978. Vorträge und Lesungen. Linz 1979, S. 16–23 (mit ergänzenden Literaturhinweisen).

Christian von Zimmermann

‚Brigitta' – seelenkundlich gelesen

Zur Verwendung „kalobiotischer" Lebensmaximen Feuchterslebens in Stifters Erzählung

> Eine Kunst, das Leben zu verlängern?...
> Lehrt den, der es kennen gelernt hat,
> lieber die Kunst, es zu ertragen!
> (Ernst Freiherr von Feuchtersleben)

Bereits 1923 wies Gustav Wilhelm[1] auf die Schriften Herders als gemeinsame Quelle besonders der pädagogischen Ideen Adalbert Stifters und Ernst von Feuchterslebens hin. Über die bloße – in den Werken beider Autoren präsente – Anlehnung an Herders Schriften, vor allem an die ‚Ideen zur Philosophie der Geschichte der Menschheit', hinaus konnte Wilhelm darauf hinweisen, daß beide Rezipienten zu ähnlichen, teils übereinstimmenden Positionen gelangen. Besonders hebt Wilhelm dieses für die pädagogischen Schriften Stifters und Feuchterslebens hervor, in denen Gedanken zu einer Unterrichtsreform formuliert werden. In diesen auf die Ideen im Vorfeld des Jahres 1848 reagierenden Schriften wird letztlich der Gesellschaftsentwicklung ein Erziehungsmodell zugrunde gelegt: „So leben die Ideale Herders und sein Glauben an eine Vervollkommnung der Menschheit in Feuchtersleben und Stifter wieder auf."[2] Wilhelm Bietak untersuchte in einem Aufsatz über die „Unzeitgemäßen des Jahres 1848" die politischen und pädagogischen Positionen Grillparzers, Stifters und Feuchterslebens[3] und gelangte dabei zu einem ähnlichen Ergebnis: Wesentlicher Maßstab und Grundlage des Fortschritts der Menschheit sei für Feuchtersleben „jene einzigartige goethesche Ethik der entwicklungsmäßigen Identität von Bildung und Sittlichkeit, um die wir schon Stifter ringen sahen."[4] Zuletzt hat schließlich Paul Gorceix[5] auf Parallelen der päd-

---

[1] Gustav Wilhelm: Herder, Feuchtersleben und Stifter. In: Festschrift für Bernhard Seuffert. Leipzig/Wien 1923 (Euphorion. 16. Ergänzungsheft), S. 120–135.
[2] Ebd., S. 132.
[3] Wilhelm Bietak: Grillparzer – Stifter – Feuchtersleben. Die Unzeitgemäßen des Jahres 1848. In: DVjs 24 (1950), S. 243–268.
[4] Ebd., S. 259.
[5] Paul Gorceix: Ernst von Feuchtersleben und Adalbert Stifter. Une mise en parallèle de leurs idées pédagogiques et politiques. In: EG 40 (1985), S. 400–412. – Außer den genannten Arbeiten behandelt das Thema auch Lieselotte Eltz-Hoffmann (Stifter und Feuchtersleben. In: Die Österreichische Nation 8 (1956), S. 103–107), ohne allerdings neue Erkenntnisse beizutragen. Zur allgemeinen Bedeutung der diätetischen Literatur – ohne besonderer Berücksichtigung Feuchterslebens – bei Adalbert Stifter vgl. Volker Hoffmann: Das Verhältnis der klassifikatorischen und normativen Verwendung der

agogischen und politischen Positionen beider Autoren hingewiesen und besonders die gemeinsame idealistische Grundeinstellung herausgestellt: „La foi dans la suprématie de l'esprit sur le corps en est la condition sine qua non."[6] Gorceix verfolgt das gemeinsame Bildungsideal der Autoren bis in metaphorische Parallelitäten hinein.[7]

Sowohl für Ernst von Feuchtersleben[8] wie auch für Adalbert Stifter läßt sich zeigen, daß die Stellungnahmen zu konkreten Belangen ihrer Zeit nicht nur in einzelnen Aufsätzen erscheinen, sondern daß gesellschaftliches Handeln und literarisches Werk eine Einheit bilden und Grundpositionen hier wie dort präsent sind. Das gilt für den Autor der ‚Brigitta' ebenso wie für die seelenkundlichen Schriften Feuchterslebens, der in seinem Buch ‚Zur Diätetik der Seele' – erstmals 1838 erschienen, bis 1851 in bereits 10, bis 1907 in 50 Auflagen gedruckt[9] – eine populärwissenschaftliche[10] Version der Arbeit vorlegte, die der Universitätsgelehrte in Wien verfolgte.[11] Das Werk ist ein Leitfaden, ein Lebenshilfebuch, welches dem Einzelnen Hinweise zu einer ganzheitlich-harmonischen Selbstheilung und Selbstbildung an die Hand gibt. Die Lehre von der Gesundheit und Harmonie der Seele (Kalobiotik) bedeutet Feuchtersleben aber mehr als einen Grundstein zu individuellem Lebensglück; letztlich ist die Selbsterziehung Teil einer Menschheitserziehung. In diesem Sinne schreibt Wolfgang Rißmann in seiner erhellenden medizingeschichtlichen Studie über Feuchtersleben: „Der Weg zu echter Gesundheit ist nur möglich, wenn der Mensch sich selbstlos in den Dienst eines Höheren stellt und seine vom Schicksal gegebenen Aufgaben ergreift. Die ‚höhere Bestimmung' des Menschen gilt es zu erfüllen. Sie gipfelt in drei Aufgaben: Empfinden und Fühlen zu Schönheit zu veredeln, Handlungen und Willensakte aus moralischer Gesinnung heraus zu vollbringen und im Denken die Wahrheit der Welt zu suchen."[12]

Sachgruppe „Gesund" – „Krank" zwischen diätetischem Schrifttum und Texten der sogenannten schönen Literatur. In: Herbert Zeman (Hrsg.): Die Österreichische Literatur. Ihr Profil im 19. Jahrhundert. Graz 1982 (Jahrbuch für Österreichische Kulturgeschichte 1981/82), S. 173–187.

[6] Gorceix (o. Anm. 5), S. 405.
[7] Vgl. ebd., S. 405f.
[8] Folgende Ausgabe liegt hier zugrunde: Ernst Frhrn.v.Feuchterslebens ausgewählte Werke. Fünf Teile in einem Bande. Hrsg. (mit umfangreicher Einleitung und Kommentaren versehen) von Richard Guttmann. Leipzig 1907.
[9] Ebd., S. 425.
[10] Feuchtersleben bezieht diese Position bewußt: „Ich habe mich bemüht, im besten Sinne des Wortes *populär* zu sein. Durch echte Popularität sinkt der Schriftsteller nicht zum Gemeinen herab; er zieht das Gemeine empor, indem er dem Geiste des Bildungslustigen überhaupt, ohne Rücksicht auf Gelehrsamkeit, das Höhere und Höchste näher bringt, faßlicher und anziehender macht; indem er das gewöhnliche, stoffartige Wissen durch fruchtbare Behandlung, durch lebendige Bezüge, zur echten Bildung adelt." (Feuchtersleben. Diätetik [o. Anm. 8], S. 434)
[11] Seit 1844 hielt Feuchtersleben auch Vorlesungen zur Seelenkunde, die 1845 als ‚Lehrbuch der ärztlichen Seelenheilkunde' erschienen.
[12] Wolfgang Rißmann: Ernst Freiherr von Feuchtersleben (1806–1849). Sein Beitrag zur

Im folgenden möchte ich zeigen, daß Adalbert Stifter in seinem literarischen Werk nicht allein parallele Positionen vertritt. Die vorgenannten Studien haben bisher einen expliziten Hinweis Stifters auf seine Rezeption der Seelenkunde – zu Beginn der Erzählung ‚Brigitta‘[13] – unberücksichtigt gelassen: „Die Seelenkunde hat manches beleuchtet und erklärt, aber vieles ist ihr dunkel und in großer Entfernung geblieben. Wir glauben daher, daß es nicht zu viel ist, wenn wir sagen, es sei für uns noch ein heiterer unermeßlicher Abgrund, in dem Gott und die Geister wandeln."[14] Diesem Zitat zum Trotz, aber ganz im Sinne der deutlichen Nähe vieler Äußerungen Stifters zu Positionen Feuchterslebens, ist besonders die populäre Schrift ‚Zur Diätetik der Seele‘ bis in metaphorische Details hinein in der Erzählung ‚Brigitta‘ präsent, die mit Feuchterslebens Schrift die pädagogische Wirkabsicht und Strukturen eines Weltbildes teilt. Dabei ist besonders zu berücksichtigen, wie Stifter Figuren unter dem Aspekt der Kalobiotik seelenkundlich gestaltet und mit der Darstellung von Natur- und Kulturlandschaft parallelisiert und verbindet. Um diese komplexen Bezüge darzustellen, fasse ich zunächst grundlegende Elemente, die die pädagogische Struktur der Erzählung bilden, zusammen (I), um über die erzählerische Gestaltung und die seelenkundliche Basis der Figur Brigitta (II) im Zusammenhang mit der Naturdarstellung (III) aufzuzeigen, wie auch bei Stifter die Kalobiotik nicht nur im Sinne eines harmonisch einzurichtenden Lebens des Einzelnen zu verstehen ist, sondern eine soziale Dimension impliziert (IV).

I

Von der eigenen Mutter als häßlich empfunden und vernachlässigt, wächst das Kind Brigitta in einer materiell sorgenlosen Familie als Außenseiter auf und zu einer Frau heran, die sich den gesellschaftlichen Normen ihres Umfelds nicht anpaßt. Als sie einem jungen Mann begegnet, der in der Gesellschaft ebenso als Sonderling erscheint, jedoch im Gegensatz zu Brigitta in den Sa-

---

medizinischen Anthropologie und Psychopathologie. Freiburg i. Br. 1980 (Freiburger Forschungen zur Medizingeschichte. NF. Bd. 12), S. 121. – Daneben wurde zu Feuchtersleben herangezogen: Paul Gorceix: Les ‚Pensées‘ d'un moraliste autrichien. Ernst von Feuchtersleben. In: EG 24 (1969), S. 519–535; Lieselotte Eltz-Hoffmann: Feuchtersleben. Salzburg 1956; Max Neuburger: Ernst Freiherr von Feuchtersleben 1806–1849. In: Theodor Kirchhoff (Hrsg.): Deutsche Irrenärzte. Bd. 1. Berlin 1921, S. 218–222. Weitere Literatur in der umfassenden Bibliographie bei Rißmann.

[13] Neben den unten in Anmerkungen genannten Arbeiten zu ‚Brigitta‘ seien hier noch folgende erwähnt: Rosemarie Hunter-Lougheed: Adalbert Stifter. Brigitta (1843). In: Interpretationen. Erzählungen und Novellen des 19. Jahrhunderts. Bd. 2. Stuttgart 1990 (RUB 8414), S. 41–98; Jakob Lehmann: Adalbert Stifter: Brigitta. In: ders. (Hrsg.): Deutsche Novellen von Goethe bis Walser. Interpretationen für den Deutschunterricht. Bd. 1: Von Goethe bis C. F. Meyer. Königstein 1980, S. 227–253.

[14] WuB. Bd. 1.5, S. 411.

lons durch seine Schönheit auffällt, scheint ihr Leben eine glückliche Wendung zu nehmen. Ihrem abweisenden Zögern zum Trotz verliebt sich der schöne Stephan Murai in sie, und endlich, obwohl oder gerade weil sie ihm angesichts ihres als häßlich empfundenen Äußeren eine besonders tiefe Liebe abverlangt, heiraten sie. Zunächst führen sie in der Stadt ein zurückgezogenes Leben in trauter Zweisamkeit, der sich bald ein Sohn, Gustav, hinzugesellt. Später zieht die junge Familie auf das Land, wo sich die Besitzungen besser verwalten lassen. Als Murai hier einer wilden Schönheit begegnet, gerät die Harmonie ins Wanken, die Ehe zerbricht. Mutter und Sohn ziehen sich auf ein einsames Landgut zurück, der Ehemann und Vater beginnt ein unstetes Wanderleben quer durch Europa, welches ihn schließlich – seinen Namen vertauscht er gegen den zwischenzeitlich erworbenen Titel ‚Major' – in die gleiche Öde treibt wie seine Frau. Beide, jeder auf seinem eigenen Gut, streben nun dem gemeinsamen höheren Ziel zu, braches Land zu kultivieren und die Landwirtschaft insgesamt zu reformieren. Als sich beide wiederbegegnen, wird eine tiefe Freundschaft begründet, die schließlich in erneuter, tieferer Liebe mündet.

Dies ist, in wenigen Worten umrissen, die bekannte Handlung von Adalbert Stifters Erzählung ‚Brigitta', die aus der Erinnerung des Ich-Erzählers wiedergegeben wird, der als Freund des Majors, den er während dessen Wanderungen durch Europa kennengelernt hatte, auf dessen Bitte nach Ungarn reist, um ihn zu besuchen. Erzählendes und erlebendes Ich werden in der Erzählung getrennt; der Abstand zwischen Erlebnisbericht und Erzählgegenwart wird nicht durch Erzählerkommentare überbrückt. Zunächst skizziert der Erzähler im kurzen Prolog eine Problemstellung von besonderer Tragweite, die gleichsam seine Erkenntnis aus dem Erlebten in abstrakter und so dem Leser geheimnisvoll scheinender Weise birgt: „Es gibt oft Dinge und Beziehungen in dem menschlichen Leben, die uns nicht sogleich klar sind, und deren Grund wir nicht in Schnelligkeit hervor zu ziehen vermögen. Sie wirken dann meistens mit einem gewissen schönen und sanften Reize des Geheimnißvollen auf unsere Seele."[15] Darauf folgt die Erzählung chronologisch dem in die Handlung einbezogenen erlebenden Ich. Dabei nähert sich das erzählende dem erlebenden Ich, d.h. Erzählgegenwart und Erlebnis werden strikt (und explizit) getrennt: So verweist etwa der Erzähler auf die „natürliche Entwicklung der Dinge", die er nicht „vor der Zeit" enthüllen wolle.[16] Im Text werden Informationen an den Leser so weitgehend unvermittelt im Mitvollzug der Handlung aus der Perspektive des erlebenden Ichs *vermittelt*; der Leser folgt also chronologisch dem allmählichen Erfahren der oben skizzierten, anachronisch organisierten Handlung durch das erlebende Ich. Das Informationsdefizit des Lesers gegenüber dem Erzähler, welches darauf beruht, „daß die Zusammen-

---

[15] Ebd.
[16] Ebd., S. 445.

hänge zwischen den sachlichen Begebenheiten" Geheimnis bleiben,[17] ist nicht zuletzt auch ein spannungserzeugendes Element der Erzählung. Erst im ‚Miterleben' der Wiedervereinigung des Paares wird dem erlebenden Ich wie dem Leser letztlich deutlich, daß der Major eigentlich Stephan Murai ist, der Ehemann Brigittas.

Die Basis des Informationsdefizits ist ein erzählerischer Realismus, der sich im (Vor-)Enthalten von Erklärungen ausdrückt. Mit einer geradezu pedantischen Sorgfalt dokumentiert Stifter was in den Blick kommt: alles ist Detail, alles erscheint zunächst als Phänomen. Dabei scheint häufig die Funktionalität einer deskriptiven Sequenz nicht das Kriterium für die Auswahl des Beschriebenen zu sein, sondern das Bemühen um detailrealistische[18] Darstellungsweise selbst.[19] „Das Ideal der ‚impersonnalité' führt wie bei Flaubert zur Ausblendung gerade jener Zugangsweisen, die wir als realistisch anzusehen gewohnt sind: des Blicks, des zusammenschließenden Urteils und der vergewissernden Empfindung."[20] Elemente dieses in der Erzählung ‚Brigitta' noch

---

[17] Franz H. Mautner: Randbemerkungen zu ‚Brigitta'. In: Lothar Stiehm (Hrsg.): Adalbert Stifter. Studien und Interpretationen. Gedenkschrift zum 100. Todestage. Heidelberg 1968, S. 89–102, hier: S. 91.

[18] Zum Begriff „Detailrealismus" vgl. Friedrich Sengle: Biedermeierzeit. Deutsche Literatur im Spannungsfeld zwischen Restauration und Revolution 1815–1848. 3 Bde. Stuttgart 1971f.

[19] Ein Beispiel hierfür bietet etwa die Auflistung der in den Blick kommenden Gegenstände bei der Beschreibung der Zimmer, in die das erlebende Ich auf Gut Uwar einquartiert wird (WuB. Bd. 1.5, S. 424f.): „Hierauf aß ich, und musterte dabei meine Wohnung. Das erste Zimmer, in welchem die Speisen auf einen großen Tisch gestellt wurden, war sehr geräumig. Die Kerzen strahlten hell und beleuchteten alles. Die Geräthe waren anders, als sie bei uns gebräuchlich sind. In der Mitte stand eine lange Tafel, an deren einem Ende ich aß. Um die Tafel waren Bänke von Eichenholz gestellt, nicht eigentlich wohnlich aussehend, sondern wie zu Sitzungen bestimmt. Sonst war nur noch hie und da ein Stuhl zu sehen. An den Wänden hingen Waffen aus verschiedenen Zeiten der Geschichte. Sie mochten einst der ungarischen angehören. Es waren noch viele Bogen und Pfeile darunter. Außer den Waffen hingen auch Kleider da, ungarische, die man aus früheren Zeiten aufgehoben hatte, und dann jene schlotternden seidenen, die entweder Türken oder gar Tartaren angehört haben mochten." Anschließend werden die Nebenzimmer beschrieben. Bezeichnend für den Stil Stifters ist hier die Monotonie der Sprache: „an den Wänden hingen", „hingen auch [...] da" etc. Die vermittelnde, ästhetisierend oder erklärend wirkende Instanz des Erzählers erscheint stark reduziert: Zunächst wird der Blickende gezeigt und das Blicken bezeichnet. Da es bereits nachtdunkel ist, wird auf die Helligkeit der Kerzen verwiesen. Nun treten die Gegenstände in den ziellosen Blick, wobei die ordnende Funktion des Blicks nahezu aufgehoben wird. Zwischen den Dingen wird kein Zusammenhang hergestellt: „Sonst war nur noch hie und da ein Stuhl zu sehen." Auch ihre Funktion wird nicht bezeichnet, höchstens als Vermutung des Blickenden zugefügt: „wie zu Sitzungen bestimmt", „mochten [...] angehören", „angehört haben mochten". Nicht einmal der angedeutete Zusammenhang zwischen Dunkelheit, Kerzenschein und Erkennen wird im Text explizit manifest.

[20] Horst Turk: Die Schrift als Ordnungsform des Erlebens. Diskursanalytische Überlegungen zu Adalbert Stifter. In: Jürgen Fohrmann/Harro Müller (Hrsg.): Diskurstheorien und Literaturwissenschaft. Frankfurt a.M. 1988, S. 400–417, hier: S. 403.

nicht in letzter Konsequenz durchgeführten Stils sind etwa Beschreibungen, die Lexikon-Charakter annehmen (die Bunda) oder das penible Begründen jeglicher Erkenntnisleistung des erlebenden Ichs. So wird auf das pedantischste die lapidare Erkenntnis des erlebenden Ichs im Geschehen motiviert, daß er sich nun zu Bett begeben könne: Zwei Diener wünschen dem Reisenden eine gute Nacht, woraufhin festgestellt wird: „Ich erkannte hieraus und aus der völligen Einrichtung der Zimmer, daß ich nun allein bleiben würde, und ging daher an die Thüren, und schloß mich ab."[21]

Der Lexikon-Charakter anderer Textstellen tritt dadurch hervor, daß eine Beschreibung der Perspektive des erlebenden Ich entzogen wird. Dies geschieht in erster Linie durch einen Tempuswechsel und Formulierungen, die von der individuellen Erscheinung auf eine allgemeine Erklärung des Phänomens abheben: „In jedem der zwei Zimmer stand ein Bett, aber statt der Decke war auf ein jedes das weite volksthümliche Kleidungsstück gebreitet, welches sie Bunda heißen. Es ist dies gewöhnlich ein Mantel aus Fellen, wobei die rauhe Seite nach Innen, die glatte weiße nach Außen gekehrt ist. Letztere hat häufig allerlei farbiges Riemzeug, und ist mit aufgenähten farbigen Zeichnungen von Leder verziert."[22]

Dieser Lexikon-Stil ist tatsächlich, wie Friedrich Hebbel in seiner Kritik des ‚Nachsommers' feststellt, „schon bei Ersch und Gruber oder bei Junker's ‚Handbuch gemeinnütziger Kenntnisse' angelangt".[23] In diesen Elementen hat man erzählerische Schwächen gesehen[24] oder gar wie Hebbel in der ‚Nachsommer'-Kritik Unfähigkeit, „ein Ganzes aufzufassen und in sich aufzunehmen";[25] sie sind jedoch Bestandteile eines in sich einheitlichen Stils, der – ein fester Bestandteil des Erlebnisberichts[26] – das Informationsdefizit des Lesers erzählerisch ermöglicht. Dem dieserart gestalteten Informationsdefizit verdankt der Text seine auf mehreren Ebenen erkennbare didaktische Struktur. Aus der Differenz zwischen der Erzählgegenwart und dem voraufgegangenen Erlebnis, welches kommentarlos berichtet wird, ergibt sich die Erfahrung, die

---

21 WuB. Bd. 1.5, S. 424.
22 Ebd., S. 425.
23 Friedrich Hebbel. Das Komma im Frack. In: Ders., Sämtliche Werke in zwölf Bänden. Mit Einleitungen und Anmerkungen von Emil Kuh. Neu hrsg. von Hermann Krumm. Leipzig o. J., Bd. 10, S. 77–80 (erstmals in Kolatscheks ‚Stimmen der Zeit' 1858), hier: S. 79. – Vgl. hierzu ferner die Beschreibung des Abendlichtes auf der Haide (WuB. Bd. 1.5, S. 429f.).
24 Vgl. Mautner (o. Anm. 17).
25 Hebbel (o. Anm. 23), S. 78.
26 Daß der Erzählstil hier differenziert angewandt wird, verdeutlicht ein Vergleich der oben (Anm. 19) zitierten Beschreibung der Zimmer mit der knappen, reflektierenden Erwähnung der Wohnung der Eheleute, von der es nun heißt, „daß sich der Raum immer mehr und mehr und reiner ordnete, und die Eintretenden mit klarer Wohnlichkeit und einfacher Schönheit empfing" (WuB. Bd. 1.5, S. 457). Erlebnisbericht (erlebendes Ich im Vordergrund) und Erzählgegenwart (erzählendes Ich dominiert; vor allem im dritten Abschnitt ‚Steppenvergangenheit') entspricht so jeweils ein eigener Stil.

der Erzähler aus der Handlung gewonnen hat. In einem kurzen Einschub wird dies im Text selbst explizit hervorgehoben: „Daß ich nun einen Hausstand habe, daß ich eine liebe Gattin habe, für die ich wirke, daß ich nun Gut um Gut, That um That in unsern Kreis herein ziehe, verdanke ich dem Major."[27] Bereits der dritte Absatz der Erzählung bietet das Grundmotiv dieser in die Handlung integrierten Erzählerfigur: „Da es nun eben Frühling war, da ich neugierig war, *sein Ziel* kennen zu lernen, da *ich* eben *nicht wußte, wo ich hin reisen sollte*: beschloß ich, seiner Bitte nachzugeben und seiner Einladung zu folgen."[28]

Noch häufiger wird auf den Gegensatz zwischen dem ziellosen Wandern der Erzählerfigur und dem zur Ruhe gekommenen Major hingewiesen. Je mehr deutlich wird, daß der Major sein Leben auf Gut Uwar einzurichten verstand und sich erfolgreich einem Gegenstand zu widmen vermag, desto stärker empfindet sich der Erzähler „als ein unaufhörlich Reisender".[29] Während der langen Anreise wirkt „der deutsche Wandersmann sammt Ränzlein, Knotenstock und Kappe zu Pferde"[30] lediglich „sonderbar" neben seinem ungarischen Begleiter. Bald nun schlüpft er in ungarische Kleidung und wird an der Seite des Majors mit dessen Heimat vertrauter. Allmählich wird aus dem jugendlichen, ziellosen Wanderer der reifere Heimkehrende, dessen Zukunftspläne schließlich in der Erzählgegenwart verwirklicht sind: „Im Frühjahre nahm ich wieder mein deutsches Gewand, meinen deutschen Stab, und wanderte dem deutschen Vaterlande zu."[31]

In dieser Entwicklung der Erzählerfigur wird die Bewegung von der Ziellosigkeit zur heimatverbundenen Seßhaftigkeit des Majors nachvollzogen. Sowohl in der privaten wie auch in der nationalen Dimension ist die Parallele augenfällig: „Weit mehr als die Erzählerfiguren anderer Texte Stifters wird dieser Ich-Erzähler selbst Teil der beschriebenen Welt, um gleichsam in der Nachfolge von deren Gestalten dem endgültigen Ziel seines Lebens zuzustreben."[32] Dabei dient das in der „Dominanz der Erzählerperspektive"[33] – als einer Dominanz des erlebenden und nachzuerlebenden Ich – begründete Informationsdefizit in doppelter Weise dem Zweck, diese Entwicklung transparent zu machen: Erstens folgt die Erzählerfigur selbst in einem Prozeß zunehmender Erfahrung dem Weg des Majors, und zweitens vollzieht der Leser die Erfahrung der Erzählerfigur lesend durch einen Informationszuwachs nach. In

---

[27] WuB. Bd. 1.5, S. 466.
[28] Ebd., S. 412 (Hervorhebung von mir).
[29] Ebd., S. 432.
[30] Ebd., S. 420.
[31] Ebd., S. 475.
[32] Barbara Osterkamp: Adalbert Stifter: Brigitta (1847). In: dies.: Arbeit und Identität. Studien zur Erzählkunst des bürgerlichen Realismus. Würzburg 1983 (Epistemata. Reihe Literaturwissenschaft 12), S. 107–151, hier: S.110.
[33] Ebd., S. 111.

dieser Doppelstruktur wird eine pädagogische Erzählhaltung deutlich, in welcher die Lesererziehung im reflektierenden Mitvollzug den moralisierenden Vermittler ersetzt. Auf einen möglichen versteckten pädagogischen Auftrag seiner Erzählungen weist Stifter in der bekannten ‚Vorrede' der Sammlung ‚Bunte Steine' von 1852 hin:[34] „Es soll [...] in denselben nicht einmal Tugend und Sitte gepredigt werden, wie es gebräuchlich ist, sondern sie sollen nur durch das wirken, was sie sind." Trotz aller Distanz zum Moralisieren wird eben nicht ausgeschlossen, daß die Texte eine sittliche Lehre vermitteln sollen. Ähnliches ist wohl für die frühere Erzählung ‚Brigitta' anzunehmen.

II

Welches Gewicht der Erfahrung des erlebenden Ich zukommt, wird auch daran deutlich, daß Brigitta, die titelgebende Figur, erst am Ende des zweiten Abschnittes namentlich erwähnt wird, als der Major seinem Gast einen Besuch bei der Nachbarin vorschlägt: „Weil wir jetzt ein wenig Muße bekommen werden, werden wir in der nächsten Woche zu meiner Nachbarin Brigitta Marosheli hinüber reiten, und ihr einen Besuch machen. Sie werden in meiner Nachbarin Marosheli das herrlichste Weib auf dieser Erde kennen lernen."[35]

Aus den durch den Erzähler zusammengefaßten Worten eines Gutsnachbarn des Majors, Gömör, erfährt der inzwischen mit den landwirtschaftlichen Beschäftigungen des Majors besser bekannte Deutsche, daß beide, der Major und Gömör, einem Reformen in der Landwirtschaft anstrebenden Bund angehören, den Brigitta durch vorbildliche „bessere Bewirthschaftung ihrer Güter in dieser öden Gegend"[36] ideell begründet habe. Außerdem wird ein erster Einblick in Brigittas Vorleben – die gescheiterte Ehe mit einem Unbekannten, ihr Auftauchen und Wirken in der Öde – und die tiefe, aber seltsame Freundschaft zwischen ihr und dem Major gegeben. Viele Vorzüge vermag Gömör für sie vorzutragen, aber die „Leidenschaft, die der Major zu der häßlichen und bereits auch alternden Brigitta gefaßt" hat,[37] erscheint ungewöhnlich. Die Äußerungen des Majors und Gömörs vermischen sich schließlich im Traum des Erzählers mit Bildern der Begegnung mit einer in Männerkleidern reitenden Frau: „Dann träumte mir allerlei von ihr, vorzüglich kam ich von dem Traume nicht los, daß ich auf der Haide vor der seltsamen Reiterin stehe, die mir damals die Pferde mitgegeben hatte, daß sie mich mit schönen Augen banne, daß ich immer stehen müsse, daß ich keinen Fuß heben könne, und daß ich alle Tage meines Lebens nicht mehr von dem Flecke der Haide weg zu

---

[34] WuB. Bd. 2.2, S. 9.
[35] WuB. Bd. 1.5, S. 442.
[36] Ebd., S. 443.
[37] Ebd., S. 444.

kommen vermöge."[38] Es handelt sich im Traum wie auch in der fiktiven Realität der Erzählung um eine und dieselbe Figur, die allerdings auf zwei Ebenen konträr beschrieben wird: zum einen mit den Worten Gömörs, dessen Beschreibung der „häßlich" scheinenden Brigitta im Rückblick des dritten Kapitels (,Steppenvergangenheit') weitergeführt wird, zum anderen im Bild der vitalen Reiterin, auf die der Wanderer trifft, bevor er von Brigitta hört. Die bei der ersten Begegnung und im Traum gegebenen Beschreibungen Brigittas lassen sie als vitale Frau erscheinen, an der außer der männlichen Haltung „eine Reihe sehr schöner Zähne" auffällt und im Traum die bannenden „schönen Augen" herausstechen. Während also das Adjektiv „schön" sehr wohl seinen Platz hat, wird die Reiterin mit keinem Wort als häßlich bezeichnet. Es ist das Bild, welches im Erlebnisbericht bis zum Schluß bestimmend bleibt: „Ihre Zähne waren schneeweiß, und der für ihre Jahre noch geschmeidige Wuchs zeugte von unverwüstlicher Kraft."[39] Oder: „diese Freude, wie eine späte Blume, blühte auf ihrem Antlitze, und legte einen Hauch von Schönheit darüber, wie man es kaum glauben sollte, aber auch die feste Rose der Heiterkeit und Gesundheit."[40] Die Veränderung, die hier dennoch suggeriert wird, beruht auf dem Wissen um die Kindheit und Jugend des als häßlich empfundenen Mädchens, die dem Leser in der ,Steppenvergangenheit' vermittelt wird. In den beiden Rückblicken wird Brigitta rein äußerlich ganz anders dargestellt. Gömör hatte sie bereits als „häßlich" bezeichnet, nun tritt die Darstellung des Kindes hinzu. Die Mutter wendet sich von dem Kinde ab, das ihr häßlich scheint. Dies drückt Stifter zum einen explizit aus, zum anderen wird es implizit in der Beschreibung der nur noch formellen Fürsorglichkeit der Eltern deutlich: „Wenn sie weinte, half man ihrem Bedürfnisse ab; weinte sie nicht, ließ man sie ruhig liegen, alle hatten für sich zu thun".[41]

Dennoch ist den Textpassagen, in denen Brigitta beschrieben wird, eines gemein: Es gibt kaum einen Anhaltspunkt dafür, daß Brigitta tatsächlich häßlich ist: sie wird vielmehr als häßlich bezeichnet, empfunden, oder sie selbst nennt sich in der Verzweiflung häßlich. Immerhin wird dem Leser durch die objektiv anmutende Äußerung Gömörs oder die Spiegel-Szene[42] der Eindruck einer häßlichen Frau vermittelt. Den zitierten Passagen im Erlebnisbericht kommt dagegen eine andere Qualität zu, da hier eine Objektivität der schlichten Beobachtung suggeriert wird, wenngleich ein Kontrast zum Bild außerge-

---

[38] Ebd., S. 444f.
[39] Ebd., S. 464.
[40] Ebd., S. 467.
[41] Ebd., S. 446f.
[42] Brigitta tritt vor den Spiegel und weint, eine Konfrontation mit ihrem eigenen Äußeren: „Kein Wort sagt Brigitta während des langen Hineinschauens in den Spiegel. Der Blick, die Tränen, bringen ungesagte Worte zum Ausdruck." (Erika Tunner: „Zum Sehen geboren, zum Schauen bestellt". Reflexionen zur Augensymbolik in Stifters ,Studien'. In: EG 40 (1985), S. 335–348, hier: S. 342.)

wöhnlicher Schönheit, wie etwa in der Beschreibung des Majors oder Gustavs, dennoch deutlich bleibt. Die Doppelstruktur dieser Figureneinführung verkennt man allerdings, sieht man in Brigitta „die häßliche Frau"[43] schlechthin, als welche sie in der Forschungsliteratur mitunter gesehen wurde.

Das, was vor allem als schön erscheint, sind die Augen Brigittas.[44] Kurz nach dem Traum, in welchem ihre „schöne[n] Augen" erstmals erwähnt werden,[45] wird im Erzählerrückblick die schwierige Kindheit Brigittas beschrieben. Die Attribute, die der Erzähler jeweils den Augen Brigittas zuordnet, sind hier von besonderer Bedeutung, da sie den seelischen Zustand des Kindes zeigen: Das Auge des Kindes, „das starre, schwarze Auge Brigitta's", schaut bereits in der frühesten geschilderten Phase der Kindheit, „als verstünde das winzige Kind schon die Kränkung".[46] Diese erste Entwicklungsphase des Kindes wird von einer zweiten abgelöst, die Brigitta jungenhaft wild zeigt und in welcher der späte Versuch der Mutter, sich dem von ihr vernachlässigten Kinde stärker zu widmen, das Kind nicht mehr erreicht. In dieser Entwicklungsphase „verdrehte sie oft die großen, wilden Augen, wie Knaben thun, die innerlich bereits dunkle Thaten spielen".[47] Den Phasen der Kränkung und inneren Absonderung folgt schließlich die Isolation. Die Eltern haben es offensichtlich aufgegeben, das Kind erziehen zu wollen: „Die andern bekamen Verhaltungsregeln und Lob, sie nicht einmal Tadel". Und Brigitta selbst zieht sich immer mehr in sich zurück. Im Schulunterricht starrt sie „mit dem einzigen Schönen, das sie hatte, mit den in der That schönen düstern Augen auf die Ecke des fernen Buches, oder der Landkarte"; doch mit sich allein liest und schreibt sie, lebt in ihrer eigenen Welt. In der Symbolik der Augen wird eine Entwicklung manifest, in der das Kind sein Gleichgewicht in sich selbst findet. In der Gemeinschaft, in der natürliche, familiäre Bande wirken sollten, ist sie eine einzelgängerische Fremde, „eine fremde Pflanze".[48] Brigitta entwickelt sich – im Vergleich zu ihren die Töchter-Norm repräsentierenden Schwestern – in nahezu allen Punkten negativ. Dem sozialen Defizit steht aber die individuelle Leistung gegenüber, dennoch Tatkraft und geistige Regheit zu zeigen, wenn diese sich auch in „Ausrufungen in das Laub der Büsche" entladen. Die Verbindung der Adjektive „schön" und „düster", dem romantischen Sprachgebrauch entlehnt, werden bei Stifter quasi entromantisierend gebraucht.[49] „Schön" und „düster" repräsentieren die beiden Pole des Cha-

---

43 Osterkamp (o. Anm. 32), S. 113.
44 Auf die Bedeutung des „schöne-Auge-Symbols" hat bereits Mautner (o. Anm. 14) hingewiesen.
45 WuB. Bd. 1.5, S. 445.
46 Ebd., S. 446.
47 Ebd., S. 447; dort auch die beiden folgenden Zitate.
48 Ebd., S. 448; dort auch das nächste Zitat.
49 Vgl. Michael Johannes Böhler: Das Wesen des Schönen bei Adalbert Stifter. Diss. Zürich 1967, S. 21ff.

rakters von Brigitta, wobei beide Adjektive jeweils Resultate einer psychologisch nachvollzogenen Entwicklung bezeichnen. „Düster" verweist noch zurück auf das ungeliebte Kind „mit einem nicht angenehmen verdüsterten Gesichtchen",[50] während „schön" hier schon die „verhüllte Seele"[51] vorwegnimmt, für die niemand ein Auge hat.[52] Sehr viel später schließlich, als der Erzähler Brigitta selbst inmitten des von ihr geschaffenen Idylls an der Seite des Majors beschreibt, ist der düstere Aspekt aus ihren Augen gewichen: „Ihre Augen, schien es mir, waren noch schwärzer und glänzender, als die der Rehe, und mochten heute besonders hell strahlen, weil der Mann an ihrer Seite ging, der ihr Wirken und Schaffen zu würdigen verstand."[53] Hier wird mittels der Augen-Symbolik das vorläufige Ende einer Entwicklung gezeigt, die aus einer schwierigen Kindheit dennoch zu einer sittlich waltenden Frau führt.

In der Erzählung wird die Figur Brigitta in ihrer Entwicklung dargestellt: es wird ein Prozeß von der Geburt an mitverfolgt, der in Handlungen und Äußerungen der Figur wie in Phasen der Erziehung manifest wird. Die Kategorien, in denen dieser Prozeß gezeigt wird, folgen bis in die Terminologie der zeitgenössischen Seelenkunde, die der Erzähler, wie bereits zitiert, im Prolog scheinbar abwertend benennt. Allerdings steht die Seelenkunde dem Werke Stifters sehr viel näher, als man es nach der Lektüre dieser Worte zu glauben geneigt ist. Besonders Ernst von Feuchterslebens ‚Zur Diätetik der Seele' ist für die Gestaltung der Figur Brigitta aufschlußreich. Im Sinne dieses Werks ist unter „Seele" „jene Kraft des Geistes [... zu verstehen], wodurch er die dem Körper drohenden Übel abzuwehren vermag".[54] Genau genommen ist es die Gesamtheit der Wirkung psychischer Kräfte auf den Körpers, die negativ als „Hypochondrie"[55] und positiv als Selbstheilungskräfte zu verstehen sind. Dabei kommt der Seele tatsächlich auch eine gestaltende Kraft im Körper zu, d.h.: es wird der von den Physiognomisten behauptete Zusammenhang zwischen körperlicher und moralischer Schönheit bzw. Häßlichkeit bestätigt. Allerdings heißt es dazu einschränkend: „Es kommt hier nun freilich darauf an, daß man unter Schönheit nicht das flüchtig Reizende, sondern den überall

---

[50] WuB. Bd. 1.5, S. 446.
[51] Ebd., S. 448.
[52] Böhler (o. Anm. 49) sieht in den romantisch wirkenden Adjektiv-Doppelungen Stifters „Bangen vor dem Bruch des Schönen" (S. 21), einen Hinweis auf „die Gefährdung des Menschen, wenn er die gesteckten Grenzen und Gesetze übertritt, und [auf] die Zerbrechlichkeit des Kosmos, der Ordnung in der Schönheit, als einer Verbindung des Oben und Unten, des Geistes mit dem Körper, Gottes mit der Welt" (S. 22). Im vorliegenden Zusammenhang erscheint der gleiche Sinnkomplex optimistischer gewendet: das Schöne repräsentiert hier eine Möglichkeit angesichts einer „düsteren" psychischen Entwicklung.
[53] WuB. Bd. 1.5, S. 464.
[54] Feuchtersleben. Diätetik (o. Anm. 8), S. 436.
[55] Feuchtersleben bezeichnet weitgefaßt jeden Lebenspessimismus, der körperlich manifest wird, als „Hypochondrie".

durchbrechenden Geist begreife und daß die Verwüstungen, welche eingeimpfte Torheiten und Leidenschaften unwiderruflich aufprägen, hinweggedacht werden."[56] In dieser Beschränkung ist eine gewisse Parallelität zur ästhetischen Dimension der Figur Brigitta deutlich. Ihre Schönheit ist eben nicht das „flüchtig Reizende", sondern entspringt – als relative Verschönerung – der Sittlichkeit eines produktiven Lebens. Stifter erweitert diesen relativierten Schönheitsbegriff um die Perspektive des Betrachters, der – wie der Major – erst lernen muß, beide Arten der Schönheit zu unterscheiden. Wichtig scheint hier der Hinweis auf die Vitalität Brigittas, die ihr Schönheit verleiht, denn auch für Feuchtersleben zeigt sich die „leiblich bildende Gewalt"[57] des Geistes ebenso in Schönheit wie in körperlicher Gesundheit: „Schönheit selbst ist in gewissem Sinne nur die Erscheinung der Gesundheit".[58] Und an anderer Stelle: „Gesundheit ist nichts anderes als Schönheit, Sittlichkeit und Wahrheit."[59] Die Sittlichkeit des Geistes steht so in einem engen Zusammenhang mit der Vitalität des Körpers.[60]

Doch erschöpft sich der Zusammenhang zwischen Feuchterslebens Schrift und Stifters Erzählung nicht in dieser Parallelität. Ein erneuter Blick auf die Erziehung Brigittas soll dies zeigen. Brigittas Kindheit verläuft – wie bereits ausgeführt – trotz der materiellen Sicherheit trostlos, da jede intime Beziehung zu den Eltern gestört scheint bzw. gänzlich fehlt. Darauf reagiert Brigitta mit einer immer stärkeren Abgrenzung, mit der Verweigerung sozialer Anpassung. Nach Feuchtersleben ist hierin ein Selbstschutzmechanismus zu erkennen: „Wir werden leiden, wenn wir die empfindende Fläche unseres Wesens der Welt entgegenhalten; – wir werden uns von Leiden befreien, wenn wir eine tätige Phantasie ihr entgegenstellen."[61] Nahezu im Gegensatz zu allen Fehlentwicklungen, die heutige Psychologie erkennen könnte,[62] zerbricht Brigitta eben nicht; vielmehr wirkt tatsächlich „eine tätige Phantasie" in ihr, die sich freilich noch ziellos entlädt, aber doch ausreicht, einen sittlichen Charakter zu formen, der Stephan Murai als verborgene Schönheit zumindest reizt, wenn er ihn auch noch nicht erkennt.[63] So gesehen, repräsentiert diese

---

56 Feuchtersleben. Diätetik (o. Anm. 8), S. 447.
57 Ebd., S. 448.
58 Ebd., S. 449.
59 Ebd., S. 534.
60 Ein Zusammenhang, der nicht nur in Stifters ‚Brigitta' hervorgehoben wird; besonders deutlich erscheint er in der fast wunderbaren, aber erzählerisch begründeten Genesung eines verwahrlosten Mädchens in ‚Turmalin'. Sittlichkeit, die wesentlich auch durch Erziehung des Charakters erfolgt, zeigt sich auch hier in einer Verfeinerung und Glättung der Gesichtszüge.
61 Feuchtersleben. Diätetik (o. Anm. 8), S. 456.
62 Vgl. Gerda Wesenauer: Literatur und Psychologie. Am Beispiel von Stifters Brigitta. In: VASILO 38 (1989), S. 49–76.
63 Rißmann (o. Anm. 12), S. 100ff., hebt die Bedeutung des Begriffes Phantasie hervor, die Feuchtersleben (Diätetik. [o. Anm. 8], S. 453f.) als „die Vermittlerin, die Ernährerin, *die*

Kindheit – wie sie Stifter schildert – die ungünstigen Bedingungen, unter denen ein sittlicher Charakter dennoch erscheinen kann. Deutlich wird dies im Bild von der „fremde[n] Pflanze",[64] als welche Brigitta im Kreis ihrer Familie beschrieben wird. Brigitta, die in dem ihrem produktiven Charakter entsprechenden Wirkkreis aufblüht, folgt damit einer Anweisung, die Feuchtersleben als praktische Lebensregel in seinem Werk formuliert. Dabei benutzt der Seelenkundler das gleiche Bild: „Wenn die zarte Pflanze, die wir unseren Geist nennen, schon im Treibhaus der Societät verdorren und absterben will, so versetzt sie, die ihr sie retten wollt, in eine einsame Wildnis, und sie lebt wieder auf."[65]

Ein Kapitel widmet Feuchtersleben dem Zusammenhang zwischen Gesundheit, d.h. Sittlichkeit und Schönheit, mit Natur und Wahrheit: „Die ersten Heilmittel gegen alle Übel [...] sind: *Wahrheit und Natur.*"[66] In der Einsamkeit der Natur – d.h. bei Stifter in Erkenntnis und Annahme der in der Natur ruhenden Aufgaben und nicht in Kontemplation – zeigt sich Brigittas tätige Sittlichkeit. Sowohl sie als auch der Major finden dort nach jahrelanger Trennung zum Eingeständnis ihrer Schuld und schließlich von der unnatürlichen Freundschaft zu einer natürlicheren Bindung. Dabei beschränkt sich der Begriff „Wahrheit" nicht auf dieses Eingeständnis, sondern meint vielmehr die Identität von sittlichem Charakter und sittlicher Lebensführung oder, in anderen Worten, von innerer und relativer äußerer Schönheit.

III

Ebenso wie die Erzählung der Handlung ist die Beschreibung des Raumes im Erlebnisbericht stark an die Perspektive des erlebenden Ich gebunden. Der Leser erfährt den Raum, indem der Erzähler ihn durchschreitet, wobei sich im sukzessiven Beschreiben die natürliche Räumlichkeit zeigt. Gleichzeitig wird der Raum aber kaum mehr durch die ordnende Gewalt des Erzählers vermittelt, sondern wird – wie bereits erwähnt – durch erzähltechnische Mittel gleichsam objektivierend dieser Perspektive wieder enthoben. Hier wirkt die Natur auf den Menschen und nicht der Mensch in seinen seelischen Zuständen auf die Natur; dies wird besonders dort deutlich, wo die Konfrontation des Erzählers mit der Öde beschrieben wird. Aus der Perspektive des erlebenden Ich

---

Bewegerin aller vereinzelten Glieder des geistigen Organismus" bezeichnet. Phantasie, Wille und Vernunft bilden dabei eine Stufenfolge, deren Basis die Phantasie des Kindes ist: „Voll entfalten kann sich Phantasie immer dann, wenn das Wachbewußtsein herabgedämpft und das Selbstbewußtsein zurückgedrängt oder nicht entwickelt ist. Beim Kinde ist daher die Phantasie stark entwickelt" (S. 102).

[64] WuB. Bd. 1.5, S. 448.
[65] Feuchtersleben. Diätetik (o. Anm. 8), S. 524.
[66] Ebd., S. 522.

wird dem Leser diese Landschaft vorgestellt, die ganz vom Bewußsein des Erzählers Besitz ergreift: „Anfangs war meine ganze Seele von der Größe des Bildes gefaßt: wie die endlose Luft um mich schmeichelte, wie die Steppe duftete, und ein Glanz der Einsamkeit überall und allüberall hinaus webte: – aber wie das morgen wieder so wurde, übermorgen wieder – immer gar nichts, als der feine Ring, in dem sich Himmel und Erde küßten, gewöhnte sich der Geist daran, das Auge begann zu erliegen, und von dem Nichts so übersättigt zu werden, als hätte es Massen von Stoff auf sich geladen – es kehrte in sich zurück, und wie die Sonnenstrahlen spielten, die Gräser glänzten, zogen verschiedene einsame Gedanken durch die Seele, alte Erinnerungen kamen wimmelnd über die Haide".[67]

„Die Natur", so heißt es bei Feuchtersleben, „denkt lauter große Gedanken, und die des Menschen, indem er ihnen nachsinnt, lernen sich ausdehnen und werden den ihrigen ähnlich."[68] In diesem Sinne wirkt die Einsamkeit der Natur auch auf die „einsamen Gedanke[n]" des erlebenden Ich, die zum Objekt der Natur werden. Die ordnende Funktion des Betrachtens geht hier unter; zwangsläufig erfolgt die Unterordnung unter die Fülle der Eindrücke.

Bezeichnenderweise steht an Stellen, die eine klassifizierende Aussage erwarten lassen, immer die vage Vermutung des Erzählers. Von den die Ebene begrenzenden Bergen, bei denen es sich offensichtlich um die Karpathen handelt, heißt es unbestimmt: „ich hielt sie für die Karpathen".[69] Selbst die Kategorie der „Größe", in welcher der Wanderer zunächst das Bild der Natur zu beschreiben sucht, wird nichtig. Ebenso schwindet dem Erzähler „durch die vielen Gesichtstäuschungen dieses Landes"[70] das Bewußtsein für Zeit und Entfernung, da er glaubt, den immer gleichen Raum zu durchwandern. Und obwohl sich der Erzähler dieser Täuschungen bewußt ist, kann er sich ihnen doch nicht entziehen: „In dieser Öde findet der Mensch keinen Ansatzpunkt, von dem aus eine Ordnung errichtet werden könnte. Nicht nur das Auge erliegt dem ‚Nichts', jede Individualität wird von der Leere derart aufgesogen, daß endlich nichts als der gleitend sich entfaltende, grenzenlose Raum übrigbleibt."[71]

---

[67] WuB. Bd. 1.5, S. 413.
[68] Feuchtersleben. Diätetik (o. Anm. 8), S. 525.
[69] WuB. Bd. 1.5, S. 417.
[70] Ebd., S. 418.
[71] Eleonore Frey: Dinge und Beziehungen: Zu Stifters Brigitta. In: Orbis Litterarum 24 (1969), S. 52–71, hier: S. 58. Frey betont in ihrem Aufsatz besonders den Aspekt der „Maßlosigkeit" (S.61), in welchem sie Öde und „Seelenlage Brigittas" parallelisiert. Trotz der interessanten Hinweise auf die Vielfalt, in der dieser Aspekt zutage tritt, verkennt die Verfasserin dabei allerdings die besondere Bedeutung der Gegenüberstellung von Öde und Garten, Kulturlandschaft, sowie die korrespondierend als Entwicklung angelegte Veredelung des Charakters Brigittas. So wird die deutlich als Idylle gezeichnete Gartenlandschaft um Maroshely als falsche Begrenzung gedeutet, wodurch die Schöpfung der Idylle aus tätiger Sittlichkeit ja letztlich negativ erscheinen müßte. Die Schutz-

Deutlich gegen die weite Einsamkeit der Pußta hebt sich die Gartenlandschaft von Marosheli ab. Dieser vom erlebenden Ich tief empfundene Bruch wird so perspektiviert, daß der Leser unmittelbar den Blick des Erlebenden mitvollziehen kann. Gemeinsam mit ihm wendet sich der Leser, der vorausreitenden „Schaffnerin" (Brigitta) folgend, dem Raum zu. Stifter setzt hier einmal den Blick des Wanderers als ordnende Kraft, um an entscheidender Stelle den Kontrast als subjektiv empfundenen (erlebten) in entsprechender Perspektivierung wiederzugeben: „Ich ging hinter ihr her und hatte Gelegenheit, meine Blicke auf die Umgebung richten zu können – und in der That, ich bekam immer mehr Ursache, mich zu verwundern. Wie wir höher kamen, öffnete sich zusehends das Thal hinter uns, ein ganzer ungeheurer Gartenwald lief von dem Schlosse in die Berge hinein, die hinter ihm begannen, Alleen streckten sich gegen die Felder, ein Wirthschaftsstück nach dem andern legte sich blos, und schien in trefflichem Stande."[72] Stifter gestaltet hier und in der eingehenderen Beschreibung Marshelis im vierten Kapitel einen englischen Landschaftsgarten gemäß Maximen, die etwa der Gartengestalter und Reiseschriftsteller Hermann Ludwig Heinrich Fürst von Pückler-Muskau (1785–1871) in seinen ‚Andeutungen über Landschaftsgärtnerei' (Stuttgart 1834 u.ö.) dargelegt und auf dem ererbten Familienbesitz an der Neiße großen Teils auch realisiert hatte. Pückler-Muskau, der den englischen Landschaftsgartenstil auf Reisen kennenlernte, entwickelte diesen erheblich weiter. Sein Grundsatz lautete: „Der höchste Grad der landschaftlichen Gartenkunst ist nur da erreicht, wo sie wieder freie Natur, jedoch in ihrer edelsten Form, zu seyn scheint."[73] Dabei war Pückler-Muskau darum bemüht, die ursprüngliche Form der Natur zu erhalten, konzentriert und veredelt darzustellen, also „das Vergangene gleichsam in einem zusammengefaßten Bilde wieder zu reflektieren, wodurch alles, was einst war, neu hervorgehoben, möglichst seinem Zweck entsprechend verbessert, anmutiger gemacht und mit Neuem verbunden, in ein *geregeltes Ganze* vereinigt werden sollte."[74] Fremdartiges vermied der Gartengestalter, und Exotisches wurde dezent eingesetzt. „Seiner Meinung nach muß die idealisierte Natur [...] den Charakter des Landes und Klimas tragen, wo sich die Anlage befindet'."[75] Von besonderem Interesse bezüglich der Stifterschen Erzählung ist die aufsehenerregende Anordnung von scheinbar Gegensätzlichem im Badepark, einem Teil des Muskauer

---

funktion dieser Begrenzung gegen eine immer auch noch bedrohliche Wildnis (Wölfe) wird dabei übersehen.

[72] WuB. Bd. 1.5, S. 419.

[73] Hermann Fürst von Pückler-Muskau. Andeutungen über Landschaftsgärtnerei, verbunden mit der Beschreibung ihrer praktischen Anwendung in Muskau. Hrsg. von Günter J. Vaupel. Mit den 44 Ansichten, 4 Grundplänen und einem farbigen Bildteil. Frankfurt a.M. 1988 (nach der Erstausgabe: Stuttgart 1834), S. 152.

[74] Ebd., S. 175f.

[75] Tassilo Wengel: Gartenkunst im Spiegel der Zeit. Leipzig 1985, S. 228.

Parkes: „Dieser Teil des Geländes vereinigt eine Reihe Kontraste wie zerklüftetes Waldgebiet, Kurbad, Bergwerk mit Halden und Schächten."[76] Der Park ist hier nicht mehr nur ein Lustgarten, sondern dient in der Doppelung „zum Gebrauch und Vergnügen des Menschen",[77] wobei ästhetische Gesichtspunkte des gestaltenden Einwirkens in die natürliche Umgebung sowie der produktive Umgang mit der Natur harmonisch vereint werden.[78]

Auch Marosheli und Uwar zeigen sich dem erlebenden Ich wie dem Leser als ein Idyll, in welchem die es gestaltende Tätigkeit stets präsent ist. Immer wieder wird das Erreichte demonstriert, seien es die Anlagen Maroshelis oder die weitläufigen Besitzungen des Majors. Und stets rückt dabei auch der Preis der Idylle in das Gesichtsfeld: die stete Arbeit an der Natur, die mit dem bereits Erreichten in ein harmonisches Ganzes gefügt ist. Stifter malt hier ein Vergilsches Lob der Landwirtschaft: „Die Einsamkeit und Kraft dieser Beschäftigungen erinnerte mich häufig an die alten starken Römer, die den Landbau auch so sehr geliebt hatten, und die wenigstens in ihrer früheren Zeit auch gerne einsam und kräftig waren."[79] Die elegisch-utopischen ‚Georgica' teilen mit Stifters Erzählung mehr als lediglich die Ästhetisierung der Agrikultur. Vor allem in der utopischen Dimension liegen Parallelen der Erzählung zum Lehrgedicht Vergils, in welchem das „in Gerechtigkeit und Frieden sich entfaltende Dasein der Bauern [...] als reale Gegenwartsmöglichkeit auf dem Hintergrund der als real vorgestellten Urgeschichte Italiens dargestellt" wird.[80] Die Utopie Vergils erscheint bei Stifter in eine nationale Utopie umgedeutet. Die Reform der Landwirtschaft, wie sie der Bund der Gutseigentümer nach dem Vorbild Brigittas betreibt, dient nicht in erster Linie dem eigenen Besitz, sondern erhält besonders in der Figur des Majors eine national-politische Dimension.[81] Die in Kleidung, Sprache und Umgang deutliche Hinwen-

---

[76] Ebd., S. 229.
[77] Pückler-Muskau (o. Anm. 73), S. 47.
[78] Gustav Wilhelm (Adalbert Stifter. Werke. Hrsg. von G. W. Berlin. 2. Aufl. 1927. Bd. 2, S. 220f.) wies darüber hinaus darauf hin, daß die Gestaltung der Höfe Uwar und Marosheli detailliert Entwürfen nachgebildet ist, die der Gartendirektor auf den Höfen von Istvan Széchényi, Carl Ritter (Anleitung zur Verschönerung der Landgüter und Landschaften nebst Bepflanzungsmethode der Felder, Äcker und Wiesen nach englischer Art. Wien 1839), erstellt hatte. Hinweis bei Moriz Enzinger: Stifters Erzählung „Brigitta" und Ungarn. In: ders.: Gesammelte Aufsätze zu Adalbert Stifter. Mit 18 Bildbeigaben. Wien 1967, S. 134–153. Enzinger führt dies weiter aus: S. 142ff. – Der Hinweis auf Pückler-Muskau soll hier deutlich machen, daß es nicht nur um die konkrete Gestaltung geht, sondern daß Stifter auf ein Gartenideal rekurriert, das besonders in den grundlegenden Ausführungen Pückler-Muskaus Details einer Weltsicht vorgibt.
[79] WuB. Bd. 1.5, S. 437.
[80] Johannes Götte: Einführung zu Vergil ‚Vom Landbau'. In: Hesiod – Vergil – Ovid. Werke und Tage – Vom Landbau – Liebeskunst. Übersetzt von Walter Marg, von Johannes und Maria Götte sowie von Niklas Holzberg. Mit Einführungen von Michael Erler, Johannes Götte und Niklas Holzberg. München 1990, S. 53–81, hier: S. 78.
[81] Peter A. Schoenborn: Adalbert Stifter. Sein Leben und Werk. Bern 1992, S. 344.

dung zur ungarischen Tradition ist als tätige Heimatliebe der Versuch zur Realisierung einer nationalen Utopie, die der Major vor seinem Gast monologisierend entwickelt.[82]

Der Major zeigt den „tätigen Menschen"[83] im Werke Stifters in einer fast heroischen Gestalt.[84] Die als Held angelegte Figur unterscheidet dennoch einiges von heroischen Figurenkonzeptionen anderer Autoren des 19. Jahrhunderts (etwa Conrad Ferdinand Meyers) oder dem Bild eines idealisierten Führers der ‚Georgica'. An die Stelle großer Taten tritt in der Erzählung die Vielfalt und Beständigkeit der Arbeit, die dem Boden das entringt, was in ihm angelegt ist. Dies erfordert mehr als genaueste Kenntnis, was schon allein dadurch deutlich wird, daß der Erzähler natürlich bei seiner Anreise nicht die potentielle Ackerqualität des Bodens, die dem Major selbstverständlich ist, sondern nur eine Öde sah. Darüber hinaus ist der völlige Einklang mit der Tradition und Gegenwart der Nation als Einheit von Mensch und Raum erforderlich. In nahezu folkloristischen Elementen (etwa der Nationaltracht) zeigt sich erzählerisch – besonders im abschließenden Perspektivenwechsel auf das sehr private Glück des seinem Vaterlande zustrebenden Erzählers – ein naiv unschuldiger Nationalismus, in dem Herdersches Denken biedermeierlich weiterwirkt;[85] politisch aber wird Stifters Text als Äußerung eines Österreichers zu den zeitgenössischen Entwicklungen in Ungarn zu einem Zeugnis von großer Brisanz.

IV

Die beschriebene nationale Dimension des Landwirtschaftlobs in der Erzählung ist allerdings abhängig von der individuellen Entwicklung Brigittas. Sie ist das Vorbild des Majors, und im Zusammenhang mit ihrer Tätigkeit wird explizit auf ‚Heldentum' verwiesen. Hatte eine „tätige Phantasie" ihr durch

---

[82] „Unsere Verfassung, unsere Geschichte ist sehr alt, aber noch vieles ist zu thun; wir sind in ihr, gleichsam wie eine Blume in einem Gedenkbuche aufgehoben worden. Dieses weite Land ist ein größeres Kleinod, als man denken mag, aber es muß noch immer mehr gefaßt werden. Die ganze Welt kömmt in ein Ringen sich nutzbar zu machen, und wir müssen mit." (WuB. Bd. 1.5, S. 436)
[83] Vgl. Frederick Ritter: Der tätige Mensch. In: VASILO 12 (1963), S. 95–107.
[84] Stifter ließ sich zur Gestaltung der Figur von der realen Persönlichkeit des ungarischen Grafen Istvan Széchényi (1792–1860) inspirieren, der gleich dem Major sich nach längeren Europareisen Verdienste um die Reformierung der Landwirtschaft Ungarns erwarb. Vgl. Enzinger (o. Anm. 78), S. 138; Schoenborn (o. Anm. 81) S. 348f.
[85] Auf die Bedeutung von Herders ‚Ideen zur Philosophie der Geschichte der Menschheit' oder des früheren Werkes ‚Auch eine Philosophie der Geschichte der Menschheit' für das gesamte Werk Stifters ist häufig hingewiesen worden. Vgl. u.a.: Eugen Thurnher: Stifters ‚Sanftes Gesetz'. In: Klaus Lazarowicz/Wolfgang Kron (Hrsg.): Unterscheidung und Bewahrung. Festschrift für Hermann Kunisch. Berlin 1961, S. 381–397; Schoenborn (o. Anm. 81); Wilhelm (o. Anm. 1).

die Kindheit geholfen, so wirkt nun – in Übereinstimmung mit Feuchterslebens Stufenfolge der Geisteskräfte[86] – ihr Wille, „diese Kraft, welche im tiefsten Grunde der individuelle Mensch selbst ist, welche Phantasie und Verstand erst in Bewegung setzt, welche die Wunder des geistigen Lebens zur Offenbarung bringt";[87] Brigittas „Seele griff immer weiter um sich, der Himmel des Erschaffens senkte sich in sie; grüne Hügel schwellten sich, Quellen rannen, Reben flüsterten, und in das öde Steinfeld war ein kraftvoll weiterschreitend Heldenlied gedichtet."[88]

Stifters bekanntlich von der historischen Persönlichkeit Helene Charlotte von Lestwitz, Frau von Friedland, inspirierte Figur Brigitta[89] verwandelt in der Einsamkeit ihre Sittlichkeit und Leidenschaft in tätige Energie: Vitalität, Schönheit und Gesundheit sind die Zeichen für ein sittliches, tätiges Leben, welches sie in der selbstgeschaffenen Idylle führt. Ihre sich zunächst ziellos zeigende tätige Phantasie erscheint durch ihre Arbeit und das Ziel ihrer Arbeit veredelt. Die Veredelung des Charakters der Figur wird erzählerisch im Kontrast der Öde mit der Gartenbaulandschaft Maroshelis vorweggenommen: Das Bild der „Fruchtbarkeit in der Öde", das in den Landschaftsbeschreibungen der ersten beiden Kapitel der Erzählung gestaltet wird, erhält in den folgenden Abschnitten symbolischen Charakter.[90] Der räumliche Kontrast, den der Erzähler aus der Distanz des Maroshelischen Grundes im Rückblick auf die Ebene beschreibt, verwendet schon das Schlüsselvokabular, das sich in die komplexe Symbolik der Augen einfügt: „Das ganze hob sich wunderbar von dem Steinfelde ab, das ich heute durchwandelt hatte, und das jetzt in der Abendluft draußen lag und in den röthlich spinnenden Strahlen heiß und trocken herein sah zu dieser kühlen grünen Frische."[91] Ähnliches wird vom Kind Brigitta gesagt: „Das Mädchen redete nicht. Als sich der Vater einmal so weit vergaß, daß er sie, die Erwachsene, weil sie durchaus nicht in das Gesellschaftszimmer gehen wollte, körperlich strafte, sah sie ihn blos mit den heißen trockenen Augen an, und ging doch nicht hinüber, er hätte ihr thun können, was er wollte."[92]

---

[86] „Der Knabe phantasiert, der Jüngling begehrt, es denkt der Mann" (Feuchtersleben. Diätetik [o. Anm. 8], S. 453).
[87] Ebd., S. 465.
[88] WuB. Bd. 1.5, S. 461.
[89] Nach einer unglücklichen Ehe verwaltete die ‚Frau von Friedland' die väterlichen Güter mit Erfolg. Vgl. Gerda von Petrikovits: Zur Entstehung der Novelle ‚Brigitta'. In: VASILO 14 (1965), S. 93–104, hier: S.98ff.
[90] Vgl. Mautner (o. Anm. 17), S. 94. – Sengle (o. Anm. 18). Bd. 1, S. 322, hat auf den besonderen „Dualismus von Beschreibung und Symbolik" bei Stifter hingewiesen, in dessen „Symboldichtungen" „Dingbeschreibung" und „Symbolik" zur gegenseitigen Verstärkung führen. Die Landschaftsbeschreibung dient nicht der Figurengestaltung, sondern ist von eigenständigem Wert. Eine Erklärung für diese bei Sengle notierte Beobachtung könnte darin liegen, daß Natur und Charakter hier beide auf Höheres verweisen. Davon wird im folgenden die Rede sein.
[91] WuB. Bd. 1.5, S. 419.
[92] Ebd., S. 448; vgl. S. 459.

Die Öde, die in die Gartenlandschaft hineinsieht, birgt, noch unerkannt, schon die künftige Kulturlandschaft als Möglichkeit in sich. Ebenso wird die Figur Brigitta gekennzeichnet, deren künftiger „Geist des Erschaffens" sich noch nicht zeigen kann, die sich selbst aber der erfahrenen Ungerechtigkeit bewußt ist und als Trotz die verborgene Energie – symbolisch in den Augen dargestellt – zeigt. Auch in der Trennung von Stephan Murai weist die Augensymbolik bereits auf die kommende Kraft: Die „trockenen, entzündeten Augen",[93] mit denen sie ihren Mann ansieht, zeigen die feste Entschlossenheit. Die „heißen Tropfe[n]",[94] die sie vergießt, weisen auf die Leidenschaft als Quelle ihrer Kraft.

In diesem gedoppelten Veredelungsprozeß, in welchem dem sittlichen Charakter eine gestaltende Rolle in der Natur zugewiesen ist, verweisen charakterliche Entwicklung und Arbeit an der Natur gegenseitig auf sich und damit auf eine dritte, in beidem wirksame Kraft, die sich nicht nur im einzelnen Menschen, dem bestimmten Raum, sondern in der Nation als in diesem Sinne sich gegenseitig veredelnde Einheit aus Menschen und Raum darstellt. In der Figur Brigittas zeigt sich ein „Paradigma gelungener Identität"[95] von Persönlichkeitsentwicklung und gestaltender Arbeit an der Natur. Das Resultat der Arbeit ist Selbstbestätigung, Übereinstimmung von Charakter, Lebensziel, Lebensarbeit und Lebensraum.

Stifter schildert in seiner Erzählung nicht nur die Entwicklung zum harmonischen Leben, sondern auch die mögliche negative Entwicklung. Diese wird in der in der Sekundärliteratur vergleichsweise wenig beachteten Figur der Gabriele gezeigt.[96] Ihre Bedeutung unterstreicht Stifter durch die überraschende Erwähnung in den epilogischen Sätzen der Erzählung, in welchen auf die scheinbar unbedeutende Randfigur an exponierter Stelle zurückverwiesen wird: „Im Frühjahre nahm ich wieder mein deutsches Gewand, meinen deutschen Stab, und wanderte dem deutschen Vaterlande zu. Ich sah auf dem Rückwege Gabrielens Grabmal, die schon vor zwölf Jahren im Gipfel ihrer jugendlichen Schönheit gestorben war. Auf dem Marmor standen zwei große weiße Lilien. | Mit trüben, sanften Gedanken zog ich weiter".[97]

Im Gegensatz zu Brigitta zeichnet sich Gabriele durch weithin anerkannte Schönheit aus, doch fehlt es nicht am Hinweis auf das entscheidende Defizit: die Absenz von Erziehung, die nicht wie bei Brigitta durch innere Sittlichkeit, Selbsterziehung und -erfahrung ausgeglichen wird. Die Erziehung Gabrielens

---

[93] Ebd., S. 459.
[94] Ebd., S. 460.
[95] Osterkamp (o. Anm. 32), S. 125. Dazu heißt es weiter (S. 127): „Erst dort, wo das Individuum seine Welt sich selbst erschließt und erarbeitet, erfährt es in der Anschauung gelungener Arbeit zugleich auch Wert und Würde seiner selbst."
[96] Schon Mautner (o. Anm. 17), S. 101, weist auf diesen Umstand hin.
[97] WuB. Bd. 1.5, S. 475.

durch ihren greisen Vater ist dadurch gekennzeichnet, daß dieser ihr alle Freiheiten läßt, „weil er meinte, daß sie sich nur so am naturgemäßesten entfalte, und nicht zu einer Puppe gerathe, wie er sie nicht leiden konnte".[98] Ihre Wildheit zeigt sich im „übermüthigen Wettreiten" mit Stephan Murai; ihr romantisch-leidenschaftlicher Charakter wird als „ein Abgrund von Unbefangenheit" geschildert. Dieser Selbstsicherheit steht äußerlich Brigittas Minderwertigkeitsgefühl gegenüber; verfolgt man jedoch die auf den Charakter verweisende Symbolik der Augen, so wird das Defizit Gabrielens in der Beschreibung ihrer Augen deutlich: sie tragen nicht den Glanz einer Brigitta, sondern zeigen Stephan Murai seine eigene Leidenschaft: es sind „spiegelnde Augen".[99] Gabriele symbolisiert so die durch äußeren, schönen Reiz verdeckte Absenz ordnender Sittlichkeit. Der Tod Gabrielens aber ist Konsequenz eines pädagogischen Erzählkonzepts, in welchem Umrisse der apokalyptischen Vision der späteren ‚Vorrede' der Sammlung ‚Bunte Steine' schon deutlich werden.[100]

Dem in die Heimat wandernden Erzähler vermittelt der Tod den gefährlichen Grat zwischen den alternativen Entwicklungen seines zukünftigen Lebens. Doch befindet er sich bereits auf der Positivseite im Sinne des pädagogischen Konzepts, so daß er aus der Distanz eines in der Zukunft nach sittlichen Maximen geführten Lebens nurmehr einen düsteren Schatten in seine Gedanken trägt. Zur einst genossenen ziellosen Wanderschaft[101] wird so jeglicher vermittelnde Kommentar überflüssig.

---

[98] Ebd., S. 458; dort auch die beiden folgenden Zitate.
[99] Ebd., S. 459.
[100] Vgl. WuB. Bd. 2.2, S. 15f.: „Wie es mit dem Aufwärtssteigen des menschlichen Geschlechtes ist, so ist es auch mit seinem Abwärtssteigen. Untergehenden Völkern verschwindet zuerst das Maß. Sie gehen nach Einzelnem aus, sie werfen sich mit kurzem Blike auf das Beschränkte und Unbedeutende, sie sezen das Bedingte über das Allgemeine; dann suchen sie den Genuß und das Sinnliche, [...] der Einzelne verachtet das Ganze, und geht seiner Lust und seinem Verderben nach, und so wird das Volk eine Beute seiner inneren Zerwirrung oder die eines äußerlich wilderen aber kräftigeren Feindes. – – " – Des weiteren ist der Abschnitt um Gabriele auch als konkrete Aussage des Pädagogen Stifter zu verstehen, der bestimmte Erziehungsideale (Rousseau?) in dieser Figur drastisch negiert. Eine ähnlich negative Darstellung, die die fatalen Folgen dieser scheinbar natürlichsten Erziehung skizziert, findet sich etwa auch bei Annette von Droste-Hülshoff, in dem Gedicht ‚Alte und neue Kinderzucht'. Hier wendet sich die Erziehung gegen den Erzieher. Historisch-kritische Ausgabe. Hrsg. von Winfried Woesler. Band 1.1: Gedichte zu Lebzeiten. Text. Bearb. von Winfried Theiss. Tübingen 1985, S.26–28.
[101] Sie verkörpert in diesem Sinne (o. Anm. 100) Maßlosigkeit schon durch die Beschreibung des langen Umherschweifens auf dem Hinwege, welchem das scheinbar ungeduldige Warten des Majors gegenübersteht. Zweimal weist der Bedienstete, der den Erzähler auf Uwar empfängt, darauf hin (WuB. Bd. 1.5, S. 423): „‚Der Herr hat Briefe von euch und erwartet euch schon lange', sagte der Mann, als wir weiter gingen. | ‚Ich habe ihm ja geschrieben, daß ich mir euer Land ansehen wolle,' antwortete ich. | ‚Und das habt Ihr lange angesehen,' sagte er." Allerdings erfährt der Erzähler im Grunde erst etwas über dieses lang-besehene Land während seines Lebens auf Uwar, als er sich selbst in das Getriebe sittlichen Wirkens stellt.

Die Erzählung ‚Brigitta' ist damit in ihrer Komplexität noch nicht erschöpft. Der im Raum tätige Mensch teilt Kulturlandschaft von Wildnis, ohne jedoch dabei eine Herrschaft über die Natur zu erringen. Das beständige Bemühen um eine Neustrukturierung der Landwirtschaft, die Arbeit an der Oase in der Öde, kann die Außenwelt nicht verdrängen: „die Gefährdung durch das, was außerhalb dieser Insel gelungenen Lebens liegt, bleibt stets gegenwärtig".[102] Sie zeigt sich latent in der unendlichen Weite der Öde, aber auch sehr konkret in den beständigen Mahnungen vor dem Steppenfieber oder gar akut in der bedrohlichen Wildheit der Wölfe. Selbst die Hunde, stete Begleiter der Hirten, Wächter des Schlosses, werden in ihrer nur verdeckten Wildheit gezeichnet.[103]

Die Wölfe, die der umsichtige Bau einer Schutzmauer vom Garten Maroshelis fernhält, dringen dennoch in die schon befriedet scheinende Kulturlandschaft ein. Selbst von der noch bedrohlicheren Kraft eines harten Winters getrieben, werden die hungrigen Tiere für Gustav, den bei der Mutter lebenden Sohn Brigittas und des Majors, zur Gefahr. Dieses Ereignis bildet den letzten, entscheidenden Wendepunkt der Erzählung.

Brigitta und der Major haben sich ihr Leben bestmöglich eingerichtet. Über die einstige Trennung hinweg hat sich im Laufe der Jahre ein tiefe Freundschaft beider herausgebildet, der einstige Schmerz ist der Bewunderung für die erfolgreiche Arbeit des anderen gewichen. Von dieser Beziehung sagt der Erzähler: „Es war ohne Widerrede das, was wir zwischen Personen verschiedenen Geschlechtes Liebe nennen würden, aber es erschien nicht als solches."[104] Auch anderen scheint die Beziehung seltsam, so etwa Gömör. Der erlebende Ich-Erzähler selbst zweifelt gar, ob das angeblich erreichte Ziel aus den enthusiastischen Zeilen des Briefes, den er vom Major erhalten hatte, „doch noch nicht ganz da sei".[105]

Die Skepsis des deutschen Besuchers scheint jedoch bald vergessen, da alles gegenwärtige Leben und Treiben die Zeichen der Erfüllung trägt. Auch der bei seiner Ankunft in unheimlicher Bedrohlichkeit geschilderte Richtplatz, der auf dem Weg von Marosheli nach Uwar hatte passiert werden müssen, wurde im Erzählverlauf bisher nicht wieder aufgegriffen. Erzähltechnisch erscheint das Bild des Galgens wie ein Rahmen, in dem die Erzählung stattfindet: auf sein Wiedererscheinen folgt bald die Abfahrt. Der Galgen ist der Schauplatz, auf welchem die Wölfe Gustav bedrängen, der dann durch den Major gerettet wird.

Das Verhältnis Gustavs zu dem Major, von dem er nicht weiß, daß er sein Vater ist, ist von Bewunderung geprägt. In allem folgt Gustav dem Vorbild

---

[102] Osterkamp (o. Anm. 32), S. 124.
[103] Vgl. WuB. Bd. 1.5, S. 434.
[104] Ebd., S. 467.
[105] Ebd., S. 439.

seiner Mutter und des Majors. Und umgekehrt wird in seiner Bedrohung die elterlich Sorge beider deutlich. Der Vater, der seinem Sohn nicht direkt beistehen kann, hatte diesem Pistolen zum Schutz geschenkt. Als er deren Knall hört, weiß er, daß Gustav in Gefahr ist, er eilt zu ihm und steht ihm nun als Vater direkt bei. Die Gewichtigkeit dieser Tat wird dem Major bald bewußt, und ebenso schlicht wie tiefgreifend stellt er fest: „Ich habe kein Kind."[106] Das vitalste, sittlichste Leben verhallt wirkungslos, wenn es nichts hinterläßt, sich nicht fortsetzt, nicht vererbt wird; dies ist die Erkenntnis des Majors. Und ebenso ergeht es Brigitta: die Schutzmauer um ihre Idylle kann die andauernde Bedrohtheit durch die Außenwelt nicht verdrängen. So steht der Galgen nicht nur räumlich, sondern auch symbolisch zwischen beiden; er markiert die Grenze der Endlichkeit menschlichen Strebens, die es durch ein Kind zu überwinden gilt. In der Verletzung Gustavs ist die kindliche Schutzbedürftigkeit wiederholt; hatte der Vater den Sohn vor Schlimmerem bewahrt, so übernimmt nun die Mutter – das zeitweise aufgehobene traditionelle Rollenmuster wieder erfüllend – die häusliche Pflege und Fürsorge. Als das Paar wieder zueinander findet, bezeichnet dann auch der Major seine Frau: „O Brigitta, Mutter meines Kindes!"[107] Die Komplexität der Erzählung wird hier durch die Dimension der Zeit, der Geschichte erweitert, das sittliche Werk durch die der Zukunft: „Sie waren wie zwei Menschen, von denen eine große Last genommen ist. Die Welt stand wieder offen."

Auch diesen letzten Schritt seiner Erzählung verwebt Stifter mit der erst in der ‚Vorrede' der Sammlung ‚Bunte Steine' ausgestalteten Kosmosvision: Schönheit und Sittlichkeit werden um die Natürlichkeit, die ‚Naturgemäßheit' erweitert, wenn es heißt, daß „das Geschick [die Freundschaft] durch einen scharfen Schnitt, den es beider Herzen that, trennte, und zu dem schöneren, natürlicheren Bunde wieder zusammen fügte. | Alles war nun gut."[108] Für die Entwicklung Brigittas bedeutet dies, den Maßstäben der Seelendiätetik Feuchterslebens gemäß, die vollendete Entwicklung der Geisteskräfte: das Wirken des Verstandes. Die Erkenntnis des eigenen übergroßen Stolzes, aber viel mehr noch die Erkenntnis der Endlichkeit menschlichen Daseins führt zu einer Bindung mit dem Major, die nun vernünftigen, sittlichen und dadurch – zutiefst in der Aufklärung verankert – natürlichen Kriterien genügt: „Das wichtigste Resultat aller Bildung ist die Selbsterkenntnis. Jedem Menschen ist von der Gottheit ein bestimmtes Maß zugeordnet, – ein bestimmtes Verhältnis der Kräfte, welche sich in einem abgegrenzten Kreise bewegen."[109]

Dennoch schließt sich das Bild nicht in schönem Schein. Nicht allein die trüben Gedanken des heimkehrenden Erzählers weisen darauf hin. Das Leben

---

[106] Ebd., S. 472.
[107] Ebd., S. 473; dort auch das nächste Zitat.
[108] Ebd., S. 475.
[109] Feuchtersleben. Diätetik (o. Anm. 8), S. 479.

des einzelnen Menschen und sein Werk bleiben auch nach der Versöhnungsszene gefährdet. Dabei ist es nicht notwendig, wie Adorno auf die soziale, wirtschaftliche und politische Entwicklung der Entstehungszeit der Erzählung hinzuweisen, die die erzählerische Utopie „landschaftlicher Geborgenheit" zur Irrealität verzerre.[110] Die Bedrohung ist vielmehr immanent. Der Galgenplatz ist ein eigentümlicher Ort in der Erzählung. Stifter gebraucht ihn tatsächlich als schaurigen Ort, den der Erzähler passieren muß. Dann erhält er eine symbolische Funktion, da er als Schauplatz auf das durch die Wildnis bedrohte Leben des Einzelnen und den Fortbestand seines (Lebens-)Werkes verweist. Doch darf nicht vergessen werden, wozu dieser Richtplatz, der erst kürzlich verbessert eingerichtet wurde, eigentlich dient: als Abschreckung für den Menschen selbst. Barbara Osterkamp hat in ihrer Studie darauf hingewiesen, daß der Galgen als Machtinstrument des Landesherrn auf dessen bedrohte Stellung angesichts eines als roh geschilderten Volkes verweise und die „Kontinuität der Herrschaft" gefährde.[111] Diese Sicht scheint mir allerdings zu einseitig. Nicht nur, daß der oben angedeutete Aspekt der Kontinuität des Werkes dabei außer acht gelassen wird; Stifter spricht hier auf einer viel allgemeineren Ebene die animalische Natur des Menschen an, der – so führt es der Major aus – zum Guten wie zum Bösen geführt werden könne. Der Major wirkt so nicht nur in der Natur, sondern auch auf den Menschen ein, die er beide landesväterlich zu veredeln strebt. Dieses doppelte Selbstverständnis zeigt aristokratische Züge etwa im Sinne eines Fürsten von Pückler-Muskau, der zur Übernahme der ererbten Güter äußert, „daß ein großer Territorialbesitzer, welcher fortwährend alle seine Kräfte dazu verwendet, seine Güter ebensosehr zu verbessern als zu verschönern, die ihm untergebenen Bewohner der Gegend auf diese Weise zu zivilisieren, ihren Wohlstand zu mehren",[112] darin besonders den Interessen des Staatswesen förderlich sei.

---

[110] Theodor W. Adorno. Gesammelte Schriften. Band 7: Ästhetische Theorie. Frankfurt a.M. 1970, S. 346: „Was gegen den Willen dieser Prosa durch die Diskrepanz ihrer Form und der bereits kapitalistischen Gesellschaft sich zuträgt, wächst ihrem Ausdruck zu. Ideologische Überspannung verleiht dem Werk mittelbar seinen unideologischen Wahrheitsgehalt, seine Überlegenheit über alle Literatur tröstenden Zuspruchs und beflissen landschaftlicher Geborgenheit und erwirbt ihm die authentische Qualität, die Nietzsche bewunderte." – Nimmt man hinzu, daß diese Diskrepanz durchaus – wie hier dargelegt – auch ein innerer Konflikt dieser Prosa ist, so erweist sich diese Prosa als Tanz auf dem Vulkan. Angesichts einer sich rasant entwickelnden Zeit hat Stifter kaum mehr als Antwort anzubieten als etwa die „ärztlichen Utopien" Hufelands oder Feuchterslebens (Ernst Bloch. Das Prinzip Hoffnung. Frankfurt a.M. 1973, S. 537). Die im Natürlichkeitstopos sich zeigende Bewahrungsideologie Stifters sucht das einzige Heil des Menschen im sittlichen Streben, dem er die zyklische, natürliche Wiederkehr des Immer-Gleichen zugrundelegt. Nur als schwacher Schein ist noch das langsame, sich veredelnde Vorwärtsschreiten der Menschheit im Sinne Herders spürbar.

[111] Osterkamp (o. Anm. 32), S. 141f.

[112] Pückler-Muskau (o. Anm. 73), S. 155. Dabei zeigt sich durchaus ein reformerischer Zug.

Der ungarische Major steht dabei vor dem besonderen Problem, daß er die für ihn Arbeitenden – „Bettler, Herumstreicher, selbst Gesindel"[113] – durch geregelte Bezahlung erst zur Seßhaftigkeit bringen muß. Hier gleicht das Volk in Stifters Erzählung den untergründig gefährlichen Hunden der Hirten oder den nur in der Not angriffslustigen Wölfen. Werden letztere am Galgen in ihrer ausbrechenden Wildheit gezeigt, so symbolisiert der Galgen selbst die Existenz gleicher Roheit im Menschen, wo sie sich als Leidenschaftlichkeit zeigt.[114] In diesem negativen Sinne des Wortes ist etwa auch der Major leidenschaftlich, der mit dem Gedanken an Selbstmord zu kämpfen hatte. Die Leidenschaftlichkeit kommt hier allein schon durch die Wortwahl des Erzählers zum Ausdruck: „Er ritt indessen auf der finstern Ebene, und hatte hundertmal im Sinne, sich mit der Sattelpistole das siedende Gehirn zu zerschmettern."[115]

So steht dem „sanften Gesetz" ein gewalttätiges gegenüber. Natürlichkeit in dem oben geschilderten Sinne meint darum nicht Übereinstimmung mit dem „sanften Gesetz" als lediglich freiwillige Sittlichkeit, sondern ist die notwendige Überlebensleistung des Einzelnen. Letztlich ist es das Individuum, welches sein Leben einrichten muß. Dies macht Stifter in der Figur Brigitta besonders deutlich, die trotz einer schwierigen Kindheit zu sittlicher Kraft heranwächst. Doch läßt sich diese Beobachtung verallgemeinern. Stifters Figuren sind häufig auf sich selbst gestellt. Nach der Trennung stirbt die gesamte Familie Brigittas und die des Majors; *ein* Satz teilt das lapidar mit.[116] In der Erzählung ‚Kalkstein' steht der Pfarrer ebenso nach einer dramatischen familiären Entwicklung, die hier noch breiter ausgeführt ist, als lebensferner Stubengelehrter da und muß aus eigener sittlicher Anstrengung heraus seinen Lebenszweck finden.[117] Selbst in einer Erzählung wie ‚Granit', wo die familiären Bande scheinbar tröstlich wiederhergestellt werden, zeigt sich im Jungen der Binnenerzählung dieser Umstand als bedrohliche Möglichkeit.

---

[113] WuB. Bd. 1.5, S. 428.

[114] Der Trias Mensch-Wolf-Galgen könnte kulturhistorisch der „Wolfsgalgen" zugrunde liegen, in dem eben auch eine enge Verbindung zwischen Mensch und Wolf zum Ausdruck kommt. In einem anderen Raum zeigt Martin Rheinheimer dies auf: Wolf und Werwolfglaube. Die Ausrottung der Wölfe in Schleswig-Holstein. In: Historische Anthropologie 2 (1994), S. 399–422.

[115] Ebd., S. 460.

[116] Ebd. – Ein Satz, der gerade in seiner leidenschaftslosen Kürze sich dem Stifterschen Realismus entzieht, auf die ideologische Organisation des Textes verweist.

[117] Wird in der Erzählung ‚Kalkstein' die Bindungslosigkeit – eine Art charakterlicher Bewährungsprobe – als familiäre Tragödie noch erzählerisch dokumentiert, erscheint die Vereinzelung Brigittas als zwangsläufige Entwicklung der erlebten Ausgrenzung, verursacht durch die wie auch immer überhaupt nur scheinbare oder äußerliche Häßlichkeit. Die familiären Bindungen werden dagegen in einem Satz fast beiläufig gekappt. Diese Vereinzelung ist ein entscheidender Schnitt bzw. Schritt in der Entwicklung der Figur. Die dämonische Alternative zur sittlichen Einordnung in ein naturgemäßes Leben, die (Selbst-)Zweckgebundenheit der Figur, ist dabei latent präsent: etwa in der Figur Gabrieles oder als unausgesprochenes Negativbild der Entwicklung.

Den innersten Kern der sich im Text manifestierenden Weltsicht bietet die Kalobiotik Feuchterslebens, die Lehre, das individuelle Leben mit den ihm zukommenden Aufgaben harmonisch zu gestalten. So heißt es in den ‚Aphorismen': „Wenn uns das Schicksal anrührt, so beginnt erst unser Dasein. Der Finger des Unglücks deutet auf unser Ziel. [...] Womit ein jeder zu kämpfen habe, das unterscheidet die tüchtigen Menschen voneinander."[118] Selbsterkenntnis und Selbstfindung sind dabei die Grundlagen des in Harmonie geführten Lebens, zu welchem Feuchtersleben den Weg diätetisch weist. So findet auch Brigitta zu sich selbst und dadurch zur Selbsterkenntnis und zur Willenskraft, zur Durchsetzung der eigenen Phantasie. Stifters Verbindung von Mensch und Lebensraum, von Nation und Landschaft, kommt dabei ebenso eine utopische Dimension zu, wie sie auch bei Feuchtersleben deutlich wird. Die Veredelung des Einzelnen als Herrschaft des Geistes[119] über die „tigerartige Anlage"[120] des Menschen führt zu einer Veredelung der Gesellschaft. Feuchterslebens ‚Zur Diätetik der Seele' will ebenso pädagogisch wirken, wie dies mit literarischen Mitteln über eine pädagogische Struktur Stifter in seiner Erzählung und deutlich in der ‚Vorrede' von 1852 als sein Programm ausweist. Der Menschheitsgedanke Herders, der hier pädagogisch weiterwirkt, erscheint gegenüber den revolutionären Ideen ihrer Zeit fast ein retardierendes Element,[121] ein pädagogischer Nachhall des Idealismus: „Es ist das höchste Thema der Seelendiätetik: die Gewalt der Bildung über die dunklen Kräfte der sinnlichen Natur zu erörtern, auszusprechen – was geistige Kultur zur Begründung der Gesundheit einzelner, wie ganzer Gesamtheiten, ja der Menschheit im Großen vermag."[122]

---

[118] Feuchtersleben. Aphorismen (o. Anm. 8), S. 186.
[119] „[...] die Seelendiätetik, was ist sie sonst als eine Erziehung des Leibes durch die Seele?" (Feuchtersleben. Diätetik [o. Anm. 8], S. 532f.).
[120] SW. Bd. 13, S. 492.
[121] „Mais le drame de ces deux hommes, c'est d'avoir persévéré dans leur attitude anachronique, d'avoir gardé pour objectif final, en pleine révoltion, l'education de l'individu, à laquelle ils ont subordonné l'ensemble de leurs exigences politiques. Ni l'un ni l'autre n'ont évalué l'importance de la mutation, dont ils furent les témoins." (Gorceix, [o. Anm. 5], S. 412).
[122] Feuchtersleben. Diätetik (o. Anm. 8), S. 174.

Hans-Werner Eroms

Ansätze zu einer sprachlichen Analyse von Stifters Erzählweise in den ‚Studien' am Beispiel der Erzählung ‚Zwei Schwestern'

Linguistische Textanalysen

Nach einer längeren Phase der Skepsis gegenüber der Analyse der Sprache von Dichtung wendet sich die Linguistik seit einiger Zeit wieder vermehrt diesem einzigartigen Prüffeld sprachwissenschaftlicher Methoden zu – mit neuen Zielsetzungen und auch in Anknüpfung an ältere Ansätze. Es sind in weiterem Sinne stilistische Fragestellungen, die die Sprachwissenschaft an der Analyse von Dichtungen interessiert.[1] Dies gilt für die Erfassung eines Einzelwerkes[2] wie für die Deutung des Funktionalstils der Literatur[3] und für den Epochenstil. Diese drei Erkenntnislinien sind nicht selbstverständlich. Der erstere Bereich kann mit gutem Grund als außerhalb der eigentlichen linguistischen Kompetenz liegend angesehen werden. Literaturwissenschaftliche Zugänge bedienen sich der Bewertung sprachlicher Eigenheiten von Dichtung vor dem Hintergrund allgemeiner Annahmen über sprachliche Funktionen, die unter dem Zugriff ‚Stil' das sprachlich Besondere einer Dichtung erfassen. Was vom Linguisten erwartet wird, ist die Bereitstellung einer Folie, auf der das Individuelle erkannt werden kann. Das führt auf die beiden anderen Bereiche: Die literarische Sprache wird auch in der Linguistik als eine Sphäre aufgefaßt, in der sprachliche Regularitäten über allgemeine distributionelle Bedingungen hinaus individuell zentriert begegnen. Das soll heißen: In der Sicht einer Funktionalstilistik begegnet Sprache nicht schlechthin, sondern in Sektoren mit je eigenen Regeln, die sich unter anderem von der Zwecksetzung her bestimmen. So haben etwa die Alltagssprache und die Wissenschaftsspra-

---

[1] Beispielhaft: Anne Betten: Direkte Rede und epischer Bericht in der deutschen Romanprosa. Stilgeschichtliche Betrachtungen zur Syntax. In: Sprache und Literatur in Wissenschaft und Unterricht 16 (1985), S. 25–41, und ihr Forschungsbericht: Analyse literarischer Dialoge. In: Handbuch der Dialoganalyse. Hrsg. von Gerd Fritz und Franz Hundsnurscher. Tübingen 1994, S. 519–544. Vgl. auch den Sammelband: Grammatik, Wortschatz und Bauformen der Poesie in der stilistischen Analyse ausgewählter Texte. Hrsg. von Hans Wellmann. Heidelberg 1993.

[2] Als kürzlich erschienene linguistische Arbeit zu Adalbert Stifter ist hier zu nennen: Ulrich Püschel: Stilanalyse als interpretatives Verfahren. Stifters Ur- und Studien-Mappe als Beispiel. In: WW 43 (1993), S. 68–81.

[3] Eingebettet in weitere Zusammenhänge und für die linguistische Deutung der Literatur fruchtbar gemacht bei Gotthard Lerchner: Sprachform von Dichtung. Linguistische Untersuchungen zu Funktion und Wirkung literarischer Texte. 2. Aufl. Berlin/Weimar 1986.

che völlig unterschiedliche Grundfunktionen und weisen demzufolge auch einen unterschiedlichen Bestand an sprachlichen Mitteln auf. Die Sprache der Literatur ist nun funktionalstilistisch gesehen dadurch gekennzeichnet, daß ihr Bestand und ihre Verknüpfungsregeln in viel höherem Grade individuelle Regularitäten aufweisen als alle anderen funktionalen Bereiche. Durch diese Vergleichsaussage soll zum Ausdruck gebracht werden, daß auch für alle nichtliterarischen Sprachvorkommen individuelle Stilgesichtspunkte im Prinzip anzunehmen sind. Während sie in der Sprache der Alltagskommunikation, in der Wissenschaft oder in der Presse nach Textsortenregeln weitgehend vorgegeben sind, aber immerhin eine individuelle Note ermöglichen, ist letzteres in der Literatur obligatorisch. Das Eigenständige in der Sprache wird erwartet. Dieser Erwartung wird entsprochen, der Vorwurf des Epigonalen ist schlimmer als der des Kryptischen.

Aber es ist noch der dritte Bereich zu nennen: Sprache vollzieht sich nicht im zeitlosen Raum. Sie ist immer zeitgebunden. Und zwischen den individuellen sprachlichen Prägungen in der Literatur und den außerliterarischen Bereichen gibt es feste Rückkopplungen: Es ist unbestritten, daß die Sprache der Dichtung als stilprägend angesehen wird. Zumindest gilt dies im deutschen Sprachraum bis zum Beginn der Moderne. Die Sprache der deutschen Klassiker ist jedenfalls in weiten Teilen Vorbild für Wortwahl, Satzbau und Textgestaltung auch im nichtliterarischen Bereich. Was als vorbildlich angesehen wurde, hat sich mehrfach geändert. So ist etwa die Abkehr vom langen Satz, die wir gerade bei unserem Autor Adalbert Stifter beobachten können, eine Erscheinung, die als globales Stilisticum sich seit der Mitte des neunzehnten Jahrhunderts im Deutschen durchsetzt.[4]

Aber nicht nur derartige stilistische Epochen prägende Erscheinungen rechtfertigen das Interesse der Linguisten an der genauen Erfassung dichterischen Sprachgebrauchs, also des Vorbildcharakters – wobei sich schnell zeigt, daß alle Stilistica ambivalent sind und daß es keine globalen Übertragungen geben kann. Wichtiger ist, daß der Stilbegriff selber die sprachlich zentrierte Deutung literarischer Werke geradezu herausfordert: Mit der Erkenntnis, daß Stil einem sekundären Zeichensystem angehört, auf das das primäre bezogen ist, tritt ein semiotisch relevanter Tatbestand vor Augen: Die individuelle Regelkonstitution, die es in einer Dichtung immer erst zu entdecken gilt, läßt sich als ein Verständnishebel für sie begreifen. Wenn das nicht der Fall wäre, erschiene die gewählte sprachliche Form beliebig, die Auswahl aus dem sprachlichen Repertoire unabhängig von transportierten Inhaltselementen. So formuliert wäre dies die extreme Position sprachlicher Beliebigkeit, die in keinem Funktionalstil gilt und für die Dichtung schon gar nicht. Für diese aber gilt die extreme andere Position, die in den anderen Funktio-

---

[4] Vgl. Peter Braun: Tendenzen in der deutschen Gegenwartssprache. Sprachvarietäten. 2. Aufl. Stuttgart/Berlin/Köln/Mainz 1987, S. 108, mit weiterführender Literatur.

nalstilen nicht gilt: Jedes Element trägt zur Konstitution des individuellen Textes bei. Und mehr oder weniger bewußt wird dies von den Interpreten seit je so gesehen. Auch hier sogleich ein Ausblick auf ein mikrostrukturelles Element, das bei Stifter beobachtet worden ist: Martin Beckmann[5] schreibt über die ‚Zwei Schwestern' folgendes:

„Ein wichtiger, wenn auch verdeckter Stilzug ist die sogenannte Konsonantenkoppelung, die sich auf das Gewicht der alliterierenden Laute im Satzrhythmus stützt. Von dieser Koppelung der Laute geht eine einschmelzende Bindekraft aus, die dem Text eine gewisse Musikalität und etwas Gleitendes verleiht."[6] Beispiele dazu seien etwa:

„Der Grund war mit graugrünem Filze bedeckt...
Sie ging größtenteils nur in die Gegend,
gegen welche ich wandern sollte".[7]

Dies ist keine beliebige Beobachtung. Sie wird auf anderes, was schon erfaßt ist, bezogen und trägt als kleine Facette zu einer Gesamtdeutung bei, der wir uns später noch zuwenden werden.

Wichtig ist, daß bei der stilistischen Analyse von Dichtung davon ausgegangen wird, die erfaßten Elemente nicht isoliert zu betrachten, sondern sie auf eine Gesamtdeutung zu beziehen. Denn daraufhin sind sie zentriert. Darüber hinaus sind sie gewichtet. Es steht nicht von vornherein fest, in welche Richtung die Suche zu gehen hat. So ist die Alliteration beim mittleren Stifter sicher nicht so wichtig wie der – immer wieder bemerkte – Übergang zur Parataxe. Aber wie dieses zweifellos dem makrostrukturellen Bereich näherliegende Phänomen zu bewerten ist, ist ebenfalls nicht vorgegeben. Denn ‚Musikalisches', ‚Gleitendes' wird damit sicher nicht erzielt. So muß man sagen, daß die Festlegung, Bewertung und Zentrierung von stilistischen Regeln außerordentlich risikoreich ist. Sie muß abgesichert werden in möglichst verläßlichen Aussagen über die sprachlichen Elemente und ihre Relevanz. Dies gilt generell. Sie muß aber ebenso verankert werden im Bezug auf das analysierte Werk. Aus dieser Schnittstelle werden weder der Literaturwissenschaftler noch der Linguist entlassen. Was letzterer aus der Kenntnis der allgemeinen Gebrauchsregeln der Sprache beitragen kann, muß er am individuellen Primärzeichen, dem jeweiligen Text, festmachen.[8]

---

[5] Martin Beckmann: Formen der ästhetischen Erfahrung im Werk Adalbert Stifters. Eine Strukturanalyse der Erzählung ‚Zwei Schwestern'. Frankfurt a.M./Bern/New York/Paris 1988.
[6] Beckmann (o. Anm. 5), S. 55.
[7] Ebd.
[8] Zum Problem komplexer Sprachzeichen unter semiotischer Perspektive vgl. John Ole Askedal: Über Arbitrarität und Ikonizität von Sprachzeichen. In: Von der Sprache zur Literatur. Motiviertheit im sprachlichen und im poetischen Kode. Hrsg. von Christoph Küper. Tübingen 1993, S. 13–22.

Bei einem solchen Analyseverfahren sind gegebenenfalls Korrekturen erforderlich. Sie werden durch ständig mögliche und nötige Rückgriffe auf formale und inhaltliche Elemente des Textes selber wie auf seine intertextuellen und außertextlichen Bezüge geleistet.

Dies schließt auch ein, daß ein von allem literarischen und/oder historischen Vorwissen zunächst abstrahierendes Verfahren diese Kenntnisse nur zu einem späteren Zeitpunkt herbeizuziehen hätte, nicht aber darauf verzichten kann. Die generelle stilistische These, die in jedem Einzelfall anders zu belegen ist, lautet: Alle stilistischen Elemente sind zentriert, sie tragen in nuce das stilistische Potential eines Textes in sich.[9] Es ist zu ihrer Aufdeckung ein Verfahren zu wählen, das ihren Beitrag sowohl zur Konstitution des Textes als auch zur Bewertung seines Gelungenseins ermöglicht.

Adalbert Stifters Erzählung ‚Zwei Schwestern'

Die zwei Fassungen der Erzählung

Die Erzählung gehört der mittleren Schaffensperiode Stifters an. Stifter hat sich von den zunächst so mächtigen Einflüssen Jean Pauls gelöst und ist eigenständig geworden. Dies betont die Forschung durchgängig. Die Erzählung, zu der es eine Reihe von Interpretationen[10] und zwei Monographien[11] gibt, gilt als eines der bedeutendsten Werke Stifters. Wie noch zu zeigen sein wird, weist sie in vielem auf den ‚Nachsommer' voraus. Ihre gattungstheoretische Bewertung als Novelle ist auch nicht gänzlich zutreffend, jedenfalls nicht für die spätere Version in den ‚Studien'. Vieles ist hier romanhaft,[12] und die Interpreten, die den für die Novelle typischen Kulminationspunkt und von daher eine Deutungsperspektive festlegen wollen, tun sich etwas schwer.[13]

---

[9] Auch Püschel (o. Anm. 2) betont durchgängig, daß alle zu ermittelnden Stilzüge eines Werkes einbezogen und in einheitlichem Sinn-Bezug gedeutet werden sollten.
[10] Bahnbrechend: Joachim Müller: Stifters ‚Zwei Schwestern'. Versuch einer Strukturanalyse. In: VASILO 8 (1959), S. 2–18. Crawford E. Mollison (Ein Vergleich zwischen den beiden Fassungen der Stifterschen Novelle ‚Zwei Schwestern'. Magisterarbeit Univ. Melbourne 1957) registriert nur die Änderungen der zweiten gegenüber der ersten Fassung als Verbesserungen. Beckmesserisch: Horst Rüdiger: Exotische Landschaft am Garda-See. Zu Stifters Erzählung ‚Zwei Schwestern'. In: Aufstieg und Krise der Vernunft. Komparatistische Studien zur Literatur der Aufklärung und des Fin-de-siècle. Hrsg. von Michael Rössner und Birgit Wagner. Wien u.a. 1984, S. 365–372.
[11] Werner Hoffmann: Adalbert Stifters Erzählung ‚Zwei Schwestern'. Ein Vergleich der beiden Fassungen. Marburg 1966 (Marburger Beiträge zur Germanistik 17); Beckmann (o. Anm. 5). Die ältere Literatur wird eingehend gemustert bei Werner Hoffmann, S. 142–158.
[12] Dies arbeitet insbesondere Hoffmann (o. Anm. 11) heraus.
[13] Müller (o. Anm. 10) sieht den novellistischen Wendepunkt in Marias Verzicht auf Alfred: „Marias Entscheidung ist somit im Sinn der klassischen Novellentheorie das außer-

Viel stärker gilt der Novellencharakter für die Erstfassung, die unter dem Titel ‚Die Schwestern' 1846 in der ‚Iris' erschienen ist.[14] Stifter hat dieses Werk nur vier Jahre später erheblich umgearbeitet und unter dem Titel ‚Zwei Schwestern'[15] in den ‚Studien' veröffentlicht. Die Bearbeitung ändert nicht die Gesamtaussage und die Grundtendenz, sondern verschiebt nur die Gewichte, dies allerdings erheblich. Es wird aber unter anderem zu zeigen sein, daß die Anlage dazu durchaus in der Erstfassung vorhanden ist und daß etwa die mehrfach berufene ‚Erschütterung Stifters' durch die Ereignisse der Revolution von 1848 sich nicht direkt spiegelt, sondern allenfalls verstärkend gewirkt hat.[16] Durch die in der Forschung unstrittige Verlagerung auf Dämpfung, Glättung, Stilisierung ergibt sich der Eindruck, daß die Gesamtaussage sich geändert habe. Dieser Eindruck wird bestätigt durch die – allerdings als unterschiedlich gravierend beurteilte – inhaltliche Pointierung des Erzählten, besonders in der Schlußpartie. Für die primär an der sprachlichen Gestaltung ausgerichtete Darlegung stellt sich dies jedoch, wie bemerkt, eher so dar: Was in I angedeutet wird, wird in II stärker entfaltet und expliziter gemacht. Dies wird jedoch an der Verschränkung und Dominantsetzung makrostilistischer Züge zu prüfen sein. Denn daß sich vermutete unterschiedliche Gestaltungsabsichten nur im mikrostrukturellen Bereich, von der lautlichen Ebene über die Lexik bis zur Syntax zeigen sollten, wird nicht zu vermuten sein. Wenn aber übergreifende Stilzüge geändert sind, sich aber bei anderen hinwiederum nur Umschichtungen ergeben, wird die Gesamtbeurteilung schwierig. Ob sich daraus dann als faktisches Resultat die „ästhetische Schwebelage" ergibt, die Beckmann markiert,[17] ist noch nicht entschieden.

In einer Hinsicht gibt es in der neueren Forschung wenig Kontroversen bei der Beurteilung des Stils Stifters in den ‚Studien': bei der Wichtigkeit der Beschreibungen.[18] In der Tat sind die Beschreibungen ein hervorstechendes Merkmal, allerdings in beiden Fassungen. Hier wird anzusetzen sein, denn wenn in einer epischen Form, noch dazu in einer, bei der die novellistischen Elemente zunächst noch überwiegen, diese Vertextungsstrategie, und nicht die

---

    ordentliche, ja unerhörte Ereignis." (S. 13) – Zur gattungstheoretischen Bestimmung der ‚Zwei Schwestern' vgl. ferner Hoffmann (o. Anm. 11), S. 119–128.
[14] Diese Fassung wird künftig abkürzend mit „I" bezeichnet.
[15] Diese Fassung wird künftig abkürzend mit „II" bezeichnet.
[16] Vgl. z.B. Marie Luise Gansberg: Der Prosa-Wortschatz des deutschen Realismus. Unter besonderer Berücksichtigung des vorausgehenden Sprachwandels 1835–1855. 2. Aufl. Bonn 1966, S. 192.
[17] Beckmann (o. Anm. 11), S. 62ff.
[18] Deutlich hervorgehoben etwa von Friedrich Sengle: Biedermeierzeit. Deutsche Literatur im Spannungsfeld zwischen Restauration und Revolution 1815–1848. Bd. 3. Die Dichter. Stuttgart 1980, z.B. S. 967, und von Beckmann (o. Anm. 11), bes. S. 27, S. 103. Vgl. auch Hoffmann (o. Anm. 11), S. 109f., und Hans-Ulrich Rupp: Stifters Sprache. Zürich 1969, S. 28ff.

des ‚reinen' Erzählens dominiert, wird man dahinter einen individuellen Stilzug vermuten dürfen, der die ganze Gattung betrifft.

Der stilistische Zugriff auf einen – beliebigen – Text kann so geschehen, daß dieser nach seinem Funktionalstil mit seiner speziellen Textsorte und dann nach dominanten Vertextungsstrategien analysiert wird. Erzählen, Beschreiben, Argumentieren und Anweisen dominieren in je unterschiedlichen Textsorten.[19] In jedem Fall sind sie funktionale Muster, die in der Welt-Abbildung, d.h. wenn man von der Darstellungsfunktion der Sprache ausgeht, andere Ausdrucks- und Appellfunktionen aktivieren. Vor allem sind die erwartbaren primären Sprachformen völlig unterschiedlich. Da es in unserem Fall auf die Konkurrenz zwischen Erzählen und Beschreiben ankommt, seien deren prototypische Mittel kurz benannt:

Beim Erzählen soll eine Ereignischronologie beim Rezipienten evoziert werden. Daher kann sich der Autor auf die reihende Anführung vor allem verbal gefaßter Prädikationen verlassen. Denn der Wortschatz, jedenfalls in den indogermanischen Sprachen und damit auch im Deutschen, leistet dies, ohne daß größere stilistische Maßnahmen eintreten müßten: Die Fülle der Welt ist verbal faßbar. Mit dem temporalen Erzählsignal des Präteritums läßt sich sukzessiv eine chronologische Ereignisverkettung versprachlichen. Dies ist eine natürlicherweise ‚dynamische' Strategie.

Das Beschreiben ist ganz anders organisiert: Es bildet – achronisch – Weltausschnitte in ihrem Sosein, nicht in ihrer Veränderung, ab. Die Prädikate sind im Prinzip einfache Orientierungsprädikate. Die Strategie ist statisch. Reine Formen finden sich in größeren Texten nur selten, denn diese Strategie tendiert zur Monotonie und wird deswegen gerne durch Stileffekte erzielende Mittel kompensiert. Wenn nun diese Strategie wie bei Stifter umgekehrt in einem Erzähltext ausgeweitet wird, das heißt, daß über das Beschreiben erzählt wird, läßt dies auf eine explizite Gestaltungsabsicht schließen. In der Tat ist in den ‚Studien' und im ‚Nachsommer' „Beschreibung" der Welt-Erfassungsmodus, mit dem Stifter in den Fluß der Erzählung nicht nur einfach Retardation hineinbringt, sondern eben eine bestimmte Weltsicht setzt. Doch bevor dies im einzelnen ausgeführt werden kann, muß das Handlungsgerüst der ‚Schwestern' skizziert werden. Denn bereits dabei wird sich zeigen, daß die eigentliche Handlung einerseits eingebettet wird und dadurch ihr dynamischer Schwung verlangsamt wird, andererseits rekurrente Elemente enthält, die ebenfalls ein eher statisches Moment darstellen.

---

[19] Vgl. Hans-Werner Eroms: Textlinguistik und Stiltheorie. In: Akten des VII. Internationalen Germanisten-Kongresses Göttingen 1985. Hrsg. von Albrecht Schöne. Bd.3. Tübingen 1986, S. 10–21.

Das Handlungsgerüst der ‚Zwei Schwestern'

Die Erzählung ‚Zwei Schwestern' hat ihren doppelten Rahmen erst in der umgearbeiteten Version erhalten. In I beginnt sie als einfache Rahmenerzählung und berichtet dann wieder von der zufälligen Begegnung des Erzählers mit einer Reisebekanntschaft in Wien, einem älteren Herrn. Durch einen weiteren Zufall kommt es für die beiden zu einer Wiederbegegnung mit den musikalischen Wunderkindern Milanollo. Das Geigenspiel zumal des älteren Mädchens führt bei Franz Rikar (so sein Name in der zweiten Version) zu einer heftigen Erschütterung, die vom Erzähler jedoch nicht zum Anlaß genommen wird, ihn nach dem Grund dafür zu fragen.[20] Die beiden sind aus ähnlichem Anlaß in Wien: Rikar muß einen Prozeß führen, der Erzähler betreibt ein Bittgesuch. Die jeweilige Angelegenheit geht in II für beide, in I nur für Rikar ungünstig aus. Dieses Faktum wird jedoch erst später enthüllt. Nach einer Krankheit Rikars, bei der der Erzähler sich seiner sehr annimmt, verabschiedet sich Rikar und geht zurück nach Italien. Der Erzähler bildet sich in der Folge zum Landwirt aus, erbt ein Gut (in II ‚Treulust' genannt), erinnert sich seiner Reisebekanntschaft, beschließt, Rikar zu besuchen und ihn zu sich zu nehmen, da er annimmt, dieser stecke in wirtschaftlichen Schwierigkeiten. Denn entgegen seinem Versprechen hat er nichts wieder von sich hören lassen. Der Erzähler macht sich auf den Weg zu Rikar, den er über markante Stationen, die teilweise für Rikar präfigurierend sind, erreicht. Er findet Rikar mit seiner Familie zurückgezogen in einem einsamen Bergtal über dem Gardasee. Die Wiederbegegnung verläuft in I zunächst unbefriedigend, in II in Herzlichkeit. Entscheidend für den in I rasch, in II nach mannigfaltigen Retardationen erreichten Schluß ist folgendes: Rikar hat zwei Töchter, von denen die eine, Camilla, eine begnadete, wegen ihres Künstlertums aber stark gefährdete Geigerin ist. Die andere Tochter, Maria, hat, aus eigenem Antrieb, die Familie durch ein von ihr aufgebautes landwirtschaftliches Unternehmen nach dem verlorenen Prozeß wieder auf die Beine gestellt, was mit unterschiedlichen Akzenten in I (dort wird zum Beispiel berichtet, daß die Mutter Camillas Begabung auszunutzen gedachte) und II beschrieben wird. Da taucht ganz zum Schluß in I ein Nachbar auf, der der Familie in landwirtschaftlichen Dingen zur Seite gestanden hat. Er wirbt um Maria, wird von dieser aber abgewiesen, weil sie weiß, daß ihre Schwester ihn liebt. Der Erzähler wiederum verliebt sich in Camilla und reist bald nach dem dramatischen Höhepunkt ab. Während in seiner Erinnerung zunächst noch Camilla vor seine Augen tritt, wird es später Maria, die er sich als Gattin vorstellen kann.

---

[20] Das „erlösende Wort" nicht finden zu können, wird von Gundel Mattenklott (Sprache der Sentimentalität. Zum Werk Adalbert Stifters. Frankfurt a.M. 1973, S. 57) als eine prototypische Situation für Stifters Helden und den Autor selber angesehen. Müller (o. Anm. 10) erblickt hier „so etwas wie eine Parzival-Situation" (S. 8).

Werner Hoffmann hat in seiner Dissertation von 1959[21] die Polarität der beiden Schwestern – künstlerische, romantische Gefährdung bei der einen – realistische Tätigkeit bei der anderen – in bezug auf den Erzähler für I so gedeutet, daß sich hier der erste Strang stärker bemerkbar mache. In II nämlich verläuft der Schlußteil etwas anders: Der Nachbar, Alfred Mussar, wird in einer sehr breit ausgemalten Szene eingeführt, in der er für die gesamte Familie Geschenke, die er von einer Reise mitgebracht hat, verteilt. Der Erzähler wird insofern „einbezogen", als ihm jeder Beschenkte etwas abgibt.[22] Etwas später erfolgt die Werbung Alfreds, seine Abweisung durch Maria und die Abreise des Erzählers. Von einer Liebe seinerseits zu Camilla ist nicht die Rede, wohl aber erfährt er zu seiner Freude bei einem späteren Besuch, daß Alfred Camilla geheiratet hat. Im Schlußteil des „doppelten Rahmens" heißt es sodann über den Erzähler: „Er wird und muß wieder nach Riva und in das Haidehaus gehen. Maria wird allgemach und unvermerkt seine Gattin werden, sie werden mit einander leben, eine Schaar blühender Kinder wird sie umgeben, und sie werden ein festes, reines, schönes Glük genießen."[23]

Zwei Dinge sind hier noch anzuschließen: Erstens fügt der Autor dem noch eine „Bekräftigungsformel" an: „Dies ist so wahr, als die Sonne im Osten auf- und im Westen untergeht, und als sie noch viele Jahre auf- und untergehen wird."[24] Denn dies ordnet die Idylle, die ja deutlicher kaum gezeichnet werden kann, in eine Kosmologie ein. Kosmologien – und wir werden noch sehen, welche Rolle Alfred dabei spielt – sind, was ihren linguistischen Status betrifft, ebenfalls Zustandsbeschreibungen: Ganz am Ende der Geschichte mündet das ‚Erzählte' also in eine ewiggültige Beschreibung ein.

Das Zweite ist, daß über dem doppelten Rahmen sich ein – allerdings außertextueller – dritter abzeichnet: Stifter ist 1865 brieflich gefragt worden, ob sich denn nun der Erzähler und Maria wirklich gekriegt hätten. Er antwortet: „Für meinen Theil hege ich die feste Überzeugung, daß der starke Muth Mariens sie in frisches Leben weiter geführt hat, und daß der Mann, mit dem sie so viele Geistesverwandtschaft hat, endlich ihr Gemahl geworden ist."[25]

Ich führe das deswegen an, um zu zeigen, daß Stifter hier die Geschichte weiterentwickelt, analog zur Entwicklung von I zu II. Damit möchte ich zum Ausdruck bringen, daß, was die Handlung betrifft, in nuce in I dies enthalten ist. Wie gesagt, in II wird das Erzählte kosmologisch aufgefangen. In I ist es unmittelbarer, schroffer und knapper. In den beiden Fassungen sind dies sehr unterschiedliche Stilzüge. Bevor auf die dominanten und in der Fassung II nur konsequenter eingesetzten Beschreibungen eingegangen wird, sollen die in I und II unterschiedlichen Stilzüge an auffälligen Beispielen gezeigt werden.

---

[21] Hoffmanns Studie (o. Anm. 11) ist 1966 im Druck erschienen.
[22] Zur symbolischen Funktion der ganzen Szene vgl. Beckmann (o. Anm. 11), S. 97ff.
[23] WuB. Bd. 1.6, S. 378.
[24] Ebd.
[25] SW. Bd.20, S. 268; Zitat bei Hoffmann (o. Anm. 11), S. 70.

Stilzüge in den ‚Zwei Schwestern'

Satzbau

Es ist in der Forschung ausführlich behandelt, wie sich Stifters Satzbau ändert. Den Übergang von langen, teilweise verschachtelten Satzperioden zu asyndetischer Reihung können wir an den beiden Fassungen gut beobachten. Die Änderungen sind nicht durchgängig vorgenommen, auch ist es nicht so, daß in I keine kurzen und in II keine langen Sätze begegneten. Allerdings finden sich Änderungen der folgenden Art an vielen Stellen:

„Einmal, da wieder recht ein schlechtes Wetter am Himmel war, kein fröhlicher Regen, der alles rauschen und strömen macht; nein, ein dicker unbeweglicher Nebel, der wie Fließpapier an den Fenstern liegt, oben Sonne, Mond und Turm- und Häuserspitzen wegfrißt, unten jedes Ding naß und schmuzig und tropfend macht – und da wir schon den besten Theil des Nachmittags stochernd und in Zeitungen blätternd versessen hatten, schlug ich vor, in das nächst beste Theater zu gehen, auf gar keinen Zettel zu schauen, den wir ohnehin Geschäfte halber keines Tags wußten, sondern es dem Zufalle anheim zu stellen, was man uns aufführen würde."[26]

Dieser eine Satz wird in II in acht Einzelsätze zerlegt:

„Einmal war wieder recht schlechtes Wetter. Es war kein tüchtiger Regen, der alles rauschen und strömen macht, und daher doch wieder fröhlich ist, sondern es war das Wetter, das mir schier unter allen das widerwärtigste ist: ein diker unbeweglicher Nebel, der sich wie Fließpapier an die Fenster legt, der oben am Himmel Sonne, Mond, und alle Thurm- und Häuserspitzen wegfrißt, und unten auf Erden alle Dinge naß, schmuzig und tropfend macht. Zum Überfluße war noch Sonntag, an dem wir beide keine Geschäfte hatten. Wir saßen stochernd und in den Zeitungen blätternd herum. Da gerieth ich auf einen Einfall und legte ihn meinem Nachbar vor. Wir sollten nehmlich in eins der Theater gehen, ohne eher, als wir uns in dem Hause befänden, zu wissen, in welches, und ohne das Stük zu kennen, das aufgeführt würde; denn die Zettel, die gewöhnlich auf einem Tischlein im Speisezimmer lagen, hatten wir vorher keiner angeschaut."[27]

Mit der Zerlegung wird das in einen Block zusammengefaßte Ereignis in seine sukzessiven Komponenten aufgelöst. Da wir diesen Änderungs-Vorgang hier verfolgen können, läßt sich sagen, daß die erzählerische Raffung rückgängig gemacht wird. Ich weise schon hier darauf hin, daß dies auch die Wortwahl und die Wortbildungen betrifft.

An anderen Stellen wird die Verdichtung, die das Geschehen durch einen langen Satz auf einen rhematischen Schwerpunkt geführt hatte, so weit rück-

---

[26] WuB. Bd. 1.3, S. 143.
[27] WuB. Bd. 1.6, S. 220f.

gängig gemacht, daß szenische Abläufe entstehen.²⁸ Auch hier führt die Rückauflösung zum Teil zu etwas genrehafter Darstellung:

„*Nachdem* ich hier von einem alten Mütterlein, das eine Hängelampe in der Halle anzündete, und hiebei eines der ächtesten italienischen Matronengesichter, das in der Jugend sehr schön gewesen sein mochte, von oben beleuchtete, eingelassen worden war, *nachdem* ich sie gefragt hatte, ob hier der Herr Franzesko Riccardi wohne, zu dem ich ein sehr guter Freund sei, *nachdem* ich Ja zur Antwort erhalten hatte, und *nachdem* ich angewiesen worden war, ich solle nur ein wenig warten, sie werde ihn holen – kam in der That nach wenigen Minuten mein alter Zimmernachbar in demselben schwarzen Kleide, in dem ich ihn immer vor Augen hatte, und mit demselben hinfälligen Gange eine Treppe herunter, und ging auf mich zu, gerade wie ich ihn in der Dreifaltigkeit oft auf unsern Speisetisch hatte zugehen sehen, wenn er zufällig der Letzte zu Mittag kam, und wir alle schon saßen und aßen."²⁹

Daraus wird in II eine lang ausgeführte Abfolge, die aus Schilderung, Rede und Gegenrede besteht, mit Beschreibung der Situationskulisse und einer szenischen Gestaltung des Fragens durch den Erzähler, der Aufforderung zum Warten durch die Matrone, ihr Fortgehen und das Eintreten Rikars. Darin kommen Passagen vor wie die folgenden, mit denen zwei der *nachdem*-Sätze aufgelöst werden:

„Als sie mit ihrem Geschäfte fertig war, erhob ich meine Stimme, und sagte: ‚Verzeiht, daß ich euch anrede; ich bin ein Fremder, bin erst in der Abenddämmerung hier angekommen, der Weg hat mich an das Gitter geführt, und ich möchte gerne eine Frage thun.'

Das Mütterlein wendete sich rasch von ihrem Schämel gegen mich und sagte: ‚So fragt nur.'

Dieses Wort hatte sie in einem reinen Italienisch gesagt.

‚Ich suche einen Mann Namens Franz Rikar,' antwortete ich hierauf, ‚welcher hier irgendwo wohnen soll. Wenn ihr ihn kennt, oder sonst etwas von ihm wisset, so könnt ihr mir vielleicht Auskunft geben.'

‚Freilich kenne ich ihn,' sagte sie".³⁰

Der Vergleich der beiden Fassungen zeigt: II läßt sich aus I gleichsam entwickeln, entfalten. Die Entfaltung kann so weit gehen, daß der in I kompakt beschriebene Vorgang an Attribut-Leerstellen gefüllt, Passivsätze, mit denen Reduktion von Handlungsbeteiligten möglich ist, in die eine Leerstelle mehr aufweisenden Aktivsätze umgesetzt und die Satzverkettung durch Temporaladverbialia vorgenommen werden:

---

[28] Zweifellos lassen sich solche Sätze als „Satzungetüme" (Hoffmann [o. Anm. 11] S. 84) auffassen, aber sie weisen in der gedrängten Abfolge auch ein starkes Intensitätsmerkmal auf. Glatte, geglättete Prosa ist kein universales Stilisticum.
[29] WuB. Bd. 1.3, S. 190f. (Hervorhebungen von mir: H.-W.E.).
[30] WuB. Bd. 1.6, S. 266.

„Nach einer Zeit kam ein Mann, der wie ein Diener aussah, und hinter ihm eine Magd, die Teller und Weißzeug trug."[31]

„Während wir noch so sprachen, ging die Thür auf, und es kam eine Magd und ein Mann herein. Die Magd war so, wie man sie in manchen Häusern zu untergeordneten Diensten hat, und der Mann sah einem Gärtner, oder so etwas Aehnlichem gleich. [...] Sie [...] dekten den Tisch für zwei Personen [...].
Dann gingen sie wieder zur Thür hinaus."[32]

Wortwahl

Bevor auf die textkonstitutive Seite solcher Passagen näher eingegangen wird, einige Bemerkungen zur – ebenfalls im einzelnen schon häufig untersuchten – Wortwahl Stifters:

Die prägnante Wortwahl in I wird in allgemeinere in II umgeformt:

„wurden die Thränen immer reichlicher und arteten zuletzt in ein deutlich hörbares Schluchzen aus".[33]

„als seien sie in ein hörbares Schluchzen übergegangen".[34]

„dieses altberühmte, classische Land zu besuchen".[35]

„dieses merkwürdige Land zu sehen".[36]

„Anfertigung eines dickanwachsenden Buches".[37] – „fertigte ein Buch an",[38] „in welchem ich mir alles anmerkte"[39] – „eintrug".[40]

Die reich ausgeschmückte Bilderwelt der Reise wird zusammengestrichen:

„Mit lauter Bildern schöner glatter reinlicher Kühe, tüchtiger Stiere, hochgewölbter Ställe, reiner Höfe, üppiger Obstbäume, klarer Saaten, und wassertriefender Wiesen angefüllt, fuhr ich meines Weges weiter, und las mir von den Bergen noch das duftige Blau, den schimmernden Firn, den dunkelnden Wald, das herabgehende Gelände, das Jubeln und Jauchzen des Volkes, und seine spizigen Hüte dazu."[41]

Das schmilzt zusammen auf: „Es gingen noch duftblaue Berge, glänzender Firn, dunkelnder Wald und grünes Gelände an mir vorüber. Ueber manchen rauschenden Bach mußte ich fahren, und an mancher freundlichen Häuserreihe mußte ich vorbei".[42]

---

[31] WuB. Bd. 1.3, S. 196.
[32] WuB. Bd. 1.6, S. 273.
[33] WuB. Bd. 1.3, S. 149.
[34] WuB. Bd. 1.6, S. 226.
[35] WuB. Bd. 1.3, S. 155.
[36] WuB. Bd. 1.6, S. 235.
[37] WuB. Bd. 1.3, S. 161.
[38] WuB. Bd. 1.6, S. 245.
[39] WuB. Bd. 1.3, S. 161.
[40] WuB. Bd. 1.6, S. 245.
[41] WuB. Bd. 1.3, S. 161f.
[42] WuB. Bd. 1.6, S. 245.

Das ‚Übriggebliebene' hat das Frische und Konkrete auf weniges Archetypische abstrahiert. Es versteht sich, daß dieser Prozeß nicht etwa als nachlassendes Interesse an der Wirklichkeitsabbildung zu verstehen ist, sondern als Wille zur Konzentration auf anderes gedeutet werden muß, bei dem die Simulation des Erlebten ablenken würde. Die Fülle individueller Ausdrucksmöglichkeiten, die der Stilist vielleicht erwartet, wird durch ein anderes Stilmuster ersetzt, das wenige Ausdrucksmittel rekurrent einsetzt.

Dafür noch einige weitere Beispiele:

„In dem blaßgelben Abendhimmel [...] hing ein Adler; ich sah ihn, wie eine sehr dunkle Fliege in dem goldenen Grunde schweben".[43] – „schwebte ein Adler, wie eine dunkle Fliege anzuschauen".[44]

Die verdichtenden Wortbildungen werden zum großen Teil gestrichen oder ersetzt: „Zeitausfüllsel";[45] „daß er einen langen eisenspitzigen Stab habe"[46] – „daß der lange Stab, den er in der Hand hielt, eine starke eiserne Spitze habe";[47] „eine große kristallschöne Flasche"[48] – „kristallklare Flaschen";[49] „Modeglashausgewächse"[50] – „Modegewächse".[51]

Stilwert- und stileffekterzielende Mittel stellen im allgemeinen auch Fremdwörter dar. Stifter tilgt sie in II so gut wie vollständig:[52]

„Kabriolette" und „Conducteur"[53] werden in II „Wagen" und „Postgeleiter";[54] „Rechtsconsulenten"[55] – „Rechtsmännern";[56] „Glacis",[57] „Basilisken"[58] und „Enthusiasten"[59] werden gänzlich gestrichen, „Psyche"[60] in „Seele", „Maschine"[61] in „Geräthe"[62] und „Correspondenzartikel"[63] in „Tagesschriften"[64] geändert.

---

[43] WuB. Bd. 1.3, S. 188.
[44] WuB. Bd. 1.6, S. 264.
[45] WuB. Bd. 1.3, S. 155.
[46] Ebd. S. 170.
[47] WuB. Bd. 1.6, S. 251.
[48] WuB. Bd. 1.3, S. 204.
[49] WuB. Bd. 1.6, S. 282.
[50] WuB. Bd. 1.3, S. 207.
[51] WuB. Bd. 1.6, S. 286.
[52] Gansberg (o. Anm. 16), S. 284, hat das gleiche für die Urfassung der ‚Narrenburg' im Vergleich mit der Studienfassung festgestellt.
[53] WuB. Bd. 1.3, S. 141.
[54] WuB. Bd. 1.6, S. 218.
[55] WuB. Bd. 1.3, S. 142.
[56] WuB. Bd. 1.6, S. 220.
[57] WuB. Bd. 1.3, S. 144.
[58] Ebd., S. 145.
[59] Ebd., S. 152.
[60] Ebd., S. 146, vgl. dagegen WuB. Bd. 1.6, S. 223.
[61] Ebd., S.146.
[62] WuB. Bd. 1.6, S. 223.
[63] WuB. Bd. 1.3, S. 152.
[64] WuB. Bd. 1.6, S. 231.

Bei der Überarbeitung bleibt bis auf geringe Reste auch das Ironische, Witzige und Pointierte auf der Strecke, etwa wenn der Erzähler sich vorstellt, er spiele auf seiner Geige und denke dabei an die beiden Schwestern Milanollo, „wo sie denn die unbegreiflichen Töne hernehmen, die unbeschreiblichen, [...] die in meinen Saiten gar nicht vorhanden sind, ich mochte mit ihnen thun, was ich wollte"[65] – trotzdem ist er mit den Leistungen seines biedermeierlichen Dilettantenquartetts, bestehend aus dem Dechanten, dem Forstmeister, dem Schulmeister und ihm selbst außerordentlich zufrieden, sie schenken sich „keine Zehntelnote",[66] und die „Meister im Grabe" waren auch zufrieden, „daß ihre Sachen nicht geschändet würden".[67] Gänzlich gestrichen sind in II des Erzählers Worte zu Rikar über seine früheren Heiratspläne: „Es ereignete sich, daß sie mir gefiel, daß sie mir wieder gefiel, daß sie mir immer mehr gefiel, daß ich anfragen ließ, daß ich eine abschlägige Antwort erhielt, daß sie einen Andern nahm, daß ich meine Aecker und Gärten anbaute, und daß ich endlich eine Reise nach Italien unternahm."[68]

Alles Skurrile, Schnurrige, wie etwa der Erzähler vor dem Einschlafen in Rikars Haus sich „behaglich schief" im Bett ausstreckt und dann aber noch an das Zündzeug denken muß, das er vergessen hat, aus seinem Ränzchen zu nehmen,[69] wird bis auf geringe Reste getilgt. Damit fällt die Folie dessen, was sich epochenstilistisch als biedermeierlich bezeichnen ließe, weitgehend fort. Die den Handlungsablauf fokussierenden Partien, die, wie gesagt, in I im Ansatz vorhanden sind, kommen dadurch in II stärker zur Geltung. Gleichzeitig wird von den Vertextungsstrategien das ‚Erzählen' zurückgenommen. Erst in der Schlußpartie tritt es in II wieder stärker hervor, im übrigen mit einigen auffälligen temporalen Raffungen, auf die ich nicht weiter eingehen kann.

„Vertextungsstrategien"

Die für die makrostilistische Seite der Stifterschen Prosa kennzeichnende Vertextungsstrategie ist das Beschreiben. Dies hat die Bewunderung seiner Anhänger, aber auch die Ironisierung durch seine Kritiker hervorgerufen, die sich von Friedrich Hebbel[70] bis Arno Schmidt[71] nicht genug darüber entrüsten

---

[65] WuB. Bd. 1.3, S. 157.
[66] Ebd., S. 158.
[67] Ebd.
[68] Ebd., S. 194.
[69] Ebd., S. 199.
[70] Walter Weiss (Stifters Reduktion. In: Germanistische Studien [Innsbrucker Beiträge zur Kulturwissenschaft 15]. Innsbruck 1969, S. 199–220) arbeitet heraus, daß die seit Hebbel vorgetragene Kritik nur die eine Seite von Stifters Stil und Schaffen trifft und diese verabsolutiert.
[71] Arno Schmidt: Der sanfte Unmensch. Einhundert Jahre ‚Nachsommer'. In: Arno Schmidt: Das essayistische Werk zur deutschen Literatur. Bd.3. Zürich 1988, S. 162–185; darin wird auch Hebbels Kritik aufgenommen (S.182f.).

konnten, wie ausgebreitet die Beschreibungen in ihrer Detailfülle bei Stifter sind. Beschreibungen sind, wie zu Anfang kurz angesprochen, sprachliche Modi der Erfassung von Weltzuständen oder Ausschnitten, sie sind Abbildungen. Es ist selbstverständlich, daß jede Abbildung, in welchem semiotischen System auch immer, keine Dublette der Wirklichkeit herstellt, sondern sie perspektivisch zentriert. So ist das Verhältnis von Detailauswahl und Raffung aufschlußreich für die jeweils eingenommene Perspektive, und unter stilistischem Aspekt sind hier, wie stets, die rekurrenten Momente bedeutsam. Sprachliche Beschreibungen sind immer Abstraktionen; naturwissenschaftliche Modelle, die ebenfalls durch Beschreibungen Weltausschnitte modellhaft abbilden, zeigen das deutlicher. – Wenn das Beschreiben zu Anfang als ein ‚statischer‘ Zugang charakterisiert wurde, so würde sich bei der Addition von Beschreibungen in einem Text die Progression nur vermittelt einstellen. An Stifters Stil ist dies, wie angedeutet, vielfach kritisiert worden. Doch einmal ist textuelle Progression ein sukzessives Voranschreiten, das sein Geschwindigkeitsmaß allein sprachlich, nicht ikonisch erhält, und andererseits sind in unserem Text in auffälliger Weise die Beschreibungen mit einem gleichsam natürlichen Progressionselement verbunden, den Beschreibungen von Wegen. Die ganze Novelle kann als Weg des Erzählers aufgefaßt werden, im makrostrukturellen Sinne und auch in begrenzten Textpartien.[72] Mit dem Durchschreiten eines Weges wird ein literarischer Archetyp angesprochen, was der Sprachwissenschaftler nicht weiter ausführen kann. Der Hinweis auf Dantes ‚Göttliche Komödie‘ mag genügen.

Von den vielen Beschreibungen in den ‚Schwestern‘ greife ich drei heraus, an denen sich die Stileigentümlichkeiten besonders gut aufzeigen lassen.

1. Das erste Beispiel ist ein Ausschnitt aus der umfangreichen Beschreibung der Felslandschaft, wie sie sich dem Erzähler beim Aufstieg zu Franz Rikar darbietet:

„Der arme Steingrund sah überall aus dem Boden hervor und bekundete sich noch durch die unzähligen Blöcke und Trümmer und Steinchen, die in Wirrniß herum und dahin lagen – jedoch entzückend schön war die Felsenlandschaft und die unermeßliche Aussicht, die sich hier aufthat. Kein Landschaftsmaler hat noch diese Dinge gemalt: da war kein Baum, kein Gesträuchlein, kein Haus, keine Hütte, keine Wiese, kein Feld – nur das sehr dürftige Gras und die Felsen – kein Pinsel hätte je das für die Aufgabe eines Meisters gehalten, wenn nicht etwa die ganz neuere Kunst, und in ihr ein gewaltiger Mann gezeigt hätten, wie die düstere Schönheit solcher Oeden auf die Seele

---

[72] In Müllers Strukturanalyse der Erzählung ‚Zwei Schwestern‘ (o. Anm. 10) wird darauf abgehoben. Seinem Resümée – „Auch wenn das Geschehen in Stifters Erzählung oft nur bedachtsam voranrückt, ist die epische Bewegung als thematische Progression im Suchen auf ein Ziel hin genug spürbar." (S. 10) – ist aus linguistischer Perspektive durchaus zuzustimmen. Beckmanns Studie (o. Anm. 11) enthält einen eigenen Abschnitt ‚Weg und Ziel als Sinnstrukturen des Imaginären‘, S. 40–64.

des Menschen zu wirken vermag. In allen Stufen des matten Grün und Grau und Blau lag es hinaus; schwermüthig dämmernde, schwebende, webende Tafeln von Farben legten sich hin, und die Felsen rissen weiße, matt gelbliche oder andere Zuckungen hinein, und wo das Land blos lag und etwa nur Gries und Sand und Gerölle hatte, drangen Flächen fahlen Glanzes oder andere gebrochene Farben in allen schwachen Abstufungen sanften Reizes hervor, und draußen über all dem duftete ruhig matt röthlich ein Berg, die rothen Steine,[73] von welchen der Greis zu mir gesprochen hatte; neben ihm waren zwei langgestreckte ruhige und feurige Wolkenbänke, von der bereits fast untergehenden Sonne angezündet, und das schwache Grün des südlichen Himmels, der oben in ein flammendes Violett überlief. Alles das hätte schon genügt zu der Größe des Bildes: – aber weit links von mir zwischen den Felsen lag noch ein grauer Pinselstrich durch den Himmel, die Ebenen der Lombardei. – Ich stand wie erschüttert auf dem grauen Grasboden, und blickte das Schauspiel vor mir an."[74]

Diese Stelle ist mit Hinblick auf das Generalthema der Tagung ausgewählt: Dichtung und Malerei. Nur in I wird der Vergleich mit der Malerei ausführlicher angestellt. In II wird auch der „Pinselstrich" zu „Strich" verallgemeinert.[75] – Die Beschreibungsperspektive ist in diesem Textstück überhaupt nicht einfach. Einerseits wird die Wirkung der Öde benannt und beschrieben: „entzückend schön war die Felsenlandschaft [...], wie die düstere Schönheit solcher Oeden auf die Seele des Menschen zu wirken vermag".[76] Vor allem: „Ich stand wie erschüttert auf dem grauen Grasboden"[77] – in II gemildert zu „ich war gleichsam gebeugt".[78] Sodann finden sich Personifikationen: „die Felsen rissen weiße, matt gelbliche oder andere Zuckungen hinein"; „Wolkenbänke, von der bereits fast untergehenden Sonne angezündet". Dadurch wird die Öde stark belebt, wie sie überhaupt nicht als starr und statisch erfaßt wird, wofür unter anderem das Bild von den „schwebenden, webenden Tafeln von Farben" zeugt. Die Farbabstufungen werden adjektivisch und vor allem substantivisch beschrieben und gewinnen dadurch Deutlichkeit und Unabhängigkeit. Über die gewählte und vorliegende Beschreibungsform hinaus ist nun bemerkenswert, daß mit den Konstruktionen mit „kein" eine negative Folie gegeben wird, auf der sich die beschriebene Landschaft abheben kann. Im weiteren Textstück wird die heimatliche Landschaft ausführlich beschrieben. Stifter nutzt hier somit so gut wie alle Möglichkeiten sprachlicher Abbildung, auch im Vergleich mit der malerischen, und nennt selbstbewußt die Neuartigkeit des Unterfangens!

---

[73] „die rothen Steine" in der Iris-Fassung, „der die rothen Steine enthalten mochte" in der Studien-Fassung: WuB. Bd. 1.6, S. 261.
[74] WuB. Bd. 1.3, S. 183.
[75] WuB. Bd. 1.6, S. 261.
[76] WuB. Bd. 1.3, S. 183.
[77] Ebd.
[78] WuB. Bd. 1.6, S. 262.

2. Unter den Motiven, die in den ‚Schwestern' verwendet werden, ist das der Stufen, des Aufstiegs besonders wichtig. Die Ausblicke, die sich „von oben" ergeben, sind Anlässe für ausgebreitete Beschreibungen. In II ist die Beschreibung des Ausblicks von der Adostaspitze, die der Erzähler zusammen mit Rikar ersteigt, besonders herausgehoben:

„Der Umblik von der besagten Bergspize war wirklich außerordentlich. Ich will nichts von dem duftenden Gewimmel der Berggipfel sagen, die man auch von andern Bergen sieht, aber die große Ebene war es, welche man hier übersieht, und welche wirkte. Ohne die einzelnen Merkmale des Bewohntseins zu gewahren, war es nur ein einfacher unkenntlicher undeutlicher erschütternder Hauch, der in der Trübe des Himmels gehend und in ihr schwimmend die Seele mit dem ganzen riesenhaften Eindruke des Unendlichen erfaßte."[79]

Man sieht, daß in der Umarbeitung die wesentlichen Beschreibungszüge, die sich schon in I, teilweise an anderen Stellen, fanden, wieder auftauchen: Das „Schwebende" – das so deutlich den Stillstand, die Nichtveränderung von Ort und Zeit symbolisiert und damit die Beschreibung prototypisch kennzeichnet, die Eigenwertigkeit der Ding-Welt und dennoch der Bezug auf den erfassenden Menschen.

3. Das Motiv des Weges, auf das die ganze Novelle abgestimmt ist, findet sich auch im mikrostrukturellen Bereich. Alfred vernimmt im Haus Rikars die Töne des Geigenspiels:

„Ich ging näher, um den demohngeachtet noch unbestimmten Eindruck sich besser entwickeln zu lassen – ich ging durch den hinteren Garten in das Gebäude, und zwar durch ein kleines Pförtchen, das neben einem Schoppen angebracht war, ich ging die mir sich darbietende Treppe hinan, die in schnellen Windungen um eine Spindel lief, ich ging durch den Gang, von welchem die Töne herab zu kommen schienen, ich ging durch noch einen Gang, welcher zu den Zimmern der Mutter führte. Da mir der Eintritt in diese Zimmer erlaubt war, obwohl ich die Erlaubniß, die nur einmal mit kurzen Worten gegeben war, nie benützt hatte, da jetzt die Thür in den Vorsaal offen stand, und da die Töne aus dieser Thür heraus kamen, so trat ich hinein. Die Thür zu dem nächsten Zimmer stand auch halb geöffnet, ich trat unter dieselbe, und sah neben einer alabasternen Büste Camilla stehen, die Violine an ihrem Busen."[80]

Die Rekurrenz der Wegelemente wird hier durch die viermalige anaphorische Konstruktion „ich ging" besonders deutlich. Darüber hinaus finde ich es, wie oben angedeutet, wichtig, daß die Handlungsprogression streckenweise über Beschreibungselemente erzielt wird. Diese werden in den „Gang" der Handlung (in ganz konkreter Bedeutung) eingebunden.

---

[79] Ebd., S. 309.
[80] WuB. Bd. 1.3, S. 224.

4. Zu den Motiven des Werkes einige ergänzende Bemerkungen: Wege, erreichte Punkte, Zwischenstationen und das – in II dreimal angesteuerte – Ziel, Rikars Haus, sind deutlich auszumachen und bestimmen den makrostrukturellen Aufbau. Rikars Haus, in der „Feierlichkeit der Oede"[81] als „Insel"[82] liegend, als Insel der Glückseligkeit, ist, wie es Beckmann nennt, „realistische Idylle";[83] „weiß übertüncht",[84] weist es auf das Haus des Freiherrn von Risach im ‚Nachsommer' voraus; die Rose ist sein Symbol: „Und so war es wie eine grün mit weiß gestickte Rose auf grauem Grunde."[85] Das Emblematische, Siegelartige könnte kaum deutlicher gefaßt werden. – Bemerkenswert ist, daß in II folgende Stelle nicht übernommen wird: Als der Erzähler in Camilla das Mädchen wiedererkennt, das er bei seiner Ankunft nach Rikars Haus gefragt hat, heißt es in Stifters eigenen Worten: „Der Adler ober ihr war das Sinnbild der Oede, Einsamkeit und Kraft."[86] Das Bild selber mit dem über dem Mädchen schwebenden Adler, „wie eine dunkle Fliege",[87] findet sich auch in II. Die symbolische Deutung bekommt von solchen Stellen her zusätzliche Legitimation.

Abstraktion und Verdichtung

Symbole, Bilder, „Sinnbilder" sind Verdichtungen, die auf zentrale Punkte in der Komposition führen und an etabliertes emblematisches Verständnis appellieren. Davon gibt es in den ‚Schwestern' noch erheblich mehr, etwa das bukolische Bild mit dem Ziegenbuben, „wie eine liebliche Staffage",[88] wenn Camilla in der freien Natur Geige spielt.

Was die Sprachform Stifters betrifft, so sind seine Verdichtungen in einige wenige formelhafte Ausdrücke seit langem erkannt. Welche Rolle die Erfassung der Substanz-Welt über das Substantiv „Ding" spielt, ist seit Hermann Kunischs Analysen[89] unstrittig. Werner Hoffmann hat den Gebrauch des Wor-

---

[81] Ebd., S. 220.
[82] Ebd., S. 219.
[83] Beckmann (o. Anm. 11), S. 180.
[84] WuB. Bd. 1.3, S. 219.
[85] Ebd., S. 220. In II mit fast identischen Worten: WuB. Bd. 1.6, S. 298.
[86] WuB. Bd. 1.3, S. 225.
[87] WuB. Bd. 1.6, S. 264; vgl. WuB. Bd. 1.3, S. 188.
[88] WuB. Bd. 1.3, S. 227.
[89] Vgl. Hermann Kunisch: Adalbert Stifter. Mensch und Wirklichkeit. Studien zu seinem klassischen Stil. Berlin 1950, insbesondere das Kapitel ‚Die Forderung der Dinge', S. 90–102. Darin heißt es, festgemacht vor allem am ‚Witiko', über die Verwendung dieses Wortes bei Stifter (S. 91): „Das Wort Ding umschreibt bei ihm den gesamten Kreis des Wirklichen, vom unbelebten Sein bis zu den Zuständen, Strebungen und Wirkungen des menschlichen Wesens." Im Vergleich zum ‚Witiko', in dem sich nach Kunisch „ein auf die Wirklichkeit der Dinge gerichtetes Sein, ein Sein nach der Forderung des Gewissens und dem Willen Gottes" ergibt (S. 102), ist der Wortgebrauch in den

tes genauer untersucht.[90] Er sieht es, besonders da „Schönheit" der Dinge ihr charakterisierender Modus ist, als „Manifestation des Seienden und als Ausdruck für die Vollendetheit des absoluten Seins".[91] „Dinge und Menschen sind aufeinander hingeordnet und geben dem beschauenden Menschen jenen Halt und jene Begrenzung [...], die seine, des Menschen, Größe ist."[92] Es ist auch beobachtet worden, wie sich im verbalen Bereich die Prädikate reduzieren bis hin zur Kopula „sein"[93] und im adverbialen Bereich das Adverb „sehr"[94] signifikativ häufig verwendet wird. Nun läßt sich dieses reduktionistische Verfahren auch bei den Adjektiven feststellen, worauf – soviel ich sehe – noch nicht hingewiesen worden ist.

Mit „Ding" werden Einzelheiten bezeichnet wie „und hie und da ein fahles Ding, als wärs ein Stein, der in den Garten herein lag",[95] größere Komplexe: „Ich hätte das Ding längst vergessen, wenn nicht der Zufall eine Fortsetzung daran gestückt hätte",[96] und auch abstrakte Vorgänge: „Wo haben Sie denn aber die Kenntnisse erworben, die zu diesem Dinge nothwendig sind?"[97] Von I nach II wird die Verwendung des Wortes von 50 auf etwa 100 Vorkommen verdoppelt.[98]

Der Gebrauch des Adverb „sehr" nimmt vor allem in der Schlußpartie stark zu: „das Häuschen war sehr rein, und sie waren sehr glücklich";[99] „und jenseits des Hauses [...] wogte eine lustige junge und sehr grüne Saat".[100]

Das Adjektiv „bedeutend" wird meist attributiv verwendet, in einer Art wie sie sich bei Goethe findet.[101] Die ‚Wanderjahre' beginnen bekanntlich mit dem Satz: „Im Schatten eines mächtigen Felsen saß Wilhelm an grauser, be-

---

‚Zwei Schwestern' noch nicht so weit überhöht. Vgl. zu ‚Ding' auch Walter Weiss (o. Anm. 70), S. 103 und S. 212, und August Langen: Deutsche Sprachgeschichte vom Barock bis zur Gegenwart. In: Deutsche Philologie im Aufriß. 2. Aufl. Berlin 1957, Sp. 1332, sowie Herbert Seidler: Adalbert-Stifter-Forschung 1945–1970. In: ZfdPh 91 (1972), S. 138. Paul Mayer (Ordnung und System in Stifters Spätwerk. Untersuchungen zu seinem Altersstil. Diss. Bern 1972) schreibt über Stifters reduktionistische Wortverwendung (S. 162): „Stifter verwirft abgenutzte Wörter nicht, sondern heiligt sie, indem er sie scheinbar natürlich, naiv verwendet, tatsächlich aber geplant als bildnerische Mittel einsetzt."

[90] Hoffmann (o. Anm. 11), S. 36–43, S. 99–105.
[91] Ebd., S. 39.
[92] Ebd., S. 43.
[93] Ebd., S. 105, und Rupp (o. Anm. 18), S. 40f.
[94] Vgl. dazu ebenfalls Hoffmann (o. Anm. 11), S. 99.
[95] WuB. Bd. 1.3, S. 198.
[96] Ebd., S. 141.
[97] Ebd., S. 207.
[98] Vgl. Hoffmann (o. Anm. 11), S. 100.
[99] WuB. Bd. 1.6, S. 372f.
[100] Ebd., S. 373.
[101] Vgl. Adrianus Pieter Berkhout: Biedermeier und Poetischer Realismus. Stilistische Beobachtungen über Werke von Grillparzer, Mörike, Stifter, Hebbel und Ludwig. Diss. Amsterdam 1942, S. 100.

deutender Stelle".[102] Das ist der Gebrauch, den Stifter offenbar übernimmt: „Gegen Norden [...] zeigte sich in geringer Entfernung eine bedeutende Felsenmauer".[103] In I kommt das Wort auch häufig vor, aber eher mit dem gängigen Wortinhalt: „für bedeutende Zukunft",[104] aber der umfassendere Gebrauch deutet sich schon an: „fühlte ich meine Müdigkeit bedeutend".[105]

Wenn man nun noch ein weiteres stilistisches Mittel einbezieht, das sich gerade in den Schlußpartien findet, nämlich die Doppelung von Ausdrucksweisen, ließe sich ein archetypischer Satz bilden, der gleichsam ein Konzentrat der Texttiefenstruktur ausmacht.

Einige Beispiele für die Doppelungen:
„Ich habe es ja gewußt, ach ich habe es ja gewußt!"[106]
„‚Kommen Sie, kommen Sie', sagte sie."[107]
„Zu Maria hatte ich nicht das Leiseste – nicht das Leiseste gesagt."[108]

Doppelungen sind stilistische Intensivierungsmarker; das sind die Wörter „sehr" und „bedeutend" auch, vor allem in der hier vorliegenden Verwendungsweise. Das Wort „bedeutend" ist aber nicht nur mit „wichtig, mächtig" zu paraphrasieren, sondern auch mit „Inhalt tragend". So drückt es aus, daß es Sinn vermittelt, eben „bedeutet". Die Kopulasätze lassen sich als prädikative Analoga zu den referentiellen Reduktionen deuten. Walter Weiss hat das in seiner die Abstraktionsleistung Stifters herausarbeitenden Studie so ausgedrückt: „Die syntaktische Entsprechung zur ‚Ding'-Abstraktion stellen die ‚Ist'-Sätze der reinen Daseins-Aussagen dar."[109]

Ich verzichte darauf, den Texttiefenstruktursatz auszuformulieren. Er würde die Aussage enthalten, daß die Dinge „sind", daß sie „bedeuten", „Bedeutung tragen", eine Bedeutung, die wir letztlich doch nicht vollständig erfassen können.

Die Aussage, daß die Dinge hervortreten, wird in der in II eingeführten Passage, die sich mit „Alfreds Kosmologie" benennen läßt, ja kohärent formuliert. Sie beginnt mit den Worten:

„‚Es ist sonderbar, wie die Abstufung der Dinge, unter denen wir leben, auf den Menschen wirkt.'"[110] Es folgt sodann die bekannte Schöpfungskosmologie, die konsequent in feierlichem Tone so schließt, mit einer Metapher, die der Linguist besonders heraushebt:

---

[102] Goethes Werke. Hamburger Ausgabe in 14 Bänden. Bd. 8. Textkritisch durchgesehen und mit Anmerkungen versehen von Erich Trunz. 4. Aufl. Hamburg 1959, S. 7.
[103] WuB. Bd. 1.6, S. 284.
[104] WuB. Bd. 1.3, S. 196.
[105] Ebd., S. 192.
[106] WuB. Bd. 1.6, S. 360.
[107] Ebd., S. 374.
[108] Ebd., S. 377.
[109] Weiss (o. Anm. 70), S. 212.
[110] WuB. Bd. 1.6, S. 356.

„Freilich ist die Natur im Ganzen, wozu indeß der Mensch auch als Glied gehört, das Höchste. Sie ist das Kleid Gottes, den wir anders als in ihr nicht zu sehen vermögen, sie ist die Sprache, wodurch er einzig zu uns spricht, sie ist der Ausdruk der Majestät und der Ordnung: aber sie geht in ihren großen eigenen Gesezen fort, die uns in tiefen Fernen liegen, sie nimmt keine Rüksicht, sie steigt nicht zu uns herab, um unsere Schwächen zu theilen, und wir können nur stehen und bewundern."[111] Mag diese Formulierung wieder an Goethe orientiert sein; es gibt auch zumindest eine moderner anmutende Ausdrucksweise in der Passage. Der Satz „Das Nächste aber ist für den Menschen doch immer wieder der Mensch, der ihm sein eigenes Herz, sein Ahnen und sein Hoffen entgegen trägt",[112] könnte, wenn auch nur im ersten Teil, fast von Fontane sein.

Das Diskursive, das in diesen Partien durchschlägt, ist in I nicht vorhanden, die als einzelne dort bereits nachweisbaren ähnlichen Stilmittel sind eingebunden in dynamischere Formen. Wenn zunehmend von Stifter die sprachlichen Mittel verwendet werden, die statische Elemente darstellen, von den die Zuständlichkeit erfassenden lexikalischen Mitteln über die Stilfiguren der Rekursion bis zur Vertextungsstrategie des Beschreibens, so geht das sicher auf Kosten der Lebendigkeit. Aber wir dürfen nicht vergessen, daß die – schon bei Goethe beginnende – Reduktion des sprachlichen Materials ein Abstraktionsprozeß ist, ein Prozeß, den die bildende Kunst erst später beginnt.[113] Insofern finden sich bei Stifter sprachliche und gestalterische Mittel, die deutlich vorausweisen.

---

[111] Ebd., S. 357.
[112] Ebd.
[113] Walter Weiss' (o. Anm. 70) Resumee ist voll zuzustimmen: „Stifters Abstraktion ist [...] eine konsequent durchgeführte ästhetische Reduktion auf wenige bestimmende Grundfiguren, die die Welt seiner späten Werke aufbauen; darin trifft er sich mit der Abstraktion der modernen Kunst." (S. 215)

Birgit Ehlbeck

Zur poetologischen Funktionalisierung des Empirismus am Beispiel von Stifters ‚Kalkstein' und ‚Witiko'

I

Frischer Wind für die muffigen Stuben, die Bücher der Alten verlassen, der Gelehrte ausgeflogen ... Verjüngt ist er und entdeckt eine neue Welt. In mehr als einem Sinne wird es taghell in der Wissenschaft um 1800, die sich die Naturphänomene mit den Sinnen erfahrbar zu machen sucht und sich nicht mehr bei trübem Licht und nächtlichem Studium der Naturphilosophie die Augen verdirbt.

Der empirische Naturforscher löst den Gelehrten ab; die Wissenschaft verlängert mit Fernrohr und Mikroskop die Reichweite der menschlichen Sinne und erkundet in sorgfältiger Beobachtung das ihnen Gegenwärtige. Damit geht ein Wissenschaftsideal einher, das sich selbstverständlich nicht mit dem bloßen Sehen begnügt, wenn es auch auf einem damit verbundenen Erfahrungsbegriff basiert. Gemeint ist der Empirismus, der sich als vorurteilsfreie Wissenschaft versteht und scheinbar objektiv (nämlich in genauer Beobachtung) ermittelte Daten einem rigiden Argumentationszusammenhang unterwirft, in dem induktiv und jederzeit nachprüfbar Naturgesetze nachgewiesen werden. Experimente scheinen die Gültigkeit der Ergebnisse zu garantieren.

Zur zweiten wichtigen Säule der neuen Naturwissenschaften wird also neben der Erfahrung konsequenterweise das Ordnungssystem, das die ans Licht geförderte Materialfülle verwertet und schließlich den Blick ins Historische weitet.

In seinem Buch ‚Das Ende der Naturgeschichte' umschreibt Wolf Lepenies diese Phänomene mit den Begriffen „Empirisierungszwang" und „Verzeitlichung" und versteht mit Foucault die Zeit zwischen 1775 und 1825 als Umbruchphase in den Wissenschaften, die dem vermehrten Erfahrungszuwachs, den die im 18. Jahrhundert einsetzende Empirisierung hervorbringt, mit zeitlichen statt räumlichen und historischen statt taxonomischen Ordnungssystemen begegnet.[1] Mit den neuen Erkenntnissen, die die Entwicklung empirischer Methoden präsentieren kann, setzt sich die Naturwissenschaft durch; ihre Einzeldisziplinen, in denen sie den Erfahrungszuwachs mit zunehmender Spezialisierung auffängt, werden an den Universitäten institutionalisiert. Aber auch

---

[1] Wolf Lepenies: Das Ende der Naturgeschichte. Wandel kultureller Selbstverständlichkeiten in den Naturwissenschaften des 18. und 19. Jahrhunderts. München 1978, S. 16f.

andere Bereiche wissenschaftlicher Neugier werden von dem empirischen Denken stark beeinflußt, so daß der auch auf kulturellem Gebiet einsetzende Materialzuwachs von entwicklungsgeschichtlichen Betrachtungsweisen begleitet wird. Foucault stellt diesen Zusammenhang her: „Das immer vollständigere Bewahren des Geschriebenen, die Einrichtung von Archiven, ihre Klassifizierung, die Neuorganisation der Bibliotheken, die Errichtung von Katalogen, Repertorien und Inventaren stellen am Ende des klassischen Zeitalters mehr als eine neue Sensibilität gegenüber der Zeit, ihrer Vergangenheit und der Mächtigkeit ihrer Geschichte dar, nämlich eine Weise, in die bereits niedergelegte Sprache und in die Spuren, die sie hinterlassen hat, eine Ordnung einzuführen, die von der gleichen Art ist wie die, die man unter den Lebewesen errichtet. In dieser klassifizierten Zeit, in diesem rasterartig und räumlich aufgeteilten Werden haben es die Historiker des neunzehnten Jahrhunderts unternommen, schließlich eine ‚wahre' Geschichte zu schreiben – das heißt, eine von der klassischen Rationalität, von ihrer Ordnung und ihrer Theodizee befreite, eine dem heftigen Einbruch der Zeit ausgesetzte Geschichte zu schreiben."[2]

Die Vorbildlichkeit der Ordnung, die „man unter den Lebewesen errichtet", beschwört ein Erkenntnismonopol herauf, das wenig später Nachhall in der Literatur findet.[3]

Schon Jean Paul zeigt sich fasziniert von den Anfängen dieser Naturwissenschaft; er eignet sich eine vor allem breitgefächerte Kenntnis an, wenn er die Rezensionen der zahlreichen Veröffentlichungen in der Deutschen Allgemeinen Bibliothek studiert, exzerpiert und als Zitate, Exkurse und Digressionen in sein „Universum der Bilder", einflicht.[4] Doch ebenso zusammenhanglos und ins Abnorme vernarrt wie die Forschung Buffons ist die Weisheit Jean Pauls, dessen ‚„Zauberstab der Analogie' [...] Nahes und Fernes, Inneres und Äußeres, Bekanntes und Unbekanntes, Geistiges und Leibliches, Seelisches und Dingliches, Lebendiges und Totes, Allgemeines und Besonderes" zusammenfügt.[5]

Demonstrieren die wissenschaftlichen Ausführungen hier noch Weltfülle und poetische Lust, präsentieren den Autor als poeta doctus oder persiflieren in grotesker Gegenüberstellung die vielleicht just idyllische Handlung,[6] so ist

---

[2] Michel Foucault: Die Ordnung der Dinge. Eine Archäologie der Humanwissenschaften. Frankfurt a.M. 1971, S. 173.
[3] Ebd.
[4] Hans Esselborn: Das Universum der Bilder. Die Naturwissenschaften in den Schriften Jean Pauls. Tübingen 1989.
[5] Walther Rehm: Jean Pauls vergnügtes Notenleben oder Notenmacher und Notenleser. In: Späte Studien. Bern/München 1964, S. 7–96, Zitat: S. 38.
[6] Eine solche Aufgabe hat beispielsweise der skurrile Arzt Doktor Katzenberger in ‚Katzenbergers Badereise' als Sammler von Mißgeburten und schauriger Plauderschreck der Tischgesellschaft der Badereisenden.

die Adaption des Wissenschaftlichen bei jüngeren Autoren wie Stifter oder Raabe wesentlich tiefer verwurzelt.

Zwar sind auch sie von der Anziehungskraft der noch immer exotischen Gerätschaften wie Fernrohr, Mikroskop, Botanisiertrommel und Petrefact eingenommen, – doch wird für sie nicht das enzyklopädische Wissen Material zum poetischen Spiel.

Das wäre zweifelsohne auch nicht mehr zeitgemäß angesichts der auf das Entdecken von Regelmäßigkeiten ausgerichteten Forschung, die das Abnorme nur noch als Affirmation des Gewöhnlichen würdigt. Und so reizt die Nachfolgegeneration der Enzyklopädisten weniger das Vorführen „merkwürdiger" Tatsachen als vielmehr das erkenntnistheoretische System selbst. Die neue Welterfahrung wird zum Thema, aber auch zum poetologischen Mittel des Erzählens.

Heinrich Drendorf wird in Stifters ‚Nachsommer' ebensowenig zufällig Geologe wie der Erzähler in ‚Kalkstein' Geodäter, Rupert in ‚Der Kuß von Sentze' Moosekundler und der Titelheld in Raabes ‚Stopfkuchen' Paläontologe. Nicht nur die Besonderheiten der einzelnen Wissenschaften verknüpfen sich symbolisch mit dem Erzählten, darüber hinaus sind allen Disziplinen die empiristischen Verfahrensweisen gemein, die die Forscher einander verwandt machen. Das genaue Beobachten, das ihr Beruf in erster Linie erfordert, haben die Naturkundler so sehr verinnerlicht, daß es ihnen mehr noch zur Lebensmaxime geworden ist. Besonnenheit im Urteil zeichnet sie infolgedessen ebenso aus wie eine damit einhergehende Distanz zu Mensch und Natur.

Lauter auf den ersten Blick farblose Langeweiler (rechtschaffene Bürger sind sie überdies) werden da in Szene gesetzt; und diese Profilarmut ist gerade beabsichtigt. Bei Stifter avancieren diese Antihelden zu den idealen Ich-Erzählern und werden gleich optischen Geräten in die Erzählung eingesetzt. Das Netz von Subjektivität und Objektivität spannt sich auf. Dabei kommt der Wahrnehmung die wichtigste Rolle zu, basiert doch auch die empiristische Wissenschaft auf der genauen Beobachtung.

Diesen Blick kann man in die Tasche stecken, – auf was auch immer er fällt, es wird Gegenstand, eingesteckt und fortgetragen. Pflanzen- und Gesteinsproben, Moosarten, und was dem Träger zu beschwerlich ist, wird zumindest in Zeichnungen festgehalten. Ähnlich wie den Pflanzen in der ‚Narrenburg', dem Lautersee und den Kunstgegenständen im ‚Nachsommer' ergeht es auch der Karlandschaft in Stifters Erzählung ‚Kalkstein'. Sie wird mit Hilfe von allerlei Geräten exakt vermessen und aufgezeichnet.

Dabei spricht schon der Name von ihrer Kargheit, und so zeichnet sich diese „fürchterliche Gegend" durch eine Gleichförmigkeit aus, die dem Auge „Abwechslung und Erquikung" verweigert.[7] Es besteht „keine Veranlassung

---

[7] WuB. Bd. 2.2, S. 67.

[...], dorthin zu reisen" heißt es von diesem Stiefkind des Landes.[8] Um so mehr fordert diese Landschaft den genauen Blick heraus, der in ihren Merkmalen ihr Wesen erkennt.

Wie schon in der Erzählung ‚Brigitta' nimmt Stifter hier Abschied vom locus amoenus lieblich domestizierter Landschaft und verlegt seine Szenerien in eher unwirtliche Gegenden, deren eindeutige Merkmale sie indes besonders hervorheben und eine symbolische Beziehung zum Erzählten vermuten lassen. Eindeutige Merkmale dieser Art weist zum Beispiel die öde Steppe Ungarns auf, in der Brigitta die ihrer eigenen markanten Physiognomie entsprechende (Mängel-)Landschaft entdeckt hat. Wie den Reiz der öden Gegend kann auch die eigenartige Anziehungskraft Brigittas nur der besondere Blick entdecken, der in den Merkmalen nach dem Ausdruck des Wesenhaften forscht. Dem Kurzsichtigen scheint beides „Wüste". Doch der Ich-Erzähler bricht hier erklärtermaßen zu Erfahrungsreisen auf, und die Wahrnehmung der Landschaft wird so zum Modell von Erfahrung;[9] das Reisen in ihr, als einzig angemessene Weise, diesem Blick Nahrung zu bieten, weitet buchstäblich den Horizont des Gesichtsfeldes. Eine zweite symbolische Bedeutung dieser merkwürdig kahlen Landschaft kommt zum Vorschein: der leere Vordergrund versteht sich als Kehrseite einer Tiefe, die nur kontemplativ zu ergründen ist.

Diesen besonderen Blick des Herzens, auf den es dem Erzähler hier ankommt, mit empiristischer Wissenschaft gleichzusetzen, erscheint freilich gewagt; unzweifelbar indes konsolidiert sich hier ein Modus der Wahrnehmung, der einer Authentizität auf der Spur sein will, die den Dingen gerechter zu werden glaubt als das projektive Einverständnis, das den Romantiker in die Landschaft zieht. Der Blick des Ich-Erzählers, dem sich die Dinge entwickeln, nimmt eine Distanz ein, in der sich wie auf einer Leinwand, die die kahle Landschaft ja zitiert, erst zeigen kann, was die Wüste beherbergt. An Stelle einer starren Schönheit in Form einer gelungenen Aus- oder Ansicht gewinnt das Betrachtete eine prozessuale Dynamik, die sowohl ins Innen als auch den Wandernden ans Ziel führt. Daß sich der Blick dann also doch noch nach innen wendet, ist der Tatsache zuzuschreiben, daß das markanteste Merkmal dieser Landschaft gerade ihre Entleertheit ist und der Wanderer sein Inneres gleichsam an die Stelle des Äußeren zu setzen gezwungen ist.[10] So spricht das

---

[8] Ebd., S. 68.
[9] Gleich zu Beginn des Textes benennt der Ich-Erzähler seine Motive: „Zu diesen Bemerkungen bin ich durch eine Begebenheit veranlaßt worden, die ich einmal in sehr jungen Jahren auf dem Gute eines alten Majors erlebte, da ich noch eine sehr große Wanderlust hatte, die mich bald hier bald dort ein Stück in die Welt hinein trieb, weil ich noch weiß Gott was zu erleben und zu erforschen verhoffte." (WuB. Bd. 1.5, S. 412)
[10] Vgl. Albrecht Koschorke: Die Geschichte des Horizonts. Grenze und Grenzüberschreitung in literarischen Landschaftsbildern. Frankfurt a.M. 1990, S. 292: „Die Monotonie der Steppe ist übermächtig; sie läßt den Naturgenuß einer bleiernen, passiven Gewöhnung weichen. Die Landschaft verliert den Charakter des ‚Bildes'. Sie infiltriert den

Merkmal (Leere) dann doch nicht ausschließlich für das Bezeichnete (Wüste), sondern weist darüber hinaus in die Analogie einer inneren Landschaft, deren Weite sich als ebenso typisch erweist. Daß sich der Endlosigkeit der durchwanderten Gegend entsprechend auch die Gedanken fortspinnen und den Faden einer Erzählung aufnehmen, macht zudem deutlich, daß das erhabene Gefühl nicht dem Wanderer, sondern dem Stillstehenden, der lediglich den Blick ins Weite schickt, zukommt. Im Fernblick entzündet dieser Strahl, von der Weite des Raumes wie zurückgeworfen, das feierliche Gefühl und weitet die Seele. Stifters allgegenwärtige „Wandelnde" indes sind zumeist gedankenverloren und führen ihren Schritt der Schrift analog neuen Räumen zu;[11] eine raumgreifende Bewegung, die auch dem Geist ein Ziel verspricht. Wenn Margret Walter-Schneider in diesem Zusammenhang von einem „Schritt-für-Schritt-Verfahren" spricht,[12] das auch erzählerisch das Subjekt seinem Objekt nähere, so liegt der Gedanke an das empiristische Erkenntnismodell auf der Hand.

Mehr noch als der Wanderer in ‚Brigitta' bemüht sich der Ich-Erzähler in ‚Kalkstein', die Landschaft zu erfassen. Zwar beschreibt auch die Reise des Landvermessers in das Steinkar die Geschichte einer langsamen Annäherung. Erscheint ihm die Gegend zunächst „fürchterlich", so ergreift ihn beim Abschied „beinahe eine tiefe Wehmuth", und auch der Umzug von der Hochstraße, die nicht zufällig so heißt, in eine Bretterhütte im Steinkar zeugt von einem Einnisten des Erzählers in die öde Hügellandschaft.[13] Dennoch läßt er sich von ihr nicht vollends gefangennehmen, sondern wahrt mittels seiner Geräte eine Distanz, die das Vorankommen seiner Arbeiten garantiert. Daß es sich dabei nicht um eine selbstgewählte Unternehmung, sondern um einen berufsbedingten Auftrag handelt, unterstreicht die Vergegenständlichung dieser Wahrnehmung, deren Ergebnis nicht nur schwarz auf weiß, sondern auch in bestimmter Frist dem Auftraggeber vorzulegen ist. Der Erzähler schildert sein Tun: „Da ging es nun an ein Hämmern Messen Pflökeschlagen Kettenziehen an ein Aufstellen der Meßtische an ein Absehen durch die Gläser an ein Bestimmen der Linien Winkelmessen Rechnen und dergleichen. Wir rükten durch die Steinhügel vor, und unsere Zeichen verbreiteten sich auf dem Kalk-

---

Wanderer, übt durch ihre pure und qualitätslose Räumlichkeit einen physischen Druck auf ihn aus. Wo nur ‚der feine Ring, in dem sich Himmel und Erde küßten' (eine konventionelle poetische Umschreibung, die als Leerform stehenbleibt), wahrnehmbar ist, wird die Dominanz der Horizontalen so stark, daß selbst das Auge, das geistige Organ des aufrecht gehenden Betrachters, ‚erliegen' muß und in einem mimetischen Reflex niedersinkt."

[11] Unser Wanderer beginnt seine Reflexion denn auch nicht anders als mit den Worten: „In Unteritalien, beinahe in einer ebenso feierlichen Oede, wie die war, durch die ich heute wandelte, hatte ich ihn zum ersten Male gesehen". (WuB. Bd. 1.5, S. 413)
[12] Margret Walter-Schneider: Der Erzähler auf dem Weg. Über einen Motivwandel im Werk Adalbert Stifters. In: ZfDPh 107 (1988), S. 212–233, Zitat: S. 214.
[13] WuB. Bd. 2.2, S. 67, S. 123.

gebiethe. Da es eine Auszeichnung war, diesen schwierigen Erdwinkel aufzunehmen, so war ich stolz darauf, es recht schön und ansehnlich zu thun, und arbeitete oft noch bis tief in die Nacht hinein in meiner Hütte. Ich zeichnete manche Blätter doppelt, und verwarf die minder gelungenen. Der Stoff wurde sachgemäß eingereiht."[14]

Berichtet wird von einer Inbesitznahme. In diesem mathematisierten Blickfeld erscheint schließlich der Karpfarrer als deutlichstes Merkmal der Gegend: „Eines Abends, als ich von meinen Arbeiten allein nach Hause ging, weil ich meine Leute vorausgeschikt hatte, sah ich meinen armen Pfarrer auf einem Sandhaufen sizen. Er hatte seine großen Schuhe fast in den Sand vergraben, und auf den Schößen seines Rokes lag Sand. Ich erkannte ihn in dem Augenblike."[15]

Halbvergraben befinden sich auch die Kalkhügel im Sand: „jeder Hügel bestand aus naktem grauem Kalksteine, der aber nicht, wie es oft bei diesem Gesteine der Fall ist, zerrissen war, oder steil abfiel, sondern in rundlichen breiten Gestalten auseinander ging, und an seinem Fuße eine lange gestrekte Sandbank um sich herum hatte. Durch diese Hügel ging in großen Windungen ein kleiner Fluß Namens Zirder. Das Wasser des Flusses, das in der grauen und gelben Farbe des Steines und Sandes durch den Widerschein des Himmels oft dunkelblau erschien, dann die schmalen grünen Streifen, die oft am Saume des Wassers hingingen, und die andern einzelnen Rasenfleke, die in dem Gesteine hie und da lagen, bildeten die ganze Abwechslung und Erquikung in dieser Gegend."[16] Nicht nur auf dieselbe Weise wie die Steinhügel in die Landschaft eingebettet, hat sich auch die Physiognomie des Geistlichen den leblosen Gesellen bis hin zu den „zirderblauen" Augen deutlich angepaßt: „Er war ungefähr so gekleidet wie damals, als ich ihn zum ersten Male gesehen hatte. Seine Haare waren jezt viel grauer, als hätten sie sich beeilt, diese Farbe anzunehmen, sein längliches Angesicht hatte deutliche Falten bekommen, und nur die Augen waren blau und klar wie früher."[17]

Doch ähnlich wie der Pfarrer zum Merkmal seiner Landschaft wird, mutiert der Landvermesser zum optischen Instrument. Wenn er dem Pfarrer berichtet, daß er „hieher gesendet worden sei, um die Gegend zu vermessen, daß ich die Hügel und Thäler aufnehme, um sie auf dem Papiere verkleinert darzustellen",[18] so ist auch die erzähltechnische Sendung bezeichnet. Ein vorgeschalteter Erzähler zeichnet die Geschichte des Karpfarrers so auf, wie der Landvermesser die Erzählung des Geistlichen wiedergibt. Die wörtliche Rede erscheint im Mund des Geodäters wie die Linien der Landschaft in seinen Geräten.

---

[14] Ebd., S. 96.
[15] Ebd., S. 68.
[16] Ebd., S. 67.
[17] Ebd., S. 68.
[18] Ebd., S. 69.

Der Ich-Erzähler auf Forschungsreise: in diesem Sinne ist auch der Verweis des Erzählers auf seinen Beruf zu lesen. Die Reisen dieses Mannes sowie sein Metier werden zur Chiffre des Erzählens selbst, des Abschreitens der seelischen Landschaft des Karpfarrers. Ja, dieser Erzähler zeigt sich so sehr als Repräsentant seines Berufsstandes, daß das Treffen mit dem Pfarrer nicht nur auf einer beruflichen Reise erfolgt, sondern darüber hinaus selbst die Bekanntschaft mit dem Mann unter Hinweis auf die beruflich geschulte Gabe des Wiedererkennens aufgenommen wird: „,Mein Beruf bringt es mit sich,' erwiederte ich [auf die Verwunderung des Pfarrers], ,daß ich mit vielen Menschen verkehre, und sie mir merke, und da habe ich denn im Merken eine solche Fertigkeit erlangt, daß ich auch Menschen wieder erkenne, die ich vor Jahren und auch nur ein einziges Mal gesehen habe.'"[19]

Doch von welchem Beruf spricht dieser Erzähler? Neben der Verwandtschaft des Wanderns und Erzählens als Bewegungen im (erzählten) Raum zieht die Analogie des Messens hier eine Bahn vom Erzählen zum naturwissenschaftlichen Verfahren des Geodäters. Eine in diesem Sinne optische Wiedergabe beabsichtigt die eisern formale Subjektivität des Erzählens, die im kommentarlosen Präsentieren mehr verschweigt als berichtet. Indem der Autor einer Ich-Erzählung das zu Erzählende durch ein Medium, nämlich den Ich-Erzähler, zwängt, geschieht zweierlei. Zum einen gibt der Autor den Schein der Allwissenheit auf und vertraut sich und den Leser den Wahrnehmungen einer fiktiven Figur an. Zum anderen garantiert gerade die Berücksichtigung der Seh- und Denkgewohnheiten einer bestimmten Person Authentizität. Handelt es sich bei dieser Subjektivierung zudem um einen empirischen Naturforscher, so ist die Objektivität gleichsam technisch verbürgt. Die Rolle des Ich-Erzählers ist somit die einer Projektionsfläche, auf der sich die beobachteten Tatsachen in einer Puzzlestruktur zu einem Ganzen zusammenfügen.

Der Forscher unterstützt diesen Prozeß durch eine Logik des Aneinanderreihens, Gewichtens und Schließens, die der Text in leichter Nachvollziehbarkeit vorführt und in gleicher offenherziger Manier mit dem Beobachteten verknüpft. Die Kausallogik entdeckt erst gegen Ende im streng induktiven Vorgehen der Würdigung aller Fakten, wenn nicht ein Naturgesetz, so doch wenigstens die Rekonstruktion der gesetzten Wirklichkeit oder, besser gesagt, der Tiefenschicht des Erzählten, die zwar nicht minder konstruiert ist, aber doch eines Archäologen dringend bedarf. So erfährt der Landvermesser in ‚Kalkstein‘, der symbolisch die Seelenlandschaft des Karpfarrers abschreitet, schließlich von den Umständen des Mannes, der dem aufmerksamen Beobachter nach und nach gerade seiner Einfachheit wegen als merkwürdig aufgefallen war. Dabei haben die hintereinander geschalteten Erzählerfiguren

---

[19] Ebd., S. 69.

noch eine weitere strukturelle Bedeutung. Der Kern der Erzählung, die Geschichte des Karpfarrers, wird auf diese Weise mehrfach ummantelt, so daß das Durchdringen der Erzählschichten den Weg in das Innere des Pfarrers nicht nur als Leseerfahrung nachvollzieht, sondern zugleich die sexuelle Dimension seines Wäschefetischismus andeutet. Es ist buchstäblich die Geschichte einer Enthüllung.

Doch nicht nur der Adaption naturwissenschaftlichen Erkenntnisstrebens soll hier das Interesse gelten. Tatsächlich gelingt es mit Hilfe von Stifters Erzählungen, just in der empiristisch verfahrenden Naturwissenschaft, die ihn beschäftigt, eine Tiefe zu entdecken, die die empiristischen Prämissen unterläuft. Ohne daß es dem Dichter in der angesprochenen Weise bewußt ist, bringt er den Erzähler im Wissenschafter zum Sprechen: „Ihr wißt Alle, sagte er, daß ich mich schon seit vielen Jahren mit der Meßkunst beschäftige, daß ich in Staatsdiensten bin, und daß ich mit Aufträgen dieser Art von der Regierung bald hierhin bald dorthin gesendet wurde. Da habe ich verschiedene Landestheile und verschiedene Menschen kennengelernt. Einmal war ich [...]."[20]

Es scheint paradox: Der Wissenschafter spricht die Worte: Es war einmal. Doch neben der fabulierenden Formel, die auf eine entsprechende Bedeutung einstimmt, ist es gerade die wissenschaftliche Ernsthaftigkeit, die dem Banalen Bedeutung verleiht; – das sorgfältig Beobachtete, Entschlüsselte, Aufgeklärte scheint dem Mythischen zu entstammen. Diese Dialektik entdeckt Jens Tismar: „Der erstaunliche Ernst, den der Erzähler an seine Alltags-Experimente wendet, und die minuziöse Berichtweise lassen seine Handlungen bedeutend erscheinen. So entsteht langsam beim Lesen eine Ahnung, daß mit dem banalen Ereignis, jemand will in ein Haus hinein, die Erinnerung an einen mythischen Vorgang verbunden werden kann."[21]

Diese Beobachtung trifft nicht nur für die Erzählung ‚Kalkstein' und den ‚Nachsommer', den Tismar im Blick hat, zu, sondern weist viel mehr noch auf ein Charakteristikum des Spätwerks hin, auf eine doppelte Struktur, die hinter dem Erzählten die Tür zum Mythischen öffnet. Dabei ist es nicht nur die gewährte Aufmerksamkeit, die Unscheinbares in Bedeutsames verwandelt. Mehr noch kommt hier die Erkenntnis zum Tragen, daß sich als Symbolträger des Mythischen nichts besser als das Banale eignet, dessen enger Assoziationsraum zu Verborgenem in die Tiefe führt. Stifter läßt diesen Zusammenhang anklingen, wenn er in seiner programmatischen Einleitung zu den ‚Bunten Steinen' „die gewöhnlichen alltäglichen in Unzahl wiederkehrenden Handlungen der Menschen" dem Erhabenen vorzieht, „weil diese Handlungen die dau-

---

[20] Ebd., S. 64.
[21] Jens Tismar: Gestörte Idyllen. Eine Studie zur Problematik der idyllischen Wunschvorstellungen am Beispiel von Jean Paul, Adalbert Stifter, Robert Walser und Thomas Bernhard. München 1973, S. 62.

ernden die gründenden sind, gleichsam die Millionen Wurzelfasern des Baumes des Lebens".[22]

Die Rede ist von Stifters vielbesprochenem „sanftem Gesetz", das analog zu den exakten Naturwissenschaften entwickelt wird. Die Allgegenwärtigkeit banaler physikalischer Gesetze macht aus scheinbar belanglosen Ereignissen imposantere Phänomene als ein vereinzelter Vulkanausbruch oder ein besonders heftiges Gewitter. Mit dieser Einstellung, die die Aufmerksamkeit auf die Häufigkeit richtet, ist Stifter einig mit den exakten Naturwissenschaften, in denen das Monströse, das die Jahrhunderte zuvor stets faszinierte, nur noch als Ausnahme gewürdigt wird. Doch auch dieses Interesse am Banalen und seiner systematischen Ordnung ist von der emphatischen Suche nach dem, was die Welt im Innersten zusammenhält, beseelt. In Stifters beispielhaft angeführtem Beobachter einer Magnetnadel erkennt man den Landvermesser umgehend wieder: „Wenn ein Mann durch Jahre hindurch die Magnetnadel, deren eine Spize immer nach Norden weist, tagtäglich zu festgesezten Stunden beobachtete, und sich die Veränderungen, wie die Nadel bald mehr bald weniger klar nach Norden zeigt, in einem Buche aufschriebe, so würde gewiß ein Unkundiger dieses Beginnen für ein kleines und für Spielerei ansehen: aber wie ehrfurchterregend wird dieses Kleine und wie begeisterungerweckend diese Spielerei, wenn wir nun erfahren, daß diese Beobachtungen wirklich auf dem ganzen Erdboden angestellt werden, und daß aus den daraus zusammengestellten Tafeln ersichtlich wird, daß manche kleine Veränderungen an der Magnetnadel oft auf allen Punkten der Erde gleichzeitig und in gleichem Maße vor sich gehen, daß also ein magnetisches Gewitter über die ganze Erde geht, daß die ganze Erdoberfläche gleichzeitig gleichsam ein magnetisches Schauern empfindet. Wenn wir, so wie wir für das Licht die Augen haben, auch für die Electricität und den aus ihr kommenden Magnetismus ein Sinneswerkzeug hätten, welche große Welt welche Fülle von unermeßlichen Erscheinungen würde uns da aufgethan sein."[23]

Ein scheinbar strenger Versuchsaufbau: ein leicht zu beobachtendes Phänomen, bewegt sich die Nadel oder bewegt sie sich nicht? – das Gesehene wird schriftlich festgehalten, die Beobachtung ständig wiederholt, der Beobachter selbst bleibt unbeachtet, – damit ist die Distanz des Forschers zu seinem Objekt eingehalten ...

Kein Zweifel: dieses hypothetische Experiment beherzigt die strengen Vorschriften der Empirie. Doch mit welcher Emphase wird dieses theoretische Experiment inszeniert! Das Zittern der Magnetnadel scheint von allen Seiten zu drohen, und das geheimnisvolle nicht sichtbare Schauern der gesamten Erdoberfläche überträgt sich als durchaus nicht nur magnetisches auf den Leser! Was konnte sich da zu voller Größe aufrichten?

---

[22] WuB. Bd. 2.2, S. 14.
[23] Ebd., S. 10f.

Drückt diese Vorrede so gleichsam jedem Leser sein Mikroskop für das Erkennen des Kleinen in den nachfolgenden Erzählungen in die Hand, so beginnt Stifter seinen Roman ‚Witiko' damit, ein ganz ähnliches optisches Gerät zu installieren.

II

Während Heckenast die letzten Teile des ‚Nachsommers' anmahnt, gehen die Gedanken des Dichters andere Wege: „Seit ich neulich in der allgemeinen Zeitung eine schöne Schilderung jenes Theiles des Böhmerwaldes gelesen habe, in welchem gerade Wittiko spielt, bekam ich einen ordentlichen Heißhunger an Wittiko zu arbeiten."[24]

Bezeichnend für den Roman, daß Stifter hier in einer der ersten Erwähnungen seines Vorhabens den böhmischen Wald in den Vordergrund stellt! Entsprechend setzt der Roman ‚Witiko' mit der Beschreibung des Schauplatzes ein. Aus der Vogelperspektive wird die Landschaft von Bayern und Böhmen, dem Lauf von Donau und Moldau folgend, in Augenschein genommen. Das Nacheinander der Waldsäume und Uferlandschaften öffnet den Blick für das Vorbeigleiten der Zeiten. Mit dem Nachzeichnen der Flußläufe wird nicht nur der geographische Raum von Passau bis Böhmen, sondern mithin auch der Zeitraum durchmessen. In mythischer Konstellation befördert diese Flußfahrt den Leser ins mittelalterliche Böhmen wie Fährmann Charon den Orpheus auf dem Styx in die Unterwelt.

Im Fadenkreuz eines imaginären Fernrohrs erscheint Stifters reitender Titelheld: „Die bedeutendsten Orte, denen sie [die Moldau] in dem Laufe, der genannt worden ist, in den heutigen Tagen begegnet, sind die Flecken Oberplan und Friedberg, die Abtei Hohenfurt und die Städte Rosenberg und Krumau. | Zur Zeit, da in Deutschland der dritte Conrad, der erste aus dem Geschlechte der Hohenstaufen, herrschte, da Baiern der stolze Heinrich inne hatte, da Leopold der Freigebige Markgraf in Österreich war, da Sobeslaw der Erste auf dem Herzogstuhle der Böhmen saß, und da man das Jahr des Heiles 1138 schrieb: ritt in der Schlucht zwischen dem Berge des Oberhauses und dem des Nonngütleins – welche Berge aber damals wild verwachsen waren – auf einem grauen Pferde [...] ein Mann", dessen Identität der Leser erst erfährt, als er das erste Mal angesprochen und nach seinem Namen gefragt wird.[25] Eingestellt auf die angegebenen Daten von Herrschaftsverhältnissen, kann dieses fiktive, den geschichtlichen Blick ermöglichende optische Gerät scheinbar nichts anderes entdecken als eben diesen Reiter, dessen langsamer

---

[24] SW. Bd. 18, S. 264f.
[25] WuB. Bd. 5.1, S. 15.

Ritt fortan verfolgt wird wie der Lauf von Donau und Moldau. So gleichmütig wie diese scheint jener seinen Weg durch die Schlucht zu nehmen, und der inszenierte Blick erzeugt die Analogie: die Moldau wird immer fließen, sobald man, dies zu prüfen, das Fernrohr ansetzt; doch stellt man den Blick zudem noch auf die historische Situation im Jahr 1138 ein, so gilt gleiches auch für Witiko. Fluß und Reiter haben sich in dieser Erzählperspektive einander anverwandelt; – in ihre Mitte genommen haben sie das erzählerische Moment, das das Überzeitliche des fließenden Wassers und das momenthafte Passieren des Reiters zu einem Ereignis vereint.

Doch was sich hier als genaue Beobachtung ausgibt, ist tatsächlich nichts weniger; – statt durch ein optisches Gerät stößt Stifter in Franz Palackys ‚Geschichte von Böhmen' auf die historische Figur Witiko. Genau besehen ist es die Chronik, die aus der Figur Witiko ein Ereignis macht, indem sie ihn urkundlich bezeugt: „Königliche Obertruchsesse waren: 1160–1165 Kochan, 1169–1176 Witek (der älteste bekannte Ahnherr des nachmals so berühmt gewordenen Geschlechtes der Herren von Rosenberg)".[26] Damit ist das Ziel des Rittes von 1138 vorgegeben; der königliche Obertruchseß ist Stifters Witiko. Dort muß er 31 Jahre später ankommen.

Auf das Wandern auf eintöniger Fläche als Sinnbild des schriftlichen Erzählens bin ich bereits näher eingegangen; auch hier liegt in der Gleichförmigkeit der Landschaft mehr verborgen als die Kulisse einer Völkerschlacht. So ist Witiko nicht nur seiner Abstammung nach ein Kind des Böhmerwaldes, sondern auch hinsichtlich seiner Persönlichkeit, in deren Eigenschaften sich der Wald spiegelt, den er immer wieder auf seinen Reisen durchreitet. Ganz ohne Zweifel gehen seine Ernsthaftigkeit sowie das in sich gekehrte und besonnene Wesen auf das Konto dieser Analogie. Daß er Bertha, die ihm vorbestimmt ist, weil sie die Waldrosen seines Familienwappens als Kopfschmuck trägt, im Wald antrifft und er in den kriegerischen Auseinandersetzungen schließlich zum Führer der Waldleute avanciert, überrascht folglich nicht mehr. Als er den Ort entdeckt, an dem er gegen Ende des Textes seine Burg errichten wird, erscheint er wie die Apotheose eines Königs der Wälder: „Als die Sonne gegen Abend neigte, kamen sie auf der Schneide des Waldes an, und hier war eine freie Stelle. Auf derselben war kein Stäudlein, sondern nur kurzes Gras und große Granitsteine. Witiko ritt das Pfadlein zwischen den Steinen hinan, bis er auf die Höhe und auf einen Bühel gelangte, der über die Wipfel aller tiefer stehenden Bäume empor ragte. Hier hielt er plötzlich an, und seine Augen konnten weit und breit herum schauen. Er sah mittagwärts auf das Baierland, das blau mit Wäldern Fluren und offenen Stellen dahin lag bis zu den noch blaueren Alpenbergen, in denen manche Matte mit Schnee glänzte. Gegen Morgen davon sah er auf die Ostmark mit den blauen Fluren

---

26 Franz Palacky: Geschichte von Böhmen. Prag 1836–60. Bd.1, S. 459.

und Wäldern und Feldern, in der der junge Leopold herrschte. Es war ein weites Gebiet, das er betrachtete, und zu seinen Füßen lag der Wald, durch den sie herauf gekommen waren, und andere Wälder. Und als Witiko sich gegen Mitternacht wendete, ging der Wald, auf dessen Schneide er stand, so dicht und breit hinab, wie der gewesen war, durch den er herauf geritten war. Und unten floß die Moldau, nicht wie gestern in kurzen Stücken sichtbar sondern in langen Schlangen von dem oberen Waldlande niederwärts wandelnd. Und jenseits des Wassers lag das Land Böhmen in schönen Wäldern und dann wieder in Wäldern und dann in Gefilden, die mit Gehölz, wechselnd mit nahrungtragenden Fluren, bedeckt waren. Den Wald sah er, auf dem er gestern gestanden war, den Wald, in welchem sich der schwarze See befand, und dann noch weiterhin stark dämmerige Wälder. Auch gegen Morgen war Forst an Forst dahin. | ‚Da sollte eine Königsburg stehen,' sagte Witiko."[27]

Stifter wird nicht müde, das Wort „Wald" zu wiederholen – es fehlt in fast keinem Satz der zitierten Passage –, und er tauscht es nur zweimal gegen die Synonyme „Waldland" und „Forst" aus. Kein Zweifel: der Wald ist mehr als das landschaftliche Kennzeichen einer Region. Doch obgleich die Waldgebiete unterschieden werden und gelegentlich vorherrschende Baumarten genannt werden, handelt es sich hier nicht um den Erfahrungsraum der Naturforscher. Die Menschen aus dem Walde kennzeichnet eine tiefe Verbundenheit mit ihm; sie fürchten weder die wilden Tiere noch die Einsamkeit.[28] Potentielle Angreifer müßten eine Belagerung bald abbrechen, da der Wald sie nicht ernährte, erklärt Rowno Witiko. Dem entgegen stehen die Aufständischen: sie jagen zur falschen Jahreszeit im Wald ...

So romantisch das Motiv hier klingt, es kulminiert doch in der bizarren Behauptung Witikos, er könne „denken wie der Wald". In der Abschiedsszene mit Bertha wird diese Äußerung zum Programm: „‚Vielleicht höre ich euch doch wieder einmal singen, wenn ich wieder einmal komme,' sagte Witiko. | ‚Kann sein, wenn Ihr denkt, und singt wie der Wald,' entgegnete sie. | ‚Ich habe gejauchzt,' sagte er, ‚singen kann ich nicht aber denken wie der Wald.'"[29]

„Denken wie der Wald" – eine Personifikation des Waldes, könnte man vermuten. Doch gemeint ist vielmehr eine Anverwandlung Witikos an das We-

---

[27] WuB. Bd. 5.1, S. 60f.
[28] Witiko selbst beschwört diese Verbundenheit, als er sich bei seinen Leuten für die Verteidigung Prags bedankt: „Seid mir von Herzen gegrüßt, alle ihr Männer, deren Heimath von Fichtenzweigen umweht ist oder von den Zweigen der Tannen und Föhren, oder umrauscht von denen der Buchen und Ahornen, welche zu den Millionen der Bäume gehören, die da wachsen, wo die junge Moldau von Abend gegen Morgen geht. Ich erkenne es, daß wir ein anderes Geschlecht sind, als das auf den offenen Feldern. Wir sind hart und arm aber guten Herzens und guter Treue. Ich glaube, daß die Waldmänner fest zusammen gehalten haben." (WuB. Bd. 5.2, S. 105)
[29] WuB. Bd. 5.1, S. 56f.

sen des Waldes. Der ist hier weder finster noch tief und voller Gefahren, sondern, obwohl topographische Besonderheiten genannt werden, von eigentümlicher Gleichförmigkeit. Man erinnert sich an den Ich-Erzähler in ‚Brigitta', der die eintönige Steppe Ungarns durchwandert und dabei eine Weltentrückkung erfährt; – ähnlich stereotyp wird hier Witikos Reiten durch die Wälder seiner Heimat geschildert: „Da der Reiter die Schlucht hinaus ritt, sah er weder rechts noch links, noch nach der Stadt zurück. Es war eine frühe Stunde eines Tages des Spätsommers, der schon gegen den Herbst neigte. Der Tag war heiter, und die Sonne schien warm hernieder. Das Pferd ging durch die Schlucht in langsamem Schritte. Als es über sie hinausgekommen war, ging es wohl schneller, aber immer nur im Tritte. Es ging einen langen Berg hinan, dann eben, dann einen Berg hinab, eine Lehne empor, eine Lehne hinunter, ein Wäldchen hinein, ein Wäldchen hinaus, bis es beinahe Mittag geworden war."[30]

Auch hier löst sich die Landschaft in die transzendente Erfahrung Weg auf. Ein Weg, der sich in Zeit mißt: „Da es Abend geworden war, kam der Reiter auf der Schneide eines langen von Abend gegen Morgen gestreckten Berges an."[31] Unter diesem Ritt ist es zwangsläufig schließlich Abend geworden, denn jeder Wegabschnitt, ob „Lehne", „Berg" oder „Wäldchen", hat geographisch zwar kontinuierlich gegen Morgen, also Osten, geführt, zeitlich hingegen konnte nach dem Morgen nur der Mittag und schließlich der Abend verstreichen. Dem Leser wandelt sich die erzählte Zeit in eine erlebte zurück, denn auch ihm mag es über der Lektüre Abend geworden sein ...

So stehen die archaisierenden Bezeichnungen der Himmelsrichtungen sowohl für das mittelalterliche Kolorit als auch für die Vergegenwärtigung einer Zeitachse, die den Raum in sich aufnimmt. „Auch gegen Morgen war Forst an Forst dahin" heißt es in der früher zitierten Passage.[32] Und diese Formulierung meint keineswegs nur eine Himmelsrichtung, sondern garantiert dem Wald gewissermaßen die Rolle des Zeitzeugen. Hinter Witiko liegt ebenso der Wald, wie er sich vor ihm erstreckt. Auf dieser „Schneide des Waldes" findet Stifter das Gleichnis für sein Geschichtsverständnis.[33] Der gleichzeitige Blick auf die zurückgelassene Landschaft wie auf die, die noch zu Füßen liegt, entdeckt in beide Richtungen nur Gleichförmiges. Mit dieser tröstlichen Grenzerfahrung versucht sich Stifter nicht nur im historischen Genre, sondern scheint zugleich eine Utopie zu entwerfen, in der das triumphiert, was in Stifters Augen Kontinuität verbürgt. Der Wald ist – keine neue Idee – zum Symbol des Ewigen arriviert: In Huldriks Erzählung über Witikos Vorfahren verschlingt der Wald die Episoden menschlicher Siedlungen und stellt den Urzustand wie-

---

30 WuB. Bd. 5.1, S. 16f.
31 Ebd., S. 26.
32 Ebd., S. 60.
33 Ebd.

der her: „es ist der Wald gewachsen, als wäre nie etwas anderes da gewesen".[34] Damit wird der Schauplatz als „ewige Natur" zum Zeitzeugen wie zum Rahmenerzähler, wenngleich nicht wie gelegentlich in Märchen und Legenden ein personifizierter Baum oder gar ein Waldwesen zu sprechen beginnt.

Die Botanisiertrommel, mit der Heinrich aus der ‚Narrenburg' in den Wald aufgebrochen war, hat ihren Inhalt variiert und nimmt nun Spuren von vergangenem Leben auf. So wie sich Lage und Ausdehnung eines Raumes geographisch bestimmen, die vorkommenden Pflanzen- und Tierarten verzeichnen und sein landwirtschaftlicher Nutzen darstellen lassen, so scheint die Kulturgeschichte ein weiteres zu erforschendes Merkmal seiner Identität als Böhmischer Wald zu sein. Läßt sich hier die Landschaft als Zeitzeuge mit der Erzählerrolle betrauen, wird das empiristische Konzept, in dem die Naturdinge in ihren Merkmalen selber Auskunft geben, auf die Kulturgeschichte übertragen. Ich habe bereits bemerkt, daß dies nicht bedeutet, daß dem Wald nun eine menschliche Stimme geliehen wird. Das dichterische Experiment vollzieht sich vielmehr in einer Annäherung des Dichters an das „Denken des Waldes". Sprachlich gesehen schweigt Stifters Wald und verbürgt die Kontinuität in erhabener Gebärde. Und doch scheint hier dem Wald erzähltechnisch die Rolle eines Seismographen zuzukommen, der von dem im Wald Sicht- und Hörbaren berichtet und sich ansonsten jeglichen Kommentars enthält.

Von dem Helden wird dem Leser hier nur die Außenansicht zuteil, weder er selbst noch ein anderer personaler oder auktorialer Erzähler berichten vom Innenleben; – als psychologische Figur muß Witiko aus der Art zu reiten, zu reden und zu handeln, konstruiert werden. Das ist indes nicht weiter schwierig (honni soit, qui mal y pense); die Merkmale sprechen eine ebenso eindeutige Sprache, wie das Auffinden der Naturgesetze dem 19. Jahrhundert nicht weiter schwerfällt. So verkörpert Witikos aufrechter Charakter scheinbar selbst ein Naturgesetz.[35] Da er stets so umsichtig handelt, wie er sein Pferd pflegt, verdient er das Vertrauen aller, der Herzöge, Freunde und Untergebenen. Nicht umsonst zieht sich die Mühe, mit der Witiko selber seinen Zelter unterbringt, wäscht, füttert und schont, als Leitmotiv durch den Text. Gleich zu Beginn des Romans beweist sich Witiko in diesen bürgerlichen Tugenden des neunzehnten Jahrhunderts, als er nach dem Ritt entlang der Donau, eigens „eine

---

[34] Ebd., S. 229.
[35] Arno Schmidt belustigt sich effektiv über diesen Tugendbold: „Da reitet, von Seite 3 ab, ein „Ledermann" im Schritt auf Uns zu – ich bin wahrlich kein Freund von Mopeds: sie sind mir zu laut!; aber ein 20=jähriger, der auf dem seinen immer nur 20 führe, wäre mir doch auch wieder nicht recht – aber Der=hier kommt grundsätzlich so an; fortwährend mit jener unangenehm bedächtigen Berechnung, die gerade bei Jünglingen so fatal wirkt, darüber tüftelnd, wie er es am raschesten zum ‚Anführer' bringen könne."(Arno Schmidt: ... und dann die Herren Leutnants! Betrachtungen zu ‚Witiko' & Adalbert Stifter. In: Die Ritter vom Geist. Karlsruhe 1965, S. 283–317, Zitat: S. 289).

Kufe auswaschen" läßt, um seinem Pferde „Reinlichkeit" zu „geben".[36] Die Gefahr, Zeitgenössisches in historischen Kostümen zu präsentieren, der Stifter hier ganz offensichtlich erliegt, erkennt er selbst; das Ausmaß hingegen, in dem er „in biblischen Bildern die wakersten Nürnberger Gestalten bringt", wie er bei Dürer moniert, ist ihm durchaus nicht bewußt.[37] Tatsächlich ist sein Bemühen dieser Art von Genremalerei diametral entgegengesetzt, schließlich liegt der Erzählung das genaue Studium umfassenden Quellenmaterials zugrunde: Fakten, die zum Sprechen zu bringen sind.

Auch die anderen Figuren geben sich ausschließlich in ihrem Handeln zu erkennen und ihre Namen einzig im Gespräch – gleichsam unter vier Augen – preis. So scheint der unbekannte graue Flüchtling neben seinen Feinden auch den Leser zu fürchten und demaskiert sich erst im sicheren Hort des Klosters als der bedrängte Bischof von Mähren.

Die Identifikation mit dem Naturforscher klappt scheinbar. Das Agieren der Personen wird aufgezeichnet, als sei es genau beobachtet worden. Doch nicht mehr der Ich-Erzähler wird auf Forschungsreise geschickt, vielmehr ist hier der Dichter selbst mutiert und konstruiert einen Erzähler, der sich gebärdet wie ein Seismograph und in Hörweite zu Witiko Posten bezogen hat. Mitgeteilt wird nur noch das Meßbare: ist eine Bewegung Witikos zu verzeichnen oder dringt diesem mechanischen Erzähler Gesprochenes ans Ohr, so scheint der Leser tatsächlich zum Zeugen der Geschichte zu werden.

Doch als richtete sich das Fernrohr plötzlich auf den Schauenden, der dem Sog hinein längst nicht mehr standhalten konnte, wird in den programmatischen Briefäußerungen Stifters ein anderer Ton laut: „Diese Aneignung der Vergangenheit als eines jezt mitlebenden Theiles des Dichters ist das Schwerste, es sezt große historische Vorarbeit inniges Eingehen und Liebe zur Vergangenheit des Menschen und Vergessen seiner selbst voraus."[38]

Als mediales Phänomen wird nun geschildert, was als Recherche angelegt war. Das Einswerden mit dem Instrument offenbart sich just in der selbstauferlegten strengen Reduktion. Wie jede Entdeckung (auf eine solche beruft Stifter sich) ist auch diese von einer exotistischen Lust beflügelt. Der Respekt vor der Macht des Faktischen verwandelt den Stoff in ein wirkliches Gegenüber; der Bann des Gewesenen, stimuliert durch einen menschheitsgeschichtlichen Schauer, zieht den Dichter zu sich und besetzt in ihm sein Medium. Der Vergleich mit der naturwissenschaftlichen Entdeckung macht aus Stifters historischem Stoff endgültig ein Material, das sich scheinbar selbst erzählt. Stammelnd spricht der Besessene in fremder Zunge: dem „Denken des Waldes".

---

[36] WuB. Bd. 5.1, S. 20.
[37] SW. Bd. 21, S. 6.
[38] SW. Bd. 18, S. 169.

Sprachlich zielt dieses den Fakten abgelauschte Erzählen auf Aphasie. Schon in ‚Kalkstein' hat das Schweigen eine beredte Funktion und qualifiziert als Tugend den naturwissenschaftlichen Ich-Erzähler erst als solchen. Versucht sich jetzt der Dichter an der Sprache der Dinge, so hat der Erzähler scheinbar Mundverbot und experimentiert mit sprachlicher Spiegelung des Erzählten. Aufmärsche paradieren als Aufzählungen, unbekannte Menschenmengen ziehen als Meer von Hauben, Federn und Gewändern vorbei; in Versammlungen werden bereits bekannte Menschen namentlich vorgestellt, Debatten in Rednerlisten und Protokollen festgehalten; den Kampf regiert die Schlachtordnung, in den Sätzen das Substantiv. – Zelebriert wird eine Magie des Benennens.

Dem ebenso sprachlosen wie ewigen Wald versucht Stifter seinen Text in Wiederholungen, Litaneien und Aufzählungen anzuähneln. Wie in der gleichförmigen Landschaft ist in dem Roman, wie Gundolf treffend bemerkt, vor lauter Bäumen der Wald nicht zu erkennen.[39] Beschreibungen, soweit das Auge reicht, moniert Gundolf damit und scheint mithin das gleichförmige Dickicht des Textes im Blick zu haben. Doch obwohl dieser Erzähler nicht viel mehr als ein Bewegungsmelder zu sein scheint, der ausschließlich Beobachtetes kommentarlos wiedergibt und Wichtiges nicht von Unwichtigem scheidet, knüpft doch gerade diese Beschränkung an eine Erzähltradition an, die im Äußeren das Innere sucht. An stereotypen Formulierungen aufgeforstet gleich einer Föhrenschonung, entläßt der Text ein Rauschen, in dem scheinbar zwischen den Zeilen von einer Geschichte die Rede ist, die Vergangenheit und Zukunft zugleich umspannt: „Witiko ging nun mit den Führern rechts von seinem Gezelte zu dem weißen Banner mit der dunkelrothen Waldrose, welches die Fußgänger von Plan in den Boden gesteckt hatten. Er sah den Lagerplatz der Männer an, und die Wachen, welche sie ausgestellt hatten. Dann ging er wieder weiter rechts zu dem grünen Banner der Männer von der Mugrauer Haide, und betrachtete ihr Lager und ihre Wachen. Dann ging er zu dem weißen Banner der Männer von dem schwarzen Bache, dann zu dem blauen Banner der Männer von der unteren Moldau, dann zu dem weißen Kreuze der Männer vom Rathschlage, dann zu der Stange, auf welche die Männer vom Eckschlage Geierfedern gebunden hatten, und überall betrachtete er die Lagerung und die Wachen. Dann ging er wieder zurück bis zu seinem Gezelte, und ging von demselben links zu dem weißen Banner mit der dunkelrothen Waldrose, welches die Männer von dem Wangetschlage hatten, und dann weiter links zu dem rosenrothen Banner der Männer von Friedberg, und dann zu dem rothen Kreuze der Männer von der Steinleithe, und dann zu dem gelben Fähnlein der Männer von der Friedau, und dann zu der Stange mit dem grünen

---

[39] Gundolf moniert „Beschreibungen, wo man vor Bäumen keinen Wald mehr sieht" (Friedrich Gundolf, Adalbert Stifter, Halle 1931, S. 66).

Kranze der Männer des neuen Kirchenschlages, und dann zu der Stange mit den himmelblauen Bändern der Männer der Waldmoldau, des Heurafels und der Stift, welche Bänder die vom schwarzen Bache unter ihrem weißen Banner abgelöst, und ihnen gegeben hatten. An allen diesen Stellen betrachtete Witiko auch die Lagerungen und die Wachen, und sah, daß die Sachen recht waren. Dann ging er zu den Reitern, und sah auf ihre und ihrer Pferde Nachtstellen und auf die Wachen. Und auch diese Dinge waren geordnet."[40]

Aus solch einer gnadenlosen Wiedergabe des Beobachtbaren, in der jeder Schritt Witikos auch seine Erzählzeit erhält, hat sich das Erzählen verflüchtigt. Passagen wie dieser Gang durch das Nachtlager scheinen ausschließlich über den Parallelismus zu sprechen, in dem sie sich formiert haben. Gleich dem Finger, der dem lesenden Blick die Zeile nachfährt, bewegt sich Witiko von Zeichen zu Zeichen. Anhand der Symbole erkennt er die Männer, die sich nach ihrer Herkunft unter verschiedenen formal gleichrangigen Zeichen zusammengeschlossen haben. Die aufgestellten Wachen hüten die Ordnung, als wären sie strukturierende Kommata, die die Satzteile aneinanderreihen. Stifter inszeniert seine Suche nach den bestimmenden Gesetzen hinter den Geschehnissen in einer zeremoniösen Sprache, in der eine gesetzeshafte Ordnung und die Transzendierung des Banalen aufscheint. Und auch hier offenbart sich, wie oben schon einmal gezeigt, jene Schwesternschaft, die die strikte erzählerische Reduktion auf das Sichtbare mit dem magischen Sprechen eingeht. Als verbürgte die stereotype Wiederholung das Déjà-vu in einschläfender Litanei bis zum Trancezustand ... Die Bilderwelt kehrt ins Reich der Träume zurück und nimmt ihren Weg quer durch das Fernrohr, das die Faszination des Zauberstabs, unter dessen Berührung sich alles verwandelt, niemals eingebüßt hat.[41]

Doch spannender noch als diese textanalytischen Untersuchungen ist für meine Fragestellung das Verhältnis des Dichters zu seinem Stoff. „Der Unterschied zwischen einem Fantasiestoff und einem gegebenen ist für mich ungeheuer", schreibt Stifter an Heckenast über die Studien zu seinem Roman ‚Witiko' und fragt nach dem historischen Geschehen nicht anders als seine Zeit nach den Beobachtungen des Naturforschers: „die Frage ist jezt nicht mehr die: ‚was will ich mit ihm thun?' sondern: ‚was ist er?'"[42]

So wird das historische Ereignis nicht als vergangenes genommen, sondern interessiert vorrangig als ein tatsächlich Vorgefallenes. Dabei handelt es sich nicht einmal um besonders blutige Zeiten, die Stifter sich für die dichterische

---

[40] WuB. Bd. 5.3, S. 11f.
[41] Daß der Blick seine Unschuld immer schon verloren hat und als vorweggenommene Inbesitznahme Berührung symbolisiert, läßt sich nachlesen bei Jürgen Manthey: Wenn Blicke zeugen könnten. Eine psychohistorische Studie über das Sehen in der Literatur und Philosophie. München 1983.
[42] SW. Bd. 19, S. 223f.

Bearbeitung vornimmt. Die Problematik der mißglückten Herzogswahl ist bereits anderorts als typisch stifterisch ausgewiesen, und so ist es auch hier wieder das Unspektakuläre, in dem Gesetzmäßigkeiten zum Vorschein kommen sollen.[43] Witiko gründet das Geschlecht der Rosenberger.

Auch in diesem Zusammenhang findet sich die Metaphorik einer optischen Erfahrung: in Palacky und anderen Quellen und Urkunden erscheint Stifter das böhmische Mittelalter nahegerückt wie durch ein Schlüsselloch: „Jezt steht mir das Geschehene fast wie ein ehrfurchtgebietender Fels vor Augen", schreibt Stifter wiederum an seinen Verleger, und die Fernrohrmetaphorik fließt ihm hier nicht zufällig in die Feder.[44] Palackys Bericht über das böhmische Mittelalter ist für Stifter das Medium, das ihm, in der Tat vergleichbar einer technischen Sehhilfe, den Blick ins Mittelalter ermöglicht. Im Licht einer hypothetischen Augenzeugenschaft, die Palackys Schilderungen Authentizität verleiht, erscheinen historische Ereignisse den meßbaren Naturerscheinungen vergleichbar. Wie in diesen sollen im Wahrheitsgehalt der Fakten und Daten jener Gesetzmäßigkeiten sichtbar werden. Der Ausdruck „ehrfurchtgebietend" gilt der scheinbaren Unvermitteltheit des Geschehenen; die zugeschriebene Felsenhaftigkeit ordnet die Tatsächlichkeit eines historischen Datums der handfesten Existenz von Gestein gleich.

Die Wahrheitssuche des Dichters in den historischen Quellen ist naturwissenschaftlich inspiriert; gleich einem Naturforscher fahndet er nach der poetischen Form, die er in dem gegebenen Stoff entdecken will: „Gebe ich also meinem Stoffe die Form, so ist sie doch von mir ganz unabhängig, und hängt nur von dem Stoffe ab, ich muß sie finden, nicht erfinden. Das Finden macht mir aber oft große Freude, wie dem Naturforscher, wenn er unbekannte aber längst vorhandene Erscheinungen entdekt."[45] Die Worte „finden, nicht erfinden" lassen an die Moosekundler Walchon und Rupert aus dem ‚Kuß von Sentze' denken, die seltene Moosarten finden, in der Überzeugung: „Nur die Naturdinge sind ganz wahr. Um was man sie vernünftig fragt, das beantworten sie vernünftig."[46]

Nicht anders als Walchon seine Moose „entdeckt" der Dichter das zwölfte Jahrhundert. Wie bereits den Naturforscher, inszeniert Stifter hier den Historiker auf der Suche nach seinem Material als Genrebild: „Fast alle Quellen jener Zeit mit ihrem wunderlichen Latein lagen um mich herum, ich ertrank beinahe in der Fülle der Thaten. Sie sollten dem künstlerischen Zweke dienen, und doch in ihrer Größe selbstständig sein. Der Geschichtsmann wird in einer Zeile erkennen, welche Quellenarbeit in ihr liegt, der andere Leser kaum, die

---

[43] Vgl.: Margret Walter-Schneider: Das Unrecht des Wählens. Bemerkungen zu Stifters spätem Stil. In: WW 32 (1982), S. 267–275.
[44] SW. Bd. 19, S. 224.
[45] Ebd., S. 266.
[46] SW. Bd. 13, S. 378.

meisten gewiß nicht."⁴⁷ Die Quellentreue entpuppt sich (und diese Selbststilisierung macht das schon ruchbar) als Erfahrung einer Erscheinung.

Immer wieder streicht der Dichter die Besonderheit des historischen Stoffes im Unterschied zum fiktiven heraus. Die entsprechenden Passagen künden vor allem von einem Respekt vor der Faktizität des Gewesenen und zeigen den historischen Erzähler als Gratwanderer zwischen Wirklichkeit und Dichtung. Daß die entsprechende Wirklichkeit hierbei eine durch Quellen vermittelte ist und das oben angelegte Fernrohr eher magisch inszeniert als beobachtet, wird hier vernachlässigt. Nicht in ihrer Qualität als überlieferte werden geschichtliche Daten gesehen, sondern als tatsächlich beobachtete Ereignisse: Was Stifter hier schildert, ist mehr als eine Leseerfahrung: „In allen meinen frühern Sachen habe ich den Stoff mehr oder minder aus mir selbst geboren, er floß daher samt seiner Form aus mir in die Feder. Hier aber ist der Stoff ein gegebener, die Personen und ihre Handlungen haben außer mir eine Berechtigung, sie sind wirklich gewesen, sind in einer ganz bestimmten Form gewesen, und war jene Form die der Wirklichkeit, so muß die, in welcher ich sie bringe, die der Kunst sein, welche als Wirklichkeit erscheint, ohne es sein zu dürfen; denn die wirklichste Wirklichkeit jener Personen wäre in der Kunst ungenießbar."⁴⁸

Indes – die „wirklichste Wirklichkeit", die der Dichter hier beschwört, ist von sehr papierner Natur. Doch wo sich dem heutigen Leser ein Widerspruch anzudeuten scheint, wenn Stifter die Übereinstimmung von Quellen als Widerschein einer Wirklichkeit ausgibt, handelt es sich vielmehr um den empiristischen Ursprung positivistischer Quellendeutung. Die Fakten scheinen sich selbst überliefert zu haben und mit Namen, Verwandschaftsbeziehungen, Schlachten und Jahreszahlen, die in den Quellentexten einigermaßen übereinstimmen, dafür zu bürgen, daß hier Geschehen selbst jenseits jeder Legende nachlesbar ist.

Emphatisch gesucht wird nach der Form, in die die scheinbare Wirklichkeit zu bringen ist. Analog zu der empiristischen Vorstellung, in den Merkmalen teilten sich die Naturgesetze dem Forscher mit, bemüht sich Stifter, das von Palacky und anderen Berichtete auf seine Form hin zu befragen. So spricht der Dichter nicht nur davon, einen Stoff aus dem zwölften Jahrhundert in einer Chronik zu „entdecken"; – vielmehr ist er von der Vorstellung beseelt, neben den historischen Fakten die Geschichte im doppelten Sinne aufzuspüren. „Meine Geschichte war längst da, ich entdeke sie nur, und da arbeite ich mit einer Lust, die ich früher nie gekannt habe. Darum ist mir öfter, als hätte ich früher nur geschwärmt und dichtete jezt."⁴⁹

---

⁴⁷ SW. Bd. 22, S. 124.
⁴⁸ SW. Bd. 19, S. 265f.
⁴⁹ Ebd., S. 266.

Die Suche gilt dem Erzählen selbst: „Die Weltgeschichte als ein Ganzes, auch die ungeschriebene eingerechnet, ist das künstlerischeste Epos, und wenn Theile davon als Dichtung genommen werden, so sind sie am schönsten, wenn sie einfältiglich heraus gehoben und aus dem Munde des mitlebenden Volkes erzählt werden. Der Gelehrte und der heutige Dichter verderben nur daran."[50]

Der Dichter vermutet sich an der Quelle des Erzählens, dem Epos. Witikos Weg durch die Wälder (nicht umsonst ist gerade das langsame Reiten durch den Wald so signifikant für den Text) scheint hier als historischer Moment durch die Überlieferung ins Überzeitliche zu wachsen, so daß er zu einen verspricht, was an die beiden entgegengesetzten Enden der Zeiterfahrung gebannt zu sein scheint. Das Vergangene ragt aus der Zeit heraus und gewinnt Gültigkeit für spätere Ereignisse fast wie ein Naturgesetz, das für alle späteren Beobachtungen bereits mitspricht. „Der Mund des mitlebenden Volkes" garantiert als ursprüngliches Erzählen die ideale Augenzeugenschaft. Nicht mehr im Nachhinein gewußt, nein vorausschauend geahnt wird (gleichwohl in Kenntnis des Späteren), daß mit Witiko das bedeutende Geschlecht der Rosenberger beginnt.

Stifter zweifelt nicht an der Glaubwürdigkeit seiner Quelle: Palackys ‚Geschichte von Böhmen'; schließlich arbeitet auch der Historiker Palacky induktiv, indem er sein Wissen aus dem Studium verschiedener alter Quellen versammelt und Lesarten unter Angabe der Fundstelle nachweist und kommentiert. Aufschlußreich ist hier Stifters Lektüreauswertung Palackys, die des Dichters empiristisch geschulten Blick verrät. Obgleich das historische Geschehen bereits in erzählter Form vorliegt, scheint Stifter das Wesentliche noch versteckt zwischen den Zeilen des Historikers verborgen. Als spräche Palacky in der Sprache der Merkmale, die das Wirken eines Naturgesetzes anzeigen, – so liest Stifter die ‚Geschichte von Böhmen'. Der empiristische Blick auf die Welt wird hier auf die Texte zurückgelenkt und die erhoffte Erkenntnis in ihnen aufgespürt wie ein Naturgesetz. Auch der Dichter möchte Gesetze finden und „denken wie der Wald".

So liegt die Form, in der die Geschichte sich selbst erzählt, hinter Palackys Text verborgen, der gleich einem Schleier das Wirkliche verhüllt. Die Kulturgeschichte findet hier in Texten tatsächlich den Ort ihres Materials, während die Naturforscher den ihrigen auf freier Flur entdeckt hatten. Nach der Lektüre einer Kette von Quellen scheint Stifter das wirkliche Geschehen mit Händen greifbar. Es ist der Urtext, der sich selber spricht und damit jedes Naturgesetz überbietet, das letztlich doch nur ein Einzelphänomen erklärt. Den Urtext zu finden, ist eine Erfahrung, die den Erzähler tötet.

---

[50] Ebd., S. 224.

Zur poetologischen Funktionalisierung des Empirismus 475

Das Entdecken der Form, in der sich die Geschichte selber schreibt und damit keinerlei Wahrheitsbeweise mehr anzuführen hat, scheint als logischer Schluß aus der konsequenten Anwendung eines naturwissenschaftlichen Erkenntnismodells herzurühren. Stefan Zweig schildert es kongenial: „Hier war Geschichte mit einemmal gebildet und lebend geworden, und ich kenne keinen historischen Roman, der auf eine so lautere, reine Art Geschichte in Dichtung zu verwandeln wußte als diesen."[51]

Dieses Lob wäre sicher ganz in Stifters Sinne. Doch mit einem Nadelstich, der Frage nach den stilistischen Mitteln, verpufft die gepriesene Größe. Indes: – auch dies wiederum nur scheinbar. So sehr Stifters bemühte Archaisierungen des Palackyschen Textes anrühren und seine unermüdlichen Wiederholungen den Spötter inspirieren, so unzweifelhaft umschreiben just diese Litaneien und lakonischen Beobachtungen banaler Sachverhalte das Ewige, wenn es nicht am Ende tatsächlich dasselbe ist: das Ewige und das Banale.

---

[51] Stefan Zweig: Witikos Auferstehung. In: Begegnungen mit Büchern. Aufsätze und Einleitungen aus den Jahren 1902–1939, S. 51–56, Zitat: S. 53.

Helmut Barak

„Gute Freundin" und „glänzender Künstler"

Die dichterisch gestaltete Wirklichkeit in Stifters Erzählung ‚Turmalin'

„Wir erzählen folgende Geschichte aus dem Munde einer Freundin",[1] hebt die Erzählung ‚Der Pförtner im Herrenhause' an, die ursprüngliche Fassung der Novelle ‚Turmalin' in der Sammlung ‚Bunte Steine'. Diese Freundin, wird weiter ausgeführt, habe die Begebenheit nicht bloß mitgeteilt, sie sei „selber ein kleiner Theil von ihr gewesen".[2] Daß das Geschehen tatsächlich erlebt worden war, wird noch durch die Bemerkung untermauert, der Erzähler habe sich nicht getraut, „etwas daran zu verändern, oder auszuschmücken", da sich „die Begebenheit wirklich zugetragen hat".[3]

Wenn aber nun, könnte man folgern, der authentische Bericht dieser Freundin keinerlei Bearbeitung erfuhr, wäre doch recht eigentlich sie als Autorin zumindest der Urfassung anzusehen! Doch wird man die Versicherung des Erzählers, nichts hinzugefügt oder weggelassen, ja nicht einmal mit sprachlichem Schmuck eine stilistische Verschönerung bewirkt zu haben – diese Anmerkung wird man einerseits wohl so wörtlich nicht nehmen dürfen, andererseits aber sei die Frage gestattet, inwieweit tatsächlich Reales abgebildet wurde (um es vorweg zu nehmen: Stifter hält sich in erstaunlichem Ausmaß an die Wirklichkeit) und welchen Anteil Antonie Arneth, eben jene „Freundin", daran hatte.

Wer war nun diese Anregerin Stifters? Sie war nicht nur selbst in jüngeren Jahren Schauspielerin gewesen, sie entstammte einer ganzen Mimendynastie, von der zunächst der Stammbaum präsentiert sei:

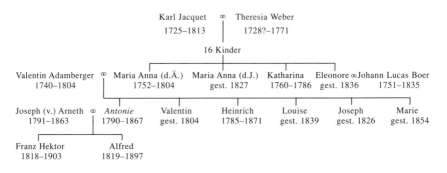

---

[1] WuB. Bd. 2.1, S. 115.
[2] Ebd.
[3] Ebd.

Karl Jacquet, der Großvater, hatte mit jugendlichem Ungestüm zuerst seiner Königin Maria Theresia (er war auf Esterházyschen Gütern bei Eisenstadt im damaligen Ungarn geboren worden) beigestanden, ihr Erbe zu sichern: als Pandur im gefürchteten Haufen des Franz Freiherrn von der Trenck brandschatzte er Bayern, wohin er nach beendigtem Erbfolgekrieg, inzwischen verheiratet und nachdem er wie seine Frau den Schauspielberuf ergriffen hatte, zurückkehrte. Nach Engagements in Nürnberg (hier wurde die erste Tochter geboren und Maria Anna getauft) und München (die zweite, an der Isar zur Welt gekommene Tochter mußte ebenfalls Maria Anna genannt werden, da die gleichnamige Kurfürstin die Gnade hatte, als Taufpatin zu fungieren) ging's nach Graz (wo die dritte Tochter, Katharina, geboren wurde) und schließlich an die Wiener Hoftheater. Hier spielten nicht nur die Eltern – und zwar in der Zeit der Reinigung des Theaters von extemporierten Burlesken des Hanswurst –, sondern bereits auch die ältere Maria Anna und schließlich auch Katharina. Wuchs diese zur Salondame und Tragödin heran, die zu höchsten Hoffnungen berechtigte, jedoch sehr jung starb, wurde Nanny zur vielgeliebten Naiven in Agnesen-Rollen, bewundert viel und nicht nur vom großen Theaterreformer Sonnenfels und den Wienern, sondern etwa auch von Kotzebue, der es nicht fassen konnte, wie unterschiedliche Züge sie den einschlägigen Maiden in seinen zahlreichen Stücken zu geben vermochte. Auch Mozart schätzte sie sehr, und dies nicht bloß als Gemahlin seines Belmonte-Tenors: Maria Anna heiratete den gebürtigen Bayern Valentin Adamberger,[4] der, in München vom Hofsänger (und Lehrer des kleinen Carl Maria von Weber) Wallishauser – welcher sich modisch zu Valesi italienisierte – ausgebildet und gefördert, die Dienste des Kurfürsten verließ und über Italien und London nach Wien kam, als Kaiser Joseph II. beschlossen hatte, seinem Nationaltheater auf dem Gebiete des Sprechstückes deutsche Singspiele zu gesellen. Mozart schrieb Adamberger den Gesangspart des Belmonte in der ‚Entführung aus dem Serail' auf die Stimme und ebenso Konzertarien, Kantaten (etwa ‚Davide penitente') und die Rolle des Monsieur Vogelsang in dem am Hofe aufgeführten Gelegenheitsstückchen ‚Der Schauspieldirektor'. Die Rolle der Gemahlin des Tenors spielte seine wirkliche Frau. Nach der Pensionierung Adambergers im Operndienst des Kärntnertortheaters war er noch als Hofkapellensänger tätig, bis zu seinem Tode 1804. Kurz danach starb im selben Jahr Maria Anna, nachdem man ihr im Burgtheater am Michaelerplatz eine herzzerreißende Abschiedsvorstellung arrangiert hatte. Da sie nicht mehr – wie es geplant gewesen war – auftreten konnte, kam der Doyen (damals Senior genannt) des Ensembles, Joseph Lange, mit ihrer vierzehnjährigen Tochter auf

---

[4] Zu Valentin, Maria Anna und Antonie Adamberger sowie deren Vorfahren und Nachkommen vgl. Helmut Barak: Belmontes Familie. Ihre Biographie von Mozart bis Mayerling. Wien 1992.

die Bühne und empfahl sie, die ebenfalls für den Schauspielberuf bestimmt war, als Nachfolgerin ihrer Mutter dem gerührten Publikum.

Tatsächlich trat Toni in die Fußstapfen ihrer Vorfahren und machte eine glänzende Karriere, nachdem sie nach gründlicher Ausbildung 1807 ins Hoftheater aufgenommen worden war. Sie entzückte nicht nur im Fache ihrer Mutter; Josef Schreyvogel, der damals den Spielplan maßgebend bestimmte und reformierte, setzte sie auch in sentimentalen und dramatischeren Rollen ein. So spielte sie Julia, Thekla, Leonore d'Este, Minna von Barnhelm, Iphigenie und das Klärchen in jener ‚Egmont'-Vorstellung, in der Beethoven seine dafür komponierte Schauspielmusik selbst dirigierend aus der Taufe hob (wobei er die Lieder erst in Noten gesetzt hatte, nachdem er von den stimmlichen Vorzügen Antoniens überzeugt worden war).

Begeistert war auch Theodor Körner, gerade nach Wien gekommen und anläßlich der Proben zu einem seiner Dramen im Burgtheater, von der Schauspielerin, aber nicht nur von dieser. Auch privat umwarb er sie, verfaßte mehrere schwärmerische Gedichte für sie und von ihr und sein Stück ‚Toni'. Die beiden verlobten sich, doch Körner fiel 1813 im Freiheitskampf gegen Napoleon. Als Antonie Jahre später im Salon der Karoline Pichler einen jungen Gelehrten, Joseph Arneth, kennenlernte, der aus einem kleinen Ort in Oberösterreich stammte und zum Studium nach Wien gekommen war, entwickelte sich langsam eine tiefe Zuneigung, die 1817 in der Heirat mündete, weswegen Antonie der Bühne entsagte.

Während sie, die applausgewohnt bisher im Rampenlicht Stehende, sich ab nun einer stillen Karriere als Hausfrau und Mutter widmete und nur noch gelegentlich bei Benefizveranstaltungen als Rezitatorin auftrat, erklomm Joseph Arneth die Leiter zu höheren Gelehrtenehren stetig. Er brachte es als Verfasser einer konzisen Historie Österreichs[5] zum Direktor des k.k. Münz- und Antikenkabinetts, in welcher Eigenschaft er bedeutende archivalische Werkkataloge anlegte und erstmals bewies, daß die damals der Ambraser Sammlung angehörende kostbare Saliera identisch mit jener ist, die Cellini in seiner Selbstbiographie anführt.

Arneth gehörte jenem Kreis des Geisteslebens an, der die Akademie der Wissenschaften zu gründen half – und hatte die Freude, seinem Sohn Alfred damit eine Institution mitzuschaffen, der jener dermaleinst als Präsident vorstehen sollte. Für seine Verdienste wurde Joseph Arneth in den erblichen Ritterstand erhoben.

Damit sind vier Personen genannt, die Stifter in seiner Erzählung vorkommen läßt: die anonyme Freundin (wir wissen: Antonie Adamberger-Arneth), deren unbenannter Mann und ihr namentlich genannter Sohn Alfred, bei dem sich in der zweiten, der ‚Bunte Steine'-Fassung eine kleine Veränderung

---

[5] Geschichte des Kaiserthumes Österreich. Wien 1827.

der biographischen Wirklichkeit einschlich: Wird er im Jahrbuch ‚Libussa' für 1852 noch bruderlos vorgestellt, steht er in der Sammlung als „ältester Sohn" vermerkt, obwohl er realiter doch der jüngere der Brüder war, wie ein Blick auf den Stammbaum bezeugt. Dazu kommt noch jener „glänzende Künstler", der Schauspieler, welcher das Unglück in der Geschichte auslöst und den wir als jenen identifizieren werden, der als ältester Partner der Mutter Antoniens diese selbst dem Wiener Publikum präsentierte.

Wie kamen diese Persönlichkeiten nun zu der literarischen Ehre, und wie stand es um ihre Beziehung zum Autor?

Die Bekanntschaft Stifters mit dem Ehepaar Arneth dürfte schon von seiner Wiener Zeit herrühren und konnte dann alljährlich aufgefrischt werden, als Familie Arneth regelmäßig in die Nähe von Linz kam: Joseph Arneths Bruder, Prälat Michael,[6] war Prior des Stiftes St. Florian, und seine beiden Neffen verbrachten mit ihrer Mutter und, wenn seine Zeit es zuließ, mit dem Vater die Sommerferien dort. Und so geschah es sicherlich, daß Frau Arneth von ihrer Zeit als umjubelte Toni Adamberger und von ihren Kollegen erzählte, etwas von diesen Berichten (vielleicht angeregt durch Stifter) wohl zu Papier brachte, dem Dichter überreichte und dieser die Anregung aufgriff – denn wie anders wäre jener Brief zu verstehen, den Antonie Arneth Anfang 1853 an Stifter richtete: „Soeben lege ich Ihre ‚Bunten Steine' aus der Hand, und, obgleich noch sehr unwohl, sehe ich mich doch so hingezogen, mein dankbares Gefühl auszusprechen, daß ich Ihnen gleich wenigstens einige Worte sagen muß. Wie stolz bin ich, daß Sie meine kleine Skizze einer Beachtung werth gehalten haben. Freilich weiß ich wohl, das, was es ist, hat der Rahmen dazu gethan, und ist's ein Turmalin, so ist er in Perlen gefaßt. Ganz unvorbereitet fieng ich die Erzählung zu lesen an; die Entdeckung freute mich aber so, daß ich es gleich aussprechen mußte. Sie sagten in Ihrer Erzählung: eine Freundin erzählte mir dieses – darum nehme ich mir nun die Freiheit, Sie Freund zu nennen, und Sie entschlüpfen mir nicht mehr – ich sehe Sie künftig als diesen an."[7] Stifters Antwort an die „Hochverehrte Freundin!"[8] schließt die Hoffnung ein, wieder einmal in Wien verweilen zu können, um die künstlerische Aura der Stadt – die er in Linz entbehren müsse – genießen zu können. Er sei mit seinem Amte zufrieden, da er Kinder und deren Bildung liebe, aber wahrhaft beglückend sei doch nur das Schöne. Er wußte, daß eine solche Haltung bei einer derart kunstsinnigen Briefpartnerin auf tiefes Verständnis stoßen mußte.

Stifter apostrophiert Antonie Arneth als „edle gefeierte Frau",[9] wobei er die Auswirkungen des zweiten Epithetons bloß peripher kennen konnte, da die Triumphe der Schauspielerin ja bereits Jahre zurücklagen, als Stifter nach

---

[6] Vgl. SW. Bd. 22, S. 317.
[7] SW. Bd. 23, S. 94.
[8] SW. Bd. 22, S. 222.
[9] Ebd.

Wien kam. Freilich wirkte ihr Ruhm noch fort, als sie etwa 1830 auf Bitten Metternichs im Redoutensaal zugunsten von Opfern der Donauüberschwemmung Schillers ‚Der Graf von Habsburg' umjubelt vortrug.

Daß Stifter Frau von Arneth als edel bezeichnet, hatte seinen Grund in einem Umstand, der nicht nur unmittelbar in ‚Turmalin' einfloß, sondern mit dem auch Stifter persönlich geholfen wurde: Außer um ihre eigenen Kinder kümmerte sich Antonie um viele, die in weniger glücklichen Familienverhältnissen aufwachsen mußten. So wurde sie von der letzten Frau Kaiser Franz I., Carolina Augusta, zur ehrenamtlichen Vorsteherin der Karolinenstiftung ernannt, eines Instituts zur Erziehung von Töchtern verheirateter Soldaten, die, von ihren Frauen begleitet, in fernen Garnisonen Dienst tun mußten.

Mit ihren Verbindungen gelang es Antonie Arneth, Stifters Mündel Josephine Mohaupt in einem Waiseninstitut unterzubringen, was offenbar der Fürsprache bei Carolina Augusta zu danken war, weswegen an Stifter folgender Brief erging: „Ich habe geglaubt es würde Sie freuen, die Kaiserin Mutter einmal selbst sprechen und ihr danken zu können. Am Dienstag Abends um 6 Uhr erwartet sie Sie durch die Kammer."[10] Dieser letzte Hinweis zeigt, wie intim die alte Kaiserin mit Frau von Arneth verkehrte, denn die Kammer war nicht die offizielle Eintrittspforte zu den Gemächern, sondern ein nur besonders bevorzugten Besuchern vorbehaltener Nebeneingang. Die Mitteilung ist mit „11.3.1848" datiert – und die März-Ereignisse dieses Jahres waren es, welche die Audienz verhinderten.

Die karitative Tätigkeit Antonie Arneths wird in ‚Turmalin' am Beispiel der Fürsorge der Binnenerzählerin um die arme, kranke Tochter des verstorbenen Pförtners (also des einstigen Rentherrn) gewürdigt: das Mädchen wird zuerst von ihr selbst liebevoll betreut und dann gut untergebracht. Der Mann der Erzählerin erklärt sich sogar bereit, Vormund des Kindes zu werden.

Auch ihn – das heißt natürlich: sein reales Vorbild, also Joseph von Arneth – kannte Stifter gut, und in seinem Brief vom Jänner 1853 schrieb er: „Ihren hochverehrten Gatten bitte ich zu grüßen, und ihm zu sagen, daß ich ihn beneide, daß er sich nur mit lauter Schönem zu beschäftigen braucht, und jezt wieder in der Section für Erhaltung vaterländischer Baudenkmale beschäftigt ist. Eine solche Stellung würde mich außerordentlich freuen. Ich gehöre jener Section unsichtbar an; denn auf meinen Reisen stöbere ich in allen Kirchen Kapellen und Ruinen herum, und zeichne mir die Merkwürdigkeiten an. So eben wird unter meiner Leitung der aus Holz geschnizte Altar der Kirche zu Kefermarkt restaurirt. Dieser Altar ist eines der größten Kunstwerke des deutschen Volkes (nicht einmal die Stephanskirche ist schöner) und es dürfte, wenn nicht das ganze Werk, doch die Zeichnung von Albrecht Dürer sein.

---

10 SW. Bd. 23, S. 47.

Wenn Sie heraufkommen, sollten Sie das Werk besehen. Nur Schade, daß die 5 Prespiterial-Fenster mit mittelalterlicher Glasmalerei nach Laxenburg gekommen sind."[11] (Die letzte Bemerkung bezieht sich auf die Ausstattung der dortigen Franzensburg, für die der Kaiser Gotisches aus der gesamten Monarchie zusammentragen ließ.)

Stifters Mitteilung über sein denkmalschützerisches Vorhaben sollte nicht ungehört bleiben: Wohl auf Betreiben Joseph Arneths gehörte Stifter der Section bald durchaus sichtbar an, denn er wurde noch im selben Jahr 1853 zum Konservator in Oberösterreich ernannt.

Neben den Stifter bekannten Arnethschen Familienmitgliedern, die er in seine Erzählung transformierte, kommt eine Gestalt vor, deren Entsprechung im Leben er wahrscheinlich nur vom Hörensagen kennen konnte: Joseph Lange, das Urbild jenes berühmten, tragödienauslösenden Mimen, dessen Wirkung auf das Publikum in der Urfassung nur kurz, in den ‚Bunten Steinen' aber eindrücklich geschildert wird: „Er war ein glänzender Künstler, ein Schauspieler, und bildete damals das Entzüken der Welt. Mancher alte Mann unserer Zeit, der ihn noch in seiner Blüthe gekannt hat, geräth in Begeisterung, wenn er von ihm spricht, und erzählt, wie er diese oder jene Rolle aufgefaßt und dargestellt habe, und gewöhnlich ist der Schluß solcher Reden, daß man jezt dergleichen Künstler nicht mehr habe, und daß alles, was die neue Zeit bringe, keinen Vergleich mit dem aushalten könne, was die Väter in dieser Art gesehen haben. Manche von uns, die sich jezt dem höheren Alter nähern, mögen jenen Schauspieler noch gekannt, und mögen Leistungen von ihm gesehen haben, aber wahrscheinlich haben sie ihn nicht in der Mitte seines Ruhmes sondern erst, da derselbe schon von dem Gipfel abwärts ging, gekannt, obwohl er seinen Glanz sehr lange und fast bis in das Greisenalter hinein behauptet hat. Der Mann Namens Dall war vorzüglich im Trauerspiele berühmt, obwohl er auch in andern Fächern namentlich im Schauspiele mit ungewöhnlichem Erfolge auftrat. Es haben sich noch Erzählungen von einzelnen Augenblicken erhalten, in denen er die Zuschauer bis zum Äußersten hinriß, zur äußersten Begeisterung oder zum äußersten Schauer, so daß sie nicht mehr im Theater sondern in der Wirklichkeit zu sein meinten und mit Bangen den weiteren Verlauf der Dinge erwarteten. Besonders soll seine Darstellung hoher Personen von einer solchen Würde und Majestät gewesen sein, daß seither nichts mehr dem Ähnliches auf der Bühne zum Vorscheine gekommen sei. Ein sehr gründlicher Kenner solcher Dinge sagte einst, daß Dall seine Rollen nicht durch künstliches Nachsinnen oder durch Vorbereitungen und Einübungen sich zurecht gelegt, sondern daß er sich in dieselben, wenn sie seinem Wesen zusagten, hineingelebt habe, daß er sich dann auf seine Persönlichkeit verließ, die ihm im rechten Augenblicke eingab, was er zu thun habe,

---

[11] SW. Bd. 22, S. 224f.

und daß er auf diese Weise nicht die Rollen spielte, sondern das in ihnen Geschilderte wirklich war. Daraus erklärt sich, daß, wenn er sich der Lage grenzenlos hingab, er im Augenblike Dinge that, die nicht nur ihn selber überraschten, sondern auch die Zuschauer überraschten, und ungeheure Erfolge hervor brachten. Daraus erklärt sich aber auch, daß, wenn er in eine Rolle sich nicht hinein zu leben vermochte, er sie gar nicht, nicht einmal schlecht, darstellen konnte. Darum übernahm er solche Rollen nie, und war durch kein Zureden und durch kein noch so eindringliches Beweisen dazu zu bewegen."[12] Ein Teil dieses Abschnittes stimmt wörtlich mit dem überein, was Stifter in der ‚Linzer Zeitung' anläßlich eines Artikels über das dortige Theater schrieb: „Während meines zwei- und zwanzigjährigen Aufenthaltes in Wien lernte ich eine Schauspielschule kennen, die diesem Ziele der Innerlichkeit als dem Höchsten zustrebte, ich kannte noch einen Künstler alter Zeit, der, wenn er seine Rolle nicht zu leben vermochte, sie auch nicht spielen konnte, der aber, wenn er sie lebte, sie äußerlich fast jedes Mal anders gab und jedes Mal hinriß."[13] Und als Anmerkung findet sich dazu die Fußnote: „Lange".

Gemeint ist Joseph Lange, zu seiner Zeit tatsächlich einer der berühmtesten Schauspieler (und das nicht nur in Wien), dessen sagenhafter Ruhm lange seinen Tod überdauerte.

Er wurde 1770 ans Burgtheater geholt, sechs Jahre, bevor es Joseph II. zum Nationaltheater erhob. Er spielte zuerst als Schwarm des weiblichen Publikums Liebhaber (wie Romeo) und jugendliche Helden (etwa Hamlet – beides übrigens in Bearbeitungen mit fröhlichem Ende!), dann zum Beispiel den Herzog Albrecht von Bayern in einem Drama um dessen Geliebte, die Bernauerin, bevor er schließlich in bereits höherem Alter doch zu gesetzteren Charakteren und Väterrollen überging (so wandelte er sich in Schillers ‚Fiesco' von der Titelgestalt zum Verrina). Am Schluß seiner Karriere wirkte er sogar noch bei den Uraufführungen von Grillparzers ‚Ahnfrau' und dem ‚Goldenen Vließ' mit. Dieses Ende dauerte lange, wurde er doch – nach seinem vierzigjährigen Bühnenjubiläum – 1810 pensioniert, erwies sich aber als unersetzbar und trat derart oft als Gast auf, daß man ihn schließlich 1817 wieder fest engagierte, bevor er 1821 endgültig in den Ruhestand trat.

Diese Daten zeigen, daß Stifter Langes Schauspielkunst wohl nicht wird teilhaftig geworden sein – gekannt aber hat er diese trotzdem, und zwar zumindest aus den Schilderungen seiner Freundin Antonie Arneth. Da von ihr eine solche schriftlich überliefert ist, kann an Inhalt und Diktion erwiesen werden, wie sehr Stifters eindrückliche Beschreibung der Wirkung Dalls davon beeinflußt worden sein muß, und daß genau die Erinnerungen Toni Adam-

---

[12] WuB. Bd. 2.2, S. 139f.
[13] SW. Bd. 16, S. 375. Vgl. dazu auch Franz Fink: Adalbert Stifter und das Alte Burgtheater. In: VASILO 1 (1952), S. 93–99.

bergers im Alter jene noch erhaltenen „Erzählungen von einzelnen Augenblicken" darstellen, die in den ‚Bunten Steinen' derart ausdrucksvoll wiedergegeben werden.

Lange war zwar schon Senior des Ensembles, als er das Mädchen Toni dem Publikum vorstellte, doch als sie seine Kollegin geworden war, stand er oftmals mit ihr auf der Bühne, und das keineswegs nur in väterlichen Rollen, sondern etwa auch als Othello! Und wie er diesen spielte, überliefert uns die Selbstbiographie Antonie Arneths, die deren Sohn in seiner eigenen zitiert: „Unbeschreiblich war die innere Wärme, die reine Begeisterung, welche Lange sich bis in sein hohes Alter erhielt. Niemals in meinem ganzen Leben hat weder ein einheimischer noch ein fremder Künstler eine so gewaltige Wirkung auf mich hervorgebracht, wie dies bei Lange jedesmal geschah. Sein Othello war das Gelungenste, was ich mir denken kann. Jede Fiber zitterte in mir, und bei jeder Vorstellung, ja sogar bei den Proben wiederholte sich dieser Eindruck, wenn er mit seinem tiefen Blick mir forschend ins Auge sah und immer gesteigerter rief: ‚Das Schnupftuch, Desdemona, das Schnupftuch!' und im Gegensatze zu allen anderen Schauspielern sank seine Stimme immer tiefer, sprach er immer leiser, bis er endlich vor Wuth kaum zu lispeln im Stande war: ‚Das Schnupftuch.' Im Parterre athmete Niemand, und ich glaubte, vor Angst müsse mir das Herz zerspringen. Ich war neunzehn, er sechzig Jahre vorüber. Da alle älteren Schauspieler meine Eltern sehr lieb gehabt und mich noch in der Wiege gekannt hatten, nannten mich beinahe alle Du, und nach der Vorstellung, nachdem er mich wüthend erdrosselt hatte, streichelte er mir freundlich die Wangen und sagte: ‚Kind, fürchtest Du Dich noch?' – und ich fürchtete mich wirklich noch."[14]

Neben der gehaltlichen Übereinstimmung der Stifterschen Darstellung des Mimen ist an diesem Abschnitt aus den Lebenserinnerungen der Schauspielerin zu merken, wie plastisch sie erzählen konnte und wie einsichtig es daher ist, daß Stifter sich von Antonie anregen ließ (wobei offen bleiben muß, ob Stifter tatsächlich Schriftliches vorgelegen hat, worauf die brieflich so genannte „kleine Skizze" hindeutet, wohingegen in ‚Turmalin' die Erzählung „aus dem Munde einer Freundin" stammt).

Stifter würdigt in ‚Turmalin' nicht nur Dalls schauspielerische Fähigkeiten, er weist ihm noch weitere künstlerische Interessen zu. So liest man als Begründung der Besuche beim Rentherrn: „Besonders war es die Kunst, die Dall in allen ihren Gestalten ja selbst Abarten anzog. Darum wurden die Verse des Rentherrn besprochen, er mußte auf einer seiner zwei Geigen spielen, er mußte auf der Flöte blasen, er mußte das eine oder das andere Musikstük auf dem Flügel vortragen, oder man saß an der Staffelei, und sprach über die Far-

---

14 Alfred Ritter von Arneth: Aus meinem Leben. Bd. 1. Wien 1891, S. 59.

ben eines Bildes oder über die Linien einer Zeichnung. Gerade in dem Lezteren war Dall am erfahrensten, und war selber ein bedeutender Zeichner."[15]

Auch diese Bemerkungen über Dalls Tätigkeiten stimmen mit Langes Biographie überein: Er war ausgebildeter Maler, der neben seiner Bühnenlaufbahn auch dieses Talent nicht brachliegen ließ, sogar mit großen Altarbildern beauftragt wurde, vor allem aber seine Kollegen porträtierte (so Maria Anna Adamberger – welches Bildnis sogar gestochen wurde – und Toni als Emilia Galotti). Das sicherlich berühmteste Werk des Malers Lange ist jenes unvollendete Konterfei Mozarts, das Konstanze allen anderen Bildern ihres Mannes vorzog und das heute im Geburtshaus in der Salzburger Getreidegasse zur Schau gestellt ist.

Mozart war ein Schwager Langes (übrigens nicht die einzige Verbindung Langes zur Musik: auch das erwähnte Interesse Dalls an dieser Kunstgattung stimmt mit jener seines Vorbildes überein, komponierte der universal begabte Lange doch sogar eine Oper!), was zu einer weiteren Übereinstimmung des Schauspielers in ‚Turmalin' mit seinem realen Gegenstück führt: den Affären mit Frauen.

Des jungen Lange erste Ehe mit einer Sängerin endete durch deren frühen Tod. Danach heiratete er – gedrängt von der zukünftigen Schwiegermutter – Aloysia Weber, in die sich Mozart in Mannheim verliebt hatte, bevor er sich – von ihr abgelehnt – deren Schwester Konstanze zuwandte. Die Ehe des Schauspielers mit dem gefeierten Sopran Aloysia (deren Stimme in unglaubliche Höhen reichte) war unglücklich. Die vielen Kinder, die das Paar bekam, hinderten die europaweite Karriere der Sängerin, und außerdem war Lange höchst eifersüchtig (was etwa Mozart auch seinem Vater berichtete), ohne es selbst mit der Treue allzu genau zu nehmen. Seine Affären waren Stadtgespräch, ja bis zu des Kaisers Ohren drang Langes Ruf als Schürzenjäger, was Josef II. zu der Bemerkung gegenüber Konstanze Mozart veranlaßte: „Was für ein Unterschied einen braven Mann zu haben!"[16] So berichtet es jedenfalls Leopold Mozart anläßlich eines Wien-Aufenthalts seiner Tochter Nannerl mit dem deutlichen Hinweis darauf, daß die Majestät damit auf Lange angespielt habe.

Warum Stifter die Anregung Antonie Arneths aufgegriffen und zu ‚Turmalin' umgeformt hat? Wohl müssen ihm das reale Geschehen und seine Zutaten die Gewähr geboten haben, moralische Widrigkeiten genau jenen Werten gegenüberstellen zu können, denen er sich selbst verpflichtet fühlte und die es galt, dem Leser zu vermitteln.

Für Stifter muß Lange das Gegenbild zu Antonie Arneth gewesen sein: bei ihm hohe künstlerische Fähigkeiten gepaart mit mangelnden sittlichen Cha-

---

[15] WuB. Bd. 2.2, S. 141f.
[16] Wilhelm A. Bauer und Otto Erich Deutsch: Mozart. Briefe und Aufzeichnungen. Gesamtausgabe. Bd. 3. Kassel u.a. 1962, S. 412f.

raktereigenschaften, bei ihr aber eine Übereinstimmung von ethischen und ästhetischen Werthaltungen, wobei Stifter bei aller Hochschätzung des Schönen, der Kunst, innere Vorzüge mehr bedeuteten.

Dies drückt er mit Worten aus, die am Ende nur der Urfassung von ‚Turmalin' zu finden sind und die er geradezu über die Anregerin zu dieser seiner Erzählung hätte äußern können: „Die größte Begabung, der höchste Glanz des Geistes, der die Menschen in Staunen setzt, ist ein Sandkorn – ja ist nichts – gegen die tiefe Liebe und die Reinheit des Gemüthes."[17]

---

[17] WuB. Bd. 2.1, S. 133.

Hartmut Laufhütte

Der ‚Nachsommer' als Vorklang der literarischen Moderne

Wie Stifters gesamtes Erzählwerk gehört der ‚Nachsommer' mit wesentlichen Merkmalen zum Realismus[1] und weist mit einem über ihn hinaus in Richtung Moderne. Das möchte ich vorführen.

Meinem Anliegen kommt Entstehungsgeschichtliches entgegen. Nicht die ‚Hans im Glück'-Geschichte Heinrich Drendorfs stand am Anfang, sondern die Katastrophengeschichte Gustav Risachs.[2] Und eine wichtige Phase der Konzeptentwicklung fiel in die Zeit, in welcher Stifter die Schutzdecke des ‚Sanften Gesetzes' aus der Vorrede der Sammlung ‚Bunte Steine' über gewisse Abgründe zog, in die blicken zu müssen er sich so gern geweigert hätte.[3] Mir scheint, der nachsommerliche Ausgang der Katastrophengeschichte, zu welcher es in den ‚Studien' mancherlei Entsprechungen gibt, und seine Legitimation durch die komplementäre Einleitung eines Frühlings für Heinrich Drendorf und Natalie Tarona sei von ähnlicher Art wie die Prophylaxe jener Vorrede. Der Ursprungsimpuls bleibt kenntlich und wichtig. Noch die Charakterisierung des weit gediehenen Werkes, die Stifter Anfang 1855 dem Verleger gab, läßt die Komplementärgeschichte merkwürdig nebensächlich erscheinen: „Die Gestalt des alten Mannes, in die der Nachsommer gelegt ist, soll Ihnen gefallen. Er war ein bedeutender Staatsmann aber seine Kräfte waren ursprünglich schaffende, er mußte sie unterdrücken, und erst *nach* seiner Staatslaufbahn in seiner Muße machen sie sich gelten, und umblühen den Herbst dieses Menschen, und zeigen, welch ein Sommer hätte sein können, wenn einer gewesen wäre. Auch sein Herz findet die schönsten Blüthen erst im Alter, und an diesen Blumen entzünden sich andere, die jung ins Unbestimmte und Regellose gewachsen wären, und die, ohne selber groß zu sein, durch seine Größe, die sich erst wie in einem Nachsommer zeigt, doch groß werden."[4]

---

[1] Hinsichtlich der Merkmale des Epochenkonzepts ‚Realismus' orientiere ich mich an Richard Brinkmann: Wirklichkeit und Illusion. Studien über Gehalt und Grenzen des Begriffs Realismus für die erzählende Dichtung des 19. Jahrhunderts. 2. Aufl. Tübingen 1966.
[2] Zur Entstehungsgeschichte vgl. Franz Hüller in SW. Bd. 6, S. XVII–XXV.
[3] Die berühmte ‚Vorrede' müßte neu interpretiert werden auf ihr mehr als gespanntes Verhältnis zu den wirklichen oder Beinahekatastrophen der ihr subordinierten Erzählungen hin. Auch ihre Entsprechungen zu den Eingangspassagen der Erzählungen ‚Abdias' und ‚Brigitta' verdienen neue Aufmerksamkeit.
[4] SW. Bd. 18, S. 249 (Brief an Gustav Heckenast vom 2.1.1855).

Wir haben, obwohl das Werk als Autobiographie Heinrich Drendorfs ausgeführt ist, mit einer Gustav-Risach-Geschichte zu tun. Um die vor allem geht es mir.[5]

Heinrich erzählt der Vorgangschronologie gemäß.[6] Von den Bewandtnissen seines Gastgebers und väterlichen Freundes hat er spät erfahren, nämlich da er im Begriff war, in nähere Beziehung zu ihm zu treten. An dieser Stelle kommt Risach in ausgiebigem Zitat eigenen Erzählens zu Wort. Was er dem Frischverlobten an zwei Winterabenden mitzuteilen hat (im dritten und vierten Kapitel des dritten Buches),[7] ist die Geschichte eines mehrfachen Verfehlens und seiner weitreichenden Folgen.

Am ersten Abend wird das an der beruflichen Laufbahn demonstriert. Seine erst erlittene, dann erkannte Nichteignung für den Staatsdienst erläutert Risach anhand eines Profils von Merkmalen, das „Eignung zum Staatsdienste von Seite des Gemüthes" anzeige. Diese Eignung bestehe „in wesentlichen Theilen darin, daß man das Einzelne mit Eifer zu thun im Stande ist, ohne dessen Zusammenhang mit dem großen Ganzen zu kennen, oder daß man Scharfsinn genug hat, den Zusammenhang des Einzelnen mit dem Ganzen zum Wohle und Zwecke des Allgemeinen einzusehen, und daß man dann dieses Einzelne mit Lust und Begeisterung vollführt. Das Letztere thut der eigentliche Staatsmann, das Erste der sogenannte gute Staatsdiener."[8] Beide Ei-

---

5   Die Zahl der ‚Nachsommer'-Interpretationen soll hier nicht um eine weitere vermehrt werden. Es geht um die Herausarbeitung eines bestimmten Elements der Werkstruktur, dessen Wahrnehmung die epochale Spezifik der Erzählung klarer hervortreten läßt, als es meist der Fall ist.
6   Erster und letzter Satz des Werkes: „Mein Vater war ein Kaufmann." (SW. Bd. 6, S. 1) – „Ob ich es nun in der Wissenschaft, der ich nie abtrünnig werden wollte, weit werde bringen können, ob mir Gott die Gnade geben wird, unter den Großen derselben zu sein, Das weiß ich nicht; aber Eines ist gewiß, das reine Familienleben, wie es Risach verlangt, ist gegründet, es wird, wie unsre Neigung und unsre Herzen verbürgen, in ungeminderter Fülle dauern, ich werde meine Habe verwalten, werde sonst noch nützen, und jedes, selbst das wissenschaftliche Bestreben hat nun Einfachheit, Halt und Bedeutung." (SW. Bd. 8.1, S. 238f.) Wie streng das chronologische Verfahren durchgeführt ist, sieht man gleich zu Beginn daran, daß selbst die Gefahr von Mißverständlichkeiten in Kauf genommen wird. Das Präteritum des Eingangssatzes (und der ganzen von ihm eröffneten Passage) reagiert *nicht*, wie der genau entsprechend gefügte Eingang von Gottfried Kellers Roman ‚Der grüne Heinrich' (2. Fassung) auf die Tatsache, daß der Vater zum Zeitpunkt des Erzählens nicht mehr lebt, sondern daß er kein Kaufmann mehr ist. Die entsprechenden Informationen aber werden erst viel später, an der chronologisch ‚richtigen' Stelle gegeben, im letzten Kapitel des 3. Bandes, SW. Bd. 8.1, S. 208f. – Zum Verhältnis von Darstellungs- und Vorgangschronologie im ‚Nachsommer' orientiert noch immer recht gut Günther Müller: Aufbauformen des Romans, dargelegt an den Entwicklungsromanen G. Kellers und A. Stifters. In: Günther Müller: Morphologische Poetik. Gesammelte Aufsätze. In Verbindung mit Helga Egner hrsg. von Elena Müller. Darmstadt 1968, S. 556–569. (Zuerst in: Neophilologus 37 [1953], S. 1–14.)
7   SW. Bd. 8.1, S. 72ff.
8   Ebd., S. 75f.; das voraufgehende Zitat S. 75, die drei in diesem Absatz folgenden S. 80, S. 82, S. 76.

genschaften, weiß der alte Risach, habe er nicht besessen, dafür „von Kindheit an [...] einen Trieb zur Hervorbringung von Dingen, die sinnlich wahrnehmbar sind". Der blieb ungefördert und unbefriedigt. „Es war, ich erkannte es spät, im Grunde die Wesenheit eines Künstlers, die sich in mir offenbarte und ihre Erfüllung heischte." Die wesensfremde Berufstätigkeit, der Zwang zur Unterdrückung des Eigentlichen werden erlitten: „Mir fiel in jener Zeit immer und unabweislich die Vergleichung ein, wenn etwas, das Flossen hat, fliegen, und etwas, das Flügel hat, schwimmen muß." Spät wird der fehlgewählte Beruf preisgegeben.

Ähnliches geschieht in Erzählungen Stifters immer wieder. Ein junger Mensch ist, weil ihm familiäre oder sonstige Beratung fehlte – eben dies ist auch Risachs Fall –, in eine Lebenslage geraten, die anderes von ihm fordert, als er ohne Gewalttätigkeit gegen die eigene Natur leisten kann. Zunächst empfindet er nur die Folgen: halbes Gelingen, die Notwendigkeit ständiger Selbstdisziplinierung, Mißbehagen, Leiden. Wenn er schließlich zur Einsicht in seine Lage fähig ist, sind nur noch resignative Konsequenzen möglich. Schicksalsabläufe solcher Art finden wir auch sonst in der Literatur um die Jahrhundertmitte, und nicht von ungefähr. In einer Wirklichkeit, die als von Gott auf den Menschen hin geschaffene oder von einem göttlichen Prinzip durchwaltete sicher gewußt war, konnte jede Tätigkeit und jede Fähigkeit, schaffend oder dienend, als Teil der Verwirklichung eines Heilsplanes oder Sinnzusammenhanges gedeutet werden. Die von Stifter und vielen seiner Zeitgenossen, also auch von seinen Protagonisten vorgefundene Wirklichkeit aber ist von anderer Art; die Zentralorientierung ist unsicher geworden oder gar verloren gegangen. Gleich eingangs läßt er seinen Haupterzähler Heinrich Drendorf mitteilen, wie *dessen* Vater – er hat ja, anders als der junge Risach, das Glück, in einer als intakt dargestellten Familie aufzuwachsen; erst der *alte* Risach hat dann ähnliche Ansichten –: wie der Vater also das in der Gegenwart richtige Tätigsein einschätzt: „der Mensch sei nicht zuerst der menschlichen Gesellschaft wegen da, sondern seiner selbst willen. Und wenn Jeder seiner selbst willen auf die beste Art da sei, so sei er es auch für die menschliche Gesellschaft."[9] Jeder Mensch müsse herausfinden dürfen, wozu ihn der „innere Drang" lenke; man dürfe ihn weder zu früh festlegen noch blindlings vermeintlichen Bestimmungen und Verpflichtungen folgen lassen. Demgemäß gestattet und ermöglicht er dem Sohn, vorerst einmal ein „Wissenschafter im Allgemeinen" zu werden; „es werde sich aus dem Unbestimmten schon entwickeln, wozu ich taugen werde, und welche Rolle ich auf der Welt einzunehmen hätte". Der Vater denkt zeitgemäß:[10] der in einer nicht mehr ver-

---

[9] SW. Bd. 6, S. 12; die drei folgenden Zitate S. 12, S. 10, S. 14.
[10] Seine fiktionalen Zeitgenossen freilich sehen das anders, bezeichnenderweise referiert der Ich-Erzähler die väterlichen Argumente im Kontext der Darstellung kontroverser Positionen hinsichtlich des eigenen, vom Vater gebilligten Ausbildungsweges: SW. Bd. 6,

läßlich gesicherten und überschaubaren Wirklichkeit Lebende hat es schwer. Er selbst und die Dinge und Vorgänge des Lebens sind vom Zentrum des Wirklichen – wenn es denn eines gibt – weit entfernt. Der Zusammenhang des Einzelnen mit einem Ganzen ist nicht mehr sichtbar und daher unterschiedlich interpretierbar. Das dokumentieren Stifters Werke vielfältig, auch wenn er seine Helden oft von Gott reden läßt. Die radikal veränderte Situation macht wünschenswert, daß jeder die in heterogene Einzelbereiche zerfallene Wirklichkeit und sich selbst und die eigenen Möglichkeiten kennen müßte, bevor er sich auf eine Lebensrolle festlegt, das heißt aber: bevor er von *seiner* Stelle im Wirbel der Dinge aus ein neues Zentrum von Orientierung zu werden oder zu schaffen vermag. So erklärt sich, daß Stifter seinen Vorzeigehelden so lange Reifungs- und Selbstfindungsprozeduren verordnet – Heinrich Drendorf und Natalie Tarona dürften zur Zeit ihrer Heirat um die oder gar über Dreißig sein –; auch das Rituelle und Zeremoniöse in den Kontaktabläufen dieser und anderer Stifterscher Geschichten hat hier seine Wurzeln. In den Abgründigkeiten von ‚Abdias‘ und ‚Brigitta‘, ganz ebenso aber in den tragischen Komponenten von Biographien wie denen des alten Obristen in der ‚Mappe‘ oder Risachs im ‚Nachsommer‘ wird die persönliche und epochenspezifische Verstörung kenntlich, aus der auch Stifters Werk resultiert. Der alte Risach weiß, was für den jungen richtig gewesen wäre; doch weder der noch seine defizitären Umgebungen konnten es erkennen. Das beunruhigt noch den *Erzähler* Risach, den sein Erfinder so reden läßt: „Wir haben schon vielmal über Lebensberuf gesprochen, und daß es so schwer ist, seine Kräfte zu einer Zeit zu kennen, in welcher man ihnen ihre Richtung vorzeichnen, Das heißt, einen Lebensweg wählen muß. Wir hatten bei unsern Gesprächen hauptsächlich die Kunst im Auge, aber auch von jeder andern Lebensbeschäftigung gilt Dasselbe. Selten sind die Kräfte so groß, daß sie sich der Betrachtung aufdrängen und die Angehörigen eines jungen Menschen zur Ergreifung des rechten Gegenstandes für ihn führen, oder daß sie selber mit großer Gewalt ihren Gegenstand ergreifen."[11] Das, was Risach spät als das für ihn Wesentliche erkannt hat, der Gestaltungstrieb, ist auf Außerberuflich-Privates, vor allem aber auf Unproduktives reduziert worden: in Mußezeiten und auf Reisen habe ihn der Anblick schöner Naturphänomene, Tiere und Menschen, zu Hause seine kleine Gemäldesammlung entzückt;[12] dann, sagt er, „verbreitete sich eine Ruhe

---

S. 10ff. Der Dissens zum Üblichen wird stark betont: „Nicht die Ungeheuerlichkeit, welche in diesem Beginnen lag, war es, was die Leute meinem Vater übel nahmen, sondern sie sagen, er hätte mir einen Stand, der der bürgerlichen Gesellschaft nützlich ist, befehlen sollen, damit ich demselben meine Zeit und mein Leben widme und einmal mit dem Bewußtsein scheiden könne, meine Schuldigkeit getan zu haben." (S. 11) Die Komplementärfügung zu dem, was dem *jungen* Risach von weniger günstigen Voraussetzungen aus widerfahren war und was der *alte* – zu spät für sich selbst – zu bedenken vermag, ist offenkundig; es gibt sogar eine ausdrückliche Bezugnahme: SW. Bd. 8.1, S. 86.
[11] SW. Bd. 8.1, S. 79.
[12] Ebd., S. 83f.; das folgende Zitat S. 84.

und ein Wohlbehagen in mein Inneres, als wäre es in seine Ordnung gerückt worden". Die Empfindung des Integriertseins in stimmige Zusammenhänge, die ihm die sein Leben prägende Berufstätigkeit nicht gewährt, verschaffte sich der junge Risach gleichsam außerhalb des tätigen Lebens. Im Separatbereich fand er, was das Lebensganze hätte bestimmen müssen, „Ruhe und ein Wohlbehagen"; doch mit dem Zentrum dieser Empfindungen, dem eigenen Inneren, stand es dabei nicht zum besten: „als wäre es in seine Ordnung gerückt worden", so heißt es; es *war* folglich nicht; es hatte nicht, was gebraucht worden wäre.

Das in zentrifugalen Zeiten als besonders wichtig eingeschätzte Amt des Bewahrers und Vermittlers von Kunst hat Risach schließlich als seine Bestimmung erkannt: zu spät; denn „dürftige Spätblüthen können den Sommer, dessen kräftige Lüfte und warme Sonne unbenützt vorüber gingen, nicht ersetzen. Es ist traurig, daß man sich nicht so leicht den Weg, der der vorzüglichste in jedem Leben sein soll, wählen kann."[13] Immer wieder kommt er auf die Verfehlung seiner selbst zurück, aus welcher sein ‚Nachsommer' gerettet werden mußte. Die „gesellschaftlichen Verhältnisse" sieht der alte Risach bewirken, daß „junge Leute, ehe sie sich selber bewußt werden, in Laufbahnen gebracht" werden. „Von einem Berufe ist da nicht die Rede. Das ist schlimm, sehr schlimm, und die Menschheit wird dadurch immer mehr eine Heerde. Wo noch eine Wahl möglich ist, weil man nicht nach sogenanntem Broderwerbe auszugehen braucht, dort sollte man sich seiner Kräfte sehr klar bewußt werden, ehe man ihnen den Wirkungskreis zutheilt. Aber muß man nicht in der Jugend wählen, weil es sonst zu spät ist? Und kann man sich in der Jugend immer seiner Kraft bewußt werden? Es ist schwierig, und mögen, die betheiligt sind, darüber wachen, daß weniger leichtsinnig verfahren werde."

Daß Risach von eigenen schmerzlichen Erfahrungen aus verallgemeinert, bestätigt er erzählend am nächsten Tag: „So war die Zeit heran gekommen, in welcher ich mich für einen Lebensberuf entscheiden mußte. Die damals übliche Vorbereitungsschule, die ich eben zurück gelegt hatte, führte nur zu einigen Lebensstellungen und machte zu andern eher untauglich, als tauglich. Ich entschloß mich für den Staatsdienst, weil mir die andern Stufen, zu denen ich von meinen jetzigen Kenntnissen empor steigen konnte, noch weniger zusagten. Meine Mutter konnte mir mit keinem Rathe beistehen."[14] Das genaue Gegenteil zur Ausgangslage des jungen Drendorf liegt vor, etwas ganz anderes auch als die Anfänge des Vaters Drendorf, dem es, bei ebenfalls beengter Herkunft, an Beratung und Förderung gerade nicht gefehlt hatte. Die Wahrnehmung dieser Kontraste fügt sich zu Risachs ständiger Rede vom Wünschbaren. Hatte ihm selbst in jungen Jahren sein Lebensschicksal jede Chance zu

---

[13] Ebd., S. 86; die in diesem Absatz folgenden Zitate S. 86 (1/2), S. 86f. (3).
[14] Ebd., S. 91.

ruhigem Finden seiner selbst und zum Hineinfinden in die Wirklichkeit verwehrt, so sind seine Situationsanalyse und die Übereinstimmung seiner Ansichten mit denjenigen des alten Drendorf eine günstige Prognose für die in seinem Umfeld und Einfluß Nachwachsenden; ihnen wird das ihm Verweigerte zuteil: Beratung und die Chance jahrelangen Erkundens ihrer selbst und der Wirklichkeit. Für sich selbst freilich blickt der alte Risach auf ein Leben zurück, in welchem zwar Vieles, nicht aber das Eigentliche geleistet worden ist, gegen unerkannte innere Widerstände, gegen die eigene Natur. Das bittere Resultat: für das eigene Leben zu spät, von Nutzen vielleicht für die Jugend die Erkenntnis des Verfehlens und seiner Ursachen.

Die aber sind Bestandteile einer zeittypischen Problematik. Mit radikaler Konsequenz hat sie fast gleichzeitig Gottfried Keller im ‚Grünen Heinrich' und später immer wieder in anderen Varianten des Seldwyla-Schemas behandelt, das noch den ‚Martin Salander' beherrscht.[15] Auch bei Keller – und ebenfalls auf autobiographischem Substrat – die Gefährdung des auf sich selbst angewiesenen jungen Menschen in einer zentrifugal gewordenen, unüberschaubaren Wirklichkeit, auch dort vorgestellt u.a. an den Folgen unberaten-verfrühter beruflicher Festlegung; auch dort die Demonstration der Unentbehrlichkeit sorgsamer Anleitung. Zwar ist Risach nicht wie Kellers erster Romanheld ein ganz und gar Gescheiterter. Doch das, dem seine tätigen Jahre hätten gehören sollen, kann er nur noch als nachsommerliche Liebhaberei betreiben. Auch dort, wo das gewisse Dimensionen von Öffentlichkeit gewinnt, wo Risachs Tätigkeiten sich fördernd auf andere erstrecken und denen ermöglichen, was ihm selbst versagt blieb, soll kenntlich bleiben, „was für ein Sommer hätte sein können, wenn einer gewesen wäre".

Ganz entsprechend verhält es sich mit dem zweiten Teil von Risachs Erzählung, der Mitteilung seines Liebesunglücks und späten Glücks. Die Entsprechung ist markiert durch die Verwendung der Nachsommer-Metaphorik für die späten Resultate hier *und* dort und durch gegenständliche Verknüpfungen: Am *ersten* Erzählabend erinnert sich Risach des Starrsinns seiner jungen Jahre, der bewirken konnte, daß er dort, wo ihm „ein Fremdes, durch Gründe und hohe Triebfedern unterstützt, gegeben wurde, dasselbe als [s]ein Eigenes aufnahm und mit der tiefsten Begeisterung durchführte".[16] Durch die Erzählung des nächsten Tages erst wird die Fortsetzung erklärt: „Das habe ich einmal in meinem Leben gegen meine stärkste Neigung, die ich hatte, gethan,

---

[15] Ich verweise auf zwei eigene jüngere Arbeiten zu den angedeuteten Problemzusammenhängen und ihren darstellerischen Konsequenzen in Kellers Werk: Gottfried Keller: ‚Der grüne Heinrich'. In: Zu Gottfried Keller. Hrsg. von Hartmut Steinecke. Stuttgart 1984 (LGW-Interpretationen 66), S. 18–39; Ein Seldwyler in Münsterburg. Gottfried Kellers ‚Martin Salander' und die Deutungstradition. Zürich 1990, S. 23–43.
[16] SW. Bd. 8.1, S. 76; dort auch das in diesem Absatz folgende Zitat.

um der Ehre und der Pflicht zu genügen." Und erst am zweiten Tag läßt Stifter Risach die Geschichte seiner frühen Jugend erzählen, die nachträglich auch die Ursachen der im Beruf sich abzeichnenden Lebensverfehlung liefert.

Auch vorgangslogisch ist Risachs Liebesgeschichte eng mit jener anderen verknüpft. Wie sein Erfinder hat der junge Risach Schulbesuch und Studium durch Unterrichtstätigkeit mitfinanzieren müssen.[17] Im Bericht über diese der Vorbereitung auf den ungeliebten Beruf nicht eben dienliche Tätigkeit laufen merkwürdige Akzentuierungen mit. Nach der Erzählung vom Tod der Mutter z.B. heißt es: „Ich hatte mir so viel erspart, daß ich nur einen kleinen Theil meiner Zeit zum Unterrichtgeben verwenden mußte. Die übrige wendete ich für mich an und verlegte mich auf Naturwissenschaften, auf Geschichte und Staatswissenschaften. Meinen eigentlichen Beruf ließ ich etwas außer Acht. Die Wissenschaften und die Kunst, deren Vergnügen ich nie entsagte, füllten mein Herz aus. Ich suchte jetzt weniger, als je, die Gesellschaft von Menschen auf."[18]

Den kurz darauf durch den Tod der Schwester aller familiären Bindungen Beraubten, sich selbst weiter Isolierenden, orientierungslos Lebenden – „Verödung" nennt der Erzähler Risach diesen Zustand[19] – erreicht der Vorschlag, der sein Leben verändern wird. Er soll für eine Zeit Erzieher und Lehrer des einzigen Sohnes der Familie Makloden werden. Der innerlich Verarmte und Vereinsamte findet sich plötzlich wieder in einer Familie, von freundlichem Entgegenkommen umgeben. Der Euphorie des Neubeginns, die der junge Risach empfindet, stellt der *Erzähler* Risach die Erinnerung an eine Bemerkung des Hausherrn zum Einstand des neuen Lehrers entgegen: „Er sagte, daß er nun wünsche, daß mein Eintritt in sein Haus gesegnet sei, daß mein Aufenthalt darin erfreulich sein möge, und daß ich es einst nicht mit Reue und Schmerz verlasse."[20] Mathilde, die ältere Schwester des Schülers, der Risach gleich am ersten Tag begegnet, spielt zunächst keine Rolle. Erst zu Beginn des zweiten Jahres findet sie Risachs Aufmerksamkeit. Ein halbes Jahr später kommt es zu einem „Auf immer" und „Auf ewig" geschlossenen Liebesbund zwischen den beiden,[21] den sie, ohne Verabredung, vor der Familie geheimhalten. Der Erzähler Risach akzentuiert sein damaliges Unvermögen, sich Rechenschaft über seine Situation zu geben; einige Beispiele: „Dieses Gefühl war jetzt, wie ein Sturmwind, über mich gekommen." – „Ich glaubte, ohne sie nicht bestehen zu können". – „Es war zauberhaft, ein süßes Geheimniß mit

---

[17] SW. Bd. 8.1, S. 90, S. 97; auch sonst hat Stifter zahlreiche Elemente der eigenen Jugendgeschichte in Risachs Biographie eingebaut.
[18] SW. Bd. 8.1, S. 104.
[19] Ebd., S. 105.
[20] Ebd., S. 110.
[21] Ebd., S. 131. – Als genaue Kontrafaktur, nicht nur hinsichtlich dieser markanten Formulierungen, ist das zeitlich spätere, in der Darstellungsfolge frühere Liebesversprechen zwischen Natalie Tarona und Heinrich Drendorf ausgeführt; vgl. SW. Bd. 7, S. 287.

einander zu haben, sich seiner bewußt zu sein und es als Glut im Herzen zu hegen."²² Daß sich das *heimliche* Einvernehmen in einem problematischen Verhältnis zu der Atmosphäre vorbehaltlosen Vertrauens befindet, die sonst im Hause herrscht, wird früh angedeutet, aber vorerst weder vom Erzähler Risach thematisiert noch als Bewußtseinsinhalt der Liebenden kenntlich gemacht.²³ Die Absonderung der beiden aus dem Vertrauensverband der Familie setzt sich den Winter über in der Stadt fort.²⁴ Erst zu Beginn des dritten Jahres, das der junge Risach, seine Studien bereitwillig suspendierend, im Kreis der Familie Makloden zu verbringen sich anschickt, kommt ihm das Bedenkliche der Situation zu Bewußtsein: „Es nagte der Gedanke an mir, daß wir die Eltern Mathildens täuschen. [...] Immer drückender wurde mir das Gefühl, und immer ängstender lastete es auf meiner Seele. Es war, wie das Unheil der Alten, welches immer größer wird, wenn man es berührt."²⁵

Risachs Offenbarung gegenüber Mathildens Mutter²⁶ bringt das Katastrophenpotential der vorzeitigen Liebesbindung zur Wirksamkeit. Die Katastrophe offenbart denselben Problemhintergrund, der auch in Risachs verfehlter Berufswahl zutage getreten war. Die Schwierigkeit, sich zu orientieren, besteht für ihrer selbst noch unkundige junge Menschen ja auch im Bereich zwischenmenschlichen Verhaltens. Fehlorientierungen, das wird an Heinrich Drendorfs und Natalie Taronas Geschichte vorgeführt, können verhütet werden, wenn die Lebenserfahrung anteilnehmender Älterer, ohne Störungen mit jugendlicher Selbsterfahrung in Verbindung gebracht, diese sich ruhig entwickeln läßt. Risachs Lebenssituation und vollends die Separierung des Liebesbundes bietet sehr ungünstige Voraussetzungen. Ohne den Schutzraum der Familie aufgewachsen, vor jeder Möglichkeit wirklicher Selbstkenntnis und Außenorientierung auf sich gestellt, geriet er viel zu früh und gerade *infolge* seiner Vereinsamung darauf, die Liebesfrage zu stellen.²⁷ Isoliert betrachtet ist das wie die ganze Herzensgeschichte sehr rührend, in der Demonstrationslogik der Erzählung aber verhängnisvoll sich auswirkende Unreife, wie in anderen Erzählungen Stifters auch. Dem jungen Risach ist nicht etwa Leichtfertigkeit oder sonst moralisch Bedenkliches vorzuwerfen, wenn auch eben dies die ebenfalls ihrer selbst noch unkundige, völlig situationsbefangene Mathilde

---

[22] SW. Bd. 8.1, S. 133; die beiden voraufgehenden Zitate S. 132.
[23] Vgl. SW. Bd. 8.1, S. 132: „Die große Erregung hatte sich ein wenig gelegt, und wir gingen in das Haus. Ich ging aber nicht mit Mathilden zu ihrer Mutter, wie ich sonst immer gethan hatte, sondern nachdem ich Alfred in sein Zimmer geschickt hatte, schweifte ich durch die Büsche herum und ging immer wieder auf den Platz, von welchem ich die Fenster sehen konnte, innerhalb welcher die theuerste aller Gestalten verweilte."
[24] Besonders auf diesen Aspekt hin ausgerichtet ist die Darstellung der Begegnung der beiden Liebenden auf der Treppe des Stadthauses, während Mathildens Mutter unten in der Kutsche wartet: SW. Bd. 8.1, S. 139f.
[25] SW. Bd. 8.1, S. 142.
[26] Ebd., S. 143ff.
[27] Ebd., S. 130; vgl. o. Anm. 21.

tut.²⁸ Vielmehr wird, zunächst von Mathildens Mutter, später, wie die Art seiner Darstellung zeigt, von Risach selbst mit Bedauern konstatiert, woran es gefehlt habe: an allem, was unverstörte gesellschaftliche Formung zur Selbstfindung und Wirklichkeitskenntnis junger Menschen beitragen kann. Abermals ist die Analogie zu den von Keller erzählten Vorgängen offenkundig: Auch dort familiäre Defizite, auch dort Orientierungsprobleme infolge zu früher beruflicher Festlegung aufgrund der Verwechslung kompensatorischer Strategien mit Begabungsanzeichen, auch dort eine unzeitige Liebesbindung, die beide selbst- und weltunkundigen Partner überfordert. Als Erkenntnis gewonnen wird, ist es zu spät, aus dem beschädigten Leben noch etwas zu machen.²⁹

Die Offenbarung des ‚Bundes' erfolgte in der Hoffnung, Mathildens Eltern würden das bislang Verheimlichte billigen;³⁰ das beleuchtet die Unreife des jugendlichen Paares.³¹ Die Offenbarung konnte nur auf die Forderung stoßen, den voreilig geschlossenen Bund aufzulösen und beiderseits die Ausbildung in Ruhe zu vollenden, die zur Wahrnehmung der jeweiligen Lebensaufgabe befähige.³² Eine spätere Wiederannäherung wird von Seiten der Eltern des Mäd-

---

28   Ebd., S. 152: „Du hast den Bund aufgelöset, ehe Du mich zu dieser Bank geführt hast, die ich Dir gutwillig folgte, weil ich nicht wußte, was Du gethan hast. Wenn jetzt auch der Vater und die Mutter kämen und sagten. ‚Nehmet Euch, besitzet Euch in Ewigkeit', so wäre doch Alles aus. Du hast die Treue gebrochen, die ich fester gewähnt habe, als die Säulen der Welt und die Sterne an dem Baue des Himmels." – S. 153: „Wären was immer für Schmerzen von Außen gekommen, was immer für Kämpfe, Anstrengungen und Erduldungen; ich hätte sie ertragen, aber nun er – er –! Er macht es unmöglich für alle Zeiten, daß ich ihm noch angehören kann, weil er den Zauber zerstört hat, der Alles band, den Zauber, die in die unzerreißbares Aneinanderhalten in das Jahr der Zukunft und in die Ewigkeit malte." – S. 154: „‚Kannst Du eine Zeit nicht mehr Du sein?' erwiederte sie, ‚kannst Du eine Zeit dein Herz nicht schlagen lassen? Äußeres, Inneres, Das ist alles eins, und Alles ist die Liebe. Du hast nie geliebt, weil Du es nicht weißt.'"
29   Vgl. o. Anm. 15.
30   SW. Bd. 8.1, S. 142: „Eines Tages, da eben die Rosenblüthe war, sagte ich zu Mathilden, ich wollte zur Mutter gehen ihr Alles entdecken und sie um ihr gütiges Vorwort bei dem Vater bitten. Mathilde antwortete, Das werde gut sein, sie wünsche es, und unser Glück müsse dadurch sich erst recht klären und festigen."
31   S. 143: „Ihr mögt wohl Beide einen gleichen Antheil an der Schließung dieses Bundes haben. Aber beide dürftet Ihr vielleicht an seine Folgen nicht gedacht haben, sonst könnten wir Euch schwerer entschuldigen." – S. 145: „Ihr seid, wenn auch älter als Mathilde, doch als Mann noch so jung, daß Ihr die Lage, in der Ihr seid, kaum zu beurtheilen fähig sein dürftet." – Auch die in Risachs gesamter Erzählung von seinem und Mathildens frühem Liebesbund mitlaufende Thematik von schuldhaft-unvermeidlicher Isolation und Vertrauensbruch wird in den Äußerungen der Mutter Mathildens explizit (S. 143): „Ihr habt Euch nur Eurem Gefühle hingegeben. Ich begreife Das. Ich kann mir nur nicht erklären, daß ich es nicht schon früher begriffen habe. Ich habe Euch so – so sehr vertraut."
32   SW. Bd. 8.1, S. 143: „Mathilde ist noch ein Kind, es muß eine Reihe von Jahren vergehen, in denen sie noch lernen muß, was ihr für ihren einstigen Beruf Not thut, es muß noch eine Reihe von Jahren vergehen, ehe sie nur begreift, was der Bund ist, den sie eben geschlossen hat." – S. 146: „Ihr seid so jung, ihr habt Euch in den Anfang einer Laufbahn begeben, Ihr müßt nun in derselben fort fahren oder, wenn Ihr sie mißbilligt, eine andere einschlagen. [...] Welch lange Zeit liegt nun vor Euch, die Ihr benutzen

Der ‚Nachsommer' als Vorklang der literarischen Moderne

chens nicht ausgeschlossen,[33] größtes Wohlwollen und tiefes Mitleid[34] mit dem unvermeidlichen Schmerz der jetzt Getrennten wird bekundet. Auf *ein* Ergebnis des mit so ganz anderen Erwartungen begonnenen Gesprächs mit Mathildens Mutter hatte der *alte* Risach schon am ersten Erzählabend vorausgedeutet: die Bereitschaft des *jungen*, sich den Bedenken der Eltern zu fügen und das zu akzeptieren, von dem er sah, daß es aus Verantwortungsbewußtsein gewünscht wurde, und wovon er glaubte, daß er es später als richtig und notwendig werde verstehen können.[35] Eine solche Bereitschaft zum Sicheinfügen hätte, natürlicher Entwicklungslogik gemäß, viel früher verlangt und gelernt werden müssen und hätte dann keine bleibenden Verletzungen bewirkt. *Nun*

---

müßt, Euch in jene feste Lebensthätigkeit zu bringen, die Euch Noth thut, und Euch jene äußere Unabhängigkeit zu erwerben, die Ihr braucht, damit Ihr Beides zur Errichtung eines dauernden Familienverhältnisses anwenden könnt."

[33] SW. Bd. 8.1, S. 146: „[...] Mathilde wird Ihre Bildung vollenden können, Ihr werdet in Eurem zukünftigen Stande Euch befestiget haben, und dann kann wieder gesprochen werden." Vgl. auch S. 148: „Geht jetzt Beide den Weg Eurer Ausbildung, und wenn dann einst Euer gereiftes Wenn Dasselbe sagt, was jetzt das wallende Herz sagt, dann kommt Beide, wir werden Euch segnen. Stört aber durch Fortspinnen, Steigern und vielleicht Abarten Eurer jetzigen heftigen Gefühle nicht die Euch so nöthige letzte Entwicklung." – Vgl. auch Risachs Argumentation gegenüber Mathilde S. 154, ferner S. 156, S. 157.

[34] SW. Bd. 8.1, S. 146: „Es wird Euch Beiden jetzt Schmerz machen, das geknüpfte Band zu lösen oder wenigstens aufzuschieben, wir wissen es, wir fühlen den Schmerz, Ihr Beide dauert uns, und wir machen uns Vorwürfe, daß wir die entstandene Sachlage nicht zu verhindern gewußt haben".

[35] Vgl. o. Anm. 16. Exakt die in der früheren Äußerung angedeutete Problematik entsteht in des jungen Risach Gespräch mit Mathildens Mutter. Ihm wird ein Verhalten abverlangt, das auf den folgenden Prämissen beruht (SW. Bd. 8.1, S. 144): „Es ist größere Liebe, auf die eigene Seligkeit nicht achten, ja die gegenwärtige Seligkeit des geliebten Gegenstandes auch nicht achten, aber dafür das ruhige, feste und dauernde Glück desselben begründen. Das, glaube ich, ist Eure und Mathildens Pflicht." – S. 147: „Ihr habt sehr große Gewalt über Mathilden, [...] wendet, wenn meine Worte bei Euch einen Eindruck machten, diese Gewalt auf sie an, um sie von Dem zu überzeugen, was ich Euch gesagt habe [...]. Wenn es Euch gelingt, glaubt mir, so erweiset Ihr Mathilden dadurch eine große Liebe, Ihr erweiset sie Euch und auch uns." – Auch des jungen Risach erste Reaktion entspricht der späteren Charakterisierung (S. 148f.): „Was Ihr mir an Gründen gesagt habt, wird sehr richtig sein, ich glaube, daß es wirklich so ist, wie Ihr sagt; allein mein ganzes Innere kämpft dagegen, und wenn das Gesagte noch so wahr ist, so vermag ich es nicht zu fassen. [...] Aber Eins ist es, was ich fasse. Ein Kind darf seinen Eltern nicht ungehorsam sein, wenn es nicht ewig mit ihnen brechen, wenn es nicht die Eltern oder sich selbst verwerfen soll. [...] Ich will es nicht versuchen, durch Bitten das Gebot der Eltern wenden zu wollen. Die Gründe, welche Ihr mir gesagt habt, und welche in mein Wesen nicht eindringen wollen, werden in dem Eurigen fest haften, sonst hättet Ihr mir sie nicht so nachdrücklich gesagt [...]. Darum ist der Bund, und wäre er der berechtigteste, aus, er ist aus auf so lange, als die Eltern ihm nicht beistimmen können. Eure ungehorsame Tochter würde ich nicht so unaussprechlich lieben können wie ich sie jetzt liebe, Eure gehorsame werde ich ehren und mit tiefster Seele, wie fern ich auch sein mag, lieben, so lange ich lebe. Wir werden das Band lösen, wie schmerzhaft die Lösung auch sein mag. [...] der Schmerz ist so groß, daß ihn keine Zunge aussprechen kann, und daß ich mir seine Größe nie vorzustellen vermocht habe."

vermag der junge Risach mit der Bereitschaft zum Gehorsam nur die Empfindung zerstörenden Verlusts auszudrücken. „Jetzt bin ich ganz allein. Mein Vater, meine Mutter, meine Schwester sind gestorben",[36] lautet seine erste Reaktion.

Sowohl Mathildens Mutter als auch der junge Risach denken an eine Option für die Zukunft. Dies und seine Bereitschaft zur künftigen Einsicht machen verständlich, daß er selbst die Aufgabe übernimmt, die wartende Mathilde vom unerwarteten Ausgang des Gesprächs zu informieren. Dies erst läßt die Katastrophe ganz hereinbrechen. Denn das Mädchen, noch jünger als er, nicht in einem verständnisvollen Gespräch vorbereitet, wohl auch sonst zur Bereitschaft zum Vertrauen auf künftiges Verstehen des jetzt zu Erleidenden unfähig, ist von der Situation überfordert. Sie selbst müsse freilich und werde den Eltern gehorchen, er aber nicht; er hätte nichts versprechen dürfen und auf dem geschlossenen Bund bestehen müssen.[37] Ihre impulsive Absolutheit macht sie blind für die Einsicht, daß ja für später nichts verweigert sei, auch dafür, daß das, was sie dem vermeintlichen Verräter als das eigentlich richtige Verhalten anklagend vorrechnet, ganz genau dessen Seelenlage und künftiges Verhalten beschreibt.[38] Dies und die gegen den jungen Risach und das eigene Empfinden gewalttätige Abwendung, die Mathilde nun vollzieht: auch dies sind Folgen eines Verfehlens; sie resultieren aus der Voreiligkeit der Bindung und bestätigen sie.

Die Schädigungen in beider Leben, welche der zu beider Gunsten vollzogene Eingriff bewirkt, muß ich nicht dokumentieren: trotziges Beharren und Sichverweigern hier,[39] Verzweiflungszustände bis hin zu Selbstmordanfechtun-

---

[36] SW. Bd. 8.1, S. 147.
[37] Ebd., S. 151f.: „‚Ich muß gehorchen,' rief sie, indem sie von der Bank aufsprang, ‚und ich werde auch gehorchen; aber Du mußt nicht gehorchen, Deine Eltern sind sie nicht. Du mußtest nicht hierher kommen und den Auftrag übernehmen, mit mir das Band der Liebe, das wir geschlossen hatten, aufzulösen. Du mußtest sagen: ‚Frau, Eure Tochter wird Euch gehorsam sein, sagt ihr nur Euren Willen; aber ich bin nur verbunden, Eure Vorschriften zu befolgen, ich werde Euer Kind lieben, so lange ein Blutstropfen in mir ist, ich werde mit aller Kraft streben, einst in ihren Besitz zu gelangen.'"
[38] Die in Anm. 37 zitierte Passage geht so weiter (S. 152): „‚Und da sie Euch gehorsam ist, so wird sie mit mir nicht mehr sprechen, sie wird mich nicht mehr ansehen, ich werde weit von hier fort gehen; aber lieben werde ich sie doch, so lange dieses Leben währt und das künftige, ich werde nie einer Andern ein Theilchen von Neigung schenken und werde nie von ihr lassen.' So hättest Du sprechen sollen, und wenn Du von unserm Schlosse fort gegangen wärest, so hätte ich gewußt, daß Du so gesprochen hast, und tausend Millionen Ketten hätten mich nicht von Dir gerissen, und jubelnd hätte ich einst in Erfüllung gebracht, was Dir dieses stürmische Herz gegeben."
[39] Vgl. SW. Bd. 8.1, S. 156: „Ich unternahm es nicht mehr, sie zu trösten, ich sah, daß ihre Verfassung dafür nicht empfänglich war. Auch erkannte ich, daß sie im Zorne gegen mich ihren Schmerz leichter ertrage, als wenn dieser Zorn nicht gewesen wäre." – S. 160f.: „Nach dem Verlaufe von mehreren Jahren war ich in einer der ehrenvolleren Stellungen des Staatsdienstes, welche zu dem Verkehre mit dem gebildeteren Theile der Stadteinwohnerschaft berechtigten, und ich hatte die gegründete Aussicht, noch weiter

gen dort[40] – irritierend viele Stiftersche Helden müssen sich ihrer erwehren –, pflichtbewußtes Absolvieren eines Arbeitslebens dann, das nicht der spät erkannten Bestimmung entspricht, beiderseits spät und freudlos eingegangene Verbindungen, nach deren Ende Schuldgefühle zurückbleiben,[41] einsames Leben mit dem erwartungsprägenden Inbild des je anderen, der verloren ist und doch Maßstab für alles bleibt. Das ist ein in mehreren Erzählungen Stifters in leichter Variation gestalteter Vorgang von offenbar hoher epochaler Signifikanz. Jedesmal zeigt der Ablauf der Dinge, wie leicht, fast notwendig, es zu Fehlorientierungen kommt, wie verhängnisvoll, weitere nach sich ziehend, eine jede sich auswirkt, wie selbst ihre Wahrnehmung, der Versuch, sie zu beheben, weitere Verletzungen bewirkt. In der nur noch vom Diesseits her organisierbaren Welt kann nichts rückgängig gemacht werden, und nur das Eintreten in die natürliche Ordnung der Dinge, das sorgsame Achthaben darauf, daß

---

zu steigen. In solchen Verhältnissen werden gewöhnlich die Ehen mit Mädchen aus ansehnlichen Häusern geschlossen [...]. Mathilde mußte jetzt ein und zwanzig oder zwei und zwanzig Jahre alt sein. Irgend eine Annäherung ihrer Eltern an mich hatte nicht statt gefunden, auch konnte ich nicht die geringsten Merkmale auffinden, wie unermüdlich ich auch suchte, daß sie sich nach mir erkundigt hätten. Ich konnte also unmittelbare Schritte zur Annäherung an sie nicht thun. Ich leitete also solche mittelbar ein, welche sie auf die gewisseste Art von der Unwandelbarkeit meiner Neigung überzeugten. Ich erhielt die unzweideutigsten Beweise zurück, daß mich Mathilde verachte. Zu einer Verehelichung, wozu ihres Reichthums und ihrer unbeschreiblichen Schönheit willen sich die glänzendsten Anträge fanden, konnte sie nicht gebracht werden. Mit tiefem, schwerem Ernste breitete ich nun das Bahrtuch der Bestattung über die heiligsten Gefühle meines Lebens."

40 SW. Bd. 8.1, S. 158f.: „Ich ging von der Stadt in meine Heimath auf diese Felskuppe. Ich saß auf ihr und weinte bitterlich. Jetzt war ich verödet, wie ich früher nie verödet gewesen war. Ich sah in das dunkle Innere der Schlünde und fragte, ob ich mich hinab werfen sollte."

41 SW. Bd. 8.1, S. 162–164: „Mathilde hatte sich in etwas vorgerückteren Jahren vermählt. [...] ich blieb wieder beständig in der Hauptstadt, und hier that ich etwas, das mir ein Vorwurf bis zu meinem Lebensende sein wird, weil es nicht nach den reinen Gesetzen der Natur ist, obwohl es tausendmal und tausendmal in der Welt geschieht. Ich heirathete ohne Liebe und Neigung. Es war zwar keine Abneigung vorhanden, aber auch keine Neigung. [...] Meine Jugendneigung, die so heftig und beinahe ausschweifend gewesen war, hatte kein Glück gebracht. Ich heirathete also ein Mädchen, welches nicht mehr jung war, eine angenehme Bildung hatte, vom reinsten Wandel war und gegen mich tiefe Verehrung empfand. [...] Wir lebten zwei Jahre in dieser Ehe, und in dieser wußte ich, was ich vor der Schließung derselben nicht gewußt hatte, daß nämlich keine ohne Neigung eingegangen werden soll. Wir lebten in Eintracht, wir lebten in hoher Verehrung der gegenseitigen guten Eigenschaften, wir lebten in wechselweisem Vertrauen und wechselseitiger Aufmerksamkeit, man nannte unsere Ehe musterhaft; aber wir lebten bloß ohne Unglück. Zu dem Glücke gehört mehr, als Verneinendes, es ist der Inbegriff der Holdseligkeit des Wesens eines Andern, zu dem alle unsre Kräfte einzig und fröhlich hinziehn. Als Julie nach zwei Jahren gestorben war, betrauerte ich sie redlich; aber Mathildens Bild stand unberührt in meinem Herzen stehen geblieben. Ich war jetzt wieder allein. Zur Schließung einer neuen Ehe war ich nicht mehr zu bewegen." – Im Bericht über die Szene der Wiederbegegnung läßt der alte Risach Mathilde sagen (S. 168): „wie wahr ist mein Gefühl, das mich an Dich, den besten der Menschen, wies, als ich ein Kind war, und das mich nicht verlassen hatte, so lange ich lebte."

nachwachsendes Leben in ihr verbleibe, das Fernhalten jeder Störung kann Verfehlungen verhindern. Das aber ist kaum zu leisten; das eigentlich Normale, jedenfalls Wünschenswerte erscheint als der von ausnahmehaft günstigen Voraussetzungen abhängige Glücksfall, als welchen der ‚Nachsommer' Heinrich Drendorfs Geschichte ja wirklich darstellt. Auch das bestätigt die Nähe zu Kellers Roman, auf die man, den ‚Nachsommer' bedenkend, immer wieder stößt.

Bei allen gravierenden Unterschieden weist selbst der Ausgang von Risachs Geschichte Merkmale dieser Nähe auf, freilich eher zur zweiten Fassung des ‚Grünen Heinrich'. „Liebe und Neigung, dachte ich, ist ein Ding, das seinen Zug an meinem Herzen vorüber genommen hatte."[42] So beginnt Risach den Bericht über sein Leben nach dem Ausscheiden aus dem Staatsdienst. Einen Landsitz habe er sich für die letzten Jahre erwerben wollen, um „dort einigen wissenschaftlichen Arbeiten, einigem Genusse der Kunst, soweit ich dazu fähig wäre, der Bewirthschaftung meiner Felder und Gärten und hie und da einer gemeinnützigen Maßregel für die Umgebung zu leben." Nach einigem Suchen habe er den Asperhof gekauft und nach und nach in den Zustand gebracht, in welchem er nun sei. „So bleichten sich meine Haare, und Freude und Behagen schien sich bei mir einstellen zu wollen", endet die Erzählung über Risachs nachdienstliches Leben vor der verändernden Wiederbegegnung mit Mathilde.

Entwurf und Praxis dieser Lebensspanne lassen ein eingeschränktes Programm erkennen; es ist dem des Amtmanns Heinrich Lee in Kellers Roman in der Zeit vor Judiths Rückkehr nicht unverwandt. Risach hat versucht, den Lebensrest unter Verzicht auf vieles dem gemäß einzurichten, von dem er längst weiß, daß es sein tätiges Leben hätte bestimmen sollen und – bei richtiger Förderung zur richtigen Zeit – hätte bestimmen können. Jetzt geschieht das in einem Zeitrest und in einem vom vollen Leben isolierten Teilbereich, in einer überwiegend kontemplativen Gestalt. Soziale Integration gibt es offenbar nur in dem Rahmen, den das ländliche Wirtschaften und gelegentliche Gemeinnützigkeit fordern. Reduktion überall; sie gibt dem „wissenschaftlichen Arbeiten" und dem „Genusse der Kunst" etwas Autistisches. Und daß sich „Freude und Behagen" eingestellt *hätten*, wird nicht behauptet.

So bleibt es nicht, ebensowenig wie bei Kellers müdem Amtmann. Erst das, was sich durch die späte Wiederherstellung des Liebesbundes zwischen den alten Leuten anbahnt, wird die Nachsommer-Metapher rechtfertigen, weil es diejenigen Vorgänge einleitet, die im dargestellten Geschehen auf Hoffnung und Zukunft weisen. Risachs Bericht über die Wiederbegegnung wäre eine eigene Analyse wert. In starkem Kontrast zu seiner sonstigen Beschreibungsweitläufigkeit ist Stifter hier von einem geradezu homerischen Lakonismus und entsprechender Größe. Solche Hervorhebung markiert den Neubeginn, der

---

[42] SW. Bd. 8.1, S. 164; dort auch das folgende Zitat, das letzte in diesem Absatz S. 165.

mit dieser Szene einsetzt. Wie bei der Trennung geht die Initiative von Mathilde aus, die gekommen ist, begangenen Unrechts wegen um Vergebung zu bitten.[43] Für uns von besonderem Interesse ist Risachs Reaktion: „ich habe Dir nichts zu verzeihen, oder Du hast es mir auch [...]. Die Erklärung liegt darin, daß Du nicht zu sehen vermochtest, was zu sehen war, und daß ich dann nicht näher zu treten vermochte, als ich hätte näher treten sollen. In der Liebe liegt Alles. Dein schmerzhaftes Zürnen war die Liebe, und mein schmerzhaftes Zurückhalten war auch die Liebe. In ihr liegt unser Fehler, und in ihr liegt unser Lohn."[44]

Diese Formel ist ein Schlüssel zum angemessenen Verständnis der spät zu einem gewissen guten Ende gelangten Liebesgeschichte und ihrer epochalen Signifikanz. Vor allem der fast aphoristisch zugespitzte Schlußsatz ist aufschlußreich. Die frühe Liebe, in welcher nach Risach „der Fehler" lag, konnte gemäß der Anthropologie, welche dieser und anderen Erzählungen Stifters zugrunde liegt, keine Chance haben. Die, die sie erfüllte, waren ihrer selbst unkundig, welt- und orientierungslos. Hätte sie sich weiterspinnen können, hätte sie die Selbst- und Weltfindung beider Partner be- oder verhindert und wäre mit ihnen zugrunde gegangen, wie im ‚Grünen Heinrich' nachzulesen.[45] Freilich hatte der Eingriff selbst schlimme Folgen. Da die frühe Liebe aufgrund der bekannten Umstände nicht hatte verhütet werden können und, aufgebrochen, keine Chance erhielt, degenerierte zu Introversion und Lebensblockade bei ihm, überlebte in der Mißgestalt von Zorn, Verachtung und Feindseligkeit bei ihr, nie preisgegebene Nähe und Behinderung zugleich.

Freilich darf man das, was Risach sein „schmerzhaftes Zurückhalten" nennt und *auch* der Liebe zurechnet, nämlich daß er, da er eine nach Jahren unternommene indirekte Annäherung mit Verachtung beantwortet glaubte, jeden wirklichen Versuch einer Wiederanknüpfung unterlassen hatte, nicht nur als Gehemmtheit und Selbstblockierung sehen. Es hat auch zu tun mit einem der höchsten Werte der ‚Nachsommer'-Welt, der Achtung der personalen Integrität und der Empfindungen des andern. Wie weit die geht, zeigt sich etwa daran, daß der alte Risach und der junge Drendorf jahrelang auf das Vertrauteste miteinander umgehen, ohne einander nach dem Namen zu fragen oder sich dem andern unaufgefordert namhaft zu machen.[46] Diese radikale Achtung

---

[43] SW. Bd. 8.1, S. 165: „‚Gustav, Gustav', rief sie, da sie mich angeblickt hatte, ‚ich kann Dich nicht anders nennen, als: Du. Ich bin gekommen, Dich des schweren Unrechtes willen, das ich Dir zugefügt habe, um Vergebung zu bitten. Nimm mich einen Augenblick in dein Haus auf.'"
[44] SW. Bd. 8.1, S. 167.
[45] Die Beziehung zwischen Heinrich und Anna in Kellers Roman ist ein lehrreiches Beispiel; im ‚Nachsommer' hebt die vom alten Risach zitierte Rede der Mutter Mathildens gerade diesen Gesichtspunkt stark hervor.
[46] Entsprechend kann die lange angekündigte Erzählung des alten Risach so beginnen (SW. Bd. 8.1, S. 72f.): „‚Ihr werdet wohl wissen, daß ich der Freiherr von Risach bin.' | ‚Lange wußte ich es nicht,' antwortete ich, ‚jetzt weiß ich es schon eine geraume Zeit.' |

der Person hat im Zusammenhang der von Stifter bedachten und gestalteten Wirklichkeit ihre Logik. Wenn sich das Zentrum einer überlieferten Wirklichkeitskonzeption abschwächt oder aus dem Blick gerät, die in zentrifugale Bewegung geratenen Einzeldinge sich vordrängen und die Orientierung noch zusätzlich erschweren, so wächst der Bedarf an Sicherungs- und Orientierungskompetenz bei derjenigen Instanz, die sich im Wirbel der Dinge behaupten, sich selbst als Zentrum des jeweiligen Lebensumfeldes etablieren muß, des sich selbst erfahrenden Einzelnen, der Person. Ihre Intaktheit muß einen besonders hohen Wert darstellen, ihre Eigenart für jedes andere Individuum ein besonders hohes Gut sein. Daher die auffälligen Rituale von Achtungsbezeugung, Rücksichtnahme, Gewährenlassen, die Zeremonialisierung einfachster Vorgänge, die Scheu vor der geringsten Grenzüberschreitung im Zwischenmenschlichen bei Stifters Protagonisten, nicht nur im ‚Nachsommer'.[47] Risach hat doppelt recht, wenn er die Zurückhaltung, die er sich abquält, auch mit zur Liebe rechnet. Sowohl aus dem Verlust resultierende Gehemmtheit als realitätsgemäße Hochachtung der Integrität der Person Mathildens sind im Spiel. Das Lebensproblem dieser beiden bedauernswerten Liebesleute ist in *allen* seinen Aspekten und Teilphasen seiner Geschichte Indikator der Stifterschen Wirklichkeitssicht und Anthropologie und spiegelt den historischen Ort seiner Selbst- und Zeiterfahrung. Entsprechend deutlich wird die Qualität der

---

[47] ‚Habt Ihr nie gefragt?' | ‚Ich habe nach der ersten Nacht, die ich in Eurem Hause zugebracht habe, einen Bauersmann gefragt, welcher mir die Antwort gab, Ihr seiet der Aspermeier. An demselben Tage forschte ich auch in weiterer Entfernung, ohne etwas Genaues zu erfahren. Später habe ich nicht mehr gefragt.' | ‚Und warum habt Ihr denn nie gefragt?' | ‚Ihr habt Euch mir nicht genannt; daraus schloß ich, daß Ihr nicht für nöthig hieltet, mir Euren Namen zu sagen, und daraus zog ich für mich die Maßregel, daß ich Euch nicht fragen dürfe, und wenn ich Euch nicht fragen durfte, durfte ich es auch einen Andern nicht.' | [...] | ‚Ich habe einmal zufällig Euren richtigen Namen nennen gehört,' sagte ich." – Daß seine künftige Frau die in der Hauptstadt vielberedete Tarona sei, erfährt der Held und Ich-Erzähler ebenfalls erst nach jahrelanger Bekanntschaft im Zusammenhang der Erzählung des alten Risach: SW. Bd. 8.1, S. 175. Ein besonders aufschlußreiches Beispiel für die im Rosenhaus beachtete Diskretion vor den Möglichkeiten der Partner bietet der Eingang des großen Gesprächs über die Marmorstatue im 2. Kapitel des 2. Bandes (SW. Bd. 7, S. 75f.) im Ausgang von Heinrich Drendorfs Bekundung seiner plötzlichen Erkenntnis der Schönheit derselben: „‚Und warum habt Ihr denn nie zu mir darüber gesprochen?' fragte ich. | ‚Weil ich dachte, daß Ihr es nach einer bestimmten Zeit selber betrachten und für schön erachten werdet,' antwortete er. | ‚Wenn Ihr mir es früher gesagt hättet, so hätte ich es früher gewußt,' erwiederte ich. | ‚Jemanden sagen, daß etwas schön sei,' antwortete er, ‚heißt nicht immer, Jemanden den Besitz der Schönheit geben. Er kann in vielen Fällen bloß glauben. Gewiß aber verkümmert man dadurch Demjenigen das Besitzen des Schönen, der ohnehin aus eigenem Antriebe darauf gekommen wäre. Dieß setzte ich bei Euch voraus, und darum wartete ich sehr gerne auf Euch.' | ‚Aber was müßt Ihr denn die Zeit über mich gedacht haben, daß ich diese Bildsäule nicht sehen konnte und über sie geschwiegen habe?' fragte ich. | ‚Jch habe gedacht, daß Ihr wahrhaftig seid,' sagte er, und habe Euch höher geachtet, als Die, welche ohne Ueberzeugung loben, weil sie hören, daß es von Andern gelobt wird.'"

47 Von hier aus wäre wohl ein neuer Zugang zu den befremdlichen Alterserzählungen ‚Der Kuß von Sentze' und ‚Der fromme Spruch' zu finden.

Komplementärkonzeption in Heinrich Drendorfs und Natalie Taronas Geschichte. Sie ist eine programmatische Behauptung der Möglichkeit dessen, was wenig wahrscheinlich, aber eben deswegen so wünschenswert ist: einer Selbstwerdung und Wirklichkeitserschließung *ohne* Fehlorientierung, ohne die Notwendigkeit von Eingriffen, deren Folgen denen der Fehlorientierung an Lebensschädigung nicht nachstehen.

Alles also, auch das Erlittene, war die Liebe gewesen. Das ist nicht als nachträgliche Harmonisierungsformel zu lesen. Denn es wird nicht verschwiegen, was verdorben und versäumt worden ist. Stifter läßt den alten Risach sagen: „Wir saßen nun schweigend da und sahen einander an. Sie mochte auf meine weißen Haare schauen, und ich blickte in ihr Angesicht. Dasselbe war schon verblüht; aber auf den Wangen und um den Mund lag der liebe Reiz und die sanfte Schwermuth, die an abgeblühten Frauen so rührend sind, wenn gleichsam ein Himmel vergangener Schönheit hinter ihnen liegt, der noch nachgespiegelt wird. Ich erkannte in den Zügen die einstige prangende Jugend."[48] Wie in der Spätfassung von Kellers Roman, anders als in ‚Brigitta', kommt es nicht mehr zu einer dauerhaften Verbindung. „Die Zeit war vorüber," weiß und sagt der alte Risach, „und Mathilde hat es auch wohl nie gewünscht." Der „Lohn", der *auch* in der endlich wieder freigelegten, sich aussprechenden Liebe gesehen wird, soll als ein spät und teuer erkaufter, als ein kaum noch, allenfalls eben in einem ‚Nachsommer' lebbarer, erkannt werden.

„Was im Menschen rein und herrlich ist, bleibt unverwüstlich und ist ein Kleinod in allen Zeiten."[49] So Risach zum späten Neubeginn. Ein Satz wie fürs Poesiealbum. Stifter hat's wohl – gegen unüberwindliche Ängste und gegen den in seinen Erzählungen so oft demonstrierten Augenschein – glauben *wollen*, ebenso wie an das (hoffentlich) unaufhaltsame Anwachsen menschlichen Wissens und Verstehens und daran, daß eben dies zur Humanität beitragen möge. Die Angst blieb. Das schöne, verhaltene Wiederfinden der beiden alten Leute, die Kernstelle im Intentionalitätsgefüge des Werkes, der ermöglichende Beginn dessen, was neu beginnen soll, hat Beschwörungscharakter. Die Sequenz selbst, die mit dieser Beschwörung endet, ist eine eher schreckliche Demonstration der Orientierungsunsicherheit, in welcher sich der Mensch der damaligen Gegenwart dem Wissen und Gespür des Autors nach befand und der gegenüber auch bestes Wollen machtlos sein kann. Eine Konstellation von Voraussetzungen wird aufgebaut, in welcher ahnungslos-unvermeidliches Verfehlen weiteres nach sich zieht und als Korrekturen gemeinte Eingriffe schädigen müssen. Solcher Unglücksautomatik, die der in ‚Brigitta' und ‚Abdias' demonstrierten in Schrecklichkeit nicht nachsteht, wird im Wiederfinden der beiden und der Art seiner Kommentierung, zu der auch die Art der Verknüpfung mit Heinrichs und Nataliens Geschichte gehört, ein Vertrauen in die

---

[48] SW. Bd. 8.1, S. 166; das in diesem Absatz folgende Zitat S. 176.
[49] Ebd., S. 169.

Reifungsfähigkeit des Einzelnen durch das Unglück und die Ermöglichung guter Entwicklungen durch behutsame Pädagogik aus Einsicht entgegengestellt, für dessen Realitätsgemäßheit die zugrunde liegende Wirklichkeitskonzeption kaum sprechen kann, das also Behauptungs-, Beschwörungsqualität hat. Die Aussicht auf einen guten Ausgang der Hauptgeschichte, mit der das Werk endet, ist dem Mißlingen, der Verfehlung, dem Schmerz abgerungen und beruht auf singulären, von den Voraussetzungen der dargestellten Wirklichkeit her eigentlich unwahrscheinlichen, jedenfalls kaum repräsentativen Voraussetzungen. Eben dies unterstreicht ja auch die Einlagerung der Risach-Geschichte in den Schlußteil des Werkes. Zuviel Harmonie hätte die antirealistische Utopik des Schlusses verunklärt. Auch die Hoffnung auf den guten Ausgang der Hauptgeschichte gehört mit zu der Bilanz eines weithin verunglückten und verfehlten Lebens. ‚Nachsommer'. Für die Hauptgeschichte gilt der Titel insofern, als sie aus dem Zentrum der Risach-Geschichte resultiert, auf ungesicherten Voraussetzungen beruht mit ihrer Aussicht auf einen wirklichen Sommer. Für den Kernbereich des Werkes, die Risach-Geschichte, bezeichnet die Titel-Metapher den Realitätsstatus, der das Leben schwer macht und – vielleicht, mit Glück – zuläßt, daß es am Ende zu einem bescheidenen Gelingen und zu positiv verändernder Wirkung gelangt.

Alles bisher Entwickelte läßt sich zurückführen auf Stifters Vorstellung, es müsse hinter bzw. in den Dingen und Vorgängen der Wirklichkeit ein wohlgefügtes Ganzes geben, in welches auch menschliches Dasein sinnhaft integriert sei, und auf das Erschrecken vor der Möglichkeit, daß es anders sein, daß jenes Ganze inexistent sei oder unerkennbar bleibe. Eben dies scheint mir den ‚Nachsommer' wie die anderen Erzählungen Stifters dem Realismus zuzuordnen. Das Folgende aber weist über ihn hinaus in Richtung auf die literarische Moderne. Es ist recht bezeichnend, daß diese Dimensionen des Werkes dort in Sicht kommen, wo es sich um Risachs Umgehen mit und seine Ansichten über Kunst handelt. Ich kann nur auf Einiges hinweisen und konzentriere mich auf solche Zusammenhänge, die mit dem bislang Behandelten in besonders deutlicher Verbindung stehen. Es wäre darstellerisch reizvoll, das, was mir vorschwebt am heuristischen Ariadnefaden des ersten Spaziergangs zu entwickeln, den der alte Risach mit seinem gewitterängstlichen Besucher veranstaltet;[50] er enthält schon alles. Ich mache es kürzer. Immerhin sei angemerkt, daß Risach das Kunstwerk seines Lebensbereichs, von welchem das ‚Rosenhaus' das Zentrum darstellt, geradezu feindselig, wie eine Festung gegen die Umgebung abgrenzt – es gibt Entsprechungen in anderen Erzählungen –: ein Eisengitter mit versteckter Eingangstür, der Eingang ins Haus hinten,[51] usw.

---

[50] SW. Bd. 6, S. 58ff.
[51] Ebd., S. 46, S. 50. – Zum Stichwort ‚Festung' ist nicht nur auf die Erzählungen ‚Die Narrenburg', ‚Der Hagestolz' und ‚Prokopus' zu verweisen.

In die Festung eingelassen, bemerkt Heinrich Drendorf als erstes „einen Gang, welcher mit Amonitenmarmor gepflastert war".⁵² Benutzt zu werden, ist offenbar nicht seine erste Bestimmung, der Gast vernimmt, als Begründung der Aufforderung, bereitstehende Filzpantinen zu benutzen: „Dieser Eingang [...] ist eigentlich der Haupteingang; aber da ich mir nicht gerne das Pflaster des Ganges verderben lasse, halte ich ihn immer gesperrt, und die Leute gehen durch eine Thür in die Zimmer, welche wir finden würden, wenn wir noch einmal um die Ecke des Hauses gingen." Entsprechend muß mit den Holzfußböden, kostbaren Intarsienkunstwerken, gleichsam Teppichen aus Holz,⁵³ in mehreren Räumen umgegangen werden. Eine weitere Lektion in Risachscher Wohnkultur – er kennt's aber schon von zu Hause – erhält der Gast auch schon am ersten Tag seines ersten Besuchs. Risach stellt ein Buch, in welchem der Gast, Wartezeit in einem Aufenthaltsraum überbrückend, gelesen hat und das er nach Beendigung der Wartezeit abgelegt hat, ins Regal zurück, „damit das Zimmer die ihm zugehörige Gestalt behalte".⁵⁴ *Wir* empfinden ein liegengelassenes Buch als Hinweis auf die Belebtheit eines Raumes; uns wird ein Raum zum Wohnraum erst dadurch, daß er etwas von der Art des Benutzers annimmt. Bei Risach und Vater Drendorf ist das anders: der Raum hat ein Eigenrecht gegen den Benutzer, ist durch „die ihm zugehörige Gestalt" definiert, nicht durch eine ihm auferlegte Funktion. Offenbar müssen die Benutzer den Räumen entsprechen, nicht umgekehrt.

Warum ist das so? Die auffälligste – und für uns aufschlußreichste – Räumlichkeit in Risachs Haus ist der „Marmorsaal", offenbar der größte Raum im Haus, im Obergeschoß gelegen. Der Saal ist „eine Sammlung von Marmor".⁵⁵ Das wird durch eine ausführliche Beschreibung bestätigt, die zum Zitieren zu lang ist, daher hier nur ihr Schluß: „Die Decke war blaßgrau und nicht von Marmor, nur in der Mitte derselben zeigte sich eine Zusammenstellung von rothen Amoniten, und aus derselben ging die Metallstange nieder, welche in vier Armen die vier dunklen, fast schwarzen Marmorlampen trug, die bestimmt waren, in der Nacht diesen Raum beleuchten zu können. In dem Saale war kein Bild, kein Stuhl, kein Geräthe, nur an den drei Wänden war jedesmal eine Thür aus schönem dunklem Holze eingelegt, und in der vierten Wand befanden sich die drei Fenster, durch welche der Saal bei Tage beleuchtet wurde. Zwei davon standen offen, und zu dem Glanze des Marmors war der Saal auch mit Rosenduft erfüllt." Marmor und Rosen: ein ferner Vorklang auf ein lyrisches Zentralmotiv von Gottfried Benn,⁵⁶ und nicht von ungefähr. Der

---

⁵² SW. Bd. 6, S. 50; das folgende Zitat ebd.
⁵³ Ebd., S. 52.
⁵⁴ Ebd., S. 57; vgl. S. 3.
⁵⁵ Ebd., S. 88; dort auch das folgende Zitat.
⁵⁶ Vgl. Gedichte wie ‚Welle der Nacht' (1943) oder ‚V. Jahrhundert' (1945/48), um nur einige Beispiele zu nennen.

erste Blick – nicht nur auf diesen Bestandteil des Rosenhauses und auch nicht nur auf dieses – mag Repräsentationsambitionen eines vorgründerzeitlichen Bürgertums konstatieren, das sich am Vorbild des Adels stilisierte. Der genauere Blick wird zeigen, daß die Beschreibung hervorhebe, zur Einrichtung des Saales seien Marmorarten verwendet worden, die sich in den heimischen Gebirgen finden, und zwar in möglichster Vollzähligkeit. In der Tat also eine „Sammlung", noch eine, neben denjenigen von Gemmen, Gemälden, Zeichnungen, Kupferstichen, Büchern, alten Möbeln, Rosen, Kakteen, Baum- und Holzarten usw. in verschiedenen Lebensbereichen, die der Roman vorstellt, alles abgeschirmt, fast ohne Öffentlichkeit.

Sammlungen, doch die Bezeichnung erfaßt nicht alles. Zwar soll im Marmorsaal – mit den anderen Sammlungen ist es ähnlich – möglichst alles zusammengeführt werden, was es im heimischen Bereich an Erscheinungsformen dieser Gesteinsart gibt,[57] aber auf besondere Weise, so nämlich, daß das Natürliche in seiner Vielfalt und Schönheit durch die Bearbeitung und die Anordnung zum Kunstwerk, das der Saal ja darstellt, als geordneter Zusammenhang zur Geltung kommt und damit auch den Menschen im Vollbesitz dessen zeigt, was ihn zum Menschen macht: seiner Ordnung zur Erscheinung bringenden oder schaffenden Gestaltungskraft. Präsentation der Vielfalt der Natur also und Demonstration des ihr eingesehenen Ordnungszusammenhangs durch ästhetisches Handeln, Demonstration von Ordnung in der Natur, die ihr ein Eigenrecht sichert und sie als Maßstab sittlicher Orientierung etabliert, einer Ordnung freilich, die freigelegt, die geschaffen werden muß, damit man sehe, daß es sie – trotz allem – gebe.

So neu ist das in manchem nicht. So wurden z.B. in früheren Zeiten Kunstwerke hergestellt, deren Materialienvielfalt die Vielfalt und Harmonie der Schöpfung andeutend abbilden sollte, im Werkmikrokosmos den Zusammenhang der von Gott geschaffenen Welt. Die Formungskraft, welche das unscheinbarste oder kostbarste oder sprödeste Material zur herrlichsten Erscheinung zwang, war der Abglanz göttlicher Schöpfungskraft in derjenigen des Menschen, so daß alle Kunst Gottesdienst, Schöpfungsverherrlichung war, ganz gleich, wovon sie handelte.

---

[57] Zum Thema des Sammelns und zum Sammelgegenstand Marmor vgl. SW. Bd. 6, S. 133: „‚Ich glaube', entgegnete mein Begleiter, ‚daß in der gegenwärtigen Zeit der Standpunkt der Wissenschaft, von welcher wir sprechen, der des Sammelns ist, Entferntere Zeiten werden aus dem Stoffe etwas bauen, das wir noch nicht kennen. Das Sammeln geht der Wissenschaft immer voraus; Das ist nicht merkwürdig; denn das Sammeln muß ja vor der Wissenschaft sein; aber Das ist merkwürdig, daß der Drang des Sammelns in die Geister kommt, wenn eine Wissenschaft erscheinen soll, wenn sie auch noch nicht wissen, was diese Wissenschaft enthalten wird.'" – Es wäre sinnvoll, alle Motive des Sammelns und Archivierens und alle Gespräche und Reflexionen über diese Tätigkeiten, welche der ‚Nachsommer' enthält, als Zusammenhang auszuwerten. Eine der aufschlußreichsten Passagen ist Risachs Rede über die Geschichte der Kunst, den Zusammenhang der Kunst mit der Religion und über die Kunst künftiger Zeiten: SW. Bd. 7, S. 151–155.

Um das Ganze, den Zusammenhang, geht es auch Stifter. Nur – an die ‚Abdias'- und die ‚Brigitta'-Vorrede, auch an die ‚Bunten Steine' ist zu erinnern – steht der einzelne Naturgegenstand nicht mehr selbstverständlich repräsentativ für das Ganze, das Stifter seine Protagonisten zwar meist noch Schöpfung nennen läßt und auch selbst so sehen möchte, das aber für ihn bereits einen rätselhaften, nicht mehr sicher im Glauben und noch nicht durch Erkenntnis gesicherten Zusammenhang darstellt. Es herrscht Chaos-Angst, wo Harmonie dringend gebraucht wird, also, damit man leben könne, behauptet und hergestellt werden muß. Das gelingt in überschaubaren Teilbereichen: der Marmor, die Holzarten, die Pflanzen einer – der heimischen – Region, ihre Kunstwerke einer bestimmten Art und Epoche werden, nicht als Repräsentanten, sondern möglichst vollzählig und vollständig versammelt und in einen künstlichen Zusammenhang gebracht, in einem Raum, einem Fußboden, einem Garten, einem Möbelstück einer Sammlung: lauter gemachte Ordnungssysteme. Wir haben zu tun mit dem Geist induktiv verfahrender Naturwissenschaft, die, von unten her sammelnd, abstrahierend, vom Kleinen zum Großen fortschreitend, zur Formel, zum Gesetz, zur Findung des alles Einzelne umfassenden Ganzen zu gelangen sucht, das es geben *muß*, damit Sinn sei. Die Natur ist – trotz rhetorischer Zugeständnisse – als vielteiliges Ensemble gedacht, dessen einziges ‚Gesetz' vielleicht der immerzu verändernde ‚blinde' Zeitablauf sein könnte, da doch, so, wie die tradierten Erwartungen sind, ein ‚Gesetz' als Harmoniezusammenhang, als ‚Blumenkette' gebraucht wird und, da es als solches nicht mehr *erscheint*, zur *Erscheinung gebracht werden* muß. Das aber leistet vielleicht irgendwann einmal die Wissenschaft und vorerst nur die Kunst und ebenso *für* das wie *gegen* das Leben.[58] Entsprechend läßt Stifter seinen Risach praktizieren, als Sammler, als Wissenschaftler als Konservator, der, wenn denn schon das Forschen und Streben der Gegenwart die Demonstration der harmonischen Ganzheit des Seienden nicht – nicht mehr oder noch nicht – erreicht, Zeugen solcher Zeiten aufbewahrt, welche die Ganzheit kannten, und Naturgegenstände so gruppiert, daß sie die Natur als Potential möglicher Ganzheiten erscheinen lassen.[59] Risachs Leben und der

---

[58] An die Einleitung der Erzählung ‚Brigitta' ist zu erinnern (WuB. Bd. 1.5, S. 411): „Die Seelenkunde hat manches beleuchtet und erklärt, aber vieles ist ihr dunkel und in großer Entfernung geblieben. Wir glauben daher, daß es nicht zu viel ist, wenn wir sagen, es sei für uns noch ein heiterer unermeßlicher Abgrund, in dem Gott und die Geister wandeln. Die Seele in Augenblicken der Entzückung überfliegt ihn oft, die Dichtkunst in kindlicher Unbewußtheit lüftet ihn zuweilen; aber die Wissenschaft mit ihrem Hammer und Richtscheite steht häufig erst am Rande, und mag in vielen Fällen noch gar nicht einmal Hand angelegt haben."

[59] Wie stark das Streben nach der Ordnung stiftenden Ganzheit Risachs Denken und Handeln beherrscht, erweist der Schluß seiner in Anm. 57 erwähnten Rede über die Kunst (S. 154f.): „Es wäre des höchsten Wunsches würdig, wenn nach Abschluß des Menschlichen ein Geist die gesammte Kunst des menschlichen Geschlechtes von ihrem Entstehen bis zu ihrem Vergehen zusammen fassen und überschauen dürfte." Ebenso bezeichnend

Lebensraum, den er um sich geschaffen hat, zeigen das Defizitäre und den Sinn- und Harmoniebedarf seiner gelebten Wirklichkeitserfahrung. Dem inhaltlich an Risachs Leben und Handeln Demonstrierten entspricht Stifters ‚Schreiben aus dem Geiste der Naturwissenschaft',[60] die Beschwörung im Leben nicht gegebener Sinnzusammenhänge.

Noch einen Aspekt dieses Zusammenhangs läßt der ‚Nachsommer' erkennen. Warum Risach es – wie Stifter selbst – für notwendig hält, die Reste der Kunstproduktion derjenigen Zeiten zu retten, in welchen die Künstler, ihrem religiös begründeten Wirklichkeitsverständnis gemäß, mit der „Ewigkeit des Schönheitsgefühles" rechnen konnten, ist nun gut zu verstehen. Das tut er trotz seines Wissens davon, daß nichts bleiben wird. In einer Betrachtung über künftige Gesetze zum Denkmalschutz sagt er auch dies: „Den besten Schutz für Kunstwerke der Vorzeit würde [...] eine fortschreitende und nicht mehr erlahmende Kunstempfindung gewähren. Aber alle Mittel, auch in ihrer größten Vollkommenheit angewendet, würden den endlichen Untergang eines Kunstwerkes nicht aufhalten können; Dieß liegt in der immerwährenden Thätigkeit und in dem Umwandlungstriebe der Menschen und in der Vergänglichkeit des Stoffes. Alles, was ist, wie groß und gut es sei, besteht eine Zeit, erfüllt einen Zweck und geht vorüber. Und so wird auch einmal über alle Kunstwerke, die jetzt noch sind, ein ewiger Schleier der Vergessenheit liegen, wie er jetzt über denen liegt, die vor ihnen waren."[61]

Kaum irgendwo im Werk wird deutlicher, wo der Produktionsstimulus für Stifters Schreiben sitzt. Auch früher hatte man natürlich gewußt, daß wie alles auch die Werke der Kunst vergänglich waren, waren sie doch aus vergänglichen Materialien geschaffen und in die unaufhaltsam vergehende Zeit gestellt. Die aber bewegte sich auf dasjenige Ende zu, das sie vollendete in der Fülle der Zeit. Darauf und auf den Urheber der Zeit, Gott, und auf seine Schöpfung zeichenhaft hinzuweisen, war aller Kunstwerke Bestimmung; insofern war ihre Vergänglichkeit unproblematisch: sie taten es ja alle in gleicher Weise. In der von Stifter erfahrenen Zeit ist das Kunstwerk ein Dennoch, das, an frühere Sicherheiten erinnernd, dem möglicherweise ziellos gewordenen Zeitablauf entgegengestellt wird. Daß es mitverschlungen wird, ist eine der Angstperspektiven, gegen die angeschrieben werden muß, bauend, forschend gleichsam, von Blütenblatt zu Blütenblatt, von den ersten Blumen in der Kette, die durch das All hängt, „hinab" vielleicht doch „bis zuletzt zu jener Hand, in der

---

ist Mathildens Reaktion (S. 155): „Das wäre ja im Großen, was Du jetzt im Kleinen thust, und es dürfte hiezu eine ewige Zeit und ein unendlicher Raum nöthig sein." Damit ist das Problem genau bezeichnet: Risachs Handeln sucht die Verluste auszugleichen, welche durch das Unsicherwerden der alten Füllungen der Vorstellungen von Ewigkeit und Unendlichkeit entstanden sind.

[60] Vgl. Martin Selge: Adalbert Stifter. Poesie aus dem Geist der Naturwissenschaft. Stuttgart u.a. 1976 (Studien zur Poetik und Geschichte der Literatur. Bd. 45).

[61] SW. Bd. 6, S. 118.

das Ende ruht".[62] Schon Stifter muß befürchtet haben, es könne die Kunst die „letzte metaphysische Tätigkeit" des Menschen sein; eine Geschichte wie diejenige Heinrich Drendorfs, eine ‚Hans-im-Glück'-Geschichte, ist nicht an der Realität vorbei, sondern gegen sie geschrieben.

„Mein Fall ist, in Kürze, dieser: Es ist mir völlig die Fähigkeit abhanden gekommen, über irgend etwas zusammenhängend zu denken oder zu sprechen. [...] Es zerfiel mir alles in Teile, die Teile wieder in Teile, und nichts mehr ließ sich mit einem Begriff umspannen." So läßt, fünfundvierzig Jahre später, ein anderer Österreicher bekanntlich den Lord Chandos klagen.[63] Das Werk, in dem er das tat, rechnet man zu den Signaltexten der literarischen Moderne. Vor denselben Erfahrungen hatte Stifter noch nicht kapitulieren wollen.

---

[62] So heißt es, recht irritierend trotz des altüberlieferten Bildes – vgl. den Beitrag von Ferdinand van Ingen in diesem Band – in der Einleitung der Erzählung ‚Abdias': WuB. Bd. 1.5, S. 238.
[63] Hugo von Hofmannsthal. Ein Brief [des Philipp Lord Chandos an Francis Bacon]. In: Sämtliche Werke. Kritische Ausgabe. Veranstaltet vom Freien Deutschen Hochstift. Bd. 31: Erfundene Gespräche und Briefe. Hrsg. von Ellen Ritter. Frankfurt a.M. 1991, S. 45–55; Zitat S. 48f.

Hans-Peter Ecker

„Darum muß dieses Bild vernichtet werden"

Über wissenschaftliche Sinnspiele und poetisch gestaltete Medienkonkurrenz am Beispiel von Stifters ‚Nachkommenschaften'[1]

> Vor etwa zweihundert Jahren faßte in der Vorstellungswelt Europas der Gedanke Fuß, daß die Wahrheit gemacht, nicht gefunden wird.
> (Richard Rorty)

I

Adalbert Stifter läßt in seiner Altersnovelle ‚Nachkommenschaften' den Protagonisten als Erzähler in eigener Sache tätig werden: So erfährt der Leser aus Friedrich Roderers Feder, daß der einstmals „unversehens" ins modische Metier der Landschaftsmalerei verschlagen worden sei, worauf er sich dieser Kunst aber mit Haut und Haar verschrieben habe. Nach bescheidenen Anfängen entwickelt der junge Maler durch beharrlichen Fleiß im Laufe der Zeit eine bedeutende Kunstfertigkeit. Deren glänzendes Ergebnis ist endlich eine großformatige Mooransicht, welcher nichts unter der zeitgenössischen Malerei zur Seite zu stellen ist. Der ältere Verwandte Peter Roderer, den der Text zur kompetentesten ästhetischen Urteilsinstanz aufbaut, rechnet bereits die Entwürfe Friedrichs „zu dem Allerbesten, was die neue Kunst hervor gebracht hat,"[2] an *Wahrheit* überträfen sie alles, was derzeit da sei.

Um so überraschender und erklärungsbedürftiger erscheint demzufolge der plötzliche Entschluß des Helden, sich mit einem spektakulären Gestus von der Malerei zu verabschieden. Der Künstler verbrennt sein opus magnum, in dessen Fertigstellung er noch kurz zuvor mit sichtbarem Gewinn „Eifer" und „Feuer"[3] einer jungen Liebe eingebracht hatte, mitsamt seinem Handwerkszeug und gibt damit seinem Leben eine neue, vom Text im Unbestimmten belassene Richtung. Allein daß dieses neue Lebensziel etwas „Großes" sein soll und wird, gilt dem Erzähler, seiner Angetrauten und seiner Sippe als ausgemacht. Mit derselben Konzentration aller Kräfte, die er bei seiner Malerei an

---

[1] Bei der Zuschärfung meiner Vortragsthesen für die hier vorgelegte Druckfassung erhielt ich wesentliche Anregungen durch psychologische Analysen Arnold Retzers zur Ambivalenz- und Gewaltproblematik, insbesondere durch seinen Aufsatz: Die Gewalt der Eindeutigkeit – die Mehrdeutigkeit der Gewalt. Zum Verhältnis von Liebe, Vernunft und Gewalt. In: Familiendynamik 18 (1993), S. 221–254.
[2] SW. Bd. 13, S. 227–302, Zitat S. 256.
[3] Ebd., S. 296.

den Tag gelegt und dort zur Perfektion trainiert hatte, wird Friedrich – nach allgemeiner Ansicht – die neue Herausforderung bewältigen.

In jenem ‚Karriereknick' des Helden, der vom Text freilich eindeutig affirmiert wird, liegt fraglos das „novellistische Zentrum" der Erzählung, das, was vor allen anderen Motiven oder Vorgängen als „unerhörte Begebenheit" klassifiziert werden könnte. Die Nachricht vom radikalen Bruch des Helden Friedrich Roderer mit seiner Malervergangenheit hebt sich vom ereignisarmen, rituellen Gang Stifterscher Alltagswelten auffällig ab; sie vor allem ist für den Leser „informationsreich". Die normale menschliche Reaktion auf dergleichen Überraschungen (informationstheoretisch gesprochen: auf „negative Entropie") ist nun eine Erscheinung, die von Sozialpsychologen als „kognitive Dissonanz" bezeichnet wird: Jemand wird durch unvorhergesehene Erfahrungen mehr oder minder massiv in seinem Weltverhältnis irritiert. Der Durchschnittsbürger begegnet derartigen Irritationen mit Versuchen, sie zu überwinden, d.h. besagte kognitive Dissonanz zu „reduzieren". Für dieses (durchaus legitime!) Unterfangen stehen ihm eine Reihe bewährter Strategien zur Verfügung, welche bei der Subsumierung der irritierenden Erfahrung unter allgemeine Gesetzlichkeiten beginnen und bei der Leugnung des dissonanzauslösenden Ereignisses oder gar der Dissonanz-Wahrnehmung selbst enden. Im schlimmsten Fall finden sich Menschen sogar dazu bereit, ihr gewohntes Weltbild zu korrigieren.

Nun ist es eine Sonderheit fiktionaler Kommunikation – oder allgemeiner: der Kommunikation über Sachverhalte, welche die Beteiligten nicht persönlich betreffen –, daß negative Entropie hier zum mehr oder minder angenehmen Reiz mutiert, zum Gegenstand humaner Neugierde. Kognitive Dissonanz, die existentiell trifft, wird so schnell als möglich reduziert; Ereignisse, die mit dem Weltverständnis eines Menschen hingegen nur marginal kollidieren und seine Identität weder psychisch noch physisch bedrohen, weil man ihnen beispielsweise ungestraft einen fiktiven Status beilegen kann, können ästhetisch wahrgenommen werden. Ästhetische Rezeption schließt nun – wie noch ausführlich zur Sprache kommen wird – Bemühungen zur Reduktion kognitiver Dissonanz nicht aus, aber sie sollte diese Arbeit erstens entspannter betreiben und zweitens, so mein Plädoyer im Folgenden, mit mehr Sinn für Mehrdeutigkeiten, für das, was Richard Rorty „Kontingenz",[4] Odo Marquard „Polymythie"[5] und die moderne systemische Therapie „Respektlosigkeit" nennt.[6]

---

[4] Richard Rorty: Kontingenz, Ironie und Solidarität. Frankfurt a.M. 1991 (suhrkamptaschenbuch wissenschaft 981); zuerst Cambridge 1989: Contingency, irony, and solidarity.
[5] Lob des Polytheismus. Über Monomythie und Polymythie. In: Philosophie und Mythos. Ein Kolloquium. Hrsg. von Hans Poser. Berlin/New York 1979, S. 40–58.
[6] Vgl. Gianfranco Cecchin, Gerry Lane und Wendel A. Ray: Respektlosigkeit. Eine Überlebensstrategie für Therapeuten. Heidelberg 1993.

Der Vorteil eines dergestalt „toleranten" (wissenschaftstheoretisch gesprochen: konstruktivistischen) Umgangs mit Textbedeutungen wäre wenigstens ein dreifacher: erstens vollzöge er einen exemplarischen Bruch mit solchen Denkkonzepten wie Ambivalenzfreiheit, Ordnung, Gewißheit und Eindeutigkeit, die von der Psychologie heute in einen engen Zusammenhang mit Gewalt und Grausamkeit gebracht werden, zweitens bewegte er sich in einem respektablen interdisziplinären Diskurshorizont, welcher auf der Einsicht in das „Ende der großen Entwürfe"[7] basiert, und drittens nutzte er die Chance, Paradoxien und Widersprüche als Quelle für Inspiration, Kreativität und Autonomie zu nutzen. Meines Erachtens installiert die anspruchsvollere Kunst spätestens seit Beginn des 19. Jahrhunderts mit voller Absicht Ambivalenzen in ihren Produktionen, um den oben genannten, mehr als zweifelhaften Primärtugenden einer modernen technischen Intelligenz einen humanen Spiel-Raum entgegenzusetzen. Am Beispiel der Stifterschen Erzählung soll dreierlei studiert werden: die Provokation eines Publikums durch eine vielschichtige Textvorlage, dessen Bemühung um Vereindeutigung der Sachverhalte vermittels bestimmter Disambiguierungsstrategien sowie – auf einer Metaebene – die durch jene Ambivalenzen in Gang gesetzte Maschinerie ästhetischer Kreativität im bislang realisierten sowie zukünftig erwartbaren Rezeptionsprozeß.

II

Wenn Friedrichs Laufbahnbruch als novellistisches Zentrum der Erzählung ein überraschendes Ereignis darstellt, das Irritationen auslösen könnte, wäre nachzuforschen, wie die Beteiligten damit umgehen. Als relevante Beteiligte kommen (u.a.) Textarrangement, Figuren und Rezipienten in Frage. In nachkommenschaftlicher Solidarität und kollegialer Verbundenheit wende ich mich zunächst den wissenschaftlichen Rezipienten zu, die erfreulicherweise im Sinne des sozialpsychologisch Vorhersehbaren reagieren: Sie nehmen Friedrichs Abwendung von der Malerei durchweg als erklärungsbedürftiges Ereignis wahr und suchen nach zureichenden Begründungen, wobei sie sich mit der expliziten Stellungnahme des Helden nicht begnügen. Friedrich kündigt ja seiner Braut die Vernichtung des vollendeten Meisterwerks mit einer ausdrücklichen Rechtfertigung an, die der Erzähler wörtlich mitteilt: „,Meine geliebte Braut, du höchstes Gut meines Herzens hienieden! höre mich an. Mein großes Bild, welches bis auf Kleinigkeiten fertig ist, kann die Düsterheit, die Einfachheit und Erhabenheit des Moores nicht darstellen. Ich habe mit der Inbrunst gemalt, die mir deine Liebe eingab und werde nie mehr so malen kön-

---

[7] Das Ende der großen Entwürfe. Hrsg. von Hans Rudi Fischer, Arnold Retzer und Jochen Schweitzer. Frankfurt a.M. 1992 (suhrkamp-taschenbuch wissenschaft 1032).

nen. Darum muß dieses Bild vernichtet werden, und keines kann mehr aus meiner Hand hervor gehen. Wenn du sagst, ich werde dich verlieren, wenn ich mein Streben aufgebe, so muß ich dich mit dem ungeheuren Schmerze verlieren, aber meinen Entschluß ausführen.'"[8]

Auf der Suche nach befriedigenden Begründungen werden nun alle Interpreten fündig – freilich an durchaus unterschiedlichen Stellen. Joachim Müller deutet das erklärungsbedürftige Ereignis beispielsweise als zur-Vernunft-Kommen des Helden, was impliziert, daß seine jugendliche Begeisterung für die Malerei als Verirrung bzw. Narrheit verstanden werden muß. Müller kann sich dazu auf die einleitende Genre-Satire des Erzählers selbst stützen, auf die Beurteilung eines Oheims[9] und auf die strukturelle Konfrontation zwischen Friedrich und Peter Roderer: „dem zielbewußt und gemeinnützig tätigen Älteren steht die nutzlos-eigensinnige Malerei des Jüngeren gegenüber, dem gesellig Heiteren der verkrampft sich Abschließende; das sinnvoll zielbewußte Streben des Weltkundigen ist erfolgreich, das sinnwidrige hartnäckige Festhalten an einer Marotte muß scheitern; der Ältere wuchert mit seinem Reichtum, der Jüngere ist in Gefahr, – in der Sprache des Neuen Testaments – als ein ungetreuer Knecht gescholten zu werden. Vor allem ein Gegensatz weist in sinnbildliche Tiefe: Peter Roderer, getreu der Familientradition, die den Namen gab, indem sie darin das nützliche Tun, das Roden, festhielt, will das Moor austrocknen, weil es Fieber erzeugt und die Landschaft verseucht – Friedrich, das unbedarfte egozentrische Gemüt, will das verschwindende Moor im Bild festhalten und dem Ungesunden fragwürdige Dauer verleihen. Ein kleiner Zug sei noch herausgehoben: Während Peter besorgt ist, daß seine im Moor arbeitenden Leute nicht zu lange der Gefahr des Fiebers ausgesetzt sind, ist es dem jungen Maler nur wichtig, daß er selber nicht das Fieber bekommt, da er selbst glaubt, unanfällig zu sein. So wird erst auf der Folie vernünftigen, menschenfreundlichen Tuns das subjektiv ernstgemeinte und in der letzten Phase auch künstlerisch ernstzunehmende Malen als närrisch und lächerlich, als ungemäß und hybrid entlarvt."[10]

Müller sieht also in der Bekehrung eines Narren das Strukturgesetz der Novelle, welchem alle möglichen Detailbeobachtungen zugeordnet werden, wobei dieses Rezeptionsschema durch eine vorgängige Analyse der als Parallelfall eingeschätzen Novelle ‚Der Waldsteig' wesentlich determiniert wird. Schließlich wirkten nach Müller drei Faktoren zusammen, um Friedrichs überfällige Bekehrung zustande zu bringen: das ethische Vorbild des tätigen Peter bereitet den Boden für die Wende vor, die Liebe zu Susanna verwandelt den närrisch-selbstbezogenen Eigenbrötler im seinem Inneren, und schließlich

---

[8] SW. Bd. 13, S. 300f.
[9] Vgl. ebd., S. 235.
[10] Vgl. Joachim Müller: Stifters Humor. Zur Struktur der Erzählungen „Der Waldsteig" und „Nachkommenschaften". In: VASILO 11 (1962), S. 1–20, Zitat S. 15.

scheitert er an seinem selbstgesetzten künstlerischen Anspruch. Müller leitet aus seiner Interpretation die Prognose ab, daß Friedrich, obwohl die Erzählung nichts darüber berichte, wohl „wie der ältere Roderer seinen Mann in einem bürgerlichen Beruf stehen" werde.[11]

So stimmig sich Joachim Müllers Argumentation ausnimmt, so kann doch eine gewisse Selektivität seiner Belege und Argumente nicht übersehen werden. Gegen die unterstellte Privilegierung der ökonomischen vor der künstlerischen Berufsausübung lassen sich zahllose Belege aus Stifters Dichtungen, Abhandlungen und Briefen anführen, gegen Müllers pauschale These von der Unfruchtbarkeit des jungen Malers spricht die schlichte Tatsache, daß der doch eine beeindruckende Perfektion seines Metiers erreicht, gegen die Erwartung einer bürgerlichen Zukunft des gewendeten Helden steht das Faktum, daß seiner poetisch geführten Feder die ganze Geschichte des Vorgangs zu verdanken ist.

Diese Auslassungen Müllers blieben den Kollegen nicht verborgen und motivierten sie zu anderen Deutungen bzw. wenigstens anderen Akzentsetzungen. Dank Fritz Novotny[12] ist bekannt, daß Friedrichs Zugang zur Malerei mit demjenigen Stifters selber weitgehend übereinstimmt, so daß die Kunstausübung des ersteren nicht einfach als Marotte abgetan werden kann.[13] Karl Konrad Polheim[14] und Friedbert Aspetsberger[15] argumentieren auf dieser Grundlage gegen Müller, wobei jener schließlich zu der Ansicht gelangt, daß sich Friedrich von der Malerei abwende, weil er seinen Kunstanspruch ins Menschenunmögliche übersteigere; nach diesem stellt sich die ästhetische Problematik hingegen nicht grundsätzlich, sondern lediglich zeitspezifisch: Habe die ältere Malerei noch die „wirkliche Wirklichkeit" darstellen, also zugleich die Einzigartigkeit einer bestimmten Landschaft sowie deren ideelles Wesen als ordnungsstiftende, den Menschen miteinschließende Natur erfassen und sichtbar machen können, so versage die zeitübliche Art des Abbildens an beiden Aspekten der ästhetischen Aufgabe.

Friedrichs Versuch, den Anspruch der Kunst mit Hilfe einer Vielzahl von Studien quantitativ-summierend bzw. gleichsam positivistisch einzuholen, müsse fehlschlagen; denn dem modernen Maler gehe eine überpersönliche In-

---

[11] Ebd., S. 19.
[12] Fritz Novotny: Adalbert Stifter als Maler. Wien 1941.
[13] Vgl. auch die einschlägigen Arbeiten Knut E. Pfeiffers: Kunsttheorie und Kunstkritik im neunzehnten Jahrhundert: das Beispiel Adalbert Stifter. Bochum 1977 (Bochumer Studien zur Publizistik- und Kommunikationswissenschaft 11); Adalbert Stifter als Kritiker zeitgenössischer Landschaftsmalerei. In: VASILO 27 (1978), S. 95–123.
[14] Karl Konrad Polheim: Die wirkliche Wirklichkeit. A. Stifters ‚Nachkommenschaften' und das Problem seiner Kunstanschauung. In: Untersuchungen zur Literatur als Geschichte. Festschrift für Benno von Wiese. Hrsg. von Vincent J. Günther, Helmut Koopmann, Peter Pütz und Hans Joachim Schrimpf. Berlin 1973, S. 385–417.
[15] Friedbert Aspetsberger: Stifters Erzählung ‚Nachkommenschaften'. In: Sprachkunst 6 (1975), S. 238–260.

stanz ab, die seinen Naturzugang allgemein absichere; ihm fehle jener Stil, der beispielsweise Ruisdaels Waldlandschaft zum für Friedrich unerreichbaren Meisterwerk erhebe. Die „Ganzheiten und Ordnungen", auf die Friedrichs Kunstdoktrin abzielt, lägen längst jenseits seiner Zeit und damit auch jenseits seiner „summierenden Tätigkeit".[16] Entscheidend symbolisiert sei die Problematik in dem Sachverhalt, daß der alte Roderer dem Maler längst sein Objekt entzogen, indem er das Lüpfinger Moor zum schon größten Teil trockengelegt habe: „Peter Roderer wechselt Friedrich den Inhalt der Frage, die dieser an die Natur richtet, zugleich mit dem bestimmten Gegenstand seines Malens aus. Natur [...] ist demnach Teil der Identität des Menschen, der sie im weiteren Sinne bewirtschaftet (worunter auch ihre ästhetische Erfassung fällt). Abbild und Summe als Handlungsbegriffe Friedrichs werden hier in Geschichte aufgelöst [...]."[17]

Während Joachim Müller seine Interpretation, wie oben beschrieben, am Komödienschema einer Narrenkur orientiert, folgt Friedbert Aspetsberger hier dem Modell eines epochalen Dualismus. Interessanterweise beläßt diese Deutungsvariante ihrem Vertreter die Wahrnehmungsfähigkeit für die sprunghafte, nicht durchgängig harmonisierte Darstellung der Abkehr Friedrichs von seiner Leidenschaft für die Malerei. Und in der Tat inszeniert Stifter den Frontwechsel seines Helden ja weniger nach einem biographischen Entwicklungsmodell als nach dem Prinzip einer Versetzung in anderere Lebensbereiche. Auch Aspetsberger erwartet für die Zukunft Friedrichs Einstieg ins schwiegerväterliche Unternehmen, wobei er dessen trockene Geschäftsroutine, so äußert sich der Interpret optimistisch, vielleicht durch einige seiner Künstlertugenden wie Genialität und Spontaneität bereichern könnte. Stifters Konstruktion der Familie komme die Funktion zu, eine Versöhnung der Gegensätze abzusichern.

Eigentlich drängten sich Außenseiterrolle des Künstlers und Herrschaftsrolle des Unternehmers dafür auf, historische, soziale und menschliche Gegensätze auszutragen; Stifter entschärfe dieses Konfliktpotential jedoch, indem er beide Protagonisten *einer* Familie zurechne. Damit habe er den impliziten gesellschaftlichen Widerspruch von individueller Selbstverwirklichung und kontextueller Beschränkung aus der Sozialgeschichte herausgenommen und in die Eigenart einer Familie als einer nicht weiter ableitbaren Entität verlegt: „Mit der Vermählung Friedrichs und Susannas erreicht die substantielle und formale Potenzierung der Familie als nicht weiter ableitbarer Endpunkt menschlichen Daseinssinnes ihre Höhe [...]."[18]

Abgesehen vom Wert der Familie relativiere die Erzählung nach und nach traditionelle Sinninstanzen wie Natur, Individualität und Kunst, – also genau jene Kategorien, an denen der junge Künstler sein ästhetisches Programm um

---

[16] Ebd., S. 249.
[17] Ebd., S. 250.
[18] Ebd., S. 256.

den Zentralbegriff der „wirklichen Wirklichkeit" auszurichten trachtete. Stifters Erzählung dränge damit in ihrem Verlauf sowohl inhaltlich als auch durch den auffälligen Wandel des eigenen Erzählstils das alte Modell individualistisch-biographischer Welterfassung zurück, das für das Erzählen des 19. Jahrhunderts noch bestimmend sei. Auch bei anderen Autoren des Realismus gelte dieses Modell zwar angesichts des sich entwickelnden Massenzeitalters schon nicht mehr als repräsentativ und verlagere sich auf gesellschaftliche Außenseiter und Sonderlinge, bleibe dessen ungeachtet aber für die entsprechenden Werke tragend. Stifter hebe dagegen das biographische Modell und damit das Individuelle als welterfassenden Mittelpunkt auf, indem er stilisierende Sprachformen entwickle und so eine überindividuell gültige Sprache zu schaffen suche.[19] Indem er jedoch auf der anderen Seite inhaltlich an traditionellen, unzeitgemäßen Orientierungsstrukturen wie der Familie festhalte, belaste er seine Erzählung mit nicht ausräumbaren Widersprüchlichkeiten.

Ursula Mahlendorf bezweifelt, von Stifters eigener Hochschätzung der Künste und bis zuletzt ausgeübter Kunstpraxis sowie einer weitgehenden Identität des Autors mit seinem Protagonisten ausgehend, jene Auffassung ihrer Vorgänger Müller, Polheim und Aspetsberger, derzufolge die ‚Nachkommenschaften' – aus welchen Gründen auch immer – eine Absage an die Kunst formulierten. Ausgangspunkt ihrer Argumentation ist die bei ihren Vorgängern nur marginal berührte Frage, was aus Friedrich nach seiner Abwendung von der Malerei geworden sein könnte. Und hier kommt die Interpretin zu einer neuen Ansicht: „Indem er sein Leben selbst erzählt, wird Friedrich zum immer geschickteren und reiferen Erzähler. Friedrich wendet sich also einer anderen Kunstgattung zu, nämlich der Beschreibung bürgerlichen Lebens in bürgerlich novellistischer Form."[20] Friedrich wechselt nach Mahlendorf das künstlerische Metier, weil er als Maler nicht die geeigneten Stilmittel findet, das im Moor symbolisierte individuelle und gesellschaftliche Bedrohungspotential zu bannen. Als Prosaist ständen ihm dagegen zahlreiche Stilmittel des Humors, der Aussparung, der Verschleierung sowie der Darstellung von Zeitlichkeit und Prozeßhaftigkeit zur Verfügung, so daß die Depotenzierung der Gefährdung hier gelingen könne.

Die Möglichkeiten literaturwissenschaftlicher Sinnfindung demonstriert vielleicht am frappierendsten Laurence A. Rickels in seiner etymologisch-tiefenpsychologischen Exegese der ‚Nachkommenschaften'.[21] Er geht vom Familiennamen „Roderer" aus, in dem er die Bestimmung dieses Geschlechts

---

[19] Ebd., S. 259.
[20] Ursula R. Mahlendorf: Stifters Absage an die Kunst? In: Goethezeit. Studien zur Erkenntnis und Rezeption Goethes und seiner Zeitgenossen. Festschrift für Stuart Atkins. Hrsg. von Gerhart Hoffmeister. Bern/München 1981, S. 369–384; Zitat S. 371.
[21] Laurence A. Rickels: Stifter's *Nachkommenschaften*: The Problem of the Surname, the Problem of Painting. In: MLN 100 (1985), S. 577–598.

kodiert sieht zu expandieren, „sich auszudehnen", wie es bei Stifter heißt. Friedrich verfolge als Maler dagegen das Kontraziel einer Zusammenschmelzung von natürlichem Vor- und künstlerischem Abbild; sein malerisches Unternehmen entspreche dabei ganz und gar dem jugendlichen Unterfangen des älteren Roderer, im Medium der Heldenepik eine „Verdichtung" der Wirklichkeit zu erreichen. Mit Hilfe einer verblüffenden namensetymologischen Rekonstruktion psychischer Obsessionen Stifters parallelisiert Rickels Autorenbiographie und Novelle dergestalt, daß Roderertum und Stiftertum als analoge Metaphern einer expansiv orientierten und sich verbal artikulierenden patrimonialen Welteinstellung gelesen werden, während in Friedrichs Malerei, die einer Verschmelzungsästhetik folge, eine mütterliche Bindung memoriert sei. Daß Friedrich seine Bilder nicht vollendet – worauf er sie ja mit dem väterlichen Namen signieren müßte –, sondern vorher verbrennt, wirke wie eine geheime Opfergabe an die verborgene Bedeutung und Verpflichtung des stummen Mediums. Seine Abkehr von der Malerei wird nun nicht als Verrat verstanden, sondern als Fortsetzung der Darstellungskunst gewissermaßen auf höherem Niveau, im entstofflichten Medium der „Gedanken", die dem Göttlichen als dem Ziel aller echten Kunst nahestünden. Die Verbindung eines Roderer mit einer namensgleichen Geschlechtsgenossin löse auf ideale Weise einen Zentralkonflikt Stifters: Allein in dieser Konstellation vergewaltige die Signatur des väterlichen Namens nicht das stumme und namenlose weibliche Prinzip.

III

So beeindruckend der in allen beschriebenen Interpretationen aufgewendete Scharfsinn auch sein mag, möchte ich hier jene Auffassungen doch weder mit dem Ziel einer Bevorzugung dieser oder jener Lösung diskutieren noch gar durch eigene Deutungen zu übertreffen suchen, obwohl wahrscheinlich der Spielraum möglicher Erklärungen für Friedrichs Abwendung von der Malerei noch nicht gänzlich ausgeschöpft ist. Denkbar wäre beispielsweise eine Erklärung nach dem Prinzip der sich selbst erfüllenden Prophezeiung, die sowohl an den Familienmythos als auch an die frühe Prognose des älteren Roderer anknüpfen könnte. In dieser Lesart wären *alle* Roderer eine Art Schildbürger,[22] die es mit Hilfe überzogener Zielvorstellungen sowie eines stets weitertradierten Familienmythos immer wieder schafften, ihre Lebensläufe närrisch gebrochen zu gestalten. An Friedrich, dem eigentlich vielversprechenden jungen Künstler zeigte sich abermals, wie die Suggestion jenes Mythos eine hoff-

---

22 Daß ein solches „Narren-Motiv" in Stifters Gesamtwerk nicht isoliert stünde, liegt auf der Hand; vgl. Peter Märki: Adalbert Stifter, Narrheit und Erzählstruktur. Bern, Frankfurt a.M., Las Vegas 1979 (Europäische Hochschulschriften I/262).

nungsvolle Karriere zerstört, indem sie sich allmählich im Kopf des Helden einnistet. Die Novelle würde somit zur Parabel auf das Problem von Freiheit und Determinismus, Selbst- und Fremdbestimmung lesbar mit ausgeprägten Analogien zur ‚Judenbuche' der Droste.

Für viele Interpretationen läßt sich zeigen – und bereits die hier besprochenen Deutungen der ‚Nachkommenschaften' illustrieren den Sachverhalt aufs Beste – daß literaturwissenschaftliche Sinnfindung mit der Zuordnung des zu interpretierenden Textes zu einem bestimmten Bezugstext oder -textkorpus bzw. Sinn-Paradigma parallel geht, wobei diese Zuordnung methodisch leider nur selten zwingend abzusichern ist. In manchen Fällen mag sogar der Verdacht nicht ganz von der Hand zu weisen sein, daß ein derartiger Kontext und nicht der auszulegende Einzeltext am Beginn des Deutungsprozesses gestanden und dessen „Marschrichtung" vorgegeben hat. Schlechterdings ist es um das Verhältnis von Einzeltext und Paradigma sehr häufig so bestellt, daß selbst bei aufrichtiger Bemühung um methodische Schlüssigkeit der Zusammenhang nicht mehr eindeutig zu sichern ist; denn selbst der positive Nachweis z.B. der Kenntnis eines bestimmten Bezugstextes durch den Autor schließt nicht aus, daß andere Muster (unbekannt gebliebene Quellen, Erfindungen des Autors, diffuses kulturelles Wissen etc.) relevant geworden sind. Wie „konstruktiv" in dieser Lage jede paradigmatisch orientierte Auslegungskunst arbeitet, arbeiten muß, mag ein letztes Deutungsangebot demonstrieren.

Hierzu übertragen wir abermals ein bekanntes und für die Epoche einschlägiges „Sinnspiel" auf Stifters Text, das diesen nun nicht auf die Freiheitsproblematik des Individuums, sondern auf den Gegensatz von Romantik und Realismus hin strukturiert: Friedrich, der Künstler, habe sich gleich vielen seiner zeitgenössischen Helden-Kollegen entschlossen, die „lieblichen Residenzen des Lebens" zu betreten, wie der junge James Joyce das Glücksprojekt einmal genannt hat.[23] Dabei muß er sich zwischen dem romantischen und einem realistischen Schönheitsideal entscheiden; jenes wäre natürlich im düsteren, abgründigen, unfruchtbaren, gleichwohl ansteckend-verführerischen Moor verbildlicht, dieses im meliorisierten Haferacker und dessen Erbberechtigter, der braven Susanna. So reizvoll das wilde Moor ist, so sehr es als Objekt der Malerei taugt, so wenig zählt es in ökonomisch-handfester Hinsicht. Friedrich vermeidet in dieser Zwickmühle dank glücklicher Führung durch die guten Schutzgeister seiner Familie und seines Autors die gefährlich-unfruchtbare Alternative; aber nach ehrbarem Bürgerbrauch muß jeder erhandelte Vorteil beglichen werden: Friedrich bezahlt die durch Aussicht auf familiale Reproduktion entstandene Schuld mit seiner Künstlerschaft. (Es liegt in der Logik des Handels, die getauschten Waren – hier: Reproduktionsmöglichkeit und

---

[23] Zitiert nach Lionel Trilling: Das Ende der Aufrichtigkeit. München 1980 (Hanser Anthropologie), S. 45.

„Darum muß dieses Bild vernichtet werden"

Künstlerschaft – hinsichtlich ihres Wertes äquivalent zu setzen.) Ihre Inspiration bezieht diese Interpretationslinie aus einem Deutungsparadigma, das seine Fruchtbarkeit etwa am Beispiel von Eichendorffs ‚Marmorbild' erwiesen hat. Ohne Zweifel wären für diese Auslegung ebenso wie für alle anderen hier aufgeführten Interpretationen auch Belege aus Stifters Biographie und Werk zu mobilisieren.

IV

Nun stellt sich der Sachverhalt, der den detektivischen Spürsinn so vieler Interpreten herausgefordert hat, auf der Figurenebene – ein wenig verblüffend – so dar, daß der Held seiner Braut eine schlichte Begründung für seine Abkehr von der Malerei vorträgt und Susanna die Erklärung in der vorgetragenen Form akzeptiert. Auch dem Schwiegervater bereitet die Entwicklung der Dinge kein Kopfzerbrechen. Ihm galt die berufliche Wende Friedrichs sowieso von vornherein aufgrund des ihm wohlbekannten sippenspezifischen Biographiemusters als erwartbar. Was sich für den Protagonisten subjektiv als vernünftige Beendigung eines perspektivelosen Bemühens darstellt, zeigt sich dem älteren Roderer, der einen größeren Zusammenhang überschaut, als Erfüllung einer Gesetzlichkeit. Abstrakt gesprochen, stellt der Text mit Friedrichs Entschluß eine Harmonisierung von subjektivem und objektivem Sinn her, indem – gut positivistisch – der besondere Fall unter eine allgemeine Gesetzlichkeit subsumiert wird. Festzuhalten bleibt auf alle Fälle, daß auf der Geschichtsebene das die Leserschaft so sehr interessierende „novellistische Ereignis" kaum Irritationen hervorruft, obwohl es auch hier unbestritten einen markanten, fundamentalen und (wenigstens die meisten Figuren) überraschenden Wendepunkt der Heldenbiographie bezeichnet.

Das Textarrangement profiliert freilich nun *gegen* die Haltung der Figuren Friedrichs Aufgabe der Malerei als Dissonanzfaktor und stellt zugleich – wie schon eine kursorische Betrachtung der Rezeptionsgeschichte zeigt – zahlreiche Anhaltspunkte für ganz unterschiedliche Erklärungsstrategien bereit, welche alle über die schlichten Begründungen der Textoberfläche weit hinauszielen. Das Textarrangement liefert so gleichsam einen Informationsüberschuß über die explizierten Begründungen hinaus – einen Mehrwert, der u.a. die Kreativität der Interpreten in Gang setzt. Die weder geschlossene noch ökonomische Darbietungsstruktur Stifters wird von manchen Rezipienten als ästhetisch defizitär beurteilt; meines Erachtens liegt jedoch gerade in der strukturellen Inkongruenz des Textes, welche die unterschiedlichen Deutungsansätze überhaupt erst ermöglicht, sein poetisches Potential.

Einen interessanten Vergleichs- und Kontrasttext sehe ich (um nun auch für eine Aussage zur Diskursivität des Textes einmal ein Sinn-Paradigma zu bemühen) in Kleists ‚Cäcilienlegende' vorliegen: Hier wie dort steht ein irritierendes novellistisches Schlüsselereignis zur Erklärung an, und in beiden Fällen bietet ein komplexes Textarrangement unterschiedliche, sich gegenseitig relativierende Anhaltspunkte für diese oder jene Strategie zur Reduktion der aufgebauten kognitiven Dissonanz. Im Unterschied zu Stifter überläßt Kleist die Aufklärungsarbeit aber nun nicht ganz den Lesern und Interpreten, sondern schickt bereits bestimmte Figuren auf die Suche nach einer Lösung des Rätsels, während Stifter das Problem kaum, daß er es konstruiert hat, schon wieder durch eine triviale Lösung auf der Figurenebene ruhig stellt. Freilich zeigt die Rezeptionsgeschichte der Stifter-Novelle, daß die Leserschaft des 20. Jahrhunderts für ein kreatives Sinnspiel auf keine innerfiktionale „Lektürepädagogik" mehr angewiesen ist.

V

Im Schlußteil dieses Beitrages wird der Versuch unternommen, Stifters ‚Nachkommenschaften' an einen Diskurs anzuschließen, der diesem Text allenfalls latent eingeschrieben, dessen Explikation aber unserer Gegenwart vorbehalten ist. Da sich Literatur nach dem hier zugrunde gelegten Verständnis als Interaktion zwischen Text und Rezipient konstituiert, scheint es legitim, auch solche Sinnhorizonte ins Spiel zu bringen, die sich eher den Erfahrungen des Lesers als denen des Autors verdanken. In diesem Sinne soll nachfolgend Stifters Novelle als literarische Darstellung eines Falles von ästhetischer Medienkonkurrenz aufgefaßt werden,[24] wobei das Ziel der Betrachtung – in Konsequenz der voranstehenden Untersuchung des bisherigen Rezeptionsprozesses – weniger in einer kohärenten Sinndeutung der Rodergeschichte als in einer Einschätzung und Kommentierung der artistischen Leistung des Autors vor dem Hintergrund der historisch möglichen Lösungen gesehen wird.

Obwohl das Interesse der gegenwärtigen Literaturwissenschaft an medialen Vermittlungsstrukturen historischer Texte sicherlich durch die rasanten Veränderungen der einschlägigen Verhältnisse im ausgehenden 20. Jahrhundert motiviert ist, spielt die Frage alternativer Medien doch auch schon im Kunstbetrieb des 18. und 19. Jahrhundert eine Rolle. Bekanntlich wurde jene antike und in der Horazischen Formel „ut pictura poesis" zentrierte Tradition, derzufolge die Malerei das Paradigma der Mimesis als Vortäuschung von Wirklichkeit darstellt, Malerei als stumme Poesie und Poesie als redende Malerei zu gelten habe, bereits der ästhetischen Reflexion des 18. Jahrhunderts fragwür-

---

[24] Auf narrative Darstellungen von Medienkonkurrenzen im 19. Jahrhundert hat mich Achim Nuber mit einer einschlägigen Untersuchung zu Storm aufmerksam gemacht: Ein Bilderrätsel. Emblematische Struktur und Autoreferentialität in Theodor Storms Erzählung *Aquis Submersus*. In: Colloquia Germanica 26 (1993), S 227–243.

dig.²⁵ Die Rivalität der Künste und Gattungen wird seit dieser Zeit in einzelnen Kunstwerken immer wieder einmal evoziert, selten freilich offen ausgetragen. Dabei bleibt im allgemeinen bis zum Beginn des 20. Jahrhunderts das Bild dem Text untergeordnet.²⁶

Die Begründung für diese Hierarchie liefert ein bis in die Antike rückverfolgbarer ästhetischer Topos, der dem künstlerischen Material weniger Bedeutung beimißt als der künstlerischen Bearbeitung. Schiller gibt für diesen Sachverhalt in seiner Schrift ‚Über die ästhetische Erziehung des Menschen' eine genaue Definition: „Darin also besteht das eigentliche Kunstgeheimnis des Meisters, *daß er den Stoff durch die Form vertilgt;* und je imposanter, anmaßender, verführerischer der Stoff an sich selbst ist, je eigenmächtiger derselbe mit *seiner* Wirkung sich vordrängt, oder je mehr der Betrachter geneigt ist, sich unmittelbar mit dem Stoff einzulassen, desto triumphierender ist die Kunst, welche jenen zurückzwingt und über diesen die Herrschaft behauptet."²⁷ Hinter dem Konzept steht die Vorstellung, daß die Idee aller Dinge in ihrem vollkommenen Zustand stofflos sei. Zu ihrer individuellen Verwirklichung und Veranschaulichung bedürfe sie zwar der Materie, doch werde sie durch diese auch mehr oder weniger verunklärt. „Die objektivierende Vereinzelung des verwirklichten materiellen Kunstwerks schränkt notwendig die ideale Allgemeingültigkeit ein. Die Meisterschaft des Künstlers zeigt sich darin, daß er die vom Material ausgehende Wirkung reduziert und der Form unterwirft."²⁸

Obwohl dieses altüberlieferte ästhetische System die Materie gegenüber der Form generell abwertet, kennt es doch auch eine Werthierarchie der verschiedenen Stoffe, deren Logik alle flüchtigen, lichtdurchlässigen und glänzenden Materialen begünstigt, da man diese ontologisch näher beim göttlichen Ursprung ansiedelt als opake. In dieses System paßt natürlich Friedrichs Verflüchtigung seiner ästhetischen Mittel prächtig hinein, nachdem offensichtlich die dem Stoffe verhafteten Bilder seine höheren Gedanken „demüthigen".²⁹ Ein Seitenblick in den ‚Nachsommer' scheint diese Vermutungen zu bestätigen; dort expliziert Risach ausdrücklich das beschriebene Kunstsystem und

---

25 Vgl. Bernard Dieterle: Erzählte Bilder. Zum narrativen Umgang mit Gemälden. Marburg 1988 (Artefakt 3), S. 10.
26 Vgl. Klaus Dirscherl: Elemente einer Geschichte des Dialogs von Bild und Text. In: Bild und Text im Dialog. Hrsg. von K. D. Passau 1993 (PINK 3), S. 20f.
27 Friedrich Schiller: Über die ästhetische Erziehung des Menschen in einer Reihe von Briefen. Zweiundzwanzigster Brief. In: Sämtliche Werke. Hrsg. von Gerhard Fricke und Herbert G. Göpfert. Bd. 5. München. 5. Aufl. 1975, S. 570–669, Zitat S. 639f.
28 Günter Bandmann: Der Wandel der Materialbewertung in der Kunsttheorie des 19. Jahrhunderts. In: Beiträge zur Theorie der Künste im 19. Jahrhundert. Bd. 1. Hrsg. v. Helmut Koopmann und J. Adolf Schmoll gen. Eisenwerth. Frankfurt a.M. 1971 (Studien zur Philosophie und Literatur des neunzehnten Jahrhunderts 12/1), S. 129–157, Zitat S. 131f.
29 SW. Bd. 13, S. 301.

die Hierarchie seiner Genres: „ich habe im Verlaufe meines Lebens gelernt, daß die Dichter, wenn sie es im rechten Sinne sind, zu den größten Wohlthätern der Menschheit zu rechnen sind. Sie sind die Priester des Schönen und vermitteln als solche bei dem steten Wechsel der Ansichten über Welt, über Menschenbestimmung, über Menschenschicksal und selbst über göttliche Dinge das ewig Dauernde in uns und das allzeit Beglückende. Sie geben es uns im Gewande des Reizes, der nicht altert, der sich einfach hinstellt und nicht richten und verurtheilen will. Und wenn auch alle Künste dieses Göttliche in der holden Gestalt bringen, so sind sie an einen Stoff gebunden, der diese Gestalt vermitteln muß: die Musik an den Ton und Klang, die Malerei an die Linien und die Farbe, die Bildnerkunst an den Stein, das Metall und Dergleichen, die Baukunst an die großen Massen irdischer Bestandtheile, sie müssen mehr oder minder mit diesem Stoffe ringen; nur die Dichtkunst hat beinahe gar keinen Stoff mehr, ihr Stoff ist der Gedanke in seiner weitesten Bedeutung, das Wort ist nicht der Stoff, es ist nur der Träger des Gedankens, wie etwa die Luft den Klang an unser Ohr führt. Die Dichtkunst ist daher die reinste und höchste unter den Künsten."[30]

Nun soll beim hier verhandelten Thema der Medienrivalität ebensowenig wie bei der zuvor verfolgten Erklärungssuche für Friedrichs Motive bei der Aufgabe seiner Malerei das Sinnspiel der Rezeptionsgeschichte linear fortgesetzt oder gar zu einer vorgeblich endgültigen Lösung geführt werden. Denn abermals kann nur auf einen uneindeutigen Kontext verwiesen werden, wodurch freilich die Ergiebigkeit jenes Sinnspiels abgesichert wird. Daß es überhaupt zustande kommt, hat seine primäre Ursache in der Weigerung des Textes, über die Leistungen Friedrichs nach seiner Heirat überhaupt noch irgendwelche konkreten Informationen abzugeben. Ob der Schluß vom autobiographischen Charakter der stilistisch geformten Erzählung Friedrichs auf eine spätere Schriftstellerkarriere des Helden zulässig ist oder nur verschiedene Ebenen der Fiktion unstatthaft vermischt, muß offen bleiben.

Zur Offenheit der Situation trägt weiterhin bei, daß nun Stifter der idealistischen Ästhetik gar nicht in jener Ausschließlichkeit verhaftet ist, wie es die oben zitierten Ausführungen Risachs im ‚Nachsommer' nahelegen könnten. Im Laufe des fortschreitenden 19. Jahrhunderts erlangt nämlich die Maxime der sogenannten Materialgerechtigkeit zunehmend mehr Aufmerksamkeit, bis sie um 1900 in der explizit materialästhetischen Forderung an die Künstler kulminiert, „den elementaren Charakter des Materials recht eigentlich erst zu erwecken und zu steigern."[31] Günter Bandmann, der diese Entwicklung beschrieben hat, beruft sich nun ausgerechnet auf Stifters ‚Nachsommer' als einen der frühesten Belege gegen den idealistischen Topos von der Form, die

---

[30] SW. Bd. 7, S. 35.
[31] Bandmann (o. Anm. 28), S. 136.

den Stoff überwindet: „Um den Ernst und die Würde der Kirche darzustellen, ist der Stoff nicht gleichgültig, aus dem man sie verfertiget. Man wählte den Stein als den Stoff, aus dem das Großartigste und Gewaltigste von Dem, was sich erhebt, besteht, das Gebirge. Er leiht ihnen dort, wo er nicht von Wald oder Rasen überkleidet ist, sondern nackt zu Tage steht, das erhabenste Ansehen. Daher gibt er auch der Kirche die Gewalt ihres Eindruckes. Er muß dabei mit seiner einfachen Oberfläche wirken und darf nicht bemalt oder getüncht sein."[32] In dieser Passage wird die Naturerscheinung der künstlichen Bearbeitung und Veränderung vorgezogen, sie selber transportiert die zu kommunizierende Idee. Unverkennbar zeigt sich im Interesse für den künstlerischen Stoff und dessen spezifische, auch quantitative Dimenensionen eine neuartige Aufmerksamkeit für die Signifikanten der ästhetischen Kommunikation.

Meiner Ansicht nach liegt bei Stifter eine unübersichtliche Gemengelage beider ästhetischen Grundkonzepte vor.[33] Als Künstler lebt er in einer Übergangsepoche, welche um die Formeln der älteren Ästhetik weiß und über sie verfügt, zugleich aber schon neue produktive Verfahrensweisen entwickelt. Die ältere Konzeption kennt – sowohl in ihrer antik-humanistischen als auch in ihrer christlich-mittelalterlichen Formulierung – die materielle Natur nur als defizitäre Größe, denn in ihr ist das vollkommene Ideal bzw. der göttliche Schöpfungsentwurf nur versteckt realisiert. Der Künstler hat hier die Aufgabe, diese Materie zu sublimieren, um Idee oder göttlichen Plan zum Vorschein zu bringen. „Diese negative Einstellung gegenüber der Natur entspricht der anthropologischen Situation des Menschen von seinen Anfängen an, sich nämlich von der Natur distanzieren zu wollen [...]. Der der Natur zunächst ausgelieferte, dann ihr gegenüberstehende Mensch benutzt zu seiner Befreiung Gegenstände, zu denen nicht nur Handwerkszeug und Kleidung, sondern auch das gehört, was wir nachträglich unter dem Begriff der Kunst subsumieren. Diese ‚Gegenstände' machen ihn unabhängig von der Natur, lassen die mit der Materie gegebenen Fesseln lösen oder wenigstens lockern. Gegen Ende des 18. Jahrhunderts wird dieses Verhältnis von Mensch und Natur [...] umgekehrt. Die unverfälschte Natur wird zur höchsten Lehrmeisterin, sie wird theologisch unmittelbare Offenbarung Gottes, Bibel und Kathedrale zugleich. Ihre Erscheinungen, auch ihre Materialien, nehmen von nun an einen hohen Rang ein, und der Kunstgenuß wird geradezu definiert als Übertragung des Naturgenusses auf Gebilde von Menschenhand."[34]

---

[32] SW. Bd. 7, S. 360.
[33] Vgl. hier kunstgeschichtliche Kommentare zu den ästhetischen Orientierungen zeitgenössischer Landschaftsmaler, etwa Erika Rödiger-Diruf: Landschaft als Abbild der Geschichte. Carl Rottmanns Landschaftskunst 1820–1850. In: Münchner Jahrbuch der bildenden Kunst. 3. Folge. Bd. 40 (1989), S. 153–224.
[34] Bandmann (o. Anm. 28), S. 155f.

Das hier beschriebene Naturverhältnis erlaubt die Einordnung vieler Züge des jungen romantischen Malers Friedrich, seines Kunststrebens, seines ursprünglichen Verhältnisses zum alten Roderer und selbst noch seiner spektakulären Abkehr von der Malerei: die Vernichtung des Moorbildes kann als extreme künstlerische Geste gelesen werden, welche das ursprüngliche Ziel ihrer Kunst, den unvermittelten Naturbezug, auf paradoxe Weise gerade dadurch erreicht, als sie ihr Erreichtes, ja sogar ihr künftiges Tun der „wirklichen Wirklichkeit" aufopfert. Ob diese Geste nun wieder als Absurdität abgewiesen, als Illustration der Rede Hegels vom Ende der Kunst genommen[35] oder als maximale Erfüllung naturfrommen Künstlertums akzeptiert wird, muß wohl dem Meinungsstreit der Rezipienten anheimgestellt bleiben. In jenem Falle wäre die Dichtung ein künstlerischer Ausweg aus einer unproduktiven Sackgasse, in diesem Falle Metamedium, also eine hinsichtlich ihrer eigenen ästhetischen Möglichkeiten nicht weiter zu problematisierende Kommunikationsbedingung für ein Zeichen höchster, letzter, sich selbst aufhebender Kunstausübung, einer Grenzüberschreitung, jenseits derer nichts mehr zu zeigen, aber auch eigentlich nichts Relevantes mehr zu sagen bleibt.

Für eine literaturwissenschaftliche Kommentierung abseits klassischer Textinterpretation wartet möglicherweise ein lohnendes Aufgabenfeld in dem Phänomen zunehmender Aufmerksamkeit der Künstler des 19. Jahrhunderts für die Ebene der Signifikanten. Alteuropa kannte als zeitspeichernde Medien nur Texte und Partituren, welche beide auf einer Schrift beruhen, die Zeitabläufe symbolisch kodieren.[36] Damit mußten alle Datenflüsse, insofern sie wirklich Flüsse und keine bloßen Bestände von Daten waren, den Engpaß des Signifikanten passieren. Unter solchen Bedingungen perfektionierte das aufgeklärte Jahrhundert die Alphabetisierung, so daß das Schreiben mühelos, das Lesen lautlos und Schrift mit Natur verwechselbar wurde.[37] Die gebildeten Leser der Goethezeit fanden über die Buchstaben, über die sie hinweglasen, zu Signifikaten, zu Gesichten und Geräuschen; im Imaginären ihrer Seele entfaltete sich die „wirklichste Wirklichkeit"; Stifter läßt sein nachsommerliches Heldenpaar dergleichen einmal im Theater erfahren.[38]

Mit der Erfindung neuer optischer und akustischer Speichermedien im 19. Jahrhundert bricht nach Friedrich A. Kittler, der in den letzten Jahren mehrfach über die Veränderungen der Medientechnik in jener Zeit publiziert hat, die sichtbare und hörbare Welt romantischer Poesie bzw. die Kompetenz „halluzinatorischer Lektüre" zusammen. „Wenn Erinnerungen und Träume [...] reproduzierbar werden, erübrigt sich die Kraft des Halluzinierens bei

---

[35] Ursula Naumann: Adalbert Stifter. Stuttgart 1979 (Sammlung Metzler 186), S. 66.
[36] Friedrich A. Kittler: Grammophon, Film, Typewriter. Berlin 1986, S. 11f.
[37] Ebd., S. 18.
[38] Vgl. SW. Bd. 6, S. 212.

Schreibern wie bei Lesern."³⁹ Die neuen technischen Speichermedien arbeiten nicht mehr via Symbolisierung, sondern rekonstruieren Welt viel unmittelbarer, d.h. ohne den Umweg über die Systeme der Wörter, Farben und Tonintervalle. Damit bilden sie Gegenstände nicht nur ähnlich ab, sondern *garantieren* diese Ähnlichkeit noch dadurch, daß sie sozusagen selbst ein Erzeugnis dieser Gegenstände sind, so wie sich etwa beleuchtete Objekte einer photographischen Schicht einprägen oder Geräusche ihre Frequenzkurven auf eine phonographische Platte.⁴⁰ Inwieweit nun Erfindungen wie Photographie oder Phonograph und die damit denkbar gewordenen mimetischen Ansprüche die klassischen Künste schon um die Mitte des Jahrhunderts verunsichern und womöglich auf neue Wege zu führen vermögen, scheint mir eine Kernfrage weiterer Überlegungen zur ästhetischen Problematik der Epoche, die u.a. Stifters ‚Nachkommenschaften' aufwerfen.

„Solange das Buch für alle seriellen Datenflüsse aufkommen mußte, zitterten" – schreibt Kittler sehr hübsch – „seine Wörter vor Sinnlichkeit und Erinnerung."⁴¹ Leser des ausgehenden 20. Jahrhunderts dürften die sinnliche Erregung, die damals von Wörtern ausgehen konnte, kaum noch nachvollziehen können. Aber schon die Autoren der zweiten Hälfte des 19. Jahrhunderts befanden sich nicht mehr in der privilegierten Situation ihrer unmittelbaren Vorgänger; unter ihren Händen verwandelte sich Dichtung unversehens und unaufhaltsam in Literatur: die Worte treten hervor und der Sinn schwindet. Die Materialfrage erfaßt nach Architektur, Plastik und anderen Künsten endlich auch die Wortkunst. An den Kampf der Schriftsteller um den ihnen und ihren Lesern abhanden gekommenen göttlichen Funken erinnern – eher notdürftig – noch Programme, Reminiszenzen, Beschwörungen und Negationsformeln als Platzhalter, die gleichwohl einen neuen Epochenstil begründen.⁴²

Von der Untersuchung derartiger Grundsatzfragen bis zur Anwendung möglicher Ergebnisse auf Stifters Novelle bleibt freilich viel zu tun; daß die Krise des Landschafters Friedrich etwa eine *zeittypische* Dissonanzerfahrung seines geistigen Vaters, des Literaten wohlgemerkt, *nicht des Malers* Adalbert abbilden möchte und daß dieser sich und seinen Lesern mit Braut, Besitz und familialer Geborgenheit eines Helden über die schlimmsten Sinndefizite hinwegzuhelfen verstände, wäre freilich ein allzu übereilter Rückfall ins Sinnspiel, als daß ich mich dessen (hier) schuldig machen wollte.

---

³⁹ Kittler (o. Anm. 36), S. 21.
⁴⁰ Ebd.
⁴¹ Ebd., S. 20.
⁴² Vgl. zu diesem Komplex Honoré de Balzacs Künstlererzählung ‚Le chef-d'œuvre inconnu'. Eine Verbindung zu Stifter stellt bereits Othmar Metzger in seinem Essay „Kunstgeschichtliche Bemerkungen zu Stifters ‚Nachkommenschaften'" her (VASILO 26 [1977], S. 35–38); Peter Handkes ‚Die Lehre der Sainte-Victoire' (Frankfurt a.M. 1980) liest sich übrigens passagenweise wie ein poetischer Spaziergang nach Metzgers Choreographie.

Teil IV

Rezeption

„Viele Wege führen in die Ewigkeit"

Václav Maidl

Stifters Rezeption in den böhmischen Ländern

Vorweg: Das Thema ‚Stifters Rezeption in den böhmischen Ländern' wird mit diesem Beitrag nicht erschöpft, und es bleiben in dieser Hinsicht Reste (teilweise gewichtigen Charakters), die es verdienen, bearbeitet zu werden. Von subjektiven Versäumnissen abgesehen, ist diese Tatsache auch durch objektive Faktoren bedingt.

In der Nationalbibliothek in Prag sind die Bestellscheine mit verschiedenen Vermerken zu mir zurückgekommen. Das Spektrum der Vermerke war wirklich breit, von: „Nicht vorhanden" über „Verloren" bis zu „Wird nicht geliefert". Auf die Frage, weshalb, erfährt dann der Interessierte u.a., daß man nicht wisse, wo sich das Buch oder die Zeitschrift eigentlich befinde, oder daß der Weg zu eben diesen Bücherbeständen mit anderen Bücherkisten verstellt sei. Die Nationalbibliothek in Prag (und nicht nur sie) befindet sich tatsächlich in einer komplizierten Lage, und die jetzige Lage ist das Ergebnis langwieriger und langjähriger Prozesse, die in unserer Gesellschaft nach 1945 bzw. 1948 abliefen. Die Pflege des „kulturellen Erbes" stand zwar in den Erklärungen der regierenden Partei, sie wurde jedoch „klassenbezogen" realisiert. Und nicht nur klassenbezogen, sondern auch nationalitätsbezogen. An der ordentlichen Aufbewahrung der Dokumente der deutschsprachigen Kultur in den böhmischen Ländern bestand kein besonderes Interesse (vielleicht mit kurzer Unterbrechung in den sechziger Jahren). So kann es denn passieren, daß man vergeblich nach Unterlagen für die Herausgabe der bekannten Zeitschrift ‚Euphorion' sucht, nach Dokumenten der Prager deutschen Germanistik oder, in unserem Fall, nach Wilhelm Koschs Dissertation ‚Adalbert Stifter und die Romantik', die 1905 in Prag entstanden ist. Und somit rücke ich endlich näher an das eigentliche Thema heran.

Stifter veröffentlichte seine Werke zwischen 1840 bis 1867, also in der Zeit, die für das nationale Bild der böhmischen Länder entscheidend war. Die landespatriotische Auffassung der Nation, der sog. Bohemismus (Walter Zettel, Pavel Eisner), die unter der Nation die Bevölkerung eines Landes verstand (also keine Tschechen, keine Deutschen, sondern Böhmen) und die am deutlichsten wohl in Karl Egon Eberts ‚Břetislav und Jutta' zum Ausdruck gebracht wurde, war zu dieser Zeit noch nicht tot oder so bedeutungslos, wie man in der tschechischen Literaturgeschichte annimmt. (In der sog. „akademischen" Geschichte der tschechischen Literatur des 19. Jahrhunderts[1] wird die-

---

[1] Autorenkollektiv: Dějiny české literatury. Bd. 2. Praha 1960.

se Tendenz überhaupt nicht erwähnt – sie war ja auch eher für die deutschsprachigen Autoren aus Böhmen kennzeichnend. Auch das an tschechischen Mittelschulen bis 1990 benutzte Lehrbuch für den Geschichtsunterricht,[2] das die Herausbildung [und Deformierung] des geschichtlichen Bewußtseins der mittleren und jüngeren Generation beeinflußte, kennt den Landespatriotismus überhaupt nicht.) Es ist jedoch wahr, daß sich die sprachliche Auffassung der Nationalität immer mehr durchsetzte (vor allem in der tschechischen Nation – vgl. Jungmann und seine Schüler), bis sie nach 1848 die Oberhand gewann. Allerseits wird das Jahr 1848 als das entscheidende Moment betrachtet, und die immer rarer gewordenen Zeichen der landespatriotischen Gesinnung bleiben traurige Zeugen einer versöhnlichen Möglichkeit, die von der nationalistischen und chauvinistischen Entwicklung der Geschichte fast in Vergessenheit gedrängt wurde. Als solcher Zeuge ist die von Tschechen und Deutschböhmen gemeinsam begangene Schillerfeier 1859[3] in Prag anläßlich seines 100. Geburtstages anzusehen oder der Roman ‚Witiko', dessen klare landespatriotische Tendenz durch die oft zitierte Widmung unterstrichen wird: „Seinen Landsleuten I insbesonders I der alten ehrwürdigen Stadt Prag I widmet diesen I Dichtungsversuch aus der Geschichte seines Heimathlandes I mit treuer Liebe I der Verfasser." Diese Unternehmen stellten allerdings bereits in ihrer Zeit eher Ausnahmen dar, und angesichts zunehmender Polarisierung der böhmischen Gesellschaft in puncto Nationalität (im sprachlichen Sinne), die zu immer heftigeren und auch handgreiflichen Auseinandersetzungen führte, mußten sie wohl als „unzeitgemäß" und „überholt" wahrgenommen werden. Im Zusammenhang mit Stifter erinnert uns diese Betrachtungsweise an Vorwürfe von Stifters Kritikern (die natürlich mehr das Ästhetische, aber auch die Sinndeutung betreffen), und so entsteht vor uns das Bild eines gemäßigten, toleranten, nicht provozierenden und Frieden und Harmonie stiftenden Schriftstellers, das Bild eines Menschen, der auf dem Bewährten beharrt und keine stürmischen, unbedachten Änderungen liebt, also eher konservativ ist. Für uns, die nach mehr als hundert Jahren der nationalistischen Entwicklung Spätweisen, ergibt sich dann die Frage, ob an solchem Konservativismus bei aller unserer „Modernität" (oder eben deshalb) nicht etwas Wahres ist. Um den Kontrast zwischen Stifters Überzeugung und seiner Zeit zu verdeutlichen und die Polarisierung in Böhmen zur Zeit der Herausgabe von ‚Witiko' zu dokumentieren, ist es vielleicht angebracht, ein paar Fakten anzuführen. In seinem Buch ‚Adalbert Stifter und Prag' erwähnt Hugo Rokyta im Zusammenhang mit Stifters Besuch in Prag 1865 u.a. folgendes: „Gewiß hat Adalbert Stifter hier noch die anerkannten Kreise und Namen vorgefunden, welche die ihm so vertraute und erwartete Atmosphäre des böhmischen Landespatrio-

---

[2] Václav Husa: Československé dějiny. Praha 1966.
[3] Vgl. Fritz Mauthner: Prager Jugendjahre. Frankfurt a.M. 1969, S. 122.

tismus verkörperten. Indes war vieles, was auf den Gebieten des öffentlichen Lebens der böhmischen Metropole im Werden begriffen war, untrüglich mit der nationalen Emanzipation des tschechischen Volkes verbunden."[4] Was meinte Rokyta damit? 1861 wurde unter Palackýs Führung die Schriftstellervereinigung ‚Svatobor' gegründet, die den tschechischen Traditionalismus stark national interpretierte. 1862 folgte dann die Gründung des tschechischen Turnvereins ‚Sokol', in demselben Jahr wurde auch die repräsentative tschechische nationale Szene im ‚Interimstheater' eröffnet. Vojta Náprstek gründete 1863 das tschechische Industrie-Museum, 1863 entstand auch ‚Umělecká Beseda', eine national orientierte Künstlervereinigung, sowie der ‚Verein der tschechischen Touristen'. Die deutschsprachige Bevölkerung Böhmens sah nicht reglos zu. 1861 entsteht das Prager Deutsche Kasino als Mittelpunkt des Prager Deutschtums, 1862 werden der Prager deutsche Turnverein und der Verein für Geschichte der Deutschen in Böhmen gegründet. Das einzige Unternehmen, das zu dieser Zeit national indifferent bleibt, ist die im Jahre 1860 von Ferdinand Břetislav Míkovec gegründete ‚Arkadia'.[5] Somit wurden nationalistische Positionen beiderseits der sprachlichen Grenze bezogen, das nationalistische Geplänkel stand vor der Tür.

Von dieser Skizze der Verhältnisse her ist wohl begreiflich, daß Stifters Rezeption in Böhmen in beiden Lagern unterschiedlich war – sei es im zeitlichen Verlauf oder in der Akzentuierung. Deshalb halte ich es für zweckmäßig (und auch übersichtlich), mich mit Stifters Rezeption bei den Deutschböhmen bzw. Sudetendeutschen und bei den Tschechen zunächst getrennt zu beschäftigen und erst danach eventuelle Berührungspunkte oder im Gegenteil markante Unterschiede zu suchen bzw. zu analysieren.

Obwohl allgemein behauptet wird, daß Stifter lange Zeit vergessen war (was wiederum nicht so völlig stimmen kann, denn Nietzsche, den man für den ersten Wiederentdecker Stifters hält, äußerte sein Lob über den Dichter elf Jahre nach dessen Tod), seine Heimatstadt hat ihren Landsmann nicht vergessen. Um 1930 erschien in der Edition des Verlags ‚Böhmerwaldmuseum Oberplan' das 12. Heft unter dem Titel ‚Adalbert Stifters Wald-Heimat'. Sein Autor Franz Grantl hat hier sorgfältig nicht nur Angaben zu Stifters Leben in dieser Gegend gesammelt, sondern er interessierte sich auch für die Pflege, die der Persönlichkeit des Dichters in Oberplan nach seinem Tod zuteil wurde. Es mag überraschend klingen, aber schon in Stifters Todesjahr wurde in Oberplan an sein Geburtshaus auf Anregung in Wien lebender Oberplaner Landsleute eine Marmortafel mit Goldinschrift angebracht.[6] Neun Jahre später, 1877, wurde zu Ehren des Dichters ein Obelisk über dem Plöckensteiner

---

[4] Hugo Rokyta: Adalbert Stifter und Prag. Linz 1965, S. 45f.
[5] Bei allen diesen Angaben stütze ich mich auf Rokytas Publikation.
[6] Diese Angabe sowie weitere Fakten über die Pflege der Erinnerung an Stifter in Oberplan bei: Franz Grantl: Adalbert Stifters Wald-Heimat. Oberplan o.J., S. 27f.

See, einem der beliebtesten Orte Stifters im Böhmerwald, errichtet.[7] Die Initiative ergriffen auch diesmal seine in Wien lebenden und in einem Verein organisierten Landsleute. Kurz danach, 1883, waren sich auch einheimische Oberplaner Stifters Bedeutung bewußt und gründeten am Gutwasserberg oberhalb Oberplans einen städtischen Park, der Stifters Namen trug. Anläßlich des 100. Geburtstags des Dichters wurde in Oberplan ein Stifter-Denkmal enthüllt, wobei der Prager Ordinarius August Sauer die Festrede hielt. Nach dem Ersten Weltkrieg wurde dann in Stifters Geburtshaus das Böhmerwaldmuseum eröffnet, in dem sich auch eine Ausstellung zum Leben und Werk Adalbert Stifters befand. Wie wir dieser Übersicht entnehmen können, wußte Stifters Heimatstadt von Anfang an seine Persönlichkeit und Bedeutung zu schätzen. Natürlich ist die Frage berechtigt, ob der damalige Eifer nicht auch durch regionale Beschränktheit und entsprechenden Stolz der Landsleute bedingt war (hier könnte man vielleicht einen der Gründe für die zeitweilige Bezeichnung Stifters als Regional- und Heimatdichter finden); Sauers Anwesenheit bei der Enthüllung des Denkmals 1905 und seine damals gehaltene Festrede beweisen jedoch, daß es sich zumindest um die Jahrhundertwende nicht mehr um ein Ereignis von bloß regionaler Bedeutung gehandelt hat.

Sauers Name bringt uns in andere Zusammenhänge, nämlich zu der Prager deutschen Germanistik. Es ist eben Sauers Verdienst, daß man in Prag der Literatur der Deutschböhmen Aufmerksamkeit widmete (die Editionsreihe ‚Bibliothek der Deutschen aus Böhmen') oder daß mit der ersten kritischen Gesamtausgabe Stifters begonnen wurde – längst bevor Hermann Bahr 1919 Stifter wiederentdeckte und eine neue Welle des Interesses für sein Werk erweckte. Bei Sauer handelt es sich nicht nur um seine organisatorischen bzw. editorischen Verdienste, sondern auch um seine pädagogische Tätigkeit: Von ihm kamen erste Anregungen für später bekannte Germanisten wie Josef Nadler, Franz Hüller (der dann später die erste historisch-kritische Gesamtausgabe der Werke Stifters zu Ende geführt hat),[8] oder für den schon am Anfang erwähnten Wilhelm Kosch, dessen Dissertation bereits mit ihrem Titel auf den Sauerschen Umkreis weist. Sauers Tätigkeit und seine Wirkung haben so Grundlagen vorbereitet, auf denen dann in den zwanziger Jahren die breit angelegte und durch Bahr indirekt provozierte Erforschung des Werkes Stifters in Böhmen fußen konnte.

Wenn wir nach den Umständen sehen wollen, die diese Erforschung beeinflußt haben, dann müssen wir außer an Bahrs Impuls und an Sauers Wirkung, die jetzt ihre Früchte trug, auch an veränderte Verhältnisse in den historischen Ländern der böhmischen Krone denken, die seit 1918 wieder selbständig wur-

---

[7] Über die Aufstellung des Obelisken informiert detailliert Petr Jelínek: ‚115 let od postavení Stifterova pomníku' (‚115 Jahre seit der Errichtung des Stifter-Denkmals'). In: Česko-bavorské Výhledy 3 (1992), Nr. 15, S. 3.
[8] Vgl. dazu Nadlers Nachwort in: Franz Hüller: Witiko. Wien und Graz 1953, S. 109–113.

den und Tschecho-Slowakei hießen (für den Anfang mit dem später berühmt gewordenen Bindestrich). Für die deutsche Bevölkerung Böhmens und Mährens, die sich 1918/19 in den neugegründeten Staat nicht integrieren lassen wollte, entstand eine völlig neue Situation: aus einer Majoritätsnation der Monarchie wurde die Minoritätsgruppe der Republik. In solchen Situationen wird immer die eigene Identität überprüft, ein kritischer Blick auf die bisherige Auffassung der Geschichte geworfen; man verspürt das Bedürfnis, sich selbst und die eigene Kultur neu zu definieren und zu wahren (die Tschechen kennen dies von 1939 und in der Gegenwart). Es verwundert also nicht, wenn in solchen Phasen der Geschichte der Kultur und ihrer Bedeutung größere Aufmerksamkeit gewidmet wird. Dann entstehen Unternehmungen wie das bereits erwähnte Projekt des Böhmerwaldmuseums in Oberplan oder die Zeitschrift ‚Witiko‘, herausgegeben von Josef Mühlberger und Johannes Stauda, oder die Literarische Adalbert Stifter-Gesellschaft in Eger. Diese Gesellschaft hat in Zusammenarbeit mit Johannes Staudas Verlag in Kassel eine Reihe von Stifter-Studien herausgegeben, von deren Autoren etliche damals schon anerkannte Stifter-Kenner waren oder später geworden sind (Josef Nadler, Franz Hüller, Joachim Müller).[9] Das Interesse an Stifters Werk und seiner Persönlichkeit blieb in den böhmischen Ländern (jetzt genauer: in den Sudeten) nicht nur auf diese Reihe beschränkt. Auch andererorts wurden über ihn Beiträge veröffentlicht und Vorträge gehalten – nicht mehr von namhaften Germanisten, sondern von sudetendeutschen Schriftstellern (Watzlik z.B.), Lehrern und anderen im kulturellen Bereich Tätigen.[10]

So kommen wir allmählich zu einem anderen Aspekt der Stifter-Rezeption im böhmischen Raum, nämlich zur Resonanz seiner Persönlichkeit in der deutschsprachigen Gesellschaft der Ersten Republik, wobei sich der Schwerpunkt des Interesses von Stifters Werk zu seiner Persönlichkeit verlagert. Stifter wird zum Symbol, und zwar zum Symbol mit mehrschichtiger Bedeutung.

---

[9] Die Arbeiten, deren Herausgabe ich feststellen konnte (chronologisch):
Georg Klatt: Adalbert Stifter. Ein Vortrag. Prag 1924.
Hans Hajek: Adalbert Stifter. Eine Studie. Warnsdorf 1925.
Richard von Schaukal: Adalbert Stifter. Augsburg 1926. (Johannes Staudas Reihe ‚Sudetendeutsche Sammlung‘.)
Otto Pouzar: Ideen und Probleme in Adalbert Stifters Dichtungen. Reichenberg 1928. Prager Deutsche Studien. Heft 43.
Franz Hüller: Adalbert Stifters Witiko. Eger 1930.
Julius Kühn: Stifter als Erzähler. Eger 1931.
Joachim Müller: Stifter und das 19. Jahrhundert. Eger 1931.
Franz Matzke: Die Landschaft in der Dichtung A. Stifters. Eger 1932.
Karl Georg Gassert: Stifter als Erzieher. Reichenberg 1932.

[10] Stellvertretend sei hier Karl Georg Gassert und seine Schrift ‚Stifter als Erzieher‘ (o. Anm. 9) erwähnt, in der man im Quellennachweis weitere Literaturangaben finden kann, die sich zwischen den Polen „Region" (Hajek) und „Literaturpapsttum" (Hermann Bahr) bewegen. Irgendwo dazwischen wären dann Beiträge wie der von Richard von Schaukal einzuordnen.

In erster Linie wird er als Symbol der anspruchsvollen deutschsprachigen Kultur aus Böhmen, als eine der deutschsprachigen Gipfelleistungen im Lande angesehen (neben dem ‚Ackermann aus Böhmen'). Zweitens wird in seinem Werk die nationale Versöhnlichkeit akzentuiert, es werden Ansätze für ein symbiotisches Zusammenleben der Deutschen und Tschechen in Böhmen betont. In diesem Zusammenhang ist vor allem die Zeitschrift ‚Witiko' zu nennen und die Bemühungen von Josef Mühlberger überhaupt. Schließlich wird Stifters Heimatverbundenheit hervorgehoben und Stifter immer mehr als der Dichter nur der Deutschböhmen in Anspruch genommen. Von da aus war es nur noch ein kleiner Schritt, um im ‚Protektorat Böhmen und Mähren' den „literarischen" Adalbert Stifter-Preis zu gründen, dessen Initiator die Zeitschrift ‚Böhmen und Mähren' war und dessen Vorsitz im Preisgericht der damalige SS-Gruppenführer und Staatssekretär Karl Hermann Frank innehatte.[11] Solche außerliterarische Verlagerung der Akzente steht im krassen Widerspruch zu Stifters Geisteswelt, so daß man in diesem Fall direkt vom Mißbrauch des Namens sprechen kann.

Im Bezug auf Stifters Rezeption unter den Deutschböhmen/Sudetendeutschen sind noch drei Anmerkungen zu machen, die freilich alle weiterer Diskussion bedürfen:

1. Natürlich hat die Regionalliteratur des Böhmerwaldes in Stifter ihren Vorgänger und ihr Vorbild gesehen, aus dessen Werk sie nicht nur äußerliche Motive übernommen hat (z.B. das Motiv des Sees als eines ruhigen, abgeschiedenen Ortes), sondern auch gewisse Prinzipien der Textgestaltung (Eingliederung von Sagen in den Text u.a.m.).

2. Es ist irreführend und anachronistisch, wenn Stifter (noch in den sechziger Jahren) als sudetendeutscher Schriftsteller bezeichnet wird.[12] Bei Uninformierten entstehen dann ähnlich falsche Geschichtsbilder, wie es am Anfang schon bei der tschechischen mittleren und jüngeren Generation festgestellt wurde.

3. Stifters Werk und Persönlichkeit wurden nicht nur von Lesern oder Germanisten und in der Regionalliteratur des Böhmerwaldes rezipiert, sondern auch in Werken renommierter Schriftsteller wie Urzidil, Merker oder Mühlberger. Merker und Mühlberger fangen Stifters Leben und Werk mit Monographien ein,[13] Urzidil betrat den schwierigen Weg indirekter Aussage mittels einer Novelle.[14]

---

[11] Vgl. ‚Im Kranz der Berge'. Das Adalbert-Stifter Preisbuch 1941. Berlin, Prag, Wien, S. 5f.
[12] Viktor Karell: Die Dichter des Böhmerwaldes (Von Adalbert Stifter bis zur Gegenwart). Landau a.d. Isar. o.J., S. 3.
[13] Emil Merker: Adalbert Stifter. Fürth 1953; Josef Mühlberger: Adalbert Stifter. Mühlakker 1966.
[14] Johannes Urzidil: Der Trauermantel (Erstausgabe 1945).

Im Archiv des Instituts für tschechische Literatur bei der Tschechischen Akademie der Wissenschaften in Prag habe ich einundfünfzig Zeitungs- und Zeitschriftenbelege gefunden, die aus dem Zeitraum 1850–1945 stammen und die Stifter betreffen. Der Charakter dieser Belege ist ziemlich unterschiedlich: es wurde alles aufbewahrt, was über Stifter geschrieben wurde. So finden wir hier Nachricht über Stifters Ernennung zum Redakteur einer neuen Gymnasialzeitschrift sowie grundlegende Porträts oder kleinere Studien von tschechischen Germanisten und Bohemisten und Besprechungen der Übersetzungen von Stifters Werken. Einundfünfzig Beiträge in fast 100 Jahren – wie ist diese Zahl zu deuten, was sagt sie aus? Wurde dem Dichter gebührend Aufmerksamkeit gewidmet oder hat hier die tschechische, sich emanzipierende Kultur etwas versäumt? Ist das Erscheinen der Artikel in diesem hundertjährigen Zeitraum regelmäßig verteilt oder gibt es Momente, in welchen sie häufiger vorkommen? Aus welcher Zeit stammen die meisten Belege? Das sind Fragen, mit denen wir uns beschäftigen werden.

Bevor wir dies aber tun, muß auf einen Faktor hingewiesen werden, ohne den die Wahrnehmung der tschechischen Rezeption Stifters verzerrt würde: Obwohl hier soeben die tschechische, sich emanzipierende Kultur erwähnt wurde (und indirekt also auch die tschechische Gesellschaft), waren in der Mitte des 19. Jahrhunderts sowohl ihre Produzenten als auch ihre Rezipienten eigentlich bilingual. Als markanteste Beispiele dieses Bilingualismus möchte ich František Palacký und Bedřich Smetana anführen. Daraus folgt, daß zu Stifters Lebzeiten seine Werke von den Tschechen mühelos im Original gelesen werden konnten und auch wohl gelesen wurden, wie Hugo Rokyta belegt: „Auch in Böhmen kannte man Stifters ‚Condor' im Freundeskreis der Božena Němcová. Hat doch der Prager Übersetzer Soyka versucht, ein Plagiat zum Stifterschen Thema zu verfassen. Der Revolutionär Josef Václav Frič hat ihn daran gehindert."[15] Vielleicht ist die Zahl der Beiträge zu Stifter in den Zeitungen deshalb so gering (wie tschechische Editoren von ihrer Erfahrung her meinen) – insbesondere im 19. Jahrhundert. Dem würde auch die Frequenz der Herausgabe von Stifter-Übersetzungen entsprechen: Abgesehen von der ersten Übersetzung des ‚Hochwalds', die 1862 in der Zeitschrift ‚Lumír' gedruckt wurde, erschien das erste Buch von Stifter in tschechischer Sprache 1905 (Laichter-Verlag) unter dem Titel ‚Křišt'ál' (‚Bergkristall'). Selbstverständlich muß man bei diesen Überlegungen auch das allgemeine Desinteresse an Stifters Werk in den achtziger und neunziger Jahren des 19. Jahrhunderts in Betracht ziehen. Trotzdem scheint es, daß es den tschechischen Literaturkritikern nicht völlig unbekannt war. So beruft sich z.B. 1893 Leander Čech in seiner Überlegung über Klostermanns Prosa auf Stifter und vergleicht beide Dichter (im Geiste der damaligen Zeit natürlich zu Gunsten des „realisti-

---

[15] Hugo Rokyta: Adalbert Stifter und Böhmen. České Budějovice 1968, S. 11.

schen" Klostermann).[16] Woher sonst konnte der tschechische Literaturkritiker Stifters Erzählungen kennen, wenn nicht von den deutschen Ausgaben, denn keine anderen Erzählungen von Stifter wurden zu dieser Zeit ins Tschechische übersetzt. Es scheint also, daß Stifters Werk in der zweiten Hälfte des 19. Jahrhunderts in Böhmen auch von Tschechen rezipiert wurde, aber in deutscher Sprache. Der Bilingualismus des tschechischen Lesepublikums könnte dann auch die relativ geringe Zahl der Belege in tschechischen Zeitungen erklären. Außerdem gesellt sich dazu noch der Umstand, daß Stifters Rezeption erst in den zwanziger Jahren allgemein einen neuen Aufschwung erfuhr.[17] Zu dieser Zeit erschienen in tschechischer Übersetzung nicht nur Erzählungen, sondern auch der Roman ‚Witiko' (1926). In den dreißiger Jahren mehren sich die Übersetzungen, und einen echten Boom erleben sie in der Okkupationszeit: Von den 21 Übersetzungen, die in der Bibliographie aufgeführt sind, wurden sechs eben in dieser Zeit herausgegeben. Wenn wir Stifters tschechische Ausgaben nach 1945 weiter verfolgen, überrascht ein wenig die neue Ausgabe des ‚Witiko' im Jahre 1953, da man allgemein von der ersten Hälfte der fünfziger Jahre in der Tschechoslowakei meint, es sei damals von der deutschsprachigen Kultur sehr wenig rezipiert worden, und wenn, dann Werke, in denen man einen revolutionären Geist zu finden glaubte (wie z.B. in Gedichten von Heinrich Heine). Um diese Übersicht der Übersetzungen ins Tschechische zu Ende zu führen, erinnern wir daran, daß 1968 der des Deutschen nicht mächtige tschechische Leser Stifters ‚Nachsommer' endlich lesen konnte. Erwähnenswert ist die umfassende und bisher letzte Ausgabe von Stifters Erzählungen, die der tschechische Germanist Jiří Stromšík 1978 für den Odeon-Verlag vorbereitet und mit einem gründlichen Nachwort versehen hat.

Nach dieser Information über die wichtigsten tschechischen Ausgaben Stifters kehren wir zu unseren Zeitungsbelegen und zu den in diesem Zusammenhang gestellten Fragen zurück. Die Rezeption von Stifters Werk verlief im tschechischen kulturellen Milieu (unter Berücksichtigung des Umstandes seiner Zweisprachigkeit) bis Ende des 19. Jahrhunderts bzw. bis zum Ende der Monarchie auf ähnliche Weise wie in Deutschland oder Österreich, d.h. die wahre Entdeckung Stifters erfolgte erst in den zwanziger und dreißiger Jahren, in der Tschechoslowakei (gemeint ist jetzt der tschechische Teil) sogar erst in den dreißiger und vierziger Jahren. Die Frequenz der Zeitungs- und Zeitschriftenartikel über Stifter bestätigt dies. Von den Zeitungsbeiträgen aus den zwanziger Jahren ist der Artikel ‚Obnovení Adalberta Stiftera' (Die Renaissance Adalbert Stifters) des tschechischen Literaturprofessors Arne Novák wichtig,[18] denn Novák informiert darin über neue Würdigungen, die Stifter

---

[16] S. Čech [= Leander Čech]: Výpravná prosa. In: Osvěta 23 (1893), Nr. 9, S. 860.
[17] Vgl. dazu: Kontrapunkt. In: Literární noviny 5 (1994). Nr. 8 (24.2.), S. 15.
[18] Arne Novák: Obnovení Adalberta Stiftera. In: Lidové noviny 33 (1928). Nr. 478 (24.9.), S. 7.

von zeitgenössischen österreichischen Dichtern erfuhr (Hermann Bahr, Felix Braun, Hugo von Hofmannsthal, Richard von Schaukal). Ich halte diesen Artikel deshalb für so wichtig, weil er für die tschechische Gesellschaft in neuen Grenzen einen Blick über diese Grenzen hinaus eröffnete. Für die Rezensionen aus den zwanziger Jahren ist interessant, daß darin der tschechischen Ausgabe des ‚Witiko' keine Aufmerksamkeit gewidmet wird (trotz der Widmung und der landespatriotischen Tendenz des Buches), dafür aber der Übersetzung der ‚Narrenburg'.

Parallel zur Zahl der Übersetzungen steigt in den dreißiger Jahren auch die Zahl der Artikel. Dies ist jedoch nicht nur dadurch verursacht, daß diese Übersetzungen in den Kulturrubriken besprochen wurden. Seit der Mitte der dreißiger Jahre widmet die tschechische Literaturkritik Stifter und seinem Werk verstärkte Aufmerksamkeit. Stifter wird nun als ein Autor entdeckt, der das friedliche Zusammenleben der deutschen und tschechischen Nation in einem Staat symbolisiert,[19] man sieht in ihm einen wahren Vertreter der Humanitätsidee Herders und Goethes.[20] Obwohl nationalistische Spannungen im Lande durch die Tätigkeit der Partei Henleins erheblich zunahmen, war es eben ein deutschsprachiger Schriftsteller, der die Humanitätsidee in dieser bewegten Zeit hervorgehoben hat. Die Novelle ‚Der Trauermantel' schrieb Johannes Urzidil zwar erst 1945, seine Studie ‚Adalbert Stifters Humanität' wurde aber in der ‚Prager Rundschau' schon 1937 veröffentlicht und fand in der tschechischen Presse ein positives Echo.[21] Angesichts der weiteren geschichtlichen Entwicklung der Tschechoslowakei wirkt es bis in die heutige Zeit entmutigend, wie erfolglos dieser Ruf nach Vernunft und Versöhnlichkeit geblieben ist, und es zeugt darüber hinaus von intellektueller und künstlerischer Ohnmacht gegenüber entfesselten Emotionen.

Fünfzehn Beiträge, also mehr als ein Viertel von einundfünfzig, stammen aus den ersten Monaten des Protektorats und dem Jahr 1940. Wenn man auch in diesem Jahr den 135. Geburtstag Stifters feierte, so bezog sich doch nur ein Artikel direkt auf dieses Ereignis.[22] Die anderen Artikel sind in der Regel kurze, belanglose Nachrichten über das Stifter-Museum in Oberplan, Bücher über Stifter usw., bzw. Rezensionen der neuen Übersetzungen ins Tschechische. Trotzdem: die Zahl von fünfzehn Artikeln in etwa sechzehn Monaten ist überraschend. Die Gründe für diese Häufigkeit könnten verschiedenen Charakters sein.

---

[19] Maßgebend dafür ist der Artikel ‚Symbiotická integrace' des tschechischen Germanisten und Übersetzers Pavel Eisner, den er unter dem Pseudonym Jan Ort in Lidové noviny 44 (1936). Nr. 647, (28.12.), S. 5, veröffentlicht hat.
[20] amp [= Antonin Matěj Píša]: Příklad německého básníka z Čech. In: Právo lidu 46 (1937). Nr. 189, (13.8.), S. 4.
[21] Ebd.
[22] ft [= František Tichý]: Dvojí výročí Adalberta Stiftera. In: Lidové noviny 48 (1940). Nr. 539, (13.10.), S. 7.

Erstens wäre es möglich, daß Stifter aufgrund der an ihm hervorgehobenen Versöhnlichkeit für beide Seiten – Okkupanten und Okkupierte – als ein Dichter akzeptabel gewesen ist, dessen Werk in keiner Weise national gefärbt war. Dies wäre dann der Grund, weshalb er bei den Tschechen auf keine allzu große Ablehnung gestoßen ist. Den Deutschen hätte wiederum in dieser Anfangsphase des Protektorats Stifters politischer Konservativismus und die überzogene Interpretation eines heimatgebundenen Dichters entsprechen können.

Zweitens: in dem okkupierten Land mußten Bücher deutschsprachiger Autoren gedruckt werden. Ich kann es mir als typisch tschechische salomonische Lösung des Problems vorstellen, lieber deutschsprachige Autoren von wertvollen Werken als Konjunkturalisten zu drucken, vielleicht auch unter dem Vorwand eines Nachholbedarfs.

Als dritter Grund für diese Häufung von Artikeln kann natürlich auch ein Hang zur Kollaboration, zum Entgegenkommen gegenüber den „neuen Herren" gelten.

Gleichgültig, welcher der Gründe der schwerstwiegende war, so wurde doch Stifters Rezeption dadurch in Böhmen kaum beeinträchtigt. Zufälligerweise ist das Ausleihverzeichnis der Städtischen Bibliothek in Prag für das Buch ‚Z kroniky našeho rodu' (‚Aus der Mappe meines Urgroßvaters') in meine Hände geraten. Das Buch wurde 1959 herausgegeben. In 35 Jahren haben es 26 Leser ausgeliehen. Bei der Zahl von etwa 70 Kreisbibliotheken in der Tschechischen Republik kann man mit etwa 2000–2500 Lesern rechnen. Das Buch wurde in einer Auflage von 15000 Exemplaren herausgegeben. Angenommen, daß jedes Exemplar im Durchschnitt zwei Personen gelesen hätten, kommen wir so (ich gebe zu: ziemlich hypothetisch) zu einer Lesergemeinde von rund um 33000 Lesern in 35 Jahren. Bestimmt keine Massenverbreitung.

Das Bild der Rezeption von Stifters Werk im tschechischen kulturellen Milieu wäre unvollständig, würde hier nicht die Auseinandersetzung der tschechischen Germanistik mit Stifter skizziert. Ich muß vorausschicken, daß mir keine selbständige tschechische Studie zu Stifters Werk bekannt ist, die den Umfang der im ersten Teil des Referats besprochenen Studien hätte. Die bereits in den achtziger Jahren des 19. Jahrhunderts gegründete tschechische Germanistik begann sich mit Stifter erst relativ spät zu beschäftigen. Der Gründer der tschechischen Germanistik, Arnošt (Ernst) Kraus, schrieb zwar sein Buch ‚Stará historie česká v německé literatuře' (Praha 1902: ‚Alte tschechische/böhmische Geschichte in der deutschen Literatur') über die literarische Bearbeitung verschiedener historischer Themen. In diesem Buch erwähnte er jedes bekannte und unbekannte Werk; ‚Witiko' blieb ihm aber seltsamerweise unbekannt. Erst Pavel Eisner bringt 1933 in ‚Československá vlastivěda' (‚Die tschechoslowakische Heimatkunde') ein zweieinhalbseitiges Porträt Stifters, in dem er insbesondere den Roman ‚Witiko' hervorhebt und Stifter als „einen der größten Heiligen der deutschen Prosakunst" bezeichnet.²³ Allerdings hatte Eisner bereits 1930 in einer anderen Studie Stifters historische Bedeutung als letzten Schriftstellers des Bohemismus gewürdigt.²⁴ In der Nachkriegszeit setzen sich tschechische Germanisten mit Stifter in der Form von Nachworten auseinander. Aufmersamkeit verdient hier das Nachwort von Eduard Goldstücker zur tschechischen Ausgabe des ‚Nachsommers', in dem er sich näher mit dem Genre des Entwicklungsromans beschäftigt. Den Rahmen eines Nachworts übersteigt Stromšíks Nachdenken über Adalbert Stifters Persönlichkeit und Werk in unserer Zeit. Auf der Basis breiter Kenntnisse und gedanklich durchdringend wurde hier wohl das bisher grundlegendste tschechische Wort zur Stifterschen Problematik gesagt.

---

[23] Pavel Eisner: Československá vlastivěda. Bd. 7. Praha 1933, S. 330–332.
[24] Pavel Eisner: Milenky. Praha 1992, S. 13/14. (Zum ersten Mal ist die Studie 1930 in Prag erschienen.)

Emanuel Schmid

Viele Wege führen in die Ewigkeit

Adalbert Stifters Einzug in die Walhalla

Gertrud Fussenegger gewidmet

Wohl im Sommer 1846 muß es gewesen sein,[1] als Adalbert Stifter anläßlich seines ersten Regensburger Aufenthalts[2] die seit vier Jahren vollendete Walhalla besuchte (Abb. 1). Neunzehn Jahre später, auf der Rückreise von der Karlsbader Kur wieder in Regensburg, verzichtete er auf eine erneute Besichtigung: „Die Walhalla mochte ich dieses Mal gar nicht besehen," schrieb er an den Freund und Verleger Gustav Heckenast, „ihr Besuch hat mir vor Jahren Thränen gekostet, jezt hätte ich Ingrimm gefühlt. Dieses Vergöttern der Todten, die man im Leben gekreuzigt hat, und noch immer kreuzigt, ist zu empörend und ekelhaft."[3] Mit seiner entrüsteten Kritik sprach Stifter intuitiv durchaus einen ganz wichtigen Aspekt des Walhallagedankens an, nämlich den der Auflösung des einzelnen, mitunter quälenden Lebensschicksals zu elysischer Verewigung in der Harmonie der gereihten marmornen Büstengemeinschaft;[4] seine geradezu leidenschaftlich ablehnende Haltung solcherart nachtodlicher Verklärung zu Lebzeiten verkannter und verfolgter Existenz konnte nicht hindern, daß ihm selbst nach einem dreiviertel Jahrhundert ebendies angetan zu werden drohte.

Nachdem dem Reichskanzler Adolf Hitler 1936 von der bayerischen staatlichen Verwaltung ein ausschließliches Bestimmungsrecht der Walhalla-Aufnahme eingeräumt worden war, zog schon ein Jahr später Anton Bruckner in den Ruhmestempel ein, feierlich unterstützt von der anwesenden nationalsozialistischen Führungsriege Hitler, Goebbels und Himmler.[5] Dies wiederum veranlaßte die Leitung der 1918 gegründeten Stifter-Gesellschaft in Wien zu Überlegungen, auch Adalbert Stifter eine derartige Ehrung zuteil werden zu lassen.[6] Als materielle Grundlage dieser Hoffnung sollte ein 52 cm hoher

---

[1] Nach SW. Bd. 21, S. 325, Anm. zu S. 2, Z. 11 (Brief Nr. 612) kommt hier auch die Reise nach München im Sommer 1860 in Betracht, was wegen der Route über Salzburg nicht möglich ist; vgl. SW. Bd. 19, S. 243 (Brief Nr. 429), S. 249 (Brief Nr. 433).
[2] Vgl. SW. Bd. 17, S. 187 (Brief Nr. 79).
[3] SW. Bd. 21, S. 2 (Brief Nr. 612).
[4] Vgl. hierzu mit Nachweisen Jörg Traeger: Der Weg nach Walhalla. Denkmallandschaft und Bildungsreise im 19. Jahrhundert. Regensburg 1987, S. 200–205.
[5] Zu den Feierlichkeiten vgl. Stefan Maier: Die Aufstellung der Anton-Bruckner-Büste in der Walhalla 1937. In: Feste in Regensburg. Hrsg. von Karl Möseneder. Regensburg 1986, S. 603–608. – Zur Wahl Bruckners vgl. Albrecht Riethmüller: Die Walhalla und ihre Musiker. Laaber 1993, S. 16f.
[6] Die Ausführungen zur Büste Müller-Weidlers nach dem unfolierten Aktenmaterial im

Gips-Bozzetto[7] dienen, den ein Mitglied der Gesellschaft, der Bildhauer Josef Müller-Weidler, kostenlos anfertigte und im Oktober 1940 im großen Studiensaal der Albertina anläßlich der Eröffnung des neu eingerichteten Adalbert-Stifter-Museums ausstellen ließ.[8] Dem dann im November 1942 an die Berliner Reichskanzlei gerichteten, den Bozzetto durch Fotoaufnahmen erklärenden Ansuchen um Prüfung folgte im Februar 1943 die positive Antwort Albert Bohrmanns, des persönlichen Adjutanten Hitlers: „Meine Rückfrage bei dem Reichsministerium für Volksaufklärung und Propaganda hat ergeben, daß von dort Ihrem Vorschlag zugestimmt wird. Es wird aber gleichzeitig empfohlen, diese Ehrung Stifters auf einen späteren Zeitpunkt zu verlegen. Wegen der Marmorausführung der Büste werde ich Ihnen noch Bescheid geben."[9] Nachdem dieser im Mai 1943 in Wien eingegangen war, konnte Müller-Weidler den Entwurf in Marmor umsetzen und das Ergebnis seiner Auseinandersetzung mit dem Äußeren Adalbert Stifters im Frühjahr 1944 einer interessierten Öffentlichkeit präsentieren (Abb. 2).

Als ikonographische Quelle seines posthumen Porträts läßt sich die bekannteste fotografische Aufnahme Stifters identifizieren, die 1863 vom Wiener Hoffotografen Ludwig Angerer angefertigte hochoffizielle Vorlage für die Publikation ‚Album der Zeitgenossen' (Abb. 3). Stifter selbst hatte ehedem zu Angerers Bild gemeint: „meine Freunde sagen, ich sei es schon wieder nicht. Man sollte mich conterfeien, wenn ich nichts davon weiß, und eben in einem mich ergreifenden Gespräche bin."[10] In einer späteren Besprechung der Büste Müller-Weidlers ist Stifters eigener Verdacht posenhaften, gewollten Agierens zum Werturteil gesteigert, das seine Argumente aus dem Wiedererkennen des schon Hergebrachten zieht: „Der Künstler, ein bedeutender Porträtplastiker, der es versteht, dem toten Material Leben zu geben und in die seelische Tiefe des Modells einzudringen, schuf hier eine dem künstlerischen Empfinden des Dichters entsprechende Büste, die sein menschliches Antlitz so zeigt, wie es

---

Bayerischen Hauptstaatsarchiv München (künftig unter der Archiv-Sigle BayHStA, MK 50974) und Franz Fink: Geschichte und Schicksal einer Stifter-Büste. In: VASILO 4 (1955), S. 31–33.

[7] Katalog des Adalbert Stifter-Museums in Wien. Wien 1941, Nr. 147. – Abbildung in: Adalbert Stifter Almanach 1941/1942. Wien/Berlin 1942, S. 16/17. Der Bozzetto wurde im Krieg zerstört; vgl. Fink (o. Anm. 6), S. 33, Anm. 2. – Verkleinerte Replik (Terrakotta, Höhe 27 cm) heute im Adalbert-Stifter-Institut des Landes Oberösterreich (Linz) und im Wiener Adalbert-Stifter-Museum erhalten; vgl. auch Katalog des Adalbert Stifter-Museums in Wien. Wien 1941, Nr. 158. – Alois Raimund Hein: Adalbert Stifter. Sein Leben und seine Werke. Wien/Bad Bocklet/Zürich. 2. Aufl. 1952 (Berichtigungen und Ergänzungen von Otto Jungmair), S. 984.

[8] Zu Müller-Weidler (geb.1889) vgl. Allgemeines Lexikon der bildenden Künstler des 20. Jahrhunderts. Hrsg. v. Hans Vollmer. Leipzig. (künftig abgekürzt Vollmer) Bd. 3. 1956, S. 442 . – Fink (o. Anm. 6), S. 33, Anm. 1.

[9] BayHStA, MK 50974, Andorf 1954 November 1, in Anlage Abschrift Berlin 1943 Februar 13.

[10] SW. Bd. 20, S. 168f. (Brief Nr. 531).

der Schöpfer des Universums geschaffen und wir es seit je getreulich im Herzen tragen, natürlich, echt und wahr und keine Abstraktion. Nur der Größe und Bedeutung der Persönlichkeit des Dichters entsprechend, sind in der Büste geringe klassisch-griechisch-antike Züge zu finden."[11] Das bloß Konventionelle der Stifter-Büste wird zu Recht betont, freilich als Qualitätskriterium, was es nicht sein kann. Die in Stein verhärtete Übertragung des sich leicht zum Rechtsprofil drehenden Kopfes auf Angerers Ablichtung muß spätestens dann dissonant werden, wenn sich der Betrachter von seinem Standort löst, den ihm das tradierte Stifterbild anweist – wir haben die Büste eines Unbekannten vor uns (Abb. 4). Da sich der künstlerische Anspruch offensichtlich auf Porträtähnlichkeit beschränkte, konnte das ausgeführte Werk selbst dieser bescheidenen Vorgabe nicht gerecht werden. Das weitere Schicksal der Büste scheint daher angemessen: nach München geliefert, ging sie in den Wirren des „Endsiegs" verloren und wurde auf lange Zeit vergessen.

Die näheren Umstände und das formale Ergebnis der schließlichen Aufnahme Adalbert Stifters in die Walhalla sind eingebunden in einen bezugnehmenden Prozeß der Weiterführung des Walhallagedankens nach Kriegsende und der damit einhergehenden Erfahrungen.[12] Schon 1946 wurde einer neu etablierten und auch insoweit wieder verantwortlichen bayerischen Staatlichkeit zu Händen des Kultusministeriums von privater Seite ein Vorschlag unterbreitet: dem für die Entwicklung der deutschen Volkswirtschaft im 19. Jahrhundert bedeutenden Theoretiker Friedrich List (1789–1846) solle die Ehre der Walhalla-Erhöhung zukommen. Wohl um im Hinblick auf den zu erhoffenden Wiederaufbau auf wirtschaftspolitische Traditionen aufmerksam zu machen, fand die Anregung unbürokratische Zustimmung des Kultusministeriums, das auch die Kosten übernehmen und den Bildhauer bestellen wollte. Ausgewählt wurde mit Fritz Koelle eine widersprüchliche Künstlernatur, dessen Werk zur auch heute durchaus notwendigen differenzierten Betrachtungsweise auffordert: Koelle waren vor 1933 in der Darstellung abgehärmter Proletariergestalten ergreifende sozialkritische Schöpfungen gelungen,[13] nach der Machtergreifung änderte sich sein Stil, und schließlich galt er als Hauptvertreter nationalsozialistischer Arbeiterplastik. Der maßgeblichen Kultusbürokratie scheint Koelles Vergangenheit nicht bekannt gewesen zu sein, jedenfalls besichtigte Eberhard Hanfstaengl, der Generaldirektor der bayerischen Staatsgemäldesammlungen, den fertigen Gipsbozzetto im Frühjahr 1948 und beurteilte ihn als stilistisch gut gelöst. Daraufhin kam es im Juni zu einem

---

[11] Franz Fink: Adalbert Stifter und Passau. In: Ostbairische Grenzmarken. Passauer Jahrbuch für Geschichte, Kunst und Volkskunde 1957, S. 131–134, hier S. 131.
[12] Die folgenden Ausführungen beruhen auf den Akten des BayHStA, MK 50974 (chronologische Ordnung).
[13] Zur Genese von Koelles Arbeiterplastik zuletzt Peter Schirmbeck: Adel der Arbeit. Der Arbeiter in der Kunst der NS-Zeit. Marburg 1984, S. 51–97.

endgültigen schriftlichen Vertrag zwischen Koelle und dem Kultusministerium über die Steinausführung. Beiläufig und erst nachdem man in Erfahrung gebracht hatte, daß Karl Sattler, der Präsident der Münchner Akademie der bildenden Künste, seinen Rücktritt androhe, falls Koelles Bewerbung um einen Lehrauftrag angenommen würde, offenbarte sich die Tatsache, daß ein erstmaliger Walhallabüsten-Auftrag durch die neue bayerische Staatlichkeit einem massiv vorbelasteten Künstler übertragen worden war. Als zufällige Rettung aus dem wirksam abgeschlossenen Vertrag diente dem sich nun persönlich einschaltenden Kultusminister Dr. Alois Hundhammer das gerade in Kraft getretene Währungsgesetz:[14] es bot die zeitlich eng begrenzte Möglichkeit, von einer kurz vorher eingegangenen Schuldnerpflicht zurückzutreten. Unter knapper Wahrung der Fristen konnte die Vereinbarung mit Koelle aus oberflächlich ganz formaljuristischen Gründen storniert werden. Letzten Endes trägt somit ein wirtschaftspolitisches Grundgesetz der kommenden Bundesrepublik Schuld daran, daß dem verdienten deutschen Nationalökonomen Friedrich List bis heute ein ruhmvoller Walhalla-Einzug verwehrt geblieben ist.

Während diese peinliche Affäre eben ihren Lauf nahm, wurde anläßlich seines 75. Geburtstags am 19. März 1948 im Eilverfahren die Büste Max Regers aufgenommen,[15] letztlich durchgesetzt vom ehemaligen Schüler und Freund, dem Präsidenten der Münchner Staatlichen Hochschule für Musik, Josef Haas.[16] Der offizielle Antrag war erst im Herbst 1947 vom Bonner Max-Reger-Institut gestellt worden, für eine künstlerische Bearbeitung des Themas blieb kaum Zeit. Glücklicherweise konnte im Atelier des Münchner Bildhauers Georg Müller eine überlebensgroße, von Haas als „unbedingt lebenswahr" beurteilte Gipsbüste Regers aufgefunden werden, die dann in der Walhalla feierlich enthüllt wurde.[17] Ein dreiviertel Jahr später[18] lieferte Müller die leicht verkleinerte Marmorausführung nach dem Gipsvorbild, das aus der Vorkriegszeit stammte und in einer Bronzevariante in der ‚Großen Deutschen Kunstaus-

---

[14] Es handelt sich um die §§ 18 und 20 des 3. Gesetzes zur Neuordnung des Geldwesens (Umstellungsgesetz) vom 20. Juni 1948 der Militärregierung Deutschland. In: Beilage Nr. 5 zum Gesetz- und Verordnungsblatt des Wirtschaftsrates des Vereinigten Wirtschaftsgebietes Nr. 15 vom 2. August 1948, S. 13–20, hier S. 17.
[15] Zu den Quellen vgl. o. Anm. 12.
[16] Vgl. die Mitteilung des Sachbearbeiters Ministerialrat Fruth, München 1948 November 30, BayHStA, MK 50974. – Karl Laux: Joseph Haas, Schüler, Freund und Sachwalter Max Regers. In: Mitteilungen des Max-Reger-Institutes Bonn 9 (1959), S. 3–7, hier S. 6. – Die Wahl Regers gibt auch heute noch Anlaß zu mancherlei Verwunderung, so Riethmüller (o. Anm. 5), S. 17.
[17] Zu Georg Müller (1880–1952) vgl. Vollmer (o. Anm. 8). Bd. 3, S. 437; zuletzt Mortimer G. Davidson: Kunst in Deutschland 1933–1945. Eine wissenschaftliche Enzyklopädie der Kunst im Dritten Reich. Bd. 1 (Skulpturen). Tübingen 1988, S. 477f. (mit Abbildungen).
[18] Walhallaverwaltung Donaustauf, Frachtbrief München 1948 Dezember 15.

stellung 1937' im Münchner Haus der Deutschen Kunst gezeigt worden war. Die Teilnahme an dieser Prestigeveranstaltung offiziell anerkannten deutschen Kunstwollens zwischen 1937 und 1944 allein schien wenig problematisch, Müller hatte als „Unpolitischer" eher Harmloses ausgestellt, seine Regerbüste etwa, oder die Statuette eines ‚Rossebändigers'.[19]

Im Rahmen einer vom Stenographen-Zentralverein 1948 beantragten Aufnahme Franz Xaver Gabelsbergers, die mit Hinweis auf Gabelsbergers relativ geringe Bedeutung für die heutige Einheitskurzschrift und seine schon gegebene marmorne Anwesenheit in der Münchner Ruhmeshalle abgelehnt wurde, machte man sich endlich doch Gedanken über die tradierte Ordnung der Walhalla-Ehrung. Einschlägige Akten waren nach Mitteilung der zuständigen Registratur vernichtet, aber ein in den Zwanzigerjahren verantwortlicher Sachbearbeiter konnte Auskunft geben: „kann ich aus dem Gedächtnis anführen, daß nach dem Testamente König Ludwigs I. in die Walhalla aufgenommen werden sollten ‚Männer, die Deutschlands hohen Ruhm in der Weltgeschichte begründet haben'. Ferner sollten in der Regel 50 Jahre seit dem Ableben des Aufzunehmenden verflossen sein. An diese Regel hat man sich nicht immer gehalten (z.B. Bismarck, Moltke, Richard Wagner). Es muß bei dieser Gelegenheit auch betont werden, daß es nicht im Sinne des großen Walhallagedankens liegt, wenn die Aufnahme zu sehr von außen her betrieben oder erzwungen wird. So wird heute die Aufnahme Max Regers in die Walhalla in der Öffentlichkeit allein als Verdienst des Präsidenten der Musikhochschule Haas bezeichnet. Die Aufnahme müßte aber auf einem Entschluß der Bayerischen Staatsregierung beruhen, der von allen Deutschen innerhalb und außerhalb Bayerns freudig begrüßt und gebilligt wird, mag auch diese und jene Anregung den Anstoß gegeben haben. Die Aufnahme in die Walhalla bedurfte in der monarchischen Zeit natürlich der Zustimmung des Königshauses. Nach Beseitigung der Monarchie wurde vor der Entscheidung der Staatsregierung stets ein Gutachten der Akademie der Wissenschaften und meist auch des Maximiliansordens für Wissenschaft und Kunst erholt. Durch diese Einschaltung hochangesehener Körperschaften wurde eine Sicherung dagegen getroffen, daß nicht parteiische Einseitigkeit oder politischer Druck die Aufnahme bestimmen [...]. Die endgültige Entscheidung erfolgte durch den Ministerrat [...]. Es wurde vom Ministerium stets darauf Bedacht genommen, daß sich die Aufnahmen nicht häufen und daß zwischen einer Aufnahmefeier und der nächsten Aufnahme ein gewisser Zeitraum liegt. Andernfalls würde eine Aufnahme entwertet werden und nicht mehr die Bedeutung eines besonderen Ereignisses beanspruchen können. Schließlich darf noch angefügt werden, daß

---

[19] Ausstellungskatalog: Große Deutsche Kunstausstellung 1937 im Haus der Deutschen Kunst München. München 1937, Nr. 498–500 (Abbildung 64). Vgl. auch die weiteren Kataloge 1939 (Nr. 762–765), 1940 (Nr. 803–804), 1941 (Nr. 755–756), 1943 (Nr. 597–598).

vor Gabelsberger zwei Namen genannt werden müßten: Adalbert Stifter [...], der deutsche Dichter, der heute der Jugend und den Sudetendeutschen Größtes bedeutet; dann Johannes Brahms, der große Tondichter [...]. Abschließend darf noch auf folgende Gepflogenheiten hingewiesen werden: Es war üblich, daß die Büsten jeweils von einem Mäzen bezahlt wurden. Dieser hatte dafür das Recht, den Künstler vorzuschlagen, der die Büste zu fertigen hatte. Dieses Vorschlagsrecht war dann unbedenklich, wenn der Mäzen sich vor der Wahl des Künstlers belehren ließ, sonst konnte es dazu führen, daß ein der Aufgabe nicht gewachsener Künstler vorgeschlagen wurde. Zum Beispiel benannte der Fürst von Thurn und Taxis, der die Schubert-Büste stiftete, auf fremde Empfehlung den Bildhauer Weckbecker, dessen Büste die schlechteste seit der Zeit nach dem Tode Ludwigs I. sein dürfte und allgemein abgelehnt wurde.

Da die Aufnahme einer Büste in die Walhalla ein feierlicher Staatsakt ist, müßten die Einladungen zu dem üblichen Bankett (nach der Feier) von der Staatsregierung ausgehen. Es dürfte nicht der Stadt Regensburg überlassen werden, nach eigener Auswahl beliebige Gäste einzuladen und peinliche Versehen zu begehen (so mußte bei der Regerfeier der rector magnificus der Universität München, mit der Amtskette angetan, unbeachtet im Bierlokal sitzen, während weniger Prominente geladen waren)."[20]

Auswahl und zeremonielles Umfeld der Aufnahme sollten also jetzt wieder einem geordneten Ablauf unterworfen werden. Der Hinweis auf Stifter hatte nur affirmativen Charakter, in interessierten Kreisen des Kultusministeriums war der Name schon häufiger genannt worden. So heißt es in einer nachträglichen ministeriellen Stellungnahme zu den Feierlichkeiten anläßlich der Aufnahme Regers vom 31. März 1948: „Die Möglichkeit, Büsten aufzustellen, müßte stärker als bisher wahrgenommen werden, dies schon aus politischen Gründen. Vor allem müßten von den Dichtern Hölderlin und Stifter, von den Musikern Brahms und Schumann und von den bildenden Künstlern des 19. Jahrhunderts z.B. Leibl und Marées in die Walhalla kommen."[21] Ein internes Schreiben des Kultusstaatssekretärs Dr. Dieter Sattler an Minister Hundhammer vom 20. Mai 1948 verdeutlicht weitere Absichten: „Ich schlage vor, zu prüfen, ob neben Hölderlin Robert Schumann, Adalbert Stifter, Brahms in geeigneten Abständen in die Walhalla aufgenommen werden könnten. Der Vorschlag erscheint auf lange Sicht gesehen sehr erwägenswert, da bei längerer Vorbereitung insbesondere mit den entsprechenden Organisationen eine Werbung für die bayerische Kulturpolitik durchgeführt werden kann. Die Finanzierung der Büsten müßte durch größere Verbände, wie das früher üblich

---

[20] Ministerialrat Fruth an Kultusminister Alois Hundhammer, München 1948 November 30, BayHStA, MK 50974.
[21] Bemerkungen zur Reger-Feier von Regierungsdirektor Dr. Walter Keim u. Staatssekretär Dr. Dieter Sattler, München 1948 März 31, BayHStA, MK 50974.

war, übernommen werden."²²

Von den oben Genannten fand außer Stifter bis heute keiner seinen Sitz in der Walhalla, auch die in den folgenden Jahren dem Ministerium zur Entscheidung vorgelegten Anwärter Balthasar Neumann, Adolph Kolping, Johann Michael Sailer, Orlando di Lasso hatten keine Chancen: „Die Anträge wegen Aufnahme der Büsten berühmter Persönlichkeiten der deutschen Vergangenheit in die Walhalla häufen sich in einem außergewöhnlichen Maße, so daß schon aus diesem Grunde Hindernisse bestehen",²³ bedauerte man etwa im Fall Balthasar Neumanns; das Ministerium sehe sich auch nicht in der Lage, die Kosten für die Herstellung einer Büste von etwa 20.000 DM aus laufenden Mitteln zu bestreiten. Deshalb müsse auf das bestehende Herkommen hingewiesen werden, daß solche Kosten aus Spenden bestritten würden.

Die Frage der Finanzierung diente zum Regulativ: so konnte erst nach einem Jahrzehnt das schon 1949 vom Rektor der Münchner Universität eingeleitete Verfahren bezüglich Wilhelm Conrad Röntgens glücklich zu Ende gebracht werden, nachdem alle früheren ins Auge der vorwiegend ärztlichen Interessengemeinschaften gefaßten Termine wegen fehlender Geldmittel verstrichen waren.

Mit Adalbert Stifter sollte es schneller gehen! Am 22. Februar 1952 wurde von der Sudetendeutschen Ackermann-Gemeinde ein förmlicher Antrag um Aufnahme des Dichters in die Walhalla gestellt.²⁴ Das daraufhin von der Bayerischen Akademie der Wissenschaften durch Prof. Dr. Friedrich Klingner erstellte Gutachten²⁵ würdigt Stifter u.a. folgendermaßen: „Der Naturforschung zugetan, ein scharfer Beobachter der Natur und auch dem technischen Ertrag der Naturwissenschaft keineswegs abgeneigt, hat er doch die Natur nicht auf Stoff und Kraft und mechanische Gesetzmäßigkeit beschränkt sehen wollen, sondern als Schöpfung und Offenbarung göttlicher Ordnung verehrend beobachtet und durchforscht und mit Andacht dargestellt. Die Kunst ist für ihn mit der Religion nahe verwandt. Göttliche Wahrheit unter dem Aspekt der Schönheit zu spiegeln, ist ihre eigentümliche Leistung, Sammlung und Versenkung wesentliches Erfordernis, Zerstreuung, leicht gemachter Genuß und der Hang zum Erregenden, großartig Überraschenden das Verderben. So hat die Kunst für ihn weder in das Phantastische, Willkürliche, Unverbindliche entgleiten noch in die Dienstbarkeit kunstfremder Wirklichkeiten und Mächte geraten können. Seine eigene Kunst hält vielmehr zweierlei mit hoher Kraft zusammen: Sie stellt Dinge und Wesen treu und genau, aber zugleich im

---

[22] Staatssekretär Dr. Dieter Sattler an Kultusminister Dr. Alois Hundhammer, München 1948 Mai 20, BayHStA, MK 50974.
[23] Antwort des Ministeriums an den Antragsteller, München 1952 Juli 12, BayHStA, MK 50974.
[24] Zu den Quellen vgl. o. Anm. 12.
[25] München 1952 Juni 6, BayHStA, MK 50974.

Licht ihrer göttlichen Idee dar. Die Welt seiner Werke hat etwas von ursprünglich heiler Natur und auch von ‚neuer Schöpfung' an sich. Dieser hohe Begriff von Natur und Kunst bleibt nicht im Bereich von Gesinnung, Bekenntnis und Absicht stecken, sondern verwirklicht sich reiner und reiner in der Art, wie die Dinge gegenwärtig werden, und vor allem in der Sprache, einer Prosa, die zum Lautersten, Höchsten unseres geistigen Erbes gehört." Klingner kommt zu dem Ergebnis: „Daß Stifter in die Reihe derer gehört, deren Ruhm tief und fest gegründet ist und volles Recht auf Dauer im Wechsel der Zeiten hat, kann die Akademie aus Einsicht in die Art seines Lebenswerkes, in sein Verhältnis zur Zeit und in den Gang seiner Wiederentdeckung bekräftigen."

Als sich der Schlesierverband zeitgleich um die Aufstellung einer Büste Joseph von Eichendorffs bemühte, die dann auch 1957 erfolgen sollte, macht die Antwort Kultusminister Josef Schwalbers eine weitere, nun ganz außerliterarische Begründung für das auffallende ministerielle Engagement deutlich: „Ich habe bereits der sudetendeutschen Ackermanngemeinde zugesichert, eine Büste Adalbert Stifters in die Walhalla aufzunehmen. Die Gründe, die für mich dabei maßgebend waren, würden auch für die Aufnahme von Eichendorff maßgebend sein: es soll dadurch das geistige Schaffen bedeutender Persönlichkeiten der Heimat der Vertriebenen betont und die innere Verbundenheit zwischen der alten und der neuen Heimat gefestigt werden."[26] Auch im Briefwechsel der Beteiligten an der geplanten Röntgen-Büste finden sich eindeutige Hinweise: „Auf mein entsprechendes Vorfühlen hin erhielt ich die Mitteilung, daß als nächster Anwärter für die Aufstellung in der Walhalla Adalbert Stifter vorgesehen sei, um damit gleichzeitig eine Art Manifestation, im Hinblick auf die Vertreibungen im deutschen Osten und dessen einstige kulturelle Bedeutung, zu verknüpfen."[27] Schließlich verband Schwalber in einem Schreiben an den Antragsteller, die Ackermann-Gemeinde, politische und finanzielle Belange der kommenden Stifter-Ehrung: „Die Ackermann-Gemeinde hat den Antrag gestellt, eine Büste von Adalbert Stifter in der Walhalla aufzustellen. Ich entspreche diesem Antrag um so lieber, weil er Gelegenheit bietet, die hohe kulturelle Bedeutung und Leistung des deutschen Ostens durch ein sichtbares Zeichen anzuerkennen und dem ganzen Volke vor Augen zu führen. Das Werk dieses großen Dichters ist aber nicht eine Sache von lokaler Bedeutung und Eigentum eines einzelnen Stammes, es gehört vielmehr zum kostbarsten Besitz der deutschen Kultur überhaupt und sein Schöpfer verdient mit Recht einen Platz unter den erlauchtesten Geistern deutscher Wissenschaft und Kunst. Die für die Herstellung der Büste benötigten Mittel sind einem stets geübten Herkommen entsprechend von der antragstellenden

---

[26] München 1952 Juli 19, BayHStA, MK 50974.
[27] Schreiben des Landtagsabgeordneten Dr. Heinrich Franke an Prof. Dr. Walther Gerlach, München 1952 September 3, Abschrift für das Kultusministerium, BayHStA, MK 50974.

Organisation aufzubringen. Da es sich bei der Ackermann-Gemeinde um eine Organisation von Heimatvertriebenen handelt, habe ich gleichzeitig Anweisung gegeben, aus meinem Dispositionsfonds den Betrag von 2000 DM als Grundstock für die aufzubringende Gesamtsumme zu überweisen."[28] Am Geld sollte das Ganze nicht scheitern: außer den Zuschuß des Kultusministeriums erhielt der Antragsteller insgesamt 4650 DM vom Bundesministerium für gesamtdeutsche Fragen, der Regierung von Oberbayern und den Städten Regensburg, München und Passau. Nur etwa 19 Prozent der Gesamtkosten mußten durch Spenden aufgebracht werden, am Ende verblieb noch ein Überschuß von 450 DM.[29] Zur Durchführung der Vorbereitungsarbeiten wurde von der Ackermann-Gemeinde ein Kuratorium gegründet, dem der Adalbert-Stifter-Verein als zentrale kulturelle Organisation der Sudetendeutschen beitrat. Man blieb in enger Verbindung mit dem Kultusministerium, zumal die Frage der Auftragsvergabe für die Büste bevorstand.

Hier hatte Prof. Dr. Theodor Oberländer, Staatssekretär im Innenministerium und späterer Bundesminister,[30] kurz nach dem Akademie-Gutachten, also sehr frühzeitig, mit Oswald Hofmann einen Kandidaten ins Spiel gebracht, der „nach dem Urteil der Sachkenner besonders geeignet erscheint, die in Frage stehende Stifter-Büste zu schaffen."[31] Hofmann, im böhmischen Erzgebirge geboren, hatte lange in München gelebt, bis er 1943 eine kurzzeitige Professur an der Prager Kunstakademie erhielt.[32] In den offiziellen Ausstellungen im Münchner „Haus der Deutschen Kunst" seit 1937 war er regelmäßig vertreten[33] mit Werken wie ‚Daphne' (Abb. 5).[34] Insgesamt war Hofmanns plastisches Gestalten einem akademisch verhärteten Schematismus unterworfen, der zu Wiederholungen tendierte und gerade in den weiblichen Aktfiguren der Linie nationalsozialistischer Kunstakzeptanz entsprach. Eine dem Porträtbildner notwendige Fertigkeit differenzierender Gesichtsformung ging ihm völlig ab, seine nackten Damen verblieben in seltsam gleichförmiger starrer Ausdruckslosigkeit. Freilich hatte das Kultusministerium ja in der Zwischenzeit Erfahrungen mit den alten Meistern des Dritten Reichs gesammelt, man reagierte jedenfalls unmißverständlich: als nämlich am 29. November 1952

---

[28] Schreiben des Kultusministers Dr. Josef Schwalber an Dr. Paulus Sladek (Ackermann-Gemeinde), München 1952 Oktober 24, Abschrift, BayHStA, MK 50974.
[29] Vgl. Verwendungsnachweis der Ackermann-Gemeinde (Stifter-Kuratorium), München 1954 Oktober 5, BayHStA, MK 50974.
[30] 1950–53 Staatssekretär für Angelegenheiten der Heimatvertriebenen im Bayerischen Innenministerium, 1953–60 Bundesvertriebenenminister.
[31] Schreiben Oberländers an Schwalber, München 1952 Juni 26, BayHStA, MK 50974.
[32] Zu Hofmann (geb.1890) vgl. Vollmer (o. Anm. 8). Bd. 2 (1955), S. 469; zuletzt Davidson (o. Anm. 17), S. 450 (mit Abbildungen).
[33] Vgl. o. Anm. 19, Ausstellungskataloge 1937 (Nr. 299), 1938 (Nr. 380–381), 1939 (Nr. 453–457), 1940 (Nr. 500–503), 1941 (Nr. 462–465), 1942 (Nr. 451–452), 1943 (Nr. 384–387).
[34] Vgl. o. Anm. 19, Ausstellungskatalog 1941, Nr. 465; Abbildung bei Davidson (o. Anm. 17).

die Genehmigung der Neuaufnahme Stifters in die Walhalla durch den bayerischen Ministerrat vorbereitet wurde, bemerkte Kultusminister Schwalber in einer Note an die Staatskanzlei hinsichtlich des Büsten-Auftrags: „Die endgültige Bestimmung [...] wird sich das Ministerium vorbehalten müssen. Staatssekretär Oberländer hat [...] bereits den Bildhauer Prof. Oswald Hofmann vorgeschlagen. Dieser ist für die Aufgabe nicht bedeutend genug und würde von vielen Seiten abgelehnt werden."[35]

Die Wahl eines wirklich geeigneten Künstlers sollte nun auf landsmannschaftlich eingeschränkter Wettbewerbsbasis erreicht werden. Das Stifter-Kuratorium lud eine Reihe von Bildhauern sudetendeutscher Herkunft ein, ließ sich deren Vorstellungen erklären und kam endlich nach eineinhalb Jahren und der Zustimmung durch das Kultusministerium am 18. Juni 1954 zum Entschluß, den Absolventen der Stuttgarter Kunstakademie Otto Herbert Hajek mit dem Auftrag für die künftige Stifter-Büste zu betrauen.[36] Einzelheiten dieser Entscheidungsfindung und ihrer Probanden lassen sich mangels Unterlagen nicht weiter klären, jedenfalls fand eine Endauswahl statt unter Mitwirkung Josef Henselmanns, des Präsidenten der Münchner Kunstakademie, der seine eigene Stimme dem ebenfalls einer jungen Bildhauergeneration angehörenden Karlheinz Hoffmann gab.[37]

Zwischenzeitlich tauchte die Stifter-Büste Müller-Weidlers (Abb. 2 und 4) wieder auf, die in einem Münchner Depot der bundeseigenen Treuhandverwaltung von Kulturgut die Nachkriegszeit überstanden hatte.[38] Durch Pressemitteilungen[39] über den Wettbewerb informiert, waren die ehemaligen Initiatoren aktiv geworden, hatten sich übergangen gefühlt, ja Unterschlagung und Schlimmeres vermutet. So heißt es in einer Mitteilung an Müller-Weidler vom Februar 1954: „Wir haben nun erfahren, daß die ‚Ackermann-Gemeinde', eine Vereinigung von Flüchtlingen in Bayern, [...] eine Stifterbüste in der Walhalla aufstellen will. Wir können nicht und nicht aus München erfahren, welche Büste das ist und wer der Künstler der Plastik sei. Wir vermuten bestimmt, daß Ihre Büste aufgefunden wurde und sich jetzt andere gerne groß

---

[35] Aktenzeichen VII 96190, München 1952 November 29, BayHStA, MK 50974. – Der kurz darauf vorschlagsweise in den Akten erwähnte Karl Romeis (geb. 1895), ebenfalls ein Vertreter der älteren Bildhauergeneration, wird nicht weiter berücksichtigt; vgl. Bericht zu Aktenzeichen VII 99261, München 1952 Dezember 22, BayHStA, MK 50974. Zu Romeis vgl. Vollmer (o. Anm. 8). Bd. 4 (1958), S. 100, mit weiteren Nachweisen.
[36] Dr. Hans Kuderna, Geschäftsführer des Kuratoriums, an das Kultusministerium, München 1954 Juni 23, BayHStA, MK 50974.
[37] Josef Henselmann an das Kultusministerium, München 1954 Mai 28, BayHStA, MK 50974.
[38] Antwortschreiben des Hauptkonservators Dr. Karl Busch, Bayer. Staatsgemäldesammlungen, auf eine Anfrage des Kultusministeriums nach Verbleib der Büste, München 1954 Juli 12, BayHStA, MK 50974.
[39] Z.B. Gerhard Kukofka: In der Walhalla fehlt noch die Büste Adalbert Stifters. In: Mittelbayerische Zeitung 1952, Nr. 113, vom 17. Sept., S. 5.

machen und mit fremden Federn sich schmücken wollen."[40] Das Kultusministerium ließ sich auf keinerlei Diskussion ein, teilte lediglich mit, das Kuratorium von den Vorgängen informiert zu haben;[41] im übrigen einigte man sich schließlich später dahingehend, daß Müller-Weidlers Stifter dem Böhmerwaldmuseum in Passau zur Verfügung gestellt werden sollte, wo er seit 1956 auf der Veste Oberhaus besichtigt werden kann.[42]

Der Staatsakt der Büstenenthüllung fand am 26. September 1954 statt.[43] Tags zuvor hatte ein Vortrag Josef Nadlers,[44] des Wiener Ordinarius für deutsche Literaturgeschichte, mit dem Titel ‚Adalbert Stifter, der Dichter des abendländischen Humanismus'[45] im Regensburger Neuhaussaal für gewisse Aufregung gesorgt; sagte man dem von der Ackermann-Gemeinde eingeladenen[46] Nadler doch intime Nähe zu nationalsozialistischem Gedankengut nach.[47] In der von Kultusminister Josef Schwalber dann im Rahmen der Enthüllungsfei-

---

[40] Franz Fink an Müller-Weidler, In: Schreiben Müller-Weidlers an Ernst Rehlen, Wien 1954 Februar 26, Anfragen Ernst Rehlens an die Regierung der Oberpfalz, Regensburg 1954 Mai 21; Abschriften bzw. Originale im BayHStA, MK 50974. – Vgl. auch die Ankündigung einer Aufstellung der Büste Müller-Weidlers in VASILO 1 (1952), S.102 (‚Eine Adalbert Stifter-Büste in der Ruhmeshalle der Walhalla bei Regensburg').

[41] Aktenzeichen VII 52061, Antwortschreiben auf die erneute Anfrage Rehlens (10. 6. 1954), München 1954 Juli 19, BayHStA, MK 50974.

[42] Vgl. VASILO 5 (1956), S. 115 (‚Stifter-Büste im Passauer Böhmerwald-Museum'). – Fink (o. Anm. 11).

[43] Vgl. zum Ablauf: ‚Festakt anläßlich der Aufstellung einer Büste Adalbert Stifters in der Walhalla am 26. September 1954, 11 Uhr'. Gedrucktes Programm im BayHStA, MK 50974. – Bayerische Staatszeitung 1954, Nr. 39, vom 25. September, S. 6. – Mittelbayerische Zeitung 1954, Nr. 223, vom 27. Sept. – Straubinger Tagblatt 1954, Nr. 154, vom 27. Sept. – Josef Martin Bauer: Adalbert Stifter wird der 180."Walhalla-Genosse". In: Münchner Merkur 1954, Nr. 230, vom 25./26. Sept., S. 10. – Nürnberger Nachrichten 1954, Nr. 223, vom 27. Sept. – Deutsche Tagespost Augsburg 1954, Nr. 113, vom 1./2. Okt. – Johanna von Herzogenberg: Festabend in Regensburg und Staatsakt in der Walhalla. In: Mitteilungsblatt des Adalbert Stifter Vereins Nr.10/II (1954). – Fritz Krökel: Die Stifter-Feier in der Walhalla am 26. September 1954. In: Mitteilungen der Adalbert-Stifter-Gesellschaft München 1955, S. 197. – Volksbote München 1954, Nr. 40, vom 2. Okt., S. 3 (‚Adalbert Stifter in der Walhalla'). – Christ unterwegs 8 (1954), Nr. 10, S. 11 (‚Adalbert Stifters Einzug in die Walhalla'). – Aldemar Schiffkorn in: Oberösterreich 5 (1955), 1./2. Heft, S. 13. – VASILO 3 (1954), S. 143; 4 (1955), S. 61f. (‚Adalbert Stifters Büste in der Walhalla').

[44] Zu Nadler vgl. Aldemar Schiffkorn: Non moriar, sed vivam! Josef Nadler zum Gedenken. In: VASILO 12 (1963), S. 1–9.

[45] Abgedruckt in: Jahrbuch des Adalbert-Stifter-Vereins in München und der Historischen Kommission der Sudetenländer (=Stifter-Jahrbuch) 4 (1955), S. 89–97.

[46] Schreiben der Sudetendeutschen Ackermann-Gemeinde an das Kultusministerium, 1954 Juni 23, BayHStA, MK 50974.

[47] Vgl. Regensburger Woche 1954, Nr. 40, vom 1.–7. Oktober, S. 1. Erhellend zu Josef Nadlers ehemaliger wissenschaftlicher Haltung ist beispielsweise sein Aufsatz zum 75. Todestag Stifters: Adalbert Stifter inmitten unserer Zeit. In: Oberdonau. Querschnitt durch Kultur und Schaffen im Heimatgau des Führers 2 (Dez. 1942 – Febr. 1943), Folge 4, S. 1–6, der in einem bemerkenswerten Vergleich Abschluß und inhaltlichen Höhepunkt findet (S. 6): „Staatsmann und Künstler waren in den Träumen des Dichters eins

Viele Wege führen in die Ewigkeit 549

er (Abb. 6) gehaltenen offiziellen Festansprache ‚Adalbert Stifter und die Walhalla'⁴⁸ wurde selbstverständlich auch Stifters einstiger Anwesenheit Erwähnung getan: „Von Regensburg aus, wo für den Sohn des Böhmerwaldes bereits die Heimat begann, besuchte Stifter die Walhalla. Er war an der Stätte nationalen Ruhmes zu Tränen gerührt. Welche Gedanken mögen Stifter damals in diesem Raume hier bewegt haben?"⁴⁹ – wir erinnern uns der Gründe für Stifters Tränen und erkennen die Manipulation des Herrn Kultusministers.

Schwalber sieht in seiner Rede den Dichter und Moralisten Stifter in die Walhalla einziehen, erst am Ende kommt er andeutungsweise auf die eigentlichen, politischen Intentionen der bayerischen Staatsregierung zu sprechen: „Der Menschenbildner, der liebende Erzieher, der Kämpfer gegen die dämonischen Mächte und der Künder des sanften Gesetzes ist es, dem wir vor allem huldigen, wenn wir den Dichter Adalbert Stifter feiern. Die Aufnahme seines Bildes unter die großen Vorbilder der Nation soll ein Bekenntnis des ganzen deutschen Volkes zu diesen Lebenswerten sein. Es spiegelt sich jede Zeit in ihren Helden. Wir, und ich meine damit alle Deutschen in Ost und West, die Einheimischen und insbesondere die Heimatvertriebenen, die engsten Landsleute des Dichters, die an sich selbst ein so ganz anderes Gesetz erfahren mußten, sollen der Vorsehung zum Schlusse danken, daß sie unser Volk nach einem so gefahrvollen und stürmischen Weg vor die Büste Adalbert Stifters geführt hat."⁵⁰

Nachdem Schwalber die schützende weiße Tuchwand entfernt hatte, die feierliche Aufnahme in die Marmorgemeinde Walhallas also vollbracht war, stand er da, der marmorne Adalbert Stifter, ungeschützt und unerklärt, Stein des Anstoßes (Abb. 7 und 8).

Die Kritik war eine umfassende, vernichtende! Sie kam von seiten der Regensburger Walhalla-Verwaltung auf dem Amtsweg noch ganz zaghaft: „Um eine allzu große Verschiedenheit der Büsten zu vermeiden, ist es zweckmäßig, daß an den Sitzungen über die Zulassung der Büsten der Leiter des Landbauamts teilnimmt."⁵¹ Stifter-Freunde und Stifter-Kenner drückten sich schon deftiger aus: „In dem sakralen Raum der Walhalla aber hat dieser nackte Mus-

---

geworden zur schöpferischen Gestalt des Führers, der die Volksgemeinschaft formt und bildet. Die Träume des Dichters sind Wirklichkeit geworden in der Person des Führers, der Verkörperung des musischen Menschen, des Schöpfers in jedem Sinne. Von Goethe zu Bismarck, wieviel Spannung und welcher Abstand! Von Adalbert Stifter zu Adolf Hitler, welch heimatliche Nähe im engsten Raume, welch Einverständnis in den Ewigkeitsgedanken des deutschen Volkes, wieviel Sehnsucht und welche Erfüllung!".
48 Abgedruckt in: Der Bayerwald 46 (1954), S. 105–112; Jahrbuch des Adalbert-Stifter-Vereins in München und der Historischen Kommission der Sudetenländer (=Stifter-Jahrbuch) 4 (1955), S. 116–123.
49 Ebd., S. 116.
50 Ebd., S. 122f.
51 ‚Bericht über die Erfahrungen anläßlich der Aufnahme der Büste Adalbert Stifter's am 26.September 1954', 1954 Oktober 4, BayHStA, MK 50974.

solinischädel, [...] der das verehrungswürdige Antlitz des Großen vollständig vermissen läßt und irgend einem hypermodernen ‚...ismus' angehört, nichts zu suchen."[52] Vom „Zerrbild eines menschlichen Antlitzes", dem Fehlen der „vertrauten Schulratsmiene und des behaglichen Backenbartes" war die Rede.[53] Auch den Verfechtern wahrer deutscher Gesinnung mißfiel Hajeks Stifter: „Was das nach ‚moderner' Vereinfachung strebende Machwerk betrifft, so kann nur bedauert werden, daß ein überzeitliches Denkmal, wie es die Walhalla ist, durch modernistische sogenannte ‚Kunstwerke' verschandelt und das Ansehen an einzelne [sic!] unserer Geistes-Heroen geschändet wird".[54] Eine interessante Anklage abbildend suggestiver Art wurde veröffentlicht (Abb. 9):[55] Hajeks Büste, durch grelle punktförmige Beleuchtung von links oben in extreme Verschattung gezwungen, steht wie ausgeschnitten vor tiefschwarz gehaltenem Hintergrund in abweisend unzugänglicher Fremdartigkeit, während das gegenübergestellte, allbekannte Stifterporträt Bertalan Székelyis von 1863 der Vertrautheit des Betrachters versichert sein durfte. Müßig der Hinweis, daß Stifter nicht notwendigerweise eben „so aussah", wie ihn dieses wohl künstlerisch bedeutendste Bildnis des Dichters schildert.[56] Stifter selbst hat sich hierzu folgendermaßen geäußert: „Ich hatte Anfangs eine sehr große Freude darüber. Es ist ein ungemein inniges Farbengefühl darinnen. Später aber trat doch hervor, daß an der Zeichnung manches zu wünschen ist, und daß Theile des Kopfes nicht ganz ausgebildet sind. Freunde und Bekannte waren auch der Meinung, daß die Ähnlichkeit nicht ganz treffend sei."[57]

Wenden wir uns der skulpturalen Interpretation Stifters durch den Bildhau-

---

[52] Franz Fink, ehemaliger Archivar der Adalbert-Stifter-Gesellschaft Wien, an das Kultusministerium, Andorf/Oberösterreich 1954 November 1, BayHStA, MK 50974. – Vgl. dagegen die um Ausgleich bemühte Kritik von Alois Großschopf: Das „in-wendige" Denkmal. Ein Nachwort zu Stifter in der Walhalla. In: VASILO 4 (1955), S. 187–189; ders.: Adalbert Stifter. Leben-Werk-Landschaft. Linz 1967, zu Abb. 206.

[53] Zit. nach Heinrich Huber: Streitfragen um die Walhalla. In: Die Oberpfalz 46 (1958), S. 71–73, hier S. 71. – Vgl. auch zur Meinung der Anhänger Müller-Weidlers: Tragödie um eine Adalbert-Stifter-Büste. In: Kunst ins Volk. Zeitschrift für Freunde der bildenden Künste (Wien) 6 (1955), S. 114–183, hier S. 183; Franz Fink: Nochmals: Streitfragen um die Walhalla. In: Die Oberpfalz 47 (1959), S. 46–48. – Margot Berthold: Stürme umtoben die Höhe des Ruhms. In: Münchner Merkur 1957, Nr. 23, vom 26./27. Jan., S. 9, und die bezugnehmenden Leserbriefe in Nr. 29, vom 2./3. Febr., S. 18; Nr. 35, vom 9./10. Febr., S. 20.

[54] Deutsche Nachrichten Hannover 1969, Nr. 17, vom 25. April, S. 7.

[55] Huber (o. Anm. 53), S. 72.

[56] Zu Bertalan Székelyi von Adámos (1835–1910) vgl. Allgemeines Lexikon der bildenden Künstler von der Antike bis zur Gegenwart. Begr. von Ulrich Thieme/Felix Becker. Bd. 32, Leipzig 1938, S. 373f. – Júlia Szabó: Die Malerei des 19.Jahrhunderts in Ungarn. Budapest 1988, S. 324. – Zum Stifterbildnis Székelyis vgl. Johannes Dobai: Über ein Porträt Adalbert Stifters. In: Jahrbuch des oberösterreichischen Musealvereines (Linz) 105 (1960), S. 119–137.

[57] SW. Bd. 20, S. 218 (Brief Nr. 555).

er Otto Herbert Hajek zu. Als man sich im Frühsommer 1954 auf den Entwurf des jungen, erst 27 Jahre alten Böhmerwäldlers einigte, standen diese Kriterien des Büstenprojekts fest: durch die Walhalla-Aufnahme Stifters sollte neben dem Dichter in erster Linie der prominente Angehörige der jüngst aus ihrer Heimat vertriebenen Volksgruppe der Deutschböhmen geehrt werden. Die künstlerische Umsetzung dieses politischen, ursprünglich von der bayerischen Staatsregierung initiierten Unternehmens durfte man dabei keinesfalls einem dem Kulturbetrieb des Dritten Reichs verhafteten Bildhauer überlassen, das formale Ergebnis sollte nationalsozialistischem Kunstideal offen widersprechen. Nur auf diese Weise war eine unerwünschte, gleichsam bildwerdende Koppelung des Vertriebenenproblems mit seinem letztlichen Kausalzusammenhang vermeidbar. Mit Hajek befand man sich auf sicherem Boden. Heute von internationaler Reputation und einer sich in Raumknoten, Farbwegen, Platzmalen und Stadtzeichen ausdrückenden plakativen Öffentlichkeitskunst verschrieben,[58] hatte Hajek in seinen Akademiejahren von 1947 bis 1954 mit formauflösender Gestaltung begonnen, sich im Porträtfach[59] und auch in christlicher Kunst[60] engagiert.[61] Abstrahierungstendenzen brachte Hajek insoweit in die Stifterbüste ein, als er äußere Porträtähnlichkeit nicht zum Wesentlichen seiner Skulptur machte; in der Zurücknahme detaillierter Binnenstruktur verankert sich denn auch der immer wieder gebrauchte Vorwurf des Häßlichen – die formale Gesichtsbildung vermittelt in ihrem einfachen Aufbau mimikloser Dezenz eher den Eindruck würdevoller Gelassenheit; man denke sich etwa Alfred Hrdlickas[62] expressiv-suizidalen Stifter von 1985 daneben (Abb. 10), nicht zuletzt, um die Nivellierung öffentlicher Betroffenheit nach einer Generation Gegenwartskunst zu erkennen.

Es gibt Anlehnungen – an die Totenmaske (Abb. 11)[63] oder die letzten fotografischen Zeugnisse des von schwerer Krankheit Gezeichneten (Abb. 12).[64] Verfall und Destruktion fehlen allerdings am Marmorbild (Abb. 7 und 8), der leicht nach oben und im Schulterbereich nach vorne geneigte Kopf scheint

---

58 Zu Hajeks Gesamtwerk zusammenfassend: Claus Pese: O. H. Hajek – Werke und Dokumente. Stuttgart/Zürich 1987 (Archiv für Bildende Kunst im Germanischen Nationalmuseum Nürnberg). – Kunst stiftet Gemeinschaft. O.H.Hajek – Das Werk und seine Wirkung. Hrsg. v. Eugen Gomringer. Köln 1993.
59 Vgl. das Porträt ‚Wilhelm van Hoogstraten' von 1949 in der Galerie der Stadt Stuttgart. Abbildung bei Pese (o. Anm. 58), S. 39.
60 Z.B. ‚Christusträgerin' (1951), Privatbesitz. Abbildung bei Pese (o. Anm. 58), S. 40. – 1954–56 Innenausstattung der neu geweihten St.-Aurelius-Kirche in Hirsau; vgl. Albrecht Kottmann/Rudolf Wagner: Hirsau – St.Aurelius einst und jetzt. München-Zürich. 11. Aufl. 1981 (Schnell Kunstführer Nr. 705), S. 11–15.
61 Zu Hajeks Frühwerk vgl. Johannes M. Hönscheid: Der Bildhauer Otto Herbert Hajek. In: Die Kunst und das schöne Heim 55 (1957), S. 284–286.
62 Vgl. Alfred Hrdlicka. Das Gesamtwerk. Hrsg. v. Michael Lewin. Bd. 1 (Bildhauerei), Wien-Zürich 1987, Kat. Nr. 196.
63 Vgl. Hein (o. Anm. 7), vor S. 737.
64 Vgl. SW. Bd. 22, S. XXIV. – VASILO 17 (1968), S. 120.

sich wachem Hinhören, ruhigem Lauschen hinzugeben. Die Freundin Emilie Binzer hat in einem Nachruf Stifter am Ende seines Lebens so charakterisiert: „Traf man ihn in einer Stimmung, die es ihm möglich machte, von etwas anderem als seinen Leiden zu sprechen, die er dem Besucher gern haarklein erzählte, oder hatte man das Talent, ihn davon abzulenken, so leuchtete eine edle Fassung, eine verklärte Anschauung irdischer Dinge, die Stimmung einer reinen Seele, die fühlt, daß ihr die Flügel wachsen, die sie in ein unbekanntes Land tragen sollen, aus seinen Worten hervor. Er sprach es aus, daß dieses körperliche Leiden ihn in sein Inneres zurückgeführt habe, und daß er ein besserer Mensch geworden sey."[65]

Hajek selbst äußerte sich anläßlich der Verleihung des Kulturpreises der Stadt Passau 1989, also nach 35 Jahren, zu seiner Büste dahingehend, er habe sich damals bemüht, die komplexe Persönlichkeit des Dichters, seine Gebeugtheit, sein Leiden an der Erniedrigung der gesellschaftlichen Verhältnisse in seiner Zeit und seiner Heimat und seine große visionäre Kraft, sein inneres Schauen zum Ausdruck zu bringen.[66] Hajeks heutige Meinung wird in einer persönlichen Mitteilung an den Autor deutlich: „so kann ich in wenigen Worten dazu nur sagen, daß für mich der Ausgangspunkt eine Photographie Stifters war, die nicht den stolzen Schulrat zeigt, sondern den einfachen Menschen aus dem Böhmerwald, so wie ich Gesichter aus diesen Gegenden kenne. Ich habe ihn aus der Reihe solcher Menschenschicksale herausgeholt, in Nähe zu diesen gesehen und festzuhalten gesucht; dies war meine Intention".[67]

Bei längerer Betrachtung im diffusen Licht des Walhalla-Innenraums machen sich haptische Qualitäten bemerkbar: weich verlaufen die Einzelformen in der unpolierten, leicht rauhen, kristallinen Oberfläche. Hajeks Stifter ist ein eminent ästhetisch gebildeter Stein aus ausgesucht schönem Carraramarmor. Auf ausdrückliche Hermenform ist verzichtet, der allen anderen Walhallabüsten – auch den späteren – gemeinsame strenge Schnitt der Schulter-Kopf-Partie aus dem imaginären Körper wird durch sanfte Abrundung negiert, die Angehörigkeit dieses Gebildes zu einem menschlichen Organismus so in Frage gestellt.

Das nur Andeutende, auch Rätselvolle dieses anthropomorphen Wesens klärt sich durch die eingetiefte Bezeichnung „Adalbert Stifter" – Einklang herzustellen, bleibt dem Betrachter als ganz persönliche Aufgabe.

---

[65] Allgemeine Zeitung (Augsburg) 1868, Nr. 46, vom 15. Februar, Beilage, S. 689f., hier S. 689.
[66] Zit. nach Armin Fechter: Ein Bundestreffen voller Höhepunkte. In: „Hoam!" Monatsschrift für die Böhmerwäldler. Mitteilungsblatt des Deutschen Böhmerwaldbundes 42 (1989), S. 484. – Ähnlich in der Beurteilung Johanna von Herzogenberg: Begegnungen mit O. H. Hajek. In: Ausstellungskatalog: Otto Herbert Hajek. Aus meinem Atelier. Ostdeutsche Galerie. Regensburg 1976, S. 6f., hier S. 6.
[67] Schreiben Otto Herbert Hajeks an den Autor, Stuttgart 1994 Mai 16.

Abb. 1: Die Walhalla bei Donaustauf, Ansicht von Südwesten

Abb. 2: Josef Müller-Weidler, Marmorbüste Adalbert Stifters, 1944. Passau, Oberhausmuseum der Stadt Passau, Böhmerwaldmuseum

Abb. 3: Ludwig Angerer, Fotografisches Porträt Adalbert Stifters, 1863. Linz, Adalbert-Stifter-Institut des Landes Oberösterreich

Abb. 4: Josef Müller-Weidler, Marmorbüste Adalbert Stifters, Ansicht von links, 1944. Passau, Oberhausmuseum der Stadt Passau, Böhmerwaldmuseum

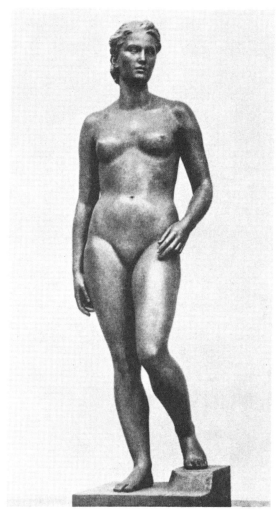

Abb. 5: Oswald Hofmann, Frauenakt „Daphne", ausgestellt in der „Großen Deutschen Kunstausstellung 1941 im Haus der Deutschen Kunst zu München"

Abb. 6: Pressefoto der Enthüllungsfeier vom 26. Sept. 1954 (München, BayHStA, MK 50974). Die Stifter-Büste ist während der Festansprache Kultusminister Josef Schwalbers noch durch ein vorgespanntes Tuch verdeckt.

Viele Wege führen in die Ewigkeit

Abb. 7: Otto Herbert Hajek, Marmorbüste Adalbert Stifters, Ansicht von rechts, 1954. Walhalla

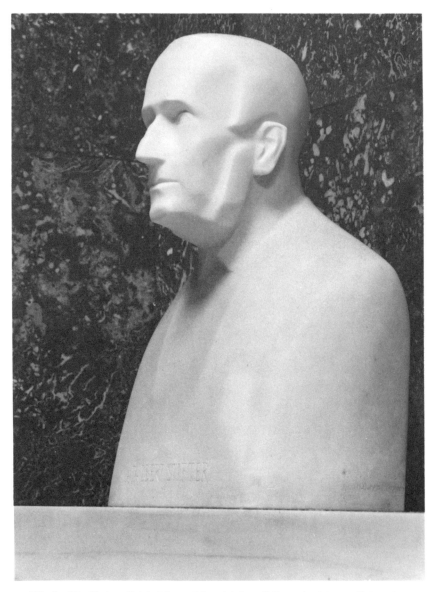

Abb. 8: Otto Herbert Hajek, Marmorbüste Adalbert Stifters, Ansicht von links, 1954. Walhalla

Viele Wege führen in die Ewigkeit 561

Adalbert Stifter

← wie er wirklich aussah

→ wie ihn der Künstler und Schöpfer der Büste für die Walhalla schuf.

Abb. 9: Tendenziöser Vergleich der Hajek-Büste mit dem Gemälde Bertalan Székelyis von 1863 in einem Zeitschriften-Aufsatz (Die Oberpfalz 46, 1958, Abb. S. 72)

Abb.10: Alfred Hrdlicka, Bronzebüste Adalbert Stifters, 1985. Linz, Adalbert-Stifter-Institut des Landes Oberösterreich

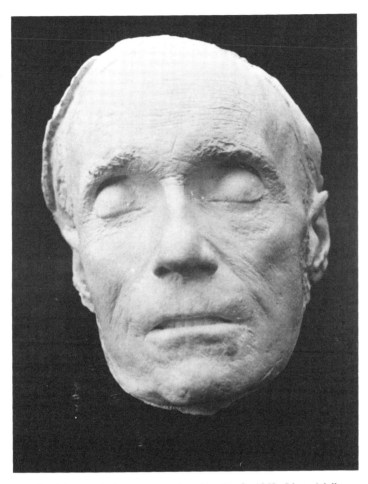

Abb.11: Adalbert Stifters Totenmaske, Gipsabguß, 1868. Linz, Adalbert-Stifter-Institut des Landes Oberösterreich

Abb.12 Fotografisches Porträt Adalbert Stifters, 1867. Linz, Adalbert-Stifter-Institut des Landes Oberösterreich

Abbildungsnachweise

München, Bayer. Hauptstaatsarchiv, MK 50974: 6
Regensburg, Archiv des Verfassers: 1–5, 7–12

Anhang

Den Spendern aus der Stadt Passau und der Region, die das Erscheinen dieses Buches und früher schon die zugrunde liegende Veranstaltung ermöglicht haben,[1] widmen die Herausgeber in dankbarer Gesinnung diese biographische Miniatur.

Dem mäzenatischen Passauer Freund Franz Xaver Rosenberger, auf dessen Gut in Lackenhäuser am Fuße des Dreisesselberges Stifter sich im Juni und Anfang Juli und, nach kurzem Zwischenaufenthalt in Linz und Kirchschlag abermals von Anfang August 1866 an aufhielt, schrieb der um sein leibliches Wohl bekanntlich sehr besorgte Dichter am 11. Juni:

„Ich muß Sie zu aller Ihrer Güte hinzu noch mit einer Bitte plagen. Das hiesige Bier ist für mich völlig nicht trinkbar. Wollten Sie mir gütigst bei Flath ½ Eimer bestellen lassen, der Moosbauer-Knecht, der morgen nach Passau fährt, würde es mir heraus bringen. Herr Moosbauer, der morgen auch hinein fährt, wird die Zahlung leisten. Sie werden einem armen Bierdurstigen diese Bitte nicht abschlagen."[2]

Die „Theuerste geliebteste Gattin" daheim in Linz erhielt tags darauf, am 12. Juni, ausführliche Nachricht über die Lebensumstände von Ehemann und Nichte im fernen Wald, wozu auch dies gehörte:

„Du frägst um die Wirthsleute. Die Kathi fand die Wirthin am Sonntage betrunken, und es geht das Gerücht, daß dies fast täglich der Fall ist. Der Wirth scheint ein stiller anständiger Mann. Die Suppe ist *sehr gut*, das Fleisch gut, das Bier schlecht. Heute sind Kathi und ich um 4 Flaschen auf die Mauth hinab gegangen. Übermorgen bringt Moosbauers Knecht ½ Eimer Passauer Bier von dem berühmten Bräuer Flath, ich ziehe es ab, weil ich vom Weichselbaum Flaschen habe, und lasse andern etwas davon gegen den Betrag über. Wer hätte gedacht, daß ich noch ein Afterbierwirth würde. Ist das Flathbier so herrlich, wie es gerühmt wird, so lasse ich dir eins von Passau aus nach Linz kommen."[3]

---

[1] Vgl. Impressum und Vorwort.
[2] SW. Bd. 21, S. 225.
[3] Ebd., S. 228. – „Kathi" ist Frau Stifters Nichte Katharina Mohaupt, die zu Stifters Bedienung mit in Lackenhäuser war. Die „Mauth" meint wohl die Zollstation im oder beim benachbarten bayerisch-österreichischen Grenzort Schwarzenberg; Weichselbaum hieß der Wirt in diesem Ort. Vgl. SW. Bd. 21, S. 366; Bd. 24, S. 350.

Auf Freund Rosenberger und Moosbauers Knecht war Verlaß. Eine knappe Woche später, am 18. Juni, wurde die „gute edle", die „innigst geliebteste Gattin" schon wieder ausführlichst informiert, auch über dies von einem der letzten Tage:

„An diesem Abende tranken wir dann mit einander *zwei* Flaschen Flathbier. Es schadete uns gar nicht, nur verschliefen wir uns beide des andern Tages".[4] Von afterbierwirtlichen Überlassungen „gegen den Betrag" ist weder in diesem noch in späteren Briefen jemals wieder die Rede.

Die Gattin muß auf das Eingeständnis dieser Ausschweifung mit besorgtem Erstaunen reagiert haben; denn Stifters Schreiben vom 23. Juni, ein Antwortbrief, enthält im Zusammenhang der Aufzählung des Inhalts einer Kiste, die in den nächsten Tagen nach Linz abgefertigt werden sollte, die folgende Passage:

„Bier kann ich nicht in Flaschen senden, da es in der Hize verderben, oder gar die Flaschen sprengen könnte; aber wie ich dir im vorigen Briefe meldete, von Passau wirst du dasselbe Bier bekommen und zwar $1/2$ Eimer. Die Maß kostet 5 kr bairisch, und der halbe Eimer hat 30 Maß. Zahle nur Fuhrlohn und Mauth. Das Fäßchen mußt du zurük senden. Ich werde dir das Nähere schon schreiben, wenn in dieser Woche der Knecht von hier nach Passau fahrt, und die Sache besorgt. Das Bier ziehe ab, lasse es aber dann 10 Tage unberührt. Abziehen kann es die Marie sogleich. Als gut gelagertes Bier hält es sich lange, und ich werde es wohl auch noch zu kosten bekommen, wenn mich Linz wieder in seinen Mauern sieht. Wie man es macht um zwei Flaschen unter zu bringen? Man geht nach Schwarzenberg, dort etwas herum, und bis halb neun Uhr nach Hause, dann gehen zwei Flaschen. Aber das geschah doch nur einmal. Gestern brauchten wir bloß $1 1/2$."[5]

Drei Tage später wurde die angekündigte Versorgungsaktion in Richtung Linz eingeleitet; genug Zeit, die gerühmte Herrlichkeit des Flathbieres zu erproben, war ja gewesen. Abermals wurde der Passauer Freund Rosenberger bemüht:

„Darf ich Sie wieder mit einer Bitte plagen? Das Bier, welches ich von Flath hieher bezogen habe, finde ich so vortrefflich, daß ich auch meiner Frau eines nach Linz zuwenden möchte. Ich bitte daher recht freundlich, daß Sie die Güte haben, durch einen Ihrer Leute Herrn Flath in meinem Namen zu ersuchen, daß er unter der Adresse Frau Amalia Stifter Hofrathsgattin 1313 in Linz $1/2$ Eimer mit dem Dampfschiffe nach Linz abgehen lassen möge. Das leere Gebinde wird mit dem Dampfschiffe wieder zurük gesandt werden. Ich bitte auch, daß Sie gütigst die Rechnung berichtigen, der Moosbauerknecht wird sie, sobald er nach Passau kommt, mit meinem größten Danke begleichen."[6]

---

[4] SW. Bd. 21, S. 233. – Im „wir" dieser Passage ist die Mittäterin Kathi einbezogen.
[5] Ebd., S. 241f.
[6] SW. Bd. 24, S. 227f.

Anhang

So war auch Amalia versorgt und ein Depot in Linz angelegt. Aber es ging nicht plangemäß weiter. Die Frau „Hofrathsgattin" war mit dem Passauer Gebräu anscheinend weniger zufrieden als der fürsorgliche Eheherr. Der nämlich schrieb ihr am Abend des Reisetages, der ihn am 10. August 1866 abermals von Linz aus in sein Waldrefugium gebracht hatte:

„Ich kam in die Lakerhäuser, und weiß gar nicht wie. Es ist ein Kinderspiel, und ein vergnügliches Kinderspiel, und ein wohlfeiles Kinderspiel, was sonst eine theure Marterfahrt gewesen ist. Nur Hunger bekömmt man von dem Kinderspiele. Wir aßen Suppe, ein ganzes Brathuhn mit neuen Kartoffeln und Sallat und Rohrbachsemmeln, und tranken 1^1/$_2$ Flaschen Bier. Kathi hat mir alles Bier aufgehoben. Es ist herrlich, mild, süß, und goldklar. Nur eine Flasche, welche die trübe Neige war, ist noch trüb, *und hat den Geschmak wie das unsrige in Linz*. Ich weiß alles. Der Bräuer *Flat* hat eine Faßneige nach Linz geschikt. Ich werde ihm eine Rüge ohne Neige senden. Könntest du nur das hiesige Bier kosten, du würdest anders urtheilen."[7]

Damit verschwindet der Gegenstand aus dem Briefgespräch; vermutlich hat die Enttäuschung weitere Bestellungen verhindert. Der „berühmte Bräuer Flath" aus Passau aber gehört mit zur Vorgeschichte einer der lokalen und regionalen Institutionen, welchen Fachwelt und Stifter-Leser dieses Buch und seine Vorgeschichte verdanken.

Was uns von den Spendern zuteil geworden ist, war keine *„Faßneige"*, infolgedessen haben wir Grund zu uneingeschränktem Dank und zur Aufrechterhaltung der erfreulichen Beziehungen. Mögen alle Spender ein Wohlgefallen empfinden an dem, was sie mitermöglicht haben, und an dieser hübschen Episode.

---

[7] SW. Bd. 21, S. 268f. – Die Reise hatte diesmal nicht wie sonst per Schiff nach Passau und von dort nach Lackenhäuser geführt, was – der langen Schiffsroute wegen – nicht an einem Tag zu bewerkstelligen war, sondern mit dem Schiff nur bis Obermühl, wo die in Lackenhäuser gebliebene Kathi den Reisenden abholte. Der von dort aus erheblich längere Weg – über Altenfelden, Rohrbach, Aigen und Schwarzenberg – ließ dennoch die Abwicklung des Reiseunternehmens an *einem* Tag zu. – Das Bier, das Stifter in Lackenhäuser vorfand, war der von der Nichte für ihn gehütete Rest des am 11. Juni bestellten und nach der Lieferung auf Flaschen gezogenen Passauer Flath-Bieres; *„das unsrige in Linz"* ist das nach den Ankündigungen vom 12. und 23. Juni schließlich am 26.6. dorthin bestellte. Man wüßte gern, wie die angekündigte „Rüge ohne Neige" ausgesehen hat.

Register

(Die kursiven Zahlen bezeichnen Erwähnungen *nur* in den Fußnoten)

1) Register der behandelten und erwähnten Werke und Projekte Adalbert Stifters

Erzählungen

Abdias XIV, 17, 62, *68,* 69–74, 101–103, 132f., 138, *202,* 209, *221,* 222, 226f., 232, 234, 236, 238, 240–242, *243,* 395–409, *486,* 489, 505, *507*
Bergkristall 96, 103, 199, 249, *395,* 533
Brigitta 20, 133, 145f., 155, 209, 211, *221,* 224, 226, 230, 237, 240–243, 354, 408, 410–434, 458f., 467, *486,* 489, 505
Bunte Steine 7, 14, 34, *80,* 90, 96–98, 101, 105, 109, 116, 185f., 208, 219, 247, 256, 279f., *324,* 390f., 395, 417, *426,* 429, 431, 433f., 462f., 468, 476, 478f., 481, 483, *486,* 505, 549
Das alte Siegel 60–62, 126f., 138, 146–155, 209, *221,* 224, 226, 228–230, 232, 234, 237–241, 244, 354
Das Haidedorf XI, 99, 102, 176, 208, 211, *221,* 223, 226, 236, 239, 241, 244, 338
Der arme Wohlthäter 209
Der beschriebene Tännling 128–132, *221,* 234, 239, *266*
Der Condor 4f., *80, 83,* 100, 133, 138–141, 146, 208, 211, *221,* 223, 226, 231, 234, 241, *274, 395,* 533
Der fromme Spruch 108, 120, 124f., 321, 373, *500*
Der Hagestolz 101, 123f., 138, *221,* 226, 232–234, 239, 241–245, 321, 340, *344, 502*
Der Hochwald 17, 59f., 63f., 73, 109f., *113, 115,* 138, 142–144, *221,* 224, 226f., 230–234, 236–244, 311–334, *344, 362,* 384, 533
Der Kuß von Sentze 321, 373, 457, 472, *500*
Der Nachsommer XIf, 4, 6, 10, 19, 26f., 30, 34–36, 42f., 66, 78, *79f.,* 84, *87f.,* 89, 94, 96, 99, 101, 103f., 105, 107, 109–118, 120, 122, 124, 127f., 132, 136, 140f., 157, 169, 180–184, 198f., 201, 207f., 219, *274,* 280–282, 284–286, 289–294, 321, *334,* 340, *344,* 373, 415, 438, 440, *447,* 451, 457, 464, 486–507, 519–521, 534, 537
Der Pförtner im Herrenhause 186, 476
Der Waldbrunnen 133, 321
Der Waldgänger 122f., 138, 153, *208,* 251–256, *265, 270,* 340, *344,* 361, 379, 381
Der Waldsteig *83, 85, 221,* 226f., 239, *344, 511*
Die Charwoche in Wien 99
Die drei Schmiede ihres Schicksals 72, *208*
Die Mappe meines Urgroßvaters 67, 69, 122, 125, 142, 146, 155, 208, 211, *221,* 222, 226, 231–234, 238–241, 243, *320,* 337f., 340, *362, 364,* 368, 374–394, *395,* 489, 536
Die Narrenburg 64, *89,* 101, 109, 125, 133, 138, 142, *154,* 210, 213, 215–219, *221,* 222, 224, 226, 228, 234–236, 239, 241–244, 333, 335–373, 380, *446,* 457, 468, *502*
Die Sonnenfinsterniß am 8. Juli 1842 14, 100, 249, *395*
Ein Gang durch die Katakomben von St. Stephan 77, 100, 134
Feldblumen 4, *80, 83,* 121, 133, 141f., 145, *221,* 223, 225, 228, 236, 351
Granit 97, 99, 199, 250, 256–259, 279
Journalerzählungen 207–219, 221
Julius 185
Kalkstein 96, 101, *202,* 249f., 279, 455, 457–464

Katzensilber 96, 99, 101, 120, 133, 199
Lesebuch zur Förderung humaner Bildung in Realschulen 35, 40, 157, 159, 171–178
Nachkommenschaften 4, 10, *34, 80, 83,* 85f., 119, 128, 261–263, 275, *278,* 282, 321, 508–523
Prokopus 133, *208,* 337, *344,* 379, 381, 502
Studien 59, 74, 96, 101, 116, 136, 138, 148f., *150,* 185, 208, 219, 220–245, 311, 331, 335, 337f., *373, 407, 418,* 438–440, *446,* 486
Turmalin 123, 186, 199, 249, 421, 476–485
Vorrede s. *Bunte Steine*
Wien und die Wiener 77, 99f.
Witiko 4, 6, 20, *108,* 189, 200, 219, 373, *451,* 455, 464–475, 528, 532, 534, 535f.
Zwei Schwestern 15, 199, *221,* 223, 226f., *238,* 241f., *243,* 244f., 435–454

Andere Texte

Alte Kunst in Oberösterreich 193
An das Vicedirektorat der philosophischen Studien an der Universität Wien 22, 77, 82
Äußerung des Schulrathes Stifter 1854 seine Amtsreisen in Volksschulangelegenheiten betreffend 164
Ausstellungsbericht 1851 76
Ausstellungsbericht 1852 77
Ausstellungsbericht 1853 30, *287,* 290
Ausstellungsbericht 1854 287
Ausstellungsbericht 1856 27, *285f.,* 287
Ausstellungsbericht 1857 287f.
Ausstellungsbericht 1858 288
Ausstellungsbericht 1859 288
Ausstellungsbericht 1860 34, 288
Ausstellungsbericht 1861 27, 288
Ausstellungsbericht 1862 40, 287, *293*
Ausstellungsbericht 1863 27, 288, *293*
Ausstellungsbericht 1867 16, *83,* 292, 294
Ausstellungsberichte 27, 28, 287, 293f.
Bericht über die Beratungen wegen Errichtung einer vollständigen Unter- und Oberrealschule zu Linz 169f.
Bildung des Lehrkörpers 162
Das Gastspiel der Frau Lucile Young-Grahn im Jahre 1856 79
Der Staat 87
Die Kunstschule 6, 42, 77, 80, 87

Entwurf der Organisation einer vollständigen Realschule zu Linz für Oesterreich ob der Enns 169
Gutachten der Vertrauensmänner bezüglich der Errichtung eines provis. Schulrathes für Oberösterreich und Salzburg 161
Gutachten über den Vorschlag, in Oberösterreich eine Universität zu gründen 161
Pädagogische Schriften 70, 86, 157
Reformen im Unterrichtswesen 160
Richtlinien für Conservatoren 186
Tagebuch über Malerarbeiten 18, 21, 28, 38, 42, 263, *278*
Theater in Linz 6, 482
Ueber den geschnitzten Hochaltar in der Kirche zu Kefermarkt 190, 199
Ueber die Behandlung der Poesie in Gymnasien 10, 168, 180f.
Über die Natur und Wesenheit des Schönen (geplante Vortragsreihe) 89, 185
Über Kunst 80
Ueber Stand und Würde des Schriftstellers 9, 77, 80, 90
Vorlesungen über Ästhetik s. *Über die Natur und Wesenheit des Schönen*
Zur dramatischen Kunst 42

Gemälde und Zeichnungen

Ansicht von Lauffen 265
Athen mit der Akropolis 19
Baum in einem Teich mit zwei Enten 269
Bewegung I/II s. *Die Bewegung. strömendes Wasser*
Blick auf den Hallstädter See 276
Das Rosenbergerhaus I/II 269, 277, 299
Der Hallstädter See 265
Der Sarstein bei Alt-Aussee 263, 274
Der Vordere Gosausee mit dem Dachstein 266, 276
Die Bewegung. strömendes Wasser 18–20, 26, 32–34, *35,* 41, 50, 52f., 265, 267f., 270, 271, 278–280
Die Einsamkeit, Ruinen mit Mondaufgang 18, 22
Die Feierlichkeit (Großglockner) 18
Die Gutwasserkapelle bei Oberplan 266, 267, 296
Die Heiterkeit. griechische Tempelruinen 18–20, 28, 29, 30f., 34, 40f., 47f., 267, 279
Die Ruhe. See mit Schneeberg 18, 38, 279
Die Schwermuth. Mondstück 18, 22, 28

Die Sehnsucht 18, 22, 28, 267
Die Teufelsmauer bei Hohenfurth s. *Flußenge*
Die Vergangenheit. römische Ruinen 18f., 22, 44
Felspartie 270
Felsstudie 270, 272, 277
Felsstudie (Hirschsprung) 270
Flußenge I/II 32, 51, 270
Gemälde 18–57, 265, 270, 272, 274, 282f.
Heiterkeit I/II s. *Die Heiterkeit. griechische Tempelruinen*
Holländische Mondlandschaft 265, 273
Hütte am Wasser 267, 271, 298
Jagdhund des Freiherrn von Marenholtz 283
Kreuzabnahme 284
Liegender Soldat mit Gewehr im Anschlag 269
Mondlandschaften 273, 278

Nachtstück mit römischen Ruinen 18
Putzi I–III 283f.
Römische Ruinen s. *Die Vergangenheit. römische Ruinen*
St. Agatha bei Goisern 265
Steinstudie 270f., 280–282, 294, 302
Steinstudien 278, 280
Teil einer Baumkrone 269
Teufelsmauer s. *Flußenge I/II*
Umgestürzte Baumwurzel 265, 267, 271, 277f., 297
Vignettenentwurf für den ‚Waldgänger' 265, 270
Waldhang 269, 270, 271, 294, 301
Waldrücken 269, 271, 282, 294, 300
Waldstudien 278
Wolkenstudien 273
Zeichnungen 261–308
Zerfallene Hütte im Wald 265, 266, 271, 277, 295

Personenregister

Adam, Franz *320, 374, 378, 382, 387, 389, 392*
Adamberger, Antonie s. Arneth
Adamberger, Heinrich 476
Adamberger, Joseph 476
Adamberger, Louise 476
Adamberger, geb. Jacquet, Maria Anna 476f., 484
Adamberger, Marie 476
Adamberger, Valentin (d.Ä.) 476f.
Adamberger, Valentin (d.J.) 476
Adler, Bruno s. Roedl, Urban
Adorno, Gretel *218*
Adorno, Theodor W. 199, *203, 218, 432*
Ammer, Andreas *108–110, 125*
Angerer, Ludwig 539f., 555
Angress, Ruth K. *146,* 152f., *154*
Appuhn-Radtke, Sibylle XV, *43,* 75–95
Aprent, Johannes 158f., 172, 174, 177–180
Aristoteles 4
Arndt, Ernst Moritz 175
Arndt, Johann 64, *85*
Arneth, Alfred, Ritter von 476, 478f., 481f.
Arneth, geb. Adamberger, Antonie von 186, 188, 476–484
Arneth, Franz Hektor, Ritter von 476, 479, 481

Arneth, Joseph, Ritter von 186, 476, 478–481
Arneth, Michael 479
Arnim, Achim von 345
Arnold, Ludwig 201
Askedal, John Ole 252, *437*
Aspetsberger, Friedbert *387,* 512–514
Atkins, Stuart *20, 261, 514*
Augustin, Hermann 77
Axmann, Ferdinand 5

Babillard 402
Bach, Eduard, Frhr. von 158f., 186
Bacon, Francis 507
Badinter, Elisabeth *146*
Badt, Kurt *35*
Bätschmann, Oskar *35, 202, 273*
Bahr, Hermann 530, *531,* 535
Balzac, Honoré de *85, 523*
Bandmann, Günter *519,* 520, *521*
Banitz, Erhard *36*
Barak, Helmut *182,* 476–485
Barck, Karlheinz *26*
Barth von Barthenheim, Adolf, Graf 186
Bauer, Josef Martin 548
Bauer, Roger 87, *212*
Bauer, Wilhelm A. 484

Baumann, Walter 29
Baumer, Franz 20, 75, 261, 267, 273f., 277f., 282f.
Baumgarnter, Andreas, Frhr. von 187
Beck, Herbert 109
Becker, Eva 224
Becker, Felix 262, 550
Becker, Moritz August 177
Beckmann, Martin 199, 226, 437, 438f., 442, 451
Beethoven, Ludwig van 249, 478
Begemann, Christian 3–17, 82, 311, 335
Benjamin, Walter 117, 196, 197, 201
Benn, Gottfried 503
Bergmann, Hermann 193
Berkeley, George 398
Berkhout, Adrianus Pieter 452
Bernhard, Thomas 462
Berthold, Margot 550
Bertram, Franz 201
Betten, Anne 435
Betthausen, Peter 85
Beutler, Ernst 185
Beyrodt, Wolfgang 84
Bierhaus-Rödiger, Erika 30
Bietak, Wilhelm 410
Billy, André 398
Binzer, Emilie 552
Bismarck, Otto, Fürst von 542, 549
Blackall, Eric A. 146, 149, 153
Bleckwenn, Helga 81
Bloch, Ernst 432
Bloch, Marc 374
Blumauer, Carl 288
Blumenberg, Hans 64
Blumenthal, Hermann 185, 198
Böhler, Michael Johannes 6, 9, 23, 76, 419f.
Böhm, Winfried 76
Böhme, Hartmut 200
Böhme, Jacob 64f., 78, 92
Bölsche, Wilhelm 136
Boer, geb. Jacquet, Eleonore 476
Boer, Johann-Lucas 476
Börne, Ludwig 213
Börsch-Supan, Eva 24
Bohrer, Karl Heinz 43, 108
Bohrmann, Albert 539
Boime, Albert 291
Bollnow, Otto Friedrich 201
Bolzano, Bernhard 63
Bonaventura 78
Borchmeyer, Dieter 108, 201
Borrmann, Norbert 21
Brahms, Johannes 543

Brandi, Cesare 192
Braudel, Fernand 374
Braun, Felix 535
Braun, Peter 436
Braun, Stefan 202
Brenner, Adolf, Frhr. von 274
Bresemann, Vera 197
Brinkmann, Richard 486
Brockes, Barthold Hinrich 78, 138
Bromme, Traugott 38
Bruck, Carl, Frhr. von 84
Bruckner, Anton 538
Buch, Leopold von 36
Buck, August 65
Bühlmayr, Konrad 286
Bürkel, Heinrich 290
Buffon, George Louis, Comte de Leclerc 456
Buggert, Christoph 82, 376, 385, 387f., 391, 393
Burckhardt, Jacob 78
Burgstaller, Erich 218, 335, 345
Busch, Karl 547
Busch, Werner 30, 84

Carlyle, Thomas 201
Carolina Augusta, Kaiserin von Österreich bzw. Kaiserin Mutter 480
Carus, Carl Gustav 25, 36, 38–40, 91–95, 273
Cassirer, Ernst 398
Cecchin, Gianfranco 509
Čech, Leander 533, 534
Cellini, Benvenuto 478
Cézanne, Paul 20, 261, 279
Chamisso, Adelbert von 345
Chapeaurouge, Donat de 19
Cheselden, William 399
Colli, Giorgio 32
Condillac, Etienne Bonnot de 398
Cotta, Johann Friedrich 212
Cramer, Friedrich 246f., 248, 256
Croll, Oswald 65f.
Culemann, Friedrich 13
Cusanus, Nicolaus 64, 68
Czerni, Margret 262
Czoernig von Czernhausen, Karl, Frhr. von 186f.

Dante 448
Danto, Arthur Coleman 106
Davidson, Mortimer G. 541, 546
Dehio, Georg 192, 201
Dehn, Wilhelm 82, 199
Delaunay, Robert 35

Dell, Margret   *19, 25f., 33,* 75, *92, 273f.*
Deneke, Bernward   *88*
Deutsch, Otto Erich   *484*
Diderot, Denis   398–400, 402, 404, 407–409
Didron, Adolphe Napoléon   194
Dieterle, Bernard   *519*
Dilthey, Wilhelm   *91*
Dirscherl, Klaus   *24, 519*
Dittes, Friedrich   *91*
Dittmann, Ulrich   *311, 335, 376, 387, 397*
Diuersinus, Blasius   58
Dobai, Johannes   *550*
Doberer, Erika   *189*
Domandl, Sepp   *22, 35, 38, 75, 80, 132, 157,* 174f., *397*
Doppler, Alfred   XVI, 207–219, *361*
Droste-Hülshoff, Annette, Freiin von   *429,* 516
Duchamp, Marcel   20
Dünninger, Eberhard   *269*
Dürer, Albrecht   480
Duhamel, Roland   *XIII, 311*
Dvořák, Max   *191,* 192, 201

Eben, Kamill   XVI
Ebert, Karl Egon   *527*
Ecker, Hans-Peter   *508*–*523*
Eco, Umberto   404
Egner, Helga   *487*
Ego, Anneliese   *408*
Ehlbeck, Birgit   *455–475*
Eichendorff, Joseph von   *347,* 517, *545*
Eichendorff, Louise von   5
Eichinger, Ludwig M.   246–260, *342, 390*
Einem, Herbert von   *273*
Eiselein, Joseph   *31*
Eisner, Pavel   *527, 535, 536f.*
Elischer, Balthasar   11
Eltz-Hoffmann, Lieselotte   *410, 412*
Emrich, Wilhelm   *106*
Ender, Thomas   *277*
Engelhardt, Wolf von   *36*
Engels, Friedrich   201
Enk von der Burg, Michael   *211*
Enklaar-Lagendijk, Jannetje   *20, 75, 108*
Enzinger, Moriz   *8, 68, 77f., 80, 87, 99, 157, 218, 262, 397, 425f.*
Eötvös, Joseph   212
Ernst, Leopold   192
Eroms, Hans-Werner   *171, 390,* 435–454
Ersch, Johann Samuel   415
Eschenburg, Barbara   *33*
Esselborn, Hans   *396, 456*
Everdingen, Allaert van   *273*

Faraday, Michael   102
Febvre, Lucien   374
Fechter, Armin   *552*
Feichtinger, Fritz   *30, 261f.*
Ferdinand I., Römischer König, König von Böhmen und Ungarn, später deutscher Kaiser   212
Ferdinand IV., Römischer König   58
Fernow, Ludwig von   24, *25, 32,* 38
Feuchtersleben, Ernst, Frhr. von   211, 410–412, 420–423, 427, *431f.,* 434
Feuchtmüller, Rupert   *263*
Ficker, Franz   185
Fink, Eugen   *202*
Fink, Franz   *482, 539f., 548, 550*
Fischbach, Johann   87f., *91, 272f., 274,* 275, 277, 293, 303–307
Fischer, Alois   158
Fischer, Hans-Karl   XIV
Fischer, Hans Rudi   *510*
Fischer, Kurt Gerhard   *10, 22, 40, 43,* 76, 77, 79, 81, 83, 86f., *91, 135, 137,* 139, 157, *158f., 163–166, 168–170, 177*
Flath, Joseph   *567*–*569*
Fohrmann, Jürgen   *414*
Fontius, Martin   *26*
Foucault, Michel   455f.
Fränkel, Jonas   *276*
Frank, Hilmar   *24, 26*
Frank, Horst Joachim   *164, 176*
Frank, Karl Hermann   *532*
Franke, Heinrich   *545*
Franz I., Kaiser von Österreich   480
Franz Joseph I., Kaiser von Österreich   158, 481
Freud, Sigmund   372, 377
Frey, Eleonore   *423*
Freytag, Gustav   *83*
Frič, Josef Václav   *533*
Frick, Ida   211
Fricke, Gerhard   *519*
Friedrich, Caspar David   *84f., 94*
Fritsch, Johann Nepomuk, Ritter von   165, 177
Fritz, Gerd   *435*
Frodl, Gerbert   *263, 274, 276f., 279, 291*
Frodl, Walter   *186f., 191f., 194*
Frühwald, Wolfgang   XVI
Fruth, Hans   *541, 543*
Fussenegger, Gertrud   *538*

Gabelsberger, Franz Xaver   *542f.*
Gansberg, Marie Luise   *439, 446*
Gassert, Karl Georg   *531*
Gattermann, Sabine   *387*

Gauermann, Friedrich 263, 272, 279, 284
Gebsattel, Victor E. von 77
Geiger, Peter Johann Nepomuk 9, 291
Gellert, Christian Fürchtegott 151
Gerlach, Walther 545
Gerold, Karl 178
Gerson, Horst 273
Geßner, Johann Salomon 105, 138
Geulen, Eva 112
Giobbe, Anton G. 286
Glaser, Horst Albert 201
Glück, Elisabeth s. Paoli, Betty
Glück, Franz 19, 20, 269
Glück, Wolfgang 300, 308
Goebbels, Joseph 538
Göllner, Petra XIII, 311
Göpfert, Herbert G. 519
Goethe, Johann Wolfgang von 4, 9, 20, 22, 23, 31, 34, 35, 36, 38, 39, 40, 79, 81, 91, 171–173, 179, 181f., 185, 187, 201, 203, 207, 211, 212, 213, 219, 220–225, 228, 240, 242, 245, 261, 273, 288, 311, 324, 329, 331, 332f., 335, 342, 345, 346, 348, 353, 366, 369f., 372, 381, 393, 395, 401, 410, 412, 452, 453, 454, 514, 521, 535, 549
Götte, Johannes 425
Götte, Maria 425
Gogh, Vincent van 95
Goldammer, Peter 388
Goldstücker, Eduard 537
Gombrich, Ernst Heinrich 35f.
Gomringer, Eugen 551
Gorceix, Paul 410f., 412, 434
Gottlieb, Carla 35
Gottsched, Johann Christoph 211
Goyen, Jan van 273
Grabbe, Christian Dietrich 372
Gradmann, Stefan 322, 402
Grantl, Franz 529
Grathoff, Dirk 114
Greipl, Franziska (Fanny) 127, 141, 185
Grillparzer, Franz 20, 154, 410, 452, 482
Grimm, Gunter E. 400
Grimm, Jacob 212
Grimm, Wilhelm 212
Großschopf, Alois 550
Gruber, Johann Gottfried 415
Grün, Anastasius (Anton Alexander Graf Auersperg) 211
Grüsser, Otto-Joachim 409
Günther, Vincent J. 10, 512
Gump, Margarete 22, 75, 77, 80, 82, 293
Gundolf, Friedrich 470
Guttmann, Richard 411

Haas, Josef 541f.
Hackert, Philipp 23
Häntzschel, Günter 345
Hagedorn, Christian Ludwig von 29
Hahn-Hahn, Ida, Gräfin 224
Hajek, Hans 531
Hajek, Otto Herbert 547, 550–552, 559–561
Halm, Friedrich (Eligius Franz Joseph Frhr. von Münch-Bellinghausen) 211
Hamann, Johann Georg 198
Hammel-Haider, Gabriele 25
Hammer-Purgstall, Joseph, Frhr. von 211, 213
Handel, Siegmund, Frhr. von 263, 272
Handel-Manzetti, Enrica, Freiin von 29
Handke, Peter 247–249, 523
Hanfstaengl, Eberhard 540
Hansch, Anton 277
Hard, Gerhard 24, 37f., 40
Hartmann, Günter 201
Haselbach, Gerhard 201
Hausenstein, Wilhelm 19, 30, 35
Hebbel, Friedrich XI, 105–110, 138, 207, 415, 447, 452
Hebenstreit, Wilhelm 25, 38
Heckenast, Gustav 6, 13, 14, 28, 69, 81, 83, 90, 160, 172, 174, 175, 178, 208, 212f., 283, 464, 471f., 486, 538
Hegel, Georg Wilhelm Friedrich 6, 25, 200, 202f., 521
Heider, Gertrud 91, 94
Hein, Alois Raimund 26, 29, 539, 551
Heine, Heinrich 534
Heinecke Folter, Siegrun 76
Heinrich (X), der Stolze, Herzog von Bayern 464
Helbling, Carl 276
Helfert, Josef, Frhr. von 158f., 175, 181
Helmers, Hermann 176
Henkel, Arthur 74, 78, 396
Henlein, Konrad 535
Henne, Helmut 246
Henselmann, Josef 547
Henz, Hubert 76
Herder, Johann Gottfried 63, 198, 202, 293, 396–398, 400f., 404, 406–409, 410, 426, 432, 434, 535
Heringer, Hans-Jürgen 251
Hertling, Gunter H. 128, 129
Herzfeld, Marie 274
Herzogenburg, Johanna von 548, 552
Heselhaus, Clemens 203
Hesiod 425
Heuß, Gertraud H. 165
Heyse, Karl Wilhelm Ludwig 25

Register

Himmel, Hellmuth *219*
Himmler, Heinrich 538
Hirschfeld, Christian Cay Lorenz 22, 34, 45
Hitler, Adolf 538f., *549*
Hobbema, Meindert 273
Höflechner, Walter *185*
Hölderlin, Friedrich 543
Höllerer, Walter *120*
Hömberg, Walter *343*
Hönscheid, Johannes M. *551*
Hoffmann, Christian *136f.*
Hoffmann, E.T.A. *351*
Hoffmann, Karlheinz 547
Hoffmann, Volker 345, *410*
Hoffmann, Werner *150, 438f.,* 442, *444,* 451f.
Hoffmeister, Gerhart 20, *261, 514*
Hofmann, Oswald 546f., *557*
Hofmannsthal, Hugo von *507,* 535
Hohendahl, Peter Uwe *333*
Hohoff, Curt *86*
Holst, Christian von *36*
Holz, Anita *106*
Holz, Arno 106
Holzberg, Niklas *425*
Homer 66f., 115, 183
Honegger, Claudia *374*
Horatius Flaccus, Quintus *211f.*
Horcicka, Adalbert *19*
Hrdlicka, Alfred 551, 562
Huber, Heinrich *550*
Hüller, Franz XVI, *486,* 530f.
Hufeland, Christoph Wilhelm *432*
Humboldt, Alexander von *24,* 36, *38–41*
Humboldt, Wilhelm von *201, 397*
Hundhammer, Alois 541, 543, *544*
Hundsnurscher, Franz *435*
Hunter-Lougheed, Rosemarie *412*
Husa, Václav 528

Ickelsamer, Valentin 164
Ingen, Ferdinand van 58–74, *396, 507*
Irmscher, Hans Dietrich *82, 90, 331, 342, 402*

Jacquet, Eleonore s. Boer
Jacquet, Karl 476f.
Jacquet, Katharina *476f.*
Jacquet, Maria Anna (d.Ä.) s. Adamberger
Jacquet, Maria Anna (d.J.) 476f.
Jacquet, geb. Weber, Theresia 476
Jäger, Friedrich *397*
Jahn, Friedrich Ludwig 175
Jansen, Rudolf *68, 396*
Jauß, Hans Robert *199*

Jean Paul (Johann Paul Friedrich Richter) 39, 63, *74, 79, 92,* 94, 211, *395f.,* 438, 456, *462*
Jelinek, Elfriede *151*
Jelínek, Petr *530*
Jenni, Ulrike 284
Jordan, Peter 164
Joseph II., Kaiser von Österreich 397, 477, 482, 484
Joyce, James 516
Jungmair, Otto *88, 157–159, 185–188,* 198, *190, 539*
Jungmann, Josef 528
Junker 415

Kafka, Franz 218, *322, 402*
Kahsnitz, Rainer *88*
Kainrath, Wolfgang *37*
Kaiser, Josef Maria 283, 287, *289,* 291
Kaiser, Michael *361*
Kandinsky, Wassilij 20, 95
Kant, Immanuel 22, 63, *80, 87,* 121f., *397*
Kanzog, Klaus *343*
Karell, Viktor *532*
Karl Theodor, Kurfürst von Bayern 477
Kary, Ursula 98
Kastner, Jörg 119–134
Kaulbach, Wilhelm 288
Keim, Walter *543*
Keller, Gottfried *29, 201,* 275, *276, 314, 487,* 491, 494, 498, *499,* 501
Kemp, Wolfgang *83, 194–197, 201,* 275, 291, *292*
Kepler, Johannes 63
Kerner, Justinus 409
Kiepenheuer, Gustav *91*
Kircher, Athanasius 58, 67f.
Kirchhoff, Theodor *412*
Kittler, Friedrich A. 522f.
Klar, Paul Aloys *264*
Klatt, Georg *531*
Klee, Paul *35*
Klein, Wolf Peter *64*
Kleist, Heinrich von 129, 211, *322, 343,* 517f.
Klieneberger, Hans Rudolf *397*
Klingner, Friedrich 544
Klopstock, Friedrich Gottlieb *171,* 211, 240
Klostermann, Karel 533f.
Kluckhohn, Paul *121*
Knauß, Bernhard *91*
Koch, Joseph Anton *33, 36*
Koch, Rudolf *190*
Kochan 465
Koelle, Fritz 540f.

Körner, Theodor 478
Kolatschek, Adolph *415*
Koller, Manfred *185, 193*
Kolping, Adolf 544
Konrad III., deutscher König 464
Koopmann, Helmut *10, 63, 512, 519*
Korff, Hermann August 36
Kosch, Wilhelm 527, 530
Koschorke, Albrecht *108–110, 125, 458*
Kottmann, Albrecht *551*
Kotzebue, August von 477
Kraus, Arnošt (Ernst) 536
Kriegk, Ludwig *37*
Krökel, Fritz *37f., 548*
Kron, Wolfgang *426*
Kroschinsky, Frank *91*
Kruft, Hanno-Walter *21*
Krumm, Hermann *415*
Kuderna, Hans 547
Kühlmann, Wilhelm 65, 395–409
Kühn, Julius *531*
Küper, Christoph *252, 437*
Kugler, Franz *84, 87f., 90*
Kuh, Emil *465*
Kuhle, Matthias 76
Kukofka, Gerhard 547
Kunisch, Hermann *80, 426,* 451
Kurz, Dietrich *79*

Lachinger, Johann *XIII, 68, 71f.,* 73, 74, 96–104, *311, 326, 361, 409*
Landesmann, Heinrich s. Lorm
Landgrebe, Ludwig *202*
Lane, Gerry *509*
Lange, Joseph 477, 481–484
Lange, Ludwig 30
Langen, August *452*
Lasso, Orlando di 544
Laufhütte, Hartmut *XV, XVI, 105, 171,* 486–507, 567–569
Laux, Karl *541*
Lavater, Johann Kaspar 211
Lazarowicz, Klaus *426*
Lecke, Bodo *25*
Lehmann, Jakob *412*
Leibl, Wilhelm 543
Leibniz, Gottfried Wilhelm 63, 68, 99f., *396–398*
Leinkauf, Thomas 67, *68,* 69
Lenau, Nikolaus (Niembsch Edler von Strehlenau) 395
Leonardo da Vinci 274
Leonhard, Johann Michael *80*
Leopold, der Freigebige, Markgraf in Österreich 464

Lepenies, Wolf 455
Lerchner, Gotthard *435*
Lessing, Gotthold Ephraim *76,* 105, 108, *212*
Lestwitz, Helene Charlotte von, Frau von Friedland 427
Levitschnigg, Heinrich, Ritter von 213
Lewin, Michael *551*
Lindner, Martin XV, 220–245
Link, Jürgen *320, 331, 346, 376, 391*
Lipp, Wilfried *88,* 185–203
List, Friedrich 540f.
Locke, John 398
Löffler, Karl *287*
Löw, Reinhard *80*
Lohmann, Dorothea *315*
Lohmann-Siems, Isa *21*
Look, Wilhelm *123*
Loos, Friedrich 277
Lorenz, Dagmar C.G. *380*
Lorenz, Edward N. 256
Lorm, Hieronymus 213, 218
Lorrain, Claude 93
Lotman, Jurij M. *343*
Lovejoy, Arthur O. 63, *396*
Ludwig I., König von Bayern 30, 542f.
Ludwig, Heinrich 274
Ludwig, Otto 372, *452*
Lücke, Theodor *398*
Lukas, Wolfgang *320, 362, 364,* 374–394
Luther, Hans 174
Luther, Martin 174
Lutterotti, Otto R. von *33*

Mader, Georg 193
Märki, Peter *335, 344, 515*
Mahlendorf, Ursula R. *20, 33, 35, 261, 278f., 514*
Mahnke, Dieter 65
Marenholtz, Karl Theodor Asche, Frhr. von 283
Marg, Walter *425*
Mai, Ekkehard *291*
Maidl, Václav 527–537
Maier, Stefan *538*
Mailath, Johann, Graf 212f.
Majstrak, Manfred *201*
Mann, Thomas 90, 138, 249, 255
Manthey, Jürgen *398, 471*
Marées, Hans von 543
Marggraf, Hermann 224
Maria Anna, Kurfürstin von Bayern 477
Maria Theresia, Kaiserin von Österreich 477
Marie, Dienstbotin der Familie Stifter 568

Register

Markowitz, Irene 24
Marlitt, Eugenie 349
Marquard, Odo 509
Marx, Karl 201
Masonus, Zenobius 58
Masser, Achim 343
Matt, Peter von *136, 154*
Mattenklott, Gundel *441*
Matthisson, Friedrich von *23*
Matz, Wolfgang *118, 123, 133, 202*
Matzke, Franz *531*
Mauthner, Fritz *528*
Mautner, Franz H. *414f., 419, 427f.*
Mautz, Kurt *59,* 73, *395*
Maximilian II. Joseph, König von Bayern 542
Mayer, Paul *452*
Meffert, Ekkehard *36*
Meijer, Bert W. *273*
Mendelssohn, Peter de *249, 252*
Menzel, Wolfgang *224*
Merker, Emil *532*
Mesmer, Franz Anton 408, *409*
Metternich, Klemens Lothar Wenzel, Fürst von 212, 480
Metz, Rudolf *398*
Metzger, Othmar *85, 523*
Meyer, Conrad Ferdinand 372, *412,* 426
Meyer, Friederike *362*
Meyer, Herbert *23*
Míkovec, Ferdinand Břetislav 529
Miller, Norbert *74*
Mitchell, Timothy F. *39*
Mitscherlich, Alexander *377*
Mörike, Eduard *332,* 372, *452*
Mörsch, Georg *192*
Möseneder, Karl XVI, *18–57, 75, 78, 91f., 267, 278, 538, 567*
Mößmer, Joseph 276
Mogharrebi, Rehanne *315*
Mohaupt, Josephine 480
Mohaupt, Katharina 567–569
Mollison, Crawford E. *438*
Moltke, Helmuth, Graf von 542
Molyneux, William 398f., *401*
Monet, Claude *278*
Montaigne, Michel Eyquem, Seigneur de 399
Montinari, Mazzino *32*
Moorse, George *322, 343*
Moosbauer, Wirt in Lackenhäuser 567f.
Moritz, Karl Philipp 252
Mortier, Roland *398f.*
Mozart, Josef 175
Mozart, geb. Weber, Konstanze 484
Mozart, Leopold 484

Mozart, Maria Anna (Nannerl) 484
Mozart, Wolfgang Amadeus 477, 484
Mühlberger, Josef 531f.
Müller, Elena *486*
Müller, Georg 541f.
Müller, Götz *92*
Müller, Günther *487*
Müller, Harro *414*
Müller, Joachim *36, 136, 438, 441,* 448, 511–514, 531
Müller, Klaus-Detlef *201*
Müller-Tamm, Pia *39f.*
Müller-Weidler, Josef *538,* 539, 547f., 550, 554, 556
Munsch, Josef 288
Mussolini, Benito 549f.

Nadler, Josef 530f., 548
Napoleon *153,* 478
Náprstek, Vojta 529
Naumann, Ursula *20, 75, 522*
Neer, Aert van der 273, *274*
Němcová, Božena 533
Nestroy, Johann 211
Nettesheim, Agrippa von 67
Netwald, Joseph 158, 177
Neuburger, Max *412*
Neugebauer, Klaus *71, 185, 396*
Neumann, Balthasar 544
Nevar, Elya Maria *138*
Newton, Isaac 246
Nietzsche, Friedrich 32, 81, *432, 529*
Novák, Arne 534
Novalis (Friedrich von Hardenberg) 346
Novotny, Fritz 19, *20, 28, 30, 32, 34, 38, 41, 75, 85–87, 95,* 261, *262,* 263, 265, 266, 268, 269, 272–274, 276f., 280, 283, 284, 293, 512
Nuber, Achim *518*

Oberembt, Gerd *224*
Oberhammer, Vincenz *34*
Oberländer, Theodor 546f.
Objartel, Georg 246
Oelmüller, Willi *202*
Oertel Sjögren, Christine *31, 136*
Oesterle, Günter *109, 113*
Oppitz, Michael *311*
Ort, Jan s. Eisner, Pavel
Osterkamp, Barbara *202, 416, 419, 428, 430,* 432
Oswald, Marcel *116*
Otto, Ernst *201*
Overmeyer, Gudula *35*
Ovidius Naso, Publius *425*

Owen, Claude 145

Palacký, František 465, 472, 474f., 529, 533
Paoli, Betty 78, 208, 211, 213f.
Paracelsus (Theophrast von Hohenheim) 64f.
Patocka, Jürgen 202
Paul, Hermann 246
Pawluk Danford, Karen 221, 232
Pazi, Margarita 135
Penck, Albrecht 37f.
Penkert, Sibylle 78
Pereira-Arnstein, Louis, Frhr. von 274
Perkmann, Erich 283
Pese, Claus 551
Petterson, Thorsten 397
Pfeiffer, Knut E. 27, 30, 33, 75f., 82f., 87f., 119, 262, 273, 285, 293, 512
Pfotenhauer, Helmut 26
Pichler, Karoline 478
Piechotta, Hans Joachim 43, 108
Piepenhagen, August 5, 9, 14, 20, 28, 76, 78f.
Pietsch, Ernst XV
Pilger, Andreas 36
Píša, Antonin Matej 535
Planner-Steiner, Ulrike 189
Platen, August, Graf von 395
Plato 7, 64, 66, 79, 83, 87
Plotin 79
Plumpe, Gerhard 391
Pochat, Götz 185
Pötschner, Peter 29, 32f., 272–274, 276, 279, 281
Polheim, Karl Konrad 10, 34, 76, 86, 512, 514
Poser, Hans 509
Poussin 36
Pouzar, Otto 531
Prause, Marianne 39, 273
Praxl, Paul 269
Preisendanz, Wolfgang 325
Preissler, Johann Daniel 275
Preissler, Johann Justin 275
Pries, Christine 197
Prokisch, Bernhard 190
Pückler-Muskau, Hermann Ludwig Heinrich, Fürst von 424, 425, 432
Püschel, Ulrich 435, 438
Püttmann, Hermann 24
Pütz, Peter 10, 512

Quistorp, Johann Gottfried 85

Raabe, Wilhelm 91, 314, 320, 457
Ranzoni, Emerich 29
Rasch, Wolfdietrich 20, 76, 261
Ray, Wendel A. 509
Rebel, Karlheinz 176
Reddick, John 326, 331
Reger, Max 541–543
Rehlen, Ernst 548
Rehm, Walther 19, 30, 138, 141, 456
Reitzenbeck, Heinrich 86, 264
Renner, Karl Nikolaus 322, 343
Requadt, Paul 185
Retzer, Arnold 508, 510
Reuter, Hans-Heinrich 82
Rey, William H. 100
Rheinheimer, Martin 433
Richter, Gottlob Christian Friedrich 8, 77, 198
Richter, Ludwig 31
Rickels, Laurence A. 261, 514f.
Riechel, Donald C. 20, 261, 279, 282
Riegl, Alois 192f., 194, 197, 201
Riehl, Wilhelm Heinrich 350
Riethmüller, Albrecht 538, 541
Riezlmayr, Georg 262, 276
Rilke, Rainer Maria 135, 138, 251, 252
Rißmann, Wolfgang 411, 412, 421
Ritter, Carl 425
Ritter, Ellen 507
Ritter, Frederick 426
Ritter, Joachim 26
Rödiger-Diruf, Erika 31, 521
Roedl, Urban 135, 153
Röntgen, Wilhelm Conrad 544f.
Roessler, Arthur 75
Rössner, Michael 438
Rokyta, Hugo 528f., 533
Romeis, Karl 547
Rorty, Richard 508, 509
Rosenberg, Herren von 465, 472, 474
Rosenberger, Franz Xaver 269, 567f.
Rosenberger, Katharina 269
Rosenberger, Ludwig 269
Rosenkranz, Karl 6
Rottmann, Carl 30f., 49, 521
Rousseau, Jean Jacques 199, 348, 429
Ruben, Christian 193
Rudigier, Franz Josef 189
Rudolf II., deutscher Kaiser 65
Rüdiger, Horst 438
Ruisdael, Jakob van 33f., 93, 273f., 513
Rumohr, Karl Friedrich von 39
Runge, Philipp Otto 78, 85, 90
Rupp, Hans-Ulrich 439, 452
Ruskin, John 194–196, 201

Ruthner, Clemens *XIII, 311*
Rutt, Theodor *70, 87*

Sailer, Johann Michael *77, 87,* 544
Sand, George 213
Sattler, Dieter 543, *544*
Sattler, Karl 541
Sauer, August XVI, 207f., 530
Saunderson, Nikolaus 399
Schadow, Johann Gottfried *84*
Schäublin, Peter *396*
Schaffer, Nikolaus *87, 272f., 277f.*
Schanze, Helmut *171*
Schaukal, Richard von *531,* 535
Schawelka, Karl *24*
Scheck, Ferdinand 193
Schelling, Friedrich Wilhelm Joseph *29,* 91
Schepers, Wolfgang *22*
Schiffer, Anton *277*
Schiffkorn, Adelmar *548*
Schiller, Friedrich von 23, 63, *78,* 81, *83, 136,* 207, 211, *212,* 213, *320, 351, 401,* 480, 519, 528
Schinkel, Karl Friedrich 23, 46
Schirmbeck, Peter *540*
Schlaffer, Hannelore *43, 78*
Schlaffer, Heinz *43, 78, 88*
Schlegel, August Wilhelm *29*
Schlegel, Friedrich *113*
Schleiermacher, Friedrich *79*
Schlossar, Anton *287*
Schmid, Emanuel 538–565
Schmidt, Arno *XI, 326, 338, 346,* 447, *468*
Schmidt, Jochen *80*
Schmiedt, Helmut *151*
Schmitt, Stefan *XIII,* 75, *87,* 261–308
Schmolke, Michael *343*
Schmoll, gen. Eisenwerth, J. Adolf *519*
Schneider, Lothar 105–118
Schnitzler, Arthur *261, 387*
Schönbach, Rosemarie *35*
Schoenborn, Peter A. *261, 425f.*
Schöne, Albrecht *74, 78, 396, 440*
Schönwiese, Wolfgang *265*
Schöny, Heinz *261*
Schreiber, Matthias *91*
Schreyvogel, Josef *478*
Schrimpf, Hans Joachim *10, 273, 512*
Schröder, Hans *402*
Schröder, Klaus Albrecht *29, 272f, 276, 279*
Schubert, Franz 543
Schütte, Ulrich *21*
Schuhmacher, Andreas 210, *211*
Schumann, Robert 543
Schwalber, Josef 545, *546,* 547–549, 558

Schwarzenberg, Friedrich, Fürst 213
Schweitzer, Jochen *510*
Schweppe, Walter *138*
Schweppenhäuser, Hermann *117*
Scott, Gilbert 191
Sedlmayr, Hans *28*
Seidl, Johann Gabriel 211, 213
Seidler, Herbert *212, 452*
Seifert, Walter 157–184
Seiffert, Hans Werner *402*
Selge, Martin *36, 109, 397, 506*
Semler, Christian August 24, 38
Sengle, Friedrich 63, 210, *224, 414, 427, 439*
Sennett, Richard *382, 388, 390, 393*
Seuffert, Bernhard *410*
Shakespeare, William 169, 181–183
Sichtermann, Barbara 154
Simmel, Georg 197
Simony, Friedrich 37–39
Sladek, Paulus *546*
Smetana, Bedřich 533
Sobeslaw I., Herzog von Böhmen 464
Solger, Karl Wilhelm Ferdinand 25
Sonnenfels, Joseph, Frhr. von 477
Sophie, Großherzogin von Sachsen *23*
Sottong, Hermann J. *223, 324*
Soyka, Jan Erazim 533
Spaun, Anton von 186
Spitzweg, Carl *84, 266*
Stahl, August *201*
Statz, Vinzenz 189, 288
Stauda, Johannes 531
Stechow, Wolfgang *34*
Stefl, Max 135
Steinecke, Hartmut *491*
Steinfeld, Franz 33, *272*–274, *276,* 279
Stelzer, Otto *26*
Sternath, Hermann *75*
Stiehm, Lothar 59, 135, *185, 395, 414*
Stifter, Adalbert passim
Stifter, geb. Mohaupt, Amalia 17, *91,* 141, *266, 269, 282, 283,* 567–569
Stifter, Anton 122
Stillmark, Alexander *326, 361*
Stolz, Michael 193
Stopp, Elisabeth *91*
Storck, Joachim W. 135–156
Storm, Theodor *314, 372, 388, 518*
Straube, Emanuel 211
Streinz, Josef Carl 158
Streitfeld, Erwin *91*
Stromšík, Jiří 534, 537
Sturm, Martin 216
Sudhoff, Karl *65*

Sulzer, Johann George 23, 38, 43, *78, 90*
Suphan, Bernhard *198, 401*
Swales, Martin *326, 361*
Szabó, Julia 550
Széchényi, Istvan *425f.*
Székelyi, Bertalan von Adámos 550, 561
Szondi, Peter 196

Tesche, Walter 213–215
Theiss, Winfried *429*
Thieme, Ulrich *262, 550*
Thierse, Wolfgang 26
Thomas, Werner 20
Thurn und Taxis, Albert, Fürst von 543
Thurnher, Eugen *80, 426*
Tichý, František *535*
Tieck, Ludwig 94, 200
Tiedemann, Rolf *117, 218*
Tielke, Martin *324, 391*
Tismar, Jens 462
Titzmann, Michael *237, 318, 320, 326, 331, 333,* 335–373, *376*
Trabant, Jürgen *203*
Traeger, Jörg *85, 94, 538*
Trenck, Franz, Frhr. von der 477
Trier, Eduard *24*
Trilling, Lionel *516*
Trunz, Erich 4, *453*
Tschabuschnigg, Adolf (Ignaz), Ritter von 211
Türck, Joseph *11, 160,* 167
Tunner, Erika *218, 345, 407, 418*
Turk, Horst *414*

Uechtritz, Friedrich von *24*
Ulm, Benno *190*
Unger, Manasse *91*
Urzidil, Johannes 532, 535
Utz, Hans I. *89*
Utz, Peter *401*

Vancsa, Kurt 157, *169–171*
Vaupel, Günter J. *424*
Vergilius Maro, Publius *425f.*
Vernaleken, Theodor 174f., 177
Viollett le Duc, Eugène Emmanuel 191, 194
Vischer, Friedrich Theodor 23, 25
Vitet, Ludovic 194
Vogl, Johann Nepomuk 212f.
Volkmann, Ludwig *35*
Vollmer, Hans *539, 541, 546f.*
Voltz, Friedrich 27
Voßkamp, Wilhelm *333*

Wackernagel, Philipp 176
Wagner, Birgit *438*

Wagner, Richard 155, 542
Wagner, Robert *284*
Wagner, Rudolf *551*
Wagner-Rieger, Renate 20, 26, 28
Waldmüller, Ferdinand Georg 29, *83f.,* 90, 272f., 276, 279, 291
Wallishauser, Johann Evangelist (Valesi) 477
Walser, Martin *412*
Walser, Robert *462*
Walter-Schneider, Margaret *120,* 459, *472*
Warnke, Martin *33*
Watanabe-O'Kelly, Helen *361*
Watzlik, Hans 531
Weber, Aloysia 484
Weber, Carl Maria von 477
Weber, Werner *273*
Weckbecker, August 543
Weichselbaum, Wirt in Schwarzenberg 567
Weigel, Valentin 65
Weimar, Klaus *109*
Weinrich, Harald 260
Weischedel, Wilhelm *121*
Weisrock, Katharina *407*
Weiss, Walter *10,* 20, *35, 76, 261, 278f. 282, 380, 385, 395, 447, 452–454*
Wellek, Albert 26
Wellmann, Hans *435*
Wengel, Tassilo *424*
Wenzel, Manfred *31*
Werner, Abraham Gottlob 36
Werner, Richard Maria *XI, 105, 138*
Wernz, Corinna *367*
Wesenauer, Gerda *421*
Weyres, Willy *24*
Wheeler, Michael *194*
Whiteley, Nigel *194*
Wibiral, Norbert *185,* 189, *191, 193*
Wichmann, Siegfried *266*
Widmann, Arno *136*
Wieland, Christoph Martin 211, 402–404
Wiese, Benno von *10, 34, 512*
Wildbolz, Rudolf *335*
Wilhelm, Gustav XVI, *283, 293,* 410, *425f.*
Wilkinson, Elizabeth *401*
Willoughby, Leonard Ashley *401*
Winckelmann, Johann Joachim 31, *293*
Witek, Ahnherr der Herren von Rosenberg 465
Woesler, Winfried *429*
Wohlleben, Marion *192*
Wolff, Christian, Frhr. von 99f.
Wülfing, Wulf *320, 331, 346, 376, 391*
Wünsch, Marianne *232, 237,* 311–334, *346, 362, 364, 372*
Wyss, Beat *197*

Register

Young-Grahn, Lucile *79*

Zampieri, Josef 158
Zápolya, Elisabeth 212
Zápolya, Johann Sigismund 212
Zeising, Adolf *91*
Zeman, Herbert *411*
Zenker, Edith *82*
Zettel, Walter 527

Zimmer, Dieter E. *123*
Zimmermann, Albert 27
Zimmermann, Christian von XV, 410–434
Zimmermann, Hans Dieter *135*
Zimmermann, Jörg *36*
Zimmermann, Robert *12*
Zoldester, Philipp H. 75, *77, 81, 83*
Zweig, Stefan 475